EUROPA LEHRMITTEL

EUROPA-FACHBUCHREIHE
für metalltechnische Berufe

Fachwissen Technische Produktdesigner 1

2. Auflage

VERLAG EUROPA-LEHRMITTEL · Nourney, Vollmer GmbH & Co. KG
Düsselberger Straße 23 · 42781 Haan-Gruiten

Europa-Nr.: 14641

Autoren:

Marcus Gompelmann	OStR, Dipl.-Ing.	Düren
Anja Häcker	B.A., Ausbilderin	Oberderdingen
Gabriele Mols	Dipl.-Ing.	Dortmund
Bernhard Schilling	StR, Dipl.-Ing.	Attenweiler
Andreas Stenzel	OStR, Dipl.-Ing.	Balingen
Norbert Trapp	Ausbildungsleiter Technische Berufe, SSI Schäfer – Fritz Schäfer GmbH	Neunkirchen

Mitwirkende:
H.-P. Wissen, BFW Koblenz
H. Meyer, Bielefeld
Autorenteams der Lehrwerke „Fachkunde Metall" (Europa-Nr. 10129), „Konstruktionslehre Maschinenbau" (Europa-Nr. 14009), „Fachkunde Zerspantechnik" (Europa-Nr. 15655), „Fachkunde Kunststofftechnik" (Europa-Nr. 13802), „Industrielle Fertigung" (Europa-Nr. 53510) sowie „Produktionsorganisation" (Europa-Nr. 52417) durch das Beisteuern technischer Illustrationen

Verlagslektorat:
Dr. Astrid Grote-Wolff

Bildbearbeitung:
Zeichenbüro des Verlages Europa-Lehrmittel, Ostfildern

2. Auflage 2022

Druck 5 4 3 2

Alle Drucke derselben Auflage sind parallel einsetzbar, da sie bis auf die Korrektur von Druckfehlern identisch sind.

ISBN 978-3-7585-1252-0

www.europa-lehrmittel.de

Satz: Satz+Layout Werkstatt Kluth GmbH, 50374 Erftstadt
Umschlag: braunwerbeagentur, 42477 Radevormwald
Umschlagbild: nach einer Vorlage von Gabriele Mols
Druck: mediaprint solutions GmbH, 33100 Paderborn

VORWORT

„Fachwissen Technische Produktdesigner 1" richtet sich an **Auszubildende zum Technischen Produktdesigner/zur Technischen Produktdesignerin** der Fachrichtungen Maschinen- und Anlagenkonstruktion sowie Produktgestaltung und -konstruktion im 1. und 2. Ausbildungsjahr.

Es kann darüber hinaus von allen Berufsgruppen, Vollzeitbildungsgängen und Studierenden, die **konstruktiv** tätig sind und **3D-CAD-Modelle** sowie **technische Zeichnungen** erstellen, im Selbststudium eingesetzt und als aktueller Wissensspeicher genutzt werden.

Inhalte:

„Fachwissen Technische Produktdesigner 1" vermittelt die Fachinhalte der **Lernfelder 1 bis 8 des Rahmenlehrplans** sowie die im **Ausbildungsrahmenplan** verankerten Fertigkeiten, Kenntnisse und Fähigkeiten.

Das Lehrwerk ist **lernfeldsystematisch** strukturiert. Der wesentliche Schwerpunkt ist die **funktions-, fertigungs- und prüfgerechte Gestaltung** von Bauteilen und Baugruppen und deren Darstellung in technischen Zeichnungen. Die Informationen zur Erstellung von 3D-CAD-Modellen und der zugehörigen Zeichnungsableitung werden **3D-CAD-System-unabhängig** vermittelt.

Der **aktuelle Normenstand** inklusive des Normensystems zur **Geometrischen Produktspezifikation** (ISO GPS) wird berücksichtigt.

Englische Fachtexte, Illustrationen und Aufgabenstellungen sowie Fachvokabular stehen in enger Verknüpfung mit den vermittelten Fachinhalten und regen zur **fremdsprachlichen Kommunikation** an.

Ein lernfeldübergreifendes Kapitel **„Industrie 4.0 und künstliche Intelligenz"** schließt den ersten Band des zweibändigen Lehrwerks ab.

Didaktische Besonderheiten:

Die Lernfeld-Kapitel werden durch praxisnahe **Lernsituationen** eingeleitet, die auf die Erstellung von CAD-Modellen und die Ableitung technischer Zeichnungen zielen.

Die **sachlogische Darstellung der Fachinhalte** ermöglicht einen systematischen Wissensaufbau im Rahmen des Lernfeld-Unterrichts, aber auch im Selbststudium und zur Prüfungsvorbereitung. Merksätze, übersichtliche Tabellen und Anleitungen, eine reichhaltige Bebilderung mit engem Text-Bild-Bezug sowie zahlreiche Aufgaben zur Wiederholung und Vertiefung der Fachinhalte sichern den Lernerfolg.

Digitales Zusatzmaterial:

Alle Bilder und Tabellen des Lehrwerks sind für die Übernahme in eigenes Material digital zugänglich (s. Informationen zur EUROPATHEK auf der Umschlaginnenseite).

Ergänzend zum Bilderpaket stehen die **technischen Zeichnungen** zu Lernsituationen und Aufgaben als **PDF-Dokumente** zur Verfügung, sie können maßstabsgerecht ausgedruckt werden.

Neu in der 2. Auflage:

Das Feedback der Leser wurde in der 2. Auflage berücksichtigt. Außerdem erfolgte die Abstimmung auf aktuelle Normen, Stand Frühjahr 2022.

Ihr Feedback ist uns wichtig!

Wenn Sie mithelfen möchten, dieses Lehrwerk weiterzuentwickeln, schreiben Sie uns unter lektorat@europa-lehrmittel.de oder unter der Verlagsadresse. Wir freuen uns auf Ihre Anregungen und wünschen Ihnen viel Erfolg mit „Fachwissen Technische Produktdesigner 1".

Sommer 2022 — Autorenteam und Verlag

INHALTSVERZEICHNIS

Lernfeld 1 | TECHNISCHE SYSTEME ANALYSIEREN UND ERFASSEN

Jedes Produkt, das hergestellt und vertrieben wird, lässt sich als technisches System betrachten. Es hat eine Aufgabe bzw. eine Funktion zu erfüllen, auf deren Grundlage sich die Bauweise sowie die verwendeten Teile erklären lassen.

Eine Kaffeemaschine z. B. soll heißen Kaffee herstellen. Daher sind Funktionen, wie Wasser erhitzen oder Filter und Kaffeepulver aufnehmen, Teilfunktionen, die erfüllt werden müssen, um frisch aufgebrühten Kaffee zu bekommen.

Um aus den Teilfunktionen eine funktionierende Kaffeemaschine zu konzipieren sind technische Unterlagen, vor allem technische Zeichnungen, notwendig. Auf Basis der Idee werden erste Skizzen mit möglichen Lösungen entwickelt, die in einer Konstruktion mit nachfolgend erstellten technischen Zeichnungen dargestellt werden und nach denen anschließend die Fertigung erfolgt.

Damit definiert sich der Inhalt von Lernfeld 1. Hier werden die grundlegenden Regeln der Darstellung und der funktions- und fertigungsgerechten Bemaßung für das Erstellen von technischen Zeichnungen erläutert. Gleichzeitig werden die ersten Grundlagen gelegt, die benötigt werden, um ein Produkt, eine Baugruppe, als technisches System zu begreifen und aus dem funktionellen Zusammenhang heraus die notwendigen Schlussfolgerungen für Eintragungen in der technischen Zeichnung zu ziehen. Basis ist immer die Funktion und die Fertigung der Bauteile. Ergänzt werden diese fundamentalen Grundlagen in diesem Kapitel durch Hinweise zu einer zielführenden und strukturierten Arbeitsweise sowie zu den Grundlagen der Elektrotechnik.

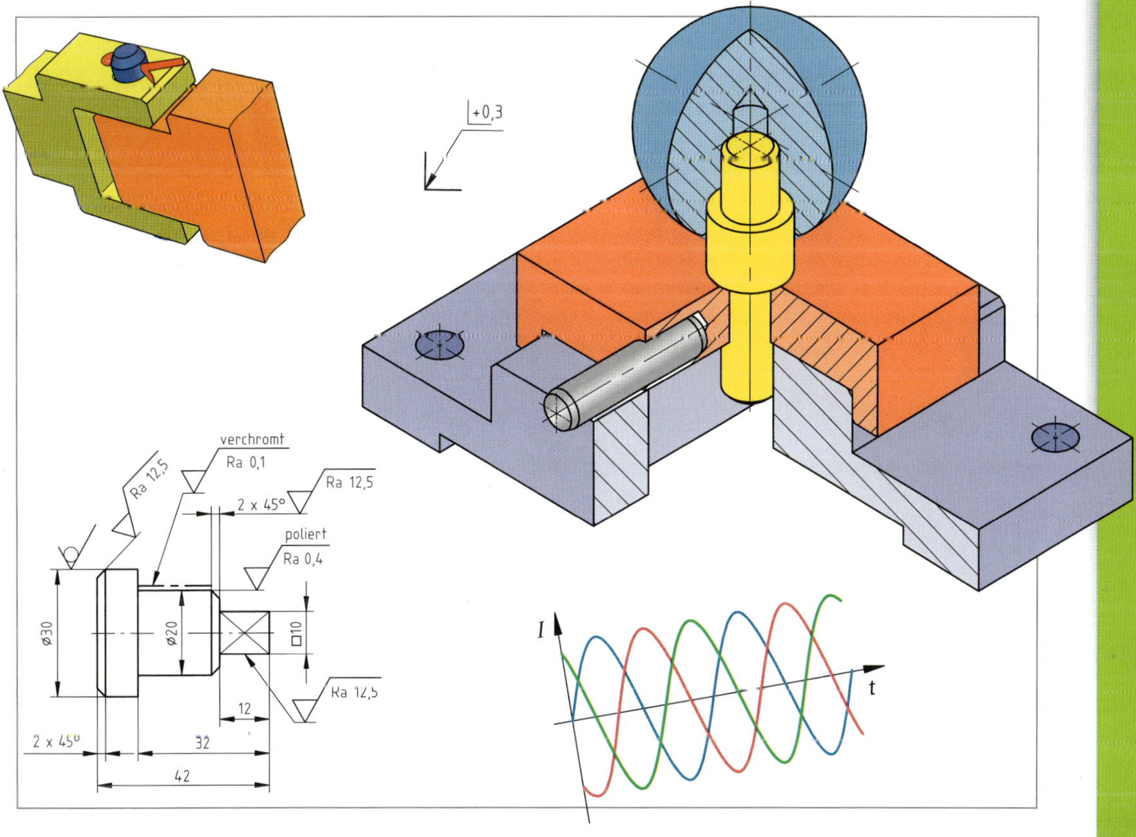

Lernfeld 1

Entwicklung eines Produktes

Vor der Herstellung eines Produktes müssen viele Details bedacht und geklärt werden. Erst dann kann der Auftrag in die Fertigung gehen.

Zunächst muss der Auftrag für ein neues Produkt vorliegen. Alternativ kann auf Basis einer Marktanalyse deutlich werden, dass für ein bestehendes Produkt eine beträchtliche Modifizierung erforderlich oder sogar eine Neuentwicklung sinnvoll ist, um konkurrenzfähig zu bleiben. Der Auftraggeber – bei einer Neuentwicklung auch die Firma selbst – legt in einem Dokument fest, welche Anforderungen an das neue Produkt gestellt werden, welche Randbedingungen gelten und welche weiteren Punkte wichtig sind. Dieses Dokument wird **Lastenheft** genannt. Um ein Produkt herstellen zu können, sind weitere Unterlagen erforderlich, zu denen auch **technische Zeichnungen, Stücklisten, Montageanweisungen** usw. gehören.

Technische Zeichnungen werden heute zumeist mit einem 3D-CAD-Programm erstellt. Weitere Software, wie Textverarbeitung, Tabellenkalkulation, Datenverwaltung und **ERP-System** (**E**ntwicklungs-**R**essourcen-**P**lanungs-System) oder **PPS-System** (**P**roduktions**p**lanungs- und **S**teuerungs-System) sind erforderlich, um ein Produkt von der Idee bis zur Serienreife zu entwickeln und mit den entsprechenden Unterlagen durch die verschiedenen Bereiche der Firma zu begleiten.

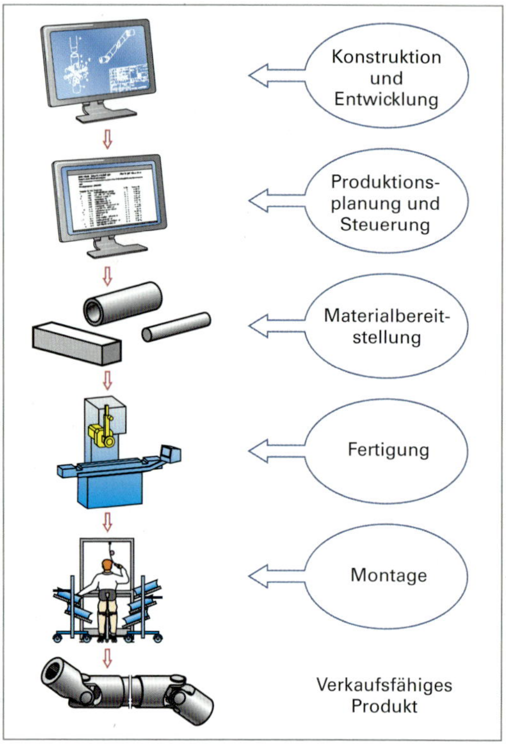

Bild 1: Entwicklungsschritte eines Produktes

Mit Beginn der Entwicklung kommt die Konstruktions- und Entwicklungsabteilung mit ins Boot und damit auch der Technische Produktdesigner. In der Konstruktion werden die Funktion und das Aussehen eines Bauteils oder einer Baugruppe durch die konstruktive Gestaltung festgelegt. Als **Baugruppe** bezeichnet man die aus mehreren Teilen bestehende, in sich geschlossene Einheit eines Produktes, wie z. B. einen Schraubstock. Bei der Konstruktion müssen die Funktion, die Herstellbarkeit, die Haltbarkeit und die Montage eines Bauteils oder einer Baugruppe beachtet werden und durch eine entsprechende Berechnung und Gestaltung berücksichtigt werden. **Bild 1** zeigt die verschiedenen Schritte zur Entstehung eines Endproduktes. Im Rahmen der Konstruktion werden auch die wesentlichen Grundagen zur Ressourcenschonung und zum Umweltschutz gelegt. Das sicherheitsgerechte Gestalten ist bei allen Aufgaben vorrangig zu betrachten.

Damit alle Anforderungen an eine Baugruppe erfüllt werden, ist es im Vorfeld notwendig, das **technische System** des zu fertigenden Produktes zu **analysieren**, dies **in Teilschritte** zu **untergliedern** und **konstruktive Lösungen für diese Teilfunktionen** zu finden. Anschließend werden die Konstruktion und die technischen Zeichnungen sowie notwendige Berechnungen erstellt. Auch der Preis des Produktes ist ein wichtiger Aspekt. Nur wenn der Käufer bereit ist, den Preis zu zahlen, kann das Produkt erfolgreich am Markt platziert werden und das Unternehmen wirtschaftlich am Markt bestehen. Basis all dieser Aspekte ist die technische Zeichnung. Für ihre Erstellung ist ein fundiertes Fachwissen erforderlich. Nur durch eine zielgenau geplante Vorgehensweise kann ein gutes Ergebnis erzielt werden.

1.1 | LERNSITUATIONEN

LERNSITUATION 1 | Zeichnung aus alten Beständen aktualisieren

Die Unterlagen einer schon vor mehreren Jahren konstruierten Maschine sollen auf den neusten Stand der Technik gebracht werden, damit sie erneut gefertigt werden kann. Hierzu müssen die alten Zeichnungsbestände mit CAD erfasst und aktualisiert werden.

Der Ausbildungsleiter beauftragt Sie, die Fehler in der vorliegenden Zeichnung zu korrigieren sowie eine norm- und fertigungsgerechte Zeichnung der Achse nach heutigem Standard zu erstellen.

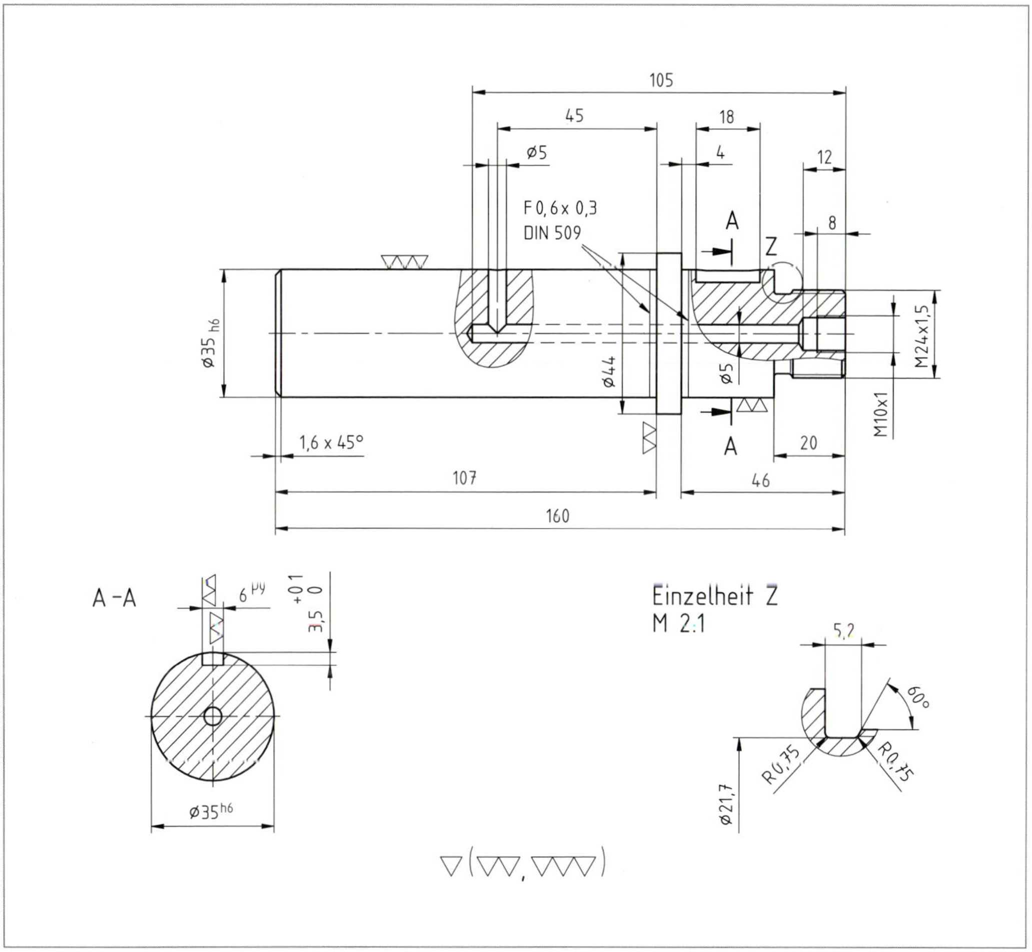

Aufgabenstellung

1.1 Informieren Sie sich über die ehemals üblichen Angaben auf technischen Zeichnungen.

1.2 Überprüfen Sie, ob die Formelemente wie Freistich und Passfedernut der heutigen Normung entsprechen bzw. ob die entsprechenden Angaben in der Zeichnung korrekt sind.

1.3 Erstellen Sie eine norm- und fertigungsgerechte technische Zeichnung der Achse, die dem heutigen Standard entspricht.

LERNSITUATION 2 | Konstruktion eines Stövchens

Die Marketingabteilung möchte einigen neuen Kunden die Möglichkeiten der Oberflächenbearbeitung durch Polieren von Werkstücken aufzeigen. Die Präsentation der polierten Oberflächen soll an den Einzelteilen eines Stövchens erfolgen.

Hierzu wurde die Ausbildungswerkstatt beauftragt, Stövchen anzufertigen.

Das Stövchen nimmt ein handelsübliches Teelicht auf. Die Flamme des Teelichts muss einen ausreichenden Abstand zur Standfläche der Kanne haben, damit diese nicht durch die Flamme an der Unterseite verrußt.

Aufgrund der Verwendung des Stövchens im Umfeld der Zubereitung von Lebensmitteln sollen nur lebensmittelgeeignete Edelstähle als Werkstoff verwendet werden.

Die Fertigung der Einzelteile des Stövchens erfolgt durch spanende Bearbeitung von Halbzeugen oder aus Blechen, die thermisch geschnitten und nachgearbeitet werden.

Aufgabenstellung

2.1 Ermitteln Sie die notwendige Größe der oberen Standfläche, damit handelsübliche Tee- oder Kaffeekannen sicher darauf stehen können.

2.2 Entwickeln Sie zwei Lösungsvarianten für die Gestaltung des Stövchens. Fertigen Sie hierzu maßstabsgerechte Skizzen von Hand an. Beachten Sie hierbei, dass die Wärme auch seitlich entweichen können muss.

2.3 Bewerten Sie Ihre gefundenen Varianten nach Fertigungsaufwand und Gewicht.

2.4 Wählen Sie einen geeigneten Werkstoff aus, der lebensmittelgeeignet ist und sich gut spanend bearbeiten lässt.

2.5 Wählen Sie Ihre optimale Variante aus und erstellen Sie eine Zusammenbauzeichnung.

2.6 Erstellen Sie eine vollständige Stückliste.

2.7 Erstellen Sie zu allen Einzelteilen norm- und fertigungsgerechte Zeichnungen.

LERNSITUATION 3 | Konstruktion einer Spindelpresse

In der Vormontage müssen öfters Teile durch Pressen gefügt werden. Bislang wurde dieser Montageschritt mit einfachen Werkzeugen ausgeführt.

Der Fertigungsleiter hat der Ausbildungswerkstatt den Auftrag erteilt in Ihrer Firma hierfür eine entsprechende Vorrichtung in Form einer einfachen Spindelpresse zu fertigen. Die dafür notwendigen Zeichnungen erstellen die Technischen Produktdesigner.

Die Bedienung der Spindelpresse erfolgt von Hand. Hierzu muss die Vorrichtung auf einem Tisch mit Schrauben für T-Nuten M10 nach DIN 787 befestigt werden können. Die Aufnahme für die Werkstücke und das Druckstück sollen austauschbar sein und eine Grundfläche mit Ø50 mm haben.

Das nachfolgende **Bild** zeigt den prinzipiellen Aufbau einer Spindelpresse.

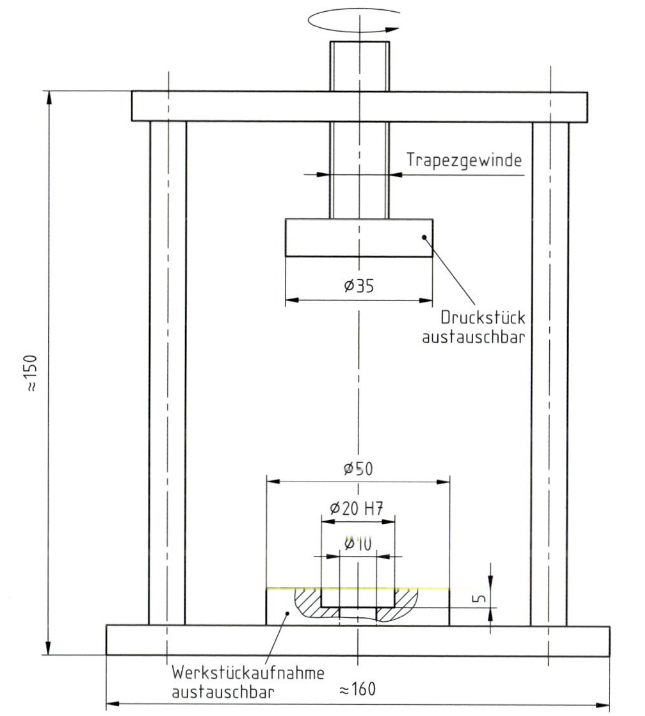

Aufgabenstellung

3.1 Erstellen Sie eine einfache Anforderungsliste, in der alle umzusetzenden Anforderungen an die Spindelpresse aufgeführt sind.

3.2 Entwickeln Sie zwei Lösungsvarianten für die Gestaltung der Spindelpresse. Fertigen Sie hierzu maßstabsgerechte Skizzen von Hand an.

3.3 Bewerten Sie Ihre skizzierten Varianten nach dem Fertigungsaufwand.

3.4 Wählen Sie geeignete Werkstoffe aus.

3.5 Wählen Sie Ihre optimale Variante aus und erstellen Sie davon eine Zusammenbauzeichnung.

3.6 Erstellen Sie eine vollständige Stückliste.

3.7 Erstellen Sie zu allen Einzelteilen norm- und fertigungsgerechte Zeichnungen.

1.2 | ARBEITSABLAUF BEIM ERSTELLEN VON TECHNISCHEN ZEICHNUNGEN

Bei der Auftragsbearbeitung in der Abteilung Konstruktion eines Maschinenbau-Unternehmens ist es sachdienlich, die nachfolgend dargestellten **Arbeitsschritte** zu durchlaufen, um die Aufgabe zielgerichtet und effizient bearbeiten zu können und eine optimale Grundlage für die Produktfertigung zu schaffen **(Bild 1)**:

1. Planung 2. Entwurf 3. Realisierung 4. Dokumentation

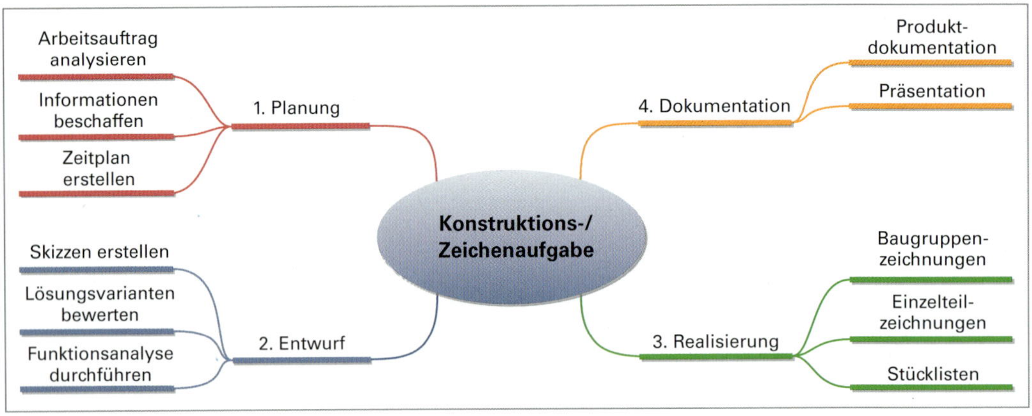

Bild 1: Arbeitsschritte einer Konstruktionsaufgabe

Je nach Art der Aufgabe können die einzelnen Schritte mehr oder weniger umfangreich ausfallen. Treten Fehler auf, muss ein Schritt wiederholt und der Fehler korrigiert werden, um dann in der bewährten Reihenfolge fortzufahren.

1.2.1 | PLANUNG

Die Planung einer technischen Zeichnung umfasst die Arbeitsschritte:

- **Arbeitsauftrag analysieren**, d.h. die Aufgabenstellung lesen und verstehen, Unklarheiten beseitigen, einen auf die Zeichenblattgröße abgestimmten Darstellungsmaßstab auswählen (oder die erforderliche Blattgröße für den gewählten Darstellungsmaßstab) sowie festlegen wie viele und welche Ansichten zur Darstellung des Werkstücks notwendig sind.
- **Informationen beschaffen,** d.h. weitere technische Unterlagen aus Normen, Literatur, Internet und Katalogen entsprechend der Aufgabenstellung zusammenstellen.
- **Zeitplan erstellen** unter Berücksichtigung der Vorgaben des Auftraggebers.

1.2.2 | ENTWURF

Unter dem Begriff Entwurf versteht man die ersten Überlegungen zu einer technischen Zeichnung. Erste Konzepte werden in Form von Handskizzen ausgeführt. Handskizzen lassen sich schnell realisieren und korrigieren, sie sind eine gute Übung für das Freihandzeichnen.

Die in **Bild 1** aufgeführten Teilschritte „Lösungsvarianten bewerten" und „Funktionsanalyse durchführen" kommen bei den ersten Zeichenaufgaben nicht vor, sie werden in Kapitel 4 ab Seite 246 näher erläutert.

Skizzen sind zumeist Freihandzeichnungen, mit Bleistift auf Papier gezeichnet. Die Darstellung und Bemaßung erfolgt von Hand. Ein CAD-Programm kommt nicht zum Einsatz.

1.2.3 | REALISIERUNG

Unter Realisierung wird die Entwicklung der konkreten technischen Zeichnung verstanden. Hierbei sind die entsprechenden Normen zu beachten. Die Arbeitsschritte sind:

- Baugruppenzeichnung entwickeln
- Einzelteilzeichnungen anfertigen
- Stückliste erstellen

> i
>
> Eine **Einzelteilzeichnung** zeigt ein einzelnes Bauteil in den notwendigen Ansichten bzw. Schnitten mit allen für die Fertigung erforderlichen Angaben.
>
> Eine **Baugruppenzeichnung** zeigt die Anordnung und den Zusammenbau mehrerer Einzelteile zu einer Einheit, die meist wieder zerlegt werden kann.
>
> Eine **Stückliste** ist eine strukturierte Auflistung der Einzelteile einer Baugruppe mit Angaben, die zur Herstellung oder zum Kauf der Einzelteile benötigt werden.

1.2.4 | KONTROLLE UND DOKUMENTATION

Hier wird das Arbeitsergebnis nochmal sorgfältig überprüft und ggf. Fehler korrigiert.

- Zeichnerische Darstellung überprüfen
- Bemaßung sowie alle weiteren Angaben kontrollieren
- Dokumentation (z. B. neue Lerninhalte zusammenfassen)
- Ablage der Zeichnungen oder Dateien in einem geeigneten Arbeitsordner

1.3 | TECHNISCHE SYSTEME

Zum Verständnis der Funktion und Wirkungsweise einer Maschine kann sie verallgemeinernd als ein in sich geschlossenes **technisches System** betrachtet werden, in dem ein Hauptprozess abläuft. Der Hauptprozess unterteilt sich in **Teilfunktionen,** die durch die Komponenten des technischen Systems umgesetzt werden.

Eingangsgrößen, wie Energie, Stoffe oder Signale, werden dem technischen System zugeführt. Diese Eingangsgrößen erfahren in der Maschine eine Umsetzung oder eine Umwandlung und verlassen sie anschließend wieder **(Bild 1)**.

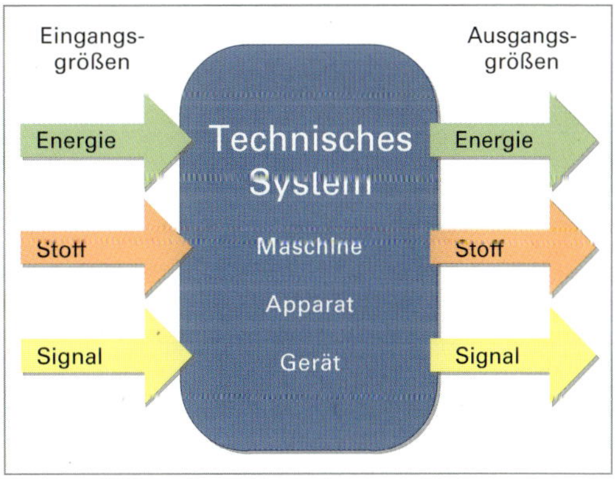

Bild 1: Technisches System

Auf die Umsetzung oder Umwandlung kann der Mensch gezielt Einfluss nehmen. Darüber hinaus wirken unerwünschte Störgrößen aus der Umgebung sowie innerhalb des Systems.

In der Konstruktionslehre wird oft der Begriff **Blackbox** verwendet. Er steht für ein **technisches System mit einer Hauptfunktion**. **Bild 2** zeigt das Schema einer Blackbox.

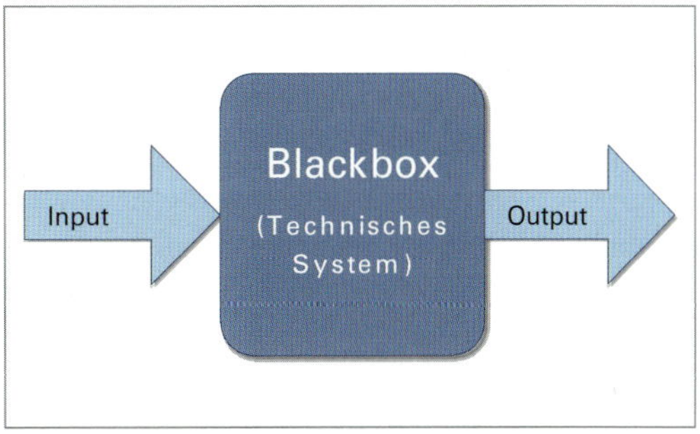

Bild 2: Blackbox

Eingetragen werden die **Eingangs- und Ausgangsgrößen**, d. h. Input und Output der drei Grundgrößen Energie, Stoff und Signal. Nur die Eingangs- und Ausgangsgrößen werden zur Beschreibung von Vorgängen, Funktionen usw. benutzt. Diese Vorgehensweise erleichtert später die Lösungsfindung.

Eine Kaffeemaschine kann als ein in sich geschlossenes technisches System betrachtet werden. Das System hat Ein- und Ausgangsgrößen sowie Umwandlungsprozesse im Inneren **(Bild 1)**.

Mögliche Störgrößen von außen sind z. B. Stromausfall, Verkalkung des Heizsystems durch hohe Wasserhärte, ungeeignete Mengen Kaffeepulver oder Wasser usw.

Um ein komplexes technisches System entwickeln zu können, wird die Hauptfunktion in möglichst einfache **Teilfunktionen** unterteilt. So wird beim Beispiel Kaffeemaschine nicht die ganze Maschine betrachtet, sondern die Teilfunktionen Wasser erhitzen, Wasser speichern, Kaffeepulver speichern usw. Hierfür lassen sich wesentlich leichter konstruktive Lösungen finden und bewerten als für das Gesamtsystem.

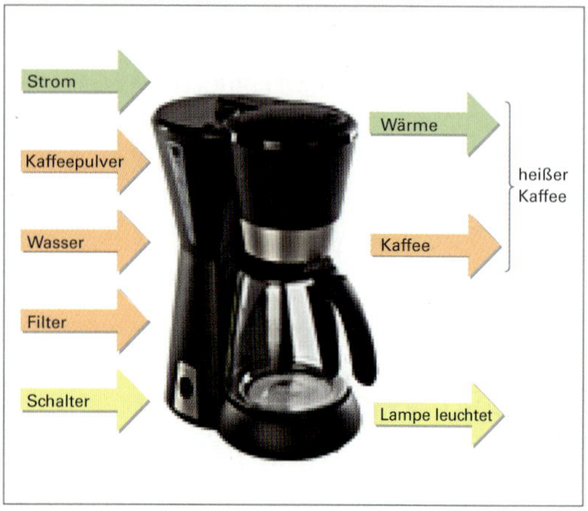

Bild 1: Kaffeemaschine als Beispiel für ein technisches System

> Die **Hauptfunktion** einer Baugruppe wird in einfache **Teilfunktionen** unterteilt.

In den ersten kleinen Baugruppen lassen sich derartige Teilfunktionen erfassen. Dadurch werden die Zusammenhänge der Bauteile untereinander besser verstanden.

1.4 INFORMATIONSBESCHAFFUNG

Einer Konstruktionsaufgabe geht immer eine Aufgabenstellung voraus. Für deren Bearbeitung besteht Informationsbedarf. Gleichzeitig werden Informationen ständig weiterverarbeitet. Da ca. 75 % der Herstellungskosten eines Produktes in der Konstruktionsabteilung festgelegt werden, müssen viele Regeln und Erkenntnisse beachtet werden. Die Konstruktion benötigt ein umfangreiches Informationssystem zu den Materialien, den Fertigungsverfahren, den Montagemöglichkeiten sowie zum Qualitätswesen. Diese wichtigen Informationen finden sich im eigenen Unternehmen, beim Kunden, bei den Zulieferern, dem Hersteller- und Zulieferermarkt und in Veröffentlichungen, wie z. B. Tabellenbücher.

Neben der Informationsbeschaffung ist die Bereitstellung und Handhabung von Informationen ein wichtiger Aufgabenbereich, der einen größeren Anteil der beruflichen Tätigkeit des Technischen Produktdesigners einnimmt. Informationsquellen sind Tabellen- und Fachbücher, Patente, Normen, Vorschriften, Berichte, Fachzeitschriften und Produktkataloge. Die beschafften Informationen müssen stets auf dem aktuellen Stand sein. Auch das Aktualisieren, das Verwalten und das Archivieren von Informationen auf Speichermedien sind Aufgaben, die im Konstruktionsbereich erledigt werden. Sie zählen zu den **indirekten Konstruktionstätigkeiten**. Als **direkte Konstruktionstätigkeit** bezeichnet man die Verarbeitung von Informationen in Konstruktionen sowie das Erstellen von technischen Zeichnungen, Stücklisten und Bauteilbeschreibungen.

Indirekte Konstruktionstätigkeiten sind:
- Die Beschaffung von Informationen
- Das stetige Aktualisieren von Informationen
- Das Verwalten und Archivieren von Informationen

Direkte Konstruktionstätigkeiten sind:
- Die Verarbeitung von Informationen
- Das Erstellen von Konstruktionen und technischen Zeichnungen
- Das Erstellen von Stücklisten
- Das Anfertigen von technischen Dokumentationen wie z. B. Bauteilbeschreibungen

1.4.1 | INFORMATIONSQUELLEN

Wichtige Informationsquellen für konstruktive Aufgaben sind:

Kataloge und Fachliteratur

Neben Produktkatalogen gibt es auch Konstruktionskataloge, die erfahrene Konstrukteure für die systematische Lösungsfindung nutzen. In Tabellenbücher finden sich vielfältige Informationen u.a. zu den Maschinenelementen. Auch in der entsprechenden Fachliteratur, wie Fachzeitschriften und Fachbücher, finden sich Ideen für die konstruktive Umsetzung.

Normen, Richtlinien (DIN, ISO, DIN EN, DIN EN ISO, VDI, VDA, VDE, ...)

Normen sind technische Regelwerke, die den Stand der Technik wiedergeben und jedem konstruktiv tätigen Mitarbeiter bekannt sein müssen. Normen werden vom Deutschen Institut für Normung in Kraft gesetzt. In Europa sind die Normen mit der Abkürzung EN (Europa-Norm) gültig. International haben ISO-Normen (International Organization for Standardization) Gültigkeit. Für Deutschland wird die Norm jeweils durch den Vorsatz DIN (Deutsches Institut für Normung) gekennzeichnet, wie:

- DIN EN (europäische Norm in deutscher Fassung)
- DIN ISO (internationale Norm in deutscher Fassung)
- DIN EN ISO (europäische Norm, die den internationalen Inhalt unverändert beinhaltet und in deutscher Fassung vorliegt)

Normen können Bauteilabmessungen, z.B. von Schrauben, oder Berechnungsvorschriften enthalten, z.B. die Festigkeitsberechnung von Wellen. Auch Merkmale, wie eine Oberflächengüte oder Fertigungsverfahren werden in Normen definiert.

Manche Firmen haben auch eine eigene Werksnorm, um für die Belange der Firma einen eigenen Standard zu schaffen. So wird manchmal z.B. die Vielfalt der in einer Norm zur Verfügung stehenden Größen und Längen einer Schraube durch die Werksnorm eingeschränkt, um die Lagerhaltung und damit die Kosten zu minimieren.

> i
>
> Die **DNV GL Group** ist ein Zusammenschluss des ehemaligen germanischen Lloyds und des Konkurrenten Det Norske Veritas.
>
> Tätigkeitsschwerpunkt: Beratung von Firmen in den Bereichen Schifffahrt, Gas und Öl.

Auch Verbände wie der VDI (Verein Deutscher Ingenieure), der VDA (Verband der Automobilindustrie), der VDE (Verband Deutscher Elektrotechniker) oder die DNV GL Group geben Richtlinien heraus, die zu beachten sind und den Charakter einer Norm haben.

Konstruktionsrichtlinien

Firmen formulieren oftmals zur Kostenoptimierung Konstruktionsrichtlinien oder Anweisungen. Beispiele sind Anweisungen zum Handling des CAD-Programms, Vorgaben zur Benennung und Ablage der Dateien, fertigungstechnische Richtlinien oder Hinweise zur Montage.

Konstruieren erfordert und produziert eine große Menge an Informationen. Die erforderlichen Informationen müssen verarbeitet und aufgearbeitet weitergegeben werden. Dies bedeutet, dass der Konstrukteur für die Beschaffung und die Weitergabe der aktuellen Information verantwortlich ist. Daneben muss das eigene Wissen aktuell gehalten werden. Viele Firmen haben ausschließlich Produkte, die nicht älter als fünf Jahre sind, woran man erkennt, wie schnell Wissen veraltet und wie wichtig es ist, auf dem aktuellen Stand zu bleiben.

1.5 GRUNDLAGEN DER TECHNISCHEN KOMMUNIKATION

Werden Informationen zur Herstellung oder Veränderung eines Produktes ausgetauscht, spricht man von technischer Kommunikation.

1.5.1 ZIELE UND BEDEUTUNG DER TECHNISCHEN KOMMUNIKATION

Die technische Kommunikation hat das Ziel, alle Bereiche der Firma mit den notwendigen Informationen für die Herstellung oder Veränderung eines Produktes zu versorgen. Technische Kommunikation ist nicht nur innerbetrieblich zu sehen, sondern auch als Interaktion zwischen Betrieb und Kunden. Um dies zu erreichen, müssen die erforderlichen Informationen zum richtigen Zeitpunkt am richtigen Ort und fehlerfrei sein.

1.5.2 ARTEN DER TECHNISCHEN KOMMUNIKATION

Die Arten der technischen Kommunikation sind sehr vielseitig. Sie richten sich nach der Produktionsart und Struktur des Betriebs. Zu den wesentlichen Arten der technischen Kommunikation zählen technische Zeichnungen und Stücklisten. Meistens werden diese Informationen per EDV zur Verfügung gestellt und abgespeichert. Werden die Informationen erneut gebraucht, stehen sie so schnell wieder zur Verfügung. Handskizzen sind gleichfalls ein wichtiges Kommunikationsmittel. Als Diskussionsgrundlage, für eine Ideenfindung oder für eine Maßaufnahme in der Werkstatt ist die Fähigkeit, eine saubere und gut lesbare Handskizze erstellen zu können, unerlässlich. Wesentliche Handskizzen werden durch Scannen digitalisiert und archiviert. Bei der Modellierung eines Bauteils mit einem 3D-CAD-Programm spricht man ebenfalls von Skizzen, sie sind die Basis des 3D-Modells.

Technische Zeichnungen

Die nachfolgende Tabelle zeigt die üblichen Arten von technischen Zeichnungen, die in DIN EN ISO 10209 definiert sind, in alphabetischer Reihenfolge.

Tabelle 1: Arten technischer Zeichnungen

Benennung	Erklärung
Anordnungszeichnung	Stellt die Teile in ihrer Lage zueinander dar, wird bei größeren Maschinen oder Anlagen benötigt.
Baugruppenzeichnung	Zeichnung, die Gruppen oder Teile vollständig darstellt, dies kann auch eine ganze Anlage oder Maschine sein.
CAD-Zeichnung	Zeichnung, die mit einem CAD-Programm dargestellt oder über einen Drucker oder Plotter ausgegeben wird.
Diagramm	Dokument mit bildlichen Informationen als Tabelle, als grafische Darstellung oder als Schema.
Einzelteilzeichnung	Stellt ein Einzelteil mit allen Informationen dar.
Fertigungszeichnung	Zeichnung, in der alle für die Fertigung des Teils notwendigen Informationen enthalten sind.
Maßzeichnung	Zeichnung, die die erforderlichen Maße für die Montage oder Fertigung enthält.
Skizze	Eine freihändig oder in einem CAD-System erstellte, nicht zwangsläufig maßstäbliche Zeichnung.
Technische Zeichnung	Technische Informationen, die meist maßstäblich nach vereinbarten Regeln grafisch auf einem Informationsträger dargestellt sind.
Zusammenbauzeichnung	Zeichnung zur Erklärung der Form, der räumlichen Lage sowie der Anzahl der Teile.

Fertigungszeichnungen und Zusammenbauzeichnungen

Die beiden wichtigsten Zeichnungen, die in der Konstruktionsabteilung erstellt werden, sind die **Fertigungszeichnung** und die **Zusammenbauzeichnung**.

> Die **Fertigungszeichnung** enthält alle für die Herstellung erforderlichen Angaben.
>
> Die **Zusammenbauzeichnung** wird oftmals auch als **Gesamtzeichnung** bezeichnet. Sie zeigt die Anordnung der Teile zueinander und die Anzahl der verbauten Teile.

In **Tabelle 1** werden die grundlegenden Merkmale dieser Zeichnungsarten einander gegenüber gestellt.

Tabelle 1: Merkmale von Fertigungs- und Zusammenbauzeichnung

Fertigungszeichnung	Zusammenbauzeichnung
▌ Vollständige Darstellung der geometrischen Gestalt ▌ Alle erforderlichen Maße ▌ Zulässige Toleranzen und Abweichungen in Form und Lage ▌ Angaben zur Oberflächengüte ▌ Halbzeug und Werkstoff ▌ Zusätzliche Angaben, wie Fertigungsverfahren oder Prüfverfahren	▌ Darstellung der Einzelteile im Zusammenbau ▌ Darstellung des Zusammenwirkens der Einzelteile untereinander mit den entsprechenden Abhängigkeiten ▌ Alle Informationen über die Einzelteile durch die zugehörige Stückliste ▌ Evtl. Hauptabmessungen und Anschlussmaße der Baugruppe

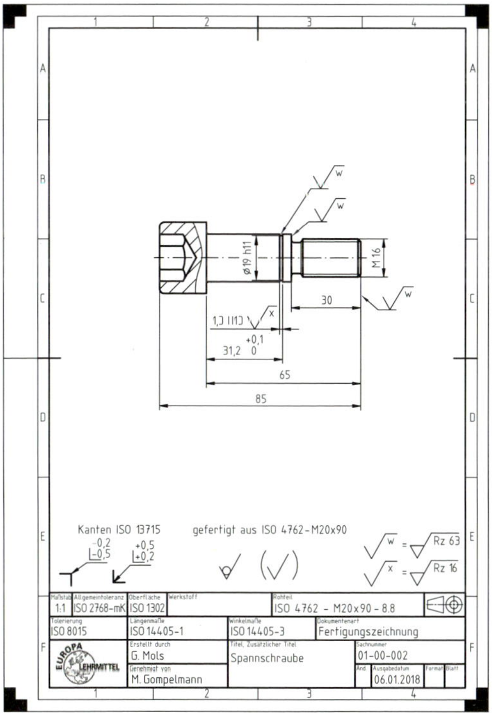

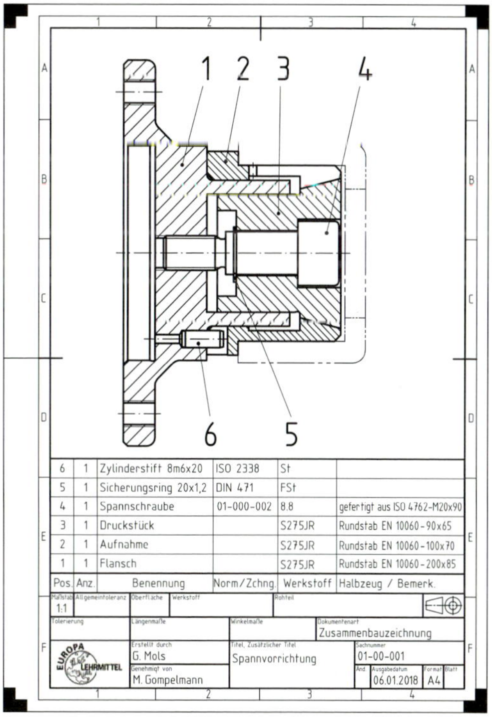

Stücklisten

In einer **Stückliste** sind alle dem Produkt zugehörigen Teile unter Angabe von Benennung, Menge und Einheit angegeben. Es gibt eine Vielzahl unterschiedlicher Arten von **Stücklisten**. Die einfachste Art ist die Konstruktionsstückliste, meist einfach Stückliste genannt. Sie enthält alle erforderlichen Informationen, um die Teile zu fertigen oder zu kaufen. Einzelteile, die gefertigt werden müssen, sind in der Stückliste mit einer Zeichnungsnummer oder einer Identifikationsnummer aufgeführt, Normteile enthalten die vollständige Normangabe und Kaufteile die zur Bestellung erforderlichen Informationen.

> Die **Stückliste** ist genauso wichtig wie die technische Zeichnung. Erst durch die Kombination aus Zusammenbauzeichnung, Stückliste und Fertigungszeichnungen lässt sich ein Produkt herstellen und montieren.

Das Stücklistenformat ist nicht verbindlich in der Normung festgeschrieben. Viele Firmen haben ihre eigenen Stücklistenformate mit den Merkmalen, die für ihre Zwecke wichtig sind. Die wichtigen Grunddaten, wie Positionsnummer, Anzahl, Benennung oder Werkstoff sind in allen Firmenstücklisten angegeben. **Tabelle 2** zeigt die wichtigsten Stücklistenarten, die in den meisten Firmen verwendet werden.

Tabelle 2: Arten von Stücklisten

Benennung	Erklärung
Fertigungsstückliste	Stückliste, die in ihrem Aufbau und Inhalt den Interessen der Fertigung entspricht.
Kalkulationsstückliste	Stückliste, die erweiterte Angaben zur Kostenrechnung enthält.
Konstruktionsstückliste	Stückliste, die in der Konstruktion im Zusammenhang mit den zugehörenden Zeichnungen erstellt wird.
Strukturstückliste	Stücklistenform, die die Produktstruktur mit allen Baugruppen und Teilen zeigt, wobei jede Baugruppe mit allen Einzelteilen aufgeführt ist.
Stückliste	Allgemeiner Begriff für eine Liste eines Produktes, die alle dem Produkt zugehörigen Teile beinhaltet.

Ist eine Zusammenbauzeichnung übersichtlich und enthält nicht so viele Teile, wird die Stückliste oft direkt auf der Zeichnung platziert. Durch die CAD-Programme wird die Stückliste gleich miterzeugt. Natürlich besteht auch die Möglichkeit, sie in einem gesonderten Dokument abzubilden.

Auf Seite 23 ist ein Beispiel für eine Fertigungszeichnung, eine Zusammenbauzeichnung mit der dazugehörigen Stückliste dargestellt. Das Beispiel zeigt einen einfachen Anschlagwinkel, der aus zwei Teilen besteht, einem Anschlag und einem Winkel. Die beiden Teile sind über drei gleiche Schrauben miteinander verschraubt.

Das linke **Bild**, **Seite 23**, zeigt den montierten Anschlagwinkel als Zusammenbauzeichnung mit Stückliste. Die jeweiligen Einzelteile werden über eine Hinweislinie mit Positionszahl gekennzeichnet. Die Positionszahlen sind in der Stückliste als eigene Spalte enthalten. So erfolgt eine eindeutige Zuordnung zwischen Gesamtzeichnung und Stückliste. Unten rechts ist noch die 3D-Ansicht des Zusammenbaus als Bild angefügt, was oft zur Anschaulichkeit gemacht wird, jedoch nicht genormt ist. Das rechte **Bild**, **Seite 23**, zeigt den Anschlag als Fertigungszeichnung. Die Zeichnung beinhaltet Informationen zu Maßen, Oberflächengüten (rau oder glatt), Toleranzen und Form des Bauteils (parallel, rechtwinklig).

> **Maße** werden im Maschinenbau in der Maßeinheit Millimeter (mm) eingetragen, die Maßzahl steht einheitenlos in der Zeichnung. Wird eine andere Maßeinheit verwendet, muss die Einheit angegeben werden.

Auf der Zusammenbauzeichnung findet sich die Stückliste, in der die Informationen für die Fertigung und den Einkauf enthalten sind.

Zusammenbauzeichnung Anschlagwinkel	Einzelteilzeichnung Winkel

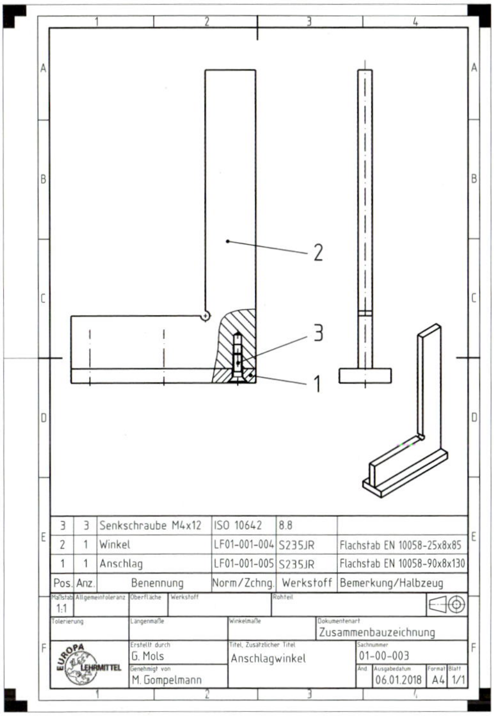

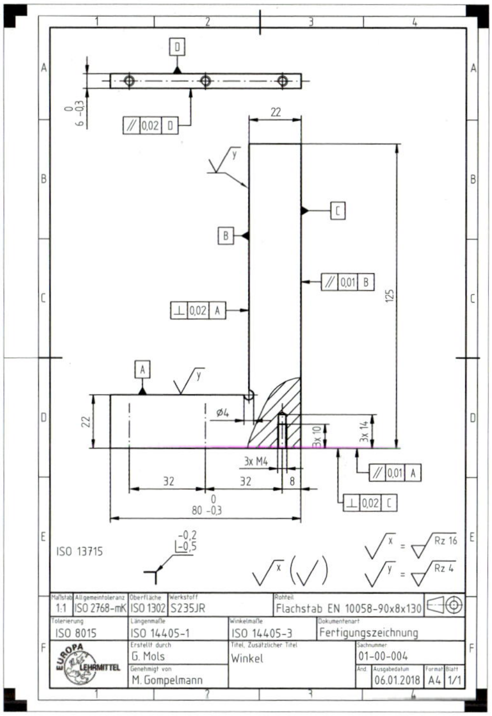

AUFGABEN | WIEDERHOLUNG UND VERTIEFUNG

1. In welchen Arbeitsschritten wird eine Aufgabe strukturiert und zielorientiert bearbeitet?
2. Nennen Sie Teilschritte, die unter dem Begriff „Planung" verstanden werden.
3. Erläutern Sie den Begriff „technisches System".
4. Erläutern Sie den Begriff „Teilfunktion".
5. Nennen Sie mögliche Informationsquellen für die Konstruktionsarbeit.
6. Nennen Sie:
   a) Beispiele für Normen, die ausschließlich in Deutschland Gültigkeit haben,
   b) Beispiele für Normen, die in Europa gelten,
   c) Beispiele für Normen, die internationale Gültigkeit haben.
7. Nennen Sie das Ziel der technischen Kommunikation.
8. Nennen und erläutern Sie acht Arten von technischen Zeichnungen.
9. Welche Aufgabe hat die Stückliste, die zu einer Zusammenbauzeichnung gehört?
10. Nennen Sie je drei Merkmale einer Fertigungszeichnung und einer Zusammenbauzeichnung.

Lernfeld 1

1.6 NORMVORGABEN ZUR ERSTELLUNG TECHNISCHER ZEICHNUNGEN

Bei der Erstellung technischer Zeichnungen ist ein sehr umfangreiches Normenwerk zu beachten. Der Sinn liegt in der Vereinheitlichung der Zeichnungen, sodass sie überall gelesen und verstanden werden.

1.6.1 ZEICHNUNGSVORDRUCK UND SCHRIFTFELD

Wird eine technische Zeichnung begonnen, wählt man ein Zeichenblatt aus, das sich nach der Größe der notwendigen Ansichten und damit nach dem Zeichnungsmaßstab richtet.

In DIN EN ISO 216 sind die Papierendformate festgelegt. Basis ist ein Rechteck mit einer Fläche von 1 m^2. Durch Halbierung der langen A0-Seite entsteht die kleinere A1-Blattgröße, deren Fläche 0,5 m^2 beträgt. Somit stehen die Flächen der Blattformate A0 und A1 im Verhältnis 2:1 zueinander. Das nächst kleinere Blattformat ergibt sich stets aus der Halbierung der vorherigen Blattgröße. **Bild 1** stellt diesen Zusammenhang bildlich dar.

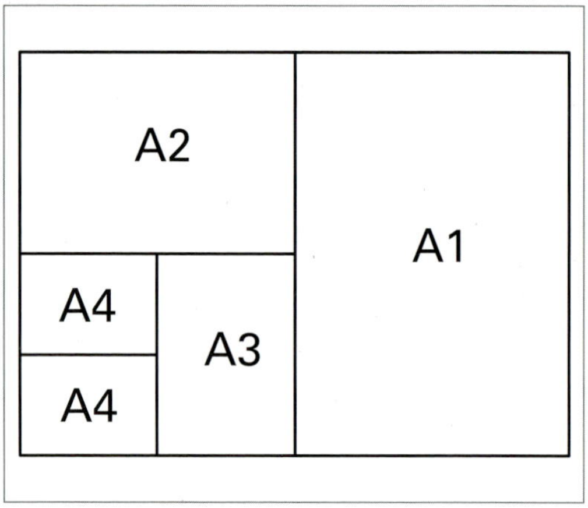

Bild 1: Aufteilung der Blattgrößen

Die Seitenlängen eines Blattformats stehen mit einem Faktor untereinander im Verhältnis, sodass sich die Abmessungen der verschiedenen Blattformate ergeben. Bei dem Blattformat A4 beträgt die Länge der kurzen Seite 210 mm. Multipliziert mit $\sqrt{2}$ ergibt sich die lange Seite zu 297 mm. Die Maße der jeweiligen Blattformate stehen im Tabellenbuch. Das Blattformat A4 wird meist im Hochformat benutzt, alle anderen im Querformat.

Der **Zeichnungsrahmen** besteht aus:

- dem beschnittenen Zeichnungsformat
- dem Zeichnungsrahmen mit Feldeingangsrahmen, der die eigentliche Zeichenfläche begrenzt
- den Kennzeichnungen zum Schneiden
- den Mittelmarkierungen
- dem Schriftfeld

Bild 2 zeigt die Bezeichnungen eines **Zeichnungsvordrucks** am Beispiel des A4-Blattes im Hochformat mit den entsprechenden Bezeichnungen.

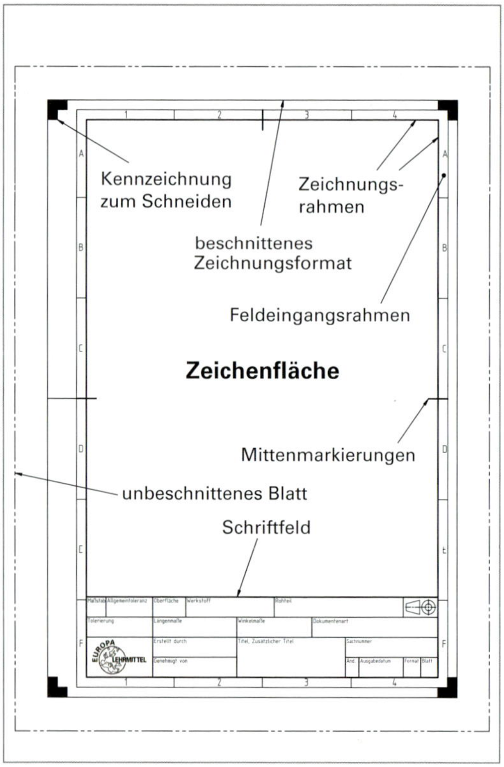

Bild 2: Zeichnungsvordruck eines A4-Blattes

Das **Schriftfeld** ist in DIN EN ISO 7200 festgelegt. In unterschiedlichen Feldern werden Daten wie Zeichnungsersteller, Zeichnungsname, Zeichnungsnummer usw. eingetragen. Im Schriftfeld finden sich auch Informationen, die die Zeichnung direkt betreffen, wie z.B. Angaben zu Allgemeintoleranzen, zur Oberflächengüte oder zum Maßstab. Alle Textangaben in dem Schriftfeld haben die **Schrifthöhe 3,5 mm** und eine Linienstärke von 0,35 mm, wenn die Liniengruppe 0,5 verwendet wird.

Die in rot bezeichneten Bereiche des Schriftfelds sind verbindlich in ihren Inhalten vorgeschrieben, siehe **Bild 1**. Andere sind offen gehalten, sodass je nach Betrieb die Schriftfelder unterschiedlich aussehen können.

Das Schriftfeld in **Bild 1** wurde auf die Bedürfnisse der Ausbildung abgestimmt. Das Schriftfeld in der technischen Zeichnung ist stets vollständig in der entsprechenden Schrifthöhe auszufüllen. Dies gilt sowohl für Zeichnungen von Hand als auch für CAD-Zeichnungen.

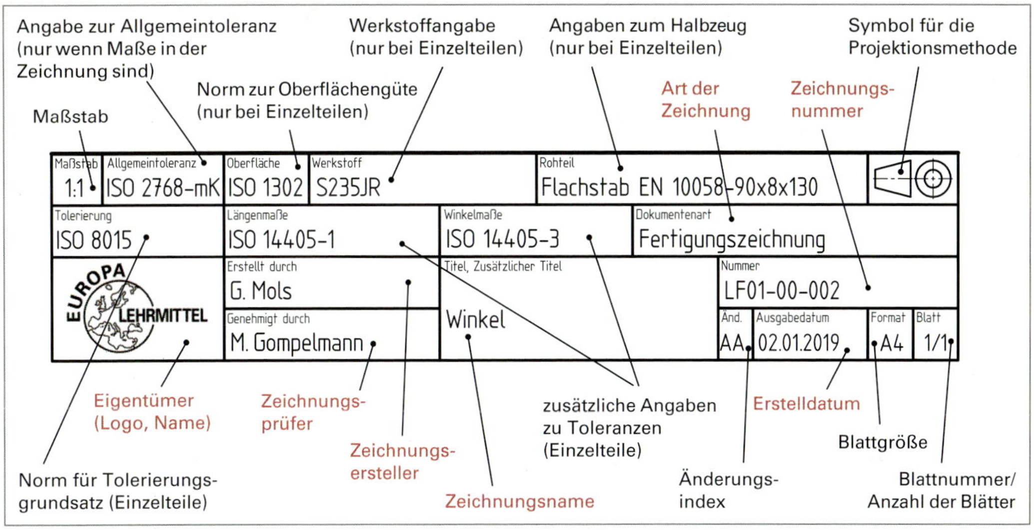

Bild 1: Schriftfeld des Einzelteils Winkel aus der Baugruppe Anschlagwinkel

Die Zeichnungsvordrucke sind bei den CAD-Programmen als sogenannte **Vorlagen** verfügbar.

1.6.2 | MAẞSTÄBE

Mit einem 3D-CAD-Programm wird jedes Bauteil auf der 3D-Oberfläche im Maßstab 1:1 erstellt. Die Bauteile werden genau so groß modelliert, wie sie in Wirklichkeit sind. Man bezeichnet dies als **natürlichen Maßstab**.

Wird eine 2D-Zeichnung aus einem 3D-Modell abgeleitet, lassen sich nicht immer alle Einzelteile und alle Baugruppen im natürlichen Maßstab 1:1 darstellen. Die Darstellung muss verkleinert werden, wenn z. B. ein Kraftfahrzeug gezeichnet werden soll. Werden kleine Bauteile, z. B. aus der Mikrotechnik gezeichnet, muss die Darstellung vergrößert werden, damit Details erkennbar sind.

Maßstäbe für technische Zeichnungen im Maschinenbau sind genormt. Es gibt u. a. folgende Maßstäbe:

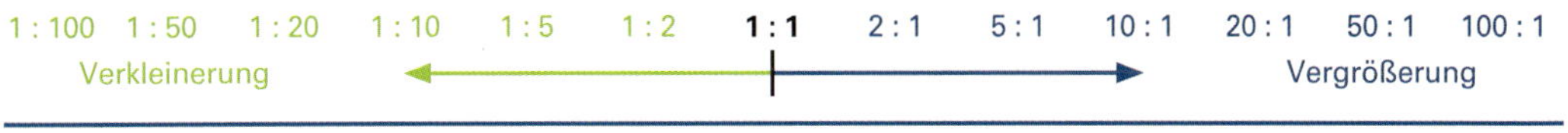

Der Maßstab 1:20 bedeutet, dass 1 mm auf der Zeichnung 20 mm in der Realität entsprechen, bei einer Vergrößerung von 5:1 entsprechen 5 mm auf der Zeichnung 1 mm in der Wirklichkeit. 1:X steht also für eine Verkleinerung und X:1 für eine Vergrößerung. Es gibt weitere Maßstäbe zur Verkleinerung oder Vergrößerung, die aber im Maschinenbau eher selten sind.

> Der **Maßstab einer technischen Zeichnung** muss immer auf den darzustellenden Sachverhalt abgestimmt sein.

1.6.3 | LINIENARTEN UND -BREITEN

Das wichtigste Element in einer technischen Zeichnung sind Linien. Das Einzelteil und der Zusammenbau werden durch Linien dargestellt.

Die in einer technischen Zeichnung verwendeten **Linienarten** sind in DIN ISO 128 genormt. In der Normung werden 15 verschiedene **Grundarten von Linien** unterschieden, denen keine Linienbreite zugeordnet ist, da sie als Grundlage dienen (**Tabelle 1**, Auszug aus der Norm).

Tabelle 1: Grundarten von Linien (Auszug)	
	Volllinie
	Strichlinie
	Strich-Punkt-Linie
	Strich-Zweipunkt-Linie

Die möglichen Linienbreiten sind in **Liniengruppen** eingeteilt. Die bevorzugten Liniengruppen für technische Zeichnungen sind nach Norm die Liniengruppe 0,5 und die Liniengruppe 0,7.

In technischen Zeichnungen kommen für die Darstellung des Einzelteils oder des Zusammenbaus nur zwei Linienbreiten vor, eine schmale und eine breite Linie. Das Verhältnis von breiter zu schmaler Linie beträgt 2 : 1. Das bedeutet, dass bei der Verwendung der **Liniengruppe 0,5** alle breiten Linien die Strichstärke von 0,5 mm haben und alle schmalen Linien die Strichstärke von 0,25 mm. Technische Zeichnungen enthalten auch Schriftzeichen, grafische Symbole und Maßzahlen. Das Verhältnis der Strichstärke der breiten Linie zur Strichstärke der grafischen Symbole beträgt ca. $\sqrt{2}$. Schriftzeichen, grafische Symbole und Maßzahlen haben somit innerhalb der Liniengruppe 0,5 die Linienbreite von 0,35 mm.

Durch die Kombination von Grundarten von Linien und Liniengruppe ergeben sich somit die für die Darstellung erforderlichen Linienarten in einer technischen Zeichnung. Ihre Anwendung erfolgt nach festgelegten Regeln. **Bild 1** zeigt als Beispiel ein Einzelteil einer technischen Zeichnung bei Verwendung der Liniengruppe 0,5.

Zwei parallele Linien sollen in einer technischen Zeichnung einen Abstand von mind. 0,7 mm haben. Bei CAD-Zeichnungen ist das aber nicht realisierbar, denn vorhandene Geometrie soll nicht manipuliert werden **(siehe ⑤ in Bild 1)**.

Kreuzen sich zwei Linien, so sollen sie sich in den Strichen (Strichlinie, Strich-Punkt-Linie, Strich-Zweipunkt-Linie) kreuzen, was bei CAD-Zeichnungen nicht beeinflusst werden kann, aber bei Handzeichnungen zur Anwendung kommt **(siehe ⑦ in Bild 1)**.

Die Einzelteilzeichnung des Anschlagswinkels **(Bild 1)** zeigt die grundlegenden Linienarten. Eine breite Linie hat eine Strichstärke von 0,5 mm und eine schmale Linie eine Strichstärke von 0,25 mm bei Verwendung der Liniengruppe 0,5. Die durch Zahlen gekennzeichneten Linien bedeuten:

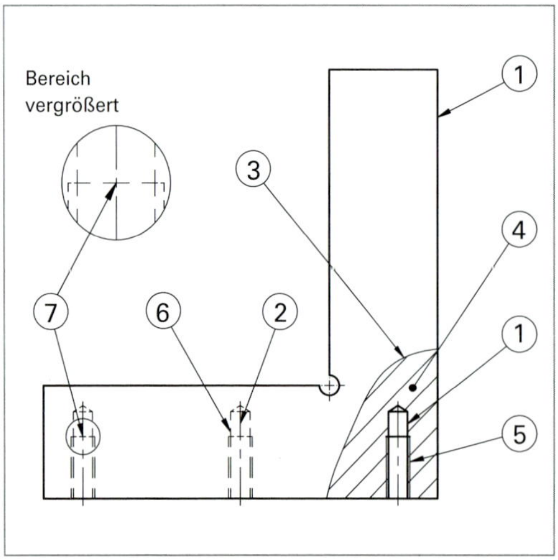

Bild 1: Linien in technischen Zeichnungen

① sichtbare Körperkanten und Umrisse als breite Volllinie (0,5 mm)

② Mittellinien als schmale Strichpunktlinie (0,25 mm)

③ Begrenzungslinie als schmale „Freihand"-Volllinie (0,25 mm)

④ Schraffur als schmale Volllinie (0,25 mm)

⑤ Gewindenenndurchmesser als schmale Volllinie (0,25 mm)

⑥ verdeckte Kanten als schmale Strichlinie (verdeckte Kanten werden nur dann eingezeichnet, wenn sie zur eindeutigen Darstellung notwendig sind) (0,25 mm)

1.7 | BAUTEILE IN ANSICHTEN UND SCHNITTEN NORMGERECHT DARSTELLEN

Um ein Bauteil in einer Zeichnung abzubilden sind **Ansichten** erforderlich. Damit jeder versteht, welche Ansichten sich auf der Zeichnung befinden, gibt es Regeln, welche Ansichten gezeichnet werden und wie die Ansichten zueinander stehen. Die Ansichten haben Bezeichnungen, die mit der Blickrichtung auf das Bauteil zusammenhängen. So spricht man von der **Vorderansicht**, der **Seitenansicht** und der **Draufsicht** oder auch der **Unteransicht**.

1.7.1 | ANSICHTEN

Die **Vorderansicht** ist die **Hauptansicht eines Bauteils** oder einer Baugruppe. Die Ansicht eines Werkstücks oder einer Baugruppe wird als Vorderansicht gewählt, aus der man die meisten Formen sichtbar erkennen kann. Man spricht auch von der Gebrauchslage oder der Hauptansicht. Bei Drehteilen ist die Vorderansicht die Hauptfertigungslage des Werkstücks. In **Bild 1** ist die Vorderansicht (VA) blau dargestellt. Aus der Vorderansicht leiten sich die anderen Ansichten ab.

Die **Draufsicht** (DS) entsteht, wenn man den Körper bezogen auf die Vorderansicht von oben betrachtet. In **Bild 1** ist die DS orange gezeichnet. Bei der **Seitenansicht** wird die Seitenansicht von links (SL) betrachtet und auf der rechten Seite neben der Vorderansicht platziert. In **Bild 1** ist die SL rot gezeichnet.

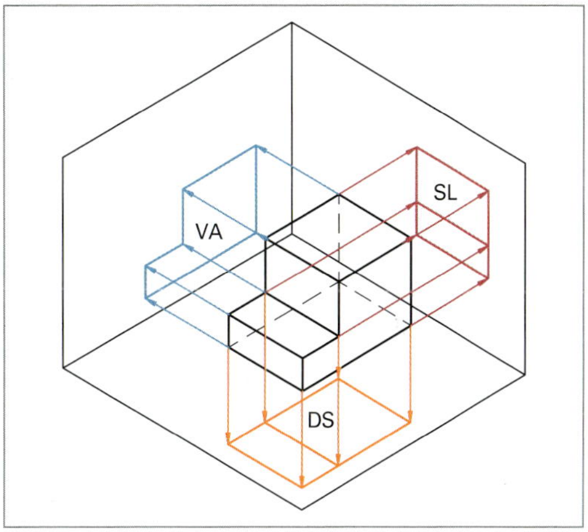

Bild 1: Entwicklung der Ansichten eines Bauteils

Kriterien für die Wahl der Vorderansicht

- Die Vorderansicht ist die Ansicht, in der die meisten Informationen über Form und Abmessungen sichtbar sind.
- Die Vorderansicht entspricht bei Drehteilen der Hauptfertigungslage. Die Drehachse liegt horizontal und die meisten Arbeitsgänge werden von rechts ausgeführt.
- Die Vorderansicht entspricht der Gebrauchslage, d. h., steht ein Werkstück, wird es stehend und nicht liegend gezeichnet.

1.7.2 | PROJEKTIONSMETHODE

Die **Projektionsmethode** verdeutlicht, wie die Ansichten in der technischen Zeichnung angeordnet werden. Im europäischen Raum wird die **Projektionsmethode 1** verwendet.

Bei der Projektionsmethode 1 wird die Seitenansicht von links rechts neben der Vorderansicht gezeichnet.

Im amerikanischen Raum gilt die **Projektionsmethode 3**. Dabei wird die Seitenansicht von links, links neben der Vorderansicht gezeichnet. Um deutlich zu machen, nach welchem Verfahren die Ansichten projiziert werden, wird das entsprechende Symbol im oder über dem Schriftfeld gesetzt. **Bild 2** zeigt die Symbolik der beiden Verfahren.

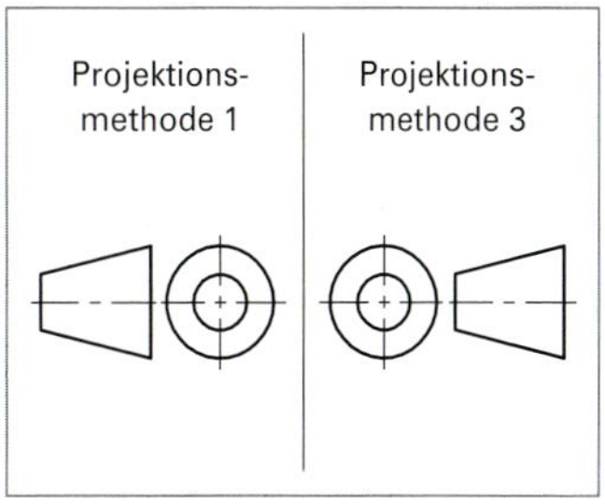

Bild 2: Symbole für Projektionsmethoden

1.7.3 | ANORDNUNG VON ANSICHTEN

Um Werkstücke in einer technischen Zeichnung in ihrer geometrischen Gestalt abzubilden, werden Ansichten gezeichnet.

Ausgehend von der Vorderansicht und z.B. der Seitenansicht von links kann die Draufsicht über die **Dreitafelprojektion** entwickelt werden.

In **Bild 1** ist dies optisch dargestellt. Das dargestellte Werkstück entspricht dem dreidimensional dargestellten Körper in **Bild 2**. Um die Körperkanten von der SL in die DS zu übertragen, bedient man sich einer unter 45° stehenden **Projektionslinie**, die nach Fertigstellung der Zeichnung wieder entfernt wird. Gleiches gilt für die horizontalen und vertikalen Projektionslinien.

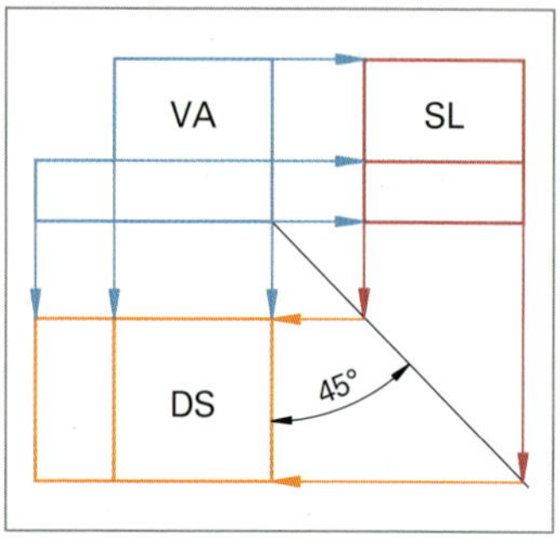

Bild 1: Dreitafelprojektion

Es müssen nur so viele Ansichten gezeichnet werden wie erforderlich sind, um die Form eindeutig darzustellen. Es gibt Werkstücke, bei denen zur eindeutigen Darstellung eine oder zwei Ansichten ausreichen. Bei Rundteilen reicht oft eine Ansicht aus, die Vorderansicht.

Kompliziertere Werkstücke lassen sich oftmals nicht allein durch drei Ansichten eindeutig darstellen. Zur Verfügung stehen noch die Unteransicht (US), die Rückansicht (RA) und die Seitenansicht von rechts (SR) **(Bild 2)**.

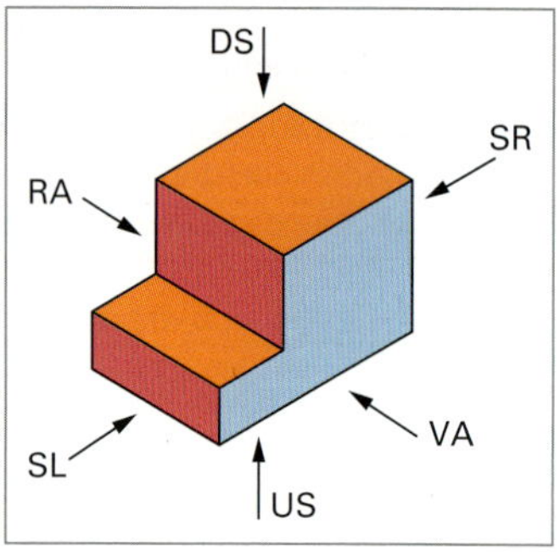

Bild 2: Ansichten

Die Blickrichtung aller sechs Ansichten zeigt **Bild 3**, man spricht hier von einer **Sechstafelprojektion**.

Die Ansichten werden auf der Zeichnungsvorlage gleichmäßig verteilt. Großer Wert ist auf die Übersichtlichkeit der Darstellung zu legen.

Die **Pfeilmethode** dient dazu, eine Ansicht zu zeichnen, die nicht der Regel der Projektionsmethode 1 folgt. Die Lage der Ansicht wird über einen Pfeil, der in Blickrichtung zeigt, und einem Buchstaben gekennzeichnet **(Bild 4)**. Der Großbuchstabe wird eine Schriftgröße größer als die Schriftgröße der Bemaßung geschrieben. Bei Liniengruppe 0,5 beträgt die Schrifthöhe des Großbuchstabens 5 mm und die Strichstärke 0,5 mm. Der Pfeil schließt einen Winkel von 30° ein, hat die 1,5-fache Länge der Maßpfeile und die Strichstärke 0,5 mm.

Die gezeichnete Pfeilansicht wird mit dem gleichen Buchstaben gekennzeichnet, sodass eine eindeutige Zuordnung möglich ist. Mit dieser Methode können z.B. Ansichten in ihrer wahren Länge gezeichnet werden.

Durch die 3D-CAD-Programme rückt diese zeichnerische Aufgabe in den Hintergrund, weil sich die Ansichten in der 2D-Zeichnung aus 3D-Modellen ableiten lassen. Trotzdem ist es notwendig, diese Verfahren zu kennen und auch zu beherrschen.

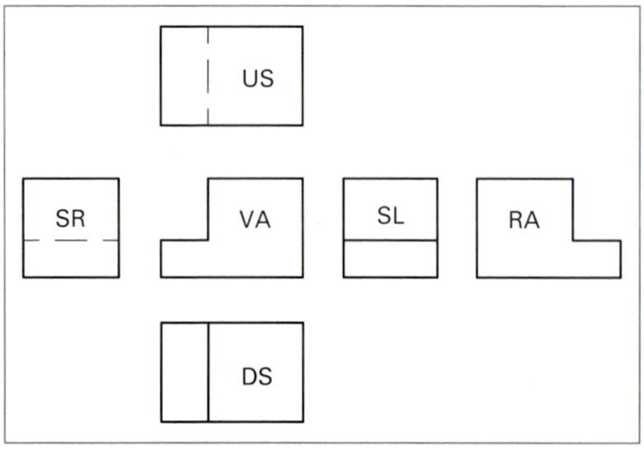

Bild 3: Sechstafelprojektion

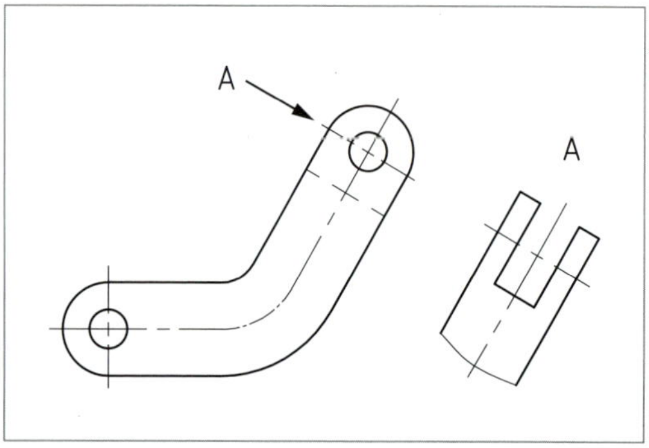

Bild 4: Pfeilansicht

Zeichenregeln für die Erstellung von Ansichten

- Die Wahl der Zeichnungsblattgröße richtet sich nach der Darstellungsgröße des Werkstücks und der Anzahl der notwendigen Ansichten.
- Es wird ein geeigneter Maßstab zur Darstellung des Werkstücks ausgewählt, der gewährleistet, dass die Geometrien gut erkennbar sind.
- Die Vorderansicht soll entweder die meisten sichtbaren Formen erkennen lassen, oder der Gebrauchslage bzw. der Fertigungslage entsprechen.
- Nur eine Projektionsmethode wird verwendet, bevorzugt die Projektionsmethode 1. Das entsprechende Symbol wird auf dem Zeichnungsvordruck platziert.
- Nur so viele Ansichten werden gezeichnet, wie zur eindeutigen Darstellung der Werkstückgeometrie erforderlich sind.
- Die Ansichten werden auf dem Blatt so verteilt, dass eine gleichmäßige Blattaufteilung entsteht. Hierbei auf bestmögliche Übersicht achten.
- Verdeckte Kanten werden nur eingezeichnet, wenn sie zur eindeutigen Darstellung erforderlich sind.
- Das Schriftfeld wird immer vollständig ausgefüllt (Schriftgröße 3,5 mm, Linienstärke 0,35 mm).
- Für Linienarten und Linienstärken gilt:
  - breite Volllinien für die Darstellung von Körperkanten und Umrissen (0,5 mm bei Liniengruppe 0,5)
  - schmale Volllinien zum Zeichnen von Lichtkanten und Begrenzungslinien bei Teilschnitten (0,25 mm bei Liniengruppe 0,5)
  - schmale Strichlinien zur Darstellung von verdeckten Kanten (0,25 mm bei Liniengruppe 0,5)
  - schmale Strich-Punkt-Linien für das Zeichnen von Symmetrie- und Mittellinien (0,25 mm bei Liniengruppe 0,5)

BEISPIEL 1.1 | Ansichten eines Bauteils zeichnen

Von dem Prisma sind die erforderlichen Ansichten zu zeichnen. Aufgrund der geringen Größe im Maßstab 2:1.

(Die Maße in der nebenstehenden Zeichnung sind nicht nach den geltenden Regeln eingetragen, sondern dienen allein dazu, das Werkstück aufzeichnen zu können.)

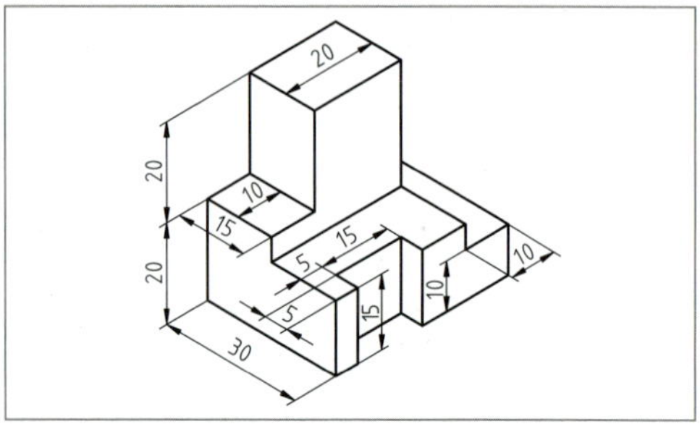

Lösungsvorschlag

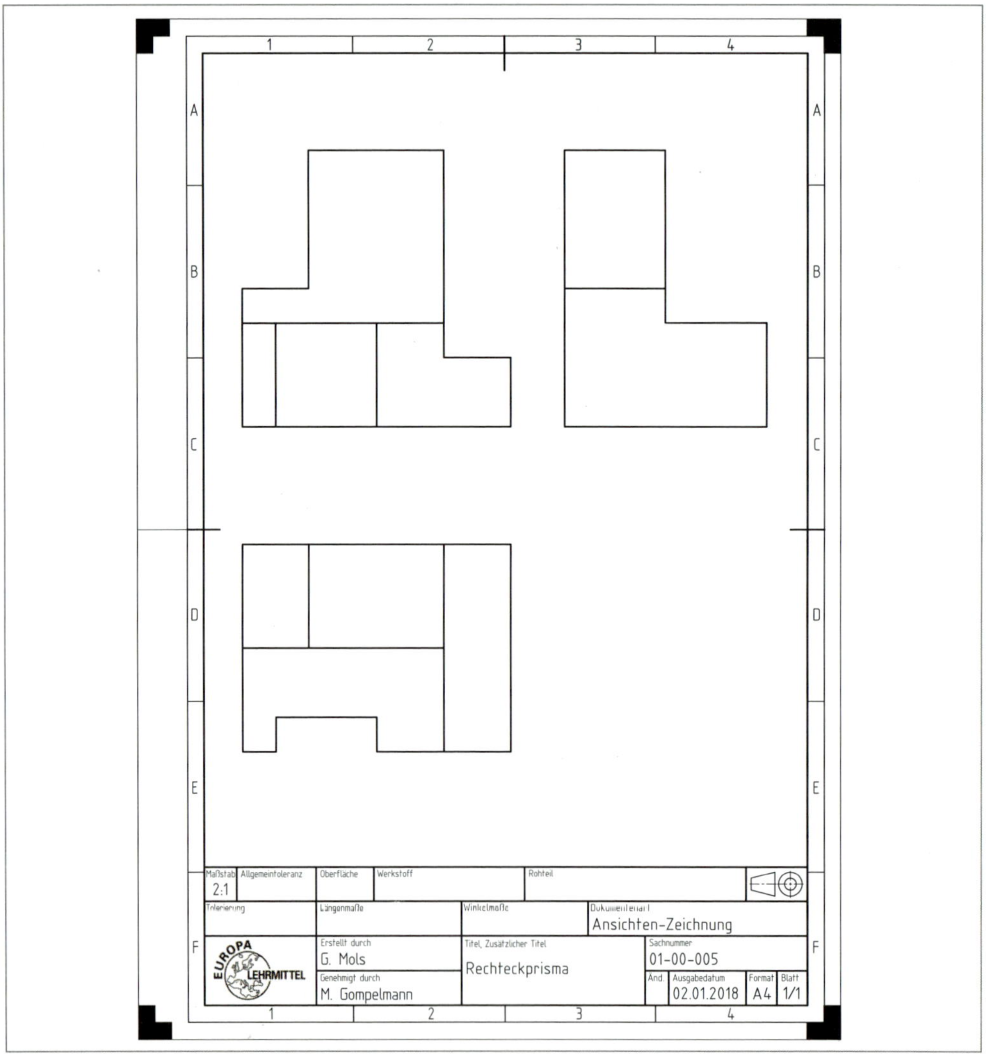

Hier werden die drei Ansichten, Vorderansicht, Seitenansicht von links und die Draufsicht dargestellt. Die verdeckten Kanten sind nicht gezeichnet, weil sie zur eindeutigen Darstellung nicht erforderlich sind.

1.7.4 | SCHNITTE

Liegen Formelemente im Inneren eines Werkstücks, sind diese nicht sichtbar, sie lassen sich dann lediglich über die verdeckten Kanten darstellen **(Bild 2a)**. Sollen diese verdeckten Elemente bemaßt werden, müssen sie als sichtbare Kanten vorhanden sein, denn an verdeckten Kanten wird nicht bemaßt. Um das Innere eines Bauteils zu zeigen, wird das Bauteil entlang einer imaginären Schnittebene (orange Ebene in **Bild 1**) aufgeschnitten und ein **Schnitt** erstellt. Um diesen in der Zeichnung darzustellen, wird in einer Ansicht der **Schnittverlauf** mit einer breiten Strich-Punkt-Linie eingezeichnet. An den Enden der Schnittlinie stehen Pfeile, die die Blickrichtung des Schnitts angeben **(Bild 2b)**. Die **Schnittpfeile** werden als breite Volllinie gezeichnet, um sie von anderen Hinweislinien deutlich abzugrenzen. Neben den Enden der Schnittlinie stehen **Buchstaben**, die den Schnitt kennzeichnen. Die Buchstaben beginnen analog des Alphabets mit A und sind immer Großbuchstaben. Über der Schnittansicht stehen dann wieder die beiden Buchstaben von den Enden der Schnittlinie, um die Zugehörigkeit von Schnitt und Schnittverlauf zu kennzeichnen. Da in einer Zeichnung mehrere Schnitte möglich sind, ist diese Kennzeichnung mit den Großbuchstaben immer einzutragen, auch wenn nur ein Schnitt vorhanden ist.

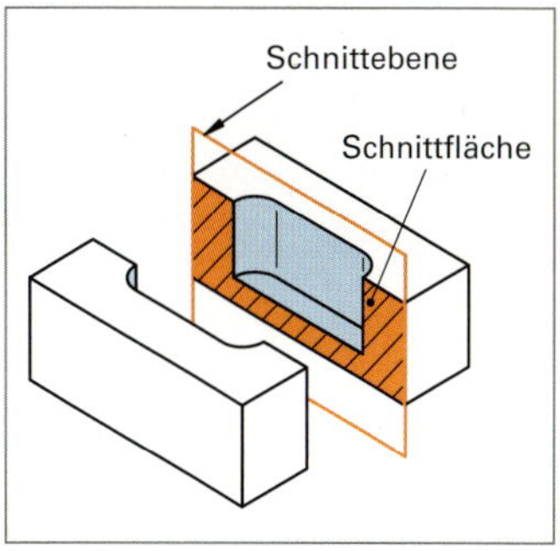

Bild 1: Schnitt

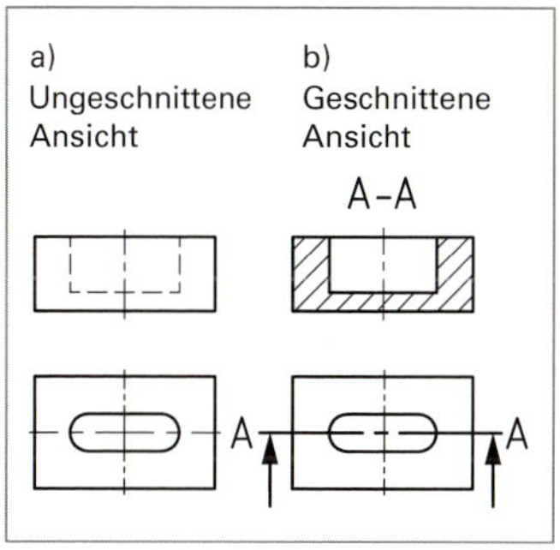

Bild 2: Ansicht und Schnitt

Die Schnittflächen werden durch **Schraffur** gekennzeichnet, die mit schmalen parallelen Volllinien unter einem Winkel von 45° zu den Hauptachsen – unabhängig von der Lage des Bauteils – gezeichnet werden. Die **Schraffurrichtung** kann wahlweise links- oder rechtssteigend sein. Der **Abstand der Schraffurlinien** richtet sich nach der Größe der Schnittfläche. Es wird nur dort eine Schraffur eingezeichnet, wo beim imaginären Schneiden Material durchtrennt würde. Daher ist der Langoval-Ausschnitt in **Bild 2b** in der Schnittansicht ohne Schraffur. Die einmal für ein Bauteil gewählte Schraffur bleibt in einer Zeichnung stets in allen Ansichten gleich. Aus der Kombination von Schraffurrichtung und Abstand ergeben sich viele Möglichkeiten.

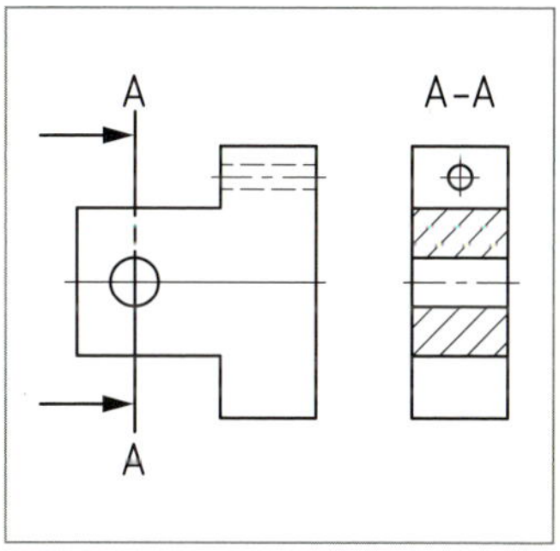

Bild 3: Schnittansicht

1.7.5 | SCHNITTARTEN

Je nach Lage und Umfang des Schnittes unterscheidet man die nachfolgenden Schnittarten:

Schnittansicht

Bei einer Schnittansicht sind noch Umrisskanten des Bauteils zu sehen **(Bild 3)**.

Halbschnitt

Bei einem Halbschnitt wird eine Hälfte des Bauteils im Schnitt und die andere Hälfte in Ansicht dargestellt. Verwendet wird der Halbschnitt bei symmetrischen Bauteilen. Die Teilungsebene ist stets die Mittellinie. Fällt bei einem Bauteil eine Körperkante auf die Mittelebene, hat die Körperkante Vorrang und überdeckt die Mittellinie. Ist die Teilungsebene die waagerechte Mittellinie, wird vorzugsweise die untere Hälfte im Schnitt gezeichnet. Bei einer Teilung in senkrechter Ebene wird bevorzugt die rechte Seite im Schnitt gezeichnet **(Bild 4)**.

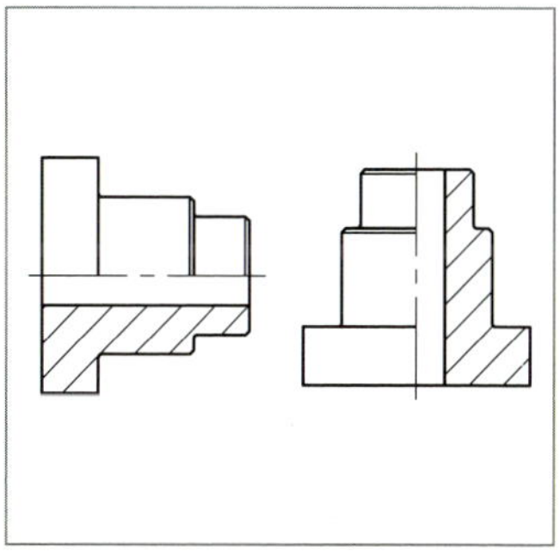

Bild 4: Halbschnitt

Teilschnitt

Ein **Teilschnitt** ist eine Darstellung, bei der nur ein Teilbereich des Bauteils als Schnitt dargestellt wird, während der überwiegende Rest in der Darstellung in Ansicht verbleibt. Der Bereich, der geschnitten wird, wird mit einer schmalen Volllinie – der sogenannten **Begrenzungslinie** als Freihandlinie – von dem in Ansicht verbleibenden Teil abgegrenzt. Die Begrenzungslinie darf nicht mit einer Körperkante zusammenfallen, wohl aber an dieser enden **(Bild 1)**. Oftmals wird der Teilschnitt bei rotationssymmetrischen Teilen verwendet, da diese in Längsachse nicht geschnitten werden sollten.

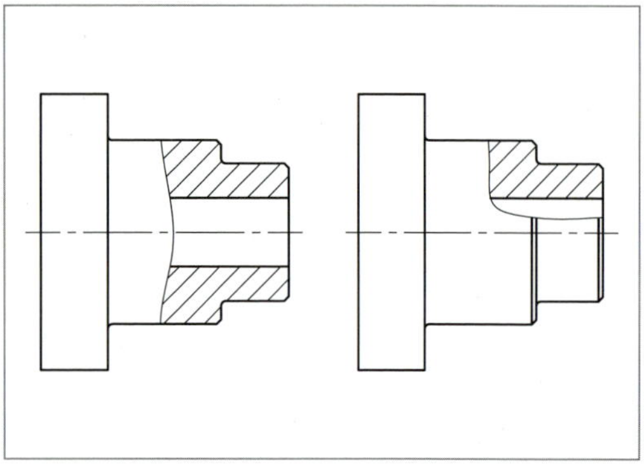

Bild 1: Teilschnitte

1.7.6 I SCHNITTVERLAUF

Schnitte können in einer technischen Zeichnung beliebig gelegt werden. Meist werden diese entlang der Hauptachsen eines Bauteils gelegt. Gekennzeichnet wird der Schnitt **immer** mit einer **breiten Strich-Punkt-Linie**, mit **Schnittpfeilen** und mit **Großbuchstaben**. Der Schnittverlauf wird nicht durchgehend durch das Bauteil gezeichnet.

Liegen Elemente nicht in der gleichen Ebene zueinander, kann der Schnittverlauf auch abknicken. **Bild 2** zeigt den abgeknickten Schnitt in räumlicher Darstellung. Um nicht die ganze Ansicht voll von Linien durch die Kennzeichnung des Schnittverlaufes zu haben, werden die Stellen, an denen der Schnittverlauf abknickt, lediglich durch Ecken aus breiten Volllinien markiert. **Bild 3** verdeutlicht die Darstellung innerhalb der technischen Zeichnung.

Der abgeknickte Schnittverlauf wird mit zwei gleichen Buchstaben gekennzeichnet. Auch hier werden die Schnittbuchstaben immer in Verlängerung der Schnittlinie platziert und die Pfeile stehen in Blickrichtung, wie in **Bild 3** mit Schnitt A–A dargestellt.

Ist eine Symmetrielinie die Grenze eines parallel versetzten Schnittverlaufes, soll die Schraffur an der Symmetrielinie versetzt sein **(Bild 4a)**. Bei Handzeichnungen ist dies ohne Probleme machbar, bei CAD-Zeichnungen ist dies nicht so einfach realisierbar.

Um dieses Problem zu umgehen ist bei CAD-Zeichnungen evtl. ein zweiter Schnitt sinnvoll, dargestellt in **Bild 4b**.

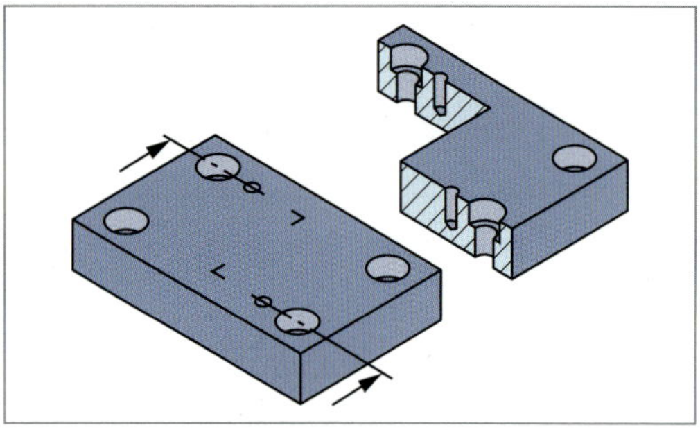

Bild 2: Abgeknickter Schnittverlauf am Bauteil

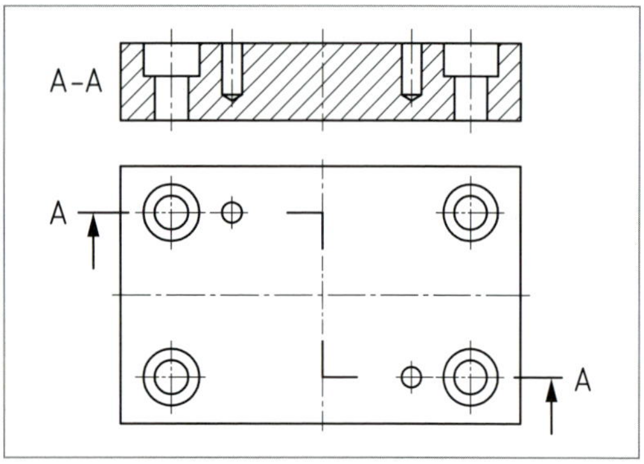

Bild 3: Abgeknickter Schnittverlauf in der Zeichnung

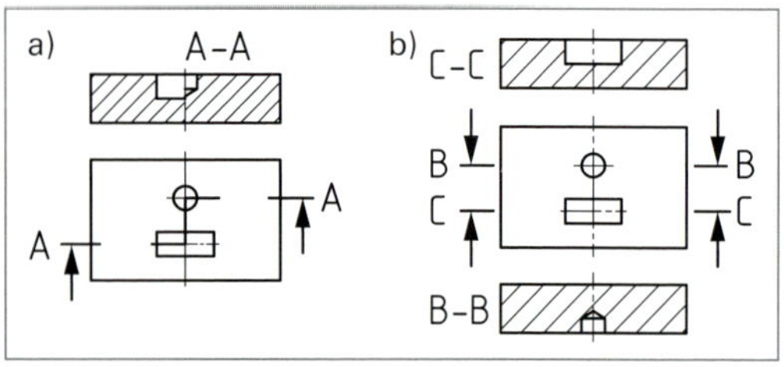

Bild 4: Versetzte Schraffur, Alternative

1.7.7 | BESONDERHEITEN BEI SCHNITTEN

Werkstücke, die **in Längsrichtung** darzustellen sind und keine inneren Geometrien aufweisen, werden grundsätzlich nicht geschnitten. Daher werden runde Bauteile (Drehteile) überwiegend in Ansicht dargestellt. Beispiele für Drehteile sind Wellen, Bolzen und Achsen. Sind z. B. Bohrungen im Inneren der Wellen, werden diese meist über einen Teilschnitt sichtbar gemacht. Hat ein Drehteil allerdings eine umfangreiche Innenkontur, ist ein Schnitt zu zeichnen.

Für die Übersichtlichkeit der Schnitte werden bestimmte Teile nicht geschnitten dargestellt, obwohl sie in der Schnittansicht liegen. Dies gilt für **Rippen** an Guss- und Schweißteilen, **Stege** und **Speichen** z. B. an Radkörpern. Der Schnitt zeigt den Grundkörper geschnitten, die Rippe oder Speiche in Ansicht, so als würde der Schnitt vor der Rippe verlaufen **(Bild 1)**. Der Grund dafür ist, dass die Grundform des Werkstücks besser erkannt werden kann.

Liegen **Löcher** (Bohrungen oder Gewinde) **auf einem Lochkreis**, können diese in die Schnittebene hineingedreht werden, auch wenn sie nicht in der Schnittebene liegen **(Bild 1)**. Dies muss nicht zusätzlich gekennzeichnet werden.

Soll das Profil eines Bauteils dargestellt werden, zeichnet man einen Schnitt. Schnitte können vereinfacht dargestellt werden, indem hinter der Schnittebene liegende Kanten und Umrisse weggelassen werden, wenn sie nicht zur eindeutigen Darstellung notwendig sind, siehe **Bild 2, oben, Schnitt B–B**. Die Schnitte können in Achsrichtung angeordnet werden. Durch die Schnittkennzeichnung erfolgt eine eindeutige Zuordnung, daher können die Schnitte auch beliebig auf der Zeichnung platziert werden.

Werden die Schnitte mit einer Symmetrielinie verbunden, wie in **Bild 2, unten**, entfällt die Kennzeichnung mit den Großbuchstaben.

Querschnitte lassen sich in die Ansicht klappen, sie werden als schmale Volllinie dargestellt, wie in **Bild 3, links**.

Einzelheiten, die vor der Schnittebene liegen, lassen sich als schmale Strich-Zweipunkt-Linie in dem Schnitt darstellen, wie in **Bild 3, rechts**.

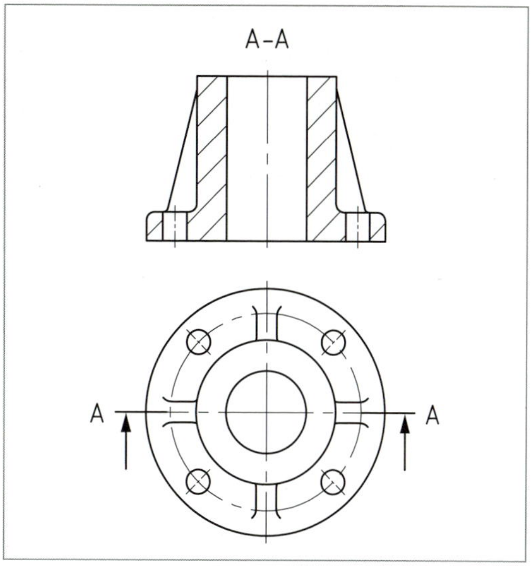

Bild 1: Rippen – Schnittansicht

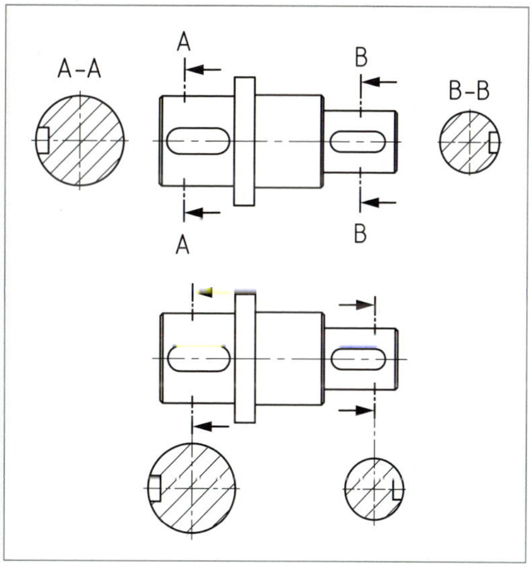

Bild 2: Schnitte

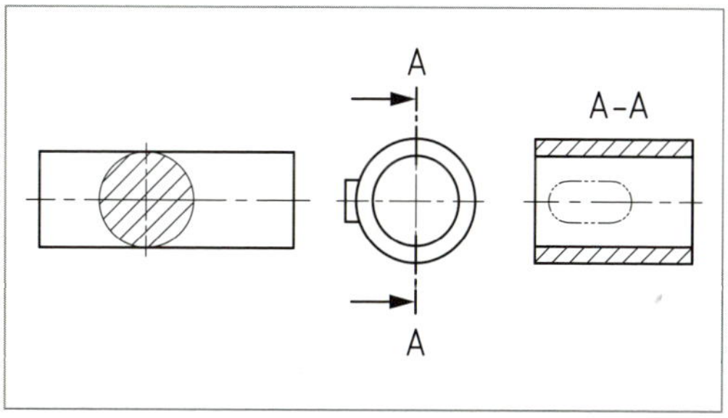

Bild 3: Einzelheiten vor dem Schnitt

1.7.8 | BESONDERE DARSTELLUNGEN

Nicht immer lassen sich durch eine geschickte Wahl von Ansichten und Schnitten alle erforderlichen Elemente ausreichend darstellen. Oder es ist nicht die volle Ansicht zur eindeutigen Darstellung notwendig. Daher gibt es folgende besondere Darstellungen:

Teilansichten

Symmetrische Werkstücke können auch als Teilansicht dargestellt werden. Dabei wird nur die Hälfte oder ein Viertel der vollständigen Ansicht gezeichnet. Gekennzeichnet wird diese Darstellungsform durch jeweils zwei parallele schmale Volllinien, die **Symmetrielinien**, die senkrecht zu der Mittellinie stehen. Die Mittellinie begrenzt die Teilansicht. Diese Teilansicht ersetzt die Gesamtansicht. Teilansichten sind nur erlaubt, wenn die Darstellung eindeutig und vollständig bestimmt ist **(Bild 1)**.

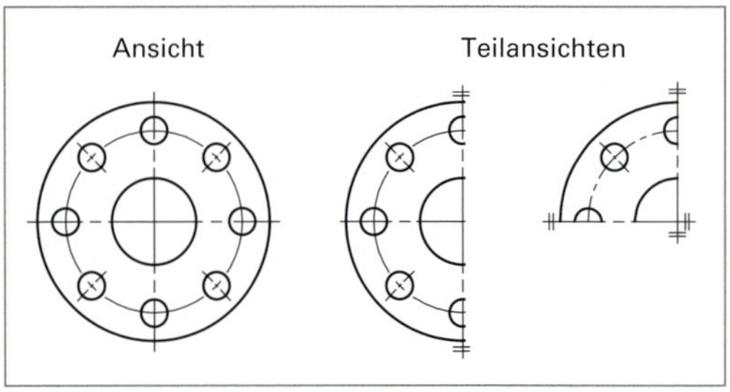

Bild 1: Teilansichten symmetrischer Werkstücke

Wird als weitere Ansicht keine Gesamtansicht benötigt, können Bauteile mit einer **Teilansicht** wie in **Bild 2** dargestellt werden. Die Blickrichtung wird mit einem Pfeil (Ausführung wie der Schnittpfeil) und einem Großbuchstaben gekennzeichnet. Falls es erforderlich ist, darf die Teilansicht in einer anderen Lage als durch den Bezugspfeil angegeben, dargestellt werden. Dies wird durch einen gebogenen Pfeil gekennzeichnet, der die Drehrichtung angibt. Die Kennzeichnung der Teilansicht erfolgt durch: Kennbuchstabe der Ansicht, gebogener Pfeil und Angabe des Drehwinkels.

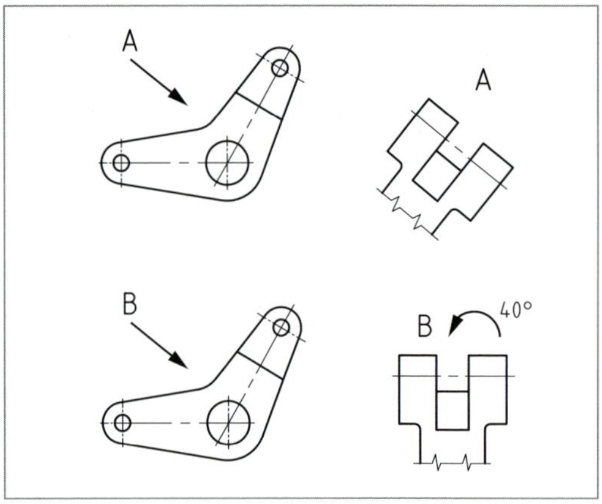

Bild 2: Teilansichten

Bild 2 verdeutlicht diese Variante. Die Begrenzungslinie wird als schmale Zick-Zack-Linie gezeichnet. Sie kann bei Rundkörpern auch als schmale Freihandlinie ausgeführt werden. Die Zick-Zack-Linie geht über die Körperkanten etwas hinaus.

Ursprüngliche Form

Die ursprüngliche Form, die ein Bauteil vor der Bearbeitung hatte, wird durch schmale Strich-Zweipunkt-Linien dargestellt **(Bild 3)**.

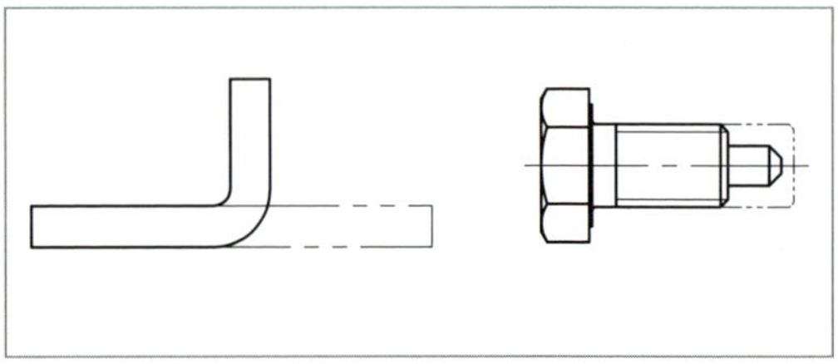

Bild 3: Ursprüngliche Form

Unterbrochene Ansicht

Sehr lange Bauteile oder lange Bauteile mit sich wiederholenden Formelementen (z. B. Bohrungen) müssen nicht in voller Länge gezeichnet werden. Eine schmale Freihandlinie oder eine Zick-Zack-Linie kennzeichnet die Unterbrechung. Es wird ein Teil aus dem mittleren Bereich herausgebrochen. Die beiden verbleibenden Hälften werden im zusammengeschobenen Zustand gezeichnet **(Bild 4)**. Schräge oder kegelige Werkstücke haben eine Stufe in dem ausgebrochenen Bereich **(Bild 4, rechts)**.

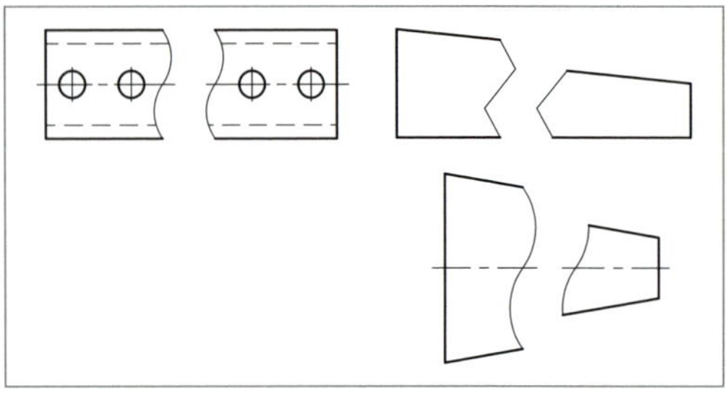

Bild 4: Unterbrochene Ansichten

Einzelheiten

Einzelheiten sind in DIN ISO 128 genormt. Bereiche eines Bauteils, die sich nicht eindeutig darstellen lassen oder wo in einer Ansicht kein Platz für eine Maßeintragung ist, werden als vergrößerte Einzelheit gezeichnet. Bezüglich des Maßstabs gelten die gleichen Regeln wie bei der Wahl des Maßstabs eines Werkstücks. In der eigentlichen Ansicht wird das zu vergrößernde Detail mit einer schmalen Volllinie begrenzt. Meist wird ein Kreis gezeichnet, erlaubt ist aber auch eine Ellipse oder eine rechteckige Begrenzung. Es erfolgt eine Kennzeichnung mit einem Großbuchstaben, begonnen wird im hinteren Bereich des Alphabetes (Z, Y, X ...), um eine Verwechslung mit den Schnittbuchstaben zu vermeiden. Die Buchstaben sind um eine Schrifthöhe (Liniengruppe 0,5 → 5 mm) größer als die Maßzahlen. Der vergrößerte Bereich soll möglichst in der Nähe der gekennzeichneten Stelle angeordnet werden. Er hat den gleichen Großbuchstaben, dahinter steht der Vergrößerungsmaßstab, wie in **Bild 1**.

Die Einzelheit kann Details enthalten, die sich in der eigentlichen Ansicht aufgrund der geringen Größe nicht mehr darstellen lassen. Die genaue Darstellung der Einzelheit kann in der Gesamtdarstellung sogar ganz entfallen. Einzelheiten dürfen im Schnitt oder in Ansicht, mit oder ohne Schraffur, mit oder ohne Begrenzung und mit oder ohne umlaufende Kanten dargestellt werden **(Bild 2)**.

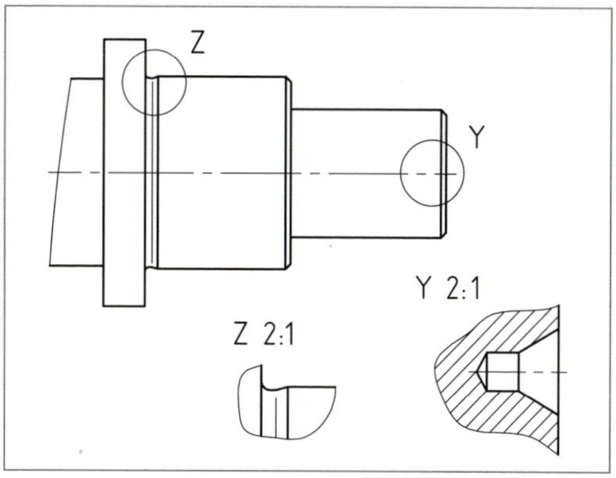

Bild 1: Einzelheit – vollständige Darstellung

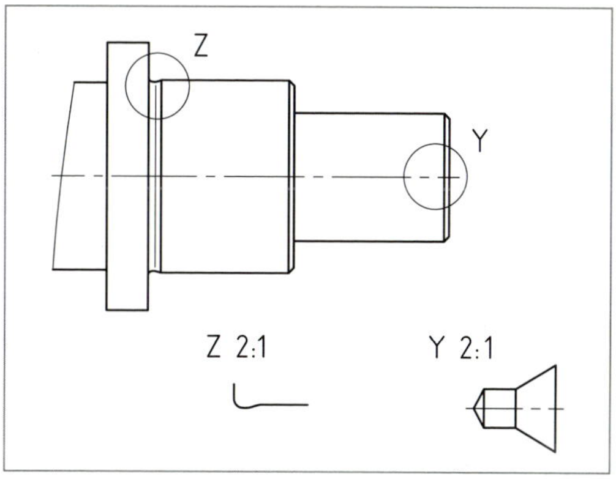

Bild 2: Einzelheit – vereinfachte Darstellung

Zeichenregeln zu Schnitten und besonderen Ansichten

- Das Bauteilinnere wird durch einen Schnitt sichtbar gemacht.
- Der Schnitt wird immer durch einen Schnittverlauf, Pfeile für die Blickrichtung und Großbuchstaben gekennzeichnet. Die Schnittansicht erhält das gleiche Buchstabenpaar zur Zuordnung.
- Geschnittene Flächen werden schraffiert, ein Bauteil hat in allen Ansichten immer die gleiche Schraffur. Kleine Teile werden komplett geschwärzt, große Teile werden nur am Rand schraffiert.
- Statt eines Schnittes reicht in manchen Fällen ein Teilschnitt oder ein Halbschnitt.
- Symmetrische Werkstücke können als Teilansicht dargestellt werden.
- Teilansichten reichen zur Darstellung des Bauteils aus, wenn keine zusätzliche Ansicht zur eindeutigen Darstellung erforderlich ist. In dem Fall muss eine Kennzeichnung erfolgen.
- Lange Bauteile, auch lange Bauteile mit sich wiederholenden Formelementen, können verkürzt gezeichnet werden.
- Die ursprüngliche Form, z. B. bei Biegeteilen, kann durch Strich-Zweipunkt-Linien dargestellt werden.
- Kleine Details können vergrößert werden, eine Kennzeichnung ist erforderlich. Die Einzelheit kann komplett oder vereinfacht gezeichnet werden, der Maßstab der Vergrößerung muss immer angegeben werden.

Lernfeld 1

AUFGABEN | WIEDERHOLUNG UND VERTIEFUNG

Zeichnen Sie die dargestellten Bauteile 1 bis 5 sowie 9 und 10 in drei Ansichten, die Bauteile 6 bis 8 in zwei Ansichten.

Bei Bauteil 10 sind die verdeckten Kanten mit einzuzeichnen.

Hinweis: Die eingetragenen Maße dienen nur der Erstellung der Ansichten und sind nicht normgerecht in ihrer Maßeintragung.

1)
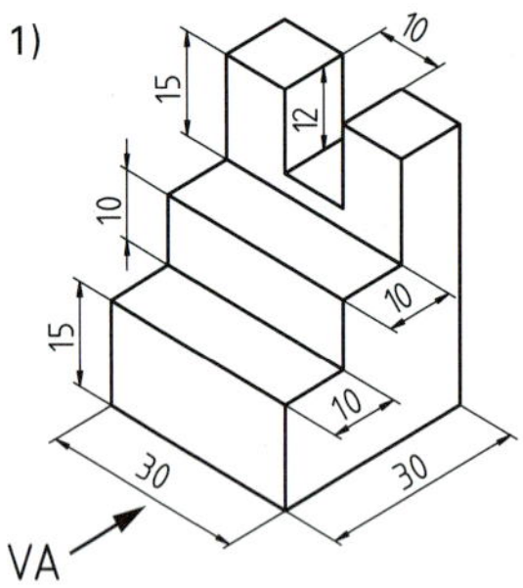

2)
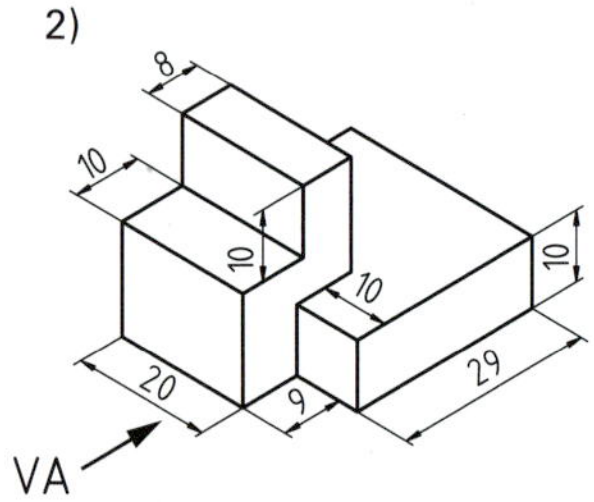

3)
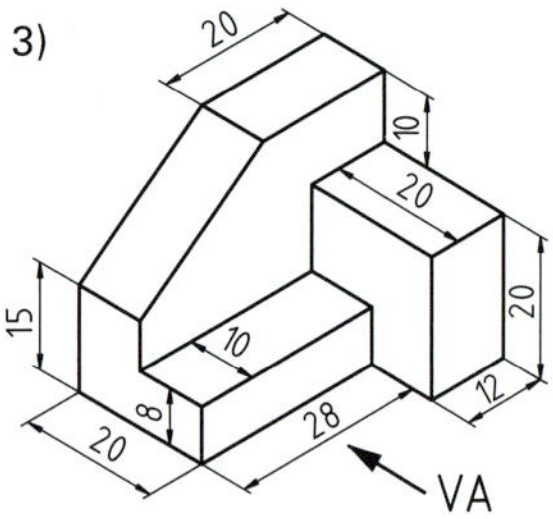

4)
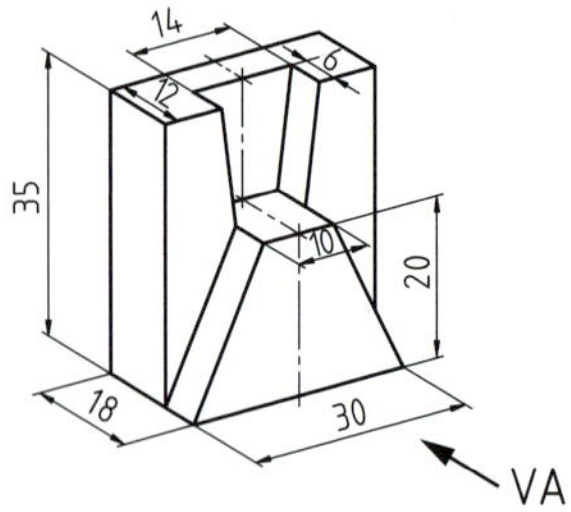

5)
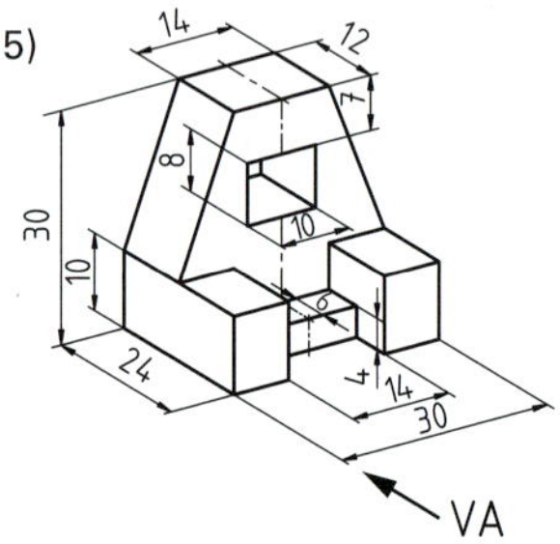

6)
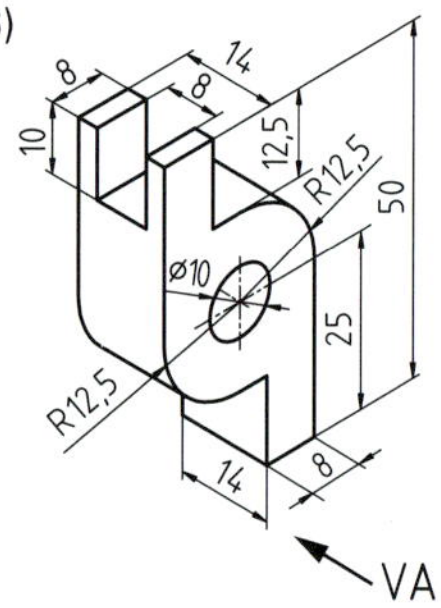

7)
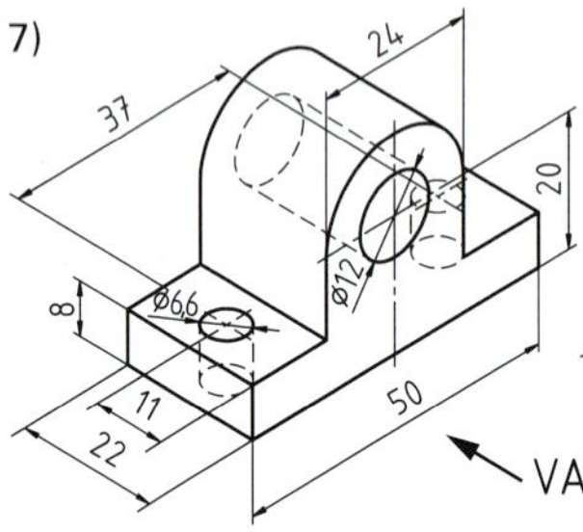

8)
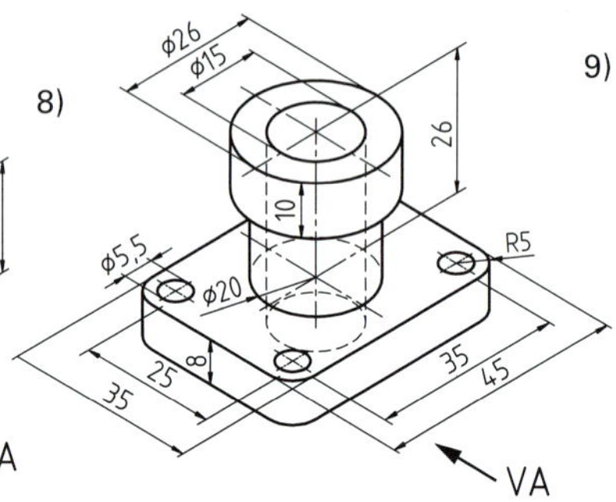

9)
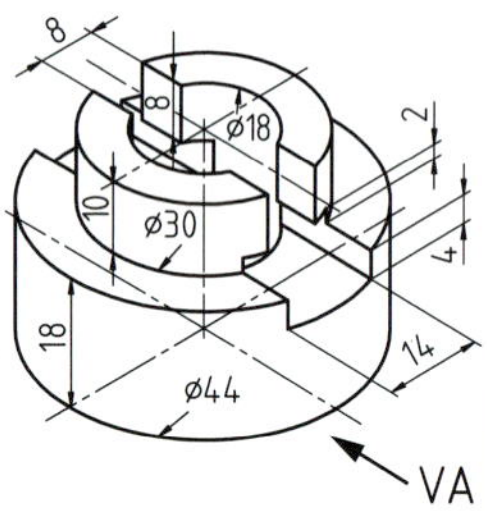

10)
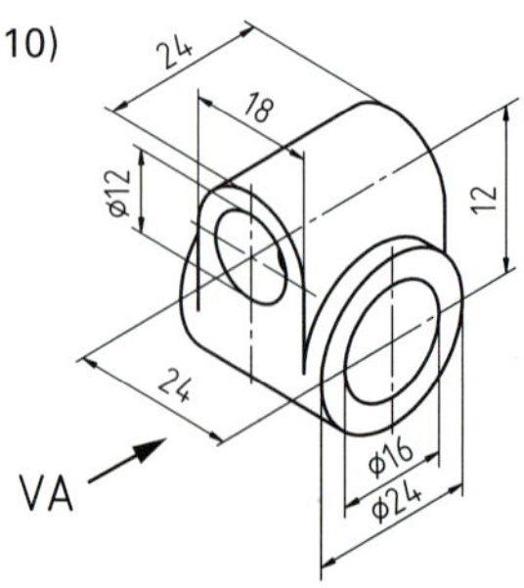

1.8 | MAßEINTRAGUNGEN IN TECHNISCHEN ZEICHNUNGEN

Um eine fertigungsgerechte technische Zeichnung zu erstellen, sind Maße und viele weitere Angaben notwendig. Hier werden die Regeln zur Bemaßung für den Maschinenbau betrachtet.

1.8.1 | ELEMENTE DER BEMAßUNG

Für die **Bemaßung** benötigt man zusätzlich zur Darstellung eines Bauteils Maßlinien mit Maßzahl und Maßlinienbegrenzung sowie Maßhilfslinien **(Bild 1)**.

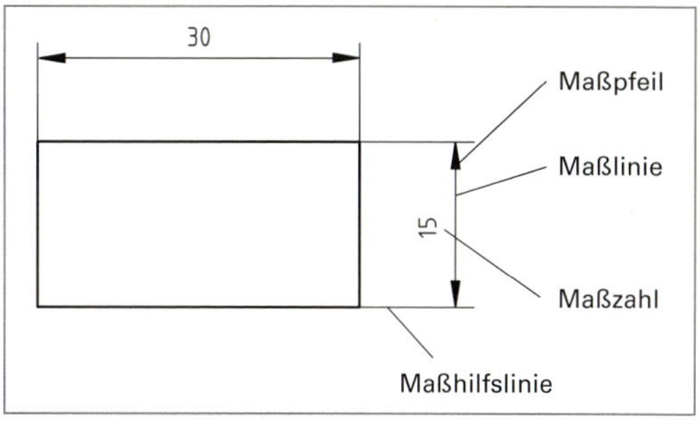

Bild 1: Elemente der Bemaßung

Die **Maßlinie** wird begrenzt durch die **Maßhilfslinien,** die die Maßlinie mit dem Werkstück verbinden. Die Maßlinie steht in der Regel rechtwinklig zwischen den Maßhilfslinien bzw. zwischen den Körperkanten. Maßlinie und Maßhilfslinie werden als schmale Volllinien gezeichnet. Die **Maßzahl** gibt den Abstand zwischen den zu bemaßenden Körperkanten an und wird im Maschinenbau **überwiegend in der Einheit Millimeter (mm)** angegeben. Die Maßzahl mit der Einheit Millimeter steht in diesem Fall ohne Angabe der Einheit auf der Maßlinie. Wird eine andere Einheit verwendet, muss diese hinter jeder Maßzahl angegeben werden (cm, m …).

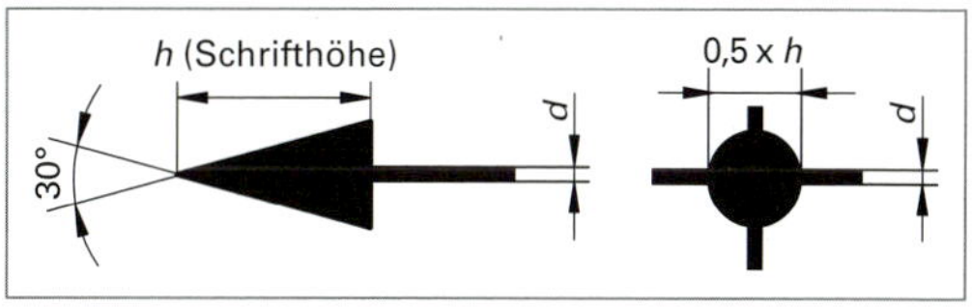

Bild 2: Vergrößerte Maßlinienbegrenzung

Die Maßlinie hat als Begrenzung an beiden Enden üblicherweise einen ausgefüllten **Maßpfeil**. Die Abmessungen des Maßpfeils zeigt **Bild 2**. Bei beengten Platzverhältnissen wird anstelle des Maßpfeils ein ausgefüllter Punkt verwendet. Aufgrund der noch nicht geänderten Einstellungsmöglichkeiten erfolgt die bildliche Darstellung der Maßpfeile mit CAD-Programmen noch nach der alten Norm.

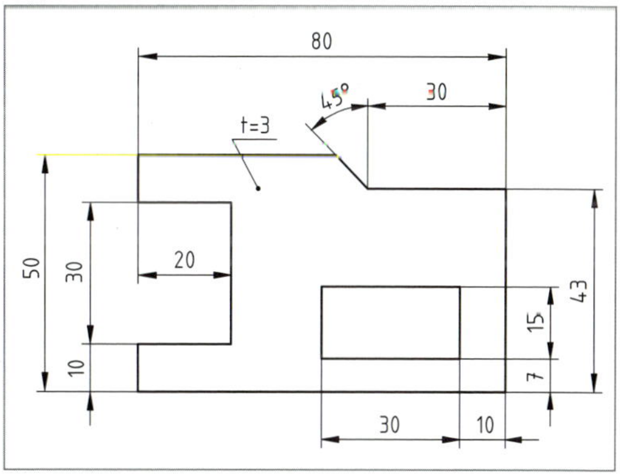

Bild 3: Beispiel Blechbemaßung

Die beiden Maßpfeile können innerhalb der Maßhilfslinien stehen, dann steht die Maßzahl innen zwischen den beiden Maßhilfslinien. Bei geringem Platz können die Maßpfeile von außen auf die Maßhilfslinien zeigen, dann steht die Maßzahl wahlweise innen zwischen den Maßhilfslinien oder außen auf einer der beiden Maßlinien. Die Maßzahl hat eine Schriftgröße von 3,5 mm bei Verwendung der Liniengruppe 0,5 und steht über der Maßlinie.

Die Maßlinie hat von der Körperkante einen Mindestabstand von 10 mm. Der Abstand der Maßlinien untereinander beträgt mindestens 7 mm. Die Maßhilfslinien stehen in Verlängerung der Körperkanten, sind durchgezogen und werden möglichst nicht unterbrochen **(Bild 3)**. Sie ragen 2 mm über die Maßlinie hinaus.

> Alle **Maßzahlen** sind so einzutragen, dass sie von unten und von rechts lesbar sind, wenn die Zeichnung in Leserichtung gehalten wird (dann liegt das Schriftfeld rechts unten).
>
> **Winkelmaße** stehen tangential zur Maßlinie.

1.8.2 | KENNZEICHEN FÜR MAẞANGABEN

Maßzahlen können zusätzliche Angaben enthalten. Die unten stehende **Tabelle 1** gibt einen Überblick über die Symbolik bei der Bemaßung und deren Bedeutung.

Tabelle 1: Symbole bei der Bemaßung

Symbol	Erklärung	Symbol	Erklärung
◄——	Maßlinienbegrenzung	[20]	Theoretisch genaues Maß
ø20	Durchmesser bei rundem Querschnitt	(150)	Hilfsmaß, gilt nicht für die Fertigung
□40	Quadrat bei quadratischem Querschnitt	(20) (eingerahmt, abgerundet)	Prüfmaß
R12	Radius bei abgerundeter Form	220 (unterstrichen)	Nicht maßstäbliches Maß
Sø20	Kugeldurchmesser bei kugeliger Form	⌒22	Bogenmaß, d.h. Maß für die Bogenlänge
SR12	Kugelradius einer kugeligen Abrundung	O-75	Gestreckte Länge
t=2	Materialstärke, z.B. bei Blechen	⊿14%	Symbol für die Neigung, Angabe in %
h=8	Vereinfachte Höhen- oder Tiefenangabe, z.B. für eine Nut	▷ 1:5	Kegelsymbol mit Angabe der Kegelverjüngung

1.8.3 | FORMEN BEI BAUTEILEN UND BEGRIFFE DER BEMAẞUNG

Bauteile setzen sich meist aus einfachen geometrischen Formen zusammen, wie z.B. Zylinder, Prisma, Kugel oder Kegel. In der Technik finden sich neben den Grundformelementen weitere Formen, deren Bezeichnungen in **Bild 1** dargestellt sind.

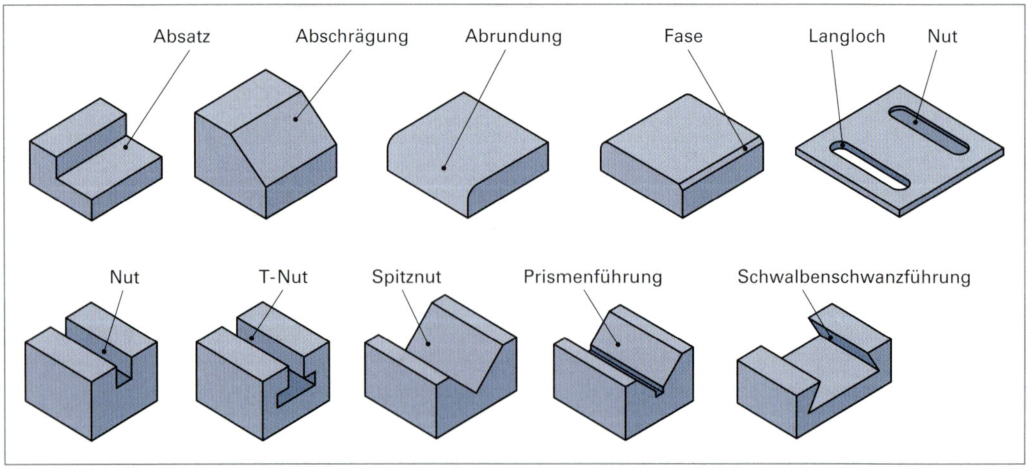

Bild 1: Geometrische Formen und deren Bezeichnungen bei Prismen

Die Bezeichnungen für Geometrien rotationssymmetrischer Bauteile, auch Drehteile genannt, sind in **Bild 1** zusammengestellt.

Bei der Bemaßung wird von einem Bezugssystem, den **Maßbezugsebenen** (MBE), ausgegangen. Maßbezugsebenen sind die Werkstückkanten, auf die sich die einzelnen Abmessungen beziehen **(Bild 2)**. Sie sind aufgrund der Funktion bzw. Fertigung festgelegt. Sie werden zuerst gefertigt, alle anderen Maße beziehen sich darauf.

Liegt nur ein Einzelteil vor, lässt sich die Funktion und damit ein sinnvoller Maßbezug oft schlecht erkennen. In dem Fall kann die Maßbezugsebene frei gewählt werden: Oft wird die längste Werkstückkante genommen.

Bild 3 zeigt den Zusammenhang beim Anreißen. Die beiden rot markierten Ebenen sind bearbeitet und stehen im rechten Winkel zueinander, sie sind Maßbezugsebenen. Das Werkstück wird auf die Ebene ① gelegt. Die Maße werden von dieser Ebene aus angerissen. Anschließend wird das Werkstück auf die zweite Maßbezugsebene ② gelegt. Die entsprechenden Maße werden von dieser Ebene aus abgetragen. Für die mögliche dritte Maßbezugsebene gilt das Gleiche.

Bei **symmetrischen Werkstücken** ist immer die Symmetrieebene auch Maßbezugsebene.

1.8.4 | GRUNDLAGEN DER MAẞEINTRAGUNG

Durch die Maßeintragung wird die Geometrie eines Bauteils exakt definiert. Im Wesentlichen werden drei unterschiedliche Bemaßungssysteme unterschieden:

Funktionsgerechte Maßeintragung

Sie wird verwendet, wenn die Funktion einer Geometrie in der Zeichnung der wichtigste Aspekt ist. Muss das Bauteil mit einem Nachbarteil zusammenpassen oder ist eine Geometrie für die Funktion wichtig, zeigt sich das in der entsprechenden Bemaßung.

Fertigungsgerechte Bemaßung

Hier steht die Fertigung eines Bauteils bei der Maßeintragung im Vordergrund. Eine fertigungsbezogene Bemaßung hängt von dem jeweiligen Fertigungsverfahren ab.

Prüfgerechte Bemaßung

Eine prüfbezogene Bemaßung liegt vor, wenn die Maße und Toleranzen für eine Werkstückkontrolle enthalten sind.

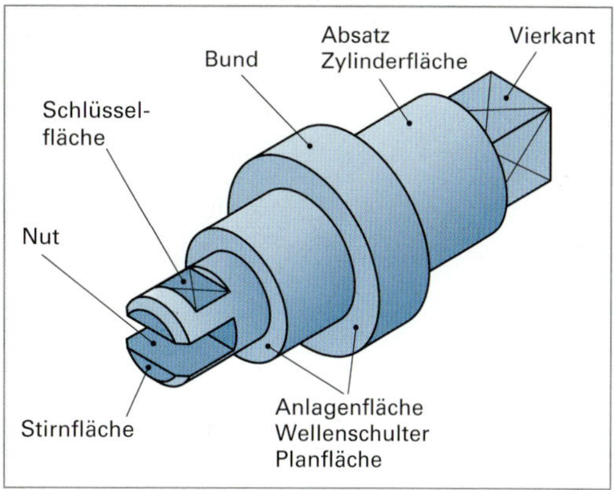

Bild 1: Bezeichnungen Drehteile

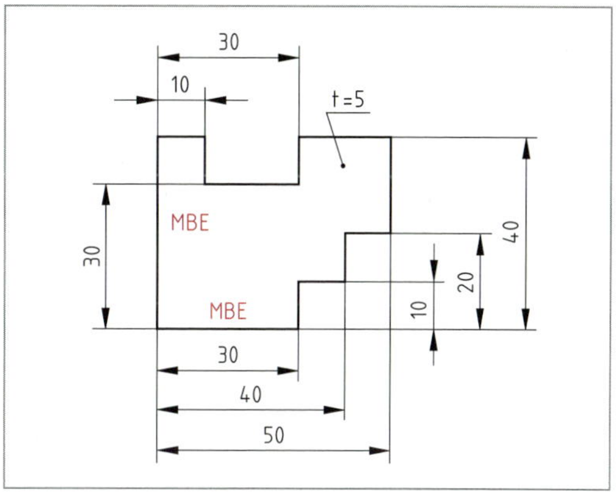

Bild 2: Bemaßung mit Maßbezugsebenen

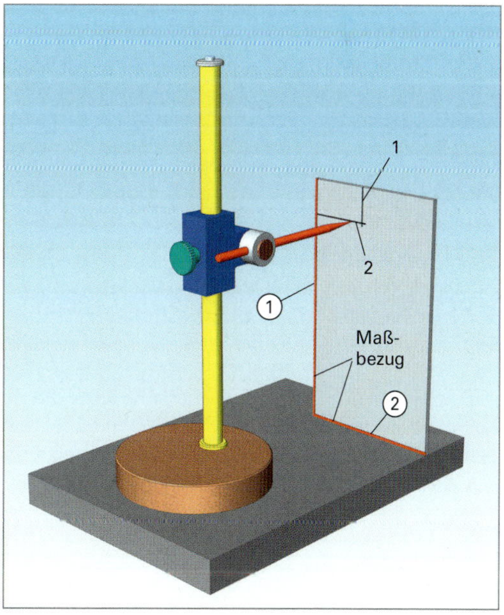

Bild 3: Maßbezugsebenen beim Anreißen

Das nachfolgende einfache Beispiel zeigt die drei verschiedenen Verfahren zur Maßeintragung. Ein Flachstahl (gelb) mit zwei Bohrungen soll auf ein entsprechendes Gegenstück (blau) gesteckt werden, sodass die Bohrungen die Zapfen (rot) aufnehmen können.

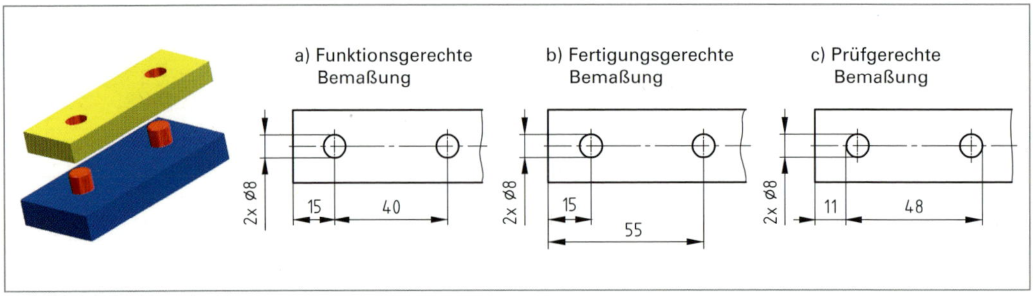

Bild 1: Bemaßungsarten

- Für die funktionsgerechte Bemaßung wird der Lochabstand der beiden Bohrungen angegeben **(Bild 1a)**.
- Für eine rein fertigungsgerechte Bemaßung wird der Lochabstand bezogen auf die Maßbezugsebene benötigt **(Bild 1b)**.
- Soll der Lochabstand mit einem Messschieber kontrolliert werden, dann wird für die prüfgerechte Bemaßung der größte Abstand der beiden Bohrungskanten benötigt. Dort kann mit dem Messschieber direkt gemessen werden **(Bild 1c)**.

In der Praxis lassen sich die drei Bemaßungsarten nicht in einer Zeichnung abbilden. Ein Einzelteil wird daher fertigungsgerecht bemaßt, wobei allerdings die Funktionsmaße Vorrang haben und zu Lasten der Fertigungsmaße gehen. Für das Beispiel in **Bild 1** bedeutet dies, dass die Variante a die sinnvolle Bemaßung zeigt.

Neben den Bemaßungsarten unterscheidet man bei der Maßeintragung Grund-, Form- und Lagemaße. Die Beispielzeichnung in **Bild 2** zeigt die unterschiedlichen Maße:

- Die Grundmaße (grün) betreffen die Länge, Breite und Höhe des Bauteils.
- Die Formmaße (blau) geben die Abmessungen von z. B. Nuten, Ausbrüchen oder Bohrungen an.
- Die Lagemaße (rot) bestimmen die Lage der Formelemente.

Liegt eine Geometrie an einer Symmetrieebene oder beginnt eine Form an einer Außenkante, liegt die Lage bereits in einer Richtung fest. Dieses Maß wird nicht angegeben.

Es gilt die Grundregel: Jedes Formelement wird durch je ein Lagemaß in *x*- und *y*-Richtung festgelegt, um in seiner Lage eindeutig bestimmt zu sein.

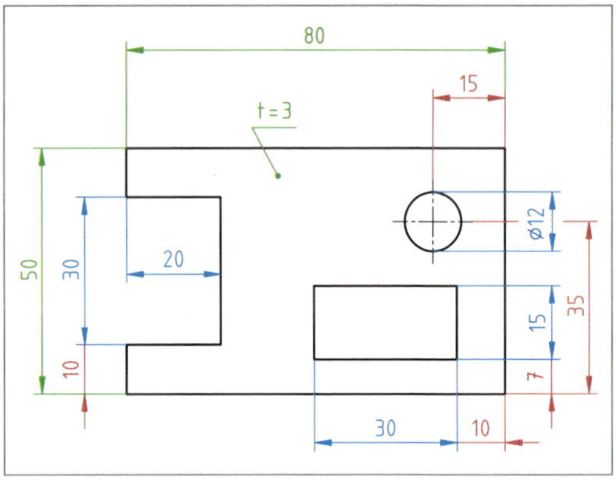

Bild 2: Grund-, Form- und Lagemaße

Regeln für die Grundlagen der Bemaßung

- Man unterscheidet die funktions-, die fertigungs- und die prüfgerechte Bemaßung.
- Bei der Bemaßung werden Maßbezugsebenen verwendet, die sich aus der Funktion bzw. der Fertigung ergeben. Hat ein Bauteil eine oder mehrere Symmetrieebenen, sind diese automatisch Maßbezugsebenen.
- Jedes Maß wird in einer Zeichnung nur einmal angegeben und steht in der Ansicht bzw. dem Schnitt, in dem die Form am besten zu erkennen ist.

Beispiel: Gleitschieber

An der Baugruppe Gleitschieber in **Bild 1a** wird die Fertigung des Einzelteils Grundkörper **(Bild 1b)** erläutert und der Zusammenhang mit der Bemaßung erklärt.

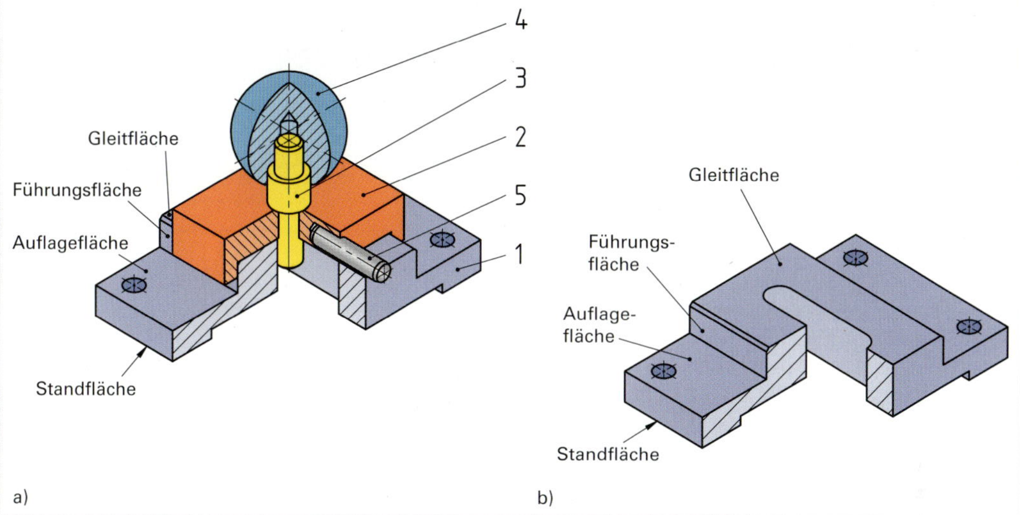

Bild 1: a) Baugruppe Gleitschieber mit b) Einzelteil Grundkörper

Die für die Gesamtfunktion des Gleitschiebers wichtigen Flächen des Grundkörpers sind:

- die Standfläche, mit der Teil 1 auf einer Unterlage steht,
- die senkrechte Führungsfläche von Teil 1, an der Teil 2 geführt wird und gleitet,
- die waagerechte Gleitfläche von Teil 1, auf der Teil 2 aufliegt und gleitet,
- die Auflagefläche von Teil 1, hier liegen später Schrauben oder Unterlegscheiben auf, wenn die kleine Baugruppe befestigt wird.

Bild 2 zeigt die Stückliste der Baugruppe Gleitschieber. Hier sind in der Spalte Bemerkungen die Halbzeuge aufgeführt, aus denen das Bauteil hergestellt wird. Ein **Halbzeug** ist ein Vorprodukt, das gekauft und weiter bearbeitet wird. Es dient quasi als Basis für das Bauteil. Halbzeuge gibt es in ganz unterschiedlichen Formen, oft verwendet werden warmgewalzter Flachstahl und warmgewalzter Rundstahl. Sind keine umfangreichen Bearbeitungen notwendig, wird auch blankgezogenes Material verwendet. In dem Beispiel Gleitschieber wird der Grundkörper der Baugruppe aus warmgewalztem Flachstahl hergestellt.

Pos.	Anz.	Benennung	Norm/Zchng.-Nr	Werkstoff	Halbzeug / Bemerk.
1	1	Grundkörper		C45	Flachstab EN 10058-70x25x95
2	1	Gleitschieber		C45	Flachstab EN 10058-50x20x55
3	1	Bolzen		E295	Rundstab EN 10060-16x45
4	1	Kugelknopf C 32	DIN 319	PA	
5	1	Zylinderstift 6m6x26	ISO 2338	St	

Bild 2: Stückliste Gleitschieber

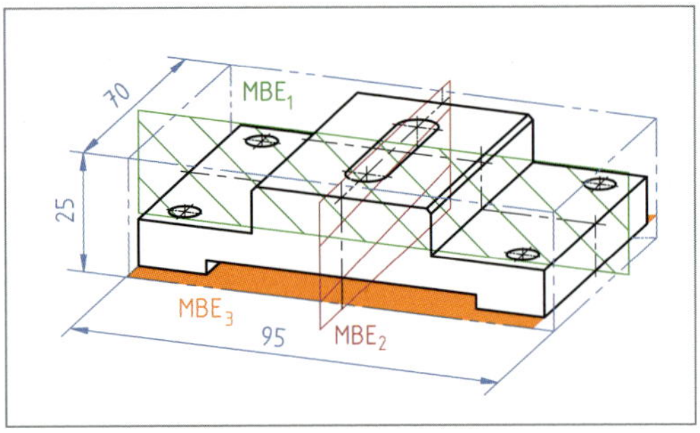

Bild 1: Grundkörper, Form und ursprüngliche Form

In **Bild 1** ist der fertige Grundkörper als 3D-Bauteil dargestellt.

Blaue Strich-Zweipunkt-Linien zeigen die Rohform des Halbzeugs, den Flachstahl. Die Maße des Flachstahls, Ausgangsmaterial für die Herstellung des Grundkörpers, sind in blau eingetragen. Der Flachstahl wird nicht genau passend, sondern mit einer Materialzugabe abgesägt, um die Trennflächen nach dem Sägen noch bearbeiten zu können. **Bild 2** zeigt die Zeichnung des Grundkörpers mit den Maßen, die für die Fertigung erforderlich sind.

Für die nachfolgend beschriebenen Bearbeitungsschritte ist der Rohling in **Bild 1** die Ausgangsbasis. Die drei Maßbezugsebenen sind farbig eingezeichnet. Die sich darauf beziehende Arbeitsschritte haben die gleichen Farben.

Arbeitsschritte zur Fertigung des Grundkörpers

Arbeitsschritt 1

Flachstahl mit den Querschnittsmaßen 70 mm x 25 mm auf 95 mm Länge absägen **(Bild 3a)**.

Arbeitsschritt 2

Werkstück in der Höhe auf Maß 20 beidseitig spanend bearbeiten und in der Breite auf 60 mm beidseitig bearbeiten. Die Flächen stehen rechtwinklig zueinander. Werkstück mit der Standfläche nach oben spannen, ausrichten und die Trennflächen rechtwinklig bearbeiten auf Länge 90 mm. Bezugselement ist die Symmetrieebene und die obere Fläche, auf der das Bauteil derzeit aufliegt **(Bild 3b)**.

Arbeitsschritt 3

Die Ausnehmung 60 mm x 3 mm der Standfläche wird durch Fräsen hergestellt. Bezug für die Fertigung ist die Symmetrieebene, dargestellt durch die Mittellinie, und die obere Fläche, die Standfläche **(Bild 3c)**. Die Maßeintragung ist fertigungsgerecht.

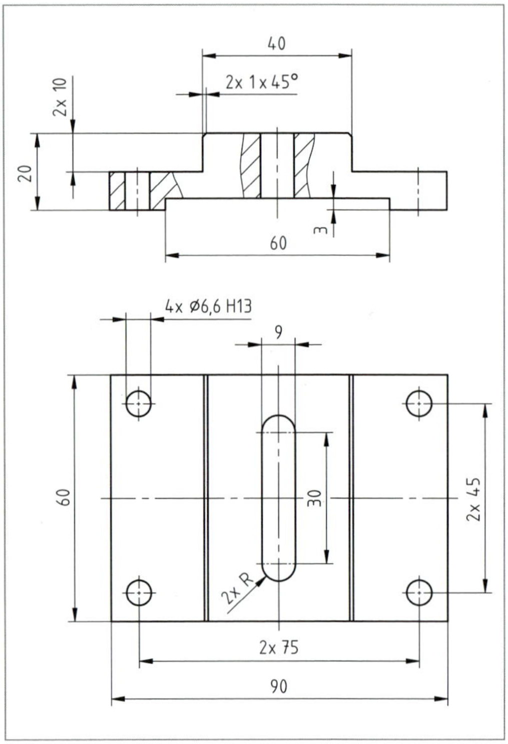

Bild 2: Zeichnung Grundkörper

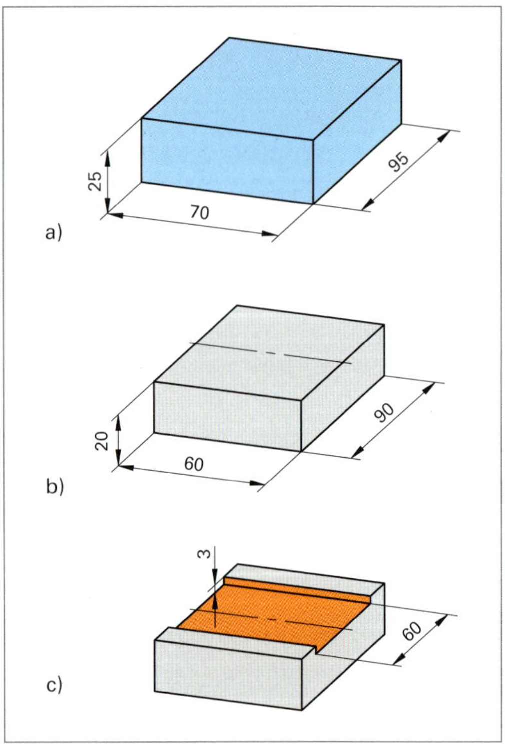

Bild 3: Fertigungsschritte Grundkörper Teil 1

Arbeitsschritt 4

Das Werkstück wird gedreht, Standfläche unten, um die anderen Bearbeitungsschritte durchzuführen. Beide Auflageflächen werden durch Fräsen (25 mm × 10 mm × 60 mm) gefertigt. Die Bezugsebene ist hier auch wieder die Symmetrieebene. Die Maßeintragung ist funktionsgerecht (Toleranzen werden hier noch nicht betrachtet), weil der Gleitschieber später genau über den Grundkörper passen muss und an diesem geführt wird **(Bild 1d)**.

Arbeitsschritt 5

Für die Fertigung des Langlochs gibt es zwei Fertigungsmöglichkeiten. Das Langloch kann mit einem Fräser allein gefertigt werden (dann entfällt Arbeitsschritt 5), oder es wird durch Vorbohren und anschließendes Fräsen gefertigt. In diesem Beispiel wird die zweite Möglichkeit in Betracht gezogen. Die beiden Bohrungen Ø9 mm werden mit einem Abstand von 30 mm ganz durch das Bauteil gebohrt. Die Bezugebenen sind beide Symmetrieebenen, sodass hier kein Lagemaß erforderlich ist. Diese Bemaßung ist fertigungsgerecht **(Bild 1e)**.

Arbeitsschritt 6

Das Langloch wird durch Fräsen hergestellt. Bezug sind die beiden schon vorhandenen Bohrungen und die Symmetrieebene. Das Maß 17 mm dient nur zur Veranschaulichung, dass durch das ganze Werkstück gefräst wird. Es wird in der Fertigungszeichnung nicht eingetragen. Zur Verdeutlichung des Langlochs wurde das Werkstück in seiner Darstellung aufgeschnitten **(Bild 1f)**.

Arbeitsschritt 7

Die Ecken der Gleitfläche werden durch die beiden Fasen 1 × 45° gebrochen, sodass die Ecke freiliegt und der Gleitschieber nicht verkantet. Diese Bemaßung ist funktionsbezogen **(Bild 1g)**.

Arbeitsschritt 8

Die Bohrungen Ø6,6 mm werden gebohrt. Sie dienen später der Befestigung der Baugruppe. Die Bezugsebenen sind wieder die Symmetrieebenen. In dem Gegenstück, auf dem die Grundplatte befestigt ist, müssen diese Lochabstandsmaße ebenfalls angegeben werden. Die beiden Abstandsmaße 45 mm und 75 mm sind funktionsgerecht. Zur Veranschaulichung wurde das Werkstück im Bereich einer Bohrung aufgeschnitten **(Bild 1h)**.

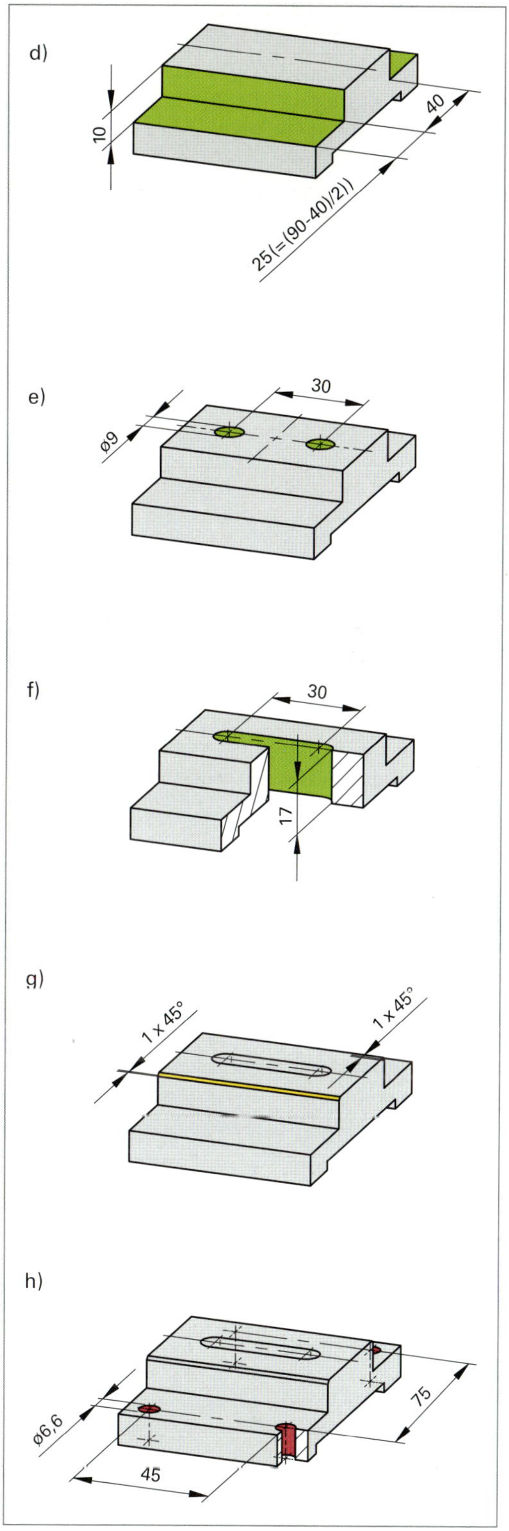

Bild 1: Fertigungsschritte Grundkörper Teil 2, Fortsetzung von Bild 3, Seite 42

1.8.5 | ALLGEMEINE BEMAẞUNGSREGELN

Die Bemaßung eines Bauteils bezieht sich stets auf den Endzustand der Bearbeitung. Dies kann der letzte Bearbeitungsstand sein, aber auch der Rohteilzustand (bei einer Rohteilzeichnung) z.B. eines Gussteils, ein Zwischenstand, z.B. bei einer Schweißzeichnung, oder der Endzustand bei einer Fertigungszeichnung. Immer müssen die für den Zweck notwendigen Maße eingetragen werden.

Für die Bemaßung gelten folgende Regeln:

- Jedes Maß wird in einer Zeichnung nur einmal angegeben.
- Alle Maße der Geometrie müssen vorhanden sein, kein Maß darf fehlen.
- Die Maßhilfslinie beginnt direkt an der Körperkante oder hat einen Abstand von 2,8 mm zur Körperkante (hier nicht dargestellt).
- Maße haben in der Regel zwei Maßhilfslinien.
- Maßlinien werden niemals unterbrochen.
- Maßlinien schneiden sich niemals.
- Maße werden in der Ansicht eingetragen, in der die Form am deutlichsten zu erkennen ist.
- Maßlinien stehen im rechten Winkel zu den Maßhilfslinien **(Bild 1, ①)**.
- Maßlinien und Maßhilfslinien schneiden sich möglichst nicht (lässt sich nicht immer vermeiden).
- Die erste Maßlinie steht im Abstand von mindestens 10 mm von der Körperkante, die nachfolgenden Maßlinien haben einen Abstand von mindestens 7 mm **(Bild 1, ②)**.
- Symmetrie- oder Mittellinien dürfen als Maßhilfslinie genutzt werden. Sie werden dann mit einer schmalen Volllinie über die Körperkante hinaus verlängert **(Bild 1, ③)**.
- Bei engen Platzverhältnissen ersetzt der Punkt den Maßpfeil **(Bild 1, ④)**. Die Maßzahl kann zusätzlich mit einer schrägen Hinweislinie herausgezogen werden **(Bild 1, ④)**.
- Maßlinien stehen nicht parallel zu Schraffurlinien in einer Schraffur.
- Die Schraffur wird für die Maßzahl unterbrochen **(Bild 2, ⑤)**.
- Bei Platzmangel können die Maßhilfslinien unter 60° zur Maßlinie schräg herausgezogen werden **(Bild 3, ⑥)**.
- Verdeckte Kanten werden niemals bemaßt.
- Alle Maße sind von unten oder von rechts lesbar, das Schriftfeld ist hierbei unten rechts **(Bild 3, ⑦)**.

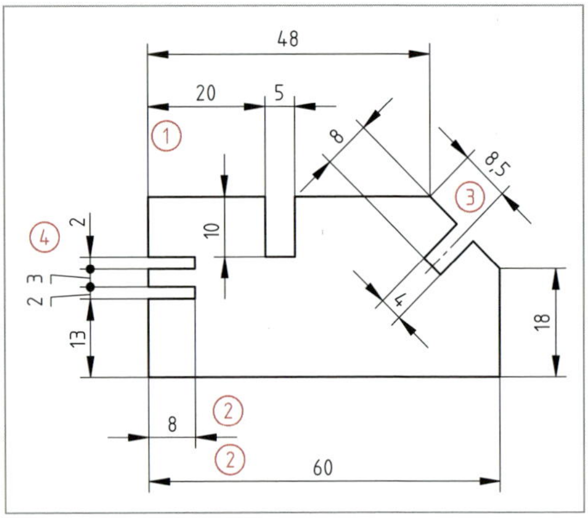

Bild 1: Bemaßungsregeln, Teil 1

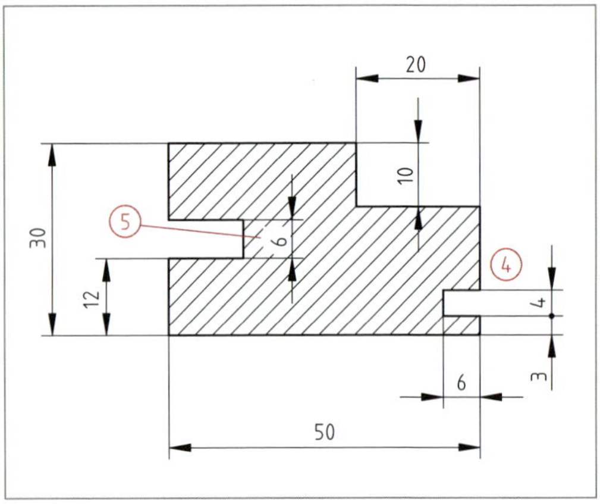

Bild 2: Bemaßungsregeln, Teil 2

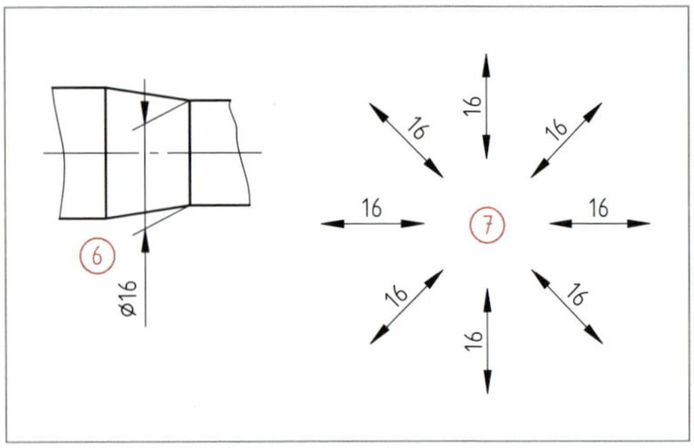

Bild 3: Bemaßungsregeln, Teil 3

- Bei bis zu 10 mm Abstand zwischen den Maßhilfslinien stehen die Maßpfeile von außen an den Maßhilfslinien. Die Maßzahl steht innen zwischen den Maßhilfslinien oder außen auf einer der beiden Maßlinien. Ab 10 mm Abstand zwischen den Maßhilfslinien gibt es drei Möglichkeiten für die Platzierung der Maßzahl und der Maßpfeile:
  - Maßzahl und Maßpfeile stehen innen zwischen den Maßhilfslinien
  - Maßzahl und Maßpfeile stehen außen neben den Maßhilfslinien
  - die Maßpfeile stehen von außen an den Maßhilfslinien, die Maßzahl steht innerhalb der Maßhilfslinien **(Bild 1, ⑧)**
- Schneiden sich zwei Körperkanten nicht, werden sie durch schmale Volllinien kurz über den Schnittpunkt hinaus verlängert, sodass sich ein Schnittpunkt für die Maßhilfslinie ergibt **(Bild 1, ⑨)**.
- Hinweislinien sind schräg aus der Ansicht zu ziehen und enden **(Bild 2, ⑩)**:
  - mit einem Pfeil an einer Körperkante
  - mit einem Punkt in einer Fläche
  - ohne Endsymbol an allen anderen Linien.
- Kettenmaße **(Bild 3, links)** sollen vermieden werden, weil sich die Toleranzen addieren. Sie sind nur bei den Lagemaßen in Verbindung mit der Form gestattet oder wenn es von der Funktion her erforderlich ist. In **Bild 2** sind das Maß 11 mm für die Lage und das Maß 2 mm für die Nutbreite (Form) als Kettenmaße zulässig.

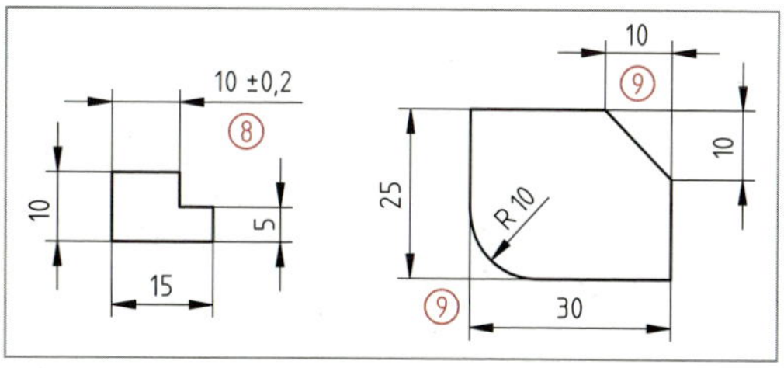

Bild 1: Bemaßungsregeln, Teil 4

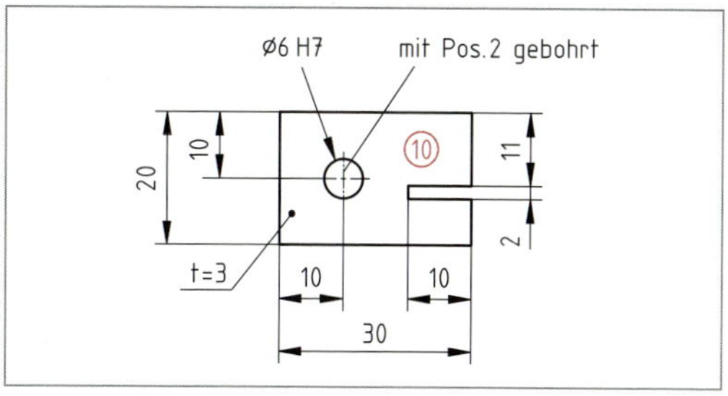

Bild 2: Bemaßungsregeln, Teil 5

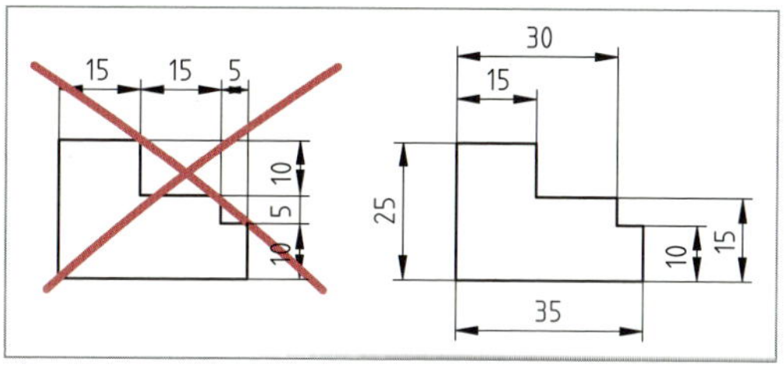

Bild 3: Kettenmaße

1.8.6 | BEMAßUNG VON FORMELEMENTEN

Rundung, Kugelradius

Eine Rundung oder ein Radius wird stets mit dem Großbuchstaben R vor der Maßzahl bemaßt **(Bild 4)**.

Der Maßpfeil wird durch den Radienmittelpunkt oder aus dessen Richtung kommend gezeichnet, der Maßpfeil zeigt auf den Bogen **(Bild 4 ⑪)**. Die Bemaßung kann von innen oder bei Platzmangel auch von außen erfolgen **(Bild 4 ⑫)**.

Der Radienmittelpunkt wird nur eingezeichnet, wenn die Lage für die Funktion oder die Fertigung festgelegt sein muss. Er wird dann durch ein Mittellinienkreuz gekennzeichnet **(Bild 4 ⑬)**.

Mehrere gleiche Radien, die nah beieinander liegen, können zusammengefasst werden **(Bild 4 ⑭)**. Wird ein Radius durch die Breite angegeben, so wird jede Kreisform durch ein allein stehendes R ausgedrückt bzw. an einem Radius die Gesamtzahl mit vorangestellt **(Bild 4 ⑮)**.

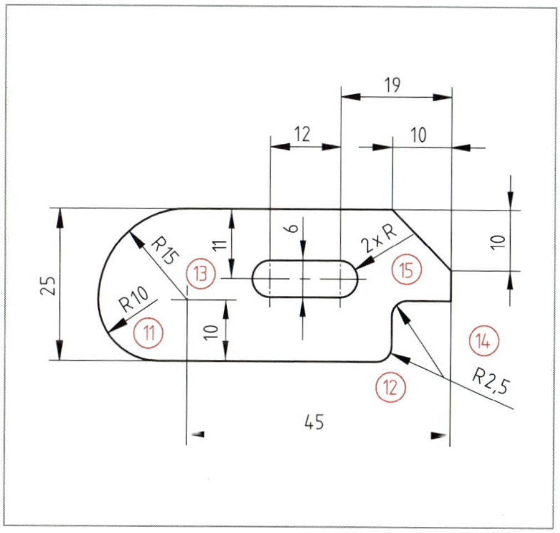

Bild 4: Radienbemaßung, Teil 1

Bei großen Radien, bei denen der Mittelpunkt außerhalb der Zeichenfläche liegt, aber bemaßt werden muss, wird der Maßpfeil rechtwinklig verkürzt gezeichnet **(Bild 1, ①)**. Die Maßlinie mit der Maßzahl und dem Maßpfeil zeigt dabei auf den wirklichen Mittelpunkt. Nur bei CAD-Zeichnungen darf die Maßlinie auch ohne Knick verkürzt gezeichnet werden **(Bild 1, ②)**.

Treffen mehrere Radien an einem gemeinsamen Mittelpunkt zusammen, so enden die Maßlinien an einem kleinen Hilfskreis **(Bild 1, ③)** oder die Maßpfeile werden gebrochen.

Sind Geometrien kugelförmig, wird ein „S" vorangestellt (engl. *sphere,* Kugel). Es wird nur dann der Kugelradius bemaßt, wenn der Kugelmittelpunkt nicht angegeben ist. Geometrien dürfen mit einer schmalen Volllinie verlängert werden, um eine Bemaßung einzutragen **(Bild 2, ①)**.

Sind in einer Zeichnung nur Radien mit z. B. Radius 3 mm vorhanden, kann über dem Schriftfeld die Angabe: „Rundungen R3" gesetzt werden. Die Maßeintragung am Bauteil entfällt.

Bei unterschiedlichen Radien, bei denen aber einer (z. B. R3) mehrfach vorkommt, steht über dem Schriftfeld: „unbemaßte Radien R3". Die Maßeintragung von R3 am Werkstück erübrigt sich damit, alle anderen Radien müssen bemaßt werden.

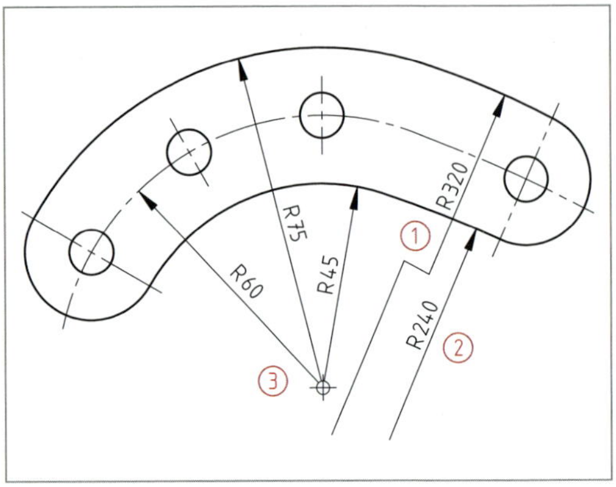

Bild 1: Radienbemaßung, Teil 2

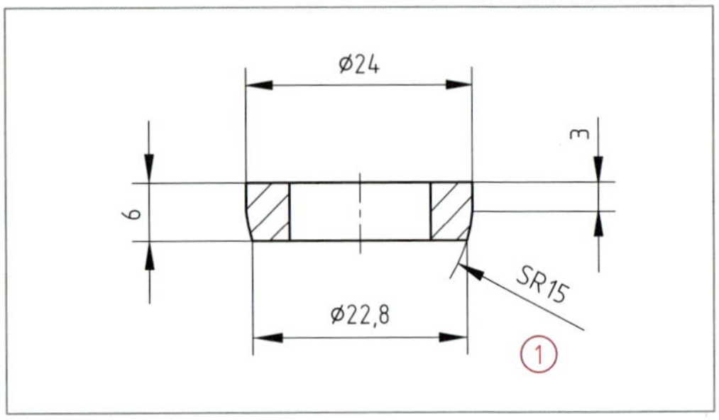

Bild 2: Kugelradius

Die Radien sollen sich in ihrer Größe nach den in DIN 250 angegebenen Rundungsradien richten (vgl. Tabellenbuch). Dadurch werden die zum Herstellen und Prüfen von Radien erforderlichen Werkzeuge, Messeinrichtungen und Lehren eingeschränkt.

Durchmesser, Kugeldurchmesser

Bei der Maßeintragung eines Durchmessers ist immer das Durchmesserzeichen Ø vor die Maßzahl zu setzen, unabhängig davon, ob die Kreisform in der zu bemaßenden Ansicht erkennbar ist **(Bilder 3a** und **3b)**.

Bei eng beieinander liegenden Maßlinien sollen die Durchmessermaße möglichst versetzt angeordnet werden. Die zweite Maßhilfslinie kann hierbei entfallen, die Maßlinie geht etwas über die Mittellinie hinaus **(Bild 3c)**.

Bei beengten Platzverhältnissen können Durchmessermaße von außen an die Formelemente gesetzt werden **(Bild 3d)**. Diese Darstellung verbessert auch die Übersichtlichkeit der Maßeintragung.

Ist der Kugelmittelpunkt gegeben, muss der Kugeldurchmesser angegeben werden. Vor dem Durchmesserzeichen steht der Großbuchstabe S **(Bild 3d)**.

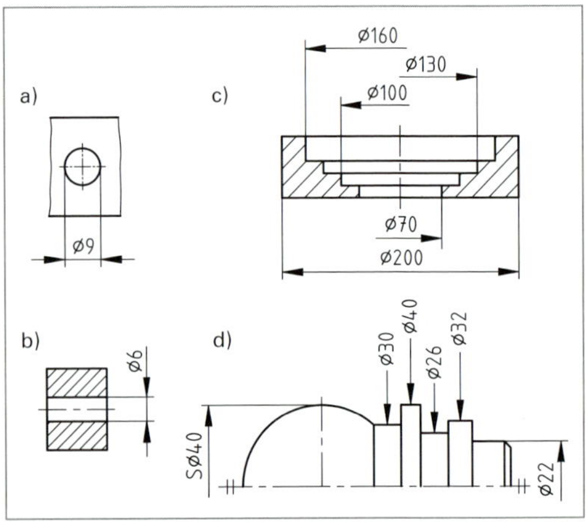

Bild 3: Durchmesserbemaßung

Vierkant, Schlüsselweite

Eine **Schlüsselweite** besteht aus mindestens zwei parallel abgeflachten, symmetrisch zur Mitte liegenden Flächen eines Rundteils. Die Schlüsselweite kennzeichnet den Abstand der beiden Flächen.

Für die Maßeintragung wird der parallele Abstand bemaßt **(Bild 1a)**. Bei Angabe des parallelen Abstands wird nur die Maßzahl angegeben **(Bild 1a)**.

Um die Fläche als Abflachung in der Ansicht zu erkennen, wird mit schmalen Volllinien ein Diagonalkreuz in jede Schlüsselfläche gezeichnet **(Bilder 1a, 1b, 1d)**.

Bei einem quadratischen Formelement, dem Vierkant, wird ein □ vor die Maßzahl gesetzt und nur eine Kantenlänge bemaßt. Die Bemaßung soll in der Ansicht eingetragen werden, in der die Form als Vierkant erkennbar ist **(Bild 1c)**. Ist die quadratische Form nicht dargestellt, kann die Bemaßung wie in **Bild 1d** eingetragen werden.

Enthält ein Bauteil eine Schlüsselweite wie in **Bild 1** und **Bild 2**, ist für die Bemaßung eine Seitenansicht erforderlich, um das Maß eintragen zu können.

Schlüsselweiten sind nach DIN 475 genormt. Hierzu passen die Schlüsselweiten der Schraub- und Steckschlüssel nach DIN ISO 691.

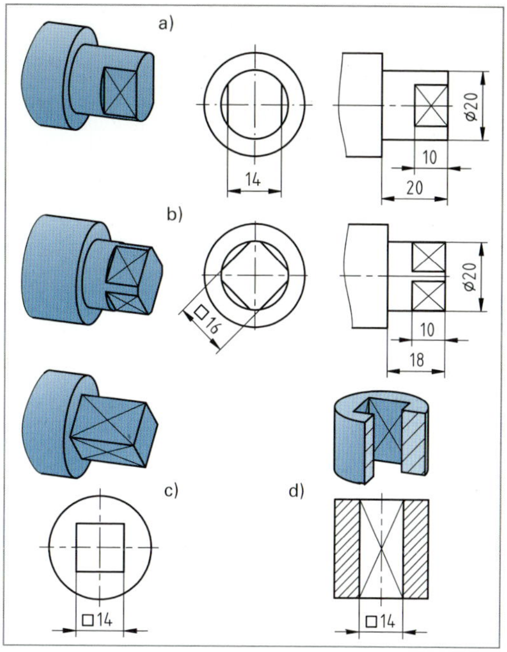

Bild 1: Schlüsselweite, Vierkant

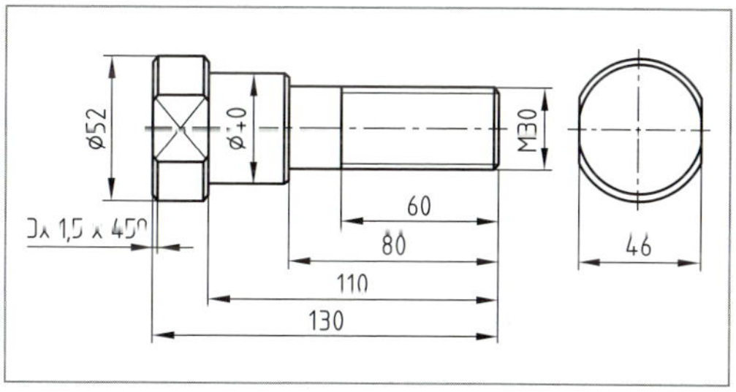

Bild 2: Bolzen mit Schlüsselweite

Bögen

Für Bogenmaße wird das Symbol ∩ bei CAD-Zeichnungen vor die Maßzahl gesetzt **(Bild 3a)**. Die Angabe der Sehnenlänge erfolgt wie in **Bild 3b**. Die Maßhilfslinien sind bei Winkeln kleiner als 90° parallel zu den Winkelhalbierenden **(Bild 3c: Bogenmaß 10,5)**. Aneinander angrenzende Bogenmaße haben daher immer eigene Maßhilfslinien. Bei Winkeln größer als 90° sind die Maßhilfslinien auf den Mittelpunkt des Bogens ausgerichtet. Ist der Bezug zwischen Maßlinie und dem zu bemaßenden Element nicht eindeutig, wird dieser mit dem „Zwischensymbol" gekennzeichnet. Start- und Endpunkt der Bogen- oder Sehnenlänge werden angegeben und bemaßt **(Bild 3c)**.

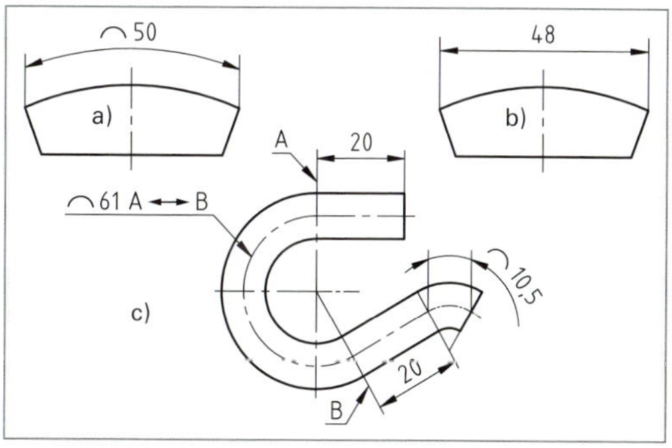

Bild 3: Bogenmaße

Fasen

Bei Außen- und Innengeometrien werden **Fasen** mit einem **Winkel von 45°** wie folgt bemaßt:

- Komplett mit Fasenbreite und Winkel wie in **Bild 1a** und **1e.**
- Vereinfacht mit der Kurzangabe aus Fasenbreite und Winkel auf der Maßlinie, immer mit Leerzeichen vor und nach dem „x" **(Bilder 1c, 1g).**
- Stark vereinfacht mit Hinweislinie und Angabe von Fasenbreite und Winkel, mit Leerzeichen vor und nach dem „x" **(Bilder 1d, 1h).**
- Stellt die Fase einen Übergang von einem Durchmesser auf einen anderen dar, wird nur der Winkel angegeben **(Bilder 1b, 1f).**

Wird ein **anderer Fasenwinkel als 45°** verwendet, müssen immer die Fasenbreite oder der Fasendurchmesser und stets der Fasenwinkel angegeben werden. Dies gilt sowohl für Außen- als auch für Innengeometrien **(Bilder 1i** bis **1l).**

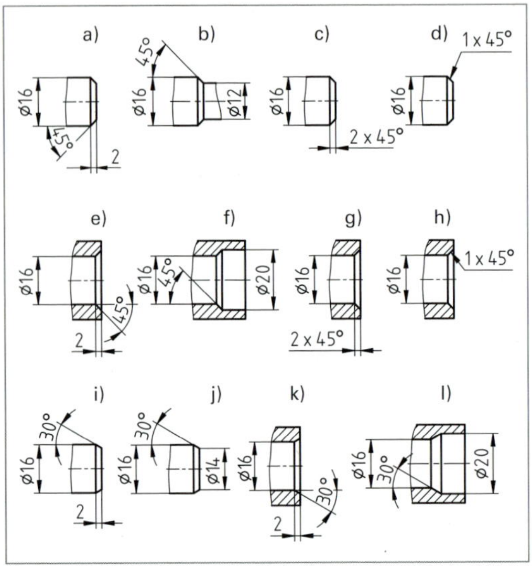

Bild 1: Varianten für Fasenbemaßungen

Teilungen

Gleiche und sich wiederholende Formelemente dürfen dargestellt und bemaßt werden:

- In Anzahl und Form vollständig **(Bilder 2a, 2c, 3a, 3b, 3c).** Hierbei darf ein Abstandsmaß als Hilfsmaß zusätzlich bemaßt werden, wenn zwischen der Anzahl und dem Maßwert eine Verwechslungsgefahr besteht **(Bilder 2c, 2d, 3b).** Zwischen der Anzahl und dem Maßwert steht ein Leerzeichen, zwischen dem Maßwert und der Summe der Längen- bzw. Winkelabstände als Hilfsmaß steht ebenfalls ein Leerzeichen.
- Durch die Anzahl der Teilungen bzw. Abstandsmaße mit verkürzter Darstellung **(Bilder 2b, 2d).**
- Bei gleichen Geometrieabständen auf einem Kreis darf der Winkelabstand entfallen, wenn die Darstellung eindeutig ist **(Bild 3d).**
- Liegen die Bohrungen nicht auf einer Hauptachse, wie in **Bild 3c**, kann neben der Lochteilung deren Lage zu einer Achse zusätzlich über einen Winkel angegeben werden.

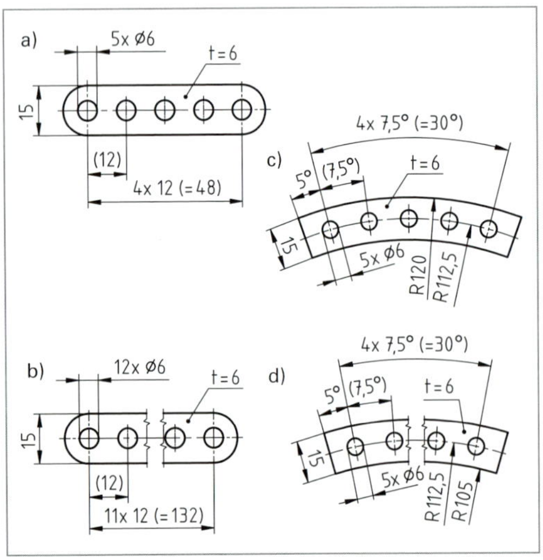

Bild 2: Teilungen

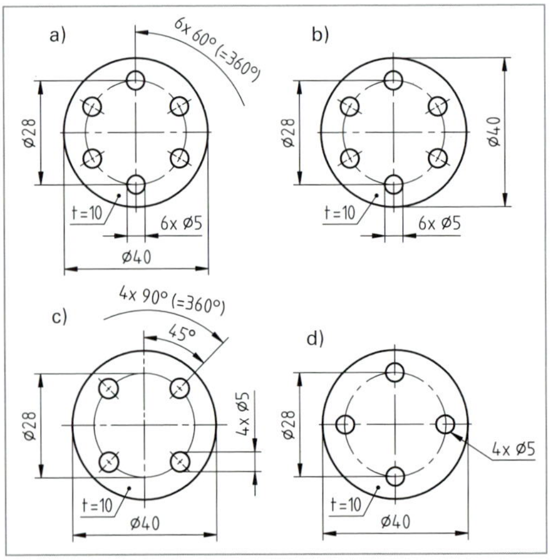

Bild 3: Lochteilungen

1.8.7 | BEMAẞUNG NACH BEZUGSEBENEN

Die Fertigung von Werkstücken beginnt mit der Schaffung von Maßbezugsebenen. Sie sind wichtig für die nachfolgenden Arbeitsgänge, weil sie die Basis aller Hauptmaße darstellen. Die Wahl der Maßbezugsebene hängt von der Funktion des Werkstücks und dem Fertigungsverfahren ab. Sie wird in der Konstruktion durch die Bemaßung bestimmt **(Bild 1)**. Die Kennzeichnung der Maßbezugsebenen durch „MBE" dient in den Bildern hier nur als Erklärung.

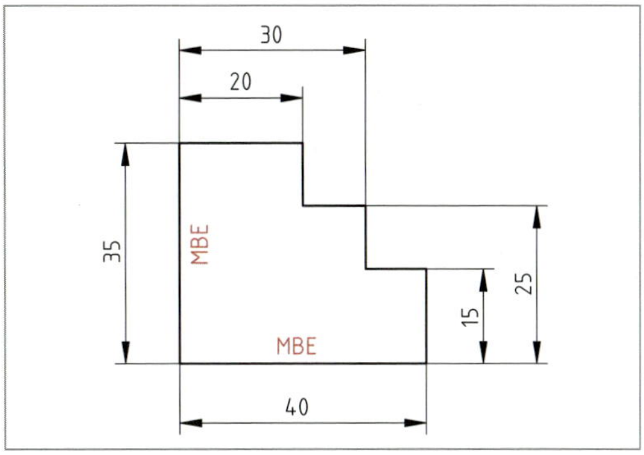

Bild 1: Maßbezugssystem

Maßbezugssystem Fläche – Fläche

Dieses Maßbezugssystem wird überwiegend bei unsymmetrischen Werkstücken angewendet. Als MBE wählt man zwei senkrecht zueinander stehende Flächen.

Die beiden Zeichnungen in **Bild 2** zeigen das gleiche Teil mit unterschiedlichen Bezugsebenen. Sie verdeutlichen die Auswirkungen auf die Bemaßung bei der Wahl verschiedener Bezugsebenen.

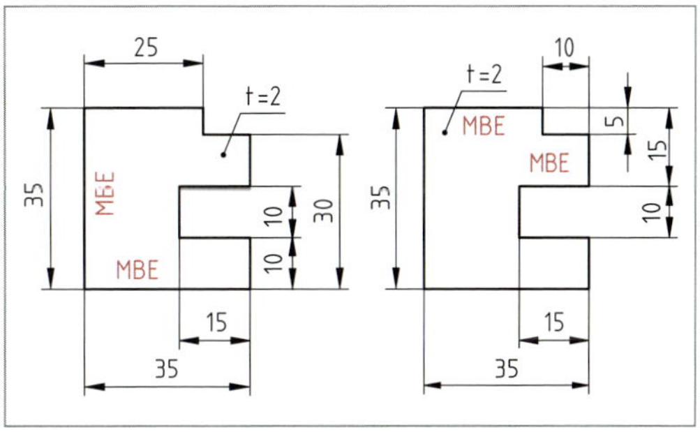

Bild 2: Maßbezugssystem Fläche – Fläche

Maßbezugssystem Symmetrieebene – Fläche

Bei symmetrischen Werkstücken ist die Symmetrieebene, dargestellt durch die Mittellinie, immer Bezugsebene für die Bemaßung. Lagemaße senkrecht zur Mittellinie entfallen, da die Maße symmetrisch über die Mitte angegeben werden **(Bild 3)**. Formelemente, die spiegelbildlich zur Symmetrieebene liegen, werden nur einmal in ihrer Form bemaßt, die Anzahl wird angegeben. Bei der Bemaßung mit Symmetrieebenen muss man sich bewusst sein, dass die Geometrie nicht eindeutig definiert ist. Aus der Zeichnung ist nicht erkennbar welche Geometrie die Symmetrieebene erzeugt. Erst durch zusätzliche Form- und Lagetoleranzen wird diese Art der Bemaßung eindeutig.

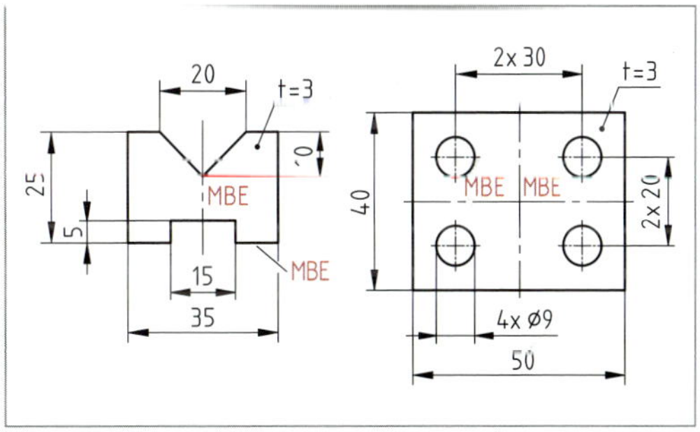

Bild 3: Maßbezugssystem Fläche – Symmetrieachse

1.8.8 | BEMAẞUNG SPEZIELLER GEOMETRIEN

Rechteckige Nut

Bei der Bemaßung einer rechteckigen Nut werden immer die Nutbreite und die Nuttiefe angegeben. Das Lagemaß wird auf die MBE bezogen **(Bild 4)**. Die Nuttiefe wird stets von der Seite aus bemaßt, von der sie gefertigt wird, wie in **Bild 4** das Maß 12 mm.

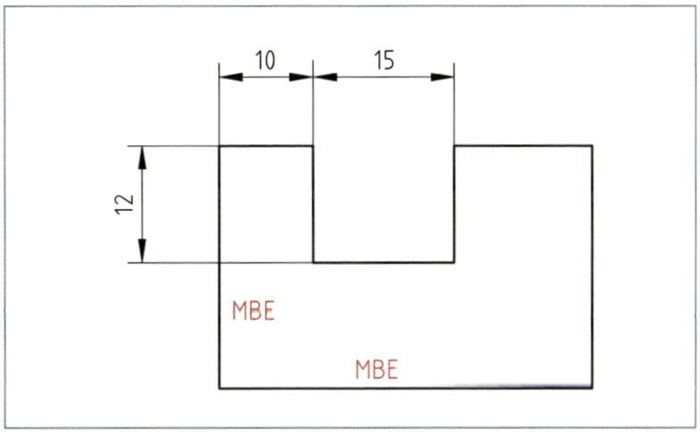

Bild 4: Rechteckige Nut – Bemaßung

Spitz zulaufende Nut

Diese Nuten werden durch die Nuttiefe und die Lage festgelegt. Statt der Nutbreite wird der Nutwinkel angegeben. Das Lagemaß wird auf die Nutspitze bezogen. Ist die Spitznut unsymmetrisch, müssen zwei Winkelmaße angegeben werden. Beispiele sind in den **Bildern 1a und 1b** aufgeführt.

Prismatische Nut mit Auslauf

Diese Nuten dienen zur Aufnahme und Zentrierung von zylindrischen Teilen und sind oft in Bohr- und Fräsvorrichtungen zu finden.

Der Auslauf dient als Werkzeugauslauf für den Prismenfräser. Die Bemaßung erfolgt nach den in den Bildern dargestellten Arbeitsgängen. Zuerst wird die schmale Nut 5 mm x 13 mm gefertigt. Anschließend wird das schräge Profil mit dem Prismenfräser, der den gleichen Winkel hat, hergestellt. Daher muss immer der Winkel angegeben werden. Das Lagemaß wird auf die Nutmitte bezogen **(Bilder 1c** bis **1e)**.

T-Nut

T-Nuten finden sich an den Spannflächen von Maschinentischen. Sie sind genormt und werden mit einem T-Nutenfräser hergestellt.

Die Bemaßung erfolgt entsprechend der Arbeitsgänge. Zuerst wird die schmale Nut 8 mm x 15 mm gefertigt. Dann wird die untere Form mit dem T-Nutenfräser herausgearbeitet. Daher wird auch der untere breitere Teil der Nut bemaßt. Das Lagemaß bezieht sich auf die Nutmitte und die MBE **(Bilder 1f** bis **1h)**.

Nachfolgend zwei Beispiele **(Bild 2)** für die Bemaßung ebener Werkstücke.

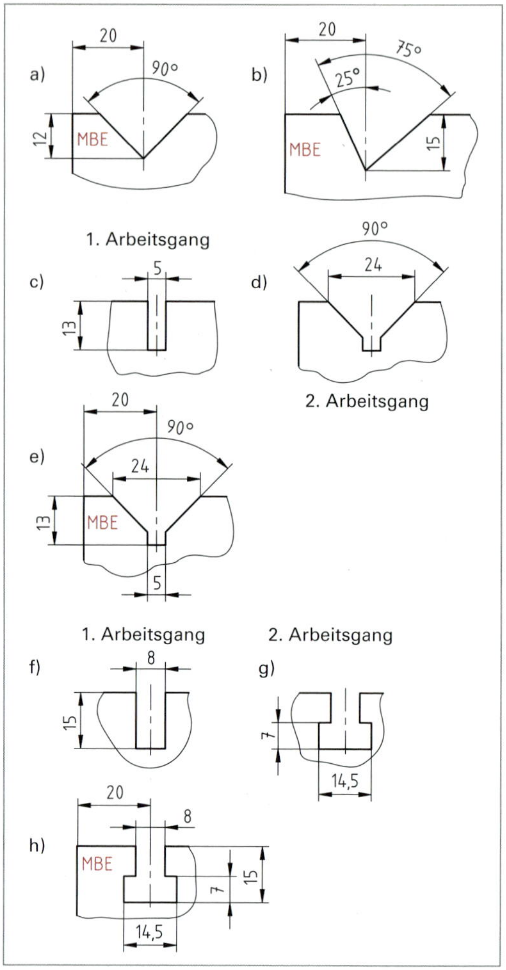

Bild 1: Nuten – Bemaßung

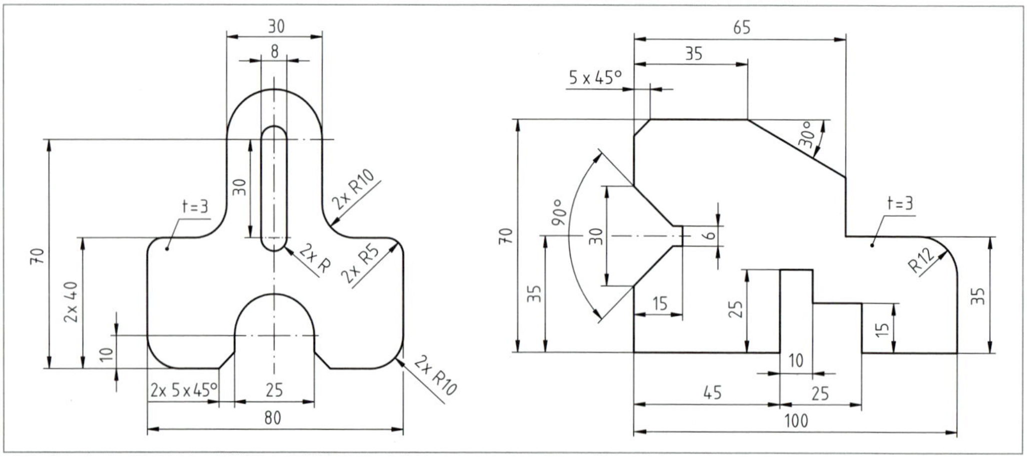

Bild 2: Beispiele für die Bemaßung ebener Werkstücke entsprechend der Bemaßungsregeln

Lernfeld 1

AUFGABEN | WIEDERHOLUNG UND VERTIEFUNG

Bemaßen Sie die dargestellten Bauteile. Wählen Sie als Halbzeug blankgezogenen Flachstahl aus S235JR.

Hinweis: Die eingetragene Bemaßung ist nicht normgerecht, sie dient ausschließlich zum Erstellen der Zeichnungen. Alle Bohrungen, Langlöcher und Ausschnitte sind durchgehend.

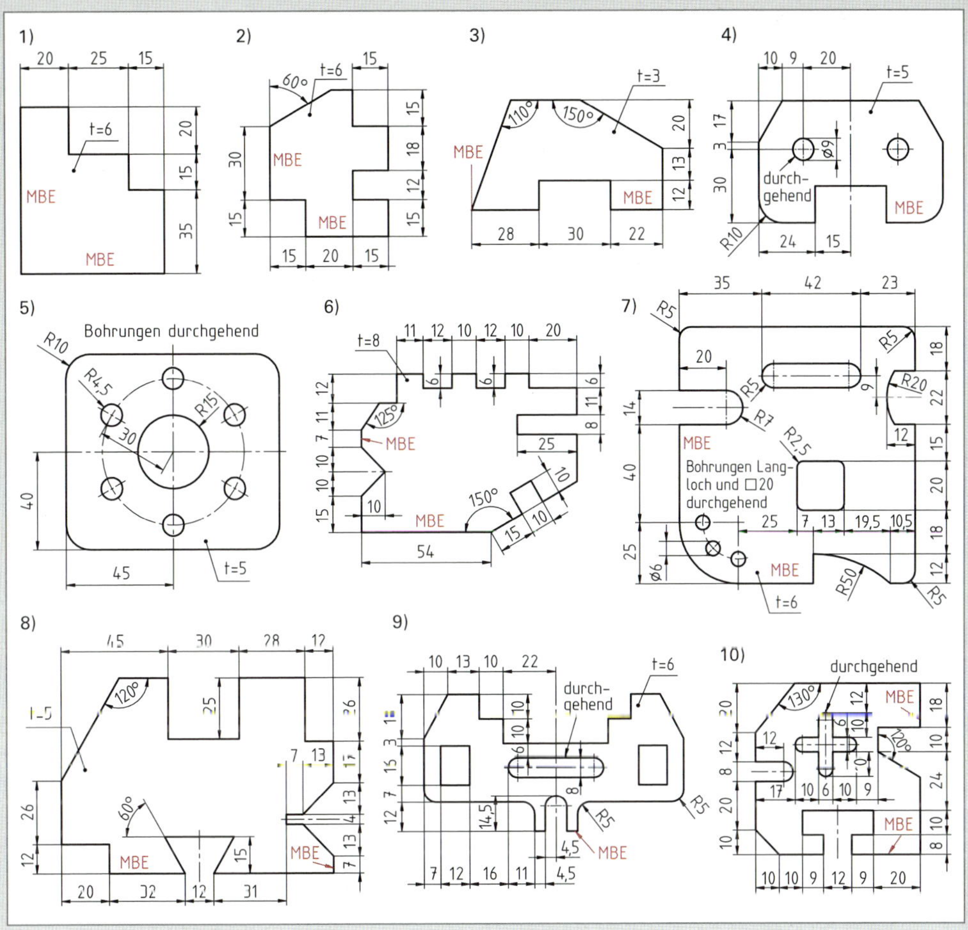

1.9 OBERFLÄCHENANGABEN

Oberflächen an Bauteilen sind nicht wirklich glatt und eben. Je nach Werkstoff, Fertigungsverfahren und Fertigungsparameter, wie z.B. Schnittgeschwindigkeit oder Vorschub, liegt die Struktur der realen Bauteiloberfläche zwischen sehr rau und sehr fein bzw. glatt. Durch die Fertigung entstandene Marken in der Bauteiloberfläche bezeichnet man als **Riefen**. Die Riefen sind teilweise schon mit dem Auge erkennbar und mit den Fingern wahrzunehmen.

In der Technik haben Oberflächen Funktionen zu erfüllen. Sie sollen z.B. dichten, leiten, haften oder aufgrund einer geringen Reibung gut an anderen Oberflächen gleiten. Die Oberfläche eines Bauteils muss genau definiert sein, damit die geforderten Funktionen optimal erfüllt werden können.

1.9.1 | BEGRIFFE ZUR GESTALTABWEICHUNG NACH DIN 4760

Nach DIN 4760 sind die folgenden Begriffe definiert:

- Die **wirkliche Oberfläche** ist die Oberfläche, die das gefertigte Bauteil gegenüber seiner Umgebung abgrenzt.
- Die **Istoberfläche** ist die messtechnisch erfassbare Oberfläche. Sie stellt damit das angenäherte Abbild der wirklichen Oberfläche dar.
- Die **geometrische Oberfläche** ist die ideale Oberfläche, die in der technischen Zeichnung definiert ist.
- Als **Gestaltabweichung** wird die Gesamtheit aller Abweichungen der Istoberfläche zu der geometrischen Oberfläche bezeichnet.

Nach DIN 4760 wurde ein Ordnungssystem für Gestaltabweichungen festgelegt **(Tabelle 1)**. In der 1. Ordnung finden sich Formabweichungen, die sich nur bei Betrachtung der gesamten Oberfläche feststellen lassen. Sie beeinflussen die geometrische Gestalt des Bauteils. Gestaltabweichungen der 2. Ordnung fasst man unter dem Begriff Welligkeit zusammen. Gestaltabweichungen der 3. bis 6. Ordnung werden unter dem Begriff Rauheit zusammengefasst. Sie haben Auswirkungen auf die Feingestalt **(Tabelle 1)**.

Tabelle 1: Gestaltabweichungen nach DIN 4760

Gestaltabweichung (übertrieben im Profil dargestellt)	Beispiele	Mögliche Ursachen
1. Ordnung: Formabweichungen 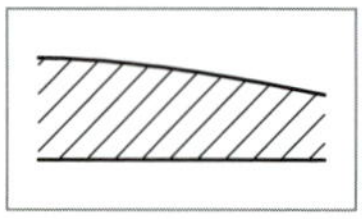	Geradheits-, Ebenheits-, Rundheitsabweichungen	Fehlerhafte Werkzeugmaschinenführungen, Durchbiegungen an Maschine oder Bauteil, falsche Einspannung, Verzug, Verschleiß
2. Ordnung: Welligkeit 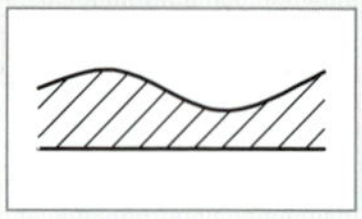	Wellen	Außermittige Einspannung, Form- oder Laufabweichungen des Werkzeugs durch Schwingungen
3. Ordnung: Rauheit 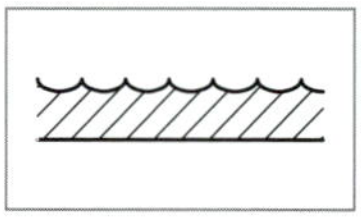	Rillen	Form der Werkzeugschneide, Vorschub oder Zustellung des Werkzeugs während der Fertigung
4. Ordnung: Rauheit 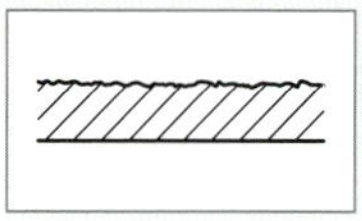	Riefen, Schuppen, Kuppen	Spanbildung, Oberflächenverformung beim Strahlen, Knospenbildung bei galvanischer Behandlung
5. und 6. Ordnung: Rauheit, nicht darstellbar	Gefügestruktur, Gitteraufbau	Kristallisationsvorgänge, Gefügeveränderungen durch z. B. Schweißen, Oberflächenveränderung durch z. B. Beizen, Korrosion

1.9.2 | MESSUNG DER OBERFLÄCHENRAUHEIT

Die Oberflächenbeschaffenheit wird z. B. mit einem Tastschnittgerät bestimmt. Beim **Tastschnittverfahren** wird eine kleine Diamantspitze über die Oberfläche eines Bauteils gezogen. Die Lageverschiebung der Tastspitze wird in Form eines Messprofils grafisch erfasst **(Bild 1)**. Durch eine Profilfilterung wird aus dem ungefilterten Primärprofil (**P-Profil**) das Rauheitsprofil (**R-Profil**) und das Welligkeitsprofil (**W-Profil**) bestimmt **(Bild 1)**.

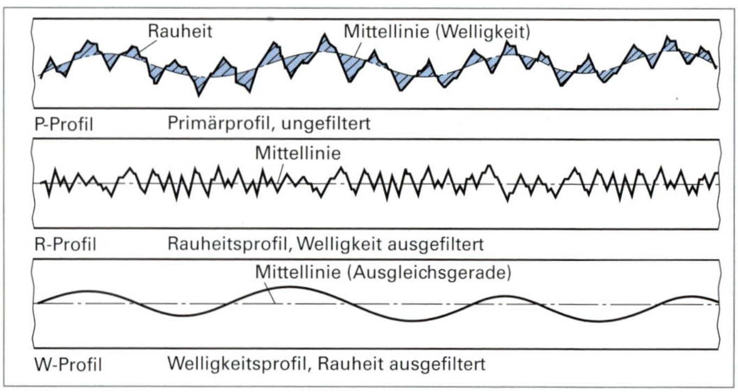

Bild 1: Oberflächenprofil-Diagramm

1.9.3 I RAUHEITSKENNGRÖßEN

Aus den drei Oberflächenprofilen werden die Profiltiefe *Pt* des Primärprofils, die Wellentiefe *Wt* des Welligkeitsprofils und die Rautiefe *Rt* des Rauheitsprofils abgeleitet. Moderne Oberflächenmessgeräte geben eine große Anzahl verschiedener Oberflächenkennwerte aus, deren Aussagekraft recht unterschiedlich ist. Für Vergleichsmessungen sind daher die Parameter des verwendeten Messverfahrens erforderlich. Nach DIN EN ISO 4287 sind die verschiedensten Rauheitskenngrößen definiert.

Arithmetischer Mittenrauwert *Ra*

Ra ist der arithmetische Mittelwert der Beträge aller Werte auf der *z*-Achse innerhalb einer Einzelmessstrecke *lr*. Damit entspricht *Ra* der Höhe eines Rechtecks mit dem gleichen Flächeninhalt wie die Fläche zwischen Profillinie und Mittellinie **(Bild 1)**. Er stellt die mittlere Abweichung des Profils von der Mittellinie dar.

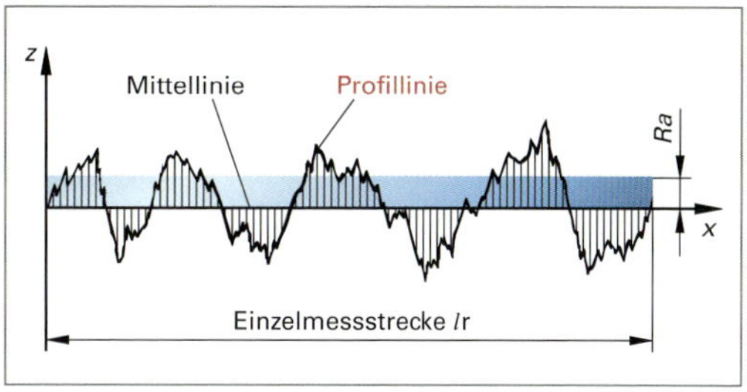

Bild 1: Arithmetischer Mittenrauwert *Ra*

Gemittelte Rautiefe *Rz*

Die gemittelte Rautiefe *Rz* ist die Summe aus dem größten und dem kleinsten Messwert innerhalb einer Einzelmessstrecke *lr* **(Bild 2)**. Üblicherweise ergibt sich *Rz* aus Mittelung der *Rz*-Werte von 5 Einzelmessstrecken.

Maximale Einzelrautiefe Rz_{1max}

Die maximale Einzelrautiefe Rz_{1max} ist die größte Einzelrautiefe *Rz* aus den fünf Einzelmessstrecken *lr*. Die Rautiefe *Rz* berücksichtigt die maximalen Werte des Rauheitsprofils und ergibt daher eine genauere Aussage zur Oberflächenrauheit als der *Ra*-Wert.

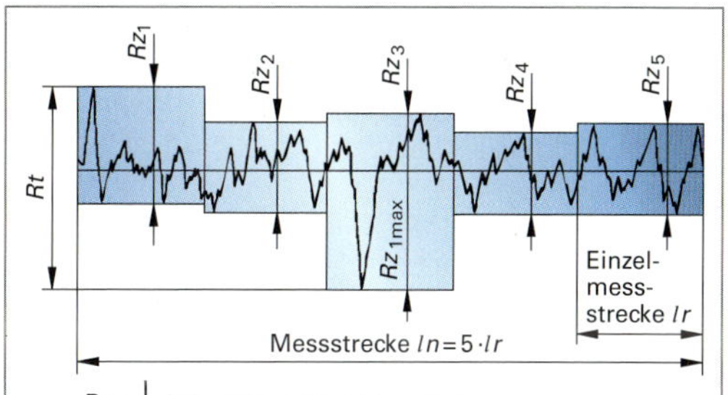

$$Rz = \frac{1}{5}\,(Rz_1 + Rz_2 + Rz_3 + Rz_4 + Rz_5)$$

Bild 2: Rautiefe *Rz*

Rauheitsprofil *Rt*

Das Rauheitsprofil *Rt* ist die Summe aus der Höhe der größten Profilspitze und der Tiefe des größten Profiltales innerhalb der gesamten Messstrecke *ln*.

Ein oberer Grenzwert der Oberflächenrauheit gilt als eingehalten, wenn der erste Messwert 70 % des Grenzwertes nicht überschreitet oder wenn die ersten drei Messungen den Grenzwert nicht überschreiten.

1.9.4 I ANGABE DER OBERFLÄCHENBESCHAFFENHEIT IN TECHNISCHEN ZEICHNUNGEN

In technischen Zeichnungen werden die Angaben der Oberflächenbeschaffenheit nach DIN EN ISO 1302 angegeben.

Die Festlegung der Qualität der Oberflächengüte erfolgt nach funktionellen Gesichtspunkten. Die Funktion ergibt sich aus dem Zusammenhang der Bauteile in einer Baugruppe. Darüber hinaus muss das Fertigungsverfahren beachtet werden. Nicht alle Oberflächengüten lassen sich mit jedem Fertigungsverfahren erreichen. Auch Kosten spielen eine wichtige Rolle: Je höher die geforderte Oberflächengüte, desto teurer wird das Bauteil.

Angaben zur Oberflächenbeschaffenheit, Grundsymbol

Die Oberflächenbeschaffenheit wird in technischen Zeichnungen mithilfe eines Symbols angegeben. **Bild 1** zeigt das Symbol mit Maßen für die übliche Schrifthöhe von 3,5 mm.

Bild 1a zeigt das Grundsymbol ohne Angabe zum Fertigungsverfahren. **Bild 1b** stellt das Grundsymbol für ausschließlich materialabtragende Bearbeitung dar. **Bild 1c** zeigt das Grundsymbol, wenn keine Bearbeitung der Oberfläche erfolgt. Die Oberfläche verbleibt im Ausgangszustand. **Bild 1d** gibt das Symbol an, wenn alle umlaufenden Flächen einer Kontur gemeint sind.

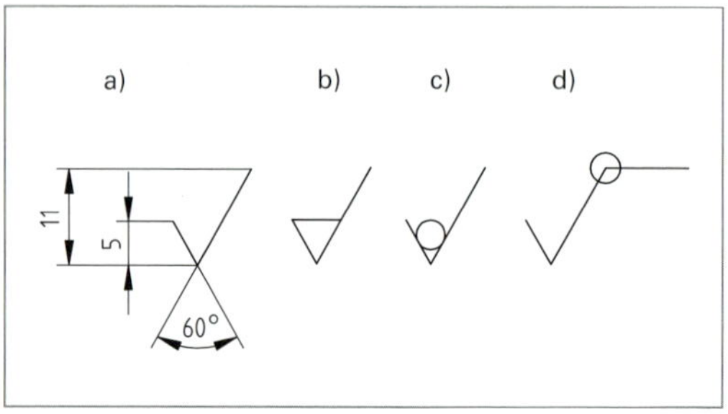

Bild 1: Grundsymbol für Oberflächenangaben

Zusatzangaben am Grundsymbol

Bild 2 (1) zeigt die allgemeinen Vorgaben zur Positionierung von Zusatzangaben am Grundsymbol:

a: Angabe der Oberflächenkenngröße mit Zahlenwert in µm

b: Angabe einer weiteren Oberflächenkenngröße mit Zahlenwert in µm

c: Angabe von Fertigungsverfahren, Behandlung, Beschichtung

d: Angabe der Rillenrichtung

e: Angabe der Bearbeitungszugabe

In **Bild 2 (2)** bis **(6)** ist jeweils ein Beispiel für Zusatzangaben am Grundsymbol aufgeführt.

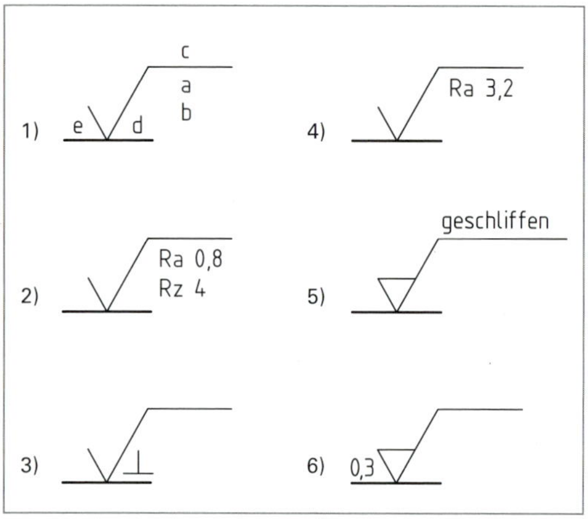

Bild 2: Zusatzangaben am Oberflächensymbol

Oberflächenkenngrößen

Durch verschiedene Fertigungsverfahren werden ganz unterschiedliche Oberflächenqualitäten hergestellt. Im allgemeinen Sprachgebrauch der Technik gelten die Begriffe **geschruppt** für eine grobe Bearbeitung, **geschlichtet** für eine zwischen grob und fein liegende Bearbeitung sowie **fein- und feinstgeschlichtet** für eine Fein- bzw. Feinstbearbeitung. Entsprechende Kenngrößen für die Oberflächen liegen zwischen *Ra* 12,5 und *Ra* 0,1 bzw. *Rz* 100 und *Rz* 1. **Tabelle 1** gibt für jede Rauheitskenngröße zwei mögliche Abstufungen zwischen den Bearbeitungen und den Oberflächenqualitäten als Orientierung an, es sind aber grundsätzlich auch andere Werte möglich.

***Ra*-Werte** können nicht in ***Rz*-Werte** umgerechnet werden und umgekehrt.

Tabelle 1: Abstufungen der Oberflächenqualitäten bei Bearbeitung

	Rauheitskennwert *Ra*		Rautiefe *Rz*		Kurzzeichen (vereinfachte Angabe)
Bearbeitung	***Ra* in µm**	***Ra* in µm**	***Rz* in µm**	***Rz* in µm**	
geschruppt	12,5	6,3	100	63	w
geschlichtet	3,2	1,6	25	16	x
feingeschlichtet	0,8	0,4	6,3	4	y
feinstgeschlichtet	0,1	0,1	1	1	z

Anordnung des Oberflächensymbols in der technischen Zeichnung

Für die Positionierung der Oberflächensymbole gelten die folgenden Regeln **(Bild 1)**:

- Oberflächensymbole werden so positioniert, dass sie von unten und von rechts lesbar sind.
- Das **Oberflächensymbol** steht immer in der Ansicht, in der die entsprechende Fläche bemaßt ist.
- Das Symbol wird direkt auf die entsprechende Werkstückfläche gesetzt, und zwar auf die Seite der sichtbaren Kante, an der die Bearbeitung erfolgt.
- Statt auf einer Werkstückkante kann das Symbol auch auf einer Maßhilfslinie platziert werden (①).
- Eine Körperkante kann mit einer schmalen Volllinie verlängert und das Symbol darauf gesetzt werden (②).
- Ist kein ausreichender Platz vorhanden, wird die Werkstückkante mit einer Hinweislinie (mit Pfeil) gekennzeichnet, und das Symbol steht auf der abgeknickten Hinweislinie. Die Hinweislinie, der Pfeil, wird auf die Seite der Fläche gesetzt, die bearbeitet wird, d.h. an die Fläche die man wirklich anfassen kann (③).
- Das Oberflächensymbol kann auch hinter die Maßzahl auf die Maßlinie gesetzt werden. Hierbei werden Maßzahl und Oberflächensymbol nicht durch die Maßhilfslinie getrennt. Maß und Oberflächenzeichen stehen dann zusammen zwischen den Maßhilfslinien oder zusammen außerhalb der Maßhilfslinien auf der gleichen Seite (④).

  Bei dieser Form der Eintrag ist zu beachten, dass beide Flächen, die durch die Maßlinie definiert werden, die gleiche Oberflächenkenngröße erhalten. Ist das nicht erwünscht, müssen beide Flächen getrennt voneinander angegeben werden.
- Eng beieinander liegende Flächen können bei der Angabe der Oberflächenbeschaffenheit zusammengefasst werden (⑤).
- Hat ein Bauteil überall die gleiche Oberflächenbeschaffenheit muss nur ein Sammelzeichen mit der entsprechenden Angabe und einem Kreis am Symbol angegeben werden (⑥).
- Bei Formelementen, die symmetrisch zur Mittellinie des Bauteils liegen und die gleiche Oberflächenbeschaffenheit haben, wird nur ein Formelement bemaßt und entsprechend auch nur für das bemaßte Formelement die Oberflächenbeschaffenheit angegeben. Für Oberflächenangaben gibt es keine Symmetrie innerhalb eines Formelements eines Bauteils, wohl aber eine Symmetrie von Formelement zu Formelement (⑦).

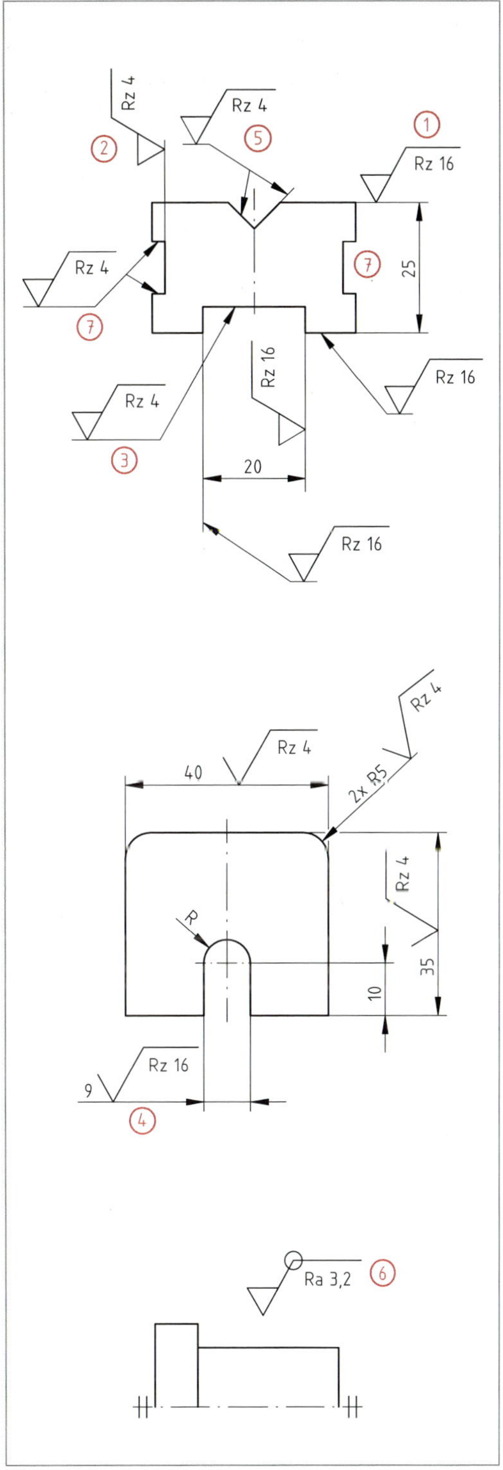

Bild 1: Oberflächensymbole in der Zeichnung

- Zylindrische Oberflächen werden pro Arbeitsgang nur einmal an der Mantellinie gekennzeichnet.
- Die Angabe zur Oberflächenbeschaffenheit wird bei Radien auf die Maßlinie gesetzt.
- Angaben zum Fertigungsverfahren werden nur gemacht, wenn dies notwendig ist **(Bild 1, ①)**.
- Bei Fasen wird das Oberflächensymbol entweder mit der Bemaßung kombiniert oder auf die verlängerte Hilfslinie gesetzt **(②)**.
- Kommt eine Oberflächenbeschaffenheit häufiger vor, eine andere seltener, wird das Symbol für die am meisten vorkommende Oberflächenbeschaffenheit als Hauptbeschaffenheit als Sammelangabe in der Nähe des Schriftfeldes platziert **(③, ④)** und nicht am Bauteil angegeben.

  Die seltener vorkommenden Oberflächenbeschaffenheiten stehen in der Sammelangabe in Klammern hinter der Hauptoberflächenbeschaffenheit **(③, ④)**.

  Bei Gussteilen steht meist das Hauptsymbol vor der Klammer, das den rohen, unbehandelten Zustand angibt **(③)**.
- Die in der Klammer stehenden Oberflächensymbole können durch das allgemeine Grundsymbol ersetzt werden **(④)**.
- Wird ein Bereich z.B. beschichtet, hier verchromt, dann ist dieser Bereich durch eine breite Strich-Punkt-Linie zu kennzeichnen und ggf. zu bemaßen. Das Oberflächensymbol vor der Behandlung und das Symbol nach der Behandlung können wie in **(⑤)** angegeben werden.

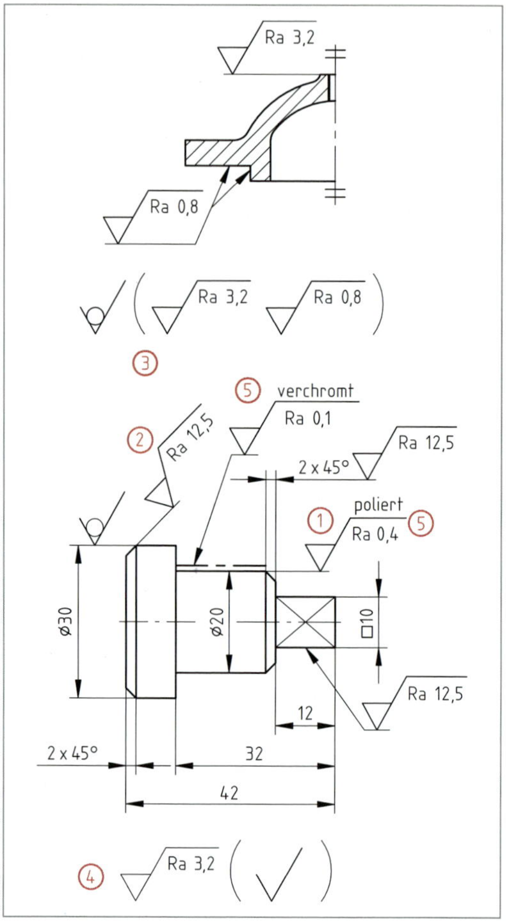

Bild 1: Oberflächensymbole in der Zeichnung

Vereinfachung von Oberflächensymbolen

Oberflächenbeschaffenheiten können vereinfacht mit dem Grundsymbol kombiniert mit Buchstaben angegeben werden **(Bild 2)**.

Als Buchstaben werden üblicherweise w (gröbste Oberfläche), x, y und z verwendet **(Tabelle 1, Seite 54)**. Bei Bedarf kann auch weiter im Alphabet zurückgegangen werden.

In der Nähe des Schriftfeldes muss dann die Bedeutung der Kurzzeichen näher erläutert werden. In der Praxis ist diese Art der Eintragung eine gängige Verfahrensweise, weil u.a. der Platzbedarf deutlich geringer ist.

Das Grundsymbol ist bei einer vereinfachten Angabe immer offen, auch wenn das dahinter stehende Symbol einen Materialabtrag vorsieht.

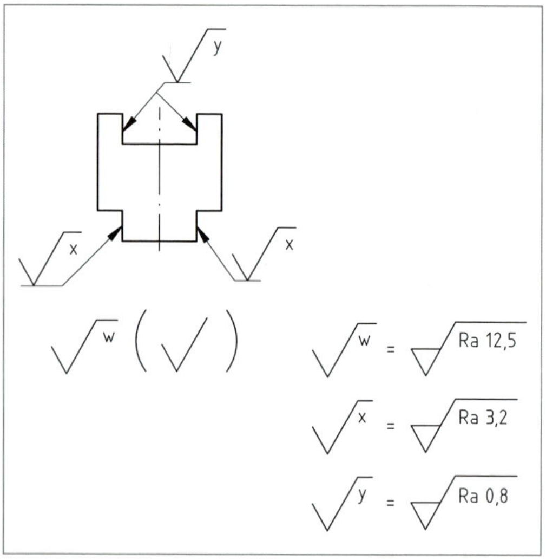

Bild 2: Vereinfachung Oberflächensymbol

1.9.5 | ANHALTSWERTE FÜR OBERFLÄCHENRAUHEITEN

In **Tabelle 1** ist eine Auswahl von Oberflächenbeschaffenheiten an Maschinenelementen und Bauteilen zusammengestellt.

Tabelle 1: Anhaltswerte für Oberflächenbeschaffenheiten, Auswahl

<table>
<tr><th>Funktion</th><th>Ra</th><th>Rz</th><th>Beispiele</th></tr>
<tr><td>Sichtflächen ohne Ansprüche,
Flächen ohne Gegenfläche,
Flächen ohne besondere Anforderungen wie Fasen, Nutgrund</td><td>12,5</td><td>63</td><td>Schmiedeteile, Durchgangslöcher,
Stirnflächen ohne Anlage, normale Fasen,
Absatzflächen ohne Anlage,
Pass- und Scheibenfedern,
Sicherungsringe, Keile</td></tr>
<tr><td>Nutflanken, Anlageflächen,
Anlageflächen allgemein,
Auflageflächen ruhend,
Standflächen, Anlageflächen von Filzringen,
Dichtflächen ruhende Dichtungen</td><td>6,3</td><td>16</td><td>Pass- und Scheibenfeder,
Keile, Sicherungsringe, Wälzlager,
Deckel, Anlageteile, Maschinenfüße-,
Standflächen, Filzringe,
Gehäusetrennfugenflächen</td></tr>
<tr><td>Passflächen mit IT ≤ 7,
Flächen mit Kraftübertragung,
Bewegungsflächen,
Wälzlagersitze allgemein,
Dichtflächen allgemein,
Zahnflanken,
Schmiergleitflächen $v = 0{,}5 \ldots 1{,}5$ m/s</td><td>0,8</td><td>4</td><td>Wellensitze, Passbohrungen,
Wälzlagersitze, Vorrichtungen,
Hebel usw., Wälzlager,
Vorrichtungen, Ventile,
Getriebe</td></tr>
<tr><td rowspan="2">Passfläche Kegelsitz</td><td>0,8</td><td>4</td><td rowspan="2">Kegel</td></tr>
<tr><td colspan="2">geschliffen</td></tr>
<tr><td rowspan="2">Lauffläche für Wellendichtringe</td><td>0,8</td><td>4</td><td rowspan="2">Radialwellendichtringe</td></tr>
<tr><td colspan="2">drallfrei</td></tr>
</table>

> Die **Einbaubedingungen** von Norm- und Kaufteilen richten sich vorrangig nach den Angaben in Normen, Vorschriften und Herstellerangaben.

Zwischen den Oberflächenbeschaffenheiten und den Maßtoleranzen eines Werkstücks gibt es keinen funktionalen Zusammenhang. Trotzdem gilt die Aussage, dass sich mit einer rauen Oberfläche keine enge Maßtoleranz fertigen lässt.

Im Tabellenbuch sind Werte zu Oberflächenbeschaffenheiten im Zusammenhang mit **Toleranzgraden *T*** zu finden. Allgemein gilt für Passflächen, dass die Oberflächenbeschaffenheit in etwa

$$Rz \leq \frac{T}{4}$$

betragen sollte. Durch das Fügen von Bauteilen findet eine Glättung der Oberflächen statt, was sich in den Istmaßen bemerkbar macht. Durch die Oberflächenbeschaffenheit *Rz* in Abhängigkeit vom Toleranzgrad *T* wird sichergestellt, dass sich die Istmaße nach dem Fügen noch innerhalb des Toleranzfeldes bewegen.

Im Tabellenbuch sind auch Angaben zur erreichbaren Oberflächengüte in Abhängigkeit vom Fertigungsverfahren aufgeführt.

1.10 WERKSTÜCKKANTEN NACH DIN ISO 13715

Durch die verschiedenen Fertigungsverfahren entsteht an den Kanten ein Grat oder ähnlich geformte Kantenzustände, die je nach den Erfordernissen entfernt werden müssen oder auch verbleiben sollen. DIN ISO 13715 legt Zeichnungsangaben für Kantenzustände fest. Dabei geht es ausschließlich um unbestimmte Kanten. Muss eine Kante eine bestimmte Form annehmen, z. B. eine Rundung oder eine Fase, muss diese komplett bemaßt werden.

Die möglichen Formen der Kantenzustände der Innen- und Außenkanten verdeutlicht **Bild 1**. Unterschieden wird, ob Material in den Kantenbereich hineinragen darf (Kante mit Grat oder Übergang), ob die Kante gratfrei sein soll (Kante mit Abtragung oder Einstich) oder ob die Kante scharfkantig ist. Für jeden der drei Fälle wird ein Symbolelement zugewiesen.

Die Skizzen in **Bild 2** zeigen die verschiedenen Kantenverhältnisse bei Außen- und Innenkanten mit den entsprechenden Kantenmaßen *a* **(vgl. Tabelle 1)**.

Zur Bemaßung der Bauteilkanten wird das in **Bild 3** dargestellte Grundsymbol verwendet. Die Pfeilspitze zeigt immer auf die Werkstückkante. Die Größe ist in der DIN ISO 13715 festgelegt. Angegeben werden bei:

a: Kantenmaß *a*, Ausprägungsrichtung- bzw. Abtragungsrichtung vertikal

b: Kantenmaß *a*, Richtung Ausprägung bzw. Abtragung beliebig, untere Grenze falls *c* gegeben

c: obere Grenze Kantenmaß *a*

d: Kantenmaß *a* Ausprägungs- bzw. Abtragungsrichtung horizontal

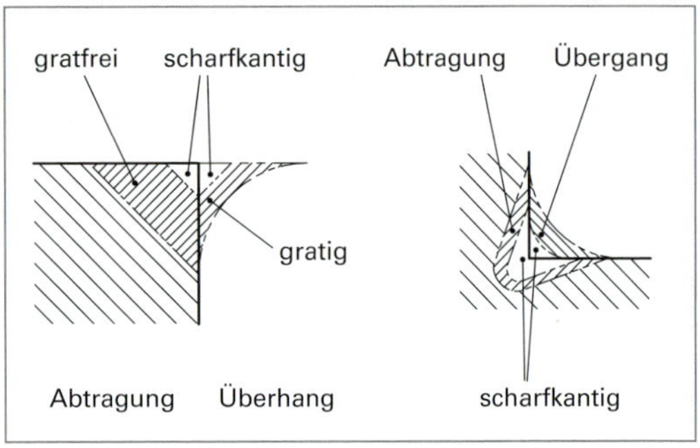

Bild 1: Kantenzustände an Außen- und Innenkanten

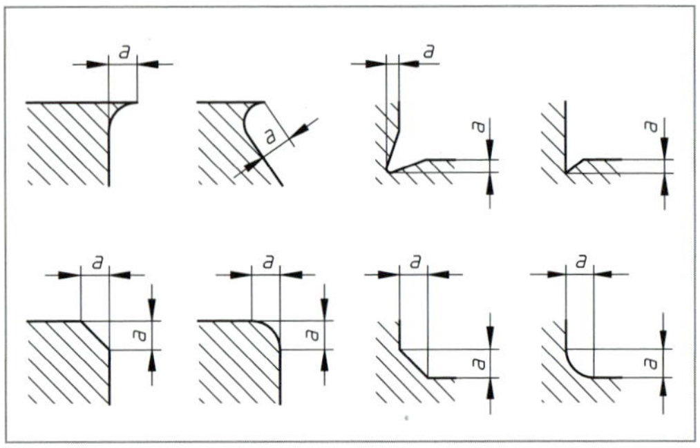

Bild 2: Formen von Kantenausprägungen und -abtragungen

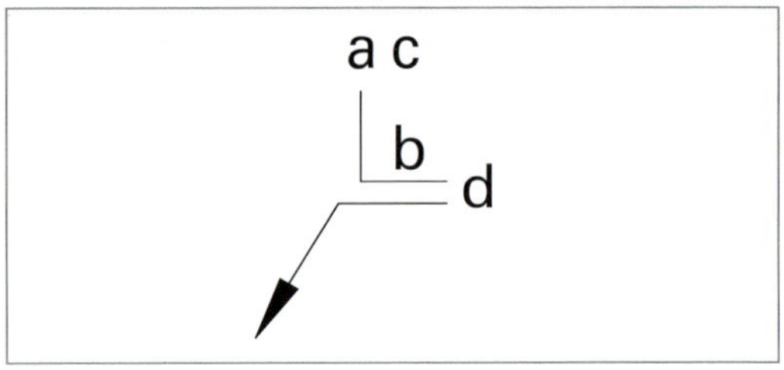

Bild 3: Sinnbild Werkstückkanten

Die Kantenformen für Innen- und Außenkanten werden wie in **Tabelle 1** aufgelistet unterschieden.

Tabelle 1: Kantenformen nach DIN ISO 13715 mit Symbol und Kantenmaß

Außenkante		Innenkante		Symbolelement	Kantenmaß *a*
Form	Beschreibung	Form	Beschreibung		
Gratig	Kante mit Überhang	Übergang	Kante mit Fase oder Rundung	+	2,5/1/0,5/0,3/0,1
Scharfkantig	Nahezu gratfrei	Scharfkantig	Nahezu eckig	±	+0,05/+0,02/–0,02/–0,05
Gratfrei	Kante mit Abtragung	Abtragung	Kante mit Einstich oder Einzug	–	–0,1/–0,3/–0,5/–1/–2,5

Kanten, die ein bestimmtes Maß als Abtragung bzw. Übergang erhalten müssen, werden am Bauteil über das Symbol gekennzeichnet. **Bild 1** zeigt verschiedene Kantenbemaßungen mit den entsprechend möglichen Kantenausprägungen für Außen- und für Innenkanten.

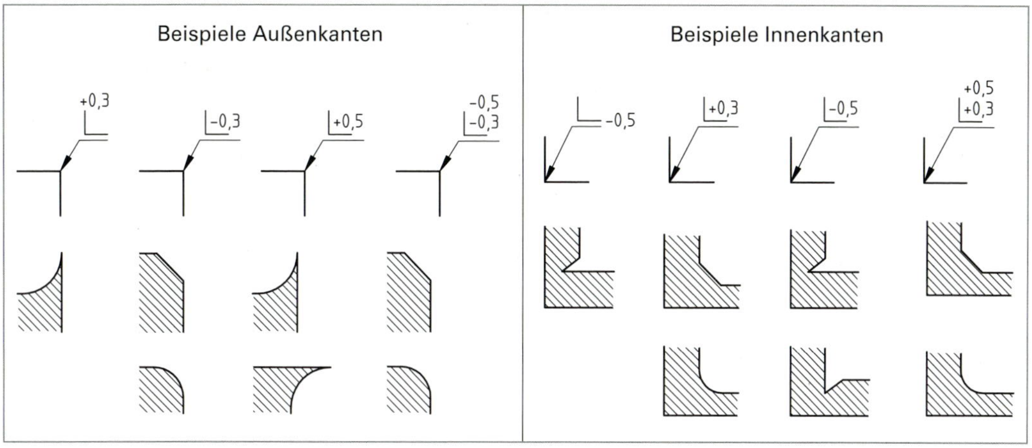

Bild 1: Beispiele für Formen von Außenkanten sowie Innenkanten

Der Kantenzustand kann auch ohne Angabe eines Kantenmaßes *a* nur mit den Symbolelementen + oder – eingetragen werden. Die Größe der Abtragung oder des Übergangs ist dann nicht festgelegt und kann innerhalb der möglichen Werte für das Kantenmaß *a* beliebig gewählt werden **(Bild 2a)**.

Vielfach wird in technischen Zeichnungen ein **Sammelzeichen für den Kantenzustand** in der Nähe des Schriftfeldes angegeben.

Innen- und Außenkanten werden getrennt angegeben. Die Ecken werden mit breiten Volllinien symbolisch dargestellt.

Zusätzlich wird der Hinweis ISO 13715 hinzugefügt. Hiermit sind dann alle Kanten gemeint, die keine maßliche Eintragung in der Zeichnung haben. **Bild 2b** zeigt ein Beispiel.

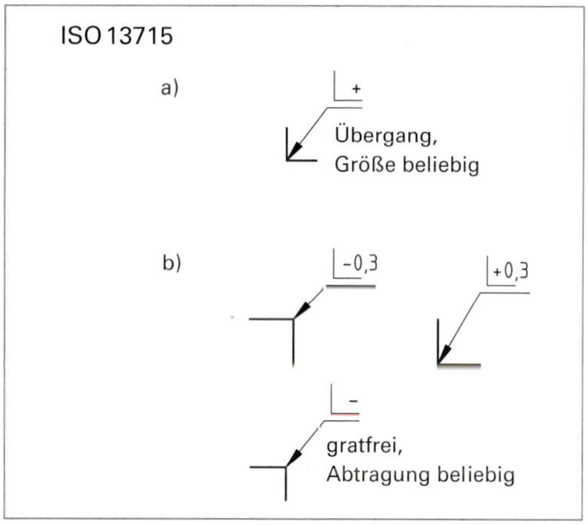

Bild 2: Sinnbild Werkstückkanten

AUFGABEN | WIEDERHOLUNG UND VERTIEFUNG

1. Geben Sie die Rauheitskenngrößen entsprechend der DIN EN ISO 4287 an.
2. Beschreiben Sie, wie ein gefordertes Fertigungsverfahren in der Angabe der Oberflächenbeschaffenheit angegeben wird.
3. Erläutern Sie die vereinfachte zeichnerische Eintragung für die Oberflächenangaben.
4. Geben Sie die Oberflächenangabe für eine spanlos hergestellte Oberfläche mit *Rz* = 63 µm und für eine spanend hergestellte Oberfläche mit *Rz* = 25 µm an.
5. Aus welchem Grund werden Kantenzustände in technischen Zeichnungen angegeben?
6. Wie sieht die allgemeine Angabe des Kantenzustandes für Innen- und Außenkanten in technischen Zeichnungen aus?

1.11 | TOLERANZEN

Die in der technischen Zeichnung dargestellte und bemaßte Geometrie eines Bauteils zeigt die ideale geometrische Gestalt. Vergleicht man das hergestellte Bauteil durch Messungen mit den Angaben in der Zeichnung, sind Abweichungen erkennbar. Es stellt sich die Frage, bis zu welchem Umfang derartige Abweichungen akzeptiert werden können. Vermeiden lassen sie sich nicht, wohl aber einschränken.

Das in der technischen Zeichnung eingetragene Maß bezeichnet man als **Nennmaß**, das in der Fertigung gemessene Maß als **Istmaß**. Um die zulässigen Abweichungen zu definieren sind zwei Grenzwerte erforderlich, zwischen denen das Istmaß liegen darf. Den oberen Grenzwert bezeichnet man als **Höchstmaß** und den unteren Grenzwert als **Mindestmaß**. Die Differenz zwischen diesen beiden Werten wird als **Maßtoleranz** bezeichnet. Damit muss das Istmaß kleiner oder gleich dem Höchstmaß und größer oder gleich dem Mindestmaß sein. Liegt das Istmaß außerhalb der Toleranzen und ist die Funktion dadurch nicht gegeben, muss das Bauteil nachgearbeitet werden. Ist dies nicht möglich, handelt es sich bei dem Bauteil um Ausschuss.

Die zulässigen Maßabweichungen für die Fertigung werden in der technischen Zeichnung über Toleranzangaben geregelt.

Toleranzen können angegeben werden durch:

- Allgemeintoleranzen, z. B. nach DIN ISO 2768
- Abmaße
- Kurzzeichen der Toleranzklassen (ISO-Passungssystem)
- Form- und Lagetoleranzen nach DIN EN ISO 1101

In diesem Kapitel werden nur die ersten beiden Toleranzangaben betrachtet und dabei vor allem die Aspekte der zeichnerischen Eintragung. Weiteres findet sich in Lernfeld 3, ab Seite 209.

1.11.1 | ALLGEMEINTOLERANZEN

Allgemeintoleranzen sind Toleranzen für nicht tolerierte Maße in einer Zeichnung. Der früher übliche Begriff „Freimaßtoleranzen" ist unvollständig, da zusätzlich zu den Festlegungen für die Maßtoleranzen auch Festlegungen zu den Form- und Lagetoleranzen getroffen werden können.

Die verschiedenen Fertigungsverfahren erzielen unterschiedliche Fertigungsgenauigkeiten. Die **Allgemeintoleranzen** beziehen sich auf die „werkstattüblichen" Genauigkeiten bei guter Werkstattarbeit und sind somit **von den eingesetzten Fertigungsverfahren abhängig.** Sie wurden durch Versuche an realen Bauteilen ermittelt und setzen eine übliche Werkstattausstattung mit den aktuellen, funktionsfähigen Maschinen und geschulten Mitarbeitern voraus. Die unterschiedlichen Toleranzklassen wurden durch Erfahrung festgelegt.

Daher sind auch für manche Fertigungsverfahren eigene Allgemeintoleranzen entwickelt worden. Für jede Zeichnung werden zulässige Maßabweichungen global definiert.

Tabelle 1: Beispiele von Allgemeintoleranzen verschiedener Fertigungsverfahren

Norm	Fertigungsverfahren	Inhalte
DIN ISO 2768	Spanende Bearbeitung	DIN ISO 2768-1: Maßtoleranzen DIN ISO 2768-2: Angaben zu Form und Lage
DIN EN ISO 8062	Gießen	Maßtoleranzen, Bearbeitungszugaben, Angaben zu Form und Lage
DIN EN ISO 9013	Thermisches Schneiden	Maßtoleranzen, Schnittkantenausführung
DIN EN ISO 13920	Schweißen	Maßtoleranzen, Winkel
DIN EN 10243	Gesenkschmieden	Maßtoleranzen, Angaben zu Form und Lage

Durch die Angabe der jeweiligen Norm werden viele Angaben in der Zeichnung eindeutig und damit auch nachvollziehbar.

Werden Werkstücke gegossen oder geschweißt und anschließend bearbeitet, gelten die aufgeführten Allgemeintoleranzen immer für das jeweilige Herstellverfahren. Die Angaben für das Guss- bzw. Schweißteil unterliegen dessen Allgemeintoleranzen. Die Angaben zur anschließenden Bearbeitung unterliegen dann DIN ISO 2768. Ist eine Maßangabe nicht eindeutig einem Fertigungsverfahren zuzuordnen, gilt im Zweifelsfall die Norm mit der größeren Toleranz.

Anmerkung: Die Allgemeintoleranzen stellen nur die üblichen Genauigkeiten der Fertigung dar und haben keinen Bezug zur Funktion des Werkstücks. Deshalb darf ein Werkstück beim Überschreiten der Allgemeintoleranzen nur dann zurückgewiesen werden, wenn dadurch seine Funktion beeinträchtigt ist.

Da im Maschinenbau die meisten Bauteile spanend bearbeitet werden, soll hier auf diese Allgemeintoleranz-Norm näher eingegangen werden.

Allgemeintoleranzen für die spanende Bearbeitung

In DIN ISO 2768-1 werden für die Längenmaße vier Toleranzklassen fein (f), mittel (m), grob (c) und sehr grob (v) unterschieden. Mit wachsenden Nennmaßen werden die zulässigen Toleranzen größer, da die Herstellgenauigkeit von der Bauteilgröße abhängig ist **(Tabelle 1)**.

Die DIN ISO 2768 legt gleichfalls Allgemeintoleranzen für Winkelmaße, Fasen und Rundungen fest.

Eine herkömmliche Messung ist immer eine **Zwei-Punkt-Messung**, d. h., es wird der Abstand zwischen zwei Punkten z. B. mit einem Messschieber, bestimmt. Derartige Messungen ermöglichen allerdings keine Aussagen bezüglich der Formabweichung. Sie geben z. B. keine Informationen darüber, ob eine Fläche rechtwinklig zu einer anderen Fläche steht oder ob eine Fläche eben ist.

Reine Maßtoleranzen allein beschreiben daher die geometrische Gestalt nur unzureichend. In der DIN ISO 2768-2 sind zusätzlich **Allgemeintoleranzen für Form- und Lageabweichungen** definiert.

Die Allgemeintoleranzen für Form und Lage worden nach drei Toleranzklassen (H, K und L) unterteilt (siehe Tabellenbuch).

Tabelle 1: Allgemeintoleranzen für Längenmaße

Toleranzklasse	Grenzabmaße in mm für Nennmaßbereiche in mm: über 0,5 bis 3	über 3 bis 6	über 6 bis 30	über 30 bis 120	über 120 bis 400	über 400 bis 1000
f fein	± 0,05	± 0,05	± 0,1	± 0,15	± 0,2	± 0,3
m mittel	± 0,1	± 0,1	± 0,2	± 0,3	± 0,5	± 0,8
c grob	± 0,2	± 0,3	± 0,5	± 0,8	± 1,2	± 2
v sehr grob	–	± 0,5	± 1	± 1,5	± 2,5	± 4

Im Schriftfeld der technischen Zeichnung werden die ISO-Norm und die Toleranzklassen der beiden Allgemeintoleranzen eines Bauteils angegeben, wenn Maße vorhanden sind.

Im Normalfall wird für Längen- und Winkelmaße die Toleranzklasse mittel verwendet, bei den Allgemeintoleranzen für Form und Lage die Toleranzklasse K.

Die Eintragung im Schriftfeld erfolgt unter Angabe der ISO-Norm und, durch einen Bindestrich getrennt, die beiden Toleranzklassen: **ISO 2768 – mK**

> Maße in technischen Zeichnungen, bei denen keine weiteren Toleranzen eingetragen sind, unterliegen den **Allgemeintoleranzen nach DIN ISO 2768**.

1.11.2 | EINDEUTIGKEIT VON MAßEINTRAGUNGEN

Maße, Toleranzen und deren Eintragung in technischen Zeichnungen wurden schon eingehend betrachtet. Ein Maß wird mit seinen zulässigen Abweichungen (Toleranzen) als **Spezifikation** bezeichnet. Die Angaben aus der Zeichnung müssen durch Prüfen am Bauteil kontrolliert werden.

Dieser Vorgang, also das Feststellen der Istmaße am realen Bauteil, wird als **Verifizierung** bezeichnet. Die Maße in der Zeichnung sind sogenannte **geometrische Produktspezifikationen** (**GPS**), da sie die geometrische Gestalt des Werkstücks beschreiben. Das Bauteil ist verwendbar, wenn die **Verifikation** (Prüfung) die geforderten **Spezifikationen** (Angaben) bestätigt, d.h. die Istmaße liegen innerhalb der Toleranz (Spezifikationsgrenzen).

Maße in der Zeichnung liegen immer an geometrisch exakten Kanten und Flächen des idealen Werkstücks **(Bild 1)**. Misst man dann jedoch die realen Werkstückflächen mit ihren unregelmäßigen Abweichungen, sind viele Ergebnisse möglich. Damit ist eine eindeutige Aussage unmöglich **(Bild 2)**.

Deshalb versucht man die Angaben in technischen Dokumenten eindeutig und damit jederzeit nachvollziehbar zu machen (GPS, s. S. 67). In den letzten Jahren wurden dafür viele technische Normen im Bereich der **Technischen Produktspezifikationen (TPS)** überarbeitet und mit klaren Regeln versehen. Für Maße sind dabei in der **DIN EN ISO 14405 – Dimensionelle Tolerierung** eindeutige Festlegungen beschrieben.

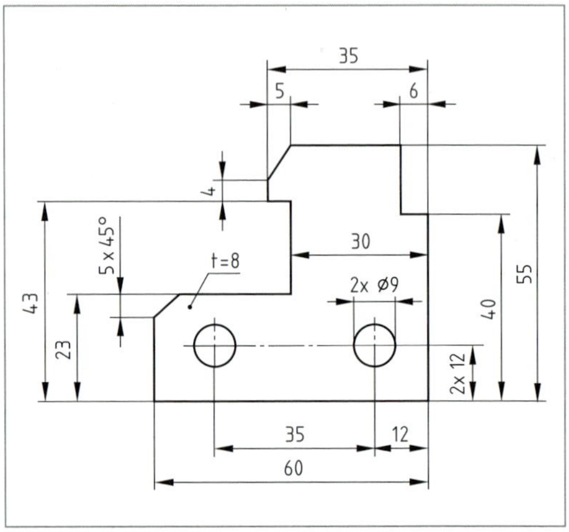

Bild 1: Längenmaße

Die Norm besteht aus den drei Teilen: **1. Längenmaße**, **2. Andere als lineare Maße** sowie **3. Winkelmaße**. Sie regelt als allgemeine GPS-Norm die Spezifikation von Längenmaßen. Die Unterteilung in die zwei Maßgruppen zeigt die Problematik bei der Zeichnungseintragung auf.

Die in Teil 1 als **lineare Maße** bezeichneten Maße betreffen nur Maßelemente vom Typ Zylinder, Kugel oder zwei parallele, sich gegenüberliegende Flächen.

Alle anderen Maßelemente, z.B. Stufenmaße, Bohrungsabstände usw., werden im Teil 2 behandelt und führen am realen Werkstück zu Mehrdeutigkeiten. Ebenso verhalten sich Radien, Winkel und Fasen.

Im **Bild 1** sind folgende Angaben **lineare Maße**: 23, 43, 55, 40, 60, Ø9 und $t = 8$.

Das Maß 30 ist ein Sonderfall, da nicht überall eine gegenüberliegende Seite zum Messen vorhanden ist.

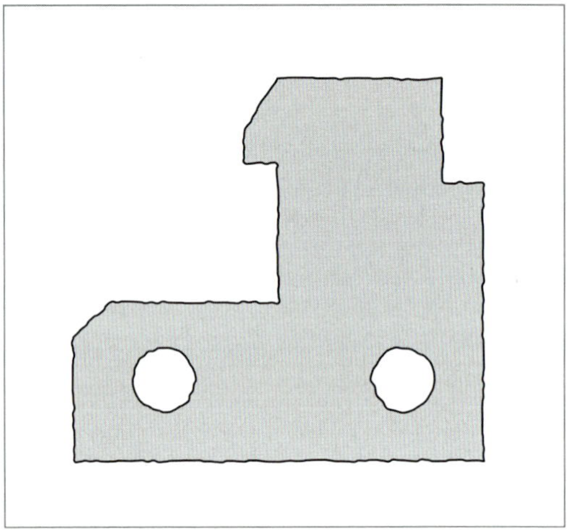

Bild 2: Reales Werkstück

Die anderen Maße gehören in die Kategorie „**Andere als lineare Maße**“ und führen bei der Prüfung zu mehrdeutigen Ergebnissen. Aufgrund der realen Abweichungen am Werkstück bieten sie viele Ansatzmöglichkeiten für die Prüfmittel, d.h., die Ergebnisse sind nicht wiederholbar.

Lineare Größenmaße DIN EN ISO 14405-1

Die Normen der GPS verwenden einige Fachbegriffe, die durch die internationale Gültigkeit und die präzise Formulierung entstanden sind.

So wird von **Spezifikationsoperatoren** gesprochen, die beschreiben, wie eine Spezifikation (Maß) definiert ist. Alle diese Normen haben sogenannte „**Defaultdefinitionen**“ (Grunddefinitionen), die immer dann gelten, wenn nichts anderes definiert ist. Andere Definitionen werden durch **Modifikationssymbole (Tabelle 1, S. 63)** am Maß festgelegt.

Tabelle 1: Modifikationssymbole für Längenmaße nach DIN EN ISO 14405-1

Symbol	Bezeichnung (Name)		Erklärung
(LP)	Zweipunktmaß *(local, point)*	Lokale Maße	Unendliche Anzahl an verschiedenen Messwerten am realen Bauteil und damit nicht eindeutig wiederholbar
(LS)	Kugelmaß *(local, sphere)*		
(CC)	Aus dem Umfang berechneter Durchmesser *(circle, circumference)*		
(CA)	Aus der Fläche berechneter Kreisdurchmesser *(circle, area)*		
(GN)	Hüllmaß-kleinstes umschriebenes Maß *(global, Minimum)*	Globale Maße	Durch die mathematische Funktionen immer ein eindeutiges Ergebnis – keine Mehrdeutigkeit, aber oftmals großer Rechenaufwand
(GG)	Gauß-Maß, gemitteltes Maß *(global Gauß)*		
(GX)	Pferchmaß, größtes einbeschriebenes Maß *(global, Maximum)*		
(CV)	Durchmesser aus dem Volumen berechnet *(cylinder, volume)*		
(GC)	Minimax-Maß, Maß bei kleinstem Abweichungsabstand (Tschebyschew)		
(SX)	Größtmaß einer Messreihe *(statistical, Maximum)*	Rangordnungsmaße	Basis dieser Rangmerkmale ist immer eine Messreihe von Merkmalswerten. Anwendung in der Qualitätstechnik
(SN)	Kleinstmaß einer Messreihe *(statistical, Minimum)*		
(SR)	Spannweite einer Messreihe *(statistical, range)*		
(SA)	Arithmetischer Mittelwert einer Messreihe *(statistical, average)*		
(SM)	Medianwert (Zentralwert) einer Messreihe		
(SD)	Mittelwert der Spannweite *(statistical, deviation)*		
(SQ)	Standardabweichung einer Messreihe *(statistical, square sum)*		

Unterschieden wird zwischen **lokalen** (örtlichen), **berechneten** und **globalen Maßen.** Angezeigt werden diese durch das jeweilige Modifikationssymbol am Maß. Ist kein Symbol am Maß eingetragen, gilt der **Standardspezifikationsoperator**, das **lokale Maß LP** (LP, englisch: *local point*) **(Bild 1)**.

Lineare Maße sind standardmäßig definiert als Zweipunktmaße (gegenüberliegende Seiten).

Wie aus **Bild 2, Seite 62,** ersichtlich, gibt es am realen Werkstück unendlich viele lokale Maße. Die Folge ist eine Mehrdeutigkeit bei der (Auswertung) Verifizierung: Der Kunde misst andere Werte als der Hersteller.

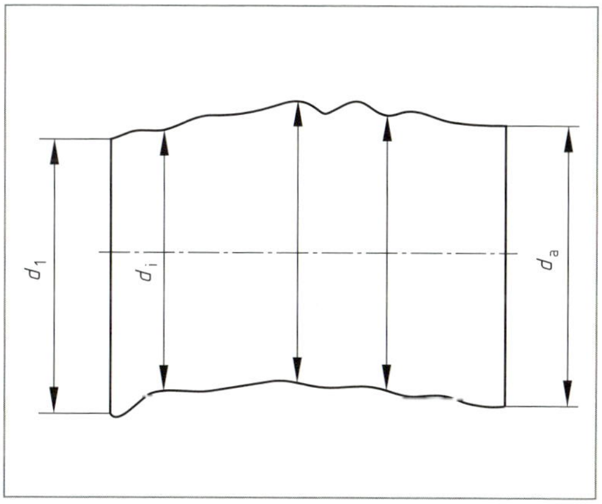

Bild 1: Lokales Maß (Zweipunktmaß LP)

Die Prüfung des Durchmessers eines dünnen Gummischlauches führt aufgrund seiner Elastizität zu unterschiedlichen Ergebnissen.

Berechnet man den Durchmesser des Schlauches jedoch anhand seines Umfangs (CC) und misst diesen z. B. optisch, so hat dessen Verformung praktisch keinen Einfluss mehr. Ebenso könnte man den Durchmesser aus der Querschnittsfläche (CA) berechnen **(Bild 1)**.

Sollen zudem Angaben zur Ermittlung der Maße bei Stichprobenprüfungen erfolgen, kann dies durch Verwendung geeigneter Modifikationssymbolen für **Rangordnungsmaße** erfolgen. Dies ergibt dann eindeutige Festlegungen bei der Auswertung mehrerer Messungen an einem Merkmal.

Beim Durchmesser 18 im **Bild 2** ist der Messwert der Mittelwert (SA) aller gemessenen Merkmale einer Stichprobe. Der kleinste gemessene Wert (SN) aller Messwerte gilt für den Absatz 5. Für die Länge 16 wird der maximale Messwert (SX) herangezogen. So können gleich die passenden Qualitätsregelkarten für das Qualitätsmanagement geführt werden.

Eindeutige Ergebnisse werden nur durch globale Maße erzielt.

Diese werden durch mathematische Funktionen festgelegt. In **Bild 3** sind die vier Funktionen an einem Außenmaß dargestellt: a) Pferchmaß, b) Hüllmaß, c) Gaußmaß und d) Minimaxmaß.

Für eine Steckverbindung eines Bolzens in eine Bohrung wäre es sinnvoll, das Höchstmaß des Bolzendurchmessers mit der Hüllbedingung (GN) zu belegen. Das Kleinstmaß der passenden Bohrung im Gegenstück sollte dann die Pferchbedingung (GX) erhalten. Damit ist sichergestellt, dass sich beide Teile miteinander fügen lassen.

In vielen Fällen sind jedoch gemittelte Maße ausreichend, dies wird durch das Gauß-Maß (GG), also die Berechnung anhand der kleinsten Abstandsquadrate eingetragen.

Bei der Ermittlung des Minimax-Maßes (GC) wird der Wert berechnet, welcher die geringste Abweichung aller Messwerte untereinander ergibt – die Berechnung erfolgt nach dem Verfahren von Tschebyschew. Alle Berechnungen können nur computerunterstützt erfolgen und erfordern spezielle Auswertesoftware.

Zu den erwähnten Modifikationssymbolen kommen noch allgemeine Symbole hinzu, mit denen sich die Spezifikationen noch besser an die konstruktiven Bedingungen anpassen lassen. So lässt sich die Maßforderung auf eine bestimmte Länge

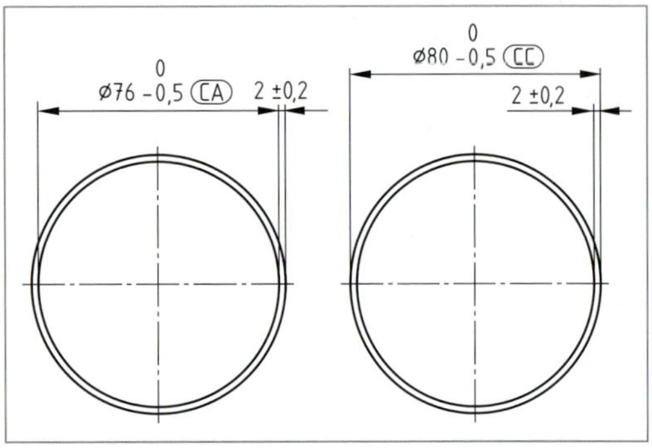

Bild 1: Berechnete Maße

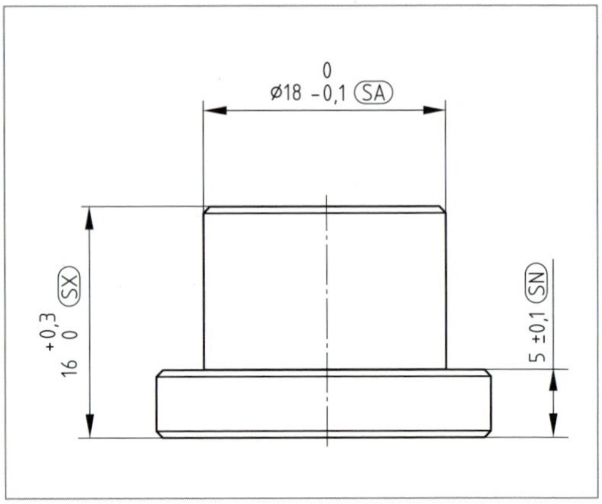

Bild 2: Rangordnungsmaße

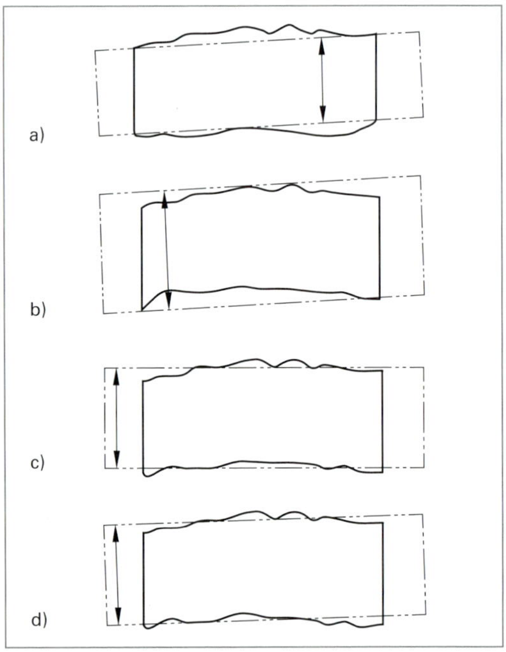

Bild 3: Globale Maße

festlegen. Oder aber Angaben auf mehreren Bereichen eines Werkstücks lassen sich gemeinsam tolerieren.

Tabelle 1: Allgemeine Modifikationssymbole für Längenmaße nach DIN EN ISO 14405-1

Symbol	Bezeichnung (Name)	Erklärung
Ⓔ	Hüllbedingung	Forderung der Paarungsfähigkeit von Geometrieelementen, z. B. Bolzen in Bohrung.
/Länge	Ein beschränkter Teilbereich des Geometrieelements	Die Spezifikation wird auf eine definierte Länge bezogen, die separat definiert wird.
ACS **SCS** **ALS**	Eine beliebige Querschnittsfläche Eine festgelegte Querschnittsfläche Ein beliebiger Längsschnitt	Diese Modifikationssymbole legen fest, ob die Spezifikation an jedem beliebigen Querschnitt oder an einem extra definierten Bereich einzuhalten ist.
Anzahl x	Mehr als ein Geometrieelement	Die Eindeutigkeit fordert die Angabe der Anzahl an betreffenden Geometrieelementen.
CT	Gemeinsame Toleranz	Gilt eine Toleranz für mehrere Elemente, so muss dies hiermit angegeben werden.
Ⓕ	Bedingung des freien Zustandes	Die jeweilige Spezifikation gilt für den unverformten Zustand des (elastischen) Bauteils.
⟷	zwischen	Damit lässt sich ein genauer Bereich für die Spezifikation am Bauteil definieren.

Angaben zur Formstabilität oder zu den betreffenden Querschnittsflächen können hinzugefügt werden. Somit ist eine eindeutige, symbolhafte Beschreibung der geforderten Spezifikationen ohne Textangaben möglich.

Auch die Fügbarkeit der Bolzen-Bohrungs-Kombination lässt sich mit einem Modifikationssymbol (E, englisch: *envelope,* Hülle) direkt an den beiden Maßen fordern. Somit ist sichergestellt, dass die Teile auch bei unterschiedlichen Herstellern und eventueller globaler Fertigung zusammenfügen lassen.

In **Bild 1** können die Angaben wie folgt gelesen werden:

Der Durchmesser 18 gilt für beide Absätze. Für ihn wird die Hüllbedingung gefordert, d. h., sein Durchmesser muss durch Prüfen mit einem Lehrring erfolgen, damit eine Paarung mit einem Gegenstück gewährleistet ist.

Die Spezifikation für den Durchmesser 36 gilt jeweils für einen Teilbereich mit einer Länge von 10 mm, wobei dieser betreffende Bereich insgesamt 20 mm lang ist und 5 mm von links beginnt.

Beachtet werden sollte aber bei allen Angaben, ob die geforderten Spezifikationen verifiziert, also geprüft werden können und geeignete Messverfahren vorhanden sind. So fordert ein globales Maß z. B. eine computergestützte Auswertung mit geeigneter Messsoftware. Eine einfache Überwachung während der Fertigung ist somit praktisch ausgeschlossen.

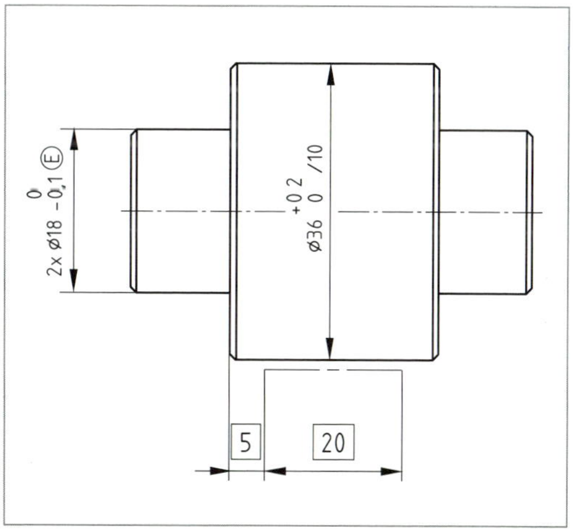

Bild 1: Allgemeine Modifikationssymbole

Lernfeld 1

1.11.3 | ZEICHNERISCHE EINTRAGUNG VON GRENZMAẞEN

Toleranzen werden in technischen Zeichnungen z. B. durch **Abmaße** (Zahlenwerte) hinter dem Nennmaß eingetragen. Die Abmaße beschreiben die für das Nennmaß gültige obere und untere Abweichung. Aus dem oberen und unteren Abmaß ergibt sich die **Maßtoleranz**.

Wird das untere Abmaß zum Nennmaß addiert (mit Vorzeichen), erhält man das **Mindestmaß**. Wird das obere Abmaß zum Nennmaß addiert, erhält man das **Höchstmaß**. Beide zusammen bezeichnet man als **Grenzmaße**.

Die Schrifthöhen von Maßzahl und Toleranzwerten sind gleich groß.

Für die Eintragung gibt es mehrere Möglichkeiten:

- Nennmaß mit oberem und unterem Abmaß. Dabei steht das untere Abmaß auf gleicher Höhe wie das Nennmaß und das obere Abmaß über dem unteren Abmaß **(Bild 1a)**.
- Nennmaß mit oberem und unterem Abmaß. Dabei steht das obere Abmaß neben dem Nennmaß. Es folgt ein Schrägstrich und dahinter das untere Abmaß **(Bild 1b)**.
- Ist eines der beiden Abmaße Null, wird nach neuer Norm der Wert Null vorzeichenlos angegeben **(Bild 1c)**. Weit verbreitet ist noch die Schreibweise, bei der der Wert Null entfällt **(Bild 1d)**.
- Sind das obere Abmaß und das untere Abmaß gleich groß und unterscheiden sich lediglich durch das Vorzeichen, kann dem Zahlenwert ein ± vorangestellt werden **(Bild 1e)**.
- Grenzmaße können als Höchst- und Mindestmaß eingetragen werden. Dabei steht das Höchstmaß über dem Mindestmaß **(Bild 1f)**.
- Die Regeln gelten sinngemäß auch für Winkelmaße **(Bilder 1g und 1h)**.

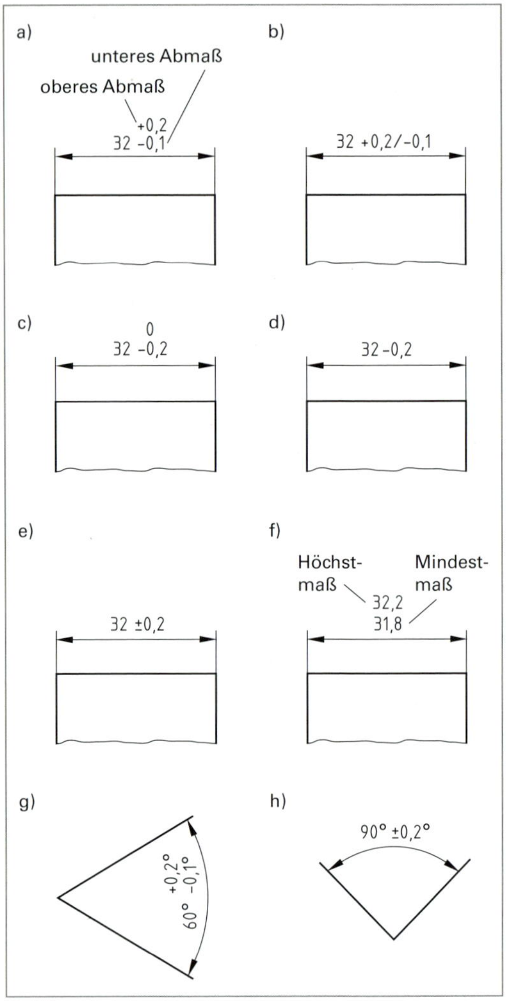

Bild 1: Eintragung Grenzabmaße

AUFGABEN | WIEDERHOLUNG UND VERTIEFUNG

1. Erklären Sie die Begriffe Nennmaß und Istmaß.
2. Wie werden die Allgemeintoleranzen in technischen Zeichnungen angegeben?
3. Erläutern Sie, wovon die Grenzabmaße der Allgemeintoleranzen abhängen.
4. Nennen Sie die Abweichungen der Allgemeintoleranz nach DIN ISO 2768.
5. Erklären Sie die Maßangabe 30 –0,1/ –0,3.
6. An einem Bauteil steht die Maßangabe 20 +0,2/ –0,1. Welche Istmaße kann das Bauteil haben?
7. In einer Zeichnung eines geschweißten Rahmens steht das Maß 200 mm.
   Wie groß ist die Toleranz für dieses Maß (Genauigkeitsgrad B)? Berechnen Sie das Mindestmaß und das Höchstmaß.

1.11.4 | BESONDERHEITEN DER BEMAßUNG BEI DER GEOMETRISCHEN PRODUKTSPEZIFIKATION

Mit der geometrischen Produktspezifikation (GPS) findet ein Umbruch bei der Erstellung von technischen Zeichnungen statt. Das ISO-GPS-Normensystem ist ein komplexes, umfassendes Normenwerk, das das Ziel hat, geometrische Merkmale wie Größenmaß, Form, Richtung und Lauf in technischen Unterlagen vollständig und eindeutig zu beschreiben.

Für die ersten Zeichnungen werden im Rahmen dieses Kapitels grundlegende Änderungen beschrieben, die sich bei der Bemaßung von Bauteilen gegenüber der bislang herkömmlichen Bemaßung ergeben.

Unabhängigkeitsprinzip und Hüllprinzip

Wenn in einer Zeichnung keine anderen Vereinbarungen getroffen werden, gilt immer das Unabhängigkeitsprinzip. Das bedeutet, dass jede Toleranz für sich geprüft wird.

Das **Unabhängigkeitsprinzip** ist der Standardtolerierungsgrundsatz, solange keine anderen Angaben für die Maßbestimmung erfolgen.

Um Missverständnisse zu vermeiden, wird in der Zeichnung der Hinweis „Tolerierung ISO 8015" angegeben.

Wenn keine anderen Angaben gemacht werden, ist jedes Längenmaß in der Zeichnung ein **Zweipunktmaß** (LP, engl.: *local point*). Ein Zweipunktmaß ist der Abstand zwischen zwei einander gegenüberliegenden Punkten. Liegt das gemessene Istmaß zwischen den oberen und unteren Grenzabmaßen, erfüllt das Bauteil die Anforderungen der Zeichnung, unabhängig von seiner Form. Dies bedeutet, dass Passungen und Toleranzen in technischen Zeichnungen nicht mehr wie bisher angegeben werden können.

Deutlich wird das an folgendem Beispiel:

Bisher konnte man davon ausgehen, dass eine Welle, die mit dem Durchmesser ⌀20f7 bemaßt wurde, zusammen mit einer Bohrung, die mit dem Durchmesser ⌀20H7 bemaßt wurde, eine Spielpassung ergibt, sich die Welle also frei in der Bohrung drehen kann **(Bild 1a)**.

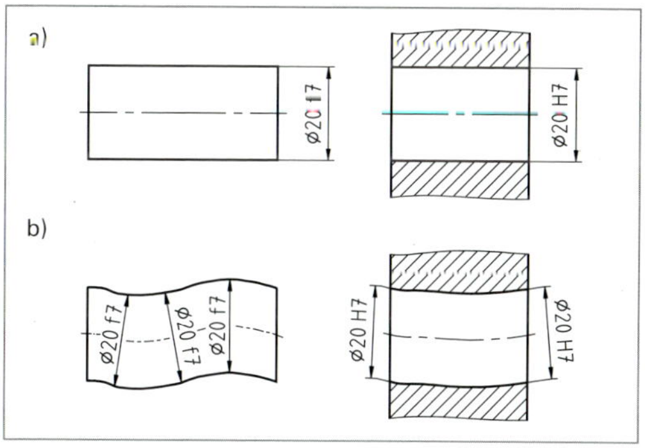

Bild 1: Welle und Bohrung, a) Zeichnungseintrag, b) reale Bauteilgeometrie mit Zweipunktmaßen

Dies stimmt jedoch seit der zurückgezogenen DIN 7167, Hüllbedingung ohne Zeichnungseintrag, nicht mehr. Beide Maße sind nicht weiter gekennzeichnet und deshalb als Zweipunktmaße (LP) angegeben. Sie werden an jeder Stelle des Bauteils unabängig voneinander nur als Zweipunktmaß gemessen.

Dies bedeutet, dass die Bauteile wie in **Bild 1b** aussehen könnten und trotzdem den Anforderungen in der Zeichnung entsprechen.

Diese beiden Bauteile können nicht mehr mit Spiel gefügt werden. Die Welle ist in der Bohrung nicht mehr frei beweglich.

Die Lösung für dieses Problem bietet die DIN EN ISO 14405-1, indem sie verschiedene Spezifikations-Modifikationssymbole für Maße zur Verfügung stellt. Wenn für die Welle und die Bohrung die Hüllbedingung gelten soll, kann dies mit dem Modifikationssymbol Ⓔ (E, engl.: *envelope*) hinter dem Maß angegeben werden.

Die Hüllbedingung Ⓔ bedeutet für die Welle, dass die obere Maßgrenze (Höchstmaß der Welle) als kleinstes umschriebenes Maß (GN), also als kleinster Zylinder, der die komplette Welle noch umschließt, gemessen werden muss. Die untere Maßgrenze (Mindestmaß der Welle) wird weiterhin nur als Zweipunktmaß (LP) gemessen.

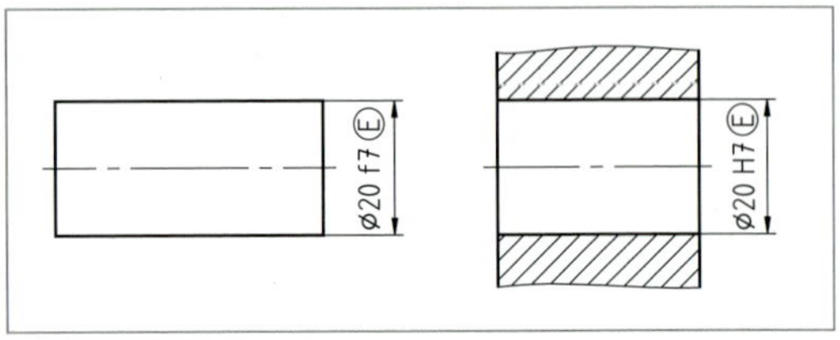

Bild 1: Welle und Bohrung mit Hüllbedingung

Die Hüllbedingung Ⓔ bedeutet für die Bohrung, dass die untere Maßgrenze (Mindestmaß der Bohrung als größtes einbeschriebenes Maß (GX), also als größter Zylinder, der noch komplett in die Bohrung passt, gemessen werden muss.

Die obere Maßgrenze (Höchstmaß der Bohrung) wird weiterhin nur als Zweipunktmaß (LP) gemessen.

Jetzt kann sich die Welle frei in der Bohrung bewegen. Die Hüllbedingung kann auf Kreiszylinder (Bohrungen und Wellen) und parallele Ebenen (Nut und Gleitstein) angewendet werden.

Die **Hüllbedingung** bedeutet für **Wellen**, dass die Welle in einen Zylinder mit dem Durchmesser des oberen Grenzabmaßes passen muss. Das untere Grenzabmaß wird nur als Zweipunktmaß überprüft.

Die **Hüllbedingung** bedeutet für **Bohrungen**, dass in die Bohrung ein Zylinder mit dem Durchmesser des unteren Grenzabmaßes passen muss. Das obere Grenzabmaß wird nur als Zweipunktmaß überprüft.

Die Hüllbedingung lässt sich nur mit einer **Prüflehre**, die die oben genannten Anforderungen überprüft, oder mit einer **Messmaschine** prüfen.

Bemaßung sich wiederholender Geometrien

Wird eine durch eine Hüllbedingung gekennzeichnete Geometrie von einem anderen Formelement unterbrochen und wird auf oder in beide Bereiche ein anderes Bauteil aufgeschoben oder eingepasst, dann erfolgt die Bemaßung wie in **Bild 2a**.

Das angehängte CT (engl.: *common tolerances*) gibt an, dass für beide Bereiche eine gemeinsame Maßtoleranz gilt, sie also gemeinsam die Hüllbedingung erfüllen müssen.

Die Anzahl der Bereiche, die das gleiche Maß erhalten, wird vor der Maßangabe, mit einem Leerzeichen getrennt, angegeben.

Alternativ kann der Bereich, über bzw. in dem das zweite Bauteil darüber bzw. durchgeschoben wird, eine für den Montagevorgang passende einfache Maßtoleranz erhalten **(Bild 2b)**.

Wird eine Geometrie in einem Bauteil mehrfach verwendet, wird mit der Bemaßung der Form auch die Anzahl vor der Maßzahl mit angegeben. Zwischen der Mengenangabe und der Maßzahl soll zur Unterscheidung ein deutlich sichtbares Leerzeichen sein **(Bild 2c)**.

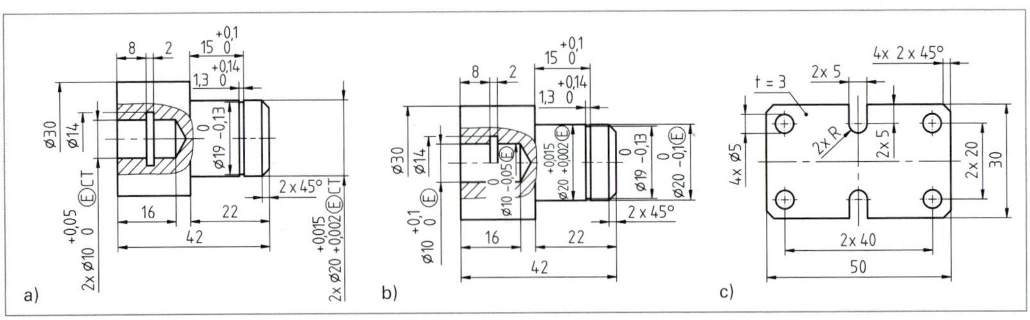

Bild 2: Bemaßung sich wiederholender Geometrien

1.11.5 | EINFÜHRUNG IN DIE FUNKTIONSGERECHTE TOLERIERUNG

Für eine funktionelle Bemaßung der Bauteile in der Fertigungszeichnung müssen die Funktion und das Zusammenspiel der Einzelteile in einer Baugruppe betrachtet werden. Greifen Bauteile mit gleichem Nennmaß ineinander, ist die Funktion nur gewährleistet, wenn die Nennmaße nicht allein die Allgemeintoleranz aufweisen, sondern spezielle Toleranzen haben.

Die einfachste Möglichkeit der Tolerierung erfolgt über Zahlenwerte, die den unteren und oberen Grenzwert des Nennmaßes einschränken.

Bei dem in **Bild 1** dargestellten Teil eines Gelenks muss der Hebel in die Gabel passen. Hebel und Gabel haben das Nennmaß 25.

Allein durch die Allgemeintoleranzen ergäbe sich eine zulässige Abweichung des Maßes 25 mm von ±0,2 mm, d. h., Fertigungsmaße von 24,8 mm bis 25,2 mm wären nach den Allgemeintoleranzen zulässig.

Hätte der Ausschnitt der Gabel die kleinste zulässige Abmessung (= 24,8 mm) und die Hebelbreite die größte zulässige Abmessung (= 25,2 mm), würden die beiden Teile nicht ineinander passen.

Abhilfe schafft hier eine Tolerierung des Nennmaßes 25 mm der Gabel in Plus-Richtung und die Tolerierung des Nennmaßes des Hebels in Minus-Richtung.

Für die Tolerierung ist immer ein oberer und ein unterer Grenzwert erforderlich. Ist kein zweiter Grenzwert angegeben, ist dieser Grenzwert immer Null.

Möglich ist dann die Gabelöffnung mit 25+0,1/0 zu tolerieren und die Hebelbreite mit 25 0/–0,1. Die Gabelöffnung kann zwischen 25,0 mm und 25,1 mm liegen und die Hebelbreite zwischen 24,9 mm und 25,0 mm.

Im Grenzfall haben beide das Maß 25,0 mm und ein Zusammenfügen ist kaum möglich.

Sinnvoll ist es daher, die Gabelöffnung mit 25+0,2/+0,1 zu tolerieren und die Hebelbreite mit 25 0/–0,1. Dies bedeutet, die Gabelöffnung darf zwischen 25,1 mm und 25,2 mm liegen und die Hebelbreite zwischen 24,9 mm und 25,0 mm. So besteht im ungünstigsten Fall der Abstand von 0,1 mm zwischen beiden Bauteilen und die beiden Teile passen ineinander **(Bild 2)**.

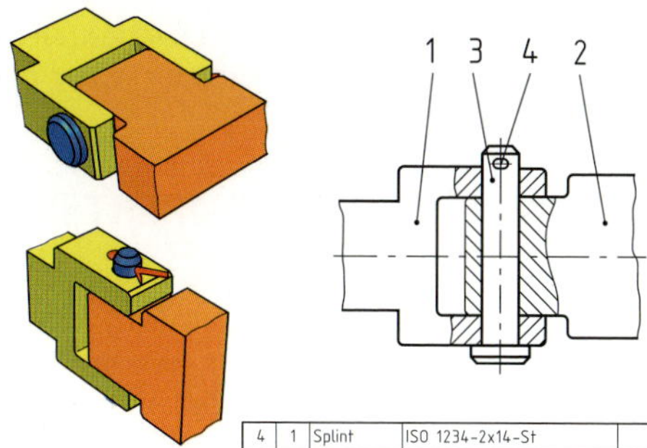

Pos.	Anz.	Benennung	Sach-Nr./Norm-Kurzbezeichnung	Material
4	1	Splint	ISO 1234-2x14-St	
3	1	Bolzen	ISO 2341-8-8x45-St	
2	1	Hebel		S235JR
1	1	Gabel		S235JR

Bild 1: Gabelgelenk, 3D-Ansicht, Zusammenbau mit Stückliste (verkleinert)

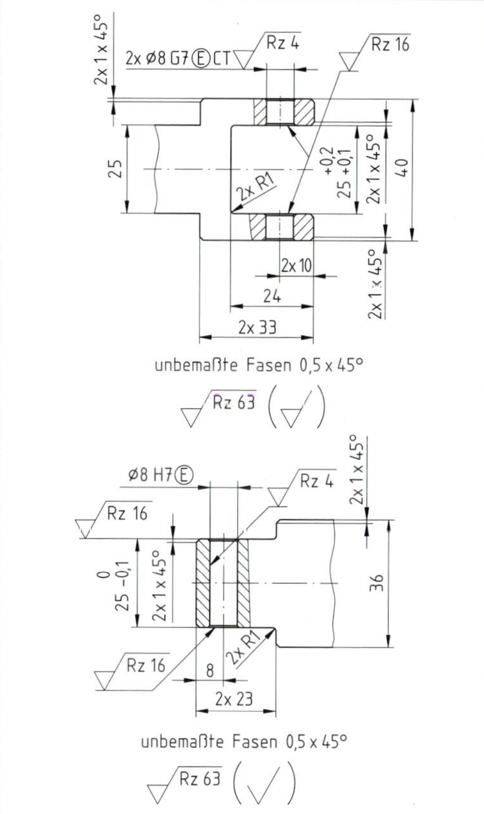

Bild 2: Fertigungszeichnungen Gabelgelenk

1.12 | BEMAßUNG ROTATIONSSYMMETRISCHER BAUTEILE

Ein Bauteil, das durch das Fertigungsverfahren Drehen hergestellt wird, ist ein rotationssymmetrisches Bauteil. Es wird zumeist als Welle oder Achse bezeichnet.

1.12.1 | BEMAßUNG VON DREHTEILEN

Der Fertigungsablauf beim Drehen spiegelt sich in der Bemaßung wieder, speziell in den Längenmaßen der jeweiligen Durchmesserbereiche. Anhand eines Beispiels wird der Zusammenhang zwischen der Fertigung und der Bemaßung eines Drehteils erläutert. **Bild 1** zeigt die Zeichnung des Drehteils, **Bild 2** die Fertigungsschritte.

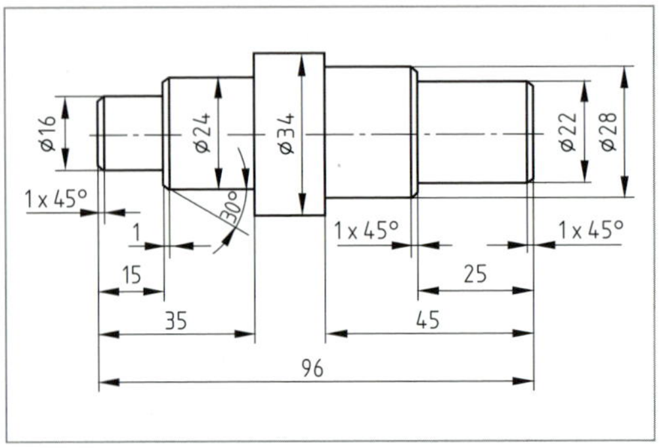

Bild 1: Zeichnung eines Drehteils

- **Arbeitsschritt 1**
  Halbzeug Ø38 mm x 100 mm ablängen, einspannen und die rechte Stirnfläche planen.
- **Arbeitsschritt 2**
  Ø34 mm auf Länge von 61 mm abdrehen.
  (61 mm = 96 mm – 35 mm)
- **Arbeitsschritt 3**
  Ø28 mm auf 45 mm Länge abdrehen.
- **Arbeitsschritt 4**
  Ø22 mm auf 25 mm Länge abdrehen.
- **Arbeitsschritt 5**
  Die beiden Fasen drehen.
- **Arbeitsschritt 6**
  Welle umspannen (um 180° gedreht), Stirnfläche planen auf Gesamtlänge von 96 mm und den Ø34 mm auf der Restlänge abdrehen.
- **Arbeitsschritt 7**
  Ø24 mm auf 35 mm Länge abdrehen.
- **Arbeitsschritt 8**
  Ø16 mm auf 15 mm Länge abdrehen.
- **Arbeitsschritt 9**
  Fase 45° und Fase 30° drehen.

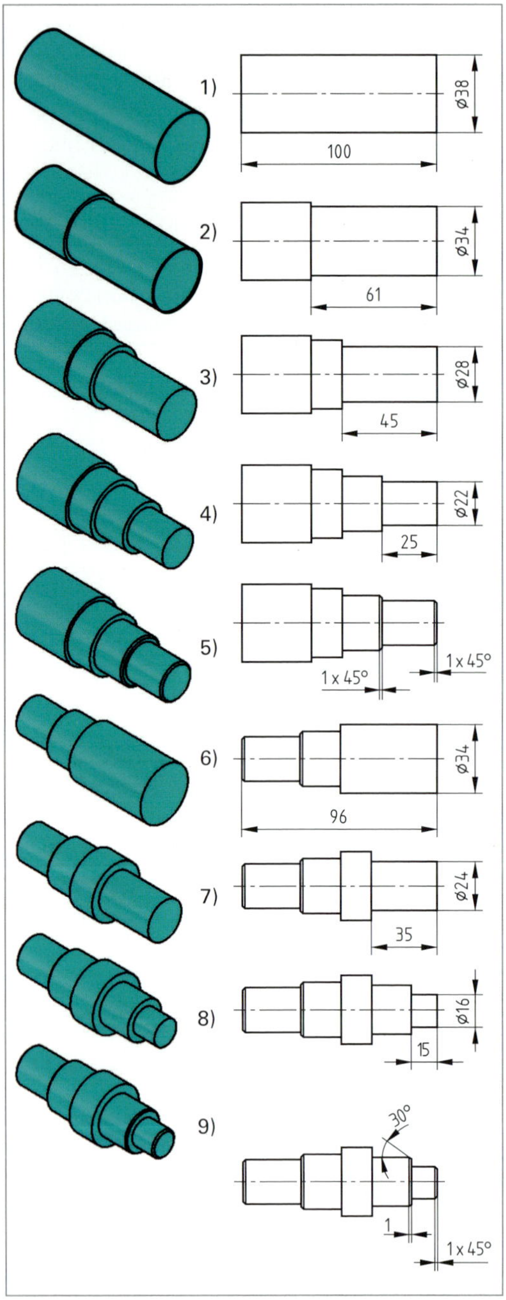

Bild 2: Fertigung und Bemaßung eines Drehteils

Regeln für die Darstellung und Bemaßung von Drehteilen

- Ein Drehteil wird stets so gezeichnet, das die Drehachse waagerecht liegt.
- Gleichzeitig bestimmt die Fertigung die Lage der Vorderansicht, denn Drehteile werden immer in Hauptfertigungslage gezeichnet. So liegt die Seite mit den meisten Arbeitsgängen rechts. Ist dies nicht eindeutig zu bestimmen, spielt die Lage keine Rolle.
- Radiale Maße sind immer als Durchmesser zu kennzeichnen (Ø). Bei komplexen Drehteilen ist es kaum möglich und vor allem sehr unübersichtlich, wenn alle Durchmessermaße nach außen gezogen werden. Die radialen Maße stehen daher auch in der Geometrie. Maßzahlen (das Durchmesserzeichen gehört zur Maßzahl) dürfen nicht von der Mittellinie geschnitten werden. Daher werden sie an der Mittellinie versetzt angeordnet. Reicht der Platz dafür nicht aus, wird die Mittellinie im Bereich der Maßzahl unterbrochen. Die Durchmessermaße der beiden äußeren Absätze werden aus der Darstellung herausgezogen.
- Axiale Maße geben die Länge in Vorschubrichtung beim Drehen wieder. Die Stirnflächen sind für die Längenmaße Bezugsebene. Die axialen Maße werden bevorzugt unterhalb des Drehteils angegeben, der obere Bereich bleibt frei für weitere Angaben, und die Zeichnung ist übersichtlich.
- Formelemente, wie Fasen und Rundungen und Einstiche, sind gesondert anzugeben. Bei den Einstichen ist meist ein Lagemaß erforderlich, es wird vom nächstliegenden Absatz aus bemaßt. Bei Einstichnuten wird der verbleibende Durchmesser bemaßt. Er kann gemessen werden.
- Sind bei einem Drehteil Innen- und Außenkonturen vorhanden, wird meist ein Halbschnitt gezeichnet. Die untere Hälfte wird dabei im Schnitt gezeichnet. In diesem Fall werden die Maße für die Außenkontur oberhalb der Mittellinie eingezeichnet. Die Maße für die Innenkontur unterhalb der Mittellinie positioniert.
- Geometrien, die durch Fräsen an Drehteilen gefertigt werden (Schlüsselweiten, Passfedernuten usw.) werden bevorzugt oberhalb der Mittellinie bemaßt.

Bild 1 zeigt ein Beispiel für ein Drehteil, eine Welle, mit den entsprechenden Maßeintragungen.

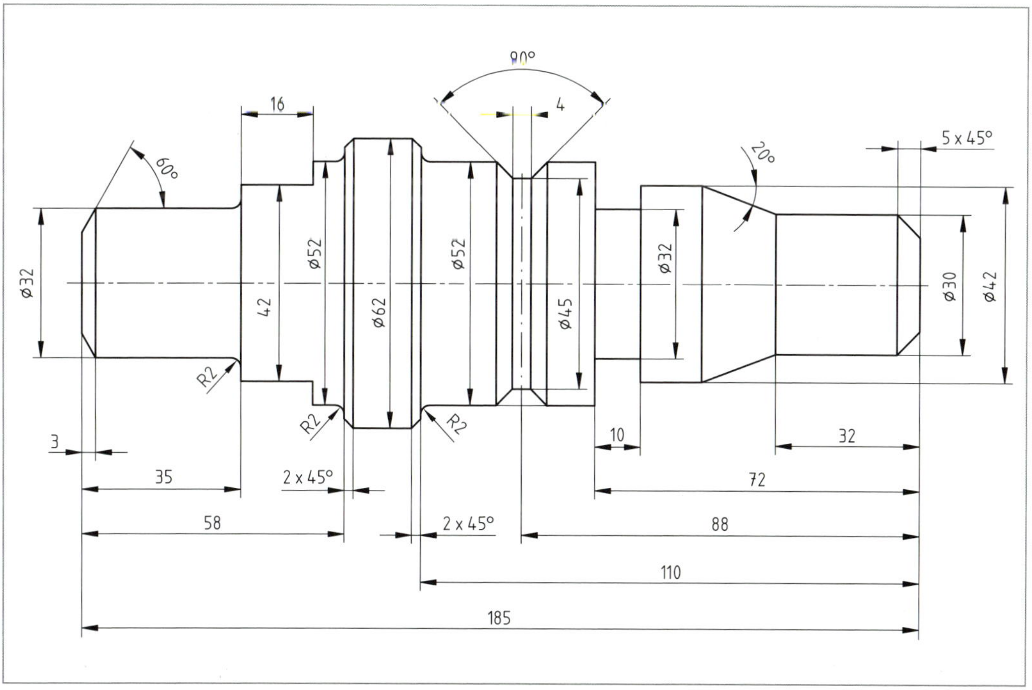

Bild 1: Maßzeichnung einer Welle

1.12.2 | KEGEL

Der Kegel findet im Maschinenbau als Passkegel Verwendung. Das bedeutet, auf den Kegelwellensitz wird eine entsprechende Kegelhülse als Außenteil, Nabe genannt, geschoben.

Nach DIN ISO 3040 sind für die Bemaßung einer allgemeinen Kegelform die folgenden Angaben **(Bild 1)** erforderlich:

- großer Kegeldurchmesser *D*,
- kleiner Kegeldurchmesser *d*,
- Kegellänge *L*.

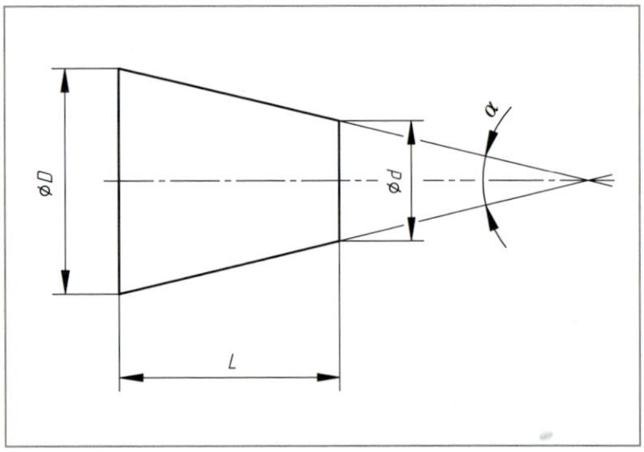

Bild 1: Bemaßung eines allgemeinen Kegels

Bei den genauen Kegeln (Passkegel) werden in der technischen Zeichnung mehr Maße angegeben, als die Bemaßungsregeln für allgemeine Kegel fordern. Zusätzlich zu *D*, *d* und *L* werden das **Kegelverhältnis *C*** und der **Kegeleinstellwinkel α/2** (Zahl mit drei Nachkommastellen) in der Zeichnung eingetragen. Die Bemaßung von Kegeln ist nach der DIN EN ISO 3040 genormt, die verfügbaren Kegelwinkel sind nach DIN 254 und DIN EN ISO 1119 festgelegt.

Um eine Überbemaßung zu vermeiden, wird der Kegeleinstellwinkel als Hilfsmaß für die Fertigung in Klammern gesetzt und nur einer der beiden Durchmesser bemaßt. Beim Außenkegel der große Durchmesser, beim Innenkegel der kleine Durchmesser. So besteht eine vollständige Kegelbemaßung aus den Werten **(Bild 2)**:

- großer Kegeldurchmesser *D* (beim Außenkegel)
- kleiner Kegeldurchmesser *d* (beim Innenkegel)
- Kegellänge *L*
- Kegelverhältnis *C* mit dem Kegelsymbol
- Kegeleinstellwinkel in Klammern (α/2)
- Oberflächengüte feingeschlichtet und geschliffen

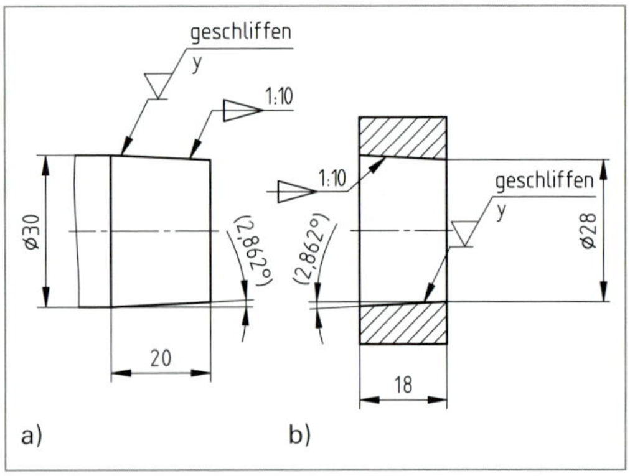

Bild 2: Bemaßung, a) Außen- und b) Innenkegel

Das Kegelverhältnis *C* ist das Verhältnis aus der Differenz der beiden Durchmesser und der Länge *L*. So bedeutet ein Kegelverhältnis von 1 : 10, dass sich der Durchmesser auf einer Länge von 10 mm um 1 mm ändert. Das Kegelverhältnis wird auf die Linie des Kegelsymbols als Text gesetzt. Das Kegelsymbol ist ein gleichschenkliges Dreieck mit einem Spitzenwinkel von 30° und steht in Richtung der Kegelverjüngung. Es wird mit einer abgewinkelten Hinweislinie mit der Kegelmantellinie verbunden und steht immer parallel zur Kegelachse. **Bild 2** zeigt zwei Beispiele.

Das Kegelverhältnis spiegelt auch den Kegeleinstellwinkel wieder. Mithilfe der Tangensfunktion lässt sich auch das Kegelverhältnis durch den Winkel berechnen und umgekehrt.

Für das **Kegelverhältnis *C*** gilt:

$$C = \frac{D - d}{L}$$

Für den **Kegeleinstellwinkel α/2** gilt:

$$\tan\left(\frac{\alpha}{2}\right) = \frac{D - d}{2 \cdot L} = \frac{C}{2}$$

1.12.3 | GESTALTUNG VON WELLENSCHULTERN

Die Durchmesserübergänge an Wellen werden Wellenschultern genannt. Sie werden oft als Anlagefläche für Maschinenelemente wie z. B. Wälzlager oder Radkörper, verwendet. Diese Bauteile liegen an der Wellenschulter an und werden z. T. gegen diese Fläche verspannt. Gleiches gilt für Gehäusebohrungen, an denen Bauteile anliegen.

Die Gestaltung der Flächen muss so erfolgen, dass das Bauteil an der Wellenschulter oder der Gehäusebohrung anliegen kann. **Bild 1a** zeigt eine nicht passende Einbausituation. Der Wellenradius *r* ist größer als der Radius *R* am Wälzlager. Das Lager kann nicht an der Anlagefläche anliegen. Ist der Radius an der Welle oder im Gehäuse kleiner, als der Radius oder die Fase am Bauteil, liegt die Ecke des Bauteils frei. Das Bauteil kann dann bis an die Anlagefläche geschoben werden, wie in **Bild 1b** dargestellt.

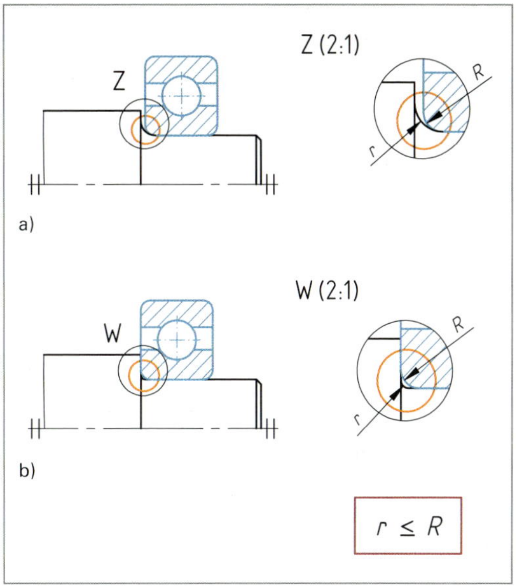

Bild 1: Einbausituation an Wellenschultern

> Der **Radius an der Welle** muss stets kleiner oder gleich dem Radius bzw. der Fase des anliegenden Bauteils sein, damit das Bauteil an der Wellenschulter anliegen kann.

Hersteller von Wälzlagern stellen an den Wellenabsatz weitere Anforderungen, wie Oberflächengüte, Formtoleranz und Toleranz für den Durchmesser. Diese Umsetzung kann durch einen **Werkzeugauslauf** im Bereich des Wellenabsatzes bzw. der Gehäusebohrung, z. B. für Schleifscheiben, erzielt werden. Aus rein fertigungstechnischen Gründen jedoch ist heutzutage ein Freistich für einen Wälzlagersitz nicht mehr zwingend erforderlich.

Freistich nach DIN EN ISO 18388 und DIN 509

Ein Freistich nach DIN EN ISO 18388 ermöglicht einen Werkzeugauslauf in der Fertigung **(Bild 2)**. Er mindert außerdem die Kerbwirkung. In der Norm werden mehrere Formen von Freistichen unterschieden. Die Norm gilt gleichermaßen für Wellen und für Bohrungen.

Form E wird verwendet, wenn die Zylinderfläche weiter bearbeitet (z. B. geschliffen) werden soll und an die Anlagefläche keine besonderen Anforderungen gestellt werden.

Form F wird verwendet, wenn die rechtwinklig zueinander stehende Anlage- und Zylinderfläche weiter bearbeitet werden sollen.

Form G wird nur bei geringen Beanspruchungen verwendet, wenn ein kleiner Übergang zwischen Anlage- und Zylinderfläche vorhanden sein soll.

Form H wird bei einem stärker gerundeten Übergang genutzt.

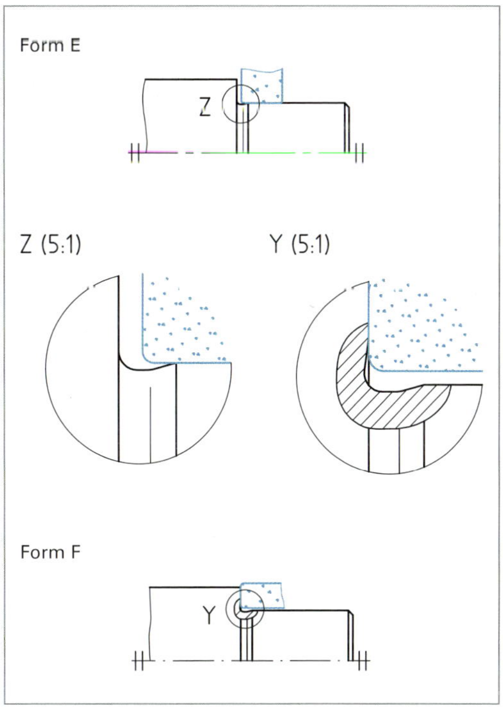

Bild 2: Freistich Form E und F mit Werkzeugauslauf einer Schleifscheibe

Ist ein Freistich erforderlich, werden überwiegend die beiden Formen E und F verwendet. Die Größe des Freistichs hängt vom Nenndurchmesser und der Beanspruchung der Welle ab. Die zeichnerische Darstellung des Freistichs kann auf mehrere Arten erfolgen. Er kann detailliert mit einer zusätzlichen Einzelheit gezeichnet werden, aber auch vereinfacht. Die Bemaßung kann über eine Textangabe oder detailliert erfolgen.

Bild 1 zeigt die verschiedenen Möglichkeiten der Darstellung und Bemaßung von Freistichen. Die Beispiele gelten für die beiden am meisten verwendeten Formen E und F, sind aber auf alle weiteren Freistiche übertragbar. Die DIN EN ISO 18388 basiert auf der DIN 509, allerdings wurden in die internationale Norm nicht die Toleranzwerte übernommen. Sie sind in der DIN 509 zu finden, in der Kurzangabe muss die DIN 509 mit angegeben werden.

Muss ein Freistich detailliert bemaßt werden, ist auch die Darstellung detailliert und in einer vergrößerten Einzelheit darzustellen und zu bemaßen. **Bild 1** zeigt diese Darstellungsvariante in der obersten Reihe für die Freistichformen E und F, als Außenfreistich an einer Welle und als Innenfreistich an einem Gehäuseteil.

Meistens werden die Freistiche durch die genormte Kurzangabe bemaßt, die alle erforderlichen Angaben beinhaltet. Hier kann dann die Darstellung an der Welle oder im Gehäuse detailliert oder vereinfacht sein. Bei der vereinfachten Darstellung wird eine breite Volllinie gezeichnet, die die Umlaufkante des Freistichs symbolisiert. Die Kurzangabe wird mit einer Hinweislinie an die Umlaufkante platziert, die Werte stehen im Tabellenbuch.

Bild 1 zeigt oben die detailliert bemaßten Freistiche, in der unteren Reihe die Bemaßung durch die Kurzangabe.

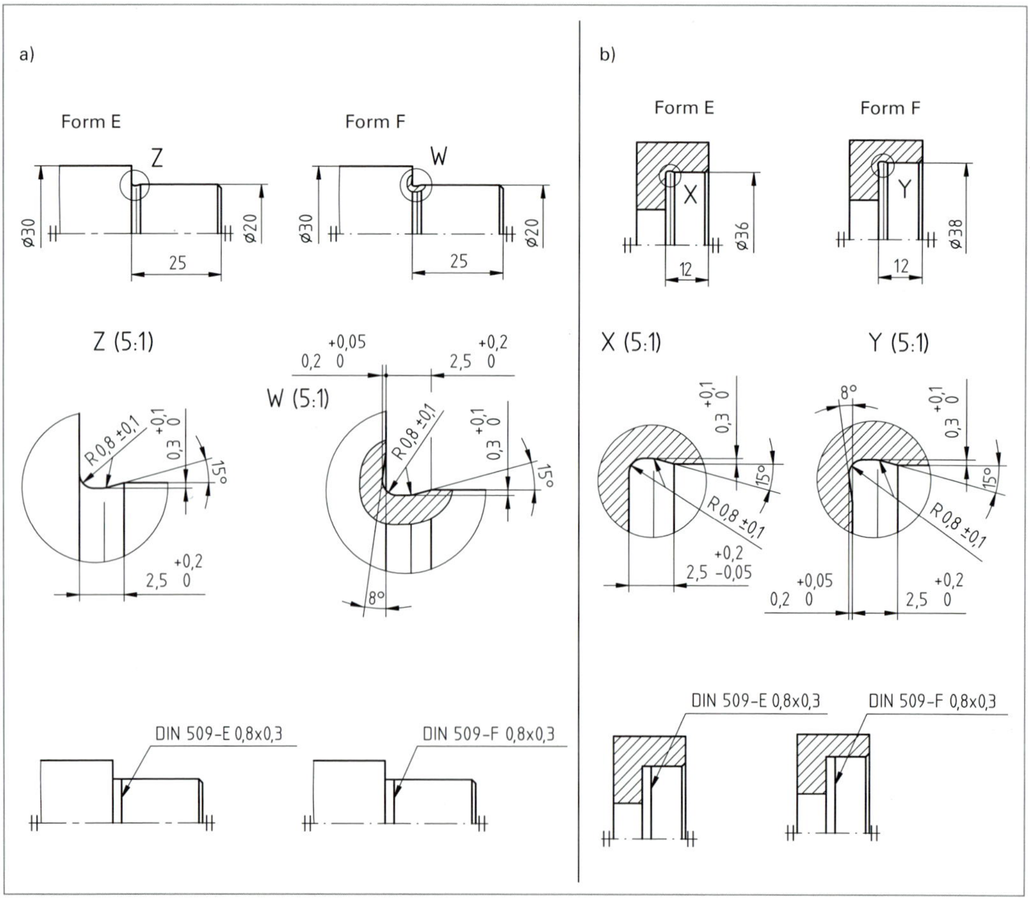

Bild 1: Darstellungsmöglichkeiten für Freistiche an Wellen und Bohrungen,
a) Außenfreistich Welle, b) Innenfreistich Bohrung

1.12.4 | NUTEN FÜR PASSFEDERN

Passfedern werden zur Verbindung von Wellen und Naben verwendet. Sie zählen zu den Welle-Nabe-Verbindungen und übertragen ein Drehmoment über Formschluss. Man spricht vom Formschluss, wenn Bauteile (hier Passfedern in der Welle und Nabe) durch ihre Form so ineinander greifen, dass Kräfte übertragen werden können. Hier wird zuerst nur die Darstellung und Bemaßung von Passfedernuten beschrieben.

Passfedern sind nach DIN 6885 genormt. Drei Varianten werden unterschieden:

- DIN 6885 Teil 1: Passfedern, hohe Form
- DIN 6885 Teil 2: Passfedern, Werkzeugmaschinen
- DIN 6885 Teil 3: Passfedern, niedrige Form

Die beiden Varianten unterscheiden sich in der Höhe der Passfedern. Es gibt hohe und niedrige Passfedern.

Die am meisten verwendete Passfeder ist die hohe Passfeder nach DIN 6885 Teil 1. Die Erläuterung der Bemaßung erfolgt für dieses Beispiel.

Passfedern gibt es in verschiedenen Formen: rund- und geradstirnig, ohne und mit Bohrungen für Befestigungsschrauben sowie mit und ohne Bohrungen für Abdrückschrauben. Daraus ergeben sich unterschiedliche Nutformen **(Bild 1)**.

Meist werden rundstirnige Passfedern ohne Befestigungsschrauben als Welle-Nabe-Verbindung verwendet.

Die Passfedernuten in Wellen werden durch Fräsen mit einem Bohrnutenfräser (runde Form) oder einem Scheibenfräser (gerade Form) hergestellt. Die Nuten in der Nabe werden mit dem Fertigungsverfahren Räumen oder Stoßen gefertigt.

Bild 2a zeigt eine Passfederverbindung mit einer rundstirnigen Passfeder, die in der Welle in einer rundstirnigen Nut sitzt. Die Nut der Nabe ist durchlaufend. In der 3D-Darstellung wurde die Welle aufgebrochen, um die ganze Passfeder zu zeigen. Die zeichnerische Darstellung in der technischen Zeichnung erfolgt ebenfalls mit einem Teilschnitt in der Welle **(Bild 2b)**.

Passfedern werden stets mit Rückenspiel eingebaut, um Welle und Nabe nicht miteinander zu verspannen. Das bedeutet, dass zwischen Nabennut und Passfeder ein Spiel „*S*" auftritt. Dieses Spiel ist in **Bild 2c** im Detail A erkennbar, es wurde aber nur zur Verdeutlichung bemaßt. In der Zeichnung wird es nicht angegeben, es ergibt sich aus den Maßen von der Passfeder sowie den Nuttiefen in Welle und Nabe.

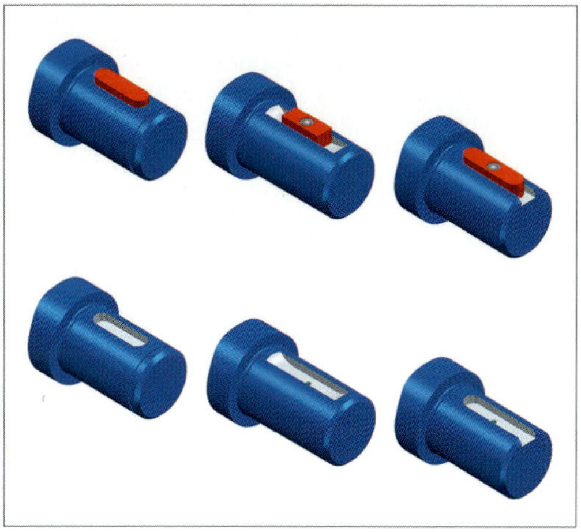

Bild 1: Arten von Passfedern mit Nutformen

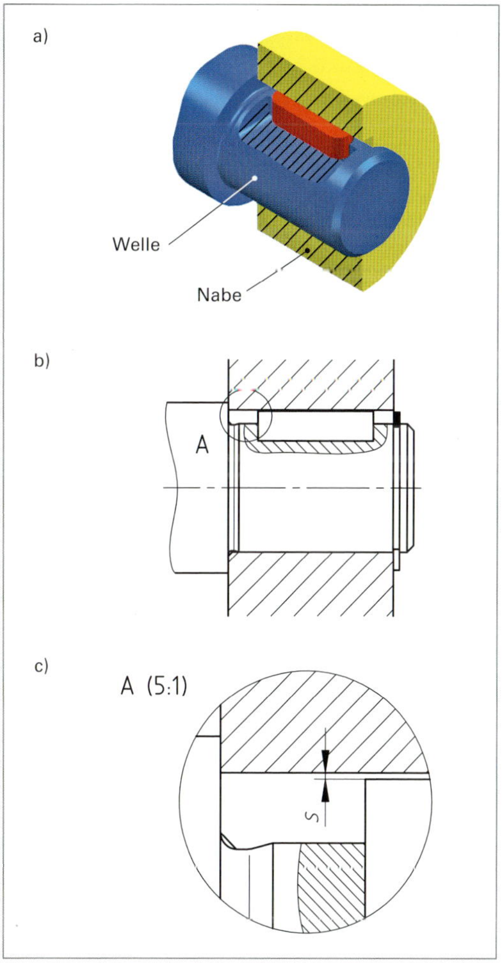

Bild 2: Passfederverbindung in Schnitt

Passfederverbindungen werden in der Gesamtzeichnung so dargestellt, dass die Passfeder oben (bzw. unten) **(Bild 1a)** oder auf Wellenmitte liegt **(Bild 1b)**.

Bild 1 zeigt diese beiden Varianten. Dabei ist in der linken Ansicht jeweils der Sicherungsring nicht dargestellt, um die Passfeder nicht zu verdecken.

Eine Passfederverbindung hat nach DIN 6885 folgende Maße **(Bild 2)**:

- den Wellendurchmesser d
- die Passfederhöhe h
- die Wellen- und Nabennutbreite b
- die Wellennuttiefe t_1
- die Nabennuttiefe t_2
- die Passfederlänge L

Die Auswahl der Passfeder erfolgt nach dem Wellendurchmesser d. In der Norm sind die **Durchmesserbereiche für den Wellendurchmesser *d*** mit **über *d*** als unteres Maß und **bis *d*** als oberes Maß angegeben.

Die Bemaßung der Passfedernut in Nabe und Welle erfolgt nach **Bild 3**.

Es ist sinnvoll für die Bemaßung einen Schnitt anzufertigen.

Für die Nabe werden die Nutbreite b und die Nuttiefe über $d + t_2$ bemaßt.

Die Nutbreite b der Nabe erhält die Toleranzklasse P9 bei festem Sitz der Passfeder und JS9 beim leichten Sitz der Passfeder.

Das Maß $d + t_2$ für die Nabennuttiefe hat eine Plus-Toleranz. Die Größe hängt vom Wellendurchmessers d ab.

Für die Welle wird die Länge L benötigt, die eine Toleranz zwischen +0,2/0 und +0,5/0 mm hat, je nach Passfederlänge. Reicht die Nut bis an das Wellenende, wird die Länge von dort aus bemaßt.

Im Schnitt werden die Wellennuttiefe t_1 und die Nutbreite b bemaßt. Die Wellennuttiefe t_1 hat eine Plus-Toleranz. Die Nutbreite b der Welle erhält die Toleranzklasse P9 für festen Sitz bzw. N9 beim leichten Sitz. Für Toleranzklassen der Nutbreite wird die Hüllbedingung Ⓔ gefordert.

Reicht die Passfedernut in der Welle bis zum Wellenende, wird das Maß $d - t_1$ angegeben (bessere Messbarkeit). Die Toleranzen erhalten in diesem Fall das umgekehrte Vorzeichen (–).

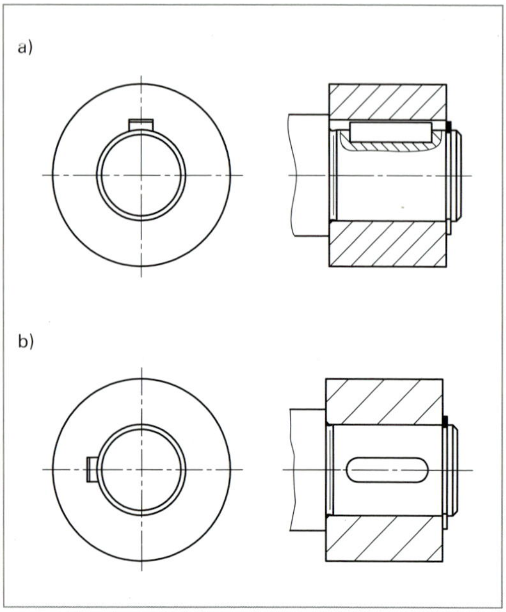

Bild 1: Passfederverbindung, Gesamtzeichnung

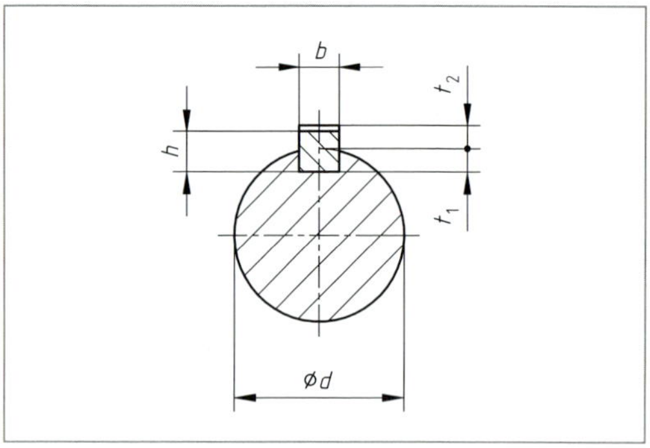

Bild 2: Maße einer Passfederverbindung

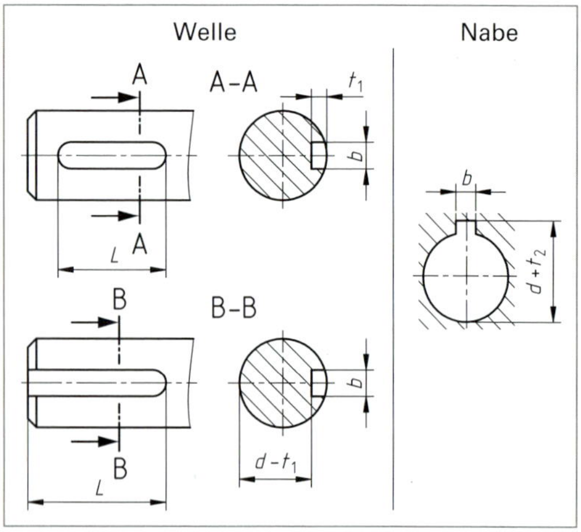

Bild 3: Maße von Passfedernuten

Bild 1 zeigt ein Beispiel für eine bemaßte Passfederverbindung. In **Bild 1a** ist das 3D-Modell dargestellt, in **Bild 1b** die Gesamtzeichnung des Zusammenbaus mit den Bezeichnungen. **Bild 1c** zeigt die Bemaßung der Welle mit Oberflächenangaben und **Bild 1d** die Bemaßung der Nabennut mit Oberflächenangaben.

Für die Oberflächengüten gilt, dass der Nutgrund geschruppt wird und die Nutflanken geschlichtet werden. Der Wellensitz für die Nabe ist feingeschlichtet, ebenso die Nabenbohrung.

Als Toleranzklasse für die Nabenbohrung ist bei Einheitsbohrung stets H7 zu wählen, für die Welle die Toleranzklasse h6, j6 oder k6. Im Beispiel sitzt die Passfeder fest in der Welle ⇒ P9 und leicht in der Nabe ⇒ JS9.

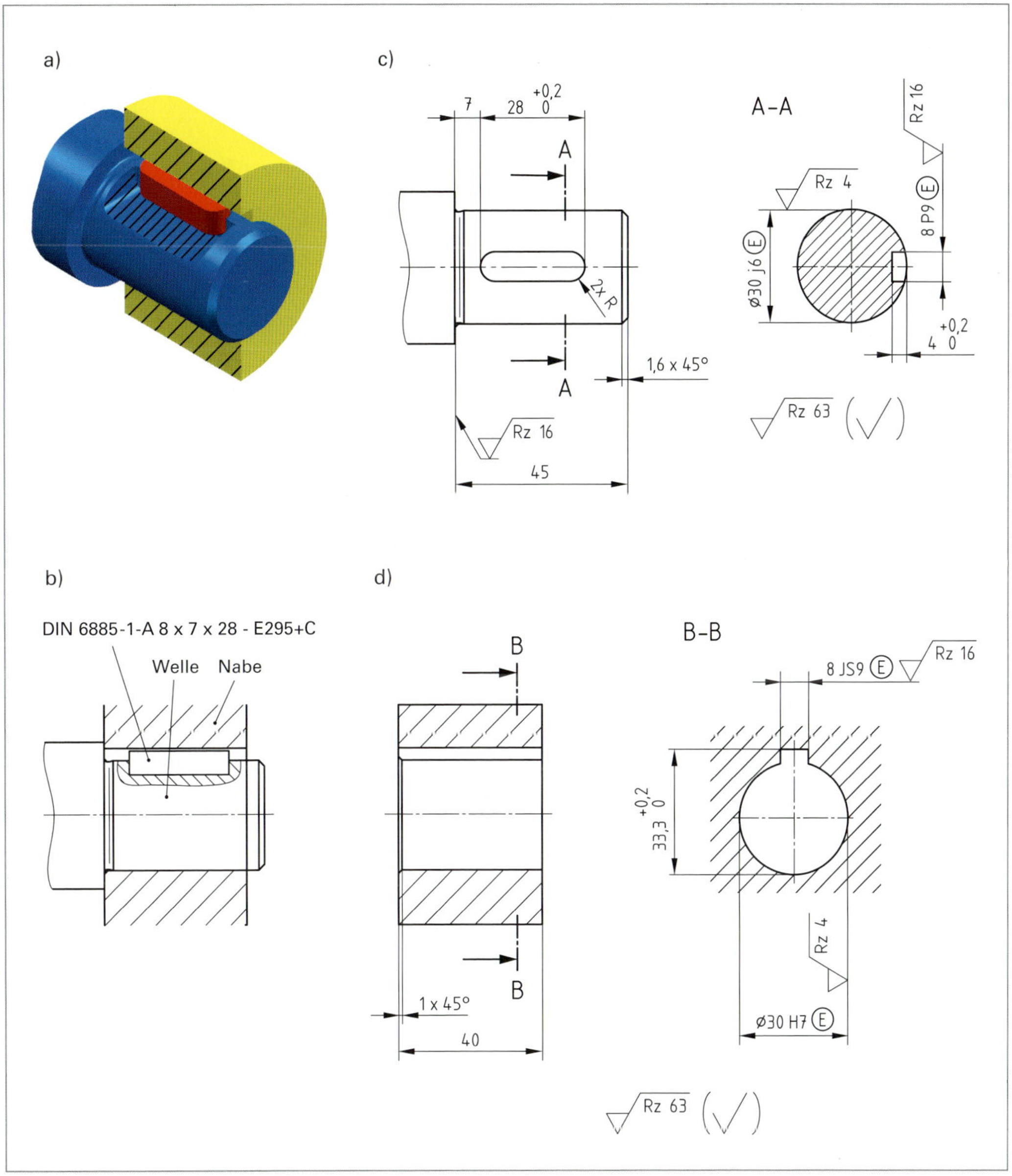

Bild 1: Darstellung und Bemaßung einer Passfederverbindung

1.12.5 I NUTEN FÜR SICHERUNGSRINGE

Sicherungsringe dienen als axiales Sicherungselement von Bauteilen auf Wellen, Achsen und in Gehäusebohrungen **(Bild 1)**. Sie werden federnd in Ringnuten eingesetzt, sodass der aus der Nut herausragende Teil des Rings eine axial belastbare Anlagefläche zum Festsetzen von Bauteilen bildet. Sicherungsringe sind in DIN 471 „Sicherungsringe für Wellen" und in DIN 472 „Sicherungsringe für Bohrungen" genormt.

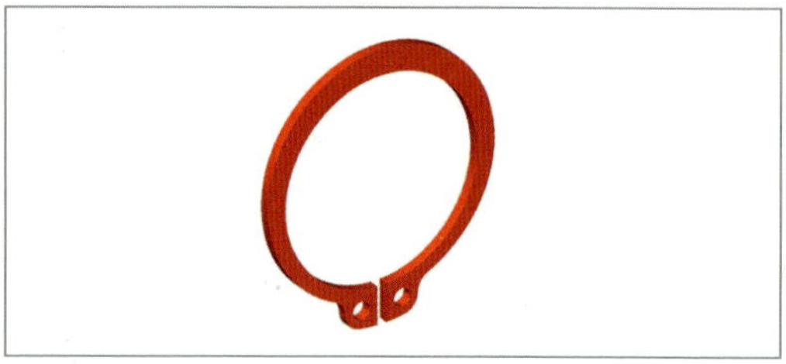

Bild 1: Sicherungsring

Die Auswahl des Sicherungsrings erfolgt nach dem Wellendurchmesser *d* bzw. nach der Gehäusebohrung *D*.

Zu bestimmen ist das **Klemm-Maß *K***. Es ergibt sich aus der Addition der Breiten der zu sichernden Bauteile *B* und der Breite des Sicherungsrings *s*. Es hat als anzugebenden Toleranzwert +0,1 mm, bei großen Breiten auch mehr. Für *K* gilt:

$$K = (B + s) + 0{,}1$$

In der Beispiel-Zeichnung in **Bild 2** wird nur ein Rillenkugellager gegen den Absatz der Welle geklemmt. Es können aber auch mehrere Bauteile miteinander gesichert werden. Das Maß *B* berechnet sich dann durch die Addition der Einzelbreiten. Durch die Addition der Ringbreite *s* und *B* wird das Klemm-Maß *K* berechnet. Der Toleranzwert bleibt unverändert bei +0,1 mm.

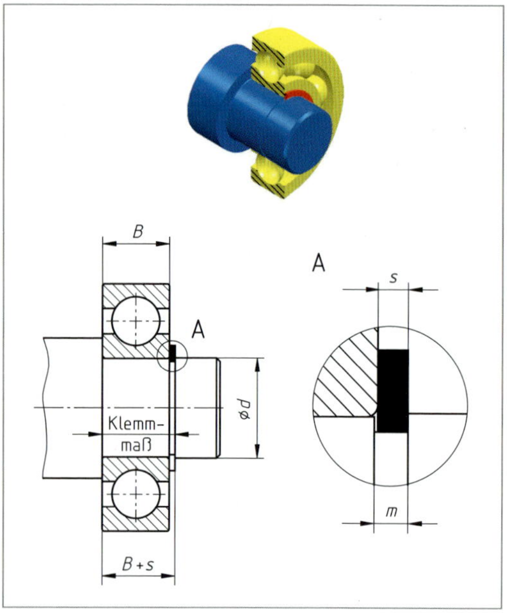

Bild 2: Einbausituation des Sicherungsrings

Die Nutbreite m ist geringfügig breiter als die Breite *s* des Sicherungsringes. Dadurch beginnt die Nut schon unter dem zu sichernden Bauteil. Das zu bestimmende Bauteil liegt frei (ragt etwas in die Nut des Sicherungsringes hinein). Der Sicherungsring liegt auf einer Seite an dem Bauteil an, an der anderen Seite an der Nut und sichert so das Bauteil **(Detail A in Bild 2)**. Das Klemm-Maß *K* mit dem Toleranzwert steht als Funktionsmaß in der Fertigungszeichnung.

Bild 3 zeigt die Bemaßung eines Wellenendes mit Sicherungsringnut bei einer zu fixierenden Wälzlagerbreite von 17 mm. Angegeben werden müssen der Nutgrunddurchmesser mit Abmaß, die Nutbreite mit Toleranzgrad und das Klemm-Maß mit Toleranzwert. Anstelle des Toleranzgrades können auch die Abmaße angegeben werden. Der Nutgrund ist bei der Sicherungsringnut geschruppt, die Nutflanken sind geschlichtet. Die Ecken des Nutgrundes haben einen **maximalen Radius** von R_{max} = 0,1 · Ringbreite *s*.

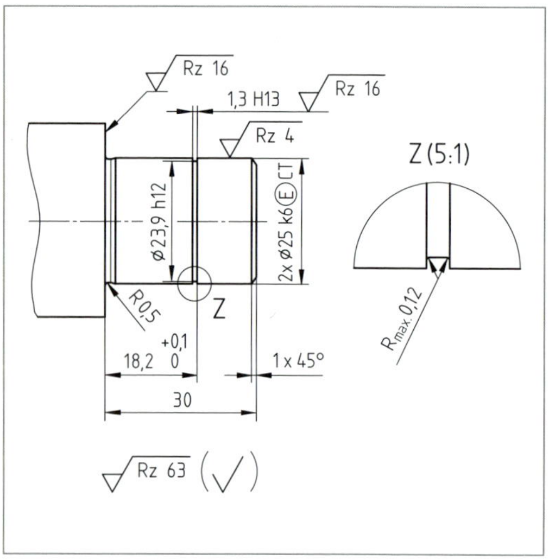

Bild 3: Bemaßung Sicherungsringnut Welle

Wurden beide Absätze vor und hinter der Nut in einem Arbeitsgang hergestellt, muss die Bemaßung des Durchmessers wie in **Bild 3** erfolgen.

Ansonsten werden zwei verschiedene Durchmessermaße mit entsprechenden Toleranzangaben bemaßt.

Die Bemaßung einer Sicherungsringnut in einer Gehäusebohrung ist ähnlich der in einer Welle. Das Klemm-Maß wird aus den Breiten der zu sichernden Bauteile zuzüglich der Breite des Sicherungsrings bestimmt. Die Größe des Sicherungsrings richtet sich nach der Bohrungsgröße.

Bild 1 zeigt ein Beispiel für die Bemaßung einer Gehäusebohrung mit Sicherungsringnut. Das zu sichernde Wälzlager hat eine Breite von 17 mm.

Der Ausgleich von axialem Spiel kann durch den Einbau von Passscheiben unterschiedlicher Breite oder spezieller Keilringe erfolgen.

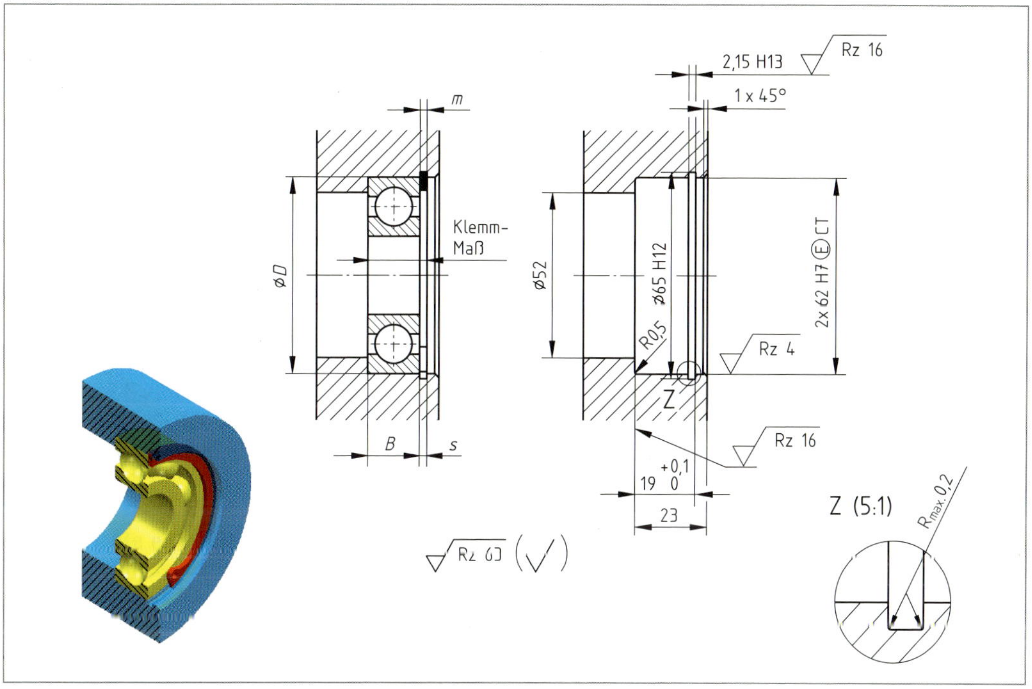

Bild 1: Sicherungsring in Gehäusebohrung mit Bemaßungsbeispiel

AUFGABEN | WIEDERHOLUNG UND VERTIEFUNG

1. Zeichnen und bemaßen Sie die Wellen der Datei Welle 01-00-301 bis ... -307 (s. digitales Zusatzmaterial).

1.14 GEWINDE

Bauteile mit Gewinde werden in der Technik als Verbindungselemente am häufigsten verwendet. Eine Schraubenverbindung besteht aus einem Bauteil mit **Außengewinde** und einem Bauteil mit **Innengewinde**. Man bezeichnet das Bauteil mit dem Außengewinde als **Schraubenbolzen** und das Werkstück mit Innengewinde als **Mutter**.

Das Funktionsprinzip der Schraubenverbindung ist ein aufgewickelter Keil, den man als Steigungsdreieck bezeichnet **(Bild 1)**. Eine **Schraubenlinie** entsteht, wenn man eine um den Winkel φ geneigte schiefe Ebene um die Mantelfläche eines Zylinders aufwickelt. Je nach Aufwicklungsrichtung spricht man von **rechtssteigendem** oder **linkssteigendem** Gewinde. Die Höhe des Keils bzw. der in axialer Richtung zurückgelegte Weg der schiefen Ebene bei einer Umdrehung entspricht der **Steigung *P*** des Gewindes, der Neigungswinkel der Geraden entspricht dem **Steigungswinkel φ**. Läuft anstelle einer schiefen Ebene ein Gewindeprofil um einen Kreiszylinder, so entsteht die Grundform eines Gewindes.

Wichtige Kenngrößen eines Gewindes sind **(Bild 2)**:

- Nenndurchmesser d
- Flankendurchmesser d_2
- Kerndurchmesser d_3
- Flankenwinkel α
- Steigung P
- Gewindeprofil

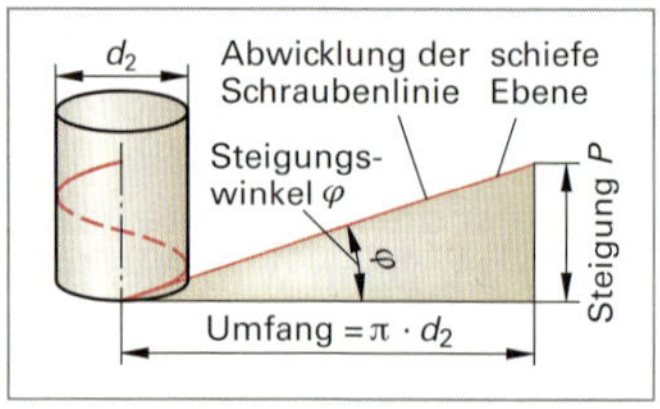

Bild 1: Steigungsdreieck

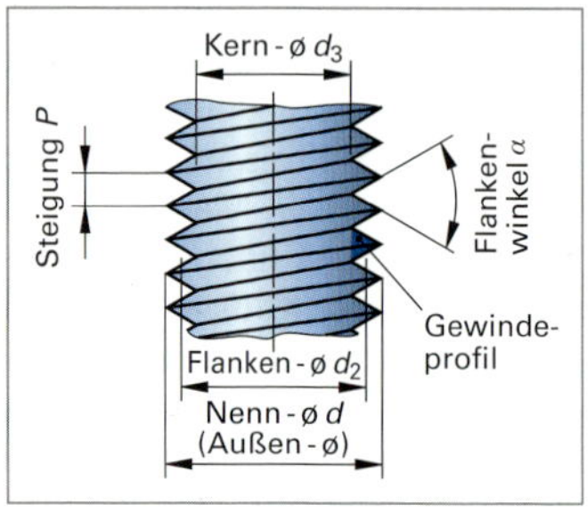

Bild 2: Bezeichnungen am Gewinde

1.14.1 FUNKTIONSWEISEN VON GEWINDEN

Gewinde eignen sich zum Befestigen von Bauteilen, man spricht hier von einem **Befestigungsgewinde (Bild 3a)**. Durch Eindrehen der Schraube durch Fügeteile hindurch in das Innengewinde und dem Anziehen der Schraube wird eine **Klemmkraft** (Vorspannkraft) erzeugt. Die Fügeteile verspannen sich elastisch miteinander. Es entsteht eine jederzeit **lösbare kraftschlüssige Verbindung**, die sich aber aufgrund der **Gewindereibung** (Selbsthemmung) nicht selbstständig lösen kann: Die **Reibungskraft** F_R in der Schraube ist größer als die zum Lösen erforderliche **Hangabtriebskraft** F_H **(Bild 4)**.

Schrauben übertragen auch eine Drehbewegung in eine Längsbewegung. Man spricht von einem **Bewegungsgewinde (Bild 3b)**. Bewegungsgewinde können genutzt werden, um kleine sehr präzise Linearbewegungen zu erzeugen, wie z. B. bei Messspindeln. Die auftretenden Kräfte sind gering, entscheidend ist die große Genauigkeit. Eine weitere Verwendungsmöglichkeit von Bewegungsgewinden besteht darin, aus einem Drehmoment eine große Längskraft zu entwickeln. Verwendung findet dies bei vielen Hebeaufgaben, wie z. B. bei Hebeböcken oder Spindeln. Bewegungsgewinde können **selbsthemmend** sein, wie z. B. beim Schraubstock. Die Spindel bleibt unter Betriebslast stehen. Bei großen Steigungen oder großen Flankenwinkeln liegt meist keine Selbsthemmung vor **(Bild 5)**. Hier ist im Stillstand eine Lagepositionierung, z. B. durch Klemmen, erforderlich.

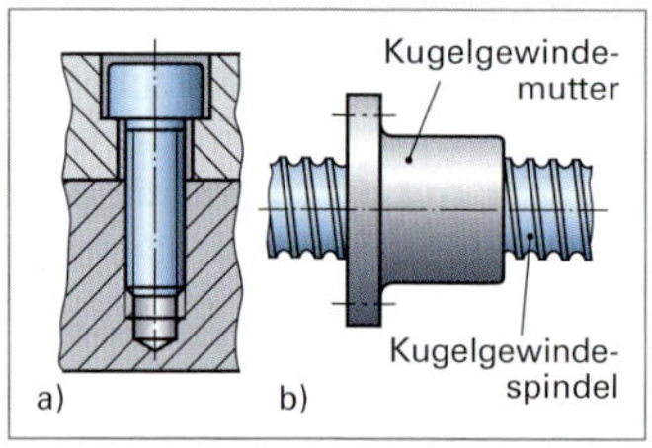

Bild 3: Befestigungs- und Bewegungsgewinde

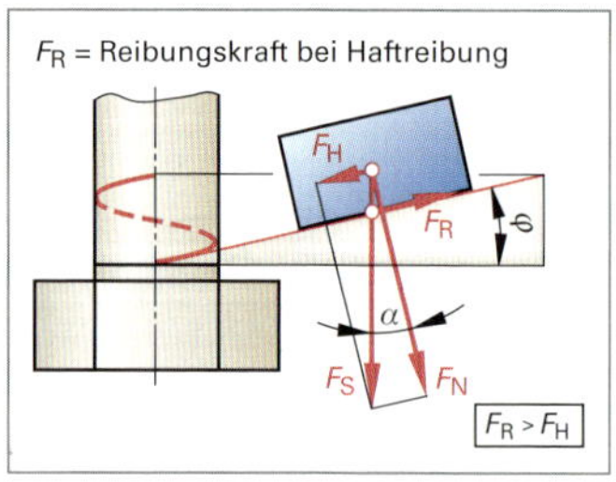

Bild 4: Selbsthemmung

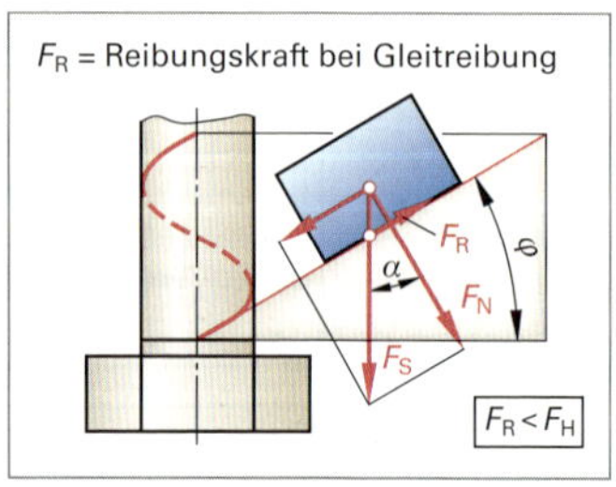

Bild 5: Keine Selbsthemmung

1.14.2 | EINTEILUNG DER GEWINDE NACH DER PROFILFORM

Es gibt mehrere Gewindearten, die sich in ihrer Form und Funktion unterscheiden. Wichtige Kenngrößen für Gewindearten sind die Profilform, die Gangzahl, die Steigung und die Steigungsrichtung. **Bild 1** zeigt die üblichen Profilformen, die Verwendung finden.

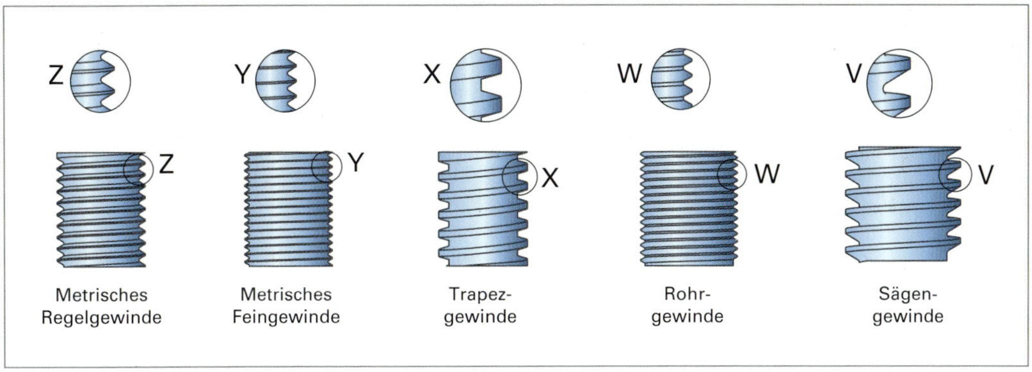

Bild 1: Unterschiedliche Gewindeprofile

Metrisches ISO-Gewinde

Metrische ISO-Gewinde haben einen Flankenwinkel von 60° **(Bild 2)**. Die Fein- und Regelgewinde unterscheiden sich in ihrer Steigung. **Regelgewinde** werden mit dem Kurzzeichen M und dem Nenndurchmesser angegeben, z. B. **M12**. Der Durchmesser liegt zwischen 1 mm und 68 mm. **Feingewinde** haben bei gleichem Nenndurchmesser eine kleinere Steigung. Sie muss bei der Gewindebezeichnung mit angegeben werden, z. B. **M12 x 0,5**. Der Durchmesserbereich beim Feingewinde geht von 1 mm bis 1000 mm, mit Steigungen von 0,2 mm bis 8 mm. Feingewinde haben eine kleinere Steigung *P* als Regelgewinde. Sie eignen sich für kurze Schraublängen auf dünnwandigen Rohren oder als Stellgewinde, weil sie sich feiner einstellen lassen. Die Tragfähigkeit des metrischen Feingewindes ist größer als beim Regelgewinde, weil der Bolzendurchmesser d_3 einen größeren Vollquerschnitt hat. Metrisches ISO-Gewinde eignet sich besonders gut als Befestigungsgewinde.

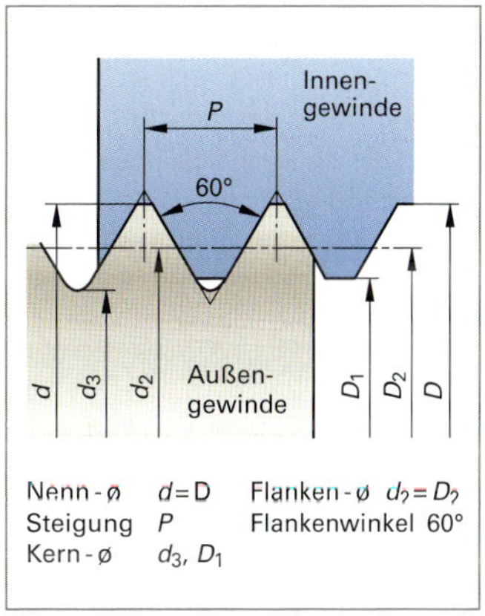

Bild 2: Metrisches ISO-Gewinde

Das Regelgewinde ist dem Feingewinde vorzuziehen!

Üblicherweise wird rechtssteigendes Gewinde verwendet, linkssteigendes Gewinde kommt in Sonderfällen zum Einsatz.

Metrisches ISO-Trapezgewinde

Metrisches ISO-Trapezgewinde hat einen Flankenwinkel von 30° **(Bild 3)**. Die Gewindebezeichnung enthält das Kurzzeichen Tr mit der Angabe des Nenndurchmessers und der Steigung, z. B. **Tr 20 x 4**. Der Durchmesserbereich geht von 8 mm bis 300 mm. Bis zum Nenndurchmesser von 20 mm gibt es zwei, über 20 mm drei unterschiedliche Steigungen je Nenndurchmesser. Trapezgewinde kann eingängig und mehrgängig sein. Es wird vor allem als Bewegungsgewinde verwendet, Beispiele sind Leitspindeln von Drehmaschinen sowie Spindeln von Pressen oder Schraubstöcken.

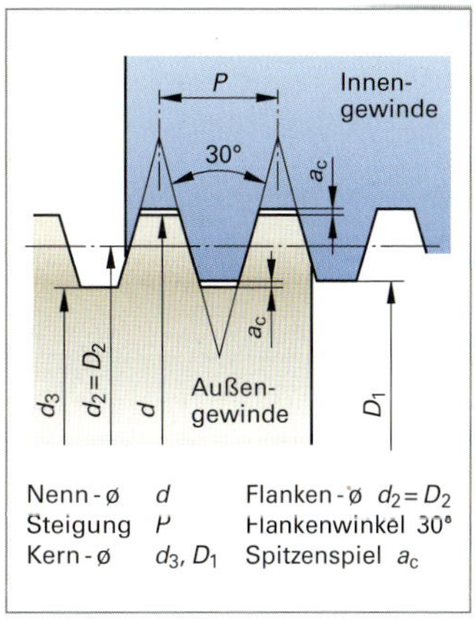

Bild 3: Metrisches ISO-Trapezgewinde

Rohrgewinde

Das Rohrgewinde hat einen Flankenwinkel von 55° **(Bild 1)**. Das Außengewinde am Rohr wird nach dem ehemaligen Innendurchmesser des Rohres (der Nennweite) in Inch bzw. Zoll (1 inch = 1" = 25,4 mm) benannt. Zylindrisches Außen- und Innengewinde hat das Kurzzeichen G, z. B. **G 3/4**. So ergibt sich ein Durchmesserbereich in Zoll von G 1/16 bis G 6, was einer Nennweite von 3 mm bis 150 mm entspricht. Zylindrische Rohrgewinde sind nicht dichtend. Für metallisch dichtende Verbindungen wird ein kegeliges Außengewinde (Kegel 1:16) in ein zylindrisches Innengewinde eingesetzt. Die Gewindekurzzeichen sind in diesem Fall Rp für das Innengewinde (z. B. **Rp 3/4**) und R für das Außengewinde (z. B. **R 3/4**). Der Durchmesserbereich geht von R 1/16 bis R6 bzw. Rp 1/16 bis Rp 6. Verwendung findet dieses Gewinde für druckdichte Verbindungen in Rohren oder Armaturen.

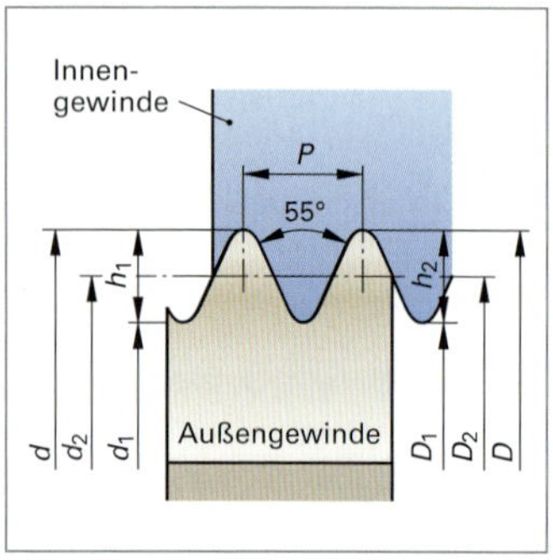

Bild 1: Rohrgewinde

Metrisches Sägengewinde

Das metrische Sägengewinde hat einen Teilflankenwinkel von 3° an der tragenden Gewindeflanke und einen Flankenwinkel von 33° an der Spielflanke **(Bild 2)**. Der Durchmesser liegt zwischen 10 mm und 640 mm und die Steigungen zwischen 2 mm und 44 mm. Die Gewindebezeichnung besteht aus dem Kurzzeichen S, dem Nenndurchmesser und der Steigung, z. B. **S 48 x 8**. Das metrische Sägengewinde zeichnet sich durch eine größere Tragfähigkeit als Trapezgewinde aus. Durch das unsymmetrische Profil ist das Gewinde in einer Richtung hoch belastbar. Der ausgerundete Gewindegrund verbessert zusätzlich die Tragfähigkeit. Verwendung findet das Sägengewinde bei hohen einseitigen Belastungen, z. B. bei Hub- und Druckspindeln.

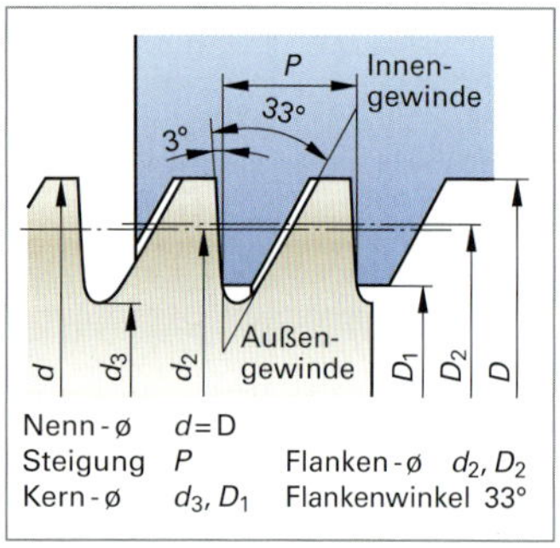

Bild 2: Sägengewinde

1.14.3 | EINTEILUNG DER GEWINDE NACH DER GANGZAHL

Mehrgängiges Gewinde ermöglicht bei einer Umdrehung größere axiale Wege als eingängiges Gewinde, weil die Steigung P größer ist. Gleichzeitig verteilt sich die Belastung auf mehrere Gänge, sodass die Tragfähigkeit insgesamt höher ist. Anwendungen sind z. B. Spindelpressen. Die Benennung mehrgängiger Gewinde erfolgt durch den Nenndurchmesser, die Steigung und die Teilung **(Bild 3)**. Die Gangzahl ergibt sich, indem man die Steigung durch die Teilung dividiert. Gekennzeichnet wird die Teilung durch das Kurzzeichen P, z. B. Tr 20 x 12 P4 (12 : 4 = 3-gängiges Trapezgewinde mit 20 mm Nenndurchmesser, 12 mm Steigung und 4 mm Teilung).

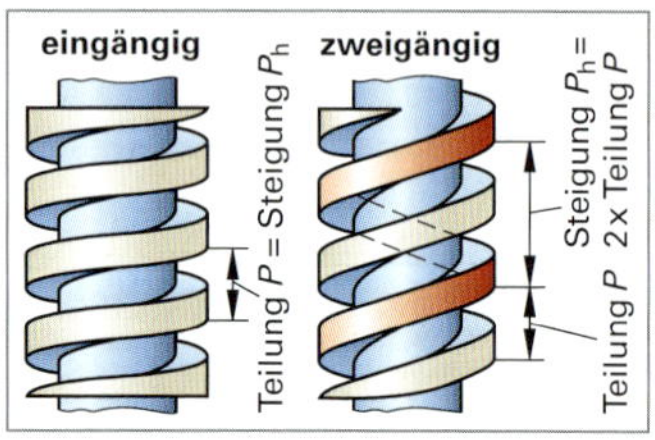

Bild 3: Ein- und mehrgängiges Gewinde

1.14.4 | EINTEILUNG DER GEWINDE NACH DEM DREHSINN

Rechtsgewinde werden im Uhrzeigersinn eingeschraubt. Sie werden üblicherweise verwendet. **Linksgewinde** werden entgegen dem Uhrzeigersinn eingeschraubt und nur dann verwendet, wenn sich ein Rechtsgewinde aufgrund des Drehsinns lösen würde. Linksgewinde werden durch das Kurzzeichen LH (left hand) hinter der Angabe der Gewindeart und des Nenndurchmessers bezeichnet, z. B. M20-LH. Anwendungsfälle für Linksgewinde sind Spannschlösser. Rechtsgewinde werden nur dann gekennzeichnet, wenn Verwechslungen möglich sind.

1.14.5 | DARSTELLUNG UND BEMAßUNG VON GEWINDEN

Die am meisten in der Technik verwendete Verbindungsart sind Schraubenverbindungen. Es gibt viele Gewindearten, die sich in ihrer Form und Funktion unterscheiden. In technischen Zeichnungen werden Gewinde immer gleich dargestellt, die Unterscheidung wird durch die Bemaßung getroffen. Gewinde werden immer vereinfacht dargestellt **(Bild 1)**. Zu einer funktionierenden Verbindung gehören immer zwei Verbindungspartner: das Außengewinde und das Innengewinde.

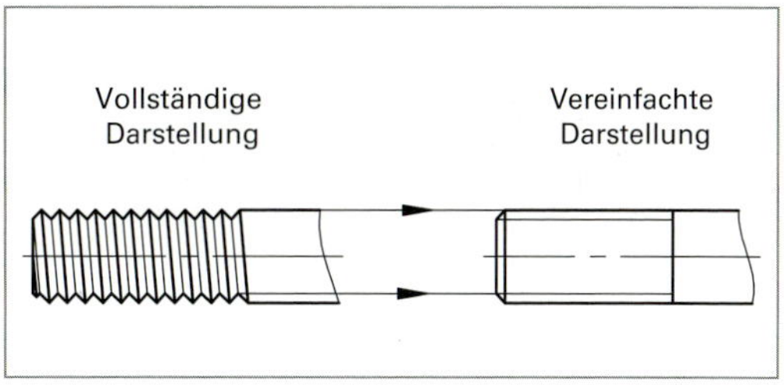

Bild 1: Vereinfachte Darstellung eines Gewindes

Darstellung des Außengewindes

Außengewinde, auch Bolzengewinde genannt, wird entsprechend **Bild 2** dargestellt:

- Gewindenenndurchmesser als breite Volllinie
- Gewindekerndurchmesser als schmale Volllinie
- Letzter voller Gewindegang als breite Volllinie (Gewindebegrenzungslinie, Ende der nutzbaren Gewindelänge)
- 45°-Fase vom Kerndurchmesser zum Nenndurchmesser als breite Volllinie mit Umlaufkanten der Fase
- Gewindeauslauf als schmale Volllinie nur im Ausnahmefall
- Im Gewindeprofil wird der Kerndurchmesser als schmaler ¾-Kreis gezeichnet, der nicht an den Mittellinien endet. Die Lage der Öffnung ist vorzugsweise im oberen rechten Quadranten. Die Öffnung darf aber auch eine andere Lage haben, wenn dies sinnvoll ist. Die Gewindefasen werden bei der Profilansicht nicht gezeichnet

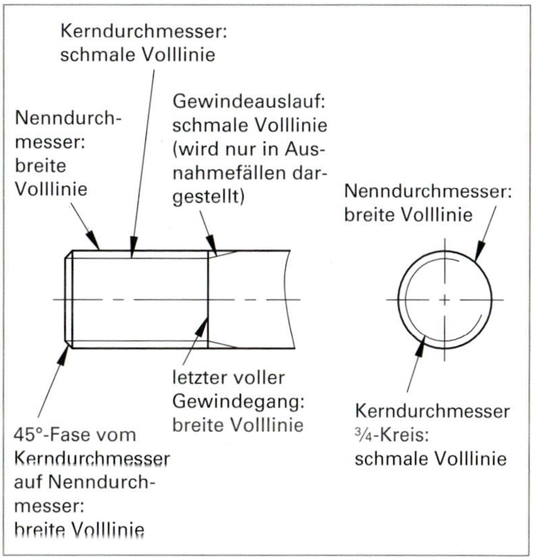

Bild 2: Linienarten am Außengewinde

Beim Zeichnen der Gewinde müssen die Gewindemaße mit den Tabellenwerten übereinstimmen. Bei Gewinden mit geringer Gewindetiefe (Abstand des Nenndurchmessers zum Kerndurchmesser) muss jedoch beachtet werden, dass der Abstand zwischen Kerndurchmesser und Nenndurchmesser mindestens zweimal der Linienstärke der breiteren der beiden Linien entsprechen soll. Der Abstand soll jedoch nicht weniger als 0,7 mm betragen, damit in der Zeichnung zwei getrennte Linien erkennbar sind. Dies gilt für Handzeichnungen. Bei der mit einem CAD-Programm erstellten Zeichnung werden Gewinde stets in den wirklichen Abmessungen dargestellt, hier trägt ein geeigneter Maßstab zur Verbesserung der Darstellung bei.

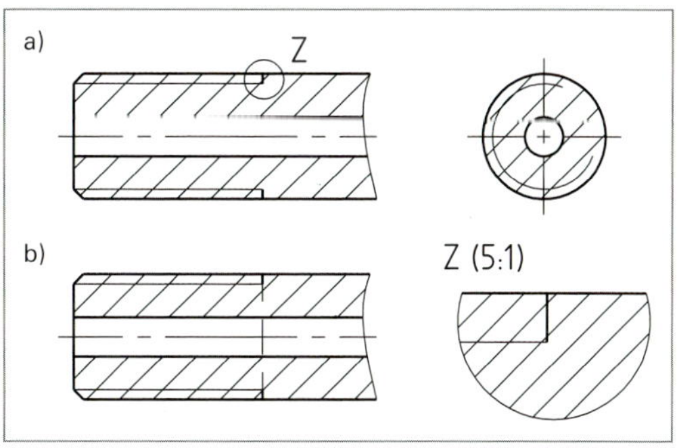

Bild 3: Außengewinde im Schnitt

Bei der Darstellung eines Außengewindes im Schnitt geht die Schraffur immer bis an die breite Volllinie. Die Gewindebegrenzung wird als breite Volllinie gezeichnet. Sie geht vom Kerndurchmesser bis zum Außendurchmesser **(Bild 3a)**. Eine verdeckte Kante für die Gewindebegrenzung wird nur dann eingezeichnet, wenn sie zum Verständnis erforderlich ist **(Bild 3b)**. Bei Rohrgewinde bzw. Rohrverschraubungen werden die Kanten für die Gewindebegrenzung immer eingezeichnet.

Darstellung des Innengewindes

Innengewinde werden nur dann als verdeckte Kanten dargestellt, wenn dies zur eindeutigen Darstellung erforderlich ist. Die verdeckten Kanten entsprechen dem Kern- und dem Nenndurchmesser. Im Profil wird der Kerndurchmesser als breite Volllinie und der Nenndurchmesser als schmaler 3/4-Kreis gezeichnet. Der Kreis endet nicht an einer Mittellinie **(Bild 1)**. Soll Gewinde im Profil verdeckt gezeichnet werden, wird der Nenndurchmesser der Gewindebohrung als verdeckter 3/4-Kreis, der Kerndurchmesser als verdeckter Vollkreis gezeichnet.

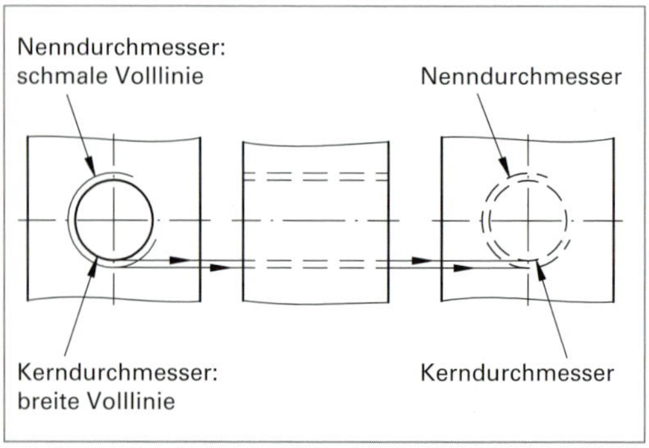

Bild 1: Innengewinde in Ansicht und verdeckt

Die **Lage eines jeden Innengewindes** wird in jeder Ansicht bzw. in jedem Schnitt durch Mittellinien gekennzeichnet!

Der Kerndurchmesser eines Innengewindes im Schnitt wird als breite Volllinie gezeichnet, der Nenndurchmesser als schmale Volllinie. Die Schraffur geht bis an die breite Volllinie. Im Profil gilt das Gleiche, auch hier reicht die Schraffur bis an die breite Volllinie des Kerndurchmessers **(Bild 2)**. Die aus Fertigungs- und Montagegründen vorhandenen Gewindefasen werden bei Bohrungen üblicherweise nicht gezeichnet.

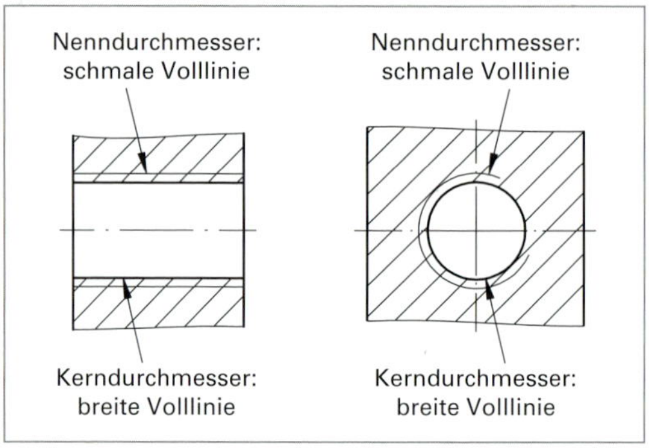

Bild 2: Innengewinde im Schnitt

Nur teilweise dargestellte Außen- und Innengewinde (in halber Ansicht) werden so gezeichnet, wie in **Bild 3** dargestellt. Der 3/4-Kreis der Profilansicht muss erkennbar sein.

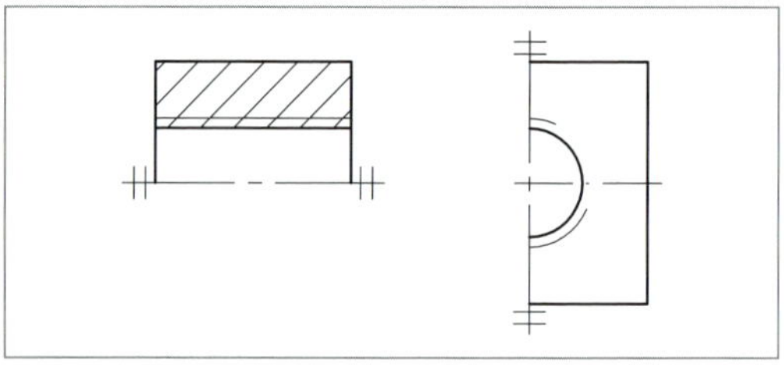

Bild 3: Gewinde in einer halben Ansicht

Wird eine Gewindebohrung nicht ganz durch ein Werkstück gebohrt, so bezeichnet man diese Bohrung als Gewindegrundloch.

Hinsichtlich der Fertigung wird zuerst das Grundloch gebohrt und dann das Gewinde geschnitten. Somit ist die Grundlochbohrung etwas länger als das Gewinde. Sie hat am Ende einen Winkel von 118°, der fertigungstechnisch auf den Bohrer zurückzuführen ist. Bei Handzeichnungen wird vereinfacht ein Winkel von 120° gezeichnet. Unabhängig von dem Grundwerkstoff wird immer ein Winkel von 118° bzw. 120° für die Bohrungsspitze gezeichnet. Die Bohrungsspitze wird nie bemaßt und gehört nicht zu der zu bemaßenden Bohrungslänge **(Bild 4)**. Die nutzbare Gewindelänge ergibt sich aus der Konstruktion.

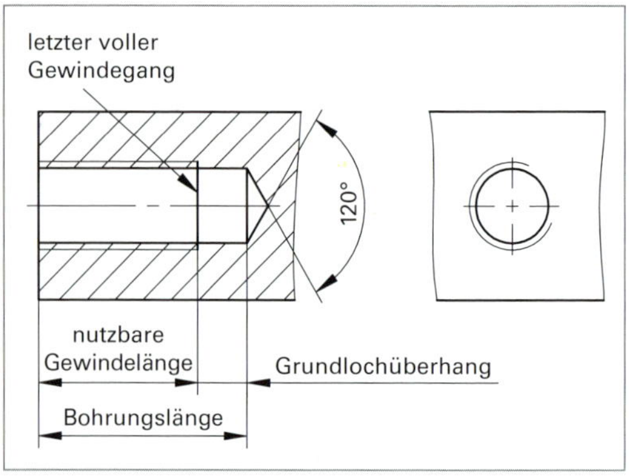

Bild 4: Gewindegrundloch im Schnitt

Der Grundlochüberhang ist in DIN 76 „Gewindeausläufe und Gewindefreistiche" festgelegt. Das Maß „Grundlochüberhang" für Innengewinde richtet sich nach der Größe der Gewindesteigung. Es gibt drei mögliche Längen: normal, kurz und lang. Die Länge des Grundlochüberhangs ergibt sich aus der Konstruktion, d. h. aus den Platzverhältnissen und Herstellverfahren. Bei ausreichendem Platz wird standardmäßig die Regelausführung verwendet.

Trifft eine Gewindebohrung auf eine Querbohrung, wird die Durchdringungskurve des Kerndurchmessers gezeichnet. Der Nenndurchmesser endet an der sichtbaren Kante der Bohrung. Dies gilt für Zeichnungen von Hand und mit CAD.

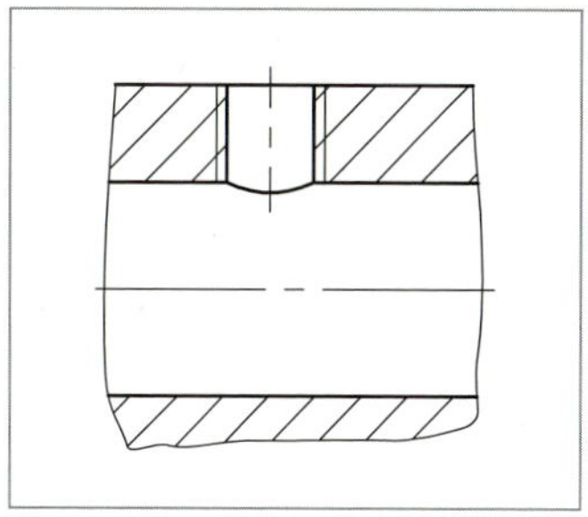

Bild 1: Gewinde und Bohrung

Bemaßung des Außen- und Innengewindes

Außengewinde werden bemaßt durch die Angabe:

- der Gewindeart,
- des Gewindenenndurchmessers,
- der nutzbaren Gewindelänge einschließlich der Fase.

In **Bild 2a** wird metrisches Regelgewinde verwendet. Der Kennbuchstabe ist der Großbuchstabe M. Der Gewindenenndurchmesser beträgt 16 mm. Damit ergibt sich die Bemaßung M16 für den Außendurchmesser des Gewindebolzens. Die Gewindelänge ist mit 25 mm bemaßt.

Bild 2b zeigt die Bemaßung für metrisches Feingewinde. Hier muss neben Gewindeart (metrisches Gewinde) und Nenndurchmesser (16 mm) auch die Steigung angegeben werden (P = 1 mm), um deutlich zu machen, dass es sich um Feingewinde mit der Steigung P = 1 mm handelt. Dem Gewindenenndurchmesser von Feingewinde sind nach Norm mehrere Steigungen zugeordnet. So gibt es z. B. für Feingewinde M16 die Steigungen 0,5 mm, 1 mm und 1,5 mm.

Gewinde können rechtssteigend oder linkssteigend sein. Wird hinter dem Gewindenenndurchmesser keine Angabe gemacht, ist die Steigung rechtsgängig. Soll die Steigung linksgängig sein, muss diese Angabe hinter dem Gewindenenndurchmesser vermerkt werden. Die Großbuchstaben LH kennzeichnen linkssteigendes Gewinde (englisch: *left hand*) **(Bild 2c)**, die Großbuchstaben RH rechtssteigendes Gewinde (englisch: *right hand*). Wenn, wie in **Bild 2d**, beide Steigungsrichtungen an einem Bauteil vorkommen, werden beide Steigungen angegeben, um z. B. Verwechslungen zu vermeiden.

Der Gewindeauslauf liegt normalerweise außerhalb der nutzbaren Gewindelänge und wird weder bemaßt noch gezeichnet.

In besonderen Fällen wird der Gewindeauslauf gezeichnet und bemaßt, wie z.B. bei Stiftschrauben **(Bild 2e)**. Hier wird die Länge des Gewindeauslaufs der nutzbaren Gewindelänge des einzuschraubenden Endes zugerechnet und muss eingezeichnet werden.

Für Gewinde gibt es verschiedene Herstellungsgenauigkeiten, die **Toleranzklassen**. Sie werden nach **fein**, **mittel** und **grob** unterteilt. Ohne Angabe einer Toleranzklasse gilt die Toleranzklasse mittel, die den Regelfall darstellt. Nur die Toleranzklassen fein oder grob müssen bei der Bemaßung angegeben werden. **Bild 2f** zeigt als Beispiel ein Gewinde mit Toleranzklasse fein (4h).

Innengewinde werden durch die Angabe von Gewindeart und Nenndurchmesser, nicht durchgehende Innengewinde zusätzlich durch die nutzbare Gewindelänge und die Kernlochtiefe bemaßt. Ein Beispiel zeigt **Bild 2g**. Alle weiteren Angaben sind bei Innengewinden analog zu den Außengewinden.

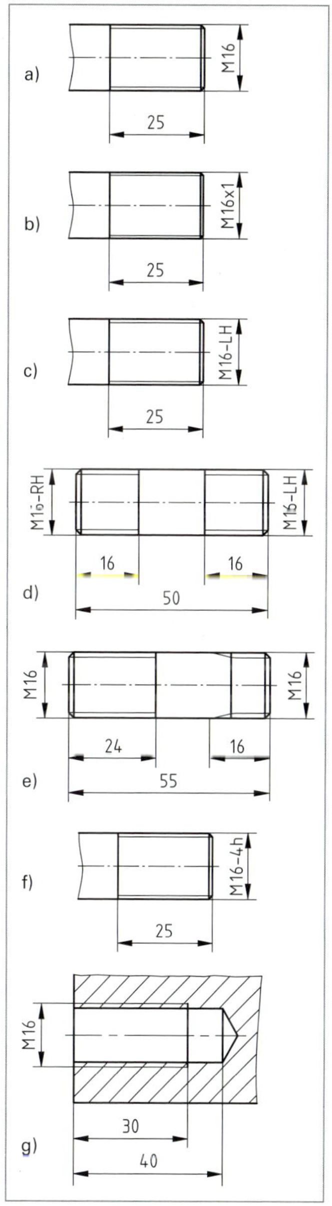

Bild 2: Bemaßung von Gewinden

1.14.6 | GEWINDEFREISTICHE

Gewindefreistiche und Gewindeausläufe sind nach DIN 76 genormt. Sie dienen dazu, dass das Werkzeug bei der Fertigung den erforderlichen Auslauf hat.

Die Maße werden der Norm entnommen. Hierbei ist zu beachten, dass sich die Maße nach der Steigung richten und nicht nach dem Nenndurchmesser, denn die DIN 76 gilt sowohl für Regelgewinde als auch für Feingewinde.

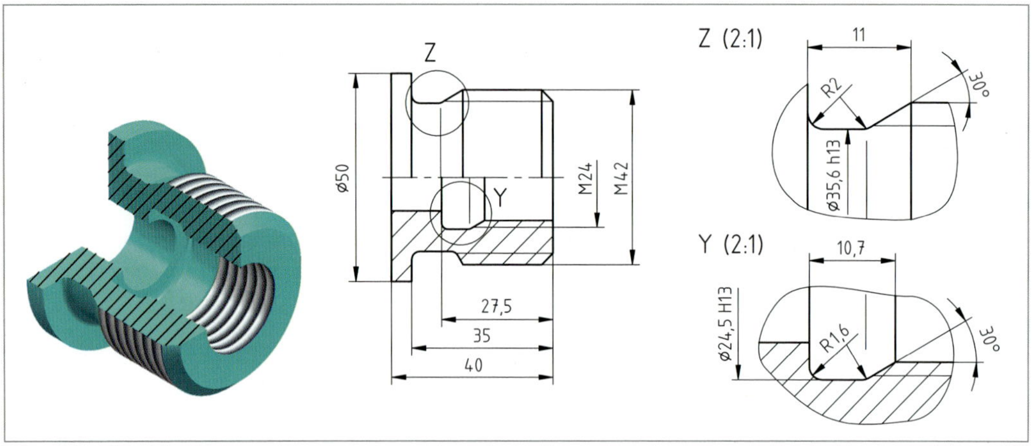

Bild 1: Gewindefreistich beim Innen- und Außengewinde

In der Zeichnung wird der Gewindefreistich nur dann ausführlich bemaßt, wenn eine Einzelheit erforderlich ist. **Bild 1** zeigt die Zeichnung eines Einzelteils mit Angaben zu den Einzelheiten Z und Y. In den um den Maßstab vergrößerten Einzelheiten werden die Maße für den Gewindefreistich eingetragen. Hier im Beispiel wurde für den Innengewindefreistich und für den Außengewindefreistich die kurze Ausführung (B und D) gewählt. Sie unterscheiden sich von der Regelausführung (Form A und C) lediglich durch die Längenmaße. Der Winkel soll laut Norm mindestens 30° betragen. Ein anderer Winkel innerhalb der Grenzen ist möglich.

Wird keine Einzelheit benötigt, wird in der Ansicht des Werkstücks der Gewindefreistich über eine Kurzangabe bemaßt. Die Darstellung des Gewindefreistichs kann bei Zeichnungen von Hand mit Bemaßung nach der Kurzangabe ausführlich oder vereinfacht sein. Bei Zeichnungen per CAD-Programm muss die Geometrie vollständig sein und kann nicht vereinfacht gezeichnet werden, ansonsten ist eine direkte Datenübergabe an die Fertigung nicht möglich. Bemaßt wird der Gewindefreistich mit der Angabe der DIN und der Ausführungsart (A bis D). Ein Beispiel zeigt **Bild 2.**

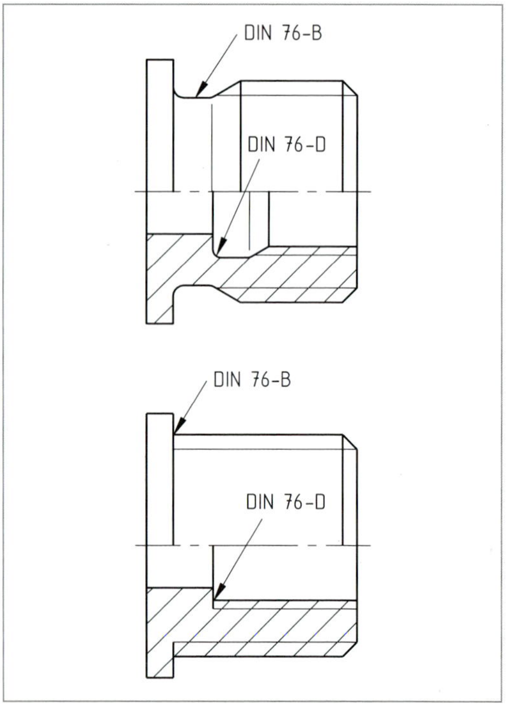

Bild 2: Vereinfachte Bemaßung Gewindefreistich

> Die **Größe des Gewindefreistichs** richtet sich nach der Steigung des Gewindes.

1.14.7 | DARSTELLUNG VON GEWINDEN IM ZUSAMMENBAU

Miteinander verschraubte Bauteile werden so gezeichnet, dass das Außengewinde das Innengewinde überdeckt. Man sagt auch: Der Bolzen hat Vorrang.

Bild 1a verdeutlicht den Zusammenhang: Der Bolzen Pos. 2 ist in den Flansch Pos. 1 ganz eingeschraubt und in die Hülse Pos. 3 nur teilweise. Der Bolzen wird im Schnitt bis an den Nenndurchmesser schraffiert, also bis an die breite Volllinie. Das Innengewinde hat im Bereich der Verschraubung Schraffur bis an den Nenndurchmesser des Bolzens. In dem Bereich, in dem nur Innengewinde vorhanden ist, gelten die gleichen Regeln wie beim Innengewinde im Schnitt: Hier wird bis an den Kerndurchmesser schraffiert.

Die Kanten des Gewindeendes werden bei dem Bolzen bis an den Kerndurchmesser als breite Volllinien gezeichnet **Bild 1a**.

Bild 1b zeigt jeweils einen in ein Durchgangsgewinde und in ein Gewindegrundloch eingeschraubten Bolzen. Die Umlaufkanten der Durchgangsbohrung sind bis an den Nenndurchmesser des Bolzens als sichtbare Kanten zu zeichnen, da sie als solche sichtbar sind. Der Bolzen wird nicht geschnitten. Drehteile und Normteile werden in Zusammenbauten üblicherweise in Längsrichtung nicht geschnitten gezeichnet, wenn keine Hohlräume vorhanden sind.

Ein Rohrgewinde wird wie in **Bild 1c** gezeichnet. Hier wird das Rohr geschnitten, um die Innenkontur sichtbar zu machen, obwohl es sich um ein rotationssymmetrisches Teil handelt. Bei Innengewinden im Schnitt wird das Gewindeende mit einer breiten Volllinie gekennzeichnet, wenn das Gewinde nicht über die gesamte Bohrungslänge verläuft.

Bild 1d zeigt jeweils einen eingeschraubten Schraubenbolzen im Schnitt mit der entsprechenden Draufsicht. Liegt die Schraube in der Gewindebohrung zurück, hat das Innengewinde Vorrang und wird in der Draufsicht gezeichnet. Steht der Bolzen vor, hat der Bolzen Vorrang und wird in der Draufsicht gezeichnet.

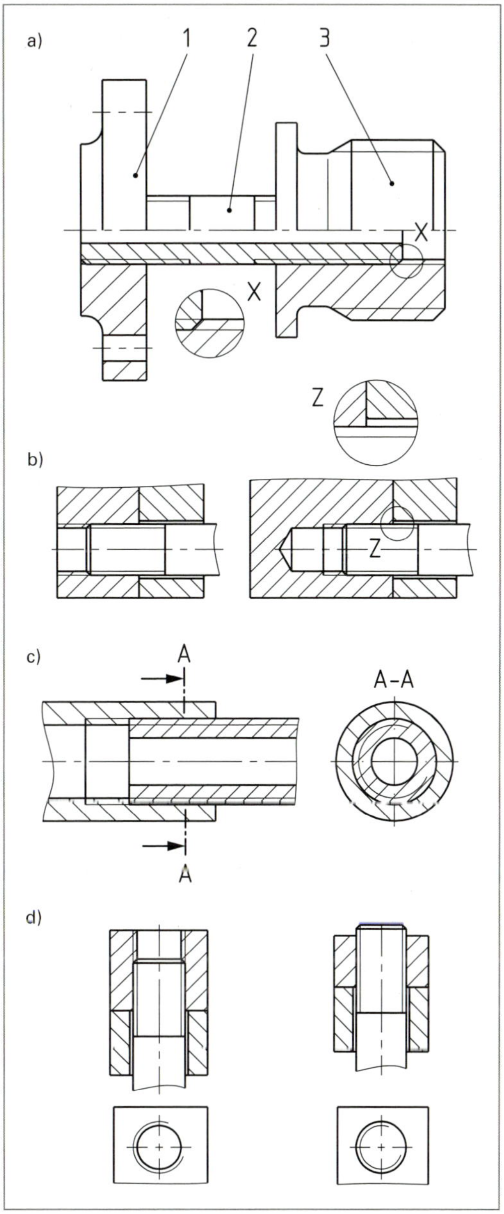

Bild 1: Gewinde im Zusammenbau

Regeln für die Darstellung von Gewinden im Zusammenbau

- Bei der zeichnerischen Darstellung von Gewindeverbindungen hat der Bolzen stets Vorrang und verdeckt das Innengewinde.
- Die Schraffur wird immer bis an die breite Volllinie gezeichnet, d. h., beim Mutterngewinde bis an den Kerndurchmesser, beim Außengewinde bis an den Nenndurchmesser.
- Der Bolzen wird nur dann geschnitten, wenn die Innenkontur von Bedeutung ist.

1.15 SCHRAUBEN UND MUTTERN

Entsprechend der vielfältigen Verwendung von Schraubenverbindungen in der Technik gibt es eine große Vielfalt an Schrauben, Muttern und Sicherungselementen.

1.15.1 SCHRAUBENARTEN

Schrauben werden darin unterschieden, aus welchem Werkstoff die zu verbindenden Bauteile bestehen. Neben Schrauben für metallische Werkstoffe gibt es zahlreiche gesonderte Schraubenformen für Werkstoffe aus Holz und Kunststoff oder für die Verschraubung in Blechen. Schrauben werden nach folgenden Kriterien unterschieden:

- der Kopfform
- der Form des Schraubenschaftes
- der Form des Gewindeendes

Bild 1 zeigt die Bezeichnungen einer Schraube am Beispiel der Sechskantschraube. Die überwiegende Unterteilung der Schrauben erfolgt nach der Kopfform **(Bild 2)**, weil dieser die Art des Montagewerkzeuges bestimmt.

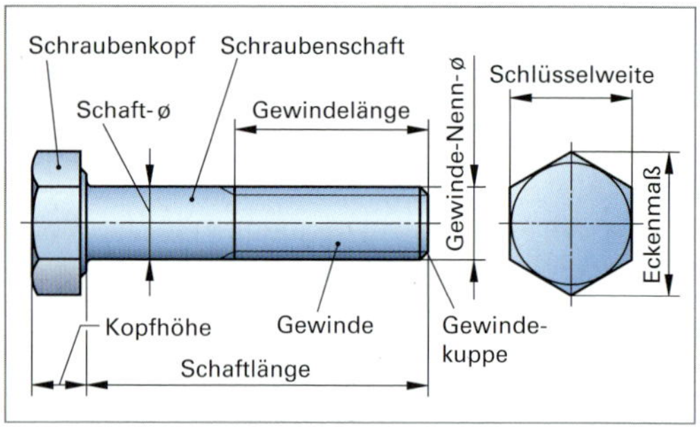

Bild 1: Bezeichnungen an einer Sechskantschraube

Einteilung nach der Kopfform

Sechskantschrauben werden mit einem Schraubenschlüssel mit definierter Schlüsselweite angezogen und bieten dem Anziehwerkzeug eine gute Führung. Sie benötigen einen entsprechenden Abstand zu den umgebenden Geometrien, um das Montagewerkzeug ansetzen zu können. Sechskantschrauben gibt es mit Regel- oder Feingewinde. Das Gewinde kann annähernd bis zum Kopf oder nur im unteren Bereich verlaufen.

Zylinderschrauben mit Innensechskant kommen zum Einsatz, wenn die Platzverhältnisse enger sind oder der Schraubenkopf nicht über die Werkstückoberfläche hinausragen darf. Es gibt die Ausführungsarten niedriger Kopf, hoher Kopf sowie mit und ohne Schlüsselführung.

> Die im Maschinenbau am häufigsten verwendeten Schrauben sind **Sechskantschrauben** und **Zylinderschrauben mit Innensechskant.**

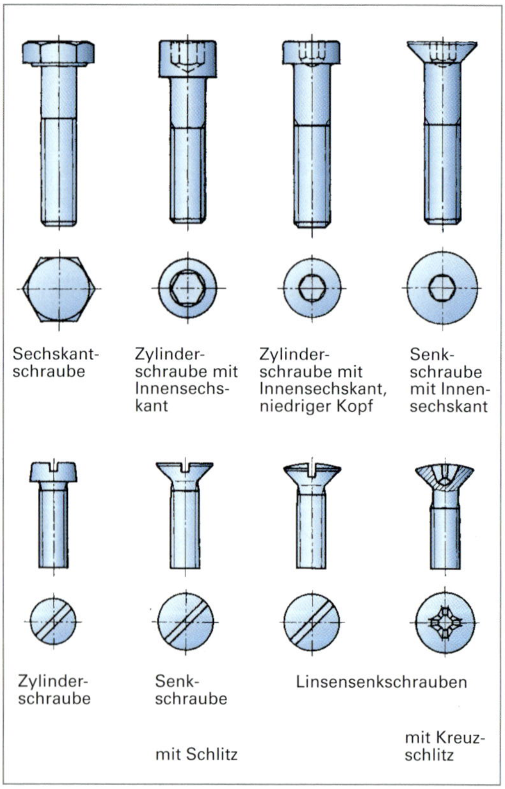

Bild 2: Kopfformen von Schrauben

Senkschrauben haben einen kegeligen Kopf und werden verwendet, wenn eine geringere Kopfhöhe als bei Zylinderschrauben mit Innensechskant erforderlich ist oder geringe Wanddicken vorliegen.

Schlitzschrauben werden mit einem Schraubendreher angezogen, daher gibt es sie nur in kleinen Nenndurchmessern. Die erreichbaren Klemmkräfte sind gering. **Schrauben mit Kreuzschlitz** lassen sich fester anziehen als Schlitzschrauben.

Einteilung nach der Schaftform

Stiftschrauben (Bild 1) werden verwendet, wenn ein häufigeres Lösen erforderlich ist und das Innengewinde im Bauteil geschont werden muss, weil es nicht ersetzbar ist. Beispiele sind Gehäuseteile von Motoren, Getrieben oder Turbinen. Das Einschraubende wird durch kräftiges Einschrauben im Gehäuseteil verspannt und verhindert ein Losdrehen der Stiftschraube beim Lösen und Anziehen der Mutter. Die Länge des Einschraubendes richtet sich nach dem Bauteilwerkstoff. In technischen Zeichnungen wird die Stiftschraube bis zum Gewindeauslauf in das Gehäuse eingezeichnet. So wird verdeutlicht, dass die Stiftschraube im Gehäuse verspannt wird.

Passschrauben (Bild 2) haben im Schaft einen Bereich, der passgenau auf die Durchgangsbohrung abgestimmt ist. Sie werden dann verwendet, wenn Querkräfte von der Schraube aufgenommen werden müssen oder wenn Bauteile exakt zueinander positioniert werden sollen. Passschraubenverbindungen sind teuer, weil die Bohrung gerieben werden muss und der Schraubenschaft geschliffen ist.

Bei **Dehnschrauben (Bild 3)** ist der mittlere Schaft lang und dünn. Wird die Schraube angezogen, dehnt sich dieser lange und dünne Bereich elastisch. Dehnschrauben brauchen daher keine zusätzliche Schraubensicherung. Sie müssen mit hoher Vorspannkraft angezogen werden, wenn sie ihre Funktion erfüllen sollen.

Gewindestifte (Bild 4) werden mit verschiedenen Enden (teils gehärtet) ausgeführt und sichern hauptsächlich die Lage von Bauteilen wie Radkränze, Lagerhülsen auf Wellen oder Achsen.

Blechschrauben (Bild 5) sind gehärtet und haben ein scharfkantiges Gewinde mit großer Steigung. Sie verbinden Bleche bis 2,5 mm Blechdicke und formen das Innengewinde beim Einschrauben.

Fließbohrschrauben (Bild 6) werden bei dünnen Blechen verwendet und benötigen zum Eindrehen hohe Drehzahlen. Durch den Druck auf die Schraube entsteht Reibungswärme, der Blechwerkstoff beginnt zu fließen. In das so entstehende Grundloch furcht die Schraube das Muttergewinde in die Bleche. Beim Abkühlen zieht sich das Innengewinde der Bleche auf der Schraube zusammen, eine Sicherung ist nicht erforderlich.

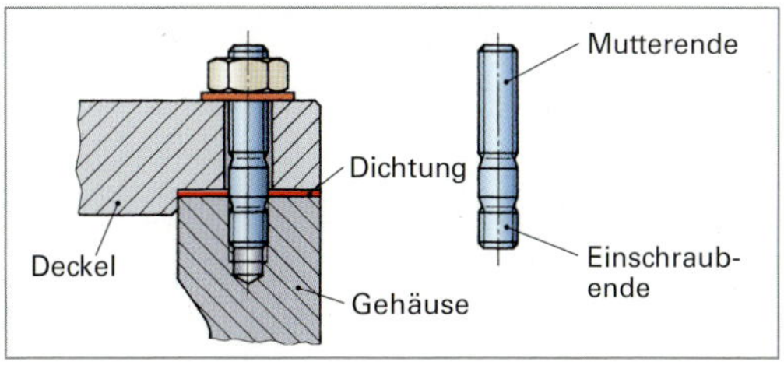

Bild 1: Stiftschraube

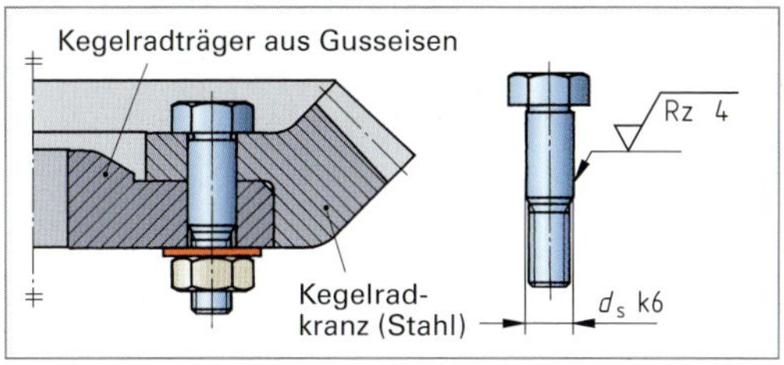

Bild 2: Passschraube

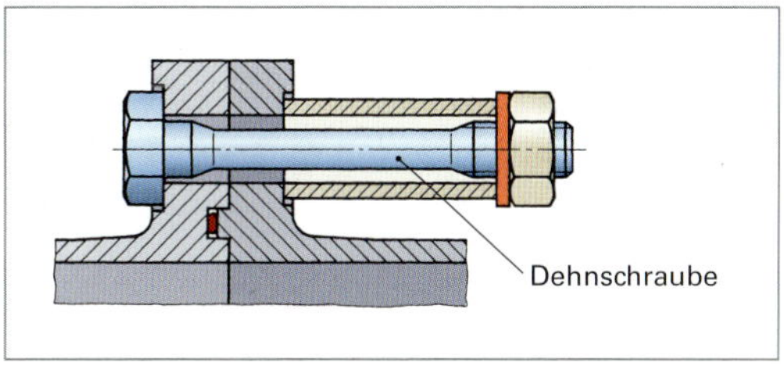

Bild 3: Dehnschraube

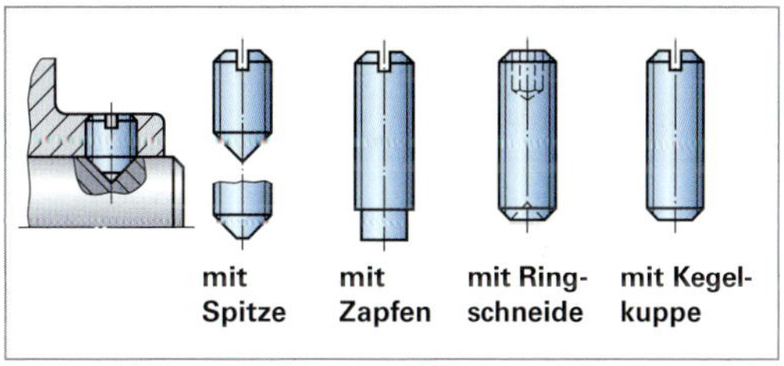

Bild 4: Gewindestifte

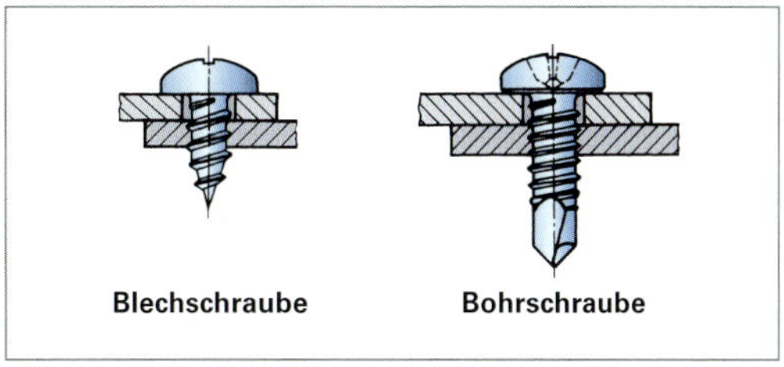

Bild 5: Blechschraube und Bohrschraube

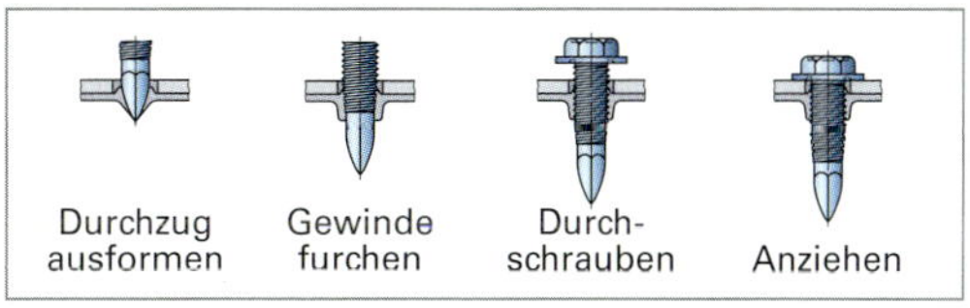

Bild 6: Fließbohrschraube

Holzschrauben werden zum Einschrauben in Holzwerkstoffe verwendet. Bei Holzverbindungen muss meist vorgebohrt werden. Der Durchmesser der Vorbohrung richtet sich nach den jeweiligen Schrauben und ist stets kleiner als der Nenndurchmesser. Holzschrauben gibt es bis zu 20 mm Nenndurchmesser, üblich sind jedoch Abmessungen zwischen 1,6 mm und 6 mm. **Bild 1** zeigt eine Auswahl von Holzschrauben. Holzschrauben bestehen aus anderen Werkstoffen als die Schrauben für den Maschinenbau. Für den Außenbereich sind sie häufig aus rostfreiem Stahl und für den Innenbereich aus Messing.

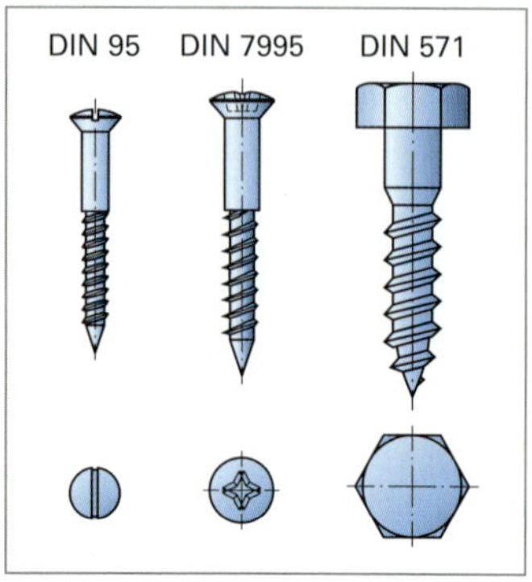

Bild 1: Holzschrauben

1.15.2 | MUTTERNARTEN

Muttern werden nach ihrem Verwendungszweck unterteilt (**Tabelle 1**).

Tabelle 1: Muttern

Form	Bezeichnung/Verwendung	Form	Bezeichnung/Verwendung
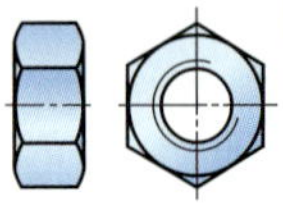	**Sechskantmutter** In Verbindung mit Sechskantschrauben, Schlitzschrauben und Stiftschrauben.	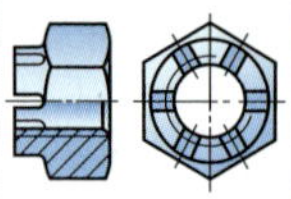	**Kronenmutter** Wenn die Schraubenverbindung mit Splinten gesichert werden soll.
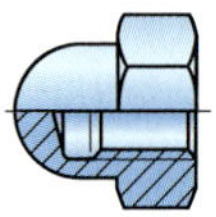	**Hutmutter** Verhindert Beschädigungen und Korrosion des Gewindeendes; schützt vor Verletzungen durch scharfe Schraubenenden.	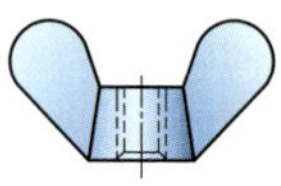	**Flügelmutter** Wenn die Schraubenverbindung oft gelöst werden muss, z. B. bei Vorrichtungen.
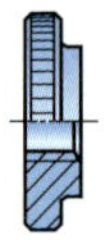	**Rändelmutter** Wenn die Schraubenverbindung oft von Hand gelöst werden muss, z. B. bei Vorrichtungen.	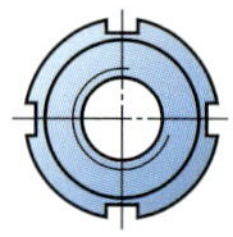	**Nutmutter** Zum Ein- und Nachstellen des axialen Spiels und zum Befestigen von Wälzlagern auf Wellen.
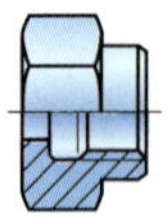	**Überwurfmutter** Für Rohrverschraubungen.	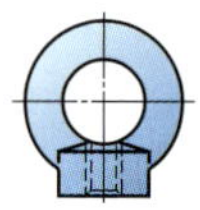	**Ringmutter** Als Ösen zum Transport von Maschinen.

Sechskantmuttern werden in Durchsteckschraubenverbindungen verwendet, meist in Kombination mit einer Sechskantschraube. Zur besseren Einfädelung der Schraube ist die Mutter an beiden Enden bis zum Kerndurchmesser angefast.

Gewindeeinsätze

Gewindeeinsätze werden bei Werkstoffen mit geringer Scherfestigkeit (Holz, Kunststoff, Leichtmetalle) verwendet.

Gewindeeinsätze aus profiliertem Draht werden für metallische Grundwerkstoffe verwendet. So lassen sich hochbelastbare Gewinde herstellen, Gewinde können so auch repariert werden.

Selbstschneidende Gewindeeinsätze haben Außengewinde und schneiden oder drücken sich selbstständig in ihr Aufnahmegewinde. Sie eignen sich z. B. für Kunststoffe und Holz.

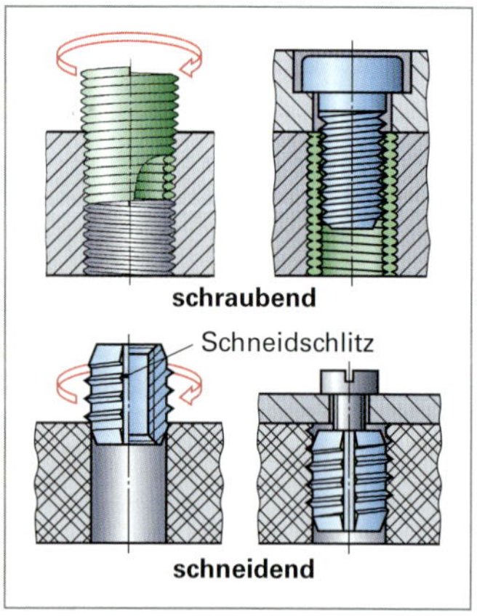

Bild 2: Gewindeeinsätze

1.15.3 | WERKSTOFFE FÜR SCHRAUBEN UND MUTTERN

Für die Güte von Schrauben und Muttern sind die Ausführung und der Werkstoff maßgebend. Die **Produktklassen** A, B und C beschreiben z. B. Oberflächengüten, zulässige Toleranzen und Formabweichungen, sie stehen damit für die Ausführungsgüte.

Als Werkstoffe für Schrauben werden Stähle mittlerer bis hoher Festigkeit verwendet. Bei unlegierten und legierten Stähle wird die **Festigkeitsklasse** durch zwei Kennzahlen verschlüsselt auf dem Schraubenkopf angegeben, z. B. 10.9 (zehn Punkt neun). Hieraus lassen sich die Zugfestigkeit und die Streckgrenze des Schraubenwerkstoffs bestimmen (**Tabelle 1**).

Die erste Zahl ist die Kennzahl für die Zugfestigkeit R_m. Der Multiplikator ist 100.

Die zweite Zahl ist eine Kennzahl für die Streckgrenze R_e. Sie berechnet sich aus dem Produkt der beiden Kennzahlen multipliziert mit dem Faktor 10.

Schrauben aus **nichtrostenden Stählen** werden mit der Festigkeitsklasse **A2** bezeichnet. **Nichtrostende und säurebeständige Schrauben** haben die Festigkeitsklasse **A4**. Hinzu kommt eine zweistellige Zahl, aus der sich die Zugfestigkeit durch Multiplikation mit dem Faktor 10 berechnet **(Tabelle 1)**.

Bei **Muttern** aus unlegierten und legierten Stählen wird die Festigkeitsklasse durch eine Zahl auf der Mutter angegeben **(Bild 1)**, z. B. 10. Hieraus kann die Mindestzugfestigkeit berechnet werden, indem die Zahl mit dem Faktor 100 multipliziert wird. Bei Muttern wird keine Streckgrenze angegeben.

Bei nichtrostenden Stählen erhält die Mutter die gleiche Kennzeichnung wie die Schraube.

Schrauben und Muttern werden so kombiniert, dass die Festigkeitsklasse der Mutter mindestens der der Schraube entspricht, um Beschädigungen zu vermeiden **(Tabelle 2)**.

Beispiele für die Ermittlung der Festigkeitswerte bei Schrauben und Muttern

- Sechskantschraube ISO 4017 – M10 x 50 – 10.9
  - $R_m = 10 \times 100\ N/mm^2 \quad R_m = 1000\ N/mm^2$
  - $R_e = 10 \times 9 \times 10\ N/mm^2 \quad R_e = 900\ N/mm^2$
- Sechskantschraube ISO 4017 – M10 x 50 – A2-70
  - $R_m = 70 \times 10\ N/mm^2 \quad R_m = 700\ N/mm^2$
- Sechskantmutter ISO 4032 – M10 – 8
  - $R_m = 8 \times 100\ N/mm^2 \quad R_m = 800\ N/mm^2$
- Sechskantmutter ISO 4032 – M12 – A2-50
  - $R_m = 50 \times 10\ N/mm^2 \quad R_m = 500\ N/mm^2$

Tabelle 1: Zuordnung der Festigkeitsklassen von Schrauben zum Werkstoff der Fügeteile

Festigkeitsklasse	Schrauben		Verbindung
	Zugfestigkeit R_m	Streckgrenze R_e bzw. Dehngrenze $R_{p0,2}$	Werkstoff der Fügeteile
	in N/mm²		
6.8	600	480	unlegierte und legierte Stähle $R_e < 350\ N/mm^2$
8.8	800	640	
10.9	1000	900	legierte Stähle $R_e > 350\ N/mm^2$
12.9	1200	1080	hochfeste Vergütungstähle
A2-50	500	210	nichtrostende Stähle
A2-70	700	450	
A4-50	500	210	nichtrostende und säurebeständige Stähle

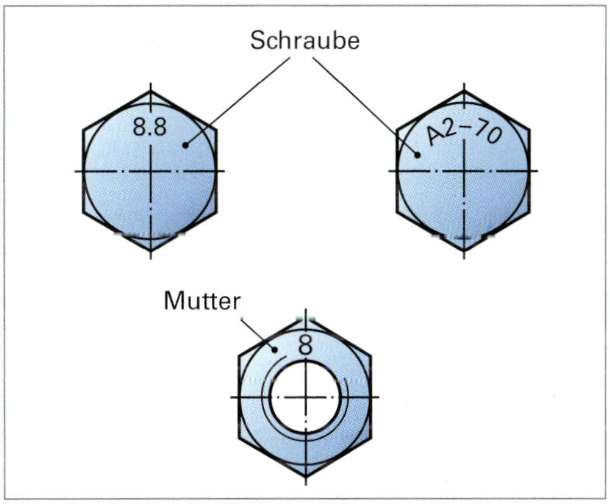

Bild 1: Kennzeichnung der Festigkeitsklassen bei Schrauben und Muttern

Tabelle 2: Festigkeitsklassen von Muttern

Festigkeitsklassen	
Mutter	Zugehörige Schraube
6	6.8
8	8.8
10	10.9
12	12.9
A2-50	A2-50
A2-70	A2-70
A4-50	A4-50

Schrauben und Muttern werden nach ihrer Nenngröße ausgewählt. Die Art richtet sich u. a. nach den Platzverhältnissen. Für das Anziehwerkzeug (Schraubenschlüssel, Schraubendreher, Hakenschlüssel usw.) muss ausreichend Platz vorhanden sein. Bei sich drehenden Maschinenteilen sollen keine Schraubenköpfe oder Muttern vorstehen, um Unfälle zu vermeiden. Die Schraubenköpfe werden versenkt. Um Werkzeugmaschinen leichter säubern zu können, werden die Schrauben auch hier als Senkschrauben ausgeführt. Die Maße für den erforderlichen Platzbedarf einer Schraubenverbindung in Abhängigkeit des entsprechenden Anziehwerkzeugs wie Ringschlüssel, Steckschlüssel usw. finden sich in der Fachliteratur.

1.15.4 | NORMBEZEICHNUNGEN FÜR SCHRAUBEN UND MUTTERN

Normteile, wie Schrauben und Muttern, werden immer nach dem gleichen Schema **(Bild 1)** bezeichnet.

Die Normbezeichnung enthält die international gültige ISO-Norm, wenn das Normteil aus einer DIN EN ISO stammt. Es wird die EN-Norm angegeben, wenn das Bauteil aus einer DIN EN stammt. Kommt ein Bauteil aus einer DIN-Norm, wird DIN in der Normbezeichnung angegeben.

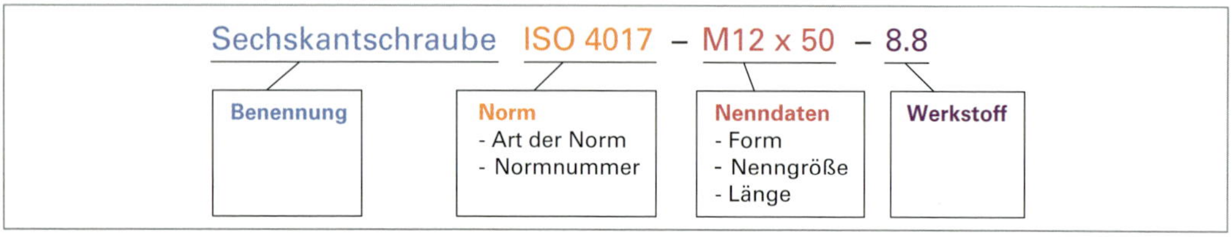

Bild 1: Bezeichnung von Normteilen

Beispiele für die Normbezeichnung sind:

- Sechskantmutter ISO 4032 – M8 – 10
  Sechskantmutter nach ISO 4032, metrisches Gewinde, Nenndurchmesser 8 mm, Mindestzugfestigkeit R_m = 1000 N/mm²
- Zylinderschraube ISO 4762 – M10 x 40 – A2-70
  Zylinderschraube mit Innensechskant nach ISO 4762, metrisches Gewinde, Nenndurchmesser 10 mm, 40 mm langer Schraubenschaft, nichtrostender Stahl mit R_m = 700 N/mm²
- Sechskantschraube ISO 8676 – M20 x 1,5 x 50 – 10.9
  Sechskantschraube nach ISO 8676, metrisches Feingewinde mit P = 1,5 mm, Nenndurchmesser 20 mm, 50 mm langer Schraubenschaft, Mindestzugfestigkeit von R_m = 1000 N/mm² und einer Streckgrenze von R_e = 900 N/mm²
- Verschlussschraube DIN 908 – M20 x 1,5 – Cu1
  Verschlussschraube mit Bund und Außensechskant nach DIN 908, metrisches Feingewinde mit P = 1,5 mm, Nenndurchmesser 20 mm, Kupferlegierung
- Gewindestift ISO 4026 – M6 x 20 – A5-45H
  Gewindestift mit Innensechskant und Kegelkuppe nach ISO 4026, metrisches Gewinde, Nenndurchmesser 6 mm, nichtrostender Stahl, Festigkeitsklasse 45H
- Scheibe ISO 7090 – 16 – 200 HV
  Unterlegscheibe mit Fase nach ISO 7090 für Schrauben M16, Härteklasse 200 HV.

In jeder entsprechenden Norm ist für das jeweilige Normteil eine beispielhafte Bezeichnung mit Erklärungen angegeben. Diese Beispiele sind zusammen mit den Erklärungen auch im Tabellenbuch zu finden.

1.15.5 | UNTERLEGTEILE UND SICHERUNGEN FÜR SCHRAUBENVERBINDUNGEN

Bei einer Schraubenverbindung werden oftmals weitere Elemente wie z. B. Unterlegscheiben mit verspannt. Es gibt eine Vielzahl von Scheiben und Schraubensicherungen, die Wirksamkeit der Schraubensicherungen ist nicht immer eindeutig. Hier werden nur einige Beispiele betrachtet. Genaueres findet sich im Kapitel 9.

Scheiben

Scheiben werden dann verwendet, wenn die rechnerische Auslegung der Schraubenverbindung ergeben hat, dass die Festigkeit des Bauteilwerkstoffs für die Belastung nicht ausreichend ist.

Ohne Unterlegscheibe würde sich die Schraubenverbindung lockern, da der Bauteilwerkstoff infolge der Belastung unter dem Schraubenkopf „wegfließen" würde **(Bild 1a)**.

Ein weiterer Anwendungsfall ist der Ausgleich von Schrägen zur Schaffung einer geraden Auflagefläche, wie z. B. bei den Formschrägen der Profile **(Bild 1b)**. Eine Unterlegscheibe stellt keine Schraubensicherung dar, sie verbessert lediglich die Auflagefläche unter dem Schraubenkopf bzw. unter der Mutter. Die Scheiben sind Normteile und werden daher in der Zeichnung nicht geschnitten.

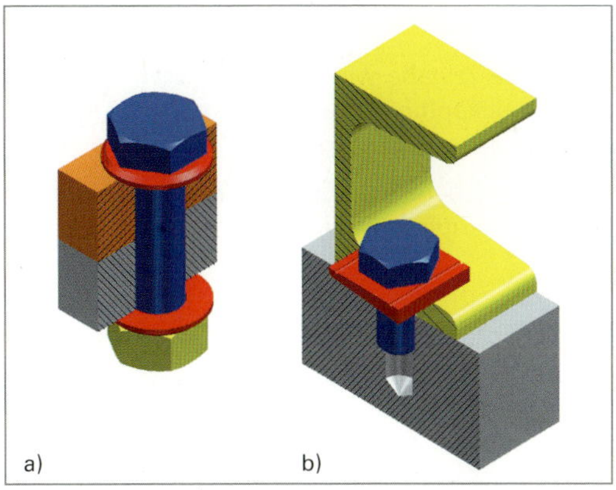

Bild 1: Schraubenverbindungen mit Scheiben

Federringe, Federscheiben

Federringe und Federscheiben gelten als unwirksame Schraubensicherung und sollen daher bei Neukonstruktionen nicht verwendet werden.

Splinte

Splinte werden als Sicherungselement gegen den Verlust der Schraubenverbindung verwendet, falls sich diese lockert. Die Schraube wird mit einer Bohrung für die Aufnahme des Splints versehen. Bei Verwendung einer normalen Mutter sichert der Splint lediglich axial **(Bild 2a)**. Bei Verwendung einer Kronenmutter **(Bild 2b)** wird die Verbindung gegen Verdrehen der Mutter gesichert. Sie hat mehrere Nuten am Ende, in die der Splint passend gelegt werden kann. Der Splint selbst muss am Ende „gebogen" werden, damit er gegen Verlieren gesichert ist.

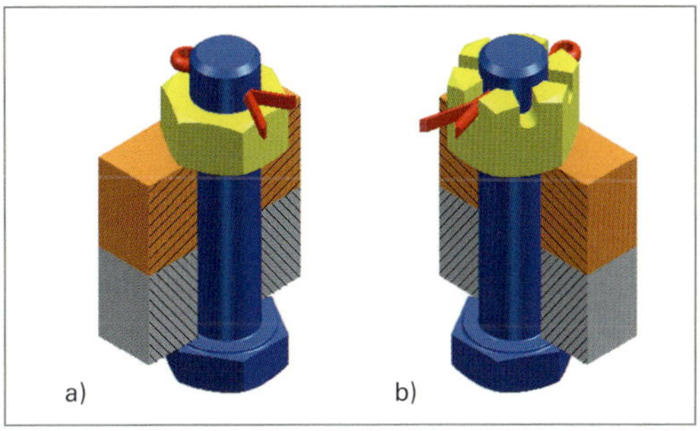

Bild 2: Schraubensicherungen mit Splint

1.15.6 | SENKUNGEN

Um Schraubenköpfe und die Unterlegteile im Bauteil zu versenken, werden Senkungen gefertigt. Entsprechend der Formen der Schraubenköpfe gibt es verschiedene Senkungen. Sie sind genormt, die Maße hängen von den jeweils verwendeten Schrauben ab. Man unterscheidet **zylindrische** und **kegelige Senkungen**.

Zylindrische Senkungen nach DIN 974

Zylindrische Senkungen nach DIN 974 gelten für Sechskantschrauben und Zylinderschrauben.

Die Senkung wird durch Angabe des Senkdurchmessers und der Senktiefe bemaßt. Alle Durchmessermaße erhalten stets die Toleranz H13. Die Maße für eine Senkung sollten in einer Ansicht stehen. Die Senktiefe ergibt sich aus der Addition der maximalen Schraubenkopfhöhe und eventueller Unterlegteile zuzüglich einer Zugabe. Die Zugabe richtet sich nach dem Nenndurchmesser der Schraube **(Tabelle 1)**.

Tabelle 1: Zugabe bei zylindrischen Senkungen

NennØ *d* in mm	Zugabe in mm
$1 < d \leq 1{,}4$	0,2
$1{,}4 < d \leq 6$	0,4
$6 < d \leq 20$	0,6
$20 < d \leq 27$	0,8
$27 < d \leq 100$	1,0

Die Norm sagt aus, dass das Ergebnis sinnvoll zu runden ist. Hier werden die rechnerischen Werte mit einer Nachkommastelle angegeben, da das aufgerundete Maß je nach betrieblicher Praxis individuell ausfallen kann.

Durch die Zugabe wird gewährleistet, dass auch bei Kleinstmaß der Bohrtiefe und Größtmaß der Schraubenkopfhöhe sowie maximaler Höhe der Unterlegteile die Schraubenköpfe nicht über die Bauteiloberfläche hinausragen.

Bemaßungsbeispiele für zylindrische Senkungen zeigt **Bild 1**. Zum Verständnis sind die Maße der Schraubenköpfe bzw. Unterlegteile sowie die verwendeten Normen in **Bild 1** oben mit angegeben.

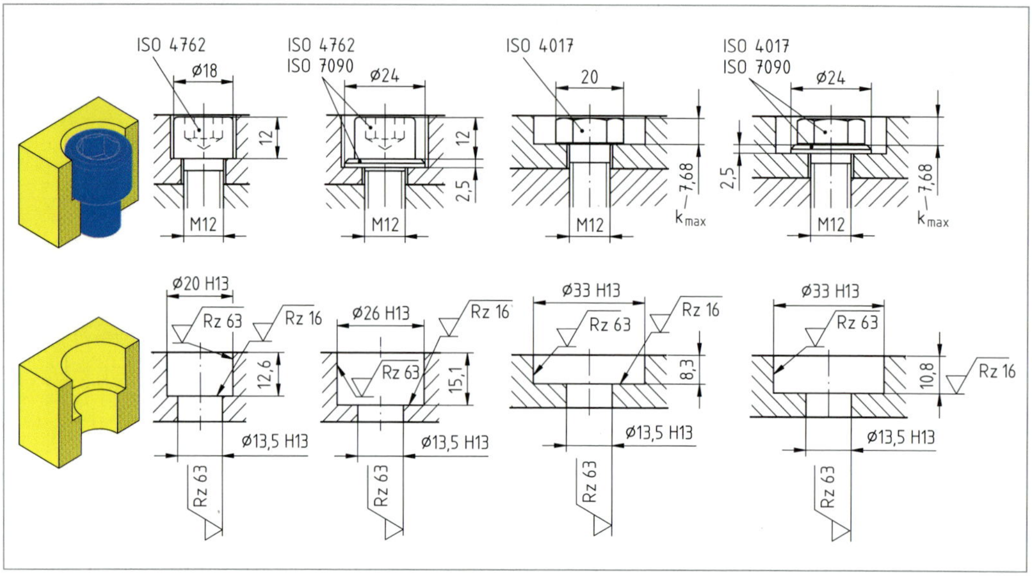

Bild 1: Zylindrische Senkungen

Die **Schraubenauflageflächen** werden **geschlichtet**. Die **Mantelflächen der Bohrungen** werden **geschruppt**. Bedingt durch die Vorspannkraft setzt sich die Schraubenverbindung. Ist die Oberfläche der Schraubenauflage rau, tritt ein übermäßiges Setzen der Schraubenverbindung ein, weil sich relativ „viel" Material an dem Glättungsprozess beteiligt und „wegfließt". Die Schraubenverbindung kann sich dadurch lockern. Geschlichtete Schraubenauflageflächen vermeiden diesen Lockerungsprozess.

Senkungen für Senkschrauben nach DIN EN ISO 15065

Senkungen für Senkschrauben haben eine kegelige Form. Die Senkung nach DIN EN ISO 15065 für Senkschrauben mit der Kopfform nach ISO 7721 wird am meisten im Maschinenbau verwendet. Sie wurde so ausgelegt, dass bei größtem Kopfdurchmesser und kleinstem Senkdurchmesser der Senkkopf mit der Werkstückoberfläche abschließt.

Kegelige Senkungen können auf zwei Arten bemaßt werden:

- durch Angabe der Durchgangsbohrung, des Winkels und dem Außendurchmesser
- durch Angabe der Durchgangsbohrung, des Winkels und der Senktiefe

Die Durchgangsbohrung hat die Toleranz H13.

Alle Maße für die Senkung sollten in einer Ansicht stehen.

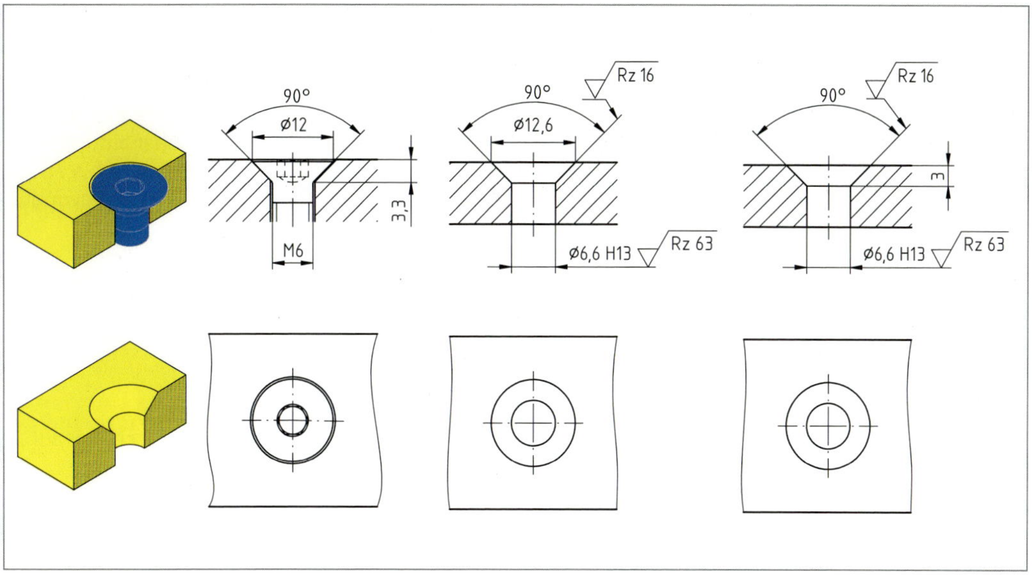

Bild 1: Senkungen für Senkschrauben

Bild 1 zeigt eine Schraubenverbindung und die zugehörigen Senkungen mit Bemaßung in den zwei möglichen Varianten.

AUFGABEN | WIEDERHOLUNG UND VERTIEFUNG

1. Erläutern Sie die Steigung *P* eines Gewindes, den Steigungswinkel α sowie die Gangzahl eines Gewindes.
2. Erklären Sie den Begriff Bewegungsgewinde, nennen Sie die Gewindearten, die sich dafür eignen.
3. Erläutern Sie die Gewindebezeichnung M24 x 1,5 – LH.
4. Erklären Sie die Selbsthemmung im Zusammenhang mit einem Gewinde. Von welchen Größen wird diese Eigenschaft beeinflusst?
5. Beschreiben Sie den Unterschied zwischen einem metrischen Regelgewinde und einem metrischen Feingewinde.
6. Worin besteht der Vorteil eines mehrgängigen Gewindes?
7. Nach welchen Kriterien werden Schrauben unterschieden?
8. Wofür wird ein Gewindefreistich verwendet?
9. Nach welchem Kriterium wird die Größe des Gewindefreistichs bestimmt?
10. Erläutern Sie die Unterteilung von Muttern.
11. Erklären und beschreiben Sie die Kennzeichnung der Festigkeitsklassen der Schrauben.
12. Aus welchem Grund darf die Zugspannung σ_z in einer Schraube nicht größer sein als die Streckgrenze R_e?
13. Welche Mindestzugfestigkeit muss eine Mutter besitzen, die zusammen mit einer Schraube der Festigkeitsklasse 10.9 verwendet wird?
14. Beschreiben Sie, wie die erforderliche Senktiefe einer Zylinderschraube bestimmt wird.

1.15.7 I ZEICHNERISCHE DARSTELLUNG VON SCHRAUBENVERBINDUNGEN

Verbindungen aus Schrauben, Muttern und Zubehörteilen werden nach den gleichen Regeln dargestellt wie Gewinde im Zusammenbau **(Bild 1)**.

Der Schraubenbolzen hat Vorrang vor dem Innengewinde. Schrauben werden in Achsrichtung nicht geschnitten. Gedanklich liegen sie voll vor dem geschnittenem Bauteil. Die Schraffur geht bis an die breite Volllinie der Schraube und bis an die breite Volllinie des Kerndurchmessers des Innengewindes.

Der letzte volle Gewindegang der Schrauben wird als breite Volllinie dargestellt.

Die Umlaufkante der Durchgangsbohrung von Schrauben ist bis zur Schraube sichtbar.

Bild 1 zeigt verschiedene Schraubenverbindungen im Schnitt:

- eine Sechskantschraube als Durchsteckschraube mit Mutter **(Bild 1a)**
- eine Sechskantschraube eingeschraubt in das Innengewinde des Bauteils **(Bild 1b)**
- eine Zylinderschraube mit Innensechskant eingeschraubt in das untere Bauteil **(Bild 1c)**
- eine Stiftschraube, eingeschraubt in das Innengewinde des unteren Bauteils, Unterlegscheibe auf dem oberen Bauteil und verspannt mit einer Sechskantmutter **(Bild 1d)**

Eine Besonderheit bei der Darstellung stellen die Stiftschraubenverbindungen dar. Hier zählt der Gewindeauslauf zu der Nennlänge des Einschraubendes und wird zeichnerisch als schmale Volllinie dargestellt (Einzelheit Z in **Bild 1**). Das Einschraubende wird im Innengewinde des Bauteils so verspannt, dass sich die Stiftschraube beim Lösen der Mutter nicht mit herausdreht und so das Innengewinde bei der Demontage geschützt wird.

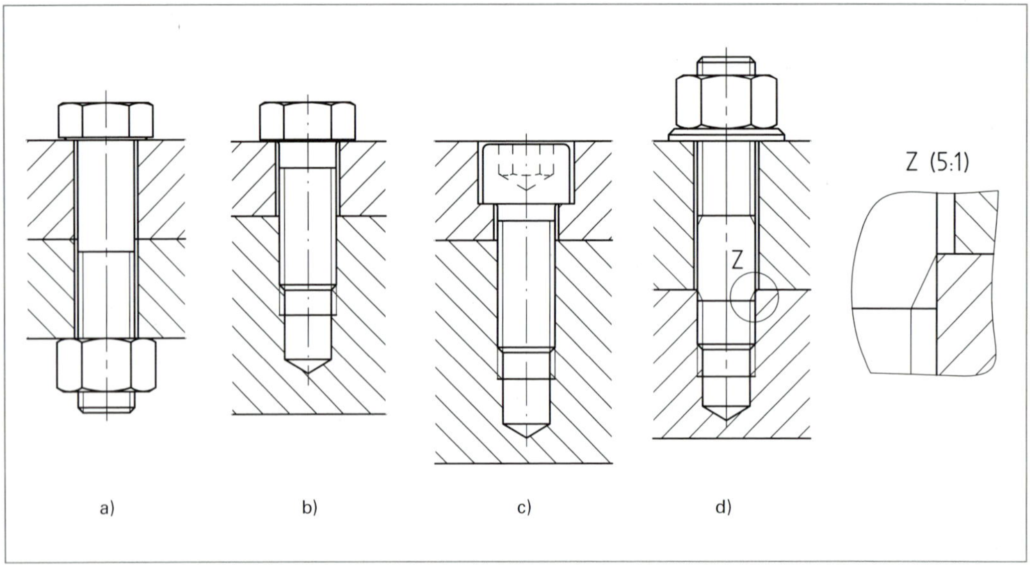

Bild 1: Zeichnerische Darstellung von Schraubenverbindungen

Die verdeckten Kanten der Zylinderschraube mit Innensechskant müssen nicht gezeichnet werden. In **Bild 1c** sind sie gezeichnet, um zu verdeutlichen, welche Schraubenart dargestellt ist.

Schlitzschrauben werden in Längsrichtung in allen Ansichten mit Schlitz dargestellt. In der Draufsicht wird der Schlitz unter 45° gezeichnet **(Bild 2)**.

Bei Ableitungen von 3D-Modellen ist dies nicht ohne Weiteres möglich.

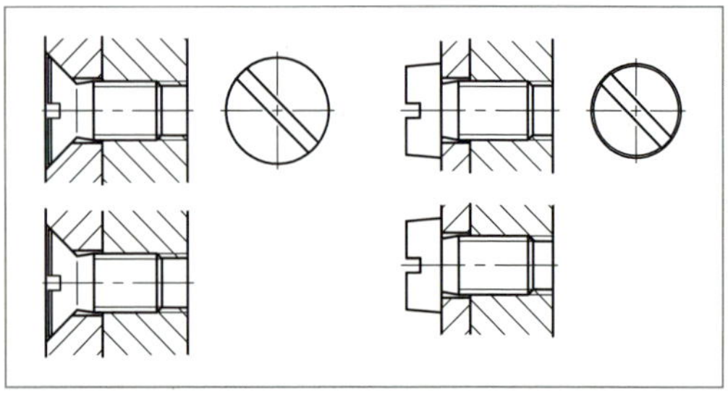

Bild 2: Schlitzschrauben in drei Ansichten

Berechnung der Schraubenlängen und der Bohrungstiefen für Innengewinde

Schraubenüberstand bei Durchsteckverbindungen

Schrauben sind bei einer Durchsteckschraubenverbindung so lang, dass sie aus der Mutter herausragen. Das Maß für den Überstand u ist das doppelte Maß der Steigung P **(Bild 1)**.

Für den Schraubenüberstand gilt: $u \approx 2 \cdot P$

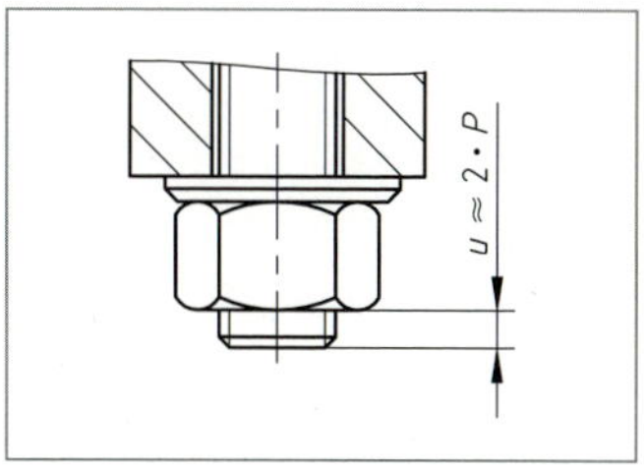

Bild 1: Schraubenüberstand

Schraubenlänge bei Durchsteckverbindungen

Die erforderliche Schraubenlänge bei Durchsteckschraubenverbindungen berechnet sich durch Addition der Bauteildicken t_i, der Mutterhöhe m, den Materialstärken evtl. vorhandener Unterlegteile s_i und des Schraubenüberstands u. Die nächstmögliche Schraubenlänge wird dann ausgewählt **(Bild 2)**.

Für die Schraubenlänge gilt: $L_S = t_1 + t_2 + s_1 + s_2 + m + u$

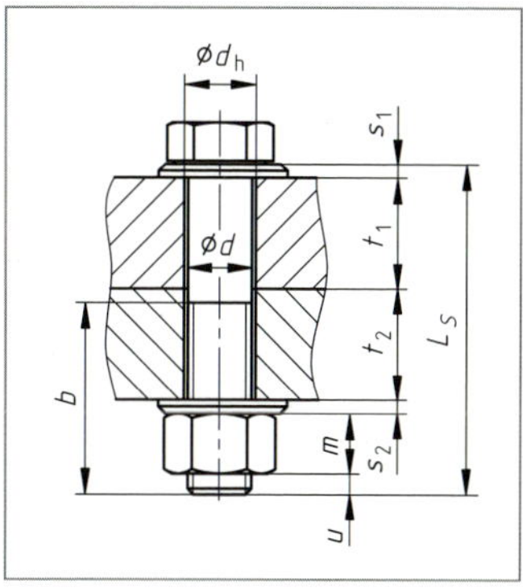

Bild 2: Längen an einer Durchsteckschraubverbindung

BEISPIEL 1.2 | **Bestimmung der Schraubenlänge für eine Durchsteckschraubenverbindung**

Zwei Bauteile mit 30 mm und 45 mm Dicke sollen mit einer Schraube ISO 4014 – M10 x L – 8.8 und einer Mutter nach ISO 4032 verschraubt werden. Gesucht ist die erforderliche Schraubenlänge L und das Maß $Ød_h$ der Durchgangsbohrung (Reihe mittel).

Lösung

Bauteil 1: t_1 = 30 mm   Bauteil 2: t_2 = 45 mm

Zuerst werden Daten mithilfe des Tabellenbuches ermittelt:
Mutter ISO 4032 – M10 – 8: Mutternhöhe m = 8,4 mm
Schraube ISO 4014 – M10 x L – 8.8: Steigung P = 1,5 mm

Schraube M10: Durchgangsbohrung **$Ød_h$ = Ø11 H13** mm nach DIN EN 20273, Reihe mittel
Berechnung der Schraubenlänge:
$L_S = t_1 + t_2 + m + u = 30\text{ mm} + 45\text{ mm} + 8{,}4\text{ mm} + 2 \cdot 1{,}5\text{ mm}$
$\mathbf{L_S = 86{,}4\text{ mm}}$

Die nächstmögliche Schraubenlänge beträgt nach ISO 4014: L_{Schr} = 90 mm
Gewählt wird eine **Sechskantschraube ISO 4014 – M10 x 90 – 8.8**

Schraubenlänge bei Einschraubverbindungen

Die Bestimmung der Schraubenlänge hängt von der Materialstärke der Bauteile mit Durchgangsbohrung sowie von der **erforderlichen Einschraubtiefe** L_e der Schraube ab. Sie richtet sich nach dem Werkstoff der Bauteile sowie nach der Festigkeitsklasse der Schraube (s. Tabellenbuch). Sie beträgt z. B. bei Bauteilen aus Stahl mit einer Mindestzugfestigkeit von R_m = 600 N/mm² und einer Schraube mit der Festigkeitsklasse 8.8: $L_e = 1{,}2 \cdot d$

d steht für den Nenndurchmesser der Schraube. Mit der erforderlichen Einschraubtiefe L_e und der Bauteilstärke t_B wird die rechnerische Schraubenlänge L_S bestimmt. Die nächstmögliche Schraubenlänge L_{Schr} wird ausgewählt.

Für die rechnerische Schraubenlänge L_S gilt: $L_S = L_e + t_B$

Die nächstmögliche Schraubenlänge L_{Schr} wird nach der Norm ausgewählt. Damit kann die **vorhandene Einschraubtiefe L_{e2}** der Schraube bestimmt werden:

$$L_{e2} = L_{Schr} - t_B$$

Die Tiefe des Gewindes L_G in dem Bauteil mit Innengewinde ergibt sich durch Addition der wirklichen Einschraubtiefe der Schraube L_{e2} und des Gewindeüberstandes X.

Für die **Gewindetiefe L_G** gilt:

$$L_G = L_{e2} + X$$ (ganzzahlig aufrunden)

Für den Gewindeüberstand X gilt das 3-Fache der Gewindesteigung P als ausreichend.

Für den **Gewindeüberstand X** gilt:

$$X = 3 \cdot P$$

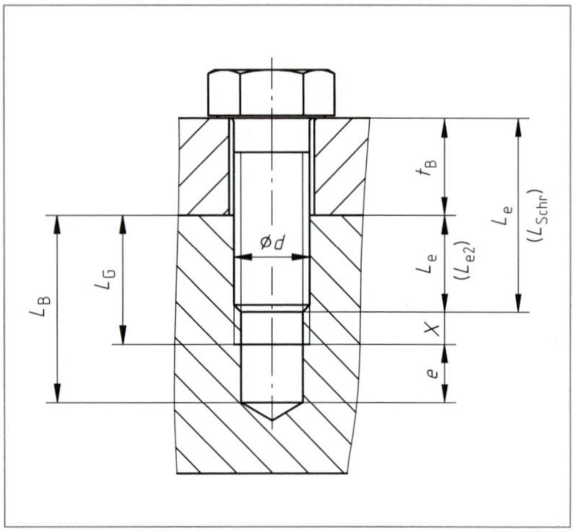

Bild 1: Einschraubtiefe und Bohrungslängen bei einer Einschraubverbindung

Die Länge des Gewindes L_G wird auf einen ganzzahligen Wert aufgerundet.

Die Bohrungstiefe für das Gewindekernloch des Innengewindes L_B ergibt sich aus der Addition der zuvor berechneten und evtl. aufgerundeten Gewindetiefe L_G und des Grundlochüberhanges e nach DIN 76.

In der Zeichnung sollte möglichst ein ganzzahliger Wert für L_B angegeben werden.

Für die **Bohrungstiefe L_B** gilt:

$$L_B = L_G + e$$ (ganzzahlig aufrunden)

BEISPIEL 1.3 | Berechnung der Schraubenlänge für eine Einschraubverbindung

Schraubenverbindung nach ISO 4017 – M12 × L – 10.9, Bauteile aus E360, obere Bauteildicke $t = 25$ mm. Die Schraubenverbindung wird als Einschraubverbindung ausgeführt.
Gesucht sind die Schraubenlänge, die Gewindetiefe und die Bohrungstiefe für das Kernloch.

Lösung

Werkstoffdaten: Plattenwerkstoff E360, $R_m = 670 \ldots 830$ N/mm²

Gewindesteigung M12: $P = 1{,}75$ mm, Grundlochüberhang $e = 8{,}3$ mm (Regelausführung)

$L_e = 1{,}2 \cdot d$ (Festigkeitsklasse 10.9, $R_m > 600 \ldots 800$ N/mm²)

$L_e = 1{,}2 \cdot 12$ mm **L_e = 14,4 mm**

$L_S = L_e + t_B = 14{,}4$ mm + 25 mm **L_S = 39,4 mm**

Hieraus ergibt sich die nächstmögliche Schraubenlänge: **L_{Schr} = 40 mm**

$L_{e2} = L_{Schr} - t_B = 40\ \text{mm} - 25\ \text{mm}$ $\quad \boldsymbol{L_{e2} = 15\ \text{mm}}$

$L_G = L_{e2} + X = L_{e2} + 3 \cdot P = 15\ \text{mm} + 3 \cdot 1{,}75\ \text{mm}$ $\quad \boldsymbol{L_G = 20{,}25\ \text{mm}}$

Gewählt wird eine Gewindetiefe von $\boldsymbol{L_G = 21\ \text{mm}}$

$L_B = L_G + e = 21\ \text{mm} + 8{,}3\ \text{mm}$ $\quad \boldsymbol{L_B = 29{,}3\ \text{mm}}$

Gewählt wird eine Bohrungslänge von $\boldsymbol{L_B = 30\ \text{mm}}$

Bei einer Verschraubung mit einer Zylinderschraube ist die Berechnung der Einschraubtiefe nahezu identisch zur Berechnung der Schraubenlänge bei einer Einschraubverbindung mit einer Sechskantschraube. Durch das Versenken des Schraubenkopfes ändert sich die Ermittlung der Schraubenlänge um den Betrag der Senktiefe t.

Die erforderliche Einschraubtiefe L_e hängt vom Werkstoff der Bauteile und der Festigkeitsklasse der Schraube ab (siehe Tabellenbuch).

Die Schraubenlänge L_S berechnet sich durch Addition der Materialstärke des oberen Bauteils t_B und der erforderlichen Einschraubtiefe L_e abzüglich der Senktiefe t.

Für die **rechnerische Schraubenlänge L_S** gilt:

$$L_S = t_B - t + L_e$$

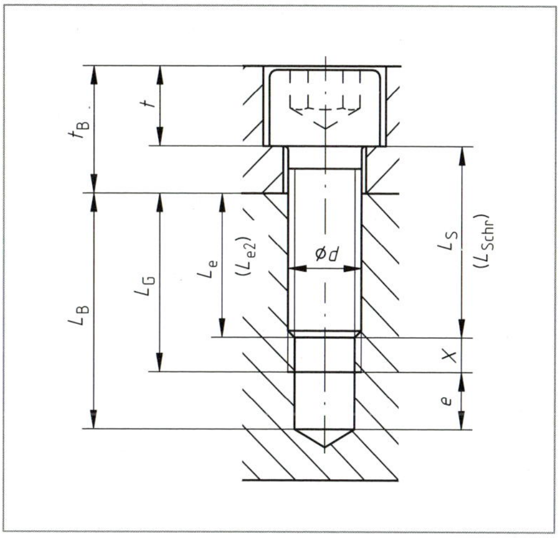

Bild 1: Einschraubtiefe und Bohrungslängen bei einer Verschraubung mit einer Zylinderschraube

Die nächstmögliche Schraubenlänge L_{Schr} wird nach der Norm ausgewählt. Damit kann die **vorhandene Einschraubtiefe L_{e2}** der Schraube bestimmt werden:

$$L_{e2} = L_{Schr} - t_B + t$$

Die Tiefe des Gewindes L_G in dem Bauteil mit Innengewinde ergibt sich durch Addition der wirklichen Einschraubtiefe der Schraube L_{e2} und des Gewindeüberstands X.

Für die **Gewindetiefe L_G** gilt:

$$L_G = L_{e2} + X$$ (ganzzahlig aufrunden)

Als ausreichend für den Gewindeüberstand X gilt das 3-Fache der Gewindesteigung P.

Für den **Gewindeüberstand X** gilt:

$$X = 3 \cdot P$$

Die Länge des Gewindes L_G wird auf einen ganzzahligen Wert aufgerundet.

Die Bohrungstiefe für das Gewindekernloch des Innengewindes L_B ergibt sich aus der Addition der zuvor berechneten und evtl. aufgerundeten Gewindetiefe L_G und des Grundlochüberhangs e_1 nach DIN 76.

In der Zeichnung sollte möglichst ein ganzzahliger Wert für L_B angegeben werden.

Für die **Bohrungstiefe L_B** gilt:

$$L_B = L_G + e$$ (ganzzahlig aufrunden)

BEISPIEL 1.4 | **Berechnung der Schraubenlänge einer Zylinderschraube als Einschraubverbindung**

Schraubenverbindung mit Zylinderschraube nach ISO 4762 – M10 × L – 8.8, Ausführung als Einschraubverbindung, Bauteile aus S235JR, obere Bauteildicke t_B = 30 mm.
Gesucht sind Schraubenlänge, Gewindetiefe und Bohrungstiefe für das Kernloch.

Lösung
Werkstoffdaten: Plattenwerkstoff S235JR, R_m = 400 ... 600 N/mm²
Gewindesteigung M10: P = 1,5 mm, Grundlochüberhang e = 7,3 mm (Regelausführung)
Senktiefe t: ISO 4762 – M12 t = 10,6 mm

$L_e = 1{,}2 \cdot d$ (Festigkeitsklasse 8.8, R_m = 400 ... 600 N/mm²)
$L_e = 1{,}2 \cdot 10$ mm **L_e = 12 mm**
$L_S = t_B - t + L_e$ = 30 mm – 10,6 mm + 12 mm **L_S = 31,4 mm**
Hieraus ergibt sich die nächstmögliche Schraubenlänge: **L_{Schr} = 35 mm**
$L_{e2} = L_{Schr} - t_B + t$ = 35 mm – 30 mm + 10,6 mm **L_{e2} = 15,6 mm**
$L_G = L_{e2} + x = L_{e2} + 3 \cdot P$ = 15,6 mm + 3 · 1,5 mm **L_G = 20,1 mm**
Gewählt wird eine Gewindetiefe von **L_G = 21 mm.**
$L_B = L_G + e$ = 21 mm + 7,3 mm **L_B = 28,3 mm**
Gewählt wird eine Bohrungslänge von **L_B = 29 mm.**

AUFGABEN | WIEDERHOLUNG UND VERTIEFUNG

1. Berechnen Sie die erforderlichen Schraubenlängen und zeichnen Sie die Deckelverschraubung in drei verschiedenen Ausführungen im Zusammenbau als Teilschnitt mit der Draufsicht im Maßstab 1 : 1. Tragen Sie als Kontrollmaß die Gewindelänge und die Länge der Kernlochbohrung ein. Werkstoff der Platten: S235JR
   a) Zylinderschraube ISO 4762 – M20 × L – 8.8
   b) Stiftschraube DIN 938 – M20 × L – 8.8 mit Sechskantmutter ISO 4032 und Scheibe ISO 7090
   c) Sechskantschraube ISO 4014 – M20 × L – 8.8 mit Scheibe ISO 7090

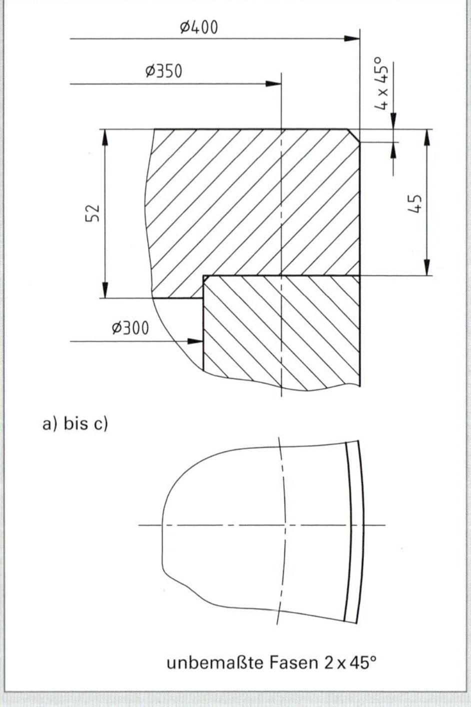

1.16 STIFTE ALS VERBINDUNGSELEMENTE

Stifte gibt es in zahlreichen Ausführungsformen und Abmessungen **(Bild 1)**. Sie sind ein wichtiges Maschinenelement, denn sie übernehmen in der Technik vielfältige Aufgaben:

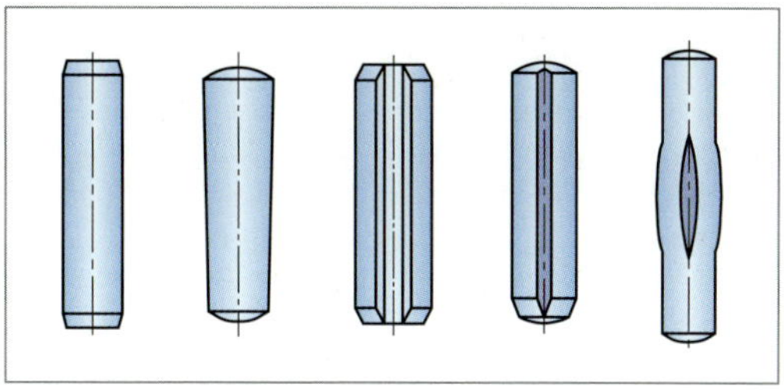

Bild 1: Ausführungsformen von Stiften

- Stifte dienen zum lösbaren Fügen von Bauelementen. Sie zählen zu den lösbaren Verbindungen. Stiftverbindungen werden hergestellt, indem man in eine (durch alle zu verbindenden Bauteile verlaufende) Aufnahmebohrung einen Stift mit Übermaß eindrückt.
- Stifte können Maschinenteile verbinden, befestigen, mitnehmen, halten, zentrieren, fixieren, sichern und verschließen.

Stifte sollten aus einem härteren Werkstoff als die zu verbindenden Bauteile sein.

Ungehärtete Stifte werden fast ausschließlich aus Automatenstahl 9SMnPb28K hergestellt.

Bei der Auswahl der Stiftart ist zu berücksichtigen, ob die Verbindung eher selten oder häufig gelöst werden muss.

Bei Stiftverbindungen genügt es meist, wenn der Stift ungefähr mit der Länge, die seinem Durchmesser entspricht, in die Aufnahmebohrung der zu verbindenden Bauteile hineinragt.

1.16.1 EINTEILUNG DER STIFTE

Stifte können nach unterschiedlichen Kriterien eingeteilt werden. Gängig ist die Einteilung nach dem Verwendungszweck oder der Form.

Stifte werden entsprechend dem Verwendungszweck unterschieden in:

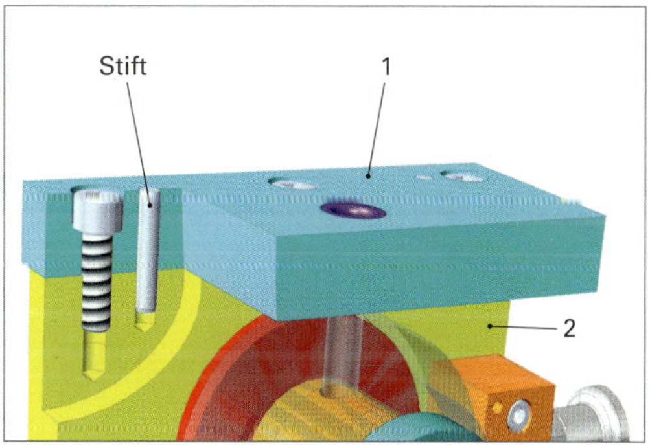

Bild 2: Stift als Passstift

Passstifte

Sie werden zur Lagesicherung von Bauteilen eingesetzt. Durch Passstifte lässt sich die Montage von Bauelementen erleichtern und die genaue Lage von Teilen sichern. In **Bild 2** werden die beiden Platten 1 und 2 durch den Stift in ihrer genauen Lage zueinander positioniert.

Sicherungsstifte

Sie sollen das selbstständige Lösen gefügter Bauteile verhindern. Gleichzeitig können Sicherungsstifte die Aufgaben von Befestigungs- und Passstiften übernehmen.

Abscherstifte

Sie übertragen Kräfte im Normalbetrieb, scheren aber bei Überbelastung ab. Größere Schäden an der Maschine werden dadurch vermieden. Nachdem die Störung beseitigt ist, wird der gebrochene Abscherstift durch einen neuen ersetzt und die Maschine geht wieder in Betrieb. Es wird also eine „Soll-Bruchstelle" bei Überlastung von Maschinenteilen erzeugt.

Befestigungsstifte

Sie dienen zur Kraft- oder Bewegungsübertragung, z. B. als Kupplungsstifte oder als Quer- bzw. Längsstift für die dreh- und schiebefeste Verbindung von Naben, Ringen usw. auf Wellen. Sie dienen als Welle-Naben-Verbindung.

Haltestifte

Sie ermöglichen den Einbau weiterer Teile, wie z. B. Federn, Rollen usw.

Begrenzungsstifte

Sie dienen als Begrenzungselement, d. h. die Stifte werden zur Wegbegrenzung einer Reitstock-Pinole oder zur Hubbegrenzung einer Vorrichtung verwendet.

Nach der Form unterscheidet man:

- **Zylinderstifte (Bild 1a)**
- **Kerbstifte (Bild 1b)**
- **Spannstifte (Bild 1c)**
- **Kegelstifte (Bild 1d)**

Stifte werden in vielen Konstruktionen verwendet. Deshalb werden Zylinderstifte und Spannstifte bereits in diesem Kapitel erläutert.

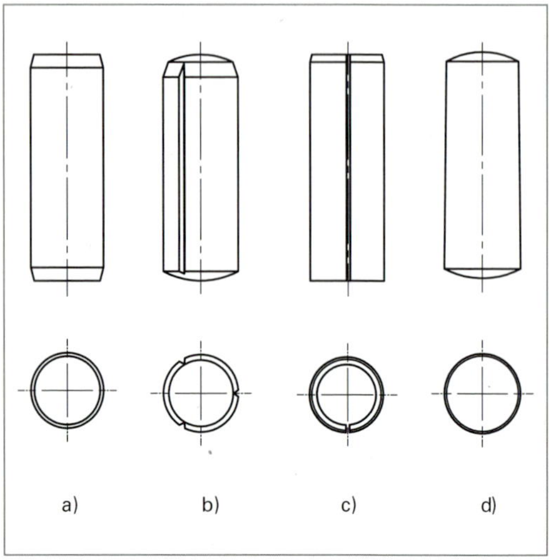

Bild 1: Stiftarten, a) Zylinderstift
b) Kerbstift
c) Spannstift
d) Kegelstift

1.16.2 | ZYLINDERSTIFTE

Zylinderstifte werden eingesetzt als:

- Passstifte
- Befestigungsstifte
- Abscherstifte

Sie haben Fasen an den Enden, die das Einführen in die Bohrung erleichtern.

Ungehärtete Zylinderstifte sind nach DIN EN ISO 22338 (ISO 2338) festgelegt. Sie werden mit unterschiedlichen Toleranzklassen m6 oder h8 ausgeführt.

Die Bezeichnung eines ungehärteten Zylinderstiftes mit Nenndurchmesser $d = 6$ mm, der Toleranzklasse m6, der Nennlänge $L = 28$ mm, und dem Werkstoff Stahl ist:

Zylinderstift ISO 2338 – 6 m6 × 28 – St

Ein ungehärteter Zylinderstift mit Nenndurchmesser $d = 10$ mm, der Toleranzklasse h8, der Nennlänge $L = 30$ mm und dem Werkstoff nicht rostender Stahl, wird in dieser Weise bezeichnet:

Zylinderstift ISO 2338 – 10 h8 × 30 – C1

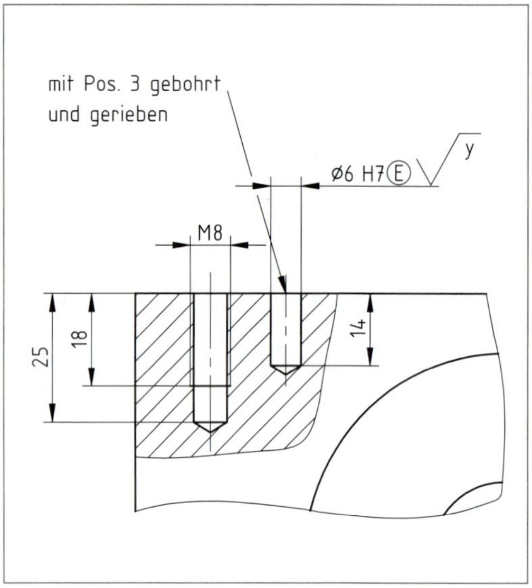

Bild 2: Bohrung für Zylinderstift

Mit den Toleranzklassen m6 und h8 sind Zylinderstifte für Spiel- oder Übergangspassungen geeignet. Die Oberfläche dieser Stifte ist entweder geschliffen oder blankgezogen.

Zylinderstifte erfordern eine auf Passmaß geriebene Aufnahmebohrung mit der Toleranzklasse H7 **(Bild 2)**. Durch das Aufreiben und Entgraten der Bohrung ist die Anwendung kostspielig.

Die kegeligen Ansätze der Stifte dienen zum Eintreiben.

Zylinderstifte mit der Toleranzklasse h8 werden auch als Befestigungsstifte für bewegliche Verbindungen eingesetzt. Sie sind schwerer lösbar als Kegelstifte und nicht rüttelfest.

1.16.3 | SPANNSTIFTE

Spannstifte werden eingesetzt als:

- Passstifte
- Befestigungsstifte
- Sicherungsstifte
- Schrauben- und Bolzenhülsen (Scherhülsen)

Sie kommen dort zum Einsatz, wo Scherkräfte zu übertragen sind, und die Schrauben und Bolzen entlastet und kleiner gehalten werden sollen.

Spannstifte sind in Längsrichtung offene Hülsen aus Federstahl **(Bild 1)**. Der Außendurchmesser der Hülse hat vor dem Eintreiben in die Bohrung gegenüber dem Durchmesser der Aufnahmebohrung ein Übermaß von 0,2 bis 0,5 mm. Dadurch entsteht nach dem Eintreiben ein rüttelfester Sitz.

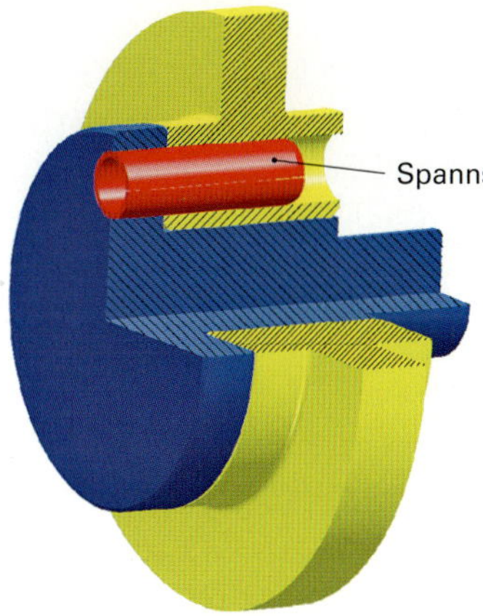

Bild 1: Spannstift als Verdrehsicherung

Die Bohrung für den Spannstift erfordert keine Passung, sie kann mit einem herkömmlichen Spiralbohrer (Toleranzklasse H12) gefertigt werden.

Beidseitige kegelige Stiftenden erleichtern das Einführen in die Aufnahmebohrung. Nach Einbau des Stiftes in die Aufnahmebohrung darf der Schlitz nicht ganz geschlossen sein. Der Schlitz eines Spannstiftes sollte immer in Kraftrichtung gedreht werden. Zur Übertragung größerer Kräfte können auch mehrere Spannstifte ineinander gesteckt werden.

Der Werkstoff ist Kohlenstoffstahl (gehärtet und angelassen), Federstahl (55Si7) oder nichtrostender Stahl.

Spannstifte, geschlitzt, schwere Ausführung sind nach DIN EN ISO 8752 genormt.

Spannstifte, geschlitzt, leichte Ausführung sind nach DIN EN ISO 13337 genormt.

Die leichte Ausführung unterscheidet sich von der schweren Ausführung nur durch die Wanddicke der Spannstifte [Wanddicke $s = 0{,}1\ d$ (leicht) und $s = 0{,}2\ d$ (schwer)].

Beispiel für die Normbezeichnung eines Spannstiftes:

Spannstift nach DIN EN ISO 13337 mit Nenndurchmesser $d = 10$ mm und Länge $L = 50$ mm aus Stahl:

Spannstift ISO 13337 – 10 × 50 – St

AUFGABEN | WIEDERHOLUNG UND VERTIEFUNG

1. Zeichnen und bemaßen Sie die nachfolgenden Einzelteile der Fräsvorrichtung 01-00-400 (Zeichnungsnummer des Werkstücks: 01-00-410):
   a) die Grundplatte Pos. 1
   b) die Spannleiste Pos. 2
   c) die Aufnahme Pos. 3
   d) den Stützbolzen Pos. 4
   e) den Bolzen Pos. 5

Lernfeld 1

1.17 | WERKSTÜCKE RÄUMLICH DARSTELLEN

Für die räumliche Darstellung wird die parallelperspektivische Darstellungsform, die **axonometrische Projektion**, angewandt.

Die **isometrische** oder die **dimetrische Darstellung** eignen sich beide dafür, anschauliche Darstellungen eines Bauteils oder einer Baugruppe wiederzugeben. Für einfache Handskizzen wird auch die **Kabinettprojektion** verwendet.

Bei der perspektivischen Darstellung ist die Lage des Bauteils bzw. der Baugruppe so zu wählen, dass alle Ansichten wesentliche Details gut erkennen lassen. Vielfach wird auf Achsen und Symmetrielinien verzichtet. Sie werden nur eingezeichnet, wenn sie unverzichtbar sind. Gleiches gilt für verdeckt liegende Geometrien.

Wird ein Schnitt in räumlicher Darstellung gezeichnet, so ist die Schraffur vorzugsweise unter 45° zu zeichnen. Axonometrische Darstellungen werden in der Regel nicht bemaßt.

1.17.1 | ISOMETRISCHE PROJEKTION

Bei der **isometrischen Projektion** stehen die Winkel der Grundebene *xy* unter einem Winkel von 30° zur Waagerechten **(Bild 1)**. Die Kantenlängen eines Würfels stehen im Verhältnis:

$$a : b : c = 1 : 1 : 1$$

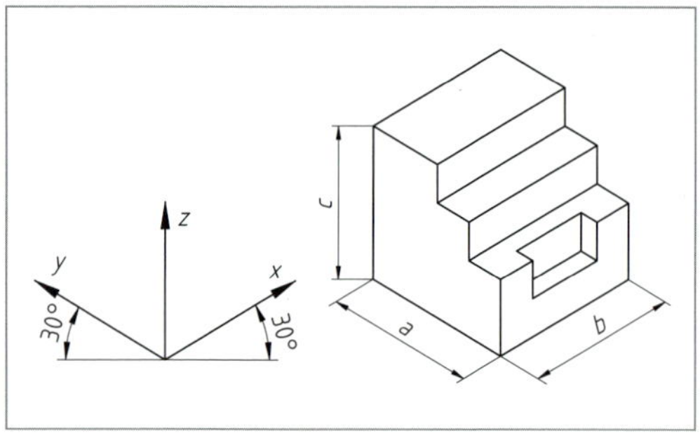

Bild 1: Isometrische Projektion

Die isometrische Darstellung wird dann gewählt, wenn Wesentliches in den drei Ansichten gezeigt werden soll. In Richtung der drei Achsen werden die Längen jeweils im gleichen Maßstab (griechisch: iso, gleich) gezeichnet. Kreise verzerren bei dieser Darstellung zu Ellipsen.

Eine isometrische Darstellung ist keine technische Zeichnung im eigentlichen Sinne, sondern eine visuelle 3D-Darstellung des Bauteils. Sie wird nur bei Bedarf neben den 2D-Ansichten platziert.

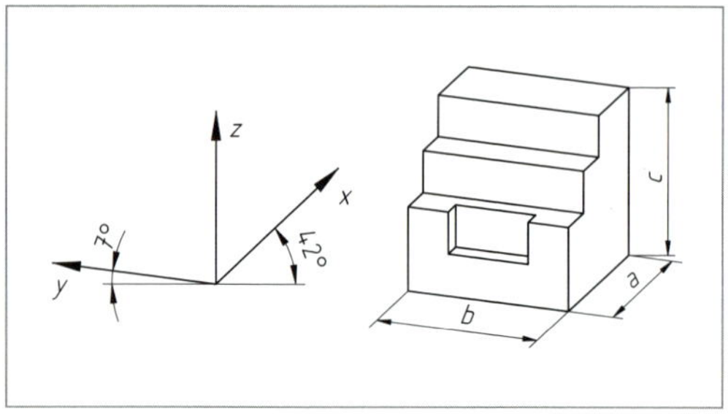

Bild 2: Dimetrische Projektion

1.17.2 | DIMETRISCHE PROJEKTION

Bei der **dimetrischen Projektion** steht die Grundebene *xy* unter zwei verschiedenen Winkeln zur Waagerechten. Eine Kante verläuft unter einem Winkel von 42°, die andere unter 7° **(Bild 2)**. Die Kantenlängen eines Würfels stehen im Verhältnis:

$$a : b : c = 0{,}5 : 1 : 1$$

Die dimetrische Darstellung wird dann gewählt, wenn Wesentliches in einer Ansicht gezeigt werden soll. Die Abmessungen auf den drei Achsen haben nicht alle den gleichen Maßstab (griechisch: *di*, zwei), die Tiefe wird um die Hälfte verkürzt dargestellt. Auch hier verzerren Kreise zu Ellipsen. Dimetrische Darstellungen werden von 3D-CAD-Systemen bei Bedarf erstellt.

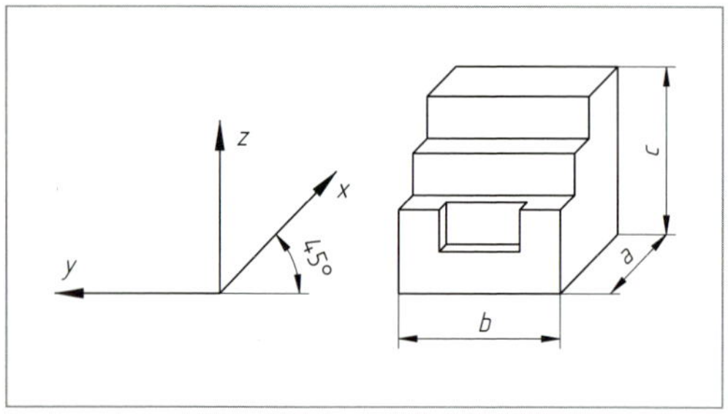

Bild 3: Kabinettprojektion

1.17.3 | KABINETTPROJEKTION

Eine Zeichnung in Kabinettprojektion lässt sich einfach von Hand erstellen. Dabei wird die Vorderansicht maßstabsgerecht abgebildet. Die Tiefe wird um den Faktor 2 verkleinert dargestellt **(Bild 3, Seite 106)**.

$a : b : c = 0{,}5 : 1 : 1$

1.18 | BAUGRUPPEN DARSTELLEN

Die Regeln für die Darstellung von Baugruppen entsprechen den Regeln für die Darstellung von Ansichten und Schnitten in den Fertigungszeichnungen. Weil Baugruppen aus mehreren Einzelteilen und ggf. aus mehreren Kauf- und Normteilen bestehen können, kommen weitere Regeln hinzu. Eine Gesamtzeichnung zeigt die ganze Baugruppe im montierten Zustand. Hieraus ergeben sich die Funktion der Baugruppe und das Zusammenspiel der einzelnen Teile untereinander.

1.18.1 | DARSTELLUNG VON BAUGRUPPEN

Das Beispiel Gleitschieber, Seite 41 und **Bild 1**, wird zur Veranschaulichung verwendet:

- Normteile werden üblicherweise in Längsrichtung nicht geschnitten. Ausnahmen sind Normteile mit Hohlräumen, wie z. B. Wälzlager oder Sicherungsringe.
- Drehteile werden in Längsrichtung nicht geschnitten, wenn keine Innenkonturen vorhanden sind.
- Jedes Bauteil hat in allen Schnittansichten bzw. Ausbrüchen immer die gleiche Schraffur in Schraffurrichtung und Schraffurabstand.
- Bauteile, die aneinanderstoßen, haben zur Unterscheidung unterschiedliche Schraffuren. Schraffurrichtung und Schraffurabstand werden variiert.
- Der Schraffurabstand orientiert sich an der Größe des Bauteils: engere Abstände bei kleinen Teilen, größere Abstände bei größeren Teilen.
- Verdeckte Kanten werden nur dann eingezeichnet, wenn sie einen wichtigen Informationsgehalt haben, um z. B. eine Form erkennbar zu machen, wie in **Bild 1** das Langloch in der Grundplatte.
- Alle Teile erhalten eine Positionsnummer. Kommt ein Teil mehrmals vor, wird die Positionsnummer nur einmal eingetragen.
- Eine Stückliste wird erstellt. Die Positionsnummern in Stückliste und Zeichnung sind identisch.
- Die Umrisse angrenzender Teile werden in Schnittansichten nicht schraffiert. Die Kanten angrenzender Teile werden durch die Kanten der Baugruppe verdeckt (falls sie sich überlagern). Angrenzende Teile verdecken keine Bereiche oder Kanten der Baugruppe. In **Bild 1** ist die Aufstellfläche als angrenzendes Bauteil dargestellt.

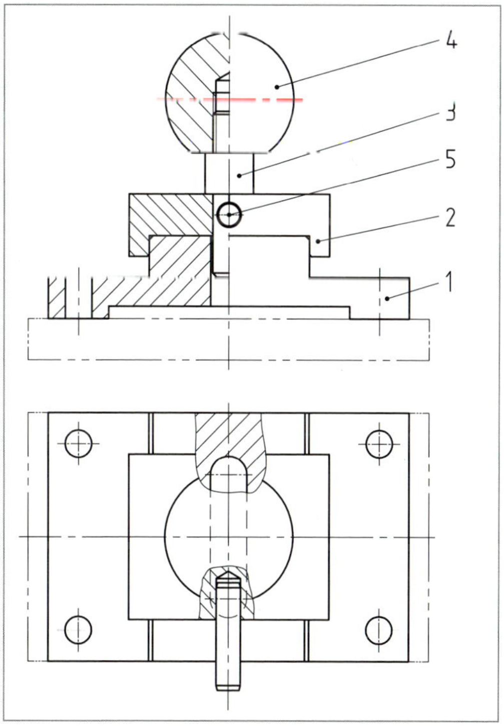

Bild 1: Gleitschieber, Zusammenbauzeichnung

1.18.2 | POSITIONSNUMMERN

Um die Zuordnung eines Einzelteils in einer Baugruppe zu der entsprechenden Stückliste zu erhalten, wird jedes Einzelteil in der Baugruppe i. d. R. einmal mit einer Positionsnummer versehen.

Positionsnummern müssen sich von allen anderen Angaben in der Zeichnung deutlich abheben und sollen daher mindestens eine Schriftgröße größer oder doppelt so groß wie die Maßzahlen sein. In Deutschland ist die Schriftgröße der Positionszahlen üblicherweise 5 mm oder 7 mm.

Alle auf der Zeichnung auftretenden Positionsnummern haben das gleiche Schriftbild, die gleiche Höhe und die gleiche Form und sollten aus nicht mehr als drei Zeichen bestehen.

Eine Positionszahl kann von einem Kreis (schmale Volllinie) umschlossen sein, der in der Zeichnung immer die gleiche Größe hat.

Die Positionsnummer kann auf einer abgeknickten oder an der schrägen Hinweislinie stehen **(Bild 1)**.

Gleiche Teile müssen nur einmal mit einer Positionsnummer gekennzeichnet werden. Eindeutigkeit ist dabei Voraussetzung.

Positionsnummern werden an einer imaginären Umrisslinie außerhalb der Ansicht angeordnet und sind über eine Hinweislinie mit dem Einzelteil verbunden. Die Hinweislinie endet mit einem Pfeil an einer Kante des Einzelteils oder mit einem Punkt in einer Fläche des Einzelteils **(Bild 1)**.

Die Hinweislinien der Positionsnummern dürfen sich **nicht kreuzen**, sie zeigen schräg vom Einzelteil weg, verlaufen möglichst nicht parallel zu einer Schraffur und sollen möglichst kurz sein. Ist die Positionsnummer mit einem Kreis versehen, zeigt die Richtung der Hinweislinie auf den Mittelpunkt dieses Kreises.

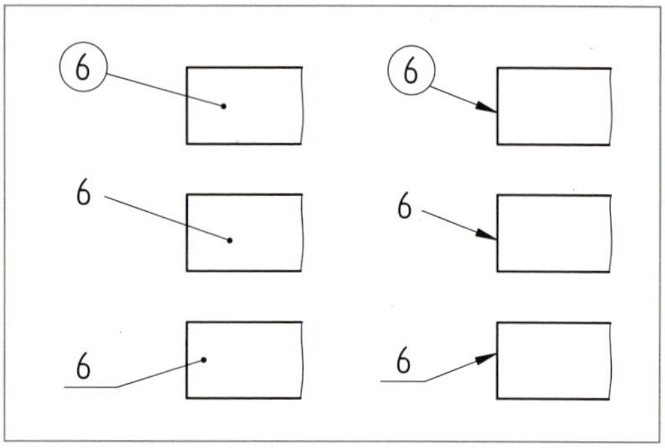

Bild 1: Positionsnummern, Formen

Positionsnummern sind immer von unten lesbar.

Stehen mehrere Positionsnummern an einer Hinweislinie, können die Positionsnummern entsprechend der Angaben in **Bild 2** angeordnet werden. Die Anordnung in **Bild 2** kann auch untereinander erfolgen. Ein Beispiel für mehrere Positionsnummern ist eine Verschraubung, bestehend aus Schraube, Unterlegscheibe und Mutter.

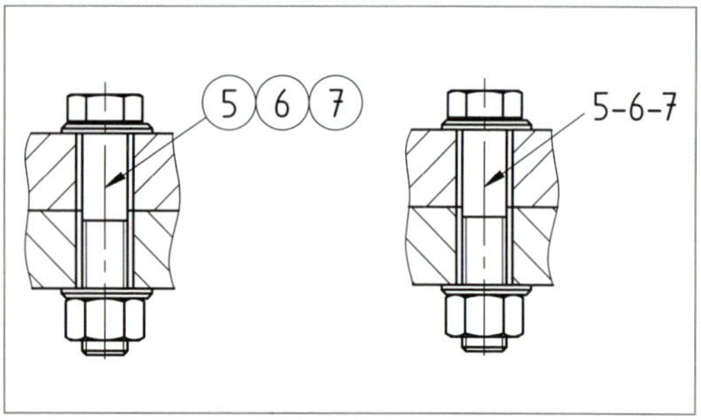

Bild 2: Positionsnummern, gemeinsame Hinweislinie

Die Menge eines verwendeten Einzelteils geht aus der Stückliste hervor. Mengenangaben auf der Zeichnung im Zusammenhang mit Positionsnummern sollten vermieden werden. Ist es aber notwendig, diese anzugeben, geschieht dies wie in **Bild 3** dargestellt. Hier darf aber nur die eingekreiste Positionsnummer verwendet werden. Bei mehreren Positionsnummern hintereinander oder untereinander muss jede Positionsnummer mit einer Mengenangabe versehen werden.

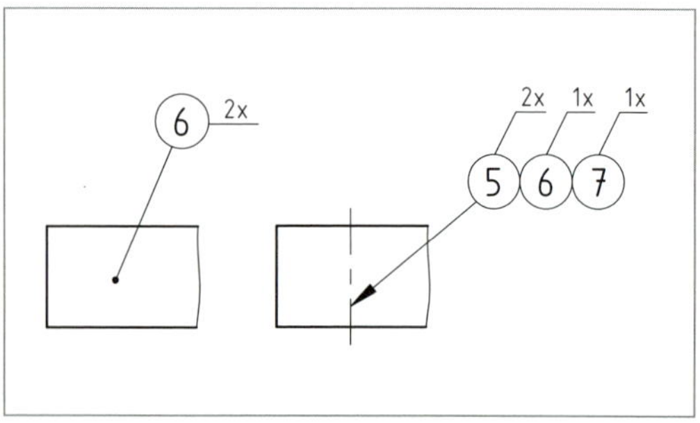

Bild 3: Positionsnummern, Mengenangaben

Für die Reihenfolge der Positionsnummern sollte eine logische Reihenfolge eingehalten werden. Dies kann die Montagereihenfolge, die Wichtigkeit der Bauteile (Unterbaugruppen, Einzelteile, Kaufteile, Normteile) oder eine andere sinnvolle Reihenfolge sein.

1.18.3 | STÜCKLISTE

In einer Stückliste stehen alle verwendeten Einzelteile einer Baugruppe. Ist die Baugruppe komplexer, finden sich auch Unterbaugruppen in der Stückliste.

Die Stückliste ist ein zentrales Dokument für den innerbetrieblichen Informationsaustausch, unter Umständen aber auch für die Kommunikation mit externen Stellen. Sie wird heute per EDV erstellt und verwaltet.

Die Daten der Stückliste enthalten alle erforderlichen Informationen, um eine Baugruppe herstellen und montieren zu können. So sind hier alle Einzelteile mit den entsprechenden Sachnummern aufgeführt, die Normteile mit ihren Bezeichnungen für die Bestellung und alle Kaufteile mit Angaben zu Hersteller und Artikelnummer.

Die Norm über die äußere Form der Stückliste wurde zurückgezogen, sodass jeder Betrieb mit Stücklisten arbeiten kann, die seinen Anforderungen entsprechen.

Das Schriftfeld einer separaten Stückliste ist mit dem Schriftfeld einer technischen Zeichnung identisch.

Stücklisten werden heute in der Regel von CAD-Systemen erzeugt und oft auf der Zeichnung platziert. Sie können aber auch in einem separaten Dokument abgelegt werden. Wird eine Baugruppe mit einem CAD-System erzeugt, hängt die Stückliste von der Baugruppe ab, sodass Änderungen in der Baugruppe auch in der Stückliste erfolgen.

Ist die Stückliste mit auf dem Zeichenblatt, steht sie über dem Schriftfeld. Die Reihenfolge der Positionen erfolgt von unten nach oben. Wird die Stückliste auf einem gesonderten Blatt ausgegeben, ist die Reihenfolge der Positionen von oben nach unten.

Eine Stückliste sollte immer die nachfolgenden Informationen enthalten:

Positionsnummer, Anzahl, Benennung, Sachnummer bzw. Nummer (Zeichnungs- oder Artikelnummer) oder Normbezeichnung und den Werkstoff.

Zusätzlich mögliche Spalten sind Einheit (für die Mengenangaben), Gewicht, Halbzeug und Bemerkung. Weitere Angaben sind möglich.

Als Beispiel wird die Stückliste des Gleitschiebers (Seite 41) aufgeführt **(Bild 1)**.

Pos.	Menge	Benennung	Norm/Zchng.	Werkstoff	Bemerkung
1	1	Grundkörper		C45	Flachstab EN 10058 - 70x25x95
2	1	Gleitschieber		C45	Flachstab EN 10058 - 50x20x55
3	1	Bolzen		E295	Rundstab EN 10060 - 16x45
4	1	Kugelknopf C 32	DIN 319	PA	
5	1	Zylinderstift 6m6x26	ISO 2338	St	

Abteilung	Technische Referenz	Status Bearbeitung	Dokumentenart: Stückliste			
EUROPA LEHRMITTEL	Erstellt durch: G. Mols	Titel, Zusätzlicher Titel: Gleitschieber	Sachnummer			
	Genehmigt von: M. Gompelmann		Änd.	Ausgabedatum: 06.01.2018	Format	Blatt: 1/1

Bild 1: Stückliste für das Beispiel Gleitschieber

Eine herkömmliche Stückliste im Querformat mit anderen Spalteneinteilungen zeigt **Bild 1**. Die Eintragungen sind beispielhaft.

Pos.	Menge	Einheit	Benennung	Sachnummer/Norm-Kurzbezeichnung	Werkstoff	Gewicht kg/Einheit	Bemerkung
1	1	Stck.	Grundkörper	Z2018-100-01	EN-GJL-200		Modell Nr. 2018-G500
2	1	Stck.	Achse	Z2018-100-02	E295		Rundstab EN 10060 - 45x45
3	1	Stck.	Deckel	Z2018-110-01	S295JR		Rundstab EN 10060 - 100x20
4	1	Stck.	Distanzhülse	Z2018-200-02	S235JR		Rundstab EN 10060 - 60x15
5	2	Stck.	Rillenkugellager	DIN 625-6008			Firma INA
6	4	Stck.	Sechskantschraube	ISO 4014 - M8x25-8.8			
7	2	Stck.	Sicherungsring	DIN 471 - 40x1,75-FSt			

Abteilung	Technische Referenz	Status Bearbeitung	Dokumentenart: Stückliste			
EUROPA LEHRMITTEL	Erstellt durch: G. Mols	Titel, Zusätzlicher Titel: Lagerung Achse	Sachnummer			
	Genehmigt von: M. Gompelmann		Änd.	Ausgabedatum: 06.01.2018	Format	Blatt: 1/1

Bild 1: Beispiel für eine Stückliste im Querformat A4

AUFGABEN | WIEDERHOLUNG UND VERTIEFUNG

1. Welche Aufgaben können Stifte übernehmen?
2. Erläutern Sie die Unterteilung von Stiften.
3. Nennen Sie Anwendungen für Zylinderstifte.
4. Geben Sie die Normbezeichnung für einen Zylinderstift nach DIN EN ISO 2338, Nenndurchmesser 10 m6, Länge 30 mm, Werkstoff Stahl, an.
5. Beschreiben Sie den Unterschied von Zylinderstiften und Spannstiften.
6. Nennen Sie axonometrische Projektionsarten und geben Sie die Unterschiede an.
7. Ein Bauteil ist in einer Gesamtzeichnung in drei unterschiedlichen Schnitten dargestellt. Was ist bezüglich der Schraffur zu beachten? Begründen Sie Ihre Antwort.
8. Geben Sie an, wann Normteile und Drehteile im Zusammenbau geschnitten werden.
9. Wann werden verdeckte Kanten in einer Gesamtzeichnung eingezeichnet?
10. Erläutern Sie die Darstellung angrenzender Bauteile, z. B. eines Werkstücks in der Vorrichtung.
11. Wozu dienen Positionsnummern und wie werden sie eingetragen?
12. Erläutern Sie die Aufgabe der Stückliste.
13. Beschreiben Sie, welche Eintragungen in einer Stückliste zu finden sind.
14. Geben Sie den Unterschied zwischen einer Stückliste auf einem Zeichenblatt und einer separaten Stückliste an.

1.19 | ZEICHNUNGSKONTROLLE

Vor der Abgabe und Freigabe der Zeichnungen sollten diese noch einmal vollständig auf Fehler überprüft werden. Hierzu ist der gesamte Datensatz, bestehend aus der Gesamtzeichnung, allen Einzelteilzeichnungen, den Zeichnungen der angrenzenden Bauteile, den Stücklisten, dem Lasten- und Pflichtenheft, den CAD-Dateien und gegebenenfalls den Datenblättern der Zukaufteile, zusammenzustellen und als Kopie auf Papier bereitzustellen.

Auf den Kopien werden alle notwendigen Korrekturen eingetragen. Mithilfe der Checkliste erfolgt die anschließende Kontrolle aller Zeichnungen des Datensatzes.

Zur **Kontrolle des Datensatzes** hat sich die folgende **Vorgehensweise** bewährt:

1. Vollständig bemaßte Konturen und die dazugehörenden Maße werden grün markiert. Maße, die übrig bleiben, sind dann automatisch Doppelbemaßungen. Fehlende Maße werden mit roter Farbe eingetragen.
2. Die Checkliste zur Zeichnungskontrolle wird abgearbeitet und ausgefüllt.
3. Nach der Zeichnungskontrolle wird die Zeichnung entsprechend korrigiert. Die korrigierte Zeichnung wird noch einmal kontrolliert und in dem Feld „Kontrolliert" unter Angabe des Namens und des Datum unterschrieben.

Die Checkliste enthält die Aspekte, die bei allen Zeichnungen Standard sind. Weitere firmenspezifische Aspekte können entsprechend ergänzt werden.

Checkliste zur Kontrolle des Datensatzes

1. Das Bauteil ist normgerecht dargestellt.

a) Das Bauteil ist vollständig definiert und richtig dargestellt. ☑
b) Die Ansichten sind normgerecht angeordnet. ☑
c) Die Schnittansichten sind normgerecht angeordnet und gekennzeichnet. ☑
d) Vereinfachte Darstellungen sind normgerecht, z. B. Gewindedarstellung. ☑
e) Die Linienstärken sind korrekt. ☑
f) Der Maßstab ist angegeben, die Darstellung ist maßstabgerecht. ☑
g) Schraffuren sind normgerecht. ☑
h) Mittellinien sind vorhanden und normgerecht. ☑
i) Lichtkanten sind vorhanden. ☑

2. Das Bauteil ist normgerecht bemaßt.

a) Die Bemaßung ist vollständig. ☑
b) Die Bemaßung ist funktionsgerecht, fertigungsgerecht und prüfgerecht. ☑
c) Es gibt keine Doppelbemaßungen. ☑
d) Es gibt keine unnötigen Kettenbemaßungen. ☑
e) Maßzahlen (Linienstärke und Schriftgröße), Maßbegrenzungen und Maßhilfslinien sind normgerecht. ☑
f) Die Toleranzen sind funktionsgerecht und herstellbar (Passungen usw.). ☑
g) Die Allgemeintoleranzen sind angegeben und sinnvoll. ☑
h) Die Oberflächenrauigkeiten sind definiert und richtig (Oberflächennorm, allgemeine Oberfläche, herstellbar, entspricht den Toleranzen usw.). ☑
i) Form- und Lagetoleranzen sind vorhanden und normgerecht. ☑
j) Die Kanten sind bemaßt (Entgraten ist zugelassen). ☑

1.20.3 | ELEKTRISCHE SPANNUNG

Elektrischer Strom fließt nur, wenn eine Spannung anliegt. Die elektrische Spannung entsteht durch die Trennung elektrischer Ladungen. Da aber Ladungen nur fließen werden, wenn unterschiedlich viele positive und negative Ladungsträger vorhanden sind, müssen diese im neutralen Zustand getrennt werden. Dies entsteht durch Erhöhung der Konzentration an Elektronen an einer Stelle gegenüber einer anderen, sodass ein Überschuss an negativ geladenen Elektronen entsteht. Betrachtet man einen Wassertank, der gefüllt wird, so erhöht sich der Druck auf den am unteren Ende befindlichen Wasserhahn ausschließlich mit steigender Füllhöhe im Behälter. Ähnlich ist für das Fließen von elektrischem Strom eine Anhäufung von elektrischer Ladung erforderlich. Je mehr Elektronen an einer Stelle verdichtet werden, desto mehr Arbeit ist in die Ladungstrennung investiert worden, desto größer ist das Konzentrationsgefälle an elektrischer Ladung und damit umso größer die elektrische Spannung.

Die **elektrische Spannung** U ist die Ursache des Ladungstransports, d. h. des Stromflusses. Ihre Einheit ist Volt (V). Drei Spannungsebenen werden unterschieden:

- Kleinspannung (Wechselspannung $\leq$ 50 V; Gleichspannung $\leq$ 120 V)
- Niederspannung (Wechselspannung 50 V...1000 V; Gleichspannung 120 V...1 500 V)
- Hochspannung (Wechselspannung $>$ 1 000 V; Gleichspannung $>$ 1 500 V)

1.20.4 | ELEKTRISCHER STROM

Elektrischer Strom tritt dann auf, wenn elektrische Ladungen beginnen sich zu bewegen. Die **elektrische Stromstärke** I ist ein Maß dafür, welche Menge an elektrischer Ladung Q durch einen Körper in einem festgelegten Zeitraum t fließt.

$$I = \frac{Q}{t}$$

Q	t	I
C = A · s	s	C/s = A

Die Einheit der Stromstärke I ist Ampere, abgekürzt A. Die elektrischen Verbraucher benötigen ganz unterschiedliche Stromstärken. So kommt ein elektronischer Messschieber auf 0,1 A, während ein Schweißtransformator ca. 300 A benötigt, ein Lichtbogenofen 150 000 A.

Wirkungen des elektrischen Stroms

Elektrischen Strom kann man nicht sehen, er lässt sich nur durch seine Wirkung erkennen, messbar sind die Stromstärke I und die Spannung U. Die Wirkungen von Strom sind:

- **Wärme** (Industrieöfen, Löten), indem ein von Strom durchflossener Leiter sich erwärmt
- ein **Magnetfeld,** das sich um einen stromdurchflossenen Leiter aufbaut (Elektromotor)
- **Licht**, wenn ein stromdurchflossener Leiter zu glühen beginnt (Glühlampe) oder wenn Gase durch Strom zum Leuchten angeregt werden (Halogenlampe)
- **chemische Wirkung,** z. B. in der Galvanik, wenn durch Strom elektrisch leitende Flüssigkeiten (Elektrolyte) zersetzt werden.

Messen von Strom und Spannung

Strommessgeräte messen den Strom, der durch sie hindurchfließt. Sie müssen deshalb in den Stromkreis geschaltet werden **(Bild 1)**.

Spannungsmessgeräte messen den Spannungsunterschied zwischen zwei Punkten im Stromkreis. Sie müssen deshalb parallel zum Verbraucher oder zur Spannungsquelle geschaltet werden.

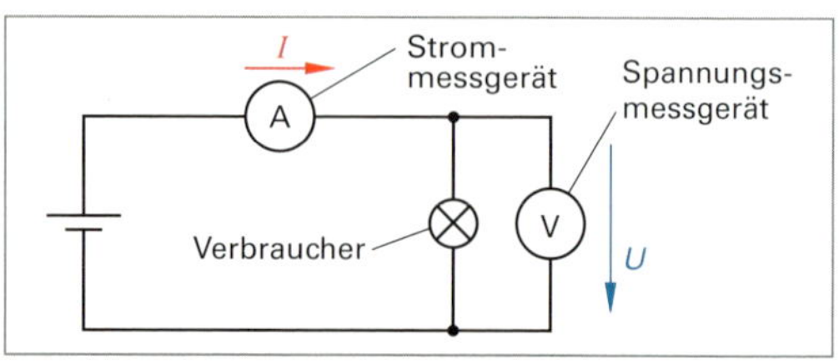

Bild 1: Messen von Strom und Spannung

1.20.5 | ELEKTRISCHER WIDERSTAND

In einem geschlossenen Stromkreis mit einer Stromquelle und einem Verbraucher fließt elektrischer Strom, dessen Größe von der Größe des elektrischen Widerstandes R abhängt. Je größer der Widerstand desto kleiner ist der durch die Leitung fließende Strom.

Den Zusammenhang zwischen Spannung, Strom und elektrischem Widerstand beschreibt das Ohmsche Gesetz. Die **Stromstärke I** in einem Stromkreis ist nach dem Ohmschen Gesetz der Quotient aus der angelegten **Spannung U** und dem **Widerstand R** des Verbrauchers:

Ohmsches Gesetz $I = \frac{U}{R}$

U	R	I
V	$\Omega = \frac{V}{A}$	A

Die Einheit des elektrischen Widerstandes R eines Verbrauchers ist das Ohm (Ω), benannt nach dem Physiker Georg Simon Ohm.

Schaltung von Widerständen

Als **elektrische Schaltung** bezeichnet man eine Verbindung aus mehreren elektrotechnischen Bauteilen. Die Bauteile können in Reihe oder parallel geschaltet werden. Man spricht dann von einer Reihenschaltung oder einer Parallelschaltung. Kommen in einem Stromkreis beide Schaltarten vor, spricht man von einer gemischten Schaltung.

Reihenschaltung von Widerständen

Bei einer Reihenschaltung von Widerständen liegen alle Wiederstände hintereinander **(Bild 1)**. Wird der Stromkreis an irgendeiner Stelle unterbrochen, ist der ganze Stromkreis unterbrochen. Beispiel für eine Reihenschaltung ist eine Lichterkette.

Der **Gesamtstrom I** in einer **Reihenschaltung** ist an jeder Stelle im Stromkreis gleich groß, weil keine Verzweigung stattfindet:

$$I = I_1 = I_2 = \ldots = I_n$$

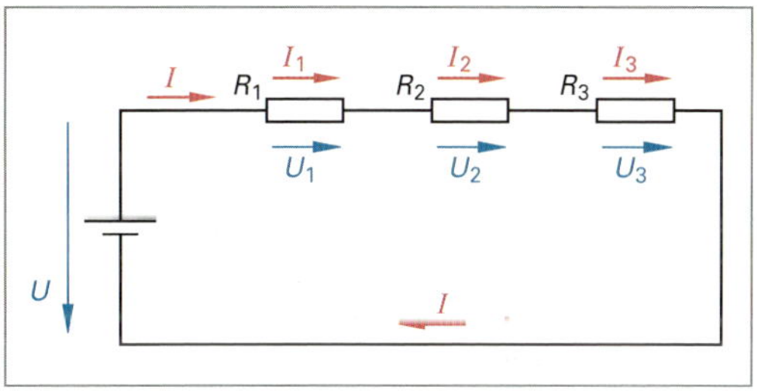

Bild 1: Reihenschaltung von Widerständen

Die **Gesamtspannung U** hingegen teilt sich auf die einzelnen Widerstände auf (Spannungsteilung), man bezeichnet dies auch als Spannungsabfall am Widerstand. Da der Strom I an jeder Stelle gleich groß ist, ist der Spannungsabfall an einem großen Widerstand R größer als bei einem kleinen Widerstand:

$$U = U_1 + U_2 + \ldots + U_n \quad \text{mit } U_1 = R_1 \cdot I,\ U_2 = R_2 \cdot I \ \ldots \ U_n = R_n \cdot I$$

Der **Gesamtwiderstand R** ergibt sich aus der Addition der Einzelwiderstände. Der Gesamtwiderstand nimmt bei gleicher Spannung U den gleichen Strom I auf, wie die Reihenschaltung der Einzelwiderstände:

$$R = R_1 + R_2 + \ldots + R_n$$

Parallelschaltung von Widerständen

Bei der Parallelschaltung von Widerständen liegen die Widerstände parallel zueinander **(Bild 2)**. Hierdurch lassen sich gleichzeitig mehrere Ver-

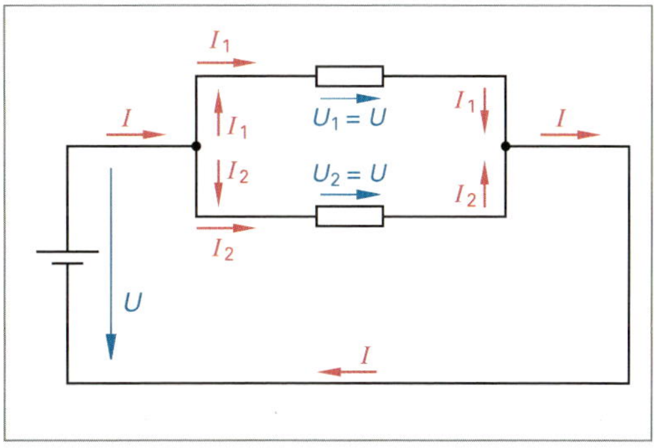

Bild 2: Parallelschaltung von Widerständen

braucher unabhängig voneinander an einer Spannungsquelle betreiben. Fällt also ein Verbraucher aus, ist der Stromkreis nicht unterbrochen, die anderen Verbraucher werden weiter versorgt. Beispiel für eine Parallelschaltung sind die Steckdosen im Haushalt.

Die **Gesamtspannung** U in einer **Parallelschaltung** ist an jeder Stelle in der Leitung gleich groß:

$$U = U_1 = U_2 = \ldots = U_n$$

Der **Gesamtstrom** I in einer **Parallelschaltung** teilt sich an der Verzweigungsstelle in Teilströme entsprechend der Verbraucher auf. Dabei fließt in jeder parallelen Leitung ein Teilstrom:

$$I = I_1 + I_2 + \ldots + I_n \quad \text{mit } I_1 = \frac{U}{R_1},\ I_2 = \frac{U}{R_2}\ \ldots\ I_n = \frac{U}{R_n}$$

In der Parallelschaltung verhalten sich die Ströme umgekehrt wie die Widerstände, während die Spannung an jeder Stelle gleich bleibt. Das heißt, ein kleiner Widerstand bedeutet eine große Stromstärke und umgekehrt. Dabei ist der Gesamtwiderstand immer kleiner als der kleinste Einzelwiderstand, weil sich die Kehrwerte der Einzelwiderstände zum Kehrwert des Gesamtwiderstandes addieren:

$$\frac{1}{R} = \frac{1}{R_1} + \frac{1}{R_2} + \ldots \frac{1}{R_n}$$

Stellt man diese Gleichung für zwei Widerstände R_1 und R_2 nach dem Gesamtwiderstand um, ergibt sich folgende Gleichung:

$$R = \frac{R_1 \cdot R_2}{R_1 + R_2}$$

BEISPIEL 1.5 | **Berechnung in einem Stromkreis**

Zwei Widerstände sind parallel geschaltet mit $R_1 = 50\ \Omega$ und $R_2 = 70\ \Omega$. Es liegt eine Spannung von $U = 24$ V an. (Schaltplan wie **Bild 2, Seite 115**)

Wie groß sind:

a) die Teilströme I_1 und I_2,
b) der Gesamtstrom I,
c) der Gesamtwiderstand R?

Lösung:

a) $I_1 = \frac{U}{R_1} = \frac{24\text{ V}}{50\ \Omega} = \mathbf{0{,}48\ A}$ $\quad I_2 = \frac{U}{R_2} = \frac{24\text{ V}}{70\ \Omega} = \mathbf{0{,}34\ A}$

b) $I = I_1 + I_2 = 0{,}48\text{ A} + 0{,}34\text{ A} = \mathbf{0{,}82\ A}$

c) $R = \frac{R_1 \cdot R_2}{R_1 + R_2} = \frac{50\ \Omega \cdot 70\ \Omega}{50\ \Omega + 70\ \Omega} = \mathbf{29{,}2\ \Omega}$ oder $R = \frac{U}{I} = \frac{24\text{ V}}{0{,}82\text{ A}} = \mathbf{29{,}2\ \Omega}$

1.20.6 | STROMARTEN

In der Elektrotechnik unterscheidet man in Abhängigkeit von der Änderungsmöglichkeiten der Richtung und Geschwindigkeit des Stroms: Gleichstrom und Wechselstrom.

Bei **Gleichstrom** sind die Strömungsrichtung und die Stärke des Elektronenstroms stets gleich **(Bild 1)**. Die Elektronen bewegen sich durch den Stromkreis, sofern der Strom genügend lange fließt. Jede Batterie liefert Gleichstrom, allerdings mit einer niedrigen Spannung. Gleichstrom höherer Spannung wird durch Gleichrichter aus Wechselstrom oder über einen Gleichstromgenerator erzeugt.

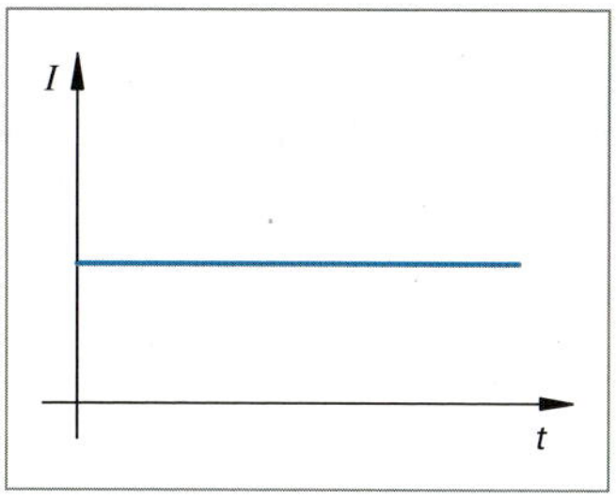

Bild 1: Strom-Zeit-Diagramm Gleichstrom

Bei **Wechselstrom** hingegen ist die Größe und Richtung der Strömung des Elektronenstroms periodisch unterschiedlich **(Bild 2)**. Die Elektronen bewegen sich nicht durch den ganzen Kreis, sondern führen nur eine Schwingbewegung um ihrer Ruhelage aus, ähnlich wie das Pendel einer Uhr. Man bezeichnet diese Bewegung als harmonische Schwingung, die Elektronen pendeln zwischen einem positiven und negativen Höchstwert, dem Scheitelwert. Die Anzahl der Schwingungen pro Sekunde wird als **Frequenz *f*** bezeichnet, sie wird in Hertz (Hz) angegeben. In Europa beträgt die Frequenz im Stromnetz 50 Hz und die Spannung 230 V und jeder normale elektrischer Verbraucher ist an Wechselstrom angeschlossen.

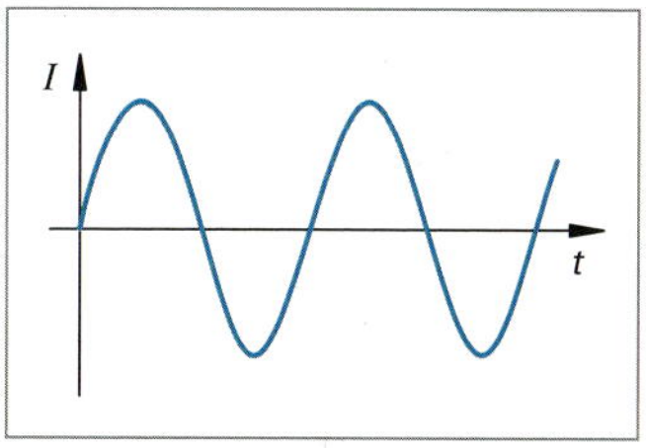

Bild 2: Strom-Zeit-Diagramm Wechselstrom

Der **Dreiphasenwechselstrom** wird oft als **Drehstrom** bezeichnet **(Bild 3)**. Der Drehstrom ist ein Wechselstrom mit drei Phasen (stromführende Leitungen). Der Begriff Drehstrom ist aus der Erzeugung abgeleitet. Dabei werden drei Spulen im 120°-Abstand rund um ein sich drehendes Magnetfeld angeordnet. Dadurch entstehen drei um 120° phasenverschobene sinusförmige Wechselspannungen. Die Spannung des Dreiphasenwechselstroms beträgt 400 V. Anwendung findet er bei besonders leistungsfähigen Geräten oder Maschinen, wie Schmelzöfen oder leistungsstarke Antriebsmotoren.

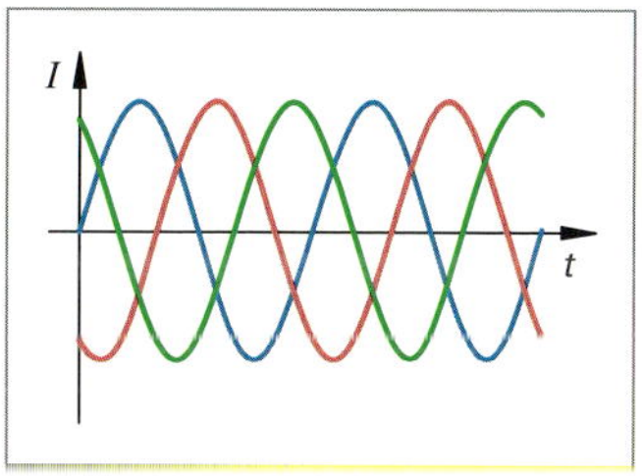

Bild 3: Strom-Zeit-Diagramm Drehstrom

1.20.7 | ELEKTRISCHE ARBEIT UND ELEKTRISCHE LEISTUNG

Den Begriff Arbeit haben alle Energieformen gemeinsam. In der Mechanik spricht man von Arbeit W, wenn unter dem Einfluss einer Kraft F ein Weg s zurückgelegt wird.

In der Elektrotechnik spricht man von der Verrichtung einer **Arbeit *W*,** wenn unter dem Einfluss einer Spannung U eine Ladung Q verschoben wird:

$$W = U \cdot Q$$

U	Q	W
V	C = A · s	V · C = V · A · s = J

Da die elektrische Ladung Q auch der Stromstärke I innerhalb einer Zeit t entspricht, ergibt sich für die **elektrische Arbeit *W***:

$$W = U \cdot I \cdot t$$

U	I	t	W
V	A	s	V · A · s = W · s = J

Die Einheit der elektrischen Arbeit W ist Joule (J). Dabei gilt 1 J = 1 Ws.

Unter dem Begriff **Leistung *P*** versteht man die innerhalb einer bestimmten **Zeit *t*** verrichtete **Arbeit *W*.** Übertragen auf die elektrische Leistung ergibt sich:

$$P = \frac{W}{t} = \frac{U \cdot I \cdot t}{t} \Rightarrow P = U \cdot I$$

U	I	P
V	A	V · A = W

Die elektrische Leistung *P* wird in Watt (W), Kilowatt (kW) oder in Megawatt (MW) gemessen.

Die Berechnung der elektrischen Leistung kann auf Basis des Ohmschen Gesetzes auch aus Spannung und Widerstand bzw. aus Stromstärke und Widerstand erfolgen:

$$P = U \cdot I = U \cdot \frac{U}{R} \Rightarrow P = \frac{U^2}{R}$$

$$P = U \cdot I = I \cdot R \cdot I \Rightarrow P = R \cdot I^2$$

Hier wird deutlich, dass der Zusammenhang zwischen Spannung und Leistung bzw. zwischen Stromstärke und Leistung nicht linear, sondern quadratisch ist.

Wird eine Spannung an einem Widerstand verdoppelt, vervierfacht sich die Leistung, die im Widerstand in Wärme umgewandelt wird.

Wird der Strom durch einen Widerstand verdoppelt, vervierfacht sich die Leistung, die im Widerstand in Wärme umgewandelt wird.

Diese Gleichungen gelten für Gleichstrom. Sie haben auch bei Wechselstrom Gültigkeit, wenn außer einem Ohmschen Widerstand keine induktiven Verbraucher (Spulen) oder kapazitiven Verbraucher (Kondensatoren) vorhanden sind.

Bei einem Drehstrom ist der Stromverlauf in den drei stromführenden Leitungen zeitlich verschoben. Diese Leistung (ohne Spule und ohne Kondensator) berechnet man mit dem Verkettungsfaktor $\sqrt{3}$.

Für die elektrische Leistung *P* von Drehstrom ohne induktive und kapazitive Verbraucher gilt:

$$P = U \cdot I \cdot \sqrt{3}$$

U	I	P
V	A	V · A = W

Bei Verbrauchern, die neben dem ohmschen Widerstand auch Spulen und Kondensatoren enthalten, kommt es zu einer zeitlichen Phasen-Verschiebung zwischen Strom und Spannung. Durch diese Verschiebung steht dem Verbraucher eine geringere Leistung zur Verfügung. Man spricht hier von der **Wirkleistung** und dem **Leistungsfaktor cos φ**.

Der Leistungsfaktor darf nicht als Wirkungsgrad verstanden werden, sondern als eine Art Ausnutzungsfaktor. Den Leistungsanteil, der nicht ausgenutzt werden kann, bezeichnet man als Blindleistung. Die Blindleistung wird nicht in Wärme umgewandelt. Sie dient dazu magnetische oder elektrische Felder aufzubauen und wird beim Abbau der Felder wieder zurückgeliefert.

Für die elektrische Leistung *P* von Wechselstrom mit induktiven und kapazitiven Verbrauchern gilt:

$$P = U \cdot I \cdot \cos\varphi$$

U	I	P
V	A	V · A = W

Für die elektrische Leistung *P* von Drehstrom mit induktiven und kapazitiven Verbrauchern gilt:

$$P = \sqrt{3} \cdot U \cdot I \cdot \cos\varphi$$

U	I	P
V	A	V · A = W

BEISPIEL 1.6 | Leistungsberechnung eines Drehstrommotors

Ein Drehstrommotor wird an 400 V angeschlossen. Der Leistungsfaktor beträgt $\cos \varphi = 0{,}83$, die Stromstärke $I = 20{,}6$ A.
Welche Leistung P nimmt der Motor auf?

Lösung
$P = \sqrt{3} \cdot U \cdot I \cdot \cos \varphi = \sqrt{3} \cdot 400\text{ V} \cdot 20{,}6\text{ A} \cdot 0{,}83 = 11\,846\text{ W} = \mathbf{11{,}846\text{ kW}}$

1.20.8 | SCHUTZMAẞNAHMEN

Bei den Schutzmaßnahmen wird zwischen Überstrom-Schutzeinrichtungen und Schutzmaßnahmen gegen zu hohe Berührungsspannung unterschieden.

Um Geräte gegen zu hohe Ströme zu schützen, werden sie durch Sicherungen geschützt. Hierzu zählen die Schmelzsicherungen, die Leistungsschutzschalter und die Motorschutzschalter.

Schmelzsicherungen haben im Inneren einen kleinen bandförmigen Schmelzleiter, der bei einer zu hohen Stromstärke schmilzt und damit den Stromkreis unterbricht. Es gibt Sicherungen von 10 A bis 50 A, die durch einen Farbring gekennzeichnet sind und unterschiedliche Durchmesser an den Fußkontakten haben.

Leitungsschutzschalter (Sicherungsautomaten) trennen bei Überlastung den Stromkreis über einen Bimetallschalter und im Falle eines Kurzschlusses unterbricht ein magnetischer Schalter sofort den Stromkreis.

Motorschutzschalter werden am Anfang der Motorzuleitung eingebaut und haben gleichfalls zwei Abschaltmechanismen. Zum einen wird die Temperatur im Inneren überwacht und bei Überlastung getrennt und zum anderen reagiert ein elektromagnetischer Auslöser bei kurzen, hohen Stromstärken und schaltet den Motor ab.

In allen Anlagen, die mit über 50-V-Wechselspannung und 120-V-Gleichspannung arbeiten, sind Schutzmaßnahmen vorgeschrieben, die gegen eine zu hohe Berührungsspannung absichern. Die Verdrahtung in allen Gebäuden muss einen **PE-Leiter** (Schutzerdung) haben, welcher mit dem Fundamenterder des Gebäudes verbunden ist und einen möglichen Fremdstrom in die Erde ableitet. Über den gelb-grünen Schutzleiter in der Gebäudeverdrahtung ist jedes Gerät mit einem metallischen Gehäuse über das Stromanschlusskabel hiermit verbunden. Ein Fehlerstrom kann so abfließen. Berührt ein Mensch ein spannungsführendes Gehäuse, fließt durch den menschlichen Körper (großer Widerstand) nur ein kleiner Strom, während der Großteil des Stroms durch den Schutzleiter (kleiner Widerstand) fließt.

Transportable Kleingeräte haben eine **Schutzkontakt-Steckverbindung**, die einen gelb-grünen Schutzleiter beinhaltet. Stationäre Kleingeräte haben einen fest verbauten Schutzkontaktstecker.

Über eine **Schutzisolierung** werden alle metallischen Bauteile, die bei einem Fehler unter Spannung stehen könnten, isoliert.

Lässt sich nicht vermeiden, dass der Mensch mit leitenden Teilen eines elektrischen Gerätes in Berührung kommt, dürfen die Geräte nur mit einer **Kleinspannung** betrieben werden.

Fehlerstromschutzschalter (FI-Schalter) werden in den Schaltkasten einer Anlage oder in den Sicherungskasten eines Gebäudes eingebaut und schalten im Falle eines Fehlerstroms ab.

Für die unterschiedlichen Einsätze und Aufstellungsorte von Maschinen und Geräten gibt es **IP-Schutzarten,** die festlegen, welchen Schutzgrad das elektrische Gerät oder die elektrische Maschine hat. In den Schutzarten finden sich Kennziffern, die den Schutz gegen Berührung, gegen Eindringen von Fremdkörpern und gegen Wasser beschreiben. Nähere Angaben finden sich im Tabellenbuch.

1.21 TECHNICAL ENGLISH

1.21.1 TECHNICAL DRAWINGS

Technical drawings are made to specify the shape, size, structure and function of workpieces, assembly groups and systems. According to their content and purpose, these drawings are classified e.g. in freehand sketches, component drawings, assembly drawings, general arrangement drawings and exploded views.

Projection methods of workpieces

The first-angle projection **(figure 1)** is used in Germany and most European countries.

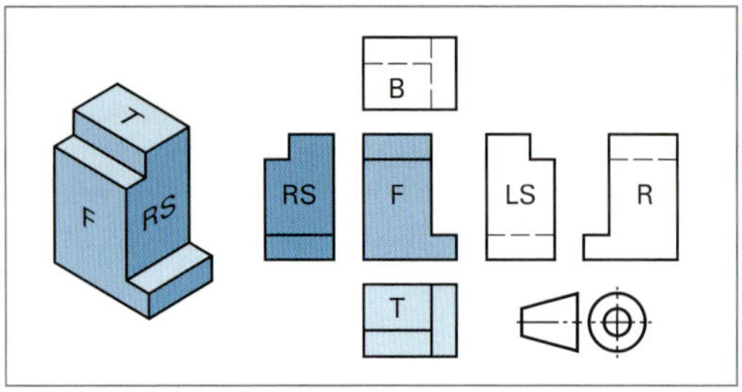

Figure 1: First-angle projection

The third-angle projection **(figure 2)** is used in English speaking countries. The letters in the views mean: F = Front, RS = Right Side, LS = Left Side, T = Top, B = Bottom, R = Rear.

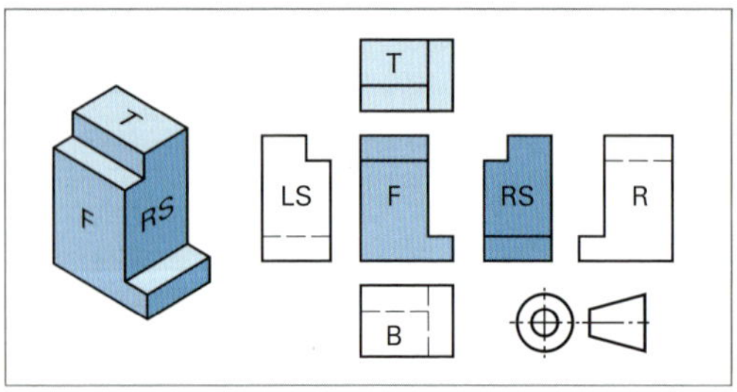

Figure 2: Third-angle projection

Words	
technical drawing	Technische Zeichnung
to specify	festlegen, bestimmen
shape	Form, Gestalt
size	Größe
workpiece	Werkstück
assembly group	Baugruppe
according to	gemäß, bezogen auf
content	Inhalt
purpose	Zweck, Gebrauch
to be classified	eingeteilt sein
freehand sketch	Freihandskizze
component drawing	Werkstückzeichnung
assembly drawing	Baugruppenzeichnung
general arrangement drawing	Gesamtzeichnung
exploded view	Explosionszeichnung
projection method	Projektionsmethode
first-angle projection	Projektionsmethode 1
third-angle projection	Projektionsmethode 3
sectional view	Schnittdarstellung
counterbore	Senkung
view	Ansicht
hidden line	verdeckte Kante
dimension	Maß
(full) section	(Voll-) Schnitt
half or partial section	Halb- oder Teilschnitt

Sectional views

If a part has for example a counterbore, sectional views are required to make the internal contour visible. In a normal view the counterbore is just shown with hidden lines. Due to the fact, that it is not allowed to add dimensions to a hidden line, a sectional view is necessary. Therefore either a full section, a half section or a partial section can be used to dimension the part properly **(figure 3)**.

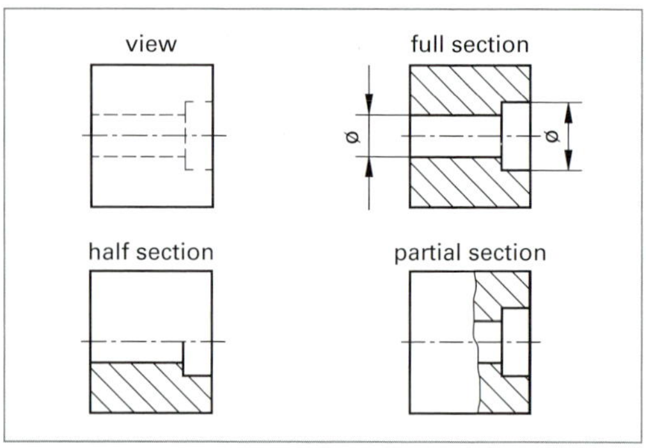

Figure 3: Section types

1.21.2 | THREADS

Components with threads is the most common used joining technology. A screw joint consists of a component with an external thread and a component with an internal thread.

Functional principle of a thread

A helical line arises if a point is moved parallel to the cylinder axis on the skin surface of a rotating cylinder. The height that is covered during one revolution of the cylinder is equal to the pitch P of the screw thread. The unwinding of the helical line results in an inclined plane **(figure 1)**. The angle between the circumference and the helical line is the pitch angle φ.

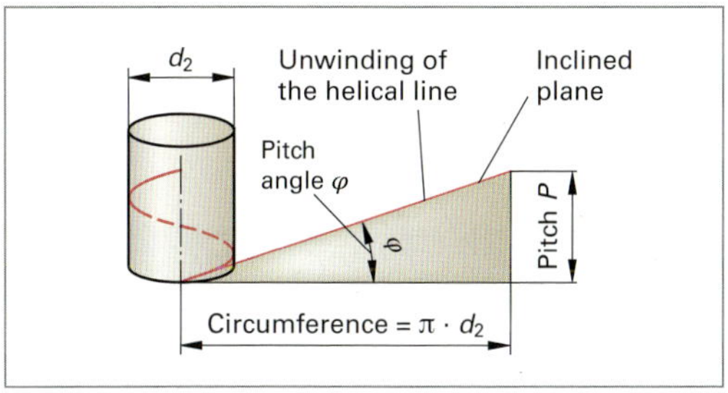

Figure 1: Helical line

Classification by screw thread profile

A **metric ISO thread** **(figure 2)** has a flank angle of 60°. The symbol M with the nominal diameter (e.g. M12) indicates a standard thread. A fine thread has a smaller pitch than the standard pitch. The screw thread designation of a fine thread includes the pitch to the diameter (e.g. M12 x 0.5).

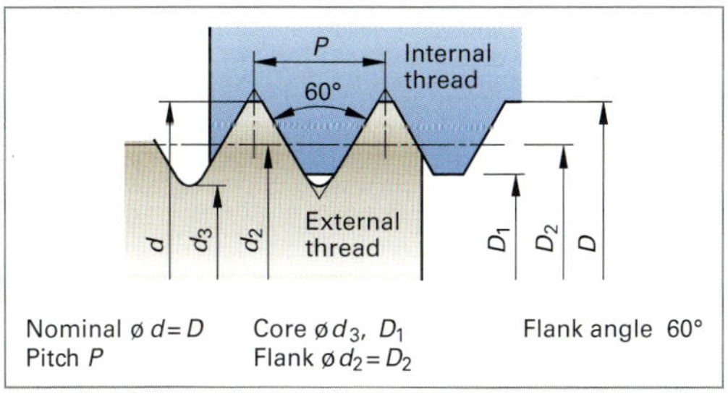

Figure 2: Metric ISO thread

A **pipe thread** has a flank angle of 55° **(figure 3)**. The external threat is measured and designated in inches (1 inch = 25.4 mm). Pipe threads are often used in water pipes. A **G** is used as designation for external and internal threads (e.g. **G 3/4**).

If a metal sealing thread is required, a tapered external thread (R 3/4) is used in conjunction with a cylindrical internal thread (Rp 3/4).

Words	
thread	Gewinde
joining technology	Fügeverfahren
screw joint	Schraubenverbindung
external thread	Außengewinde
internal thread	Innengewinde
functional principle	Funktionsprinzip
helical line	Schraubenlinie
to arise	entstehen
cylinder axis	Zylinderachse
skin surface	Mantelfläche
rotating cylinder	rotierender Zylinder
height	Höhe
to cover	(Strecke) zurücklegen
revolution	Umdrehung
pitch	hier: Steigung
unwinding	Abwicklung
inclined plane	schiefe Ebene
angle	Winkel
circumference	Umfang
pitch angle	Steigungswinkel
classification	Einteilung
screw thread profile	Gewindeprofil
metric ISO thread	metrisches ISO-Gewinde
standard thread	Standardgewinde
fine thread	Feingewinde
designation	Bezeichnung
core diameter	Kerndurchmesser
flank diameter	Flankendurchmesser
nominal diameter	Nenndurchmesser
pipe thread	Rohrgewinde
water pipe	Wasserrohr
sealing	Dichtung
tapered	koglig
conjunction	Verbindung

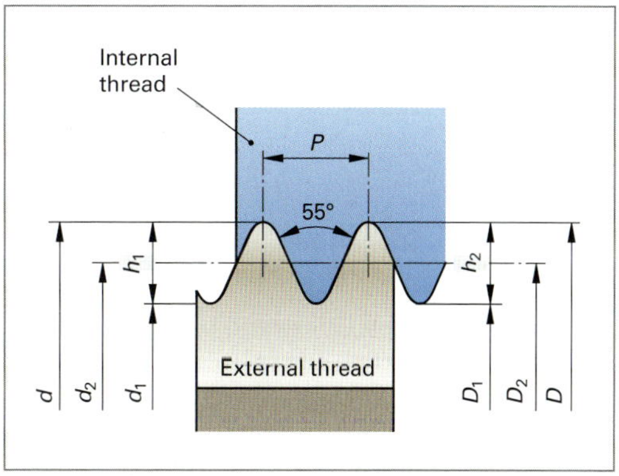

Figure 3: Pipe thread

Trapezoidal threads have a flank angle of 30° **(figure 1)**. They are used as motion-transmitting threads, e. g. for a bench vice. The designation of a trapezoidal thread includes the symbol **Tr** with the nominal diameter and the pitch **(Tr 20 x 4)**.

A **buttress screw thread** has a flank angle of 33° **(figure 2)**. It has a high load capacity in one direction because of the asymmetrical screw thread. The **S** is used as its designation with the nominal diameter and the pitch (S 36 x 6).

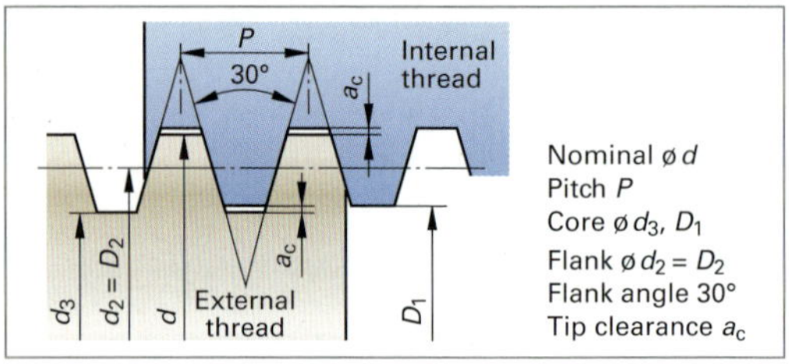

Firgure 1: Trapezoidal thread

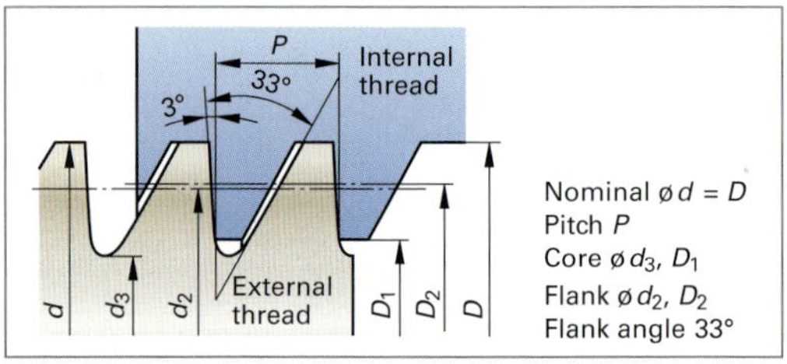

Figure 2: Buttress screw thread

Classification by direction of rotation

The big majority of threads are **right-handed threads**, which are tightened clockwise. The **left-handed threads** are screwed in counter-clockwise and are used for a specific direction of rotation, e. g. for the foot pedal on the right side of a bicyle. Left-handed threads have to be marked with the letters "LH", e. g. M 12-LH.

Classification by the number of start

Multi-start threads are used, if large axial motions are required for one revolution **(figure 3)**. The designation indicates the screw profile, the nominal diameter, the lead P_h and the pitch P **(figure 3)**. For example: **Tr 32 x 18 P6** is a 3-start (18/6) trapezoidal screw thread with a nominal diameter of 32 mm, a lead of 18 mm and a pitch of 6 mm.

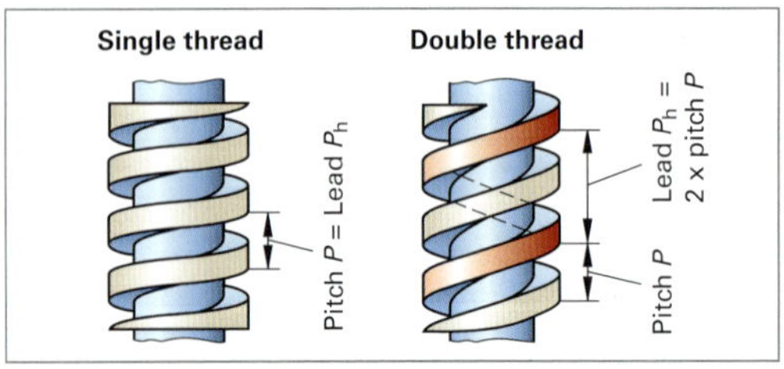

Figure 3: Single- and dual-start-thread

Words (English)	Words (German)
trapezoidal thread	Trapezgewinde
motion-transmitting thread	Bewegungsgewinde
bench vice	Schraubstock
buttress screw thread	Sägengewinde
load capacity	Belastbarkeit
asymmetrical	asymmetrisch
direction of rotation	Bewegungsrichtung
right-handed thread	Rechtsgewinde
to tighten	anziehen
clockwise	im Uhrzeigersinn
left-handed thread	Linksgewinde
counter-clockwise	gegen den Uhrzeigersinn
foot pedal	Pedal, Tretkurbel
to mark	markieren
number of start	hier: Gangzahl
multi-start threads	mehrgängige Gewinde
axial	axial
to be required	erforderlich sein
revolution	Umdrehung
lead	Steigung je Umdrehung
pitch	Steigung Zahn zu Zahn

EXERCISES | REPETITION AND CONSOLIDATION

1. Explain the differences between the first-angle and third-angle projection method.
2. Describe when you have to use sectional views.
3. Determine the name, nominal diameter and pitch of the following threads: M10; M8 × 0,25; G1; Tr24 × 5; S30 × 5
4. Name two examples where typically a trapezoidal thread is used.
5. Describe the difference between the lead and the pitch of a multi-start thread.
6. Explain why a left-handed thread is required for the foot pedal on the right side of a bicycle.

Lernfeld 1

1.21.3 | TOLERANCES

It is impossible to manufacture components with absolute precise dimensions, because all production processes are more or less imprecise. Therefore all dimensions in a technical drawing must be defined with tolerances. Because technical product designers know that higher accuracy increases significantly the manufacturing cost, they specify the tolerances in the drawing as large as possible and as small as required.

Tolerances

All dimensions in a technical drawing have the unit millimetre. The written number above the dimension line is the nominal dimension of the part. The allowed difference between the dimension of the real part and the nominal dimension is specified with tolerances. The tolerance of a dimension in a technical drawing can be defined in several different ways:

- with general tolerances according to DIN ISO 2768.
- with upper and lower allowances, written behind the nominal dimension.
- with a letter and a number written behind the nominal dimension to define a certain fit.
- with form and position tolerances.

General tolerances

If the dimension in a drawing is a number with no extension, the general tolerance, which is defined in the title block of the drawing, must be applied. The general tolerance for linear and angular dimensions can be defined according to DIN ISO 2768 as fine (f), medium (m), rough (c) or very rough (v).

Allowances

If the tolerance of a dimension should differ from the general tolerance, the technical product designer can for example add an extension behind the nominal dimension. The tolerance limits can be defined with an upper and lower allowance, which must be written behind the nominal dimension. The upper allowance is either written above the lower allowance (a) or the upper allowance is followed by a slash and then the lower allowance (b) **(Figure 1)**.

Measuring the tolerance

Measuring instruments indicate the dimensions of a workpiece. The vernier calliper **(figure 2)** is the most common precision measuring instrument used in mechanical engineering.

Words	
tolerance	Toleranz
precise	genau
accuracy	Genauigkeit
manufacturing	Fertigung
unit	Einheit
nominal dimension	Nennmaß
general tolerances	Allgemeintoleranzen
upper allowance	Oberes Abmaß
lower allowance	Unteres Abmaß
fit	Passung
form and position tolerances	Form- und Lagetoleranzen
to apply	anwenden
linear and angular dimensions	Längen- und Winkelmaße
extension	Erweiterung
slash	Schrägstrich
vernier calliper	Messschieber
mechanical engineering	Maschinenbau

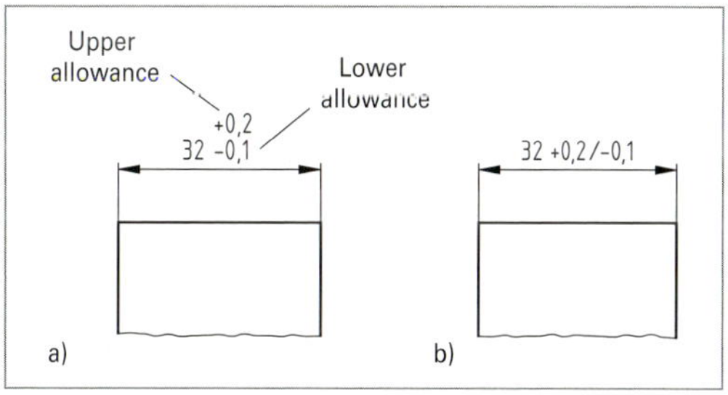

Figure 1: Upper and lower allowance

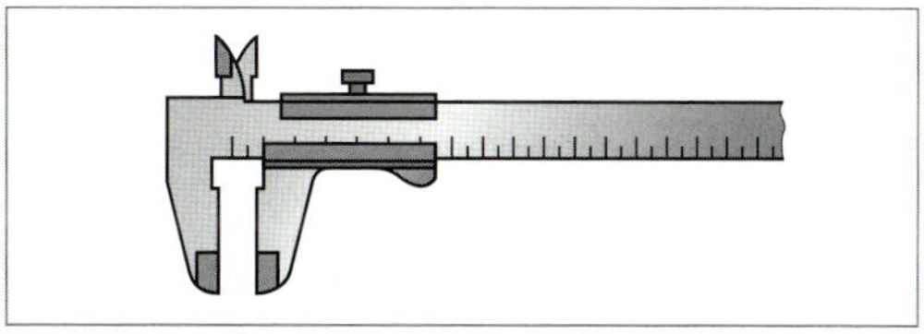

Figure 2: Vernier calliper

Lernfeld 2 | BAUTEILE UND BAUGRUPPEN COMPUTERUNTERSTÜTZT ERSTELLEN

Für die computerunterstützte Erstellung und Bearbeitung von Datensätzen sind vielfältige Grundkenntnisse erforderlich. Wie werden **Modelle** erzeugt? Welche **Modelltypen** gibt es? Was versteht man unter **Abhängigkeiten**? Nur ein paar Fragen, die in diesem Kapitel beantwortet werden. Auch die geometrischen Zusammenhänge werden erläutert.

Weiterhin werden beispielhaft einige Abläufe zur Erstellung von Bauteil- und Baugruppendateien sowie die Ableitung von Zeichnungen aufgezeigt.

Auch funktions-, fertigungs- und montagegerechte Aspekte der **Gestaltung** von Bauteilen und Baugruppen werden betrachtet.

Weitere Themen sind die **Informationssicherheit** sowie die **Qualität** der erstellten technischen Dokumente.

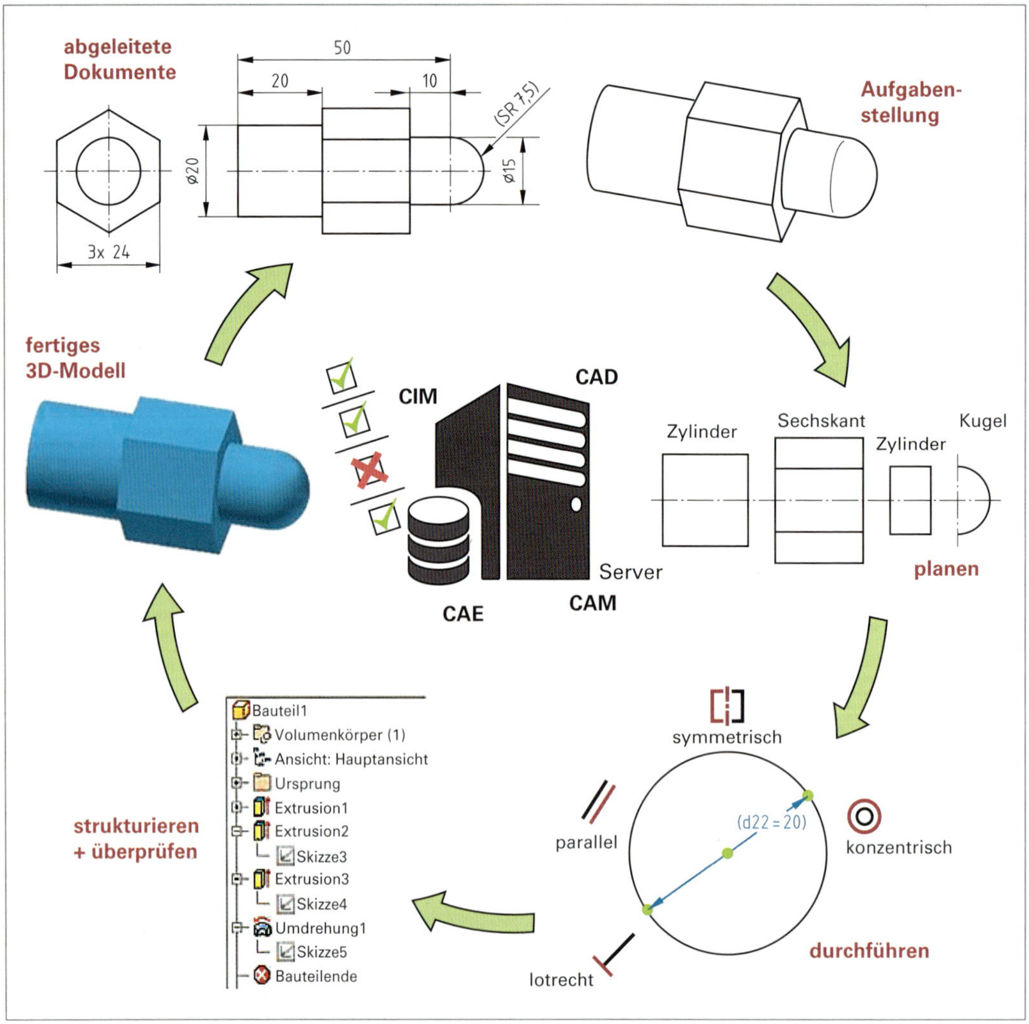

Gegen Ende der 80er-Jahre erfolgte der Einzug der Computersysteme in die Konstruktionsabteilungen. Bis dahin bestand das Handwerkszeug eines Technischen Zeichners üblicherweise aus Lineal, Bleistift, Tuschefüller, Rasierklinge und Zeichenbrett.

Die Zeichenbretter verschwanden und wurden durch ihre elektronischen Pendants in Form von **2D-CAD-Systemen** ersetzt. Die grundsätzliche Arbeitsweise des Konstrukteurs änderte sich durch diese Innovationen kaum. Das Neue war nur das Werkzeug, mit dem nunmehr die Arbeit verrichtet wurde. Die Weiterentwicklung der 2D-Systeme führte über eine Zwischenstufe, mit der es möglich war, statische, räumliche Ansichten von Bauteilen aus mehreren 2D-Ansichten zu entwickeln (2½D), schließlich zu den ersten 3D-Konstruktionssystemen.

Diese Systeme waren zunächst extrem komplex zu bedienen, verlangten darüber hinaus nach einer spezifischen Hardware und waren sehr teuer in der Anschaffung. Diese Ressourcen konnten seiner Zeit nur von den Großkonzernen der Automobilindustrie aufgebracht werden. Mit der Einführung der **3D-CAD-Systeme** änderte sich nun auch die Arbeitsweise des Konstrukteurs. Das Erzeugen eines **3D-Modells** durch das Erstellen einzelner Flächen oder durch das Zusammenfügen von Grundkörpern zu einem Bauteil unterschied sich grundlegend von dem Zeichnen einzelner Linien oder Flächen im 2D-System.

Mit der Entwicklung und vor allem mit der Verbreitung immer leistungsstärkerer und günstigerer PCs wurden die 3D-Systeme besser handhabbar und deren Nutzung wirtschaftlich vertretbar. Vor allem im Formen- und Werkzeugbau setzten sich 3D-Systeme schnell durch. Diese Entwicklung wurde und wird begünstigt durch die Entwicklung im Bereich der **NC-gesteuerten Bearbeitungsmaschinen,** die auf der Basis von 3D-Geometrien arbeiten.

Die modernen 3D-Systeme der neuesten Generation, die mittlerweile in hohem Maße Einzug in den mittelständischen Maschinenbau gehalten haben, sind dadurch geprägt, dass sie über einen reichhaltigen Funktionsumfang verfügen, der weit über die reine Erstellung geometrischer Modelle hinausgeht. Durch neuartige Verfahren, wie das sogenannte **parametrische Konstruieren,** entstehen Modelle, die auf vielen Ebenen durch Verknüpfungen und Referenzen miteinander in Abhängigkeiten stehen.

Bild 1 zeigt die Entwicklung der letzten Jahrzehnte.

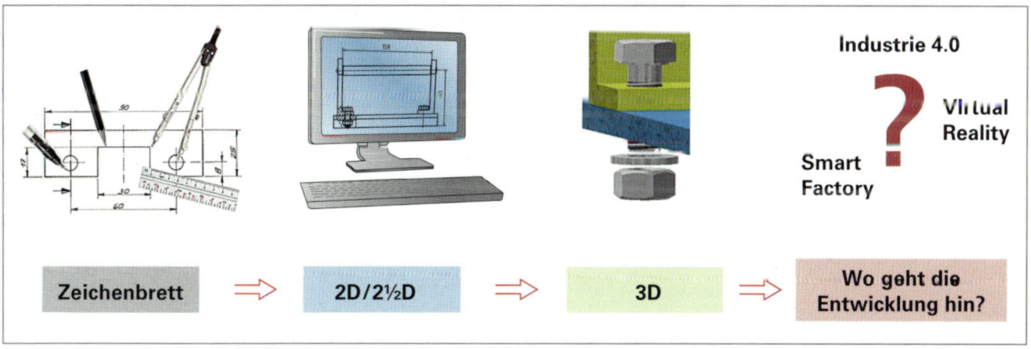

Bild 1: Vom Zeichenbrett zum 3D-Modell

Die Konstruktion komplexer Produkte, die aus einer großen Anzahl einzelner Bauteile und Komponenten bestehen, führt zu komplizierten CAD-Strukturen, die bei einer ungünstigen Arbeitsweise auch **moderne CAD-Systeme** schnell an die Grenzen ihrer Leistungsfähigkeit führen. Umso wichtiger ist es für angehende Technische Produktdesigner, grundlegende Arbeitsweisen, Konstruktionsarten sowie Konstruktionsmethoden zu kennen und korrekt anzuwenden.

2.1 LERNSITUATIONEN

LERNSITUATION 1 | Übertragung einer Zeichnung in ein 3D-CAD-System

In Ihrem Ausbildungsbetrieb bekommen Sie den Auftrag, den in **Bild 1** abgebildeten Stopfen zu Übungszwecken in ihr 3D-CAD-System zu übernehmen. Als Arbeitsvorlage erhalten Sie eine alte Transparentzeichnung des Stopfens.

Aufgabenstellung

1.1 Analysieren Sie, was in der Zeichnung nicht dem heutigen Normenstand entspricht, und wie die normgerechte Ausführung aussehen müsste.

1.2 Analysieren Sie, welche geometrischen Grundkörper in dem Bauteil enthalten sind.

1.3 Erstellen Sie anhand der gewonnenen Erkenntnisse das 3D-Modell sowie die dazugehörige Fertigungszeichnung des Stopfens nach aktuellem Stand der Normung.

1.4 Dokumentieren Sie Ihre grobe Vorgehensweise bei der Erstellung des 3D-Modells (Reihenfolge der Erstellung). Nennen Sie dazu auch die von Ihnen angewendeten Modellierungsverfahren sowie die genutzten booleschen Operatoren.

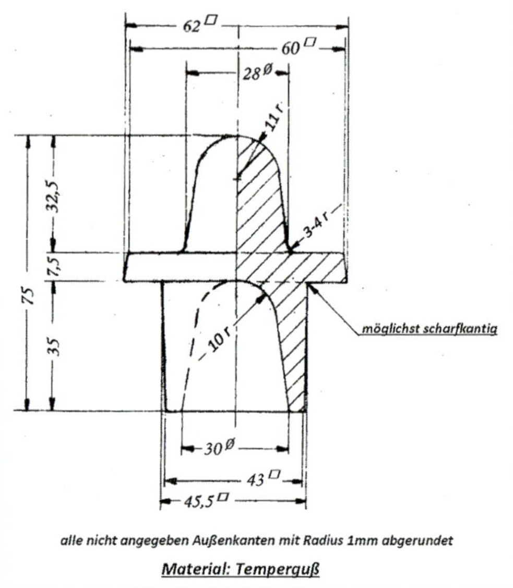

Bild 1: Stopfen

LERNSITUATION 2 | Erstellung eines 3D-Modells

Ihr Ausbilder gibt Ihnen 2 Fotos eines Scharniers, die er mit Maßen ergänzt hat. Sie bekommen den Auftrag, ein 3D-Modell davon zu erstellen. Da es sich um ein symmetrisches Bauteil handelt, sollen Sie auf die entsprechende Ausrichtung im Koordinatensystem achten **(Bild 2)**.

Aufgabenstellung

2.1 Ermitteln Sie nach der Fertigstellung des Modells dessen Masse und die Lage des Schwerpunktes.

2.2 Erstellen Sie eine Fertigungszeichnung von dem Scharnier. Da als Halbzeug ein fertiges Aluminiumprofil verwendet wird, tragen Sie nur die Angaben in die Zeichnung ein, die für die spanende Fertigung erforderlich sind (Durchgangsbohrung Ø7 +0,2/0, Senkbohrungen, seitliche Absätze 3,5 mm und die Stirnflächen).

Das Scharnier wird mit Senkschrauben DIN EN ISO 2009 – M5 × 20 – 5.8 befestigt.

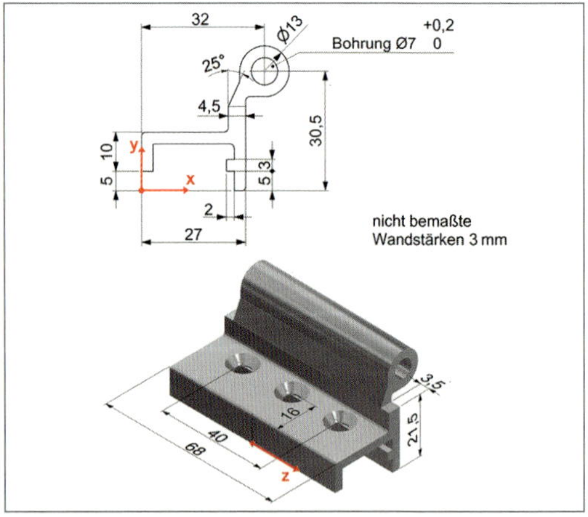

Bild 2: Scharnier

LERNSITUATION 3 | Installation von Sichtschutzscheiben an einer Maschine

Während Ihrer Ausbildung sind Sie u.a. im Konstruktionsbüro Ihres Ausbildungsbetriebes eingesetzt. Von einem Kollegen erhalten Sie einen Arbeitsauftrag, den er Ihnen anhand einer Skizze erläutert **(Bild 1)**. An einer bestehenden Maschine sollen nachträglich transparente Schutzscheiben installiert werden, die mit jeweils 2 Gelenken gelagert werden sollen.

Die Befestigung der Gelenke soll in der vorhandenen Befestigungsleiste erfolgen. Die Kunststoffscheibe soll je Drehgelenk mit 4 Schrauben DIN 7984 M8 × 35 befestigt werden.

Die Verbindung der beiden Gelenkteile soll an der Achse mittels eines Bolzens ISO 2341 (Nenndurchmesser 20 mm) realisiert werden. Die übrigen benötigten Normteile sind festzulegen.

Die Scheibe soll im geschlossenen Zustand senkrecht nach unten hängen. Nach oben hin soll die Scheibe soweit schwenkbar sein, dass sie von selbst in dieser Position hält **(Bild 2)**.

Der Abstand von der Achse zur Befestigungsleiste soll 78 +2/0 mm betragen.

Lernfeld 2

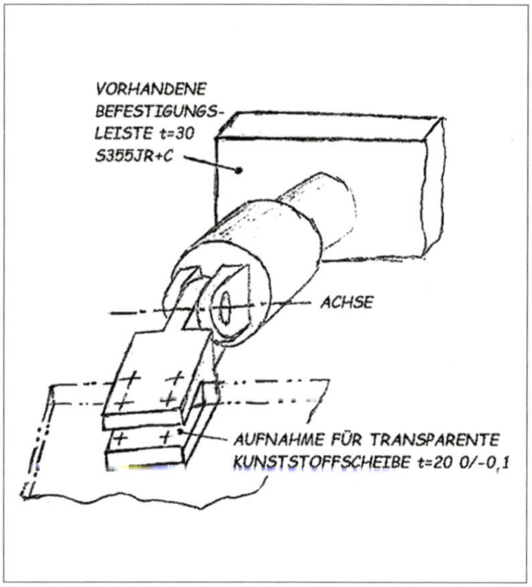

Bild 1: Skizze des Gelenks

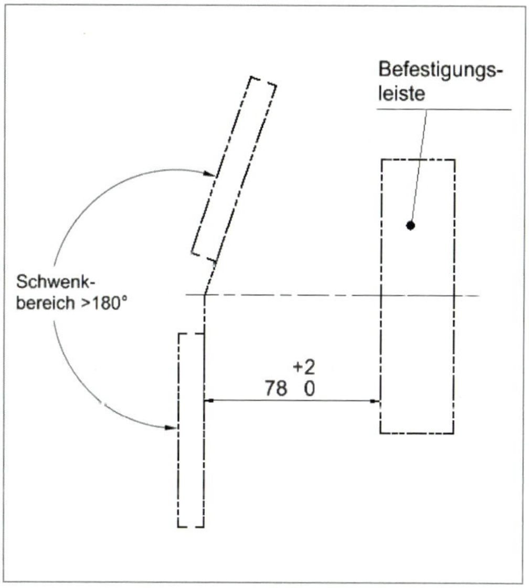

Bild 2: Skizze des Schwenkbereichs

Aufgabenstellung

3.1 Skizzieren Sie einen Entwurf der benötigten Bauteile auf Basis der vorliegenden Informationen. Die Maße der Senkungen für die Zylinderschrauben sind zu ermitteln. Achten Sie auf eine funktions- bzw. fertigungsgerechte Gestaltung. Die vorgegebene Skizze dient nur als grobe Orientierung.

3.2 Erstellen Sie anhand Ihrer Entwürfe die 3D-Modelle der beiden Bauteile.

3.3 Erstellen Sie ein 3D-Modell der Baugruppe „Gelenk" und überprüfen Sie, ob die in Bild 2 gestellten Anforderungen eingehalten werden.

3.4 Fertigen Sie von den beiden Bauteilen jeweils eine Fertigungszeichnung und von der Baugruppe eine Zusammenbauzeichnung an.

3.5 Bei der Montage eines Musterteils stellt sich heraus, dass die Scheibe, aufgrund der Toleranzen, in der Nut keinen festen Sitz hat. Skizzieren Sie zwei alternative Befestigungsmöglichkeiten für die Scheibe an dem Gelenk, die eine spielfreie Montage gewährleisten.

2.2 COMPUTERUNTERSTÜTZTE ARBEITSWELT

Zunehmender **Wettbewerb**, steigende **Kosten** sowie veränderte **Kundenerwartungen** zwingen Unternehmer, sich moderne Unternehmensstrategien anzueignen, um ihren betriebswirtschaftlichen Erfolg sicherzustellen. Der Begriff **Computer Integrated Manufacturing (CIM)** gewinnt in diesem Zusammenhang immer mehr an Bedeutung.

2.2.1 CIM, CAD, CAM ...

Unter **CIM** wird ein **rechnerintegrierter Produktentstehungsprozess** verstanden. Es handelt sich dabei um ein gemeinsames Rechnernetz, das alle Aufgabenbereiche eines Unternehmens miteinander verbindet. Die Ziele sind der problemlose **Austausch** von **Daten, Informationen** und sonstigen **Hilfsmitteln** in Unternehmen sowie die **Gestaltung** von **Prozessen** und **Abläufen** über Unternehmensbereiche hinweg.

Bausteine des **CIM-Konzeptes** sind z. B.:

- **CAE (C**omputer **A**ided **E**ngineering)
  Lösung technischer und wissenschaftlicher Probleme vor und während des ingenieurmäßigen Entwicklungs- und Konstruktionsprozesses, z. B. Bewegungssimulationen, Kollisionsprüfungen, ...
- **CAD** (**C**omputer **A**ided **D**esign)
  Erstellung von virtuellen Bauteilen und Baugruppen (CAD-Modellen), Plänen und Zeichnungen
- **CAM** (**C**omputer **A**ided **M**anufacturing)
  Steuerung von Produktions- und Fertigungsvorgängen, z. B. bei Werkzeugmaschinen und Industrierobotern
- **CAP (C**omputer **A**ided **P**lanning)
  Planung von Arbeitsprozessen
- **PPS** (**P**roduktions-**P**lanung und -**S**teuerung)
  Mengensteuerung, Termin- und Kapazitätssteuerung, Auftragsveranlassung und -überwachung
- **CAQ** (**C**omputer **A**ided **Q**uality Control)
  Qualitätskontrolle bzw. Qualitätssicherung

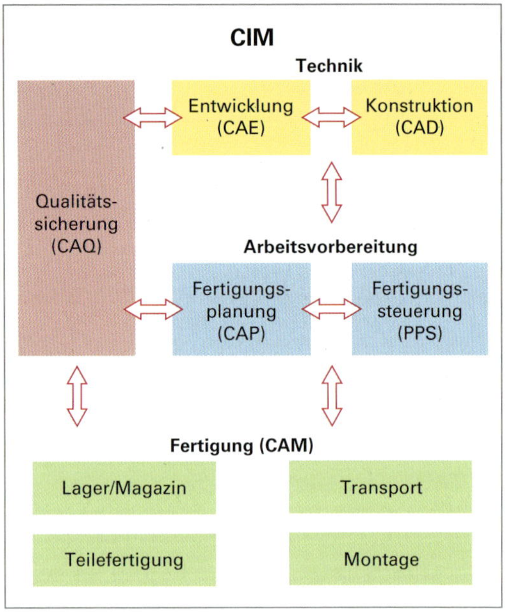

Bild 1: Verknüpfung der einzelnen Bausteine im CIM-Konzept

Die einzelnen Bausteine sind stark miteinander verknüpft **(Bild 1)** und bilden so die Grundlage für steuerbare und funktionierende Unternehmensbereiche. So wird es möglich, jederzeit aktuelle Daten aus allen Bereichen eines Unternehmens aufzurufen, auszuwerten und somit das langfristige Planen der **Unternehmenszukunft** zu gewährleisten.

Ein häufig genutzter übergeordneter **Begriff** für CAD, CAE, CAQ usw. ist **CAx**.

> Die Ziele von **CIM** sind die Bereitstellung und der Austausch von Daten und Informationen in Unternehmen sowie die Gestaltung von Prozessen und Abläufen über Unternehmensbereiche hinweg. Langfristige und sichere Planungen werden dadurch ermöglicht.

Lernfeld 2

2.2.2 | DER ARBEITSPLATZ DES TECHNISCHEN PRODUKTDESIGNERS

Der Arbeitsplatz des Technischen Produktdesigners ist im Allgemeinen ein Bildschirmarbeitsplatz, welcher heutzutage in der Regel aus folgenden Komponenten besteht:

Arbeitstisch, Bürostuhl, Arbeitsplatzrechner (Desktop oder Notebook), **Tastatur, Maus**, einem oder mehreren **Flachbildschirmen, Arbeitsplatzdrucker** usw.

Durch **Netzwerkanbindung** wird meist auch der Zugriff auf zusätzliche Drucker, Plotter usw. ermöglicht.

Bei der Gestaltung von Bildschirmarbeitsplätzen müssen neben sicherheitstechnischen, arbeitsmedizinischen und arbeitspsychologischen Anforderungen auch **ergonomische** und **technische** Anforderungen beachtet werden:

- **ergonomische Anforderungen**

Z. B. die ergonomische Gestaltung des Arbeitsplatzes (höhenverstellbarer Arbeitstisch, zweckmäßige künstliche Beleuchtung bei ausreichend Tageslicht, ausreichende Belüftung usw.) oder auch ergonomisch geformte Arbeitsmittel **(Info)**.

- **technische Anforderungen**

Z. B. die Leistungsfähigkeit des Arbeitsplatzrechners, die Größe des Arbeitsspeichers, die Geschwindigkeit der Datenübertragung im Netzwerk, die Leistungsfähigkeit eingesetzter Software usw.

Durch die Berücksichtigung dieser Anforderungen soll ein effizientes und fehlerfreies Arbeiten sichergestellt und die Mitarbeiter vor Gesundheitsschäden, auch bei langfristiger Ausübung einer Tätigkeit, geschützt werden. Ergonomie hat eine große Bedeutung für den präventiven **Arbeitsschutz**, die **Arbeitssicherheit** und die **Wirtschaftlichkeit** des Unternehmens. Die Steigerung der Mitarbeitermotivation, die Senkung der Krankheitsquote und die Steigerung der Produktivität der Mitarbeiter sind nur einige Beispiele dafür, wie sich eine ergonomische Arbeitsgestaltung auf jeden einzelnen Menschen und das gesamte Unternehmen auswirken kann.

> **i**
>
> **Info: Ergonomie**
>
> Ergonomie ist die Wissenschaft von der menschlichen Arbeit. Der Begriff **Ergonomie** setzt sich aus den griechischen Wörtern **„ergon"** (Arbeit) und **„nomos"** (Gesetz, Regel) zusammen. Man versteht darunter die Anpassung der Arbeitsbedingungen an den Menschen und nicht umgekehrt. **Ziel** ist es, eine **gute Arbeitsatmosphäre** zu schaffen und die Bedingungen so zu gestalten, dass eine möglichst **geringe gesundheitliche Belastung** entsteht.

In vielen Unternehmen ist es üblich, dass jeder Mitarbeiter einen festen Arbeitsplatz hat, der auf seine Bedürfnisse angepasst ist. Im Zuge der Einführung von flexiblen Arbeitszeiten, Jobsharing und Homeoffice gibt es zunehmend Modelle, bei denen sich mehrere Arbeitnehmer einen Arbeitsplatz teilen oder sogar keinerlei feste Zuordnung besteht. Umso flexibler muss ein solcher Arbeitsplatz sein, um den Anforderungen mehrerer wechselnder Mitarbeiter gerecht zu werden.

Trotz neuer Erkenntnisse zur Arbeitsgestaltung und des technischen Wandels, der sich an Arbeitsplätzen im Bereich Konstruktion vollzieht, ist eines geblieben: Die eigentliche Arbeitsweise basiert noch immer auf dem **EVA-Prinzip**. EVA steht hier für **Eingabe, Verarbeitung** und **Ausgabe**. Entsprechend lassen sich die einzelnen Komponenten eines CAD-Arbeitsplatzes zuordnen **(Tabelle 1)**.

Tabelle 1: EVA-Prinzip

Eingabe	Verarbeitung	Ausgabe
Tastatur	Prozessor (CPU)	Bildschirm
Maus (herkömmlich bzw. 3D)	Arbeitsspeicher (RAM)	Drucker
Eingabetableau	Betriebssystem	Plotter
Joystick	Software	3D-Drucker
Scanner	–	Beamer

2.3 | ANWENDEN VON INFORMATIONS- UND KOMMUNIKATIONSTECHNIKEN

Informationen stellen einen wesentlichen Wert für Unternehmen dar. Die **Sicherheit** und **Zuverlässigkeit** der Informations- und Kommunikationstechnik werden deshalb ebenso wie der vertrauenswürdige Umgang mit Informationen immer wichtiger. Unzureichend geschützte Informationen stellen einen **Risikofaktor** dar, der existenzbedrohende Ausmaße annehmen kann. Die von Technischen Produktdesignern erstellten Dokumente (Zeichnungen, Stücklisten usw.) gehören genauso zu den schützenswerten Informationen wie der tägliche Mailverkehr, Produktfotos, Besprechungsprotokolle usw.

Datenschutz, **Datensicherheit** und **Datensicherung** werden in diesem Zusammenhang häufig unter dem Begriff **Informationssicherheit** zusammengefasst.

2.3.1 | DATENSCHUTZ

Der **Datenschutz** beschäftigt sich mit dem **Schutz der Personen**, die hinter den Daten stehen. Der Datenschutz ist eine gesellschaftliche Aufgabe, deren Grundlage das **Bundesdatenschutzgesetz** (BDSG) bildet. Zweck dieses Gesetzes ist es, den Einzelnen davor zu schützen, dass er durch den Umgang mit seinen personenbezogenen Daten in seinem Persönlichkeitsrecht beeinträchtigt wird.

Das **Ziel des Datenschutzes** ist der Schutz von personenbezogenen Daten gegen Missbrauch, während deren Erhebung, Verarbeitung und Nutzung.

2.3.2 | DATENSICHERHEIT

Unter **Datensicherheit** werden Maßnahmen verstanden, welche die **Daten** selbst schützen. Dabei kann es sich um Daten in elektronischer oder Papierform handeln.

Das **Ziel** der Datensicherheit besteht in der **Sicherung** von **Integrität**, **Verfügbarkeit**, **Vertraulichkeit** und **Authentizität** von Daten **(Info)**.

Info: Begriffe der Informationssicherheit

Integrität: Korrektheit (Unversehrtheit) von Daten

Authentizität: Echtheit, Überprüfbarkeit und Vertrauenswürdigkeit von Daten

2.3.3 | DATENSICHERUNG

Darunter versteht man die **Gesamtheit** der **Maßnahmen** zum Schutz von Daten in ihrem **Bestand**, ihrer **Form** und ihrem **Inhalt** vor gewollten oder ungewollten **Störungen** durch Menschen oder Umwelt.

Die **Ziele** der Datensicherung sind der **Schutz vor Datenverlust** sowie die Sicherstellung der exakten **Wiederherstellbarkeit** von Daten.

Jeder Anwender kann durch die Einhaltung einfacher **Sicherheitsregeln** dazu beitragen, den genannten Zielen näher zu kommen. Hier einige Beispiele:

- Sichere Passwörter verwenden sowie diese regelmäßig wechseln.
- Den PC bei Verlassen des Arbeitsplatzes sperren.
- Sensible Unterlagen nicht frei zugänglich machen bzw. liegen lassen.

- Daten nur dort speichern, wo regelmäßige Datensicherung gewährleistet ist.
- Mails unbekannter Herkunft nicht öffnen, um die Verbreitung von Schadware zu vermeiden.
- Keine ungeschützten mobilen Datenträger verwenden.

2.3.4 | DATENAUSTAUSCH

Eine Arbeitswelt ohne **Datenaustausch** ist nicht mehr vorstellbar. Umso wichtiger ist die Einhaltung der zuvor genannten **Sicherheitsregeln**.

Unter Datenaustausch versteht man den internen oder externen Austausch von Daten, z. B.:

- die elektronische Versendung von CAD-Modellen an ein externes Konstruktionsbüro oder einen Zulieferer,
- den Datenaustausch mit der Fertigung (CAM),
- den Datenaustausch zwecks Rapid-Prototyping (z. B. 3D-Druck).

Da der Empfänger diese Daten meist zur weiteren Be- oder Verarbeitung erhält, muss sichergestellt werden, dass er diese auch mit den ihm zur Verfügung stehenden Mitteln lesen bzw. bearbeiten kann. Dies ist angesichts der systemspezifischen **Dateiformate** im Bereich Konstruktion oftmals nicht der Fall.

Tabelle 1 zeigt die im Bereich Konstruktion gängigen CAD-Systeme und deren Dateiformate.

Tabelle 1: Systemspezifische Dateiformate

Hersteller	Autodesk		3DS	PTC	Siemens PLM	
System	Inventor	AutoCAD	SolidWorks, CATIA	Creo Parametric	Solid Edge	NX
	Dateiformate					
Bauteil	.ipt	.dwg	.SLDPRT, .CATPart	.prt	.par	.dpv
Baugruppe	.iam		.SLDASM, .CATProduct	.asm	.asm	.assy

CAD-Austauschformate

Aufgrund der Probleme, die beim Austausch von Daten aufgrund der unterschiedlichen Dateiformate entstehen, wurden **Datenaustauschformate** entwickelt. Sie gelten als systemneutral.

Tabelle 2 informiert über die gängigen Formate im Detail.

Tabelle 2: Merkmale von CAD-Austauschformaten

STEP: **St**andard for the **E**xchange of **P**roduct Model Data (**.stp, .step**)

- Es handelt sich um eine von der ISO initiierte Schnittstellennorm, die über den reinen Geometriedatenaustausch (wie über DXF oder IGES) hinausgeht.
- Möglichst alle Produktdaten, die während der Produktlebensdauer anfallen, können dargestellt und zwischen unterschiedlichen CAx-Systemen übertragen werden.
- In der Geometriebeschreibung können sämtliche Formen (Draht-, Flächen-, Volumenmodelle) von CAD-Datenmodellen integriert werden.
- Es besteht die Möglichkeit, bei Zusammenbauten Informationen über die hierarchische Struktur weiterzugeben.

STL: **S**tandard **T**essellation **L**anguage (**.stl**)

- Beschreibt Oberflächen von 3D-Körpern mithilfe von Dreiecksfacetten. Eine Dreiecksfacette wird durch die drei Eckpunkte und die zugehörige Flächennormale des Dreieckes charakterisiert.
- Gekrümmte Oberflächen werden durch die Dreiecke nur angenähert.
- Die Datenmenge kann enorme Größen erreichen.
- Häufige Anwendung im Bereich 3D-Druck.

Der komplexe **Vorgang des Konstruierens** umfasst:

- die Anwendung von Wissen und Erfahrung, kombiniert mit neuen Ideen
- das Anstreben einer, nach technischen und wirtschaftlichen Kriterien, optimalen Lösung
- das vorausschauende Analysieren der funktionellen und gestalterischen Struktur technischer Erzeugnisse
- das Erzeugen aller im Produktentstehungsprozess erforderlichen technischen Unterlagen

Konstruktionsarten

Im Wesentlichen werden drei Konstruktionsarten unterschieden **(Bild 1)**:

Variantenkonstruktion

Hierbei wird das Lösungskonzept einer bestehenden Konstruktion übernommen. Es werden lediglich Maße geändert (Dimension), Details weggelassen oder ergänzt (Geometrie). Oft erfolgt die Variantenkonstruktion durch Verändern von variablen Werten (Parametern).

Anpassungskonstruktion

Hierunter versteht man die Änderung bereits bestehender Konstruktionen, z.B. zur Beseitigung von Mängeln oder zur Anpassung an andere Randbedingungen. Bei der „Anpassungskonstruktion" wird das Konzept beibehalten und das Produkt an geänderte Anforderungen angepasst.

Neukonstruktion

Ein neues Bauteil wird mittels systematischer Konstruktionsmethodik entwickelt. Ähnliche Lösungen waren bisher noch nicht bekannt.

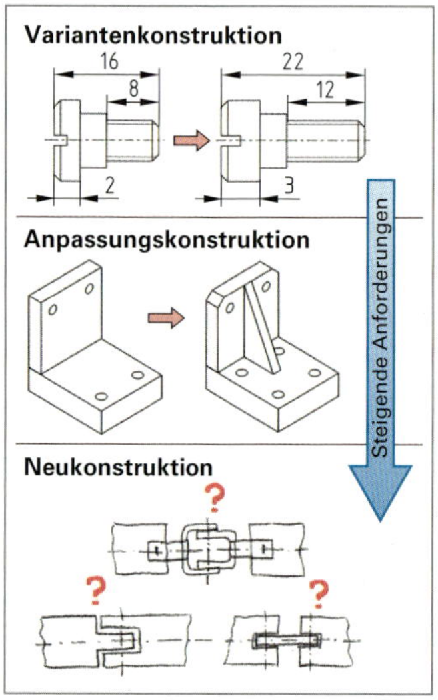

Bild 1: Konstruktionsarten

Konstruktionsmethodik

Der Ablauf einer Konstruktion kann **intuitiv**, **iterativ** oder **diskursiv** erfolgen:

Intuitives und **iteratives Konstruieren** basieren auf einer einzigen Lösungsidee, dem sogenannten „ersten Gedanken" oder „Geistesblitz". Es erfolgt keine systematische Ideenfindung. Beide Vorgehensweisen sind nicht mehr zeitgemäß und werden daher hier nicht weiter erläutert.

Das **diskursive Konstruieren** (auch: systematisches Konstruieren) hat sich als Methode durchgesetzt. Es beinhaltet einen systematischen Ablauf beim Lösen technischer Probleme durch Unterteilung in zeitlich aufeinanderfolgende Arbeitsschritte, sogenannte Problemlösungsphasen. Im Fokus dieses Prozesses steht die systematische Suche nach Lösungsmöglichkeiten und deren Bewertung **(Bild 2)**.

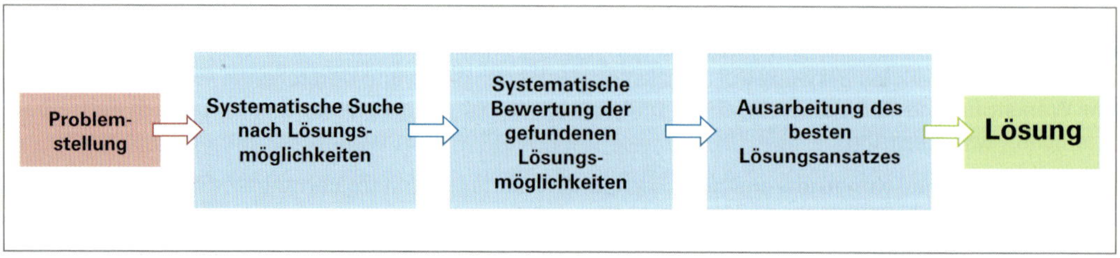

Bild 2: Schematische Darstellung der diskursiven (systematischen) Konstruktionsmethodik

Konstruktionsmethoden

Bei der computerunterstützten Konstruktion von Bauteilen und Baugruppen gibt es, wie auch in der klassischen Konstruktion, zwei grundlegende Konstruktionsmethoden **(Bild 1)**:

Bottom-Up-Methode

Die Bottom-Up-Methode (von unten nach oben; englisch: *bottom*, unten; *up*, oben) ist eine auf Bauteile fokussierte Methode, bei der einzelne Bauteile unabhängig von einem anderen Bauteil bzw. einer anderen Baugruppe entworfen werden. Die so erstellten Bauteile können dann in nachfolgenden Arbeitsschritten in übergeordneten Objekten verwendet werden. Diese Methode wird oft verwendet in der Absicht, Bauteile zu erhalten, die z.B. als Standardbauteil in verschiedenen Baugruppen verwendet werden können.

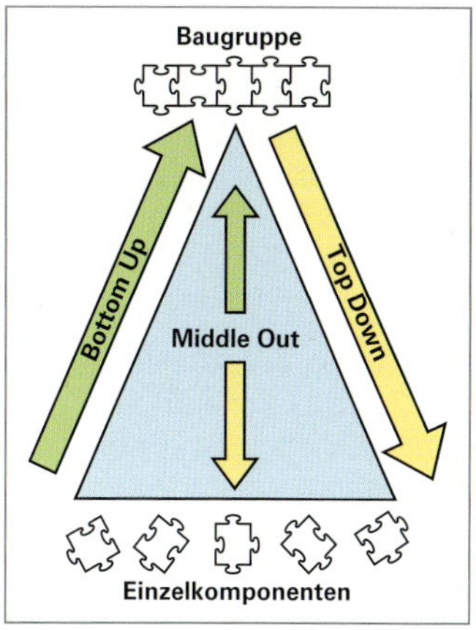

Bild 1: Konstruktionsmethoden

Top-Down-Methode

Die Top-Down-Methode (von oben nach unten; englisch: *top*, oben; *down*, unten) ist eine auf übergeordnete Bauteile oder Baugruppen fokussierte Methode. Bauteile werden im Kontext übergeordneter Objekte definiert. Bei diesem Verfahren wird z.B. zuerst ein Baugruppenlayout erstellt, das anschließend zum Definieren von Geometrie und Position der einzelnen Teile verwendet wird.

Bei dieser Methode werden meist neue Bauteile entworfen, deren Verwendung auf die übergeordneten Objekte begrenzt ist. Ein gutes Beispiel ist die Konstruktion einer Schutzhaube, die nur in einer speziellen Baugruppe Anwendung findet.

Der Vorteil der Top-Down-Konstruktion besteht darin, dass weniger Wiederholungsarbeit nötig ist, wenn Konstruktionsänderungen erforderlich sind. Wird z. B. das grundlegende Layout einer Baugruppe verändert, passen sich die Bauteile automatisch an, weil die Geometrien voneinander abhängig gemacht wurden.

Werden z.B. bei der Konstruktion eines technischen Gerätes zuerst die Größe und die Gestalt des Gehäuses festgelegt, müssen alle Bauteile, die sich später im Inneren befinden, darauf abgestimmt werden. Das Gehäuse ist das bestimmende Objekt (Top-Down).

Werden jedoch erst alle innenliegenden Bauteile konstruiert, muss die Größe und Gestalt des Gehäuses nach den vorhandenen Bauteilen ausgelegt werden (Bottom-Up).

Middle-Out-Methode

In der Praxis kommt es häufig zu einer Kombination beider Verfahren, die **Middle-Out-Methode** (aus der Mitte; englisch: *middle*, mittig; *out*, heraus) genannt wird. Bei der Middle-Out-Methode werden teils vorhandene Bauteile verwendet, teils werden neue Bauteile im Kontext eines übergeordneten Bauteils oder einer übergeordneten Baugruppe erstellt.

2.4.2 | GEOMETRISCHE GRUNDLAGEN DER RECHNERGESTÜTZTEN KONSTRUKTION

Aufgrund der Vielfalt der am Markt befindlichen 3D-Programme werden die Grundlagen der rechnergestützten Konstruktion in diesem Buch **systemneutral** behandelt!

Beim Modellieren dreidimensionaler Bauteile werden diese meist in geometrische Grundkörper zerlegt, welche sinnvoll miteinander kombiniert die Geometrie des kompletten Bauteils ergeben. Häufig werden im ersten Schritt zweidimensionale Skizzen erstellt, die einen Teil der Form des Bauteils definieren. Zum Skizzieren gehören die Erstellung von Linien, Bögen, Kreisen und Bemaßungen, vergleichbar mit der Erstellung einer Handskizze. Beim rechnergestützten Skizzieren werden jedoch zusätzlich Beziehungsinformationen bei der Erstellung einer Skizze erfasst. Diese Beziehungen (oder Abhängigkeiten) vereinfachen bei richtiger Anwendung die weiteren Bearbeitungsprozesse erheblich.

Aus den erstellten 2D-Skizzen werden im zweiten Schritt durch unterschiedliche Modellierungsverfahren räumliche Modelle erzeugt. Auch bei den Modelltypen gilt es Unterschiede zu beachten.

Bei der 3D-Modellerstellung spielt die sinnvolle Reihenfolge der einzelnen Schritte eine wesentliche Rolle. Bei 2D-Konstruktion kann die Geometrie in jeder beliebigen Reihenfolge erstellt werden. Die **3D-Modellierung** ähnelt jedoch häufig der Fertigung eines physischen Bauteils. Die Erstellung eines Elements ist in der Regel von einem oder mehreren bereits erstellten Elementen abhängig.

Beispiel: Bei der Erstellung einer 2D-Zeichnung kann zuerst ein Kreis erstellt werden, der eine Bohrung darstellt, gefolgt von einem Rechteck, das den umgebenden Körper darstellt, in dem die Bohrung positioniert ist. Beim Modellieren in 3D funktioniert diese Reihenfolge nicht, weil zum Platzieren der Bohrung zunächst der Körper vorhanden sein muss. Die Erstellungsreihenfolge ähnelt somit der realen Fertigung eines solchen Bauteiles.

Auch wenn das Arbeiten mit dem Computer und der entsprechenden CAD-Software die Arbeit in vielerlei Hinsicht erleichtert, ist das Arbeitsergebnis bei der Erstellung eines 3D-Modells in hohem Maß davon abhängig, wie strukturiert der Anwender gearbeitet hat. Die **Struktur eines Modells** beeinflusst maßgeblich dessen Verhalten bei Änderungen sowie seinen Wert im Hinblick auf die weitere Verwendung, z. B. für die Baugruppenerstellung oder als Informationsträger in der automatisierten Fertigung.

Auch den **geometrischen Grundlagen** kommt beim rechnerunterstützten Konstruieren eine besondere Bedeutung zu.

Die Baugruppe Rollenlagerung **(Bild 1)** besteht aus mehreren Bauteilen. Um die Baugruppe erstellen zu können, müssen zuerst die Bauteile modelliert werden. Hierzu ist es wichtig zu erkennen, aus welchen geometrischen Grundkörpern ein Bauteil zusammengesetzt ist.

Die Aufnahme **(Bild 2a)** setzt sich z. B. zusammen aus einem Quader (Grundkörper), einem weiteren Quader (Aussparung für die Rolle) sowie zwei Zylindern (Bohrungen). Hinzu kommen noch die Fasen an den oberen Ecken, die geometrisch betrachtet Dreieck-Prismen sind.

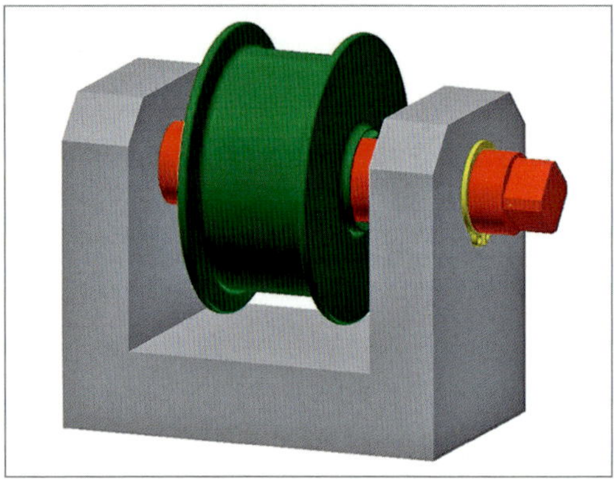

Bild 1: Baugruppe Rollenlagerung

Die Achse **(Bild 2b)** hingegen setzt sich aus verschiedenen Zylindern und einem quaderförmigen Ansatz zusammen, während die Rolle **(Bild 2c)** ausschließlich aus zylindrischen Elementen besteht.

Bei diesen einfachen Bauteilen ist der geometrische Aufbau meist auf den ersten Blick zu erkennen. Bei komplexen Bauteilen jedoch bedarf dies einiger Erfahrung.

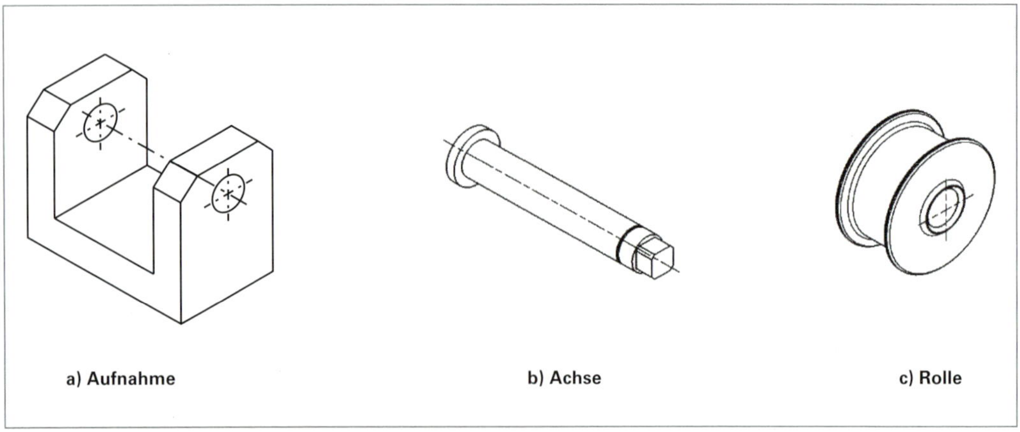

Bild 2: Bauteile der Rollenlagerung

Tabelle 1 zeigt eine Übersicht möglicher Grundkörper.

Tabelle 1: Geometrische Grundkörper

Grundkörper	Beschreibung	Beispiel
Quader	Ein Quader besteht aus gleichen rechteckigen Grund- und Deckflächen. Alle Seitenflächen sind rechteckig. Jeweils zwei gegenüberliegende Seitenflächen sind gleich groß.	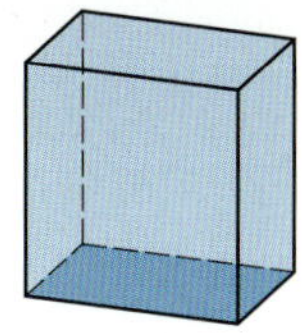
Würfel	Ein Würfel ist ein besonderer Quader, alle Kanten sind gleich lang. Grundfläche, Deckfläche und die Seitenflächen sind quadratisch und gleich groß.	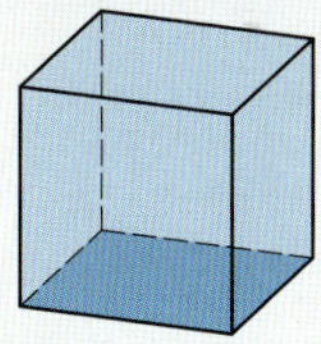
Prisma	Ein Prisma besteht aus gleichen eckigen Grund- und Deckflächen.	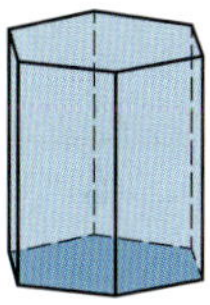 Sechseck-Prisma 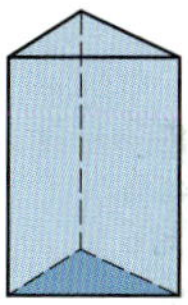 Dreieck-Prisma
Pyramide	Eine Pyramide wird von einer Grundfläche (Vieleck) und Dreiecken begrenzt, die alle einen Punkt, die Spitze der Pyramide, gemeinsam haben.	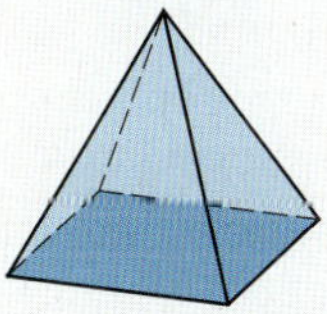 Viereck-Pyramide 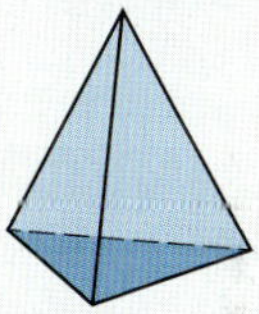 Dreieck-Pyramide
Zylinder	Ein Zylinder besteht aus gleichen kreisförmigen Grund- und Deckflächen.	
Kegel	Ein Kegel besitzt eine kreisförmige Grundfläche und eine Spitze. Liegt die Spitze nicht über dem Mittelpunkt der Grundfläche, spricht man von einem schiefen Kegel.	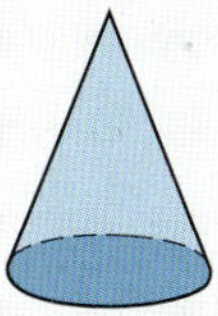  Schiefer Kegel
Kugel	Eine Kugel besitzt keine Ecken und Kanten. Alle Punkte der Oberfläche sind vom Mittelpunkt gleich weit entfernt.	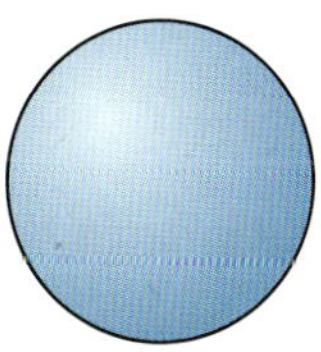

2.4.3 | MODELLIERUNGSVERFAHREN BEI DER RECHNERGESTÜTZTEN KONSTRUKTION

In Abhängigkeit von der geometrischen Grundform eines Körpers wird das Modellierungsverfahren gewählt. Ist die Grundform z. B. ein Quader oder ein Prisma, bietet sich die **Extrusion** **(Bild 1)** an. Ist die Grundform ein Zylinder, ein Kegel oder eine Kugel, also ein rotationssymmetrischer Körper, erzeugt man diesen mittels der **Rotation** **(Bild 2)**.

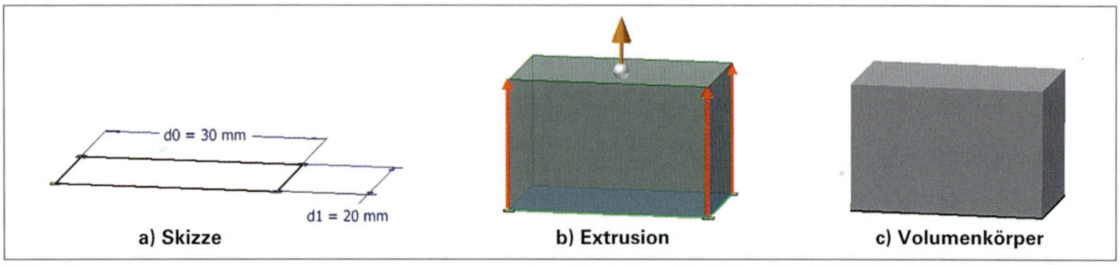

Bild 1: Extrusion

Extrusion (auch lineare Austragung) bedeutet, dass eine Skizze senkrecht zur Skizzierebene „verschoben" wird und dadurch ein Volumenkörper entsteht.

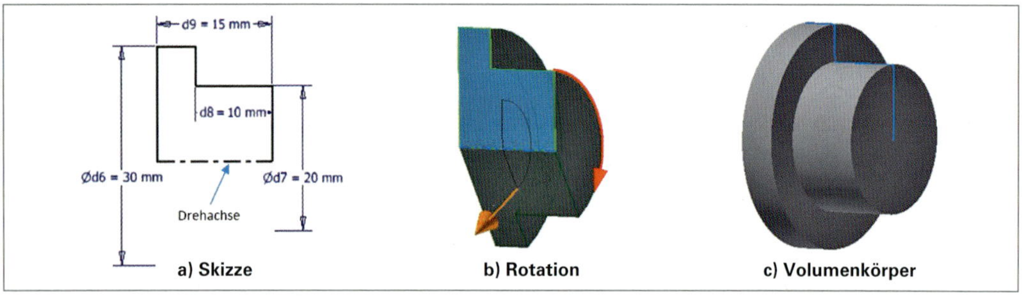

Bild 2: Rotation

Rotation bedeutet, dass eine Skizze um eine **Drehachse** rotiert wird. Das Ergebnis ist ein Volumenkörper.

Natürlich gibt es auch Körper, die sich durch Kombination einfacher geometrischer Grundkörper schlecht beschreiben lassen. Ein einfaches Beispiel hierzu ist ein Bügelgriff. Dieser kann mittels des **Sweeping-Verfahrens** erzeugt werden **(Bild 3)**.

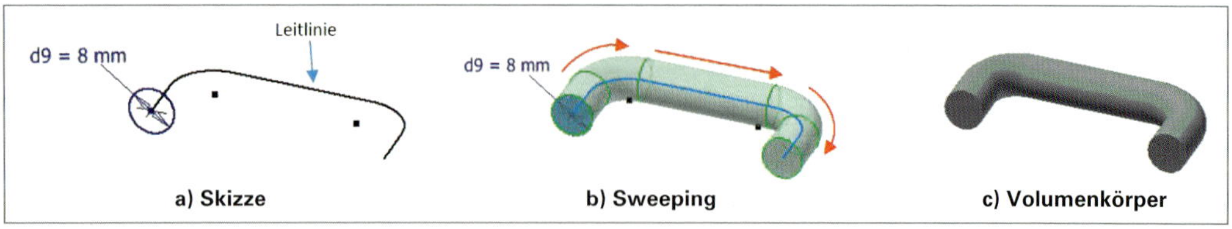

Bild 3: Sweeping

Sweeping bedeutet, dass eine Skizze entlang einer skizzierten **Leitlinie (Leitkurve)** geführt wird.

2.4.4 | BOOLESCHE OPERATIONEN

Bei der Achse der Rollenlagerung **(Bild 2b, Seite 138)** wurden zwei Modellierungsverfahren angewendet. Die Achse ohne Vierkant wurde durch Rotation erstellt. Der Vierkant wurde anschließend durch eine Extrusion auf die vordere Planfläche aufgesetzt. Das Aufsetzen des Vierkantansatzes erfolgte mittels einer **Booleschen Operation**.

Eine **Boolesche Operation** ist eine mathematische Methode zur Darstellung von Beziehungen mithilfe von **logischen Operatoren** wie **OR, NOT** oder **AND**.

Bei der 3D-Modellierung werden Boolesche Operatoren auf Volumenkörper angewendet, wodurch **Vereinigungen** (OR), **Differenzen** (NOT) oder **Schnittmengen** (AND) entstehen **(Bild 1)**.

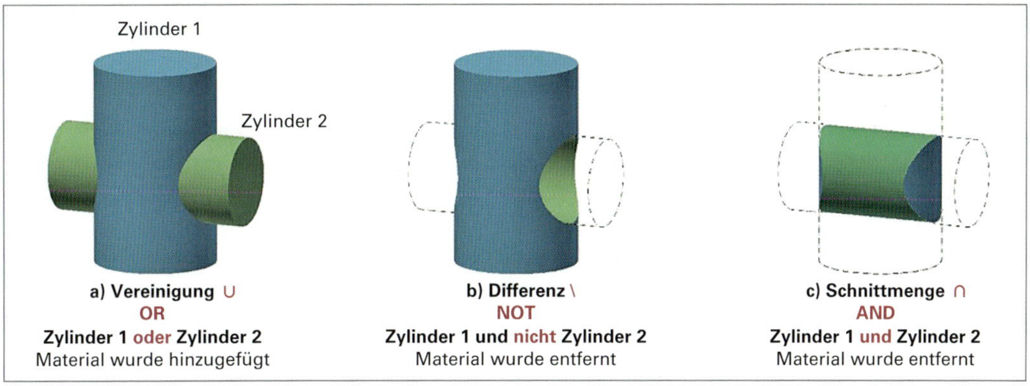

Bild 1: Boolesche Operationen

Folgende Vorgänge können dadurch ausgeführt werden:

- Neue Volumenkörper erstellen (Vereinigung).
- Mehrere Volumenkörper zu einem Volumenkörper zusammenfassen (Vereinigung).
- Bereiche aus einem Volumenkörper entfernen (Differenz).
- Die Schnittmenge mehrerer Volumenkörper erzeugen (Schnittmenge).

Wie mittels der Kombination der verschiedenen Operationen ein komplexeres Volumenmodell erzeugt werden kann zeigt **Bild 2**.

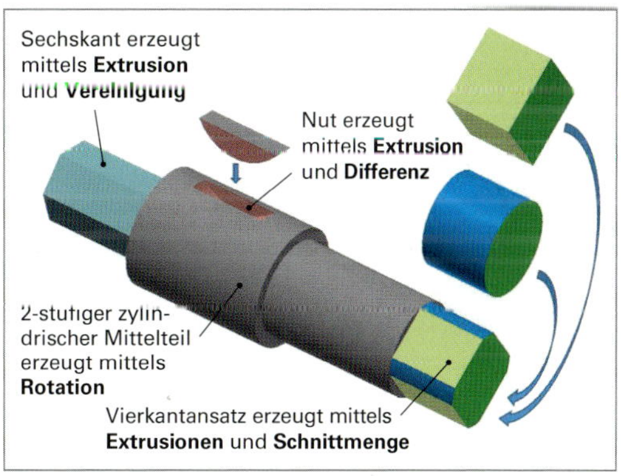

Bild 2: Praxisbeispiel: Anwendung Boolescher Operatoren bei einer Welle

Durch **Kombination eines geeigneten Modellierungsverfahrens** (Extrusion, Rotation usw.) **mit einer Booleschen Operation** wird aus einer Skizze ein Volumenkörper erzeugt oder ein Bereich eines Volumenkörpers wird entfernt.

Ein **komplex aussehendes Modell** ist demnach meist nichts anderes, als einfache geometrische Grundkörper, die mittels Boolescher Operationen **sinnvoll** miteinander in Beziehung gesetzt (verknüpft) wurden.

2.4.5 I MODELLTYPEN

Es gibt 3 Arten von 3D-Modelltypen:

- **Drahtmodell (Kantenmodell/Wireframe)** (englisch: *wireframe*; *wire*, Draht; *frame*, Gerippe)

Dieses Modell wird lediglich durch Körperkanten definiert. Zur Erstellung ist nur eine geringe Rechenleistung erforderlich, der Informationsgehalt ist jedoch ebenfalls gering **(Bild 1)**.

Berechnungen von verdeckten Kanten, Durchdringungen usw. sind nicht möglich.

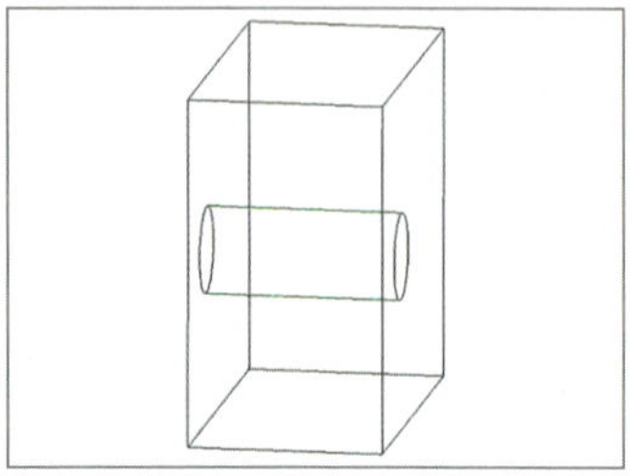

Bild 1: Drahtmodell

- **Flächenmodell (Surface)** (englisch: *surface*, Oberfläche)

Dieses Modell wird durch aneinandergefügte Flächen definiert. Basis ist ein Kantenmodell, über das die Flächen „gespannt" werden. Informationen wie Flächeninhalte oder -eigenschaften sind enthalten. Die erforderliche Rechenleistung ist entsprechend höher als die Rechenleistung zur Erstellung eines Drahtmodells **(Bild 2)**.

Die Flächenmodellierung wird meist in solchen Fällen angewendet, in denen nicht die Funktion des Bauteiles im Vordergrund steht, sondern Form bzw. Design. Oft handelt es sich dabei um komplex geformte Flächen, die geometrisch nicht zu beschreiben sind.

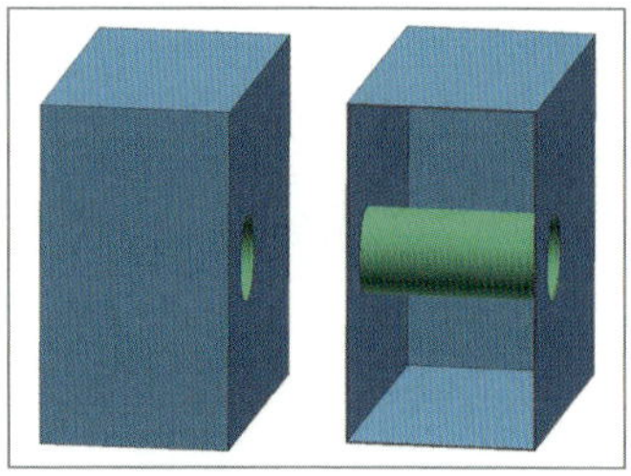

Bild 2: Flächenmodell

- **Volumenmodell (Solid)** (englisch: *solid*, massiv, fest, Festkörper)

Zusätzlich zu den in einem Flächenmodell enthaltenen Informationen wird die Information gespeichert, auf welcher Seite der jeweiligen Fläche sich Material befindet. Das bedeutet, eine Fläche wird als Begrenzungsfläche eines Volumens betrachtet. Dieser Modelltyp entspricht einem realen Modell. Der Informationsgehalt ist erheblich höher als bei den anderen Modelltypen, damit auch die erforderliche Rechenleistung. Neben den geometrischen Informationen werden im Volumenmodell auch physikalische Informationen gespeichert **(Bild 3)**.

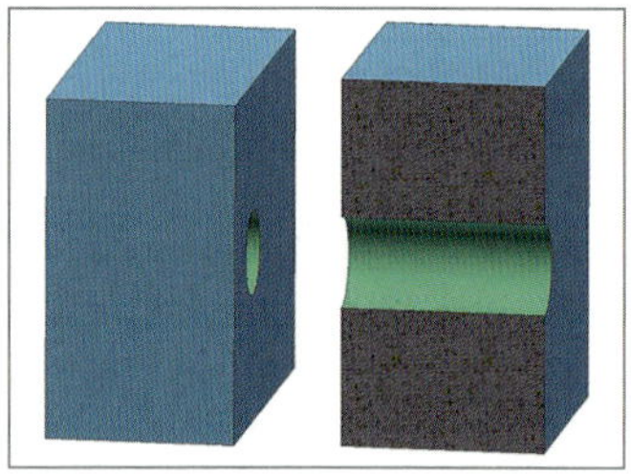

Bild 3: Volumenmodell

Den **Unterschied** zwischen einem Flächenmodell und einem Volumenmodell erkennt man bei einem Blick in das Innere: Während das Flächenmodell im Inneren **hohl** ist, ist das Innere des Volumenmodells **ausgefüllt**.

2.4.6 I SKIZZEN BEI DER RECHNERGESTÜTZTEN KONSTRUKTION

Ein Volumenmodell wird in den meisten Fällen aus einer 2D-Skizze erzeugt. Die Skizze ist quasi das Fundament des Volumenkörpers. Daher muss eine solche Skizze sorgfältig erstellt werden.

Bei der Erstellung von Skizzen in 3D-CAD-Systemen ist es sinnvoll, eine gewisse Reihenfolge der Arbeitsschritte einzuhalten. In Einzelfällen kann ein Abweichen von diesen Empfehlungen jedoch auch sinnvoll sein. Je nach Firma sind die Anforderungen an Skizzen auch in Konstruktionsrichtlinien festgehalten.

Skizzen bilden die Ausgangsbasis eines Modells.

Folgende **Vorgehensweise** wird bei der **Erstellung von Skizzen** empfohlen:

1. Referenzen festlegen

Skizzen müssen auf einer **Ursprungsebene**, einer zusätzlich erstellten Arbeitsebene oder einer ebenen Fläche eines bereits bestehenden Körpers platziert werden. Die **Platzierung** der ersten Skizze in einem Modell beeinflusst bei der späteren Zeichnungsableitung die Zuordnung der Ansichten. Je nach CAD-System kann voreingestellt sein, dass die erste Skizze eines neuen Modells automatische auf eine Ebene platziert wird. Häufig ist dies die *xy*-Ebene **(Bild 1)**.

Mit zur Verfügung stehenden Tools können zusätzlich Ebenen, Achsen und Punkte erzeugt werden, falls dies erforderlich ist.

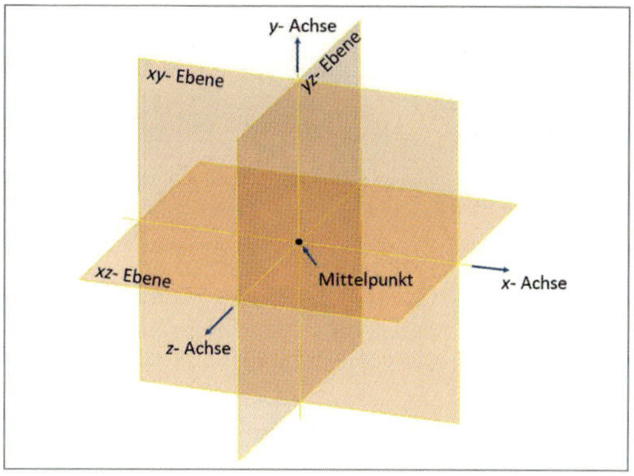

Bild 1: Koordinatensystem

> Zur Erstellung einer Skizze wird zuerst eine **Skizzierebene** festgelegt. Bei der ersten Skizze eines Bauteils geschieht dies in Abhängigkeit von den Systemeinstellungen ggf. automatisch.

2. Geometrie skizzieren

Die skizzierte Geometrie sollte so einfach wie möglich gehalten werden. Rundungen, Fasen und Bohrungen sollten nicht Bestandteil einer Skizze sein. Diese lassen sich im Nachgang mit vorhandenen Werkzeugen einfacher, effizienter und vor allem änderungsfreundlicher erstellen.

> Es gilt der **Grundsatz**: Besser mehrere einfache als wenige umfangreiche Skizzen verwenden!

Während des Skizzierens muss noch nicht darauf geachtet werden, dass Maße oder geometrische Bedingungen eingehalten werden. Wenn systemseitig jedoch sinnvolle Vorschläge gemacht werden (z. B. senkrechter Verlauf einer Linie) sollten diese auch genutzt werden. Nicht selten können diese Automatismen aber auch die weitere Bearbeitung einer Skizze erschweren, wenn systemseitig Annahmen getroffen wurden, die nicht der späteren Geometrie entsprechen. Dann kann es vorkommen, dass automatisch erstellte Abhängigkeiten für die weitere Bearbeitung einer Skizze wieder entfernt werden müssen.

Bild 2 zeigt eine Skizze, die auf der *xy*-Ebene erstellt wurde. Die Symbole zeigen an, dass systemseitig bereits bestimmte Annahmen getroffen und Bedingungen definiert wurden. Größe, Lage und Form sind noch nicht vollständig definiert und können noch manipuliert werden, weil noch mehrere erforderliche Abhängigkeiten fehlen.

Die Geometrie einer Skizze sowie deren Lage auf der gewählten Skizzierebene werden so weit wie möglich durch **Abhängigkeiten** definiert.

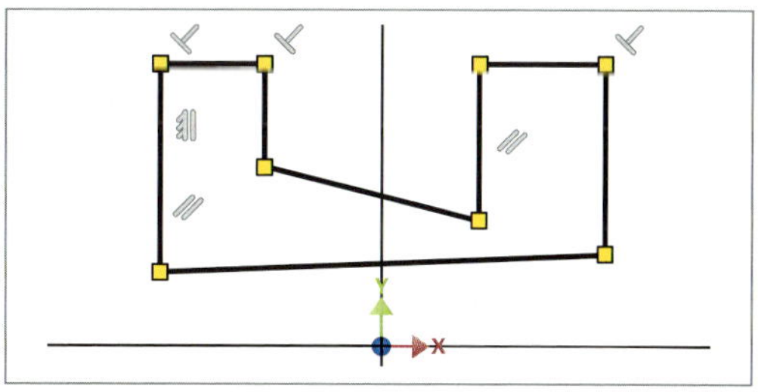

Bild 2: Skizze auf *xy*-Ebene

Um die Position einer Skizze auf der Skizzierebene festzulegen, kann diese auf Ursprungsachsen oder den Mittelpunkt des Koordinatensystems referenziert werden. Handelt es sich um eine Skizze, die im fertigen Zustand Symmetrien aufweist, sollte dieser Aspekt bereits zu diesem Zeitpunkt berücksichtigt werden. Um zu wissen, welche Abhängigkeiten in welcher Situation sinnvoll sind, sollten bereits geometrische Grundkenntnisse vorhanden sein. Begriffe wie Parallel, Tangential, Koaxial usw. können bereits zu Beginn der Ausbildung, z. B. durch das Anfertigen von geometrischen Grundkonstruktionen, vermittelt werden.

Durch Festlegung der **geometrischen Bedingungen** (Vergabe von Abhängigkeiten) wird eine Skizze geometrisch beschrieben.

Eine Übersicht der gängigen Abhängigkeiten zeigt **Tabelle 1**.

Tabelle 1: Abhängigkeiten

Symbol	Beschreibung	Anwendungsbeispiel vorher	Anwendungsbeispiel nachher
 horizontal	Linien, Achsen oder Punktpaare werden parallel zur x-Achse des Koordinatensystems ausgerichtet.	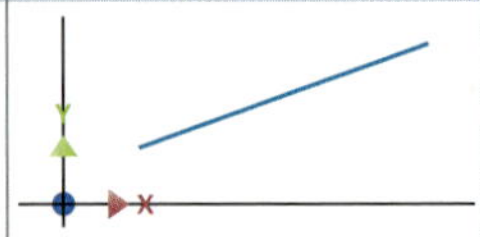	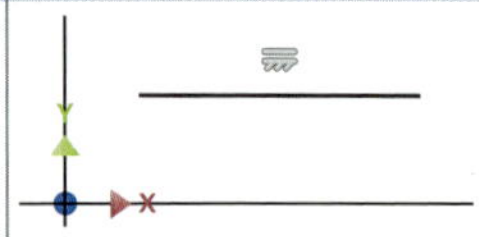
 vertikal	Linien, Achsen oder Punktpaare werden parallel zur y-Achse des Koordinatensystems ausgerichtet.	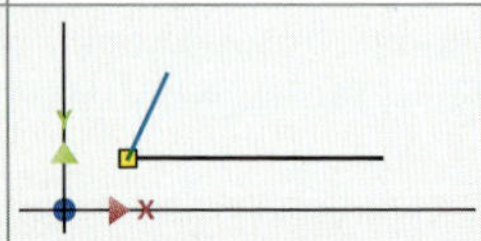	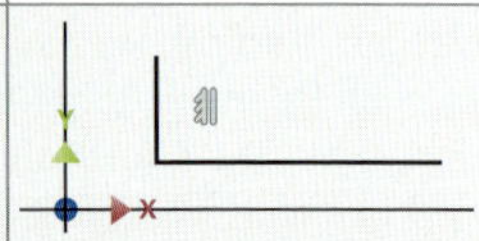
 lotrecht	Ordnet die ausgewählten linearen Geometrien lotrecht zueinander an.	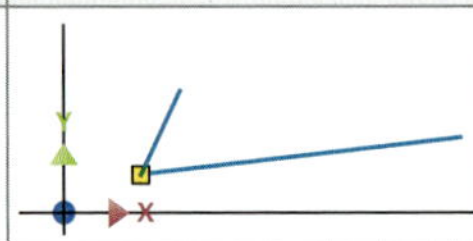	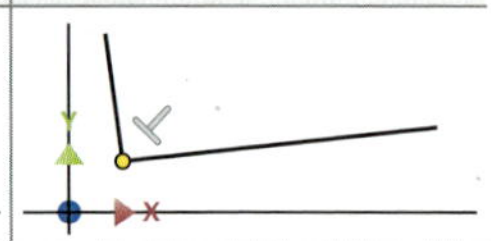
 parallel	Ordnet die ausgewählten linearen Geometrien parallel zueinander an.	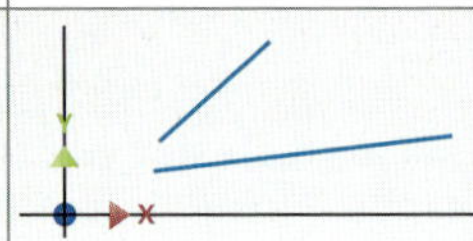	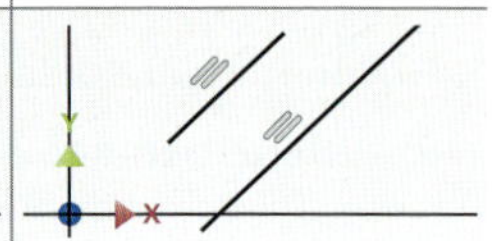
 kollinear	Bewirkt, dass zwei oder mehrere lineare Geometrien auf einer Linie liegen.	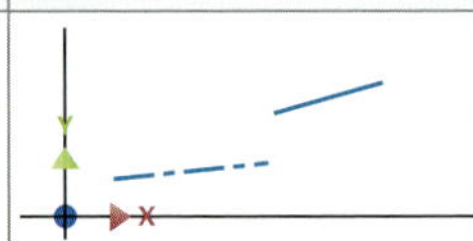	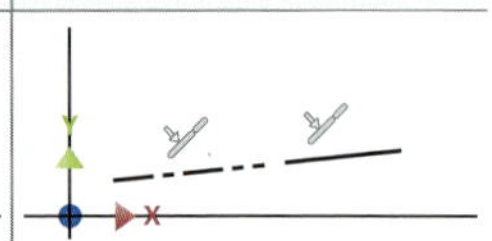
 koinzident	Macht Punkte von anderen Geometrien abhängig. (= zusammentreffend/zusammenfallend)	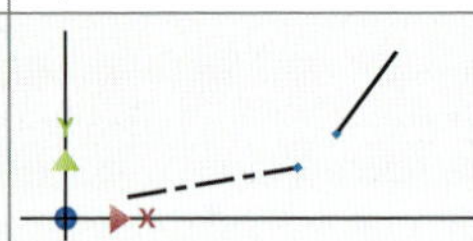	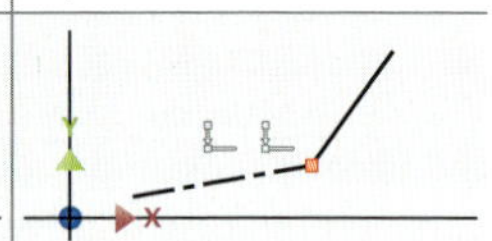
 symmetrisch	Erstellt für ausgewählte Linien oder Kurven eine symmetrische Abhängigkeit zu einer ausgewählten Linie.	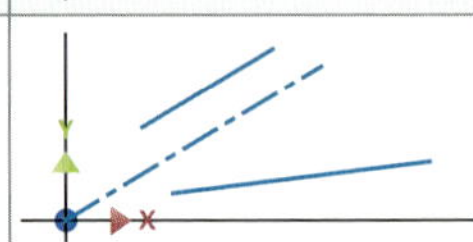	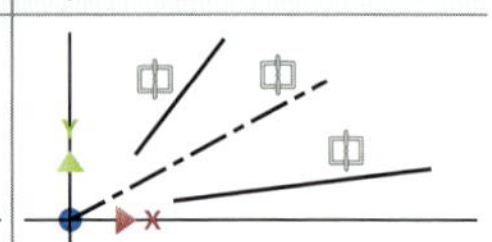
 gleich	Bewirkt, dass ausgewählte Kreise oder Bögen den gleichen Radius erhalten und ausgewählte Linien die gleiche Länge.	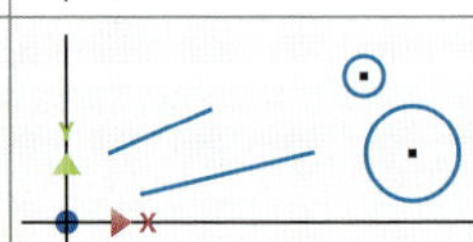	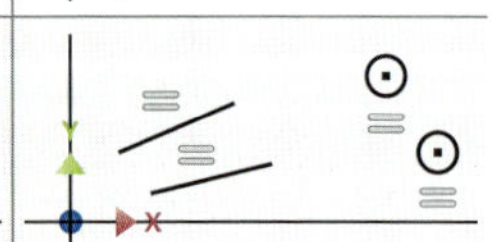
 tangential	Ordnet Geraden, Kreise oder Kurven tangential zueinander an.	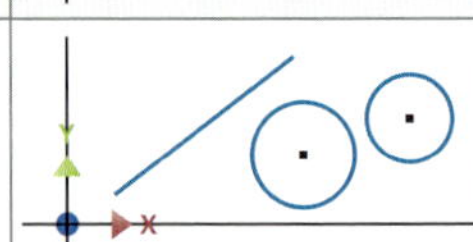	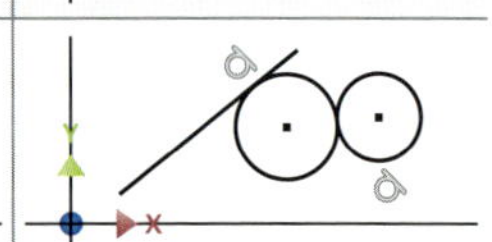
 konzentrisch	Macht zwei Bögen, Kreise oder Ellipsen vom gleichen Mittelpunkt abhängig.	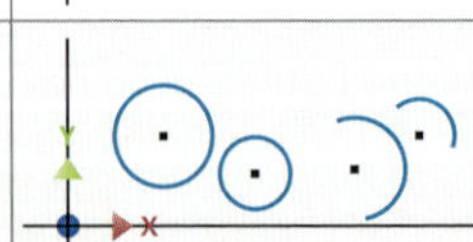	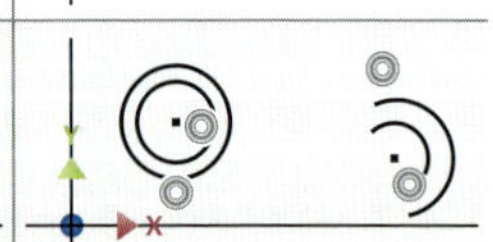
 stetig	Bewirkt, dass der Übergang zwischen zwei oder mehreren Kurven einen stetigen Übergang bekommt.	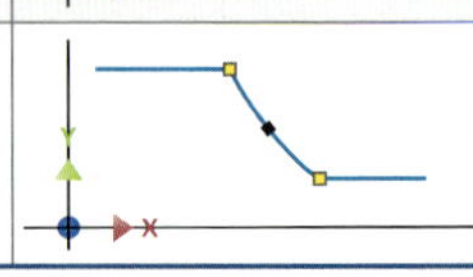	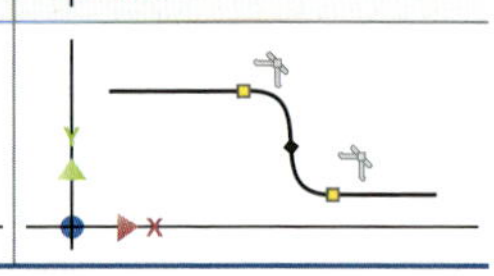

Man unterscheidet zwischen **absoluten** und **relativen Abhängigkeiten** (Info).

- Die Bedingung horizontal ist absolut, weil sie nicht von einem anderen Element abhängig ist.
- Die Bedingung parallel ist hingegen eine relative Abhängigkeit, da ein Element parallel zu einem anderen liegt.

> **Info: Unterschied absolut/relativ**
>
> Immer wenn etwas ohne Bezug zu einer anderen Größe steht, ist es **absolut**.
> Besteht hingegen ein Bezug zu einer oder mehreren anderen Größen, spricht man von **relativ**.

Ein beispielhaftes Vorgehen, eine Skizze bestmöglich mit geometrischen Abhängigkeiten zu bestimmen, zeigt **Bild 1**.

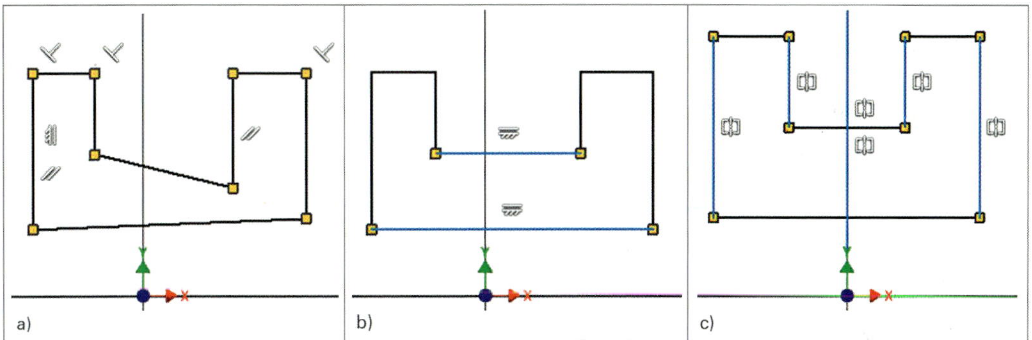

a)	b)	c)
Diese Skizze hat nach ihrer Erstellung bisher nur **automatisch** erstellte Abhängigkeiten (vgl. S. 143).	In diesem Schritt wurden die beiden unteren waagerechten Linien vom Anwender zusätzlich **horizontal** ausgerichtet.	Um die Symmetrie der Skizze zu bestimmen, wurden die senkrechten Linien **symmetrisch** zur *yz*-Ebene ausgerichtet.

Bild 1: Abhängigkeiten in einer Skizze

Da die Lage der Skizze zum Koordinatensystem bisher unbestimmt war, wurde der Mittelpunkt der unteren Kante durch die Abhängigkeit **koinzident** mit dem Mittelpunkt des Koordinatensystems verknüpft **(Bild 2)**. Bei Skizzen, die keine Symmetrie aufweisen, kann auch ein anderer sinnvoller Punkt mit dem Koordinatenursprung verknüpft werden.

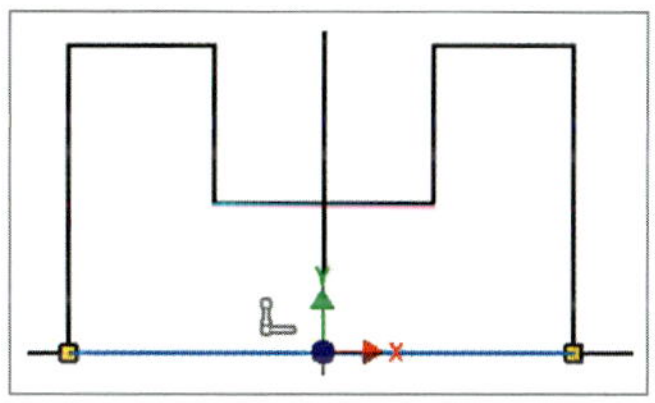

Bild 2: Bestimmung der Lage im Koordinatensystem

Die Skizze ist nun mit geometrischen Abhängigkeiten bestmöglich bestimmt. Lediglich die Größe ist noch nicht definiert.

3. Maße festlegen

Um eine vollbestimmte Skizze zu erhalten, werden nun die Maße der Skizze eingetragen. Die Anordnung der Maße sollte bereits in der Skizze so erfolgen, wie sie auch in der späteren Zeichnung sinnvoll wäre **(Bild 3)**.

Mit den so hinzugefügten Abhängigkeiten sowie einer sinnvollen Bemaßung der Skizze ist die Grundlage gelegt, um mit dieser Skizze effektiv weiterzuarbeiten.

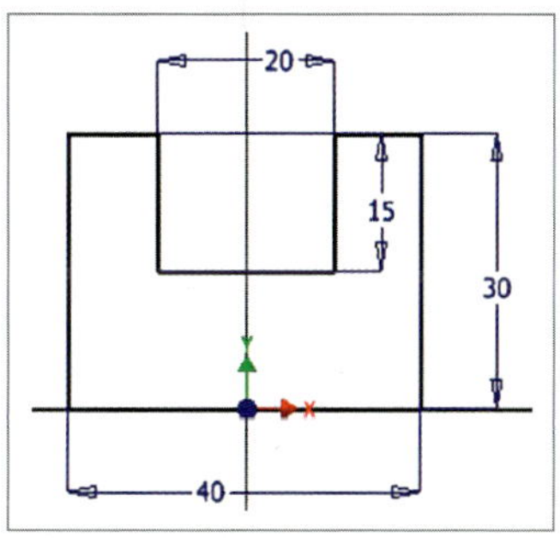

Bild 3: Größen der Skizze durch Bemaßung definiert

Abhängigkeiten und Maße werden auch als **Constraints** bezeichnet. Sie dienen der Bestimmung der Geometrie, Lage und Größe einer Skizze **(Info)**.

Bei Abhängigkeiten spricht man von **impliziten Constraints**, bei Maßen von **expliziten Constraints**:

- Implizite Constraints oder Geometrie-Constraints definieren die Lage der einzelnen Elemente im Geometriemodell zueinander. Sie sind in der Skizze enthalten.
- Explizite oder Bemaßungs-Constraints definieren die Größe der einzelnen Elemente untereinander. Sie werden der Skizze bewußt von außen zugeführt.

Info: Definition Constraints

Mit **Constraints** (englisch: *constraint*, Einschränkung) werden Bedingungen definiert (auch Abhängigkeiten, Beziehungen oder Randbedingung genannt).

Die Summe aller Constraints, die auf ein Element angewendet werden, bezeichnet man als **Constraint-System.** Dieses kann unbestimmt, unterbestimmt, bestimmt und überbestimmt sein **(Bild 1)**.

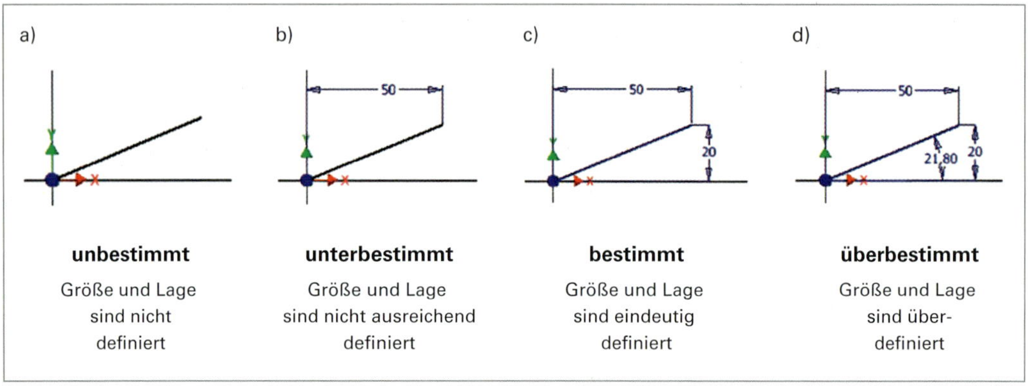

Bild 1: Bestimmung im Constraint-System

Explizite Constraints, also Bemaßungen einer Skizze, können auf unterschiedliche Weise angegeben werden:

- **Direkte Werteingabe**

  Das skizzierte Rechteck wurde durch die Bemaßung von Breite und Höhe in der Größe bestimmt **(Bild 2)**.

  Wenn ein Maß erzeugt wird, wurde genau genommen ein Parameter erzeugt und diesem ein Wert zugewiesen. Deutlich wird das bei der Bemaßungsdarstellung in **Bild 3**.

  Die Breite des Rechtecks ist mit dem Parameter d0 bezeichnet und hat den Wert 20 mm zugewiesen bekommen. Der Parameter für die Höhe hat die Bezeichnung d1 und den Wert 10 mm.

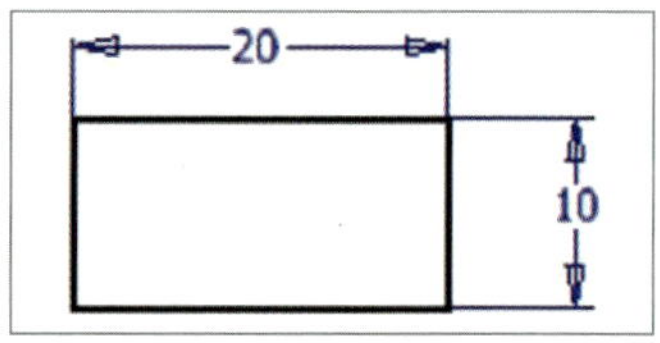

Bild 2: Direkte Werteingabe

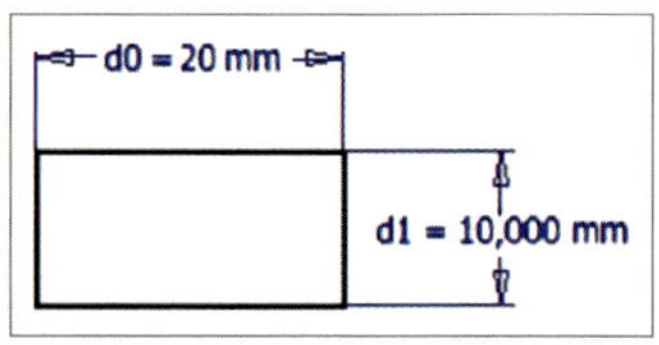

Bild 3: Parameter

- **Gleichungsangabe**

  Einem Parameter wird eine Gleichung (Formel) zugewiesen.

  Die Breite des Rechtecks soll abhängig von der Höhe sein. Die Formel lautet d0 = 2 oE · d1 **(Bild 4)**. Je nach System ist die Darstellung jedoch unterschiedlich. (oE steht hier für einen einheitenlosen Wert.) Ändert man den Wert von d1, ändert sich auch automatisch der Wert von d0.

  Beispiel:
  Wird der Wert von d1 geändert auf 30 mm,
  ändert sich d0 automatisch auf einen Wert von 60 mm.

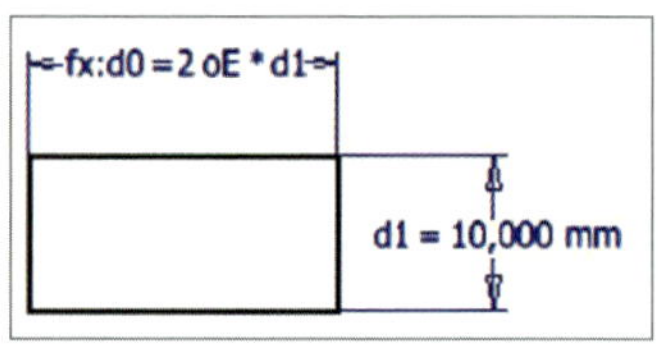

Bild 4: Gleichung

Wertetabelle

Eine weitere Möglichkeit besteht darin, den Parametern in einer Skizze Werte durch die Verknüpfung mit einer Wertetabelle zuzuweisen. Beispielsweise können die Werte in einer Excel-Tabelle aufgelistet sein **(Bild 1)** und mittels Verknüpfung die Größe der Skizze steuern. Hierbei sind die jeweiligen Systemvorgaben zu berücksichtigen.

	A	B	C
1	Parametername	Wert	Einheit
2	d0	30	mm
3	d1	20	mm
4			

Bild 1: Wertetabelle

Durch die Nutzung von Parametern ergeben sich vielfältige Möglichkeiten bei der Erzeugung von Skizzen zur Erzeugung von Bauteilmodellen. Ein einfaches, aber auch interessantes Beispiel ist ein Schraubenschlüssel **(Bild 2)**. Die gesamte Geometrie ist mit Parametern geschickt definiert. Dies ermöglicht es, lediglich durch Ändern der Schlüsselweite den gesamten Schraubenschlüssel in der Größe anzupassen. Auf diese Weise kann ein kompletter Satz Schraubenschlüssel erstellt werden – eine sogenannte **Teilefamilie**.

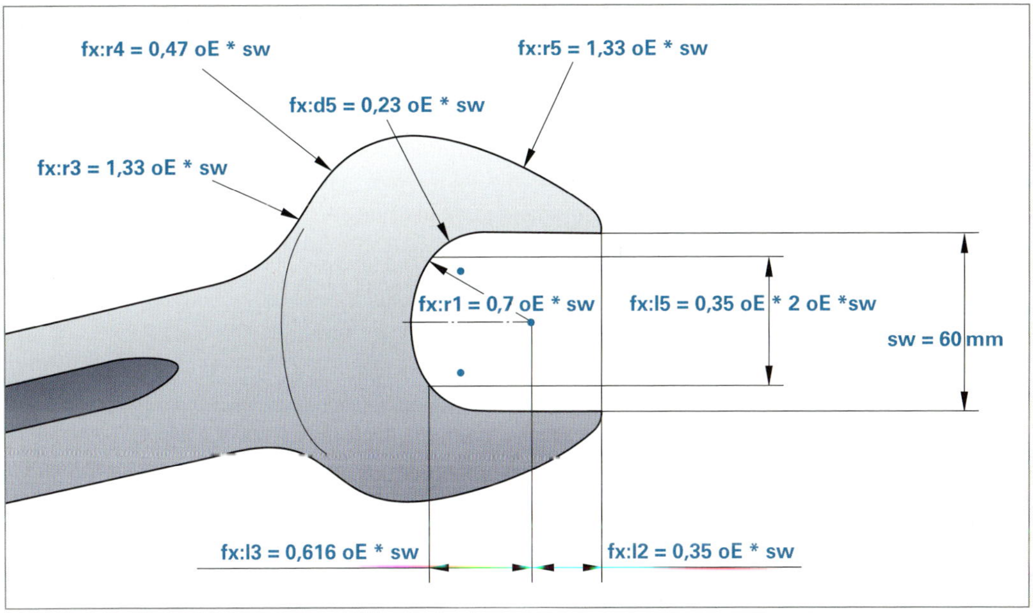

Bild 2: Anwendungsbeispiel für Parameter: Schraubenschlüssel

Wichtig ist, dass die bearbeitete Skizze durch die vergebenen geometrischen Abhängigkeiten voll bestimmt ist. Sonst würde sich die Geometrie der Skizze bei Änderung der Schlüsselweite in ungewollter Form ebenfalls ändern.

Durch die **Erstellung parametrischer Bemaßung** wird die Skizze in ihrer Größe bestimmt. Ziel ist immer eine **vollbestimmte Skizze**. Eine Skizze gilt als voll bestimmt, wenn sie sich hinsichtlich Form, Größe, Ausrichtung und Lage nicht mehr verändern lässt.

Skizzierwerkzeuge

Zur Erstellung einer Skizze stehen diverse Werkzeuge zur Verfügung. Die unterschiedlichen Erzeugungsmethoden von **Linien, Rechtecken, Kreisen, Ellipsen, Bögen, Splines** und anderen Werkzeugen ermöglichen es, nahezu jede Form in einer Skizze abzubilden.

So kann beispielsweise ein Bogen mittels Anfangspunkt, Mittelpunkt und Endpunkt erzeugt werden, oder mittels dreier Bogenpunkte. Ein Rechteck kann mittels zweier Eckpunkte oder durch Mittelpunkt und Eckpunkt erzeugt werden **(Bild 1)**.

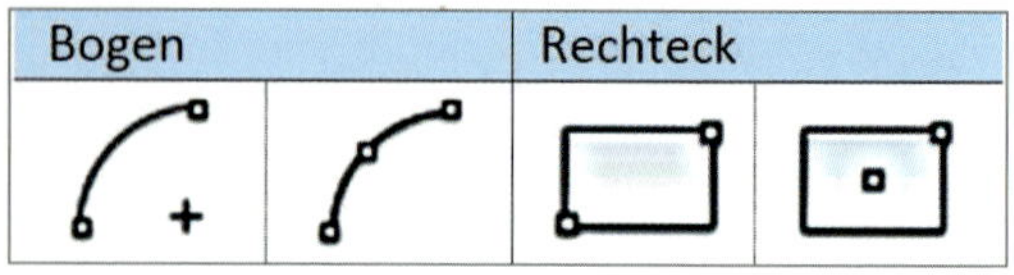

Bild 1: Erzeugungsmethoden

Werkzeuge zum Ändern/Manipulieren

Darüber hinaus gibt es vielfältige Möglichkeiten, erstellte Skizzengeometrien zu **ändern** bzw. zu **manipulieren**. Die entsprechenden Werkzeuge sind in ihrer Benennung und Anwendung systemspezifisch.

Die bei den meisten CAD-Systemen gängigen **Befehle** sind:

- **Verschieben:** Verschiebt die ausgewählte Skizziergeometrie von einem Punkt an einen anderen angegebenen Punkt mit der Möglichkeit zu kopieren.
- **Kopieren:** Kopiert die ausgewählte Skizziergeometrie und platziert eine oder mehrere Kopien.
- **Spiegeln:** Erstellt eine gespiegelte Kopie einer ausgewählten Skizziergeometrie über eine Spiegelachse hinweg.
- **Drehen:** Dreht die ausgewählte Skizziergeometrie oder eine Kopie davon relativ zu einem gegebenen Mittelpunkt.
- **Skalieren:** Erhöht oder verringert die Größe einer ausgewählten Skizziergeometrie proportional.
- **Stutzen** (Trimmen): Kürzt ein gewähltes Element bis zum nächsten schneidenden oder ausgewählten Element **(Bild 2)**.
- **Dehnen:** Verlängert ein gewähltes Element bis zum nächsten schneidenden oder ausgewählten Element **(Bild 2)**.
- **Strecken:** Streckt die ausgewählte Geometrie anhand ausgewählter Punkte.

Darüber hinaus gibt es zahlreiche weitere Befehle, wie Versatz (Offset), Trennen (Teilen), lineare oder polare Anordnung (Skizzenmuster), Verlängern usw.

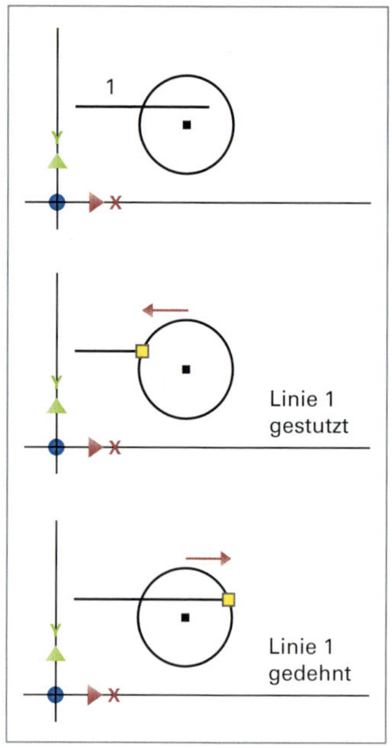

Bild 2: Beispiel Stutzen/Dehnen

> Mithilfe der Skizzierwerkzeuge und der Werkzeuge zum Ändern und Manipulieren wird die ungefähre **Skizzenkontur** erstellt. Meist ist dies eine geschlossene Kontur.

2.4.7 | PLATZIERTE ELEMENTE

Konstruktionselemente, die häufig benötigt werden, können ohne eine vorab zu erstellende Skizze erzeugt werden. Hierzu stehen systemabhängig entsprechende Tools (Features) zur Verfügung. Der Anwender gibt hierzu in der Regel nur die Position des zu erzeugenden Elementes und einige Bemaßungen an. Beispiele für solche platzierten Elemente sind Rundungen, Fasen, Bohrungen und Gewinde. Je nach System können auch geometrische Grundkörper, wie Quader, Zylinder oder Torus, ohne vorherige Skizze erzeugt werden. Platzierte Elemente sind skizzierten Elementen vorzuziehen.

Ein Praxisbeispiel für die Anwendung von platzierten Elementen zeigt **Tabelle 1**.

Tabelle 1: Kombination von skizzierten und platzierten Elementen am Beispiel der Erstellung eines Halters

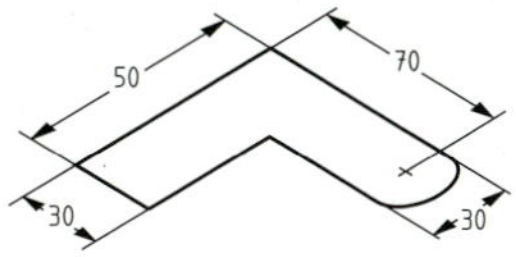	**Skizze** für die Grundform des Bauteils wird erstellt und mittels **Abhängigkeiten** und parametrischer **Maße** voll bestimmt.
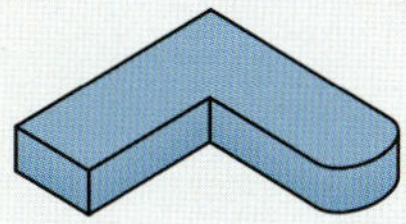	**Volumenkörper** wird mittels **Extrusion** und dem Booleschen Operator **Vereinigung** aus der Skizze erzeugt.
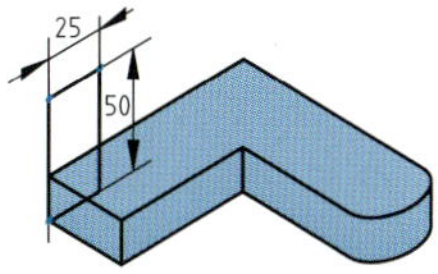	**Skizze** für eine seitliche Lasche wird erstellt und mittels **Abhängigkeiten** und parametrischer **Maße** voll bestimmt.
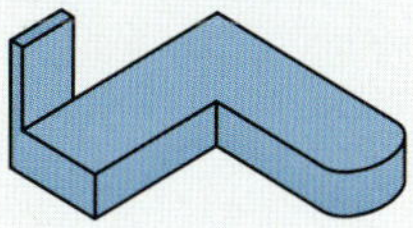	**Volumenkörper** wird mittels **Extrusion** und dem Booleschen Operator **Vereinigung** aus der Skizze erzeugt.
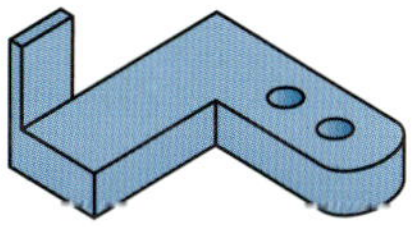	Mittels **platzierter Elemente** werden Bohrungen erstellt. Dies erfolgt automatisch mittels **Extrusion** und dem Booleschen Operator **Differenz.** Hierzu ist keine Skizze erforderlich.
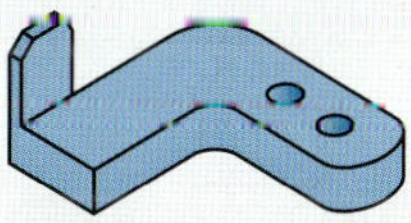	Mittels **platzierter Elemente** werden Rundungen und Fasen erstellt. Dies erfolgt bei Außenradius bzw. Außenfase automatisch mittels **Extrusion** und dem Booleschen Operator **Differenz.** Bei Innenradius bzw. Innenfase wird automatisch der Boolesche Operator **Vereinigung** angewendet. Hierzu ist keine Skizze erforderlich.

2.4.8 | BAUGRUPPENABHÄNGIGKEITEN

Neben den Abhängigkeiten, die bei der Erstellung von Skizzen oder der Anwendung platzierter Elemente erforderlich sind, gibt es auch **Abhängigkeiten**, die für die **Zusammenstellung** von **Baugruppen** erforderlich sind.

Mithilfe dieser **Baugruppenabhängigkeiten** werden einzelne Komponenten in bestimmter Weise miteinander verbunden. So werden **Lage** und **Position** eines Bauteiles innerhalb einer Baugruppe bestimmt. Gleichzeitig wird dadurch festgelegt, welche **Freiheitsgrade** eines Bauteils eingeschränkt werden bzw. erhalten bleiben. Somit werden die **Bewegungsmöglichkeiten** eines Bauteils innerhalb einer Baugruppe bestimmt.

Ein Bauteil hat **sechs Freiheitsgrade** im Raum **(Bild 1)**. Entlang der Achsen *x*, *y* und *z* kann ein Bauteil geradlinig **verschoben** werden (Translation). Zusätzlich kann es um jede der 3 Achsen A, B und C **gedreht** werden (Rotation).

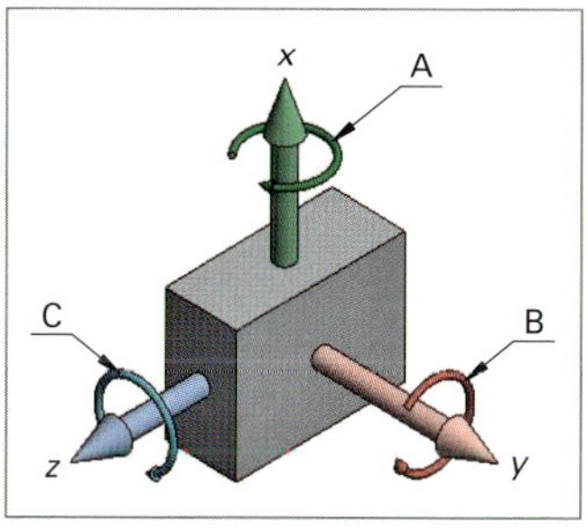

Bild 1: Freiheitsgrade

Bild 1 zeigt beispielhaft, wie **Freiheitsgrade** durch die Vergabe von Abhängigkeiten **eingeschränkt** werden können. In **Bild 1a** wurden beide Bauteile, ohne Abhängigkeiten zu vergeben, frei im Raum positioniert. Beide Bauteile können frei und unabhängig voneinander im Raum bewegt werden. Die Lage der beiden Bauteile zueinander ist nicht definiert.

In **Bild 1b** wurde für die beiden Bauteile eine Abhängigkeit vergeben. Die Mittelachse der Schraube muss koaxial zu der Mittelachse der Bohrung liegen.

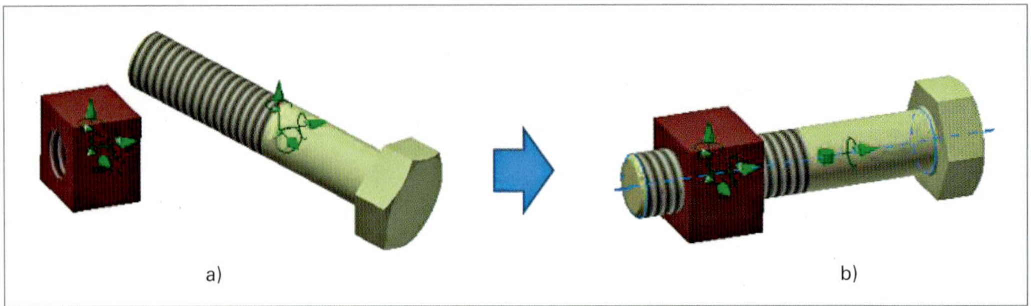

Bild 1: Bauteile vor und nach der Vergabe von Abhängigkeiten

Durch diese Bedingung wurden die Freiheitgrade der Schraube eingeschränkt. Sie kann nur noch in Richtung ihrer Längsachse verschoben werden und sich um diese drehen, besitzt also nur noch zwei Freiheitsgrade. Das Bauteil mit der Gewindebohrung besitzt weiterhin alle sechs Freiheitsgrade und lässt sich frei im Raum bewegen. Die Schraube führt die Bewegungen dieses Bauteils mit aus, die räumliche Lage der beiden Bauteile zueinander bleibt erhalten.

Bei der Erstellung einer Baugruppe ist es empfehlenswert, das **Basisteil der Baugruppe** (meist erste Komponente, die in die Baugruppe geladen wird) mittels Abhängigkeiten mit den **Ursprungsebenen** zu verknüpfen. Häufig erfolgt diese Verknüpfung automatisch, wenn dies in den Systemeinstellungen so konfiguriert ist. Der Vorteil dieser Arbeitsweise besteht darin, dass unerwartete Verschiebungen bzw. Bewegungen von Komponenten beim Hinzufügen von Verknüpfungen vermieden werden.

Eine weitere Möglichkeit ist das **Fixieren** der ersten Komponente. Hierbei liegt diese allerdings nicht auf den Ursprungsebenen, die relative Lage zur Ursprungsebene ist aber fest bestimmt.

Die grundlegendsten Abhängigkeiten, um Komponenten in einer Baugruppe zu verknüpfen und somit Lage, Position und Bewegungsmöglichkeiten zu definieren, sind:

- die Verknüpfung von ebenen, parallelen **Flächen** oder **Ebenen** miteinander, ohne **(Bild 2a)** oder mit Abstand **(Bild 2b)**.
- die Verknüpfung von **Mittelachsen** miteinander **(Bild 2c)**.
- die Verknüpfung von **winklig** zueinander **stehenden** ebenen **Flächen** oder **Ebenen** **(Bild 2d)**.
- die Verknüpfung von **tangential** zueinander liegenden **zylindrischen** oder **ebenen Flächen** sowie **Ebenen** **(Bilder 2e und 2f)**.

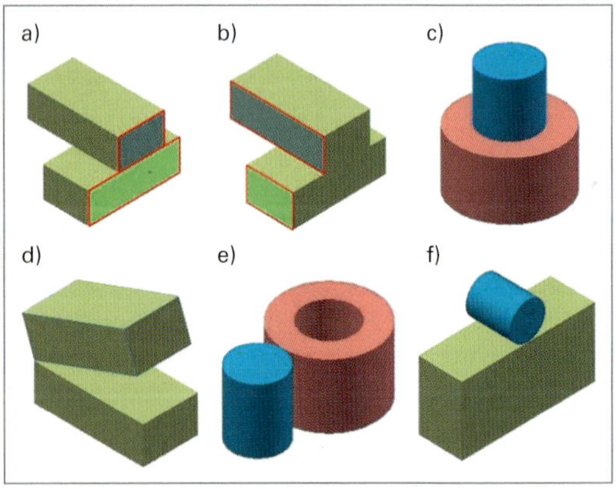

Bild 2: Baugruppenabhängigkeiten

> **Freiheitsgrade** definieren die Bewegungsmöglichkeiten eines Bauteils. Werden Freiheitsgrade eingeschränkt, werden auch die Bewegungsmöglichkeiten des Bauteils eingeschränkt. Gleichzeitig werden Lage und Position des betroffenen Bauteils durch die angewendeten Abhängigkeiten definiert.

2.4.9 | STRUKTURIERUNGSMETHODEN

Aufgrund der vielfältigen Möglichkeiten, die dem Technischen Produktdesigner zur Verfügung stehen, ergeben sich unweigerlich die verschiedensten Arbeitsweisen. Wenn mehrere Personen das gleiche Modell erstellen, werden sich sehr wahrscheinlich die Vorgehensweisen und der Modellaufbau bei allen unterscheiden.

Um aber zu gewährleisten, dass nicht nur der Ersteller, sondern auch andere Personen den Aufbau eines Modells verstehen und dieses ggf. bearbeiten können, ist ein **strukturiertes Arbeiten** erforderlich. Daher gibt es verschiedene **Strukturierungsmethoden**.

Darunter versteht man die Summe aller **Methoden** oder **Arbeitsweisen**, die angewendet werden, um eine **systematische** und leicht **anpassbare Modellstruktur** zu erhalten. **Modellgeometrie** soll **funktionsbezogen** und **fertigungsbezogen** erzeugt werden.

Durch Abhängigkeiten und parametrische Maße vollbestimmte Skizzen tragen ebenso zur Modellstruktur bei wie die richtige Vorüberlegung zu den geometrischen Grundkörpern und die Auswahl des geeigneten Modellierungsverfahrens.

Ein weiteres Mittel, um die Modellstruktur zu optimieren, ist die **Benennung** der erstellten Komponenten im **Modell- oder Strukturbaum**. Darin werden die einzelnen Befehle und die Modellierschritte innerhalb der Konstruktionshistorie eines Bauteils dargestellt **(Bild 1)**.

Bild 1: Ansicht im Strukturbaum

Um bei umfangreichen Modellen die Übersicht zu behalten ist es empfehlenswert, die Objekte im Strukturbaum sinnvoll zu benennen **(Bild 2)**. Dies erleichtert das weitere Bearbeiten bzw. Ändern, besonders für Mitarbeiter, die das Modell nicht selbst erstellt haben.

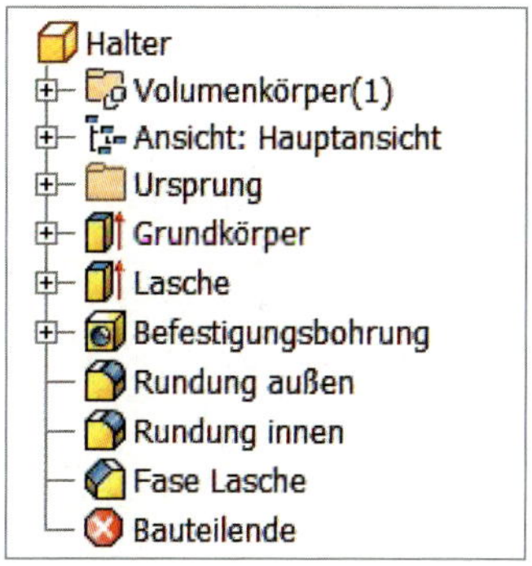

Bild 2: Benannte Objekte

Im weiteren Sinne gehören zu den Strukturierungsmethoden auch alle Festlegungen, die den **Erstellungsprozess** für technische Dokumente regeln, **Gestaltungsregeln** definieren und die **Datensicherung** und den **Datenaustausch** regeln. Meist gibt es dazu **Konstruktionsrichtlinien** in mehr oder weniger ausgeprägter Form.

Prinzipien für die Bereitstellung von Daten bzw. Informationen

- **Gliederungsprinzip:**
  Informationen in übersichtliche und leicht zu verarbeitende Einheiten gliedern.
- **Relevanzprinzip:**
  Nur thematisch zusammengehörige und für den Nutzer wesentliche Informationen bereitstellen.
- **Betitelungsprinzip:**
  Daten mit einem Titel versehen, der Zweck, Funktion oder Inhalt bezeichnet.
- **Einheitlichkeitsprinzip:**
  Ähnliche Informationen, Gliederungen oder Formate einheitlich behandeln.
- **Prinzip der Gleichwertigkeit der Informationsträger:**
  Diagramme, Bilder, Tabellen und Text müssen sich ergänzen.
- **Prinzip der Verfügbarkeit von Einzelheiten:**
  Einzelheiten dem Nutzer an der Stelle zur Verfügung stellen, an der er sie braucht.
- **Prinzip der systematischen Gliederung und Betitelung:**
  Gliederung und Betitelung systematisch auf allen Hierarchieebenen anwenden.

Möglich wird eine solche Datenverwaltung erst durch die Verwendung eines entsprechenden Systems **(Bild 1)**. Bezeichnungen für Datenverwaltungssysteme sind **EDM** (**E**lektronisches **D**okumenten **M**anagement), **DMS** (**D**okumenten **M**anagement **S**ystem), **CMS** (**C**ontent-**M**anagement-**S**ystem) oder auch **ILM** (**I**nformation **L**ifecycle **M**anagement). Vereinfacht betrachtet handelt es sich bei allen diesen Systemen um eine datenbankgestützte Verwaltung elektronischer Dokumente.

Vorteile elektronischer Datenverwaltungssysteme sind:

- **zentraler** und **einfacher Zugriff** auf Dokumente aus allen Abteilungen bzw. Geschäftsstellen
- Möglichkeiten zum **Einrichten** und **Pflegen** von **Zugriffsberechtigungen**
- **Vermeidung** von **Mehrfachablage** (jedes Dokument ist nur einmal vorhanden)
- Zugriffsmöglichkeit auf alte **Versionsstände**
- **Vermeidung** unnötiger **Arbeitsschritte** sowie **Kosteneinsparungen** durch effizientere Arbeitsweise
- **Sicherstellung** gesetzlicher **Aufbewahrungsfristen**

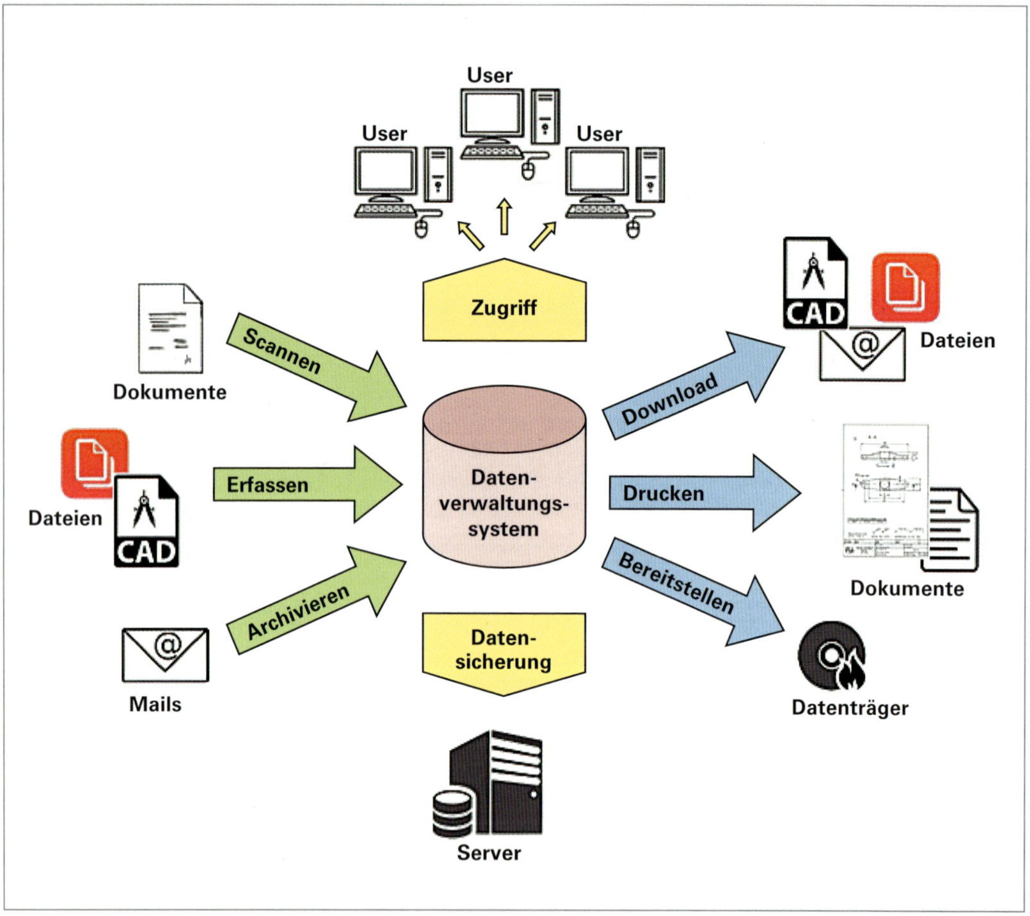

Bild 1: Schematische Darstellung eines Datenverwaltungssystems

Für den **strukturierten Aufbau von Daten** sowie für die **strukturierte Ablage** und **Bereitstellung** von Daten bedarf es einer strukturierten Arbeitsweise auf Basis eines geeigneten Datenverwaltungssystems.

AUFGABEN | WIEDERHOLUNG UND VERTIEFUNG

1. Erläutern Sie den Begriff „Variantenkonstruktion" am Beispiel einer Sechskantmutter.
2. Sie erhalten den Auftrag, einen Halter für verschiedene Werkzeuge zu konstruieren. Welche Konstruktionsmethodik (intuitiv, iterativ oder diskursiv) würden Sie zur Lösung der Konstruktionsaufgabe nutzen? Begründen Sie Ihre Wahl.
3. Erläutern Sie mithilfe von Skizzen je zwei Möglichkeiten, wie das in **Bild 1** gezeigte Modell mittels Extrusion oder Rotation erzeugt werden kann. Nennen Sie auch die angewendeten Booleschen Operatoren.
4. Ein Auszubildender soll mittels 3D-CAD innerhalb einer bestehenden Baugruppe einen zusätzlichen Halter konstruieren. Er führt den Auftrag aus, der Halter wird gefertigt, die Montage des Halters ist jedoch nicht möglich. Der Halter ist zu groß und kollidiert mit einem anderen Bauteil. Nennen Sie drei Möglichkeiten, wie er diesen Fehler hätte vermeiden können.
5. Welches ist der grundlegende Unterschied zwischen einem platzierten und einem extrudierten Element?
6. Welche Elemente eignen sich bei der Skizzenerstellung als Skizzierebene?
7. Wieviel Freiheitsgrade besitzt ein Würfel noch, wenn eine seiner Mantelflächen von der *xy*-Ebene abhängig gemacht wurde **(Bild 2)**?
8. Informieren Sie sich in Ihrem Ausbildungsbetrieb darüber, wie die Datenablage erfolgt und ob dazu ein Datenverwaltungssystem zur Anwendung kommt.

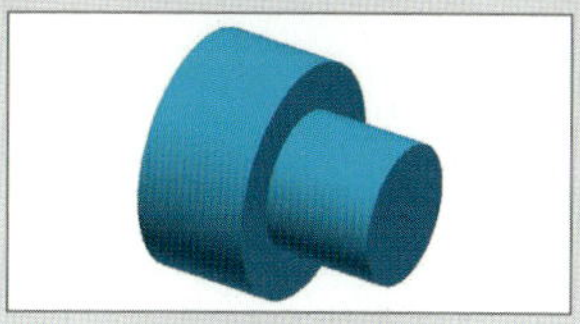

Bild 1: Zu Aufgabe 3

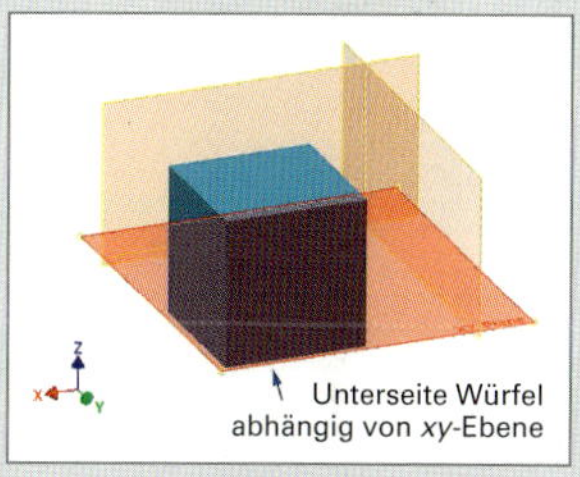

Bild 2: Zu Aufgabe 7

2.5 | DATENSÄTZE FÜR BAUTEILE UND BAUGRUPPEN NACH VORGABEN ERSTELLEN

Anhand des folgenden Beispiels soll eine mögliche Vorgehensweise bei der Erstellung von Datensätzen aufgezeigt werden:

Im Rahmen der **Zeichnungsübernahme** alter Transparentzeichnungen wird der Auftrag erteilt, in einem 3D-CAD-System Modelle und Zeichnungsableitungen für die Baugruppe Achshalterung **(Bild 3)** und die darin enthaltenen Bauteile zu erstellen.

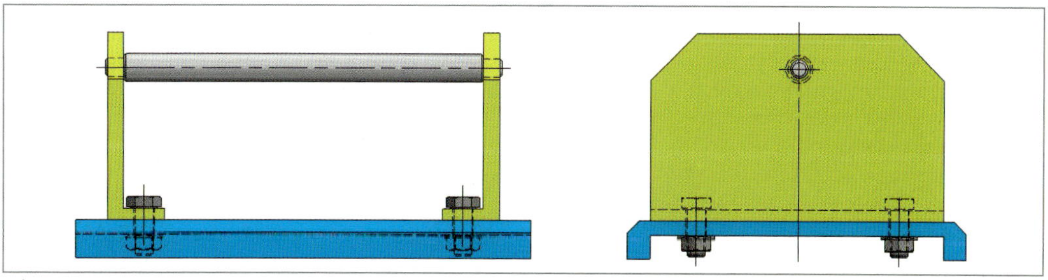

Bild 3: Baugruppe Achshalterung

Die dafür erforderlichen Unterlagen liegen in Form von Transparentzeichnungen vor.

2.5.1 | EINZELTEILMODELLE

Im ersten Schritt werden die erforderlichen Modelle für die Einzelteile Grundplatte **(Bild 1a)**, Seitenteil **(Bild 1b)** und Achse **(Bild 1c)** auf Basis der vorhandenen Zeichnungen erstellt. Hierbei kommen die in diesem Kapitel bereits behandelten Grundlagen zur Anwendung. Die Arbeitsweise variiert je nach verwendetem CAD-System.

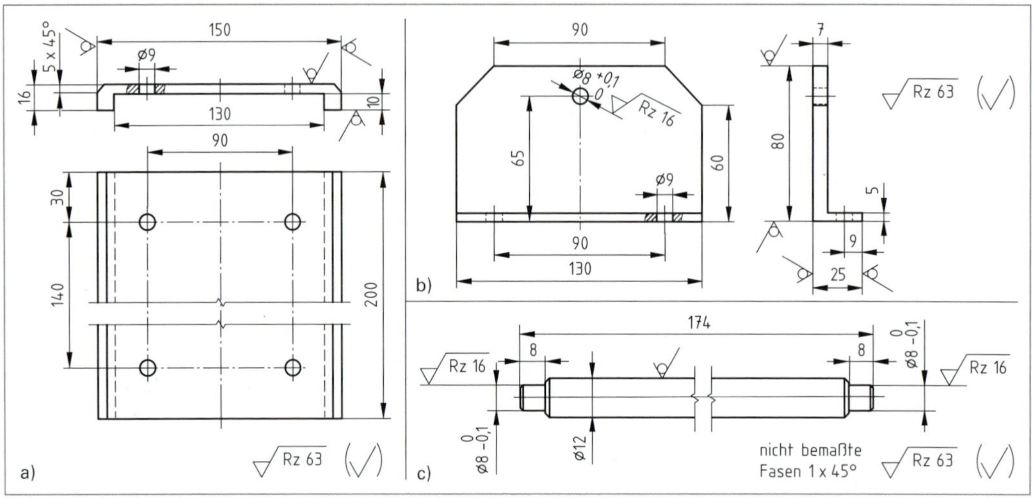

Bild 1: Einzelteile Achshalterung (Ausschnitte aus älteren vorhandenen Transparentzeichnungen)

Die Hauptgeometrie der 3D-Modelle wird durch **Skizzen** und **Extrusionen** erzeugt. Bei der Achse bietet sich die Modellierung mittels **Rotation** an. Bohrungen und Fasen werden in der Regel mittels **platzierter Elemente** erstellt. Das fertige Modell des Seitenteils zeigt **Bild 2**.

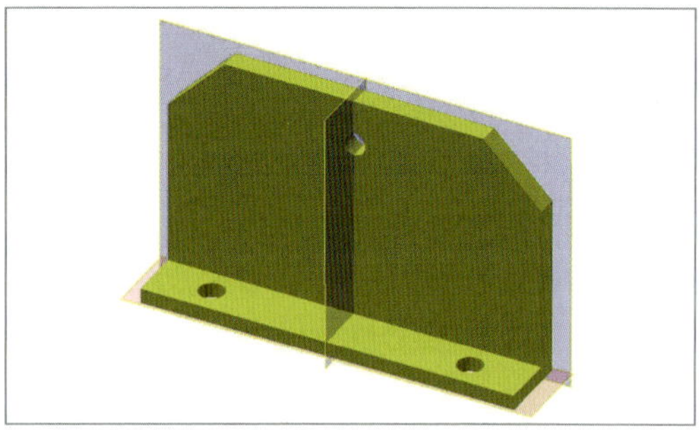

Bild 2: Modell des Seitenteils

2.5.2 | ZEICHNUNGSABLEITUNG EINZELTEIL

Im nächsten Schritt werden **Zeichnungsableitungen** der erstellten Modelle erzeugt. Auch dieser Arbeitsgang variiert abhängig vom CAD-System. Der Begriff Zeichnungsableitung lässt bereits erkennen, dass die für eine Zeichnung erforderlichen **Ansichten** aus dem bereits existierenden Modell **abgeleitet** werden. Dabei werden Zeichnungsansichten und Modell miteinander **verknüpft**. Für die Zeichnungsansichten müssen letztlich nur noch die darstellenden Eigenschaften festgelegt werden. Dies sind z. B. **Maßstab**, Darstellung mit oder ohne **verdeckte Kanten**, **Mittellinien**, erforderliche **Schnitte** usw.

Bild 3 zeigt die Zeichnungsableitung des Seitenteils. Die erforderlichen Ansichten und eine isometrische Ansicht wurden erzeugt. Diese wurden um Mittellinien und Teilschnitte im Bereich der Bohrungen ergänzt. Die „zeichnerische" Arbeit ist damit erledigt.

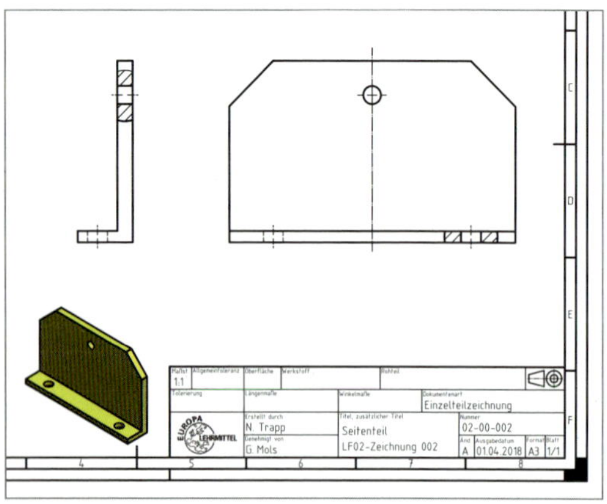

Bild 3: Zeichnungsableitung des Seitenteils

Um eine brauchbare Fertigungszeichnung zu erhalten, muss die Zeichnung um alle **zur Fertigung erforderlichen Angaben** ergänzt werden. Dies sind:

- **Maße und Toleranzen**

  Maße werden, so wie schon die Ansichten, aus dem Modell abgeleitet. Je nach Programm können die Maße **automatisch** oder auch **von Hand** einzeln abgerufen werden. Erforderliche Toleranzen können je nach Arbeitsweise ebenfalls bereits im Modell enthalten sein, werden aber häufig erst in der Zeichnung angegeben. Im Rahmen der Maßeintragung stehen entsprechende Tools für die Angabe von Toleranzen zur Verfügung.

- **Oberflächenangaben (grün in Bild 1)**

  Auch Oberflächenangaben können je nach CAD-System bereits im Modell festgelegt werden und ähnlich wie Bemaßung abgerufen werden. Häufig werden die erforderlichen Oberflächenangaben jedoch erst im Rahmen der Zeichnungserstellung angegeben, wofür entsprechende Tools zur Verfügung stehen.

- **Ergänzende Angaben**

  Weitere zur Fertigung eines Bauteils erforderliche Angaben sind Angaben zu **Werkstoff** und **Halbzeug** (gelb in **Bild 1**), Angaben zu den in der Zeichnung anzuwendenden **Normen** (rot in **Bild 1**), Angaben zur **Beschaffenheit von Werkstückkanten** (blau in **Bild 1**) sowie die im Schriftfeld einzutragenden **organisatorischen Angaben**.

Bild 1 zeigt die um die erforderlichen Angaben ergänzte Zeichnung.

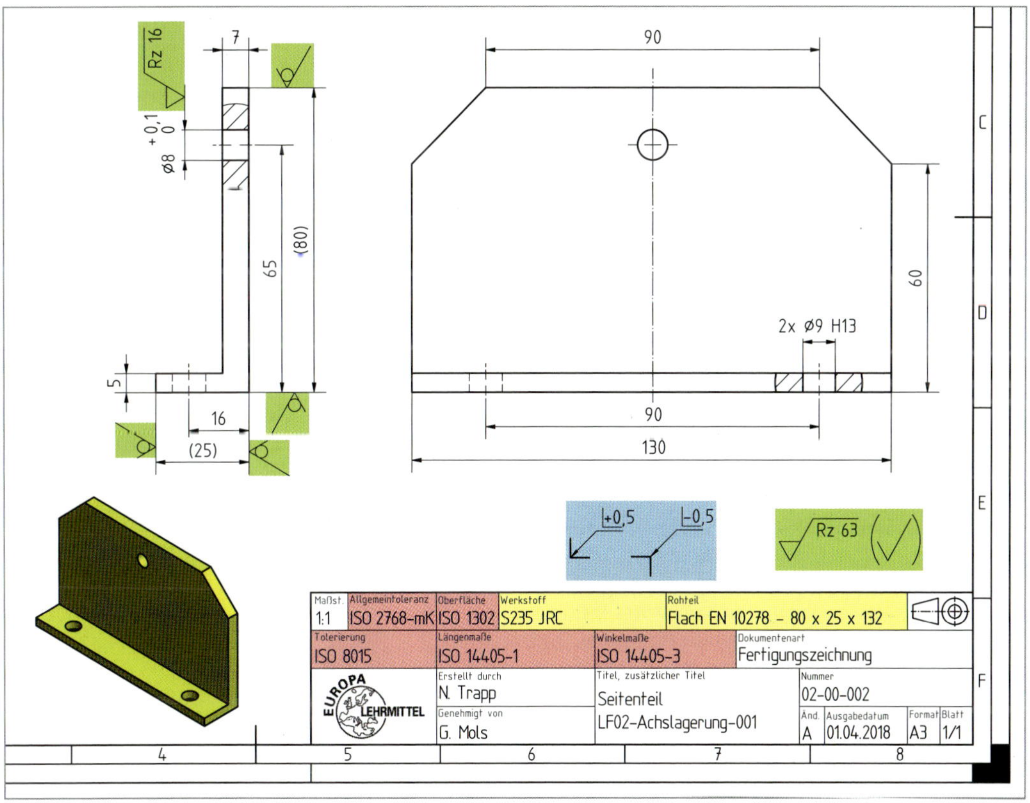

Bild 1: Fertige Zeichnungsableitung des Seitenteils (Ausschnitt)

Bei der Anfertigung von Fertigungszeichnungen sind sowohl die für die Darstellung als auch die für die zur Fertigung erforderlichen Angaben geltenden **Normen** und **Regeln** zu beachten!

2.5.3 | BAUGRUPPENMODELLE

Nachdem die für die Baugruppe Achshalterung erforderlichen Bauteilmodelle erstellt wurden, werden diese zu einer **Baugruppe** zusammengefügt. Die **Platzierung** der Bauteile innerhalb der Baugruppe erfolgt mittels **Abhängigkeiten**. Hierzu wird zuerst die Grundplatte in eine neue Baugruppendatei eingefügt und auf den **Ursprungsebenen platziert** (Bild 1).

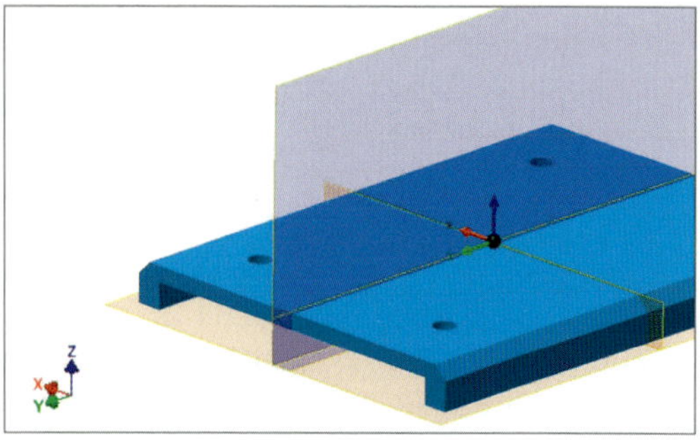
Bild 1: Platzierung der Grundplatte

Die Grundplatte ist jetzt im Raum **fest positioniert**. Als zweites Bauteil wird nun ein Seitenteil in die Baugruppe eingefügt. Die Positionierung des Seitenteils erfolgt beispielsweise, indem die Mittelachsen der Anschraubbohrungen der beiden Teile **abhängig** gemacht werden. Die Lage des Seitenteils in z-Richtung wird durch eine Abhängigkeit zwischen Unterseite Seitenteil und Oberseite Grundplatte definiert (Bild 2). Das zweite Seitenteil kann auf dem gleichen Weg verbaut werden. Es gibt auch die Möglichkeit, dieses durch eine **gespiegelte Kopie** zu platzieren.

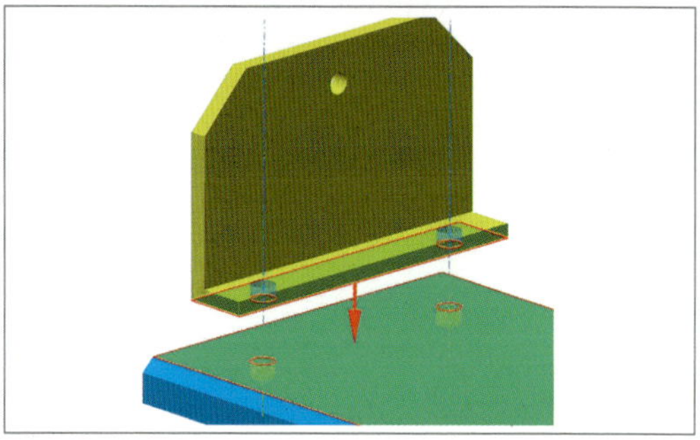
Bild 2: Positionierung des Seitenteils

Nachdem auch die Achse in ähnlicher Weise positioniert wurde, fehlen noch die Bauteile für die Schraubenverbindungen. Die dazu erforderlichen Schrauben, Scheiben und Muttern müssen nicht modelliert werden, weil sie in der Regel in **systemeigenen** oder **firmenspezifischen Bibliotheken** bereitgestellt werden.

Aus den von der Baugruppe existierenden Unterlagen geht hervor, dass folgende Teile für die Schraubenverbindung benötigt werden:

- **Sechskantschraube** DIN EN ISO 4017 – M8 x 20 – 8.8
- **Sechskantmutter** DIN EN ISO 4032 – M8 – 8
- **Scheibe** DIN EN ISO 7092 – 8 – 200 HV

Über entsprechende Befehle können diese Bauteile in einer zur Verfügung stehenden **Bibliothek** ausgewählt und in die Baugruppe eingefügt werden. Die Positionierung kann **manuell** mittels vergebener Abhängigkeiten erfolgen, häufig bieten CAD-Programme aber **automatische** Einbauroutinen für solche **Verbindungselemente**. Grundlegende Kenntnisse über **Verbindungsarten**, deren Aufbau und Verwendung sind von Vorteil. **Bild 3** zeigt eine der Schraubenverbindungen vor und nach der vollständigen Positionierung. Abhängig vom verwendeten CAD-Programm gibt es weitere Optionen für den Einbau von Verbindungselementen.

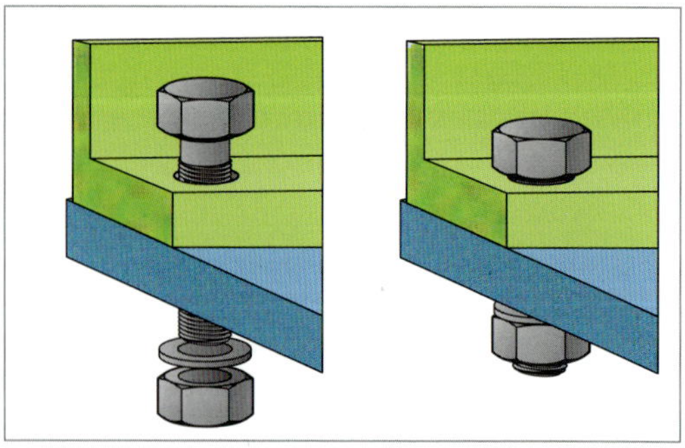
Bild 3: Schraubenverbindung (Verschraubung)

Da in dieser Baugruppe die identische Schraubenverbindung viermal verwendet wird, kann sie einmal erstellt und dann **kopiert** oder **gemustert** werden. Manche Programme erkennen die Anzahl der zusammengehörigen Bohrungen automatisch und positionieren die Bauteile in entsprechender Anzahl. Hierbei spielt es allerdings eine Rolle, mit welcher Methode zusammengehörige Bohrungen im Bauteil erstellt wurden, z. B. durch Mustern oder Anordnen.

2.5.4 | ZEICHNUNGSABLEITUNG BAUGRUPPEN

Wie bei den Einzelteilen wird auch nach der Fertigstellung des Baugruppenmodells **(Bild 1)** eine Zeichnung erstellt. Die Arbeitsweise ist weitgehend gleich. Die erforderlichen Ansichten werden aus dem Modell abgeleitet. Falls erforderlich werden weitere zur besseren Darstellung der Baugruppe erforderliche Elemente hinzugefügt (Schnitte, Einzelheiten, Mittellinien usw.).

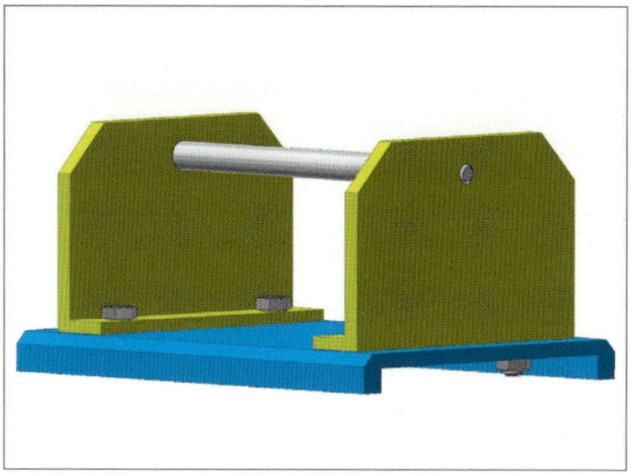

Bild 1: Baugruppenmodell

Im Unterschied zu einer Fertigungszeichnung werden in einer Zusammenbauzeichnung Informationen eingetragen, die für die Montage und die Funktion der Baugruppe erforderlich sind. Dies können wichtige Funktions- oder Montagemaße, aber auch eine Stückliste (Teileliste) mit den zugehörigen Positionsnummern sein.

Bei der **Anfertigung von Baugruppenzeichnungen** sind die für die Darstellung und die Stückliste inklusive der Positionsnummern geltenden Normen und Regeln zu beachten!

Bild 2 zeigt einen Ausschnitt der fertigen Zeichnung der Baugruppe Achshalterung.

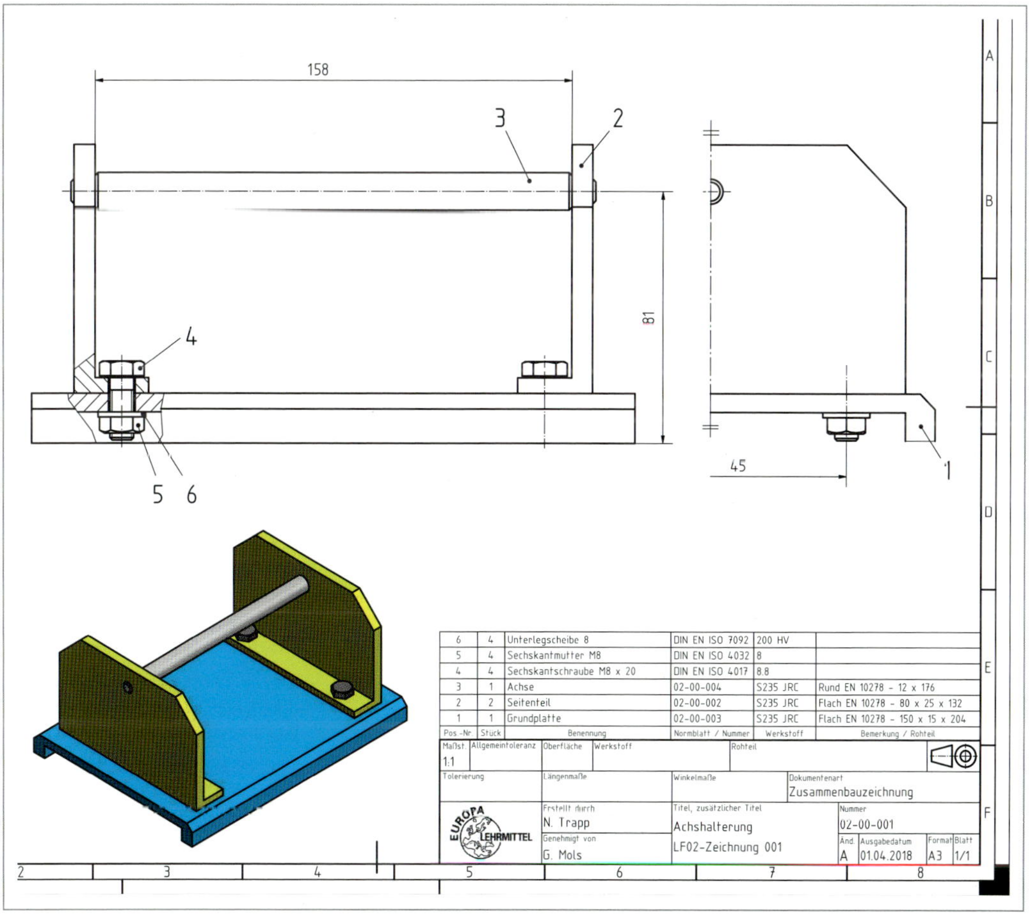

Bild 2: Zeichnungsableitung Achshalterung (Ausschnitt)

AUFGABEN | WIEDERHOLUNG UND VERTIEFUNG

1. Nennen Sie fünf Angaben, die zusätzlich zur zeichnerischen Darstellung eines Bauteils auf einer Fertigungszeichnung enthalten sein müssen.
2. In einem Baugruppen-Modell treten unerwartete Lageveränderungen von Bauteilen auf, wenn neue Bauteilabhängigkeiten vergeben werden. Welche Ursache kann das haben?
3. Welche Maße können üblicherweise in die Zeichnungsableitung einer Baugruppe eingetragen werden? Nennen Sie hierzu jeweils ein Beispiel.
4. Welchen Vorteil hat es, wenn Maße schon in einer Skizze funktions- und fertigungsgerecht angeordnet werden?
5. Die Ansichten in einer Zeichnungsableitung sind üblicherweise mit dem zugehörigen Modell verknüpft. Welche Folge hat das Entfernen dieser Verknüpfung?

2.6 | DATENSÄTZE FÜR BAUTEILE UND BAUGRUPPEN NACH EIGENEN ENTWÜRFEN ERSTELLEN

Bei der vorangegangenen Übernahme der Baugruppe Achshalterung in ein 3D-CAD-Programm hat man sich an vorhandenen Zeichnungen orientiert. Diese wurden überwiegend 1 : 1 übernommen und nicht bewertet. Sollen aber existierende Bauteile oder Baugruppen überarbeitet oder neu entworfen werden, befindet man sich in einer höheren Ebene des Konstruktionsprozesses.

Es müssen z. B. **funktions-, fertigungs- und montagegerechte Anforderungen** an Konstruktionen berücksichtigt werden, die in den folgenden Abschnitten näher betrachtet werden. Dies gilt für Bauteile und Baugruppen gleichermaßen. Darüber hinaus können beanspruchungs-, werkstoff-, instandhaltungs- und recyclinggerechte sowie weitere Anforderungen zu berücksichtigen sein.

2.6.1 | FUNKTIONSGERECHTES GESTALTEN

Die **Funktionserfüllung** ist die wichtigste **Hauptforderung**, die an eine Konstruktion gestellt wird. Erfüllt ein Produkt seine Funktion nicht oder nur ungenügend, ist es unbrauchbar. Aus diesem Grund hat die Erfüllung der Funktion **oberste Priorität**. Die Funktion ist abhängig von der technischen Lösung, aber auch von **externen Einflüssen,** wie Veränderungen durch **Fertigungstoleranzen**, **Temperaturschwankungen** oder **Verschleiß**. Diese möglichen Veränderungen bzw. Abweichungen müssen bei der Gestaltung berücksichtigt werden. Eng verbunden damit ist die Vermeidung von **Gefahren** für **Mensch** und **Maschine,** z. B. durch **Fehlbedienung** eines Mitarbeiters oder zu hohe **Belastung** von Bauteilen (menschliches- oder technisches Versagen).

2.6.2 | FERTIGUNGSGERECHTES GESTALTEN

Im Produktentstehungsprozess ist die Fertigung zeitlich nach der Konstruktion einzuordnen. Da durch die Fertigung die **Produktkosten** erheblich beeinflusst werden, muss der Technische Produktdesigner Bauteile und Baugruppen fertigungsgerecht gestalten. **Werkstoffe**, **Halbzeuge** und **Bauteilgeometrie** sind so zu wählen, dass sich in Abhängigkeit von der **Stückzahl** und des **Fertigungsverfahrens** ein Bauteil **kostengünstig** herstellen lässt.

Da die Anforderungen an die **Bauteiloberfläche** und die **Maßtoleranzen** das Fertigungsverfahren und damit die Kosten ebenfalls wesentlich beeinflussen, gilt der Grundsatz:
„So fein wie nötig, aber so grob wie möglich!"

Richtlinien für fertigungsgerechtes Gestalten

- Geometrisch **einfache Grundkörper** wählen (geringe Bearbeitung von Halbzeugen).
- Das **Zerspanvolumen** so **gering** wie möglich halten (weniger Abfall, schnellere Fertigung).
- Auf **Spannmöglichkeiten** für die Bearbeitung achten.
- Nach Möglichkeit **in einer Aufspannung** fertigen (Vermeiden von Umspannfehlern).
- **Bearbeitungsflächen** möglichst **senkrecht** oder **parallel** zur **Aufspannfläche** legen.
- Die zu bearbeitenden Flächen für das **Werkzeug** gut zugänglich herrichten.
- **Werkzeugausläufe** vorsehen (Freistiche, Gewindefreistiche).
- Den **Einsatz genormter Werkzeuge** ermöglichen. **Genormte Gestaltungselemente** berücksichtigen (Radien, Freistiche, Senkungen, Zentrierungen).
- **Dreh- und Bohrarbeiten** vor Fräsarbeiten ausführen.
- **Oberflächengüten** und **Toleranzen** auf das unbedingt Notwendige beschränken.

Durch **fertigungsgerechtes Gestalten** wird die Qualität der Erzeugnisse verbessert, Fertigungszeiten werden reduziert, Materialkosten, Werkzeugkosten und Personalkosten werden gesenkt.

2.6.3 | MONTAGEGERECHTES GESTALTEN

Einzelteile und Baugruppen sind so auszulegen, dass ihr Zusammenbau, also die Montage **(Info 1)**, **einfach** und **kostengünstig** ist. Die wesentlichen **Teiloperationen eines Montageprozesses** sind:

- **Fügen** (Verschrauben, Nageln, Schweißen, Kleben, Löten, Einclipsen)
- **Handhaben** (Greifen, Legen, Umdrehen, Bewegen, Sichern, Kontrollieren)
- **Prüfen** (Messen, Lehren)
- **Justieren** (z. B. Einstellen)
- **Hilfsoperationen** (z. B. Reinigen, Erwärmen oder Kühlen für Pressverbindungen, Entgraten, Auspacken, Abdichten, Ölen usw.)

Die Umkehrung der Montage ist die **Demontage** mit entsprechenden Demontagetechniken.

Die Montage bildet zusammen mit den Bereichen Arbeitsvorbereitung und Teilefertigung einen Teil des Produktionssystems eines Industriebetriebes.

Info 1: Montage

Als **Montage** bezeichnet man in der industriellen Fertigung die Gesamtheit aller Vorgänge für den Zusammenbau von Bauteilen bzw. Komponenten.

Info 2: Wertschöpfung

Unter **Wertschöpfung** versteht man die **Erzeugung** eines **Mehrwerts** bei der Durchführung eines Arbeitsvorgangs. Durch die hierbei stattfindende Kombination der eingesetzten Arbeitsleistungen, der Rohstoffe und der sonstigen Ressourcen zu einer neuen Leistung entsteht ein höherer Wert als die Summe der Werte der Einsatzfaktoren. Es wird also **zusätzlicher Wert** geschaffen.

Folgende **Montagearten** werden unterschieden:

- **Primärmontage**

  Unter Primärmontage versteht man das Fügen von Bauteilen zu einem Ganzen, einer Baugruppe, einem Aggregat (Technik) oder einem Enderzeugnis. Zur Primärmontage gehören alle Arbeitsoperationen, die zur **Wertschöpfung (Info 2)** eines Produktes beitragen. Montierte Objekte können – im Gegensatz zu Einzelteilen – in der Regel wieder demontiert werden. Dies ist für die Instandhaltung, Reparatur und die Entsorgung bzw. das Recycling von Bedeutung.

- **Sekundärmontage**
  Unter Sekundärmontage werden die notwendigen **Hilfsoperationen**, wie z. B. das Handhaben, Prüfen und Justieren, verstanden, die den Montagevorgang unterstützen und mit denen Aufwendungen von Zeit, Information und Energie verbunden sind. Alle Arbeitsoperationen der Sekundärmontage haben keine Wertschöpfung zur Folge und sollten möglichst vermieden oder reduziert werden.

Folgende **Montageschritte** werden unterschieden:

- **Baugruppenmontage:** Zunächst werden Unterbaugruppen montiert, die während der Endmontage weiterverarbeitet werden.
- **Endmontage:** In der Endmontage werden Unterbaugruppen und Einzelteile zum funktionsfähigen Endprodukt montiert.
- **Demontage:** Fertig montierte Bauteile können zwecks **Wartung** oder **Reparatur**, aber auch zum besseren **Transport**, wieder demontiert werden. Auch nicht mehr funktionsfähige Baugruppen werden häufig demontiert.

Bei allen **Montageschritten** sind die **Vorschriften des Umwelt- und Gesundheitsschutzes** zu beachten.

Richtlinien für montagegerechtes Gestalten

- Der Montageprozess soll hinsichtlich der verwendeten Teile **eindeutig** sein. Es sollte **keine ähnlichen Teile** geben, sondern nur **gleiche** oder **stark unterschiedliche** (Vermeidung von Verwechslungen).
- **Fügestellen** sind möglichst zu **vermeiden,** die **Bauteilanzahl** zu **verringern.**
- **Fügerichtungen** sollen einheitlich gewählt werden, Fügestellen sollen gut zugänglich sein **(Bild 1)**.
- **Verbindungselemente** sind möglichst in einheitlicher Größe vorzusehen (Vermeidung von Werkzeugwechsel) **(Bild 2)**.
- Die Montage sollte mittels **Standardwerkzeugen** möglich sein, Spezialwerkzeuge sind zu vermeiden.
- Die Zerlegung einer Baugruppe in **Unterbaugruppen** ist zu ermöglichen **(Bild 3)**. Montagevorgänge können so vorgelagert oder parallel erfolgen.
- Die **Bauteilgestalt** und die Zugänglichkeit sollten für **automatisierte Montageprozesse** geeignet sein. Dies betrifft vor allem die Handhabung mittels Greifer, also sicheres Erkennen, Greifen und Positionieren von Objekten.
- **Hilfsvorgänge** (Sekundärmontage) sollen möglichst vermieden werden.

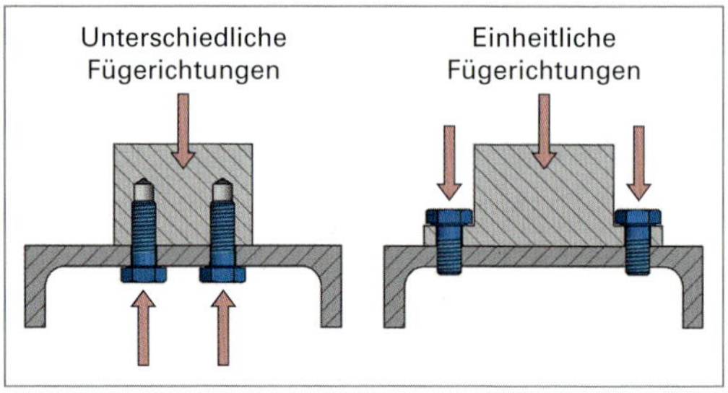

Bild 1: Fügerichtungen

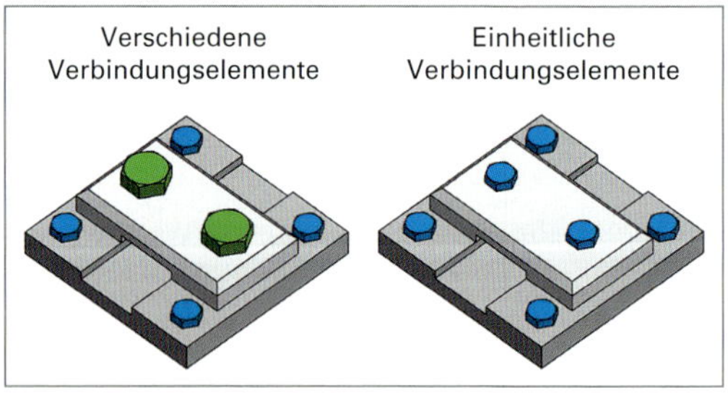

Bild 2: Einheitliche Verbindungselemente

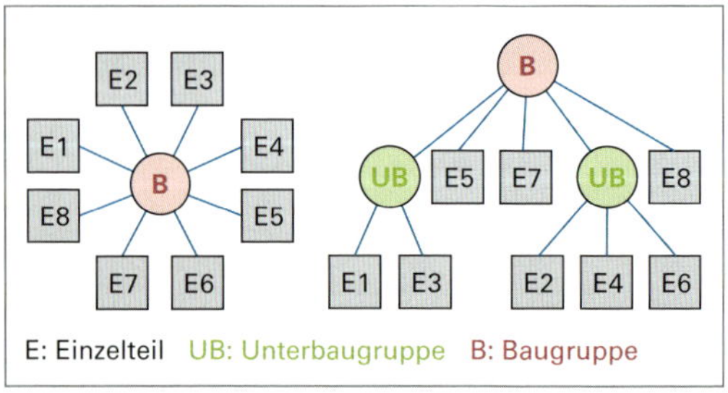

Bild 3: Bildung von Unterbaugruppen

Durch montagegerechtes Gestalten wird die Qualität der Produkte gesteigert, Montagezeiten werden verringert und somit die Wertschöpfung erhöht.

Eine **montagegerechte Gestaltung** hat das Ziel, Produkte so zu konstruieren, dass ihr Montageaufwand ein Minimum erreicht. Unter **Montageaufwand** versteht man die Summe aller zur Montage eines Produktes bzw. einer Baugruppe notwendigen manuellen, maschinellen und organisatorischen Aufwendungen bzw. aller benötigten Energien und aller Hilfsstoffe.

Analysiert man die Baugruppe Achshalterung hinsichtlich ihrer fertigungs- und montagegerechten Ausführung, ergeben sich einige Optimierungsmöglichkeiten **(Tabelle 1)**.

Tabelle 1: Fertigungs- und montagegerechte Optimierungen

Ausgangszustand	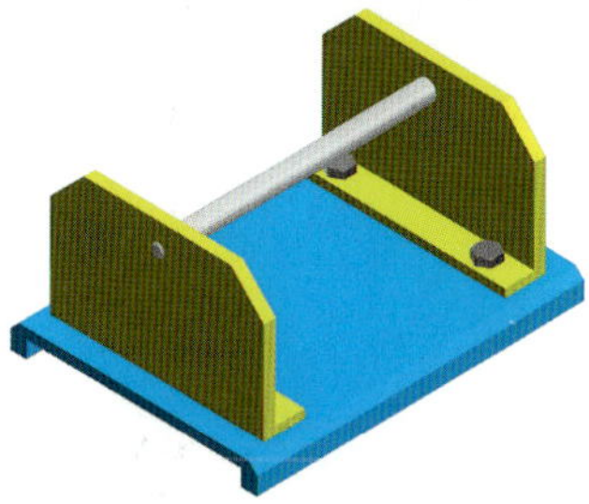	▌ Die Fertigung der Bauteile Grundplatte und Seitenteil erfolgt aus Vollmaterial. Es sind jeweils mehrere Arbeitsgänge erforderlich, das Zerspanungsvolumen ist groß. ▌ Bei der Montage muss an vier Stellen gefügt werden, die Fügerichtungen sind nicht einheitlich und die Zugänglichkeit ist eingeschränkt. Die Montagereihenfolge wird durch die Achse eingeschränkt. Diese muss erst in die Seitenteile eingelegt werden, bevor diese montiert werden können.
Optimierung Schritt 1	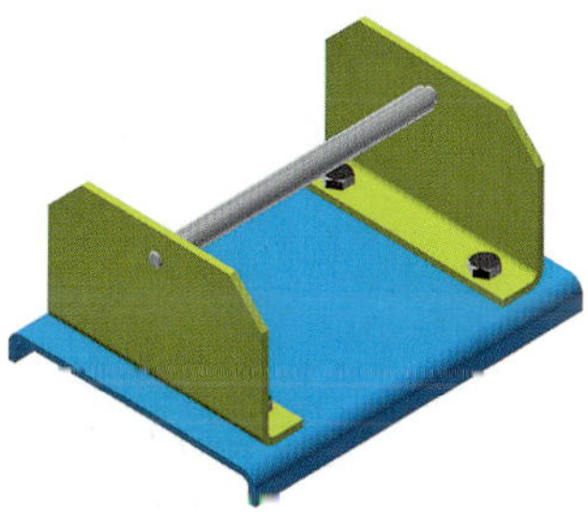	▌ Eine Alternative ist die Herstellung beider Bauteile aus Blech als Biegeteil. Arbeitsgänge und Materialverlust würden deutlich reduziert.
Optimierung Schritt 2	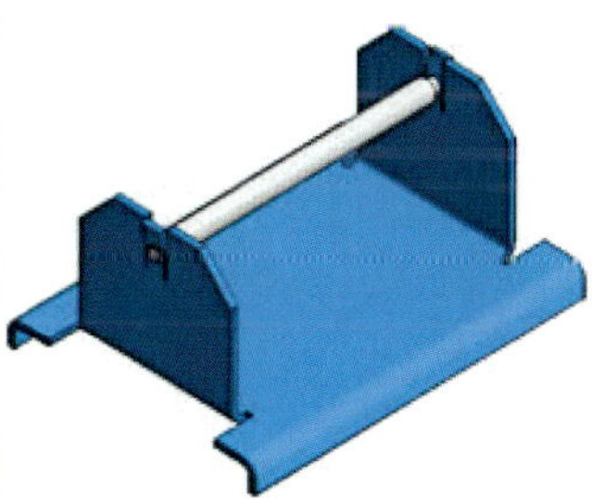	▌ Bei der Fertigung als Blechbiegeteil kann man Grundplatte und Seitenteile zu einem Bauteil verschmelzen. Dadurch entfallen mehrere Fügestellen. Durch Verwendung einer Schnappverbindung kann auch die Achse zuletzt eingesetzt werde. ▌ Die Teileanzahl ist von 16 auf zwei Teile reduziert worden.

Fertigungs- und Montageaufwand, und damit auch die dadurch verursachten Kosten, können durch **fertigungs- und montagegerechte Gestaltung** in erheblicher Weise gesenkt werden.

Bereits während der Konstruktion lassen sich Kosten für **nachgelagerte Prozesse,** wie **Fertigungsplanung, Fertigung, Montage** usw. stark beeinflussen. Daher sind für den Technischen Produktdesigner Kenntnisse zu **Werkstoffen, Fertigungsverfahren und -abläufen, Montagetechniken, Füge- und Verbindungstechniken** sowie **Norm- und Kaufteilen** sehr wichtig!

2.6.4 | FÜGE- UND VERBINDUNGSTECHNIKEN BERÜCKSICHTIGEN

Für die Erstellung von Bauteilen und Baugruppen sind grundlegende Kenntnisse zu den gängigen Füge- und Verbindungstechniken erforderlich. Da die zugehörigen Lerninhalte sich über mehrere Lernfelder erstrecken, erfolgt an dieser Stelle ein erster Überblick.

Fügetechniken

Fügen ist ein Teilvorgang der Montage. Das Fügen wird ergänzt um Handhabungs- und Hilfsvorgänge.

Die gängigen Fügetechniken sind:

- Fügen durch **Zusammensetzen**, z. B. Einhängen, Einlegen, Einschieben usw.
- Fügen durch **Anpressen/Einpressen**, z. B. Verschrauben, Klemmen, Aufschrumpfen usw.
- Fügen durch **Urformen**, z. B. Ausgießen, Ummanteln, Einbetten usw.
- Fügen durch **Umformen**, z. B. Nieten, Bördeln, Wickeln, Aufweiten, Spreizen usw.
- Fügen durch **Stoffvereinigung**, z. B. Schweißen, Löten, Kleben

> Als **Fügen** bezeichnet man die dauerhafte Verbindung von zwei oder mehr Bauteilen unter Anwendung von Verbindungstechniken.

Verbindungstechniken

Die Verbindungstechnik beschreibt die Methoden zur Zusammensetzung einzelner Teile zu einem Ganzen. Die Einteilung der Verbindungstechniken erfolgt nach den physikalischen Wirkprinzipien:

Formschluss

Bei einer formschlüssigen Verbindung ist einer der Verbindungspartner einem anderen im Weg **(Bild 1)**. Bei Betriebsbelastung wirken Druckkräfte rechtwinklig zu den Flächen der Verbindungspartner. Primär sind nur zwei Bauteile formschlüssig miteinander zu verbinden, was oft mithilfe eines dritten Teils, dem speziellen Verbindungselement verwirklicht wird.

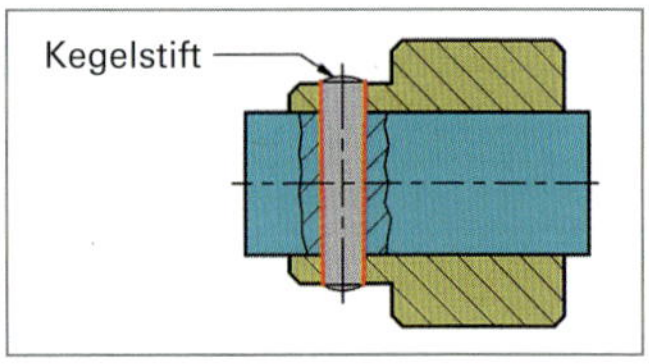

Bild 1: Formschluss

Kraftschluss (Reibschluss)

Als kraftschlüssige Verbindung bezeichnet man die Sicherung zweier Teile durch eine Normal-Kraft, die auf die miteinander zu verbindenden Flächen wirkt **(Bild 2)**. Die Verschiebung der beiden Teile ist verhindert, solange die durch die Haftreibung bewirkte Gegen-Kraft nicht überschritten wird.

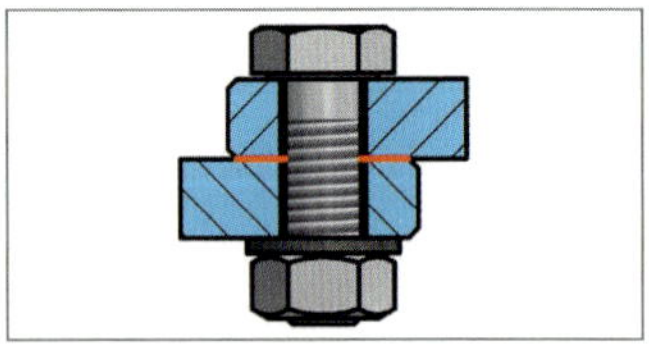

Bild 2: Kraftschluss

Stoffschluss

Eine stoffschlüssige Verbindung wird unter Hinzufügung von arteigenen oder artfremden Zusatzwerkstoffen hergestellt **(Bild 3)**. Die Verbindung erfolgt durch atomare oder molekulare Kräfte. Sie lassen sich durch die Zerstörung der Bauteile oder der Verbindungsmittel wieder lösen.

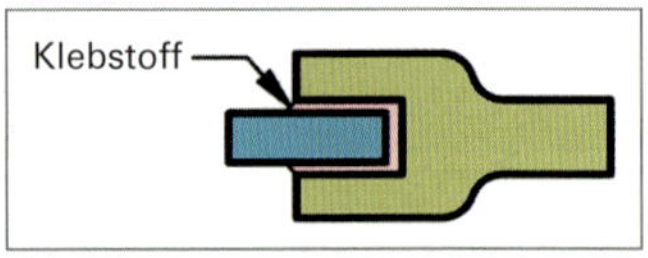

Bild 3: Stoffschluss

Eine Übersicht über gängige Verbindungselemente bzw. Fügeverfahren zeigt **Bild 1**.

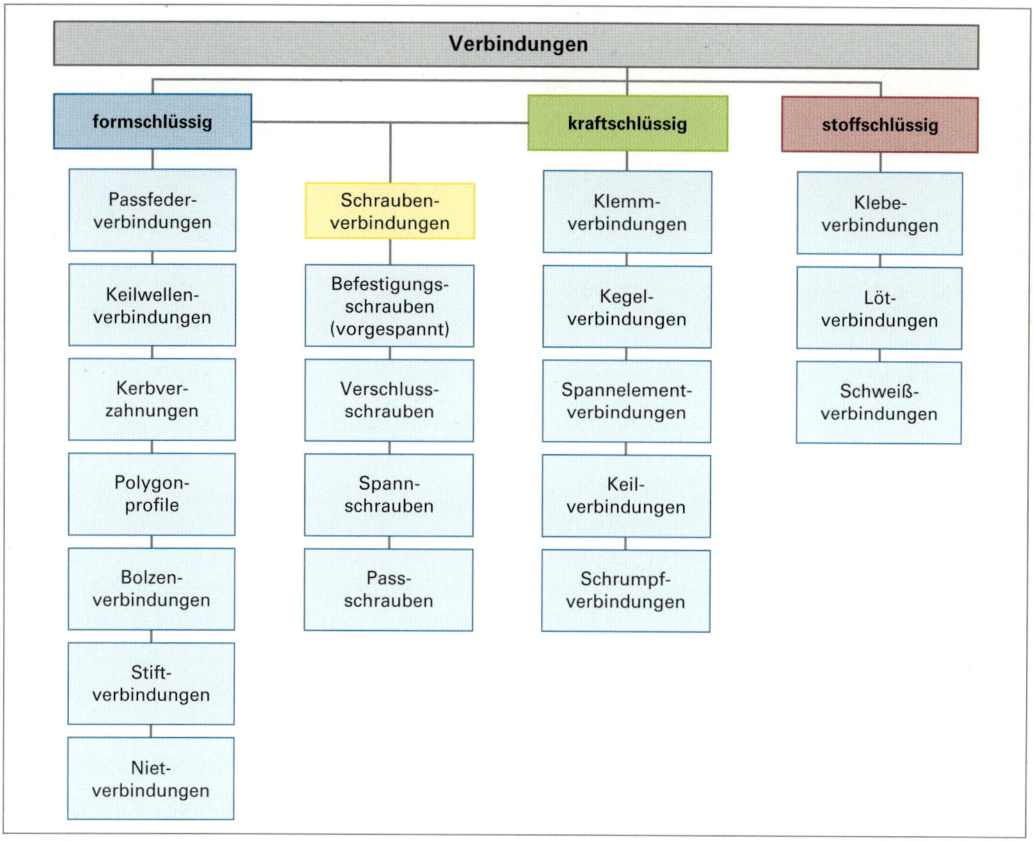

Bild 1: Übersicht gängiger Verbindungselemente bzw. Fügeverfahren

Lösbare Verbindungen

Lösbare Verbindungen können im Idealfall beliebig oft gelöst und fixiert werden, ohne dass dadurch die Güte der Befestigung leidet. Sie werden dort eingesetzt, wo Teile **getauscht**, **gewartet** und **zerlegt** werden müssen. Bei Wechselbeanspruchung, wie bei Schwingungen oder Vibrationen, muss allerdings dafür gesorgt werden, dass die Verbindung durch geeignete Maßnahmen gesichert wird. Zu den lösbaren Verbindungen zählen Schraubverbindungen, Stiftverbindungen und Passfederverbindungen.

Nicht lösbare Verbindungen

Nicht lösbare Verbindungen können nur durch die **Zerstörung** des **Verbindungselementes** oder mechanisches **Trennen** der **Verbindungsstelle** rückgängig gemacht werden. Normalerweise wird dadurch das Werkstück beschädigt oder unbrauchbar gemacht. Zu den nicht lösbaren Verbindungen zählen Klebeverbindungen, Lötverbindungen und Schweißverbindungen.

Lösbare Verbindungen müssen bereits im Rahmen des Konstruktionsprozesses berücksichtigt werden, um beispielsweise Verschleißteile leicht austauschen zu können. Sie können ohne Zerstörung der jeweiligen Bauteile gelöst werden.

Nichtlösbare Verbindungen werden bevorzugt für die dauerhafte Verbindung von Bauteilen verwendet. Die Trennung so gefügter Bauteile ist nur durch Zerstörung der Verbindung möglich.

Bei der Gestaltung einer Verbindung müssen diverse Kriterien beachtet werden. Einen Überblick zeigt **Tabelle 1**.

Tabelle 1: Kriterien für die Gestaltung von Verbindungen

Mechanisch	Elektrisch	Instandhaltung	Optisch
Festigkeit Steifigkeit Tragfähigkeit Dämpfung Lösbarkeit Zentrierfähigkeit Umformbarkeit Wärmedehnung	Leitfähigkeit Magnetismus Isolationsvermögen Elektrostatik	Wartung Instandsetzung Wiederverwendbarkeit Recycling	Reflektionsfähigkeit
			Chemisch
			Korrosionsbeständigkeit
			Akustisch
			Resonanzverhalten
	Kosten	**Gestaltung**	**Thermisch**
	Herstellungskosten Gebrauchskosten	Raumbedarf Formgebung (Design)	Wärmeleitfähigkeit Temperaturverhalten

Abhängig vom Anwendungsfall müssen die Anforderungen an die genannten Kriterien festgelegt werden. Eine Verbindung für stark belastete Bauteile muss z. B. eine hohe Festigkeit aufweisen, während für eine Verbindung die als Sollbruchstelle dient, eine niedrige Festigkeit benötigt wird.

Die Begriffe **Fügetechnik**, **Fügeverfahren** und **Verbindungstechnik** stehen in einem engen Zusammenhang. Am Beispiel Schraubverbindung ist das gut zu erkennen. Es wird die Fügetechnik „Fügen durch Anpressen" angewendet mittels des Fügeverfahrens „Verschrauben". Es handelt sich um eine kraftschlüssige, lösbare Verbindung.

2.6.5 | VERWENDUNG VON NORM- UND KAUFTEILEN BERÜCKSICHTIGEN

Der Einsatz von Norm- und Kaufteilen beeinflusst den Konstruktionsprozess und auch die nachfolgenden Prozesse in erheblichem Maße. Er wirkt sich beispielsweise auf die Fertigung aus, weil weniger Bauteile gefertigt werden müssen. Ebenso wirkt sich eine sinnvolle Auswahl von Norm- und Kaufteilen auf die Funktion des Produktes sowie die Montageprozesse aus.

> Vorwiegend sprechen wirtschaftliche Gründe für die Verwendung von Norm- und Kaufteilen. Im Vordergrund steht die **Vermeidung** bzw. die **Reduzierung** von Kosten.

Bei Norm- und Kaufteilen handelt es sich um standardisierte Bauteile bzw. Baugruppen, die zur **Lösung** eines sich wiederholenden technischen Vorgangs verwendet werden. Da sie einer ständigen technischen Weiterentwicklung unterliegen, stellen sie eine meist zeitlich begrenzte technische Lösung dar.

Die **Basis für die Auswahl von Norm- und Kaufteilen** können sein:

- Überbetriebliche nationale und internationale Normen (DIN, EN, ISO) sowie sonstige Regelwerke.
- Innerbetriebliche Normenwerke (Werknormen).
- Herstellerkataloge sowie allgemein verfügbare Konstruktionskataloge.
- Datenbanken (z. B. in CAD-Systemen)

Wesentliche Vorteile bei der Verwendung von Norm- und Kaufteilen sind:

- Bei Normteilen ist die **Austauschbarkeit** innerhalb der jeweiligen Norm sichergestellt.
- Normteile sind **erprobt**.
- Normteile entsprechen dem aktuellen **Stand der Technik**.
- Normteile sind meist **kostengünstiger** im Vergleich zur Eigenfertigung.
- Normteile sind meist **lagerhaltig** und somit **kurzfristig verfügbar**.
- Benötigte **Werkzeuge** sind beim Einsatz von Norm- und Kaufteilen ebenfalls genormt, die Fertigung von Sonderwerkzeugen entfällt.

Wichtige Nachteile bei der Verwendung von Norm- und Kaufteilen sind:

- Die **Vielzahl** an unterschiedlichen Norm- und Kaufteilen ist kaum überschaubar. Firmenintern werden durch eine Vorauswahl häufig die verfügbaren Normteile durch Bildung einer Untermenge begrenzt (Werknorm, Konstruktionsrichtlinien).
- Normteile unterliegen Änderungen. Unter Umständen entsteht ein erheblicher **Änderungsaufwand,** wenn Konstruktionen an die Änderungen angepasst werden müssen.
- Die Verwendung von Normteilen kann die **systematische Lösungssuche** negativ beeinflussen, da immer wieder auf bekannte Lösungen zurückgegriffen wird.

Bei **nicht genormten Kaufteilen** unterscheidet man:

- Kaufteile nach **Lieferantenspezifikation**: Das sind Kaufteile, die von Lieferanten standardisiert wurden und häufig ähnliche Vorteile aufweisen wie Normteile. Die Entwicklung dieser Bauteile erfolgt meist kundenneutral.
- Kaufteile nach **Kundenspezifikation**: Dabei erfolgt die Entwicklung und Standardisierung meist durch bzw. gemeinsam mit dem Kunden. Die Herstellung und Lieferung erfolgt durch einen Lieferanten.

AUFGABEN | WIEDERHOLUNG UND VERTIEFUNG

1. Ein Meister in der Fertigung gibt einem Facharbeiter die Anweisung, in einem Bauteil vier Bohrungen vom Ø12 H7 einfach nur Ø12 zu bohren, weil für die Herstellung der ISO-Toleranz H7 das entsprechende Werkzeug fehlt. Beurteilen Sie dieses Vorgehen. Welche Folgen kann diese Vorgehensweise haben?
2. Nennen Sie je drei Beispiele für fertigungs-, funktions- und montagegerechtes Gestalten.
3. Im Zusammenhang mit Toleranzen und der Oberflächenbeschaffenheit wird oft der Grundsatz **„So fein wie nötig, aber so grob wie möglich!"** genannt. In welchem Zusammenhang steht dieser Grundsatz zu der Funktion und den Kosten eines Bauteils?
4. Im Zusammenhang mit Verbindungstechniken wird von den Wirkprinzipien kraft-, form- und stoffschlüssig gesprochen. Nennen Sie für jedes Wirkprinzip drei Beispiele.
5. Welche Vorteile ergeben sich durch die Anwendung von Normen für Montagemitarbeiter in einem Industriebetrieb?
6. Welche der in **Tabelle 1, Seite 164,** genannten Kriterien sind für eine Schraubenverbindung relevant? Welche Anforderungen werden an diese Kriterien gestellt?

2.7 COMPUTERGESTÜTZTE BERECHNUNGEN

Bei der Bewältigung von Konstruktionsaufgaben sind technische Berechnungen meist unerlässlich. Grundlegende und weiterführende Kenntnisse in allgemeiner und technischer Mathematik sind daher für jeden Technischen Produktdesigner zwingend erforderlich.

3D-CAD-Systeme sind anhand der gespeicherten Informationen in der Lage, Daten zu liefern, die als Grundlage für weitere Berechnungen benötigt werden bzw. Daten, die weitere Berechnungen unnötig machen, weil sie das benötigte Endergebnis bereits darstellen.

Einfache geometrische Informationen, wie **Länge**, **Flächeninhalt** und **Volumen,** sind anhand des 3D-Datenmodells bereits vorhanden und abrufbar.

Wird für ein 3D-Modell als weitere Information der **Werkstoff** definiert, können anhand der **Dichte** eines jeden Werkstoffes auch Informationen wie **Masse** oder **Schwerpunkt** abgerufen werden.

Unter dem **Schwerpunkt** versteht man den Punkt, der sozusagen der Mittelwert der **Massenverteilung (Info)** eines Bauteils oder auch einer Baugruppe darstellt. An diesem Punkt gelagert, befindet sich ein Bauteil oder eine Baugruppe im **Gleichgewicht**.

Info: Massenverteilung

Als **Massenverteilung** bezeichnet man in der Technik die räumliche Verteilung der Masse innerhalb eines Festkörpers. Die Massenverteilung eines Körpers bestimmt u. a. die Lage seines Schwerpunktes.

Bild 1 zeigt beispielhaft einen Ausschnitt der **iProperties** (Inventor), mittels derer man diese Informationen abrufen kann. Fläche und Volumen werden anhand der Geometrie des Bauteils ermittelt. Durch die Angabe des Werkstoffs ist die Dichte bekannt, und die Masse des Bauteiles wird berechnet und angezeigt. Zusätzlich ist die Lage des Schwerpunktes in Bezug auf den Koordinatenursprung des Bauteils angegeben. Hier zeigt sich, wie wichtig es ist, jedes Modell zu Beginn sinnvoll im Koordinatensystem zu platzieren.

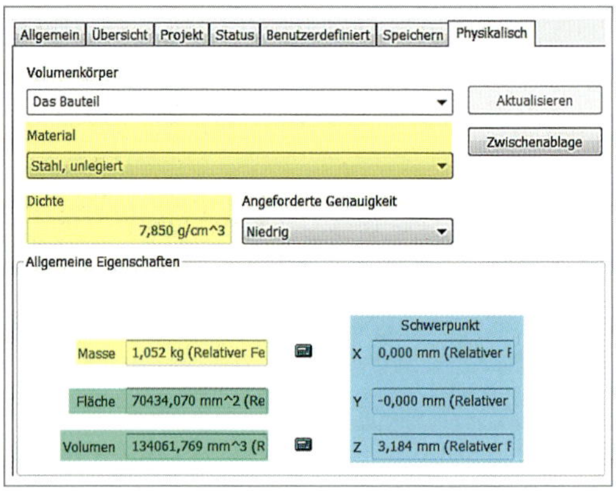

Bild 1: iProperties bei Inventor

Die Lage des Schwerpunktes lässt sich in der Regel bei allen 3D-Systemen über entsprechende Befehle anzeigen **(Bild 2)**.

Im Hinblick auf die **Fertigung** und den **Transport** von komplexen Bauteilen und Baugruppen ist die Tatsache, dass Informationen wie Masse und Schwerpunkt vorliegen, sehr hilfreich. Oft kommen Fragen auf wie:

- Gibt es in der Fertigung aufgrund der Masse besondere Anforderungen an **Maschinen**, **Spannmittel** oder **Transportmittel**?
- Gibt es bezüglich **Verpackung** oder **Versand** besondere Anforderungen, wie spezielle **Verpackungsmittel** oder **Versandmethoden**, die massebezogen sind?
- Wo können **Transporthilfsmittel** wie Ringschrauben sinnvoll angebracht werden (Stichwort Schwerpunkt bzw. Gleichgewicht)?

Diese Fragen können auf Basis der computergestützten Berechnungen wesentlich effektiver beantwortet werden, als wenn diese Werte selbst ermittelt werden müssten.

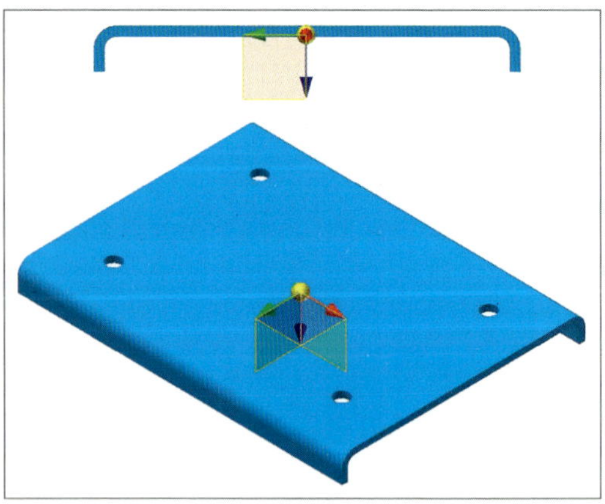

Bild 2: Anzeige des Schwerpunktes

2.8 DURCHFÜHREN VON QUALITÄTSSICHERNDEN MAẞNAHMEN

Wird in einem Industrieunternehmen von Qualität gesprochen, wird dies überwiegend auf die herzustellenden Produkte bezogen. Ein Produkt kann aber nur von hoher Qualität sein, wenn auch jeder noch so kleine Schritt des Entstehungsprozesses von ebenso hoher Qualität ist. Daher hat die Arbeit des Technischen Produktdesigners in nicht unerheblicher Weise Einfluss auf die spätere Qualität eines Produktes.

An dieser Stelle geht es nicht darum, Kenntnisse über Qualitätsmanagement, Qualitätswesen oder Qualitätsprüfung usw. zu erlangen, diese Themen werden im weiteren Verlauf der Ausbildung behandelt. Es geht darum, wie ein Technischer Produktdesigner bei seiner täglichen Arbeit die Qualität eines Arbeitsergebnisses beeinflussen kann.

2.8.1 FEHLERVERMEIDUNG

An erster Stelle der qualitätssichernden Maßnahmen steht die **Fehlervermeidung**. Fehler, die erst gar nicht entstehen, haben keine negativen Folgen und müssen nicht behoben werden.

Fehler vermeiden kann man mit einfachen Mitteln. Passende Fragen dazu sind z. B.:

- Sind die **Anforderungen** und das **Ziel** meines Arbeitsauftrags bekannt?
- Arbeite ich mit **aktuellen** und **gültigen** Normen bzw. Informationen?
- Halte ich mich an **Grundsätze** der **Datensicherung** sowie der **Datensicherheit**?
- **Überprüfe** ich meine eigenen **Arbeitsergebnisse** systematisch?
- Halte ich **Ordnung** am Arbeitsplatz?

Auch das offene Ansprechen von Fehlern ist eine wirksame Methode zur Fehlervermeidung. Fehler offen anzusprechen hilft anderen Mitarbeiter dabei, gleiche oder ähnliche Fehler zu vermeiden. Aus diesem Grund sollte jede Führungskraft ihre Mitarbeiter zu einem offenen Umgang mit Fehlern motivieren, um daraus eine Fehlervermeidung zu erwirken.

2.8.2 EIGENE FEHLER ERKENNEN UND BEHEBEN

Fehler können nicht zu 100 % vermieden werden. Wichtig ist es aber, gemachte Fehler zu erkennen und ihre Folgen zu beheben. Fehler können **zufällig** erkannt werden, sinnvoller ist es jedoch, wenn bei der Fehlersuche **systematisch** vorgegangen wird.

Wurde z. B. eine Fertigungszeichnung erstellt, sollte diese nach ihrer Fertigstellung auf Vollständigkeit und sachliche Richtigkeit überprüft werden:

- Ist die Darstellung korrekt? Stimmen Schnitte, Mittellinien, Gewindedarstellungen usw.?
- Sind alle Maße und Toleranzen vollständig und korrekt eingetragen?
- Sind weitere erforderliche Angaben, wie Oberflächenangaben, Schriftfeldeinträge usw., vollständig und korrekt eingetragen?

Hilfreich kann hierbei die Nutzung einer Checkliste sein **(Bild 1** und **Liste S. 111)**.

Checkliste Zeichnungskontrolle:

Maße	✓
Toleranzen	✓
Oberflächenangaben	✗
Schriftfeld	✓
...	☐

Bild 1: Checkliste zur Qualitätssicherung technischer Zeichnungen

2.9.2 I DESIGNING COMPONENTS AND ASSEMBLY GROUPS

The technical product designer creates components and assembly groups which are suitable for the function, the production and the assembly of the product.

Appropriate functional design

The functional performance is the key requirement of the design. A product is unusable if there is no functional performance. The functional performance also depends on external effects, e.g. tolerances of the manufacturing process, abrasion or temperature variations.

Appropriate manufacturing design

The manufacturing of the product takes place after the design process. The technical product designer has to create an appropriate manufacturing designed product, in order to have a cost-efficient process. Rules for an appropriate manufacturing design:

- Choose geometrically simple base bodies.
- Pay attention to clamping possibilities for the manufacturing process.
- Keep the chip removal rate as low as possible.
- Use standardized tools.
- Determine the surface qualities as low and tolerances as large as possible.

Appropriate assembly design

You should design components and assembly groups in a way that the assembly is easy and cost-efficient. Rules for an appropriate assembly design:

- The assembly of the components should be clearly.
- Design the product for a fully automated assembling.
- Provide one direction for assembling.
- Consider the accessibility to the join patch.
- Use standardized tools for mounting.
- Provide the mounting of sub-assembly groups.
- Define the appropriate tolerances of the assembled parts to assure a clearance fit which is required for an easy assembly process.

Words	
component	Bauteil
assembly group	Baugruppe
suitable	geeignet, passend
appropriate functional design	funktionsgerechtes Gestalten
functional performance	Funktionserfüllung
key requirement	Hauptanforderung
unusable	unbrauchbar
external effect	äußerer Einfluss
tolerance	Toleranz
abrasion	Verschleiß
appropriate manufacturing design	fertigungsgerechtes Gestalten
geometrically	geometrisch
base body	Grundkörper
clamping possibility	Spannmöglichkeit
chip removal rate	Zerspanvolumen
standardized	standardisiert
tool	Werkzeug
to determine	festlegen
surface quality	Oberflächengüte
appropriate assembled design	montagegerechtes Gestalten
clearly	eindeutig
fully automated	vollautomatisiert
direction	Richtung
to consider	beachten
accessibility	Zugänglichkeit
join patch	Fügestelle
standardized tools	Standardwerkzeuge
mounting	Montage
sub-assembly group	Unterbaugruppe
clearance fit	Spielpassung
required	erforderlich
milling machine	Fräsmaschine
lathe	Drehbank

EXERCISES I REPETITION AND CONSOLIDATION

1. Describe two design flaws, which makes it difficult or impossible to machine a part on a milling machine.
2. Describe two design flaws, which makes it difficult or impossible to machine a part on a lathe.
3. Describe two design flaws, which makes it difficult or impossible to assemble a part.

Lernfeld 3

BAUTEILKONSTRUKTION UNTER BERÜCKSICHTIGUNG DER WERKSTOFFE UND FERTIGUNGSVERFAHREN

Technische Produktdesigner konstruieren und gestalten Bauteile für Maschinen, Anlagen oder Gebrauchsgegenstände. Diese Bauteile sollen bestimmte **Anforderungen** erfüllen. Dabei kann es sich um rein technische Anforderungen handeln, wie z.B. die Drehzahlübersetzung in einem Getriebe, oder um funktionale oder gestalterische Anforderungen, wie z.B. bei der Konstruktion eines Staubsaugergehäuses, das Bauteile aufnehmen und schützen, zugleich aber eine ansprechende Optik aufweisen soll. Um alle Anforderungen, die an ein Bauteil gestellt werden, zu erfüllen, müssen diese zu Beginn der Konstruktionsaufgabe bekannt sein. Auf der Basis dieser Anforderungen erfolgen die Auswahl der geeigneten **Werkstoffe**, die Wahl geeigneter **Halbzeuge** sowie die Entscheidung zu einem geeigneten **Fertigungsverfahren**.

In diesem Kapitel werden Kenntnisse zum **Aufbau**, zu den **Eigenschaften** sowie zu den **Einsatzmöglichkeiten** branchentypischer Werkstoffe vermittelt. Darüber hinaus werden die Grundlagen zu branchentypischen Fertigungsverfahren gelegt, die in Kapitel 7 weiter ausgeführt werden. Anhand der erworbenen Kenntnisse können Werkstoffe und Fertigungsverfahren auftragsbezogen beurteilt und ausgewählt werden. Der Einfluss von **Toleranzen** sowie der **Qualitätssicherung** auf die Bauteilgestaltung und die Fertigung werden verdeutlicht.

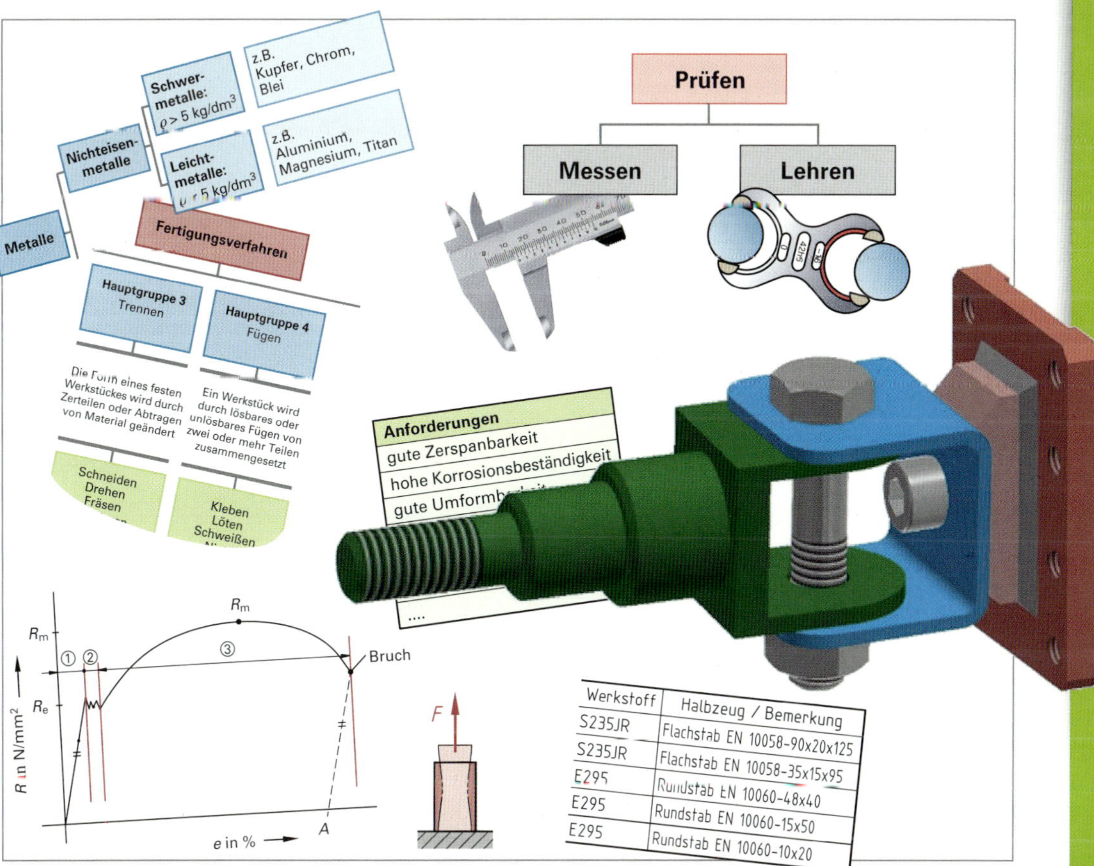

3.1 LERNSITUATIONEN

LERNSITUATION 1 | Lagerung Keilriemenscheiben

Der Konstrukteur hat den Entwurf einer Lagerung erstellt **(Bild 1)**. Der Entwurf samt Stückliste ist noch nicht vollständig. Die Einzelteilzeichnungen der Welle und der Deckel liegen noch nicht vor, die Einzelteilzeichnung der Keilriemenscheibe ist noch nicht vollständig.

Der Konstrukteur übergibt Ihnen die Aufgabe zur Vervollständigung mit folgenden Hinweisen:

- Für die Keilriemenscheibe soll als Welle-Nabe-Verbindung eine Passfeder-Verbindung vorgesehen werden.
- Die Scheibe Pos. 5 wird über eine Sechskantschraube nach ISO 4017 in der Welle mit der Keilriemenscheibe verspannt.
- Die beiden Deckel werden mit Sechskantschrauben nach ISO 4017 an dem Lagergehäuse befestigt.
- Um die Stückliste zu vervollständigen ist eine zweckmäßige Werkstoffauswahl erforderlich.
- Für die Baugruppe sind aus funktionellen Gründen Passungen erforderlich.

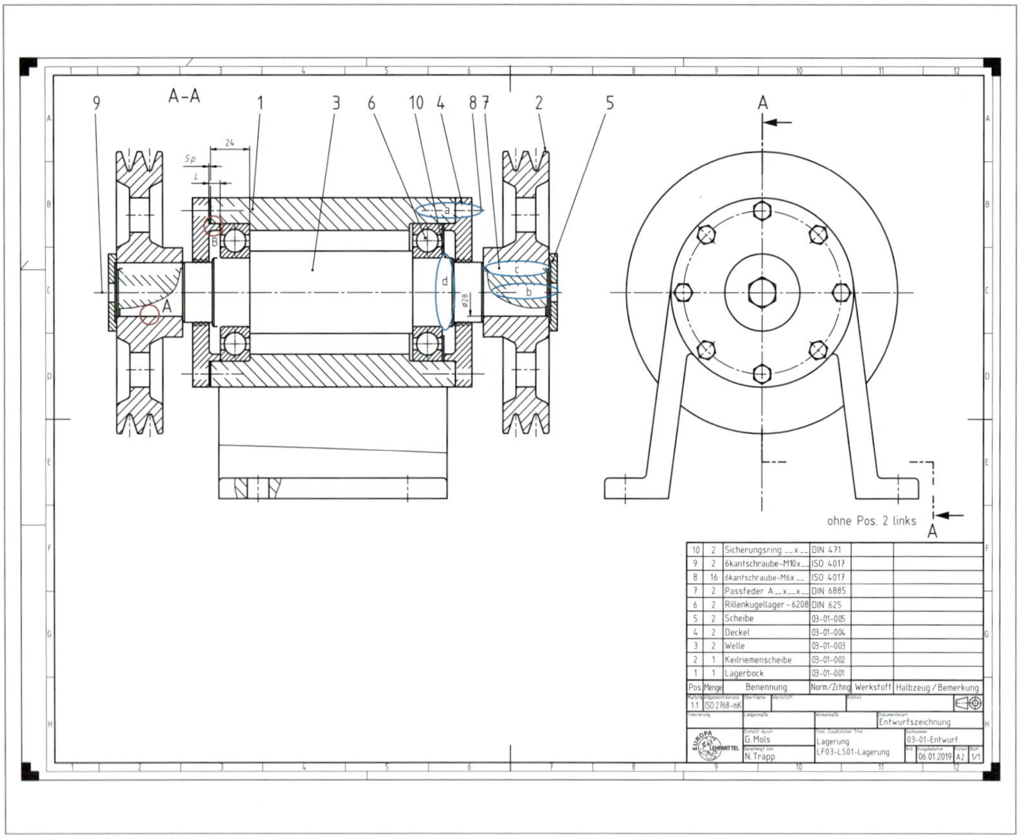

Pos.	Menge	Benennung	Norm/Zchng	Werkstoff	Halbzeug / Bemerkung
10	2	Sicherungsring __x__	DIN 471		
9	2	6kantschraube-M10x__	ISO 4017		
8	16	6kantschraube-M6x__	ISO 4017		
7	2	Passfeder A__x__x__	DIN 6885		
6	2	Rillenkugellager - 6208	DIN 625		
5	2	Scheibe	03-01-005		
4	2	Deckel	03-01-004		
3	2	Welle	03-01-003		
2	1	Keilriemenscheibe	03-01-002		
1	1	Lagerbock	03-01-001		

Bild 1: Entwurfszeichnung der Lagerung

Aufgabenstellung

1.1 Vervollständigen Sie den vorliegenden Entwurf, indem Sie:

a) die Schraubenverbindungen zwischen Lagerbock Pos. 1 und beiden Deckeln Pos. 4 vorsehen.

b) die Schraubenverbindungen zwischen Scheibe Pos. 5, Keilriemenscheibe Pos. 2 und Welle Pos. 3 vorsehen.

c) die Passfeder-Verbindungen zwischen Keilriemenscheibe Pos. 2 und Welle Pos. 3 konstruieren. Die erforderliche Passfederlänge beträgt für beide Seiten je 32 mm.

d) jeweils einen Sicherungsring als axiale Befestigung für die Wälzlager Pos. 6 vorsehen.

1.2 Ergänzen Sie die Stückliste um die unter 1.1 zusätzlich verbauten Normteile.

1.3 Ergänzen Sie die Stückliste der Lagerung durch geeignete Werkstoffe.

1.4 Wählen Sie geeignete Halbzeuge für die zu fertigenden Einzelteile (Pos. 2 bis Pos. 5) aus und tragen Sie diese gleichfalls in die Stückliste ein.

1.5 Wählen Sie an den Fügestellen A und B geeignete Passungen für Welle Pos. 3, Deckel Pos. 4 und Keilriemenscheibe Pos. 2 und Lagerbock Pos. 1 aus.

Die Wellendurchmesser für die Aufnahme der Wälzlager sind mit k6 zu tolerieren, die Aufnahmebohrungen für die Wälzlager mit H7.

Geben Sie dabei auch die Art der Passung (Spiel, Übergang, Übermaß) an.

1.6 Berechnen Sie das Maß *L* für den Deckel, wenn mindestens ein Spalt von *Sp* = 0,5 mm zwischen Lagerbock und Deckel vorhanden sein soll.

1.7 Detaillieren Sie die Welle Pos. 3 und den Deckel Pos. 4 norm- und fertigungsgerecht.

1.8 Vervollständigen Sie die Einzelteilzeichnung der Keilriemenscheibe Pos. 2 **(Bild 1)** norm- und fertigungsgerecht, bemaßen Sie nur die spanende Bearbeitung.

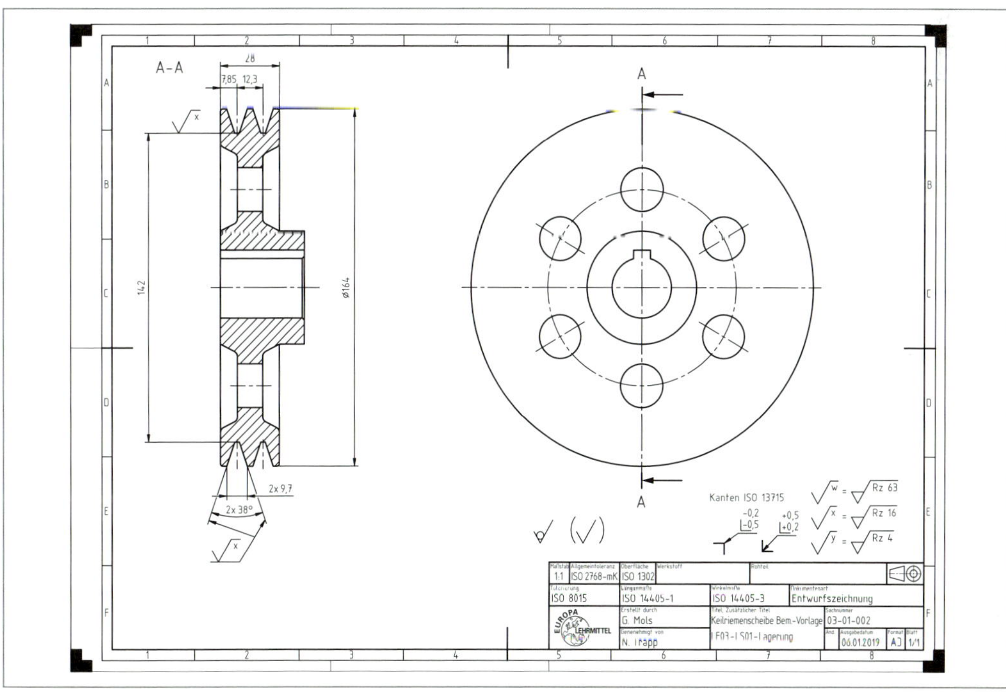

Bild 1: Bemaßungsvorlage Keilriemenscheibe

LERNSITUATION 2 | Rollenblechschere

Im Rahmen einer Projektaufgabe hatten Auszubildende den Auftrag, eine Rollenblechschere zu konstruieren. Leider wurde das Projekt nicht fertiggestellt und die Auszubildenden haben mittlerweile ihre Ausbildung beendet und das Unternehmen verlassen. Sie erhalten nun von Ihrem Ausbilder den Auftrag, die bisher erstellten Unterlagen zu analysieren und die noch ausstehenden Arbeiten durchzuführen.

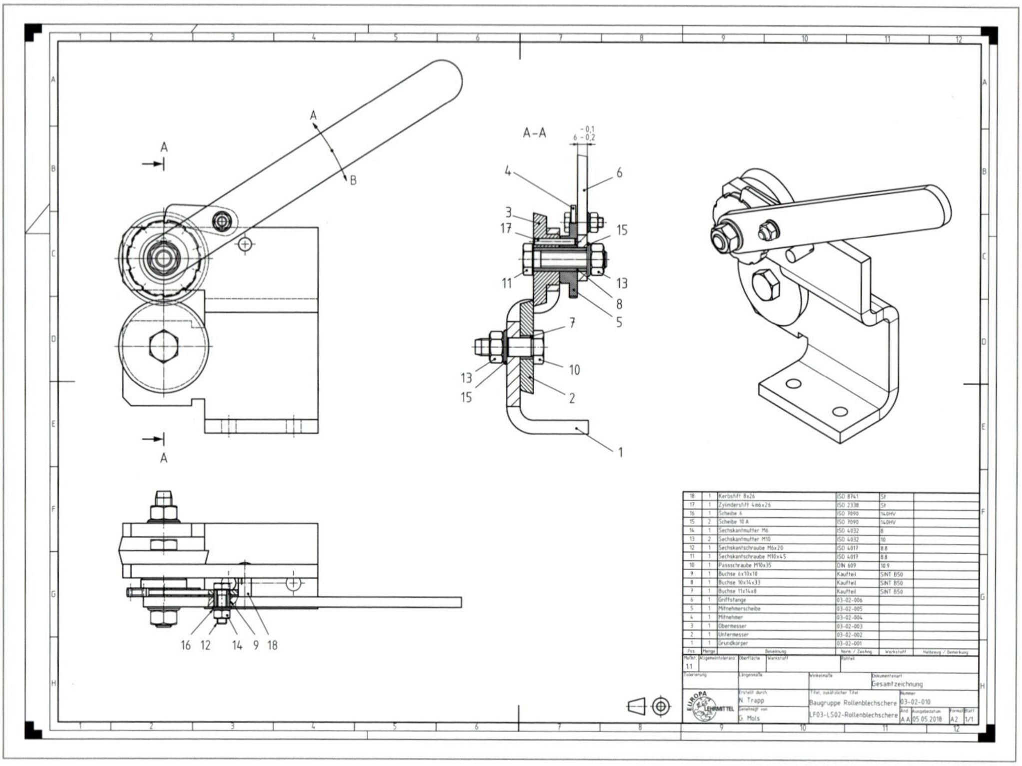

Bild 1: Gesamtzeichnung Rollenblechschere

Aufgaben zur Analyse

2.1 Erläutern Sie die Funktionsweise der Rollenblechschere anhand der in **Bild 1** eingezeichneten Richtungspfeile A und B an der Griffstange.

2.2 Zu welchen Fertigungshauptgruppen gehören die bei der Fertigung der Teile Pos. 1 bis Pos. 9 zur Anwendung kommenden Fertigungsverfahren?

2.3 Welche Werkstoffeigenschaften sind bei der Fertigung folgender Bauteile wichtig?

a) Grundkörper Pos. 1

b) Untermesser Pos. 2

c) Obermesser Pos. 3

2.4 Welche Werkstoffeigenschaften sind bei der späteren Nutzung der Rollenblechschere für folgende Bauteile wichtig?

a) Untermesser Pos. 2 und Obermesser Pos. 3

b) Mitnehmerscheibe Pos. 5.

2.5 Mit welcher Belastungsart werden die Bauteile a) Passschraube Pos. 10, b) Zylinderstift Pos. 17 während des Schneidvorgangs beansprucht?

Hinweise zur Ausarbeitung:

- Für die Festlegung von Passungen gilt System Einheitsbohrung.
- Die Maße der verwendeten Buchsen sind **Bild 1** zu entnehmen.
- Die Befestigung der Rollenblechschere erfolgt mittels 2 Sechskantschrauben ISO 4017 – M8 auf einer Werkbank.

Aufgaben zur Ausarbeitung

2.6 Für die Bauteile Pos. 1 bis Pos. 6 sind geeignete Werkstoffe und Halbzeuge festzulegen.

2.7 Für den Grundkörper Pos. 1 sind die fehlenden Bohrungsdurchmesser a) bis d) **(Bild 2)** mit den erforderlichen Toleranzen festzulegen.

2.8 Für die beiden Bauteile Obermesser Pos. 3 und Mitnehmerscheibe Pos. 5 sind anhand der vorhandenen Unterlagen **(Bild 3)** die Bauteile zu modellieren und die Zeichnungsableitungen normgerecht mit allen zur Fertigung erforderlichen Angaben zu erstellen.

2.9 Anhand der vorgegebenen und festgelegten Maße ist durch eine Toleranzberechnung nachzuweisen, dass sich die Bauteile Pos. 3, Pos. 5 und Pos. 6 nach dem Anziehen der Schraube Pos. 11 noch bewegen lassen und keine Klemmung auftritt.

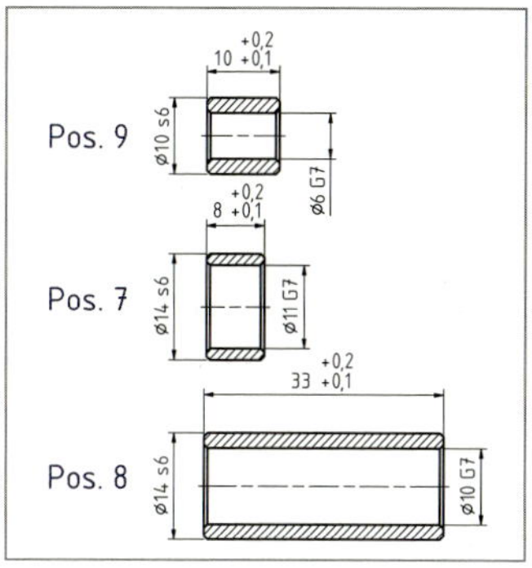

Bild 1: Maße der Buchsen

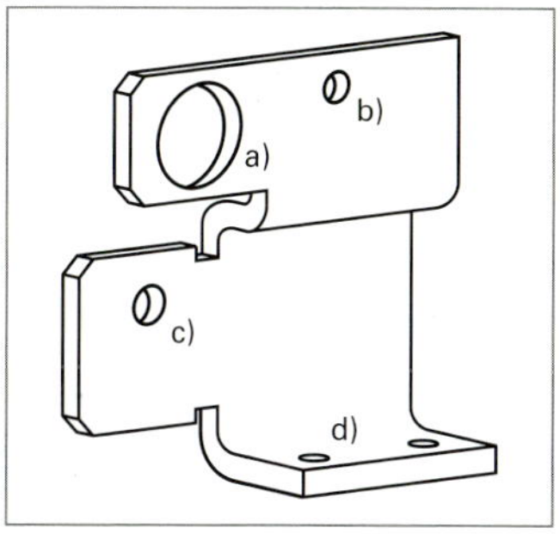

Bild 2: Grundkörper Pos. 1

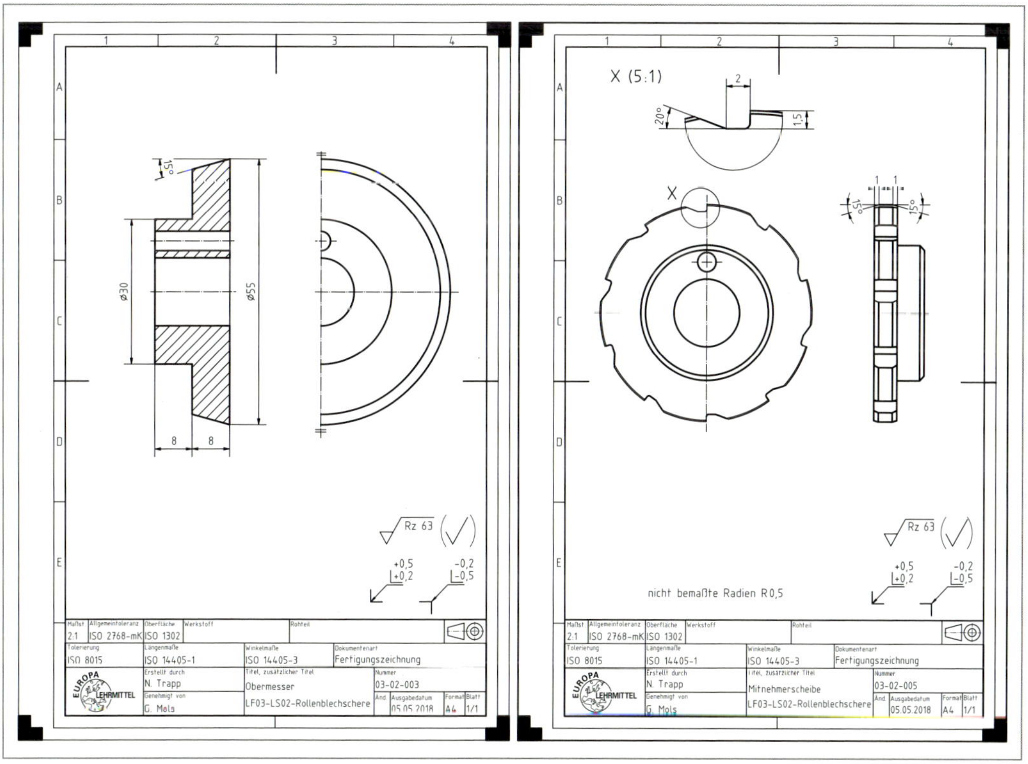

Bild 3: Vorhandene Unterlagen Obermesser Pos. 3 und Mitnehmerscheibe Pos. 5

Zugfestigkeit

Die **Zugfestigkeit R_m** ist ein Werkstoffkennwert, der die maximale Belastbarkeit eines Werkstoffs beschreibt. R_m ist kein berechneter Wert, sondern wird anhand eines Zugversuchs an einer Materialprobe ermittelt. Die Zugfestigkeit wird angegeben als das Verhältnis von maximaler Kraft F_m zum Ausgangsquerschnitt S_0 und stellt eine mechanische Spannung dar.

$$R_m = \frac{F_m}{S_0}$$

R_m	F_m	S_0
N/mm²	N	mm²

Die Zugfestigkeit gibt an, bei welcher Kraft ein Werkstück mit einem bestimmten Querschnitt und bestehend aus einem bestimmten Werkstoff versagt, wenn es auf Zug belastet wird. Bei einer Überschreitung der **Streckgrenze R_e** besteht die Gefahr der Verformung des Bauteils.

$$R_e = \frac{F_e}{S_0}$$

R_e	F_e	S_0
N/mm²	N	mm²

Sicherheitsrelevante technische Bauteile dürfen niemals über die Streckgrenze R_e hinaus belastet werden. Plastisch verformte sicherheitsrelevante Bauteile müssen ausgetauscht werden.

Dehnung

Ein Kranseil wird sich aufgrund einer äußeren Belastung geringfügig verlängern. Die **Verlängerung ΔL** wird auf die **Anfangslänge L_0** bezogen und ergibt die **Dehnung ε**. Die Dehnung ε wird in % angegeben.

$$\varepsilon = \frac{\Delta L}{L_0} \cdot 100\,\%$$

ε	ΔL	L_0
%	mm	mm

Der Werkstoff setzt der elastischen Verformung einen **Widerstand** entgegen. So wie eine Kraft erforderlich ist, um eine Zugfeder auseinander zuziehen, so muss eine Zugspannung vorhanden sein, um einen Werkstoff elastisch zu dehnen. Bei den meisten Werkstoffen besteht ein linearer Zusammenhang zwischen Zugspannung und Dehnung. Der Proportionalitätsfaktor ist der **Elastizitätsmodul E (E-Modul).** Er steht für die Steifigkeit eines Materials und ist ein Materialkennwert, dessen Größe darüber Auskunft gibt, wie viel Widerstand ein Werkstoff einer elastischen Verformung entgegensetzt. Der E-Modul ist der Quotient aus Zugspannung σ_z und zugehöriger Dehnung ε im elastischen Verformungsbereich.

$$E = \frac{\sigma_z}{\varepsilon}$$

E	σ_z	ε
N/mm²	N/mm²	–

Der E-Modul von Stahl beträgt ca. 210 000 N/mm². Um eine elastische Verformung eines Stahl-Kranseils von 0,1 % zu erreichen, bedarf es einer Zugspannung von 210 N/mm².

Bruchdehnung

Die plastische Dehnung beim Eintreten des Bruches wird mit A bezeichnet und gibt die größtmögliche plastische Dehnung eines Werkstoffes an. Die Bruchdehnung A ist der Quotient aus der maximalen plastischen Verlängerung ΔL_{Bruch} und der Anfangslänge L_0 und wird in % angegeben.

Werkstoffe mit vorwiegend elastischem Verformungsverhalten besitzen eine geringe Bruchdehnung und eine hohe Streckgrenze, wie z. B. Federstahl ($A \approx 5\,\%$, $R_e \approx 1100\ N/mm^2$). Werkstoffe mit vorwiegend plastischem Verformungsverhalten besitzen dagegen eine große Bruchdehnung und eine geringe Streckgrenze **(Bild 1)**. Hierzu zählen beispielsweise weiche Stahlbleche ($A \approx 35\,\%$, $R_e \approx 150\ N/mm^2$). Der Widerstand gegenüber einer elastischen Verformung ist unabhängig vom weiteren Verformungsverhalten, d. h. der E-Modul ist bei Stählen gleich groß.

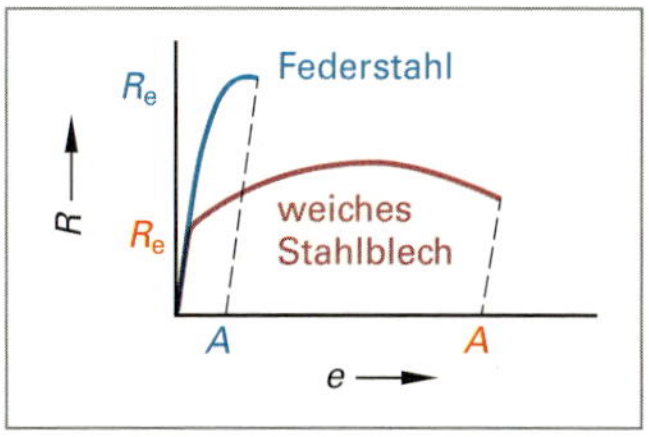

Bild 1: Verformungsverhalten

$$A = \frac{\Delta L_{Bruch}}{L_0} \cdot 100\,\%$$

A	ΔL_{Bruch}	L_0
%	mm	mm

Druckfestigkeit

Als **Druckfestigkeit** wird die Widerstandsfähigkeit eines Werkstoffs bei der Einwirkung von Druckkräften bezeichnet. Ist die Druckspannung größer als die Druckfestigkeit eines Körpers, wird er zerstört. Die Druckfestigkeit ist der Quotient aus Bruchlast F_{max} und Querschnittsfläche S_0 eines Probekörpers. Sie wird als Kraft pro Fläche ausgedrückt, hat also die Einheit N/mm^2.

$$\sigma_{dB} = \frac{F_{max}}{S_0}$$

σ_{dB}	F_{max}	S_0
N/mm^2	N	mm^2

Scherfestigkeit

Die **Scherfestigkeit** ist die Widerstandsfähigkeit eines Werkstoffes, den ein Festkörper tangentialen Scherkräften entgegensetzt. Sie gibt die maximale Schubspannung τ_{aB} an, mit der ein Körper vor dem Abscheren belastet werden kann, d. h., die auf die Scherfläche S_0 bezogene maximale Tangentialkraft F_{max} **(Bild 2)**. Die Scherfestigkeit wird in der Einheit N/mm^2 oder MN/m^2 angegeben.

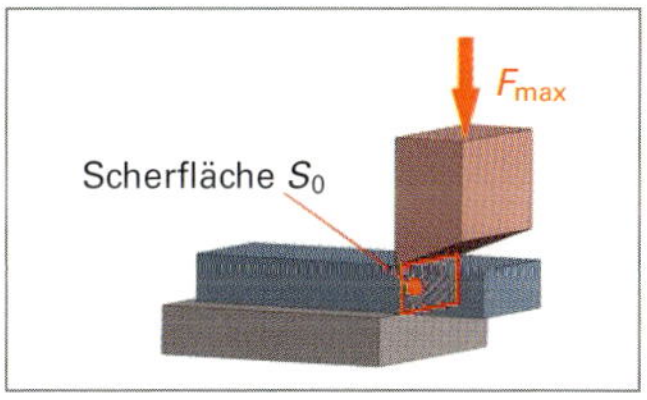

Bild 2: Abscherung

$$\tau_{aB} = \frac{F_{max}}{S_0}$$

τ_{aB}	F_{max}	S_0
N/mm^2	N	mm^2

Zähigkeit

Zähigkeit ist das Vermögen, innere Spannungen durch Verformung zu verteilen und damit ohne Beschädigung aufnehmen zu können. Das Gegenteil von Zähigkeit ist die Sprödigkeit. Als **zäh** werden Werkstoffe bezeichnet, die erst nach starker plastischer Verformung versagen. Ihr Versagen kündigt sich lange vorher durch eine sichtbare Verformung an. Als besonders zähe Werkstoffe gelten z. B. Kupfer, Aluminium oder korrosionsbeständige Stähle.

Sprödigkeit

Als **Sprödigkeit** bezeichnet man die Eigenschaft eines Werkstoffs, unter Belastung zu brechen, ohne sich vorher merklich zu verformen. Das Gegenteil der **Sprödigkeit** ist die Zähigkeit bzw. die Duktilität **(Info)**. Der Bruch erfolgt verformungslos und kann nicht vorhergesagt werden. Glas z. B. bricht ohne erkennbare vorherige Verformung. Besonders empfindlich reagieren spröde Werkstoffe bei schlagartiger Beanspruchung. Neben Glas und Keramik sind auch einige Gusseisensorten oder unsachgemäß gehärtete Stähle sehr spröde.

Info: Duktilität

Duktilität (lat.: *ducere*, ziehen, führen, leiten) ist die Eigenschaft eines Werkstoffes, sich bei Überbelastung stark plastisch zu verformen, bevor er versagt.

Lernfeld 3

Bild 1 zeigt das Atommodell nach Bohr am Beispiel von Natrium. Wenn die Anzahl der positiv geladenen Protonen gleich der Anzahl der negativ geladenen Elektronen ist, ist ein Atom nach außen hin neutral. Es gibt maximal sieben Schalen (K, L, M ... Q). Die maximale Anzahl der Elektronen i auf der n-ten Schale kann mit der Formel $i = 2n^2$ ermittelt werden. Also kann z. B. die vierte Schale eines Atoms mit maximal $2 \cdot 4^2 = 32$ Elektronen besetzt werden. Atome mit einer mit acht Elektronen besetzten Außenschale sind stabil (Elektronenoktett). Die Elektronen auf der äußeren Schale werden als Valenzelektronen bezeichnet.

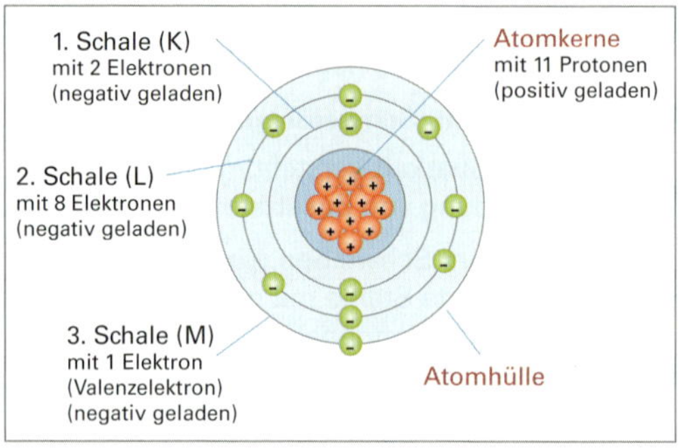

Bild 1: Atommodell am Beispiel von Natrium

> Ein **Atom** ist die kleinste Einheit eines **chemischen Elements.** Alle Atome eines chemischen Elements haben die gleiche Anzahl Protonen. Die in einem Werkstoff enthaltenen chemischen Elemente bestimmen seine Eigenschaften.

Bindungsarten

Wenn sich zwei oder mehr Atome miteinander verbinden, entsteht ein **Molekül.** Man spricht auch von einer **chemischen Verbindung.**

> Ein **Molekül** ist die kleinste Einheit einer chemischen Verbindung. Es entsteht, indem sich mindestens zwei Atome eines Elements oder unterschiedlicher Elemente miteinander verbinden.
>
> Moleküle haben andere Eigenschaften als ihre einzelnen Atome.
>
> Die in einem Werkstoff enthaltenen Moleküle haben Einfluss auf seine Eigenschaften.

Im Wesentlichen gibt es drei Arten chemischer Bindungen: die Ionenbindung, die Atombindung und die Metallbindung.

Ionenbindung

Ionenbindungen sind nur zwischen den Atomen von nichtmetallischen und metallischen Elementen möglich. Das bekannteste Beispiel ist Kochsalz (chemische Formel: NaCl, Name: Natriumchlorid).

Die Ionenbindung basiert auf einem Elektronenaustausch. Metallatome haben nur wenige Elektronen auf der Außenschale und geben diese ab, um auf der zweitäußeren Schale acht Elektronen zu haben. Sie wirken als Elektronenspender. Nichtmetallatomen fehlen nur wenige Elektronen zu einer mit acht Elektronen besetzten äußeren Schale. Sie nehmen Elektronen auf und wirken als Elektronenempfänger. Die Folge des Elektronenaustausches sind elektrisch geladene Ionen. Elektronenspender werden zu positiv geladenen Ionen, den Kationen. Elektronenempfänger werden zu negativ geladenen Ionen, den Anionen. Positiv und negativ geladene Ionen ziehen sich gegenseitig an und bilden ein Kristallgitter **(Bild 2)**. Die Verbindung aus Kationen und Anionen wird **Salz** genannt.

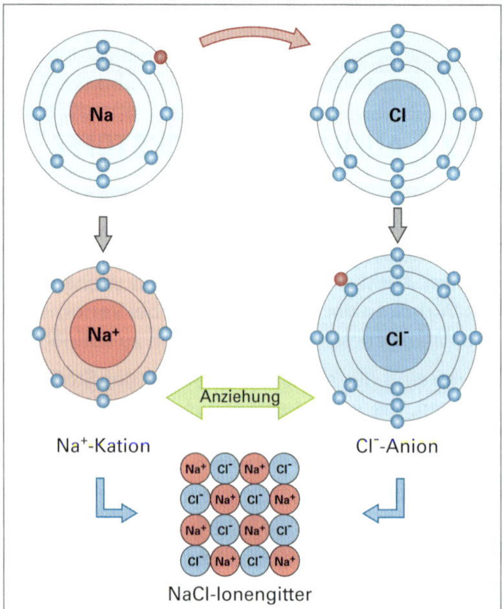

Bild 2: Ionenbindung

Verschieben sich Ionenlagen aufgrund einer äußeren Kraft gegeneinander, treffen gleichgeladene Ionen aufeinander und stoßen sich ab. Dies führt zur Zerstörung des Kristallgitters **(Bild 1)**. Man spricht daher von einem starren Kristallgitter, eine plastische Verformung ist bei Ionenbindungen nicht möglich.

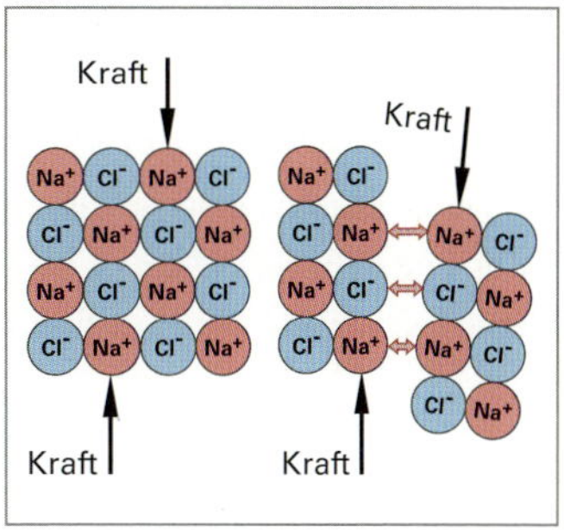

Bild 1: Zerstörung des Kristallgitters eines Salzes

Zwischen Metallatomen und Nichtmetallatomen entsteht durch Elektronenaustausch eine **Ionenbindung**. Die positiv geladenen **Kationen** und die negativ geladenen **Anionen** verbinden sich zu einem **Salz**. Salze haben ein starres Kristallgitter, das nicht plastisch verformt werden kann.

Atombindung

Die Atombindung beruht darauf, dass Atome gemeinsam Elektronen nutzen und dadurch acht Elektronen auf der äußeren Schale erreichen. Diese Bindungsart wird auch **Elektronenpaarbindung** genannt, weil immer zwei Elektronen miteinander geteilt werden. Die Atombindung ist typisch für nichtmetallische Elemente, z.B. für Verbindungen von Kohlenstoff und Wasserstoff, die organische Stoffe genannt werden (z. B. Kunststoffe). Auf diese Weise verbinden sich z.B. zwei Wasserstoffatome (H) zu einem Wasserstoffmolekül (H_2) oder auch ein Sauerstoffatom (O) mit zwei Wasserstoffatomen (H) zu Wasser (H_2O) **(Bild 2)**. Aber auch die Atome nur eines nichtmetallischen Elements können sich verbinden: Harter Diamant oder weicher Grafit entstehen, wenn Kohlenstoffatome Elektronenpaarbindungen eingehen. Im **Diamantgitter** ist jedes Kohlenstoffatom mit vier anderen Kohlenstoffatomen fest verbunden. Im **Grafitgitter** verbindet sich jedes Kohlenstoffatom nur mit drei anderen Kohlenstoffatomen fest. Die so entstehenden Schichten werden durch die nicht für die Atombindung genutzten Valenzelektronen locker miteinander verbunden.

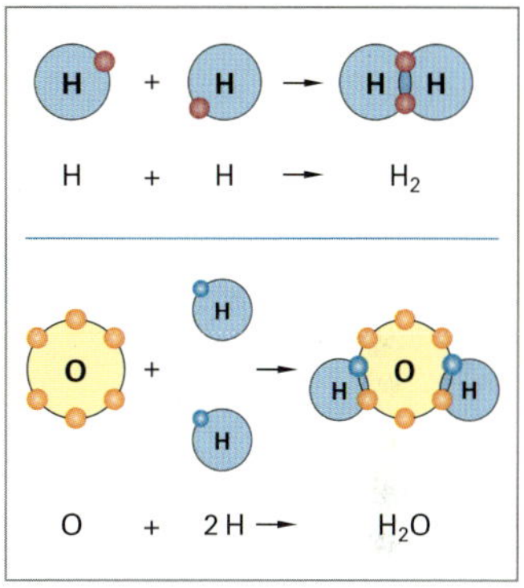

Bild 2: Atombindung

Metallbindung

Metallatome haben immer weniger als vier Valenzelektronen. **Bild 3** zeigt die Metallbindung am Beispiel des Elements Eisen Fe. Charakteristisch für Metallatome ist, dass sie diese Elektronen abgeben, wenn sie sich miteinander verbinden. **(Bild 3a)**. Dadurch entstehen Metallatome mit positiver Ladung (Metallrümpfe oder Metallkationen) sowie freie Elektronen **(Bild 3b)**. Die positiv geladenen Metallatome ordnen sich zu einem regelmäßigen Kristallgitter an **(Bild 3c)**. Sie stoßen einander ab, werden aber durch die freien Elektronen innerhalb des Metallgitters zusammengehalten. Die freien Elektronen im Metallgitter werden auch **Elektronengas** genannt.

Anders als bei der Ionenbindung hat eine Verschiebung einzelner Lagen keine Auswirkung auf die Bindungsverhältnisse im Metallgitter. Es stehen sich immer positiv geladene Metallatome gegenüber, die durch das negativ geladene Elektronengas verbunden werden **(Bild 4)**.

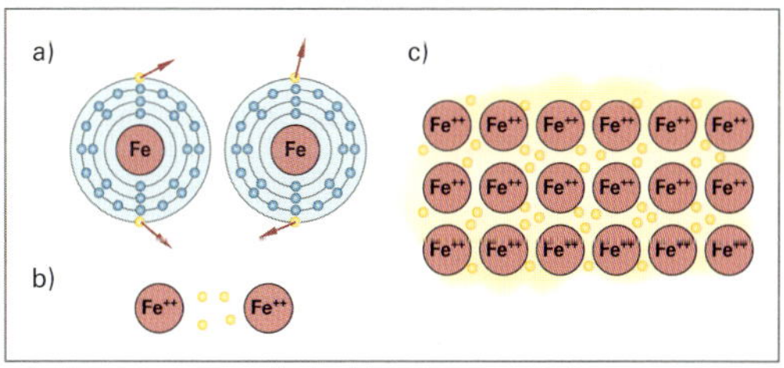

Bild 3: Metallbindung

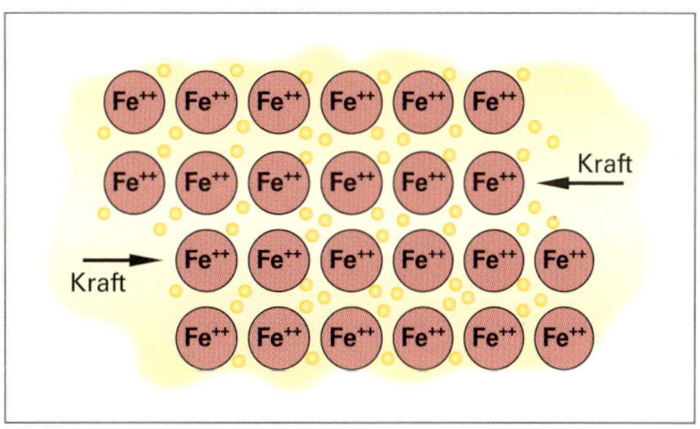

Bild 4: Eigenschaften der Metallbindung

Da sich die abgegebenen Valenzelektronen frei im Gitter bewegen können, wird durch das Elektronengas ein gerichteter Elektronenfluss möglich.

Aufgrund der Bindungsart besitzen Metalle folgende typischen Eigenschaften:

- Sie sind **plastisch verformbar**.
- Sie sind **sehr gute Strom- und Wärmeleiter**.
- Sie besitzen in allen Raumrichtungen eine relativ **hohe Festigkeit**.

Bindungskräfte sind für die innere Festigkeit der Werkstoffe verantwortlich. Sie entstehen durch **Atombindungen** (zwischen den Atomen nichtmetallischer Elemente), durch **Ionenbindungen** (zwischen den Atomen eines metallischen und eines nichtmetallischen Elementes) und durch **Metallbindungen** (zwischen den Atomen metallischer Elemente).

AUFGABEN | WIEDERHOLUNG UND VERTIEFUNG

1. Beschreiben Sie an Beispielen aus Ihrer Ausbildungsfirma den Unterschied zwischen Werkstoff, Rohstoff und Hilfsstoff.
2. Informieren Sie sich, welche Werkstoffe in Ihrer Ausbildungsfirma verarbeitet werden. Ordnen Sie die Werkstoffe den Werkstoffgruppen zu und geben Sie charakteristische Eigenschaften an.
3. Welche Länge kann ein Stahlgeländer im Sommer (323 K) und im Winter (253 K) annehmen, das bei 20 °C mit einer Länge von 3000 mm montiert wurde?
4. Die Atome gleicher oder unterschiedlicher Elemente können miteinander Bindungen eingehen. Welche Bindungsarten kennen Sie? Erläutern Sie jede Bindungsart an einem Beispiel.
5. Nennen und erklären Sie die typischen Metalleigenschaften anhand ihrer Bindungsart.
6. Berechnen Sie die Kraft, die erforderlich ist, um eine Masse von 10000 g anzuheben.
7. Welches Verformungsverhalten können Werkstoffe bei Einwirkung von Kräften zeigen.
8. Stellen Sie in einem Kurzreferat ein typisches Bauteil Ihrer Ausbildungsfirma vor und begründen Sie die Werkstoffwahl anhand der Werkstoffeigenschaften.
9. Ermitteln Sie aus dem Tabellenbuch den E-Modul von Aluminium- und Titanlegierungen und erklären Sie die Bedeutung des E-Moduls.
10. Was versteht man unter der Streckgrenze und der Zugfestigkeit?
11. Worin unterscheiden sich Werkstoffe mit vorwiegend elastischen Verformungsverhalten von solchen mit vorwiegend plastischem Verformungsverhalten?
12. Mit welcher Kraft darf eine Stange mit 5 mm Durchmesser maximal belastet werden, ohne dass es zu einer plastischen Verformung kommt. Die Stange besteht
    a) aus Stahl mit einer Streckgrenze von ca. 700 N/mm^2 und einer Zugfestigkeit von 900 N/mm^2,
    b) aus einer Aluminiumlegierung mit einer Streckgrenze von ca. 200 N/mm^2 und einer Zugfestigkeit von 500 N/mm^2.
13. Was versteht man unter a) zähen, b) spröden und c) harten Werkstoffen?
14. Nennen Sie drei chemisch-technologische Eigenschaften von Werkstoffen.
15. Erläutern Sie den Unterschied zwischen der Festigkeit und der Härte eines Werkstoffes.

3.4 AUFBAU METALLISCHER WERKSTOFFE

Metalle sind die hauptsächlich im Maschinen- und Anlagenbau verwendeten Konstruktionswerkstoffe, auch wenn andere Werkstoffe, wie Kunststoffe oder Verbundwerkstoffe, in den letzten Jahrzehnten an Bedeutung gewonnen haben. Metalle haben unterschiedliche Eigenschaften, die die Verwendung dieser Werkstoffe in der Technik unabdingbar machen. An den Werkstoff Metall werden technische Anforderungen gestellt, sie betreffen z. B. die Festigkeit, die Zähigkeit oder die Steifigkeit. Eine hinreichende Korrosionsbeständigkeit unter normalen klimatischen Bedingungen oder gegen Seewasser bzw. bestimmte Chemikalien, die Verfügbarkeit und die Herstellbarkeit sowie die Möglichkeit zum späteren Recycling sind weitere Anforderungen, die an einen metallischen Werkstoff gestellt werden. Metalle werden in der technischen Anwendung selten als reiner Werkstoff, sondern meistens als Legierung verwendet. Hier ist ein Metall das **Basismetall**, dem andere Metalle in unterschiedlichen %-Anteilen als **Legierungselemente** zugegeben (zulegiert) werden.

Lernfeld 3

3.4.1 INNERER AUFBAU DER METALLE

Um das Innere eines metallischen Werkstoffs zu betrachten, wird ein **Anschliff** hergestellt. Hierzu wird eine Probe glattgeschliffen und poliert. Anschließend wird die Fläche mit einem geeigneten Säuregemisch geätzt. Die Struktur des metallischen Werkstoffs, das **Gefüge**, kann nun unter einem Mikroskop betrachtet werden. Ein Beispiel zeigt **Bild 1**. Man erkennt, dass das Gefüge aus **Körnern** und **Korngrenzen** besteht. Die Körner werden auch als **Kristalle** bezeichnet, das Gefüge als **kristalliner Aufbau** oder **kristalline Struktur**. Da jedes Korn ein einzelner Kristall ist, wird es auch als **Einkristall** bezeichnet.

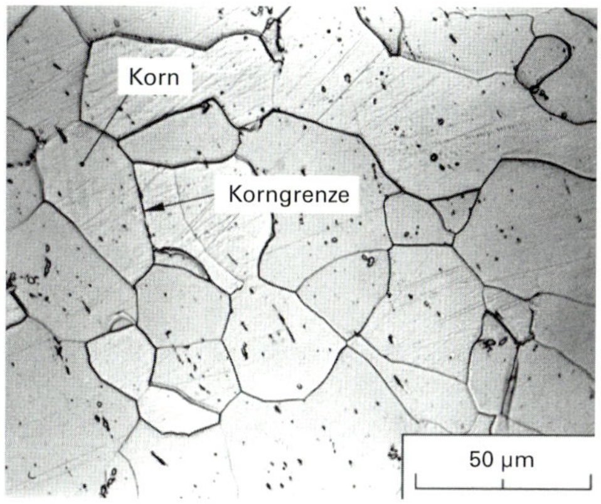

Bild 1: Lichtmikroskopische Aufnahme von Reineisen

Würde man das Gefüge in einer weiteren Untersuchung mit einer wesentlich höheren Vergrößerung (10 000 000-fach) betrachten, könnte man die kleinsten Teilchen, die Metallatome, sehen und erkennen, dass sie sich in einer regelmäßigen Gitterstruktur, dem **Kristallgitter**, anordnen. Dieses Kristallgitter findet sich in jedem Korn, jedoch immer mit einer etwas anderen Ausrichtung als die Nachbarkörner **(Bild 2)**. Diese Ausrichtung wird als **Orientierung** bezeichnet.

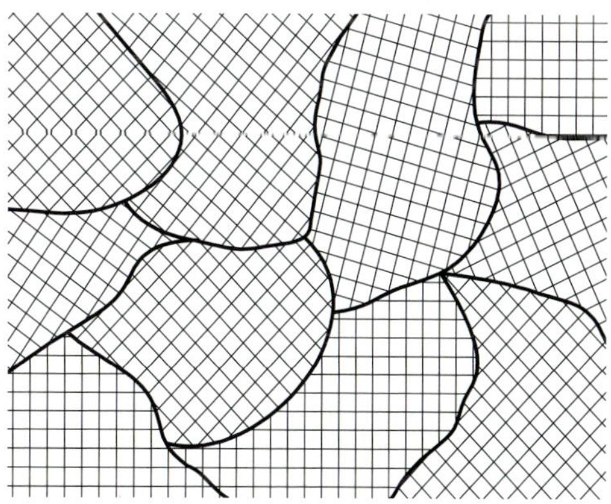

Bild 2: Gefüge mit Körnern, Korngrenzen und schematischer Lage der Kristallgitter

Die vielen Kristalle mit ihren unterschiedlichen Ausrichtungen haben Auswirkungen auf die Eigenschaftswerte der Metalle. Würde zum Beispiel das elastische Verhalten in einem einzelnen Korn erst in der einen und dann in der anderen Richtung gemessen, ergäben sich unterschiedliche Werte. Diese Richtungsabhängigkeit wird als **Anisotropie** bezeichnet. Würde jedoch diese Messung an vielen Kristallen im Gefüge bestimmt, ergäben sich in jeder Richtung die gleichen Werte. Durch die unterschiedlichen Orientierungen der Körner heben sich die einzelnen Anisotropien auf, der Werkstoff verhält sich **quasiisotrop** („wie isotrop"), d. h., es gibt keine Richtungsabhängigkeit der Eigenschaften. Sind alle Kristalle nach einer Umformbearbeitung (z. B. Walzen) gleich oder ähnlich orientiert, spricht man von einer **Textur**. Der Werkstoff verhält sich dann wieder anisotrop.

3.4.2 | KRISTALLGITTER DER METALLE

Metallatome ordnen sich in regelmäßigen Kristallgittern an. Die kleinste Einheit eines Kristallgitters bezeichnet man als **Elementarzelle**. Bei den Metallen werden drei unterschiedliche Elementarzellen unterschieden, die von der Metallart und teilweise von der Temperatur abhängen.

Die **Kristallgitterformen** der Metalle sind das kubisch-raumzentrierte Kristallgitter (krz), das kubisch-flächenzentrierte Kristallgitter (kfz) und das hexagonale Kristallgitter.

Die bildliche Darstellung erfolgt anhand einer einzelnen Elementarzelle **(Bild 1)**.

Kubisch-raumzentriertes Kristallgitter

Beim kubisch-raumzentrierten Gitter befinden sich jeweils ein Metallatom auf den Eckpunkten des Würfels und ein Atom in der Würfelmitte. Eisen weist bei einer Temperatur unter 911 °C diese Gitterform auf, ebenso Chrom, Wolfram und Vanadium **(Bild 1a)**.

Kubisch-flächenzentriertes Kristallgitter

Das kubisch-flächenzentrierte Gitter enthält auch jeweils ein Metallatom auf den Würfelecken und zusätzlich je ein Metallatom auf der Mitte jeder Würfelfläche. Es tritt bei Eisen bei einer Temperatur oberhalb 911 °C auf sowie bei Aluminium, Kupfer und Nickel **(Bild 1b)**.

Hexagonales Kristallgitter

Beim hexagonalen Gitter bildet die Elementarzelle ein sechseckiges Prisma aus. Je ein Metallatom befindet sich auf den Ecken und in der Mitte der Sechseckflächen sowie drei Ionen innerhalb des Prismas **(Bild 1c)**.

Beim Eisen erfolgt ein temperaturabhängiger Wechsel der Kristallgittertypen. Bis 911 °C liegt ein krz-Gitter vor, zwischen 911 °C und unter 1388 °C ein kfz-Gitter und ab 1388 °C wieder ein krz-Gitter. Dieser Zusammenhang spielt bei der Wärmebehandlung der Metalle eine entscheidende Rolle.

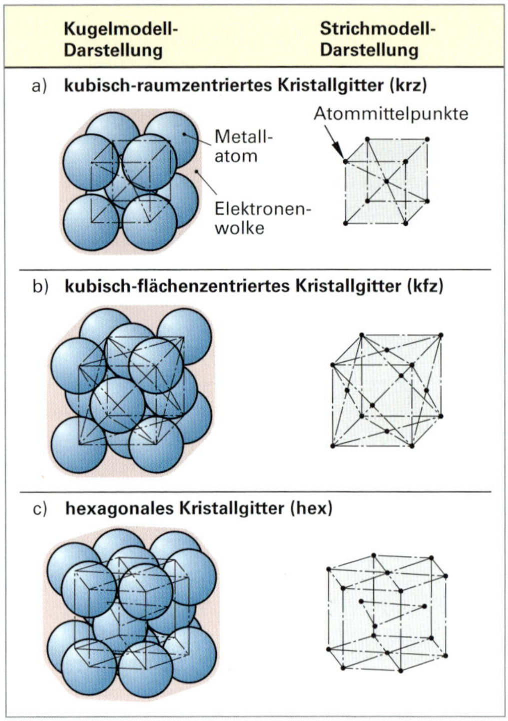

Bild 1: Kristallgittertypen

Baufehler im Kristall

Die in **Bild 1** aufgeführten Gitterbauformen beruhen auf der Betrachtung eines idealen Gitters, dem **Idealkristall**, in dem alle Ionen regelmäßig angeordnet sind und keine Fehler vorkommen. In der Realität haben die Metalle stets Fehler im Gitteraufbau, es liegt ein **Realkristall** vor. Verunreinigungen in der Schmelze, Fremdeinlagerungen aus der Gießform, Ungleichmäßigkeiten bei der Erstarrung oder Umformungen führen zu Fehlstellen im Gitteraufbau. Typische Fehler im Gitteraufbau sind Lücken, Versetzungen oder Fremdatome **(Bild 2)**. Eine **Lücke** ist ein nicht besetzter Platz im Gitter. Bei einer **Versetzung** hat sich eine Lage von Metallatomen in einem kleinen Bereich zwischen zwei reguläre Schichten

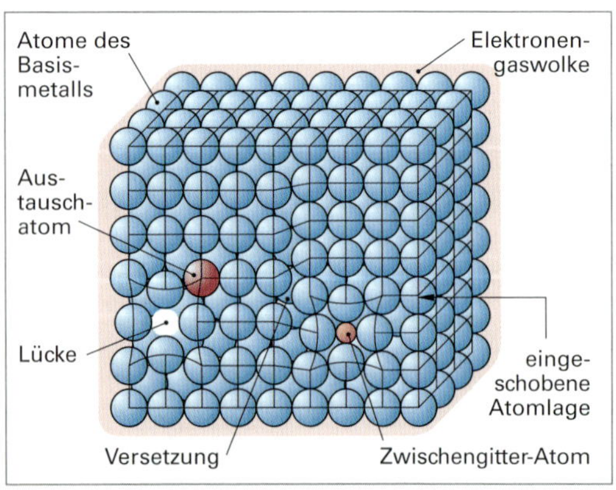

Bild 2: Baufehler im Metallgitter

geschoben. **Fremdatome** stammen aus Verunreinigungen oder sind als Legierungselement der Schmelze gezielt zugeführt worden. In Abhängigkeit von ihrer Größe finden sie sich als **Zwischengitteratom** in einer Gitterlücke oder sie besetzen als **Austauschatom** einen regulären Gitterplatz **(Bild 2, Seite 188)**.

Fehlstellen bewirken eine Verspannung des Kristallgitters oder behindern das Gleiten einer Versetzung bei einer plastischen Verformung, was zu einer Erhöhung der Festigkeit des Werkstoffs führt.

3.4.3 | VERFORMUNGSVERHALTEN DER METALLE, KALTVERFESTIGUNG

Metalle verformen sich unter Einwirkung einer äußeren Kraft, indem die Metallatome von ihren angestammten Gitterplätzen verdrängt werden. Ist die äußere Kraft gering, reicht sie nicht aus, um die Metallatome dauerhaft zu verschieben. Die Gitterstruktur federt bei Entlastung wieder in ihre Ausgangslage zurück, es liegt eine **elastische Verformung** vor. Ist die äußere Kraft groß genug, erfolgt ein Abgleiten einer ganzen Gitterschicht an einen neuen Platz. Diese Lageänderung bleibt auch nach Wegnahme der äußeren Kraft erhalten, es liegt eine **plastische Verformung** vor. Nachdem eine Gitterebene verschoben worden ist, wirken wieder die Bindungskräfte, es findet kein bleibendes Trennen des Metallgitters statt. Der Werkstoff reißt daher nicht, sondern es erfolgt lediglich eine Verformung. Erst wenn Atomlagen über einen größeren Bereich hin räumlich voneinander getrennt sind, reichen die Bindungskräfte zwischen Metallatomen und Elektronengas nicht mehr für den Zusammenhalt des Werkstoffs aus, er bricht.

Die Gitterbautypen krz und kfz haben ein unterschiedliches Verformungsverhalten. Das kfz-Gitter lässt sich sehr gut verformen, weil viele mögliche Gleitebenen und Gleitrichtungen vorhanden sind, sodass sich immer eine Stelle findet, an der die Verformung beginnen kann. Metalle mit einem kfz-Gitter, wie Aluminium oder Gold, lassen sich daher bereits bei Raumtemperatur verformen. Das krz-Gitter bietet nicht so viele Gleitebenen und Gleitrichtungen an, weshalb sich diese Metalle bei Raumtemperatur nicht leicht verformen lassen. Hier erfolgt eine Umformung bei höheren Temperaturen, da dann die Anordnung der Atome im Gitter weniger starr ist, was die Rissbildung mindert.

Durch eine plastische Verformung wird der Gitteraufbau stark verändert. Ganze Ebenenpakete werden gegeneinander verschoben bzw. ineinander geschoben. Das Gitter ist stark verspannt. Dieser Effekt bewirkt einen Anstieg der Festigkeit. Er wird zur Verfestigung von metallischen Werkstoffen gezielt genutzt. Das Verfahren heißt **Kaltverfestigung**, der Materialzustand wird **kaltgezogen** genannt. Bei einer massiven Umformung, wie z. B. beim Kaltwalzen ist die eintretende Kaltverfestigung allerdings hinderlich. Wird das Material über einen kritischen Punkt hinaus weiter umgeformt, kann kein Gleiten im Inneren des Werkstoffs stattfinden, das Material reißt. Um dem entgegenzuwirken, muss beim Umformen ein sog. **kritischer Verformungsgrad** beachtet werden. Über dieses Maß hinaus kann nicht weiter umgeformt werden. Zunächst muss das Material einer Glühbehandlung unterzogen werden. Beim **Rekristallisationsglühen** bewegen sich die Atome, sie verlassen in den Bereichen mit starken Spannungen ihren Gitterplatz und ordnen sich neu an. Dadurch werden die inneren Gitterspannungen abgebaut. Nach dem Abkühlen ist eine weitere Kaltverformung möglich.

3.4.4 | ENTSTEHUNG DES METALLGEFÜGES

Nach dem Vergießen entsteht mit der Erstarrung einer Metallschmelze das Gefüge des Werkstoffs. Die Bewegungen der in der Schmelze frei beweglichen Metallatome werden mit sinkender Temperatur geringer. Die Erstarrung, die **Kristallisation**, beginnt, wenn die Schmelze die Erstarrungstemperatur (bei Eisen 1536 °C) erreicht hat. An zahlreichen Stellen schließen sich Atome zusammen **(Bild 1)**, diese Zusammenschlüsse werden **Keime** oder **Kristallisationskeime** genannt. Keime können auch zusätzlich der Schmelze zugegeben werden, damit die Kristalli-

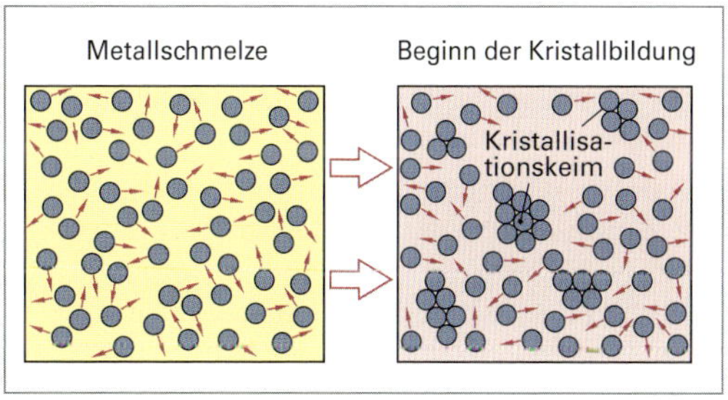

Bild 1: Beginn der Kristallisation

sation an vielen Stellen beginnt und ein feinkörniges Gefüge entsteht (höhere Festigkeit, gute Dehnbarkeit). Dieses Verfahren wird **Impfen** genannt.

Mit weiter fortschreitender Abkühlung wachsen die winzigen Kristallisationskeime zu größeren Kristallen, den **Körnern**, indem sich immer mehr Metallatome an der Oberfläche der Keime anheften. Die Körner im Inneren des Materials können sich nicht grenzenlos ausweiten, sie stoßen an die Nachbarkörner. Zum Wachsen stehen weder der notwendige Raum noch frei bewegliche Metallatome zur Verfügung. Die Metallatome in den Grenzbereichen bilden zusammen mit den Fremdatomen, die sich aufgrund ihrer Größe nicht in das Metallgitter einordnen konnten, die **Korngrenzen** aus **(Bild 1)**.

Haben alle Metallatome ihren Platz eingenommen, ist die Metallschmelze völlig erstarrt, das Gefüge des Werkstoffs hat sich gebildet.

Betrachtet man den Temperaturverlauf der Schmelze während der Abkühlung, zeigt sich kein gleichmäßiger Temperaturabfall **(Bild 2)**. Die Kristallisation der Schmelze setzt Wärme frei, sodass die Temperatur in der Schmelze konstant bleibt. Erst mit Beendigung der Kristallbildung fällt die Temperatur weiter ab, was am Sinken der Abkühlkurve in **Bild 2** erkennbar ist.

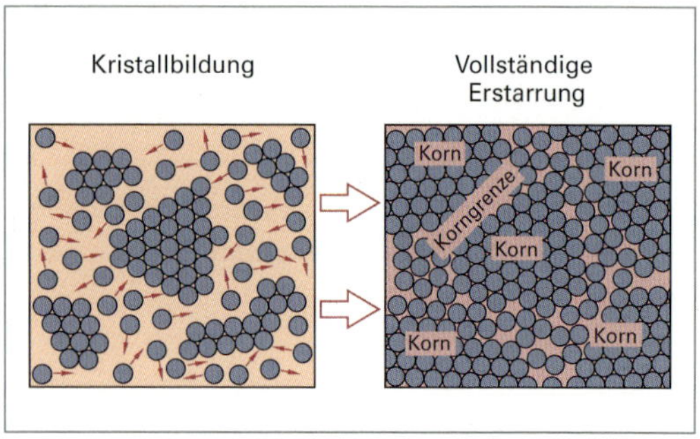

Bild 1: Kristallbildung und Erstarrung einer Metallschmelze

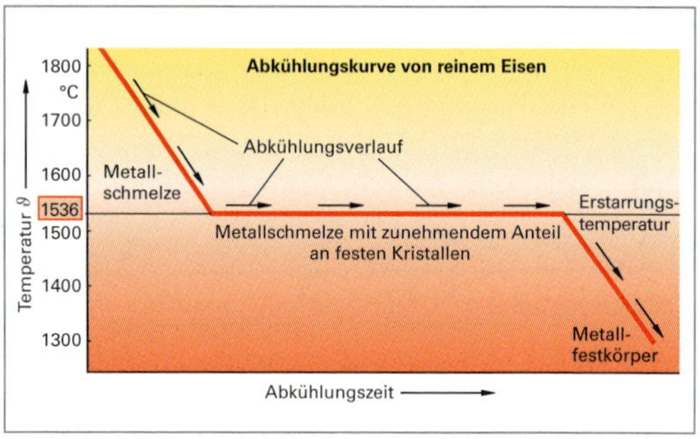

Bild 2: Abkühlungskurve von reinem Eisen

3.4.5 | REINE METALLE UND LEGIERUNGEN

Reine Metalle haben ein gleichmäßiges, homogenes Gefüge. In jedem Korn sind gleiche Metallatome vorhanden, der Kristallgittertyp ist überall gleich. Die Körner unterscheiden sich lediglich in der Ausrichtung der Gitterstruktur. Reine Metalle werden in der Technik selten verwendet, weil die Herstellung aufwendig ist und die Festigkeit meist nicht ausreicht. Metalle werden als Legierung verwendet, um die gewünschten Eigenschaften zu erzielen.

Durch die **Wahl der Legierungselemente** lassen sich die Eigenschaften der Metalle gezielt auf den Anwendungsfall anpassen. Hierzu gehören die Festigkeit, die Zähigkeit, das Verformungsverhalten oder das Korrosionsverhalten.

Legierungen entstehen durch das Mischen eines Metalls mit einem oder mehreren anderen Metallen oder Nichtmetallen im flüssigen Zustand. Das Mischen vollzieht sich auf atomarer Ebene. Die Legierungselemente sind in der Schmelze gleichmäßig verteilt. Mit der Erstarrung bilden sich in Abhängigkeit vom Basismetall und den verwendeten Legierungselementen unterschiedliche Gefügearten aus:

- Ein **Kristallgemisch** ist eine Legierung, in der die Körner nur aus einem Metall bestehen und nicht mischbar nebeneinander liegen. Das Gemisch besteht aus verschiedenen, aber jeweils reinen Kristallen.
- In einem **Mischkristall** sind die Fremdatome gleichmäßig im Kristallgitter verteilt. Die zulegierten Atome befinden sich auf den regulären Gitterplätzen oder auf Zwischengitterplätzen. Mischkristalle werden auch als **feste Lösung** bezeichnet. Durch die im Grundgitter vorhandenen Fremdatome wird das Gleiten von Gitterebenen gestört, die Festigkeit eines legierten Werkstoffs ist daher höher als im unlegierten Zustand.

Eine für die Technik wichtige Legierung ist die Eisen-Kohlenstoff-Legierung. Sie wird als **Stahl** bezeichnet und hat einen maximalen Kohlenstoffgehalt von 2,06 %. Sind keine anderen Elemente im Stahl enthalten, spricht man von einem **unlegierten Stahl**, sind weitere Elemente vorhanden, bezeichnet man den Werkstoff als **legierten Stahl**. Liegt der Kohlenstoffanteil über 2,06 % spricht man von **Gusseisen**.

Unlegierter Stahl ist eine Legierung aus Eisen und Kohlenstoff (max. 2,06 %).

Legierter Stahl enthält neben Eisen und Kohlenstoff weitere Legierungselemente.

3.5 | AUFBAU UND EIGENSCHAFTEN DER STÄHLE

Stähle und Gusswerkstoffe auf Basis von Eisen gehören zu den wichtigsten Konstruktionswerkstoffen. Die Eigenschaften wie Festigkeit, Härte, Zähigkeit oder Verformungsverhalten lassen sich durch die Wahl der Legierungselemente und einer evtl. Wärmebehandlung gezielt auf den Anwendungsfall anpassen.

3.5.1 | HERSTELLUNG VON ROHEISEN

Stähle und Gusseisen werden aus Roheisen hergestellt.

Das **Roheisen** wird in einem **Hochofen** aus **Eisenerz** gewonnen. Der Hochofen ist ein kontinuierlich arbeitender Schachtofen. Er wird von oben schichtweise mit Eisenerz, Koks und **Zuschlägen** beschickt. Als Zuschlag wird Kalkstein verwendet. Eisenerz und Zuschläge werden als **Möller** bezeichnet. Unten wird heißer Luftsauerstoff eingeblasen, sodass der Koks verbrennt und die notwendige Schmelzwärme liefert. Dem Eisenerz wird der Sauerstoff entzogen. Man spricht von **Reduktion** des Eisens.

Im unteren Teil des Hochofens sammelt sich das flüssige Roheisen, darüber die leichtere Schlacke. Die Schlacke bildet sich beim Schmelzen der Zuschläge und nimmt die **Gangart** (erdige Anteile des Erzes) und Verunreinigungen auf. Schlacke und Roheisen werden in regelmäßigen **Abstichen** aus dem Hochofen abgelassen **(Bild 1)**.

Der Kohlenstoffgehalt des Roheisens ist relativ hoch. Es besteht zu 90 % aus Eisen und enthält bis zu 4 % Kohlenstoff sowie Begleitelemente. Roheisen ist spröde, nicht schmied- oder schweißbar und als Werkstoff nicht verwendbar.

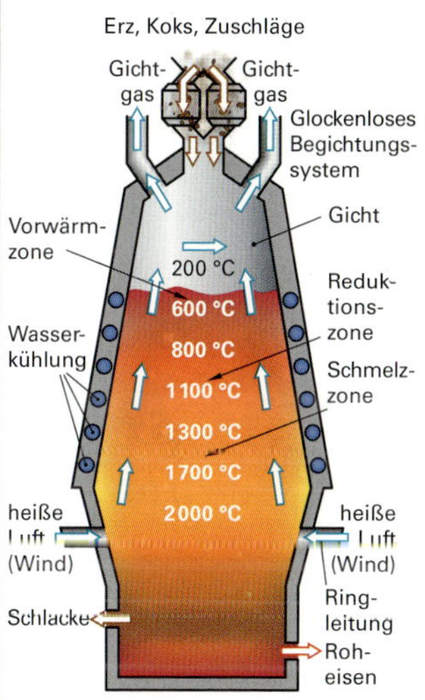

Bild 1: Schematische Darstellung eines Hochofens

Roheisen ist aufgrund seines hohen Kohlenstoffgehalts von bis zu 4 % spröde und als Werkstoff nicht verwendbar.

3.5.2 | HERSTELLUNG VON STAHL

Um aus dem Roheisen Stahl herzustellen, muss der Kohlenstoffgehalt deutlich gesenkt werden. Zusätzlich müssen die Begleitelemente, wie Silizium, Mangan, Phosphor und Schwefel aus dem Roheisen entfernt werden. Dieser Verfahrensschritt wird **Frischen** genannt.

Beim **Frischen** wird Roheisen zu Stahl umgewandelt. Hierbei werden der Kohlenstoffgehalt gesenkt und die unerwünschten Begleitelemente weitgehend entfernt.

Zwei Verfahrensarten des Frischens werden unterschieden: das kombinierte Sauerstoff-/Inertgas-Blasverfahren und das Elektrostahlverfahren.

Kombiniertes Sauerstoff-/Inertgas-Blasverfahren

Hierbei wird mit einer Lanze reiner Sauersoff auf die Oberfläche der Schmelze und durch den Boden des Konverters in die Schmelze geblasen. Zur besseren Durchmischung der Schmelze während des Blasprozesses werden zusätzlich Inertgase (Argon, Stickstoff) durch den Boden oder die Seitenwände des Konverters eingeblasen **(Bild 1)**. Die Verunreinigungen oxidieren und schwimmen als Schlacke auf dem Metallbad. Der Blasprozess verläuft unter starker Wärmeentwicklung. Zur Kühlung wird dem Konverter bis zu 25 % Schrott zugesetzt. Nach Abschluss des Prozesses werden beim Abstechen des Konverters Schlacke und Rohstahl getrennt. Dazu wird der Konverter in die Abstichposition geneigt. Die Schmelze wird über das Abstichloch in eine Stahlpfanne geleitet. Die Schlacke wird im Konverter zurückgehalten und anschließend der Weiterverwertung zugeführt.

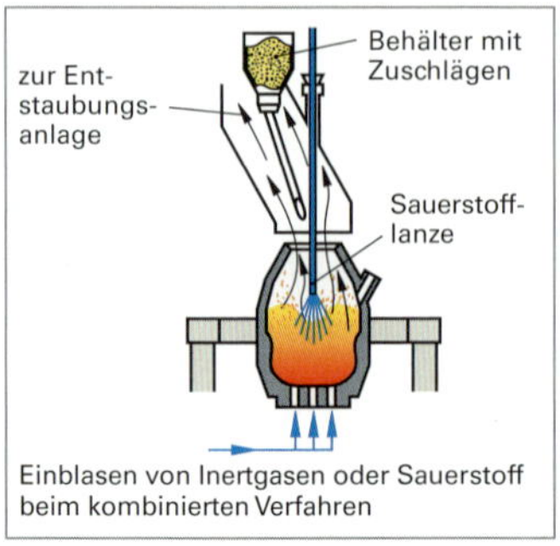

Bild 1: Kombiniertes Sauerstoff-/Inertgas-Blasverfahren

Durch die bessere Durchmischung der Schmelze infolge der zusätzlichen inerten Gase kann bei diesem Verfahren mehr Schrott zugegeben werden, als bei dem reinen Sauerstoffaufblasverfahren, bei dem nur Sauerstoff von oben auf die Schmelze aufgeblasen wird. Gleichzeitig verbrennen weniger Eisen und Legierungselemente. Daher wird heute überwiegend das kombinierte Verfahren verwendet. Es eignet sich vorwiegend für unlegierte und niedrig legierte Stähle.

Elektrostahlverfahren

Stähle auf der Basis von Stahlschrott werden im Elektrolichtbogenofen erschmolzen. Der Lichtbogen wird durch Grafitelektroden erzeugt und überführt die elektrische Energie mit sehr gutem Wirkungsgrad und hoher Energiedichte in Schmelzwärme. Im Lichtbogen entstehen Temperaturen bis zu 3500 °C, im Schmelzbad bis zu 1800 °C. Zusätzlich zum Schrott kann flüssiges oder festes Roheisen zugegeben werden. Grundsätzlich kann über den Elektrolichtbogenofen jede Stahlsorte erzeugt werden. Sind die gewünschte chemische Zusammensetzung und die erforderliche Temperatur erreicht, wird der Ofen durch Kippen in die Stahlpfanne entleert **(Bild 2)**. Aufgrund der hohen Temperaturen können mit dem Elektrostahl-Verfahren auch die Legierungselemente eingeschmolzen werden, die eine hohe Schmelztemperatur haben (Nickel, Wolfram).

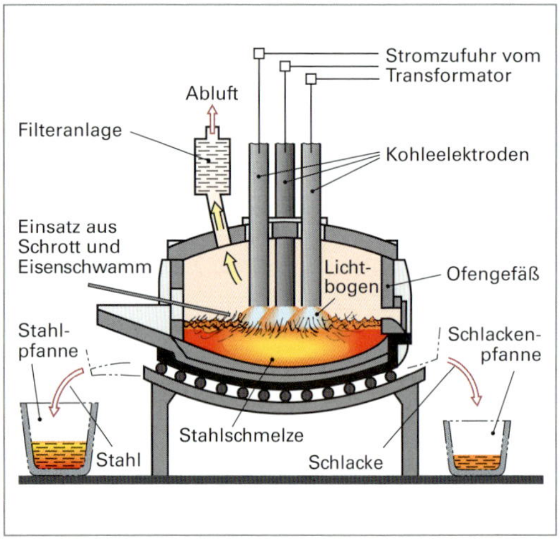

Bild 2: Elektrostahlverfahren

3.5.3 | NACHBEHANDLUNGSVERFAHREN FÜR STÄHLE

Die Nachbehandlung des Stahls, die **Sekundärmetallurgie**, hat folgende Ziele:

- Verbesserung und Stabilisierung der Stahlqualität,
- Erzeugung neuartiger Stähle mit besseren Verarbeitungs- und Gebrauchseigenschaften,
- Steigerung der Effektivität der Stahlerzeugung.

Die Verfahren der Sekundärmetallurgie sind:

- die Desoxidation (Beruhigung),
- die Spülgasbehandlung,
- die Vakuumbehandlung sowie
- das Umschmelzverfahren.

Desoxidation

Nach dem Frischen verbleibt gebundener Sauerstoff im Stahl, der entfernt werden muss. Der Stahlschmelze wird Silizium oder Aluminium zugesetzt. Diese Zusatzstoffe binden den bei der Erstarrung frei werdenden Sauerstoff, der Stahl wird **desoxidiert**. Durch die Desoxidation wird nur der Sauerstoff entfernt, andere Gase wie z. B. Stickstoff bleiben als feine Einschlüsse im Stahl. Die Erstarrung des Stahlblocks erfolgt gasblasenfrei. Man bezeichnet den so behandelten Stahl als **beruhigt vergossen** (**Bild 1**).

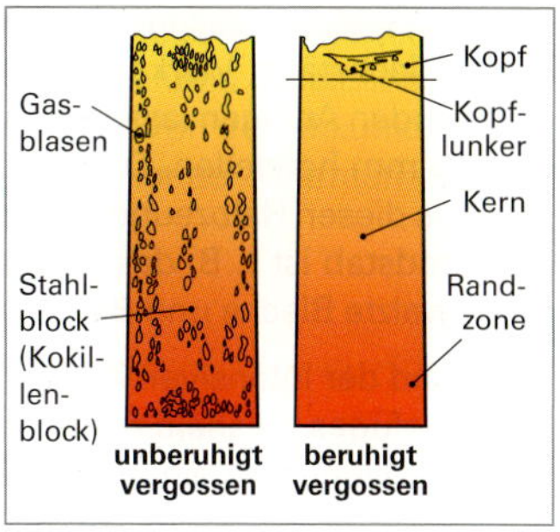

Bild 1: Unberuhigt und beruhigt vergossener Stahlblock

Spülgasbehandlung

Bei der Spülgasbehandlung wird Argon in die Schmelze eingeblasen. Die feinen Gasperlen nehmen gelösten Stickstoff und Wasserstoff auf und schwemmen Verunreinigungen in die Schlackenschicht an die Oberfläche.

Vakuumbehandlung

Der nach der Desoxidation verbleibende Rest an gelösten Gasen wird mit diesem Verfahren entfernt. Durch das Umgießen der Stahlschmelze in einen unter Unterdruck stehenden Behälter steigen die Gase als feine Blasen in der Schmelze auf. An ihrer Oberfläche haften andere Verunreinigungen (**Bild 2**). Gleichfalls lässt sich durch die Vakuumbehandlung der Kohlenstoffgehalt des Stahls weiter reduzieren. Auf diese Weise lassen sich Stähle mit äußerst geringen Kohlenstoff- und Stickstoff-Gehalten erzeugen.

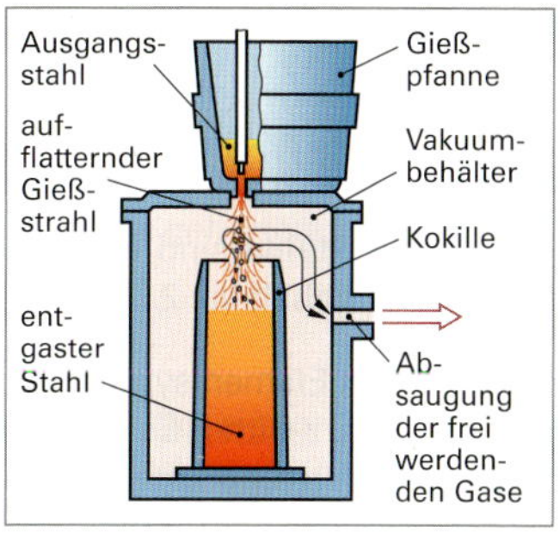

Bild 2: Vakuumentgasung

Umschmelzverfahren

Durch das Umschmelzverfahren (**Bild 3**) werden Stähle größter Reinheit erzeugt. Der zu reinigende Stahlblock dient als Elektrode. Sie heizt ein flüssiges Schlackebad auf und schmilzt dabei ab. Der abgeschmolzene Stahl durchwandert die Schlacke, die alle Verunreinigungen aufnimmt. Der Stahlblock erstarrt unterhalb des Schlackenbades in einer wassergekühlten Kokille in sehr reiner und gleichmäßiger Zusammensetzung.

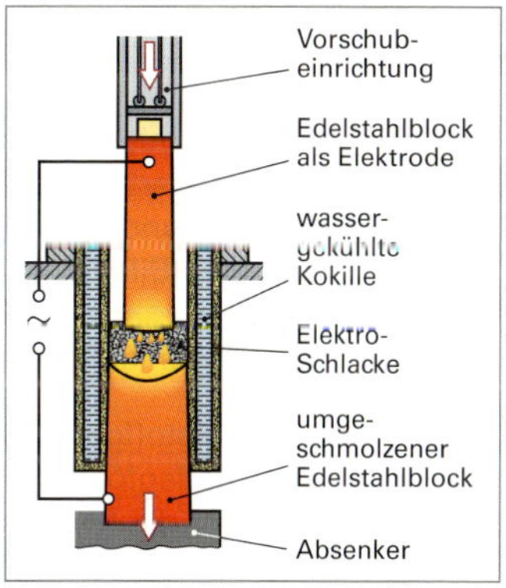

Bild 3: Umschmelzverfahren

Durch die unterschiedlichen **Nachbehandlungsverfahren** der Sekundärmetallurgie wird die Stahlqualität verbessert.

3.5.4 | VERARBEITUNG DES STAHLS

Der Stahl kann als Block in einer Kokille vergossen werden. Allerdings bildet sich beim Abkühlen ein großer Kopflunker (**Bild 1**), der abgetrennt und wieder eingeschmolzen wird. Dieses Verfahren ist unwirtschaftlich und findet nur bei hochwertigen und hochlegierten Stählen Anwendung, wenn geringe Mengen hergestellt werden sollen.

Der überwiegende Teil der Stahlschmelze wird in einer **Strang- oder Bandgussanlage** vergossen (**Bild 4**). Die Stahlschmelze wird kontinuierlich in einer mit Wasser gekühlten Kupferkokille vergossen. Die Form der Kokillen bestimmt das Format des Stranges. Die Schmelze

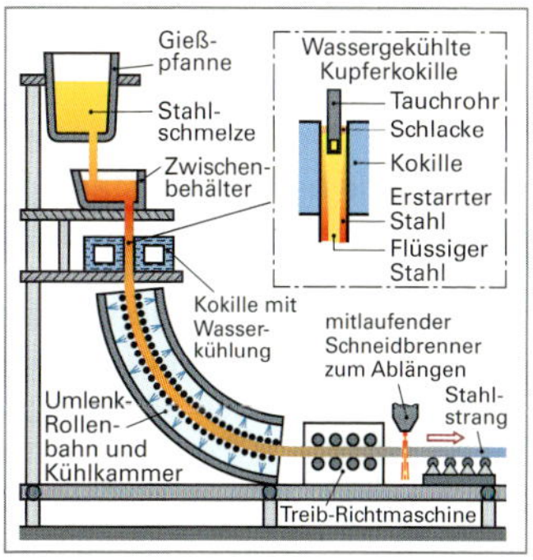

Bild 4: Stranggießen

Stähle für besondere Anwendungen

Hierzu gehören z. B. die kaltzähen Stähle und die nichtrostenden Stähle. Kaltzähe Stähle behalten auch bei tiefen Temperaturen ihre Zähigkeit, was bei Flüssiggasen und in der Kältetechnik zur Anwendung kommt. Nichtrostende Stähle werden in korrosionsbeständige, warmfeste und hitzebeständige Stähle unterteilt. Aus den Bezeichnungen leitet sich entsprechend die Verwendung ab.

3.7 BEZEICHNUNGSSYSTEM DER STÄHLE

Die Bezeichnung der Stähle ist in DIN EN 10027 festgelegt. In Teil 1 dieser Norm wird der Aufbau der Kurzbezeichnungen beschrieben, in Teil 2 die Bezeichnung der Stähle nach Werkstoffnummern.

Stähle werden bezeichnet nach:

- dem **Verwendungszweck** und den mechanischen oder physikalischen Eigenschaften
- der **chemischen Zusammensetzung**
- den **Werkstoffnummern**

3.7.1 KURZBEZEICHNUNG DER STÄHLE NACH DEM VERWENDUNGSZWECK

Die Bezeichnung der Stähle nach dem Verwendungszweck erfolgt mit einem Hauptsymbol und sich anschließenden Zusatzsymbolen **(Bild 1)**. Das **Hauptsymbol** besteht aus dem Symbol für die Stahlsorte sowie unter Angabe der Mindeststreckgrenze R_e in N/mm². Wird eine Stahlsorte vergossen, wird für den **Stahlguss** ein G vorangestellt. **Tabelle 1** gibt die Hauptsymbole einer Auswahl von Stählen an, weitere sind in der Norm bzw. im Tabellenbuch aufgeführt.

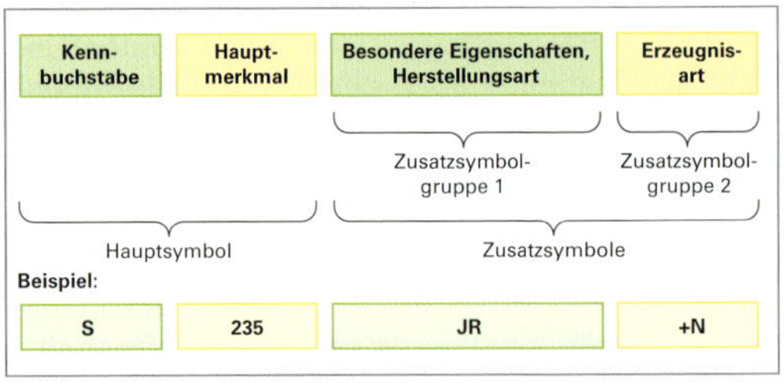

Bild 1: Aufbau der Kurznamen

Tabelle 1: Kennbuchstaben der Stahlbezeichnung bei unlegierten Stählen, Verwendungszweck

Kennbuchstabe	Verwendungszweck	Hauptmerkmal	Beispiel
D	Flacherzeugnisse zum Kaltumformen	Walzzustand: C + Ziffern: kaltgewalzt D + Ziffern: warmgewalzt X + Ziffern: Walzzustand frei gefolgt von zwei Ziffern für die Stahlsorte	DC03
(G)[1)]E	Maschinenbaustahl	R_e in N/mm²	E295
H	Flacherzeugnisse aus höherfesten Stählen zum Kaltumformen	Walzzustand gefolgt von R_e bzw. R_m	HC400
L	Stähle für Leitungsrohre	R_e in N/mm²	L360
(G)[1)]P	Stähle für Druckbehälter	R_e in N/mm²	P265
(G)[1)]S	Stähle für den Stahlbau	R_e in N/mm²	S335

[1)] vorangestelltes G bei Bedarf für Stahlguss

Die **Zusatzsymbole** sind in zwei Gruppen unterteilt. Die **Zusatzsymbolgruppe 1** enthält Angaben zur Kerbschlagarbeit in Kombination mit der Prüftemperatur sowie zusätzliche Angaben zu einer Wärmebehandlung (Feinkornbaustähle) oder einem besonderen Verwendungszweck.

Die **Zusatzsymbolgruppe 2** enthält Angaben zu besonderen Eigenschaften, Verwendungszwecken, Anforderungen oder zusätzlichen Elementen. Sie werden mit einem Pluszeichen ohne Lücke an das Hauptsymbol angehängt.

Welche Zusatzsymbole angehängt werden dürfen, hängt sowohl von der **Erzeugnisgruppe** als auch von der jeweiligen **Stahlgruppe** ab. Beispiele für oft verwendete Zusatzsymbole zeigt **Tabelle 1**, weitere Symbole können der Norm oder dem Tabellenbuch entnommen werden.

Tabelle 1: Zusatzsymbole bei den Stahlkurzbezeichnungen

Zusatzsymbole Gruppe 1 (Auswahl)						Zusatzsymbole Gruppe 2 (Auswahl)	
Kerbschlagarbeit in J bei °C						+C	kaltgezogen (blankgezogener Stahl)
JR	27 J	20 °C	J2	27 J	–20 °C	+N	normalgeglüht
JO	27 J	0 °C	K2	40 J	–20 °C	+A	geglüht
C	kaltgewalzt					+QT	vergütet
N	normalgeglüht					+SL	geschliffen
Q	vergütet					+U	unbehandelt
E	vorgeschriebener max. Schwefel-Gehalt					+Z	feuerverzinkt

Beispiele:

S355JR+N: Stahlbaustahl mit einer Streckgrenze R_e = 355 N/mm² und einer Kerbschlagarbeit von 27 J bei 20 °C, normalgeglüht

E295+C: Maschinenbaustahl mit einer Streckgrenze R_e = 295 N/mm², kaltgezogen (Blankstahl)

DC03+Z: Kaltgewalztes Flachmaterial (Blech oder Band) Stahlsorte 03, feuerverzinkt

GE335: Maschinenbaustahl, gegossen, mit einer Streckgrenze R_e = 335 N/mm²

P355N: Druckbehälterstahl mit einer Streckgrenze R_e = 355 N/mm², normalgeglüht

3.7.2 | KENNZEICHNUNG DER STÄHLE NACH DER CHEM. ZUSAMMENSETZUNG

Unlegierte Stähle, Mangangehalt < 1 %

Unlegierte Stähle, die aus einer Eisen-Kohlenstoff-Legierung bestehen und deren Mangangehalt kleiner als 1 % ist, haben den Kennbuchstaben C für den Kohlenstoffgehalt. Die nachfolgende Kennzahl gibt den hundertfachen Kohlenstoffgehalt in Prozent an **(Tabelle 2)**. Die Zusatzsymbole **(Tabelle 1)** können wie zuvor beschrieben angehängt werden.

Tabelle 2: Kennbuchstaben der Stahlbezeichnung bei unlegierten Stählen

Kenn-buchstabe	Verwendungszweck	Hauptmerkmal	Zusatzsymbole	Beispiel
(G)[1]C	Unlegierte Stähle, Mn < 1 %	100-facher C-Gehalt	Wird für jede Stahlsorte separat festgelegt	C15 E+C

[1] vorangestelltes G bei Bedarf für Stahlguss

Beispiele:

C15 E: unlegierter Stahl, Einsatzstahl mit 0,15 % Kohlenstoff, vorgeschriebener max. Schwefelgehalt

C45+QT: unlegierter Stahl, Vergütungsstahl mit 0,45 % C, vergütet

Legierte Stähle, Mangangehalt ≥ 1 %

Beginnt die Werkstoffbezeichnung mit einer Zahl, handelt es sich um **(niedrig) legierte Stähle, Automatenstähle** oder um **unlegierte Stähle mit mindestens 1 % Mangan**.

Die Zahl an erster Stelle steht für den Kohlenstoffgehalt (multipliziert mit dem Faktor 100).

Es folgen die chemischen Kurzzeichen der Legierungselemente absteigend nach ihrem Gehalt geordnet (bei gleichen Anteilen alphabetisch sortiert), anschließend die Kennzahlen ihrer Anteile **(Tabelle 2)** durch einen Bindestrich getrennt in gleicher Reihenfolge. Die Kennzahlen ergeben sich aus der Multiplikation der Faktoren mit den Legierungsgehalten. Die Multiplikationsfaktoren hängen von den Legierungselementen ab **(Tabelle 1)**. Elemente, die in geringen, aber wirksamen Anteilen vorhanden sind, werden nur über das chemische Symbol aufgeführt, sie haben keine Kennzahl für den Anteil.

Tabelle 1: Faktoren der Legierungselemente

Legierungselemente	Faktor
C, Ce, N, P, S,	100
Al, Be, Cu, Mo, Nb, Pb, Ta, Ti, V, Zr	10
Cr, Co, Mn, Ni, Si, W	4

Tabelle 2: Kennbuchstaben der Stahlbezeichnung bei (niedrig) legierten Stählen

Kennbuchstabe	Verwendungszweck	Hauptmerkmal		Zusatzsymbole	Beispiel
(G-)[1]nnn	Legierte Stähle, unlegierte Stähle mit Mn > 1 %, Automatenstähle	100-facher C-Gehalt	Symbol der Legierungselemente nach Gehalt, mit den höchsten beginnend, danach die Kennzahlen (Gehalt mit Faktor multipliziert) durch Bindestrich getrennt in gleicher Reihenfolge	Die Zusatzsymbole sind für jede Stahlsorte separat festgelegt.	20NiCrMoS6-4 +A

[1] vorangestelltes G bei Bedarf für Stahlguss, nnn ist Platzhalter für 100-fachen Kohlenstoffgehalt

Beispiele:

16MnCr5:	legierter Einsatzstahl mit 0,16 % C, 1,25 % Mn und Anteilen von Cr
42CrMo4+QT:	legierter Vergütungsstahl mit 0,42 % C, 1% Cr, Anteilen von Mo, vergütet
11SMnPb30:	legierter Automatenstahl mit 0,11 % C, 0,3 % S, Anteilen von Mn und Pb
34CrAlMo5-10:	legierter Nitrierstahl mit 0,34 % C, 1,25 % Cr, 1 % Al und Anteilen von Mo
102Cr6:	legierter Werkzeugstahl mit 1,02 % C, 1,5 % Cr
54SiCr6:	legierter Federstahl mit 0,54 % C, 1,5 % Si und Anteilen von Cr

Schnellarbeitsstähle

Schnellarbeitsstähle beginnen mit den Buchstaben HS gefolgt von dem prozentualen Gehalt an Wolfram, Molybdän, Vanadium und Cobalt in der Reihenfolge, die jeweils durch einen Bindestrich getrennt werden **(Tabelle 3)**. Diese Reihenfolge muss stets eingehalten werden, es können aber von hinten beginnend Legierungselemente fehlen (Co oder V), die Zahlen fallen dann weg.

Tabelle 3: Kennbuchstaben der Stahlbezeichnung bei Schnellarbeitsstählen

Kennbuchstabe	Verwendungszweck	Hauptmerkmal	Beispiel
HS	Schnellarbeitsstahl	% W-% Mo-% V-% Co	HS10-4-3-10

Beispiel:

HS6-5-2: Schnellarbeitsstahl mit 6 % W, 5 % Mo, 2 % V

Legierte Stähle, mind. ein Legierungselement > 5 %

Beginnt der Kurzname mit einem „X", ist der Anteil von mindestens einem Legierungselement über 5 %. Es handelt sich dann um einen **hochlegierten Stahl**. Hier wird nur der nach dem X folgende Kohlenstoffgehalt mit dem Faktor 100 umgerechnet. Es folgen die chemischen Kurzzeichen der Legierungselemente und danach ihre Anteile in Prozent durch einen Bindestrich getrennt **(Tabelle 1)** Die Anteile müssen nicht mehr umgerechnet werden, sie werden **direkt** in Prozent angegeben.

Tabelle 1: Kennbuchstaben der Stahlbezeichnung bei legierten Stählen, mind. ein Leg.-Element > 5 %

Kennbuchstabe	Verwendungszweck	Hauptmerkmal		Zusatzsymbole	Beispiel
(G-)[1]Xnnn	Legierte Stähle, ausgenommen Schnellarbeitsstähle, mind. ein Legierungselement > 5 %	100-facher C-Gehalt	Symbol der Legierungselemente nach Gehalt, mit dem höchsten beginnend, danach die Gehalte direkt (in Masse-%), durch Bindestrich getrennt	Die Zusatzsymbole sind für jede Stahlsorte separat festgelegt.	20NiCrMoS6-4 +A

[1] vorangestelltes G bei Bedarf für hochlegierten Stahlguss (nicht genormte, aber übliche Bezeichnung)

Beispiele:

X37CrMoV12-28: hochlegierter Werkzeugstahl mit 0,37 % C, 12 % Cr, 28 % Mo, Anteilen von V

X6CrNiMoTi17-12-2: hochlegierter korrosionsbeständiger Stahl mit 0,06 % C, 17 % Cr, 12 % Ni, 2 % Mo und Anteilen von Ti

3.7.3 | KURZBEZEICHNUNG DER STÄHLE DURCH EINE WERKSTOFFNUMMER

Werkstoffnummern werden oft für die Datenverarbeitung verwendet und in ähnlicher Weise auch bei anderen metallischen Werkstoffen eingesetzt. Hochlegierte Edelstähle werden gleichfalls oft über die kürzeren Werkstoffnummern klassifiziert. Werkstoffnummern bestehen aus sechs Stellen (fünf Ziffern und ein Punkt). Die erste Ziffer gibt die Werkstoff-Hauptgruppe an. Nach dem Punkt folgt die zweistellige Stahlgruppen-Nummer und am Ende die ebenfalls zweistellige Stahlsorten-Nummer **(Bild 1)**. Bei Bedarf kann ein Zusatzsymbol angegeben werden, das eine Nachbehandlung oder einen Bearbeitungszustand beschreibt. Werkstoffnummern können nur mithilfe von Tabellenbüchern oder sog. Stahlschlüsseln vollständig entschlüsselt werden.

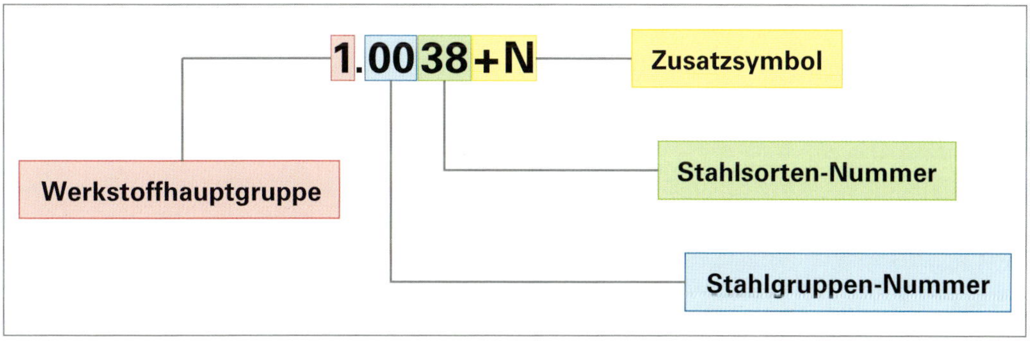

Bild 1: Stahlbezeichnung über Werkstoffnummern

AUFGABEN | WIEDERHOLUNG UND VERTIEFUNG

1. Erläutern Sie den Unterschied zwischen dem Aufbau eines idealen Metalls und dem eines realen Metalls.

2. Benennen und beschreiben Sie die drei häufigsten Kristallgittertypen von Metallen.

3. Was ist ein Gefüge und wie entsteht es aus einer Metallschmelze?

4. Erläutern Sie die Begriffe a) Kristallisationskeime, b) Körner und c) Korngrenzen.

5. Erläutern Sie den Unterschied zwischen einer Isotropie und einer Textur.

6. Aus welchem Grund erhöhen Kristallbaufehler die Festigkeit von Metallen?

7. Was geschieht im Inneren eines Metalls, wenn es plastisch verformt wird?

8. Durch welche Maßnahmen kann die Festigkeit von Metallen gesteigert werden?

9. Aus welchem Grund werden Metalle legiert?

10. Erläutern Sie den Begriff Einlagerungsmischkristalle.

11. Erläutern Sie die Zusammensetzung von unlegiertem Stahl.

12. Begründen Sie, weshalb Legierungen in der Regel eine höhere Festigkeit als reine Metalle besitzen.

13. Warum muss Roheisen weiter verarbeitet werden?

14. Was versteht man unter Frischen?

15. Wie kann durch Pfannen- bzw. Sekundärmetallurgie die Stahlqualität verbessert werden?

16. Warum wird flüssiger Stahl heute vorwiegend zu einem kontinuierlichen Strang vergossen?

17. Wann werden Eisen-Kohlenstoff-Legierungen als Stahl bezeichnet?

18. Erläutern Sie die Begriffe a) Ferrit, b) Zementit, c) Perlit, d) Korngrenzenzementit.

19. Welchen Einfluss hat zunehmender Kohlenstoffgehalt auf das Gefüge und die Eigenschaften von Stahl?

20. Welche Bezeichnungssysteme für Stähle werden unterschieden?

21. Entschlüsseln Sie die folgenden Bezeichnungen:

a) S235JR	b) E335	c) S355K2
d) DC04-B+Z	e) E355+C	f) DC03

22. Entschlüsseln Sie die folgenden Bezeichnungen:

a) C45+QT	b) C22E	c) C105U+U
d) 17Cr3	e) 25CrMo4	f)16MnCr5

23. Entschlüsseln Sie die folgenden Bezeichnungen:

a) X10CrNi18-8	b) X5CrNiMo17-12-2	c) X39CrMo17-1

24. Entschlüsseln Sie die folgenden Stahlbezeichnungen und geben Sie die Stahlsorte an:

a) 34CrAlMo5-10	b) 15NiCr13	c) HS6-5-2-5
d) 10SPb20	e) 46Si	f) X210CrW12
g) C105U	h) S235JR	i) 42CrMo4

25. Beschreiben Sie das Bezeichnungssystem von Stählen auf der Basis von Werkstoffnummern.

Lernfeld 3

3.8 BAUTEILDIMENSIONIERUNG

Wird ein Bauteil belastet, tritt eine Schädigung meistens bereits dann auf, wenn sich das Bauteil bleibend verformt. Eine bleibende Verformung (plastische Verformung) kann z.B. eine Längenänderung infolge einer Zugbelastung sein oder eine Durchbiegung infolge einer Kraft, die durch einen wirksamen Hebelarm ein Biegemoment auf das Bauteil ausübt. Maßgebliche Ursache ist die vorhandene Spannung, die infolge der äußeren Belastung und der vorhandenen geometrischen Abmessungen auftritt.

Der Werkstoff kann sich innerhalb bestimmter Grenzen diesen vorhandenen Spannungen wiedersetzen, kennzeichnende Größe ist die **zulässige Spannung σ_{zul}**. Die zulässige Spannung berechnet sich aus den Werkstoffkennwerten entsprechend der äußeren Belastungsart, weiteren festigkeitsmindernden Kennwerten und einem **Sicherheitswert v**.

Für die Konstruktion von Baugruppen müssen die Bauteile dimensioniert werden. Für diese maßliche Festlegung der Geometrie sind die Abmessungen so festzulegen, dass die **vorhandene Spannung σ_{vorh}** kleiner oder gleich der **zulässigen Spannung σ_{zul}** ist. In diesem Fall hält das Bauteil den äußeren Belastungen stand.

Ein Bauteil hält den äußeren Belastungen stand, wenn die **vorhandene Spannung σ_{vorh}** kleiner oder gleich der **zulässigen Spannung σ_{zul}** ist ($\sigma_{vorh} \leq \sigma_{zul}$).

3.8.1 BELASTUNGSARTEN

Die vorhandenen Spannungen hängen von den äußeren Belastungen ab. Man unterscheidet in der Festigkeitslehre die in **Bild 1** dargestellten Belastungsarten.

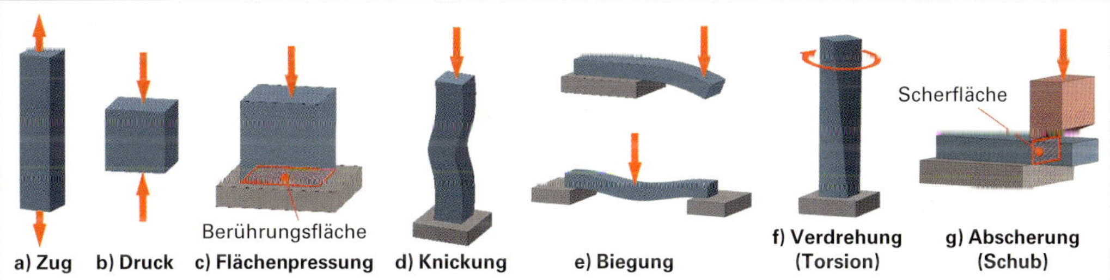

Bild 1: Belastungsarten

Die Beanspruchung eines Bauteils steht immer in direktem Zusammenhang mit der Belastungsart. Bei einer Belastung auf Zug wird ein Bauteil auf Zug beansprucht. Folglich gibt es zu jeder möglichen Belastungsart eine entsprechende Beanspruchungsart. Den Unterschied zwischen Belastung und Beanspruchung verdeutlicht **Bild 2**.

Belastungen wirken von außen auf Bauteile ein.
Beanspruchungen wirken im Inneren eines Bauteils.

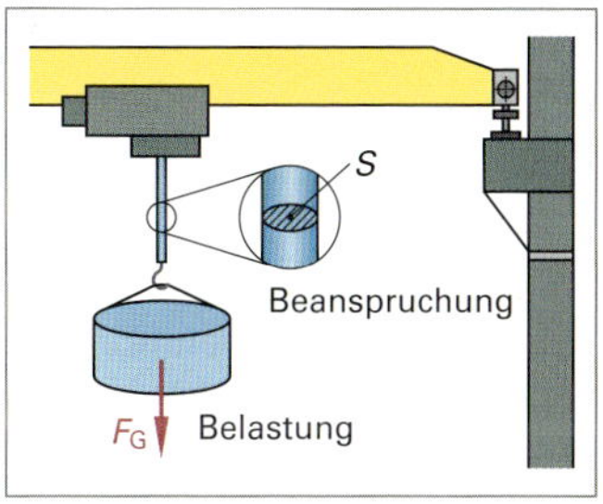

Bild 2: Belastung, Beanspruchung

Zugbeanspruchung

Eine **Zugbeanspruchung** tritt dann auf, wenn eine äußere Kraft F senkrecht zu einer Querschnittsfläche S wirkt. Eine Senkrechte kann auch als Normale bezeichnet werden. Daher werden alle Spannungen, die senkrecht zu einer Querschnittsfläche wirken, als **Normalspannungen** bezeichnet und mit dem

Die für den Maschinenbau wichtigeren Belastungsfälle sind die **dynamischen Lastfälle**. Sie sind durch sich zeitlich verändernde Belastungen gekennzeichnet, die periodisch wiederkehren. Zwei Arten dynamischer Lastfälle werden unterschieden:

- Ein **schwellender Lastfall** liegt dann vor, wenn die Belastung über die Zeit auf einen Maximalwert ansteigt und dann wieder auf Null zurückgeht. Ein typisches Beispiel für einen schwellenden Lastfall ist die Auswirkung einer Belastung auf eine Druckfeder. Die Druckfeder wird belastet und gleicht die Belastung durch eine Längenänderung aus. Die Belastung pendelt zwischen Null (keine Belastung, Feder macht keine Längenänderung) und dem Höchstwert der Belastung (Feder macht maximalen Federweg).
- Ein **wechselnder Lastfall** liegt dann vor, wenn die Belastung zwischen einen positiven Höchstwert und einem gleich großen negativen Höchstwert wechselt. Ein typisches Beispiel ist eine sich drehende Welle, die mit einer äußeren Kraft belastet wird. Die äußeren radialen Wellenabschnitte wechseln bei einer Drehung von 180° von Biege-Zug auf Biege-Druck und umgekehrt.

Zugfestigkeit und Streckgrenze

Sehr wichtige Festigkeitswerte sind die **Zugfestigkeit R_m** und die **Streckgrenze R_e**. Beide Werte werden in der Werkstoffprüfung aus dem **Zugversuch** ermittelt. Hierfür wird ein geometrisch festgelegter Probenstab in eine Zugprüfmaschine eingespannt und bis zum Bruch hin gedehnt (auseinandergezogen). Während der Versuchsdurchführung wird laufend die größer werdende Kraft F und die zunehmende **Längenänderung ΔL** gemessen. Hieraus werden fortlaufend die **Dehnung e** und die auftretende **Zugspannung R** berechnet. Mit den berechneten Werten wird das **Spannungs-Dehnungs-Diagramm** erstellt. Aus diesem Diagramm lassen sich die Steckgrenze R_e und die Zugfestigkeit R_m ermitteln.

Bild 1 zeigt ein Beispiel für ein Spannungs-Dehnungs-Diagramm. Die roten Linien sind Hilfslinien.

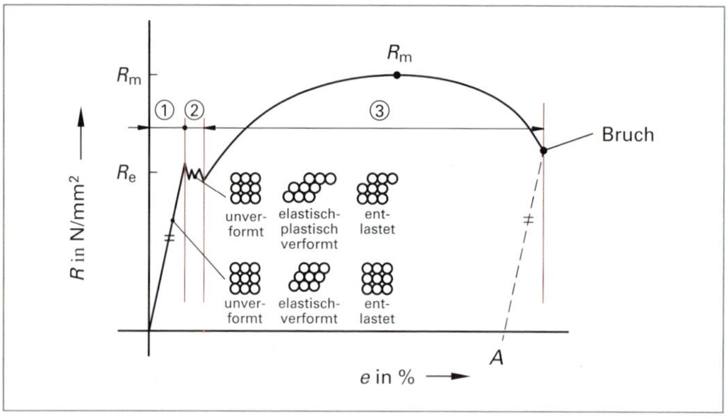

Bild 1: Spannungs-Dehnungs-Diagramm eines Werkstoffs mit ausgeprägter Streckgrenze

R_m Zugfestigkeit
R_e Streckgrenze
R Zugspannung
e Dehnung
A Bruchdehnung
① Rein elastischer Bereich
② Elastisch-plastischer Bereich
③ Plastischer Bereich

Mit Beginn des Versuchs zeigt sich im Diagrammbereich ① ein proportionaler Zusammenhang zwischen Dehnung und Spannung. Das Verhältnis aus Spannung R und Dehnung e wird **Elastizitätsmodul E** genannt. Im Diagramm zeigt sich dies als Gerade, die Hooksche Gerade genannt wird. In diesem Bereich ist die Verformung rein elastisch. Wird ein Bauteil in diesem Bereich belastet, geht nach Wegnahme der Kraft die Längenänderung wieder auf Null zurück. Es bleibt keine bleibende Verformung zurück. Die dabei in der Gitterstruktur anlaufenden Prozesse sind auf atomarer Ebene (Kugelpackungen).

Bei einer weiteren Steigerung der Belastung, zeigt sich am Ende der Hookschen Geraden ein unstetiger Verlauf im Diagramm. Dieser Diagrammbereich ② ist der elastisch-plastische Bereich. Wird ein Bauteil in diesem Bereich belastet, geht die Verformung nach der Entlastung nicht ganz wieder auf Null zurück. Es bleibt eine kleine, bleibende Verformung zurück, die aber für die Funktion des Bauteils unbedeutend ist. Die Kenngröße des elastisch-plastischen Bereiches ist die **Streckgrenze R_e**. Sie ist die Spannung, bis zu der eine rein elastische Verformung stattfindet. Da auf mikroskopischer Ebene in diesem Bereich ein Fließen in den Körnern zu beobachten ist, wird diese Grenze auch als **Fließgrenze** bezeichnet.

Bei noch weiterer Steigerung der Belastung verformt sich der Probenkörper plastisch und verfestigt sich dabei, bis er seine maximale Festigkeit, die Zugfestigkeit R_m, erreicht. Dieser Bereich ③ wird plastischer Bereich genannt, Verformungen in diesem Bereich sind immer bleibend. Die hier wirkende Spannung ist die **Zugfestigkeit** σ_Z. Im weiteren Verlauf kann der Probenkörper der Belastung nicht mehr standhalten, er beginnt sich einzuschnüren und reißt. Die beim Zerreißen vorhandene Spannung wird als **Bruchfestigkeit** σ_B bezeichnet. Die mit dem Bruch erreichte Dehnung ist die **Bruchdehnung** A. Sie wird ermittelt, indem eine zur Hookschen Geraden parallele Linie am Endpunkt der Kurve gelegt wird. Der Schnittpunkt der Parallelen mit der horizontalen Diagrammachse kennzeichnet die Bruchdehnung A.

Für Werkstoffe, bei denen keine ausgeprägte Streckgrenze messbar ist, wie z. B. Grauguss, wurde ersatzweise diejenige Spannung ermittelt, die nach der Entlastung eine festgelegte bleibende Dehnung (z. B. 0,01 %, 0,2 % oder 1 %) hervorruft. Diese Kennwerte werden als Dehngrenzen bezeichnet. Diese Dehngrenze wird auch als **Proportionalitätsgrenze** oder Ersatzstreckgrenze bezeichnet und erhält das Formelzeichen R_p ($R_{p0,01}$, $R_{p0,2}$ oder R_{p1}). Im Maschinenbau wird häufig die 0,2-%-Dehngrenze ($R_{p0,2}$) verwendet.

Ein spröder Werkstoff bricht nach relativ geringer Verformung, während elastische Werkstoffe erst nach einer plastischen Verformung brechen. Auf eine Konstruktion übertragen bedeutet dies, dass ein Bauteil entweder durch Verformung („Fließen") oder durch Bruch versagt. Bei der Festigkeitsberechnung ist bereits das Fließen die Versagensursache, sodass die Streckgrenze R_e bzw. die Dehngrenze $R_{p0,2}$ wichtige Kenngrößen für einen Festigkeitsnachweis sind.

Zulässige Spannung

Für die praktische Festigkeitsberechnung müssen die zulässigen Spannungen berechnet werden. Sie berechnen sich aus den Grenzspannungen der Werkstoffe. Die Grenzspannung richtet sich nach dem jeweiligen Beanspruchungs- und Belastungsfall. Die Grenzspannungen finden sich in den Berechnungsvorschriften und für einige Werkstoffe auch im Tabellenbuch.

Da die Festigkeitsberechnung nur Modellcharakter hat und äußere Einflüsse in dieser Rechnung sich nur schlecht erfassen lassen, wird zusätzlich ein Sicherheitsfaktor v benötigt, der diese Unsicherheiten berücksichtigt.

Der Sicherheitsfaktor ist keine konstante Größe, sondern richtet sich nach den Auswirkungen im Versagensfall des Bauteils oder der Baugruppe. So liegt der allgemeine Sicherheitsfaktor im Maschinenbau zwischen 1,5 bis 2. In anderen Bereichen kann er deutlich höher liegen, wenn im Schadensfall neben dem materiellen Schaden auch menschliches Leben gefährdet ist.

Bei einer Vordimensionierung eines Bauteils wird immer mit einer höheren Sicherheit gerechnet, weil die genaue geometrische Gestalt und Größe und weitere festigkeitsmindernde Einflussfaktoren zu diesem Zeitpunkt noch nicht vorliegen.

Sicherheitsfaktoren finden sich in den Berechnungsvorschriften, im Tabellenbuch oder anderer Fachliteratur.

Die maximal **zulässige Normalspannung** σ_{zul} berechnet aus der Grenzspannung σ_{grenz} und dem Sicherheitsfaktor v. Die Beanspruchungsart bestimmt die Art der Grenzspannung.

$$\sigma_{zul} = \frac{\sigma_{grenz}}{v}$$

σ_{zul}	σ_{grenz}	v
N/mm²	N/mm²	–

Die maximal **zulässige Schubspannung** τ_{zul} berechnet sich aus der Grenzspannung τ_{grenz} und dem Sicherheitsfaktor v:

$$\tau_{zul} = \frac{\tau_{grenz}}{v}$$

τ_{zul}	τ_{grenz}	v
N/mm²	N/mm²	–

Ein Bauteil ist dann ausreichend dimensioniert, wenn die vorhandene Spannung kleiner als die zulässige Spannung ist: $\sigma_{vorh} \leq \sigma_{zul}$. Diesen Nachweis bezeichnet man als **Spannungsnachweis**.

Allgemeine Schritte der Bauteildimensionierung

1. Der Werkstoff ist ausgewählt und die Beanspruchungsart ist bekannt, die zulässige Spannung wird berechnet.
2. Die gewünschte Querschnittsform (rund, flach, eckig) und die äußeren Belastungen sind bekannt, die Formel für die vorhandene Spannung kann aufgestellt werden.
3. Die Formel für die vorhandene Spannung wird nach der gesuchten geometrischen Größe umgestellt.
4. In der umgestellten Formel wird für die vorhandene Spannung der Zahlenwert der zulässigen Spannung eingesetzt, bis zu diesem Wert darf das Bauteil belastet werden.
5. Der gesuchte Querschnitt wird berechnet.
6. Der rechnerische Querschnittswert wird auf ein sinnvolles ganzzahliges Ergebnis aufgerundet.

Die Bauteildimensionierung muss häufig mehrfach wiederholt werden, da sich Bauteile gegenseitig beeinflussen. Änderungen an einem Bauteil ziehen auch weitere Änderungen nach sich. Verändert man beispielsweise den Wälzlagersitz an einer Welle, ändern sich die Lagerabstände, damit auch die Lagerkräfte und ggf. die Größe der Lager.

Die Berechnungen müssen nachprüfbar sein und gespeichert werden, um im Zweifelsfall den Nachweis zu haben, dass der aktuelle Stand der Technik beachtet wurde.

BEISPIEL 3.1 | Bauteildimensionierung

Eine Kettenwinde soll eine neue Gliederkette erhalten. Die maximale Belastung ist mit 5 t angesetzt. Welchen Durchmesser müssen die Kettenglieder mindestens haben, wenn die Kette aus S355N besteht und eine dreifache Sicherheit vorliegen soll?

Lösung

Aus der Belastungsangabe wird die Kraft berechnet:

$F = m \cdot g = 5000\ \text{kg} \cdot 9{,}81\ \text{m/s}^2 = \mathbf{49050\ N}$

Da ein Kettenglied mit zwei Flächen gleichzeitig beansprucht wird, muss die vorhandene Spannung mit zwei Querschnittsflächen berechnet werden.

$$\sigma_{z\,zul} = \frac{\sigma_{grenz}}{v} = \frac{R_e}{v} = \frac{355\ \text{N/mm}^2}{3} = \mathbf{118{,}3\ N/mm^2}$$

$$\sigma_z = \frac{F}{2 \cdot S} = \frac{4 \cdot F}{2 \cdot \pi \cdot d^2} = \frac{2 \cdot F}{\pi \cdot d^2}$$

$$\sigma_z = \frac{2 \cdot F}{\pi \cdot d^2} \quad \rightarrow \quad d \geq \sqrt{\frac{2 \cdot F}{\sigma_{z\,zul} \cdot \pi}}$$

$$d \geq \sqrt{\frac{2 \cdot 49050\ \text{N}}{188{,}3\ \text{N/mm}^2 \cdot \pi}}$$

$\boldsymbol{d \geq 16{,}24\ \text{mm}}$

gewählt: $\boldsymbol{d = 18\ \text{mm}}$

3.9 KRITERIEN FÜR DIE AUSWAHL DER HALBZEUGE

Halbzeuge sind Rohmaterialien wie Bleche, Bänder, Rund-, Flach- oder Vierkantstäbe oder Profile anderer Formen. Sie werden durch die verschiedensten Fertigungsverfahren weiter bearbeitet. Durch eine geschickte Halbzeugauswahl lässt sich der Fertigungsaufwand merklich beeinflussen. Die am häufigsten verwendeten Halbzeuge sind die warmgewalzten Stabstähle und Stahlprofile, die Bleche und Bänder und die kaltgezogenen Stäbe.

Warm gewalztes Material ist mit einer herstellungsbedingten Zunderschicht versehen und weist Maßtoleranzen in den Abmessungen auf, die deutlich größer als die Allgemeintoleranzen für die spanende Bearbeitung sind. Um hieraus Bauteile zu fertigen sind umfangreiche Bearbeitungen notwendig. Es wird dann eingesetzt, wenn auch umfangreiche Bearbeitungen an dem Bauteil vorgesehen sind, aber auch für Schweißkonstruktionen.

Kalt- oder blankgezogenes Material wird im blanken, zunderfreien Zustand geliefert, die Querschnittsabmessungen haben eine wählbare Toleranzklasse. Blankgezogenes Material kann, wenn es auf Länge abgetrennt wird und die Schnittflächen bearbeitet sind, direkt verwendet werden.

Blankes Material ist immer dann zu bevorzugen, wenn ein Bauteil mit einem einfachen Querschnitt ohne umfangreiche spanende Bearbeitung hergestellt werden kann. Typische Beispiele sind eine Achse mit Nuten für einen Achshalter und Fasen an den Stirnflächen, ein Bolzen mit Bohrungen und einem zusätzlich abgedrehten Querschnitt oder ein Flachstahl mit geringen Bearbeitungen.

Grundsätzlich ist bei der Auswahl der Halbzeuge auf eine optimale Ausnutzung des Materials zu achten. Gleichzeitig muss aber auch die Bevorratung der Firma mit Halbzeugen bedacht werden. Nicht alle Abmessungen und Formen stehen permanent zur Verfügung, meist ist eine Auswahl vorrätig, aus der dann gewählt werden muss, da eine umfangreiche Lagerhaltung mit Kosten verbunden ist.

Bereits während der Konstruktion ist auf die **Abmessungen der Halbzeuge** zu achten.
Halbzeuge sind so auszuwählen, dass möglichst wenig Bearbeitung notwendig wird.

Das verwendete Halbzeug wird in die Stückliste eingetragen. Ein Beispiel dafür zeigt **Bild 1**.

Pos.	Menge	Benennung	Norm/Zchng	Werkstoff	Halbzeug / Bemerkung
1	1	Grundplatte		S235JR	Flachstab EN 10058-90x20x125
2	1	Spannleiste		S235JR	Flachstab EN 10058-35x15x95
3	1	Aufnahme		E295	Rundstab EN 10060-48x40
4	1	Stützbolzen		E295	Rundstab EN 10060-15x50
5	1	Bolzen		E295	Rundstab EN 10060-10x20

Bild 1: Auszug aus einer Stückliste mit Angaben der verwendeten Halbzeuge.

Die erforderlichen Halbzeuglängen ergeben sich aus den Abmessungen der Bauteile und der Addition eines Zuschlags. Der Zuschlag berücksichtigt die Schnittbreite beim Ablängen und die Bearbeitungszugabe für die Bearbeitung der Stirnflächen.

AUFGABEN | WIEDERHOLUNG UND VERTIEFUNG

1. Geben Sie zu jeder Beanspruchungsart ein typisches Beispiel an.
2. Erklären Sie die Begriffe Normalspannung und Tangentialspannung.
3. Begründen Sie, weshalb die Dimensionierung häufig mit einer zulässigen Spannung durchgeführt wird.
4. Um welche Beanspruchungsarten handelt es sich bei den nachfolgenden Bildern?

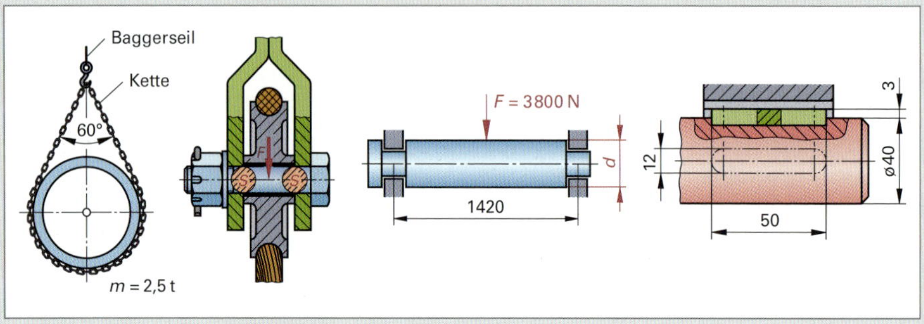

5. Begründen Sie die Verwendung von Sicherheitsfaktoren.
6. Führen Sie eine Bauteildimensionierung für a) eine quadratische und b) für zwei runde Deckenaufhängung(en) aus S235JR durch, durch die ein 150 kg schweres Gerät sicher gehalten werden muss. Der Sicherheitswert beträgt $v = 1{,}5$.
7. Berechnen Sie die Änderung eines Durchmessers, wenn die zulässige Spannung sich auf Grund einer Werkstoffänderung verdoppelt. Die Zugkraft beträgt $F = 5\,000$ N, die zulässige Spannung steigt von 70 N/mm^2 auf 140 N/mm^2.
8. Skizzieren Sie das Spanungs-Dehnungs-Diagramm für einen Werkstoff mit ausgeprägter Streckgrenze.
9. Bei den Festigkeitswerten der Gusswerkstoffe findet sich die Ersatzstreckgrenze $R_{p0,2}$ statt der Streckgrenze R_e. Begründen Sie diesen Sachverhalt.
10. Begründen Sie, warum im Maschinenbau der Festigkeitsnachweis für die zulässige Spannung mit der Streckgrenze R_e erfolgt.
11. Erläutern Sie den Begriff Halbzeuge.
12. Informieren Sie sich, welche Halbzeuge vorwiegend in Ihrer Ausbildungsfirma verarbeitet werden. Erstellen Sie eine Übersicht, in der neben der Verwendung auch die Normbezeichnung der Halbzeuge gelistet wird.
13. Nach welchen Kriterien sollte ein Halbzeug für die Bauteilkonstruktion ausgewählt werden?
14. Begründen Sie die Verwendung blank gezogener Halbzeuge anstelle von warm gewalzten Halbzeugen.
15. Mit welchen Toleranzklassen kann blankgezogenes Rundmaterial geliefert werden?

3.10 | TOLERANZEN UND PASSUNGEN

Bauteile werden mit ihren Nennmaßen gezeichnet. Die geometrischen Abmessungen stellen einen Idealzustand des Bauteils dar. Bei der Bearbeitung treten stets Abweichungen vom Idealzustand auf. Gleichzeitig müssen die Montierbarkeit und die Austauschbarkeit gegeben sein. Daher reicht es nicht immer aus, in der technischen Zeichnung lediglich das **Nennmaß** anzugeben. Zusätzlich müssen weitere Informationen vorhanden sein, die Aussagen über die zulässigen Abweichungen enthalten.

Nennmaße in technischen Zeichnungen, an die keine besonderen Forderungen bezüglich der Toleranzen gestellt werden, werden mit den Allgemeintoleranzen für das entsprechende Fertigungsverfahren toleriert. In der technischen Zeichnung werden bei diesen Maßen nur die Nennmaße angegeben. Im bzw. über dem Schriftfeld der Zeichnung wird ein entsprechender Hinweis zu den Allgemeintoleranzen angegeben. Bei der Fertigung müssen diese Toleranzen eingehalten werden.

Sind die Allgemeintoleranzen für die Funktion eines Bauteils ungeeignet, müssen eigene Toleranzen gewählt werden. Da der Fertigungsaufwand mit kleiner werdenden Toleranzen überproportional steigt, gilt bei der Auswahl der Fertigungstoleranzen folgender wichtiger Grundsatz:

> Die **Toleranzen** sind so groß wie möglich und so klein wie nötig zu wählen.

Lernfeld 3

3.10.1 | TOLERANZEN

Bei dem Flachstahl in **Bild 1** ist das Maß 50 mm toleriert, die Maße 25 mm und 5 mm haben die Allgemeintoleranz nach ISO 2768. Die Maße 50 mm, 25 mm und 5 mm sind jeweils das **Nennmaß**.

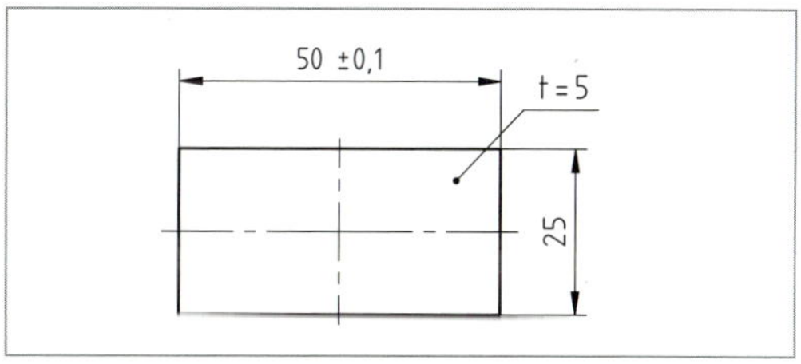

Bild 1: Toleriertes Werkstück

Die Toleranz (±0,1) wird hinter dem Nennmaß angegeben. Sie gibt die zulässige Abweichung vom Nennmaß an. Hier beträgt das obere Abmaß +0,1 mm und das untere Abmaß −0,1 mm.

Die Höchst- und Mindestmaße einer Bohrung (Innenmaß) oder einer Welle (Außenmaß) werden mit dem Großbuchstaben B bzw. W als Index gekennzeichnet **(Bild 2)**.

Die Abmaße für Außenmaße erhalten kleine Buchstaben (*es*, *ei*), die Abmaße für Innenmaße große Buchstaben (*ES*, *EI*).

Das **Höchstmaß G_{oW} (G_{oB})** ist die Summe aus dem Nennmaß *N* und dem oberen Abmaß *es* (*ES*).

$$G_{oW} = N + es \qquad G_{oB} = N + ES$$

Das **Mindestmaß G_{uW} (G_{uB})** ist die Summe aus dem Nennmaß *N* und dem unteren Abmaß *ei* (*EI*).

$$G_{uW} = N + ei \qquad G_{uB} = N + EI$$

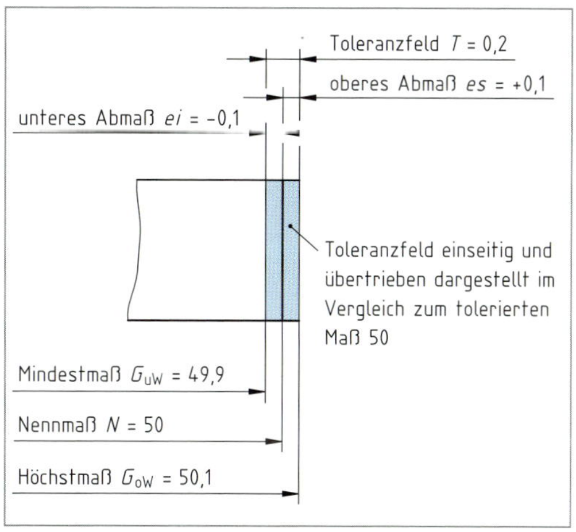

Bild 2: Begriffe und Kurzzeichen bei den Maßtoleranzen

Das **Toleranzintervall *T*** ist die Differenz zwischen dem Höchstmaß G_{oW} (G_{oB}) und dem Mindestmaß G_{uW} (G_{uB}).

$$T_W = G_{oW} - G_{uW} = es - ei \qquad T_B = G_{oB} - G_{uB} = ES - EI$$

Lage der Toleranzintervalle

Bei der bildlichen Darstellung des Toleranzintervalls entspricht das Nennmaß der Nulllinie. Das obere und untere Abmaß werden hierauf bezogen eingetragen, sie begrenzen das Toleranzintervall. Je nach den vorhandenen Abmaßen liegt das Toleranzintervall oberhalb, unterhalb oder beidseitig der Nulllinie **(Bild 1)**.

Liegt das Toleranzintervall unterhalb der Nulllinie, ist das Nennmaß größer als das Höchst- und Mindestmaß **(Bild 1a)**.

Liegt das Toleranzintervall oberhalb der Nulllinie, ist das Nennmaß kleiner als das Höchst- und Mindestmaß **(Bild 1b)**.

Liegt das Toleranzintervall beiderseits der Nulllinie, ist das Höchstmaß größer und das Mindestmaß kleiner als das Nennmaß **(Bild 1c)**.

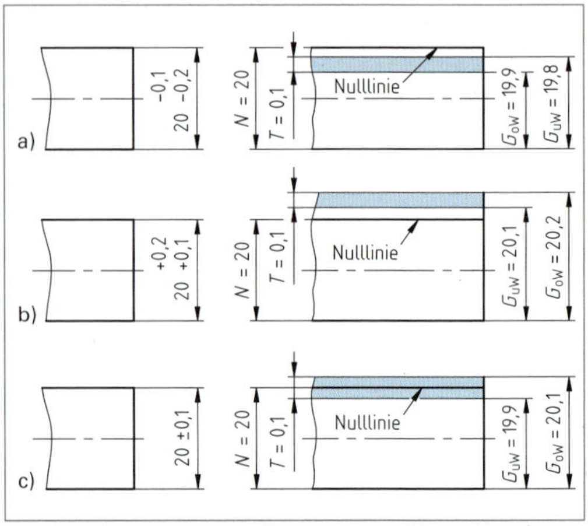

Bild 1: Lage der Toleranzintervalle

BEISPIEL 3.2 | Berechnung des Toleranzintervalls

Eine Welle mit dem Nennmaß $N = 60$ mm hat die Grenzabmaße $es = 25$ µm und $ei = -35$ µm. Zu berechnen sind das Höchstmaß G_{oW}, das Mindestmaß G_{uW} und die Toleranz T_W.

Lösung

$G_{oW} = N + es$
$G_{oW} = 60\text{ mm} + 0{,}025\text{ mm}$
$\mathbf{G_{oW} = 60{,}025\text{ mm}}$

$G_{uW} = N + ei$
$G_{uW} = 60\text{ mm} + (-0{,}035\text{ mm})$
$\mathbf{G_{uW} = 59{,}965\text{ mm}}$

$T = es - ei$
$T = 0{,}025\text{ mm} - (-0{,}035\text{ mm})$
$\mathbf{T = 0{,}06\text{ mm}}$

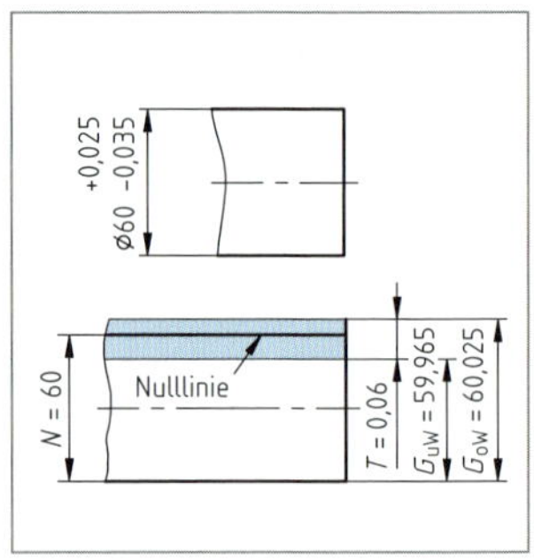

Bild 2: Toleranzintervall zu Beispiel 3.2

Frei gewählte Toleranzen

Toleranzen können frei gewählt werden. Die Größe der Toleranz richtet sich nach der Funktion des Bauteils im Zusammenhang mit anderen Bauteilen einer Baugruppe. Im Gegensatz zu den Allgemeintoleranzen oder den Passungen stehen die frei gewählten Toleranzen als Zahlenwert direkt in der Zeichnung. Häufig kommen in einer technischen Zeichnung alle Möglichkeiten einer Toleranzangabe vor. Die Frage, welche Größe eine notwendige Toleranz haben soll, damit die Funktion gewährleistet ist, kann pauschal nicht beantwortet werden, es kommt immer auf den Einzelfall an.

3.10.2 | BERECHNUNG DER TOLERANZEN – SCHLIEẞMAẞBERECHNUNG

Toleranzen bzw. Maße und deren Abmaße lassen sich in bestimmten Fällen berechnen. Kein Bauteil steht in einer Baugruppe allein, alle Bauteile hängen aneinander wie eine Kette. Die Maße der Bauteile werden daher **Maßkette** genannt. Die Maßkette entsteht durch das Zusammenfügen mehrerer Bauteile. Das **Schließmaß** verbindet den Anfang und das Ende der Kette. Seine Toleranz ist die **Schließtoleranz** T_S, die sich aus den beteiligten Einzeltoleranzen ergibt und nicht frei bestimmt werden kann. Das Berechnungsverfahren heißt **arithmetische Tolerierung**. Die arithmetische Tolerierung basiert auf der Annahme, dass alle Abweichungen zur selben Richtung hin auf ihren Grenzwert liegen. In der Tolerierungslehre wird dieser Extremfall auch als **Worst Case** (englisch: *worst case,* schlimmster Fall) bezeichnet.

Beispiele für arithmetische Toleranzberechnungen

Beispiel 1: Schließmaßberechnung Flachstab

Für den dargestellten Flachstab mit den beiden Bohrungen **(Bild 1)** soll die Toleranz des inneren Lochabstandes „*X*" berechnet werden (Allgemeintoleranzen nach ISO 2768-m) .

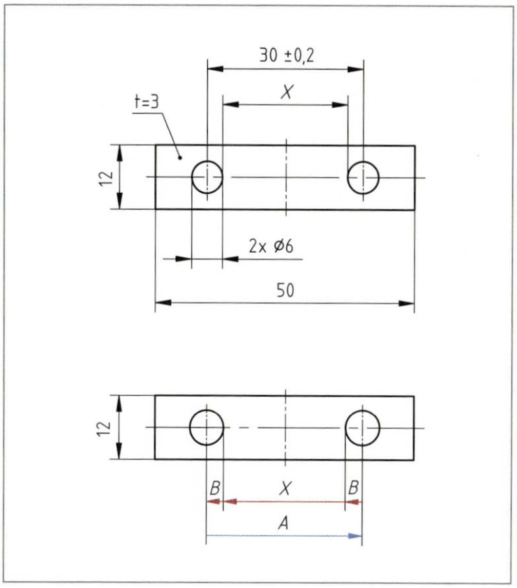

Bild 1: Beispiel Schließmaßberechnung Flachstab

Lösung

Für die vorhandenen Maße werden das Höchst- und das Mindestmaß berechnet.

Maß	Nennmaß	Höchstmaß	Mindestmaß
A	30 mm	30,2 mm	29,8 mm
B	3 mm	3,05 mm	2,95 mm

Vorgehensweise:

Es wird eine Maßkette aus den Einzelmaßen aufgestellt, die in Summe Null ergibt und das Schließmaß in negativer Richtung beinhaltet. In diesem Beispiel liegen nicht die Bohrungsdurchmesser, sondern nur ihre Radien in der Kette (Maße *B* in der Maßkette).

1. Maßkette aufstellen:
   $A - B - X - B = 0$
2. Maßkette nach dem Schließmaß *X* umstellen:
   $X = A - B - B$
3. **Nenn-Schließmaß** berechnen:
   $X = 30\text{ mm} - 3\text{ mm} - 3\text{ mm} = \mathbf{24\text{ mm}}$
4. **Kleinstes Schließmaß** berechnen, hierbei werden das positiv gerichtete Maß mit Mindestmaß und die negativ gerichteten Maße mit Höchstmaß eingesetzt.
   $X_{min} = A_{min} - B_{max} - B_{max} = 29{,}8\text{ mm} - 3{,}05\text{ mm} - 3{,}05\text{ mm} = \mathbf{23{,}7\text{ mm}}$
5. **Größtes Schließmaß** berechnen, hierbei werden das positiv gerichtete Maß mit Höchstmaß und die negativ gerichteten Maße mit Mindestmaß eingesetzt.
   $X_{max} = A_{max} - B_{min} - B_{min} = 30{,}2\text{ mm} - 2{,}95\text{ mm} - 2{,}95\text{ mm} = \mathbf{24{,}3\text{ mm}}$
6. Damit ergibt sich eine **Toleranz** des Schließmaßes von
   $T_S = X_{max} - X_{min} = 24{,}3\text{ mm} - 23{,}7\text{ mm} = \mathbf{0{,}6\text{ mm}}$

Beispiel 2: Schließmaßberechnung Blech

Zu berechnen sind das kleinste Schließmaß X_{min} und das größte Schließmaß X_{max} **(Bild 2)**. Maße ohne Toleranzangabe werden nach den Allgemeintoleranzen, Genauigkeitsgrad mittel, toleriert.

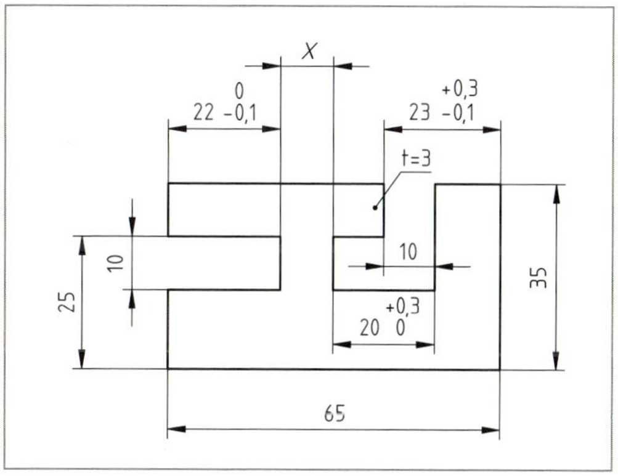

Bild 2: Beispiel Schließmaßberechnung Blech

Lösung

Auch in diesem Fall wird zuerst eine Tabelle mit den jeweiligen Höchst- und Mindestmaßen erstellt. Zur Vereinfachung werden den Maßen Buchstaben zugeordnet.

Die Allgemeintoleranzen nach ISO 2768 sind in oranger Farbe in die Berechnungsskizze eingetragen **(Bild 1)**.

Maß	Nennmaß	Höchstmaß	Mindestmaß
A	65 mm	65,3 mm	64,7 mm
B	22 mm	22 mm	21,9 mm
C	20 mm	20,3 mm	20 mm
D	10 mm	10,2 mm	9,8 mm
E	23 mm	23,3 mm	22,9 mm

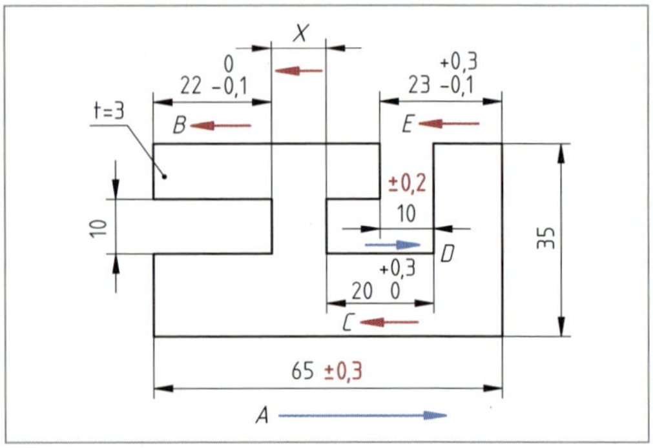

Bild 1: Berechnungsskizze Schließmaßberechnung

$A - B - X - C + D - E = 0$

$X = A - B - C + D - E = 65\text{ mm} - 22\text{ mm} - 20\text{ mm} + 10\text{ mm} - 23\text{ mm} = \mathbf{10\text{ mm}}$ (Nennmaß)

$X_{min} = A_{min} - B_{max} - C_{max} + D_{min} - E_{max} = 64{,}7\text{ mm} - 22\text{ mm} - 20{,}3\text{ mm} + 9{,}8\text{ mm} - 23{,}3\text{ mm}$

$\mathbf{X_{min} = 8{,}9\text{ mm}}$

$X_{max} = A_{max} - B_{min} - C_{min} + D_{max} - E_{min} = 65{,}3\text{ mm} - 21{,}9\text{ mm} - 20\text{ mm} + 10{,}2\text{ mm} - 22{,}9\text{ mm}$

$\mathbf{X_{max} = 10{,}7\text{ mm}}$

$T_S = X_{max} - X_{min} = 10{,}7\text{ mm} - 8{,}9\text{ mm} = \mathbf{1{,}8\text{ mm}}$

Die Berechnung von Toleranzen innerhalb einer Baugruppe erfolgt in gleicher Weise. Hier ist dann nur die Aufgabenstellung verändert, es geht nicht um Toleranzen eines einzelnen Bauteils, sondern um funktionelle Zusammenhänge.

Beispiel 3: Lagesicherung eines Wälzlagers

Bei diesem Beispiel liegt die Funktion in der Lagesicherung des Wälzlagers, also die Klemmung des Lagers zwischen Deckel und Gehäuse **(Bild 2a)**.

Eine sichere Verspannung ist nur dann gewährleistet, wenn zwischen Deckel und Gehäuse ein kleiner Spalt *S* für den Anzug vorhanden ist. Der Zentrieransatz des Deckels beeinflusst mit seinen Fertigungstoleranzen eben diesen Anzug.

Die hierfür notwendigen Bemaßungen sind in **Bild 2b** in den Zusammenbau eingetragen. Mit der nachfolgenden Berechnung soll die Größe des Spalts *S* in Abhängigkeit der Toleranzen der Einzelteile bestimmt werden. Er sollte für eine sichere Klemmung mindestens 0,1 mm betragen.

Die Abmessungen des Wälzlagers basieren nicht auf den Allgemeintoleranzen nach ISO 2768. In den Herstellerkatalogen bzw. DIN 620 finden sich die entsprechenden Toleranzen. Das hier eingebaute Rillenkugellager hat ein unteres Abmaß für die Breite von –120 µm und ein oberes Abmaß von Null. Die Allgemeintoleranzen und die Wälzlagertoleranz sind in **Bild 2b** in roter Farbe eingetragen.

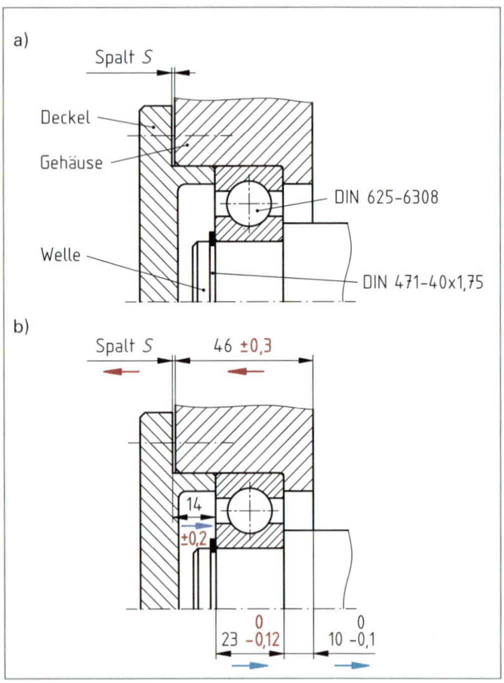

Bild 2: Lagesicherung eines Wälzlagers

Lösung

- Die Aufstellung der geschlossenen Maßkette: $0 = 23\text{ mm} + 10\text{ mm} + 14\text{ mm} - 46\text{ mm} - S$
- Umstellung nach der gesuchten Spaltbreite S: $S = 23\text{ mm} + 10\text{ mm} + 14\text{ mm} - 46\text{ mm}$
  $\mathbf{S = 1\text{ mm}}$ (Nennmaß)
- Berechnung des kleinsten Spaltmaßes S_{min}: $S_{min} = 23_{min} + 10_{min} + 14_{min} - 46_{max}$
  $S_{min} = 22{,}88\text{ mm} + 9{,}9\text{ mm} + 13{,}8\text{ mm} - 46{,}3\text{ mm}$
  $\mathbf{S_{min} = 0{,}28\text{ mm}}$
- Berechnung des größten Spaltmaßes S_{max}: $S_{max} = 23_{max} + 10_{max} + 14_{max} - 46_{min}$
  $S_{max} = 23\text{ mm} + 10\text{ mm} + 14{,}2\text{ mm} - 45{,}7\text{ mm}$
  $\mathbf{S_{max} = 1{,}5\text{ mm}}$

Damit ist der sich ergebende Spalt aufgrund der vorliegenden Maße immer größer als Null und das Lager wird über den Deckel geklemmt.

In der **statistischen Tolerierung** gibt es weitere Berechnungsverfahren, die wahrscheinlichere und damit günstigere Ergebnisse liefern. Eine weitergehende Behandlung dieser Verfahren erfolgt an dieser Stelle nicht.

3.10.3 | ISO-TOLERANZEN

Eine weitere Möglichkeit, in technischen Zeichnungen Maßtoleranzen anzugeben, ist die Verwendung der **ISO-Toleranzklassen**, die in DIN EN ISO 286 beschrieben sind. In Abhängigkeit von Nennmaßbereichen sind die Toleranzangaben durch die **Toleranzklasse** verschlüsselt angegeben. Die Toleranzklasse setzt sich aus einem oder zwei Buchstaben, dem **Grundabmaß**, und ein oder zwei Zahlen, dem **Toleranzgrad**, zusammen **(Bild 1)**.

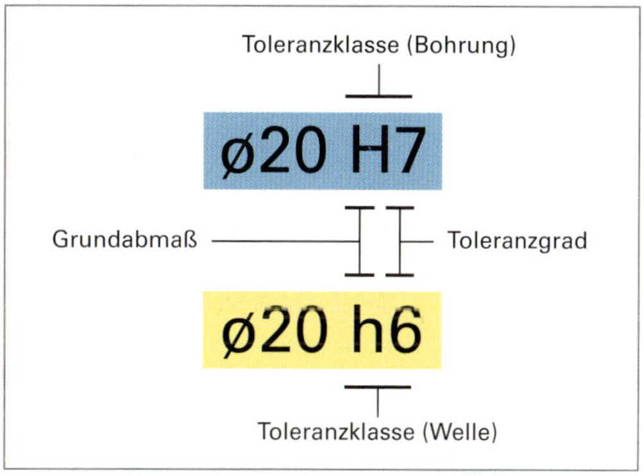

Bild 1: Bezeichnung einer Toleranzklasse

> Das **Grundabmaß** gibt die Lage des Toleranzintervalls bezogen auf das Nennmaß an.
>
> Das **Toleranzintervall** wird durch das Höchst- und Mindestmaß begrenzt.
>
> Der **Toleranzgrad** bestimmt die Genauigkeit (Qualität bzw. Größe) der Toleranz.

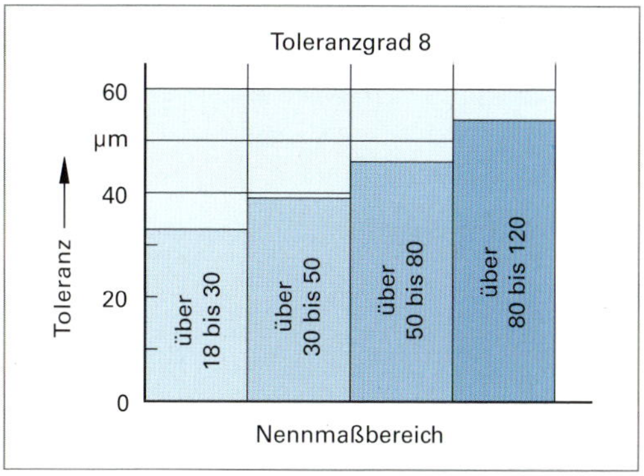

Bild 2: Abhängigkeit der Toleranz vom Nennmaß

Die frühere Bezeichnung Toleranzfeld wurde in der Norm DIN EN ISO 286 in Toleranzintervall geändert. (Ein Intervall bezieht sich auf eine Skala, während sich ein Feld auf einen Bereich im Raum oder einer Ebene bezieht, was in diesem Zusammenhang nicht der Fall ist.)

Die Toleranzgrade beginnen mit 01, 0, 1 und gehen bis Toleranzgrad 18. Sie werden teilweise auch mit IT 01, IT0, IT1 usw. bezeichnet, IT steht dabei für ISO-Toleranzgrad.

Große Zahlen der Toleranzgrade bedeuten große Toleranzen, kleine Zahlen enge Toleranzen. Gleiche Zahlen bedeuten die gleiche Herstellungsgenauigkeit. Die Grenzmaße hängen von den Nennmaßbereichen ab, daher sind die Grenzmaße bei verschiedenen Abmessungen unterschiedlich **(Bild 2)**.

Tabelle 1: Anwendung der ISO-Toleranzgrade

ISO-Toleranzgrad	01	0	1	2	3	4	5	6	7	8	9	10	11	12	13	14	15	16	17	18
Anwendung	Lehren, Messgeräte						Werkstücke aus dem Maschinen- und Fahrzeugbau, der Feinwerktechnik							Halbzeuge, Gusswerkstücke, nicht für Passmaße						
Fertigungsverfahren	Läppen, Honen						Drehen, Fräsen, Schleifen, Reiben							Schmieden, Ziehen, Walzen, Pressen						

Toleranzgröße

Das Grundabmaß definiert die Toleranzlage bezogen auf das Nennmaß. Der Toleranzgrad definiert die Größe der Toleranz. Die Größe der Toleranzen ist abhängig vom Nennmaß und vom Toleranzgrad **(Bild 2, Seite 213, und Bild 1)**.

Je größer das Nennmaß und je größer der Toleranzgrad sind, desto größer ist die Toleranz.

Beispiel:

Einfluss des Nennmaßes:		Einfluss des Toleranzgrades:	
20 H7:	$T = 21$ µm	40 H6:	$T = 16$ µm
40 H7:	$T = 25$ µm	40 H7:	$T = 25$ µm

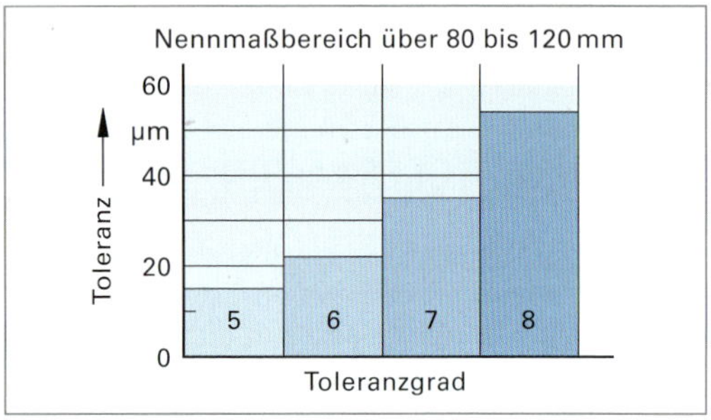

Bild 1: Bezeichnung einer Toleranzklasse

Lage des Toleranzintervalls bezogen auf das Nennmaß

Die Lage des Toleranzintervalls bezogen auf das Nennmaß wird durch das **Grundabmaß** bestimmt. Das Grundabmaß ist das Maß, das die Lage der Toleranz (des Toleranzintervalls) zum Nennmaß (zur Nulllinie) festlegt.

Die Grundmaße für Wellen erhalten die Kleinbuchstaben a bis z. Die Grundmaße für Bohrungen erhalten die Großbuchstaben A bis Z. Die Buchstaben I, L, O, Q und W sind nicht vorhanden **(Bild 2)**.

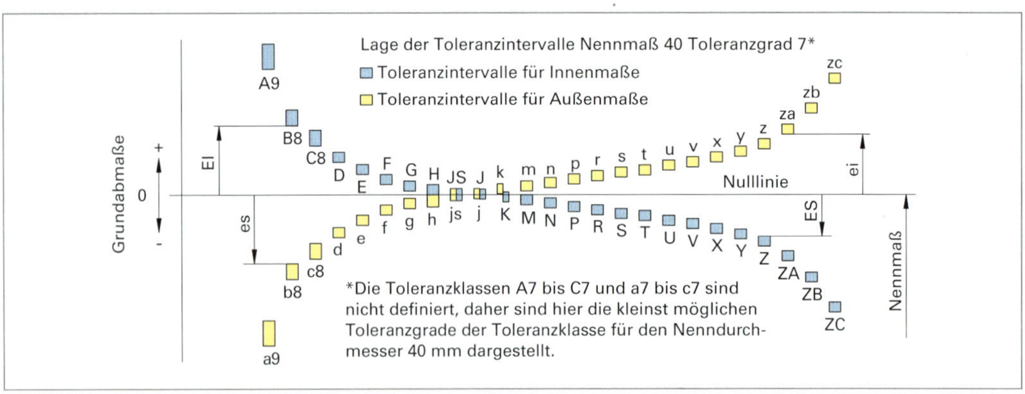

Bild 2: Lage der Toleranzintervalle zur Nulllinie am Beispiel Nennmaß 40, Toleranzgrad 7

Für die Toleranzklasse 6 bis 11 wird das Z-Grundabmaß für Innenmaße um die Grundabmaße ZA, ZB und ZC erweitert. Gleiches gilt auch bei den Außenmaßen für za, zb und zc. Für kleine Abmessungen bis 10 mm gibt es die zusätzlichen Grundabmaße CD, EF und FG bzw. cd, ef und fg.

Lernfeld 3

Das Grundabmaß für H und h liegt an der Nulllinie bzw. dem Nennmaß. Bei Innenmaßen ist das Nennmaß gleich dem Mindestmaß, bei Außenmaßen gleich dem Höchstmaß. Das Toleranzintervall JS bzw. js liegt symmetrisch zum Nennmaß, oberes und unteres Abmaß sind gleich groß.

Je weiter der **Buchstabe des Toleranzintervalls** von dem Buchstaben H bzw. h entfernt ist, desto weiter ist das Toleranzintervall von dem Nennmaß entfernt.

3.10.4 | PASSUNGEN

Als Passung wird die maßliche Beziehung zweier tolerierter Teile bezeichnet, die beide das gleiche Nennmaß haben, deren Toleranzintervalle sich aber in Lage und Größe voneinander unterscheiden. Eine Passung bezeichnet damit die Toleranz, in der sich die Istmaße der beiden Bauteile bewegen dürfen. Bei Passungen wird das Außenteil als Welle bezeichnet und das Innenteil als Bohrung.

Eine **Passung** bezeichnet die maßliche Beziehung zwischen zwei zu fügenden Bauteilen.

Die häufigsten Passungen sind Rundpassungen (zylindrische Passflächen) und Flachpassungen (planparallele Passflächen). Eine Passung setzt sich aus drei Angaben zusammen:

- dem gemeinsamen Nennmaß der zu fügenden Geometrien,
- dem Kurzzeichen der Toleranzklasse für das Innenmaß, z. B. H7,
- dem Kurzzeichen für das Außenmaß, z. B. j6.

Es gibt drei Arten von Passungen, die sich durch ihr Spiel bzw. ihr Übermaß unterscheiden **(Bild 1)**.

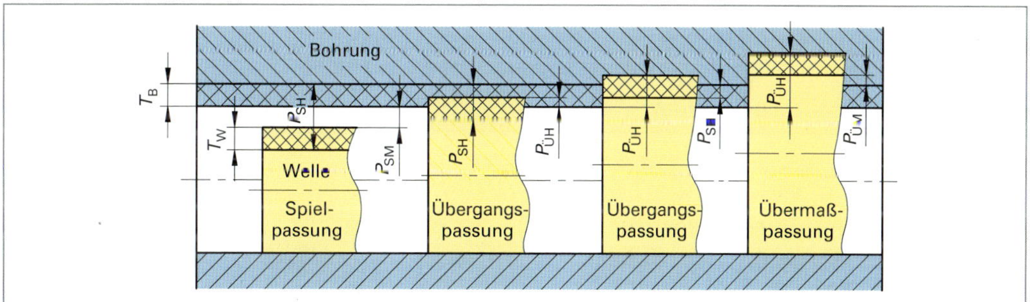

Bild 1: Spiel-, Übergangs- und Übermaßpassung

Spielpassung

Bei einer Spielpassung ist das Mindestmaß der Bohrung größer, im Grenzfall auch gleich dem Höchstmaß der Welle. Damit entsteht im gefügten Zustand immer Spiel zwischen den beiden Bauteilen.

Das **Höchstspiel P_{SH}** berechnet sich aus der Differenz zwischen dem Höchstmaß der Bohrung G_{oB} und dem Mindestmaß der Welle G_{uW}:

$$P_{SH} = G_{oB} - G_{uW}$$
$$P_{SH} = ES - ei$$

Das **Mindestspiel P_{SM}** berechnet sich aus der Differenz zwischen dem Mindestmaß der Bohrung G_{uB} und dem Höchstmaß der Welle G_{oW}:

$$P_{SM} = G_{uB} - G_{oW}$$
$$P_{SM} = EI - es$$

Übergangspassung

Bei einer Übergangspassung entsteht je nach den Istmaßen von Bohrung und Welle entweder Spiel oder Übermaß.

Das **Höchstspiel P_{SH}** berechnet sich aus der Differenz zwischen dem Höchstmaß der Bohrung G_{oB} und dem Mindestmaß der Welle G_{uW}:

$$P_{SH} = G_{oB} - G_{uW}$$
$$P_{SH} = ES - ei$$

Das **Höchstübermaß $P_{ÜH}$** berechnet sich aus der Differenz zwischen dem Mindestmaß der Bohrung G_{uB} und dem Höchstmaß der Welle G_{oW}:

$$P_{ÜH} = G_{uB} - G_{oW}$$
$$P_{ÜH} = EI - es$$

Übermaßpassung

Bei einer Übermaßpassung ist das Höchstmaß der Bohrung kleiner, im Grenzfall auch gleich dem Mindestmaß der Welle. Im gefügten Zustand entsteht zwischen Welle und Bohrung immer ein Übermaß, wie z. B. bei Pressverbindungen.

Das **Höchstübermaß $P_{ÜH}$** berechnet sich aus der Differenz zwischen dem Mindestmaß der Bohrung G_{uB} und dem Höchstmaß der Welle G_{oW}:

$$P_{ÜH} = G_{uB} - G_{oW}$$
$$P_{ÜH} = EI - es$$

Das **Mindestübermaß P_{SM}** berechnet sich aus der Differenz zwischen dem Höchstmaß der Bohrung G_{oB} und dem Mindestmaß der Welle G_{uW}:

$$P_{ÜM} = G_{oB} - G_{uW}$$
$$P_{ÜM} = ES - ei$$

BEISPIEL 3.3 | Passung 50 H7/n6

Für die Passung Ø50 H7/n6 sind für die Bohrung und die Welle jeweils das Höchstmaß und das Mindestmaß zu berechnen. Es sind die Spiele bzw. die Übermaße zu ermitteln und die Art der Passung (Spiel-, Übergangs- oder Übermaßpassung) zu bestimmen.

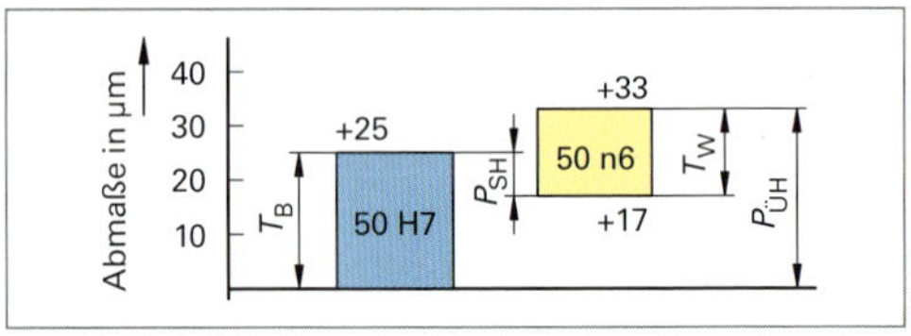

Bild 1: Passung

Lösung (Bild 1)

Bohrung:

$G_{oB} = N + ES = 50 \text{ mm} + 0{,}025 \text{ mm}$
$\mathbf{G_{oB} = 50{,}025 \text{ mm}}$

$G_{uB} = N + EI = 50 \text{ mm} + 0$
$\mathbf{G_{uB} = 50{,}000 \text{ mm}}$

Welle:

$G_{oW} = N + es = 50 \text{ mm} + 0{,}033 \text{ mm}$
$\mathbf{G_{oW} = 50{,}033 \text{ mm}}$

$G_{uW} = N + ei = 50 \text{ mm} + 0{,}017 \text{ mm}$
$\mathbf{G_{uW} = 50{,}017 \text{ mm}}$

Höchstspiel:

$P_{SH} = G_{oB} - G_{uW} = 50{,}025 \text{ mm} - 50{,}017 \text{ mm}$
$\mathbf{P_{SH} = 0{,}008 \text{ mm}}$

Höchstübermaß:

$P_{ÜH} = G_{uB} - G_{oW} = 50 \text{ mm} - 50{,}033 \text{ mm}$
$\mathbf{P_{ÜH} = -0{,}033 \text{ mm}}$

Da das Höchstspiel positiv ausfällt und das Höchstübermaß negativ, liegt eine **Übergangspassung** vor.

Passungssysteme

Die möglichen Kombinationen aus den Toleranzklassen von Bohrungen und Wellen sind sehr zahlreich. Passungssysteme begrenzen diese Vielfalt und beschränken so die Anzahl von Werkzeugen sowie Prüf- und Messgeräten. In einem Passungssystem haben alle Bohrungen oder alle Wellen dieselbe Lage des Toleranzintervalls. Zweckmäßigerweise wird die Toleranzintervalllage, bei der das Grundabmaß bei Null anliegt, dafür ausgewählt. Bei Bohrungen ist dies das Toleranzintervall H und bei Wellen das Toleranzintervall h. Diese Toleranzintervalle wurden dem Passungssystem **Einheitsbohrung** bzw. **Einheitswelle** zugrunde gelegt.

Passungssystem Einheitsbohrung

Alle Bohrungen haben das Toleranzintervall H, für Wellen werden beliebige Lagen des Toleranzintervalls gewählt **(Bild 1)**. Für die Fertigung und die Kontrolle von Bohrungen, die aufwendiger in der Fertigung und teurer in der Messung sind als Wellen, sind so nur wenige Werkzeuge (z. B. Reibahlen) und Messwerkzeuge (z. B. Lehrdorne) erforderlich. Daher wird das Passungssystem Einheitsbohrung überwiegend im Maschinen- und Fahrzeugbau benutzt.

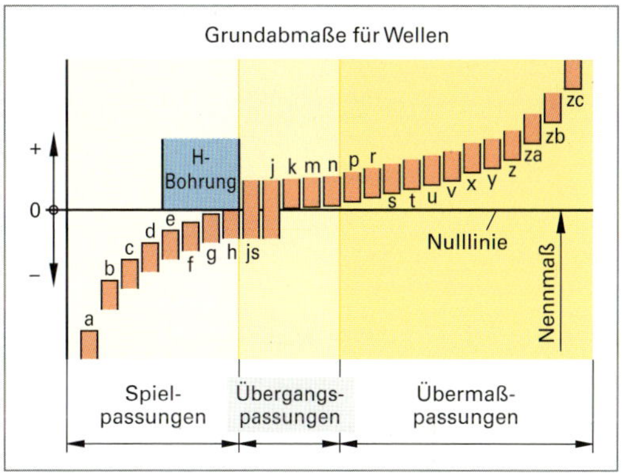

Bild 1: Passungssystem Einheitsbohrung

> Beim Passungssystem **Einheitsbohrung** erhalten alle Bohrungsmaße das Grundabmaß H.

Bei dem System Einheitsbohrung sind nur die Toleranzklassen H6 bis H13 zugelassen.

Die gewünschte Passungsart (Spiel, Übergang oder Übermaß) wird durch die Kombination aus dem Grundabmaß H für die Bohrung und den verschiedenen Grundabmaßen für die Welle erreicht.

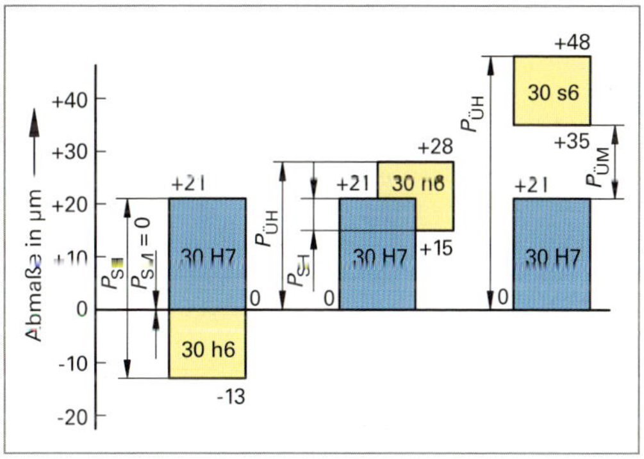

Bild 2: Lage der Toleranzintervalle beim Passungssystem Einheitsbohrung

Bereiche der Passungsart:

- Spielpassung: H/a bis h
- Übergangspassung: H/j bis n oder p
- Übermaßpassungen: H/n oder p bis z

BEISPIEL 3.4 | **Passungen**

Für die in **Bild 2** dargestellten Passungen sind Spiele bzw. die Übermaße zu berechnen und die Art der Passung ist anzugeben.

Lösung

30 H7/h6	Höchstspiel	$P_{SH} = G_{oB} - G_{uW}$ = 30,021 mm – 29,987 mm = 0,034 mm	Spiel-passung
	Mindestspiel	$P_{SM} = G_{uB} - G_{oW}$ = 30,000 mm – 30,000 mm = 0 mm	
30 H7/n6	Höchstspiel	$P_{SH} = G_{oB} - G_{uW}$ = 30,021 mm – 30,015 mm = 0,006 mm	Übergangs-passung
	Höchstübermaß	$P_{ÜH} = G_{uB} - G_{oW}$ = 30,000 mm – 30,028 mm = –0,028 mm	
30 H7/s6	Höchstübermaß	$P_{ÜH} = G_{uB} - G_{oW}$ = 30,000 mm – 30,048 mm = –0,048 mm	Übermaß-passung
	Mindestübermaß	$P_{ÜM} = G_{oB} - G_{uW}$ = 30,021 mm – 30,035 mm = –0,014 mm	

Passungssystem Einheitswelle

Die Wellen haben das Toleranzintervall h, für Bohrungen werden beliebige Lagen des Toleranzintervalls gewählt **(Bild 1)**. Das Passungssystem Einheitswelle wird bevorzugt bei Maschinen mit langen glatten Wellen (aus gezogenem Rundmaterial) angewendet, auf denen Hebel, Räder und dgl. befestigt werden, wie im Landmaschinen- und Textilmaschinenbau sowie bei den Hebezeugen üblich.

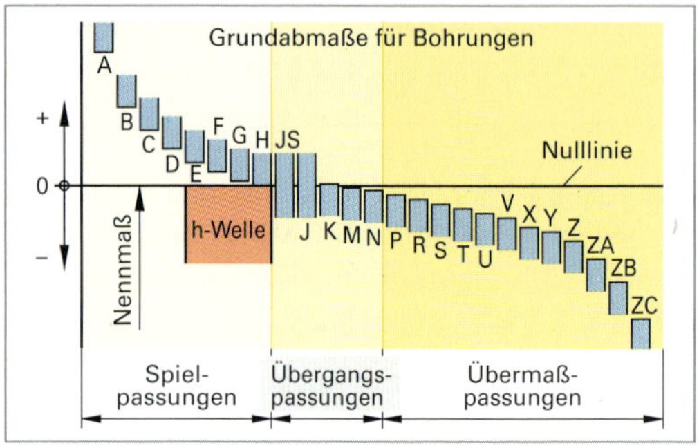

Bild 1: Passungssystem Einheitswelle

> Bei dem Passungssystem **Einheitswelle** erhalten alle Wellenmaße das Grundabmaß h.

Beim System Einheitswelle sind nur die Toleranzklassen h5, h6 und h8 bis h13 zugelassen.

Bereiche der Passungsart (Bild 2):

- Spielpassung: h/A bis H
- Übergangspassung: h/J bis N oder P
- Übermaßpassungen: h/N oder P bis Z

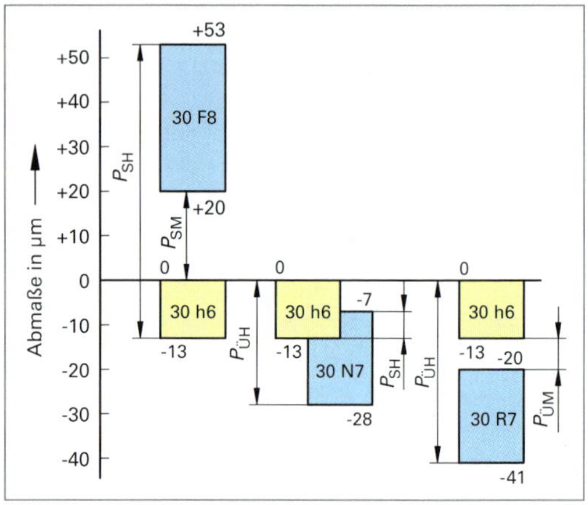

Bild 2: Lage der Toleranzintervalle beim Passungssystem Einheitswelle

Die Entscheidung darüber, welches Passungssystem Verwendung findet, hängt von den Fertigungsmitteln und Messeinrichtungen, den Stückzahlen und konstruktiven Überlegungen ab. Es gibt keine definierte Abgrenzung in der Anwendung der beiden Systeme. Es kann auch eine gemischte Anwendung der beiden Systeme sinnvoll sein.

Passungsauswahl

Bei der Auswahl der Passungspaarung von Welle und Bohrung kann theoretisch jede Toleranzklasse der Welle mit jeder Toleranzklasse der Bohrung kombiniert werden. Damit stehen sehr zahlreiche Möglichkeiten zur Verfügung. Durch die in DIN EN ISO 286 vorgenommene Einschränkung der Kombinationsmöglichkeiten kann eine unnötige Vielzahl an Werkzeugen und Lehren vermieden werden. Bevorzugte Passungen zeigt **Tabelle 1**. Hierbei sind drei Reihen angegeben, **Vorzugsreihe** ist **Reihe 1**, aus der bevorzugt die erforderlichen Passungen ausgewählt werden sollen. Da die Fertigung der Bohrung aufwendiger ist als die Fertigung der Welle, ist der Toleranzgrad der Welle oftmals eine Stufe kleiner als der Toleranzgrad der Bohrung.

Tabelle 1: Vorzugreihen für Passungen

R.	Übermaßpassung			Übergangsp.		Spielpassung					
1	H8/x8	H8/u8	H7/r6	H7/n6		H7/h6 F8/h9	H8/h9 F8/h6	H7/f7 E9/h9	H8/f7 D10/h9	C11/h9	
2	H7/s6			H7/k6	H7/j6	H11/h9	H7/g6	H8/e8	H8/d9	D10/h11	C11/h11
3						H11/h11	H11/d9	H11/c11	H11/a11	A11/h11	

Für mit Passungen und/oder Toleranzen versehene Maße gilt: Die Maßtoleranzen können allein weder ein Werkstück ausreichend beschreiben noch seine geometrische Funktionsfähigkeit sicherstellen. Die geometrische Form wird durch diese Art der Tolerierung in keiner Weise festgelegt. Hierzu werden meist zusätzlich Form- und Lagetoleranzen benötigt (s. Fachwissen Technische Produktdesigner 2).

Die Allgemeintoleranzen für Form- und Lagemaße nach DIN ISO 2768 decken einen kleinen Teil dieser zusätzlich nötigen Angaben ab. Der Hinweis muss in der technischen Zeichnung stehen. Soll für ein in der technischen Zeichnung stehendes Passmaß das Hüllprinzip als Tolerierungsgrundsatz gelten, muss das entsprechende Maß mit einem Ⓔ gekennzeichnet werden (siehe Kapitel 1, S. 67).

BEISPIEL 3.5 | Berechnung einer Passung

Eine gelenkige Verbindung besteht aus einem feststehenden Bolzen, einem gelenkigen Hebel und einem Zylinderstift ISO 2338 – Ø5 m6x24 **(Bild 1)**.
Der Zylinderstift hat als Normteil das Außenmaß Ø5 m6 und die Bohrung in dem Bolzen Ø5 H7. Damit ergibt sich an dieser Fügestelle eine Übergangspassung, die Bauteile lassen sich unter Kraftaufwand verschieben. Damit der Hebel sich auf dem Zylinderstift als Achse drehen kann, muss eine andere Passung für die Bohrungen in dem Hebel gefunden werden.
Bestimmen Sie das Höchst- und Mindestmaß für die Bohrungen des Hebels und wählen Sie eine geeignete Passung aus.

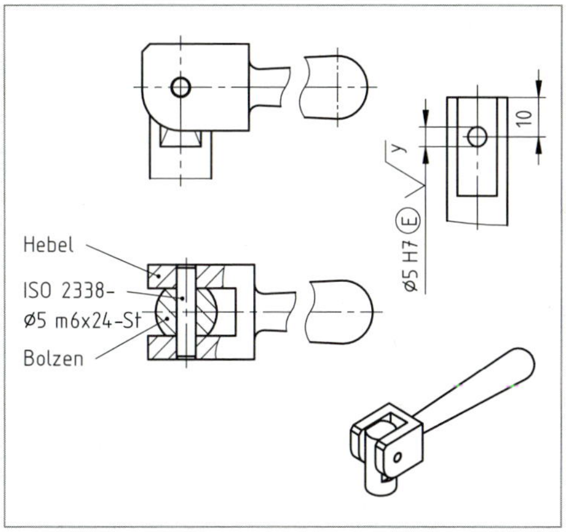

Bild 1: Beispiel Passungsberechnung

Lösungsweg

Mit dem vorhandenen Zylinderstift muss für die Bohrung eine Spielpassung gefunden werden, die den Passungscharakter wie z. B. die Passung E8/h8 aufweist. Hierfür werden das Höchstmaß, das Mindestmaß sowie das Höchstspiel und das Mindestspiel dieser Passung berechnet. Diese Spiele sollen auch bei der zu ermittelnden Passung vorhanden sein. Mit den Daten wird auf die Bohrung des Hebels zurückgerechnet und ein geeignetes Passmaß für die Bohrung ausgewählt.

Lösung

Ø5 E8: $G_{oB} = N + ES = 5\text{ mm} + 0{,}038\text{ mm}$ **G_{oB} = 5,038 mm**

$G_{uB} = N + EI = 5\text{ mm} + 0{,}020\text{ mm}$ **G_{uB} = 5,020 mm**

Ø5 h8: $G_{oW} = N + es = 5\text{ mm} + 0\text{ mm}$ **G_{oW} = 5,000 mm**

$G_{uW} = N + ei = 5\text{ mm} - 0{,}018\text{ mm}$ **G_{uW} = 4,982 mm**

$P_{SH} = G_{oB} - G_{uW} = 5{,}038\text{ mm} - 4{,}982\text{ mm}$ **P_{SH} = 0,056 mm**

$P_{SM} = G_{uB} - G_{oW} = 5{,}020\text{ mm} - 5{,}000\text{ mm}$ **P_{SM} = 0,020 mm**

Ø5 m6: $G_{oW} = N + es = 5\text{ mm} + 0{,}012\text{ mm}$ **G_{oW} = 5,012 mm**

$G_{uW} = N + ei = 5\text{ mm} + 0{,}004\text{ mm}$ **G_{uW} = 5,004 mm**

$P_{SH} = G_{oB} - G_{uW} \Rightarrow G_{oB} = P_{SH} + G_{uW} = 0{,}056\text{ mm} + 5{,}004\text{ mm}$ **G_{oB} = 5,060 mm**

$P_{SM} = G_{uB} - G_{oW} \Rightarrow G_{uB} = P_{SM} + G_{oW} = 0{,}020\text{ mm} + 5{,}012\text{ mm}$ **G_{uB} = 5,032 mm**

Gewählt wird für die Bohrung: **Ø5 D9**

Ø5 D9: $G_{uB} = 30\ \mu m$, $G_{oB} = 60\ \mu m$, damit ergibt sich mit dem Zylinderstift Ø5 m6 ein Mindestspiel von $P_{SM} = 18\ \mu m$ und ein Höchstspiel von $P_{SH} = 56\ \mu m$, was nah an den berechneten Werten liegt.

AUFGABEN I WIEDERHOLUNG UND VERTIEFUNG

1. Erklären Sie den Zweck der Allgemeintoleranzen.
2. Wie werden die Allgemeintoleranzen in der technischen Zeichnung angegeben?
3. Geben Sie die Toleranzklassen für die Längenmaße bei den Allgemeintoleranzen an.
4. Erläutern Sie die Begriffe: a) Nennmaß, b) Istmaß, c) Höchstmaß, d) Mindestmaß.
5. Auf einer Zeichnung steht an einem Innenteil die Maßangabe 20 +0,3/–0,2. Ab wann beginnt das Ausschussmaß?
6. Nach welchem Grundsatz sollen Maße toleriert werden?
7. Erläutern Sie, wie ein toleriertes Maß im ISO-Toleranzsystem beschrieben wird.
8. Welche Grundtoleranzgrade finden im Maschinenbau Verwendung?
9. Was bestimmt die Zahl 7 beim Maß Ø63 H7?
10. Geben Sie an, wodurch wird die Lage des Toleranzintervalls zum Nennmaß (Nulllinie) bei Bohrungen und bei Wellen gekennzeichnet wird.
11. Beschreiben Sie die ISO-Passsysteme Einheitsbohrung und Einheitswelle.
12. Nennen Sie den Vorteil des Systems Einheitsbohrung.
13. Begründen Sie, warum der Toleranzgrad der Welle meistens eine Stufe kleiner als der Toleranzgrad der Bohrung ist.
14. Erläutern Sie die Begriffe: a) Spielpassung, b) Übergangspassung und c) Übermaßpassung. Unter welchen Bedingungen ergibt sich die jeweilige Passungsart?
15. Bestimmen Sie die Abmaße, Höchst- und Mindestmaß und die Toleranz der folgenden Zeichnungsangaben: a) 45 f7, b) 18 h5, c) 140 M7, d) 50 r6, e) 80 H7
16. Ermitteln Sie die Passungsmaße und geben Sie die Passungsart an: a) 15 M7/h6, b) 60 H7/s6, c) 150 H7/f7
17. Eine Führung **(Bild 1)** aus einer CuSn-Legierung soll in der Nut eines Grundkörpers aus legiertem Stahl geführt werden. Um die Funktion sicherzustellen, ist bei einer maximalen Betriebstemperatur von 100 °C ein beidseitiger Spalt von S_{pmin} = 0,05 mm erforderlich. Die Bauteile werden bei einer Temperatur von 20 °C hergestellt. Berechnen Sie:
    a) Die Längenänderung beider Bauteile bei einer Erwärmung von 20 °C auf 100 °C.
    b) Das minimale Spiel der Passung, das bei der Fertigung eingehalten werden muss.
    c) Die erforderliche Toleranzklasse der Führung bei einer Fertigungstemperatur von 20 °C.

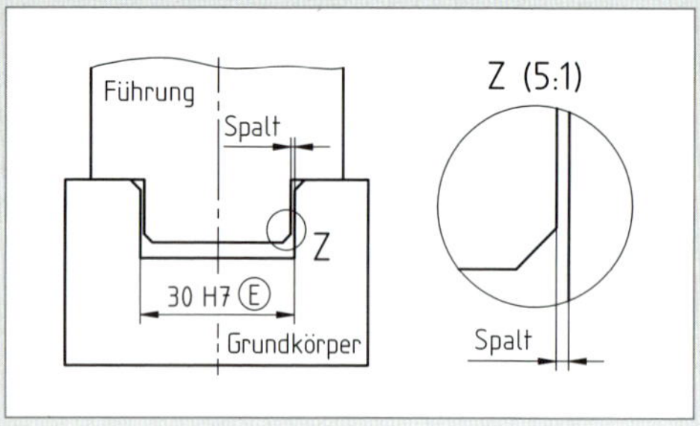

Bild 1: Führung

18. Die Lagerung einer Welle **(Bild 2)** ist geändert worden und besteht auf der rechten Seite aus einem Rillenkugellager, einer Distanzbuchse, Passscheiben und einem Sicherungsring. Das Spiel soll durch Passscheiben ausgeglichen werden. Berechnen Sie das Mindestmaß t_{min} und das Höchstmaß t_{max} für die Passscheiben.

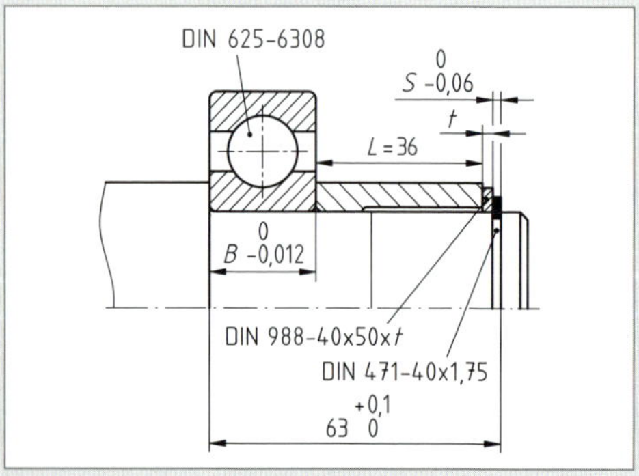

Bild 2: Wellenende mit Wälzlager

3.11 | BAUTEILKONSTRUKTION UND QUALITÄTSPRÜFUNG

Mit der Festlegung der korrekten Maße und Toleranzen wird bereits die Grundlage des **Qualitätsmanagements** gelegt. Jeder Fehler, auch fehlerhafte Toleranzen, verursacht Kosten. Je später die Fehler entdeckt werden, desto höher werden die Kosten für ihre Beseitigung. Untersuchungen haben gezeigt, dass sich die Folgekosten für nicht entdeckte Fehler von Stufe zu Stufe verzehnfachen **(Bild 1)**. Diese sogenannte **Zehnerregel** verdeutlicht, dass die Fehlerbeseitigung während der Bauteilkonstruktion nur vergleichsweise geringe Kosten verursacht. Fehlerbeseitigung ist in diesem Stadium sehr leicht zu realisieren. Fehler, die jedoch erst in einem späteren Stadium auftreten, z. B. bei der Endmontage oder der Inbetriebnahme bei einem Kunden, verursachen weitaus höhere Kosten.

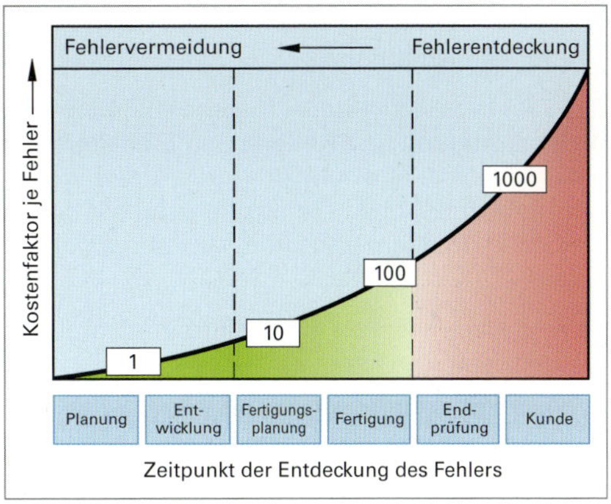

Bild 1: Zehnerregel der Fehlerkosten

Bereits während der Bauteilkonstruktion muss berücksichtigt werden, dass konstruktiv festgelegte Merkmale am fertigen Bauteil überprüfbar sein müssen. Es müssen die geeigneten Prüfmittel und Prüfmethoden zur Verfügung stehen. Durch **Prüfen** muss festgestellt werden, ob der Prüfgegenstand die geforderten Merkmale aufweist. Das Prüfen eines Merkmals kann subjektiv oder objektiv erfolgen **(Tabelle 1)**.

Tabelle 1: Prüfarten

Subjektives Prüfen	Objektives Prüfen
Die subjektive Prüfung eines Merkmals erfolgt über die Sinneswahrnehmung eines Prüfers ohne Hilfsgeräte, z. B. durch Sicht- oder Tastprüfung.	Die objektive Prüfung eines Merkmals erfolgt mithilfe von Prüfmitteln, also unter Zuhilfenahme von Messgeräten, Lehren und ggf. Hilfsmitteln.

Durch **Prüfen** werden geforderte **maßliche** und **nichtmaßliche** Eigenschaften an einem Bauteil festgestellt.

Die objektive Prüfung eines Merkmals kann durch Lehren oder Messen erfolgen.

3.11.1 | PRÜFEN DURCH LEHREN

Beim Lehren wird das Bauteil mit einer **Maß- oder Formverkörperung** (Lehre) verglichen. Als Resultat wird festgestellt, ob das Bauteil **Gut** oder **Ausschuss** ist. Ein Maß wird nicht ermittelt.

Maßlehren sind Teil eines Lehrensatzes, bei dem das Maß von Lehre zu Lehre zunimmt.

Grenzlehren verkörpern die zulässigen Höchstmaße und Mindestmaße. Manche Grenzlehren verkörpern neben den Grenzmaßen auch noch die Form.

Formlehren ermöglichen die Prüfung von Winkeln, Radien und Gewinden sowie Geradheit und Ebenheit nach dem Lichtspaltverfahren.

Lernfeld 3

Maßlehren

Hierunter fallen z. B. **Endmaße**, die ein Längenmaß (**Parallelendmaße**) oder ein Winkelmaß (**Winkelendmaße**) darstellen. Parallelendmaße zählen zu den genauesten und wichtigsten Maßverkörperungen zur Längenprüfung.

Ein Satz Parallelendmaße besteht aus 45 Endmaßen in verschiedener Abstufung und Nennmaßen **(Tabelle 1)**, sodass durch Kombination viele Maße sehr exakt verkörpert werden können **(Bild 1)**. Aufgrund ihrer hohen Genauigkeit und der hohen Oberflächengüte bleiben Endmaße, wenn sie zusammengefügt werden, aneinander haften.

Beim Zusammenstellen einer Endmaßkombination beginnt man mit dem kleinsten Endmaß.

Beispiel: Das zu prüfende Maß ist 40,005 mm. Geben sie die nötige Endmaßkombination an.

Lösung:
- 1. Endmaß 1,005 mm
- 2. Endmaß 9,000 mm
- 3. Endmaß 30,000 mm

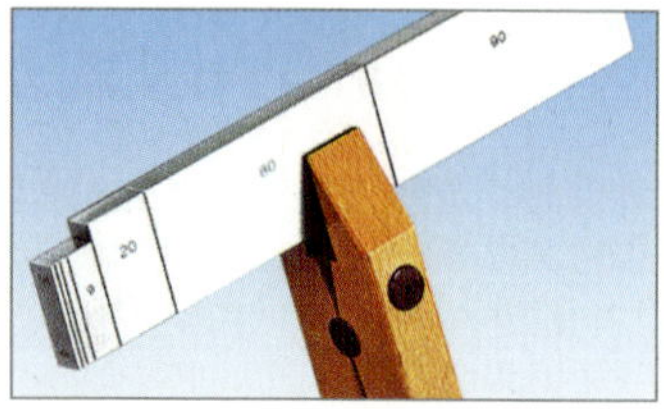

Bild 1: Endmaßkombination

Tabelle 1: Endmaßsatz

Reihe	Nennmaße in mm	Stufung in mm
1	1,001 ... 1,009	0,001
2	1,01 ... 1,09	0,01
3	1,1 ... 1,9	0,1
4	1 ... 9	1
5	10 ... 100	10

Grenzlehren

Hierunter fallen z. B. **Grenzrachenlehren** und **Grenzlehrdorne**.

Grenzrachenlehren eignen sich zur Prüfung von Durchmessern und Werkstückdicken. Die Gutseite verkörpert das zulässige obere Grenzabmaß G_o. Die Lehre muss durch ihr Eigengewicht über die Prüfstelle gleiten. Die Ausschussseite hat angeschrägte Prüfbacken, ist rot gekennzeichnet und mit dem unteren Grenzabmaß G_u beschriftet **(Bild 2)**.

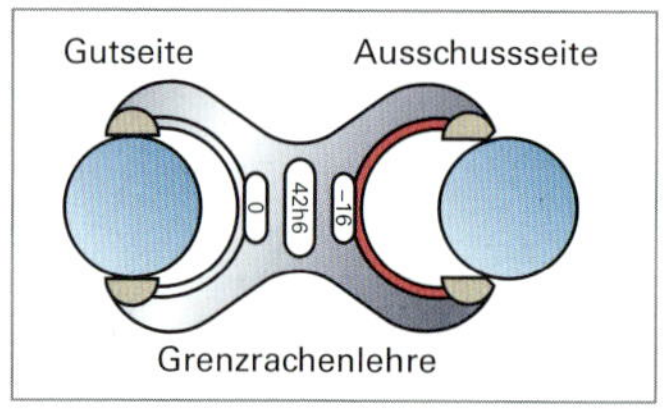

Bild 2: Grenzrachenlehre

Grenzlehrdorne verwendet man zur Prüfung von Bohrungen und Nuten. Die Gutseite verkörpert das zulässige untere Grenzabmaß G_u und muss durch das Eigengewicht des Lehrdorns in die Bohrung gleiten, die Ausschussseite hat einen kürzeren Prüfzylinder, ist rot gekennzeichnet und mit dem oberen Grenzabmaß G_o beschriftet **(Bild 3)**.

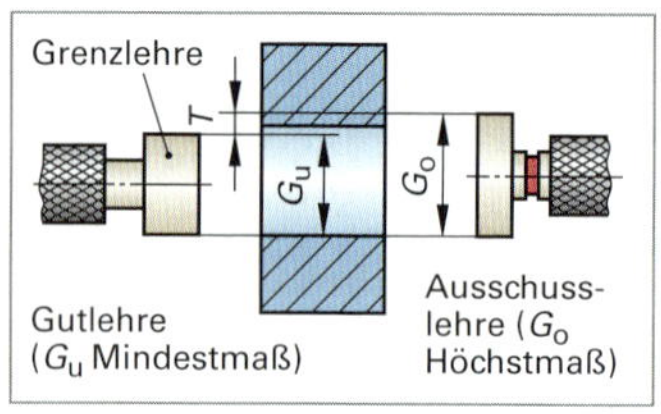

Bild 3: Grenzlehrdorn

Zum Prüfen von Gewinden jeglicher Art gibt es **Gewindegrenzlehrdorne** (Innengewinde) und **Gewindelehrringe** (Außengewinde). Die Maß- bzw. Formgenauigkeit eines Gewindes wird durch Auf- bzw. Einschrauben der Lehre geprüft. Auch hierbei gibt es Gut- und Ausschussseite.

Formlehren

Bei der Prüfung von **Radien**, **Gewindeprofilen**, **Schweißnahtprofilen** und **Spalten** kommen überwiegend **Formlehren** zum Einsatz **(Bild 4)**. Für besondere Profilformen gibt es Sonderanfertigungen.

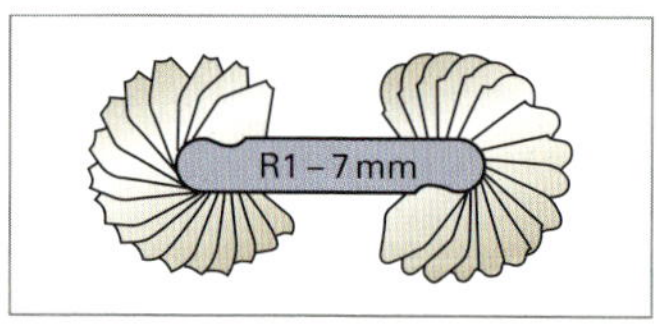

Bild 4: Formlehre für Radien

Bei der Anwendung von Formlehren kommt das Lichtspaltverfahren zum Einsatz. Zur Prüfung der Form wird eine Lehre mit der negativen Sollform an das Werkstück gehalten und beides gegen eine Lichtquelle betrachtet. Das Werkstück wird für gut befunden, wenn kein Spalt zwischen Lehre und Werkstück existiert, durch den Licht dringt. Ebenfalls zu den Formlehren gehören **Haarlineal** und **Haarwinkel (Bild 5)**.

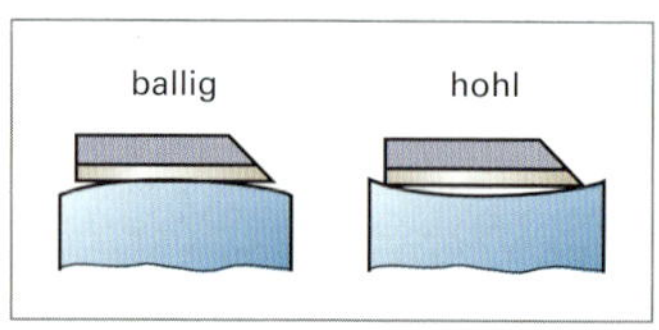

Bild 5: Ebenheitsprüfung mit dem Haarlineal

Für Grenzlehren gilt der **Taylorsche Grundsatz (Bild 1)**. Er besagt, dass die Gutseite einer Lehre so gestaltet sein soll, dass mit ihr neben der Maßtoleranz auch die Form überprüft wird. Deshalb besitzt die Gutseite der Grenzlehrdorne einen längeren Prüfzylinder als die Ausschussseite. Mit Ausschusslehren sollen nur einzelne (Ausschuss) Maße geprüft werden.

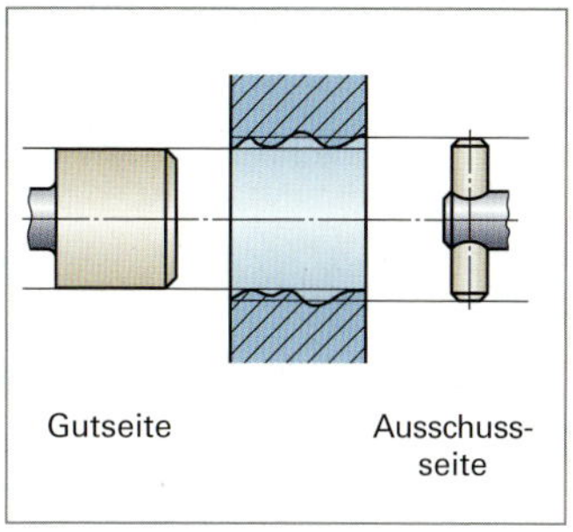

Bild 1: Grenzlehre nach Taylor

Das **Prüfergebnis** beim Lehren ist Gut oder Ausschuss. Während **Ausschusslehren** reine Maßlehren sind, sollen **Gutlehren** immer Maß und Form verkörpern (Taylorscher Grundsatz).

3.11.2 | PRÜFEN DURCH MESSEN

Beim Messen wird ein **Messobjekt** mit einem **anzeigenden Messgerät**, z. B. einem Messschieber oder Winkelmesser verglichen. Das Resultat des Messens ist immer ein **Messwert**. Bei fehlerfreiem Messen entspricht der Messwert dem **Istmaß** des Bauteils. Zu den wichtigsten anzeigenden Messgeräten gehören der **Messschieber**, die **Messschraube** und die **Messuhr**.

Messschieber

Messschieber bestehen aus einem festen und einem beweglichen Messschenkel, der mittels Schieber auf einer Schiene bewegt werden kann **(Bild 2)**. Die Schiene besitzt eine Strichskala in mm (oft auch zusätzlich in inch, 1 inch = 24,5 mm). Auf dem Schieber befindet sich ein Nonius mit eigener Skala, der als 1/10-, 1/20- oder 1/50-Nonius ausgeführt sein kann. Daraus ergeben sich mögliche Messauflösungen von 0,1 mm, 0,05 mm oder 0,02 mm.

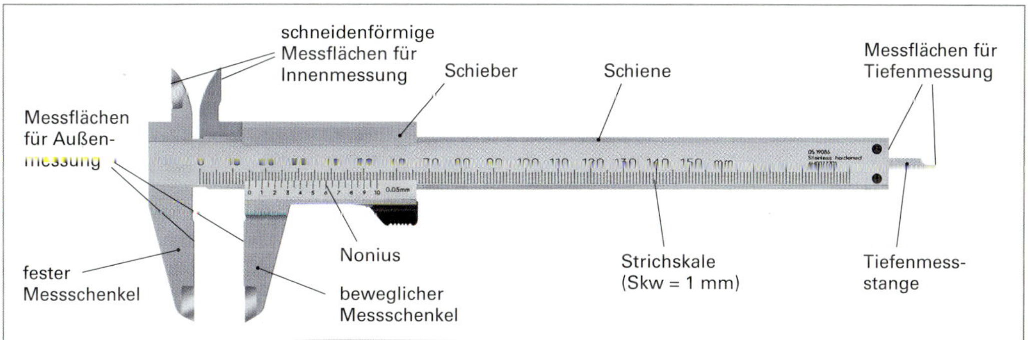

Bild 2: Messschieber mit 1/20-Nonius

Bei dem in **Bild 3** dargestellten (erweiterten) 1/20-Nonius (0,05 mm-Nonius) sind 39 mm in 20 Teile geteilt. Dadurch ergibt sich ein sogenannter **Noniuswert** (Now) von 0,05 mm. Der Noniuswert ist zugleich die kleinste anzeigbare Messgrößenänderung.

Beim **Ablesen** wird zunächst die linke „0" der Noniusskala betrachtet. Hier wird auf der Strichskala der Schiene die Vorkommastelle abgelesen. In **Bild 3** sind dies 81 mm. Die Nachkommastelle des Maßes wird auf der Noniusskala abgelesen, an dem Strich, der sich am deutlichsten mit der Strichskale der Schiene deckt. In **Bild 3** ist dies der Wert 55. Daraus ergibt sich das Maß von 81,55 mm.

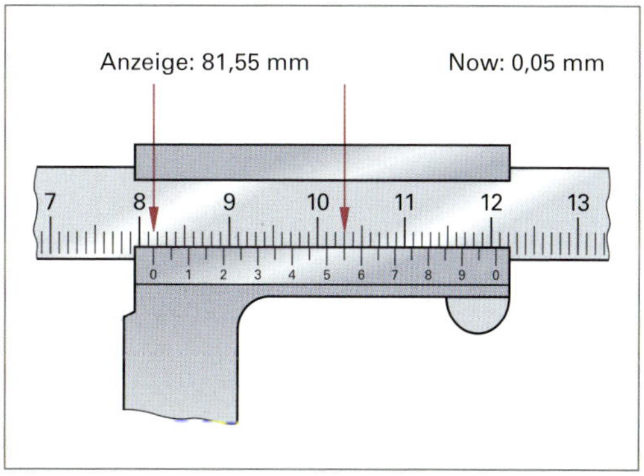

Bild 3: Ablesen eines 1/20-Nonius

Die speziell geformten Messflächen des Messschiebers ermöglichen Außen-, Innen-, Tiefen- und Abstandsmessungen **(Bild 1)**.

Ein Grundsatz der Messtechnik besagt, dass das Messobjekt und die Messskale (Messnormale) in einer Linie fluchtend in Messrichtung angeordnet sein sollen. Dieser Grundsatz, das **Abbesche Komparatorprinzip**, kann mit dem Messschieber nur bedingt eingehalten werden (Tiefenmessung). Je weiter sich das Messobjekt von der Schiene entfernt befindet, umso stärker bewirken Führungsspiel im Schieber und/oder zu große Messkraft ein Kippen des Schiebers und damit Messabweichungen **(Bild 2)**.

Deshalb beträgt die zulässige **Messabweichung** bei 150 mm Messlänge ± 0,2 mm.

Beim Messen von Außenmaßen wird das **Abbesche Komparatorprinzip** verletzt. Eine Schieflage des Schiebers führt zu Messfehlern, weil Messobjekt und Messnormale nicht fluchten. Je größer der Abstand des Messobjektes zur Schiene, desto größer die Gefahr des Kippens.

Elektronische Messschieber mit Digitalanzeige **(Bild 3)** ermöglichen zwar eine schnellere und irrtumsfreie Ablesung des Messwertes sowie die Möglichkeit, die Anzeige an jeder Stelle auf „Null" zu setzen. Sie erreichen aufgrund der Bauweise allerdings die gleichen Messabweichungen von ± 0,2 mm. Obwohl elektronische Messschieber bis auf 1/100 mm (manchmal sogar bis auf 1/1000 mm) anzeigen können, sind sie nicht in der Lage, tatsächlich mit so hoher Genauigkeit zu messen. Deshalb sollen Maße mit ISO-Toleranzen nicht mit einem Messschieber überprüft werden.

Messschrauben

Für Messaufgaben von Genauigkeitsanforderungen von 0,01 mm eignen sich Messschrauben **(Bild 4)**. Als Maßverkörperung dient eine **geschliffene Messspindel** mit einer Steigung von 0,5 mm, d. h., bei einer Umdrehung legt die Messspindel 0,5 mm zurück. Somit ergibt sich eine Spindelverschiebung von 0,01 mm, wenn die Skalentrommel um einen ihrer 50 Teilstriche gedreht wird. Durch die geringe Steigung kann die Messkraft stark erhöht werden, sodass es zu Messfehlern und sogar zu Beschädigungen (Aufbiegung des Bügels) am Messgerät kommen kann. Deshalb besitzt die Bügelmessschraube eine Kupplung, die die Messkraft auf 5 N bis 10 N begrenzt. Beim Messen soll

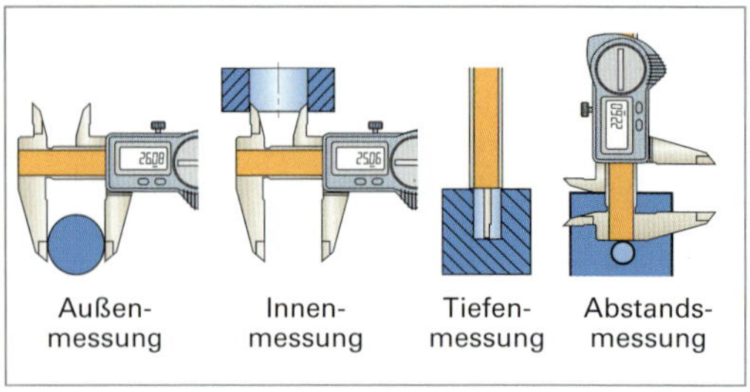

Bild 1: Anwendungsmöglichkeiten eines Messschiebers

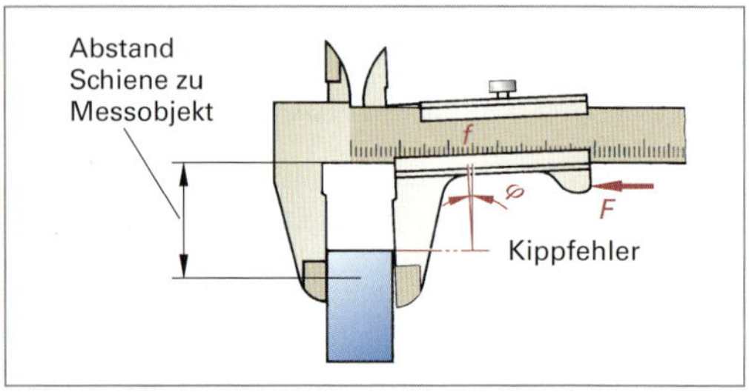

Bild 2: Messfehler durch Verletzung des Abbeschen Komparatorprinzips

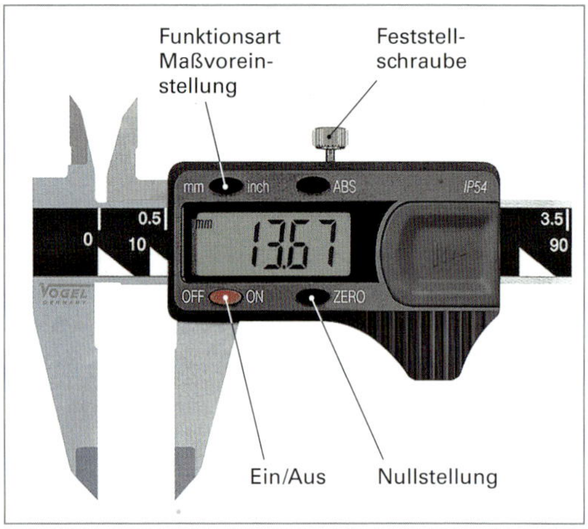

Bild 3: Elektronischer Messschieber

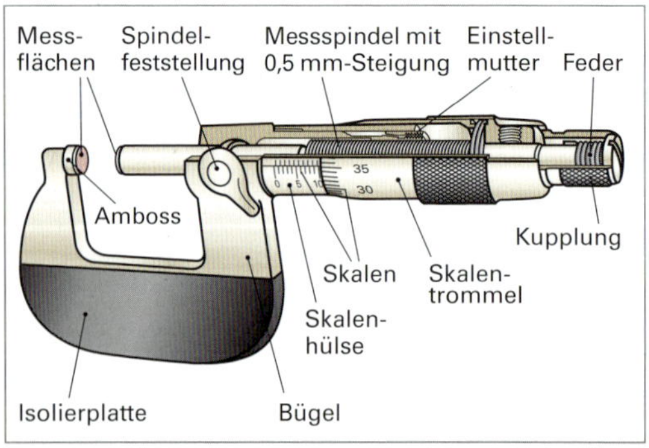

Bild 4: Schnittbild einer Bügelmessschraube

die Messspindel daher vorsichtig über die Kupplung bewegt werden. Zur Vermeidung von Messfehlern durch Wärmedehnung besitzen Bügelmessschrauben Isolierplatten am Bügel. Sie verhindern die Übertragung der Körperwärme auf das Messgerät. Übliche Messbereiche für Bügelmessschrauben sind: 0 ... 25 mm, 25 ... 50 mm, 50 ... 75 mm bis 275 ... 300 mm.

Beim **Ablesen** einer Messschraube wird zunächst der letzte sichtbare Teilstrich auf der Skalenhülse erfasst (volle Millimeter auf der unteren Skala, halbe Millimeter auf der oberen Skala **(Bild 1)**). Die Skalentrommel zeigt die Hundertstel-Millimeter an. Der Messwert ergibt sich durch Addition. Im rechten Beispiel in **Bild 1** ergibt sich aus 38 mm + 0,5 mm + 0,45 mm somit ein Messwert von 38,95 mm.

Messschrauben erfüllen das Komparatorprinzip. Das Messobjekt befindet sich zwischen dem Amboss und der beweglichen Messspindel und somit fluchtend zur Messnormalen.

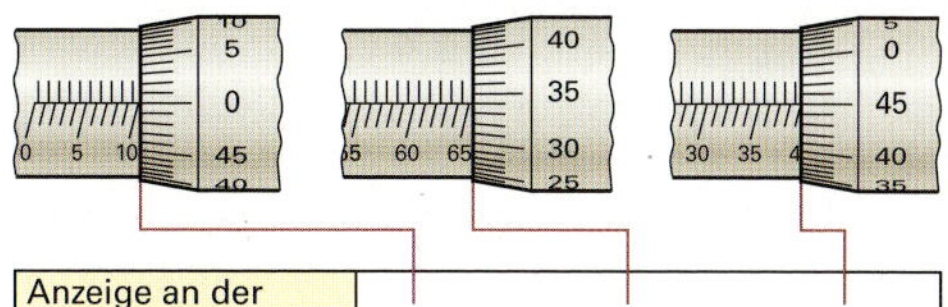

Anzeige an der			
Skalenhülse:	10	65	38
	0,0	0,0	0,5
Skalentrommel:	0,00	0,34	0,45
Messwert in mm:	10,00	65,34	38,95

Bild 1: Ablesebeispiele

Messuhren

Messuhren besitzen eine runde, drehbare Skalenanzeige und einen Messbereich von 1 mm, 5 mm oder 10 mm **(Bild 2)**. Die Bewegung des Messbolzens wird über eine **Zahnstange und Zahnräder** auf die Zeigerwelle übertragen. Der Skalenteilungswert Skw beträgt bei Messuhren üblicherweise 0,01 mm. Er wird an der großen Skala abgelesen, während die vollen Millimeter an einer kleineren Skala angezeigt werden.

Die Reibung des Messbolzens bewirkt, dass die Messkraft bei hineingehendem Bolzen erhöht, bei herausgehendem Bolzen allerdings verringert wird. Das hat zur Folge, dass dieselbe Messgröße bei hereingehendem Bolzen eine kleinere Anzeige ergibt als bei herausgehendem Messbolzen. Der Unterschied der Anzeige wird als **Messwertumkehrspanne** bezeichnet und ist z. B. bei Rundlaufmessungen zu beachten.

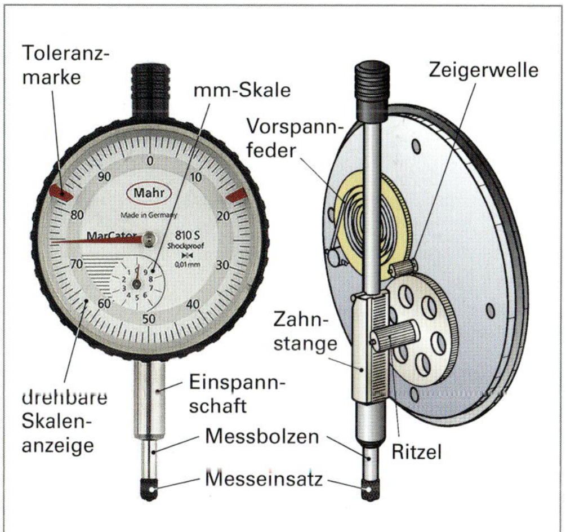

Bild 2: Mechanische Messuhr

> Die **Messwertumkehrspanne** führt bei Messuhren zu unterschiedlichen Messwerten bei steigender oder fallender Anzeige.

Für Rundlauf-, Planlaufmessungen, Messungen der Ebenheit und Parallelität an schwer zugänglichen Stellen werden **Fühlhebelmessgeräte** verwendet **(Bild 3)**. Da ihr Messprinzip mit denen der Messuhren vergleichbar ist, ist bei ihnen ebenfalls mit einer Messwertumkehrspanne von ca. 3 µm zu rechnen. Dennoch sind es unverzichtbare Messgeräte auf einer Prüfplatte oder zum zentrischen Ausrichten einer Bohrung oder allgemein zur Ermittlung von Form- und Lageabweichungen. Wegen der im Vergleich zu Messuhren deutlich geringeren Messkraft eignen sich Fühlhebelmessgeräte auch für Messungen an nicht formstabilen Bauteilen.

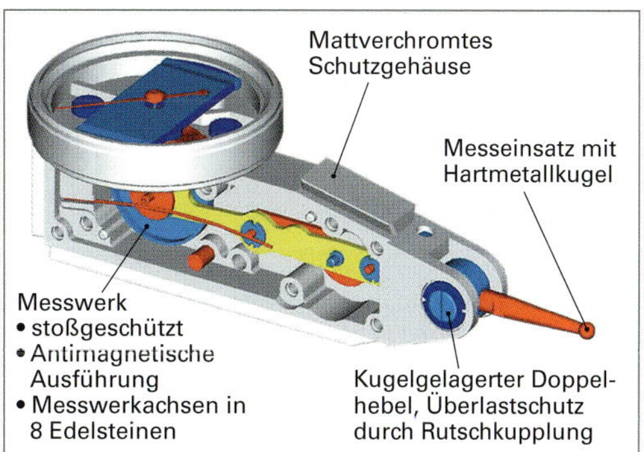

Bild 3: Aufbau von Fühlhebelmessgeräten

Feinzeiger

Für Messaufgaben mit Genauigkeitsanforderungen von 1 µm sind Feinzeiger anzuwenden.

Feinzeiger besitzen keine Rundskala, weil sie nur einen kleinen Messbereich von meist 50 µm oder 100 µm besitzen. Mit einem Skalenteilungswert von 1 µm gehören sie zu den genauesten mechanischen und elektronischen Handmessgeräten. Sie verfügen über einen kugelgelagerten Messbolzen und präzisionsverzahnte **Zahnradsegmente**, die als **Übertragungshebel** dienen **(Bild 1)**. Dadurch ist zwar keine volle Zeigerumdrehung möglich (kleiner Messbereich), aber die Messwertumkehrspanne kann auf sehr geringe 0,5 µm reduziert werden. Deshalb eignen sich Feinzeiger besonders gut zum Messen von Rundlauf, Planlauf, Geradheit und Ebenheit.

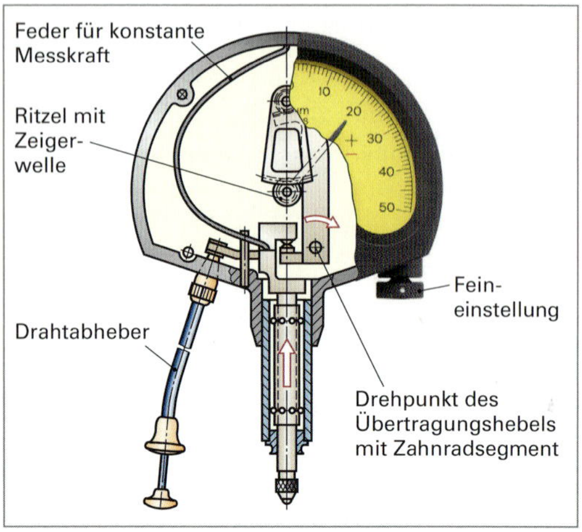

Bild 1: Mechanischer Feinzeiger

3.11.3 MESSABWEICHUNGEN

Jede Messung einer physikalischen Größe ist aus den unterschiedlichsten Gründen mit Fehlern behaftet. Der Messwert einer physikalischen Größe weicht vom tatsächlichen Wert der Größe, dem wahren Wert, mehr oder weniger stark ab. Um möglichst genaue Messungen durchführen zu können bzw. um die Genauigkeit bereits durchgeführter Messungen einschätzen zu können, muss man die Ursachen für Messabweichungen, die Größen solcher Fehler und ihre Auswirkungen auf die Genauigkeit des Ergebnisses kennen.

Arten von Messabweichungen

Systematische Messabweichungen sind Abweichungen, die bei jeder Messung in gleichem Betrag und gleichem Vorzeichen auftreten. Sie sind reproduzierbar. Ist die Größe der Abweichung bekannt, kann diese mit einem Korrekturfaktor berichtigt werden.

Beispiele für systematische Messabweichungen sind:

- Zu großer Messwert durch zu hohe Werkstücktemperatur
  (Die Abweichung von der Bezugstemperatur 20 °C bewirkt immer dann eine Messabweichung, wenn das Werkstück und das eingesetzte Messgerät nicht dieselbe Temperatur aufweisen.)
- Zu kleiner Messwert durch den Einfluss der Messkraft
- Messabweichung durch Abnutzung der Messflächen

Zufällige Messabweichungen sind Abweichungen, die nicht beeinflusst werden können, aber eingeplant werden müssen. Unbekannte zufällige Abweichungen können nicht ausgeglichen werden.

Beispiele für zufällige Messabweichungen sind:

- Unsicherheit durch unsaubere Flächen und Formabweichungen
- Unterschiedliche Messwerte durch Messkraftschwankungen
- Kippfehler beim Anlegen eines Messschiebers
- Unsicheres Ansetzen des Messschiebers bei Innenmessungen
- Ablesefehler durch schrägen Blickwinkel (Parallaxe). Um Parallaxefehler zu vermeiden, müssen Messwerte immer senkrecht abgelesen werden **(Bild 2)**.

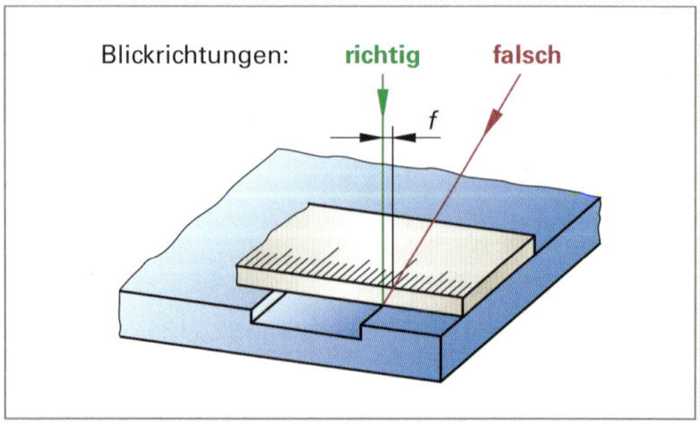

Bild 2: Messabweichung durch Parallaxefehler

Messmittelfähigkeit

Die Messmittelfähigkeit gibt Aufschluss darüber, ob ein Messgerät zur Prüfung eines Merkmals eingesetzt werden kann oder nicht.

Ein Messmittel gilt als fähig, wenn seine **Messunsicherheit *U*** höchstens 10% der Maß- oder Formtoleranz beträgt.

Die übliche Messunsicherheit liegt für Messgeräte mit Skalenanzeige bei $U = \pm 1$ Skw (Skalenteilungswert), bei Messgeräten mit Ziffernanzeige (digital) bei $U = \pm 2$ ZW (Ziffernschrittwert).

BEISPIEL 3.6 | Überprüfung der Messmittelfähigkeit durch Rechnung

An einem Werkstück soll das Maß 30 ± 0,06 gemessen werden. Als Messmittel steht ein digitaler Messschieber mit einer zu erwartenden Messunsicherheit von $U = \pm 2\ (\text{ZW}) = 0{,}01 \cdot 2 = \pm 0{,}02$. Überprüfen Sie die Messmittelfähigkeit durch eine Rechnung.

Lösung

T = Höchstmaß – Mindestmaß	$U_{zul} = 1/10 \cdot T$	
$T = 30{,}06 - 29{,}94$	$U_{zul} = 1/10 \cdot 0{,}12$	
$\boldsymbol{T = 0{,}12}$	$\boldsymbol{U_{zul} = 0{,}012}$	Ergebnis: $U > U_{zul}$

Damit kann der digitale Messschieber hier nicht eingesetzt werden, da er eine zu große **Messunsicherheit** *U* aufweist.

Vermeiden von Messabweichungen

Um eine höhere Messgenauigkeit zu erreichen, müssen auf die Ursache der Messabweichungen abgestimmte Gegenmaßnahmen durchgeführt werden, wie z. B.:

- Regelmäßige Kalibrierung eingesetzter Messmittel
- Regelmäßige Wartung und Austausch von Verschleißkomponenten
- Überprüfung der Genauigkeit vor Beginn und nach Abschluss der Arbeit
- Standardisierung des Messverfahrens (Messvorgangs)
- Durchführung von Schulungen zur Verbesserung der Fertigkeiten der Mitarbeiter
- Einsatz automatischer Messsysteme zum Ausschalten menschlicher Fehler
- Ersetzen von berührenden Messsystemen durch berührungslose Messtechnik

AUFGABEN | WIEDERHOLUNG UND VERTIEFUNG

1. Erläutern Sie die Zehnerregel und die sich daraus ergebenden Konsequenzen.
2. Verdeutlichen Sie an Beispielen den Unterschied zwischen Messen und Lehren.
3. Zeigen Sie durch Berechnung am Beispiel eines 50 mm langen Endmaßes, warum hochgenaue Prüfarbeiten unbedingt im Prüfraum bei 20 °C stattfinden müssen.
4. Erläutern Sie, warum die Gutseite eines Grenzlehrdorns länger als die Ausschussseite ist.
5. Erläutern Sie, warum ein Haarlineal eine Lehre und kein Messgerät ist.
6. Erläutern Sie, was man in der Prüftechnik unter dem Lichtspaltverfahren versteht.
7. Durch welche Endmaßkombination lässt sich das Maß 246,003 mm zusammenstellen?
8. Nennen Sie drei nichtmaßliche Eigenschaften, die an einem Bauteil geprüft werden können.
9. Um welche Prüfart handelt es sich, wenn ein Facharbeiter den Durchmesser einer Welle mit dem Messschieber ermittelt? Begründen Sie Ihre Antwort.
10. Nennen Sie drei Messabweichungen, die zur Verfälschung eines Messergebnisses führen können.

3.12 | EINTEILUNG, EIGENSCHAFTEN UND AUSWAHLKRITERIEN DER FERTIGUNGSVERFAHREN

In der Praxis können Werkstücke häufig durch verschiedene Fertigungsverfahren hergestellt werden. Diese Verfahren unterscheiden sich jedoch in der erreichbaren Genauigkeit, der Oberflächenqualität (Rauheit), der nötigen Bearbeitungszeit sowie den benötigten Maschinen und Werkzeugen.

In der DIN 8580 werden die Fertigungsverfahren zu sechs Hauptgruppen zusammengefasst. Während des Fertigungsprozesses eines Werkstückes können Fertigungsverfahren aus unterschiedlichen Hauptgruppen zur Anwendung kommen. So können Werkstücke z.B. durch Urformen hergestellt, anschließend durch Umformen weiter bearbeitet und schließlich durch Trennen und Fügen fertig bearbeitet werden. In **Bild 1** sind die genormten Hauptgruppen sowie weiterführende Informationen dargestellt.

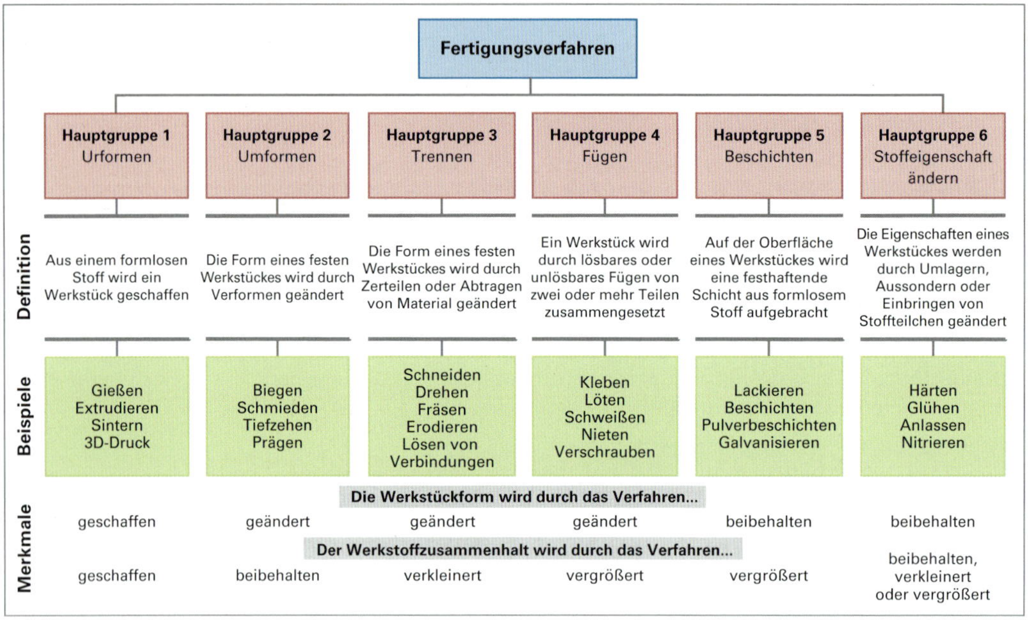

Bild 1: Einteilung der Fertigungsverfahren in Hauptgruppen

Urformen (Hauptgruppe 1)

Zum Urformen gehören Fertigungsverfahren, die aus formlosem Stoff die Bauteilform schaffen und den Werkstoffzusammenhalt herbeiführen. Ziel dabei ist es, einen Stoffzusammenhalt zu schaffen und dadurch die Erstform eines geometrisch festen Körpers herzustellen. Welche Verfahren dabei genutzt werden, richtet sich nach dem Zustand der Stoffe, diese können einen flüssigen, plastischen, körnigen, gasförmigen oder pulverförmigen Ausgangszustand aufweisen.

So finden beispielsweise Stoffe in einem flüssigen Zustand ihre Anwendung beim Gießen, wodurch nach dem Erstarren ein fester Körper in gewünschter Form entsteht. Ausgangsstoffe, die sich in einem plastischen Zustand befinden, werden häufig für das Spritzgießen oder auch Extrudierverfahren verwendet. Körnige oder auch pulverförmige Stoffe werden beim Sintern eingesetzt, gasförmige Stoffe beim Metalldampfen. Je nach Verfahren sind der Bauteilgestalt allerdings verfahrensbedingte Grenzen gesetzt. Zudem sind die meisten Verfahren wegen hoher Werkzeugkosten oft nur für große Stückzahlen wirtschaftlich interessant **(siehe Lernfeld 8)**.

> Sollen Bauteile durch **Urformen** hergestellt werden, sind die Bauteilgeometrie und die Stückzahl besonders zu beachten.

Umformen (Hauptgruppe 2)

Durch umformende Fertigungsverfahren wird die Bauteilform plastisch (bleibend) verändert, ohne dabei den Werkstoffzusammenhalt zu beeinflussen. Zu diesen Verfahren gehören z. B. alle Biegeverfahren, das Schmieden, das Walzen und das Tiefziehen. Das Bauteilvolumen ändert sich durch den Umformvorgang nicht **(siehe Lernfeld 5)**.

> Metalle sind **inkompressibel**, d. h. bei einer Umformung bleibt das Volumen konstant (Volumenkonstanz).

Trennen (Hauptgruppe 3)

Die trennenden Verfahren machen den Großteil der industriellen Fertigungsverfahren aus. Das Bauteil erhält seine endgültige Form, indem das Volumen durch Materialabtrennung oder Materialabtrag verringert wird. Durch trennende Verfahren wird die Bauteilform dadurch verändert, dass der Werkstoffzusammenhalt an mindestens einer Stelle aufgehoben wird. Hierzu gehören die spanenden Verfahren wie z. B. das Drehen, das Fräsen, das Sägen oder das Bohren sowie das spanlose Schneiden. Aber auch funkenerosives Abtragen sowie Wasser- oder Laserstrahlschneiden sind trennende Fertigungsverfahren **(siehe Lernfeld 7)**.

Fügen (Hauptgruppe 4)

Durch die Anwendung von Fügeverfahren werden lösbare oder unlösbare Verbindungen von zwei oder mehreren Bauteilen geschaffen, wodurch die Bauteilgeometrie und das Bauteilvolumen geändert werden. Häufig angewendete Fügeverfahren sind Verschrauben, Verstiften, Nieten, Kleben, Schweißen und Löten **(siehe Lernfeld 9)**.

Fügeverfahren werden nach ihrem Wirkprinzip in form-, kraft- und stoffschlüssige Verbindungen unterteilt.

Im Hinblick auf das spätere Fügen von Bauteilen ist bereits während der Konstruktionstätigkeit auf eine gute Zugänglichkeit zur Fügestelle zu achten.

Beschichten (Hauptgruppe 5)

Durch Beschichtungsverfahren wird ein gasförmiger, flüssiger oder fester formloser Stoff als festhaftende Schicht auf die Bauteiloberfläche aufgebracht. Die Bauteilform wird beibehalten, das Volumen nur geringfügig erhöht. Zu diesen Verfahren gehört beispielsweise das Lackieren, das Verzinken oder das Pulverbeschichten.

Beschichtungen sind als ergänzende Fertigungsverfahren zu sehen. Durch sie bekommt der Konstruktionswerkstoff eine zusätzliche Eigenschaft oder eine negative Eigenschaft wird ausgeglichen. Gründe für eine Beschichtung sind:

- Optische Veredelung (z. B. Goldschicht, Glanz, Farbe)
- Schutz vor Korrosion
- Veränderung der elektrischen Leitfähigkeit (bzw. des elektrischen Widerstands)
- Veränderung des Reibungswiderstandes der Bauteiloberfläche
- Versiegelung vor aggressiven Medien
- Erhöhung der thermischen Belastbarkeit
- Veränderung mechanischer Dämpfungseigenschaften
- Schutz vor Strahlung (z. B. UV)

Tabelle 1 zeigt eine Übersicht möglicher Beschichtungsverfahren.

Tabelle 1: Beschichtungsverfahren

Beschichten mit Lacken und Kunststoffen	Beschichten mit Metallen	Weitere Verfahren (mit besonderen Eigenschaften)
▌ Spritzlackieren ▌ Hochdruckspritzen ▌ Elektrostatisches Lackieren ▌ Elektrotauchlackieren ▌ Elektrostatisches Pulverbeschichten ▌ Kunststoffspritzen	▌ Schmelztauchen ▌ Galvanisieren ▌ Thermisches Spritzen ▌ Metallisieren von Kunststoffoberflächen ▌ Auftragsschweißen	▌ PVD-/CVD-Beschichten ▌ Ionenplattieren ▌ Emaillieren ▌ Plasmaspritzen ▌ Anodisieren von Bauteilen aus Aluminium

Beschichtungen mit Lacken und Kunststoffen dienen vorrangig dem Korrosionsschutz und der Attraktivitätssteigerung. Sie können flüssig oder pulverförmig auf nahezu jedes Bauteil aufgetragen werden. Zu den Beschichtungsverfahren gehören unter anderem:

- Das **Lackieren** mit Pinsel- oder Sprühauftrag (z. B. Airless-Spritzen): Der flüssige Lack wird gleichmäßig aufgetragen und anschließend getrocknet.
- Das **elektrostatische Lackieren** und **Pulverbeschichten:** Der fein zerstäubte Lack bzw. das feine Pulver wird durch elektrostatische Kräfte vom Bauteil angezogen und anschließend getrocknet oder eingebrannt.

Beschichtungen mit Metallen dienen ebenfalls dem Korrosionsschutz, können zusätzlich die Verschleißfestigkeit erhöhen und abgenutzte metallische Verschleißflächen erneuern. Unter anderem gehören folgende Beschichtungsverfahren dazu:

- Das **Schmelztauchen:** Wichtigstes Verfahren ist hierbei das Feuerverzinken. Die Bauteile werden in eine flüssige Zinkschmelze getaucht und erhalten dadurch eine äußerst korrosionsbeständige Zinkschicht.
- Das **Galvanisieren:** Das Verfahren nutzt elektrochemische Vorgänge in einem Elektrolysebad. Das Bauteil erhält einen dekorativen und bedingt korrosionsbeständigen metallischen Überzug.
- Das **Auftragsschweißen:** Durch das Auftragen dicht nebeneinander liegender Schweißraupen werden harte Verschleißschichten auf metallische Oberflächen aufgetragen oder abgenutzte Verschleißflächen instand gesetzt.

Weitere Beschichtungsverfahren verleihen den Bauteilen neben den oben genannten Eigenschaften weitere, teilweise sehr spezifische Eigenschaften, wie z. B. eine extreme Härte oder eine besonders hohe Temperaturbeständigkeit. Hierzu können unter anderem gezählt werden:

- Die **PVD- und CVD-Beschichtung:** Unter Vakuum und in Schutzgasatmosphäre werden die Beschichtungsstoffe verdampft und schlagen sich dann an der Bauteiloberfläche als hauchdünne Schicht nieder. Werkzeuge und Schneidplatten werden mit den extrem harten Schichten versehen.
- Das **Emaillieren:** Eine aufgebrachte dünne Schicht aus Emailpulver wird bei 1000 °C zu einer chemisch äußerst widerstandsfähigen und hitzebeständigen Schicht gebrannt.

Die Qualität einer Beschichtung wird bestimmt durch die Schichtdicke, die Haftfestigkeit und die Altersbeständigkeit.

Ändern der Stoffeigenschaft (Hauptgruppe 6)

Durch diese Fertigungsverfahren lassen sich die Werkstoffeigenschaften (insbesondere an der Bauteiloberfläche) gezielt verändern. Durch das Aussondern, Umlagern oder Einbringen von kleinsten Stoffteilchen wird der Werkstoffzusammenhalt verändert, ohne die Bauteilform wesentlich zu beeinflussen. Zu diesen Verfahren gehören alle Wärmebehandlungsverfahren, wie z. B. das Härten, das Vergüten und das Nitrieren.

Die Verfahren zur Änderung der Stoffeigenschaften dienen in erster Linie dazu, Eigenschaften, wie z. B. die Härte, die Festigkeit oder die Zähigkeit, gezielt zu verändern. Sie können auch zum Abbauen von Spannungen oder zur geringfügigen Veränderung der Werkstoffzusammensetzung (besonders in oberflächennahen Bereichen) eingesetzt werden. Alle Verfahren nutzen Vorgänge, die sich im Gefüge bzw. im inneren Aufbau der vorwiegend metallischen Werkstoffe abspielen.

Alle Härte- und Glühverfahren basieren auf der **Umlagerung** von Atomen oder Gefügebestandteilen. Hinzu kommt, dass Eisen, als Basis des wichtigsten Konstruktionswerkstoffs Stahl, seinen Gitteraufbau mehrmals ändert. Durch Wärmebehandlung werden die Umlagerungsvorgänge ganz bewusst genutzt, um z. B. Bauteile aus Stahl zu härten oder geschweißte Konstruktionen zu entspannen.

Zum Ändern der Stoffeigenschaft gehört auch das **Einbringen** oder **Aussondern** von Werkstoffteilchen. Auch bei diesen Verfahren handelt es sich um Wärmebehandlung, denn sie finden bei hohen Temperaturen und in besonderen (Ofen-) Atmosphären statt. Grundlage sind Diffusionsprozesse **(Info)**, die Atome, Ionen oder Moleküle dazu veranlassen, ihre Plätze zu verlassen. So können beispielsweise Kohlenstoffatome in die Oberfläche eines niedrig gekohlten Stahls eingebracht werden (Aufkohlen) oder aus der Oberfläche eines Temperguss ausgesondert (entkohlt) werden.

i

Info: Diffusion

Als Diffusion (lateinisch: Ausbreitung, Verschmelzung) wird die gegenseitige Durchdringung von Stoffen durch Wanderbewegung von Atomen, Ionen oder Molekülen bezeichnet. Die Ursache sind Konzentrationsunterschiede. In festen Stoffen erfolgt die Wanderbewegung durch Platzwechsel über Leerstellen. Wegen des exponentiellen Temperatureinflusses können Diffusionsvorgänge bei höheren Temperaturen stark beschleunigt werden. Verfahren, die auf Diffusion basieren, finden daher bei höheren Temperaturen statt.

Auswahl der Fertigungsverfahren

Häufig führt nicht ein Fertigungsverfahren zum gewünschten Ziel, sondern mehrere Fertigungsverfahren müssen professionell miteinander kombiniert werden. Bei der Verfahrensauswahl ist es wichtig, den gesamten Fertigungsprozess bis zum fertigen Werkstück zu betrachten.

Folgende Kriterien sollten bei der Auswahl von Fertigungsverfahren berücksichtigt werden:

- Hauptgeometrie des Bauteils
- Erreichen der geforderten Produktqualität
- Geforderte bzw. erwartete Auftragsmenge/Stückzahl
- Größtmögliche Wirtschaftlichkeit, d. h. minimaler Aufwand bei maximalem Nutzen
- Grad der Automatisierbarkeit
- Minimaler Energie-/Rohstoffeinsatz
- Geringe Umweltbelastung

Ein Fertigungsverfahren, das isoliert betrachtet als ungünstig beurteilt wird, kann sich infolge einer geringeren Anzahl von Arbeitsgängen im gesamten Fertigungsprozess, vor allem bei hohen Stückzahlen, als wirtschaftlicher erweisen.

Das in **Bild 1** abgebildete Werkstück kann unter Anwendung unterschiedlicher Fertigungsverfahren hergestellt werden:

Variante 1: Halbzeug Flachstahl 20x6x40

Verfahrensschritte:

1. Sägen auf Länge 42
2. Fräsen der Stirnflächen auf Länge 40, der Aussparung und der Fasen
3. Bohren der Lochreihe

Vorteil: relativ günstige Fertigungsverfahren

Nachteil: mehrere Arbeitsschritte

Eignung: für Einzelfertigung oder geringe Stückzahlen

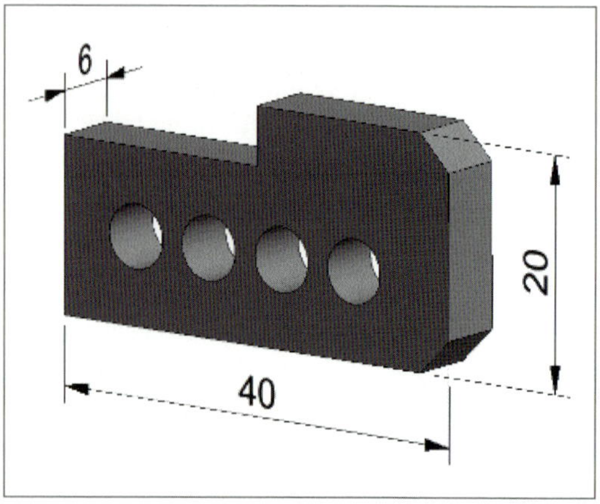

Bild 1: Werkstück

Variante 2: Halbzeug Blech $t = 6$

Verfahrensschritt:

Fertigung des kompletten Bauteils in einem Arbeitsschritt mittels Lasern

Vorteil: Fertigung in nur einem Arbeitsgang

Nachteil: relativ teures Fertigungsverfahren

Eignung: für Serien oder Massenfertigung

Der Technische Produktdesigner beeinflusst mit der Wahl des Halbzeuges die Fertigungsverfahren und nimmt dadurch bereits Einfluss auf die Herstellungskosten.

Sind die Kosten für zu vergleichende Fertigungsverfahren bekannt, kann man mit geeigneten Diagrammen ermitteln, welches Verfahren für welche Stückzahl wirtschaftlicher ist. In **Bild 2** wäre die Variante 2 ab einer Stückzahl von ca. 15 Stück günstiger.

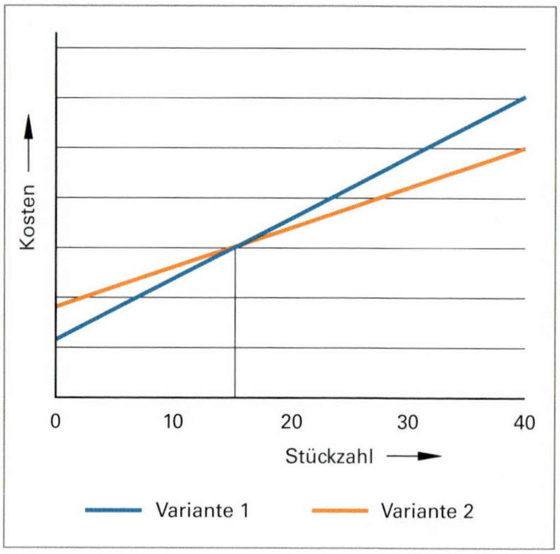

Bild 2: Kosten in Abhängigkeit zur Stückzahl

Ist die zu erwartende Stückzahl bereits während der Konstruktion bekannt, beeinflusst auch dies die Wahl des Fertigungsverfahrens und damit das Konstruktionsergebnis.

Ein Beispiel zeigt **Bild 3**. Soll ein Bauteil wie der dargestellte Hebel als Ersatzteil oder in geringen Mengen gefertigt werden, könnte dieser z. B. als Schweißkonstruktion ausgeführt werden.

Ist jedoch beabsichtigt diesen Hebel in großer Stückzahl zu fertigen, kann es wirtschaftlicher sein, diesen als Gussteil herzustellen.

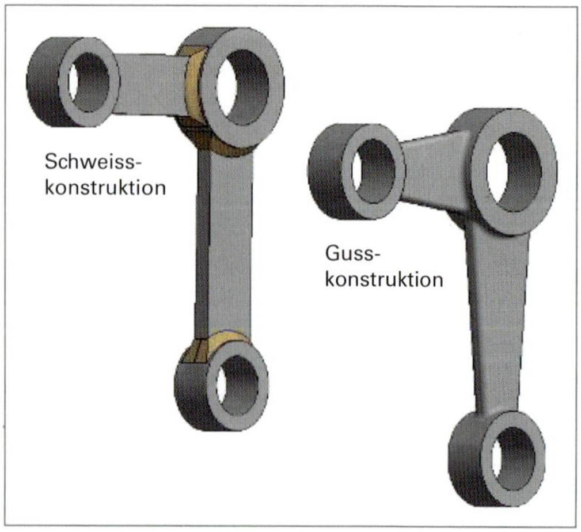

Bild 3: Hebel in 2 Varianten

Wie sich aus den vorangehenden Beispielen ableiten lässt, können im Konstruktionsprozess die Kosten für ein Produkt maßgeblich beeinflusst werden. Verursacht werden die meisten Kosten jedoch in den der Konstruktion nachgelagerten

Prozessen. Eine Übersicht über die Verursachung und Beeinflussung von Kosten im Produktentstehungsprozess zeigt **Bild 1**.

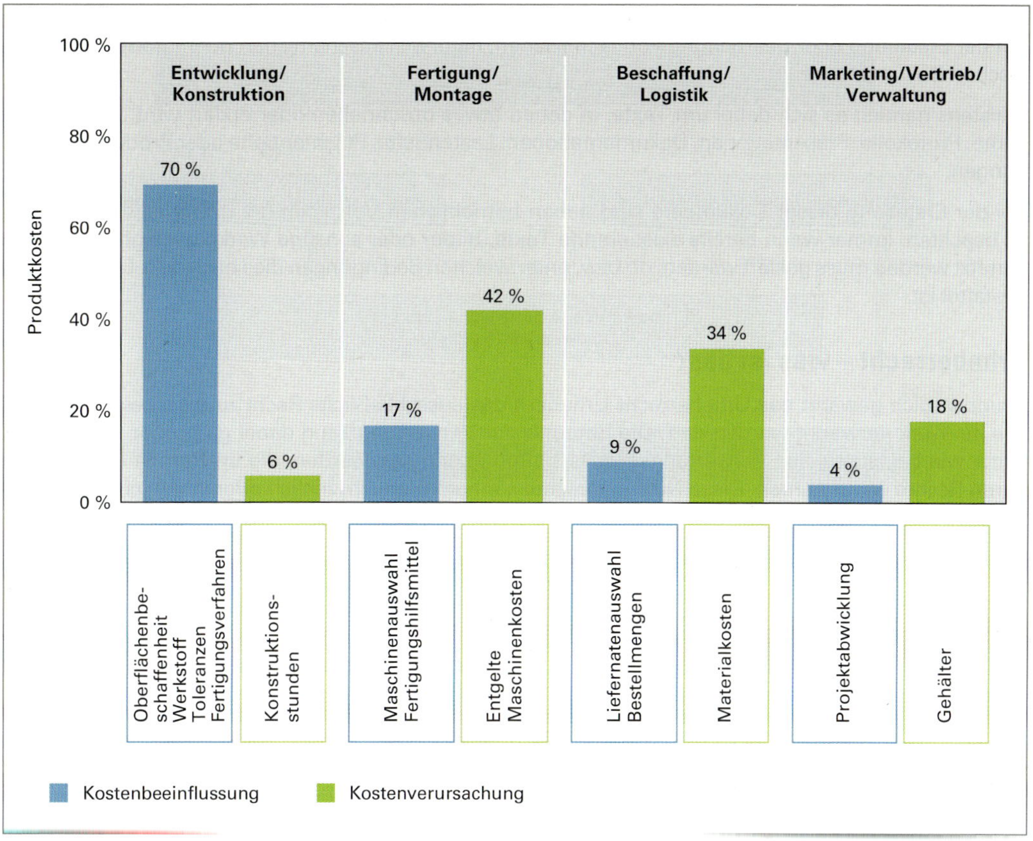

Bild 1: Beeinflussung und Verursachung von Kosten im Produktentstehungsprozess

Während des Konstruktionsprozesses werden die **Produktkosten** durch die Festlegung von Bauteilgeometrie, Werkstoff, Fertigungsverfahren, Halbzeug usw. maßgeblich beeinflusst.

AUFGABEN | WIEDERHOLUNG UND VERTIEFUNG

1. Worin unterscheiden sich die Hauptgruppen der Fertigungsverfahren?
2. Mit welchen Fertigungsverfahren kann aus einem formlosen Stoff ein festes Bauteil hergestellt werden?
3. Nach welchen Merkmalen können Fügeverfahren unterschieden werden?
4. Erklären Sie an zwei Beispielen, warum bei der Konstruktion von Fügestellen die gute Zugänglichkeit berücksichtigt werden muss.
5. Worin unterscheidet sich das Beschichten vom Ändern der Stoffeigenschaften?
6. Informieren Sie sich, welche Fertigungsverfahren in Ihrem Ausbildungsbetrieb eingesetzt werden und erstellen Sie eine Übersicht (geordnet nach Hauptgruppen).
7. Nennen Sie drei Gründe für die Beschichtung einer Bauteiloberfläche.

zenzbedingungen verwendet werden. Die dort eingestellten Texte unterliegen einer besonderen Lizenz (in der Regel der Creative-Commons-Lizenz „Namensnennung – Weitergabe und gleiche Bedingungen“), die es erlaubt, den Text beliebig zu kopieren, zu verwenden oder weiter zuverbreiten. Allerdings erlaubt die Lizenz keine Plagiate, also sich selbst als Autor auszugeben, denn man muss die Namen der Original-Autoren angeben. Das besagt der Begriff „Namensnennung“.

Die Nutzungsrechte bei Creative-Commons (CC) werden durch eine Lizenz definiert. Eine solche Lizenz kann aus verschiedenen Modulen kombiniert werden, welche in **Tabelle 1** aufgelistet sind.

Tabelle 1: Module von Creative-Commons-Lizenzen

Symbol	Kurzform	Modulname	Modulbeschreibung
	by	Namensnennung (Attribution)	Der Name des Urhebers muss genannt werden.
	nc	nicht kommerziell (Non-commercial)	Eine kommerzielle Nutzung ist nicht gestattet. Bei Fehlen dieses Symbols ist eine kommerzielle Nutzung gestattet.
	nd	keine Bearbeitung (No Derivatives)	Das Werk darf nicht bearbeitet werden, es dürfen keine Derivate angefertigt werden. Bei Fehlen dieses Symbols darf das Werk bearbeitet werden.
	sa	Weitergabe unter gleichen Bedingungen (Share Alike)	Wenn das Werk bearbeitet wurde, muss das neu entstandene Werk unter einer Lizenz mit vergleichbaren Bedingungen weitergegeben werden.
	cc0	Keinerlei Urheberrechte (Public Domain Dedication)	Sie dürfen das Werk kopieren, verändern, verbreiten und aufführen, sogar zu kommerziellen Zwecken, ohne um weitere Erlaubnis bitten zu müssen.
	cc pd mark	Frei von urheberrechtlichen Einschränkungen (Public Domain Mark)	Das Werk wurde als frei von jeglichen urheberrechtlichen Einschränkungen sowie verwandter Schutzrechte identifiziert.

Die einzelnen Module können zu einer Lizenz kombiniert werden, ein Beispiel zeigt **Tabelle 2**.

Tabelle 2: Beispiel einer Creative-Commons-Lizenz aus drei Modulen

	▌Attribution ▌Non-commercial ▌No Derivatives (by-nc-nd)	Das Werk darf heruntergeladen und weitergegeben werden unter der Bedingung, dass der Autor genannt wird und auf ihn zurückverlinkt wird. Das Werk darf nicht verändert oder kommerziell genutzt werden.

Urheberrecht im beruflichen Umfeld

Generell bleiben die **Urheberpersönlichkeitsrechte** auch bei der Erstellung von technischen, naturwissenschaftlichen oder informationstechnischen Dokumenten im Rahmen eines Arbeits- und Dienstverhältnisses gewahrt. Allerdings gehen die **Nutzungsrechte** an solchen Arbeiten, die zum (Kern-)Aufgabenbereich des Arbeitnehmers gehören auf den Arbeitgeber über. Sofern im Arbeitsvertrag nicht anders geregelt, gehen die Nutzungsrechte für unbegrenzte Zeit auf den Arbeitgeber über, erstrecken sich aber nicht auf Arbeiten, die vor und nach Beginn des Arbeitsverhältnisses entstanden sind.

3.14 | TECHNICAL ENGLISH

3.14.1 | OVERVIEW OF MATERIALS

In order to get an overview of the variety of materials, they are arranged in material groups according to their composition or their properties. The three main groups of the materials are metals, non-metals and composite materials. Additionally they are divided into special material groups.

Steels are the most important materials for the technical product designer. They are iron-based materials with a high strength. Steels are used for machine components which bear and transfer power: screws (bolts), shafts or gear wheels. The most common types of steels are carbon steels, quenched and tempered steels, tool steels and stainless steels.

Cast irons are easily castable iron-based materials. They are casted into components of complex shapes, for example housings.

Heavy metals are metal materials with a density over 5 kg/dm³. They are used for their typical material properties: Copper has an excellent electric conductivity. Chromium and nickel increase the corrosion resistance as alloying elements in stainless steels.

Light metals are metal materials with a density below 5 kg/dm³, e.g. aluminium, magnesium or titanium. The light metals alloys have a medium to high strength and are used for construction elements. Their main field of application is light weighted components for cars or planes.

Plastics are the most common synthetic materials. Plastics are light and electrically insulating materials. Their use is extremely manifold. It reaches from material for tyres to engine components.

Composite materials are mixed of several materials, e.g. fibre reinforced plastics of glass fibers and a plastic matrix. They combine the positive properties of the individual materials to form a new material.

Words	
variety of materials	Vielfalt der Werkstoffe
according to	entsprechend
composition	Zusammensetzung
properties	Eigenschaften
metal	Metall
composite material	Verbundwerkstoff
steel	Stahl
strength	Festigkeit
machine components	Maschinenbauteil
to bear	aushalten, standhalten
screw (bolt)	Schraube
shaft	Welle
gear wheel	Zahnrad
carbon steel	unlegierter Baustahl
quenched and tempered steel	Vergütungsstahl
stainless steel	nichtrostender Stahl
cast iron	Gusseisen
easily castable	leicht gießbar
shape	Form
housing	Gehäuse
heavy metals	Schwermetall
density	Dichte
electric conductivity	elektrische Leitfähigkeit
corrosion resistance	Korrosionswiderstand
alloying element	Legierungselement
light metal	Leichtmetall
construction element	Konstruktionsbauteil
application	Einsatz
plane	Flugzeug
plastic	Kunststoff
synthetic materials	künstliche Werkstoffe
electrically insulating	elektrisch isolierend
manifold	vielfältig
tyre	Reifen
engine component	Maschinenbauteil
composite material	Verbundwerkstoff
fibre reinforced	Faserverstärkt
plastic matrix	Kunststoffbindung
to combine	kombinieren

Lernfeld 3

EXERCISES | REPETITION AND CONSOLIDATION

1. Name three types of steel and give a typical application for each.
2. Find the density values of pure aluminium and lead in your metal trade handbook. Calculate the mass of 1 m³ of aluminium and of lead.
3. Name two reasons why cupper is used for electrical wires.
4. Name three light metals or their alloys and give a typical application for each.
5. Name two examples of composite material and give a typical application.

3.14.2 | LOAD TYPES

A material is exposed to various loads depending on the direction of the forces acting on a component **(figure 1)**. The technical product designer has to keep the loads in mind in order to choose adequate dimensions for the workpiece or the assembly group.

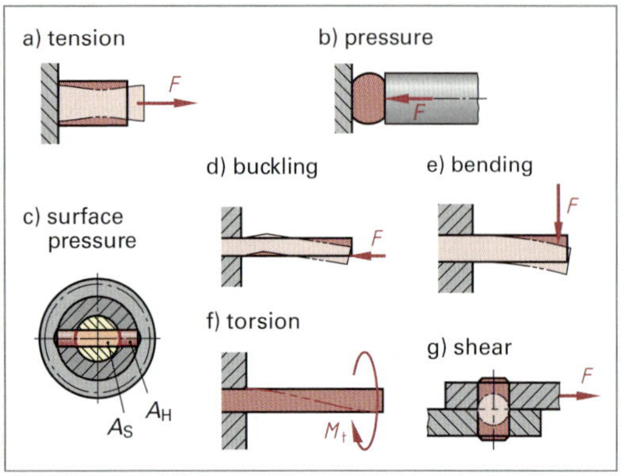

Figure 1: Load types

Words	
load type	Belastungsart
to be exposed	ausgesetzt sein
to depend on	abhängig sein von
force	Kraft
adequate	angemessen
tension	Zug
pressure	Druck
surface pressure	Flächenpressung
buckling	Knicken
bending	Biegen
torsion	Verdrehung
shear	Abscheren
stress	Spannung
tensile test	Zugversuch
to apply	aufbringen / einwirken
initial cross section area	anfängliche Querschnittsfläche
stress-strain-diagram	Spannungs-Dehnungs-Diagramm
mechanical strength properties	Festigkeitswerte
yield strength	Streckgrenze
tensile strength	Zugfestigkeit
strain to rapture	Bruchdehnung
elastic modulus	E-Modul
to yield	nachgeben
plastically deformed	plastische Verformung

To determine if the design is sufficient, for each load type the stress in the component is calculated and compared to the maximum stress limit of the material. If the calculated stress in the part is smaller than the allowed maximum stress, the design is OK.

The stress limit for tension for a certain material is defined with the tensile test. At this test a tensile load is applied to a test bar until it breaks. To calculate the stress, the applied force F is divided through the initial cross section area S_0 **(figure 2)**.

The result of the tensile test is the stress-strain-diagram and several mechanical strength properties, like the yield strength R_e, the tensile strength R_m, the strain to rapture A and the elastic modulus E. The stress when the materials starts to yield is called the yield strength R_e. This is the most important value, because at this point the material starts to be plastically deformed. The maximum stress which is applied to the test bar is the tensile strength R_m.

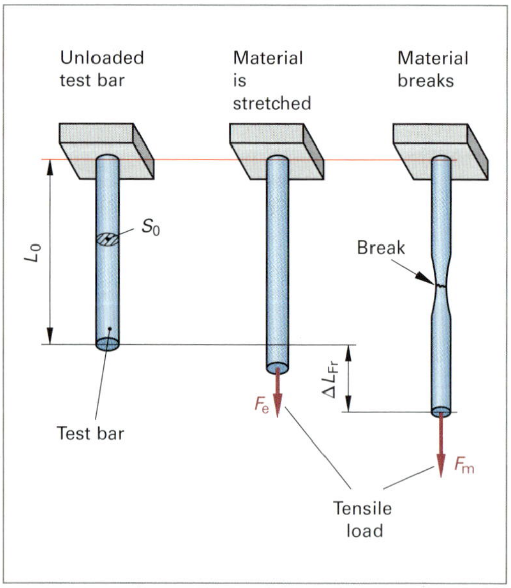

Figure 2: Tensile test

EXERCISES | REPETITION AND CONSOLIDATION

1. Name three technical components which are loaded with torsion.
2. Explain the difference between yield strength and tensile strength.
3. Find the four material properties, R_e, R_m, A and E in your metal trade handbook for S235JR.

Lernfeld 4 | AUFTRÄGE KUNDENORIENTIERT AUSFÜHREN

Die Konstruktionslehre stellt Hilfsmittel zur Verfügung, die den Technischen Produktdesigner dabei unterstützen, systematisch Lösungen zu einer konstruktiven Aufgabenstellung zu finden. Ausgehend von einer Aufgabenstellung werden die erforderlichen Informationen zusammengetragen. Ideen werden gesammelt und erste Lösungen daraus entwickelt und bewertet. Die optimale Lösung für den jeweiligen Zweck wird ausgearbeitet und konstruktiv umgesetzt. Die erforderlichen Unterlagen mit Zeichnungen und Stücklisten werden abschließend erstellt.

Parallel dazu bietet das Projektmanagement die notwendigen Rahmenbedingungen, den Auftrag in dem Unternehmen als Projekt abzuwickeln. Hierbei werden zuerst die Machbarkeit untersucht und Voraussetzungen wie Kosten, Termine, Risiken und Projektziel festgelegt. Die Instrumente des Projektmanagements stellen sicher, dass am Ende ein erfolgreiches Projekt zum Abschluss gebracht werden kann.

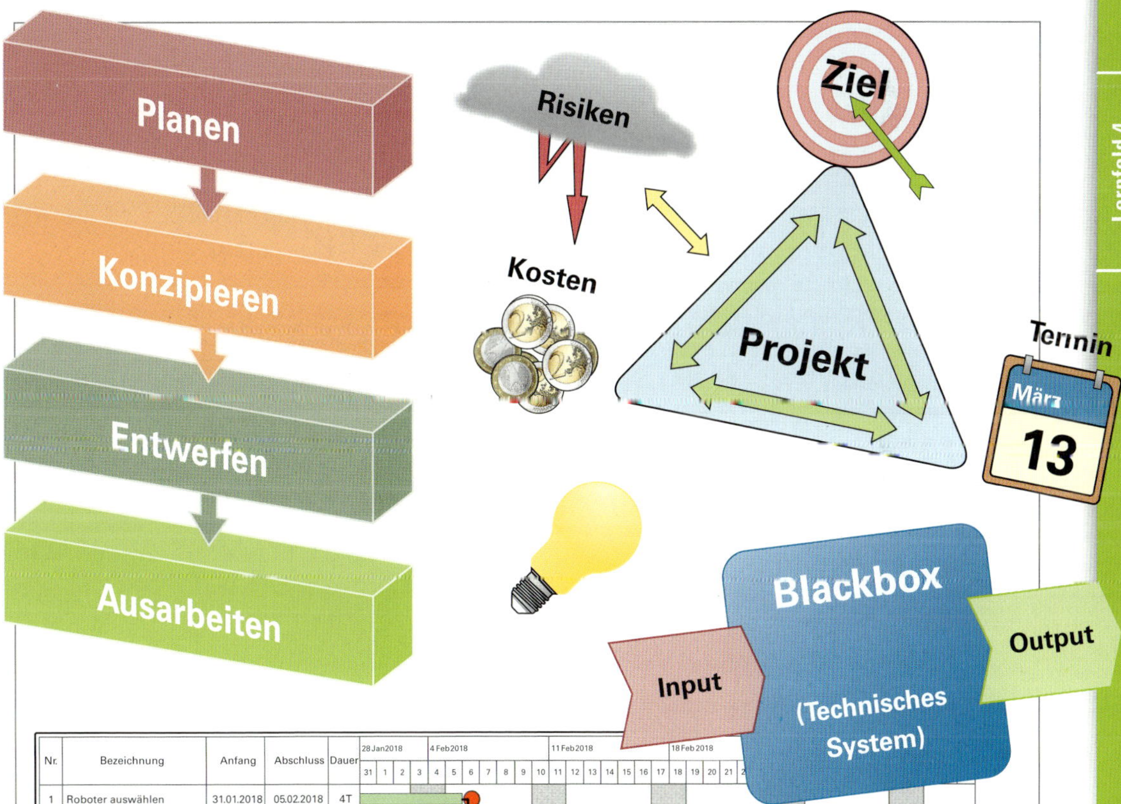

Nr.	Bezeichnung	Anfang	Abschluss	Dauer
1	Roboter auswählen	31.01.2018	05.02.2018	4T
2	Roboter bestellen	06.02.2018	06.02.2018	1T
3	Standort vorbereiten	07.02.2018	08.02.2018	2T
4	Roboter liefern	07.02.2018	20.02.2018	10T
5	Energieversorgung vorbereiten	09.02.2018	12.02.2018	2T
6	Roboter aufstellen	21.02.2018	22.02.2018	2T
7	Energieversorgung anschließen	23.02.2018	23.02.2018	1T
8	Roboter einfahren	26.02.2018	27.02.2018	2T
9	Roboter Probelauf	27.02.2018	01.03.2018	2T
10	Mitarbeiter schulen	01.03.2018	05.03.2018	3T

4.1 LERNSITUATIONEN

LERNSITUATION 1 | Flaschenöffner

Ihre Firma fertigt Hilfsmittel für Menschen mit körperlichen Einschränkungen. Der Vertrieb hat die Anfrage erhalten, für Menschen mit einem körperlichen Handicap einen Flaschenöffner zu entwickeln, mit dem sie ohne weitere Hilfsmittel eine Flasche oder ein Schraubverschlussglas öffnen können.

Randbedingungen:

- Der Flaschenöffner soll die unterschiedlichen Flaschen und handelsübliche Schraubverschlussgläser öffnen können.
- Die Bedienung des Flaschenöffners muss mit einer Hand möglich sein.
- Die Vorrichtung kann fest auf der Arbeitsplatte in der Küche montiert werden, ohne die Arbeitsplatte zu beschädigen. Sie muss aber nicht zwingend fest montiert werden.
- Das Hilfsmittel soll rein mechanisch funktionieren, also ohne elektrischen Antrieb.
- Die Herstellkosten sollen unter 100 € liegen.

Aufgabenstellung

1.1 Erstellen Sie ein Lastenheft für den Flaschenöffner.

1.2 Erstellen Sie einen Terminplan für die Bearbeitung, planen Sie dabei die Zeiten für die Konstruktion und die Erstellung von Dokumentation und Präsentation mit ein.

1.3 Entwickeln Sie zwei verschiedene Lösungsvarianten für den Flaschenöffner.

1.4 Bewerten Sie die Lösungsvarianten.

LERNSITUATION 2 | Locher

Der Leiter der gewerblichen Ausbildungswerkstatt benötigt für die Vorbereitung auf die Prüfungen ein Übungsmodell eines Lochers. Gemeinsam mit dem Konstruktionsleiter wurde folgendes Lastenheft formuliert:

- Papierformate A4 und A5 sollen gelocht werden.
- Der Locher ist für eine Zweiloch-Lochung von Hand vorzusehen.
- Der Bauraum für den Locher soll möglichst gering sein.

Aufgabenstellung

2.1 Erstellen Sie ein Pflichtenheft für den Locher.

2.2 Stellen Sie die Hauptfunktion des Lochers dar (Blackbox-Darstellung).

2.3 Erstellen Sie mithilfe des Mind-Map-Verfahrens eine Funktionsstruktur des Lochers für Teil- und Nebenfunktionen.

2.4 Erstellen Sie aus der Anforderungsliste Bewertungskriterien für das Rangfolgeverfahren.

2.5 Erstellen Sie als Gruppenarbeit Lösungsideen für die Teilfunktionen.

2.6 Sortieren Sie die realisierbaren Lösungsideen heraus, erstellen Sie damit einen morphologischen Kasten und entwickeln Sie drei umsetzbare Varianten.

2.7 Bewerten Sie die Lösungsvarianten im Vergleich unter Berücksichtigung der Ergebnisse aus dem Rangfolgeverfahren und den Gewichtungsfaktoren.

4.2 DIE KONSTRUKTIONS- UND ENTWICKLUNGSABTEILUNG

Unternehmen, die eigene Produkte auf den Markt bringen, haben in der Regel auch eine Konstruktions- und Entwicklungsabteilung. Ihre Aufgabe ist es, neue Produkte zu entwickeln und bereits bestehende Produkte ggf. zu modifizieren, d. h. an die Anforderungen des Marktes anzupassen. Dies gilt vor allem für die Produkte, die keine Einzelaufträge, sondern Serienprodukte sind, wie z. B. eine Bohrmaschine, eine Kaffeemaschine, ein Auto, ein Seriengetriebe oder eine Kupplung. Fertigt ein Betrieb z. B. ein Getriebe für ein Walzwerk, liegt eher eine Einzelfertigung vor, denn dieses Getriebe wurde speziell für diese Anlage konzipiert und wird eher selten anderweitig Verwendung finden.

Damit ist es die wesentliche Aufgabe der Konstruktionsabteilung, für technische Aufgabenstellungen Lösungen zu finden. Hierzu bedient sich der Konstrukteur natur- und ingenieurwissenschaftlicher Erkenntnisse. Er berücksichtigt bei der Lösungsfindung stoffliche, technologische, gesetzliche, umweltbezogene und menschenbezogene Bedingungen bzw. Einschränkungen, um die optimale Lösung für die Aufgabenstellung zu finden. Hierzu ist gleichzeitig fundiertes Wissen in den unterschiedlichen technischen Bereichen erforderlich.

Ausgehend von der Aufgabenstellung entwickeln sich konkrete Teilaufgaben, die zur Realisierung zu bearbeiten sind. Dem Konstrukteur bzw. dem Team in der Konstruktion obliegt die gedankliche Umsetzung der Aufgabenstellung. Als Technischer Produktdesigner sind sie an der Lösungsfindung und Produktentwicklung beteiligt. Die Ideen, Kenntnisse und Fähigkeiten der Mitarbeiter bestimmen in wesentlicher Weise den technischen, wirtschaftlichen und ökologischen Wert eines Produktes. Für die Realisierung ist die Zusammenarbeit mit anderen Bereichen des Unternehmens erforderlich. **Bild 1** gibt einen Überblick über die Gliederung einer Maschinenbaufirma.

Der **Vertrieb** steht in engem Kundenkontakt. Dort gehen die Anfragen bzw. Aufträge ein. Anfragen zu Neuentwicklungen werden vom Vertrieb an die **Produktentwicklung** weitergeleitet, Änderungswünsche an bereits ausgelieferte Produkte direkt an die **Konstruktion.** Manche Firmen sind so strukturiert, dass Entwicklung und Konstruktion in einem Bereich zusammengefasst sind. Die **Arbeits- und Fertigungsplanung** erhält Daten aus der Konstruktion und plant die Fertigung der Einzelteile und der Montage. Die **Fertigung** stellt die Einzelteile her. Der **Service** behandelt Kundenanfragen bei bereits ausgelieferten Produkten sowie Reklamationen, aber auch Änderungswünsche können in der Abteilung Service bearbeitet werden. In der Abteilung **Einkauf** werden Kaufteile beschafft und evtl. die Fremdfertigung von Einzelteilen in Auftrag gegeben.

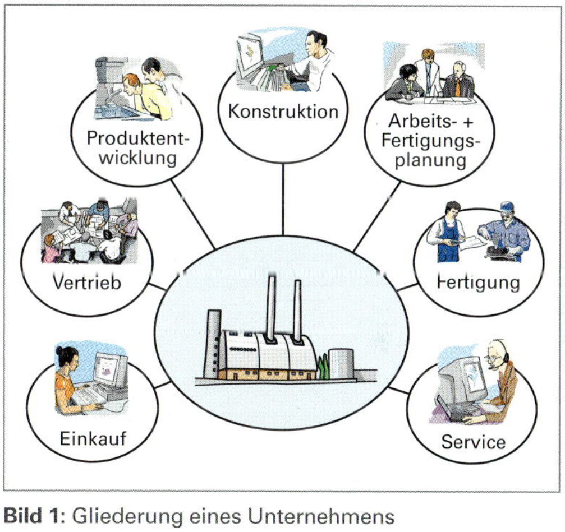

Bild 1: Gliederung eines Unternehmens

In der Konstruktions- und Entwicklungsabteilung arbeiten Ingenieure, Techniker und Technische Produktdesigner im Team zusammen. Sie entwickeln und konstruieren die Produkte, die ein Unternehmen fertigt und vertreibt. In der Regel konkurriert eine Firma mit anderen Unternehmen um den Absatz- und Beschaffungsmarkt. Sowohl auf die aktuelle Konkurrenzsituation als auch auf die aktuelle Marktlage muss das Unternehmen flexibel reagieren und gegebenenfalls intervenieren (lateinisch: *intervention*, Einmischung). Immer kürzere Entwicklungszeiten und eine größere Vielfalt an Erzeugnissen werden zukünftige Herausforderungen sein. Ein Unternehmer kann entweder mit der **Erschließung neuer Märkte** reagieren oder auch mit neuen Produkten bzw. Produktvarianten auf den Markt gehen. Dabei sind eine sehr genaue Beobachtung des **Absatzmarktes** und eine schnelle, zielgenaue Produktentwicklung wesentliche Voraussetzungen für den Markterfolg.

4.3 PRODUKTLEBENSZYKLUS

Die Entwicklung eines Produktes für eine Serienfertigung muss sich an den Gegebenheiten des Marktes orientieren bzw. am Kundenwunsch und unterliegt einem **Produktlebenszyklus**.

Für jedes Produkt lassen sich **sieben Lebensphasen** unterscheiden **(Bild 1)**:

1. Die **Produktfindung**: Das Produkt besteht lediglich in den Köpfen einiger Entwickler, Firmenchefs oder Ideengeber. Die Entwicklungskosten sind noch sehr gering, Kreativität und Ideenreichtum sind gefragt, um neue Produkte zu finden.
2. Die **Produktrealisierung**: Aus einer ersten Idee wird nach und nach Realität. Entwickler und Konstrukteure konstruieren und berechnen das neue Produkt. Eventuell sind Versuche und Tests erforderlich. Auf dem Beschaffungsmarkt müssen Materialien eingekauft werden. Die Entwicklungskosten steigen. Diese Phase finanziert der Betrieb aus seinen Kapitalrücklagen.
3. Die **Markteinführung**: Das Produkt wird auf dem Absatzmarkt angeboten. Mit der Markteinführung beginnt der Marktzyklus. Der Produktumsatz bringt erste Erlöse, die wegen der getätigten Investitionen allerdings noch nicht zu einem Gewinn führen. Der Umsatz steigt stetig.
4. Das **Wachstum**: Die Entwicklungskosten sind ausgeglichen, das Produkt erbringt Gewinn. Der Umsatz steigt weiter an, flacht am Ende der Wachstumsphase allerdings ab. Ein Betrieb mit Weitblick wird jetzt in die Weiterentwicklung des Produktes oder auch in die Entwicklung eines Folgeproduktes investieren.
5. Die **Reifezeit**: Der Produktumsatz bleibt nahezu konstant; er hat seinen Höhepunkt erreicht und geht langsam zurück. Am Ende der Reifezeit hat auch der Gewinn seinen Höhepunkt erreicht.
6. Die **Marktsättigung**: Der Produktumsatz geht deutlich zurück. Der Markt ist gesättigt, sodass das Produkt deutlich weniger nachgefragt wird. Mit dem Umsatz nimmt auch der Produktgewinn ständig ab.
7. Der **Abstieg**: Der Produktumsatz geht weiter zurück oder stagniert bei einem bestimmten Niveau. Dadurch sind Erträge (Einnahmen) und Aufwendungen (Kosten) nahezu ausgeglichen, sodass mit dem Produkt kein Gewinn mehr erzielt werden kann.

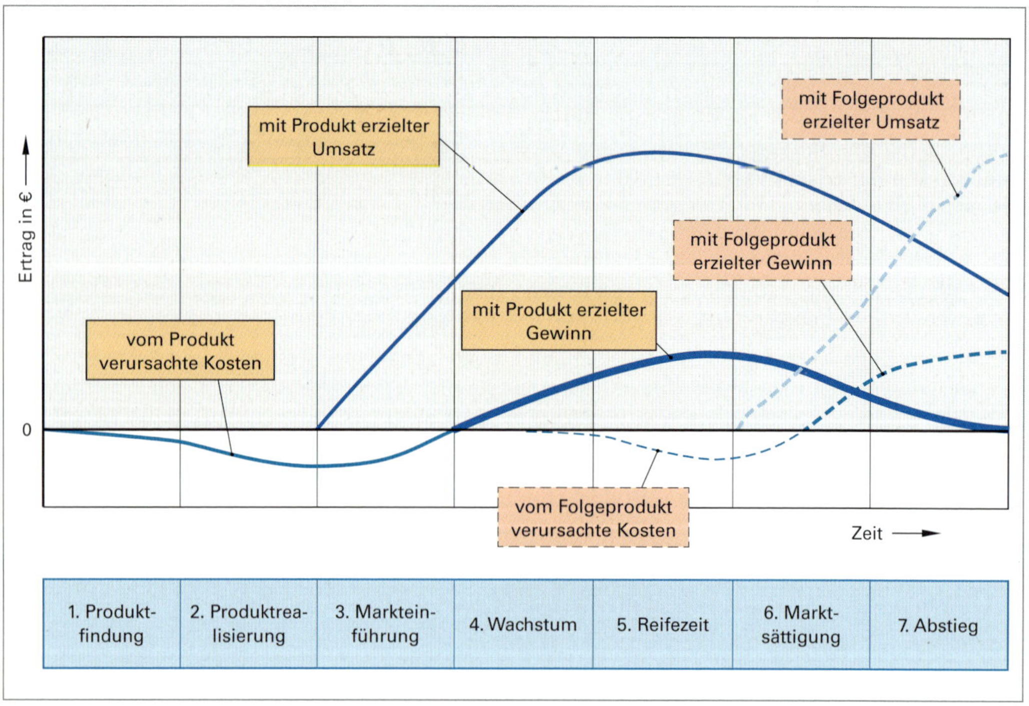

Bild 1: Produktlebenszyklus

4.4 DER KONSTRUKTIONSPROZESS

4.4.1 ANFORDERUNGEN AN DAS ERGEBNIS DES KONSTRUKTIONSPROZESSES

Das Ergebnis eines Konstruktionsprozesses besteht aus einem fertigungsgerechten Datensatz, der zur Herstellung des entsprechenden Produktes führt. Jedes Produkt eines Unternehmens sollte vier Forderungen erfüllen:

1. Es muss **funktionieren** und zwar nach dem Stand der Technik und für den Zweck so gut wie möglich.
2. Es muss **herstellbar** und **prüfbar** sein, die Entscheidung hierfür wird in der Konstruktion gefällt.
3. Es muss wirtschaftlich **(ökonomisch)** sein.
4. Es soll **ästhetisch** sein, also ansprechend aussehen.

Beim Konstruktionsprozess wird sichergestellt, dass die vier **konstruktiven Produktanforderungen** erfüllt sind.

4.4.2 BEDEUTUNG DER KONSTRUKTIONSARBEIT

Bei der Konstruktion von Produkten ist die Wirtschaftlichkeit eine der wichtigen Faktoren. Die Verantwortung für den Endpreis des Produktes wird maßgeblich in der Konstruktion festgelegt:

- ökonomische Ergiebigkeit (Betriebsergebnis),
  100 % des Betriebsergebnisses werden von dem Konstrukteur bestimmt;
- die Konstruktionsarbeit beeinflusst im Wesentlichen die nachfolgenden Kosten und damit auch den Endpreis eines Produktes,
  70 % des Kostenanteils eines Produktes werden in der Konstruktion bestimmt;
- die Marktstellung wird durch effektives und fehlerfreies Arbeiten gesichert.

Das nachfolgende Diagramm **(Bild 1)** verdeutlicht die Kostenentstehung und die Kostenfestlegung für verschiedene Unternehmensbereiche. Es wird mehr als deutlich, dass die maßgeblichen Kosten eines Produktes in der Konstruktion festgelegt werden.

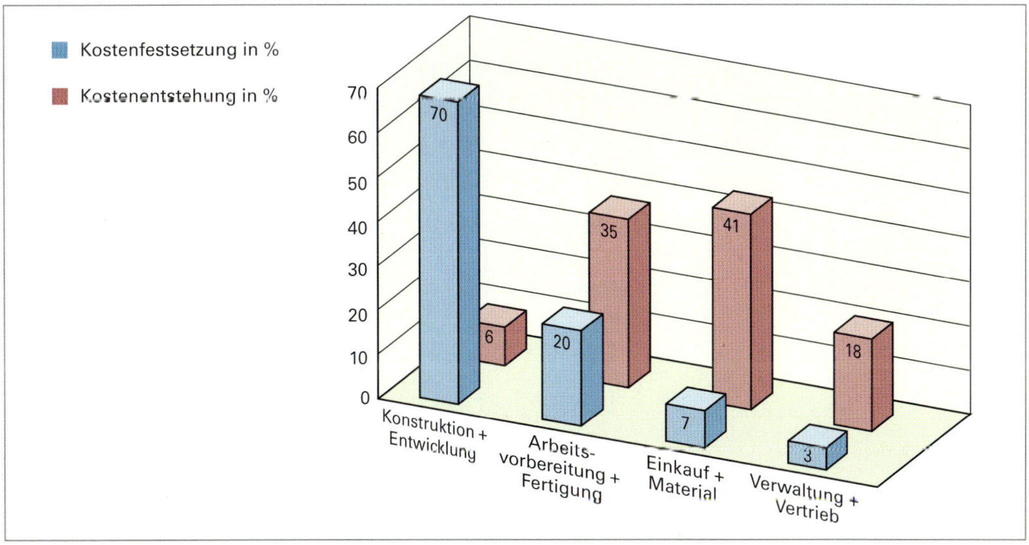

Bild 1: Kostenentstehung und Kostenfestsetzung in verschiedenen Unternehmensbereichen

4.5 KONSTRUKTIONSMETHODIK

Konstruktive Projekte folgen einer Methodik, die in der VDI-Richtlinie 2222 festgelegt ist. Dabei gilt der Grundsatz, dass das Konstruieren von Erzeugnissen methodisch durchgeführt wird. Aus ersten Gedanken entwickeln sich immer deutlichere Vorstellungen, die in konkreten Fertigungsunterlagen enden. Obwohl die einzelnen Schritte nicht scharf voneinander abgegrenzt werden können, ist die Reihenfolge immer gleich **(Bild 1)**. Für die Ausbildung werden die Arbeitsschritte des methodischen Konstruierens auf die vier wesentlichen Schritte Planen, Konzipieren, Entwerfen und Ausarbeiten komprimiert.

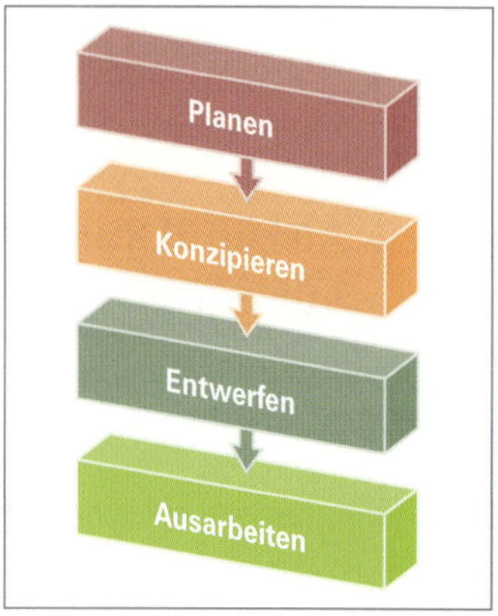

Bild 1: Ablauf beim methodischen Konstruieren

4.6 PLANEN

Die Planung umfasst die Klärung der Aufgabenstellung durch das Erfassen der Anforderungen an das zu entwickelnde Produkt.

Die Planung beginnt mit der Sichtung des **Lastenheftes**. Das Lastenheft beinhaltet die Gesamtheit aller Forderungen, die der Auftraggeber an die Lieferungen und Leistungen des Auftragnehmers stellt (**WAS** und **WOFÜR**). Das Lastenheft ist die Grundlage für das Angebot und den Vertrag. Es wird vom Auftraggeber bzw. Kunden erstellt.

Auf der Basis des Lastenheftes erstellt der Auftragnehmer das **Pflichtenheft**. Das Pflichtenheft beschreibt, wie der Auftragnehmer die Forderungen aus dem Lastenheft umsetzen wird (**WIE** und **WOMIT**). Das Pflichtenheft wird vom Auftragnehmer erstellt und vom Auftraggeber genehmigt. Es gilt als verbindliche Vereinbarung für eine vereinbarte Leistung (Produkt). In der Konstruktion wird oftmals auf Basis dieser beiden Unterlagen die **Anforderungsliste** erstellt. Sie beinhaltet eine systematische Zusammenfassung aller Daten und Informationen, die für die Konstruktion notwendig sind. Sie dient der **Klärung der Aufgabenstellung**. Die Anforderungsliste wird in Zusammenarbeit mit dem Auftraggeber erstellt, von diesem genehmigt und stets aktualisiert. **Tabelle 1** zeigt eine Übersicht über mögliche Punkte, die in einer Anforderungsliste aufgeführt werden können.

Tabelle 1: Hauptmerkmale einer Anforderungsliste (Auszug)

Merkmal	Beispiele
Abmessungen	Höhe, Breite, Länge, Durchmesser, Raumbedarf, Anzahl, Anordnung ...
Kinematik	Geschwindigkeit, Beschleunigung, Bewegungsrichtung, -art ...
Kräfte	Kraftgröße, -richtung, -häufigkeit, Gewicht, Verformung ...
Energie	Leistung, Wirkungsgrad, Reibung, Temperatur, Erwärmung, Kühlung ...
Signal	Ein- u. Ausgangssignale, Anzeigeart, Überwachungsgeräte, Signalart ...
Sicherheit	Schutzsysteme, besondere Sicherheitsfaktoren ...
Ergonomie	Bedienung, Bedienungsart ...
Fertigung	Festlegung von Toleranzen, Fertigungsverfahren, Fertigungsmittel ...
Kontrolle	Besondere Vorschriften, Mess- u. Prüfmöglichkeiten ...
Montage	Fundamente, Einbaubedingungen, Zusammenbau ...
Transport	Gewichtsbegrenzung (Hebezeuge), Versandart, Begrenzungen ...
Instandhaltung	Wartungsintervalle, Wartungsfreiheit, Austausch ...
Kosten, Termin	Max. Herstellkosten, Werkzeugkosten, Liefertermin, Projektplan ...
Recycling	Wiederverwertung, -verwendung, Endlagerung, Entsorgung ...

Ein Beispiel für ein Formblatt einer Anforderungsliste zeigt **Bild 1**.

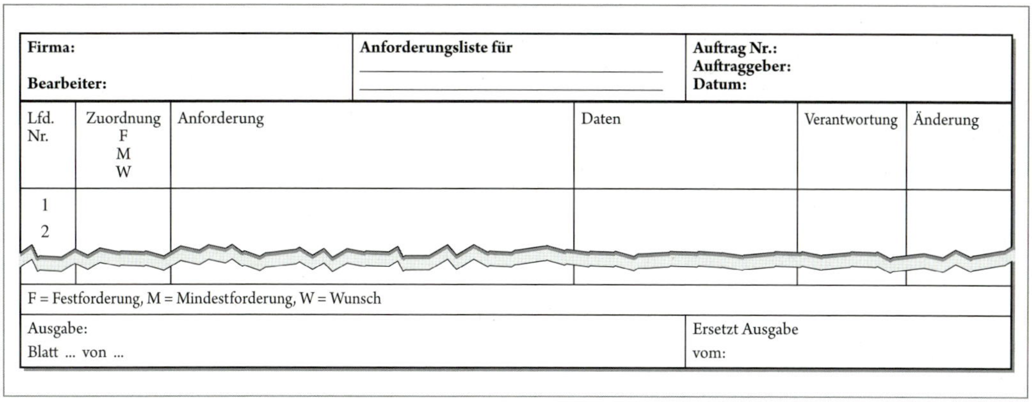

Firma: Bearbeiter:			Anforderungsliste für		Auftrag Nr.: Auftraggeber: Datum:	
Lfd. Nr.	Zuordnung F M W	Anforderung		Daten	Verantwortung	Änderung
1 2						
F = Festforderung, M = Mindestforderung, W = Wunsch						
Ausgabe: Blatt ... von ...					Ersetzt Ausgabe vom:	

Bild 1: Formblatt einer Anforderungsliste

Die Inhalte der Anforderungsliste dienen später als Basis für Lösungsvarianten und als Kriterien für die Bewertung. Drei Merkmale werden unterschieden: Festforderungen, Mindest- und Maximalforderungen und Wünsche. Die Auflistung der kundenseitigen Forderungen und Wünsche wird auch als **Produkt- oder Produktionsspezifikation** bezeichnet.

Als **Festforderungen** werden die Forderungen bezeichnet, die auf jeden Fall erfüllt werden müssen. Lösungsvarianten, die diese Kriterien nicht erfüllen, scheiden schon im Vorfeld aus.

Den **Mindestforderungen** bzw. **Maximalforderungen** entsprechen Angaben, bei denen kein exakter Zahlenwert, sondern ein Bereich vorgegeben ist. Sie beinhalten Angaben wie z. B. kleiner, größer oder bis. So kann z. B. die Drehzahl mit mind. 800 min^{-1} angegeben werden. Mindestforderungen gehen bei der Bewertung als Kriterien ein und legen so die Bewertung einer Lösung fest.

Wünsche sollten möglichst erfüllt werden. Die Erfüllung von Wünschen bei einer Lösungsvariante erhöht den Wert einer Lösung, eine Nichterfüllung mindert jedoch nicht den Wert.

Bei der Formulierung der Forderungen und Wünsche sind quantifizierte Aussagen wichtig. Es reicht z. B. nicht zu schreiben „kostengünstig", sondern „Kosten unter 3 000 €", oder statt geräuscharm „Geräusche kleiner als 60 dB".

Tabelle 1 gibt einen Überblick über die Abgrenzung zwischen Lastenheft, Pflichtenheft und Anforderungsliste.

Tabelle 1: Unterschiede zwischen Lastenheft, Pflichtenheft und Anforderungsliste

Eigenschaft	Lastenheft	Pflichtenheft	Anforderungsliste
Zweck	Kundenanforderungen als Liefer- und Leistungsumfang beschreiben	Beschreibung der Umsetzung der Kundenanforderungen	Sammlung aller für die Konstruktion relevanten Daten und Informationen
Ersteller	Kunde	Auftragnehmer	Konstrukteur
Ziel	Definition **WAS** und **WOFÜR**	Definition **WIE** und **WOMIT**	Definition von Zweck und Eigenschaften der Anforderungen
Inhalt	Anforderungen und Randbedingungen	Lastenheft mit Umsetzung der Anforderungen	Entspricht dem erweiterten Pflichtenheft

Innerhalb des gesamten Konstruktionsprozesses besteht ein hoher Informationsbedarf. Studien zeigen, dass ca. 20 % der Arbeitszeit für die Bereiche Informationsbeschaffung und Informationsverarbeitung aufgewendet wird. Daher ist es erforderlich, dass die erforderlichen Informationen schnell und direkt zur Verfügung stehen.

Informationsquellen sowie **Hilfsmittel zur Informationsbeschaffung** sind:

- Lösungssammlungen
- Konstruktionskataloge
- Gestaltungsrichtlinien
- Normen und Vorschriften
- VDI-Richtlinien
- Kataloge
- Merkmallisten zur Erstellung der Anforderungsliste
- Werkstoffkataloge
- Relativkostenkataloge
- Liste vorhandener Betriebsmittel
- Berechnungsprogramme
- CAD-Programme
- Fachliteratur

> **Info: Relativkostenkatalog**
>
> In Relativkostenkatalogen werden die Preise bzw. Kosten von z. B. Werkstoffen, Halbzeugen oder Normteilen auf Vergleichsgrößen bezogen. Die Angaben sind länger gültig als Absolutkosten.

Mit dem Vorliegen der Anforderungsliste ist die Planung abgeschlossen.

4.7 KONZIPIEREN

Auf der Basis der Anforderungsliste beginnt nun die eigentliche konstruktive Arbeit. Hierzu werden die wesentlichen Merkmale des geplanten Produktes herausgehoben und lösungsneutral formuliert.

So wird z. B. nicht formuliert, dass ein Schraubstock konstruiert werden soll. Besser ist die Formulierung, dass eine Spannvorrichtung für prismatische Werkzeuge konstruiert werden soll. Bei einem Getriebe entspräche dies der Formulierung, dass Drehzahl und Drehmoment geändert werden sollen.

Die lösungsneutrale Formulierung schränkt die Ideenfindung nicht ein, sie lässt mehr Spielraum für die Ideenfindung.

Ein technisches Erzeugnis, wie z. B. eine Maschine oder ein Bauteil, kann man als technisches System betrachten. Jedes technische System erfüllt eine ganz bestimmte Hauptfunktion, die wiederum aus mehreren Teilfunktionen bestehen kann.

Jede Funktion, insbesondere eine **Hauptfunktion,** lässt sich abstrakt in Form einer **Blackbox** **(Bild 1)** darstellen. Die Abläufe innerhalb der Blackbox bleiben vorerst unberücksichtigt.

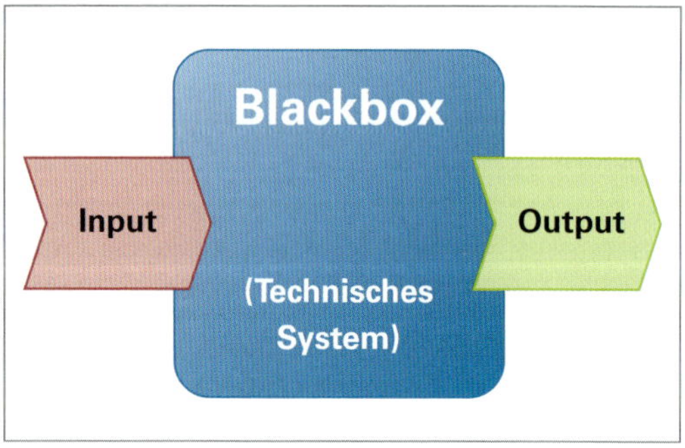

Bild 1: Blackbox

Man betrachtet zuerst nur das zu beschreibende System und die Schnittstellen zu seiner Umgebung. Hieraus ergibt sich die Beschreibung der Gesamtfunktion.

Die Hauptfunktion ist häufig sehr komplex, was eine Lösungsfindung im Ganzen erschwert. Daher wird die Hauptfunktion in **Teilfunktionen** aufgeteilt, für die sich leichter Lösungen finden lassen.

Komplexe Teilfunktionen werden wieder unterteilt.

Eine eindeutige Methode zum Aufstellen einer **Funktionsstruktur** gibt es nicht. Oftmals lässt sie sich durch genaues Hinsehen entwickeln. Die Aufgliederungstiefe hängt von der Aufgabenstellung ab. Die Formulierung ist wieder lösungsneutral. Die Funktionsstruktur wird nicht überfrachtet, wenn Untersysteme mit eigenen Gesamtfunktionen erstellt werden.

Für z. B. eine handelsübliche Kaffeemaschine sieht die Funktionsstruktur wie folgt aus **(Bild 1, Seite 247)**.

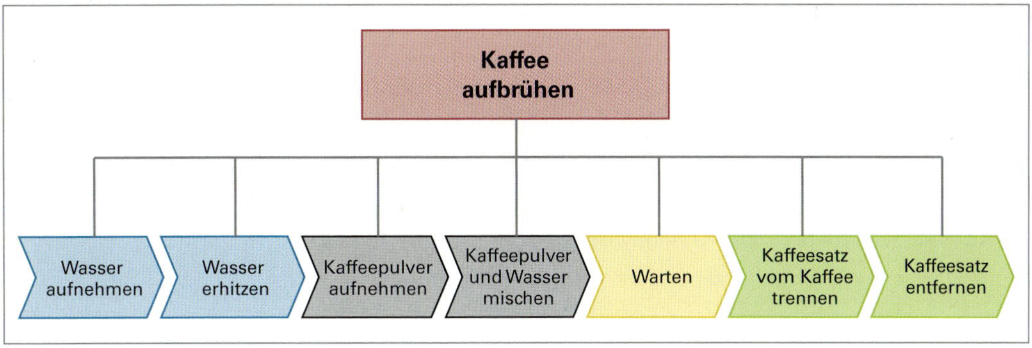

Bild 1: Einfache Funktionsstruktur einer Kaffeemaschine

Ist die Funktionsstruktur erstellt, werden mehrere Lösungen für die einzelnen Teilfunktionen gesucht.

4.7.1 | METHODEN ZUR LÖSUNGSFINDUNG

Die wichtigste Aufgabe in dem Konstruktionsprozess – und damit auch entscheidend für Funktion, Preis und Verkaufserfolg – ist die Suche nach machbaren Lösungen und deren Kombination zu einem Ganzen. Die beste Lösung erfüllt alle Forderungen und ist unter Beachtung der in der Anforderungsliste aufgestellten Randbedingungen, wie Kosten, Fertigungsmöglichkeiten und Liefertermin, umsetzbar.

Um die **optimale Lösung** zu finden bedarf es einer gut durchdachten schrittweisen Vorgehensweise in Kombination mit Fachkenntnissen und Intuition.

Die Konstruktionslehre bietet drei verschiedene Methodengruppen zur Unterstützung bei der Lösungsfindung **(Bild 2)**.

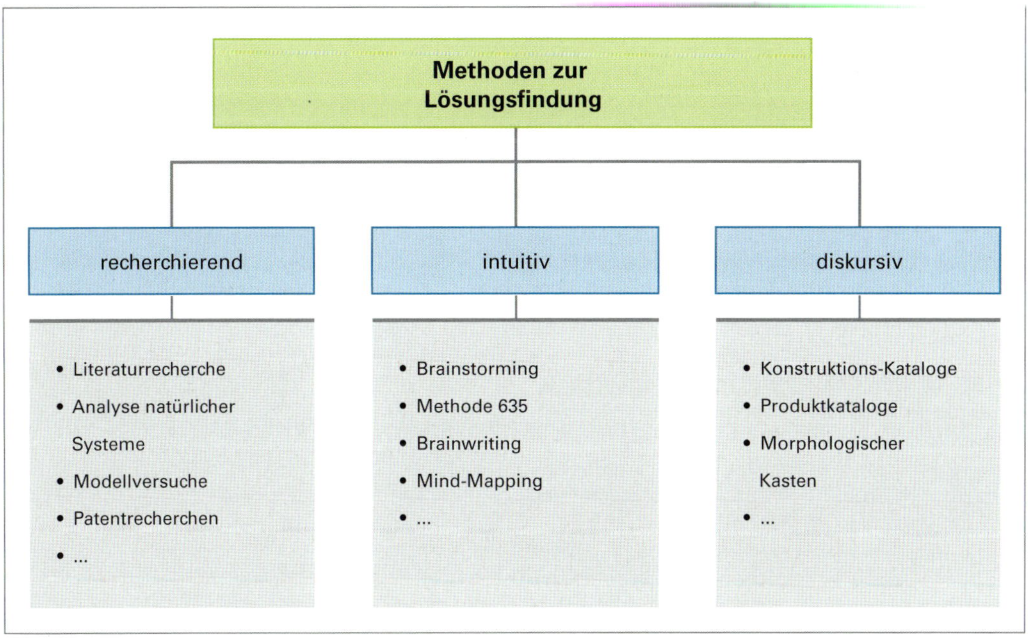

Bild 2: Methoden zur Lösungsfindung

Recherchierende Methoden

Zu den recherchierenden Methoden zur Lösungsfindung zählen die Literaturrecherche in Fachbüchern, Fachzeitungen, Fachaufsätzen. Produktkataloge der Konkurrenz und Patentrecherchen helfen Schutzrechtsverletzungen zu vermeiden. Das Internet ist hier eine weitere Informationsquelle.

Bei der Analyse natürlicher Systeme spielt die **Bionik** – die Kombination aus Biologie und Technik – eine Rolle. So wird die Eignung natürlicher Besonderheiten, z. B. von Pflanzen oder Tieren, für technische Anwendungen untersucht. Der Lotuseffekt bei Oberflächenbeschichtungen (Blätter der Lotusblume) oder der Klettverschluss (Kletten) sind Beispiele dafür.

Modellversuche im Vorfeld sind nur dann sinnvoll, wenn große Stückzahlen eine Rolle spielen.

Intuitive Methoden

Eine Idee, einen Geistesblitz, kann man nicht erzwingen. Fundierte Fachkenntnisse erleichtern die Ideenfindung, sind aber auch kein Garant dafür. Die Konstruktionslehre bietet mit den intuitiven Methoden Verfahren an, die aus dem Brainstorming entwickelt wurden.

Als **Brainstorming** bezeichnet man eine Sitzung zur Ideenfindung, bei der sich Personen, z. T. aus unterschiedlichen Fachbereichen (interdisziplinäre Teams), in einem zeitlich begrenzten Rahmen treffen, um neue Lösungen für Problemstellungen zu finden. Die Teilnehmer sollten aus gleichen Hierarchiestufen kommen, damit keine Dominanz einer einzelnen Person die Ideenfindung hemmt. Entscheidend für den Erfolg ist die Einhaltung folgender Regeln, die für alle Methoden gleichermaßen gelten:

- Quantität vor Qualität, d. h. bei steigender Anzahl geäußerter Ideen vergrößert sich die Chance, dass sich besonders brauchbare Vorschläge darunter befinden.
- Kein Konkurrenzdenken, d. h. die einzelnen Teilnehmer sollen nicht aus persönlichen Gründen Gedanken oder Ideen zurückhalten. Sie sollen Ideen auf der Basis der Ideen anderer Teilnehmer weiterentwickeln.
- Keine Kritik, d. h., Killerphrasen wie „Das geht nicht!" oder „Das haben wir schon immer so gemacht!" sind verboten.
- Der Sitzungsort sollte möglichst außerhalb der gewohnten Arbeitsatmosphäre sein.
- Die Teilnehmer kommen möglichst aus unterschiedlichen Bereichen, jedoch aus einer hierarchischen Ebene. Dadurch wird ein sehr großes Wissensgebiet abgedeckt und es entsteht kein Konkurrenzdenken.
- Die Teilnehmerzahl sollte sich auf vier bis neun Mitarbeiter beschränken, die Anzahl hängt von der verwendeten Methode ab.
- Es gibt keinen Anspruch auf Urheberrechte.
- Ein Protokollführer protokolliert nur die Vorschläge.

Zu den intuitiven Methoden zählen das Brainstorming, die 635-Methode, das Brainwriting und das Mind-Mapping.

Das **Brainstorming** ist das bekannteste Verfahren. Es dient nicht nur zur Lösungsfindung bei Konstruktionsaufgaben, sondern kann in vielen Bereichen verwendet werden.

Die **635-Methode** hat ihren Namen nach den Regeln, nach denen die Sitzung abläuft. **6** Teilnehmer entwickeln jeweils **3** Lösungsvorschläge in **5** Minuten. Dann werden die Vorschläge weitergereicht und erneut bearbeitet. So ergeben sich bei 5 Durchgängen im Idealfall 108 Vorschläge.

Bild 1: Brainstorming-Sitzung

Tabelle 1 zeigt den Verfahrensablauf beim Brainstorming.

Tabelle 1: Verfahrensablauf Brainstorming

Brainstorming	
Ablauf	Eine Gruppe Personen aus unterschiedlichen Bereichen äußert ohne Vorurteile neue Ideen und lässt sich von bereits formulierten Vorschlägen zu weiteren neuen Vorschlägen anregen.
Grundregeln	▌ Jeder Vorschlag kann gemacht werden, es wird keine Kritik geäußert. ▌ Viele Ideen werden benötigt, die Anzahl der Vorschläge geht vor, Qualität ist zunächst nebensächlich. ▌ Bereits formulierte Ideen werden aufgegriffen und weiterentwickelt. ▌ Es gibt keine Schranken, jede noch so verrückte Idee ist erlaubt.
Randbedingungen	▌ Sitzung in angenehmer Umgebung, keine Störungen. ▌ Nicht mehr als neun Teilnehmer, aber mehr als drei Teilnehmer. ▌ Ein neutraler Moderator schreibt die Ideen kommentarlos auf. ▌ Zeitlichen Verlauf planen, nicht mehr als eine oder zwei Stunden.
Durchführung	Gezielte Aufgabenstellung, Formulierung der Problemstellung muss vorliegen, die Ideen werden gesammelt.
Auswertung	Die Auswertung der Ideen wird von Fachleuten vorgenommen, die sortieren, was machbar ist. Anschließend wird die Gruppe erneut die Ideen diskutieren und weiterentwickeln.

Tabelle 2 zeigt den Verfahrensablauf bei der 635-Methode

Tabelle 2: Verfahrensablauf 635-Methode

635-Methode	
Ablauf	Sechs Teilnehmer schreiben jeweils drei Ideenvorschläge auf, die fünfmal weiter bearbeitet und ergänzt werden. Die drei Lösungsideen werden weitergegeben, vom nächsten Teilnehmer weiterentwickelt und aufgeschrieben. Für drei Lösungsideen sind jeweils ca. 5 Minuten Bearbeitungszeit vorgesehen.
Grundregeln	▌ Jede Idee und Weiterentwicklung der Idee eines Mitteilnehmers ist erlaubt. ▌ Genau sechs Teilnehmer sind notwendig. ▌ Kein Moderator erforderlich, das Protokoll entsteht automatisch durch die schriftliche Formulierung. ▌ Bearbeitungszeit nicht länger als 5 Minuten.
Randbedingungen	▌ Sitzung in ansprechender Umgebung, keine Störungen. ▌ Nicht mehr als sechs Teilnehmer. ▌ Zeitlichen Verlauf planen, insgesamt nicht länger als eine oder zwei Stunden.
Durchführung	Gezielte Aufgabenstellung, Formulierung der Problemstellung muss vorliegen, die Ideen werden gesammelt.
Auswertung	Als Ergebnis müssen auf sechs Vordrucken jeweils sechsmal drei Ideen, also theoretisch insgesamt 108 Ideen vorliegen. Praktisch sind oft nur 60 bis 70 Ideen zu erreichen. Die Auswertung erfolgt in gleicher Weise wie beim Brainstorming.

Tabelle 1: Vorrangmatrix durch paarweisen Vergleich zur Ermittlung der Rangfolge

Bewertung: 2: ist wichtiger 1: ist gleichwichtig 0: ist weniger wichtig	Bauraum	Funktion	Fertigungs-aufwand	Kosten	Optik/Design	Gewicht	Summe	Gewich-tung	Rang
Bauraum		0	0	0	1	0	1	0,03	6
Funktion	2		2	2	2	2	10	0,33	1
Fertigungsaufwand	2	0		1	1	2	6	0,20	3
Kosten	2	0	1		2	2	7	0,23	2
Optik/Design	1	0	1	0		2	4	0,13	4
Gewicht	2	0	0	0	0		2	0,07	5
						Summe gesamt	30		

Mit dem Gewichtungsfaktor werden die Punkte bei der Bewertung multipliziert. Wird die Bewertung nur von einem Mitarbeiter vorgenommen, ist das Ergebnis subjektiv. Erfolgt die Bewertung durch Personen aus unterschiedlichen Bereichen, wie z. B. Konstruktion, Fertigung und Arbeitsvorbereitung, fällt das Ergebnis objektiver aus.

Bei der sich anschließenden **Nutzwertanalyse** erfolgt die Punktevergabe für die Lösungsbewertung. Die Wertigkeit einer Lösung wird durch die Vergabe von Punkten ausgedrückt. Die Werteskala nach VDI 2225 arbeitet mit einer Werteskala von 0 bis 4 Punkten. Dabei bedeuten:

- 0 Punkte: unbefriedigend (Lösung ist weit unter dem Durchschnitt)
- 1 Punkt: gerade noch tragbar (Lösung ist unter dem Durchschnitt)
- 2 Punkte: ausreichend (Lösung ist Durchschnitt)
- 3 Punkte: gut (Lösung ist über dem Durchschnitt)
- 4 Punkte: sehr gut (ideal) (Lösung ist weit über dem Durchschnitt)

Die Punkte 0 und 4 sind nur bei extremen Eigenschaften zu vergeben, nur 2 und 3 Punkte zu vergeben, führt zu keinem brauchbaren Ergebnis. 0 Punkte bedeutet auch, dass die Variante eine Bedingung nicht erfüllt und nicht zum Tragen kommt.

Ein Beispiel für eine Bewertung zeigt **Tabelle 2**. Die **Wertigkeit** einer Variante wird durch Division der Gewichtung der Variante und der Gewichtung der Ideallösung berechnet.

Tabelle 2: Nutzwertanalyse

nach Rangfolge	Gewichtung	Variante 1		Variante 2		Variante 3		Ideallösung	
		Punkte	Gewichtung	Punkte	Gewichtung	Punkte	Gewichtung	Punkte	Gewichtung
Funktion	0,33	4	1,32	3	0,99	3	0,99	4	1,32
Kosten	0,23	3	0,69	4	0,92	3	0,69	4	0,92
Fertigungsaufwand	0,20	3	0,60	4	0,8	3	0,6	4	0,8
Optik/Design	0,13	1	0,13	3	0,39	3	0,39	4	0,52
Gewicht	0,07	2	0,14	4	0,28	3	0,21	4	0,28
Bauraum	0,03	2	0,06	3	0,09	0	0	4	0,12
Summe		15	2,94	21	3,47	15	2,88	24	3,96
Wertigkeit			0,742		0,876		0,727		1

Lernfeld 4

Hierbei zeigt sich, dass unter Berücksichtigung der Wertigkeit Variante 2 die Beste ist. Variante 3 scheidet aufgrund der Bewertung 0 für den Bauraum als mögliche Lösung aus, weil sie die Kriterien nicht erfüllt.

Der Bauraum kann als Schwachstelle aller Lösungsvarianten angesehen werden, da er bei keiner Variante die höchste Punktzahl bekommen hat.

Hat ein Bewertungskriterium bei den Lösungsvarianten durchgängig sehr niedrige Bewertungen erhalten, sollte dieser Punkt bei den Lösungsvarianten erneut bearbeitet werden. Anschließend sollte nochmals eine Bewertung vorgenommen werden, um zu einem besseren Ergebnis zu kommen.

Varianten mit nahezu gleicher Punktzahl dürfen nicht zur Entscheidung für eine Variante mit nur zwei oder drei Punkten mehr führen. Besser wäre eine erneute Bewertung unter Beachtung von Beurteilungsunsicherheiten, Schwachstellen und Gleichwertigkeit der Bewertungskriterien.

Bei der **Bewertung der Lösungsvarianten** muss beachtet werden, dass die **Funktion einer Baugruppe** oder eines Bauteils als wichtigstes Kriterium angesehen wird. Diese Funktionalität sollte mit dem geringsten möglichen Aufwand umgesetzt werden.

Unter dem Begriff Funktion sind alle Aufgaben zu verstehen, die durch die Baugruppe oder das Bauteil erfüllt werden bzw. erfüllt werden sollen. Man differenziert zwischen **Hauptfunktionen** und **Nebenfunktionen**. Hauptfunktionen beschreiben die eigentliche Aufgabe, sie muss zwingend umgesetzt werden. Bei der Kaffeemaschine ist die Hauptfunktion: warmen Kaffee aufbrühen. Nebenfunktionen tragen dazu bei, dass die Hauptfunktion erfüllt werden kann. Bei dem Beispiel der Kaffeemaschine wären dies z. B. Strom aufnehmen, Wasser erwärmen, Kaffeepulver aufnehmen usw. Nebenfunktionen ergeben sich häufig durch die Konstruktion selbst, bei der Kaffeemaschine wäre dies die Abgabe von Wärme.

Da nicht alle hergestellten Produkte nur zweckdienlich sind, sondern im täglichen Gebrauch auch einen ästhetischen Zweck erfüllen, erweitert sich der Begriff der Funktion um die Begriffe **Gebrauchsfunktion** und **Geltungsfunktion**:

- Unter der Gebrauchsfunktion wird der eigentliche Zweck verstanden. Bei der Kaffeemaschine lautet dies: warmen Kaffee aufbrühen.
- Unter der Geltungsfunktion versteht man die nichttechnische Funktion, wie das Aussehen. Eine Kaffeemaschine muss auch schön anzusehen sein.

Investitionsgüter haben überwiegend Gebrauchsfunktionen, während Gebrauchsgegenstände meist auch Geltungsfunktionen erfüllen müssen.

AUFGABEN | WIEDERHOLUNG UND VERTIEFUNG

1. Welche Phasen durchläuft der Produktlebenszyklus?
2. Erklären Sie was ein Lastenheft und was ein Pflichtenheft ist.
3. Welche vier Phasen werden grundsätzlich in der Konstruktionsmethodik unterschieden?
4. Was versteht man unter dem Arbeitsschritt Planen in der Konstruktionstechnik?
5. Erläutern Sie den Zusammenhang zwischen Lastenheft und Pflichtenheft.
6. Welche Anforderungsarten enthält eine Anforderungsliste.
7. Nennen Sie jeweils ein Beispiel für die Anforderungsarten einer Anforderungsliste anhand eines Wagenhebers für ein Kraftfahrzeug.
8. Erstellen Sie ein Lastenheft, ein Pflichtenheft sowie eine Anforderungsliste für ein Produkt Ihrer Wahl.
9. Was versteht man unter dem Begriff Konzipieren?
10. Was ist eine Funktionsstruktur einer technischen Baugruppe?
11. Erstellen Sie eine Funktionsstruktur für ein Produkt Ihrer Wahl.

4.8 ENTWERFEN

Auf der Basis der besten Lösungsvariante wird die konkrete Gestaltung des Produktes umgesetzt. Es werden Werkstoffe und Fertigungsverfahren festgelegt, erste Hauptabmessungen ergeben sich aus Berechnungen oder Randbedingungen. Evtl. sind räumliche Gegebenheiten als Bauraumgrenzen zu berücksichtigen. Der Konstruktionsschritt Entwerfen lässt sich in drei Phasen unterteilen: Grobgestaltung, Feingestaltung und Vervollständigen.

Auf der Basis dieser Festlegungen ergeben sich die Hauptfunktionsträger, die grob dimensioniert werden. Die **Grobgestalt** bildet sich aus. Die Grobgestaltung erfolgt in der Regel nicht am Rechner, sondern durch Nachdenken und Freihandskizzieren, da CAD-Systeme diesen Schritt nicht unterstützen.

Daran schließt sich die **Feingestaltung** der Bauteile und Baugruppen unter Berücksichtigung der Gestaltungsrichtlinien an. Bei der Feingestaltung sollten bevorzugt Normteile, Kaufteile und bereits vorhandene Teile verwendet werden, um die Kosten zu minimieren.

Das **Vervollständigen** der Bauteile und Baugruppen schließt den Konstruktionsschritt Entwerfen ab.

Wesentliche Grundregeln für die Gestaltung eines Bauteils oder einer Baugruppe sind:
eindeutig, einfach und sicher.

4.8.1 EINDEUTIGE GESTALTUNG

Unter einer eindeutigen Gestaltung versteht man, dass die formulierten Teilfunktionen eindeutig einem Funktionsträger zugeordnet sind. Dies können z. B. die eindeutige Lagerung einer Welle mit einer Fest- und einer Loslagerung sein, die eindeutige Welle-Nabe-Verbindung **(Bild 1a)**, die Vermeidung von Doppelpassungen **(Bild 1b)** oder die eindeutig erkennbare Einbaulage eines Bauteils bei der Montage **(Bild 1c)**.

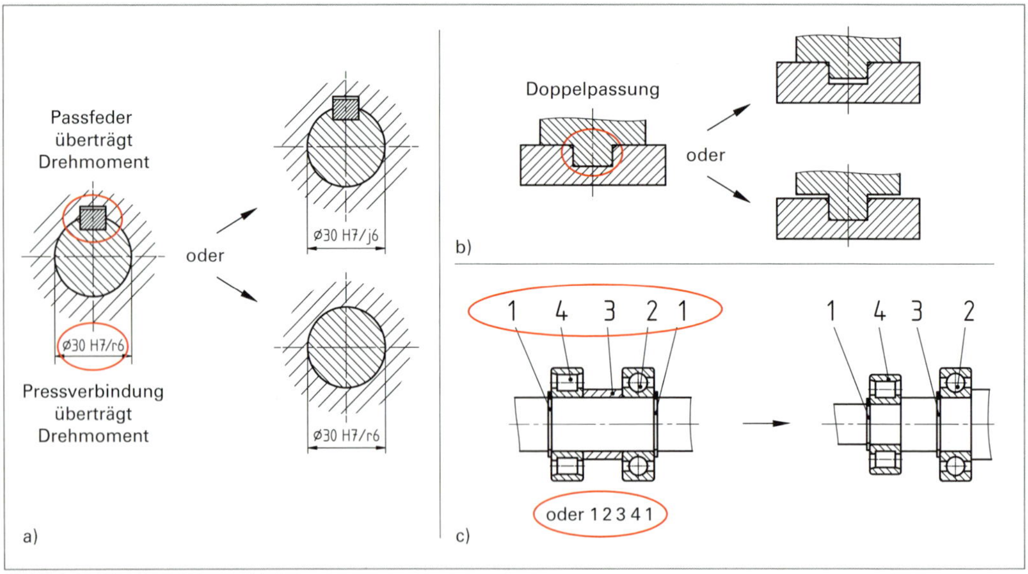

Bild 1: Ungünstige und bessere Gestaltungsbeispiele zum Gestaltungsmerkmal „eindeutig"

Daraus ergeben sich meist auch eine eindeutige Montage und eine eindeutige Gebrauchseigenschaft. Eindeutige Funktionen haben meistens eine klar erkennbare Belastung und damit eine anschauliche Auslegungsberechnung der Baugruppe zur Folge.

4.8.2 | EINFACHE GESTALTUNG

Unter einer einfachen Gestaltung versteht man, dass eine Konstruktion ein **einfaches Funktionsprinzip** hat, die **Gestaltung einfach** ist und eine Baugruppe aus möglichst **wenig Teilen** besteht. Eine einfache Gestaltung ist oft auch die Vorraussetzung für ein wirtschaftliches Produkt.

Für die **Feingestaltung** heißt das:

- Möglichst einfache geometrische Formen, wie Zylinder, Prisma oder Kegel, zur Formgestaltung der Bauteile verwenden. Einfache geometrische und im Idealfall symmetrische Formen lassen sich leichter berechnen und auch herstellen als kompliziertere.
- Aufwendige und zeitraubende Fertigungsverfahren oder häufiges Umrüsten oder Umspannen während der Fertigung sind zu vermeiden.
- Bedienelemente sind sinnvoll und übersichtlich anzuordnen, Signale müssen leicht verständlich sein.
- Eine einfache Bedienbarkeit erleichtert die Arbeit mit dem Produkt.
- Montageteile sind leicht erkennbar zu gestalten, die Montage sollte schnell und durchschaubar erfolgen.
- Für den späteren Gebrauch ist eine aufwendige oder komplizierte Einführung nicht sinnvoll, Abweichungen oder Störungen müssen leicht erkennbar sein, die Bedienung einfach.
- Die verwendeten Werkstoffe sollten wiederverwertbar sein und die Bauteile leicht demontiert werden können.

4.8.3 | SICHERE GESTALTUNG

In der Maschinenrichtlinie bzw. im Geräte- und Produktsicherheitsgesetz ist festgelegt, dass der Hersteller alle relevanten Gefahren eines Produktes ermitteln muss und die Ergebnisse bei der Konstruktion und der Fertigung zu berücksichtigen hat. Die Sicherheit eines Produktes erfordert eine sichere Gestaltung. Auch wird durch eine vorschriftsmäßige Kennzeichnung und durch die Beschreibung des Produktes, seiner Funktionen sowie seiner Handhabung in einer Betriebsanleitung die geforderte Sicherheit berücksichtigt. Die Konstruktion muss immer dem jeweiligen Stand der Technik entsprechen.

Durch die Konstruktion können die Bauteilsicherheit, die Funktionszuverlässigkeit und die Betriebssicherheit unmittelbar beeinflusst werden. Arbeitssicherheit und Umweltsicherheit hängen hingegen nicht nur von der Konstruktion, sondern auch von dem Nutzer oder Bediener ab.

Nach DIN 31000 werden in der Sicherheitstechnik drei Stufen unterschieden: die unmittelbare, die mittelbare und die hinweisende Sicherheitstechnik.

Wird die geforderte Sicherheit unmittelbar durch konstruktive Maßnahmen erreicht, sind zusätzliche Maßnahmen nicht erforderlich. Das bedeutet, dass die Konstruktion keine Gefahrenstellen beinhaltet, die zu einem Risiko führen. Man spricht dann von der **unmittelbaren Sicherheit**.

Die **mittelbare Sicherheit** greift dann, wenn nicht alle Gefahren unmittelbar vermieden werden können. Hier wird dann vor Gefahren unmittelbar geschützt, indem Schutzeinrichtungen errichtet werden.

Die dritte Stufe, die **hinweisende Sicherheit**, sollte bei der Konstruktion nicht in Betracht gezogen werden. Bei der hinweisenden Sicherheit wird auf Gefahrenquellen hingewiesen, gefährdete Bereiche werden gekennzeichnet.

Grundsätzlich ist eine unmittelbare Sicherheit anzustreben, d.h., dass eine Gefährdung von vornherein und aus sich heraus ausgeschlossen ist.

> i
> **Info: Auszug aus dem Geräte- und Produktsicherheitsgesetz GP SG**
>
> § 4 Inverkehrbringen und Ausstellen (Auszug) Ein Produkt darf nur in den Verkehr gebracht werden, wenn es so beschaffen ist, dass bei bestimmungsgemäßer Verwendung oder vorhersehbarer Fehlanwendung Sicherheit und Gesundheit von Verwendern oder Dritten nicht gefährdet werden.

Schutzeinrichtungen sind unabhängig von der Betriebsgeschwindigkeit erforderlich bei:

- Zahnrad-, Riemen-, Ketten- und Seiltrieben,
- allen umlaufenden Teilen länger als 50 mm, auch wenn sie völlig glatt sind,
- allen Kupplungen,
- Gefahr wegfliegender Teile,
- Quetschstellen (Schlitten gegen Anschlag; Teile, die aneinander vorbeifahren oder -drehen),
- herunterfallenden oder -sinkenden Teilen (Spanngewichte, Gegengewichte),
- Einlege- oder Einzugsstellen. Der zwischen den Werkzeugen verbleibende Spalt darf 8 mm nicht überschreiten, bei Walzen ist eine Sonderuntersuchung der geometrischen Verhältnisse notwendig, ggf. sind Berührschutzleisten oder -kontakte gegen Einzugsgefahr vorzusehen.

Weitere **Beispiele für eine sichere Gestaltung** sind:

- Bedienelemente zugänglich und sicher gestalten
- Zweihand-Sicherheitsschaltung vorsehen
- Scharfe Kanten und Ecken vermeiden
- Klar erkennbare Einbaulage
- Schutzsysteme installieren (Überwachung von Temperatur, Druck usw.)
- Überlastsysteme vorsehen (Überdruckventil)
- Gefahrenstellen ausweisen

4.9 | AUSARBEITEN

Der letzte Schritt des Konstruktionsprozesses, das **Ausarbeiten,** umfasst das Vervollständigen und Prüfen der Konstruktionsunterlagen sowie die Erstellung der Produktdokumentation.

Aus dem vorletzten Schritt – dem Entwerfen – liegt das vollständige Konstruktionsmodell als 3D-Datensatz vor. Hieraus werden die technische Zeichnung für den Zusammenbau samt Stückliste und die technischen Zeichnungen der Einzelteile erstellt. Sie werden aus den 3D-Daten abgeleitet.

Auch Anleitungen für die Fertigung, die Montage, die Inbetriebnahme, die Instandhaltung und die Entsorgung müssen erstellt werden. Diese Arbeiten erledigt entweder gleichfalls die Konstruktion oder stellt den entsprechenden Bereichen die für die Erstellung notwendigen Unterlagen zur Verfügung.

Nach Fertigstellung aller Unterlagen müssen sie auf Richtigkeit und Vollständigkeit geprüft werden. Dann werden die Unterlagen für z. B. den Einkauf und die Fertigung freigegeben.

AUFGABEN | WIEDERHOLUNG UND VERTIEFUNG

1. Aus welchen drei Phasen besteht der Arbeitsschritt des Entwerfens?
2. Erklären Sie den Ablauf beim Gestalten.
3. Erläutern Sie die drei Grundregeln zur Gestaltung eines Bauteils und geben Sie jeweils zwei Beispiele an.
4. Welche Dokumente werden bei der Ausarbeitung erstellt?
5. Nennen und begründen Sie die Sicherheitsstufe, die bei Maschinen und Anlagen anzustreben ist.

4.10 PROJEKTMANAGEMENT

Aufträge in einer Firma werden als „Projekt" bearbeitet. Ein Team bearbeitet einen Auftrag als Projekt von der Anfrage über die Entwicklung bis hin zur Serienreife. Das **Projektteam** mit dem **Projektleiter** übernimmt dabei **Querschnittsfunktionen**. Hierbei sind organisatorische und technische Maßnahmen notwendig, um über mehrere Firmenbereiche und Hierarchiestufen hinweg einen Auftrag zielgerecht bearbeiten zu können.

Ein Projekt ist dadurch gekennzeichnet, dass es einem selbstgesteuerten Prozess unterliegt. Dieser Prozess setzt sich grob aus den Bereichen Initialisierung, Definition, Planung, Steuerung (und Kontrolle) sowie Abschluss zusammen.

Ein **Projekt** ist definiert als ein größeres, einmaliges und komplexes Vorhaben mit einer Zielvorgabe sowie einer sachlichen, personellen, finanziellen und zeitlichen Begrenzung.

Aus der Definition eines Projekts ergeben sich die Merkmale eines Projekts **(Bild 1)**. Projekte sind immer begrenzt in der Aufgabenstellung, hinsichtlich des Zeitraums, der durch einen Anfangs- und einen Endtermin charakterisiert wird, und durch die verschiedenen Mittel, die zur Verfügung stehen. Da Projekte meist abteilungsübergreifend bearbeitet werden, haben sie eine sehr komplexe einmalige Aufgabenstellung. Das Projektmanagement hat die Aufgabe, die verschiedenen Projektelemente, die sich teilweise auch gegenseitig beeinflussen, nicht dem Zufall oder dem Geschick der einzelnen Mitarbeiter zu überlassen, sondern sie in einen durchdachten und organisierten Ablaufplan einzubinden. Ein Projekt verläuft meistens in fünf Phasen **(Bild 2)**. Die in den Projektphasen zu erfüllenden Aufgaben stehen in den blauen Rechtecken, die kleinen Ellipsen stellen die Meilensteine am Ende der Projektphase dar.

Bild 1: Merkmale eines Projekts

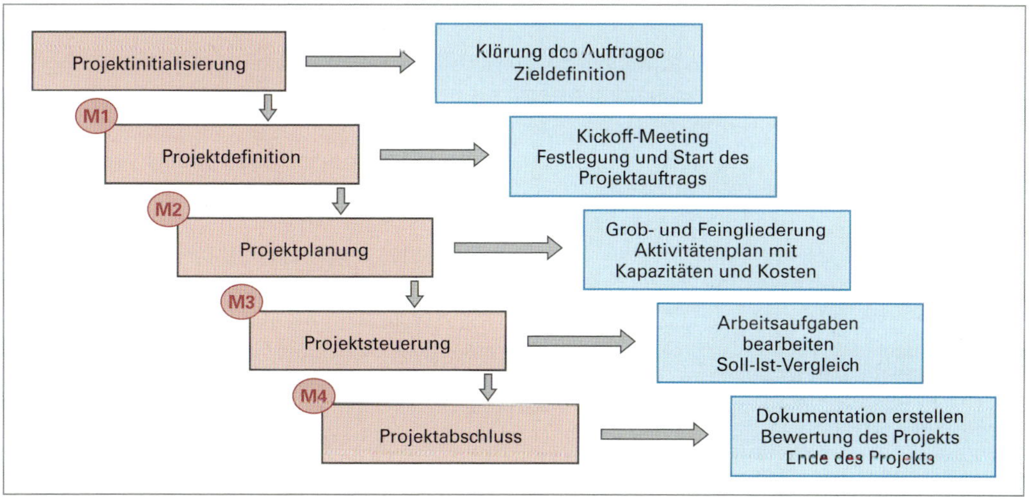

Bild 2: Projektphasen (rot) und die zu erfüllenden Aufgaben (blau) nach DIN 69901

4.10.1 | INITIALISIERUNG EINES PROJEKTS

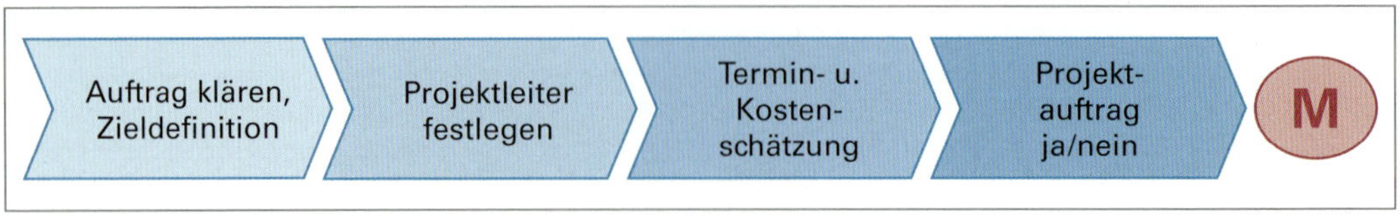

Bild 1: Teilphasen der Initialisierungsphase eines Projekts

Die **Initialisierungsphase** beschreibt den Weg von der Problemanalyse bis zur Entscheidung zur Durchführung des Projekts **(Bild 1)**.

Die Problemstellung, die Kundenanfrage oder die neue Aufgabenstellung muss zuerst als Projekt entsprechend der vorherigen Definition eingestuft werden. Wenn ein Konstrukteur eine Vorrichtung umändern soll, ist diese Aufgabenstellung sicherlich nicht als Projekt zu verstehen, er kann den Auftrag alleine bewältigen und benötigt kein Projektteam dafür. Erhält jedoch eine Getriebebaufirma eine Anfrage z.B. zu einem neuen Getriebe für neue Windkraftanlagen, ist dies sicherlich als Projekt einzustufen.

Das Erreichen eines vorher definierten Ziels bezeichnet man als **Meilenstein**.

Meilensteine sind wichtige Eckpunkte im Verlauf eines Projekts. Nach der Definition in DIN 69900 ist ein Meilenstein ein „Ereignis besonderer Bedeutung".

Ein Meilenstein ist immer ein wichtiges Zwischenergebnis. Dies kann ein Ereignis sein, z.B. eine bedeutende Veranstaltung, aber auch z.B. die Fertigstellung eines Datensatzes. Eine Projektphase kann auch mehrere Meilensteine haben, die zeitlich aufeinander folgen oder die beide gegen Ende des Projekts liegen und es abschließen.

Info: Beispiele für Fragestellungen zum Erreichen von Meilensteinen

- Wird das Projekt weitergeführt?
- Muss die Planung geändert werden?
- Welche erarbeiteten Alternativen werden gewählt?
- Sind weitere Investitionen erforderlich?
- Reichen die personellen Ressourcen?
- Erfolgt die Freigabe des Projektes?

Info: Inhalte des Projektauftrags

- Beschreibung der Ausgangslage
- Projektziel(e) mit Forderungen und Wünschen
- Grenzen und Umfang des Projekts
- Rahmenbedingungen
- Ergebnisse
- Projektkosten
- Projektnutzen
- Risiken
- Termine
- Prioritäten
- Organisation
- Informationen
- Kommunikation

Meilensteine sind wichtig, da das Erreichen von Zwischenzielen die Motivation und die Leistungsbereitschaft der Projektbeteiligten steigert und weil sie wichtige Synchronisationspunkte zu anderen Projekten und/oder Prozessen sein können.

Der Erfolg eines Projekts hängt auch vom Projektumfeld ab. Unter dem **Projektumfeld** versteht man das interne Umfeld in einem Betrieb sowie das externe Umfeld, das ein Projekt beeinflusst, wie z.B. der Absatzmarkt, die geltenden Gesetze, der Kapitalmarkt oder der Stahlmarkt.

Ein wichtiges Element des Projektumfeldes sind die **Stakeholder**. Stakeholder sind Personen oder Personengruppen, die an dem Projekt interessiert sind oder von dem Projekt betroffen sind.

Sie können positiv oder negativ gegenüber dem Projekt eingestellt sein und damit den Verlauf entscheidend beeinflussen. **Interne Stakeholder** sind die am Projekt beteiligten Firmenmitarbeiter, **externe Stakeholder** können Lieferanten, Kunden, öffentliche Stellen oder Mitbewerber sein, die Einfluss auf das Projekt ausüben. Durch eine **Stakeholder-Analyse** zu Projektbeginn werden die relevanten Stakeholder, deren Möglichkeiten der Einflussnahme und deren Erwartungen erkennbar. So können Maßnahmen getroffen werden, um auf die Stakeholder im Sinne eines erfolgreichen Projektabschlusses einzuwirken.

In der Initialisierungssphase werden Fragen geklärt, wie die wirtschaftliche Realisierbarkeit, die technische Umsetzbarkeit, die beteiligten Personen sowie der zur Verfügung stehende Zeitrahmen. Darüber hinaus werden und Kosten geschätzt. Es wird ein Projektverantwortlicher bestimmt, der Projektleiter. Der Projektauftrag sowie die Meilensteine der einzelnen Projektphasen werden formuliert. Über die Realisierung des Projekts wird entschieden. Es kann auch zu der Entscheidung kommen, dass die Machbarkeit aus unterschiedlichen Gründen nicht gegeben ist und das angestrebte Projekt verworfen wird.

Die **Initialisierungsphase** umfasst die Festlegung des Projektverantwortlichen sowie den klar formulierten Projektauftrag mit einer ersten Termin- und Kostenschätzung.

4.10.2 | DEFINITIONSPHASE EINES PROJEKTS

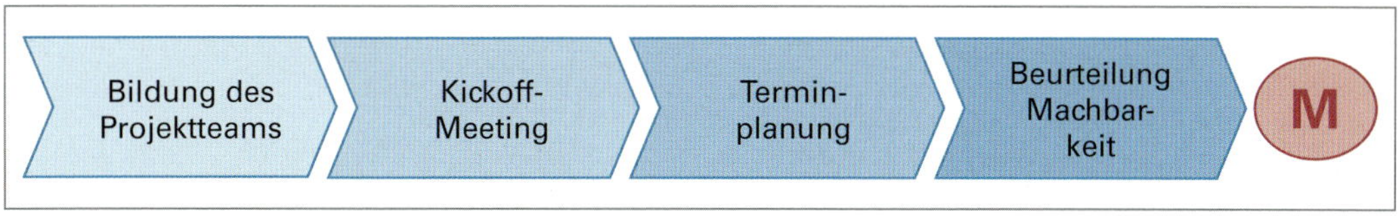

Bild 1: Teilphasen der Definitionsphase eines Projekts

In der Definitionsphase eines Projekts werden die inhaltlichen und organisatorischen Rahmenbedingungen eines Projekts genauer spezifiziert **(Bild 1)**.

Es bildet sich das Projektteam, das aus Vertretern aller betroffenen Bereiche des Unternehmens zusammengesetzt ist. Steht die Projektorganisation, erfolgt mit dem **Kickoff-Meeting** der Start des Projekts. Zu diesem Meeting werden alle Projektbeteiligten eingeladen.

Ein grober **Projektterminplan** wird erstellt, indem Meilensteine festgelegt werden. Das **Projektziel** soll konkret und messbar sein, wie z.B. die Auslieferung von 50 Getrieben für eine Windkraftanlage zu einem festgelegten Termin.

Die Formulierung des Projektziels und der Meilensteine erfolgt nach den **SMART-Kriterien**:

- **S** pezifisch, konkret, unmissverständlich
- **M** essbar, überprüfbar
- **A** ttraktiv, anspruchsvoll
- **R** ealistisch, das Ziel muss tatsächlich erreichbar sein
- **T** erminiert, d.h. es gibt feste Zwischen- und Endtermine

Das Gesamtziel eines Projekts wird nach den Aspekten Sachziel, Kostenziel und Terminziel gegliedert:

- **Sachziel:** „Was soll erreicht werden?“
- **Kostenziel:** „Wieviel darf das Projekt kosten?“
- **Terminziel:** „Wann soll das Ziel erreicht werden?“

Hier kommt die Anforderungsliste eines konstruktiven Projekts zum Tragen, in der die genauen technischen Spezifikationen ausgeführt sind. Bei einem externen Auftrag finden sich die Zielvorgaben im Lasten- und Pflichtenheft und, soweit erstellt, auch in der Anforderungsliste.

Anschließend erfolgt die Überprüfung der Machbarkeit. Hier wird eindeutig festgelegt, ob das Projekt weitergeführt wird.

Die **Definitionsphase** eines Projekts umfasst die Projektteambildung mit Kickoff-Meeting, die genaue Aufgabenstellung eines Projekts, die Erstellung eines Projektplans und die Beurteilung der Machbarkeit.

4.10.3 | PLANUNGSPHASE EINES PROJEKTS

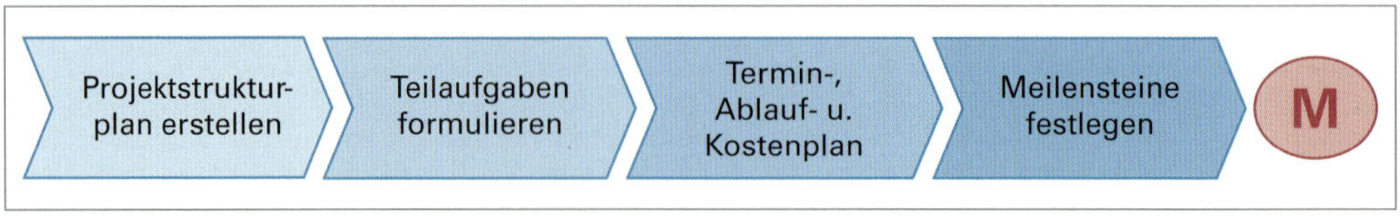

Bild 1: Teilphasen der Planungsphase eines Projekts

In der Planungsphase entstehen ausgehend von der Grobplanung ausführungsreife Pläne für die Umsetzung **(Bild 1)**. Hierbei müssen die drei Ziele Kosten, Sachziel und Termine in Verbindung mit den Risiken betrachtet werden.

Der Zusammenhang zwischen den drei Eckpunkten Sachziel, Kosten, Termin in Verbindung mit den Risiken stellt das sog. **magische Dreieck** dar **(Bild 2)**. Durch Verschiebung eines der Ziele gerät das Gesamtprojekt in Schieflage, sodass mindestens bei einem der beiden anderen Zielen ein Ausgleich geschaffen werden muss. Vergrößern sich z. B. die Leistungsanforderungen, muss auch bei den Kosten nachgebessert werden.

Mit der inhaltlichen Entwicklung und der Struktur eines Projekts wird die Projektplanung in allen Bereichen detaillierter und ausführlicher.

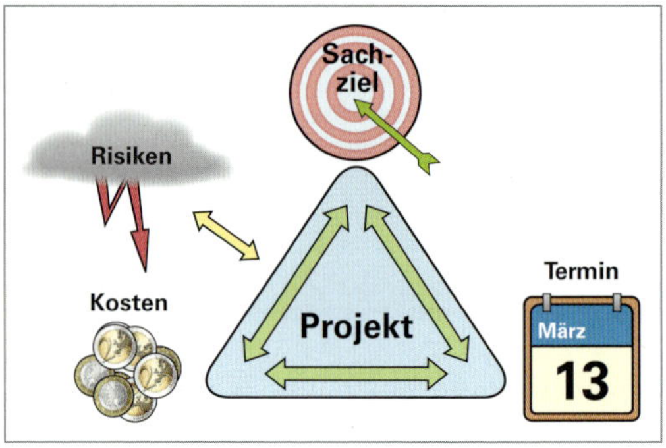

Bild 2: Magisches Dreieck der Projekte

Projektstrukturplan

Hauptbestandteil der Planungsphase ist die Entwicklung und Darstellung der genauen Projektstruktur in einem **Projektstrukturplan**, in dem alle anfallenden Arbeiten in plan- und kontrollierbare Arbeitspakete aufgeteilt sind **(Bild 3)**. Sie können grafisch aber auch tabellarisch dargestellt werden. Der Detailierungsgrad hängt vom Umfang und der Komplexität des Gesamtprojektes ab.

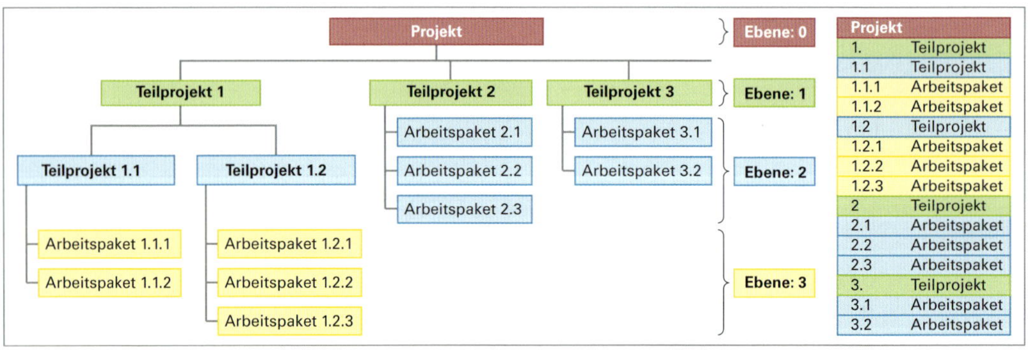

Bild 3: Beispiel für die grafische und tabellarische Darstellung eines Projektstrukturplanes

Der **Projektstrukturplan** gibt Auskunft auf die Frage, was in dem Projekt zu tun ist. Er bildet die Grundlage für die spätere Projektsteuerung.

Die Reihenfolge der Arbeitsschritte muss klar erkennbar sein. Durch die Einbindung aller am Projekt beteiligten Abteilungen und Lieferanten, wird die Berücksichtigung aller erforderlichen Arbeitsschritte sichergestellt.

Das nachfolgende **Bild 1** zeigt einen vereinfachten Projektstrukturplan für den Einsatz eines neuen Roboters in der Fertigung.

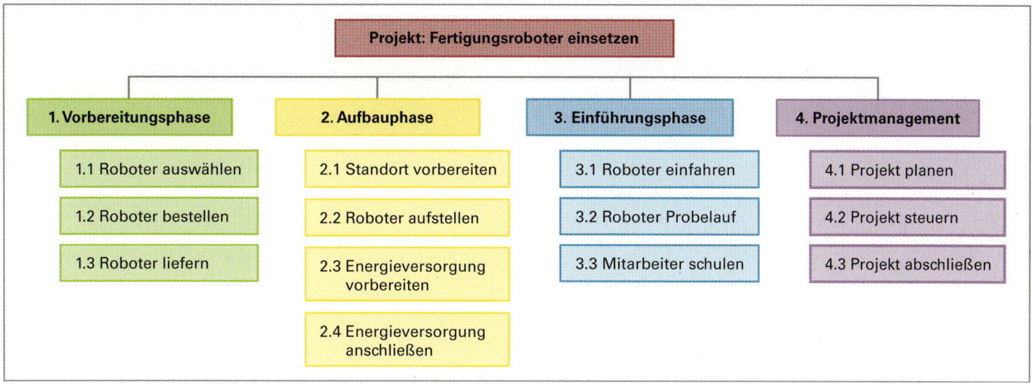

Bild 1: Beispiel für einen Projektstrukturplan „Fertigungsroboter einsetzen"

Die Gesamtaufgabe wird in Teilprojekte aufgegliedert. Diese Teilprojekte werden weiter zergliedert, bis man auf der Ebene der einzelnen Arbeitspakete angelangt ist. Die Arbeiten des Projektmanagements werden ebenfalls aufgeführt, weil auch sie geplant, durchgeführt und verrechnet werden müssen. Für jedes Arbeitspaket wird eine **Arbeitspaketbeschreibung** erstellt. In der Arbeitspaketbeschreibung wird festgelegt, was, bis wann und mit welchen Ressourcen bearbeitet werden muss. Steht der Projektstrukturplan, müssen alle zuvor ermittelten Arbeitspakete mit der erforderlichen Bearbeitungszeit in einem Terminplan erfasst werden.

Balkendiagramm (Gantt-Diagramm)

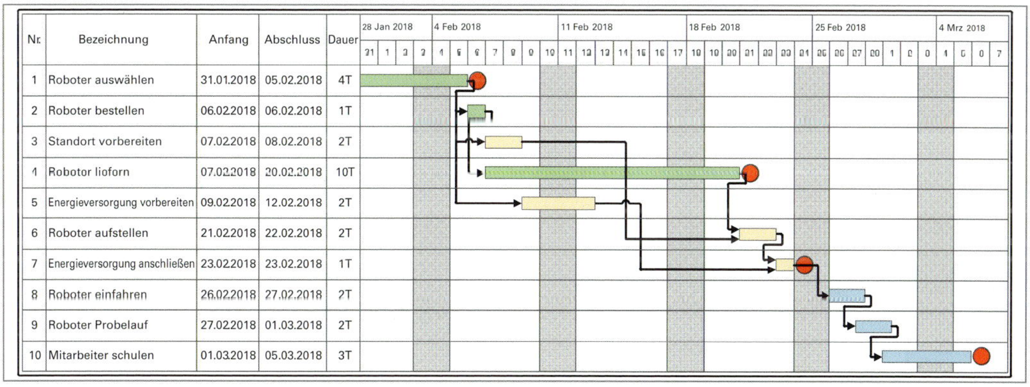

Nr.	Bezeichnung	Anfang	Abschluss	Dauer
1	Roboter auswählen	31.01.2018	05.02.2018	4T
2	Roboter bestellen	06.02.2018	06.02.2018	1T
3	Standort vorbereiten	07.02.2018	08.02.2018	2T
4	Roboter liefern	07.02.2018	20.02.2018	10T
5	Energieversorgung vorbereiten	09.02.2018	12.02.2018	2T
6	Roboter aufstellen	21.02.2018	22.02.2018	2T
7	Energieversorgung anschließen	23.02.2018	23.02.2018	1T
8	Roboter einfahren	26.02.2018	27.02.2018	2T
9	Roboter Probelauf	27.02.2018	01.03.2018	2T
10	Mitarbeiter schulen	01.03.2018	05.03.2018	3T

Bild 2: Balkendiagramm (Gantt-Diagramm) des Projekts „Fertigungsroboter einsetzen"

Bewährt hat sich für die Darstellung des Terminplans das **Balkendiagramm (Gantt-Diagramm) (Bild 2)**. Hierbei wird die zeitliche Dauer eines jeden Vorgangs durch einen entsprechend langen Balken dargestellt. Gleichzeitig wird über **Vorgänger** und **Nachfolger** ermittelt, welche Arbeit abgeschlossen sein muss (Vorgänger), damit das nächste Arbeitspaket starten kann, welche Arbeit dem Arbeitspaket folgt (Nachfolger) und welche parallel durchgeführt werden kann. Die zeitliche Reihenfolge wird über Verbinder zwischen den Balken dargestellt. Die roten Punkte stellen die wichtigen Meilensteine dar, im Beispiel sind das die Punkte „Auswahl ist erfolgt", „Roboter ist geliefert", „Roboter ist installiert" und „Roboter ist einsatzbereit – Projekt abgeschlossen".

> Das **Balkendiagramm (Gantt-Diagramm)** erfasst Arbeitspakete und ihre zeitliche Abfolge.

Lernfeld 4

Netzplan

Eine weitere Möglichkeit Projektvorgänge grafisch darzustellen, ist der **Netzplan**. Der Netzplan beschreibt den logischen und den zeitlichen Ablauf eines Projektes mithilfe von Verknüpfungen.

Im Netzplan wird jedes Arbeitspaket aus dem Projektstrukturplan durch einen **Vorgangsknoten** abgebildet **(Bild 1)**. Die Verknüpfung der Vorgangsknoten erfolgt durch Pfeile. Die grafische Darstellung dieser Ablaufstrukturen dokumentiert die zeitliche und logische Aufeinanderfolge von einzelnen Vorgängen.

FAZ	D	FEZ
Nr.	Vorgangsbezeichnung	
SAZ	GP	SEZ

Bild 1: Grundform eines Vorgangsknotens

Tabelle 1: Begriffe des Netzplans	
Nr. des Vorgangs	Numerische Reihenfolge von Vorgängen
Vorgangsbezeichnung	Benennung der einzelnen Vorgänge
FAZ	Frühestmöglicher Anfangszeitpunkt eines Vorgangs
D	Dauer des Vorgangs
FEZ	Frühestmöglicher Endzeitpunkt eines Vorgangs
SAZ	Spätmöglicher Anfangszeitpunkt eines Vorgangs
Gesamtpuffer GP	Zeitraum, um den ein Vorgang verschoben werden kann, ohne das Projektende zu verändern
SEZ	Spätmöglicher Endzeitpunkt eines Vorgangs
Vorgänger	Der unmittelbar vorher stattfindende Vorgang
Nachfolger	Der unmittelbar nachfolgende Vorgang
Parallelvorgang	Der gleichzeitig stattfindende Vorgang
Vorwärtsrechnung	Bestimmung des frühesten Endtermins
Rückwärtsrechnung	Bestimmung des spätesten Anfangstermins
Kritischer Pfad	Weg vom Anfang bis zum Ende des Netzplans, auf dem die Gesamtpufferzeit gleich Null ist

Bei der Erstellung eines Netzplans wird jeder Vorgang aus der Vorgangsliste als Rechteck dargestellt. Unmittelbar aufeinanderfolgende Vorgänge werden mit einen Pfeil dargestellt **(Bild 2)**.

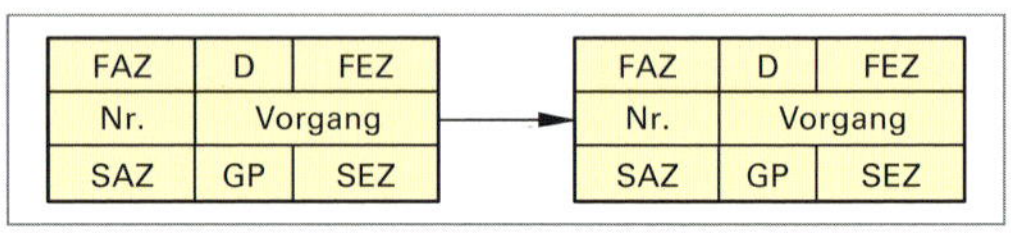

Bild 2: Aufeinanderfolgende Vorgänge

Können andere Vorgänge erst beginnen, wenn ein gemeinsamer Vorgänger beendet ist, werden sie durch Pfeile verbunden **(Bild 3)**.

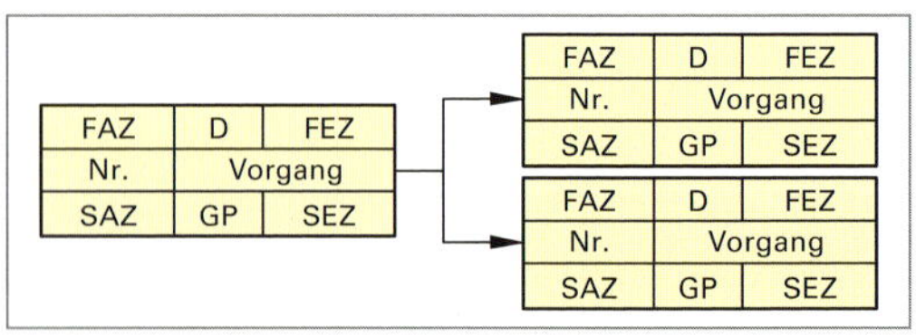

Bild 3: Parallel beginnende Vorgänge

Hat ein neuer Vorgang beendete Vorgänge zur Bedingung, enden die Pfeile der einzelnen Vorgänge bei dem Nachfolger **(Bild 4)**.

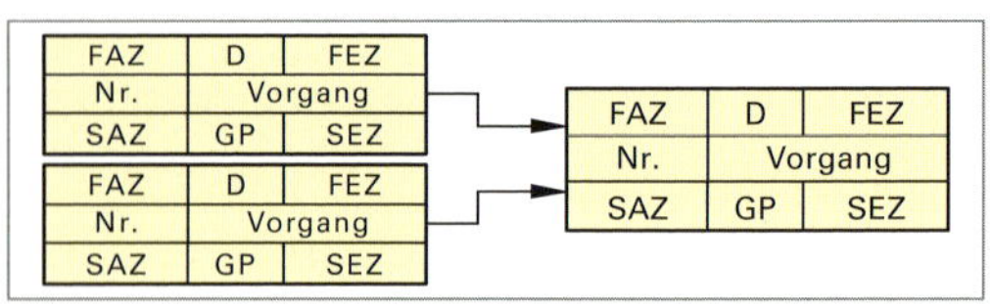

Bild 4: Parallel endende Vorgänge

Zur Berechnung der Zeiten wird die Vorgangsdauer D in den Vorgangsknoten eingetragen. Um die Daten FEZ, FAZ, SEZ und SAZ zu ermitteln, sind zwei Berechnungen erforderlich.

Die „Vorwärtsrechnung" gibt Auskunft über die Projektdauer und den frühesten Endtermin.

Die „Rückwärtsrechnung" ergibt den spätesten Anfangstermin und den **kritischen Pfad**.

Vorwärtsrechnung:

- Beim ersten Vorgang des Netzplans wird FAZ = 0 gesetzt.
- Dann ist FEZ = FAZ + D.
- Für den nächsten Vorgang (Nachfolger) wird der FEZ-Wert des Vorgängers zum FAZ-Wert.
- Münden mehrere Pfeile in den nächsten Vorgang, ist der höchste FEZ-Wert der Vorgänger als FAZ-Wert zu verwenden.

Rückwärtsrechnung:

- Beim letzten Vorgang im Netzplan wird FEZ = SEZ eingesetzt.
- Dann ist SAZ = SEZ – D.
- Der SAZ-Wert des Nachfolgers wird als SEZ-Wert des Vorgängers gesetzt.
- Gibt es mehrere Vorgänger für einen Nachfolger, ist der SAZ-Wert des Nachfolgers gleich dem SEZ-Wert aller Vorgänger.
- Gibt es nur einen Vorgänger, aber mehrere Nachfolger, dann ist der SEZ-Wert des Vorgängers gleich dem kleinsten SAZ-Wert aller Nachfolger.
- Die Gesamtpufferzeit GP für jeden Vorgang ergibt sich aus GP = SAZ – FAZ oder GP = SEZ – FEZ.
- Der kritische Pfad ist der Weg, auf dem alle Vorgänge die Gesamtpufferzeit GP = 0 haben.

BEISPIEL 4.1 | Netzplan

Vorgang A beginnt mit Tag Null und dauert 20 Tage. Ihm folgen parallel Vorgang B mit 10 Tagen Dauer und Vorgang C mit 5 Tagen Dauer. Vorgang B und C münden in Vorgang D, der 8 Tage dauert. **Bild 1** zeigt die zeitliche Abfolge.

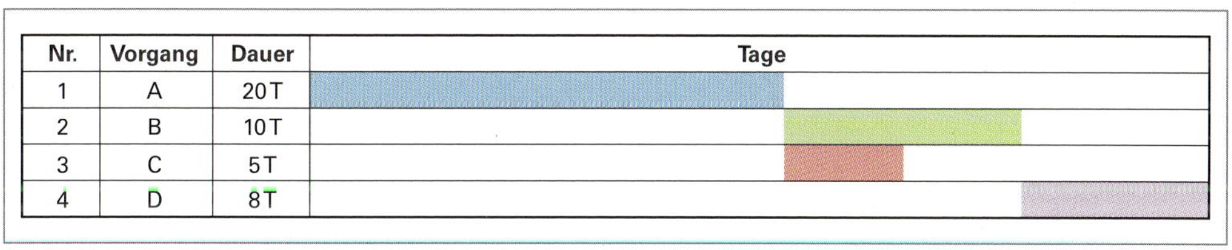

Bild 1: Gantt-Diagramm des Beispiels

Lösung

Für die Aufstellung des Netzplans werden die Abhängigkeiten und die zeitliche Dauer der Arbeitspakete in einer Vorgangsliste bestimmt. Gleichzeitig werden die Werte für jeden Vorgangsknoten berechnet **(Tabelle 1).**

Tabelle 1: Berechnungen Beispiel Netzplan

Nr.	Vorgang	Dauer	Vorgänger	Nachfolger	FAZ	FEZ	SAZ	SEZ	GP
1	A	20 T	–	2, 3	0	20	0	20	0
2	B	10 T	1	4	20	30	20	30	0
3	C	5 T	1	4	20	25	25	30	5
4	D	8 T	2, 3	–	30	38	30	38	0

Der Netzplan wird erstellt, indem die zuvor berechneten Daten in den Netzplan eingetragen werden **(Bild 1)**.

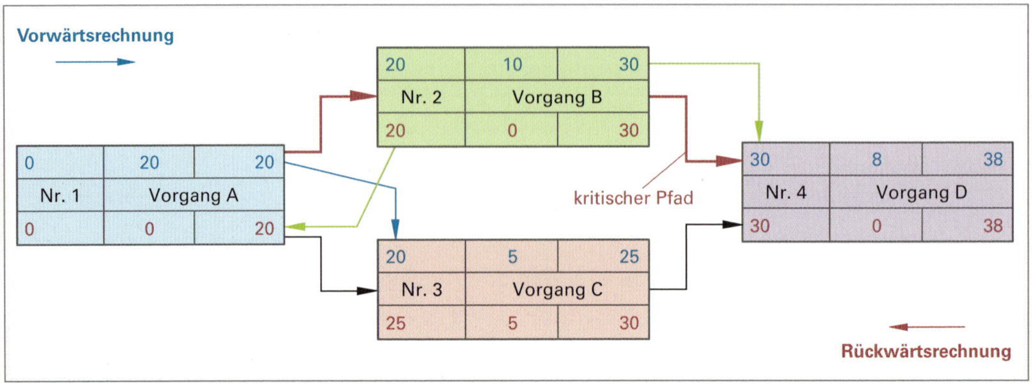

Bild 1: Netzplan des Beispiels

Betrachtet man den Vorgang C, so ergibt sich der früheste Anfangszeitpunkt am Tag 20, was der früheste Endzeitpunkt des Vorgangs A ist (blauer Pfeil in **Bild 1**).

Der früheste Endzeitpunkt für Vorgang C ergibt sich aus dem frühesten Anfangszeitpunkt für diesen Vorgang (Tag 20) zuzüglich der Dauer (5 Tage) zu 25 Tagen.

Vorgang C hat als Nachfolger Vorgang D, genau wie Vorgang B, weil Vorgang B 5 Tage länger dauert, kann Vorgang D erst begonnen werden, wenn die Vorgänge B und C abgeschlossen sind. Damit ergibt sich für Vorgang C ein Gesamtpuffer von 5 Tagen. Als FAZ-Wert von Vorgang D wird der größte der beiden FEZ-Werte von Vorgang B und C übertragen (grüner Pfeil rechts oben in **Bild 1**).

Für die Rückwärtsrechnung wird in gleicher Weise vorgegangen. Vorgang B und Vorgang C haben unterschiedliche SAZ-Werte. Der kleinere der beiden Werte wird an den Vorgang A übergeben (grüner Pfeil links in **Bild 1**). Hier wird auch der Gesamtpuffer von 5 Tagen deutlich. Alle Vorgänge, die keinen Puffer enthalten, liegen auf dem kritischen Pfad, der in **Bild 1** als dickere rote Linie dargestellt ist. Hier würde eine Terminüberschreitung eine sofortige Verschiebung des Projektendes bedeuten.

Für das Beispiel-Projekt „Fertigungsroboter einsetzen" ergibt sich die Vorgangsliste nach **Tabelle 1.**

Tabelle 1: Vorgangsliste am Beispiel Fertigungsroboter einsetzen

Nr.	Vorgang	Vorgänger	Nachfolger	Dauer	FAZ	FEZ	SAZ	SEZ	GP
1	Roboter auswählen	–	2, 3, 5	4 T	0	4	0	4	0
2	Roboter bestellen	1	4	1 T	4	5	4	5	0
3	Standort vorbereiten	1	6	2 T	4	6	13	15	9
4	Roboter liefern	2	6	10 T	5	15	5	15	0
5	Energieversorgung vorbereiten	1	6	2 T	4	6	13	15	9
6	Roboter aufstellen	3, 4, 5	7	2 T	15	17	15	17	0
7	Energieversorgung anschließen	6	8	1 T	17	18	17	18	0
8	Roboter einfahren	7	9	2 T	18	20	18	20	0
9	Roboter Probelauf	8	10	2 T	20	22	20	22	0
10	Mitarbeiter schulen	9	–	3 T	22	25	22	25	0

Der Netzplan für das Beispiel Fertigungsroboter zeigt sich in **Bild 1**. Der kritische Pfad ist in rot eingezeichnet.

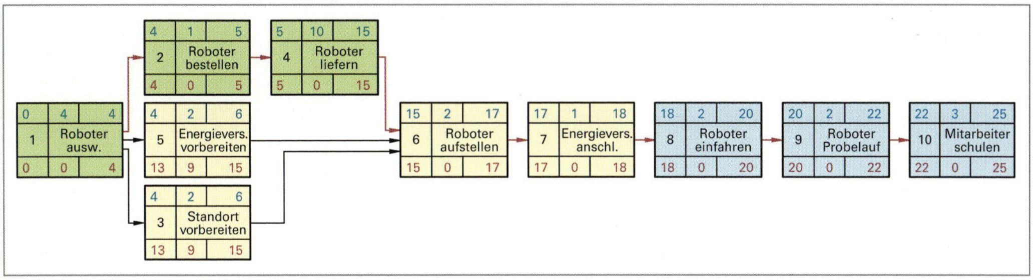

Bild 1: Netzplan für das Beispiel „Fertigungsroboter einsetzen"

Die **Ziele des Netzplans** sind:

- Die Gesamtdauer eines Projekts festzulegen
- Die logische und zeitliche Reihenfolge von Vorgängen zu visualisieren
- Abhängigkeiten zwischen Aktivitäten und die Auswirkungen von Terminverschiebungen zu verdeutlichen (kritische Abläufe und kritische Aktivitäten)
- Mögliche Potenziale zur schnelleren Bearbeitung des Projekts aufzuzeigen

Der **Netzplan** dient der Planung und Steuerung von Projekten. Er zeigt grafisch die logische und zeitliche Abfolge von Vorgängen und verdeutlicht die Folge von Terminverschiebungen.

Kostenplanung

Bei der Projektinitialisierung konnten die Kosten nur grob geschätzt werden. Die Projektkostenplanung ermittelt alle Kosten, die im Zusammenhang mit der Projektdurchführung anfallen. Sie bildet die Grundlage für die Kosten-Nutzen-Analyse interner Projekte, dient als Grundlage für externe Angebote und ist Basis für die Planung der Zahlungen während der Projektdurchführung.

Um die Kosten erfassen zu können, werden zuerst die benötigten **Ressourcen** erfasst.

Unter dem Begriff **Ressourcen** versteht man Personal, Finanzmittel, Sachmittel, Informationen, Hilfs- und Unterstützungsmöglichkeiten, die zur Durchführung von Vorgängen, Arbeitspakten und Projekten herangezogen werden können.

Ein Projekt kann nur dann reibungslos ablaufen, wenn die richtigen Mittel in ausreichender Güte, Menge und Qualität zur richtigen Zeit und am richtigen Ort zur Verfügung stehen.

Die Kostenplanung liefert die genauen Werte für Personal- und Betriebsmittelkosten, Materialkosten können berechnet werden. Weitere Kosten, wie z. B. Beraterkosten oder Reisekosten, werden als sonstige Kosten dem Projekt direkt zugeordnet. Die Gemeinkosten (Miete, Energiekosten usw.) sind bereits in den Betriebsmittelkosten enthalten.

Auf dieser Basis lässt sich ein Kostenplan erstellen, der die Kosten je Arbeitspaket beinhaltet. Die Kosten der Projektplanung werden als prozentualer Zuschlag zu den bestehenden Kosten addiert.

Auf Basis der Kostenplanung wird der insgesamt erforderliche Finanzbedarf ermittelt und der Projekt-Finanzplan erstellt.

Bei der **Kostenplanung** werden alle Kosten ermittelt, die im Rahmen des Projekts anfallen.

Projektrisiken

Bei der Projektplanung müssen Projektrisiken mittels einer **Risikoanalyse** betrachtet werden. Risiken sind Ereignisse oder voraussichtliche Entwicklungen, die mit einer bestimmten Wahrscheinlichkeit den geplanten Projektverlauf in unterschiedlichem Ausmaß stören können. Projekte unterliegen während ihrer Laufzeit einer Vielzahl von Risiken.

Typische **Projektrisiken** sind:

- fehlende Unterstützung,
- verzögerte Lieferungen,
- rechtliche Risiken wie Produkthaftung,
- fehlende Termintreue,
- Ausfall von Mitarbeitern,
- Konflikte zwischen Teammitgliedern,
- technologische Machbarkeit (Baugröße, Materialeigenschaften),
- falsche Termin- oder Kostenplanung.

Für ein Risikomanagement werden mögliche Risiken gesammelt und anschließend anhand der Kriterien „Eintrittswahrscheinlichkeit" und „Auswirkungen" über Punkte bewertet. Hierzu eignet sich eine **Risikomatrix (Bild 1)**.

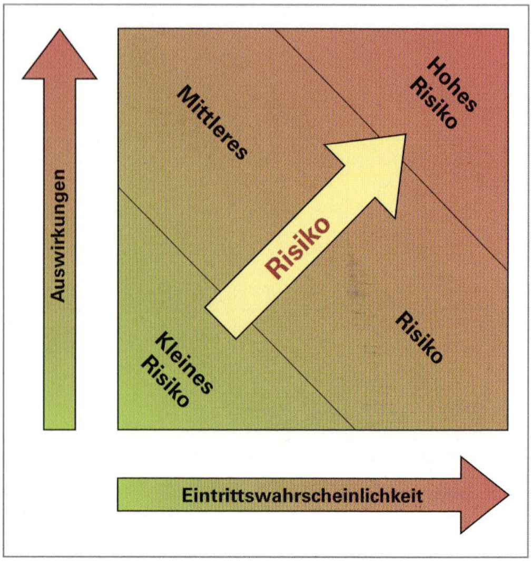

Bild 1: Risikomatrix

Ein Risiko ist dann als hoch zu bewerten, wenn Eintrittswahrscheinlichkeit sowie die Auswirkung hoch sind. Zur Risikovermeidung lassen sich die Eintrittswahrscheinlichkeit und die Auswirkungen beeinflussen. Bei kleinen Risiken lohnt sich oftmals nicht der Aufwand für vorbeugende Maßnahmen, sie werden akzeptiert. Alle anderen Risiken sind durch vorbeugende Maßnahmen zu vermeiden. Sehr hohe Risiken werden in der Regel versichert oder an Dritte (Auftraggeber, Lieferanten) abgetreten. Ist das nicht möglich, muss zusätzliches Kapital zur Verfügung stehen, welches getrennt vom Projektbudget verwaltet und freigegeben wird, wenn das kalkulierte Risiko eintritt. Ist auch das nicht möglich, sollte der Projektauftrag abgelehnt werden.

4.10.4 | STEUERUNG UND DURCHFÜHRUNG EINES PROJEKTS

Bild 2: Teilphasen der Steuerungsphase eines Projekts

Die **Projektsteuerung** erfolgt während der gesamten Projektplanung. Dabei werden alle relevanten Ist-Daten aus den Bereichen Termine, Kosten, Ziele, Risiken und Ressourcen erfasst **(Bild 2)**. Die Steuerung obliegt dem Projektleiter. Sie basiert auf den Fragen: „Was wurde bisher erreicht?" und „Wie werden die weiteren Arbeiten erledigt?". Der Projektleiter muss über den aktuellen Stand aller Vorgänge informiert sein, um eventuellen Störungen rechtzeitig entgegenzuwirken. Er beobachtet die drei Projekt-Zielgrößen Termine, Kosten, erbrachte Vorgänge und gleicht die Ist-Daten mit den Soll-Daten der Planung ab. Werden Abweichungen festgestellt, müssen geeignete Gegenmaßnahmen als Steuerungsinstrumente ergriffen werden.

Steuerungsmaßnahmen können sein:

- Mehrarbeit veranlassen.
- Zusätzliche Kapazitäten zur Verfügung stellen.
- Leiharbeiter einstellen.
- Externe Aufträge vergeben.
- Termine verschieben.
- Leistungsumfang verändern.

Die zur Verfügung stehenden Steuerungsmaßnahmen müssen im Hinblick auf ihre Kosten und ihre Wirkung beurteilt und gegeneinander abgewogen werden.

4.10.5 | PROJEKTABSCHLUSS

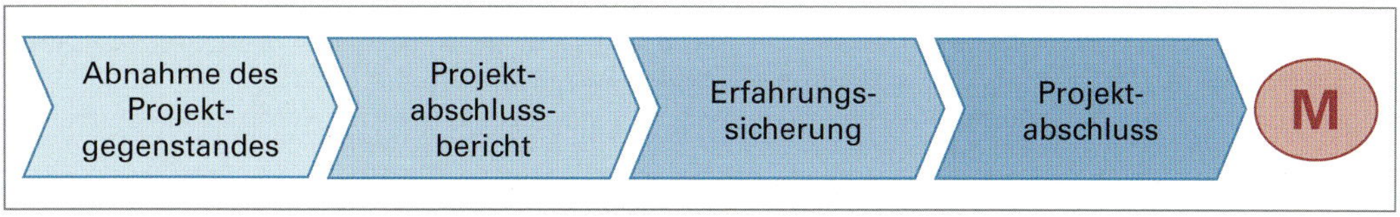

Bild 1: Teilphasen der Abschlussphase eines Projekts

Der **Projektabschluss** ist die finale Phase eines Projekts. Sie ist unterteilt in die Abnahme des Projektgegenstandes, die Erstellung des Projektabschlussberichts, die Erfahrungssicherung (**Lessons learned**) und die Projektauflösung **(Bild 1)**.

Bei der **Projektabnahme** wird geprüft, ob der Projektgegenstand alle Forderungen aus dem Pflichtenheft erfüllt. Das Ergebnis wird in einem Abnahmeprotokoll eingetragen.

Der **Projektabschlussbericht** beinhaltet mögliche Abweichungen von Terminen, Kosten und Leistungen sowie ihre Ursachen und zukünftigen Vermeidungsmaßnahmen. Die Projektdurchführung wird im Hinblick auf Stärken und Schwächen kritisch durchdacht, die Ergebnisse werden schriftlich festgehalten.

Durch diese **Erfahrungssicherung**, *„Lessons learned"* genannt, sollen die gesammelten Erfahrungen und das entstandene Know-how gesammelt und für zukünftige Projekte nutzbar gemacht werden.

In der abschließenden **Projektabschlusssitzung** wird das Projekt präsentiert. Die wesentlichen Erkenntnisse des Projekts, positive sowie negative, werden offen zur Diskussion gestellt. Die erbrachten Leistungen werden ausreichend gewürdigt. Abschließend wird die Projektorganisation aufgelöst – das Projekt ist somit endgültig abgeschlossen.

AUFGABEN | WIEDERHOLUNG UND VERTIEFUNG

1. Nennen Sie die fünf Phasen eines Projekts.
2. Welche Punkte sind in den jeweiligen Projektphasen enthalten.
3. Erläutern Sie die Begriffe Meilenstein und Arbeitspakete.
4. Was versteht man unter einem Projektstrukturplan?
5. Was beinhaltet ein Gantt-Diagramm?
6. Mit welchen Methoden lässt sich ein Terminplan für ein Projekt erstellen.
7. Erläutern Sie den Begriff Projektrisiken.
8. Nennen Sie vier typische Projektrisiken.
9. Welche Steuerungsmaßnahmen gibt es bei der Projektdurchführung, um das Projektende nicht verschieben zu müssen?
10. Was gehört zum Projektabschluss?

4.11 TECHNISCHE PROJEKTE DOKUMENTIEREN

Im Laufe der Bearbeitung eines Projekts wird eine beachtliche Anzahl an Dokumenten und Daten erstellt. Diese werden dem Kunden auf Papier ausgedruckt oder als Datensatz ausgehändigt. Beispiele sind Bedienungsanleitungen, Wartungsanleitungen oder Ersatzteilstücklisten, je nach Vereinbarung auch weitere Unterlagen. Weitere Dokumente und Daten verbleiben beim Hersteller.

Unabdingbar ist eine Sicherung aller Daten und Dokumente. Dies wird in den Firmen unterschiedlich gehandhabt und hängt nicht zuletzt vom hergestellten Produkt ab.

Zeichnungen wurden früher in Zeichnungsschränken abgelegt und zusätzlich auf Mikrofilm archiviert, was aber immer ein entsprechendes Lesegerät und Rückkopiergerät voraussetzt. Heute werden die Daten auf Speichermedien gesichert.

Die gesamte Entwicklung eines Produktes sollte reproduzierbar dokumentiert werden. Für den Bereich der Konstruktion gehören die ersten Skizzen, die Lösungssammlung mit der Bewertung, die CAD-Daten der Konstruktion, alle Zeichnungen mit den dazugehörigen Stücklisten und die erstellten Dokumentationen zu den zu sichernden Unterlagen und Daten. Firmenintern kommen weitere Daten hinzu, wie Kalkulationen, Prüfprotokolle, Verträge usw.

Bild 1 gibt einen Überblick über mögliche Dokumente, die für ein Produkt erstellt und nach Beendigung des Projekts archiviert werden.

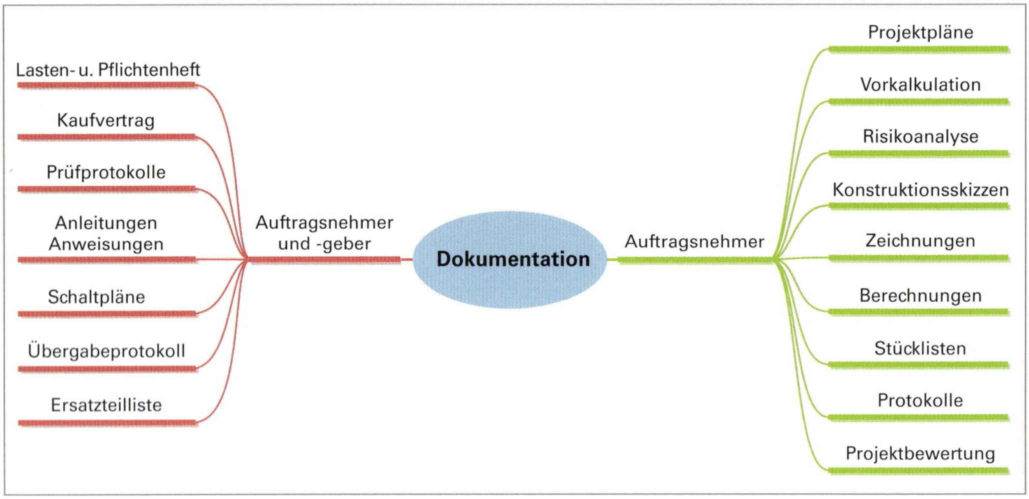

Bild 1: Arten von Dokumenten

Zeichnungen und Stücklisten unterliegen in den Firmen einem Nummerierungssystem, was die Ablage, das Wiederfinden und zum Teil auch die Zuordnung der Unterlagen zum Produkt erleichtert (wenn die Nummerierung produktgebunden ist).

Während der Produktlebensdauer können Dokumente aus folgenden Gründen geändert werden:

- weil Änderungen bei Kaufteilen durch den Zulieferer erfolgt sind,
- weil sich Normen geändert haben,
- weil sich das Fertigungsverfahren geändert hat,
- weil sich der Stand der Technik geändert hat.

Jede dieser Änderungen wird dokumentiert. In den Zeichnungsvorlagen findet sich dafür ein Änderungsindex, der entsprechend ausgefüllt wird. Andere Dokumente haben im Vordruck gleichfalls entsprechende Felder für die Änderungen.

Lernfeld 4

4.12 PROJEKTE PRÄSENTIEREN

Neue entwickelte Produkte werden in den allermeisten Firmen mittels einer **Präsentation** vorgestellt. Dies kann intern, für andere Abteilungen, oder extern beim Kunden erfolgen.

Für die Erstellung von Präsentationen steht spezielle Software zur Verfügung. Hierbei sollten nicht die Möglichkeiten der Software, sondern das zu präsentierende Objekt im Vordergrund stehen.

Hinweise und Tipps für die Erstellung einer Präsentation

1. **Zielgruppe festlegen**
   - Was ist das Ziel der Präsentation? Wer sind die Zuhörer und was könnte sie interessieren?
2. **Layout**
   - Wählen Sie ein einheitliches, möglichst dezentes, ggf. firmenspezifisches Folienlayout über einen Folienmaster (Überschriften, Hintergrundgestaltung, Schriftarten, Animationseffekte).
   - Auf jede Folie gehört ein Folientitel.
   - Achten Sie darauf, dass die Folien nicht zu überladen wirken.
   - Ordnen Sie die einzelnen Objekte klar und übersichtlich an, gleiche Elemente die auf mehreren Folien auftreten, immer an gleicher Stelle positionieren.
3. **Schriften und Farben**
   - Verwenden Sie immer die gleiche Schriftart auf den Folien.
   - Nicht mehr als drei unterschiedliche Schriftgrößen auf einer Folie verwenden.
   - Die Überschrift jeder Folie sollte aussagefähig sein.
   - Aussagen und Argumente über Blickfangpunkt (Pfeile, Haken) kennzeichnen.
   - Unterpunkte einrücken und in kleinerer Schrift (2 pt kleiner) schreiben.
   - Hintergrund hell, aber nicht weiß vorsehen und dunkle Schriftfarben verwenden.
   - Schrift ohne Serifen auswählen.
4. **Folieninhalte**
   - Die Präsentation ist nicht gleichbedeutend mit Ihrem Vortrag. Sie illustriert Ihren Vortrag und macht ihn besser verständlich.
   - Auf die Folien gehört, was Sie zeigen wollen: Vortragsstruktur, Thesen, Argumente, Bilder, Diagramme, Beispiele, (wichtige) Zitate usw.
   - Gehen Sie sparsam mit Text um, auf die Folien gehören vorwiegend Schlagworte.
   - Bilder und Grafiken mit ausreichend hoher Auflösung verwenden (vorher testen).
   - Nicht zu viele Folien verwenden, mindestens eine Minute Vortragszeit pro Folie einplanen.
5. **Animationseffekte**
   - Animationen sparsam und nur dann verwenden, wenn sie die Aussage unterstützen.
   - Durch schrittweises Einblenden ist ein Aufbau einer Folie möglich, Ihr Gedankengang wird dadurch besser nachvollziehbar. Trotzdem darf keine Folie überladen wirken.
   - Lassen Sie eine neue Folie kurz auf die Teilnehmer einwirken, beginnen Sie dann erst mit dem Sprechen.

4.13 | TECHNICAL ENGLISH

4.13.1 | METHODS OF IDEATION

One of the most challenging, but also most interesting and fun part of the work of a technical product designer is to find new solutions to technical problems. Use methods of ideation to generate new ideas, assess these ideas and choose the best solution. The purpose of all methods of ideation is to help you to find more ideas. All these methods can be divided in three different groups: investigative, intuitive and discursive methods of ideation.

Investigative methods

Literature, internet and patent research belong to the investigative methods of ideation. But it also makes sense to investigate the products of the competitors. To buy their machines, to put them on a workbench and disassemble them to understand how they solve the technical problems is called benchmark analysis.

Intuitive methods

Intuitive methods are for example brainstorming, method 6-3-5 and brainwriting. All these methods have in common, that you don`t limit yourself to reasonable solutions in this phase. Be creative and don`t criticize ideas. React on the ideas of your team members and combine and improve your ideas.

Words	
method	Methoden
ideation	Ideenfindung
to challenge	herausfordern
solution	Lösung
to generate	entwickeln
to assess	bewerten
to choose	auswählen
purpose	Zweck
investigative	recherchierend
intuitive	intuitiv
discursive	diskursiv
competitor	Wettbewerber/Konkurrent
workbench	Werkbank
disassemble	demontieren
benchmark analysis	Benchmark Analyse
reasonable	vernünftigen
to criticize	kritisieren
to combine	kombinieren
to improve	verbessern
to structure	strukturieren
systematic	systematisch
approach	Vorgehensweise/Ansatz
catalogue	Katalog
column	Spalte
table	Tabelle
row	Zeile
behaviour	Verhalten

Discursive methods

Discursive methods try to structure the technical problem and use a systematic approach to find new solutions. The morphological analysis for example divides any technical systems in sub-systems and uses design catalogues to find all known solutions. All subsystems with their main functions are listed in a column of a table. All known physical, chemical or biological principles which could be used for this function are then listed in the row next to it. Different lines are then drawn to connect these principles in a new way. The new combination of old solutions could create a new and successful product.

EXERCISES | REPETITION AND CONSOLIDATION

1. Name the biggest advantage of using ideation methods.
2. Write down three behaviour rules for brainstorming.
3. Describe the 6-3-5 method.
4. You should develop a method to remove the ice on a wing of an airplane while the plane is in the air. Find at least five physical, chemical or biological principles to remove the ice.

Lernfeld 4

4.13.2 | ASSESSMENT OF THE DIFFERENT DESIGN SOLUTIONS

After the creation of different design solutions with ideation methods, the technical product designer must assess these solutions. A design solution must fulfil all hard requirements from the specification sheet. Therefore, it sometimes is necessary to further detail the design solutions before it is possible to determine if the design is sufficient or not.

Design criteria

All other requirements from the specification sheet can be used as design criteria to evaluate the advantages or disadvantages of different solutions. It could be helpful to create a rating matrix to find out which solution fulfils the requirements in the best way.

Technical rating according to VDI 2225

The rating according to the VDI guideline 2225 is assigning 0 to 4 points to each criterion. Zero points mean the design is unsatisfactory regarding this criterion. Four points mean the design fulfils this criterion in a very good way **(table 1)**.

Weighting coefficient

Not every criterion has the same importance, therefore it is necessary to add a weighting factor to the rating matrix. The weighting factor will then be multiplied by the given points from 0 to 4 for each criterion. These results will be added up for each design solution in the matrix. The solution with the highest number fulfils the requirements from the specification sheet in the best way.

If all design solutions have low rating points for one criterion, it makes sense to use another method of ideation again to create better solutions. Also, if the total rating number for different solutions differ only by 1 to 3 points, the solution with the highest number should not automatically be chosen. Then these two best solutions must be evaluated again to find out which one is clearly better.

Words	
assessment	Bewertung
to fulfil	erfüllen
requirements	Anforderungen
hard requirements	Festanforderungen
specification sheet	Lastenheft
sufficient	ausreichend
criteria	Kriterien
one criterion	Ein Kriterium
to evaluate	bewerten/evaluieren
advantages	Vorteile
disadvantages	Nachteile
rating matrix	Bewertungsmatrix
guideline	Richtlinie
unsatisfactory	unbefriedigend
regarding	bezüglich
importance	Wichtigkeit
weighting factor	Gewichtungsfaktor
to multiply with	mulipliziert mit
added up	aufsummieren/ aufaddieren
different	unterschiedlich
to differ by	sich unterscheiden durch
acceptable	ausreichend
unsatisfactory	unbefriedigend
to provide	zur Verfügung stellen

Table 1. Technical rating according to VDI 2225

The design fulfils the criterion	Points
very good	4
good	3
sufficient	2
just acceptable	1
in an unsatisfactory way	0

EXERCISES | REPETITION AND CONSOLIDATION

1. Name the document where all requirements of a product are listed and define who should provide it.
2. Define a hard requirement.
3. Explain the meaning of the rating points from 0 to 4 according to VDI 2225.

4.13.3 | PROJECT MANAGEMENT

The project management is the discipline of initiating, defining, planning, executing and closing the work of a team to achieve specific goals in a project.

A project is a temporary endeavor designed to produce a unique product with a defined beginning and end. The characteristics are shown in **figure 1**.

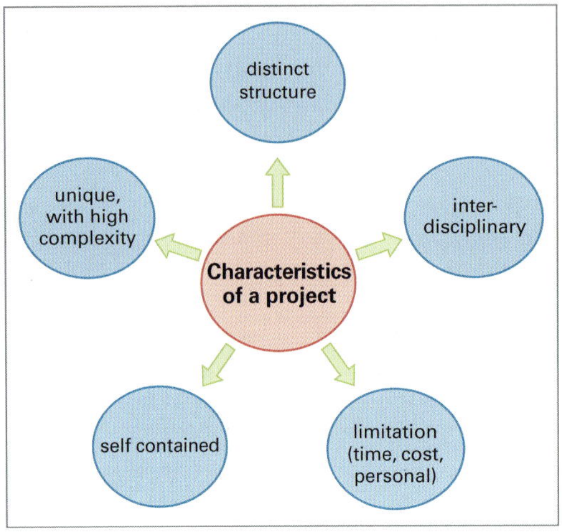

Figure 1: Characteristics of a project

A project can be divided into five phases:

1. Initiation of a project

The initialization phase of a project describes the process from the problem analysis to the decision of the project execution. It also includes the definition of the project manager, a clearly formulated project order with estimated deadlines and costs. An important result of the project phase is the definition of milestones **(figure 2)**.

2. Definition of a project

The definition phase includes all activities, processes and decisions regarding the precise definition of the project. The formation of the project core team is the first step in this phase. The participants arrange a kick-off-meeting and formulate the goals of the project considering the SMART criteria:

- **S** pecific, concrete
- **M** easurable, verifiable
- **A** ttractive, challenging
- **R** ealistic
- **T** ime-phased

The project team defines the project objects, creates the basic structure and evaluates the feasibility.

Words	
project management	Projektmanagement
to initiate	anfangen, beginnen
to define	festlegen, bestimmen
to plan	planen, konzipieren
to execute	ausführen, durchführen
to close	beenden, abschließen
to achieve	erreichen, erzielen
goal	Ziel
temporary	zeitlich begrenzt
endeavor	Vorhaben, Unterfangen
initialization phase	Anfangsphase
analysis	Analyse
decision	Entscheidung
project execution	Projektdurchführung
to estimate	schätzen
deadline	Frist, Termin
milestone	Meilenstein, Ecktermin
regarding	betreffend
project core team	Projektkernteam
specific, concrete	spezifisch, konkret
measurable	messbar
time-phased	zeitlich begrenzt

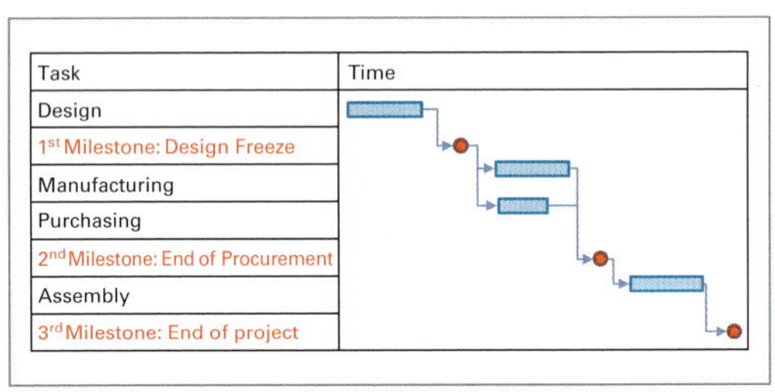

Figure 2: Milestones in a design project

Reasons for milestones

- Should the project be continued?
- Should the planning be changed?
- Which alternative should be chosen?
- Are further investments required?
- Are the personal resources sufficient?
- Does the project get the approval?

Lernfeld 4

3. Planning a project

Starting with a rough planning phase, the project core team develops the realization of the project. The main purpose is to plan time, costs and objectives adequately to estimate the work needed and to effectively manage risks during project execution. The relationship between these three variables (objective, costs and time) is known as magic triangle **(figure 1)**. Any change to one variable has an effect on the other two variables.

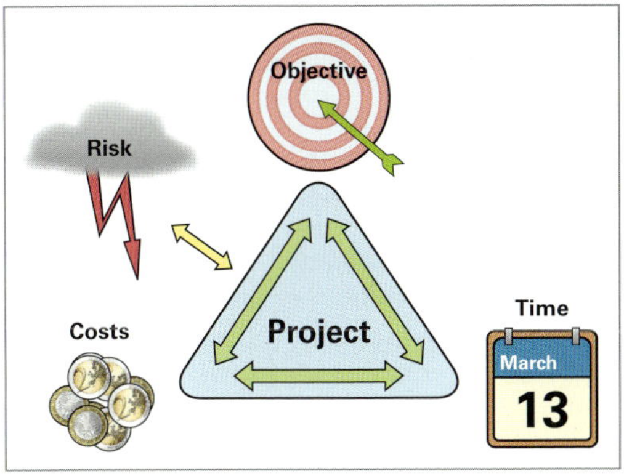

Figure 1: Magic triangle of project variables

The main task of the planning phase is the development of the exact project structure in a project structure plan in which all work packages are divided into projectable and controllable work packages. It indicates the project structure, provides information of the "to do's" and is the basis for the later project control. The project team makes the schedule (timetable) after the project structure plan. The so-called bar graph **(figure 2)** illustrates all project activities. A bar represents the time duration of each activity. The longer the bar, the longer the duration of the activity.

Projects are not free of risks because of their uniqueness and their complexity. Typical project risks are: over-optimistic timing and budget, conflicts between project members, lack of support, lack of acceptance among potential users, technological feasibility and legal risks (e.g. product liability).

4. Execution of a project

The implementation (or execution) phase involves proper allocation, coordination and management of human resources and any other resources such as material and budgets. The controlling observes the project execution so that potential problems can be identified and corrective action can be taken.

Words	
realization	Verwirklichung
purpose	Anliegen
objective	hier: Projektvorhaben
adequately	angemessen
to estimate	schätzen
project execution	Projektausführung
relationship	Zusammenhang
variable	Variable
project structure plan	Projektstrukturplan
work packages	Arbeitspakete
project control	Projektüberprüfung
schedule, timetable	Zeitplan
bar graph	Balkendiagramm
project activity	Projektaktivität
uniqueness	Einzigartigkeit
over-optimistic	zu optimistisch
lack of support	fehlende Unterstützung
feasibility	Realisierbarkeit
product liability	Produkthaftung
implementation	Einführung
allocation	Zuteilung
human resources	personelle Ressourcen
lessons learned	Erfahrungen
closure	Abschluss

EXERCISES | REPETITION AND CONSOLIDATION

1. Name the five phases of a project.
2. Explain the necessity of a milestone with two examples.
3. Explain the "magic triangle". What happens to the other variables if you decrease the available time for the project?

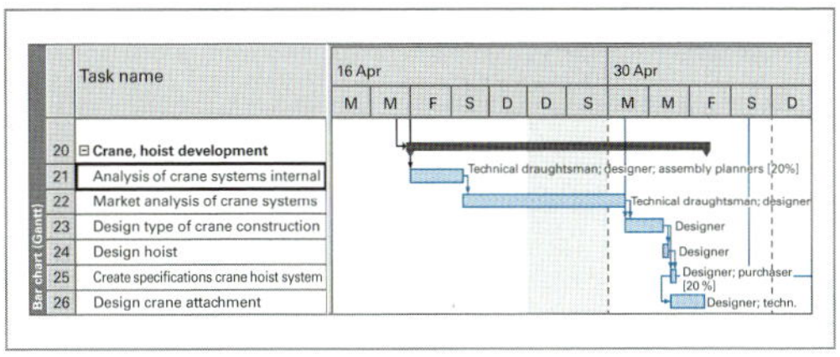

Figure 2: Bar graph or Gantt diagram

5. Closure of a project

This is the final phase of a project. It is divided into the acceptance of the project object (objectives), the final project report, the lessons learned and the closure of the project.

Lernfeld 5

BAUTEILE AUS METALLISCHEN WERKSTOFFEN UNTER BERÜCKSICHTIGUNG VON UMFORMVERFAHREN IM KONTEXT VON BAUGRUPPEN ENTWICKELN

Herzlichen Glückwunsch! Sie haben das erste Ausbildungsjahr erfolgreich hinter sich gebracht und sich das Grundlagenwissen eines Technischen Produktdesigners erarbeitet. In dem zweiten Ausbildungsjahr und damit in den folgenden vier Lernfeldern werden Sie nun die am häufigsten verwendeten Fertigungsverfahren genauer kennenlernen.

Hierbei wollen wir Sie nicht in die Lage versetzen, selber Bauteile fertigen zu können, sondern Ihnen alle Inhalte vermitteln, die Sie benötigen, um fertigungsgerecht konstruieren zu können. Wie Sie bereits wissen, wird ein Großteil der Kosten eines Produktes in der Konstruktion festgelegt. Eine gute Konstruktion berücksichtigt daher nicht nicht nur die Einschränkungen, die ein bestimmtes Fertigungsverfahren vorgibt, sondern nutzt die Vorteile des ausgewählten Fertigungsverfahrens möglichst optimal aus.

In diesem Lernfeld werden Sie die umformenden Fertigungsverfahren Biegen und Tiefziehen genauer kennenlernen. Weitere umformende Fertigungsverfahren, wie z. B. Walzen oder Schmieden, werden nur kurz angerissen.

Sie werden lernen, wie man die Abwicklung eines Biegeteils erstellt und wie man die gestreckten Längen berechnen kann. Ebenfalls werden Sie in der Lage sein, Tiefziehteile zu konstruieren und die benötigten Rondendurchmesser berechnen zu können. Natürlich werden Sie auch lernen, wie man Biegeteile in einem 3D-CAD-Programm erstellt, anschließend automatisch die Abwicklungen erzeugt, und wie Biegeteile in einer technischen Zeichnung dargestellt werden.

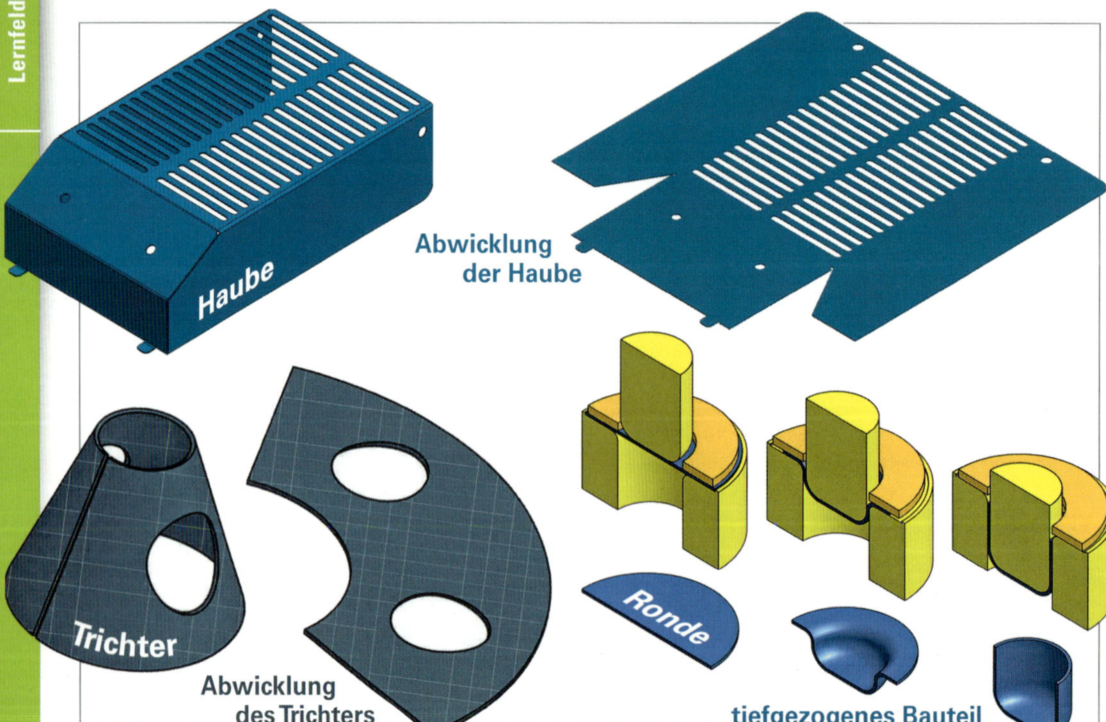

5.1 LERNSITUATIONEN

LERNSITUATION 1 | Konstruktion einer Rohrhalterung

Sie arbeiten in einer Firma, die Rohrhalterungen herstellt. Neben dem Standardprogramm bietet Ihre Firma auf Wunsch auch Sonderanfertigungen an. Ihr Ausbilder leitet deswegen eine Kundenanfrage an Sie weiter und bittet Sie, eine den Kundenanforderungen entsprechende Rohrhalterung zu konstruieren.

Aufgabenstellung

1.1 Erstellen Sie die erforderlichen Fertigungsunterlagen für die Rohrhalterung.

1.2 Zur Überprüfung der von Ihnen erstellten Abwicklung und damit der Einstellungen in dem von Ihnen verwendeten CAD-Programm bittet Sie Ihr Ausbilder, zusätzlich eine Berechnung der Rohteillänge nach DIN 6935 von Hand zu erstellen und den Fertigungsunterlagen beizufügen.

Zusatzinformationen:

Der Kunde benötigt 250 Rohrhalterungen für ein Stahlrohr mit dem Außendurchmesser von 35 +/– 0,1 mm. Um eine ausreichende Festigkeit zu erzielen, muss die Halterung aus 3 mm starkem Blech nach DIN EN 10051 aus S275J0 hergestellt werden. Die Rohrhalterungen werden mit Sechskantschrauben ISO 4017-M10x50-8.8 an Metallwänden befestigt. Diese Sechskantschrauben sollen mit Steckschlüsseleinsätzen nach DIN 659 oder nach DIN 3129 angezogen werden können. Die Rohrhalterungen müssen einen festen Sitz der Stahlrohre gewährleisten. Die Allgemeintoleranz der Rohrhalterung muss nach DIN 2768 sowohl für Längenmaße als auch für die Form und Lage grob sein.

Ihr Ausbilder gibt Ihnen zusätzlich die Information, dass die Rohteile für die 250 Rohrhalterungen aufgrund der geringen Stückzahl mit der betriebseigenen Laserstrahlschneidanlage mit der Genauigkeit ISO 9013-342 hergestellt werden. Für die Programmierung der CNC gesteuerten Schneidanlage müssen Sie daher auch noch eine Abwicklung der Rohrhalterung erstellen und sie der Abteilung zur Arbeitsvorbereitung als dxf-Datei zur Verfügung stellen.

Als Lösungshilfe gibt Ihnen Ihr Ausbilder einen „Screenshot" **(Bild 1)** von einer bereits existierenden Rohrhalterung und bittet Sie, Ihre Konstruktion an diese Rohrhalterung anzulehnen.

Korrosionsschutz kann bei dieser Anwendung vernachlässigt werden.

Da Sie im 2. Ausbildungsjahr die Anwendung von Form- und Lagetoleranzen noch nicht besprochen haben, kann Ihre Zeichnung zunächst ohne sie erstellt werden, da sie später ergänzt werden.

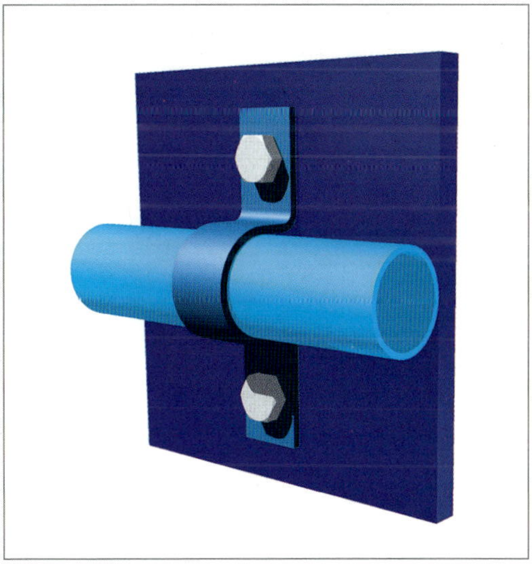

Bild 1: „Screenshot" einer bereits existierenden Rohrhalterung

LERNSITUATION 2 | Modellierung einer Schutzhaube

In Ihrer Firma wird eine Schutzhaube mit der Teilenummer 05-02-010 verwendet. Leider ist diese Haube von einem Konstruktionsdienstleister erstellt worden, und die Zeichnungen der Baugruppe sind nicht in dem CAD-Programm erstellt worden, das in Ihrer Firma verwendet wird. Daher bittet Sie Ihre Ausbilderin, diese Modelle in Ihrem CAD-Programm neu zu erstellen.

Aufgabenstellung

2.1 Erstellen Sie die Modelle und zugehörigen Fertigungszeichnungen aller selbstgefertigten Einzelteile mit dem von Ihnen verwendeten CAD-Programm.

2.2 Erstellen Sie die Baugruppe der Schutzhaube und eine neue Zusammenbauzeichnung mit Stückliste.

2.3 Zur Überprüfung der von Ihnen erstellten Abwicklungen bittet Sie Ihre Ausbilderin, zusätzlich eine Berechnung der Rohteillängen der Haube und des Halters nach DIN 6935 von Hand zu erstellen und den Fertigungsunterlagen beizufügen.

Zusatzinformationen:

Es existiert bereits eine Zusammenbauzeichnung (**Zeichnung 05-02-010**, s. u.). Die von Ihnen benötigten Maße können Sie der Zusammenbauzeichnung entnehmen. Hier sind zusätzlich einige Maße zur Information eingetragen. Weitere Maße können Sie der Zeichnung entnehmen bzw. aufgrund der verwendeten Normteile sinnvoll ergänzen. Die Biegeradien für die Haube und den Halter sollen so klein wie möglich gewählt werden. Der Halter wird mit Schrauben der Größe M6 am Boden befestigt.

Bitte verwenden Sie in der neuen Zusammenbauzeichnung dieselben Ansichten, Maße, Schnitte und Details wie in der Originalzeichnung.

Abweichend von der DIN 6935 ist es in Ihrem Betrieb üblich, die Rohteillängen auf eine Stelle zu runden. Die Zeichnungen können zunächst ohne Form- und Lagetoleranzen erstellt werden.

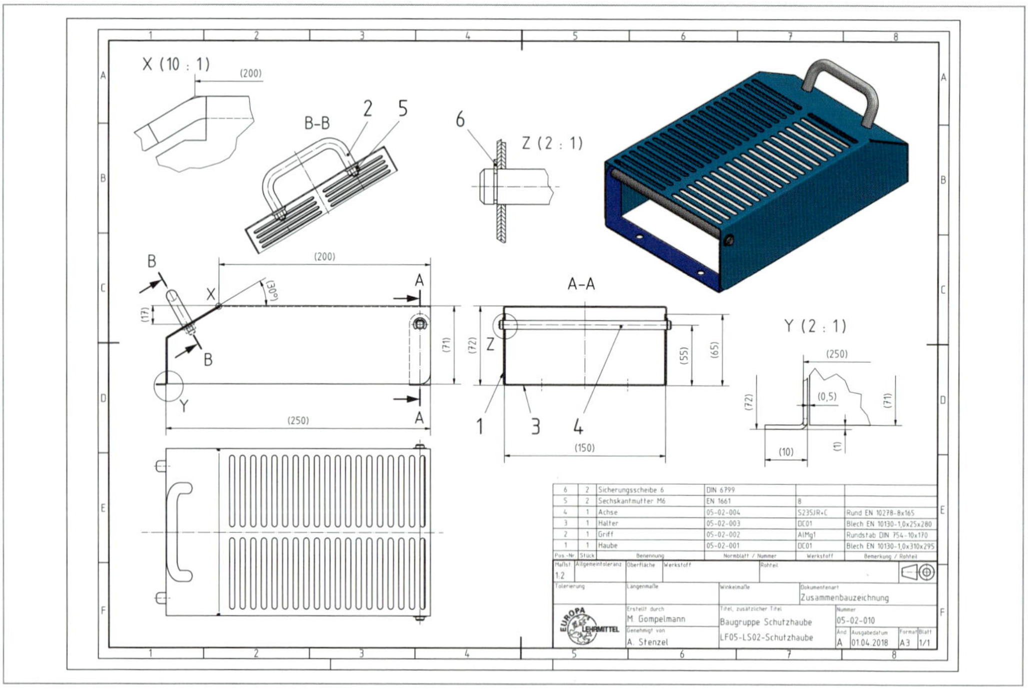

Lernfeld 5

LERNSITUATION 3 | Konstruktion eines Reduzierflansches

In Ihrer Firma werden Rohrleitungen und Flansche nach Vorgaben ihrer Kunden hergestellt. Ein Kunde hat bereits den Entwurf eines Reduzierflansches erstellt und fragt bei Ihrer Firma an, ob sie den Flansch entsprechend dieses Entwurfes herstellen können **(Zeichnung 05-03-010)**. Leider liegt der Entwurf in einem CAD-Format vor, das in Ihrer Firma nicht verwendet werden kann. Deshalb beauftragt Sie Ihr Ausbilder damit, diesen Flansch neu zu modellieren und die benötigten Fertigungsunterlagen zu erstellen.

Aufgabenstellung

3.1 Erstellen Sie die Modelle und erforderlichen Fertigungszeichnungen aller Einzelteile mit dem von Ihnen verwendeten CAD-Programm.

3.2 Erstellen Sie die Baugruppe des Reduzierflansches und eine Zusammenbauzeichnung mit Stückliste.

3.3 Zur Überprüfung der von Ihnen erstellten Abwicklung des Rechteckrohrs (Pos.-Nr. 2) bittet Sie Ihr Ausbilder, zusätzlich eine Berechnung der Rohteillängen dieses Rechteckrohrs nach DIN 6935 von Hand zu erstellen und den Fertigungsunterlagen beizufügen.

Zusatzinformationen:

Die Bauteile werden später miteinander verschweißt. Da Sie aber im 2. Ausbildungsjahr Schweißverbindungen bisher noch nicht kennengelernt haben, sollen Sie die Baugruppe und die dazugehörige Gesamtzeichnung ohne Schweißverbindungen erstellen **(Zeichnung 05-03-010)**. Die Schweißverbindungen wird später ein Kollege hinzufügen. Die von Ihnen benötigten Maße können Sie der Zusammenbauzeichnung entnehmen.

Bitte verwenden Sie in der neuen Zusammenbauzeichnung dieselben Ansichten und Teilschnitte wie in der Originalzeichnung. Die Zeichnungen können zunächst ohne Form- und Lagetoleranzen erstellt werden.

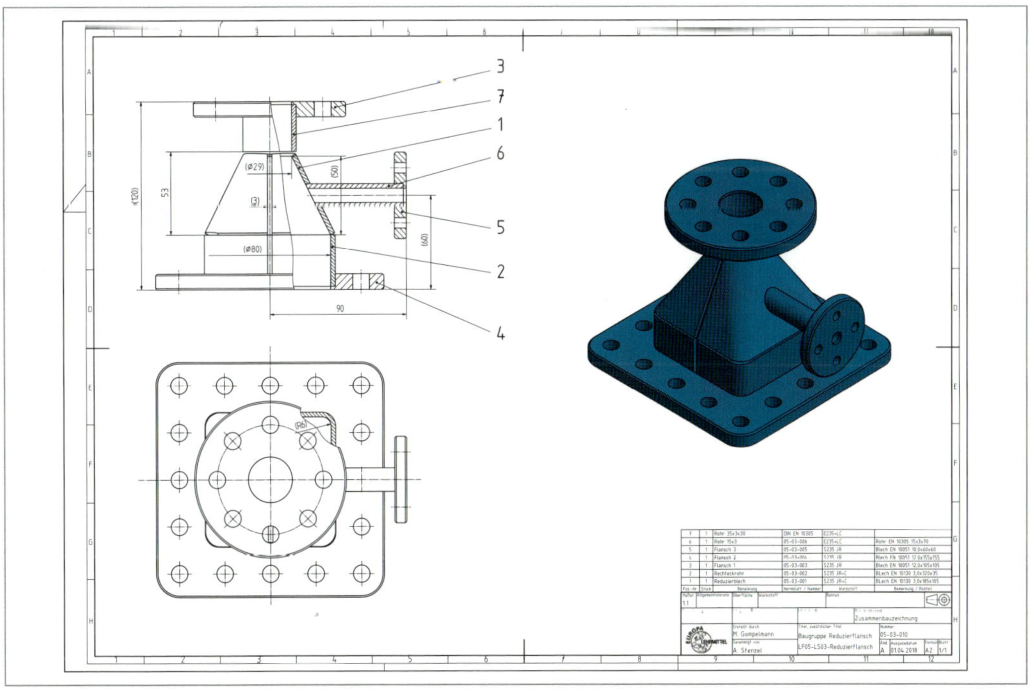

LERNSITUATION 4 | Konstruktion einer Türschiene für eine PKW-Schiebetür

Ihre Firma stellt Blechteile für die Automobilindustrie her. Von einem Fahrzeughersteller erhält Ihre Firma die Anfrage für eine Türschiene. Diese Türschiene soll in einem Transporter verwendet werden, um darin eine seitliche Schiebetür zu führen **(Bild 1)**. Daher bittet Sie Ihr Ausbilder, diese Türschiene entsprechend der Kundenanforderungen zu konstruieren.

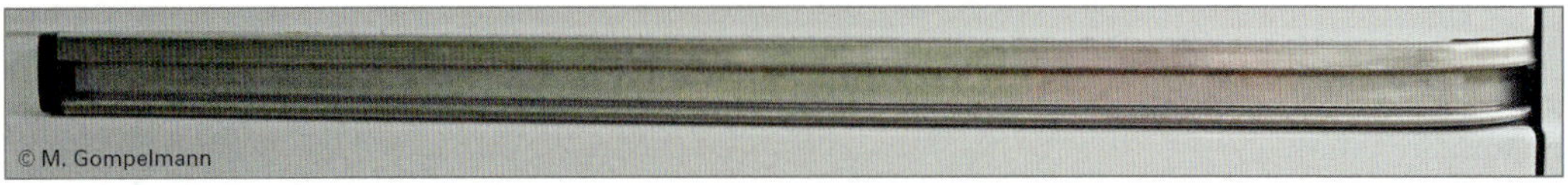

Bild 1: Foto einer ähnlichen Türschiene für eine Schiebetür an einem Transporter

Aufgabenstellung

4.1 Erstellen Sie das Modell und die zugehörige Fertigungszeichnung der Türschiene und der Abwicklung mit dem von Ihnen verwendeten CAD-Programm.

4.2 Zur Überprüfung der von Ihnen erstellten Abwicklungen bittet Sie Ihr Ausbilder, zusätzlich eine Berechnung der Rohteillänge der Türschiene von Hand zu erstellen und den Fertigungsunterlagen beizufügen.

Zusatzinformationen:

Damit ein bereits existierender Laufwagen der Schiebetür in der Türschiene verwendet werden kann, hat der Auftraggeber den Querschnitt der Schiene vorgegeben **(Bild 2)**. Ebenfalls ist die Kontur der Innenkante der Türschiene durch die Außenhaut des Transporters, an der sie befestigt werden soll, bereits definiert **(Bild 3)**. Außerdem fordert der Kunde, dass die Türschiene aus einem 1 mm dicken Blech mit 2 mm Biegeradien hergestellt wird. Als Werkstoff muss ein nichtrostender Stahl mit 0,06 % Kohlenstoff und 17 % Chrom verwendet werden. Dabei muss das Rohteil lösungsgeglüht, kaltgewalzt und mit einer wärmebehandelten, gebeizten, glatten Oberfläche versehen sein. Die Türschiene wird durch Walzbiegen hergestellt. Dabei soll die neutrale Faser im Bereich des Radius R40 **(Bild 3)** einen Radius von 55 mm haben. Die Zeichnung kann zunächst ohne Form- und Lagetoleranzen erstellt werden.

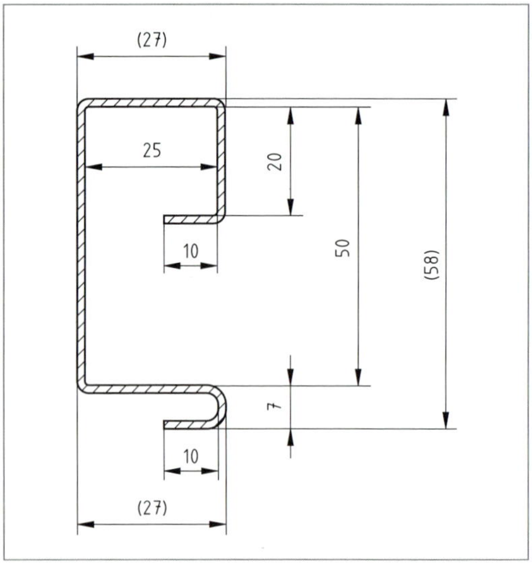

Bild 2: Querschnitt der Türschiene

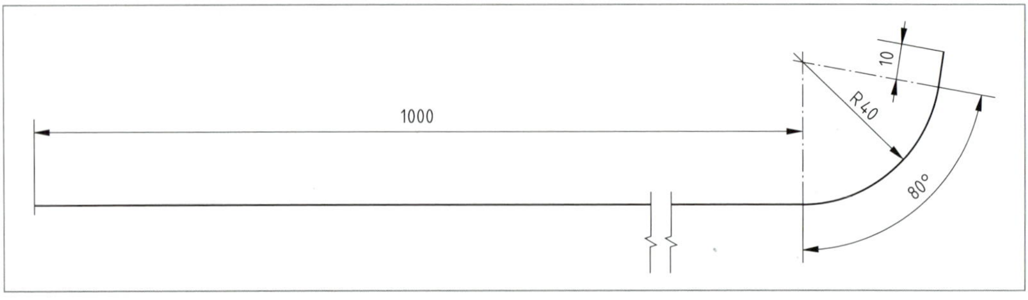

Bild 3: Profil der Türschiene

LERNSITUATION 5 | Konstruktion eines Druckbehälters

Ihre Firma stellt Druckbehälter für Pneumatikanwendungen her. Sie sollen den Boden eines solchen Druckbehälters konstruieren **(Bild 1)**.

Der Druckbehälter besteht aus drei miteinander verschweißten Bauteilen, einem Zylinder und zwei Böden. Die Böden werden tiefgezogen.

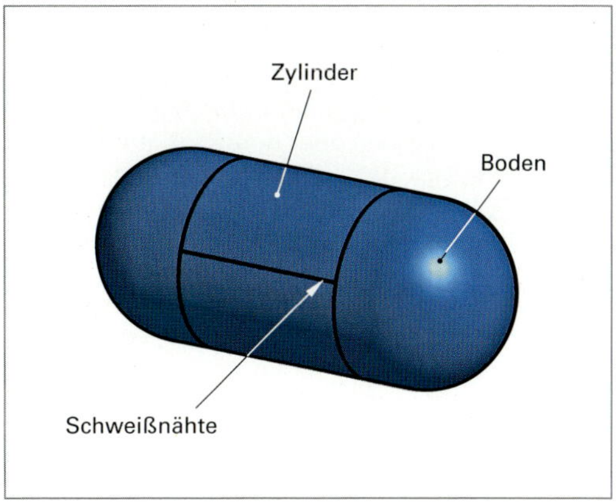

Bild 1: Bild eines Druckbehälters

Aufgabenstellung

5.1 Berechnen Sie den benötigten Rondendurchmesser und das sich daraus ergebende Ziehverhältnis. Überprüfen Sie, ob der Boden durch Tiefziehen in einem Zug hergestellt werden kann.

5.2 Erstellen Sie das Modell und die zugehörige Fertigungszeichnung des Bodens und der benötigten Ronde mit dem von Ihnen verwendeten CAD-Programm. Erstellen Sie dazu in der Fertigungszeichnung auch eine bemaßte Ansicht der Ronde.

5.3 Ihr Ausbilder bittet Sie zusätzlich zu berechnen, wie groß die maximale Höhe h_{max} des Bodens sein darf, damit das maximale Ziehverhältnis nicht überschritten wird. Der sphärische Innendurchmesser d_1 **= 200 mm** und der Werkstoff sollen dabei unverändert bleiben.

5.4 Benennen Sie ein geeignetes Tiefziehverfahren um den Boden herzustellen.

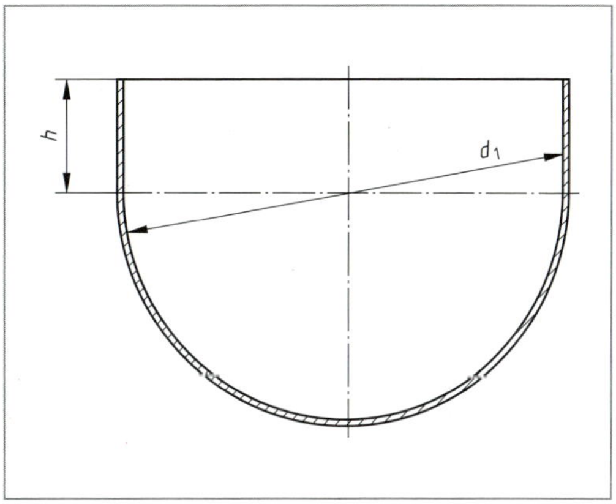

Bild 2: Kontur des Bodens

Zusatzinformationen:

Der Boden wird aus DC 01 mit einer Blechdicke von s **= 2 mm** hergestellt. Der Boden hat einen sphärischen Innendurchmesser von d_1 **= 200 mm** und eine Höhe des zylindrischen Teilstücks von h **= 50 mm** **(Bild 2)**. Der Druckbehälter wird mit geringen Drücken betrieben, sodass eine Blechdicke von 2 mm ausreichend ist. Ein Korrosionsschutz kann bei dieser Anwendung vernachlässigt werden. Die Zeichnung kann zunächst ohne Form- und Lagetoleranzen erstellt werden.

5.2 GRUNDLAGEN DER UMFORMTECHNIK

Das Umformen gehört zu den Hauptgruppen der Fertigungsverfahren. Beim **Umformen** wird die Gestalt des Bauteils dauerhaft verändert, ohne Material zu entfernen oder hinzuzufügen. Dies bedeutet, dass sich beim Umformen die Masse und damit das Volumen des Körpers nicht ändern und bei der Fertigung kein oder nur ein geringer Werkstoffverlust entsteht **(Bild 1)**.

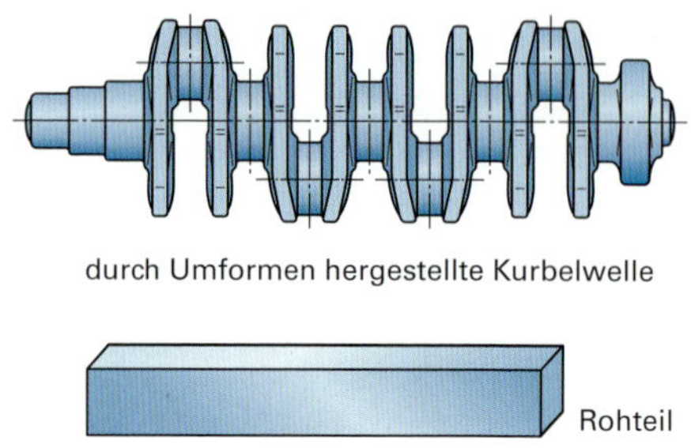

Bild 1: Geschmiedete Kurbelwelle

> Um die Gestalt des Bauteils dauerhaft zu verändern muss es **plastisch** verformt werden.

5.2.1 WERKSTOFFE IN DER UMFORMTECHNIK

Im Spannungs-Dehnungs-Diagramm wird zwischen dem Bereich der elastischen (nicht dauerhaften) Verformung und dem Bereich der plastischen (dauerhaften) Verformung unterschieden **(Bild 2)**.

Der Bereich der **elastischen Verformung** ist dadurch gekennzeichnet, dass sich die **Dehnung *e*** des Bauteils proportional zur **Zugspannung *R***, die auf dieses Bauteil wirkt, verhält. Diese Proportionalität bedeutet, dass die Spannungs-Dehnungs-Kurve eine Gerade mit konstanter Steigung ist. Diese Steigung ist als **Elastizitätsmodul *E*** eines Werkstoffes definiert.

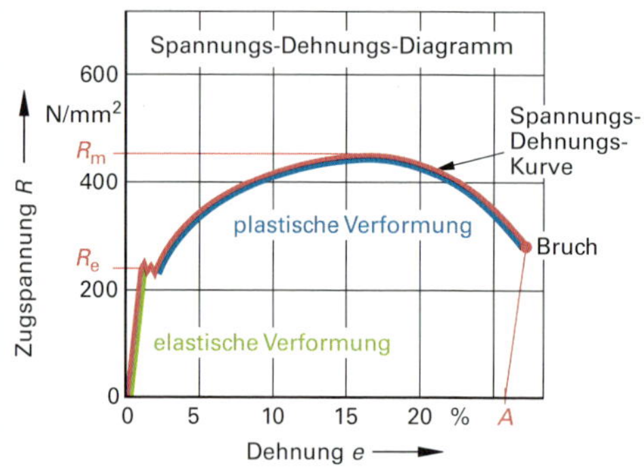

Bild 2: Bereich der elastischen und plastischen Verformung im Spannungs-Dehnungs-Diagramm

> Der **Elastizitätsmodul *E*** ist definiert als Quotient aus der **Spannung *R*** und der **Dehnung *e***.

$$E = \frac{R}{e}$$

E	*R*	*e*
N/mm²	N/mm²	1

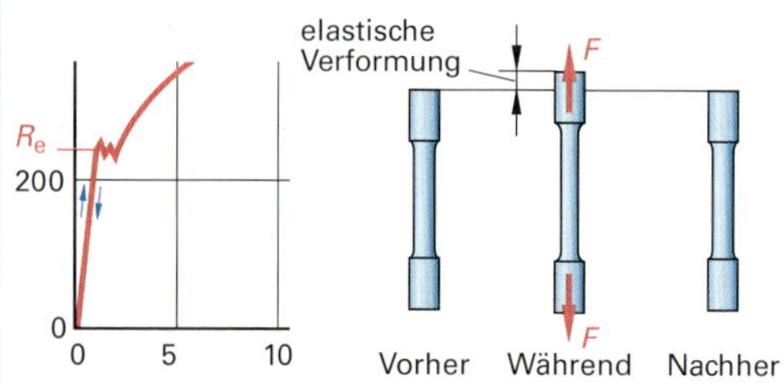

Bild 3: Elastische Verformung im Spannungs-Dehnungs-Diagramm

Wenn die Kraft, die die Verformung verursacht hat, nicht mehr wirkt, verformt es sich vollständig zurück. Es bleibt keine dauerhafte Verformung zurück **(Bild 3)**.

Der Bereich der **plastischen Verformung** ist dadurch erkennbar, dass sich die **Dehnung *e*** des Bauteils nicht mehr proportional zur **Spannung *R***, die auf dieses Bauteil wirkt, verhält. Dieses Verhalten ist in dem Diagramm dadurch gekennzeichnet, dass die Spannungs-Dehnungs-Kurve eine gekrümmte Kurve mit sich ändernder Steigung ist **(Bild 2)**. Wenn hier die Kraft, die auf das Bauteil wirkt und die Verformung verursacht hat, wieder weggenommen wird, verformt es sich nicht mehr vollständig zurück. Es bleibt eine dauerhafte Verformung bestehen.

Bei einem Bauteil, das plastisch verformt wird, setzt sich die Verformung immer aus einem elastischen und einem plastischen Anteil zusammen. Nachdem das Bauteil plastisch verformt wurde, verformt es sich wieder um den elastischen Anteil zurück. Im Spannungs-Dehnungs-Diagramm wird dieses Verhalten durch eine Gerade erkennbar. Sie entsteht, wenn ein Bauteil in dem Bereich der plastischen Verformung belastet wird und anschließend die Kraft, die diese Verformung verursacht, wieder weggenommen wird **(Bild 1)**.

Die Grenze zwischen der elastischen und plastischen Verformung ist sowohl für die Konstruktion als auch für die Fertigung ein entscheidender Werkstoffkennwert. Diese Grenze ist bei Werkstoffen mit deutlich ausgeprägter **Streckgrenze R_e** einfach im Spannungs-Dehnungsdiagramm zu erkennen **(Bild 2)**. Der Werkstoff beginnt hier zu fließen, auch Strecken genannt. Das heißt, in dem Metallgitter beginnen die Atome aneinander vorbeizurutschen. Dieses Verhalten kann als „zittern" in dem Spannungs-Dehnungs-Diagramm erkannt werden.

Als **Streckgrenze R_e** ist die Spannung definiert, bei der der Werkstoff beginnt sich zu strecken. Das heißt, er beginnt sich plastisch, also dauerhaft zu verformen.

Bei Werkstoffen ohne ausgeprägte Streckgrenze ist die Spannung, ab der die plastische Verformung beginnt, nicht so leicht zu erkennen. Da man diesen Wert nicht eindeutig aus dem Diagramm ablesen kann, wird als Ersatzwert die **0,2-%-Dehngrenze $R_{p0,2}$** eingeführt. Dies ist die Spannung, bei der sich der Werkstoff um 0,2 % plastisch verformt. Im Spannungs-Dehnungs-Diagramm kann man diesen Wert ermitteln, indem man eine Parallele zu der Anfangssteigung der Spannungs-Dehnungs-Kurve durch den Punkt auf der *x*-Achse mit 0,2 % Dehnung zeichnet. Der Schnittpunkt dieser Geraden mit der Spannungs-Dehnungs-Kurve ergibt die **Dehngrenze $R_{p0,2}$ (Bild 3)**.

Ab der maximalen Spannung, also der **Zugfestigkeit R_m**, beginnt sich das Bauteil einzuschnüren. **Einschnürung** heißt, die Querschnittsfläche in der Zugprobe wird kleiner. Da die wahre Spannung σ in der Querschnittsfläche konstant bleibt, wird dadurch auch die Kraft, mit der die Zugprobe belastet wird, kleiner. Im Spannungs-Dehnungs-Diagramm wird die Zugspannung *R* immer mit einer konstanten Anfangsquerschnittsfläche berechnet.

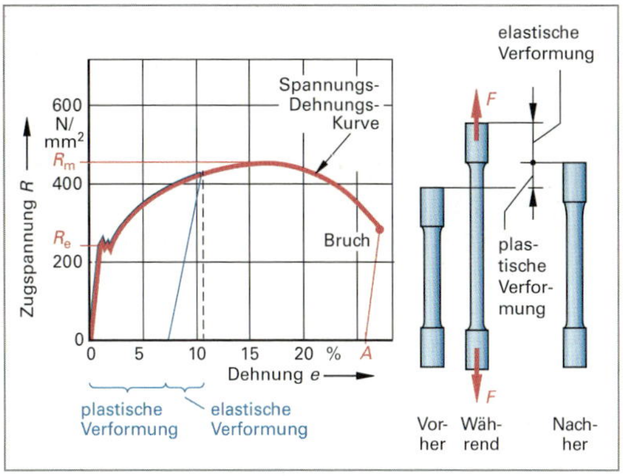

Bild 1: Plastische Verformung im Spannungs-Dehnungs-Diagramm

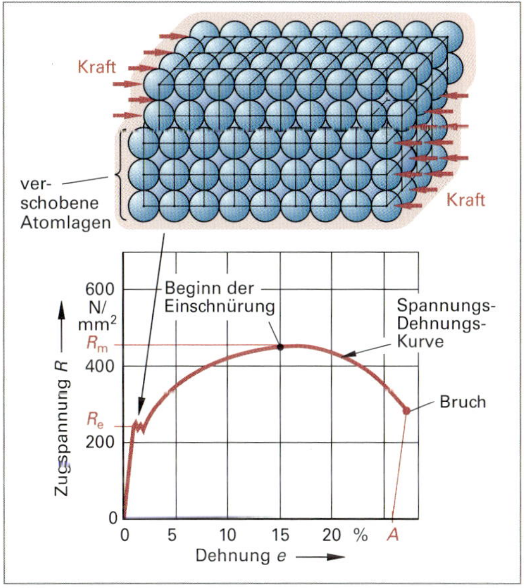

Bild 2: Streckgrenze R_e und Zugfestigkeit R_m bei einem Werkstoff mit ausgeprägter Streckgrenze

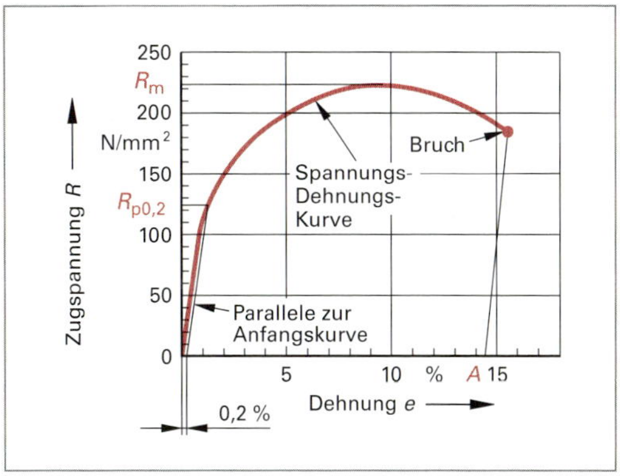

Bild 3: 0,2-%-Dehngrenze $R_{p0,2}$ und Zugfestigkeit R_m bei einem Werkstoff ohne ausgeprägte Streckgrenze

Lernfeld 5

Aufgrund der kleiner werdenden Kraft wird die berechnete und im Diagramm dargestellte Spannung ebenfalls kleiner **(Bild 2, Seite 281)**.

Diese Einschnürung ist in der Regel beim Umformen nicht erwünscht. Das Umformen erfolgt deshalb mit einer Spannung im Bereich der plastischen Verformung zwischen der Streckgrenze R_e bzw. der Dehngrenze $R_{p0,2}$ und der Zugfestigkeit R_m. Zähe, duktile Werkstoffe haben einen großen Bereich zwischen R_e und R_m und damit eine große plastische Dehnung. Sie sind daher gut zum Umformen geeignet **(Bild 1)**.

> Zähe Werkstoffe mit einer **großen plastischen Dehnung** sind gut zum Umformen geeignet.

Zwei Arten des Umformens werden unterschieden: das **Kaltumformen** und das **Warmumformen**.

Das **Kaltumformen** findet bei Raumtemperatur statt. Dabei verfestigt sich der Werkstoff durch die Gefügeverzerrungen, die bei der plastischen Verformung in dem Bauteil entstehen. Diese **Kaltverfestigung** kann durch **Rekristallisationsglühen** (Zwischenglühen) nach dem Umformen wieder entfernt werden. Beim Rekristallisationsglühen wird das Bauteil auf 550 °C bis 650 °C erwärmt und mehrere Stunden bei dieser Temperatur gehalten. Dadurch bildet sich in dem Bauteil wieder ein normales Gefüge und der Werkstoff hat wieder dieselben Eigenschaften wie vor dem Umformen **(Bild 2)**.

Das **Warmumformen** erfolgt oberhalb der Rekristallisationstemperatur. Durch diese erhöhte Temperatur sinkt die für die plastische Verformung benötigte Spannung. Dadurch kann das Bauteil mit geringeren Kräften umgeformt werden. Allerdings kann der Werkstoff bei diesen hohen Temperaturen chemisch mit der Umgebungsluft reagieren. Dies nennt man **Verzunderung**. Dadurch bildet sich eine nicht erwünschte Zunderschicht auf der Oberfläche des Bauteils **(Bild 3)**.

> Die chemische Reaktion des Werkstoffs mit der Umgebungsluft bei hohen Temperaturen nennt man **Verzunderung**.

Zusätzlich können die Umformverfahren entsprechend DIN 8582 nach der Art der hauptsächlichen Beanspruchung unterteilt werden **(Bild 4)**.

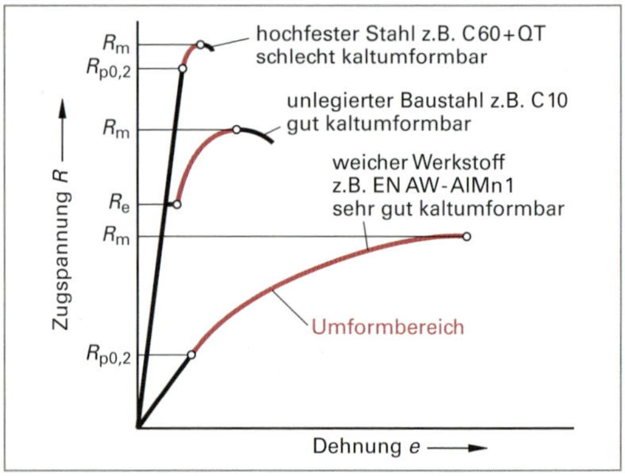

Bild 1: Umformbereiche im Spannungs-Dehnungs-Diagramm

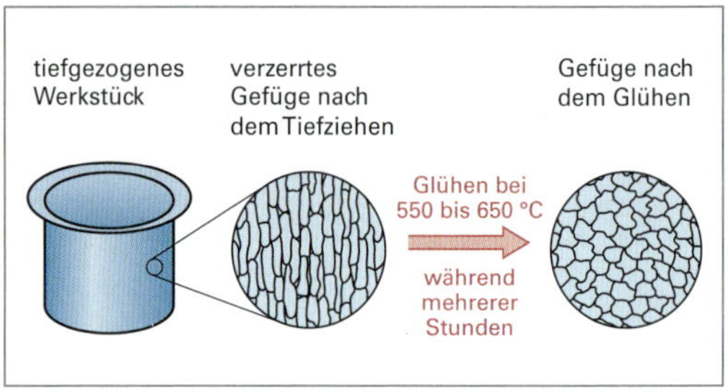

Bild 2: Rekristallisationsglühen

Bild 3: Verzunderung beim Warmumformen

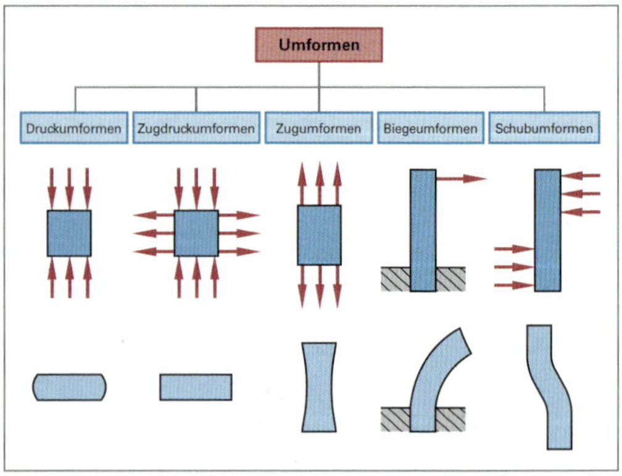

Bild 4: Gliederung der Umformverfahren nach DIN 8582

AUFGABEN | WIEDERHOLUNG UND VERTIEFUNG

1. Skizzieren Sie das Spannungs-Dehnungs-Diagramm für S235JR. Bestimmen und benennen Sie die Werkstoffkennwerte R_e, R_m, A und E für diesen Werkstoff und zeichnen Sie diese in das von Ihnen skizzierte Spannungs-Dehnungs-Diagramm ein. Kennzeichnen Sie den Bereich der elastischen und plastischen Verformung. Kennzeichnen Sie ebenfalls den Umformbereich für diesen Werkstoff in dem Diagramm.
2. Skizzieren Sie das Spannungs-Dehnungs-Diagramm für 42CrMo4+QT. Erläutern Sie die Bezeichnung dieses Werkstoffes. Bestimmen und benennen Sie die Werkstoffkennwerte R_e, R_m, A und E für diesen Werkstoff bei einem Probendurchmesser von 6 mm und zeichnen Sie diese in das von Ihnen skizzierte Spannungs-Dehnungs-Diagramm ein. Zeichnen Sie ebenfalls ein, wie sich die Probe verformen würde, wenn sie mit einer Zugspannung von 950 N/mm² belastet wird und dann die Zugkraft wieder weggenommen wird.
3. Skizzieren Sie das Spannungs-Dehnungs-Diagramm für X2CrNiN18-10+A+2B. Erläutern Sie die Bezeichnung dieses Werkstoffes. Bestimmen und benennen Sie die Werkstoffkennwerte $R_{p0,2}$, R_m, A und E für diesen Werkstoff und zeichnen Sie diese in das von Ihnen skizzierte Spannungs-Dehnungs-Diagramm ein. Kennzeichnen Sie den Bereich der elastischen und plastischen Verformung. Kennzeichnen Sie ebenfalls den Umformbereich für diesen Werkstoff in dem Diagramm.
4. Skizzieren Sie qualitativ das Verhalten von Gummi und Stahl in einem Spannungs-Dehnungsdiagramm. Welcher Werkstoff hat das größere Elastizitäts-Modul? Welcher Werkstoff hat die größere Bruchdehnung? Schätzen Sie, falls möglich durch einen Versuch, die Bruchdehnung eines Gummibandes.
5. Geben Sie an, bis zu welcher Grenze (ohne Berücksichtigung von Sicherheitsfaktoren) ein Bauteil in einer Konstruktion belastet werden sollte.
6. Erläutern Sie, wie man die Grenze zwischen elastischer und plastischer Verformung ermitteln kann, wenn der Werkstoff keine ausgeprägte Streckgrenze hat.
7. Skizzieren Sie in dem Spannungs-Dehnungs-Diagramm für S235JR aus Aufgabe 1 den Fall, wenn man den Probestab mit einer Zugspannung von 350 N/mm² belastet und anschließend entlastet.
8. Ein Stab aus S235JR mit einem Durchmesser von 10 mm und einer Länge von 1 m wird mit einer Zugkraft von 1000 N belastet. Berechnen Sie die Zugspannung in diesem Stab. Entscheiden Sie, ob der Stab ausreichend dimensioniert ist. Berechnen Sie die Verlängerung dieses Stabes.
9. Ein Stab aus 50CrMo4+QT mit einem Durchmesser von 5 mm und einer Länge von 1 m wird mit einer Zugkraft von 1000 N belastet. Berechnen Sie die Zugspannung in diesem Stab. Entscheiden Sie, ob der Stab ausreichend dimensioniert ist. Berechnen Sie die Verlängerung dieses Stabes.
10. Ein Stab aus EN AW Al99,5H112 mit einem Durchmesser von 5 mm wird mit einer Zugkraft von 1000 N belastet. Erläutern Sie die Werkstoffbezeichnung. Berechnen Sie die Zugspannung in diesem Stab. Entscheiden Sie, ob der Stab ausreichend dimensioniert ist.
11. Ein Stab aus EN AW Al99,5H112 mit einem Durchmesser von 10 mm und einer Länge von 1 m wird mit einer Zugkraft von 1000 N belastet. Berechnen Sie die Zugspannung in diesem Stab. Entscheiden Sie, ob der Stab ausreichend dimensioniert ist. Berechnen Sie die Verlängerung dieses Stabes. Vergleichen Sie die Ergebnisse mit den Ergebnissen von Aufgabe 8.
12. An einen Stab aus 42CrMo4+QT mit einem Durchmesser von 4 mm wird ein Gewicht mit der Masse 5 Tonnen gehängt. Berechnen Sie die Zugspannung in diesem Stab. Entscheiden Sie, ob der Stab ausreichend dimensioniert ist.

5.3 | BIEGEUMFORMEN

Beim Biegeumformen wird das Bauteil mit einer Kraft beaufschlagt, die ein Biegemoment erzeugt **(Bild 1)**. Die daraus entstehenden Biegespannungen σ_b in dem Bauteil liegen im Bereich der plastischen Verformung. Bleche, Rohre, Profile und Drähte können gebogen werden. Die Bauteile werden zuerst aus dem nicht gebogenen entsprechenden Vormaterial ausgeschnitten. Die Abmessungen dieser Rohteile müssen in der Konstruktion ermittelt werden. Die Kontur des nicht gebogenen Bauteils wird **Abwicklung** oder **Zuschnitt** genannt. Die Länge des nicht gebogenen Bauteils wird als **gestreckte Länge *L*** bezeichnet.

Im äußeren Bereich der Biegung entsteht durch das Biegemoment eine **Zugspannung** σ_z. Dieser Bereich des Bauteils wird entsprechend gestreckt. Im inneren Bereich der Biegung entsteht eine **Druckspannung** σ_d. Dieser Bereich wird entsprechend gestaucht. Dazwischen liegt eine spannungslose, unveränderte **neutrale Faser (Bild 1)**.

Die **gestreckte Länge *L*** von Biegeteilen entspricht der **Länge der neutralen Faser**.

5.3.1 | GESTRECKTE LÄNGE VON FLACHERZEUGNISSEN AUS STAHL MIT GROSSEN BIEGERADIEN

Wenn der **Biegeradius *r*** von Flacherzeugnissen aus Stahl mindestens fünfmal größer ist als die **Blechdicke *s*** ($r/s > 5$), kann die **gestreckte Länge *L*** mit der Gleichung für Biegeteile mit großen Biegeradien berechnet werden. Hier liegt die neutrale Faser genau in der Mitte des Biegeteils und kann deshalb nach DIN 6935 mit der Formel für die Bogenlänge berechnet werden. Der Radius der neutralen Faser r_n wird berechnet mit $r_n = r + s/2$

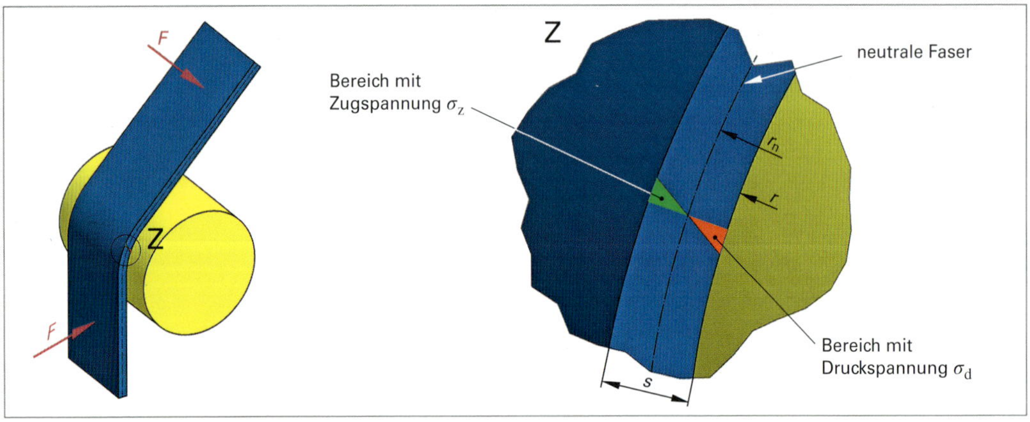

Bild 1: Biegespannungen und neutrale Faser, wenn $r/s > 5$

Für die Berechnung der **gestreckten Länge *L*** wird das Bauteil in Teillängen der **neutralen Faser** l_1, l_2, l_3 ... gedanklich zerlegt. Die gestreckte Länge ***L*** ist dann die Summe dieser Teillängen, wobei die **Bogenlänge** mit der Gleichung $l = (\pi \cdot r_n \cdot \alpha)/180°$ berechnet werden kann.

Bei Biegeteilen mit großen Biegeradien ($r/s > 5$) ist die **gestreckte Länge *L*** gleich der Summe der Teillängen der neutralen Fasern: $L = l_1 + l_2 + l_3 + \ldots$

BEISPIEL 5.1 | **Berechnung der gestreckten Länge eines Blechs**

Wie groß ist die gestreckte Länge des Blechs 1 **(Bild 1)** mit einer **Blechdicke $s = 3$ mm**, einem **Biegeradius $r = 20$ mm** und einem **Biegewinkel $\alpha = 45$**?

Lösung

Zuerst muss überprüft werden, ob $r/s > 5$ ist. Da $r/s = 20$ mm/3 mm = 6,67 > 5 ist, kann mit der Gleichung für Biegeteile mit großen Biegeradien gerechnet werden.

$L = l_1 + l_2 + l_3$ mit $l_1 = 40$ mm, $l_3 = 60$ mm

Die **Bogenlänge l_2** ist die Länge der neutralen Faser. Dabei hat die neutrale Faser den Radius $r_n = r + s/2 = 21{,}5$ mm und den Winkel $\alpha = 45°$.

Bogenlänge: $l_2 = (\pi \cdot r_n \cdot \alpha)/180° = (\pi \cdot 21{,}5\ \text{mm} \cdot 45°)/180°$ **= 16,886 mm ≈ 17 mm**

Gestreckte Länge des Blechs: $L = l_1 + l_2 + l_3 = 40$ mm + 16,886 mm + 60 mm **= 116,886 mm**

Nach DIN 6935 sind die gestreckten Längen auf volle Millimeter aufzurunden.

Deshalb ist $\boldsymbol{L}$ **= 116,886 mm ≈ 117 mm.**

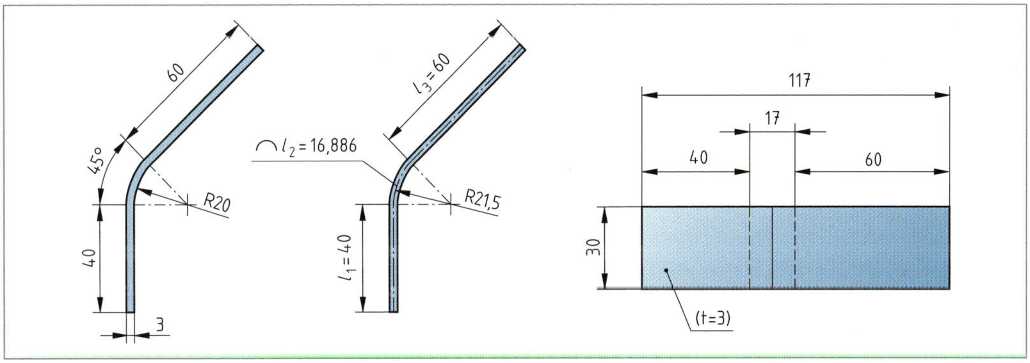

Bild 1: Berechnung der gestreckten Länge des Blechs 1, wenn $r/s > 5$

Erstellung der normgerechten Fertigungszeichnung eines Biegeteils

In der **Zeichnung 05-00-001, S. 286,** wird gezeigt, wie das gebogene Teil und die **Abwicklung** aus Beispiel 5.1 normgerecht dargestellt werden. Dabei wird in der Abwicklung die **Biegelinie als schmale Volllinie** in der Mitte der Biegerundung eingezeichnet. Der Beginn und das Ende der Biegung werden nach DIN 6935 nicht eingezeichnet. Die Lage der Biegelinien ergibt sich aus den anliegenden Schenkellängen unter Berücksichtigung der Hälfte der Bogenlänge der Biegung.

Beim Blech 1 ist die Lage der Biegelinie $l_a = l_1 + l_2/2 = 40$ mm + 17 mm/2 = 48,5 mm.

In der Zeichnung wird davon ausgegangen, dass zuerst das Biegerohteil mit den entsprechenden Maßen hergestellt wird. In dem fertigen Bauteil werden daher nur die Konturen bemaßt, die für die weitere Bearbeitung notwendig sind. Weitere Maße (z. B. das Maß 60) und die Rohteilmaße werden nur als **Hilfsmaße** angegeben, um eine „Doppelbemaßung" und Widersprüche in den Toleranzen zu vermeiden. Ebenfalls wird die Lage der Biegelinie in dem Biegerohteil nur mit einem Hilfsmaß angegeben, da die Position der Biegung in dem fertigen Teil bemaßt wird und sonst ebenfalls eine „Doppelbemaßung" entstehen würde.

Die Angabe der Oberfläche nach **ISO 9013-342** in der Zeichnung bedeutet, dass das Bauteil thermisch geschnitten wird. Aufschlüsselung der Angabe:

ISO 9013: Angabe der Norm
3: Angabe der Rechtwinkligkeits- und Neigungstoleranz
4: Angabe der gemittelten Rautiefe $\boldsymbol{R_z}$
2: Angabe der Toleranzklasse

Lernfeld 5

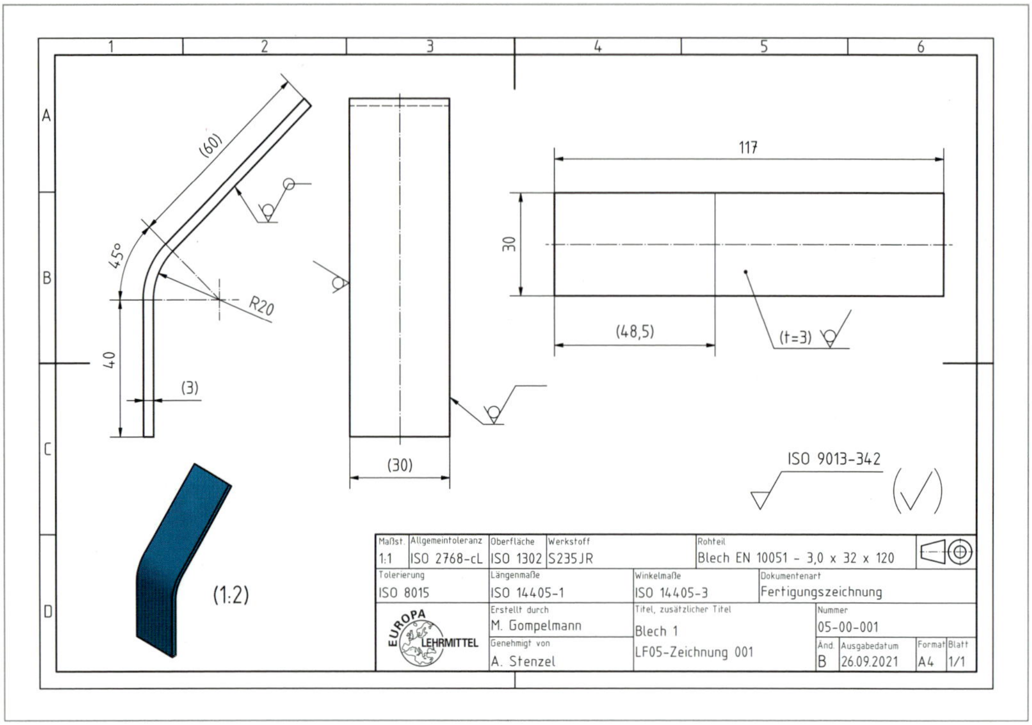

5.3.2 | GESTRECKTE LÄNGE VON FLACHERZEUGNISSEN AUS STAHL MIT KLEINEN BIEGERADIEN

Wenn der **Biegeradius** ***r*** von Flacherzeugnissen aus Stahl maximal fünfmal größer ist als die **Blechdicke** ***s*** ($r/s \leq 5$), muss die **gestreckte Länge** ***L*** mit Ausgleichswerten nach DIN 6935 berechnet werden. Dies ist notwendig, weil in diesem Fall die **neutrale Faser** nicht mehr in der Mitte des Biegeteils liegt, sondern nach innen verschoben ist **(Bild 1)**. Die Verschiebung der neutralen Faser entsteht, weil das Bauteil im Biegeradius mehr gestreckt als gestaucht wird.

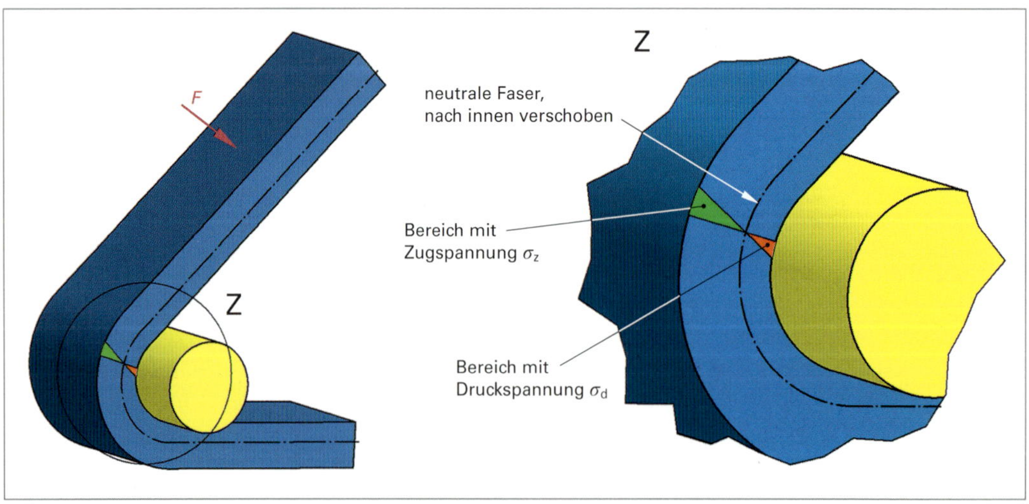

Bild 1: Biegespannungen und neutrale Faser, wenn $r/s \leq 5$

Für die Berechnung der **gestreckten Länge *L*** werden die **Schenkellängen *a, b, c*** ... addiert und für jede Biegung wird ein **Ausgleichswert *v*** abgezogen. Dieser Ausgleichswert beinhaltet die Verschiebung der neutralen Faser nach innen. Bei einer **Biegungsanzahl *n*** ergibt sich folgende Gleichung: $L = a + b + c + \ldots - n \cdot v$

> Bei **Biegeteilen mit kleinen Biegeradien (*r*/*s* ≤ 5)** ist die gestreckte Länge die Summe der Schenkellängen ***a, b, c*** ... minus einem **Ausgleichswert *v*** pro Biegung: $\boldsymbol{L = a + b + c + \ldots - n \cdot v}$.

Herleitung für *r*/*s* ≤ 5 und 0° ≤ *β* ≤ 90°:

Gegeben ist ein Blech mit dem **Radius *r***, der **Blechdicke *s***, den **Schenkellängen *a*** und ***b***, dem **Biegewinkel** α bzw. dem **Öffnungswinkel** $\boldsymbol{\beta}$, dem **Radius der** (verschobenen) **neutralen Faser** $\boldsymbol{r_n}$ und der **Bogenlänge der neutralen Faser** $\boldsymbol{l_2}$ **(Bild 1)**. Die **gestreckte Länge *L*** entspricht der Summe der Teillängen der neutralen Fasern:

$L = l_1 + l_2 + l_3$ für $0° \leq \beta \leq 90°$ ist

$l_1 = a - (r + s)$, $l_3 = b - (r + s)$ und $\alpha = 180° - \beta$

Die neutrale Faser liegt nicht in der Mitte des Blechs bei ***s*/2**, sondern ist um den **Korrekturfaktor *k*** nach innen verschoben. Nach DIN 6395 ist:

$k = 0{,}65 + 0{,}5 \cdot \log (r/s)$

$$r_n = r + (s/2) \cdot k$$

$$l_2 = \frac{\pi \cdot r_n \cdot \alpha}{180°} = \frac{\pi \cdot [r + (s/2) \cdot k] \cdot (180° - \beta)}{180°}$$

$$L = l_1 + l_2 + l_3$$

$$L = a - (r + s) + b - (r + s) + \frac{\pi \cdot [r + (s/2) \cdot k] \cdot (180° - \beta)}{180°}$$

$$L = a + b - v$$

$$v = 2 \cdot (r + s) - \pi \cdot \left(\frac{180° - \beta}{180°}\right) \cdot \left(r + \frac{s}{2} \cdot k\right)$$

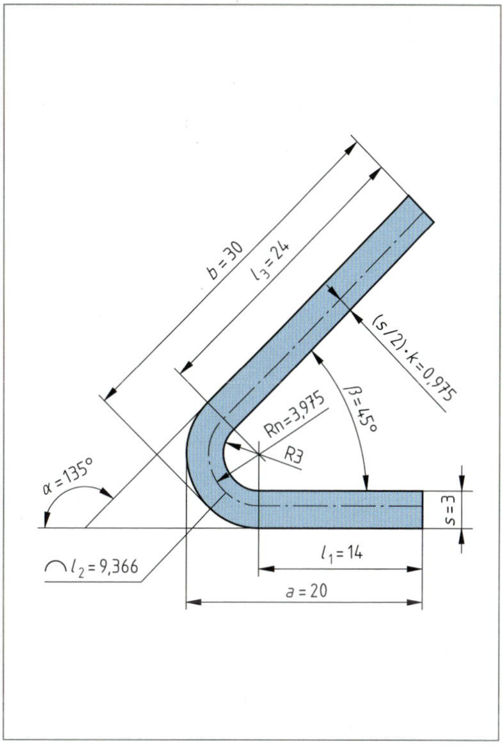

Bild 1: Berechnung der gestreckten Länge mit Ausgleichswert *v*, wenn *r*/*s* ≤ 5 und 0° ≤ *β* ≤ 90°

Berechnung für *r*/*s* ≤ 5 und 90° < *β* ≤ 165°:

Wenn der **Winkel** β zwischen **90°** und **165°** liegt, wird der **Ausgleichswert *v*** mit folgender Gleichung berechnet **(Bild 2)**:

$L = a + b - v$

$$v = 2 \cdot (r + s) \cdot \tan\left(\frac{180° - \beta}{2}\right) - \pi \cdot \left(\frac{180° - \beta}{180°}\right) \cdot \left(r + \left(\frac{s}{2}\right) \cdot k\right)$$

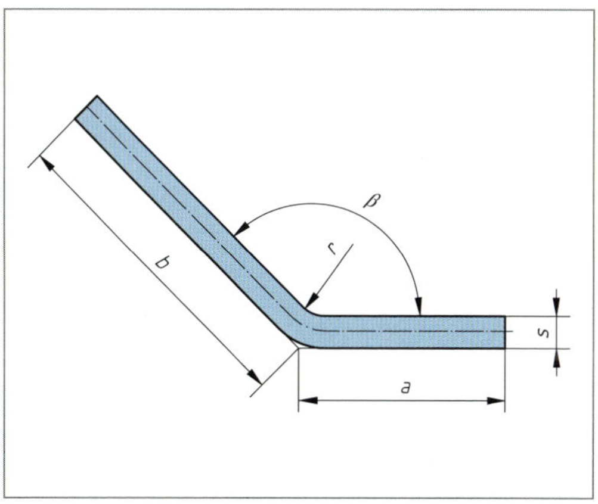

Bild 2: Berechnung der gestreckten Länge mit Ausgleichswert *v*, wenn *r*/*s* ≤ 5 und 90° < *β* ≤ 165°

Berechnung für *r*/*s* ≤ 5 und 165° < *β* ≤ 180°:

Wenn der **Winkel** β zwischen **165°** und **180°** liegt, kann der **Ausgleichswert *v*** vernachlässigt werden:

$L = a + b - v$

$v \approx 0$ (vernachlässigbar klein)

Tabelle 1: Ausgleichswert *v* für Bleche mit Öffnungswinkel *β*, Biegeradius *r* und Blechdicke *s*	
Öffnungswinkel *β*	**Ausgleichswert *v***
0° ≤ *β* ≤ 90°	$v = 2 \cdot (r + s) - \pi \cdot \left(\frac{180° - \beta}{180°}\right) \cdot (r + \frac{s}{2} \cdot k)$
90° < *β* ≤ 165°	$v = 2 \cdot (r + s) \cdot \tan\left(\frac{180° - \beta}{2}\right) - \pi \cdot \left(\frac{180° - \beta}{180°}\right) \cdot (r + \left(\frac{s}{2}\right) \cdot k)$
165° < *β* ≤ 180°	$v \approx 0$ (vernachlässigbar klein)
Für **0 ≤ *r*/*s* ≤ 5** ist der Korrekturfaktor $k = 0{,}65 + 0{,}5 \cdot \log(r/s)$ Für ***r*/*s* > 5** ist $k = 1$ (bei $k = 1$ liegt die neutrale Faser in der Mitte des Blechs, siehe Kapitel 5.3.1)	

BEISPIEL 5.2 | Berechnung der Rohteillänge eines Blechs

Für ein Blech **(Bild 1, Seite 287, und Zeichnung 05-00-002)** mit **$r = 3$ mm, $s = 3$ mm, $a = 20$ mm, $b = 30$ mm** und **$\beta = 45°$** soll die Rohteillänge L berechnet werden.

Lösung

$l_1 = a - (r + s) = 14$ mm, $l_3 = b - (r + s) = 24$ mm, $\alpha = 180° - \beta = 135°$, $k = 0{,}65 + 0{,}5 \cdot \log(r/s) = 0{,}65$

$r_n = r + (s/2) \cdot k = 3{,}975$ mm, $l_2 = \pi \cdot r_n \cdot \alpha/180° = 9{,}366$ mm

$L = l_1 + l_2 + l_3 = 14$ mm $+ 9{,}366$ mm $+ 24$ mm $=$ **47,366 mm ≈ 48 mm**

Alternative Berechnung mit Ausgleichswert:

$v = 2(r + s) - \pi \cdot [r + (s/2) \cdot k] \cdot [(180° - \beta)/180°]$ **= 2,634 mm** und

$L = a + b - v = 20$ mm $+ 30$ mm $- 2{,}634$ mm **= 47,366 mm ≈ 48 mm.** Daraus folgt **$v \approx 2$ mm**

Die Lage der Biegelinien in der Abwicklung ergibt sich aus den anliegenden Schenkellängen unter Berücksichtigung der Hälfte des gerundeten Ausgleichswertes.

Beim Blech 2 ist die Lage der Biegelinie $l_a = a - v/2 \approx 20$ mm $- 2$ mm$/2 \approx$ **19 mm**.

Lernfeld 5

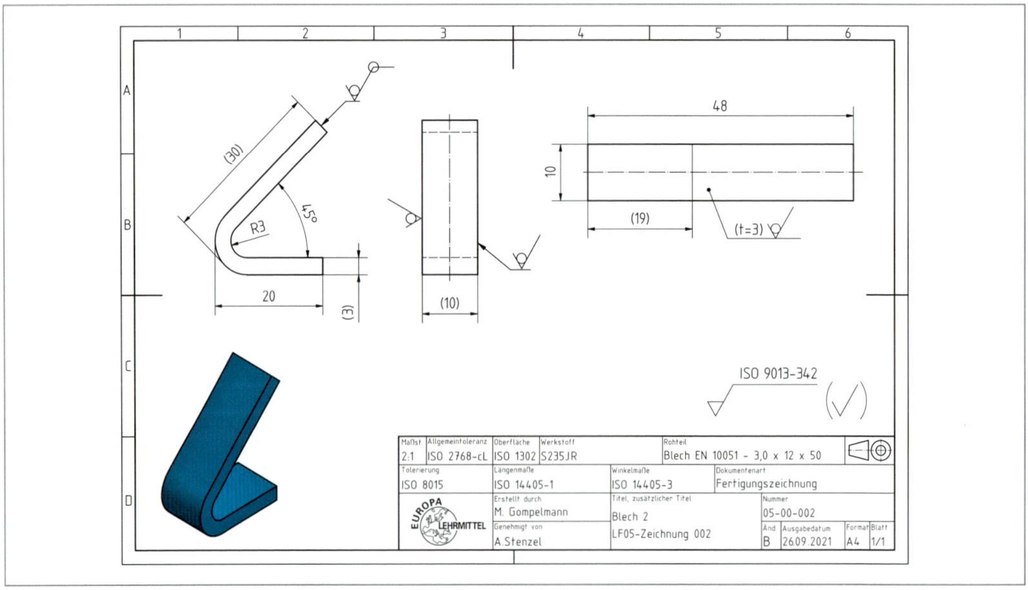

In der DIN 6935 Beiblatt 2 gibt es für unterschiedliche **Biegewinkel α**, **Biegeradien *r*** und **Blechdicken *s*** für Biegeteile mit kleinen Biegeradien Tabellen mit berechneten **Ausgleichswerten *v*** **(Tabelle 1)**.

Tabelle 1: Ausgleichswerte *v* für Biegewinkel α = 90°

Biegeradius *r* in mm	Ausgleichswerte *v* je Biegestelle in mm für Blechdicke *s* in mm						
	0,4	0,6	0,8	1	1,5	2	2,5
1	1,0	1,3	1,6	1,9	–	–	–
1,6	1,2	1,5	1,8	2,1	2,9	–	–
2,5	1,5	1,8	2,1	2,4	3,2	4,0	4,8
4	–	2,4	2,7	3,0	3,7	4,5	5,2
6	–	–	3,5	3,8	4,5	5,2	5,9
10	–	–	–	5,5	6,1	6,7	7,4

BEISPIEL 5.3 | **Berechnung der Rohteillänge eines Lagerbocks**

Für einen Lagerbock (**Zeichnung 05-00-003**) mit einem **Biegewinkel α = 90°**, einem **Biegeradius *r* = 4 mm** und einer **Blechdicke *s* = 2 mm** soll die Rohteillänge bestimmt werden.

Lösung

Für die **gestreckte Länge *L*** gilt mit Ausgleichswerten aus **Tabelle 1**:

$v = 4{,}5$ mm

$L = a + b + c - n \cdot v = 30\ \text{mm} + 34\ \text{mm} + 30\ \text{mm} - 2 \cdot 4{,}5\ \text{mm} = \mathbf{85\ mm}$

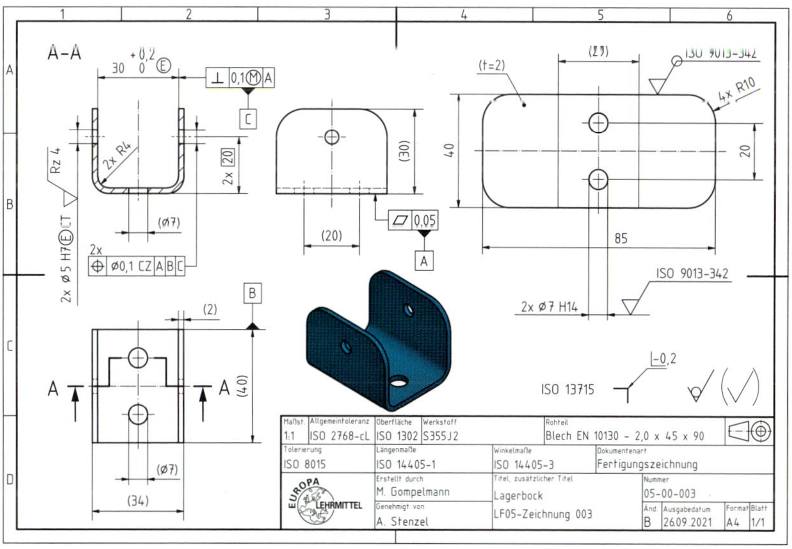

Erstellung der normgerechten Fertigungszeichnung eines Lagerblocks

In **Zeichnung 05-00-003, Seite 289,** ist die Biegelinie $l_a = a - v/2 = 30$ mm – 4,5 mm/2 = 27,75 mm ≈ 28 mm von der linken bzw. rechten Kante entfernt. Bemaßt ist hier jedoch der Abstand der Biegelinien zueinander, also über die Mitte des Bauteils. Dieser Abstand ist $l = L - 2 \cdot l_a = 85$ mm – 2 · 28 mm = 29 mm. Wie schon bei **Zeichnung 05-00-001** werden die Biegelinien nur mit einem Hilfsmaß bemaßt, da sich sonst Widersprüche in der Tolerierung des Bauteils ergeben.

Die weitere Bemaßung dieser Zeichnung ergibt sich nicht zwingend aus der Norm, sondern stellt ein Beispiel für eine **funktions- und fertigungsgerechte Bemaßung eines Biegeteils** dar.

In dem Lagerbock soll ein Hebel schwenkbar gelagert werden. Er hat eine Breite von 30 +0/–0,1 mm. Damit sich der Hebel bewegen kann, muss zwischen dem Hebel und dem Lagerbock eine Spielpassung bestehen. Daher ergibt sich für den Lagerbock das Funktionsmaß 30 +0,2/–0 mm, das mit der Hüllbedingung Ⓔ versehen werden muss, um eine Spielpassung zu gewährleisten. Dieses Maß **muss** in der Zeichnung angegeben werden. Die Höhe der Seitenwangen (30 mm) ergibt sich dann aus der Länge des Rohteils und wird nur als Hilfsmaß angegeben.

Als Schwenkachse dient ein Zylinderstift ISO 2338–5m6. Der Zylinderstift soll in dem Lagerbock mit einer Übergangspassung positioniert werden. Deshalb werden die Bohrungen mit ø5 H7 bemaßt. Damit gewährleistet ist, dass der Zylinderstift gleichzeitig durch beide Bohrungen geschoben werden kann, müssen beide Bohrungen mit der Hüllbedingung Ⓔ und der Anmerkung CT, also „Common Tolerance", versehen werden. Die Anmerkung CT bedeutet in diesem Fall, dass beide Bohrungen gemeinsam gemessen werden und gemeinsam die Hüllbedingung erfüllen müssen. Dies kann z.B. mit einer Lehre überprüft werden, die auf der „Gutseite" den Durchmesser 5,000 mm besitzt und die gleichzeitig durch beide Bohrungen geschoben werden kann. Diese Lehre muss mindestens 34 mm lang sein, um die beiden Bohrungen gleichzeitig prüfen zu können.

In dieser Beispielzeichnung sind exemplarisch Form- und Lagetoleranzen angegeben, obwohl diese erst in Lernfeld 9 behandelt werden. Alle Zeichnungen zu Lernfeld 5 können ohne Form- und Lagetoleranzen erstellt werden, sie können später ergänzt werden, um eine funktionsgerechte Bemaßung und Tolerierung der Bauteile zu gewährleisten. In den folgenden Absätzen werden die in der **Zeichnung 05-00-003** angebrachten **Form- und Lagetoleranzen** und damit die Anforderungen an die beiden Bohrungen mit dem Durchmesser 5 mm erläutert:

Damit die Achse nicht schief steht, müssen die beiden Bohrungen ø5 H7 fluchtend angebracht werden. Deshalb sind diese Bohrungen mit einer Lagetoleranz versehen. Um die Lage der beiden Bohrungen zu definieren, wurden beide Bohrungen mit einer Positionstoleranz versehen. Diese Positionstoleranz bedeutet, dass sich die gemeinsame Mittelachse der beiden Bohrungen innerhalb eines Zylinders mit dem Durchmesser 0,1 mm befinden muss. Die Position, d.h. die Lage dieses Zylinders, wird durch das theoretisch genaue Maß 20 mm und die Bezüge A, B und C angegeben. Das theoretisch genaue Maß 20 mm wird mit einem rechteckigen Kasten umgeben, um anzugeben, dass es ein theoretisches Maß und von der Allgemeintoleranz ausgenommen ist. Die Tolerierung wird dann mit der Positionstoleranz festgelegt.

Als Bezug A für diese Positionstoleranz ist die untere Anlagefläche angegeben. Von dieser Fläche aus wird der Abstand 20 mm gemessen, um die Lage der Mittelachse festzulegen. Als weitere Bezüge werden die Mittelebene B der beiden Außenflächen und die Mittelebene C der innenliegenden Anlageflächen verwendet.

Wenn diese Bohrungen vor dem Biegen in dem Rohteil angebracht würden, könnte ihre Position nach dem Biegen nicht mit einer ausreichenden Genauigkeit gewährleistet werden. Deshalb werden diese Bohrungen erst nach dem Biegen in einer Vorrichtung gefertigt und sind in dem Rohteil nicht vorhanden. Diese Bohrungen werden materialabtragend mit einer Oberflächenrauigkeit von $R_z = 4$ µm gefertigt und nicht thermisch geschnitten.

Der Lagerbock wird mit zwei Sechskantschrauben ISO 4017-M6 befestigt. Aufgrund der Allgemeintoleranz ISO 2768-cL (grob) muss das Durchgangsloch entsprechend DIN EN 20273 das Maß ø7 H14 haben. Diese Löcher können mit einer ausreichenden Toleranz thermisch geschnitten werden. Da sich auch die Position der Bohrungen zueinander und damit der Lochabstand durch das Biegen nicht ändert, können sie im Rohteil vor dem Biegen gefertigt werden.

5.3.3 | ABWICKLUNGEN VON BIEGETEILEN, DIE NICHT NACH DIN 6935 BESTIMMT WERDEN KÖNNEN

Die **gestreckte Länge *L*** von Biegeteilen, die nicht aus Flacherzeugnissen aus Stahl nach DIN EN 10025-2, sondern z. B. aus **Aluminium- oder Edelstahlblechen** hergestellt werden, können nicht nach DIN 6935 berechnet werden. Hier müssen Biegeversuche durchgeführt werden, um die Korrekturfaktoren und Ausgleichswerte zu ermitteln. Oft basieren diese Faktoren auch auf Erfahrungswerten, die in den jeweiligen Betrieben vorliegen oder vom Zulieferer zur Verfügung gestellt werden.

Darüber hinaus kann bei **komplexen Geometrien** von gebogenen Bauteilen die gestreckte Länge nicht nach DIN 6935 bestimmt werden. Ein Beispiel für eine komplexe Geometrie ist der Trichter aus **Zeichnung 05-00-004**. Mithilfe von 3D-CAD-Programmen können diese **Abwicklungen** automatisch erstellt werden. Die Geometrie der Abwicklung kann hier nicht einfach bemaßt werden, da sie teilweise aus Ellipsen, Parabeln und Hyperbeln bestehen kann. Deshalb wird die Geometrie durch einen **2D-Datensatz** definiert, z. B. einer **dxf-Datei**. Dieser 2D-Datensatz kann in eine **CNC-gesteuerte Schneidanlage** eingelesen werden und das Rohteil wird entsprechend ausgeschnitten.

Die Maße der Abwicklung in dem CAD-Modell werden dann als theoretische Maße betrachtet. Die zulässigen Toleranzen in der Fertigung müssen in der zugehörigen Zeichnung definiert werden. Dies kann z. B. mit einer Profilformtoleranz, wie in **Zeichnung 05-00-004**, erfolgen.

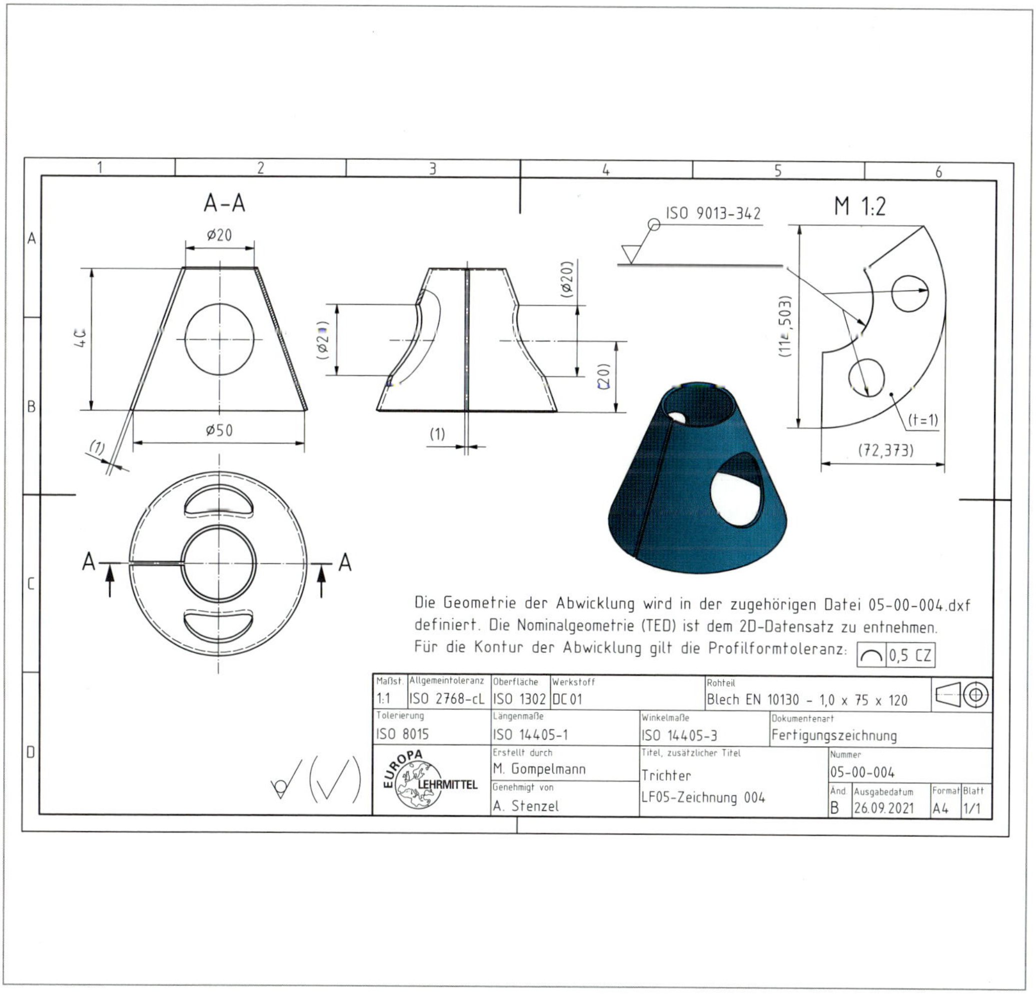

5.3.4 | MINDESTBIEGERADIUS BEIM BIEGEN

Der **Mindestbiegeradius** darf beim Biegen nicht unterschritten werden. Wenn der Biegeradius zu klein gewählt wird, kann die **Zugspannung** σ_z im äußeren Bereich der Biegung größer als die **Zugfestigkeit** R_m oder die **Dehnung** ε größer als die **Bruchdehnung** A des Werkstoffs werden und es entstehen Risse an der Oberfläche des Bauteils **(Bild 1)**.

Hierbei ist auch die **Walzrichtung** des Rohteils zu beachten. Bleche werden bei der Herstellung nach dem Strangguss auf die gewünschte Dicke gewalzt **(Bild 1, Seite 308)**. Durch das Walzen wird das Gefüge in Walzrichtung ausgerichtet, dies nennt man die **Walzfaser**. In Richtung des Faserverlaufs sind die **Festigkeitswerte** (R_e bzw. $R_{p0,2}$ und R_m) größer als quer zum Faserverlauf. Wenn die Biegelinie parallel zur Walzrichtung liegt, kann es daher eher zu einer Rissbildung an der Oberfläche des Blechs kommen. Dementsprechend sollte die Biegelinie, soweit möglich, senkrecht zur Walzrichtung gelegt werden **(Bild 2)**.

Ebenfalls kann bei **Rohren** die **Druckspannung** σ_d im inneren Bereich der Biegung zu groß werden. Die Rohre können dort **einknicken**, wenn der Biegeradius zu klein gewählt wird. Auf der Außenseite des Biegeradius kann es bei einem zu kleinen Biegeradius zu einer **Einschnürung** kommen, wodurch der Querschnitt des Rohres verringert wird **(Bild 3)**.

Der **Mindestbiegeradius** ist abhängig von:
- dem Werkstoff,
- der Dicke eines Blechs,
- dem Durchmesser und der Wandstärke eines Rohres,
- der Größe des Biegewinkels,
- dem Verlauf der Walzfaser.

Die **Mindestbiegeradien** sind in der DIN 6935 für **Flacherzeugnisse aus Stahl**, in der DIN 5520 für **NE-Metalle** und in der DIN 25570 für **Rohre** festgelegt (s. a. Tabellenbuch).

5.3.5 | RÜCKFEDERUNG BEIM BIEGEN

Wie bereits in Kapitel 5.2 beschrieben, beinhaltet die **Dehnung** im **plastischen Bereich** auch immer einen **elastischen Anteil**. Wenn die Kraft, die die Biegung und damit die plastische Verformung erzeugt, nicht mehr wirkt, verformt sich das Werkstück wieder um den elastischen Anteil zurück. Diese **elastische Verformung** nennt man **Rückfederung**.

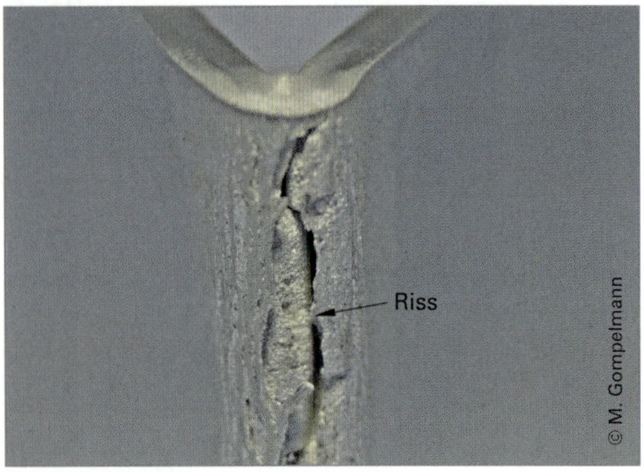

Bild 1: Fehler bei zu kleinem Biegeradius

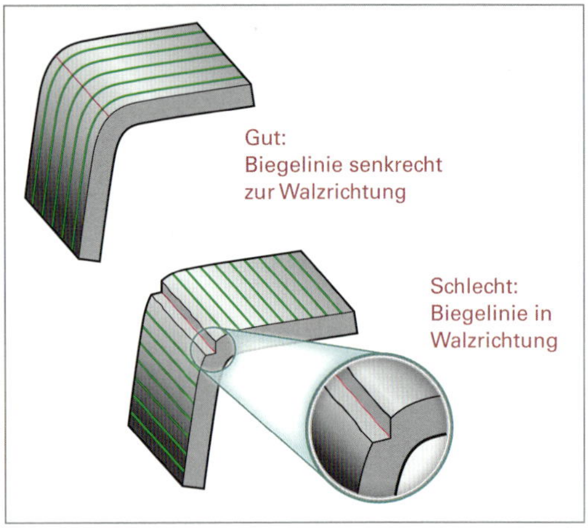

Bild 2: Berücksichtigung der Walzfaser

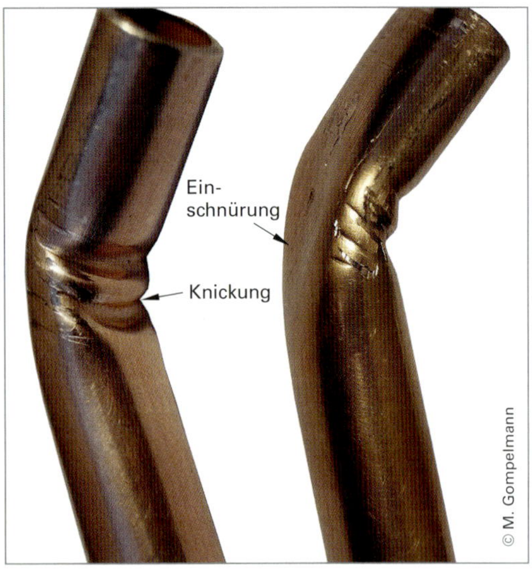

Bild 3: Knickung und Einschnürung von Rohren

Unter **Rückfederung** wird die elastische Verformung eines Werkstücks verstanden, die erfolgt, wenn die verformende Kraft nicht mehr wirkt. Die Rückfederung muss bei der Konstruktion der Biegewerkzeuge immer berücksichtigt werden.

Der **Biegewinkel am Biegewerkzeug** α_1, mit dem das Werkstück gebogen wird, muss etwas größer als der **Biegewinkel des fertigen Werkstücks** α_2 sein. Durch das Überbiegen und das anschließende Rückfedern ändert sich auch der Biegeradius. Deshalb muss der **Biegeradius am Biegewerkzeug** r_1 etwas kleiner sein als der gewünschte **Biegeradius am Werkstück** r_2 **(Bild 1)**.

Ein Maß für die Rückfederung ist der **Rückfederungsfaktor** k_R. Dieser Faktor ist vom Werkstoff und dem Verhältnis des Biegeradius r_2 zur Blechdicke s abhängig und wird durch Versuche ermittelt **(Tabelle 1)**.

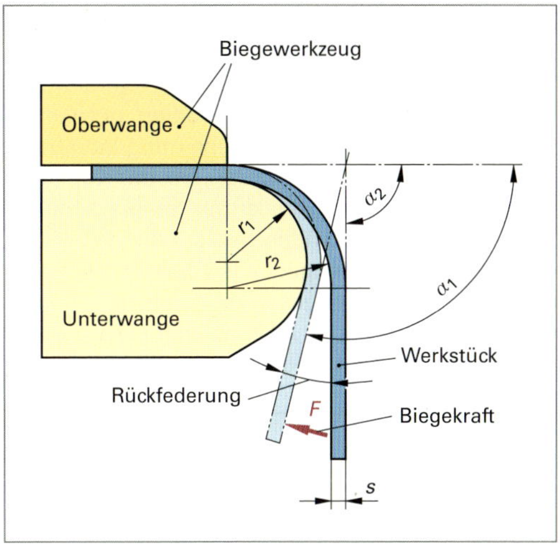

Bild 1: Rückfederung mit dem sich daraus ergebenden Biegewinkel α_1 und dem Radius r_1 am Werkzeug

Der Rückfederungsfaktor k_R ist definiert als das Verhältnis zwischen dem **Biegewinkel am Biegewerkzeug** α_1 und dem **Biegewinkel des fertigen Werkstücks** α_2.

$$k_R = \frac{\alpha_2}{\alpha_1}$$

Der **Biegewinkel am Biegewerkzeug** α_1 und der **Biegeradius am Werkzeug** r_1 werden mit folgenden Gleichungen berechnet:

$$\alpha_1 = \frac{\alpha_2}{k_R}$$

$$r_1 = k_R \cdot (r_2 + 0{,}5 \cdot s) - 0{,}5 \cdot s$$

Tabelle 1: Rückfederungsfaktoren k_R

Werkstoff des Werkstücks	Verhältnis $r_2 : s$						
	1	1,6	2,5	4	6,3	10	16
	Rückfederungsfaktor k_R						
DC 04	0,99	0,99	0,99	0,98	0,97	0,97	0,96
X12CrNi18-8	0,99	0,98	0,97	0,95	0,93	0,89	0,84
CuZn33F29	0,97	0,97	0,96	0,95	0,94	0,93	0,89
EN AW-AlCu4Mg1	0,98	0,98	0,98	0,98	0,97	0,97	0,96

BEISPIEL 5.4 | **Berechnung des Biegewinkels und des Biegeradius**

Das Blech 2 **(Bild 2)** soll jetzt aus **DC04** gefertigt werden. Wie groß sind der Biegewinkel und Biegeradius des Werkzeugs?

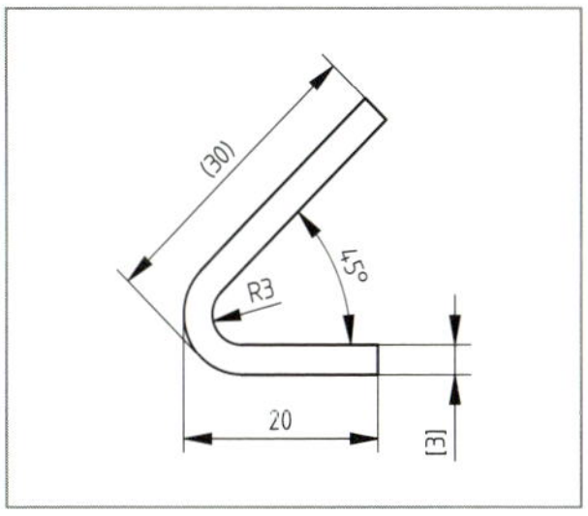

Bild 2: Blech 2 (vgl. **Zeichnung 05-00-002, Seite 288)**

Lösung

Es ist $s = 3$ mm, $r_2 = 3$ mm, $\alpha_2 = 180° - \beta = 180° - 45° = 135°$. Der Rückfederungsfaktor ist $k_R = 0{,}99$ (**Tabelle 1** für DC04 und $r_2/s = 1$)

Biegewinkel am Werkzeug: $\alpha_1 = \frac{\alpha_2}{k_R} = \frac{135°}{0{,}99}$ **= 136,364°**

Biegeradius am Werkzeug: $r_1 = k_R\ (r_2 + 0{,}5 \cdot s) - 0{,}5 \cdot s$
$r_1 = 0{,}99 \cdot (3\ \text{mm} + 0{,}5 \cdot 3\ \text{mm}) - 0{,}5 \cdot 3\ \text{mm}$ **= 2,955 mm**

Lernfeld 5

5.3.7 I FERTIGUNGSGERECHTE GESTALTUNG VON BIEGETEILEN

Soll ein Bauteil durch Biegen hergestellt werden, ergeben sich daraus mehrere Anforderungen an die Konstruktion. Werden diese Anforderungen vom Technischen Produktdesigner bei der Konstruktion nicht berücksichtigt, kann entweder das Bauteil nicht fehlerfrei hergestellt werden oder es kann anschließend seine Funktion nicht erfüllen. Selbst wenn das Bauteil noch hergestellt werden kann, aber nicht fertigungsgerecht gestaltet ist, können sich dadurch die Herstellungskosten mehr als verdoppeln.

Bei der fertigungsgerechten Gestaltung von Biegeteilen gibt es mehrere Gestaltungsrichtlinien, die berücksichtigt werden sollten. Sie sind in **Tabelle 1** aufgeführt. Einige, wie z. B. der Mindestbiegeradius (1), die Mindestschenkellänge (2) oder die Richtung der Walzfaser (3), wurden in den vorhergehenden Kapiteln schon erwähnt und begründet, andere sind neu.

Tabelle 1: Fertigungsgerechte Gestaltung von Biegeteilen

	Nicht blechgerecht	Blechgerecht	Erläuterungen
1	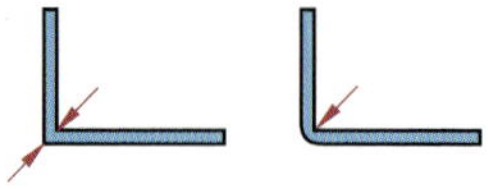	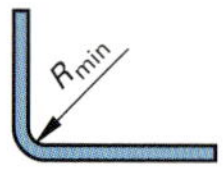	Scharfkantiges Biegen vermeiden. Mindestbiegeradius beachten.
2	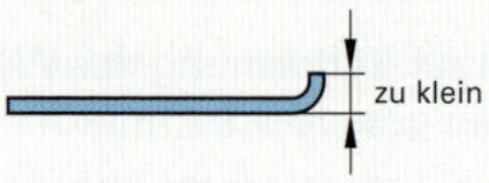	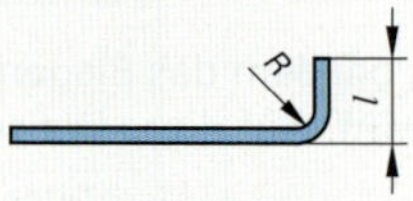	Erforderliche kleinste Schenkellänge beachten: $l = 4 \cdot R$
3	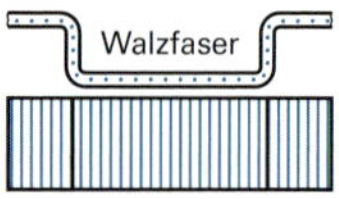	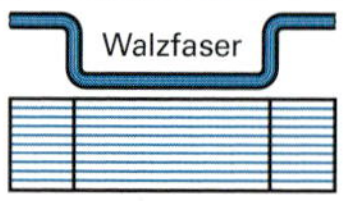	Biegekante möglichst senkrecht zur Walzrichtung legen.
4	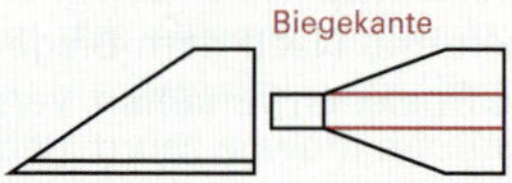	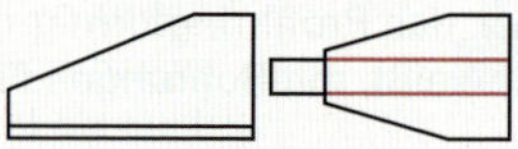	Spitze Winkel an Schnittteilen vermeiden, ebenso Schrägen an Biegekanten.
5	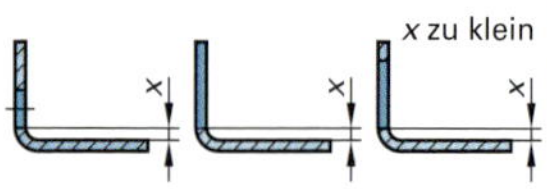	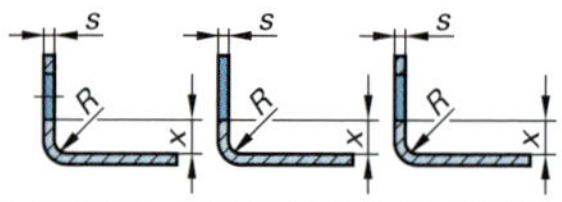	Mindestabstand x bei Lochkanten, Ausklinkungen und Durchbrüchen zur Biegekante einhalten: $x \geq R + 1{,}5 \cdot s$
6	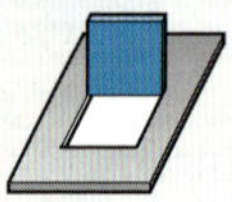	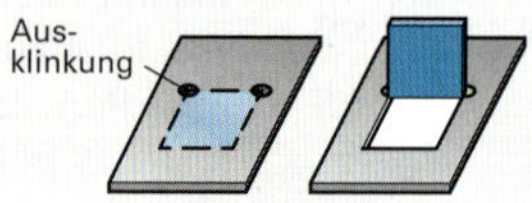	Ausklinkungen oder Freistellungen an Nasen oder Biegelaschen vorsehen.
7	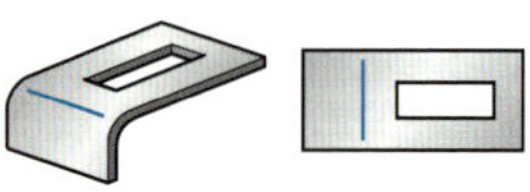	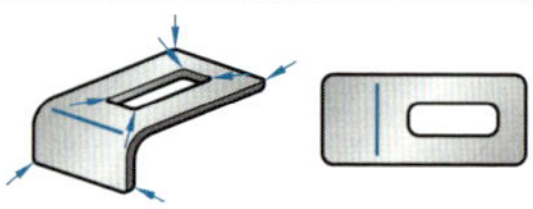	Außen- und Innenkanten abrunden oder anschrägen. Beim Laserschneiden Verkürzung der Fertigungszeit durch kürzeren Weg.
8	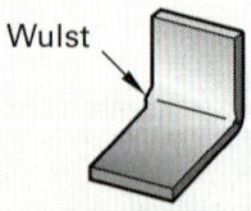	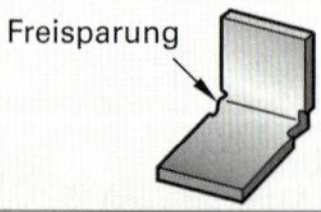	Falls Wulst in der Druckzone stört, ist an der Biegekante freizuschneiden.
9	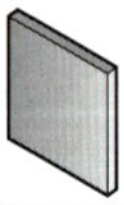	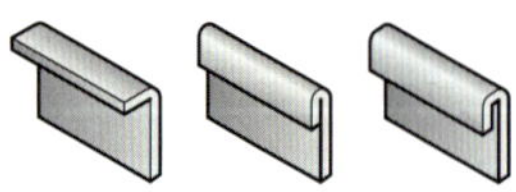	Wird der Blechrand abgekantet oder gefalzt, wird die Kante und damit das Blechteil stabiler.
10	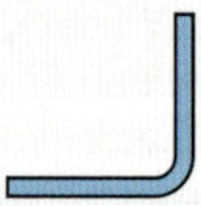	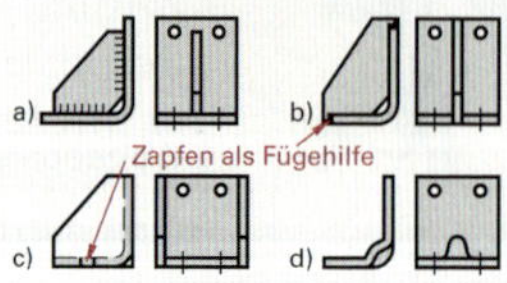	Möglichkeiten der Winkelverstärkung: a) eingeschweißte Rippe, b) Rippe mit Zapfen als Fügenhilfe, c) Seitenflächen mit Zapfen, d) Sicke.

Lernfeld 5

In **Bild 1** ist als Beispiel für ein fertigungsgerecht gestaltetes Bauteil ein Anschlagblech dargestellt. Hier wurde z. B. die **Formsteifigkeit** des Biegeteils durch **Sicken** vergrößert. **Sicken** sind längliche Vertiefungen, die als kleine „Rippen" die Steifigkeit eines Bauteils erhöhen. **Versteifungssicken** können auf ebenen Flächen oder auch in den Biegeradien angeordnet werden, um so die Steifigkeit eines Bauteils zu erhöhen **(Tabelle 1, Seite 296, Anforderung 10d)**. Die Schrägen an den Biegekanten (rote Linie) wurden vermieden, indem die Kontur des Bauteils an der Biegekante zuerst senkrecht beginnt und erst später abknickt **(Tabelle 1, Seite 296, Anforderung 4)**. Ebenfalls wurde der **Mindestabstand *x*** zwischen der Biegekante und Löchern bzw. Aussparungen ausreichend groß gewählt **(Tabelle 1, Seite 296, Anforderung 5)**.

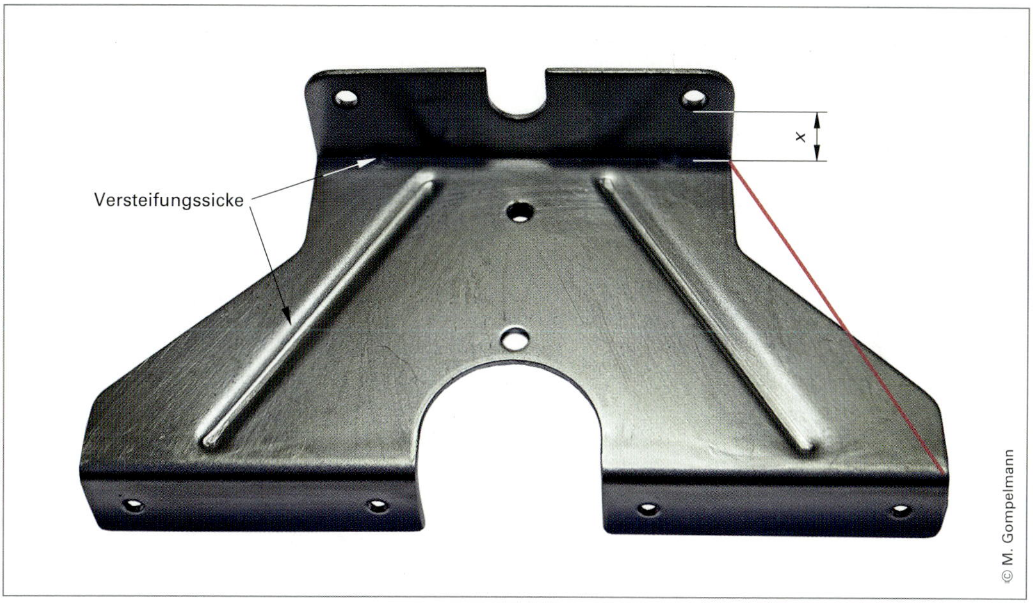

Bild 1: Beispiel für ein fertigungsgerecht gestaltetes Biegeteil

5.3.8 | BIEGETEILE MIT CAD-SYSTEMEN HERSTELLEN

Mit den meisten 3D-CAD-Systemen kann man Blechteile modellieren und automatisiert von dem Programm „Abwicklungen" erzeugen lassen. Allerdings müssen dazu einige Voreinstellungen vorgenommen werden. Dazu gehören unter anderem die Definition von Werkstoff, Blechstärke, Biegeradius, Biegungsausgleich sowie der Geometrie von Freistellungen. Die Berechnung des Biegungsausgleichs kann von den Programmen mit unterschiedlichen Methoden durchgeführt werden. Neben der Berechnung der gestreckten Länge nach DIN 6935 (Seite 284 und 286) können auch selbst erstellte Gleichungen oder Tabellen von Ausgleichswerten, die mit betriebsinternen Versuchen ermittelt wurden, verwendet werden. Freistellungen sind notwendig, um ein Einreißen des Bleches an den Kanten von Biegelaschen zu vermeiden **(Tabelle 1, Seite 296, Anforderung 6)**. Dabei kann die Geometrie der Freistellungen relativ frei gewählt werden.

Für die **Modellierung von Biegeteilen** müssen in einem **CAD-Programm** der Werkstoff, die Blechstärke, der Biegeradius, die Berechnungsmethode des Biegungsausgleichs und die Geometrie von Freistellungen definiert werden.

Für die Modellerstellung von Blechteilen stehen in den CAD-Programmen spezielle Funktionen zur Verfügung. Dazu gehören z. B. die Funktionen: Fläche, Lasche, Konturlasche, Erhabene Lasche, Falz und Konturrolle **(Bild 1, Seite 298)**.

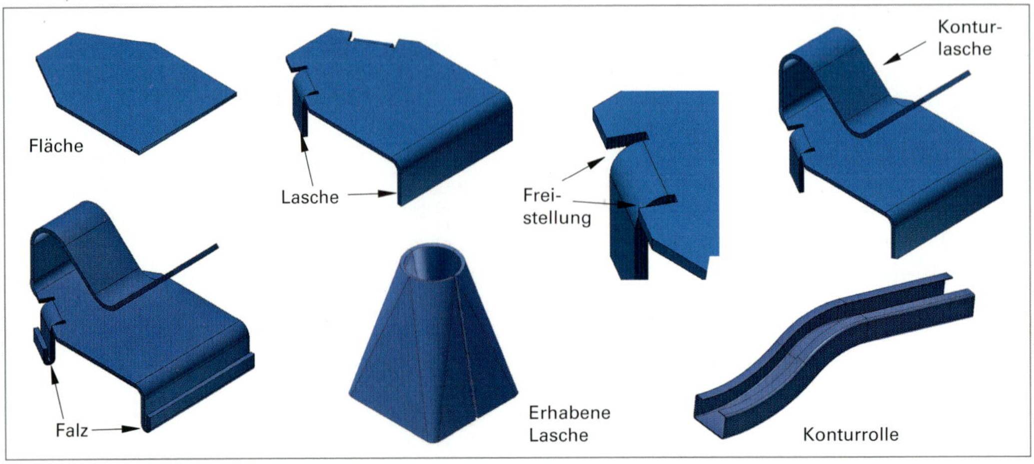

Bild 1: Beispiele für Funktionen bei der Modellierung von Blechteilen in einem CAD-Programm

5.3.9 | EINSATZGEBIETE, VOR- UND NACHTEILE DES BIEGENS

Einsatzgebiete des Biegeumformens sind:

- die Einzelfertigung im Kessel-, Behälter-, Gehäuse- und Schiffsbau, da hier einfache Geometrien mit Universalbiegemaschinen hergestellt werden können,
- die Massenproduktion kleiner Werkstücke im Fahrzeugbau,
- die Herstellung verschiedener Profile und Rohteile in der Konsumgüterindustrie.

Insbesondere die Kombination von Biegen und Schneiden in einem Folgeverbundwerkzeug ermöglicht die kostengünstige Herstellung beliebiger Blechteile **(Bild 1, Seite 295)**. So werden z. B. viele Teile eines Computergehäuses durch Schneiden und Biegen hergestellt.

Lernfeld 5

Tabelle 1: Vor- und Nachteile des Biegens

Vorteile des Biegens	Nachteile des Biegens
▌ kein Werkstoffverlust ▌ kostengünstig bei hohen Stückzahlen ▌ gute Maß- und Formgenauigkeit ▌ keine oder wenig Nacharbeit notwendig ▌ für alle Blechwerkstoffe geeignet, z. B. Stahl, Edelstahl, Kupfer, Aluminium	▌ nur konstante Blechdicken herstellbar ▌ relativ hohe Kosten für das Biegewerkzeug ▌ komplexe Geometrien schwierig herstellbar

AUFGABEN | WIEDERHOLUNG UND VERTIEFUNG

1. Erläutern Sie mithilfe einer Skizze, wo das Bauteil beim Biegen auseinandergezogen und wo es zusammengedrückt wird.
2. Skizzieren Sie, wo sich die neutrale Faser beim Biegen von Blechen mit $r/s = 2$ befindet. Erläutern Sie warum sich die neutrale Faser dort befindet.
3. Wie wird in einer Abwicklung der Anfang und das Ende des gebogenen Bereichs (d. h. der tangentiale Übergang von dem nicht gebogenen Bereich in den Radius) gekennzeichnet? Was wird mit einer schmalen Volllinie dargestellt?

4. Mit welchem Buchstaben wird die Dicke eines Bauteils in einer Zeichnung abgekürzt?

5. Berechnen Sie die gestreckte Länge der Bauteile a) bis g) aus **Bild 1**. Alle nicht bemaßten Biegeradien sind $R = 2{,}5$ mm.

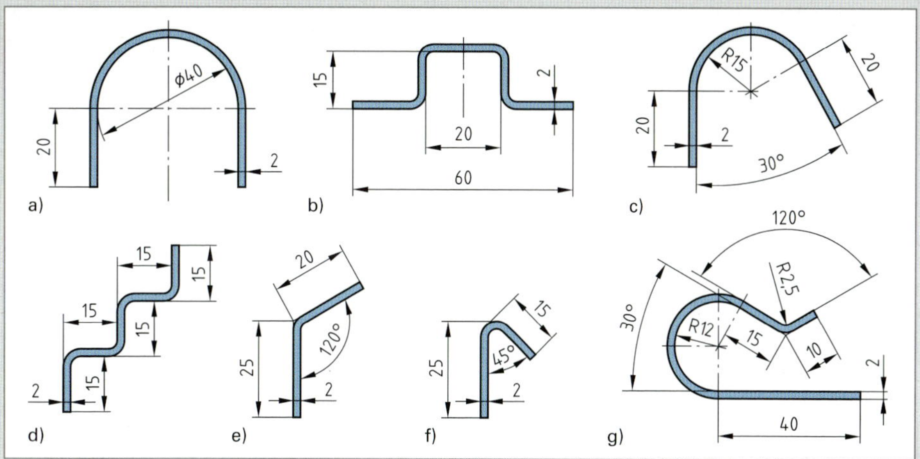

Bild 1: Übungsaufgaben zur Berechnung der gestreckten Länge

6. Bestimmen Sie den kleinsten zulässigen Biegeradius für ein Blech aus S235JR mit einer Blechdicke von 5 mm. Erläutern Sie, was passieren kann, wenn man einen kleineren Biegeradius verwendet.

7. Bestimmen Sie den kleinsten zulässigen Biegeradius für ein Aluminiumrohr aus AlMgSi mit einem Außendurchmesser von 20 mm und einer Wandstärke von 1,5 mm. Erläutern Sie was passieren kann, wenn man einen kleineren Biegeradius verwendet.

8. Berechnen Sie für die Bauteile a) bis f) aus Aufgabe 5 den Biegeradius und den Biegewinkel am Biegewerkzeug. Das Bauteil a) wird aus AlCuMg1, die Bauteile b) bis f) aus DC04 gefertigt.

9. Erläutern Sie, warum bei der fertigungsgerechten Gestaltung von Biegeteilen Ausklinkungen an Nasen und Laschen benötigt werden.

10. Erläutern Sie die Funktion einer Sicke.

5.4 ZUGDRUCKUMFORMEN

Beim Zugdruckumformen wird ein Rohteil durch gleichzeitig stattfindendes Ziehen und Drücken zum fertigen Werkstück umgeformt. Hierbei ist das **Tiefziehen** das wesentliche Fertigungsverfahren zur Herstellung von Blechwerkstücken mit dreidimensionaler Geometrie.

Beim **Tiefziehen** wird z.B. aus einem runden Blechzuschnitt, auch **Ronde** genannt, ein rotationssymmetrischer Hohlkörper erzeugt. Beim Tiefziehen wird, genauso wie beim Biegen, die Blechstärke fast nicht verändert **(Bild 2)**.

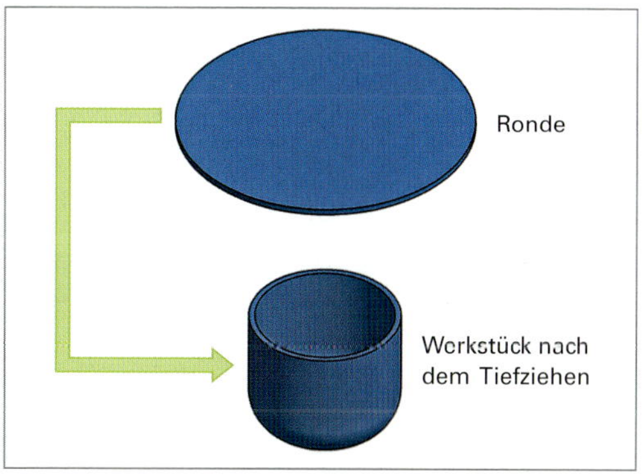

Bild 2: Prinzip des Tiefziehens

Beim Tiefziehen wird aus der Ronde mit dem Durchmesser *D* ein zylindrischer Körper mit einem deutlich kleineren Durchmesser *d*. In **Bild 1** wird in einem Gedankenexperiment dargestellt, wie sich das Bauteil verformen würde, wenn man den Rand der Ronde einfach hochbiegt. Durch die Verkleinerung des Durchmessers müsste überschüssiges Material, in **Bild 1** hellblau dargestellt, beim Hochbiegen nach oben verdrängt werden. Die hellblauen Dreiecke werden beim Hochbiegen immer kleiner und sind bei der fertigen Kontur vollständig verschwunden. Dieses überschüssige Material müsste also herausgedrückt werden. Es führt dazu, dass der Rand des fertigen Tiefziehteils deutlich höher wird. Beim wirklichen Tiefziehen wird anders als in diesem Gedankenexperiment der Rand nicht einfach nur hochgebogen, sondern in der Umformzone gleichzeitig nach unten gezogen und radial zusammengedrückt **(Bild 2)**.

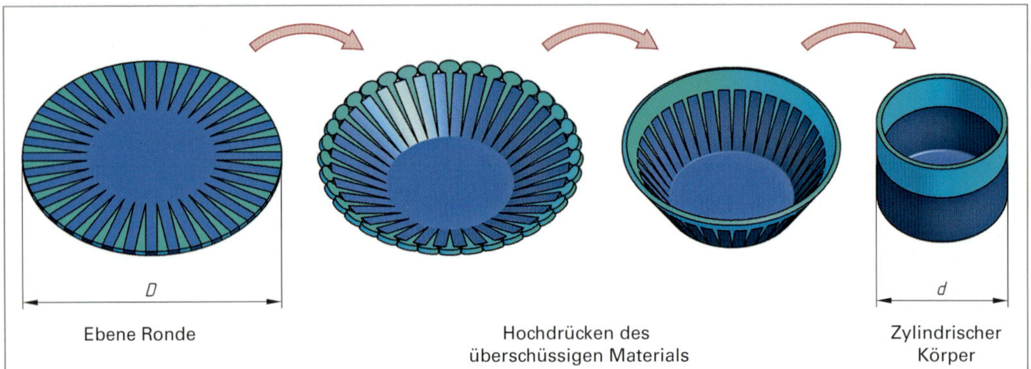

Bild 1: Gedankenexperiment zur Umformung einer Ronde zu einem zylindrischen Körper

5.4.1 | TIEFZIEHWERKZEUGE

Das Tiefziehwerkzeug besteht prinzipiell aus einem **Stempel**, der während des Tiefziehens das Blech nach unten drückt, einer **Ziehmatrize**, die die Außenkontur erzeugt, und einem **Niederhalter**, der die Faltenbildung verhindert. Die Ziehmatrize ist mit einem Absatz versehen, um die Ronde vor dem Tiefziehen zu zentrieren **(Bild 2)**.

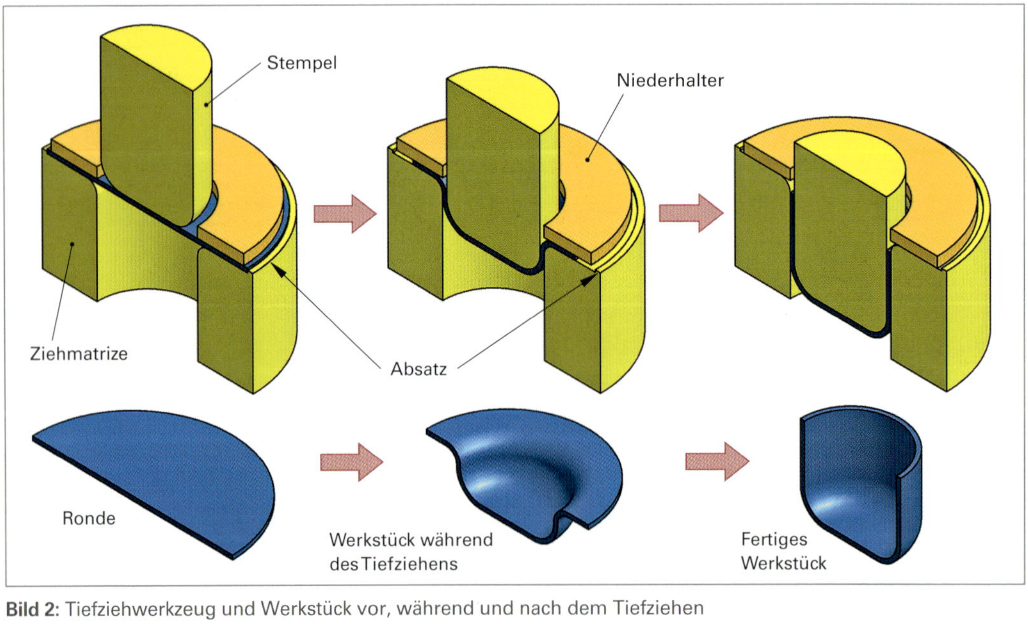

Bild 2: Tiefziehwerkzeug und Werkstück vor, während und nach dem Tiefziehen

Weil es beim Tiefziehen zu einer Verkleinerung des Außendurchmessers und zur Verdrängung des überflüssigen Materials kommt, würden sich ohne **Niederhalter** Falten am Werkstück bilden **(Bild 1)**. Die Anpresskraft, mit der der Niederhalter nach unten gegen das Blech drückt, muss dabei genau eingestellt werden. Ist die **Niederhalterkraft** zu gering, entstehen trotzdem Falten, ist sie zu groß, reißt das Bauteil, das durch den Stempel nach unten gedrückt wird, am Boden oder in der zylindrischen Seitenwand.

Ein entscheidendes Detail an der Ziehmatrize ist der **Ziehkantenradius**. Ein großer Radius verringert die notwendige Ziehkraft. Ist der Ziehkantenradius jedoch zu groß, kann es im Bereich dieses Radius zur Faltenbildung kommen, da hier der Niederhalter das Blech nicht mehr nach unten drücken kann.

Der **Ziehstempelradius** muss ebenfalls ausreichend groß sein, um die Spannungskonzentration an dieser Kante zu verringern.

Der **Ziehspalt**, d. h. der Spalt zwischen dem Stempel und der Ziehmatrize, muss etwas größer als die Blechdicke sein, damit das Material beim Tiefziehen fließen kann. Ist der Ziehspalt jedoch zu groß, kann es auch hier zur Faltenbildung kommen.

In **Bild 2** sieht man, wie an dem oberen Rand eines Tiefziehteils eine beginnende Faltenbildung durch zu geringe Niederhalterkraft bzw. einem zu großen Ziehkantenradius Fließmarken an der Oberfläche hinterlassen hat.

> Um Faltenbildung oder Risse beim Tiefziehen zu vermeiden, müssen die **Niederhalterkraft**, der **Ziehkantenradius,** der **Ziehstempelradius** und der **Ziehspalt** entsprechend der Angaben im Tabellenbuch berechnet und genau berücksichtigt werden.

Die **Tiefziehkraft**, die von dem Stempel aufgebracht wird und auf den Boden des Werkstücks wirkt, muss über die Seitenwände in den Bereich übertragen werden, in dem die eigentliche Umformung stattfindet **(Bild 3)**. Im Kragen des Tiefziehteils findet die Umformung durch Zug- und Druckspannungen statt, die größer als die **Streckengrenze R_e** des Werkstücks sind und zu einer plastischen Verformung führen (s. Seite 280). Daher spricht man beim Tiefziehen von einer **Zugdruckumformung**. In der Seitenwand treten Zugspannungen auf, die nicht größer als die **Streckgrenze R_e** sein dürfen, da sich das Bauteil in der Seitenwand nicht mehr verformen soll und sonst in der Seitenwand oder am Boden reißen könnte.

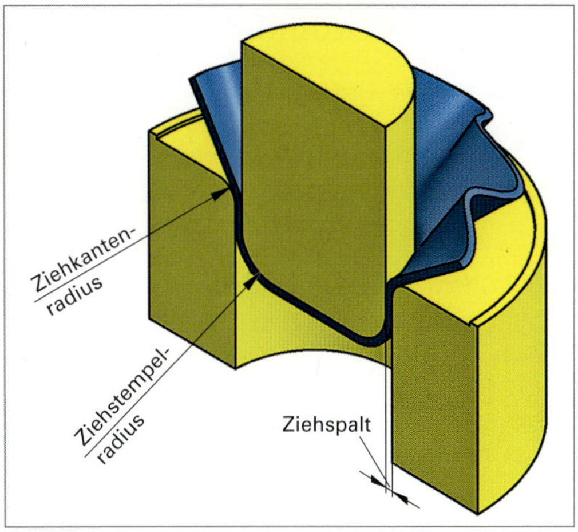

Bild 1: Faltenbildung durch Tiefziehen ohne Niederhalter

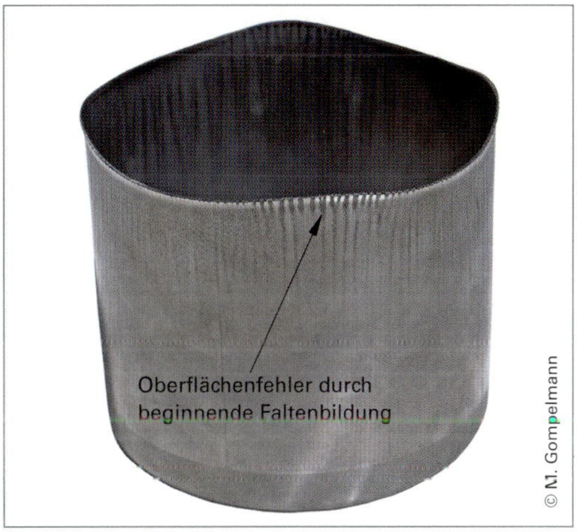

Bild 2: Tiefziehteil mit beginnender Faltenbildung

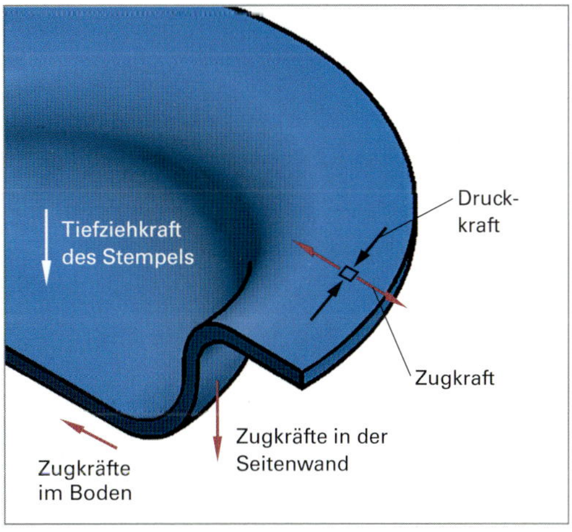

Bild 3: Kräfte beim Tiefziehen

Lernfeld 5

5.4.2 | RONDENDURCHMESSER UND TIEFZIEHVERHÄLTNIS

Beim Tiefziehen wird kein Material entfernt oder hinzugefügt. Dementsprechend ändert sich weder die Masse noch das Volumen des Werkstücks. Weil sich in der Regel beim Tiefziehen auch die Blechdicke nicht ändert, muss die Oberfläche des Werkstücks vor und nach dem Tiefziehen gleich sein. Dieser Sachverhalt kann benutzt werden, um den Durchmesser der benötigten Ronde zu berechnen.

> Die Oberfläche des fertigen Tiefziehteils $\boldsymbol{A_{gesamt}}$ entspricht der Oberfläche der Ronde $\boldsymbol{A}$. Mithilfe dieser Beziehung kann der **Rondendurchmesser $\boldsymbol{D}$** berechnet werden.

Zur Berechnung der Oberfläche des fertigen Werkstücks zerlegt man das Bauteil in einfach zu berechnende Teilkörper. Die Blechdicke und die Radien werden vernachlässigt.

BEISPIEL 5.5 | Berechnung des Rondendurchmessers

Für das Tiefziehteil aus **Bild 1** soll der Durchmesser der benötigten Ronde berechnet werden.

Lösung

Das Tiefziehteil kann in drei Teilkörper zerlegt werden: Halbkugel, Zylinder und Kreisring.

Die Oberfläche $\boldsymbol{A_1}$ der Halbkugel wird berechnet nach:
$A_1 = \frac{1}{2} \pi \cdot d_1^2$

Die Oberfläche $\boldsymbol{A_2}$ des Zylinders wird berechnet nach:
$A_2 = \pi \cdot d_1 \cdot h$

Die Oberfläche $\boldsymbol{A_3}$ des Kreisrings wird berechnet nach:
$A_3 = \frac{1}{4} \pi \cdot (d_2^2 - d_1^2)$

Für die gesamte Oberfläche $\boldsymbol{A_{gesamt}}$ des Tiefziehteils folgt:

$$\begin{aligned} A_{gesamt} &= A_1 + A_2 + A_3 \\ &= \tfrac{1}{2} \pi \cdot d_1^2 + \pi \cdot d_1 \cdot h + \tfrac{1}{4} \pi \cdot (d_2^2 - d_1^2) \\ &= \tfrac{1}{4} \pi \, [2 \cdot d_1^2 + 4 \cdot d_1 \cdot h + (d_2^2 - d_1^2)] \end{aligned}$$

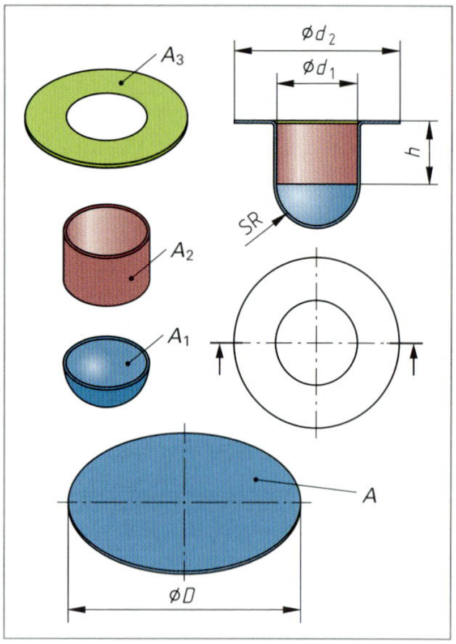

Bild 1: Berechnung des Rondendurchmessers

Die Oberfläche $\boldsymbol{A}$ der Ronde vor dem Tiefziehen ist:
$A = \frac{1}{4} \pi \cdot D^2$

Weil $\boldsymbol{A}$ gleich der Oberfläche des fertigen Tiefziehteils $\boldsymbol{A_{gesamt}}$ ist, folgt:
$A = A_{gesamt} \Rightarrow \frac{1}{4} \pi \cdot D^2 = \frac{1}{4} \pi \, [2 \cdot d_1^2 + 4 \cdot d_1 \cdot h + (d_2^2 - d_1^2)]$

Auflösen dieser Gleichung nach $\boldsymbol{D}$ ergibt:
$D = \sqrt{2 \cdot d_1^2 + 4 \cdot d_1 \cdot h + (d_2^2 - d_1^2)}$

Für ein Tiefziehteil mit den Durchmessern $d_1 = 20$ mm, $d_2 = 40$ mm und $h = 15$ mm folgt:

$$\begin{aligned} D &= \sqrt{2 \cdot d_1^2 + 4 \cdot d_1 \cdot h + (d_2^2 - d_1^2)} \\ &= \sqrt{2 \cdot (20\text{ mm})^2 + 4 \cdot 20\text{ mm} \cdot 15\text{ mm} + [(40\text{ mm})^2 - (20\text{ mm})^2]} \\ &= \mathbf{56{,}57\text{ mm}} \end{aligned}$$

Im Tabellenbuch sind fertige Formeln für die Berechnung der **Rondendurchmesser $\boldsymbol{D}$** für unterschiedliche Tiefziehteile angegeben.

Das Verhältnis des **Rondendurchmessers *D*** zum kleinsten **Durchmesser *d*** des fertigen Tiefziehteils nennt man **Ziehverhältnis β**.

$$\beta = \frac{D}{d}$$

Wird dieses Verhältnis zu groß, wird die benötigte Umformkraft zu groß und die Seitenwände des Bauteils können diese Kraft nicht mehr übertragen. Hierdurch kommt es zu Rissen im Boden oder in der Seitenwand des Tiefziehteils.

Das **Ziehverhältnis β** ist definiert als das Verhältnis zwischen dem **Rondendurchmesser *D*** und dem kleinsten **Durchmesser *d*** des Tiefziehteils.

Bild 1: Risse bei zu großem Ziehverhältnis β

Das **maximal zulässige Ziehverhältnis β_{max}** ist von dem Werkstoff, der Blechdicke und weiteren Parametern (z. B. Niederhalterkraft, Stempel- und Ziehkantenradius) abhängig. Es wird durch Versuche ermittelt, bei denen das Ziehverhältnis so weit vergrößert wird, bis das Blech reißt **(Bild 1)**.

Im Tabellenbuch gibt es Tabellen mit **maximal zulässigem Ziehverhältnis β_{max}** für unterschiedliche Werkstoffe.

Bauteile mit zu großen Ziehverhältnissen können hergestellt werden, indem die gesamte Umformung in mehrere Teilschritte zerlegt wird. Diese Teilschritte nennt man **Ziehstufen (Bild 2)**.

Im 2. und jedem weiteren Zug verringert sich das maximal zulässige **Ziehverhältnis β_{max2}** durch **Kaltverfestigung** (s. Seite 282). Diese Kaltverfestigung kann durch **Rekristallisationsglühen** wieder entfernt werden. Das maximal zulässige Ziehverhältnis β_{max} steht jetzt näherungsweise wieder zur Verfügung.

Ist das **Ziehverhältnis β** zu groß, muss das Tiefziehteil in mehreren Zügen hergestellt werden. Dabei verringert sich durch Kaltverfestigung das **maximal zulässige Ziehverhältnis β_{max2}** für jeden weiteren Zug.

BEISPIEL 5.6 | **Berechnung des Rondendurchmessers und der benötigten Ziehstufen**

Ein Becher aus dem **Werkstoff DC 04** mit dem Durchmesser ***d* = 10 mm** und der Höhe ***h* = 26 mm** soll tiefgezogen werden. Der **Rondendurchmesser *D*** und die Anzahl der benötigten Ziehstufen sind zu berechnen.

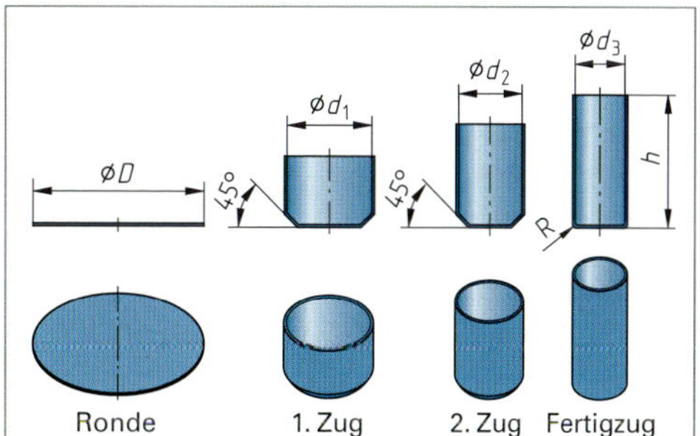

Bild 2: Tiefziehen in mehreren Ziehstufen

Lösung

Berechnung des **Rondendurchmessers *D*** (s. Tabellenbuch):

$D = \sqrt{d^2 + 4 \cdot d \cdot h}$ **= 33,8 mm**

Für den Werkstoff DC 04 ist das **maximal zulässige Ziehverhältnis β_{max}** = 2,0 (s. Tabellenbuch). Das **Gesamtziehverhältnis β_{ges}** beträgt:

$$\beta_{ges} = \frac{D}{d} = 3{,}38$$

Weil $\beta_{ges} \geq \beta_{max}$ muss die Umformung in mehrere Schritte aufgeteilt werden. Der **Durchmesser d_1** im **1. Zug** berechnet sich:

$$\beta_{max} = \frac{D}{d_1} \quad \Rightarrow \quad d_1 = \frac{D}{\beta_{max}} = \frac{33{,}8\text{ mm}}{2{,}0} = 16{,}9\text{ mm}$$

Im 2. und jedem weiteren Zug verringert sich das maximal zulässige Ziehverhältnis β_{max2} durch **Kaltverfestigung** für DC 04 zu **β_{max2} = 1,3** (s. Tabellenbuch). Ohne Rekristallisationsglühen ergibt sich der **Durchmesser d_2** im 2. Zug zu:

$$\beta_{max2} = \frac{d_1}{d_2} \quad \Rightarrow \quad d_2 = \frac{d_1}{\beta_{max2}} = \frac{16{,}9\text{ mm}}{1{,}3} = 13\text{ mm}.$$

Entsprechend hat der Fertigzug mit **$d = d_3$ = 10 mm** ein **Ziehverhältnis β_3** von:

$$\beta_3 = \frac{d_2}{d_3} = \frac{13\text{ mm}}{10\text{ mm}} = 1{,}3 \leq \beta_{max2} = 1{,}3$$

Da $\beta_3 \leq \beta_{max2}$ ist, kann der Fertigzug ohne eine unzulässig große Umformung hergestellt werden.

Der Niederhalter muss bei Tiefziehteilen nach dem 1. Zug anders als bisher gestaltet werden **(Bild 1)**. Zur Verhinderung der Faltenbildung bei der Umformung muss in der Umformzone (Detail Z in **Bild 1**) der Niederhalter das Blech gegen die Ziehmatrize drücken. Deshalb müssen das Bauteil, der Niederhalter und die Ziehmatrize in dem Bereich mit demselben Winkel versehen werden, z. B. 45° **(Bild 2, Seite 303)**.

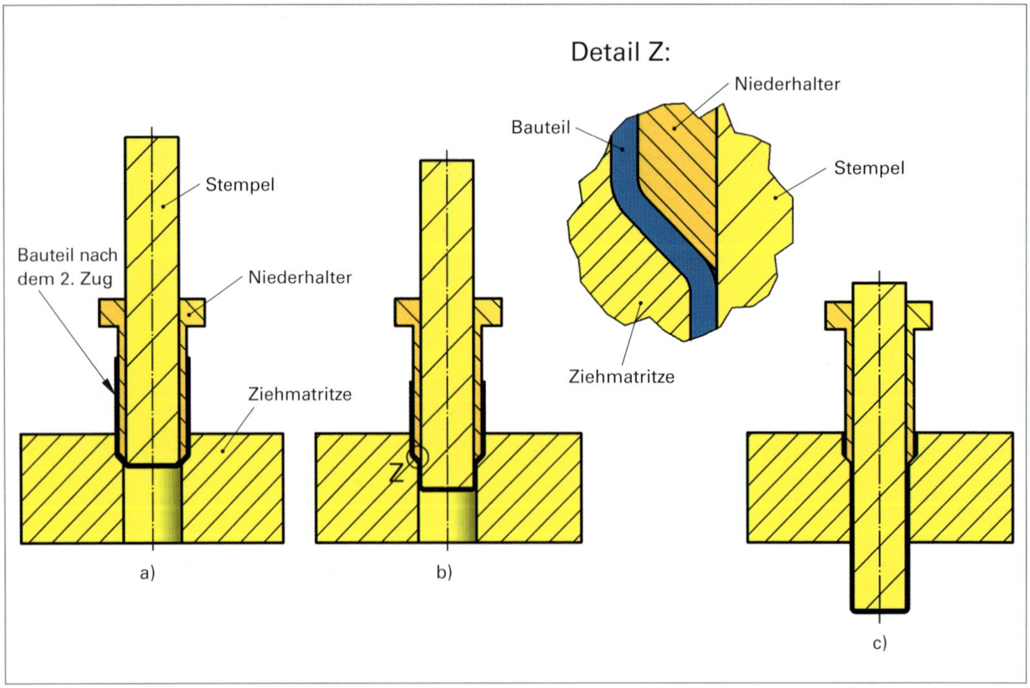

Bild 1: Tiefziehwerkzeug und Werkstück a) vor, b) während und c) nach dem Fertigzug

5.4.3 | FERTIGUNGSGERECHTE GESTALTUNG VON TIEFZIEHTEILEN

Bei der fertigungsgerechten Gestaltung von Tiefziehteilen sind folgende Aspekte zu beachten:

- Tiefziehteile können nur mit konstanter Wandstärke erzeugt werden.
- Bevorzugt sollten die Tiefziehteile rotationssymmetrisch gestaltet werden, damit ein zylindrischer Stempel verwendet werden kann. Es sind jedoch auch nicht rotationssymmetrische Tiefziehteile herstellbar **(Bild 1)**.
- Bei der Gestaltung von Tiefziehteilen muss ein **Ziehstempelradius r_{st}** von ca. 4- bis 5-facher Blechstärke vorgesehen werden **(Bild 1, Seite 301)**.
- Die Geometrie des Bauteils muss so gestaltet sein, dass durch einen Niederhalter eine Faltenbildung vermieden werden kann.
- Am oberen Rand von Tiefziehteilen kann es zu Zipfelbildung kommen **(Bild 1)**. Deshalb sollten diese Bauteile, soweit möglich, mit einem Rand versehen werden, dessen Außendurchmesser nicht funktionsrelevant ist. Wenn diese obere Kante eine Funktionsfläche sein soll, muss eventuell eine Nachbearbeitung vorgesehen werden.

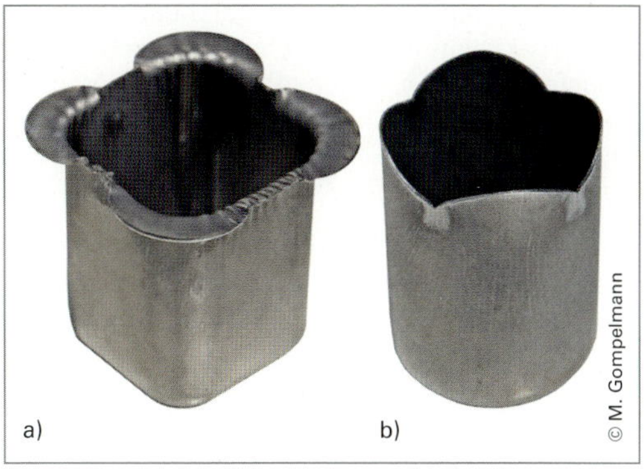

Bild 1: a) Rechteckiges Tiefziehteil und b) rotationssymmetrisches Tiefziehteil mit Zipfelbildung

5.4.4 | EINSATZGEBIETE, VOR- UND NACHTEILE DES FERTIGUNGSVERFAHRENS TIEFZIEHEN

Das Tiefziehen ist das bedeutendste Fertigungsverfahren zur Herstellung von Blechwerkstücken mit dreidimensionaler Geometrie. Es wird z. B. in der Massenfertigung von Karosserieteilen in der Automobilindustrie eingesetzt. In der Verpackungsindustrie werden Getränkedosen aus Aluminium tiefgezogen. In der Konsumgüterindustrie werden von Töpfen bis Badewannen Gegenstände aus den unterschiedlichsten Blechwerkstoffen im Tiefziehverfahren hergestellt. Auch bei kleineren Stückzahlen, wie z. B. in der Luft- und Raumfahrtindustrie, werden Bauteile der Außenhaut der Fahrzeuge durch Tiefziehen hergestellt.

Tabelle 1: Vor- und Nachteile des Tiefziehens

Vorteile des Tiefziehens	Nachteile des Tiefziehens
▮ fast kein Werkstoffverlust ▮ kostengünstig bei hohen Stückzahlen ▮ gute Maß- und Formgenauigkeit ▮ keine oder nur geringe Nacharbeit notwendig ▮ für alle Blechwerkstoffe geeignet, z. B. Stahl, Edelstahl, Kupfer, Aluminium	▮ nur konstante Blechdicken herstellbar ▮ durch konventionelles mechanisches Tiefziehen nur Bauteile mit senkrechten Wänden herstellbar ▮ relativ hohe Werkzeugkosten

5.4.5 | WEITERE ZUGDRUCKUMFORMVERFAHREN

Beim **hydromechanischen Tiefziehen** erhält das Werkstück seine Form durch die Geometrie des Ziehstempels. Das Gegenstück zum Ziehstempel bildet hier nicht die Ziehmatrize, sondern die Flüssigkeit, die das umzuformende Blech gegen den Ziehstempel drückt **(Bild 1)**.

Während des Ziehvorgangs fährt der Ziehstempel nach unten. Dadurch wird die Flüssigkeit aus dem Wasserkasten verdrängt. An der Bohrung, die den Wasserkasten mit dem Hydrauliksystem verbindet, befindet sich ein Druckbegrenzungsventil, das erst ab einem eingestellten Druck die Flüssigkeit abfließen lässt. Dadurch drückt die Flüssigkeit den Blechzuschnitt gegen den Ziehstempel und die gewünschte Geometrie wird erzeugt. Die eigentliche Umformung findet im Ziehwulst statt.

Der Vorteil dieses Verfahrens liegt darin, dass auch Bauteile mit nicht senkrechten Wänden oder mit Vertiefungen entgegen der Stempelbewegung, die mit dem konventionellen Tiefziehen nicht hergestellt werden könnten, tiefgezogen werden können **(Bild 2)**.

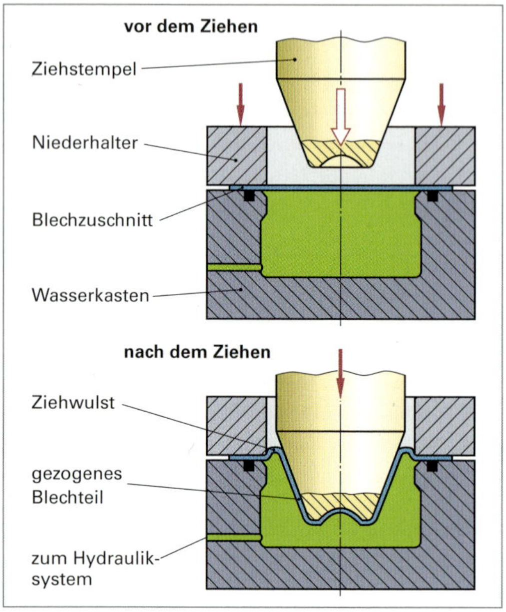

Bild 1: Hydromechanisches Tiefziehen

> Das **hydromechanische Tiefziehen** eignet sich besonders für nicht zylindrische, also z. B. für kegel-, kugel- oder parabolförmige Bauteile.

Bild 2: Hydromechanisch tiefgezogene Werkstücke

Beim **aktiven hydromechanischen Tiefziehen** wird das Blech vor dem eigentlichen Tiefziehen vorgereckt, d. h. auseinandergezogen. Dadurch wird es kaltverfestigt. Anschließend wird es tiefgezogen. Mit diesem Verfahren werden z. B. großflächige Karosserieteile hergestellt **(Bild 2)**.

Beim **Durchziehen** werden Drähte, Flachprofile oder Rohre durch ein sich verengendes Ziehwerkzeug gezogen. Hierdurch können z. B. nahtlosgezogene Rohre hergestellt werden **(Bild 3)**.

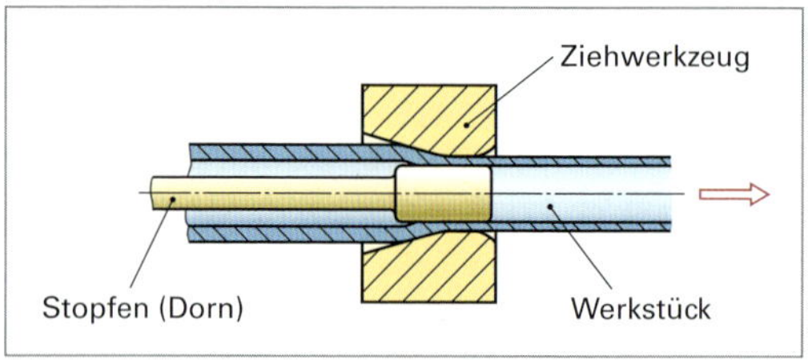

Bild 3: Durchziehen eines Rohres

Beim **Drücken** wird genauso wie beim konventionellen Tiefziehen ein runder Blechzuschnitt umgeformt. Über den Gegenhalter wird das Blech gegen die Drückform gedrückt, sodass das Blech gemeinsam mit der Drückform rotiert. Der Halter der Drückrolle dreht sich nicht, sondern verfährt vertikal und horizontal und folgt damit der Kontur der Drückform. Die Umformung findet im Bereich der Drückrolle statt, die das Blech gegen die Drückform drückt. Mit diesem Verfahren können z. B. Felgen im Automobilbau, Kesselböden oder WOK-Pfannen hergestellt werden.

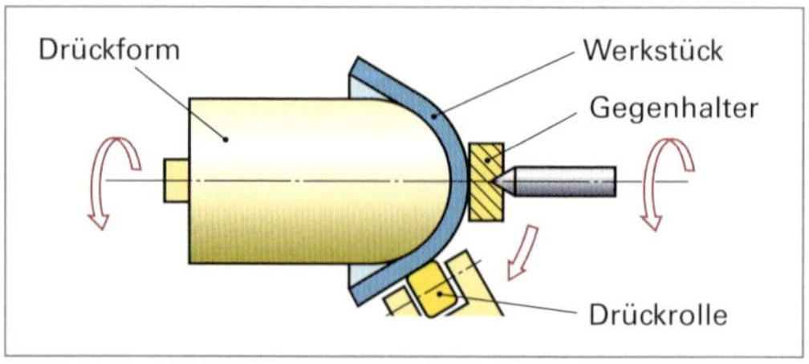

Bild 4: Drücken eines Kesselbodens

AUFGABEN | WIEDERHOLUNG UND VERTIEFUNG

1. Erläutern Sie, warum Tiefziehen zu den Zug-Druck-Umformverfahren gehört.
2. Erläutern Sie die Aufgabe des Niederhalters an einem Tiefziehwerkzeug.
3. Beschreiben Sie die Umformvorgänge beim Tiefziehen im Bereich des Ziehradius.
4. Entscheiden Sie, ob der zylindrische Bereich unterhalb des Ziehradius auf Zug, auf Druck oder auf Zug und Druck belastet wird.
5. Erläutern Sie, was passieren kann, wenn das Ziehverhältnis zu groß wird.
6. Berechnen Sie den Rondendurchmesser und das Ziehverhältnis der Bauteile a) bis f) aus **Bild 1**. Radien können vernachlässigt werden.

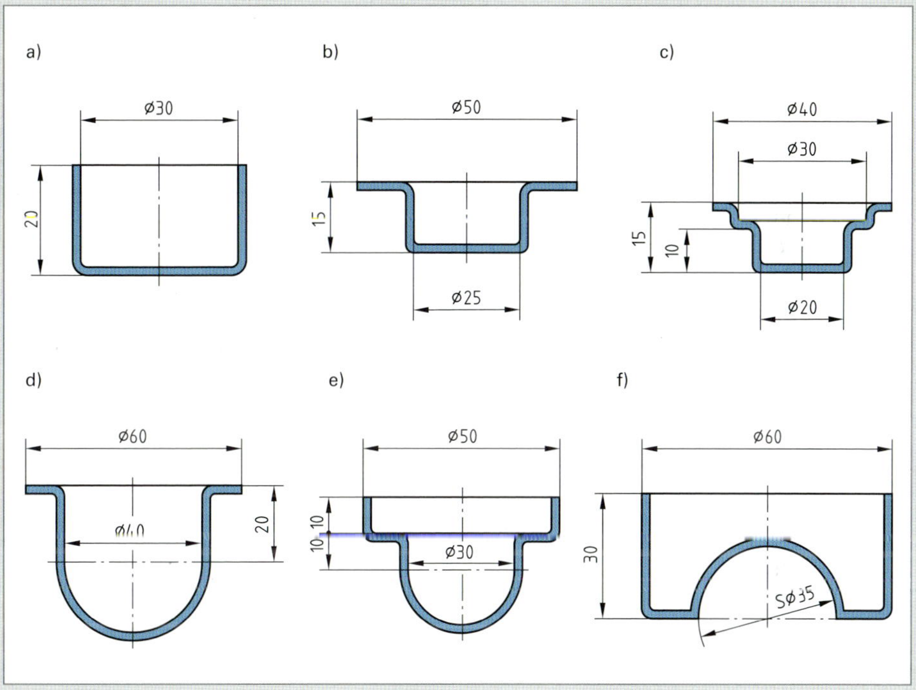

Bild 1: Übungsaufgaben zur Berechnung des Rondendurchmessers

7. Erläutern Sie, wie sich für DC 03 das maximal zulässige Ziehverhältnis für den 2. Zug ändert, wenn nach dem 1. Zug das Bauteil mit Rekristallisationsglühen behandelt wird.
8. Das Bauteil a) aus Aufgabe 6 soll mit einem Durchmesser von ***d* = 20 mm** und einer Höhe von ***h* = 100 mm** aus DC 04 hergestellt werden. Berechnen Sie den Rondendurchmesser und das Ziehverhältnis. Falls das Bauteil nicht in einem Zug hergestellt werden kann, geben Sie an, in wie vielen Zügen und mit welchen Durchmessern das Bauteil (ohne Rekristallisationsglühen) hergestellt werden kann. Skizzieren Sie die einzelnen Stufen.
9. Falls das Bauteil aus Aufgabe 8 nicht in einem Zug hergestellt werden kann, geben Sie an, in wie vielen Zügen und mit welchen Durchmessern das Bauteil hergestellt werden kann, wenn es zwischen den einzelnen Zügen rekristallisationsgeglüht wird.
10. Nennen Sie das Tiefziehverfahren, mit dem das Bauteil d) aus Aufgabe 6 hergestellt werden kann. Begründen Sie Ihre Entscheidung.
11. Was bedeutet das S vor dem Durchmesser 35 mm bei dem Bauteil f) aus Aufgabe 6?

5.5 DRUCKUMFORMEN

Beim Druckumformen wird das Werkstück hauptsächlich durch Druckkräfte umgeformt. Zum Druckumformen gehören unter anderem die Fertigungsverfahren Walzen, Stauchen, Drücken, Freiform- und Gesenkschmieden.

5.5.1 WALZEN

Beim **Walzen** wird das rechteckige Rohmaterial, auch „Bramme“ genannt, zwischen zwei rotierenden Walzen flach gedrückt. Im Strangguss hergestellter Rohstahl wird als „Brammen“ einem Walzwerk zugeführt. Hier werden mithilfe mehrerer Walzenpaare aus z. B. 500 mm dicken Brammen 1 mm dicke Bleche gewalzt **(Bild 1)**.

Wenn die Brammen vorher erhitzt werden, spricht man vom **Warmwalzen.** Warmgewalzte Rechteckprofile nach DIN EN 10058 können in unterschiedlichen Abmessungen als Rohteile verwendet werden. Diese warmumgeformten Werkstücke haben nach dem Umformen an der Oberfläche eine Zunderschicht. Neben Rechteckprofilen können auch warmgewalzte Rundstähle, runde oder quadratische Hohlprofile, U-Profile, T-Profile, I-Profile usw. hergestellt und als Rohteile verwendet werden.

Lernfeld 5

Warmgewalzte Bleche und **Stahlprofile** im üblichen Lieferzustand besitzen eine **Zunderschicht** an der Oberfläche, die berücksichtigt werden muss, wenn diese Profile als Rohteile verwendet werden.

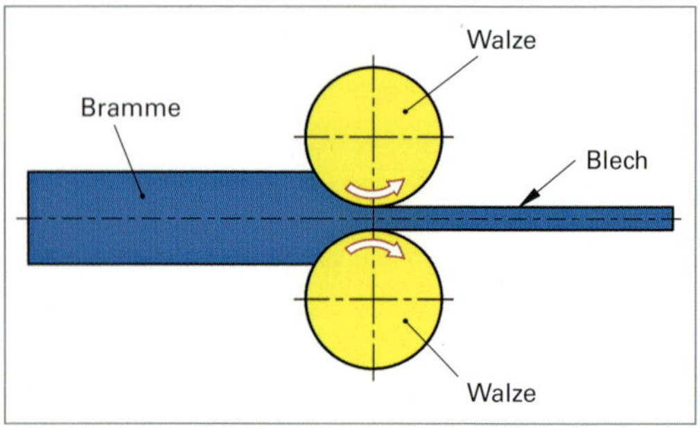

Bild 1: Walzen von Blechen

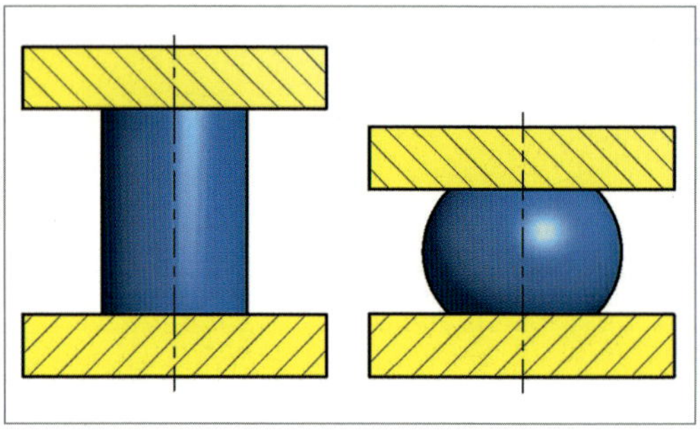
Bild 2: Stauchen eines Zylinders

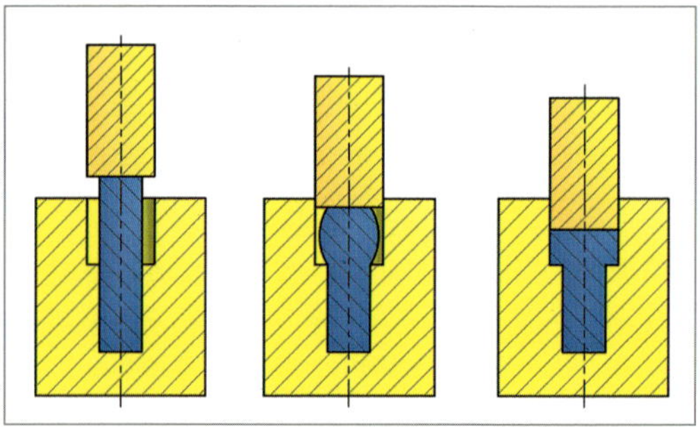
Bild 3: Anstauchen von Schrauben

5.5.2 STAUCHEN UND EINDRÜCKEN

Beim **Stauchen** werden durch Druckkräfte Bauteile zusammengedrückt. Es gibt z. B. das **Freiformstauchen**, bei dem ein Rohteil zwischen zwei Werkzeugflächen zusammengedrückt wird **(Bild 2)**.

Beim **Anstauchen** wird nur ein Teil des Rohteils verformt. Bei der Schraube in **Bild 3** wird z. B. nur der obere Teil der Schraube angestaucht, um den Schraubenkopf zu erzeugen.

Beim **Eindrücken** wird mit dem Werkzeug eine Form in das Werkstück gedrückt. Das Eindrücken kann mit einer geradlinigen Bewegung oder einer Drehbewegung durchgeführt werden.

In dem **Bild 4** drückt das Werkzeug mit einer linearen Bewegung den Innensechskant in den

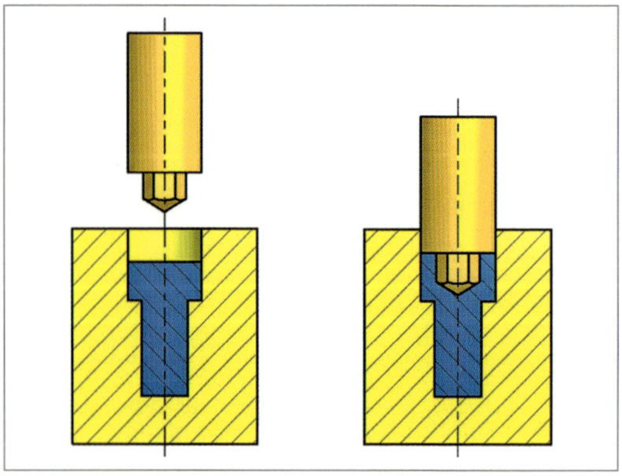
Bild 4: Eindrücken des Sechskantprofils in einen Schraubenkopf

Kopf einer Zylinderschraube. Durch das Eindrücken wird Material verdrängt und die Höhe des Schraubenkopfes etwas vergrößert.

Zu den **Eindrückverfahren** mit einer Drehbewegung gehört z. B. das **Gewindeformen**. Beim Gewindeformen werden die Gewindegänge mit profilierten Werkzeugen in das Werkstück gedrückt. Es können sowohl Außen- als auch Innengewinde durch Gewindeformen hergestellt werden.

Ein **Außengewinde** wird durch **Gewinderollen** gefertigt. Hierbei rollen die Gewinderollen auf einem zylinderförmigen Werkstück (z. B. einer Schraube oder einer Welle) ab, während sie sich axial mit der Gewindesteigung automatisch vorwärts bewegen **(Bild 1)**.

Ein **Innengewinde** wird durch **Gewindefurchen** hergestellt. Die Werkzeuge zum Gewindeformen haben einen polygonen (griechisch: *poly*, viel; *gon*, Ecken; *polygon*, vieleckig) Querschnitt, um die Gewindegänge formen zu können. Der Gewindeformer wird in das Werkstück gedreht, während er sich mit der Gewindesteigung axial vorwärts bewegt. Um das Gewinde herstellen zu können muss zuerst ein Loch vorgebohrt werden. Hierbei muss der Kernlochdurchmesser größer sein als beim Gewindeschneiden, da kein Material weggeschnitten wird, sondern durch das Umformen Material verdrängt und in die Spitzen der Gewindegänge gedrückt wird. Dies nennt man auch Zipfelbildung **(Bild 2)**.

Die nicht zerschnittene, sondern umgeformte Gefügestruktur und die Kaltverfestigung in den Gewindegängen erhöhen die Festigkeit des Gewindes.

Durch **Gewindeformen** hergestellte Außen- und Innengewinde haben eine höhere Festigkeit als geschnittene Gewinde.

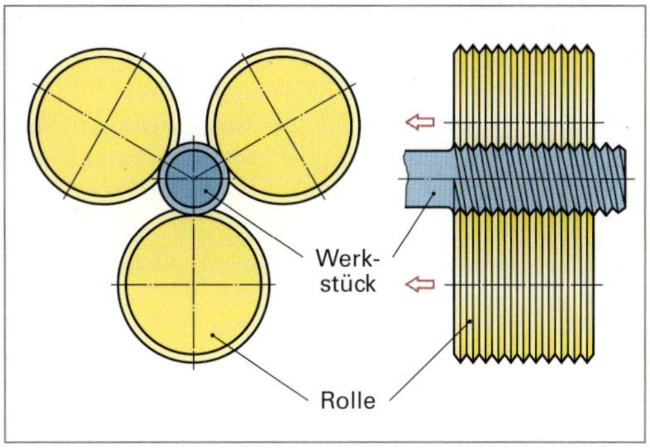

Bild 1: Gewinderollen eines Außengewindes

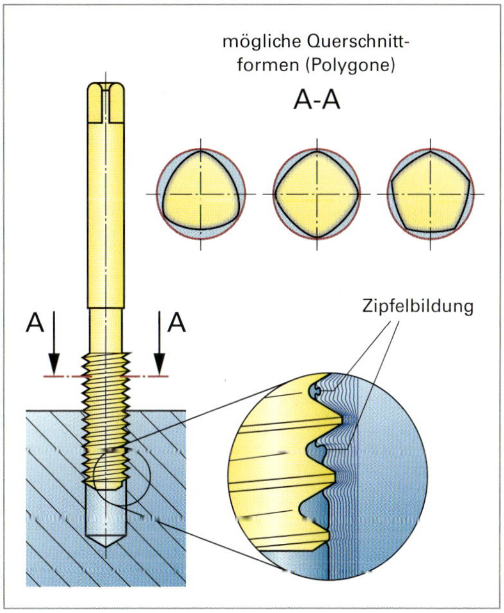

Bild 2: Gewindefurchen eines Innengewindes

5.5.3 | SCHMIEDEN

Beim **Schmieden** werden die Rohteile vor der Umformung auf Temperaturen oberhalb der Rekristallisationstemperatur oder deutlich höher erhitzt **(Bild 3)**. Bei diesen Temperaturen können die Werkstücke mit geringeren Kräften umgeformt und große Formänderungen erzielt werden. Man spricht auch vom **Warmmassivumformen**.

Die Werkstücke werden durch Hammerschläge oder Pressen im rotglühenden Zustand umgeformt. Durch das Schmieden erhalten die Werk-

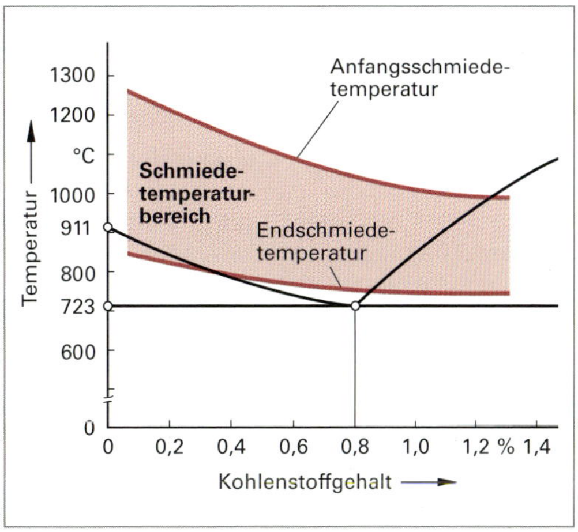

Bild 3: Schmiedetemperaturbereich

stücke ein dichtes und homogenes Gefüge und sind meist porenfrei. Durch die Umformung wird der Faserverlauf im Werkstück nicht zerschnitten, sondern umgelenkt. Dieser durch die Umformung erzeugte Faserverlauf wirkt sich positiv auf die Festigkeit des Bauteils aus **(Bild 1)**. Bauteile, die großen dynamischen und stoßartigen Belastungen ausgesetzt sind, werden deshalb bevorzugt geschmiedet.

Durch **Schmieden** hergestellte Werkstücke haben eine höhere Festigkeit als vergleichbare gegossene oder spanend hergestellte Bauteile.

Das Schmieden wird unterteilt in Freiformschmieden und Gesenkschmieden.

Beim **Freiformschmieden** wird der Rohling ohne begrenzende Werkzeuge, z.B. zwischen Hammer und Amboss, umgeformt. Freiformschmieden wird hauptsächlich bei sehr großen Werkstücken oder bei geringen Stückzahlen angewendet **(Bild 2)**.

Beim **Gesenkschmieden** wird der Rohling mit einem Ober- und Untergesenk geschmiedet. Die beiden Gesenke bilden zusammen die Form des fertig geschmiedeten Bauteils. Die Form, die in den Gesenken angebracht wird, wird auch **Gravur** genannt. Das Rohteil ist ein rundes oder rechteckiges Stangenmaterial oder wird durch Spalten entsprechend zugeschnitten. Nachdem das Rohteil erhitzt und in das Untergesenk eingelegt wurde, wird das Bauteil zwischen dem Ober- und Untergesenk in Form gepresst. Zwischen den Gesenken bildet sich dabei ein Grat, der anschließend entfernt werden muss **(Bild 3)**.

Bei Werkstücken mit ausgeprägten Querschnittsunterschieden wird das Schmieden in mehreren Stufen mit mehrdirektionalen Werkzeugen durchgeführt **(Bild 4)**.

Die Herstellung der Ober- und Untergesenke ist relativ aufwendig, da sie aus warmfestem Werkzeugstahl hergestellt und gehärtet werden müssen. Daher eignet sich Gesenkschmieden besonders für Bauteile, die in großen Stückzahlen hergestellt werden.

Freiformschmieden eignet sich für sehr große und in geringen Stückzahlen hergestellte Bauteile. Bei großen Stückzahlen wird **Gesenkschmieden** angewendet.

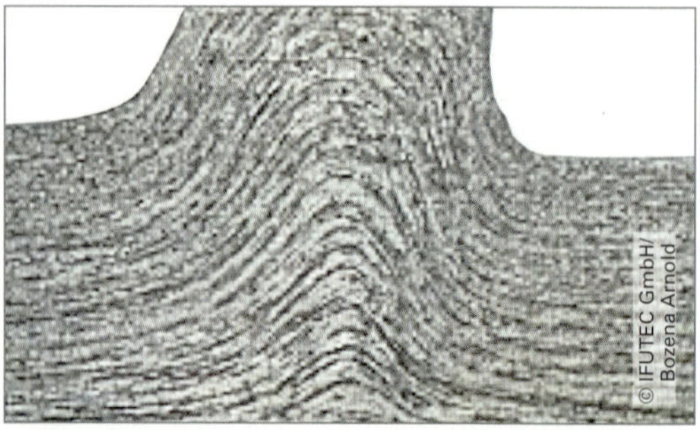

Bild 1: Faserverlauf in einem geschmiedeten Bauteil

Bild 2: Freiformschmieden

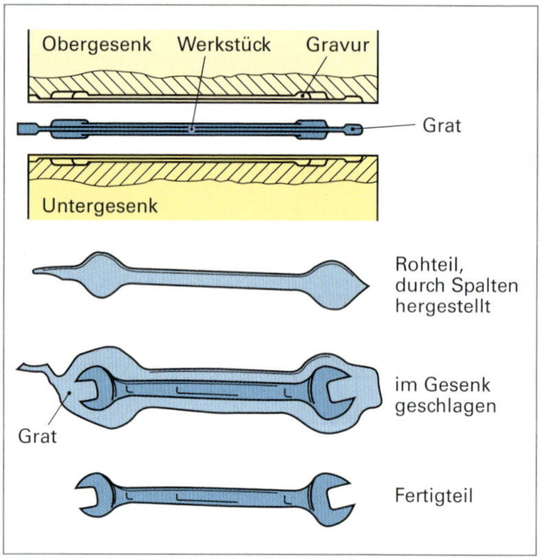

Bild 3: Gesenkschmieden eines Schraubenschlüssels

Bild 4: Fertigungsstufen einer geschmiedeten Kurbelwelle

Lernfeld 5

AUFGABEN | WIEDERHOLUNG UND VERTIEFUNG

1. Worin besteht der Unterschied zwischen einem Flacherzeugnis aus Stahl nach DIN EN 10058 und einem Flacherzeugnis aus Stahl nach DIN EN 10278? Wie sollte man diesen Unterschied bei der Konstruktion berücksichtigen?
2. Was versteht man unter einer Zunderschicht?
3. Erläutern Sie die Bezeichnung: Rund EN 10278 – 18 x 3000 EN 10277-2-S235JR+C. Bestimmen Sie den maximalen und minimalen Durchmesser dieses Rohteils.
4. Erläutern Sie die Bezeichnung: Rund EN 10278 – 60 x 3000 EN 10277-5-34CrMoS4+SL. Bestimmen Sie den maximalen und minimalen Durchmesser dieses Rohteils.
5. Erläutern Sie die Bezeichnung: Vierkant EN 10278 – 10 x 3000 EN 10277-4-17CrNi6-6+C. Bestimmen Sie die maximale und minimale Kantenlänge dieses Rohteils.
6. Erläutern Sie die Bezeichnung: I-Profil DIN 1025 – S235JR – IPE 200. Skizzieren Sie das Profil mit allen Abmessungen und geben Sie an, wo Bohrungen mit welchen Durchmessern nach DIN 997 angebracht werden können.
7. Erläutern Sie die Bezeichnung: I-Profil DIN 1025 – S235JR – IPB 200. Skizzieren Sie das Profil mit allen Abmessungen und geben Sie an, wo Bohrungen mit welchen Durchmessern nach DIN 997 angebracht werden können.
8. Erläutern Sie die Bezeichnung: U-Profil DIN 1026 – U50 S235JR. Skizzieren Sie das Profil mit allen Abmessungen und geben Sie an, wo Bohrungen mit welchen Durchmessern nach DIN 997 angebracht werden können. Geben Sie ebenfalls an, welche Sechskantschrauben nach DIN EN ISO 4014 und welche Unterlegscheiben mit diesen Bohrungen verwendet werden können.
9. Erläutern Sie, warum ein Gewinde, das durch Gewindefurchen hergestellt wurde, eine höhere Festigkeit hat als ein geschnittenes Gewinde.
10. Erläutern Sie, warum geschmiedete Bauteile eine höhere Festigkeit als spanend hergestellte Bauteile haben.

5.6 TECHNICAL ENGLISH

5.6.1 REFORMING

Workpieces are manufactured by plastic deformation of a blank. Advantages of reforming are improved strength, uninterrupted fibre orientation and cost-efficient production of workpieces.

Material properties for reforming

Reforming techniques can be used for suitable materials. The stress-strain diagram provides information about their suitability **(figure 1)**.

The stress-strain diagram shows the range of elastic (non-permanent) deformation and the range of the plastic (permanent) deformation.

At the beginning of the stress-strain diagram strain *e* (the elongation) is proportional to tensile stress *R*. This proportional behaviour results in a straight line with a constant slope in the stress-strain diagram. This straight line also indicates, that the material retreats to the initial length if the applied force is removed. This behaviour is called elastic deformation.

The reforming zone is in the range of plastic deformation between yield strength R_e (or the permanent elongation limit $R_{p0.2}$) and tensile strength R_m. The stress-strain curve has a changing slope. Materials with a higher plastic elongation have a wide range of the reforming zone (red marked zone in the stress-strain-diagram, **figure 1**).

Cold reforming

Cold reforming takes places at room temperature. This reforming process is improving also the material strength, which is called cold work hardening. But at the same time the strain to rapture is reduced, which is undesirable for further reforming processes.

Hot reforming

Hot reforming, which is also called forging takes place above the recrystallisation temperature. Materials are easier to reform with lower deformation forces. The tendency to crack formation and embrittlement is lower, but the material can react chemically with the oxygen in the surrounding air at these high temperatures. This reaction is called scaling.

Words	
reforming	Umformen
plastic deformation	plastische Verformung
blank	Rohteil
improved strength	verbesserte Festigkeit
uninterrupted fibre orientation	ununterbrochener Faserverlauf
cost-efficient	kostengünstig
material properties	Materialeigenschaften
stress-strain diagram	Spannungs-Dehnungs-Diagramm
suitability	Eignung
range	Bereich
elastic deformation	elastische Verformung
non-permanent	nicht dauerhaft
strain	Dehnung
plastic defomation	plastische Verformung
tensile stress	Zugspannung
slope	Steigung
to retreat	zurückziehen
initial length	Ausgangslänge
applied force	einwirkende Kraft
reforming zone	Umformbereich
yield strenght	Streckgrenze
permanent elongation limit	dauerhafte Dehnungsgrenze
tensile strength	Zugfestigkeit
cold reforming	Kaltumformen
cold work hardening	Kaltverfestigung
strain to rapture	Bruchdehnung
hot reforming	Warmumformen
forging	Schmieden
embrittlement	Versprödung
oxygen	Sauerstoff
scaling	Verzunderung

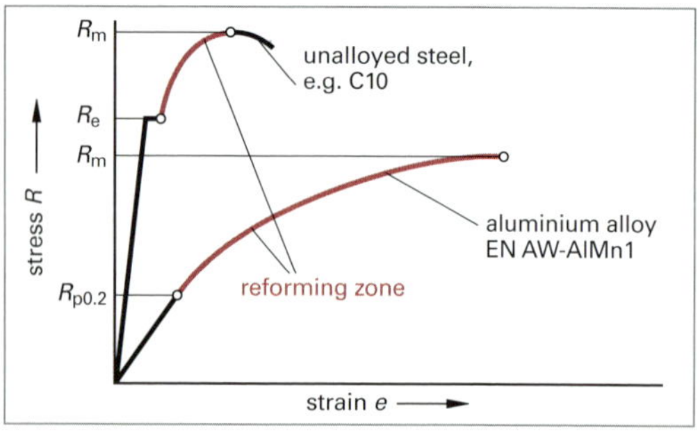

Figure 1: Stress-strain diagram

Lernfeld 5

5.6.2 | BEND REFORMING

Bending tools transmit a bending moment to the workpiece. The external area of the workpiece is stretched and the internal area is compressed during bending **(figure 1)**. Between these areas is the neutral axis. The length of the neutral axis does not change during the bending process.

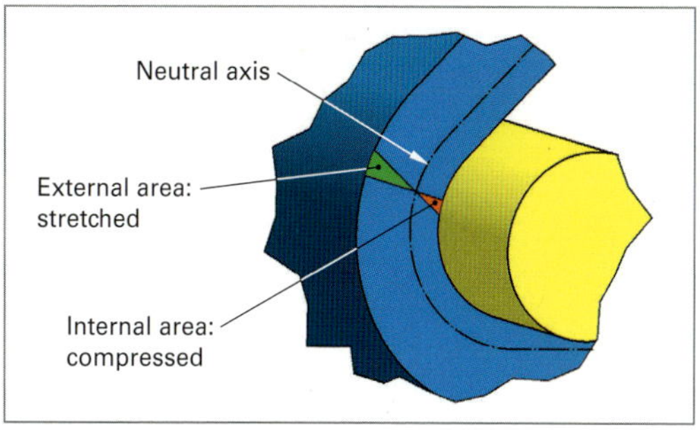

Figure 1: Bending

Bending processes

You can bend thin sheet metals by hand or with pliers, but it is difficult to create precise parts this way. For industrial bending special bending machines are required.

Folding: The sheet metal is pressed into the die by the bending punch **(figure 2)**. You have to replace both tools when the bending radius or the bending angle should be changed. Take care in designing of components which are folded that the bending punch has access to the bending point.

Tube bending: Tubes are bent using a special tube bending device **(figure 3)**. The profile is guided between bending roll and support roll, while the bending moment is applied by the bending lever. The support roll defines the bending radius.

EXERCISES | REPETITION AND CONSOLIDATION

1. Draw the stress-strain diagram of S450J0, define all 4 characteristic material values, which could be determined with the tension test and mark the area which is suited for bending.
2. Name one advantage and one disadvantage of cold reforming compared to hot reforming.
3. Describe the advantage of a forged part over a milled part.

Words	
bend reforming	Biegeumformen
bending tool	Biegewerkzeug
to transmit	übertragen
bending moment	Biegemoment
external area	äußerer Bereich
to stretch	strecken
internal area	innerer Bereich
to compress	stauchen
neutral axis	neutrale Faser
sheet metall	Blech
pliers	Zange
precise	präzise
folding	Abkanten
die	Gesenk
bending punch	Biegestempel
bending point	Biegestelle
tube	Rohr
tube bending device	Rohrbiegevorrichtung
profile	Profil
bending roll	Biegerolle
support roll	Stützrolle

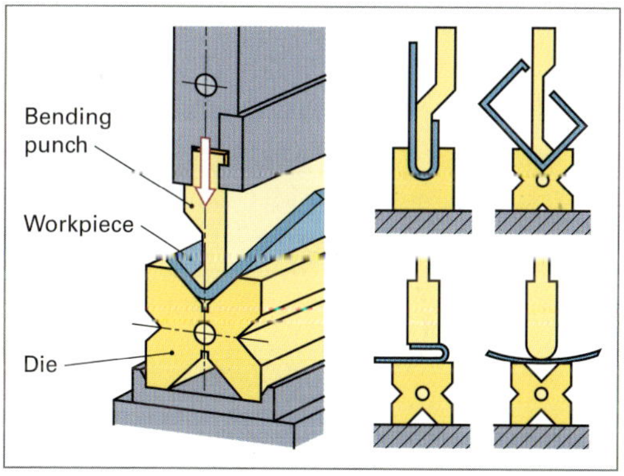

Figure 2: Folding

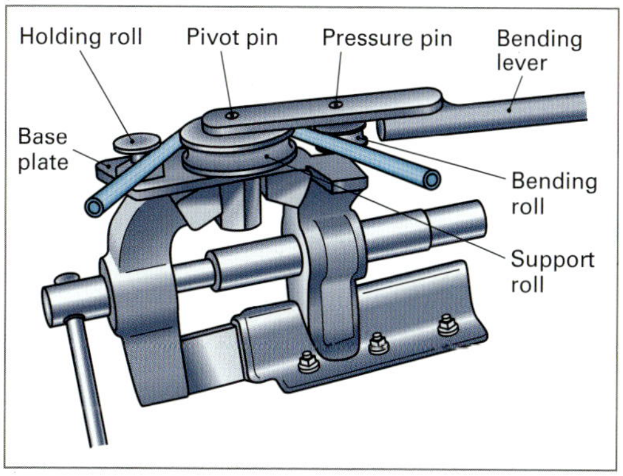

Figure 3: Tube bending

Lernfeld 5

5.6.3 | DEEP DRAWING AND FORGING

Deep drawing is a sheet metal forming process in which a sheet metal circular blank is radially drawn into a drawing die by the mechanical action of a draw punch. The sheet metal thickness is not changed during deep drawing.

Deep drawing process

First the circular blank is laid on the drawing die **(figure 1)**. Then the holding down clamp moves down and presses the sheet metal on the die to prevent buckling. The pressure force of the holding down clamp is quite important. If the force is too high, the workpiece may crack, if the force is too low, buckling will occur. The draw punch then pushes the sheet metal through the hole in the drawing die and creates the final form of the workpiece.

Forging

The raw material is heated to temperatures above recrystallisation temperature before the forging process starts. The workpiece can be deformed with lower forces by hammering or pressing. The finished workpiece has a dense and homogeneous structure.

Free forging

The finished shape is created from the raw material using targeted impacts. Single pieces are manufactured by free forging.

Die forging (figure 2)

The blank is forged with an upper and lower die. The two dies form the shape of the finished forged component. The blank is a round or rectangular rod material. After heating the blank, it is inserted into the lower die. Then the workpiece is pressed between the upper die and the lower die. Finally the burr has to be removed.

EXERCISES | REPETITION AND CONSOLIDATION

1. Explain the function of the holding down clamp.
2. Give an example of a free forged component.
3. You could buy a forged or a casted bench vice. Decide which one you would buy and explain your decision.

Words	
deep drawing	Tiefziehen
forging	Schmieden
circular blank	Ronde
drawing die	Ziehmatrize
draw punch	Ziehstempel
holding down clamp	Niederhalter
to buckle	einbeulen / knicken
to crack	reißen
to occur	stattfinden
to push	drücken
recrystallisation temperatur	Rekristallations-temperatur
hammering	Hammerschläge
pressing	Pressen
dense	dicht
homogenous	homogen
free forging	freies Schmieden
targeted impacts	gezielte Schläge
blank	Rohling
upper (lower) die	Ober-(Unter-)gesenk
rod material	Stangenmaterial
to insert	einlegen
burr	Grat

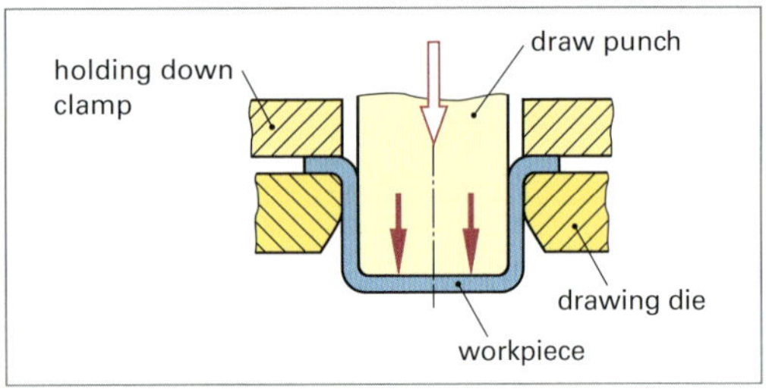

Figure 1: Deep drawing

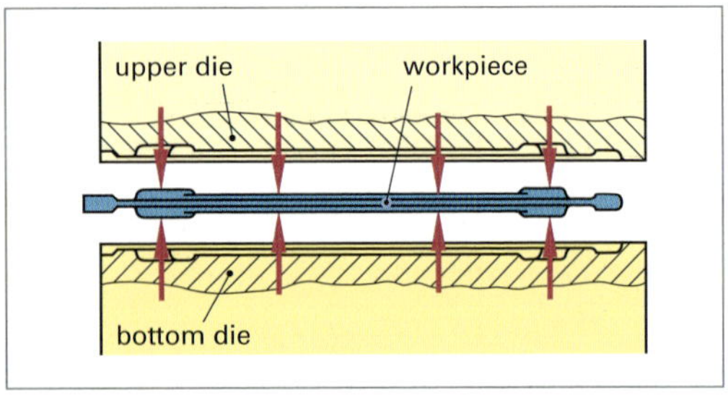

Figure 2: Die forging

Lernfeld 6 ENTWICKLUNG VON BAUTEILEN AUS KUNSTSTOFFEN

Kunststoff stellt in der Industrie eine vielseitige und kostengünstige Werkstoffalternative, z. B. zu Metall oder zu Holz, dar. Seine Eigenschaften ermöglichen konstruktive Lösungsansätze, die die aufwendige Montage einer Vielzahl von Kleinteilen ablösen und neue Gestaltungsräume eröffnen.

In diesem Kapitel werden Grundlagen zur Einteilung von Kunststoffen sowie zu ihren für die Fertigung wichtigen Eigenschaften vermittelt. Darüber hinaus werden die kunststoffgerechte Gestaltung von Bauteilen, unterschiedliche Herstellverfahren, die Veredelung von Kunststoffbauteilen sowie generative Fertigungsverfahren zur Herstellung von Produkten aus Kunststoff dargestellt.

Alle diese Kenntnisse benötigt ein Konstrukteur, um bereits in der Entwurfsphase eine geeignete Materialauswahl im Hinblick auf die Beanspruchungsmerkmale und die Verarbeitungskriterien treffen zu können. Darüber hinaus entscheidet die Qualität der Bauteilkonstruktion über die kommerziellen Auswirkungen auf dessen Herstellbarkeit und Standzeit.

© Ensinger GmbH, Nufringen

© Keune & Lauber GmbH, Bad Berleburg

© Keune & Lauber GmbH, Bad Berleburg

© Keune & Lauber GmbH, Bad Berleburg

© AST Kunststoffverarbeitung GmbH, Erndtebrück

© EOS GmbH, München

6.1 LERNSITUATIONEN

LERNSITUATION 1 | Entwerfen und Herstellen eines Kleiderbügels

In mehreren Abteilungen Ihres Unternehmens werden neue Kleiderspinde angeschafft. Jeder Spind soll mit zwei Kleiderbügeln ausgestattet werden. Diese Kleiderbügel sollen im Haus entworfen und hergestellt werden.

Ihr Ausbilder ruft alle Azubis in sein Büro und überreicht die Skizze eines Kleiderbügels **(Bild 1)**. Ihre Aufgabe besteht darin, einen Kleiderbügel unter Berücksichtigung der Gestaltungsregeln für Kunststoffbauteile so umzukonstruieren, dass dieser komplett aus Kunststoff hergestellt werden kann.

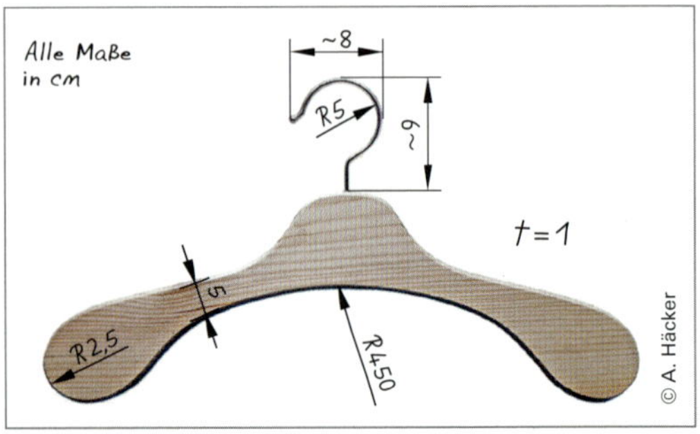

Bild 1: Skizze Kleiderbügel

Aufgabenstellung

1.1 Erstellen Sie den 3D-Datensatz eines kunststoffgerecht hergestellten Kleiderbügels.

1.2 Erklären Sie anhand einer 1-seitigen Skizze mit einer Ansicht, die den fertigen Kleiderbügel zeigt, an welcher Stelle Sie welche Gestaltungsregel in Ihrer Konstruktion angewandt haben.

LERNSITUATION 2 | Entwicklung einer Halteklammer

Sie arbeiten in einem kunststoffverarbeitenden Betrieb. Ihre Firma produziert Spritzgießbauteile und fertigt die dazugehörigen Spritzgießwerkzeuge im eigenen Werkzeugbau. Für den internen Transport der Bauteile von der Vorproduktion in die Montagewerkstätten werden die Bauteile in Pappkartons eingestapelt. Beim Einstapeln werden die oberen Flügel der Kartons mit Klebeband seitlich angeklebt. Das Klebeband wird vor dem Verschließen abgerissen **(Bild 2)**. Dann werden die Kartons verschlossen. Der Seniorchef erteilt der Ausbildungsleitung den Auftrag, eine vielfach verwendbare Halteklammer zu entwickeln, um den Prozess umweltfreundlicher zu gestalten. Diese soll als Projekt der Auszubildenden im Unternehmen entwickelt werden. Zusätzlich soll das Werkzeug zur Herstellung der Halteklammern angefertigt werden. Die Halteklammern sollen ausschließlich im Unternehmen verwendet werden. Als Werkstoff soll Polycarbonat eingesetzt werden. Die Kartonstärke beträgt 5 mm bis 10 mm, die Halteklammer soll maximal die Abmaße 25 mm × 50 mm × 25 mm aufweisen.

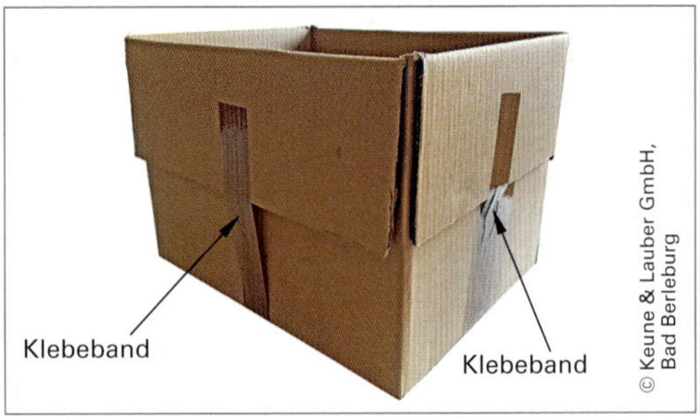

Bild 2: Karton mit Klebeband

Aufgabenstellung

2.1 Konstruieren Sie eine Halteklammer und erstellen Sie dazu einen 3D-Datensatz.

2.2 Mit welcher Schwindung muss gerechnet werden?

2.3 Über welche Zuhaltekraft muss die Spritzgießmaschine bei der praxisüblichen 20%igen Sicherheit verfügen, wenn der Werkzeuginnendruck 600 bar beträgt und ein 1fach-Werkzeug verwendet wird?

6.2 DER WERKSTOFF KUNSTSTOFF

Kunststoff ist ein synthetisch hergestellter organischer Werkstoff. Kunststoffe stellen aufgrund ihrer unterschiedlichen Eigenschaften und Einsatzmöglichkeiten ein interessantes Material mit vielfältigen Einsatzmöglichkeiten dar **(Tabelle 1)**.

Kunststoffe zeichnen sich durch folgende **Eigenschaften** aus:

- geringe Dichte
- elektrische und thermische Isolierfähigkeit
- Witterungs- und Chemikalienbeständigkeit
- glatte, dekorative Oberflächen
- kostengünstige Formgebung durch Massenproduktion

Tabelle 1: Eigenschaften und Verwendungsbeispiele für Kunststoffe

Beispiele	Eigenschaften des Kunststoffs	Weitere Verwendungsmöglichkeiten
 © Ejot GmbH & Co.KG, Bad Berleburg	Geringe Dichte	Flaschen, Behälter, Kanister, Leichtbauteile, Befestigungsmaterial
 © A. Häcker	Elektrisch isolierend, wärme- und schalldämmend	Werkzeuggriffe, Stecker, Wärmedämmplatten
 © AST Kunststoffverarbeitung GmbH, Emdtebrück	Witterungs- und chemikalienbeständig	Behälter, Kanister
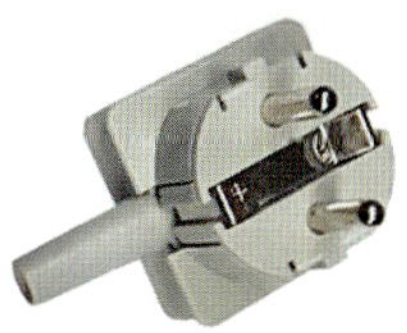 © A. Häcker	Hart und fest oder weich und elastisch	Gummielastische Bauteile, Dichtungen, Reifen

Bei der Verwendung von Kunststoffen muss berücksichtigt werden, dass sie im Vergleich zu Metallwerkstoffen über eine geringere Wärmebeständigkeit und eine geringere Festigkeit verfügen. Aufgrund der leichten Brennbarkeit von Kunststoffgranulat sind bei der Fertigung entsprechende Brandschutzmaßnahmen erforderlich. Kunststoffe schädigen zudem aufgrund ihrer Witterungsbeständigkeit die Umwelt. Sie sind nur begrenzt recycelbar.

> Bei der **Entwicklung von Bauteilen aus Kunststoff** müssen die Eigenschaften des eingesetzten Kunststoffes, die Wirtschaftlichkeit der Fertigung von Kunststoffteilen sowie die Gestaltungsregeln berücksichtigt werden. Auch der Recycelbarkeit der hergestellten Bauteile kommt eine große Bedeutung zu.

thermisches Lösen der Vernetzung ist unter Beibehaltung der Struktur nicht möglich. Deshalb sind chemisch vernetzte Elastomere nicht schweißbar und nicht thermisch verformbar.

Physikalisch vernetzte Elastomere (thermoplastische Elastomere, TPE) weisen im Vergleich mit chemisch vernetzten Elastomeren eine geringere thermische Festigkeit auf. Daher sind sie bei Wärmezufuhr plastisch verformbar und schweißbar.

Nach dem Vernetzen sind **chemisch vernetzte Elastomere** weder schweiß- noch umformbar. **Thermoplastische Elastomere** hingegen können plastisch verformt werden.

Thermoplaste

Im Gegensatz zu Duroplasten und Elastomeren erhalten Thermoplaste ihre Festigkeit nicht durch die Vernetzung von Makromolekülen, sondern dadurch, dass diese ineinander verschlungen sind **(Bild 1)**.

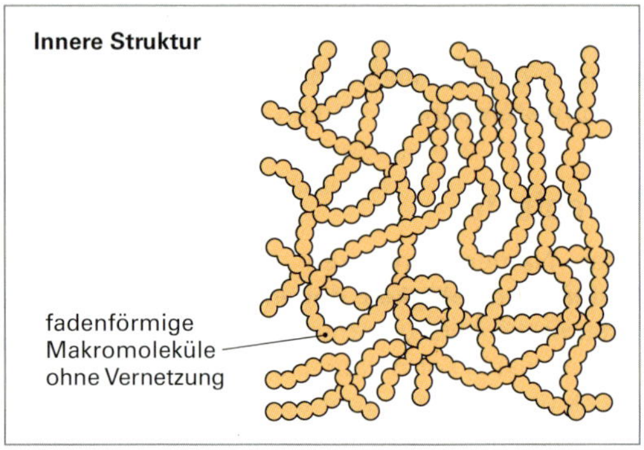

Bild 1: Thermoplaste

Thermoplaste werden aufgrund der Anordnung der Makromoleküle in **amorphe** und **teilkristalline** Thermoplaste unterteilt:

- **Amorphe Thermoplaste** zeichnen sich durch ungeordnete Makromoleküle innerhalb des Kunststoffgefüges aus (griechisch: *amorph*, ohne Gestalt) **(Bild 2a)**. Amorphe Kunststoffe wie z. B. PMMA (Polymethylmethacrylat) sind ohne Zusätze transparent, meist hart und spröde.
- Bei **teilkristallinen Thermoplasten** ist ein Teil der Makromoleküle parallel angeordnet **(Bild 2b)**, ein Teil liegt als Schlaufen vor. PE (Polyethylen), POM (Polyoxymethylen), PP (Polypropylen) und PA (Polyamid) zählen zu den bekanntesten Vertretern dieser Gruppe. Sie sind nicht transparent, sondern milchig, partiell lichtdurchlässig (transluzent) und überwiegend schlagzäh.

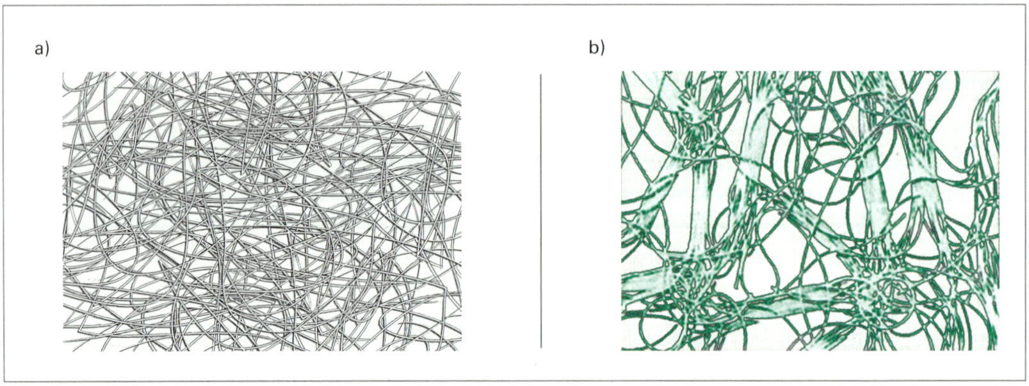

Bild 2: a) Amorpher und b) teilkristalliner Thermoplast

Alle Thermoplaste sind aufgrund ihrer nicht vernetzten Makromoleküle schweißbar und warmumformbar. Deshalb handelt es sich bei den Thermoplasten um die in der Technik am häufigsten verwendete Kunststoffart.

Makromoleküle der **Thermoplaste** sind nicht vernetzt. Daher können Thermoplaste geschweißt und warmumgeformt werden.

6.2.3 | EIGENSCHAFTEN VON KUNSTSTOFFEN

Bei der Auswahl eines geeigneten Werkstoffes spielen dessen Eigenschaften eine entscheidende Rolle. Kunststoffe verfügen im Gegensatz zu Metallen über einen kleineren Temperatureinsatzbereich. Ihr Wärmeverhalten, ihre mechanischen Kennwerte und ihre chemische Beständigkeit bestimmen die Einsatz- und Verarbeitungsmöglichkeiten.

Wärmeverhalten

Aufgrund ihrer starken Vernetzung bleiben **Duroplaste** bei einer Temperaturerhöhung so lange **formstabil** bis ihr **Zersetzungstemperaturbereich ZT** erreicht ist **(Bild 1)**. Das bedeutet, dass sie nur im unvernetzten Zustand urgeformt werden können. Zwar ist eine spanende Bearbeitung, Kleben oder Beschichten im **hart-spröden Zustand** möglich, ein Umformen jedoch nicht. Somit sind Duroplaste nur bedingt recycelbar. Sie werden in der Regel mechanisch zerkleinert und als Füllstoff verwendet oder der Müllverbrennung (thermischen Verwertung) zugeführt.

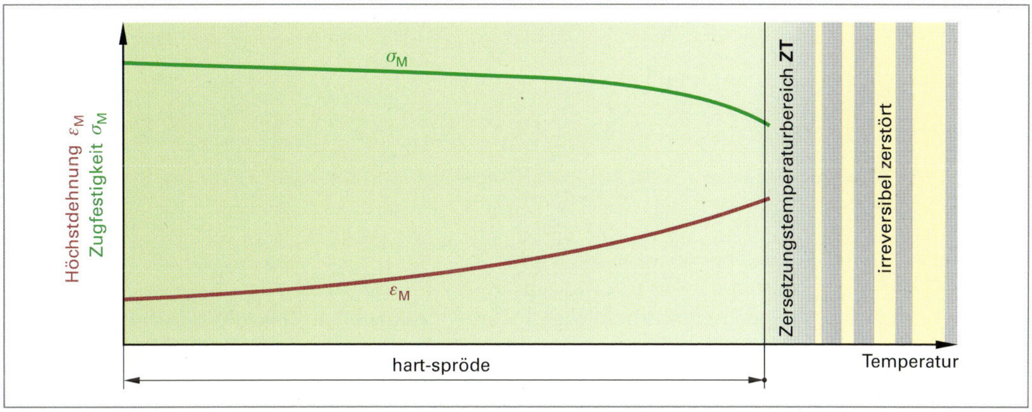

Bild 1: Zustandsdiagramm der Duroplaste

Elastomere sind bis zum **Erweichungstemperaturbereich ET (auch: Glasübergangstemperatur GT) hart-spröde.** Sie verfügen über eine hohe **Zugfestigkeit σ_M** und eine geringe **Höchstdehnung ε_M** **(Bild 2)**. Dieses Verhalten kehrt sich mit Eintritt in den **Erweichungstemperaturbereich ET** um. Ab dieser Temperatur ist der Werkstoff **elastisch** und wird bei weiterer Temperaturzunahme kaum noch beeinflusst, bis der **Zersetzungstemperaturbereich ZT** erreicht ist. Im elastischen Zustand können Elastomere spanend bearbeitet, geklebt und beschichtet werden. Auch dieser Werkstoff ist nur einmal urformbar und lediglich als Füllstoff recycelbar oder thermisch verwertbar.

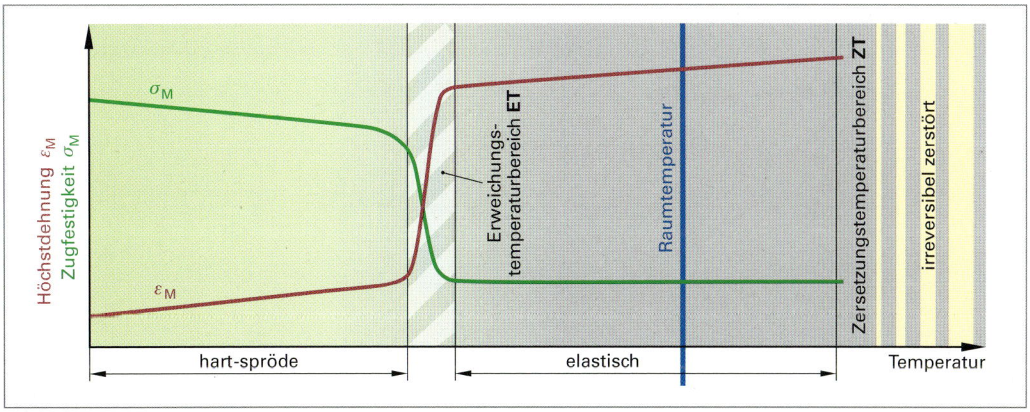

Bild 2: Zustandsdiagramm der Elastomere

Lernfeld 6

Amorphe Thermoplaste demonstrieren drei Zustandsbereiche **(Bild 1)**. Unterhalb des **Erweichungstemperaturbereichs ET** sind sie fest, können spanend bearbeitet, geklebt und lackiert werden. Zwischen **Erweichungstemperaturbereich ET** und **Fließtemperaturbereich FT** verhält sich dieser Werkstoff **thermoelastisch**. In diesem Bereich nimmt die **Zugfestigkeit σ_M** ab und die **Höchstdehnung ε_M** zu, der Werkstoff ist umformbar (Biegen, Prägen, Vakuumformen). Nach dem **Fließtemperaturbereich FT** befinden sich amorphe Thermoplaste in einem thermoplastischen Zustand, der für das Urformen (Spritzgießen, Extrudieren) und Fügen (Schweißen) genutzt wird. Mit Eintritt in den **Zersetzungstemperaturbereich ZT** wird der innere Aufbau des Werkstoffs irreversibel geschädigt.

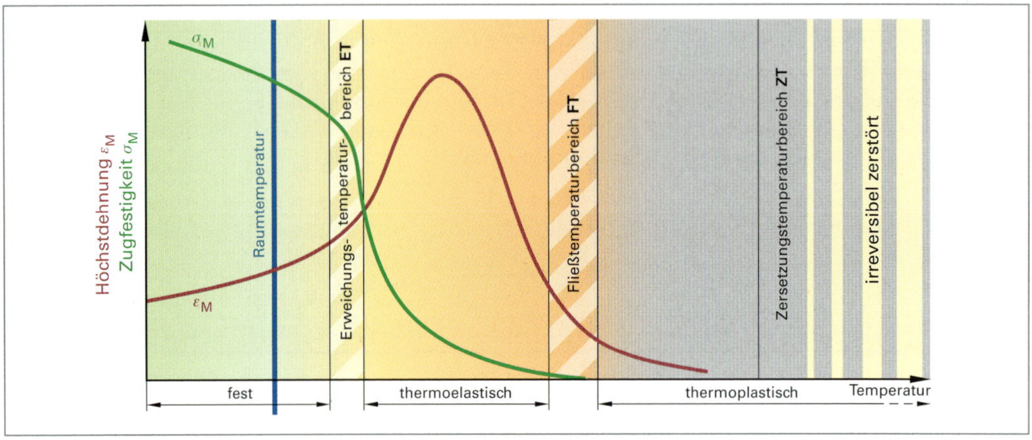

Bild 1: Zustandsdiagramm amorpher Thermoplaste

Unterhalb des **Erweichungstemperaturbereichs ET** werden **teilkristalline Thermoplaste** normalerweise nicht bearbeitet. In diesem Bereich sind sie **hart-spröde** und weisen eine hohe **Zugfestigkeit σ_M** sowie eine niedrige **Höchstdehnung ε_M** auf **(Bild 2)**. Den **hart-zähen Bereich** oberhalb des **Erweichungstemperaturbereichs ET** nutzt man für die spanende Bearbeitung. Mit zunehmender Temperatur geht der Werkstoff in einen **thermoelastischen Zustand** über, der für das Umformen genutzt wird. Zwischen **Kristallitschmelztemperaturbereich KT** und **Zersetzungstemperaturbereich ZT** können teilkristalline Thermoplaste urgeformt und gefügt werden.

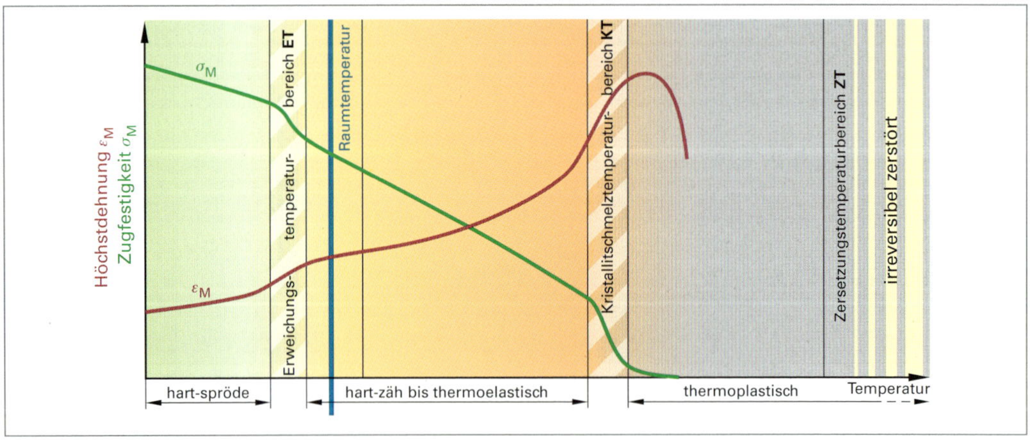

Bild 2: Zustandsdiagramm teilkristalliner Thermoplaste

Werden amorphe oder teilkristalline Thermoplaste erneut auf eine Temperatur zwischen dem **Kristallitschmelztemperaturbereich KT** und dem **Zersetzungstemperaturbereich ZT** erhitzt, können sie erneut urgeformt und gefügt werden. Deshalb ist dieser Werkstoff recycelbar. Er wird in der Regel nicht thermisch genutzt.

Wärmeformbeständigkeit

Bauteile aus Kunststoff sollten sich bei mechanischer Belastung so wenig wie möglich verformen. Ihre Formbeständigkeit hängt nicht nur von der Temperatur ab, sondern auch von dem Zeitraum, innerhalb dessen die Temperatur auf das Bauteil einwirkt. Entsprechend spielen die Vicat-Erweichungstemperatur und die Dauergebrauchs-Temperatur bei Kunststoffbauteilen eine wichtige Rolle **(Bild 1)**.

Die **Vicat-Erweichungstemperatur** ist die obere kurzzeitig zulässige Temperatur, der ein Kunststoffbauteil ohne Einbuße seiner Formbeständigkeit ausgesetzt werden darf.

Die **Dauergebrauchs-Temperatur** ist die Temperatur, bei der das Bauteil dauerhaft einer bestimmten Temperatur ausgesetzt sein darf und dennoch formstabil bleibt.

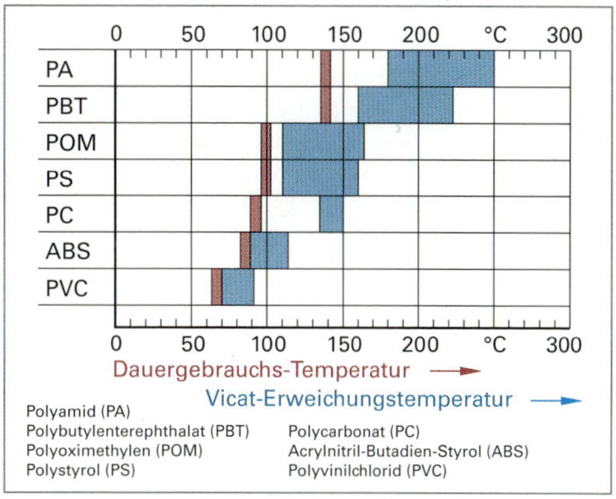

Bild 1: Wärmeformbeständigkeit von Kunststoffen

Bei der Werkstoffauswahl sollte ein Konstrukteur die jeweilige Dauergebrauchs-Temperatur sowie die Vicat-Erweichungstemperatur kennen, um einen Funktionsausfall des Bauteils aufgrund der für den Anwendungsfall vorgesehenen Einsatztemperatur auszuschließen.

Mechanische Kennwerte

Die Verformungskennwerte, wie **Zugfestigkeit** σ_M, **Streckspannung** σ_S und **Höchstdehnung** ε_M, werden bei Kunststoffen auf dieselbe Weise ermittelt wie bei Metallen. Hierzu werden Flachproben des entsprechenden Kunststoffs einem Zugversuch unterzogen **(Bild 2)**.

Das **Spannungs-Dehnungs-Diagramm** veranschaulicht die mechanischen Kennwerte folgender Kunststofftypen:

- **Kurventyp 1** zeigt das Verhalten eines **hart-steifen Kunststoffs**, wie z. B. PMMA. Diese Kunststoffe weisen bei relativ hoher Spannung σ_{M1} eine geringe Dehnung ε_{M1} auf. Die **Zugfestigkeit** σ_M stellt einen wichtigen Kennwert dieser Kunststoffe dar.
- **Kurventyp 2** skizziert einen **zähelastischen Kunststoff**, der über eine ausgeprägte **Streckspannung** σ_{S2} sowie eine höhere **Höchstdehnung** ε_{M2} verfügt. Vertreter dieses Kunststofftyps sind PA sowie PC.
- **Kurventyp 3** beschreibt **gummielastische Kunststoffe**, die über eine hohe **Höchstdehnung** ε_{M3} verfügen. Das bedeutet, dass sie sich stark verformen können, bevor es zum Bruch kommt. PUR (Polyurethan-Kautschuk) gehört dazu.

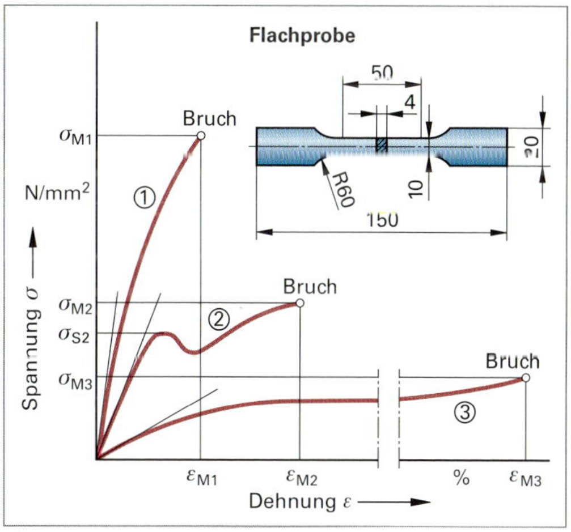

Bild 2: Verformungsverhalten verschiedener Kunststoffe im Spannungs-Dehnungs-Diagramm

Der Quotient aus Spannung und Dehnung beschreibt die Steifigkeit eines Werkstoffs. Er wird auch als **Elastizitätsmodul (E-Modul)** bezeichnet und entspricht der Steigung beim Kurvenbeginn im Spannungs-Dehnungs-Diagramm **(Bild 2)**:

$$E = \frac{\sigma}{\varepsilon}$$

E	σ	ε
N/mm²	N/mm²	%

Das **Elastizitätsmodul** ***E*** von Kunststoffen liegt erheblich niedriger als das Elastizitätsmodul von Metallen, es verringert sich mit Temperaturzunahme.

Kunststoffe weisen niedrigere Festigkeitswerte auf als Stahl. Soll ein Kunststoffbauteil derselben Beanspruchung standhalten wie ein Bauteil aus Stahl, muss der Konstrukteur dies durch eine den Werkstoffeigenschaften entsprechende Dimensionierung oder Gestaltung ausgleichen oder einen faserverstärkten Kunststoff einsetzen.

Verstärkte Kunststoffe

Eine Möglichkeit, die Festigkeit von Kunststoffen zu erhöhen, besteht in der Beigabe von Zusatzstoffen. Der Kunststoff-Grundmasse werden Fasern zur Verstärkung beigemischt. Ein Werkstoff, der aus einer Mischung verschiedener Einzelstoffe besteht, wird als **Verbundwerkstoff** bezeichnet. Die Mischung kombiniert im Idealfall die positiven Eigenschaften der Einzelstoffe und kompensiert ihre negativen Eigenschaften.

Ein weit verbreiteter, vergleichsweise kostengünstiger Verbundwerkstoff ist **glasfaserverstärkter Kunststoff** (GFK, auch Fiberglas genannt). Dank seiner hohen Zug- und Druckfestigkeit sowie seiner großen Korrosionsbeständigkeit findet man ihn häufig in der Automobilindustrie und im Anlagenbau.

Bei der Fertigung hoch belasteter, formsteifer Bauteile kommen teure **kohlenstofffaserverstärkte Kunststoffe** (CFK, auch Carbon genannt) zum Einsatz. Sie weisen eine hohe Zug- und Druckfestigkeit, Leitfähigkeit sowie Schwingungsfestigkeit auf und werden z. B. für Flügel von Windkraftanlagen verwendet.

Synthesefaserverstärkte Kunststoffe (SFK), z. B. mit sehr zugfesten Aramidfasern, weisen ein sehr gutes Impactverhalten (lat.: *impactus*, aufschlagen) auf, aufgrund dessen sie u. a. in Schutzwesten und Schutzhelmen (bekannt als Kevlar®) eingesetzt werden.

Diese Verbundwerkstoffe haben im Vergleich zu Stahl eine geringere Dichte, weshalb sie für den Einsatz im Leichtbau prädestiniert sind.

Die Ausrichtung der Fasern entscheidet über die Richtung der erhöhten Festigkeit **(Bild 1)**. Ist eine **anisotrope Verstärkung** erforderlich, soll also die Festigkeit in einer Richtung verstärkt werden, werden die verstärkenden Fasern in einer Richtung ausgerichtet **(Bild 1a)**.

Eine **ungeordnete Faserlage** erzielt eine mittlere Verstärkung in alle Richtungen, die als **isotrope Verstärkung** bezeichnet wird **(Bild 1b)**.

Wird eine gezielte Verstärkung in zwei Richtungen gewünscht, wird Gewebe mit einer 90°-Faseranordnung eingesetzt **(Bild 1c)**.

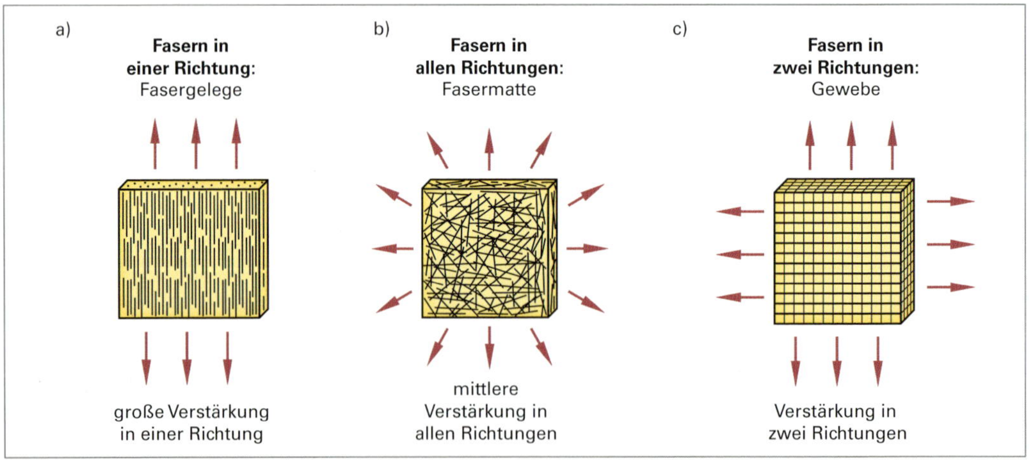

Bild 1: Faseranordnung und Verstärkungsrichtung

Für die Wahl des Verarbeitungsverfahrens von Verbundwerkstoffen ist die Faserlänge von Bedeutung. Beim Spritzgießen werden bevorzugt Thermoplaste mit Kurzfasern (0,1 bis 3 mm Länge) eingesetzt.

Chemische Beständigkeit

Bleiben die mechanischen, physikalischen und chemischen Eigenschaften eines Werkstoffs trotz andauernder Einwirkung chemischer Substanzen unverändert, spricht man von **chemischer Beständigkeit**. Ein unzureichend chemisch beständiger Kunststoff verändert durch den Einfluss chemischer Substanzen seine Eigenschaften. Er kann quellen und erweichen, er ändert seine Form, seine Festigkeit und gegebenenfalls auch seine Farbe.

Manche Kunststoffe geben bereits unter Einwirkung von Raumluft gasförmige Stoffe ab. Diese können zur Geruchsbelästigung führen und negative Auswirkungen auf die Gesundheit haben.

Diese Eigenschaft des Kunststoffes muss bei seiner Verwendung, z.B. bei der Verpackung von Lebensmitteln oder Medikamenten, berücksichtigt werden. Die Abgabe von Additiven, z.B. Weichmachern, aus dem als Verpackung verwendeten Kunststoff, kann durch saure Lebensmittel verstärkt werden.

Im Automobilbereich werden Kunststoffbauteile, die im Fahrgastraum platziert sind, vor dem Einsatz in Serienfahrzeugen unterschiedlichen Prüfungen unterzogen. Eine dieser Prüfungen beinhaltet das Emissionsverhalten des Kunststoffs.

Umweltbeständigkeit

Die mechanischen, physikalischen und chemischen Eigenschaften eines Kunststoffes werden zusätzlich von den Umwelteinflüssen, wie UV-Strahlung, Temperatur und Luftfeuchtigkeit, beeinflusst.

Kunststoffbauteile, die **UV-Strahlung** ausgesetzt sind, neigen vielfach dazu zu verblassen und zu verspröden. In diesen Anwendungsbereichen ist darauf zu achten, dass UV-stabilisierte Kunststoffe eingesetzt werden.

Andere Kunststoffe neigen dazu, **Feuchtigkeit** aus der Umgebung aufzunehmen. Sie quellen und nehmen an Masse zu, während sie an Festigkeit verlieren. Ein typischer Vertreter dieser Kunststoffe ist Polyamid (PA6).

Irreversibel ablaufende chemische und physikalische Veränderungen von Kunststoffen im Zeitverlauf bezeichnet man auch als **Alterung von Kunststoffen**.

> Kunststoffe unterscheiden sich in ihrem **Wärmeverhalten,** ihren **mechanischen Eigenschaften,** ihrer **chemischen Beständigkeit** und ihrer **Umweltbeständigkeit.**

6.2.4 | WIEDERVERWERTUNG VON KUNSTSTOFFEN

Die Ressourcenverknappung, die gestiegenen Rohstoffpreise und die Folgen nicht biologisch abgebauter Kunststoffabfälle in der Umwelt sind Gründe für die wachsende Bedeutung der Wiederverwertbarkeit von Gebrauchsgütern aus Kunststoff nach deren Nutzungszeit. Insbesondere Kunststoffbauteile, deren chemische Beständigkeit einen natürlichen Verrottungsprozess erschwert, rücken in den Fokus des Recyclings. Der Hauptanteil des Meeresmülls besteht aus Kunststoff. Im Laufe der Zeit wird dieser mechanisch zerkleinert und gelangt als Mikropartikel in die Nahrungskette des Menschen.

Man unterscheidet zwischen der energetischen und stofflichen Verwertung von Kunststoffen. **Energetische Verwertung** bedeutet, dass Abfall zur Wärmeerzeugung verbrannt wird. **Stoffliche Verwertung** beinhaltet die Aufarbeitung der Wertstoffe für den erneuten Einsatz im ursprünglichen bzw. in einem neuen Anwendungsbereich.

Kunststoffbauteile können auf drei Arten wiederverwertet werden **(Bild 1, Seite 326)**:

- rohstoffliche Verwertung,
- energetische Verwertung,
- werkstoffliche Verwertung.

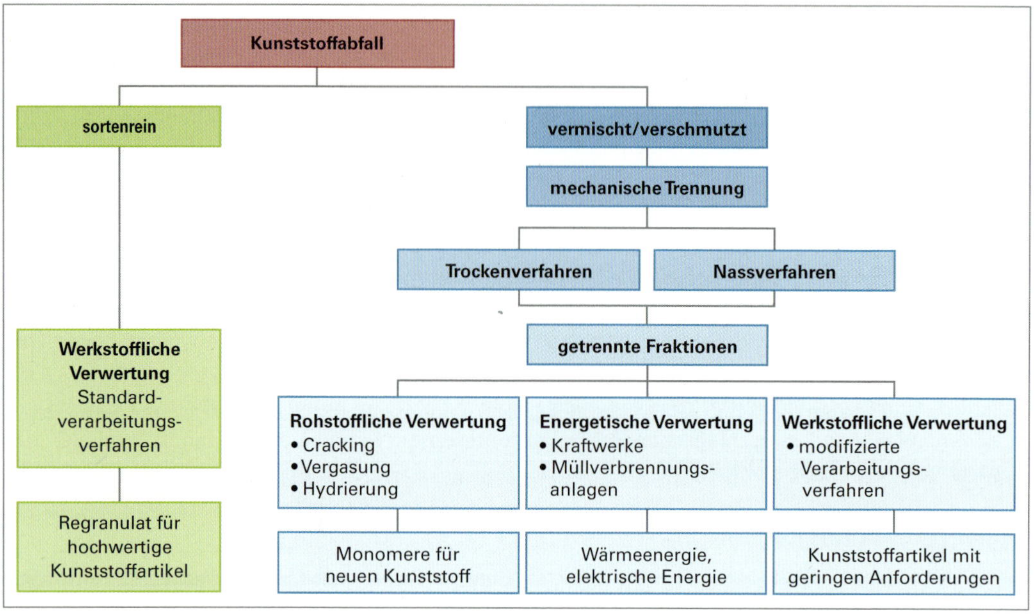

Bild 1: Verwertung von Kunststoffen

Eine **werkstoffliche Verwertung** ist bereits während der Verarbeitung möglich, indem z.B. Angüsse und fehlerhafte Bauteile **sortenrein** gesammelt werden. Sie werden eingemahlen und als **Regranulat** zu höherwertigen Kunststoffartikeln verarbeitet.

Vermischte bzw. **verschmutzte Abfälle** müssen hingegen in **Fraktionen** getrennt werden, bevor sie ihrer Verwertungsart zugeführt werden können. Dies erfolgt durch **mechanische Trennung** im Trocken- bzw. Nassverfahren:

- Beim **Trockenverfahren** erfolgt die Trennung mithilfe einer Magnet- und Wirbelstromabscheidung.
- Das **Nassverfahren** setzt zusätzlich zur Magnetabscheidung Siebe und eine Schwimm-Sink-Abscheidung ein.

Als Endprodukt stehen bei beiden Verfahren getrennte Fraktionen zur Verfügung, die der entsprechenden Verwertung zugeführt werden können.

Eine **werkstoffliche Verwertung** fraktionierter Kunststoffabfälle wird zumeist für Artikel mit geringeren Ansprüchen realisiert (z.B. Gartenmöbel). Dazu sind leicht modifizierte Verarbeitungsverfahren erforderlich.

Bei der **rohstofflichen Verwertung** werden die Polymerketten unter Einwirkung von Wärme in ihre Grundstoffe aufgespalten. Es entstehen Monomere, aus denen neue Kunststoffe erzeugt werden können. Die Spaltung wird in chemischen Anlagen durch **Cracking**, **Vergasen** oder **Hydrierung** durchgeführt:

- Beim **Cracking** (englisch: *to crack*, spalten) werden langkettige Kohlenwasserstoffe, z.B. im Kunststoff, bei hoher Temperatur, bei hohem Druck und unter Einsatz eines Katalysators in kurzkettige Kohlenwasserstoffe gespalten. Die Produkte, z.B. Ethen oder Propen, werden wieder zur Herstellung von Kunststoffen eingesetzt.
- Beim **Vergasen** werden die Polymerketten mit Sauerstoff bei hoher Temperatur unter Druck in Kohlenmonoxid CO und Wasserstoff H_2 verbrannt. Die Gase werden weiter verwertet.
- Bei der **Hydrierung** wird durch Addition von Wasserstoff H_2 unter hohen Temperaturen und Drücken die Spaltung der langkettigen Kohlenwasserstoffe herbeigeführt.

Die **energetische Verwertung** nutzt Kunststofffraktionen als Zusatz zu den Regelbrennstoffen in Kraftwerken oder in Müllverbrennungsanlagen. Der Energiegehalt des Kunststoffs wird zur Strom- oder Wärmegewinnung genutzt.

Die Weitsicht des Konstrukteurs ist gefragt, um eine ressourcenschonende und wiederverwertungsförderliche Materialauswahl und -kombination bereits im Konzeptstadium zu treffen.

Bei der **Wiederverwertung von Kunststoffabfällen** unterscheidet man die rohstoffliche, die energetische und die werkstoffliche Verwertung.

6.2.5 | BIOKUNSTSTOFFE

Anstelle der relativ aufwendigen und teuren Aufbereitung zur Wiederverwertung von herkömmlichen Kunststoffen wird verstärkt auf die Erzeugung und den Einsatz von **Biokunststoffen** gesetzt. Sie basieren auf nachwachsenden Rohstoffen, wie z. B. Zellulose, Zucker und Stärke. **Biologische Abbaubarkeit** umschreibt den natürlichen Abbauprozess, z. B. die Kompostierfähigkeit eines Stoffes.

Eine einheitlich geschützte Definition für den Begriff Biokunststoffe gibt es nicht, deshalb wird ihnen automatisch eine biologische Abbaubarkeit unterstellt. Dies ist jedoch nicht der Fall. Auch biobasierte Kunststoffe sind nicht immer abbaubar, obwohl sie aus nachwachsenden Rohstoffen hergestellt wurden. Andererseits gibt es fossil-basierte Kunststoffe, die abbaubar sind **(Bild 1)**.

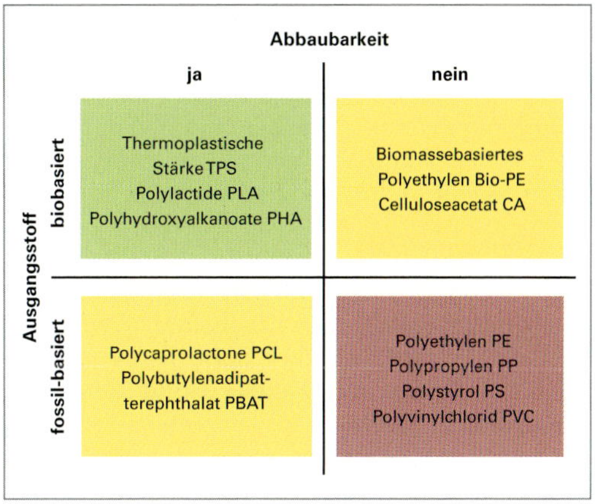

Bild 1: Abbaubarkeit fossil- und biobasierter Kunststoffe

Ein Beispiel für einen Biokunststoff sind **Polylactide PLA**. Dieser Werkstoff ist transparent und unter definierten Umweltbedingungen abbaubar. Er wird bereits erfolgreich in der Verpackungsindustrie eingesetzt. Eine Beschränkung des Einsatzes von PLA stellt seine Temperaturbeständigkeit dar. Sein Erweichungstemperaturbereich liegt bei ca. 60 °C. Ein Vertreter der **Polyhydroxyalkanoate PHA** ist die **Polyhydroxybuttersäure PHB**, sie wird aus Zucker und Stärke hergestellt und weist einen Erweichungstemperaturbereich über 130 °C auf.

Der Begriff **Biokunststoff** ist nicht gleichbedeutend mit biologischer Abbaubarkeit. Biobasierte Kunststoffe sind oft, aber nicht in allen Fällen biologisch abbaubar. Manche fossil-basierten Kunststoffe können hingegen biologisch abbaubar sein.

AUFGABEN | WIEDERHOLUNG UND VERTIEFUNG

1. Erläutern Sie die Herstellung von Kunststoffen anhand der chemischen Reaktionen.
2. Kunststoffe werden mit Additiven aufbereitet. Nennen Sie Additive und deren Wirkung auf die Eigenschaften von Kunststoffen.
3. Nennen Sie die drei Kunststoffarten und erläutern Sie jeweils ihren Aufbau und die daraus resultierenden Unterschiede.
4. Beschreiben Sie das Wärmeverhalten:
   a) eines Duroplasts, b) eines Elastomers,
   c) eines amorphen Thermoplasts, d) eines teilkristallinen Thermoplasts.
5. Ermitteln Sie anhand der mechanischen Kennwerte aus Ihrem Tabellenbuch das E-Modul für PC und ABS. Vergleichen Sie diese Werte mit dem E-Modul von Stahl.

6. Was ist ein Verbundwerkstoff? Nennen Sie drei gebräuchliche Arten im Zusammenhang mit Kunststoffen. Welchen Vorteil haben sie gegenüber Stahl?
7. Definieren Sie den Begriff Alterung im Zusammenhang mit Kunststoff.
8. Welche Arten der Wiederverwertung von Kunststoffabfällen kennen Sie? Beschreiben Sie den Werdegang eines sortenreinen sowie eines nicht sortenreinen Kunststoffabfalls.

6.3 ALLGEMEINE GESTALTUNGSREGELN FÜR KUNSTSTOFFBAUTEILE

Die meisten Bauteile aus Kunststoff werden durch **Urformen** hergestellt, bei dem die Bauteile einen **Wechsel des Aggregatzustands** durchlaufen. Die Volumenänderung eines Thermoplasts beim Abkühlen, dem Wechsel vom flüssigen in den festen Zustand des Kunststoffs, wird als **Verarbeitungsschwindung V_s** bezeichnet. Um nach dem Urformen maßhaltige Bauteile zu erhalten, muss diese z. B. bei der Erstellung eines Spritzgießwerkzeugs berücksichtigt werden **(Tabelle 1 und Seite 339)**. Hierzu skaliert der Werkzeugkonstrukteur das Bauteil mit der Verarbeitungsschwindung und modelliert mit der vergrößerten Geometrie die formgebenden Konturen. Das Werkzeugmaß l_1 ist das um die Verarbeitungsschwindung V_s vergrößerte Fertigmaß l_{vs}.

Tabelle 1: Beispiele für Verarbeitungsschwindungen V_s

Kunststoff	V_s in %
Acrylnitril-Butadien-Styrol (ABS)	0,4 ... 0,8
Polypropylen (PP)	1,0 ... 2,5
Polycarbonat (PC)	0,7 ... 0,8
Polymethylmethacrylat (PMMA)	0,3 ... 0,8

Für die Verarbeitungsschwindung V_s gilt:

$$V_s = \left(\frac{l_1 - l_{vs}}{l_1}\right) \cdot 100\,\%$$

V_s	l_1	l_{vs}
%	mm	mm

Durch Beimischen von Additiven bzw. Verstärkungsfasern **(Seite 324)** wird das Schwindungsverhalten beeinflusst. Je höher der beigefügte Anteil der Verstärkungsfasern ist, desto mehr reduziert sich die Schwindung.

Lernfeld 6

Der Konstrukteur muss das **Schwindungsverhalten** des ausgewählten Kunststoffs zu Beginn der Werkzeugkonstruktion berücksichtigen!

Gestaltungsregeln für das Konstruieren mit Kunststoffen

- **Wanddickenunterschiede** und **Masseanhäufungen** vermeiden, um Verzug und Hohlräumen im Bauteil (Lunker) bzw. Einfallstellen vorzubeugen. Kann nicht auf unterschiedliche Wandstärken verzichtet werden, sollten sanfte Übergänge (Konizität 3 : 1, Radien) eingebracht werden.
- Große Deckel- oder Bodenflächen **gewölbt** (konvex oder konkav) auslegen oder mit **Rippen** versehen, um Verwerfungen zu vermeiden und Formbeständigkeit zu erhöhen.
- **Verrunden** von Ecken und Kanten, um Rissbildungen zu vermeiden. Die Faustregel für das Verhältnis von Radius R zu Wanddicke s lautet: $0{,}4 \leq R/s \leq 0{,}6$
- Durch **Verrunden** oder **Anfasen** von umlaufenden Außenkanten kann ein Ausbrechen der Kanten verhindert werden.

- Um die Entformung der Bauteile zu begünstigen, sollten alle Flächen in Entformungsrichtung mit **Entformungsschrägen** versehen werden.
- **Hinterschneidungen** sind zu vermeiden, denn sie verursachen hohe Werkzeugkosten. Bei der Konstruktion sollte darauf geachtet werden, dass ein Entformen in die Hauptentformrichtung möglich ist.
- **Ausreichend Abstand** zum Rand vermeidet ein Ausbrechen von Durchbrüchen und Löchern.
- **Versteifungsrippen** sind mit Radien am Fußende und mit Entformungsschrägen zu versehen.

Die in **Tabelle 1** visualisierten **Gestaltungsregeln** für Kunststoffbauteile verstehen sich als Empfehlungen. Ihre Anwendung ist auf den jeweiligen Fall abzustimmen.

Tabelle 1: Kunststoffgerechte Gestaltung

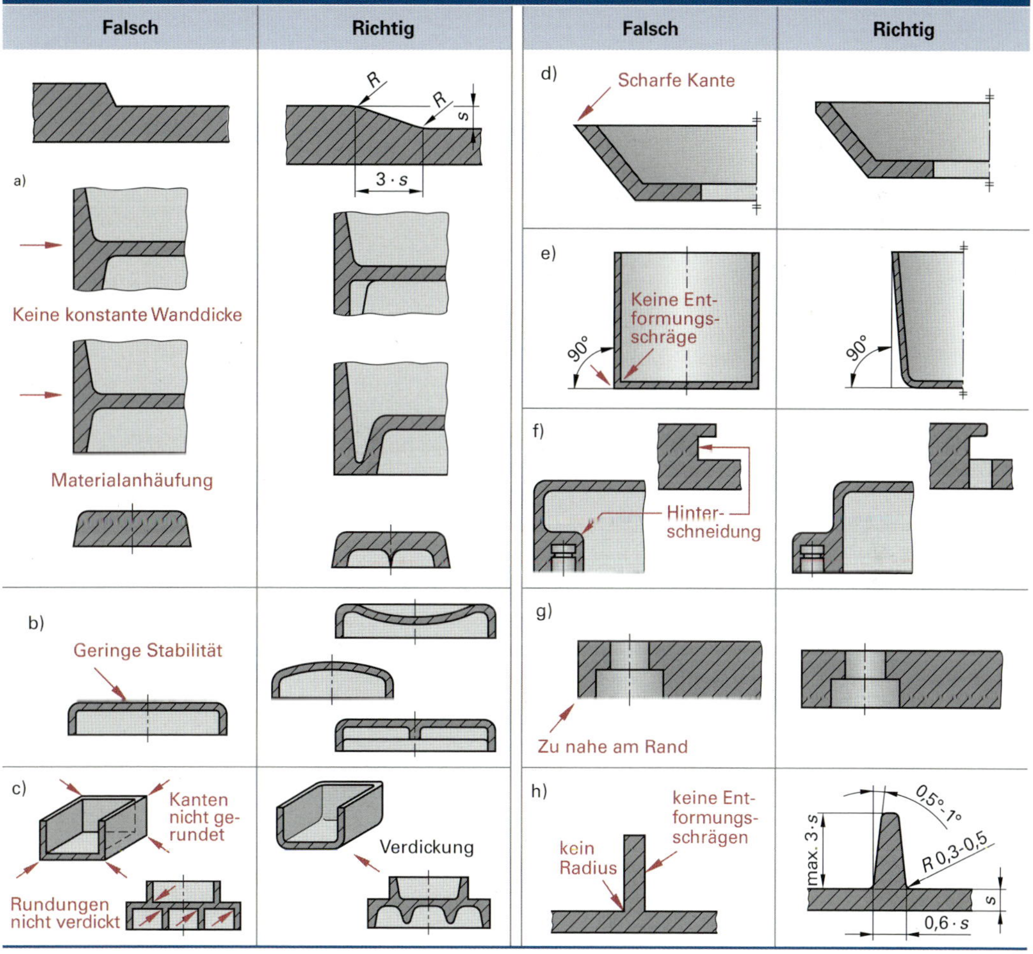

Über die Gestaltungsregeln hinaus müssen **fertigungstechnische** sowie **wirtschaftliche Aspekte** bei der Bauteilgestaltung einbezogen werden. Um z.B. die Bauteilkosten (Materialeinsatz und Zykluszeit) niedrig zu halten, sollte der Konstrukteur unter Berücksichtigung der spezifischen Viskosität des jeweiligen Kunststoffes auf möglichst **dünne Wandstärken** achten. **Markierungen** durch Trennebenen und Angussposition müssen ebenso wie die Vermeidung von **Folgekosten**, die eine anschließende Montage verursachen würden, bedacht werden. Als Lösungsansatz stehen **Funktionsintegration** oder **Mehrkomponenten-Spritzgießen** zur Verfügung.

6.3.1 | INTEGRATION VON FUNKTIONSELEMENTEN

Durch eine **integrale Bauweise** ist es möglich, die Anzahl der Einzelteile einer Baugruppe und damit die Kosten für Herstellung und Montage zu reduzieren.

In der integralen Ausführung entfallen dank **Filmscharnier** und **Schnapphaken** zusätzliche Einzelteile, deren Montage durch das Urformen entfällt **(Bild 1)**. Im Beispiel kann man von **multifunktionaler Bauweise** sprechen, da mehrere Funktionen in einem Prozessschritt realisiert werden.

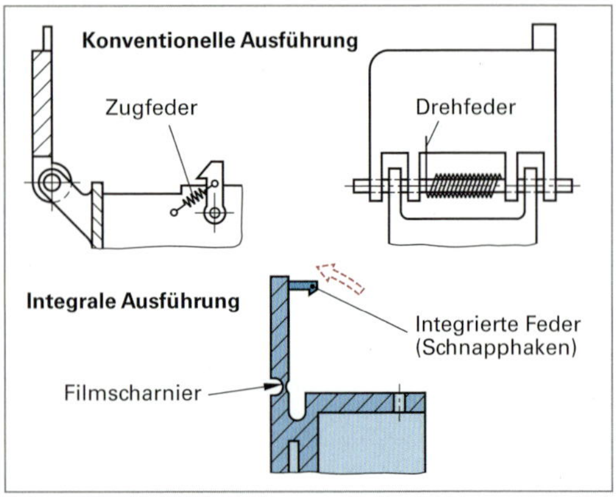

Bild 1: Prinzip der Integralbauweise

> Die **Funktionsintegration** reduziert die Bauteilanzahl und unterstützt die Produktion kostengünstiger Massenartikel.

Filmscharnier und Schnappverbindung stellen zwei typische Funktionselemente dar **(Bild 2a und 2b)**, die mittels Urformen erzeugt werden können. Beide nutzen die hohe elastische Verformbarkeit von Kunststoffen.

Ein **Filmscharnier** ist eine dünnwandige Verbindung zwischen zwei dickwandigeren Artikelhälften. Es dient als Gelenk und nutzt gleichzeitig die Dehnfähigkeit der Randfasern aus. Das Filmscharnier kann vielfach genutzt werden, ohne dass es seine Gelenkfunktion verliert.

Durch eine **Schnappverbindung** ist eine lösbare oder eine unlösbare Verbindung zweier Bauteile möglich. **Bild 2b** zeigt gängige Ausführungen.

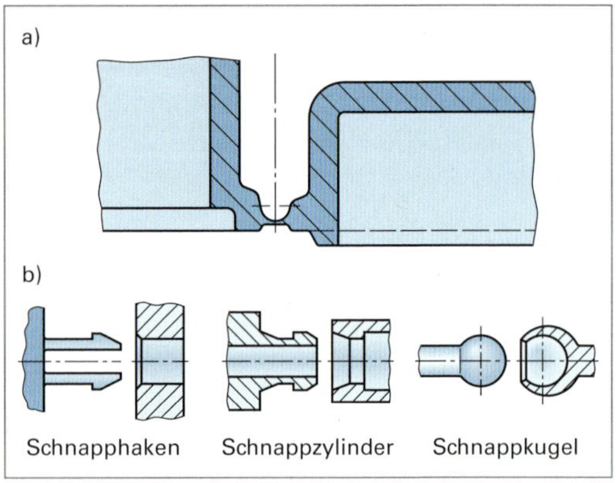

Bild 2: a) Filmscharnier und
b) Schnappverbindungen

> Die Funktionsweise von **Schnappverbindungen** und **Filmscharnieren** beruht auf der hohen Elastizität von Kunststoffen.

Dimensionierung von Filmscharnieren und Schnapphaken

Zur Dimensionierung eines **Filmscharniers** mit einer Dicke s, einem Krümmungsradius R, einer Länge der Dünnstelle L und einem Biegewinkel im Bogenmaß $\Delta\varphi$ wird die auftretende Randfaserdehnung ε herangezogen **(Bild 3)**:

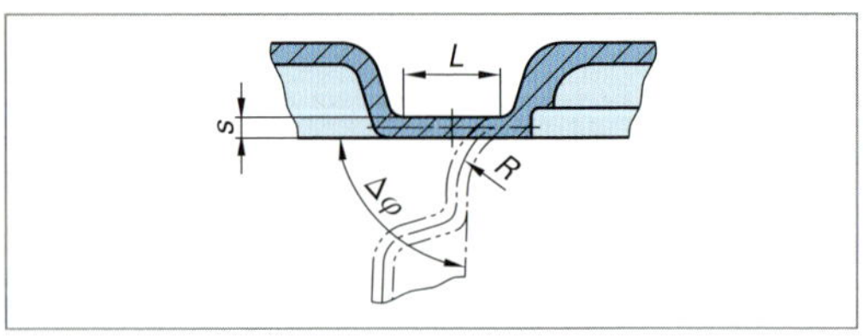

Bild 3: Relevante Maße am Filmscharnier

$$\varepsilon = \frac{s}{2 \cdot R} = \frac{s \cdot \Delta\varphi}{L \cdot 2}$$

ε	s	R	L	$\Delta\varphi$
%	mm	mm	mm	rad

Lernfeld 6

Entsprechend der geplanten Einsatzbedingungen darf die Randfaserdehnung ε die zulässige Dehnung ε_{zul} nicht überschreiten. Bei häufig zu erwartender Nutzung des Filmscharniers wird ein Sicherheitswert S zwischen 1,5 und 2 einkalkuliert. Soll trotz einmaliger Betätigung, wie z. B. bei einer Montagehilfe, ein Bruch ausgeschlossen werden, kalkuliert man mit der halben Höchstdehnung ε_M.

$$\varepsilon \leq \varepsilon_{zul} = \frac{\varepsilon_M}{S}$$

ε	S
%	1

Zur **Dimensionierung von Schnapphaken** der einfachsten Bauart werden die Biegelänge des Hakens l, die Höhe des Hakens h und die gewünschte Durchbiegung Δh herangezogen **(Bild 1)**. Unter der Annahme, dass bis zu einer Dehnung von 1% das Hooksche Gesetz gilt, kann die Randfaserdehnung ε für Kunststoffschnapphaken nach der folgenden Gleichung ermittelt werden. Dabei ist zu berücksichtigen, ob es sich um eine einmalige, eine mehrmalige Kurzzeitbeanspruchung oder um eine Dauerbiegebeanspruchung handelt.

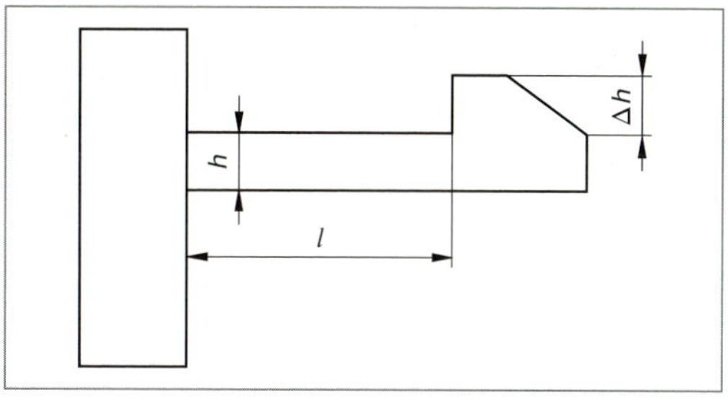

Bild 1: Relevante Maße am Schnapphaken

$$\varepsilon = \frac{3 \cdot \Delta h \cdot h}{2 \cdot l^2} \cdot 100\,\%$$

ε	l	h	Δh
%	mm	mm	mm

Die Materialdatenblätter der Kunststoffhersteller liefern Werte der zulässigen Dehnung ε_{zul} in Abhängigkeit von der Beanspruchungshäufigkeit.

6.4 | OBERFLÄCHENVEREDELUNG VON KUNSTSTOFFBAUTEILEN

Um Kunststoffbauteilen eine hochwertigere Anmutung zu geben, können unterschiedliche **Oberflächenbehandlungen** durchgeführt werden. Die dadurch erfahrene Wertsteigerung wird durch die Bezeichnung **Oberflächenveredelung** verdeutlicht. Voraussetzung für die meisten Oberflächenbehandlungen ist eine gute **Benetzbarkeit der Oberfläche (Bild 2)**.

Oberflächenvorbehandlung

Eine belastbare Verbindung zwischen dem Kunststoffbauteil und einem Lack, einer Druckfarbe oder einem Klebstoff kann nur dann erzielt werden, wenn die **Oberflächenenergie** des Kunststoffbauteils um 2 bis 10 mN/m größer als die Oberflächenenergie des Benetzungsstoffes ist. Ist die Benetzbarkeit des Kunststoffs zu gering, wird häufig eine **Oberflächenvorbehandlung**, auch **Oberflächenaktivierung** genannt, durchgeführt.

Mögliche Verfahren zur Erhöhung der **Benetzbarkeit** der Oberfläche von Kunststoffbauteilen sind:

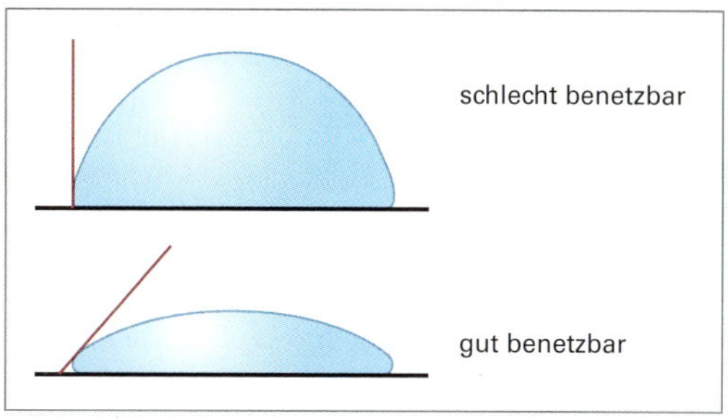

Bild 2: Benetzbarkeit

Flammbehandlung

Durch eine Flamme, die mit einer Geschwindigkeit von bis zu 2 m/s über die Oberfläche des Bauteils bewegt wird, werden Molekülketten an der Oberfläche aufgebrochen und Sauerstoff angelagert, ohne dass sich die optischen oder die mechanischen Eigenschaften des Kunststoffs ändern. Die Aktivierung kann bis zu einem Jahr anhalten.

Corona-Behandlung

Bei geringen Wandstärken, z. B. bei Folien, kommt diese Oberflächenaktivierung zur Anwendung. Durch den Einsatz hochfrequenter Hochspannung, 7 bis 10 kV, werden die Molekülketten an der Oberfläche aufgebrochen und Sauerstoff kann sich anlagern. Die Aktivierung hält nur wenige Wochen an.

Plasmavorbehandlung

Für eine partielle Aktivierung oder zur Vorbehandlung von engen Nuten wird eine freistrahlende Elektrode eingesetzt, die mittels Hochspannung die Oberfläche für eine nachfolgende Oberflächenveredelung vorbereitet. Die Aktivierungsdauer beträgt ca. eine Woche.

Eine **Oberflächenvorbehandlung** wird auch **Oberflächenaktivierung** genannt. Dabei handelt es sich um die Vorbereitung für eine Oberflächenveredelung von Kunststoffbauteilen durch **Erhöhung der Oberflächenenergie**.

Oberflächenveredelung

Nicht nur zur optischen Aufwertung werden Kunststoffbauteile lackiert, metallisiert, bedruckt, beschichtet, beschriftet oder heißgeprägt, auch eine Verbesserung der Kratzfestigkeit oder die Erzeugung einer elektrisch leitenden Oberfläche sind Gründe für eine **Oberflächenveredelung**.

Zu den Verfahren der Oberflächenveredelung von Kunststoffbauteilen gehören das **Metallisieren**, das **Lackieren**, das **Bedrucken**, das **Heißprägen** und die **Laserbeschriftung** (Bild 1).

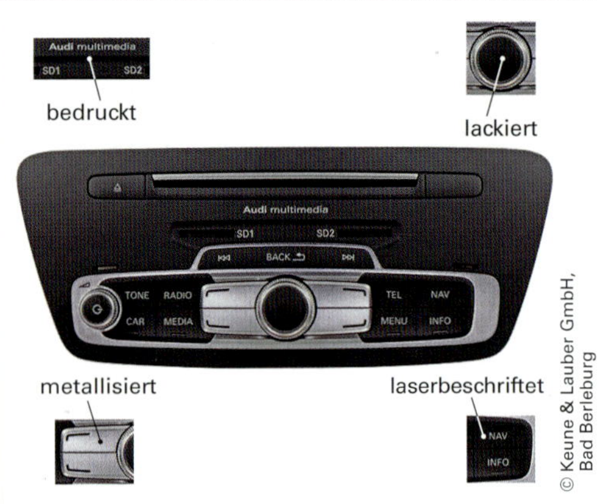

Bild 1: Beispiel für eine Baugruppe mit veredelten Kunststoffbauteilen

Das **Galvanisieren** und das **Bedampfen im Hochvakuum** sind die am häufigsten eingesetzten Verfahren zum Metallisieren von Kunststoffoberflächen. Während das Einsatzgebiet für bedampfte Bauteile zumeist im dekorativen Bereich und die Metallschichtdicke zwischen 0,1 und 1 µm zuzüglich einer Lackschicht von ca. 50 µm liegt, werden beim Galvanisieren Schichtdicken von bis ca. 40 µm aufgebracht und neben dekorativen auch elektrisch leitfähige Oberflächen erzeugt.

Vor dem **Lackieren** muss neben der Oberflächenaktivierung auch eine Entladung und Entstaubung der Kunststoffbauteile durchgeführt werden, um Staubpartikel zu beseitigen und Oberflächenfehlern vorzubeugen. Je nach Lacksorte, Anwendungsfall und Kunststoff werden auf die **Grundierung** der Rohteile der **Farblack** und gegebenenfalls zum Schluss ein **Auflack** aufgetragen. Der Auftrag kann entsprechend der zu erzeugenden Stückzahl und der Ansprüche manuell mithilfe von Sprühpistolen, durch einen Lackierroboter oder in automatisierten Lackierstraßen mittels Rotationszerstäubern erfolgen.

Das **Bedrucken** von Kunststoffbauteilen wird mittels **Siebdruck** oder **Tampondruck** durchgeführt. Während der Siebdruck große, ebene Oberflächen erfordert, eignet sich der Tampondruck für kleine, unter Umständen unebene Oberflächen.

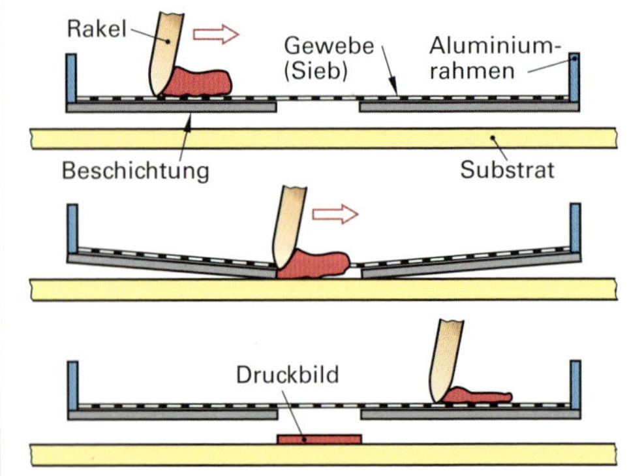

Bild 2: Prinzip des Siebdrucks

Beim **Siebdruck** wird ein in ein Sieb gespanntes Gewebe mit farbundurchlässigen und farbdurchlässigen Stellen über dem Kunststoffbauteil platziert. Die Druckfarbe wird mittels eines Rakels über das Gewebe gestrichen und gelangt an den durchlässigen Stellen auf das Kunststoffbauteil **(Bild 2, Seite 332)**.

Beim **Tampondruck** wird das gewünschte Druckbild in eine Metallplatte, das Klischee, eingearbeitet. Nachdem mit einem Rakel die Druckfarbe in die Vertiefungen des Klischees gestrichen wurde, wird ein Silikontampon auf das Klischee gedrückt. Die vom Silikontampon aufgenommene Farbe wird auf die Kunststoffoberfläche übertragen.

Heißprägen erfolgt im Hub- oder Abrollverfahren. Ein beheizter Stempel überträgt die Farb- oder metallisierten Aluminiumpigmente aus der Prägefolie auf die Oberfläche des Kunststoffbauteils. Der Einsatzbereich reicht von dekorativen Symbolen bis hin zu Barcodes.

Bei der **Laserbeschriftung** wird ein Laserstrahl über Spiegel auf die zu beschriftende Oberfläche gelenkt. Der Laserstrahl erzeugt entweder eine Strukturveränderung durch die Erwärmung und verfärbt die Oberfläche oder verdampft partiell Material und graviert so das Bauteil. Eine weitverbreitete Anwendung für die Laserbeschriftung ist im Automobilbereich zu finden. **Bild 1** zeigt das sogenannte Tag-Nacht-Design, bei dem der Lack lackierter Kunststoffbauteile partiell verdampft wurde.

Wird eine Oberfläche mit Samt- oder Velourcharakter auf Kunststoffbauteilen gewünscht, bietet sich das **Beflocken** an. Zuerst wird Klebstoff auf die Oberfläche des Kunststoffbauteils aufgebracht, danach feine Flocken aus Textilien aufgestreut, aufgeblasen oder elektrostatisch aufgetragen.

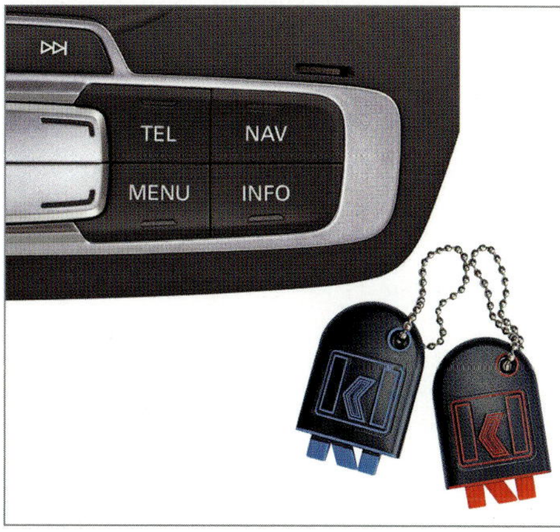

© Keune & Lauber GmbH, Bad Berleburg

Bild 1: Laserbeschriftete Bauteile

Je nach Anforderungsprofil eignet sich Metallisieren, Lackieren, Bedrucken, Heißprägen, Laserbeschriften oder Beflocken als **Oberflächenveredelungsverfahren für Kunststoffbauteile.**

AUFGABEN | WIEDERHOLUNG UND VERTIEFUNG

1. Aus welchem Grund muss der Werkzeugkonstrukteur die Verarbeitungsschwindung eines Kunststoffs zu Beginn einer Werkzeugkonstruktion für ein Spritzgießwerkzeug berücksichtigen?
2. Benennen Sie fünf Gestaltungsregeln für Kunststoffbauteile und erklären Sie, weshalb diese eingehalten werden sollten.
3. Welchen Nutzen hat die Funktionsintegration?
4. Welche Rolle spielt die ausreichende Benetzbarkeit einer Kunststoffoberfläche für nachfolgende Oberflächenbehandlungen? Wie wird die Benetzbarkeit der Oberfläche erhöht?
5. Welche nachfolgenden Oberflächenveredelungen von Kunststoffbauteilen kennen Sie? Beschreiben Sie zwei der genannten Verfahren im Detail.
6. Nennen Sie Gründe für eine Veredelung von Kunststoffoberflächen.

6.5 FERTIGEN DURCH SPRITZGIESSEN

Sowohl technische Bauteile aus Kunststoff, wie z. B. im Fahrzeugbau, als auch viele Gegenstände des täglichen Gebrauchs, wie z. B eine Steckdose, werden im Spritzgussverfahren hergestellt **(Bild 1)**. Insbesondere für Massenartikel stellt das Spritzgießen ein **kostengünstiges** und **energiearmes** Fertigungsverfahren dar, bei dem meist Thermoplaste, verstärkt oder unverstärkt, verarbeitet werden.

Durch **Spritzgießen** werden kompliziert gestaltete Formteile aus Kunststoff vollautomatisch gefertigt. Die formbare Kunststoffmasse wird dabei taktweise in das Formwerkzeug eingespritzt. Ein großer Vorteil des Verfahrens besteht in der hohen Reproduzierbarkeit.

Bild 1: Spritzgießteil

6.5.1 VERFAHRENSABLAUF BEIM SPRITZGIESSEN

Je nach Bauteilgröße und -volumen sowie in Abhängigkeit von den Werkzeugabmessungen wird eine entsprechende **Spritzgießmaschine** ausgewählt, auf der die Kunststoffartikel produziert werden. Die Hauptbestandteile einer Spritzgießmaschine sind:

- die **Spritzeinheit,**
- die **Schließeinheit,**
- das **formgebende Werkzeug** **(Bild 2)**.

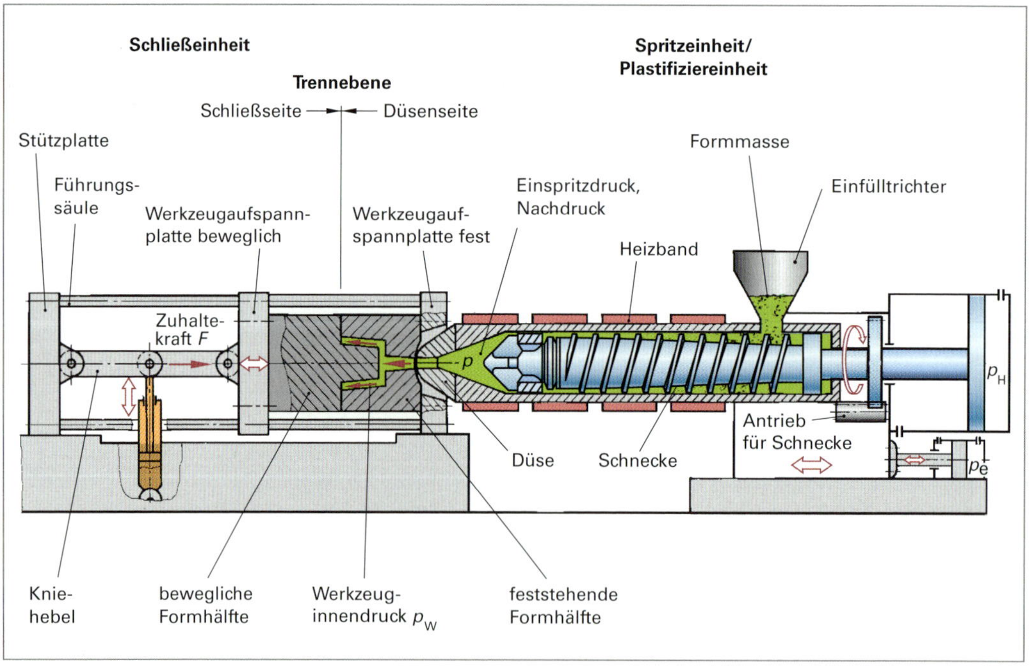

Bild 2: Aufbau und Funktionsweise einer Spritzgießmaschine

Das Spritzgießen ist durch einen immer wieder von neuem beginnenden, mehrere Schritte beinhaltenden Prozess, den **Spritzzyklus**, gekennzeichnet. Daher zählt es zu den **diskontinuierlichen Fertigungsverfahren**.

Der **Spritzzyklus** läuft wie folgt ab **(Bild 1)**:

1. Das vorgetrocknete **Kunststoffgranulat** (Formmasse) wird in der Plastifiziereinheit aufgeschmolzen und mithilfe der rotierenden Schnecke und unter Wärmezufuhr in eine homogene, fließfähige Masse verwandelt.
2. Sobald ausreichend Schmelze vor der Schneckenspitze steht, wird die Kunststoffmasse durch eine Düse mit hohem Druck in das geschlossene Werkzeug eingespritzt. Um eine Gratbildung an der Trennebene zu vermeiden, müssen die dabei entstehenden Auftriebskräfte durch die Schließkräfte der **Schließeinheit** der Spritzgießmaschine kompensiert werden.
3. Bis die Formfüllung vollständig abgeschlossen ist, sorgt eine **Werkzeugtemperierung** für die Fließfähigkeit der Kunststoffmasse. Dann wird von Spritzdruck auf **Nachdruck** umgeschaltet und so eine optimale Abbildung der Bauteilkontur und -oberfläche gewährleistet.
4. Beim **Abkühlen** des Spritzgießteils in der Spritzgießmaschine schwindet das Material.
5. Sobald die Abkühlzeit vorüber ist, öffnet das Werkzeug. Die **Entformung** des Bauteils wird entweder durch Auswerfen mit im Werkzeug enthaltenen Formelementen oder durch Entnahme mit Druckluft oder einem Roboter unterstützt.
6. Am Ende des Spritzzyklus schließt das Werkzeug und der Spritzgießprozess kann erneut starten.

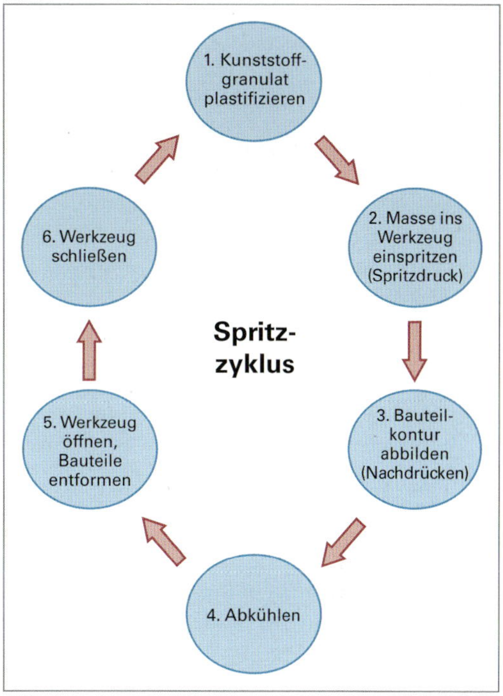

Bild 1: Spritzzyklus

Als **Zykluszeit** wird die Zeit bezeichnet, die zur Herstellung eines Spritzgießbauteils benötigt wird.

6.5.2 | AUFBAU UND FUNKTION EINES SPRITZGIEßWERKZEUGS

Spritzgießwerkzeuge ermöglichen eine kostengünstige Massenproduktion von Kunststoffbauteilen unterschiedlichster Größe und Oberflächenstruktur.

Die Standardausführung eines Spritzgießwerkzeugs (Normalwerkzeug) besteht aus einer festen und einer beweglichen Werkzeughälfte. Die feste Seite wird **Düsenseite**, die bewegliche Seite **Auswerferseite** genannt **(Bild 2)**. Die **Trennebene** verläuft zwischen den beiden Werkzeughälften. Jede davon verfügt über:

- ein **Befestigungssystem** aus Aufspannplatte, Zentrierring und Isolierplatte,
- einer **Werkzeugtemperierung,**
- einem **Führungssystem,**
- einer **Formplatte** mit Formeinsätzen (Formnest).

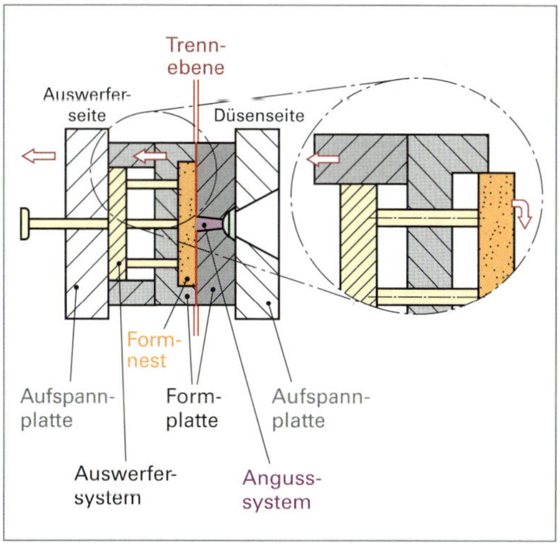

Bild 2: Normalwerkzeug

Die **bewegliche Seite** beinhaltet das **Entformungssystem** bestehend aus Auswerferpaket, Rückdrückstiften, Leisten und Zwischenplatten **(Bild 1)**.

Die **feste Seite** beinhaltet das **Angusssystem** mit Angusskanal und Angussbuchse **(Bild 1)**. An dieser liegt beim Einspritzen der Kunststoffmasse die Düse an **(Bild 2, Seite 334)**.

> Ein Spritzgießwerkzeug besteht in der Regel aus der festen **Düsenseite** und der beweglichen **Auswerferseite**.

Mithilfe eines **Befestigungssystems** wird das Spritzgießwerkzeug auf der Spritzgießmaschine positioniert und befestigt.

Das **Angusssystem** sorgt für eine vollständige Formfüllung und die erforderliche Druckverteilung im Werkzeug. Zusammen mit der **Werkzeugtemperierung**, die für gleichbleibende Konditionen im Werkzeug während des Spritzzyklus sorgt, beeinflusst das Angusssystem die Bauteilqualität.

Zur Unterstützung der Entformung des erstarrten Kunststoffbauteils dient das **Auswerfersystem.**

Sobald komplexe Bauteilgeometrien oder Zusatzanforderungen, wie z. B. das Umspritzen von Metalleinlegeteilen, vorliegen, sind für die Umsetzung im Spritzgießprozess **zusätzliche Werkzeugelemente** notwendig.

Für großvolumige Bauteile kommen häufig **Heißkanalwerkzeuge** zum Einsatz **(Bild 2)**. Die Kunststoffmasse bleibt aufgrund der elektrisch beheizten Verteilerkanäle und Düsen stetig auf Schmelztemperatur. Bei direkter Anbindung an das Bauteil entfällt dadurch der Angusskanal und es entsteht weniger Kunststoffabfall während des Spritzgießprozesses.

Um eine komplexe Geometrie (Hinterschneidung) entformen zu können, werden **Schieberelemente** im Werkzeug eingebracht, die eine Bewegung quer zur Hauptentformrichtung (Trennebene) ausführen **(Bild 3)**. Je nach Betätigungsart unterscheidet man hydraulische oder mechanische Schieber.

Zur Erzeugung von Kunststoffbauteilen in einem Spritzzyklus, die sowohl aus einer Thermoplast-Komponente als auch aus einer Elastomer-Komponente bestehen sollen, wie z. B. ein Gehäuse mit einer Dichtlippe, kommt das **Mehrkomponenten-Spritzgießen** zum Einsatz. Um mehrere Komponenten innerhalb eines Spritzzyklus verarbeiten zu können, bedarf es geeigneter Mehrkomponenten-Spritzgießwerkzeuge sowie

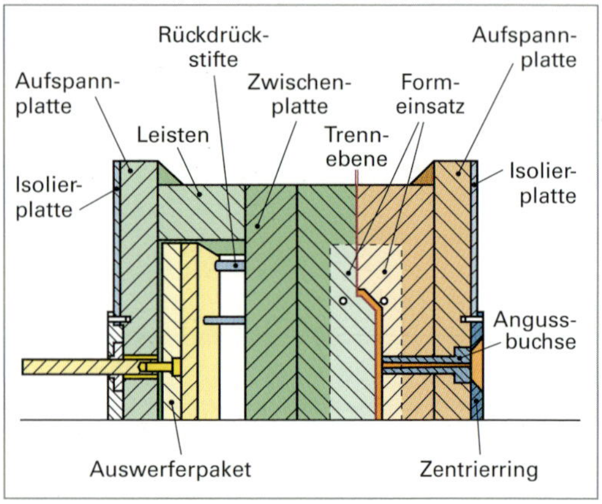

Bild 1: Aufbau Spritzgießwerkzeug

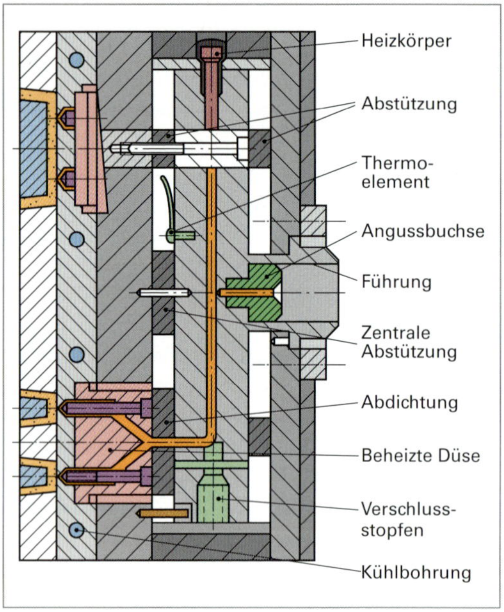

Bild 2: Heißkanalwerkzeug

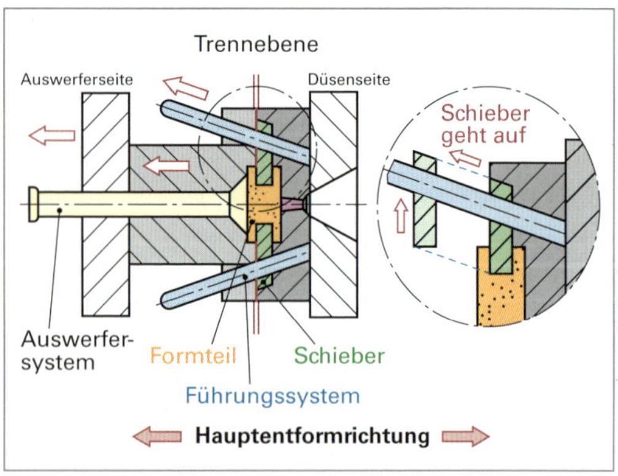

Bild 3: Schieberwerkzeug

entsprechender Kunststoffspritzgießmaschinen, die eine parallele Zuführung unterschiedlicher Materialien in das Werkzeug ermöglichen.

Für **Großserien** werden **Mehrfachwerkzeuge** erstellt. Hierzu werden mehrere gleiche Formnester in das Spritzgießwerkzeug eingebracht, wodurch die Herstellung von gleichen Bauteilen innerhalb eines Spritzzyklus möglich wird.

AUFGABEN | WIEDERHOLUNG UND VERTIEFUNG

1. Benennen Sie die Hauptbestandteile eines Standard-Spritzgießwerkzeugs.
2. Welchen Vorteil bieten Heißkanalwerkzeuge?
3. Welche werkzeugtechnischen Mittel stehen dem Konstrukteur zur Verfügung für die Erzeugung von:
   a) Hinterschneidungen,
   b) zweifarbigen Bauteilen in einem Spritzzyklus.

6.5.3 | WERKZEUGKONSTRUKTION

Die Basis für ein prozesssicheres und wirtschaftliches Spritzgießwerkzeug wird bereits bei seiner Konstruktion gelegt. Fehler bei der Konstruktion beeinflussen neben der Bauteilqualität auch die gesamte Peripherie und können zu nicht einkalkulierbaren Kosten führen. **Folgekosten** können z. B. durch Nacharbeit am Kunststoffartikel oder durch Reparaturen am Spritzgießwerkzeug, durch den Umbau oder im schlimmsten Fall durch den Neubau des Spritzgießwerkzeugs entstehen. Der Werkzeugkonstruktion muss eine sorgfältige Prüfung und Bewertung des herzustellenden Bauteils vorausgehen.

Wichtige **Einflussgrößen auf die Werkzeugkonstruktion** sind **(Bild 1)**:

- allgemeine Anforderungen,
- bauteilbezogene Anforderungen,
- maschinenbezogene Anforderungen,
- konstruktive Aspekte.

Diese Einflussgrößen spielen zusätzlich zu den allgemeinen Gestaltungsregeln **(Seite 328)** eine wichtige Rolle. Daher müssen sie noch vor Konstruktionsbeginn zusammengestellt und bewertet werden. Die Dokumentation aller relevanten Informationen in einem Lastenheft **(Seite 244)** ist elementar.

Bild 1: Einflussgrößen auf die Werkzeugkonstruktion

Vor und während der Werkzeugkonstruktion sorgt ein regelmäßiger Austausch aller am Herstellprozess beteiligten Experten für die Erstellung eines prozesssicheren Spritzgießwerkzeugs **(Bild 1)**. Technische Machbarkeit, Vorgaben des Bauteilkonstrukteurs und Kundenwünsche fließen in die Werkzeugkonstruktion mit ein.

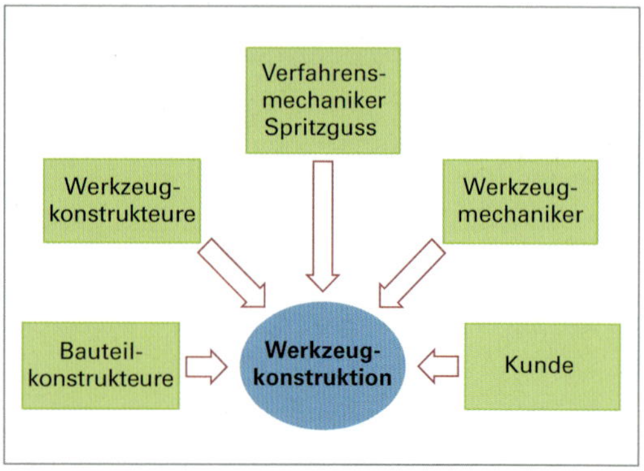

Bild 1: Mitwirkende bei der Werkzeugkonstruktion

Für eine schnelle, komplette Formfüllung und eine kurze Zykluszeit muss die Kunststoffmasse mit einem möglichst hohen Einspritzdruck in das Spritzgießwerkzeug gedrückt werden. Die dabei entstehende **Auftriebskraft** versucht, die beiden Werkzeughälften auseinanderzudrücken. Ist dies der Fall, so kommt es zu Qualitätseinbußen beim Kunststoffbauteil, wie z. B. zur Gratbildung an der Trennebene. Die Kraft, die dafür sorgt, dass die Spritzgießform geschlossen bleibt, wird **Zuhaltekraft** der Spritzgießmaschine genannt. Sie muss zwischen 10 % und 30 % höher als die **erforderliche Schließkraft** sein. Die **Schließkraft F_S** wird anhand folgender Formel berechnet, die die praxisübliche 20%ige Sicherheit berücksichtigt:

$$F_S = 1{,}2 \cdot A_p \cdot p$$

F_S	A_p	p
N	cm^2	N/cm^2

Die Bauteilfläche, die senkrecht zur **Trennebene** liegt, zuzüglich der Bereiche von Anguss und Verteiler, die in der Trennebene liegen, ergeben zusammen die **projizierte Spritzteilfläche A_p**. Sollen mehrere Formnester ins Spritzgießwerkzeug eingebracht werden, muss die Fläche vervielfacht werden. Als **Werkzeuginnendruck *p*** wird der im Werkzeug vorliegende Druck bezeichnet. In der Praxis wird meist mit der Auftriebskraft des Werkzeugs statt mit dem **Werkzeuginnendruck** gerechnet.

Fehler in der Werkzeugkonstruktion können **hohe Folgekosten** nach sich ziehen. Daher müssen alle relevanten Informationen gesammelt und alle Einflussgrößen beachtet werden. Experten der verschiedenen Fachbereiche sollten vor und während der Werkzeugkonstruktion zusammenarbeiten.

6.5.4 | SIMULATION DES SPRITZGIEßPROZESSES

Hilfsmittel für die optimale Werkzeugkonstruktion eines Spritzgießwerkzeuges sind **Simulationsprogramme**. Sie liefern Hinweise über mögliche Schwachstellen am Bauteil und zeigen auf, wo die optimale Lage der Anspritzung liegt. Darüber hinaus können beispielsweise Rückschlüsse auf mögliche Lufteinschlüsse oder Einfallstellen gezogen werden **(Bild 2)**.

Anhand der farblichen Schattierung ist es möglich, die Dauer der gesamten **Füllzeit**, die Temperatur an der **Fließfront**, die **Temperaturverteilung** im Bauteil und die Lage möglicher **Bindenähte** zu bewerten.

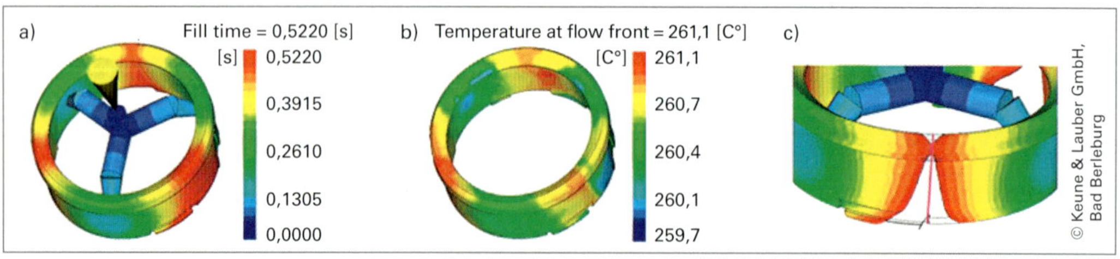

Bild 2: Simulationsergebnis a) der Füllzeit, b) der Temperatur an der Fließfront, c) auftretender Bindenähte

Das **Simulationsergebnis** zur **Füllzeit** zeigt, dass nach ca. 0,52 s das Bauteil komplett gefüllt ist, sofern das Bauteil drei Mal am Innendurchmesser angebunden wird und von dort aus die Füllung parallel erfolgt **(Bild 2a, Seite 338)**.

Elementar für eine hohe Bauteilqualität ist die Kontrolle der **Werkzeugtemperatur** während des Spritzgießprozesses. Dazu wird im Spritzgießwerkzeug eine Kühlung eingebracht, die für eine gleichmäßige **Temperaturverteilung** im Spritzgießwerkzeug sorgt und damit einer Schädigung des Kunststoffes vorbeugt. Die Temperatur an der Fließfront weist eine homogene Temperaturverteilung auf. Dies wirkt sich positiv auf das gewünschte gleichmäßige **Schwindungsverhalten** und einen geringen **Teileverzug** aus **(Bild 2b, Seite 338)**.

Bindenähte entstehen durch das Aufeinandertreffen mehrerer Fließfronten, die sich aufgrund des eingetretenen Temperaturverlusts nicht mehr zu einer homogenen Masse vereinigen können **(Bild 2c, Seite 338)**. Sie sind häufig als feine Linien auf der Oberfläche eines Bauteils sichtbar und nicht nur bei dekorativen Kunststoffartikeln aufgrund der beeinträchtigten Optik, sondern auch bei technischen Kunststoffbauteilen unerwünscht. Die Festigkeit im Bereich von Bindenähten ist beeinträchtigt, sodass sie zu Schwachstellen des Bauteils werden und im schlimmsten Fall zum Bauteilbruch führen können.

Simulationsprogramme geben Hinweise auf Schwachstellen am Bauteil, wie z. B. unerwünschte Bindenähte, und helfen bei der optimalen Auslegung eines Spritzgießwerkzeugs.

6.5.5 | KONSTRUKTIONSMETHODIK

Nachdem die Bauteilgeometrie auf Basis der Erfahrung der Experten optimiert und die relevanten Informationen im Lastenheft festgehalten wurden, wird eine **Werkzeugspezifikation** erstellt. Sie enthält alle grundlegenden Informationen für den Werkzeugkonstrukteur.

Die **Werkzeugspezifikation** beinhaltet Informationen über:

- den Artikel,
- den Formaufbau,
- die geplante Spritzgießmaschine,
- die Anspritzung,
- die Entformung,
- die Kühlung und
- die Oberfläche der Werkzeugbestandteile.

Bild 1 zeigt beispielhaft eine **Werkzeugspezifikation**. Die Angaben zum **Artikel** reichen von der Benennung über das einzusetzende Material und dessen Schwindung bis zur Zeichnungsnummer und Index.

Zum **Formaufbau** gehören neben der Größe und den geplanten Außenmaßen des Spritzgießwerkzeugs auch Anforderungen, wie die erforderliche Stahlsorte und die Wärmebehandlung der einzelnen Werkzeugbestandteile.

Die Auswahl der **Spritzgießmaschine** gibt Aufschluss über die mögliche **Zuhaltekraft** sowie die Befestigungsmöglichkeit des Werkzeugs.

Die Anbindung des Kunststoffbauteils an die Materialversorgung wird als **Anguss** bezeichnet. Unter dem Begriff **Anspritzung** stehen in der Auflistung verschiedene Angussarten zur Auswahl.

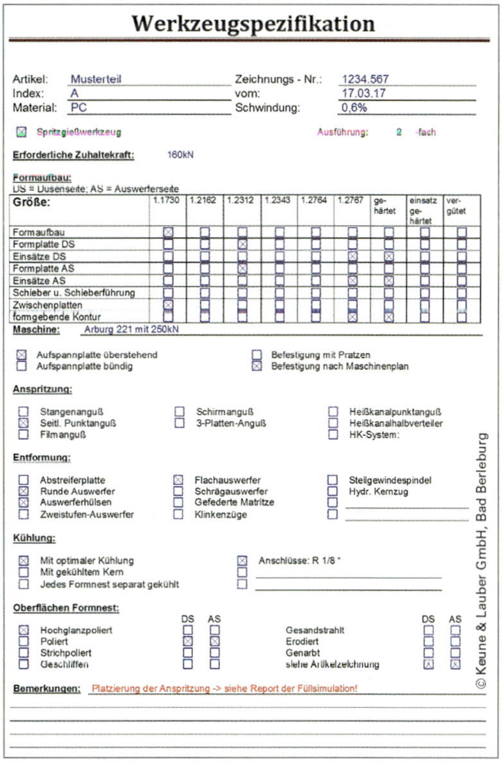

Werkzeugspezifikation

Artikel: Musterteil — Zeichnungs - Nr.: 1234.567
Index: A — vom: 17.03.17
Material: PC — Schwindung: 0,6%

☒ Spritzgießwerkzeug — Ausführung: 2 -fach

Erforderliche Zuhaltekraft: 160kN

Formaufbau:
DS = Düsenseite; AS = Auswerferseite

Größe:	1.1730	1.2162	1.2312	1.2343	1.2764	1.2767	gehärtet	einsatz gehärtet	vergütet
Formaufbau	☒	☐	☐	☐	☐	☐	☐	☐	☐
Formplatte DS	☐	☐	☒	☐	☐	☐	☐	☐	☐
Einsätze DS	☐	☐	☐	☐	☐	☒	☒	☐	☐
Formplatte AS	☐	☐	☒	☐	☐	☐	☐	☐	☐
Einsätze AS	☐	☐	☐	☐	☐	☒	☒	☐	☐
Schieber u. Schieberführung	☐	☐	☐	☐	☐	☐	☐	☐	☐
Zwischenplatten	☒	☐	☐	☐	☐	☐	☐	☐	☐
formgebende Kontur	☐	☐	☐	☐	☐	☒	☒	☐	☐

Maschine: Arburg 221 mit 250kN

☒ Aufspannplatte überstehend — ☐ Befestigung mit Pratzen
☐ Aufspannplatte bündig — ☒ Befestigung nach Maschinenplan

Anspritzung:

☐ Stangenanguß — ☐ Schirmanguß — ☐ Heißkanalpunktanguß
☒ Seitl. Punktanguß — ☐ 3-Platten-Anguß — ☐ Heißkanalhalbverteiler
☐ Filmanguß — ☐ HK-System:

Entformung:

☐ Abstreiferplatte — ☒ Flachauswerfer — ☐ Steilgewindespindel
☒ Runde Auswerfer — ☐ Schrägauswerfer — ☐ Hydr. Kernzug
☒ Auswerferhülsen — ☐ Gefederte Matritze — ☐
☐ Zweistufen-Auswerfer — ☐ Klinkenzüge — ☐

Kühlung:

☒ Mit optimaler Kühlung — ☒ Anschlüsse: R 1/8 "
☐ Mit gekühltem Kern — ☐
☐ Jedes Formnest separat gekühlt — ☐

Oberflächen Formnest:

	DS	AS		DS	AS
☒ Hochglanzpoliert	☐	☐	Gesandstrahlt	☐	☐
☐ Poliert	☒	☒	Erodiert	☐	☐
☐ Strichpoliert	☐	☐	Genarbt	☐	☐
☐ Geschliffen	☐	☐	siehe Artikelzeichnung	☒	☒

Bemerkungen: Platzierung der Anspritzung -> siehe Report der Füllsimulation!

Bild 1: Werkzeugspezifikation (Auszug)

Lernfeld 6

Zur **Entformung** gehören Werkzeugkomponenten, die beim Auswerfen des erkalteten Bauteils aus dem Spritzgießwerkzeug unterstützen.

Die **Kühlung** stellt eine homogene Temperierung des Spritzgießwerkzeugs sicher.

Die **Oberflächenangabe** bezieht sich auf die formgebende Kontur, welche die Bauteiloberfläche abbildet.

Alle relevanten Informationen zur Konstruktion eines Spritzgießwerkzeugs befinden sich in der **Werkzeugspezifikation**.

Die **Werkzeugkonstruktion** wird mithilfe eines CAD-Programms erstellt. Zu Beginn prüft der Werkzeugkonstrukteur den ihm zur Verfügung gestellten **3D-Datensatz** des zu erzeugenden Bauteils **(Bild 1)** und die dazugehörige Bauteilzeichnung auf einseitige Maßtolerierung sowie auf spätere Oberflächenbehandlungen, wie z. B. ein Galvanisieren des Kunststoffbauteils. Mit den Angaben aus der Zeichnung erstellt er ein Bauteil auf Toleranzmitte und berücksichtigt den Schichtdickenaufbau einer späteren Oberflächenveredelung.

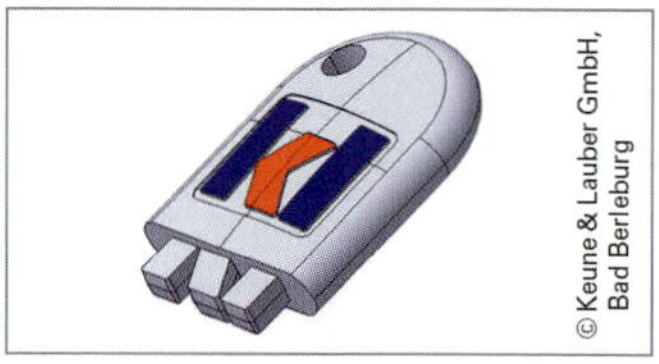

Bild 1: Beispiel für ein Kunststoffbauteil

Nachdem die **Hauptentformungsrichtung** festgelegt und das Bauteil in Lage gedreht wurde, erfolgt die **Skalierung** des Bauteildatensatzes auf Basis des **Schwindungsverhaltens** des gewünschten Kunststoffmaterials. Anschließend wird eine Bewertung der vorhandenen **Entformungskonizitäten** (Entformungsschrägen) mithilfe des CAD-Programms durchgeführt **(Bild 2)**. Falls erforderlich werden diese erhöht. Entformungskonizitäten hängen u. a. von der geforderten Oberflächenbeschaffenheit ab (**Tabelle 1**).

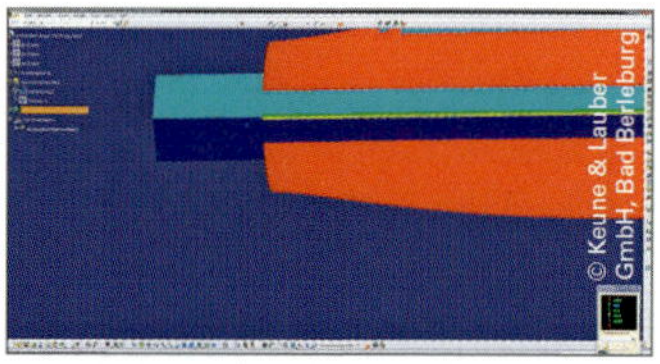

Bild 2: Entformungskonizitäten

Tabelle 1: Entformungskonizitäten in Abhängigkeit von der Oberflächenanforderung

	Polierte Oberfläche	Oberflächenrauheit R_t in µm					
		7,5	12	16	20	25	37
Entformungskonizität in °	0,5	1,0	1,5	2,0	2,5	3,5	4,5

Im nächsten Schritt modelliert der Werkzeugkonstrukteur die **Trennebene (Bild 3)**. Sie stellt die Grenze zwischen Düsen- und Auswerferseite dar. Entlang der Trennebene wird das Bauteil in zwei Hälften aufgeteilt.

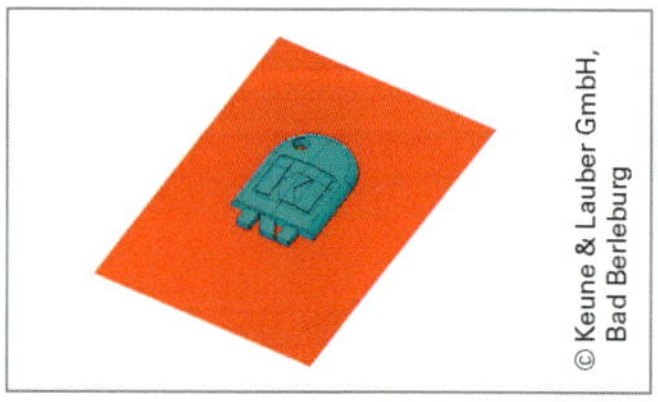

Bild 3: Festlegen der Trennebene

Anschließend erfolgt die Ausgestaltung der beiden **Formeinsätze (Bild 4)**. Neben der Lage der Anspritzung und der erforderlichen Anzahl der Formnester müssen Schieberlaufrichtungen und Kühlungsverlauf berücksichtigt werden. In der Auswerferseite dürfen Kühlungsbohrungen, Auswerferstifte und -hülsen nicht kollidieren. Außerdem muss das Optimum zwischen Entformungshilfen, Kühlung und Zykluszeit gefunden werden.

Im nächsten Schritt werden die Formeinsätze in den **Werkzeugaufbau** platziert **(Bild 1, Seite 341)**. Die Anforderungen der Spritzgießmaschine, die **mechanischen Beanspruchungen** während des Spritzgießprozesses sowie der Platzbedarf zusätzlicher Werkzeugelemente, wie z. B. Kühlbohrungen, Heißkanalblöcke, Schieber usw., müssen bei der Auswahl der Plattenstärken berücksichtigt werden.

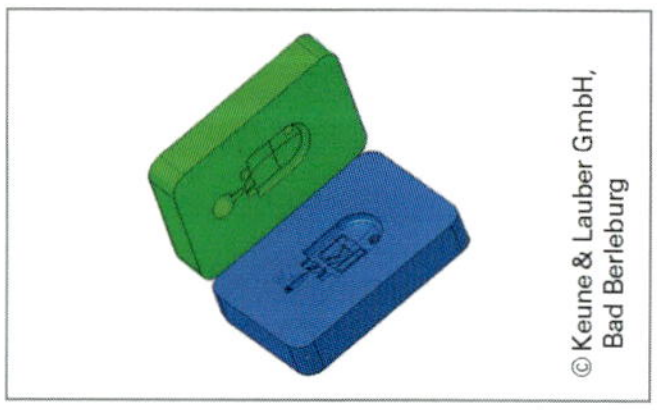

Bild 4: Formeinsätze

Als standardisierte Kaufteile können Werkzeugaufbauten den Datenbanken der Hersteller entnommen und in die Konstruktion geladen werden. Nachdem spezifische Anpassungen für das Bauteil vorgenommen wurden, werden die restlichen Zubehörteile, wie z. B. Angussbuchsen, Zentrierringe, Führungselemente usw., hinzugefügt.

Um einer Verformung des Werkzeugs aufgrund der auftretenden Auftriebskraft entgegenzuwirken kann mit Stützrollen oder einer größeren Plattensteifigkeit gearbeitet werden **(Bild 2)**.

Bild 1: Spritzgusswerkzeug

Mithilfe von **Bewegungssimulationen** können mögliche Kollisionen beweglicher Elemente vor den Bauteildetaillierungen und der Werkzeugerstellung entdeckt und beseitigt werden.

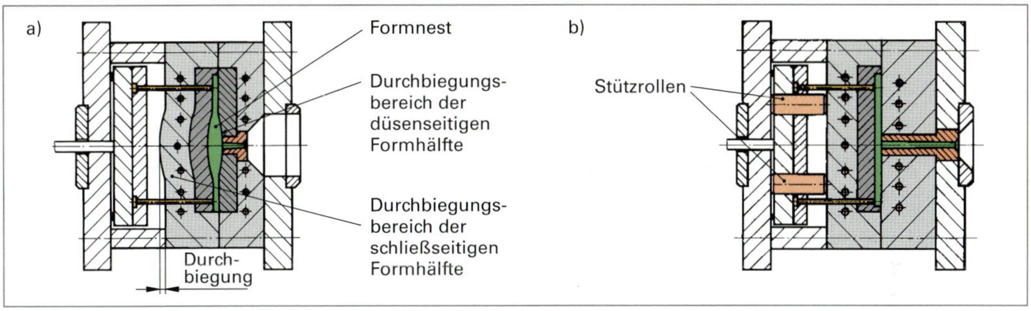

Bild 2: a) Folgen der Werkzeugauftreibekraft und b) werkzeugseitige Abhilfemöglichkeit

Zum Abschluss werden **Detailzeichnungen** und die **Stückliste** erstellt. Als Unterstützung für die Werkzeugerstellung stehen Computerprogramme, wie z. B. Fräsprogramme, Drahterodierprogramme usw. zur Verfügung. Die CAD-CAM-Kopplung ermöglicht das Erzeugen komplexer Freiformflächen.

AUFGABEN | WIEDERHOLUNG UND VERTIEFUNG

1. Welche Einflussgrößen sind bei der Werkzeugkonstruktion zu beachten?
2. Warum sollte die Zuhaltekraft der gewählten Spritzgießmaschine größer als die erforderliche Schließkraft sein?
3. Welchen Vorteil bietet eine Simulation des Spritzgießprozesses vor der Werkzeugkonstruktion?
4. Skizzieren Sie in knappen Worten den Ablauf einer Spritzgießwerkzeugkonstruktion.

6.6 | FERTIGEN DURCH EXTRUSION

Beim **Extrudieren** (lateinisch *extrudere*, austreiben, hinausstoßen) wird Kunststoffmasse unter Druck konstant durch eine Profildüse ins Freie gepresst. Dieses Herstellverfahren wird zu den **kontinuierlichen Verfahren** gezählt. Durch Extrudieren entstehen Bauteile mit gleichbleibendem Querschnitt und beliebiger Länge, daher wird es zur Fertigung von Rohren, Schläuchen, Hohlprofilen, Vollprofilen und für Flachfolien bzw. Platten eingesetzt **(Bild 3)**.

Bild 3: Extrudierte Profile

6.6.1 | VERFAHRENSABLAUF

Bild 1 zeigt eine Extrusionsanlage. Kunststoffgranulat wird im **Extruder** aufgeschmolzen, homogenisiert und durch ein **Extrusionswerkzeug** gepresst. Anschließend durchläuft das vorgeformte Halbzeug eine **Kalibrierstrecke**, in der es auf Sollmaße gebracht wird. Nach der **Kühlstrecke** nimmt eine **Abziehvorrichtung** das Profil auf und mithilfe einer **Ablängvorrichtung** wird das extrudierte Profil auf Länge geschnitten.

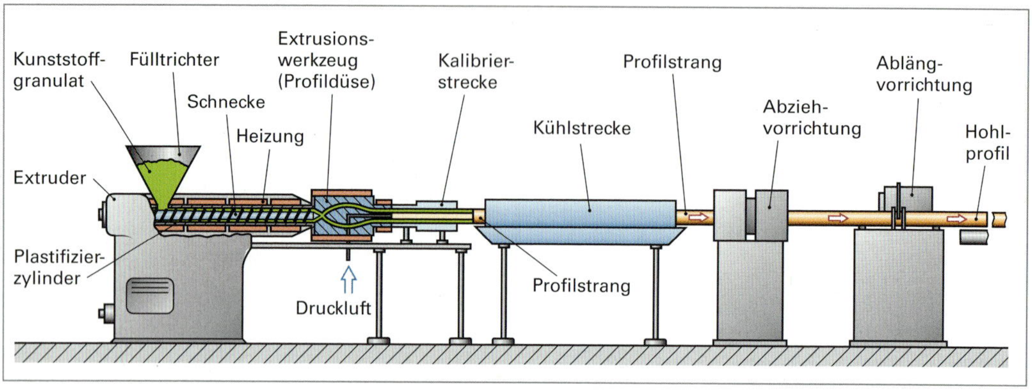

Bild 1: Schematische Darstellung einer Extrusionsanlage

Folienblasen ist eine Sonderform des Extrudierens. Hierbei wird ebenfalls ein Extruder für das Aufbereiten der Schmelze eingesetzt. Direkt nach dem Extruder wird die Schmelze in dem Blaskopf um 90° umgelenkt, in die Extrusionsdüse (Ringdüse) geleitet und senkrecht nach oben extrudiert **(Bild 2)**. Von außen wird die entstehende dünne Folie mit Luft gekühlt und innen durch **Luftzuführung** zu einem Schlauch aufgeblasen. Leitbleche führen den Kunststoffschlauch den Quetschwalzen zu. Nachdem die abgekühlte Folie mehrere Umlenkwalzen passiert hat, wird sie mithilfe einer **Aufwickelvorrichtung** zu großen Rollen aufgewickelt.

Sind aufgrund des Anforderungsprofils der Folie mehrere Kunststoffearten erforderlich, kann durch parallele Zuführung mehrerer Kunststoffarten eine Mehrschicht-Blasfolie (**Verbundfolie**) erzeugt werden. Dieses Verfahren wird als **Coextrusion** bezeichnet. Dabei werden mehrere Extruder getrennt voneinander mit einem jeweils anderen Kunststoff befüllt **(Bild 3)**. Erst in der Extrusionsdüse werden sie zusammengeführt. Es entsteht Verbundfolie mit den gewünschten Eigenschaften mehrerer Kunststoffe. Die weiteren Schritte entsprechen denen des Standard-Folienblasens.

> **Folienblasen** gehört zu den kontinuierlichen Verfahren. Es können ein- oder mehrlagige Folien erzeugt werden.

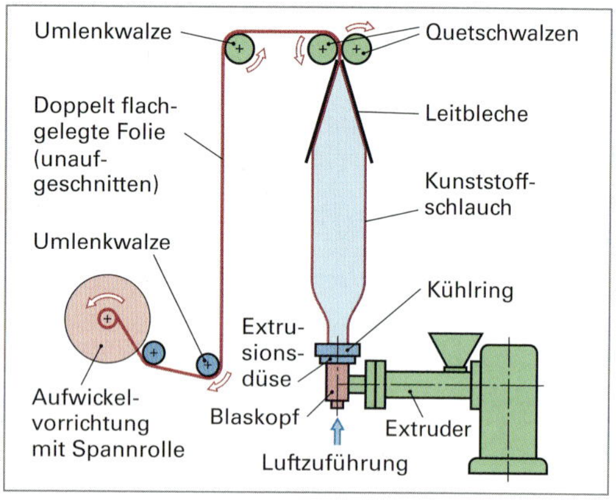

Bild 2: Prinzip des Folienblasens

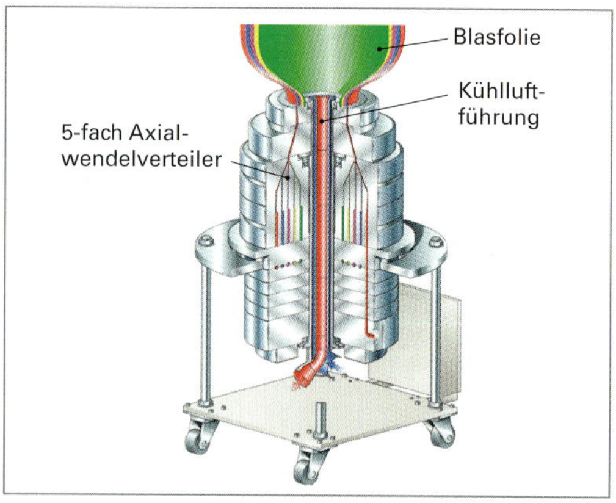

Bild 3: Coextrusion

6.6.2 | FUNKTION UND AUFBAU EINES EXTRUSIONSWERKZEUGS

Bei der Konstruktion der Halbzeuge sollte auf gleichmäßige Wandstärken des Extrudats und auf die Vermeidung scharfer Ecken geachtet werden. Darüber hinaus sind eine **konstante Austrittsgeschwindigkeit** des Kunststoffhalbzeugs aus der Extruderdüse sowie die Vermeidung von **Fließmarkierungen** für eine optimale Qualität der Halbzeuge erforderlich.

Fließmarkierungen entstehen durch den Zusammenfluss zweier oder mehrerer Masseströme.

Bei der Auslegung der Extrusionsdüse ist neben dem Schwindungsverhalten des einzusetzenden Kunststoffs, dem geplanten Extrusionsdruck und der nachfolgenden Kalibrierung auch die **Strangaufweitung** zu berücksichtigen. Durch die Strangaufweitung sind die austretenden Querschnittsmaße größer als die Maße der Extrusionsdüse **(Bild 1)**.

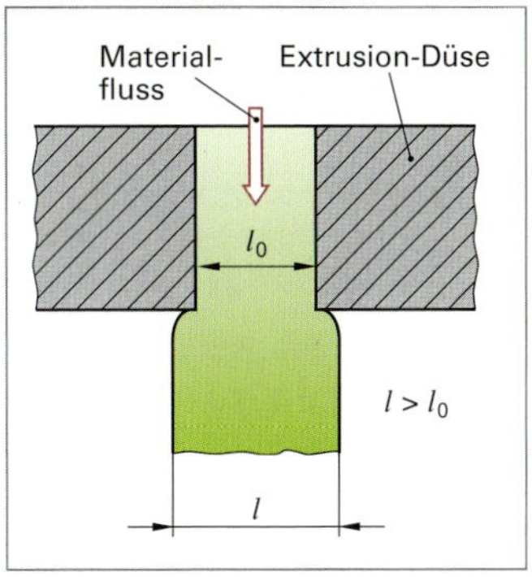

Bild 1: Strangaufweitung

Extrusionswerkzeuge lassen sich in **Profilwerkzeuge**, **Folien- und Plattenwerkzeuge** sowie **Werkzeug mit kreisringspaltförmigem Austrittsquerschnitt** unterteilen. Beispiele zu Werkzeugen mit kreisringförmigen Austrittsquerschnitten sind:

- Dornhalterwerkzeuge,
- Wendelverteilerwerkzeuge,
- Siebkorbwerkzeuge,
- Pinolenwerkzeuge.

Bei der Extrusion von Rohren kommt meist ein **Dornhalterwerkzeug** zum Einsatz **(Bild 2)**. Die zentral zugeführte Kunststoffmasse wird durch den Verdrängungskörper, die Dornspitze, in einen kreisringförmigen Massestrom umgewandelt. Durch die Dornhalter, die der Befestigung der Dornspitze dienen, wird der Massestrom in mehrere Teilströme aufgeteilt. Diese Aufteilung führt zu Fließnähten, die sich an der Oberfläche als nachteilige **Fließmarkierungen** abbilden können. Abhilfe bietet eine versetzte Steganordnung oder der Einsatz eines **Doppelstegdornhalterwerkzeugs**.

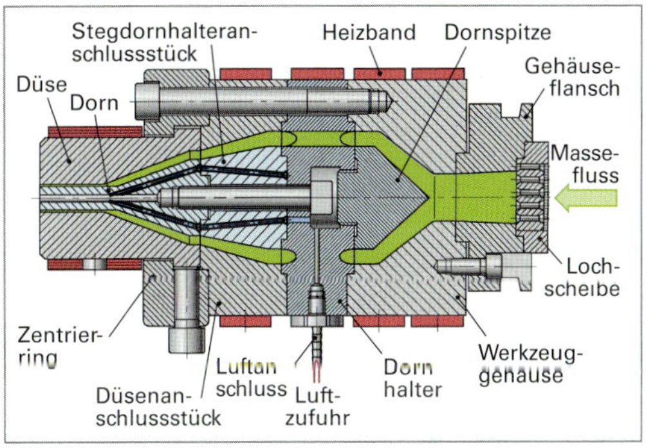

Bild 2: Dornhalterwerkzeug

Siebkorbwerkzeuge funktionieren nach demselben Prinzip wie Dornhalterwerkzeuge, wobei die Aufteilung des Schmelzestroms nicht durch Dornhalter, sondern durch Siebkörbe erfolgt **(Bild 3)**. Durch ihre kompakte Bauart sind sie leichter und einfacher zu handhaben als Dornhalterwerkzeuge.

Zur Herstellung von Blasfolien werden **Wendelverteilerwerkzeuge** eingesetzt **(Bild 3)**. Jede einzelne Wendel wird vom Vorverteiler mit Kunststoffschmelze gespeist. Da die Kanaltiefe ständig abnimmt, überlagern sich die einzelnen Teilströme, wodurch die Bildung von **Fließmarkierungen** verhindert wird.

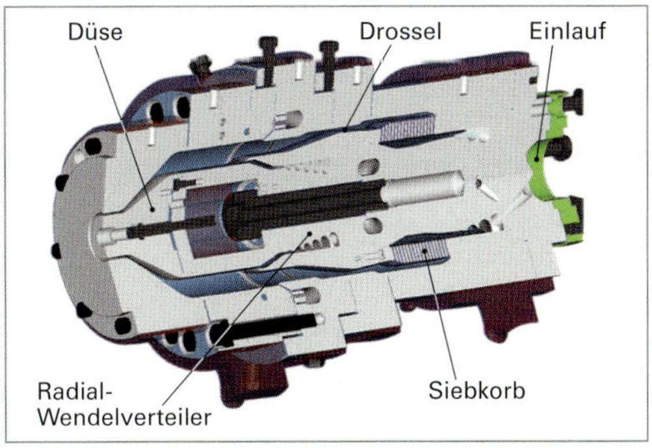

Bild 3: Siebkorb- und Wendelverteilerwerkzeug

Dornhalter-, Siebkorb-, Wendelverteiler- und Pinolenwerkzeuge sind **Extrusionswerkzeuge** mit **kreisringspaltförmigem Austrittsquerschnitt**.

Lernfeld 6

Um Halbzeuge mit unregelmäßigem Querschnitt extrudieren zu können, werden **Profilwerkzeuge** eingesetzt. Die Herausforderung besteht in der Vermeidung sogenannter **Totwasserzonen**. Durch Veränderung des Drucks kann es in Randzonen zur Verlangsamung oder zur Umkehrung der Strömungsgeschwindigkeit kommen. Die Strömung kann sogar zum Stillstand kommen. Die Folgen solcher Totwasserzonen können Materialschädigungen sein.

Neben **Stufenwerkzeugen** und **Blendenwerkzeugen** gehören **Werkzeuge mit allmählicher Querschnittsveränderung** zu den Profilwerkzeugen.

Bei **Blendenwerkzeugen** formt die **auswechselbare Blende** das Profil des Halbzeugs **(Bild 1)**. Ein **Verdrängerkörper** wird eingesetzt, um die Wahrscheinlichkeit einer Totwasserzone zu verringern.

Mehrere hintereinander angeordnete **Düsenplatten** sorgen beim **Stufenwerkzeug** für die schrittweise Erzeugung des gewünschten Endprofils **(Bild 2)**. Im Vergleich zum Blendenwerkzeug besteht durch die fließenden Übergänge der Platten eine geringere Gefahr der Totwasserbildung.

Für komplexe Profile sind **Werkzeuge mit allmählicher Querschnittsveränderung** notwendig.

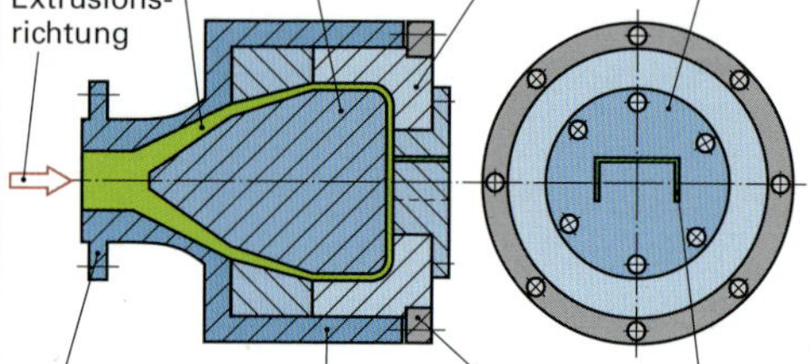

Bild 1: Blendenwerkzeug mit Verdrängerkörper

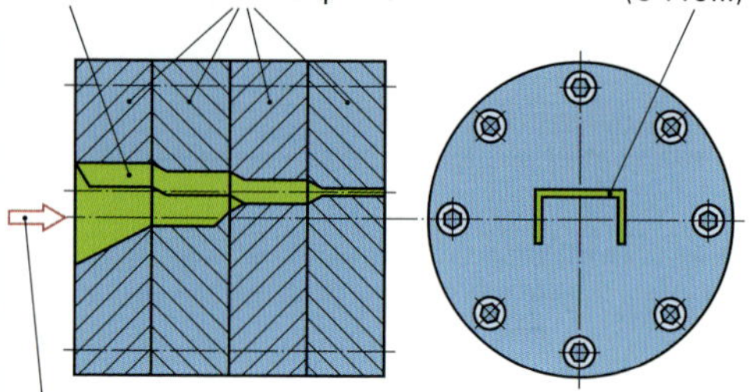

Bild 2: Stufenwerkzeug

AUFGABEN | WIEDERHOLUNG UND VERTIEFUNG

1. Beschreiben Sie den Verfahrensablauf beim Extrudieren.
2. Welche Arten von Extrusionswerkzeugen kennen Sie? Beschreiben Sie die Funktionsweise der genannten Extrusionswerkzeuge näher.

Lernfeld 6

6.7 | FERTIGEN DURCH BLASFORMEN

Die Herstellung von Kunststoffhohlkörpern, wie z. B. Getränkeflaschen oder Reinigungsmittelflaschen, wird durch **Blasformen** durchgeführt **(Bild 3)**. Die mögliche Form- und Größenvielfalt der mit diesem Fertigungsverfahren hergestellten Produkte sorgen für ihren weit verbreiteten Einsatz. Kennzeichen von blasgeformten Bauteilen ist neben dem Anspritzpunkt bzw. der Schließnaht am Boden die typische seitliche Trennnaht.

Bild 3: Blasformteile

6.7.1 | PRINZIP DES BLASFORMENS

Zur Herstellung von Blasformteilen kommen zwei Verfahren zum Einsatz:

- das Extrusionsblasformen,
- das Streckblasformen.

Beim **Extrusionsblasformen** werden die Verfahren Extrudieren und Blasformen kombiniert. Der **Extrusionsblasform-Zyklus** erfolgt in vier Schritten **(Bild 1)**:

Im **ersten Schritt** wird eine thermoplastische Schmelze in einem Extruder bereitgestellt und in den Schlauchkopf umgelenkt. Dort wird ein schlauchförmiger Vorformling erzeugt. Mithilfe einer **Wanddickensteuerung** kann die Wandstärke des Schlauches beeinflusst werden. **Coextrusionsköpfe** ermöglichen Wände aus bis zu sieben Schichten.

Das zweiteilige Blasformwerkzeug umschließt den Vorformling im **zweiten Schritt**. Dieser wird oben abgeschnitten und unten abgequetscht. Es entsteht die typische Naht am Bauteilboden.

Im **dritten Schritt** fährt das Blasformwerkzeug vom Schlauchkopf zur Blasstation. Dort taucht der Blasdorn in den Vorformling ein und bläst Druckluft in das Innere des warmen Schlauches. Dadurch dehnt sich der weiche Vorformling aus, wird an die gekühlten Wände des Blasformwerkzeugs gedrückt und nimmt die gewünschte Form an.

Sobald das Material ausreichend abgekühlt und ausgehärtet ist, öffnet das Blasformwerkzeug und das blasgeformte Bauteil wird im **vierten Schritt** entformt.

Während das Blasformwerkzeug zurück in die Ausgangsposition fährt und ein neuer Zyklus startet, erfolgen am Blasformbauteil Nacharbeiten, wie z. B. das Entfernen der Butzen an beiden Enden und, wenn erforderlich, Dichtigkeitsprüfungen.

Bei Bedarf werden Anlagen zum Extrusionsblasformen z. B. durch Entbutzeinheiten, Dichtheitsprüfstationen, Transportbänder oder Etikettiereinrichtungen ergänzt. Durch Extrusionsblasformen können Produkte mit einem Volumen zwischen 5 und 10 000 Liter hergestellt werden.

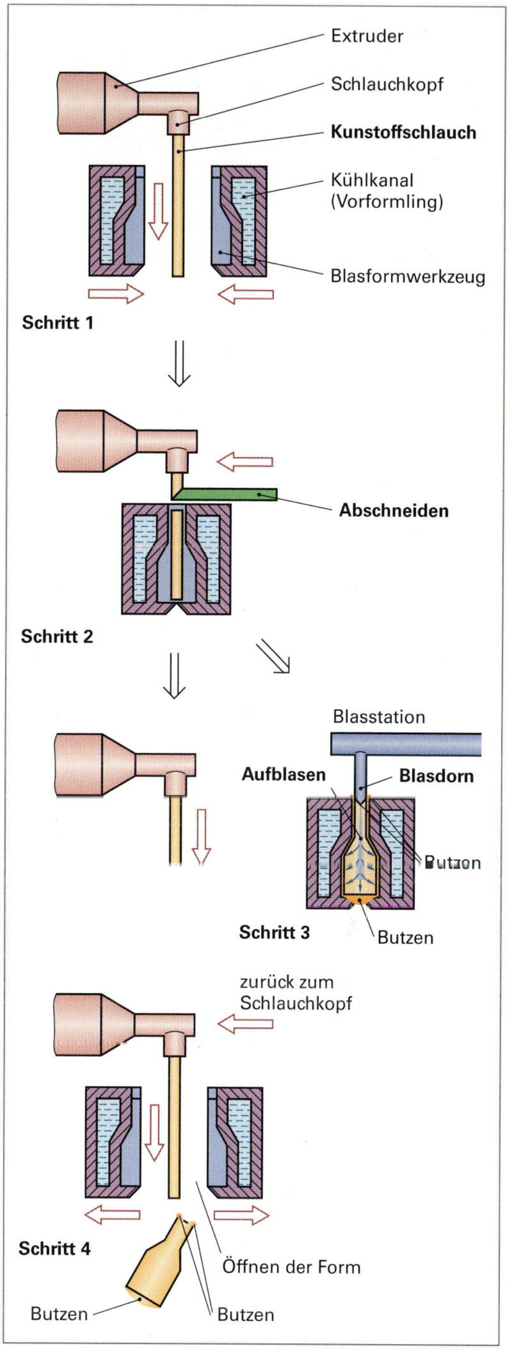

Bild 1: Ablauf des Extrusionsblasformens

Beim **Extrusionsblasformen** werden zwei Fertigungsverfahren kombiniert: das Extrudieren und das Blasformen.

Beim **Streckblasformen** werden die Verfahren Spritzgießen und Blasformen kombiniert, wobei die beiden Prozesse unabhängig voneinander ablaufen. Haupteinsatzgebiet des Verfahrens ist die Herstellung von Flaschen aus PET.

Auch bei diesem Verfahren wird mit einem Vorformling gearbeitet. Er hat die Form eines Reagenzglases mit einem Gewinde am offenen Ende und wird in einem separaten Spritzgießprozess im **ersten Schritt** hergestellt **(Bild 1)**.

Der Vorformling wird im **zweiten Schritt,** dem Temperieren, auf Umformtemperatur gebracht.

Im **dritten Schritt** wird der Vorformling dem Blasformwerkzeug zugeführt. Dieses umschließt den Vorformling am Gewinde und hält ihn fest. Daran schließen sich das mechanische Verstrecken in axialer Richtung mittels Dorn sowie die Umfangsverstreckung mithilfe eines Blasdrucks von bis zu 20 bar an. Dabei wird der Vorformling an die gekühlten Wände des Blasformwerkzeugs gedrückt und nimmt die gewünschte Form an.

Ist das Material ausreichend abgekühlt und ausgehärtet, öffnet das Blasformwerkzeug und das Bauteil wird im **vierten Schritt** entformt.

Das Verstrecken in zwei Richtungen führt zur biaxialen Orientierung der Makromoleküle und dadurch zu einer Verbesserung der mechanischen Eigenschaften des Kunststoffs. Im Vergleich zum Extrusionsblasformen können dünnere Wandstärken erzeugt werden, allerdings können mit diesem Verfahren nur Hohlkörper mit rotationssymmetrischem oder ovalem Querschnitt hergestellt werden.

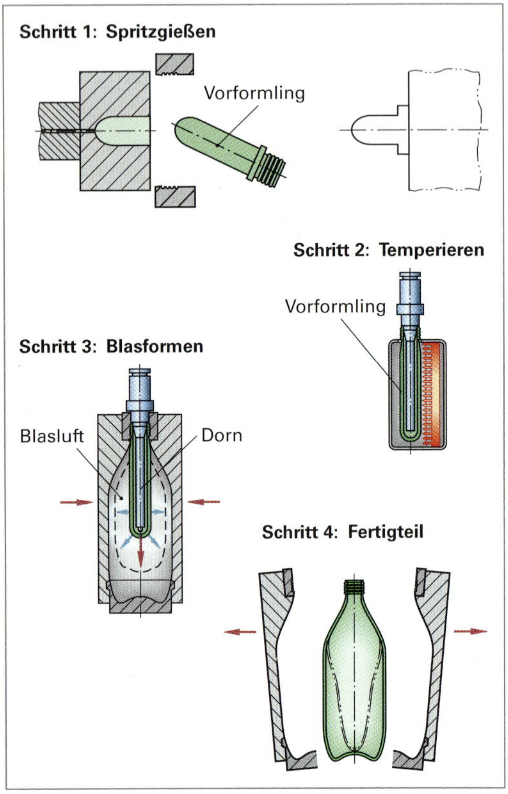

Bild 1: Ablauf des Streckblasformens

> Beim **Streckblasformen** laufen die kombinierten Prozesse, das Spritzgießen und das Blasformen, unabhängig voneinander ab.

6.7.2 | FUNKTION UND AUFBAU DES WERKZEUGS

Die Oberfläche und Geometrie eines Blasformteils wird vom **Blasformwerkzeug** bestimmt.

Je nach Anforderung werden die Formeinsätze oder Teile davon aus **Stahl, Kupfer-Beryllium-Legierungen** oder **Aluminiumlegierungen** hergestellt **(Bild 2)**. Kupfer-Beryllium-Legierung verfügt über eine sehr gute Wärmeleitfähigkeit, wodurch sich die Kühlzeit und damit die Zykluszeit reduziert. **Stahl** wird dort eingesetzt, wo es auf hohe Festigkeit, geringen Verschleiß, Härtbarkeit und gute Polierbarkeit ankommt. Bei Werkzeugen aus **Aluminiumlegierungen** stehen ihr geringes Gewicht, die sehr gute Wärmeleitfähigkeit und kürzere Werkzeugbearbeitungszeiten im Vordergrund.

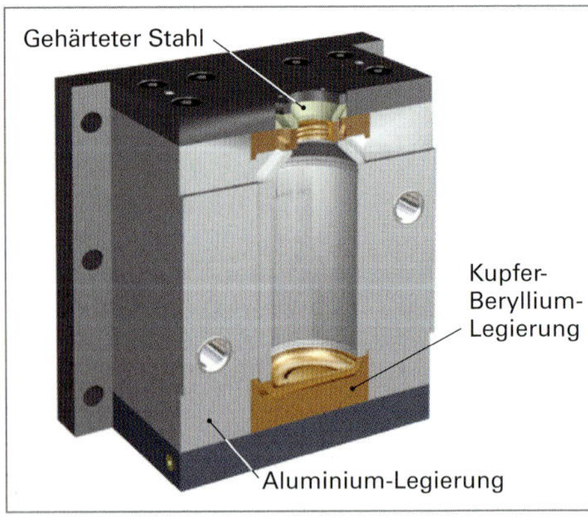

Bild 2: Formeinsatz mit verschiedenen Werkstoffen

Für größere Blasformteile werden die Blasformwerkzeuge aus **Feinzink-Gusslegierungen** gegossen, wobei die Kühlung in Form von eingelegten Kupferrohren sichergestellt wird. Wie beim Spritzgießen werden für Großserien Mehrfachwerkzeuge eingesetzt.

Entformung der Blasformteile

Die meisten Blasformteile werden über den **Blas- und Kalibrierdorn** entformt. Das obere Teil des Hohlkörpers schwindet auf den Dorn, wodurch ein Abrutschen des Blasformteils verhindert wird. Soll ein Bauteil durch ein Handlingssystem entnommen werden, sorgen pneumatisch gesteuerte **Auswerferstifte** beim Öffnen des Blasformwerkzeugs dafür, dass das Bauteil in der Form gehalten wird. Ähnlich wie beim Spritzgießen werden Hinterschneidungen mithilfe von **Schiebern** entformt.

Formentlüftung

Lufteinschlüsse können beim Schließen der Blasformhälften den Schlauch zusammendrücken und verschweißen. Fehlerhafte Oberflächenabbildung, unleserliche Beschriftungen, schlechtere Wärmeabgabe sowie Fleckenbildung sind weitere Auswirkungen unzureichender **Formentlüftung**.

Folgende **Möglichkeiten zur Verbesserung der Entlüftung** stehen zur Verfügung:

- Ein **Kreuzschliff** oder **feine Schlitze** (0,02 mm bis 0,1 mm tief) an den **Formtrennkanten** ermöglichen einen Luftaustritt durch die dahinterliegenden Kanäle **(Bild 1)**.
- Sofern es die Spezifikation der Bauteiloberfläche zulässt, wird die Möglichkeit zur Entlüftung durch **Sandstrahlen** der Formnestoberfläche verbessert.
- Dort, wo sich voraussichtlich Luft sammelt, werden zur Entlüftung sehr feine Bohrungen angebracht **(Bild 1)**.
- Bei Blasformteilen mit geringen Oberflächenanforderungen können **Schlitzdüsen** oder **Sintereinsätze** hinzugefügt werden.
- Sonderbauteile, wie **Schieber**, **Auswerfer** oder kleine **Einsätze**, können zur Formentlüftung genutzt werden **(Bild 1)**.

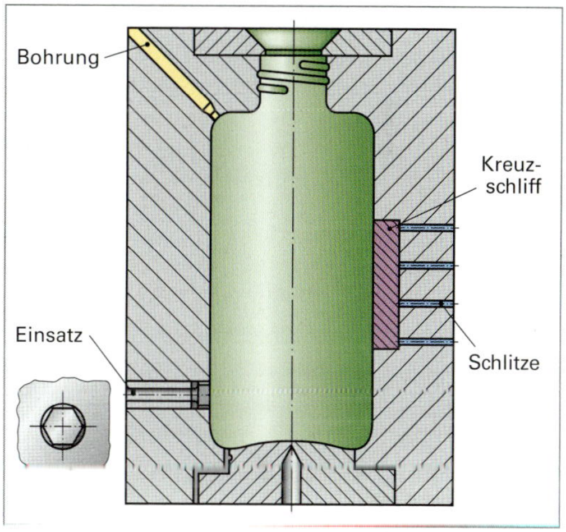

Bild 1: Formentlüftung

Trennkante

Die **Trennkante** bei Flaschen beschränkt sich auf den Boden und Halsbereich. Dort wird der extrudierte Schlauch abgetrennt und verschweißt. Komplexere Bauteile haben eine umlaufende Trennkante.

Die Gestaltung der Trennkante beeinflusst neben der Schweißnahtfestigkeit auch das spätere Entfernen der Butzen.

Die Aufgabe des Werkzeugkonstrukteurs besteht darin, eine optimale Lösung für ein sicheres Verschweißen in Kombination mit einem erfolgreichen Blasvorgang und dem noch wirtschaftlichen Entfernen des Butzens zu finden.

AUFGABEN | WIEDERHOLUNG UND VERTIEFUNG

1. Erläutern Sie den Verfahrensablauf beim Extrusionsblasformen.
2. Worin unterscheidet sich das Streckblasformen vom Extrusionsblasformen? In welchem Bereich liegt das Haupteinsatzgebiet des Streckblasformens?
3. Mit welchen Mitteln kann der Konstrukteur die Formentlüftung beeinflussen?

6.8 FERTIGEN DURCH THERMOUMFORMEN

Durch **Thermoumformen** werden thermoplastische Kunststoffhalbzeuge, wie z.B. Tafeln oder Folien, durch Einwirkung von Wärme, Druckluft und Vakuum oder durch mechanisch-plastische Verfahren umgeformt. Anwendungsbeispiele für thermoumgeformte Bauteile sind neben Joghurtbechern und Trays (Umverpackungen, **Bild 1**) auch Maschinenverkleidungen. Bevorzugt werden amorphe Thermoplaste, wie z.B. PC und ABS, sowie teilkristalline Thermoplaste, wie PP und PE, verarbeitet.

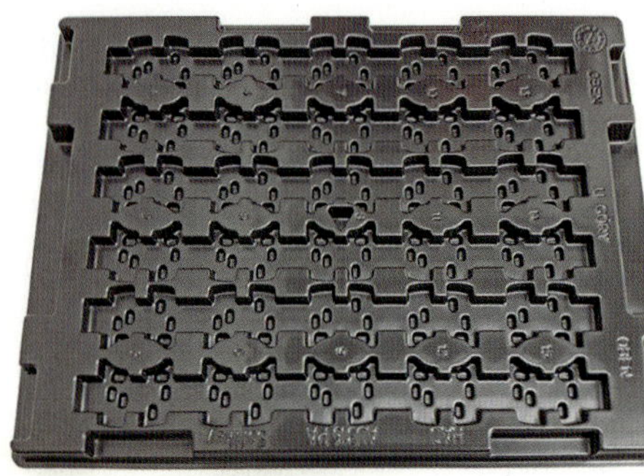

Bild 1: Thermogeformtes Bauteil

Beim Thermoumformen wird die Anordnung der Fadenmoleküle verändert. Hierbei kommt es zu einer Zu- bzw. Abnahme der Festigkeit. Wird ein umgeformtes Bauteil erneut erwärmt, so tritt ein **Rückstellbestreben,** der sogenannte **Memory-Effekt**, auf. Dabei versuchen die Fadenmoleküle, ihre frühere Anordnung wiederherzustellen.

6.8.1 VERFAHRENSABLAUF

Das **Thermoumformen** erfolgt in fünf Schritten **(Bild 2)**:
Im **ersten Schritt** wird das Kunststoffhalbzeug auf Erweichungstemperatur gebracht. Sobald der Kunststoff thermoelastisch ist, kann der Umformprozess erfolgen.

Hierzu wird im **zweiten Schritt** das temperierte Halbzeug über einem Thermoumformwerkzeug positioniert und durch **Vorstrecken** vorgeformt. Das Vorstrecken kann mechanisch mithilfe eines Vorstreckstempels, des Thermoumformwerkzeugs selbst oder durch das Bilden einer Blase mit Druckluft bzw. das Anlegen von Vakuum erfolgen. Anschließend fährt das Werkzeug von unten an die Blase heran.

Im **dritten Schritt** erfolgt das **Ausformen** des Bauteils durch das Anlegen eines Vakuums oder mittels Druckluft, wobei die Luft zwischen Formteil und Werkzeug durch kleine Luftkanäle abgesaugt wird.

Das Formteil wird im **vierten Schritt** mit kühler Luft oder Umgebungsluft angeblasen und dadurch abgekühlt.

Anschließend wird im **fünften Schritt** das fertige Bauteil entformt.

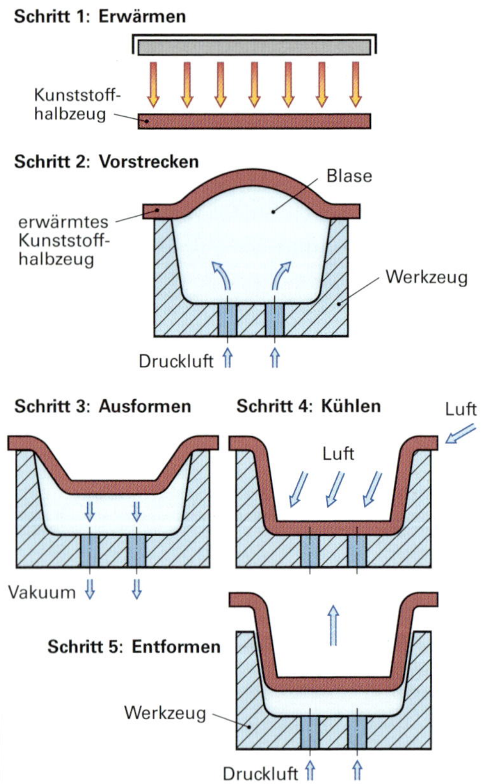

Bild 2: Ablauf des Thermoumformens

Zwei Arten der Formgebung werden unterschieden, deren Einsatz sich nach der Anforderung an die Abformgenauigkeit der Innen- bzw. Außenkontur richtet:

- die Positiv-Formung,
- die Negativ-Formung.

Die **Positiv-Formung** bildet die Innenkontur des Thermoumformwerkzeugs ab, wodurch eine hohe Maßhaltigkeit der Innenkontur erzeugt werden kann. Die Außenmaße ergeben sich und können nur bedingt beeinflusst werden **(Bild 1a)**.

Bei der **Negativ-Formung** werden maßhaltige Außenkonturen erzeugt, da sich das Kunststoffhalbzeug in das Thermoumformwerkzeug legt, die Innenmaße ergeben sich **(Bild 1b)**.

Der Technische Produktdesigner gibt durch die Art der Fertigteilbemaßung die Gestaltung des Thermoumformwerkzeugs vor: Innenmaße erfordern eine Positiv-Formung, Außenmaße eine Negativ-Formung.

Komplexe Bauteile sowie Bauteile mit unterschiedlichen Anforderungen bezüglich der Maßhaltigkeit ihrer Innen- und Außenmaße können durch eine Kombination der Positiv- und Negativ-Formungen hergestellt werden. Das Umformmedium (mechanisch oder pneumatisch) kann ebenfalls kombiniert werden, um optimale Bedingungen für den Herstellprozess zu erreichen.

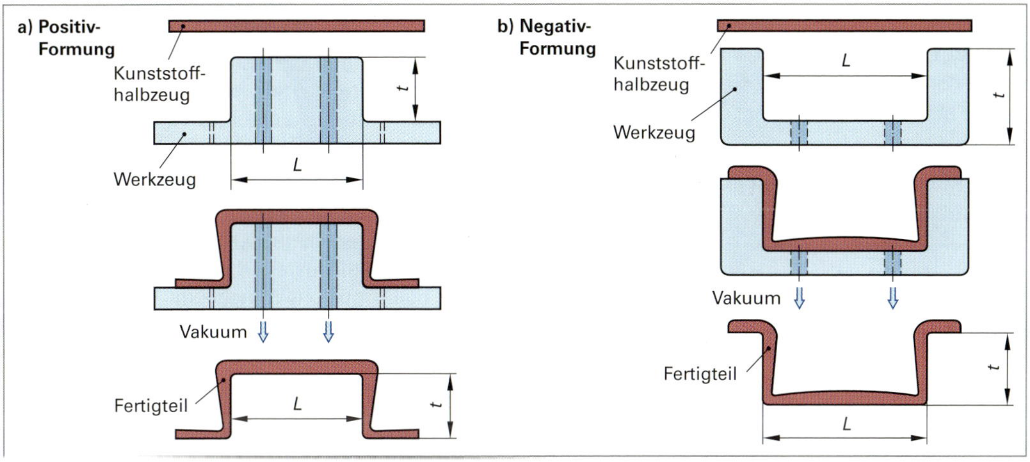

Bild 1: a) Positiv-Formung und b) Negativ-Formung.

Sollen einfache, kostengünstige und formsteife Bauteile erzeugt werden, kommt das **Twinsheetverfahren** zum Einsatz. Zwischen zwei Thermoumformwerkzeughälften werden zwei Kunststoffplatten gelegt, erwärmt, durch ein beidseitiges Vakuum umgeformt und anschließend verschweißt **(Bild 2)**.

Ein weiteres Verfahren, das häufig für die Verpackung von kleinen Werkzeugen und Materialien eingesetzt wird, ist das **Skinpack-Verfahren (Bild 3)**. Hier macht man sich den **Memory-Effekt** zunutze, der dafür sorgt, dass sich die vorgewärmte und vorgestreckte Folie eng an das zu verpackende Bauteil legt.

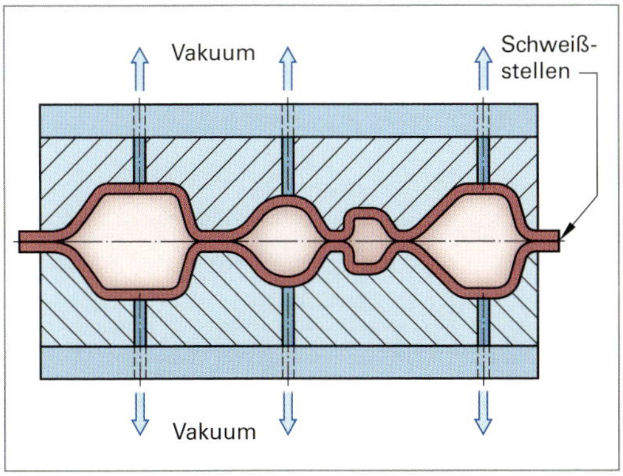

Bild 2: Twinsheetverfahren

Bild 3: Beispiel für mittels Skinpack-Verfahren verpackte Produkte

additiv erzeugten Bauteile können bereits in der Produktentwicklungsphase Optimierungen am Bauteil durchgeführt werden. Die einzige Beschränkung stellen die Bauraumgrößen der additiven Fertigungsverfahren dar. Bei der Auswahl eines geeigneten additiven Fertigungsverfahrens spielt neben wirtschaftlichen Aspekten auch die geplante Verwendung des herzustellenden Bauteils eine entscheidende Rolle.

6.9.1 | VERFAHREN DES ADDITIVEN MANUFACTURINGS

Auf Basis digitaler Daten werden mithilfe **additiver Fertigungsverfahren** Bauteile verschiedener Zielsetzung erstellt. Folgende Anwendungsfelder werden unterschieden:

- **Rapid Prototyping** (RP) erstellt innerhalb kürzester Zeit Prototypenbauteile.
- **Rapid Tooling** (RT) wird zur Herstellung von Werkzeugen genutzt, die eine Erzeugung von (Vorserien-)Bauteilen aus Serienmaterial ermöglichen.
- **Rapid Manufacturing** (RM) stellt endkundentaugliche Fertigbauteile in Serienqualität her.

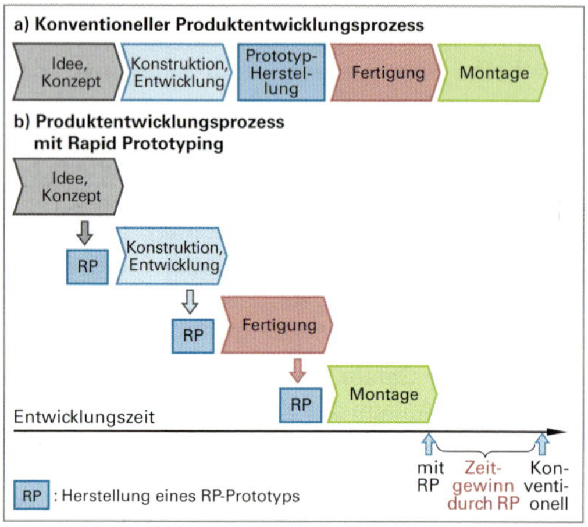

Bild 1: Zeitersparnis durch Rapid Prototyping

Rapid Prototyping (RP)

Durch die **schnelle Verfügbarkeit** von Design-, Konzept-, Geometrie- und Funktionsmodellen unterstützt **Rapid Prototyping** den Produktentwicklungsprozess. Die Zeitersparnis im Vergleich zum konventionellen Produktentwicklungsprozess generiert Wettbewerbsvorteile für das Unternehmen **(Bild 1)**.

Rapid Tooling (RT)

Beim **Rapid Tooling** werden **Werkzeuge** und **Formen** innerhalb kürzerer Zeit als mit konventionellen Fertigungsverfahren hergestellt. Hierbei werden zwei Herstellarten unterschieden: die **direkte Herstellung** und die **indirekte Herstellung** von Werkzeugen und Formen. Verwendung finden die erzeugten Formen beim Spritzgießen, Druckgießen oder Sandguss.

Bei der **direkten Herstellung** von Werkzeugen und Formen wird je nach Herstellverfahren von **Hard-Tooling**, bei dem bis zu 100 000 Spritzgießteile erzeugt werden können, oder von **Soft-Tooling** mit Ausbringungsmengen zwischen 100 und 200 Stück gesprochen. Additiv hergestellte Formeinsätze für Spritzgießwerkzeuge haben gegenüber konventionell hergestellten Formeinsätzen den Vorteil, dass eine konturnahe Kühlung ungeachtet der Komplexität der Bauteilgeometrie eingebracht werden kann. Diese reduziert die Zykluszeit beim Spritzgießen und verbessert die Bauteilqualität.

Neben Stahl können auch mineralische Stoffe, wie z. B. Sand oder Keramik, für die Herstellung von **Gießformen** verwendet werden. Nachteilig ist, dass einige Verfahren Folgeprozesse zur Erhöhung der Materialfestigkeit nach sich ziehen.

Die **indirekte Herstellung** von Werkzeugen und Formen arbeitet mit einem **Urmodell**, das additiv erzeugt wird. Mit diesem Urmodell wird anschließend konventionell das Werkzeug bzw. die Form hergestellt. Es werden drei Varianten unterschieden:

- Beim **Rigid-Tooling** wird vom Urmodell ein hartes Werkzeug abgeformt. Mit einem auf diese Weise erzeugten Spritzgießwerkzeug können ca. 10 000 Kunststoffbauteile hergestellt werden.
- Das **Soft-Tooling** ermöglicht durch das Abformen mit einem weichen Material, z. B. Silikon, größere Freiheiten bezüglich negativer Auszugsschrägen. Aus einem Silikonwerkzeug können etwa 25 bis 50 Bauteile aus Kunststoff oder Wachs hergestellt werden.

- **Verlorene Formen** stellen die dritte Variante dar. Diese Urmodelle werden mit einer keramischen Masse überzogen und ausgeschmolzen, bevor das Abgießen der Metallschmelze erfolgt. Sie kommen bei der Herstellung sehr kleiner Stückzahlen zum Einsatz.

Rapid Manufacturing (RM)

Für die Erzeugung von Bauteilen mit momentan noch geringen Stückzahlen in Serienqualität kommt das **Rapid Manufacturing** zum Einsatz. Additive Fertigungsverfahren ermöglichen die Erzeugung qualitativ hochwertiger Produkte ungeachtet deren geometrischer Komplexität. Dies eröffnet dem Konstrukteur die Möglichkeit, Funktionsintegrationen im frühen Stadium greifbar auszutesten und auf Basis der gewonnenen Erkenntnisse bereits während der Produktentwicklung Verbesserungen einfließen zu lassen.

Durch Rapid Manufacturing hergestellte Teile kommen in der **Medizintechnik** zum Einsatz. Implantate können z. B. mithilfe dieses Verfahrens individuell erstellt werden. **Bild 1** zeigt ein Titan-Implantat, welches über eine große Anzahl an Hohlräumen verfügt. Diese gewichtsreduzierenden Aussparungen bei sonst massiven Teilen sind nur durch additive Fertigung zu erreichen. Auch die Dentaltechnik, die Prothetik und der Flugzeugbau nutzen die Vorteile des Verfahrens erfolgreich.

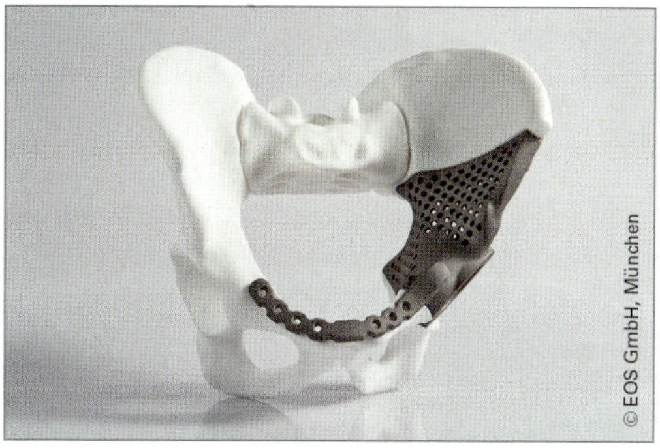

Bild 1: Hüftimplantat

Ein weiteres vielversprechendes Segment für das Rapid Manufacturing stellt die **Ersatzteilwirtschaft** dar. Die Erzeugung von Ersatzteilen anhand der digitalen Daten kann künftig innerhalb kürzester Zeit weltweit *just in time* erfolgen. Kostenintensive Transporte und Wartezeiten sowie teure Ersatzteillagerhaltung oder Produktionsausfall entfallen somit.

> **Additive Fertigungsverfahren** ermöglichen eine zeitnahe Erzeugung komplexer Bauteile.
> Je nach Zielsetzung kommt das **Rapid Prototyping**, das **Rapid Tooling** oder das **Rapid Manufacturing** zum Einsatz.

6.9.2 | MODELLARTEN

Folgende ganz unterschiedliche **Modellarten** können durch additive Fertigungsverfahren erzeugt werden:

- Designmodelle,
- Konzeptmodelle,
- Geometriemodelle,
- Funktionsmodelle,
- technische Prototypen.

Mithilfe von **Designmodellen** ist es dem Produktdesigner bereits zu Beginn des Produktentwicklungsprozesses möglich, ästhetisch-funktionale Gesichtspunkte zu bewerten und zeitnah anzupassen **(Bild 2)**.

Zur Beurteilung und Verbesserung der Funktionsweise eines angedachten Produktes werden **Funktionsmodelle** verwendet. Sie werden ersten Belastungen ausgesetzt und müssen deshalb über ähnliche Eigenschaften wie der Serienwerkstoff verfügen **(Bild 1, Seite 354)**.

Bild 2: Designmodell

Konzeptmodelle haben die Aufgabe, das Produkt während der Konzept- und Ideenphase (be-)greifbar zu machen. Häufig werden sie als handfeste Hilfe in Entscheidungsgremien von Vertrieb und Marketing herangezogen, da sie dem Kunden einen realitätsnahen Eindruck des Endproduktes vermitteln können **(Bild 2)**.

Als Planungshilfe für Fertigung und Montage werden **Geometriemodelle** herangezogen, da sie eine hohe Maß-, Form- und Lagegenauigkeit aufweisen **(Bild 3)**.

Sollen die geforderten Dauerfestigkeitseigenschaften des Serienbauteils überprüft werden, kommen **technische Prototypen** aus dem Serienwerkstoff zum Einsatz **(Bild 4)**. Sie dienen der Verbesserung des Fertigungsverfahrens. Die dazu erforderlichen Vorserienformen aus Metall werden durch Rapid-Tooling hergestellt.

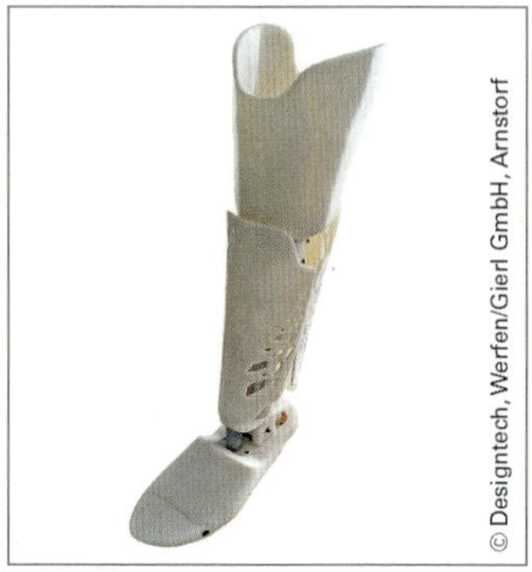

Bild 1: Funktionsmodell

Bild 2: Konzeptmodell

Bild 3: Geometriemodell

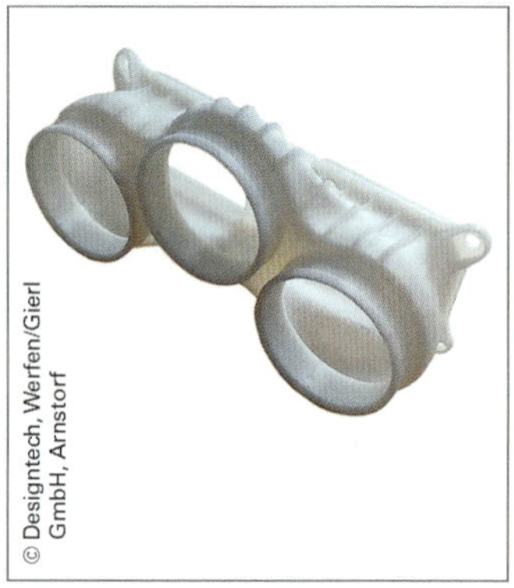

Bild 4: Technischer Prototyp

6.9.3 | GENERATIVE FERTIGUNGSVERFAHREN

Unabhängig von der Modellart ist ein einwandfreier **digitaler Datensatz** essentiell für alle additiven Fertigungsverfahren.

Ihren Ursprung haben die Daten in der Konstruktion. Dort werden 3D-Modelle mithilfe eines CAD-Programms erstellt **(Bild 5)**.

Alternativ können 3D-Daten mithilfe eines 3D-Scans gewonnen werden. Dabei wird ein vorliegendes Bauteil abgetastet und Voxel-Daten oder eine Punktewolke erzeugt. Dieses Verfahren wird als **Reverse Engineering** bezeichnet. Bei der anschließenden **Flächenrückführung** werden benachbarte Punkte durch Geraden verbunden, wodurch ein **Dreiecksnetzwerk** entsteht, welches das ganze Bauteil überspannt. Alternativ werden **parametrische grafische Elemente** durch Harmonisieren der Punktefolgen erzeugt.

Für die generative Fertigung wird ein **STL-Datensatz** (englisch: *Surface Triangulation Language*, Oberflächen-Dreiecksnetzwerk-Sprache) benötigt. Durch Konvertierung können 3D-Daten in dieses Datenformat überführt werden.

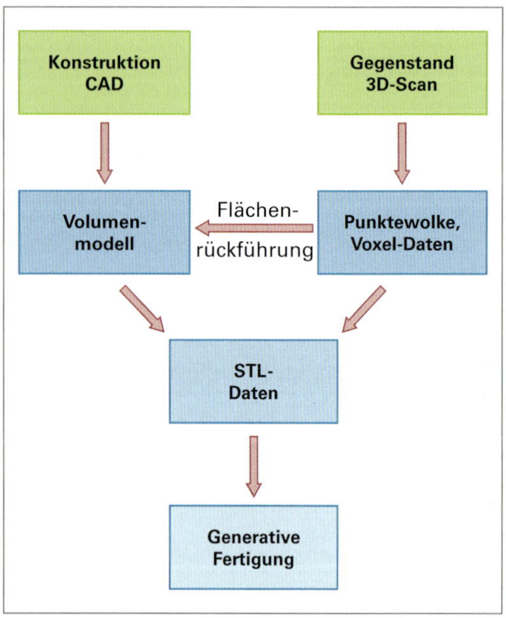

Bild 5: Datenfluss

Stereolithographie (STL)

Die **Stereolithographie** ist ein solides additives Fertigungsverfahren zur Erzeugung von transparenten, isotropen Modellen mit feiner Auflösung, hoher Oberflächenqualität und hoher Maßhaltigkeit. Nachteilig sind die relativ hohen Materialkosten und die im Vergleich mit anderen Verfahren geringe Belastbarkeit der Bauteile. Die wesentlichen Bestandteile einer Stereolithographie-Anlage sind **(Bild 1)**:

- eine Wanne mit klimatisiertem, photosensitivem, flüssigem Polymer (Harz),
- eine absenkbare Bauplattform,
- ein Laser,
- ein optisches Umlenksystem,
- eine Software, die die Belichtung, die Laser- und die Plattformposition steuert.

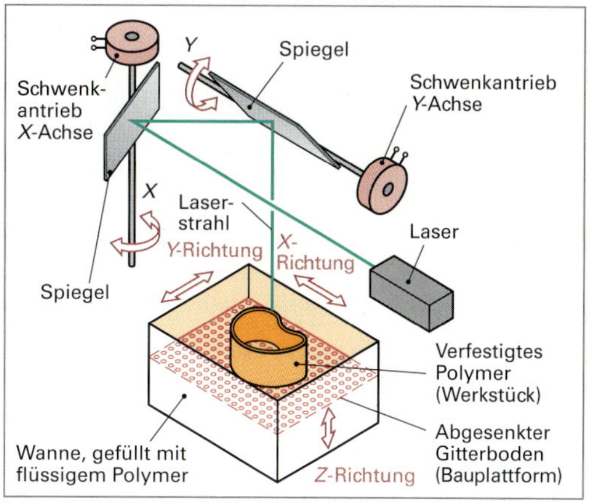

Bild 1: Aufbau einer Stereolithographie-Anlage

Bei der Herstellung eines STL-Bauteils wird zuerst eine **Stützkonstruktion** auf dem absenkbaren Gitterboden erzeugt, um dem Bauteil Halt im flüssigen Polymer zu geben und Verzug zu vermeiden. Hierfür wird schichtweise das flüssige Polymer mithilfe des **Ultraviolett-Lasers** ausgehärtet und anschließend die **Bauplattform** um die aufgebrachte Schichtdicke in die Wanne mit flüssigem Harz abgesenkt. Anschließend erfolgt der schichtweise Harzauftrag mit nachfolgender Aushärtung entsprechend des STL-Bauteildatensatzes. Ist der Bauprozess abgeschlossen, befindet sich das fertige Bauteil komplett im Polymerbad. Nun folgt die **Nachbearbeitung**, bei der die Stützkonstruktionen entfernt und überschüssiges flüssiges Harz beseitigt werden. Im letzten Schritt wird die **Nachvernetzung** des Bauteils mittels UV-Licht herbeigeführt. Falls erforderlich kann eine Oberflächenbehandlung, wie z. B. Sandstrahlen, Polieren oder Lackieren, durchgeführt werden.

Mittels **Stereolithographie** können Bauteile mit feiner Auflösung, hoher Oberflächenqualität und hoher Maßhaltigkeit erzeugt werden. Allerdings können nur Bauteile aus Polymer hergestellt werden und eine Stützkonstruktion ist für den Halt des Bauteils auf der Bauplatte erforderlich.

Selektives Lasersintern (SLS)

Bild 2 zeigt den Aufbau einer Lasersinter-Anlage.

Beim **selektiven Lasersintern** wird mit einem **CO_2-Laser** gearbeitet. In den Behältern neben der Bauplattform befindet sich **Metall-**, **Kunststoff-** oder **Sandpulver**.

Auch hier wird im Schichtbauverfahren gearbeitet, wobei die kleinste Schichtdicke 0,1 mm betragen kann. **Stützkonstruktionen** sind überflüssig, da das ungeschmolzene Material die Stützfunktion übernimmt.

Drei Prozessstufen werden bei diesem Verfahren durchlaufen. Die einzelnen Schritte sind in **Bild 1, Seite 336**, dargestellt.

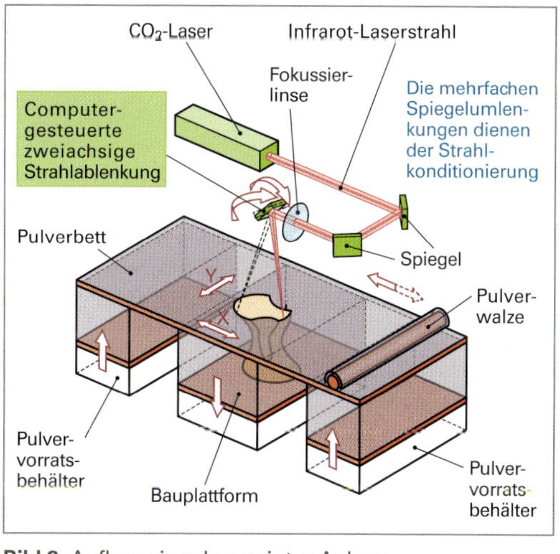

Bild 2: Aufbau einer Lasersinter-Anlage

Die **drei Prozessstufen** beim selektiven Lasersintern **(Bild 1)** sind:

Die **Bauplattform** wird um Schichtdicke abgesenkt, eine Pulverschicht aufgetragen und mittels CO_2-Lasers partiell gesintert. Dabei wird die **Polymerverbinderschicht** der obersten Pulverkörner geschmolzen, wodurch das Gefüge zusammengehalten wird. Diese **erste Stufe** wird solange wiederholt, bis das komplette Bauteil aufgebaut wurde. Dann wird das Bauteil aus dem Pulverbett entnommen und von überschüssigem, nichtgesintertem Pulver befreit.

In der **zweiten Stufe** wird durch Wärmezufuhr der Polymerverbinder ausgetrieben. Es bilden sich **Sinterbrücken**, wodurch die Festigkeit des Bauteils erhöht wird.

Die **dritte Stufe** dient dazu, die Hohlräume des Bauteils mit flüssigem **Kupfer** zu füllen und die Festigkeit weiter zu erhöhen.

Anschließend kann das Bauteil einer Nachbehandlung, wie z. B. Lackieren oder Gewindeschneiden, unterzogen werden.

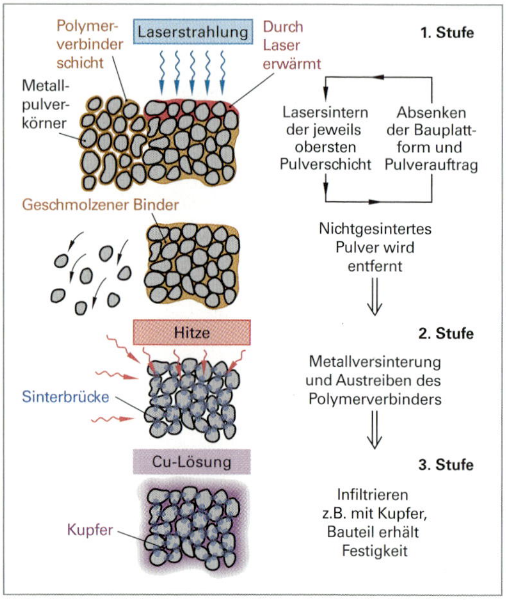

Bild 1: Prozessstufen beim selektiven Lasersintern

> Das **selektive Lasersintern** benötigt keine Stützkonstruktion bei der Herstellung von Bauteilen. Für die Bauteilerzeugung können verschiedene Materialien eingesetzt werden.

Selektives Maskensintern (SMS)

Beim **selektiven Maskensintern** wird mithilfe von Infrarotlicht mehrfach (schrittweise) aufgetragenes Kunststoffpulver partiell verschmolzen.

Bei jedem Schritt wird das gesamte mit Kunststoffpulver gefüllte Feld belichtet **(Bild 2)**. Eine **strahlenundurchlässige Maske** sorgt dafür, dass nur der Bereich belichtet wird, der in der jeweiligen Schicht die Bauteilgeometrie abbildet.

Nachteilig ist, dass für jede Schicht eine separate Maske hergestellt werden muss. Allerdings lassen sich aufgrund der großen Wellenlängenbreite der Infrarotstrahlung viele verschiedene wärmeleitfähige Materialien verarbeiten. Das nicht verschmolzene Kunststoffpulver stützt das Bauteil, sodass **Stützkonstruktionen** entfallen können. Aufgrund der gleichbleibenden Belichtungsdauer der einzelnen Schritte kommt es kaum zu Temperaturunterschieden zwischen den Schichten.

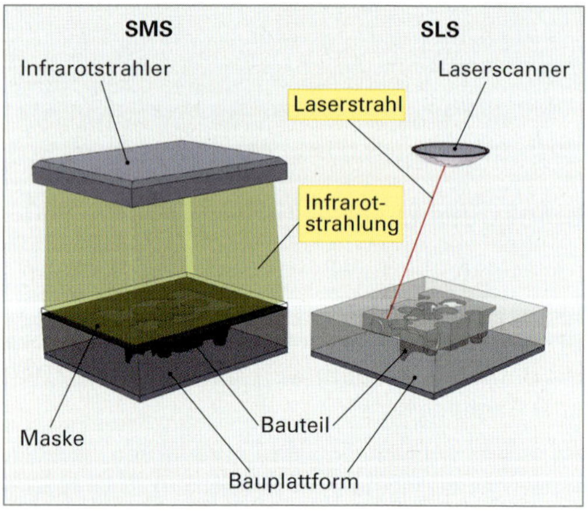

Bild 2: Vergleich: Selektives Maskensintern mit selektivem Lasersintern

Im Vergleich mit dem selektiven Lasersintern ist der Wärmeeintrag gleichmäßiger, weshalb beim selektiven Maskensintern weniger Spannungen im Bauteil und eine geringere Bauteilverzugsneigung auftreten.

> **Selektives Maskensintern** arbeitet ohne Stützkonstruktionen, strahlenundurchlässige Masken sorgen für die gezielte Belichtung der jeweiligen Schichtgeometrie.

Lernfeld 6

Fused Deposition Modeling (FDM)

Beim **Fused Deposition Modeling** wird ein bis knapp unter den Schmelzpunkt temperierter Draht aus Thermoplast mithilfe einer am **FDM-Kopf** befindlichen **Modelldüse** schichtweise auf die absenkbare Bauplattform bzw. auf die vorherige Schicht aufgetragen **(Bild 1)**. Voraussetzung für ein gutes Verbinden der einzelnen Schichten ist ein möglichst großer Unterschied zwischen dem Erweichungstemperaturbereich ET und dem Fließtemperaturbereich FT. Als Unterstützung kann eine temperierte Bauplattform dienen. Aufgrund ihres thermischen Verhaltens werden bevorzugt amorphe Thermoplaste, wie z.B. ABS oder PC, eingesetzt.

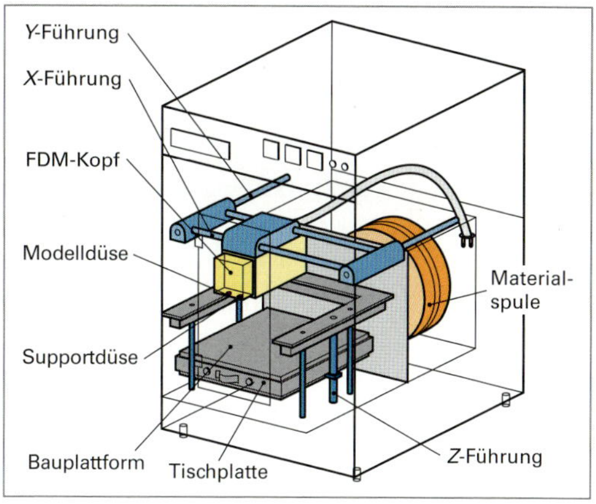

Bild 1: Aufbau einer FDM-Anlage

Der FDM-Kopf ist in *x*- und *y*-Richtung verfahrbar. Dadurch ist ein präzises Absetzen des halbflüssigen Drahts aus Thermoplast und die Erzeugung der gewünschten Bauteilgeometrien möglich.

Analog zur Stereolithographie ist eine **Stützkonstruktion** erforderlich, um das Bauteil auf der Bauplattform zu halten und fragile Bereiche zu unterstützen. Diese Stützkonstruktion wird aus entfernbarem Material mithilfe der **Supportdüse** am FDM-Kopf z. T. parallel zum Modellmaterial auf ein Raft (englisch: *raft*, Fundamentplatte) gesetzt **(Bild 2)**. Nach Fertigstellung des Bauteils kann die Stützkonstruktion mechanisch oder mithilfe von heißem Wasser entfernt werden.

Ein Vorteil dieses Verfahrens besteht darin, dass keine besonderen Sicherheitsvorkehrungen getroffen werden müssen, weil kein Laser zum Einsatz kommt. Eine FDM-Anlage kann sogar in Büroräumen betrieben werden. Allerdings sind die einzelnen Druckschichten am fertigen Bauteil meist deutlich zu sehen.

Einflussgrößen auf den FDM-Prozess sind u.a. die Materialviskosität, die Düsentemperatur und der Düsendurchmesser. Die Anordnung der Schichten und die Materialauswahl beeinflussen die Bauteilstabilität. Zur Verstärkung der Deck- und Bodenflächen werden in diesem Bereich kleinere Bahnabstände aufgebaut. Dadurch wird eine höhere Materialdichte erzeugt. Bei Bedarf können die Innenbereiche des Bauteils z.B. mit wabenförmigen Strukturen aufgefüllt werden.

Bild 2: FDM-Modell mit Raft

Zur Erzeugung eines Bauteils durch **Fused Deposition Modeling** ist eine Stützkonstruktion erforderlich. Das Verfahren arbeitet mit temperiertem, drahtförmigem Kunststoffmaterial, das schichtweise aufgetragen wird und so die Bauteilgeometrie abbildet.

AUFGABEN | WIEDERHOLUNG UND VERTIEFUNG

1. Unterscheiden Sie die direkte und die indirekte Herstellung beim Rapid Tooling.
2. Welche Funktionen übernehmen Konzeptmodelle während der Ideenphase?
3. Welche additiven Fertigungsverfahren kennen Sie? Beschreiben Sie diese näher.
4. Ordnen Sie geforderte Bauteileigenschaften, wie transparent, metallisch, hochfest, hohe Genauigkeit, keine Stützkonstruktion erforderlich und geringe Verzugsneigung, dem jeweils geeigneten Verfahren zu.

6.10 TECHNICAL ENGLISH

6.10.1 PLASTICS

Plastics are synthetically produced materials with a wide range of applications. They play a key role in mechanical engineering and have enabled a lot of new applications, e.g. housings of power tools, small gears or car tyres.

Typical properties of plastics are:

- low density
- electrically insulating
- low thermal stability
- low tensile strength
- weather resistant
- smooth surface

Plastics can be divided into three groups according to their molecular structure and mechanical behaviour upon heating:

Thermosetting plastics

Thermosetting plastics consist of macromolecules which are closely cross-linked at multiple points by chemical bonds **(figure 1)**. The bonds provide a dense network. These plastics are hard and stiff at room temperature and change their mechanical behaviour only slightly upon heating. If the temperature will be increased above the decomposition temperature, the plastic will be decomposed. They are not weldable and cannot be remoulded.

Elastomer plastics

Elastomer plastics have a molecular structure of wide-meshed macromolecules **(figure 2)**. Similar to thermosetting plastics they do not melt upon heating. Elastomer plastics can change significantly their shape and will return to their original shape if the load is released, so they are rubber-elastic.

Words (English)	Words (German)
synthetically	synthetisch
range	Bereich
application	Anwendung
mechanical engineering	Maschinenbau
to enable	ermöglichen
power tool	Elektrowerkzeug
gear	Zahnrad
car tyres	Autoreifen
density	Dichte
electrically insulating	elektrisch isolierend
thermal stability	Wärmebeständigkeit
tensile strength	Zugfestigkeit
to divide	trennen, aufteilen
according to	bezogen auf
mechanical behaviour	mechanische Eigenschaften
heating	erwärmen
thermosetting plastics	Duroplaste
cross-linked	vernetzt
multiple	viele
chemical bonds	chemische Verbindungen
network	Netzwerk
stiff	steif, starr
slightly	etwas, geringfügig
decomposition temperature	Zersetzungstemperatur
to decompose	sich zersetzen
weldable	schweißbar
to remould	nachformen
elastomer plastics	Elastomere
wide-meshed	weitmaschig
significantly	erheblich
shape	Form
rubber-elastic	gummielastisch

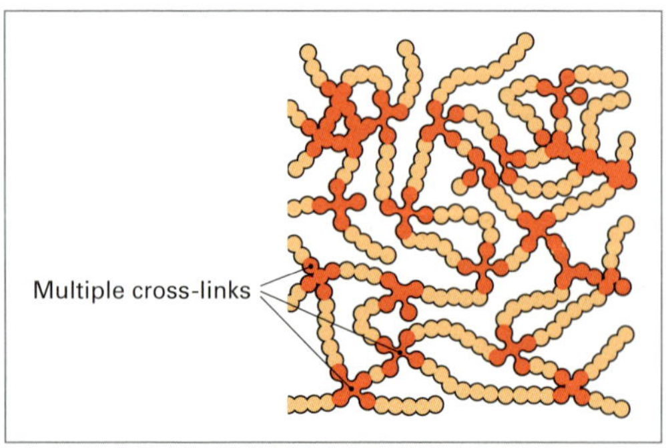

Figure 1: Thermosetting plastics

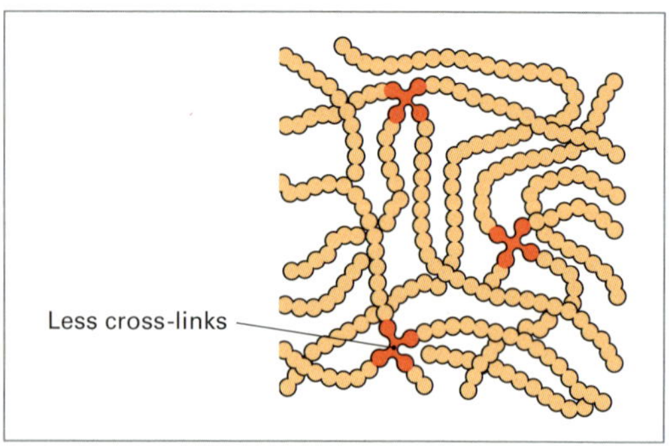

Figure 2: Elastomer plastics

Lernfeld 6

Thermoplastics

Thermoplastics have a microscopic filamentary structure without cross-linking **(figure 1)**. At room temperature they are hard. If they are heated up, they get flexible. If the temperature will be further increased, they become liquid. These plastics get their original hardness and strength back by cooling them down to room temperature. Therefore, thermoplastics are weldable and can be remoulded.

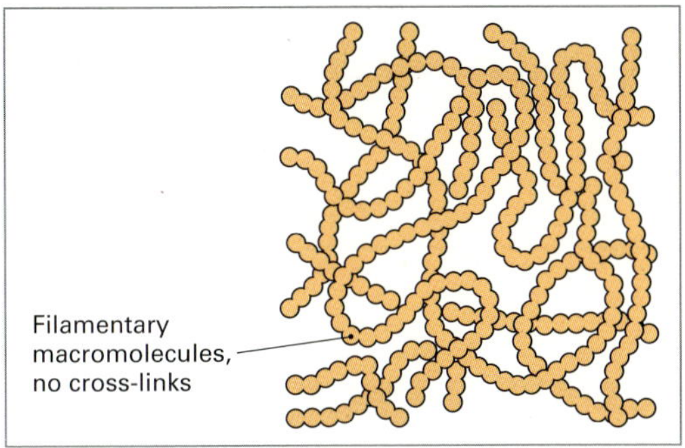

Figure 1: Thermoplastics

Words	
thermoplastics	Thermoplaste
filamentary	fadenförmig
accordingly	entsprechend
stiffness	Steifigkeit
opportunities	Möglichkeiten
integral hinge	Filmscharnier
increased	gesteigert
spring	Feder
incorporated	eingebaute
conventional	herkömmlich
axle	Achse
hinge	Scharnier
tension spring	Zugfeder
torsion spring	Drehfeder
integral	ganzheitlich/ aus einem Stück
snap fit	Schnapphaken
to lock	einrasten / sichern
releasable	lösbar
non-releasable	nicht lösbar

6.10.2 | DESIGNING PLASTIC COMPONENTS

The Technical Product Designer has to know the properties of the different materials to be able to design components and machines accordingly. The different behaviour of plastics compared to metals forces to new designs. In the beginning the mechanical designers only saw the disadvantages of plastics and increased for example the wall thicknesses to create sufficient stiffness. Only after a while they noticed the opportunities of these materials and started to design components which use the advantages of plastics.

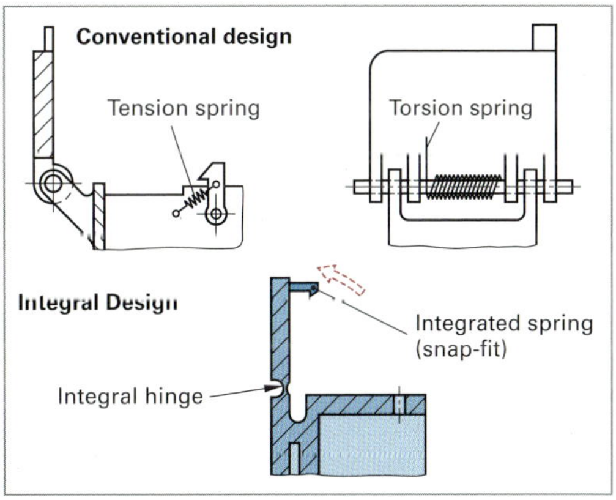

Figure 2: Integrated design

Integral hinge

For example, due to the increased elasticity of plastics, moving parts or spring functions could be incorporated in one plastic component. A good example for these new designs is the integral hinge. The conventional design with metals would require two components and an axle to create a hinge. With plastics you can have the same function integrated in one part **(figure 2)**.

EXERCISES | REPETITION AND CONSOLIDATION

1. Name typical properties of elastomer and thermosetting plastics.
2. Describe why thermoplastics can be welded and thermosetting plastic can`t.

Snap fit

In a conventional design, to lock a component in place, a moving component and a spring is required. These snap fits can easily be incorporated as a snap fit in one plastic component **(figure 2)**. A lot of different releasable and non-releasable snap fits are designed out of plastic.

Lernfeld 6

6.10.3 | MANUFACTURING METHODS FOR PLASTICS

The main manufacturing methods of plastic components are injection moulding, extruding, blow moulding, thermal converting and additive manufacturing.

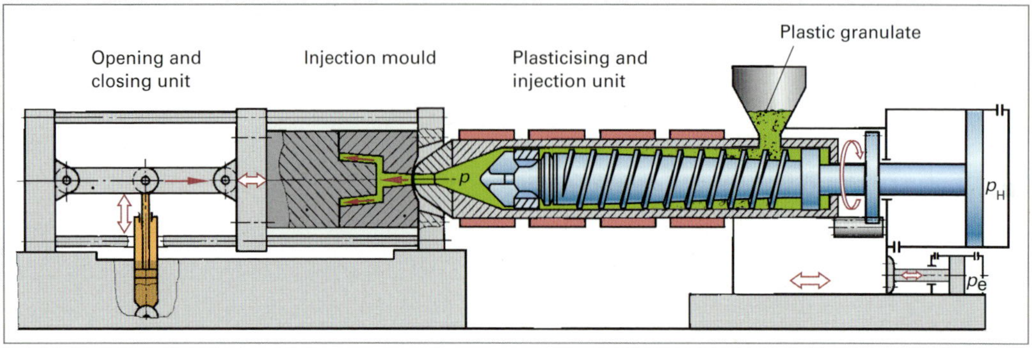

Figure 1: Injection moulding machine

Injection moulding

In the injection moulding machine **(figure 1)** the plastic granulate will be filled in a heated worm screw. Here the plastic will be melted and then injected in the mould. After the plastic is injected, it is cooled down, the mould will be opened, and the plastic part could be taken out of the mould.

Numerous plastic parts for e.g. the automotive or the consumer goods industry are injection moulded. This is a cheap and effective method of producing mass products.

Extruding

In the extrusion machine the plastic granulate is also melted in the worm screw extruder. Then it is pushed through an extrusion die. This is a continuous procedure to make profiles.

Extruded plastic profiles are used for example as hollow profiles for window frames or as tubes for all cable routing **(figure 2)**.

Words	
manufacturing methods	Fertigungsverfahren
injection moulding	Spritzgießen
extruding	Extrudieren
blow moulding	Blasformen
thermal converting	Thermoumformen
additive manufacturing	Additive Fertigung
worm screw	Extruderschnecke
mould	Gussform
numerous	zahllose
automotive industry	Automobilindustrie
consumer goods industry	Konsumgüterindustrie
mass products	Massenprodukte
extrusion die	Extrusionswerkzeug
continuous	ununterbrochen
procedure	Verfahren
hollow profiles	Hohlprofile
window frames	Fensterrahmen
cable routing	Kabelführung

EXERCISES | REPETITION AND CONSOLIDATION

1. Name the main manufacturing methods of plastic parts.
2. Name five plastic components in your classroom, which are injection moulded.
3. Describe the injection moulding process.

Figure 2: Extruded profiles

Lernfeld 6

Lernfeld 7

BAUTEILE UNTER BERÜCKSICHTIGUNG VON TRENNENDEN FERTIGUNGSVERFAHREN IM KONTEXT VON BAUGRUPPEN ENTWICKELN

Die trennenden Fertigungsverfahren sind im Bereich Maschinen- und Anlagenkonstruktion von sehr großer Bedeutung, da sich dadurch mittlerweile fast grenzenlose Möglichkeiten in der Bauteilgestaltung ergeben. Trotz dieser zahlreichen Möglichkeiten bei der Gestaltung von Bauteilen sollten bereits bei der Entwicklung und Konstruktion gewisse Gestaltungsregeln berücksichtigt werden, damit eine wirtschaftliche Fertigung erfolgen kann und die Bauteilfunktion gewährleistet ist.

In diesem Lernfeld werden die wichtigsten trennenden Fertigungsverfahren, wie Bohren, Drehen, Fräsen, Schleifen usw., beschrieben und dazu jeweils die wesentlichen Gestaltungsregeln beispielhaft anhand von Bildern erläutert. Weiterhin werden in Abhängigkeit vom Fertigungsverfahren die erreichbaren Maß- und Formgenauigkeiten sowie die Oberflächengüte aufgezeigt.

Damit der Technische Produktdesigner die trennenden Fertigungsverfahren bei der Gestaltung von Bauteilen sinnvoll und fachgerecht auswählen und einsetzen kann, werden in diesem Lernfeld auch Werkzeuge, Spannmittel und Maschinen kurz beschrieben.

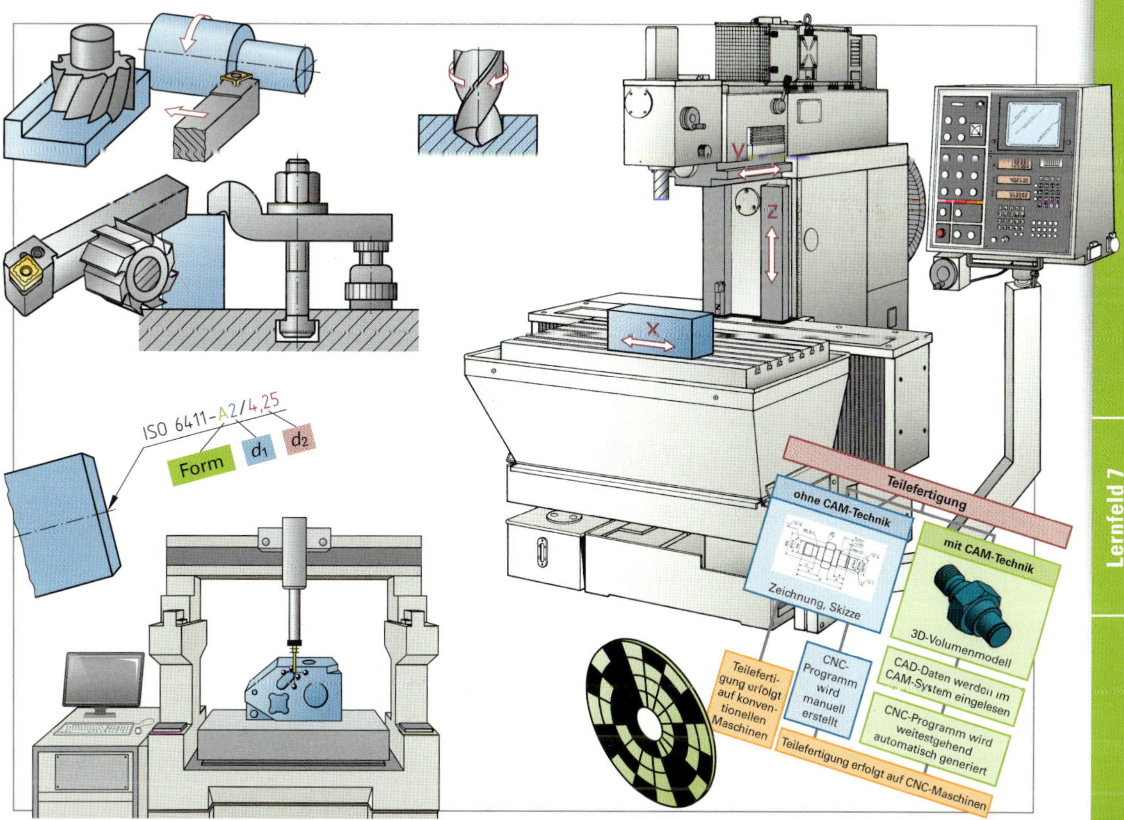

7.1 LERNSITUATIONEN

LERNSITUATION 1 | Rollenvereinzeler mit Maltesergetriebe

Die Vereinzelung von Rollen erfolgt über ein Maltesergetriebe, das durch einen Motor mit konstanter Drehzahl angetrieben wird **(Bild 1)**. Da sich das Malteserkreuz zeitweise in Ruhe befindet, werden die Rollen nur taktweise alle 15 Sekunden vereinzelt. In den Ruhephasen werden die Rollen einzeln mit einem Greifer abgeholt und an die nächste Station weitergegeben. Für einen Kunden soll nun der bestehende Rollenvereinzeler so umgebaut werden, dass zukünftig ähnliche Rollen **(Bild 2)**, jedoch mit anderen Abmessungen vereinzelt werden können. Aus wirtschaftlichen Gründen sollen möglichst wenige Bauteile für den neuen Rollenvereinzeler geändert und ausgetauscht werden.

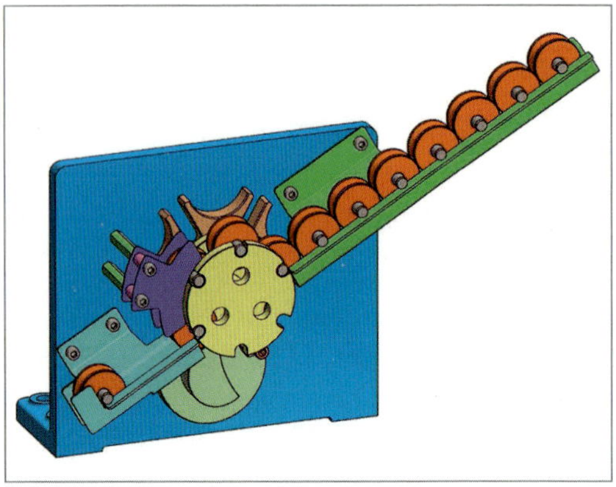

Bild 1: Rollenvereinzeler mit Maltesergetriebe

Aufgabenstellung

1.1 Nennen Sie alle Einzelteile am Rollenvereinzeler, welche vom Umbau auf die neuen Rollen betroffen sind.

1.2 Für die neuen Rollen muss die bestehende Aufnahme geändert werden **(Bild 3)**. Erstellen Sie unter Berücksichtigung der entsprechenden Gestaltungsregeln eine Freihandskizze zur neuen Aufnahme.

1.3 Erstellen Sie mit Ihrem CAD-System anhand der zuvor angefertigten Freihandskizze ein 3D-Modell für die Aufnahme.

1.4 Erstellen Sie mit Ihrem CAD-System eine fertigungs- bzw. funktionsgerechte Zeichnung für die Aufnahme mit den notwendigen Toleranz- und Oberflächenangaben.

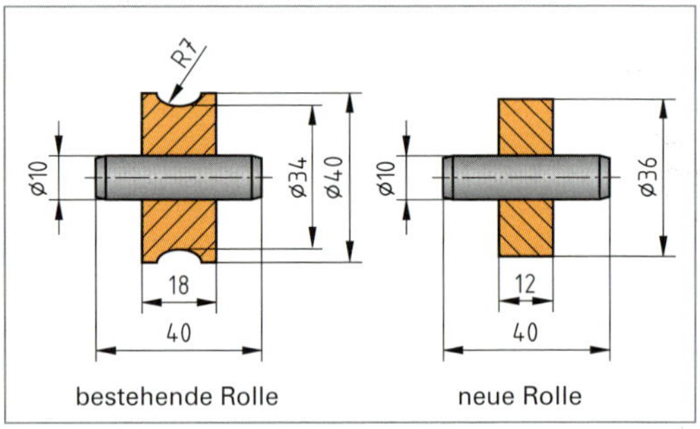

Bild 2: Unterschiedliche Rollen

Zusatzinformationen:

Für die bisherigen Rollen existiert bereits eine Zeichnung von der Aufnahme. Diese bestehende Zeichnung kann als Vorlage für die neue Aufnahme verwendet werden. Falls an der neuen Aufnahme Optimierungen möglich sind, sollten diese berücksichtigt und umgesetzt werden. Eventuell ist eine Aufnahme aus mehreren Teilen sinnvoll.

Zusammenbauzeichnung: **07-01-001**.

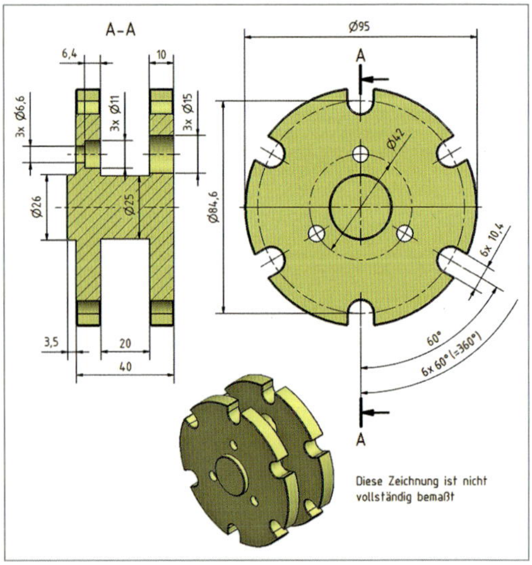

Bild 3: Zeichnung der Aufnahme

LERNSITUATION 2 | Lagerung für Riementrieb

Für einen Riementrieb **(Bild 1)** wurde eine neue Lagerung entwickelt. Dieser Riementrieb soll universell einsetzbar sein, z. B. für den Antrieb von Transportbändern oder Hubeinheiten.

Durch die vielseitigen Einsatzgebiete werden von der Abteilung Verkauf zukünftig hohe Verkaufszahlen erwartet. Da diese hohen Stückzahlen bereits bei der Konstruktion berücksichtigt wurden, ist das Lagergehäuse als Gussteil gestaltet worden.

Bevor jedoch die Lagerung in Serienfertigung produziert wird, muss ein Prototyp aufgebaut werden. Mithilfe des Prototyps sollen im Dauerversuch schon vor Serienbeginn eventuelle Schwachstellen an der Lagerung entdeckt und behoben werden.

Zur Herstellung der Gussformen und zum Gießen der Werkstücke benötigt die Gießerei derzeit aufgrund der guten Auftragslage mehrere Wochen. Da der Prototyp jedoch schnellst möglich aufgebaut werden soll, wird deshalb das Lagergehäuse zunächst nicht als Gussteil **(Bild 2)**, sondern als Frästeil hergestellt.

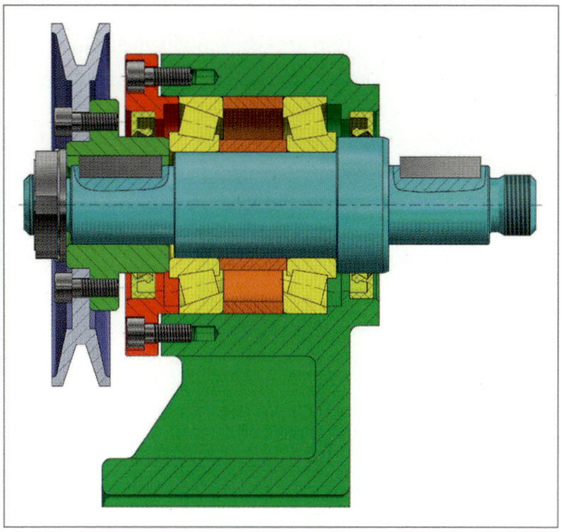

Bild 1: Lagerung für Riementrieb

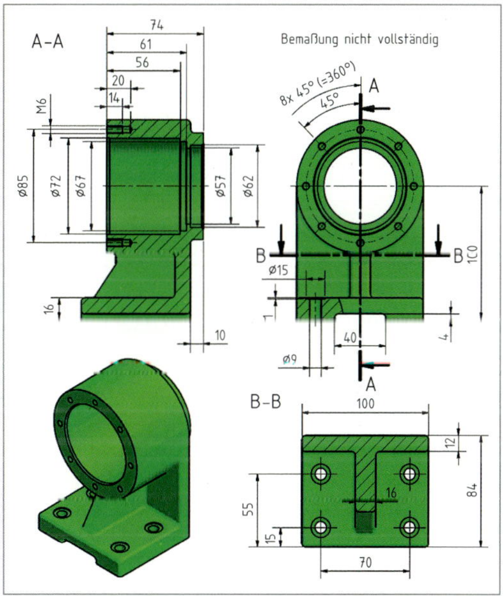

Bild 2: Zeichnung zum Lagergehäuse

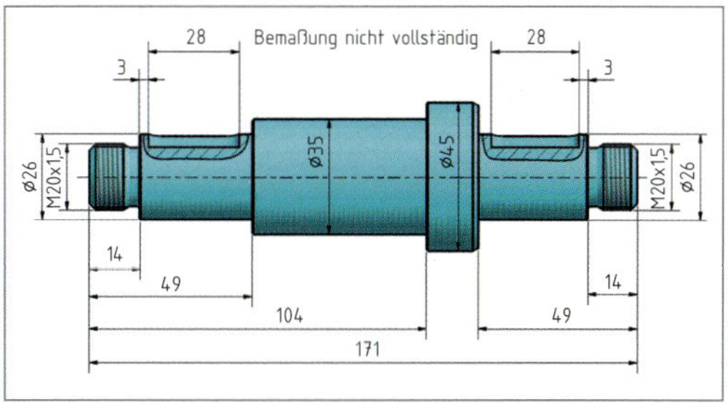

Bild 3: Zeichnung zur Antriebswelle

Aufgabenstellung

2.1 Erstellen Sie unter Berücksichtigung der Gestaltungsregeln zum Fräsen eine Freihandskizze für das Lagergehäuse. Um den Fräsaufwand gering zu halten, könnte das Lagergehäuse auch aus zwei Teilen bestehen. Abmessungen können **Bild 2** entnommen werden.

2.2 Erstellen Sie mit Ihrem CAD-System anhand der zuvor angefertigten Freihandskizze ein 3D-Modell für das Lagergehäuse.

2.3 Erstellen Sie mit Ihrem CAD-System eine fertigungs- bzw. funktionsgerechte Zeichnung für das Lagergehäuse mit den notwendigen Toleranz- und Oberflächenangaben.

2.4 Erstellen Sie mit Ihrem CAD-System eine Zeichnung für die Antriebswelle **(Bild 3)** und ergänzen Sie alle notwendigen Toleranz- und Oberflächenangaben.

Zusammenbauzeichnung: **07-02-001**.

LERNSITUATION 3 | Scherenhubtisch

Der Scherenhubtisch (**Bild 1**) wird zum Anheben von schweren Paketen im Versand eingesetzt. Die Hubhöhe des Scherenhubtisches kann je nach Bedarf stufenlos über einen Hydraulikzylinder eingestellt werden. Das Hydraulikaggregat befindet sich außerhalb. Das Untergestell des Scherenhubtisches besteht aus einem geschweißten Rahmen. Der Hydraulikzylinder sowie die Streben sind drehbar in den Lagerböcken (**Bild 2**) gelagert. Die Fixierung des Lagerbolzens (Pos. 2) am Lagerbock erfolgt durch ein Halteblech. Aus Sicherheitsgründen ist der Scherenhubtisch mit einem Faltenbalg umgeben.

Bild 1: Scherenhubtisch

Aufgabenstellung

3.1 Berechnen Sie die Fertigungszeit, welche zum Laserstrahlschneiden der Blechstrebe (**Bild 3**) benötigt wird. Die Schnittgeschwindigkeit beim Laserstrahlschneiden liegt bei 12 m/min.

3.2 Die Art der Fixierung des Lagerbolzens könnte hinsichtlich der Fertigungskosten noch optimiert werden. Zeigen Sie mehrere Möglichkeiten mithilfe einer Freihandskizze auf, wie die Fixierung des Lagerbolzens alternativ erfolgen könnte. Stellen Sie ihre Lösungsvarianten gegenüber und beurteilen Sie diese. Entscheiden Sie sich für die günstigste Lösungsvariante.

3.3 Erstellen Sie mit Ihrem CAD-System einen kompletten Datensatz zur günstigsten Lösungsvariante aus Aufgabe 3.2. Dieser Datensatz sollte alle Einzelteile als 3D-Modell mit Zeichnungen und Stückliste enthalten.

3.4 Aus Kostengründen soll an der bisherigen Rollenlagerung (**Bild 4**) das Rillenkugellager nicht mehr durch den Lagerdeckel fixiert werden, sondern durch einen Sicherungsring DIN 472. Schätzen Sie ab, welche Vor- bzw. Nachteile diese Änderung mit sich bringt. Ändern Sie die bestehende Zeichnung der Rolle und der Rollenlagerung durch eine Freihandskizze im Schnitt entsprechend ab.

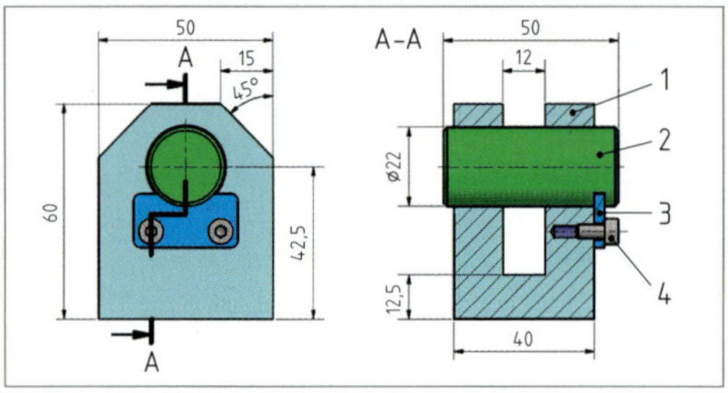

Bild 2: Lagerbock

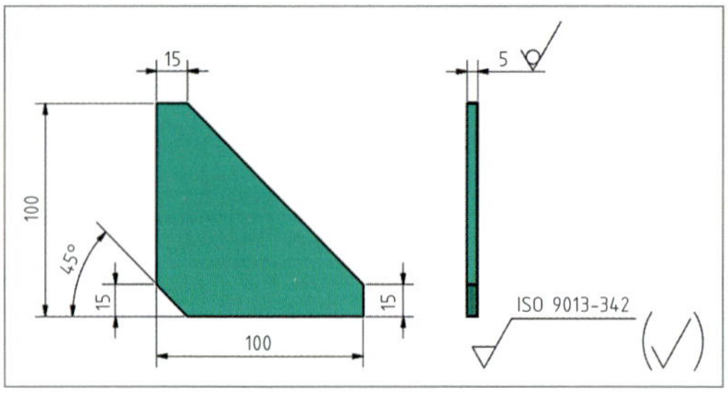

Bild 3: Blechstrebe

Zusammenbauzeichnung: **07-03-001**.

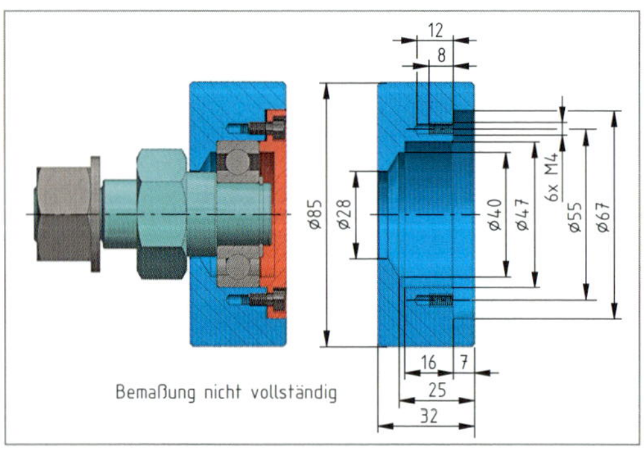

Bild 4: Rollenlagerung mit Zeichnung der Rolle

LERNSITUATION 4 | Folgeschneidwerkzeug

Mit dem neu entwickelten Folgeschneidwerkzeug **(Bild 1)** werden aus einem Blechstreifen durch schnelle kurze Hubbewegungen Werkstücke ausgeschnitten.

In der Konstruktionsabteilung liegen zum Folgeschneidwerkzeug bereits alle Einzelteile als 3D-Modelle vor.

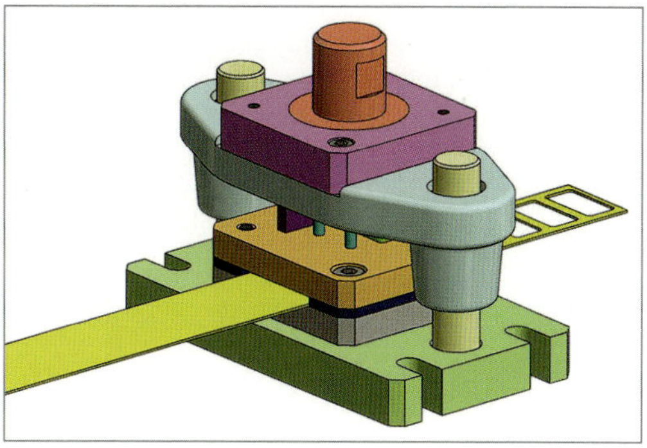

Bild 1: Folgeschneidwerkzeug

Aufgabenstellung

4.1 Informieren Sie sich mithilfe der Zusammenbauzeichnung **07-04-001** über die Funktionsweise des Folgeschneidwerkzeugs.

4.2 Diskutieren Sie über geeignete Fertigungsverfahren mit denen die verschiedenen Einzelteile des Folgeschneidwerkzeuges wirtschaftlich gefertigt werden könnten.

4.3 Erstellen Sie mithilfe des Blechstreifens **(Bild 2)** eine Freihandskizze zu den ausgestanzten Werkstücken.

4.4 Berechnen Sie für das Ausstanzen der Werkstücke den Verschnitt in Prozent. Die zur Berechnung notwendigen Angaben können aus der Abbildung des Blechstreifens und der Freihandskizze entnommen werden.

4.5 Diskutieren Sie über geeignete Möglichkeiten bzw. Maßnahmen, sodass der Verschnitt reduziert werden könnte.

4.6 Diskutieren Sie darüber welche Auswirkungen eine Reduzierung der Blechdicke von 1 mm auf 0,8 mm auf die benötigte Schneidkraft hat.

4.7 Für die Stempelaufnahme **(Bild 3)** ist ein Gussteil vorgesehen. Erste Kostenabschätzungen haben jedoch ergeben, dass die Herstellkosten deutlich günstiger wären, wenn die Stempelaufnahme als Frästeil gestaltet wird. Erstellen Sie zur Stempelaufnahme eine Freihandskizze, wenn diese aus einem Rohteil mit den Abmessungen 100 × 50 × 200 mm gefräst werden soll.

Zusammenbauzeichnung: **07-04-001**.

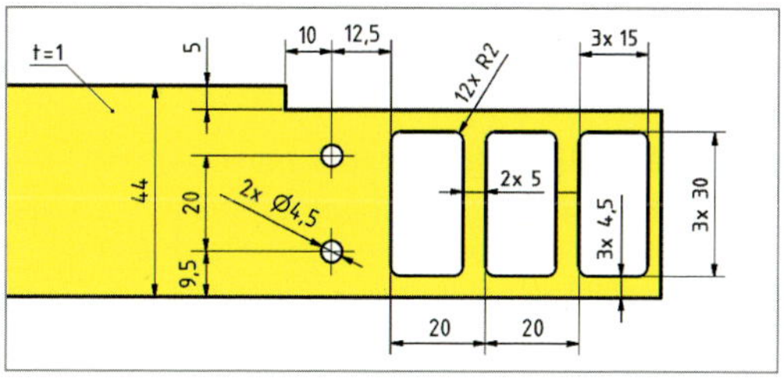

Bild 2: Blechstreifen

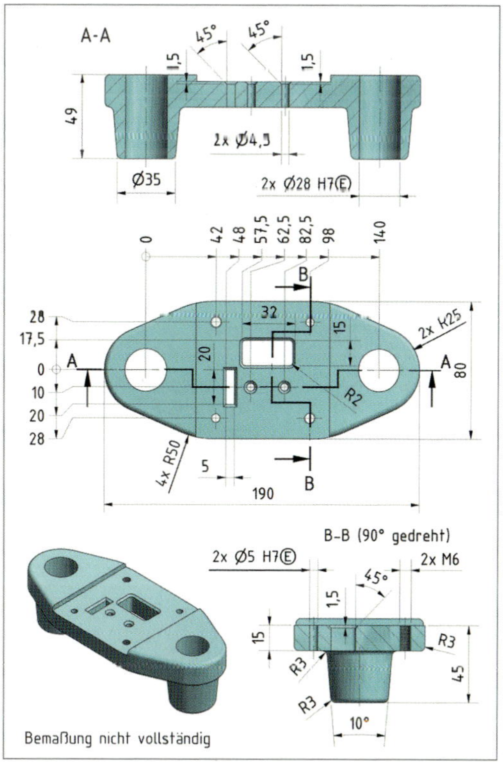

Bild 3: Stempelaufnahme

Lernfeld 7

7.2 GRUNDLAGEN DER TRENNENDEN FERTIGUNGSVERFAHREN

Bei den trennenden Fertigungsverfahren **(Bild 1)** werden Werkstücke durch Zerteilen, Spanen, Abtragen, Zerlegen und Reinigen hergestellt. Hierbei wird der Zusammenhalt des Werkstoffes aufgehoben und die Form des Werkstücks geändert.

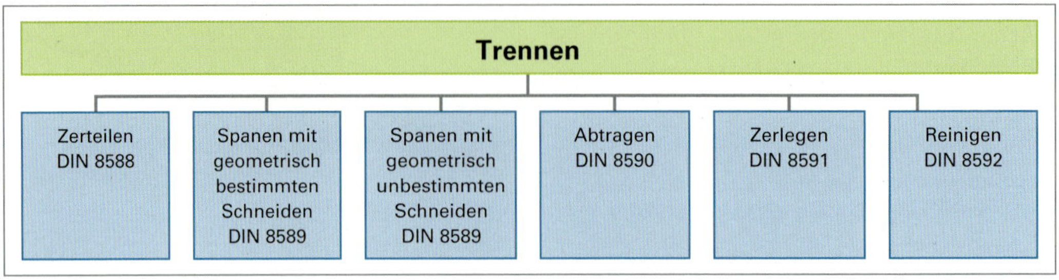

Bild 1: Trennende Fertigungsverfahren

Das Fertigungsverfahren **Trennen** wird in sechs Gruppen unterteilt.

- Beim **Zerteilen (Bild 2)**, z.B. Scherschneiden, wird ein Werkstück getrennt, indem sich zwei Schneiden aneinander vorbeibewegen. Das Beißschneiden ist dadurch gekennzeichnet, dass sich zwei Schneiden aufeinander zubewegen und dadurch das Werkstück trennen. Beim Messerschneiden wird das Werkstück nur mit einer Schneide zerteilt.

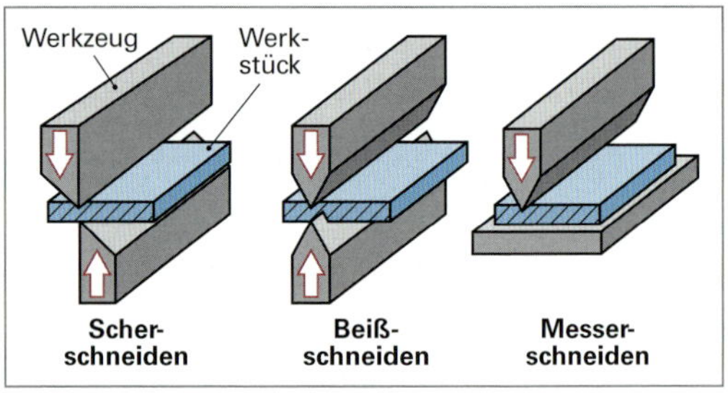

Bild 2: Zerteilen

> Beim **Zerteilen** wird ein Werkstück in mindestens zwei Teile getrennt, wobei keine Späne anfallen.

- Beim **Spanen (Bild 3)**, z.B. Drehen, Bohren, Senken, Reiben oder Fräsen, werden Werkstoffteilchen in Form von Spänen mit einer geometrisch bestimmten Werkzeugschneide abgetrennt. Beim Schleifen, Honen oder Läppen sind die einzelnen Werkzeugschneiden in ihrer Form und Größe sehr unterschiedlich. Man spricht deshalb von geometrisch unbestimmten Schneiden.

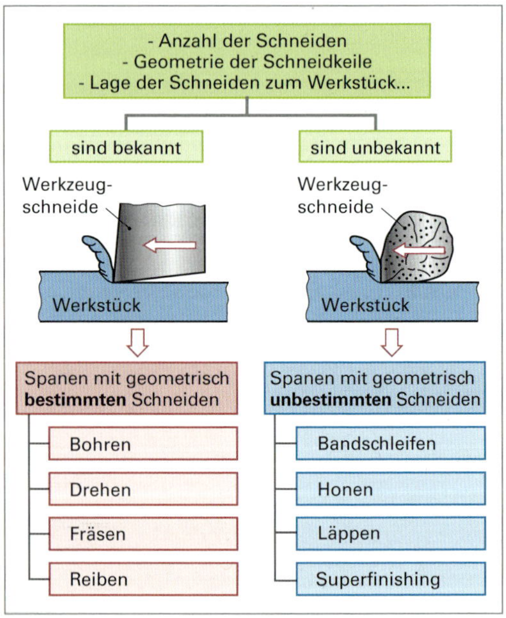

Bild 3: Spanen mit geometrisch bestimmten und geometrisch unbestimmten Schneiden

> Beim **Spanen** werden Werkstücke durch geometrisch bestimmte oder geometrisch unbestimmte Schneiden getrennt, wobei Späne anfallen.

- Beim **Abtragen**, z.B. Funkenerosives Abtragen (Erodieren), Brennschneiden oder Laserstrahlschneiden, erfolgt das Abtrennen von Werkstoffteilchen nicht wie beim Zerteilen oder Spanen mechanisch, sondern thermisch, chemisch oder elektrochemisch.

- Beim **Zerlegen**, z.B. Lösen von kraftschlüssigen Verbindungen oder Zerlegen umgeformter Teile, werden oft Baugruppen demontiert, indem die Verbindungen zwischen gefügten Teilen gelöst werden **(Bild 1)**. Die zu trennenden Teile dürfen beim Zerlegen jedoch nicht beschädigt werden.
- Durch das **Reinigen**, z.B. Bürsten, Waschen, Ablösen oder Ultraschallreinigen, werden meist Verunreinigungen auf Werkstückoberflächen entfernt. Weitere Reinigungsverfahren sind Entrosten und Entfetten.

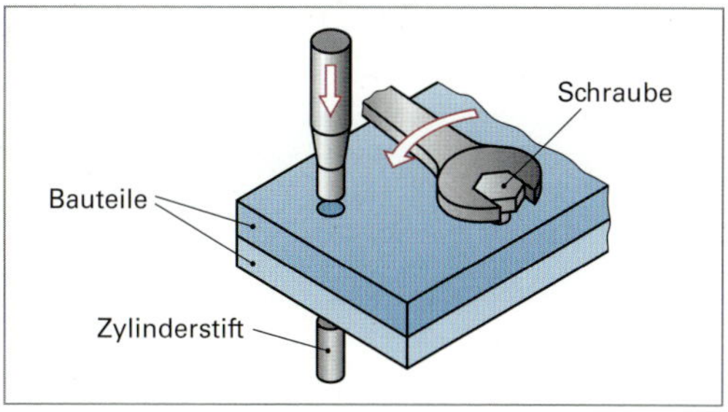

Bild 1: Zerlegen von gefügten Teilen

7.3 SPANENDE FERTIGUNG

Bei allen spanabhebenden Fertigungsverfahren werden mit ein- oder mehrschneidigen keilförmigen Werkzeugschneiden Werkstoffteilchen vom Werkstückwerkstoff abgetrennt **(Bild 2)**.

7.3.1 GRUNDLAGEN

Sowohl beim **manuellen Spanen** (Meißeln, Sägen, Feilen) als auch beim **maschinellen Spanen** (Bohren, Drehen, Fräsen) besteht das Werkzeug aus einer keilförmigen Schneide. Die Geometrie der Werkzeugschneide hat einen wesentlichen Einfluss auf:

- die Spanbildung,
- die auftretenden Zerspanungskräfte,
- die Temperatur an Werkzeug und Werkstück,
- die Standzeit des Werkzeugs,
- die Oberflächengüte am Werkstück.

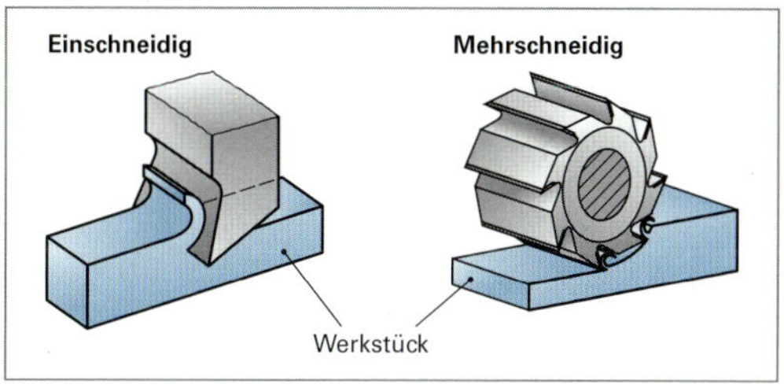

Bild 2: Ein- und mehrschneidige keilförmige Werkzeugschneiden

7.3.2 WERKZEUGSCHNEIDE

Bei der spanenden Fertigung dringt der Schneidkeil in das weichere Werkstück ein **(Bild 3)**. Der **Schneidkeil** dringt umso leichter ein, je kleiner der **Keilwinkel** β ist. Der **Freiwinkel** α ist notwendig, damit die Reibung zwischen der Schnittfläche am Werkstück und der Freifläche am Werkzeug gering bleibt. Der **Spanwinkel** γ wird aus der Senkrechten zur Schnittfläche am Werkstück und der Spanfläche am Werkzeug gebildet.

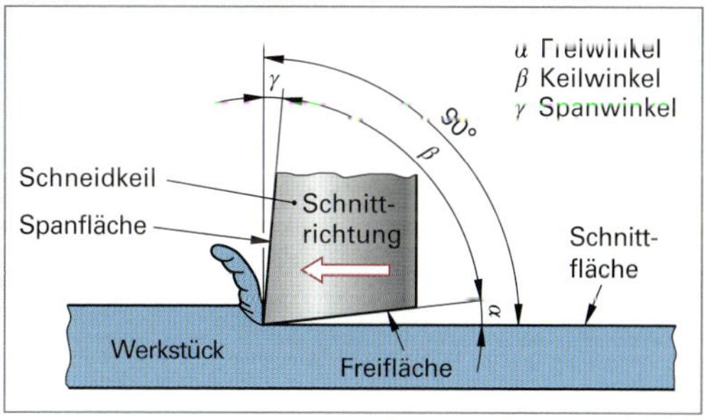

Bild 3: Flächen und Winkel am Schneidkeil

> Die **Summe aus Freiwinkel α, Keilwinkel β und Spanwinkel γ** ergibt immer 90°.

Da bei harten Werkstoffen ein großer Keilwinkel für eine lange Standzeit sorgt, kann der Spanwinkel auch negativ sein. Man spricht dann nicht mehr von einer schneidenden, sondern von einer **schabenden Wirkung (Bild 4)**.

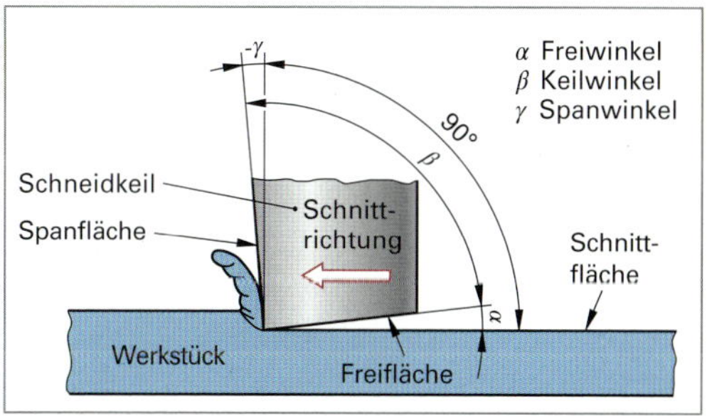

Bild 4: Schabende Wirkung bei negativem Spanwinkel

Die Winkel am Schneidkeil werden in der Regel nach dem zu bearbeitenden Werkstoff des Werkstücks ausgewählt **(Tabelle 1)**.

Tabelle 1: Größen der Winkel am Schneidkeil

Keilwinkel β		Spanwinkel γ		Freiwinkel α	
groß	klein	klein	groß	klein	etwas größer
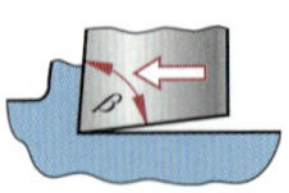	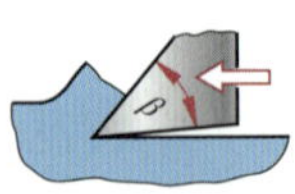	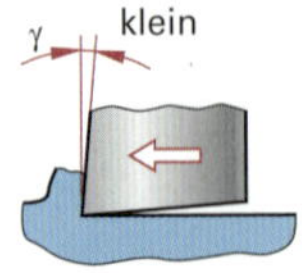	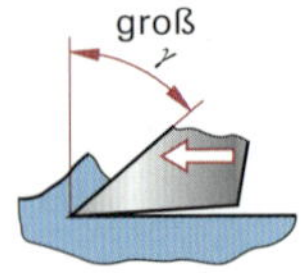	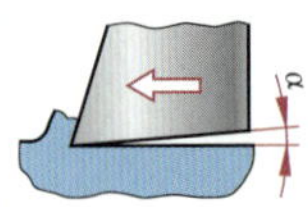	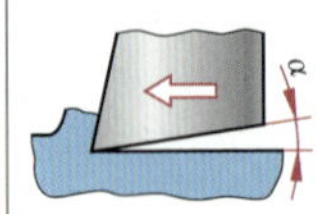
Harte Werkstoffe mit höherer Festigkeit, z. B. hochlegierte Stähle	Weiche Werkstoffe, z. B. Aluminiumlegierungen	Harte und spröde Werkstoffe, bei unterbrochenem Schnitt, beim Schruppen	Weiche Werkstoffe, beim Schlichten	Harte und kurzspanende Werkstoffe, z. B. hochlegierte Stähle	Weiche, plastisch verformbare Werkstoffe, z. B. Kunststoff

7.3.3 | SCHNEIDSTOFFE

Werkzeuge sind durch die großen Zerspanungskräfte und die damit verbundene Reibung stets großen mechanischen und thermischen Belastungen ausgesetzt **(Bild 1)**. Für eine hohe Standzeit sollten die Schneidstoffe von Werkzeugen folgende Eigenschaften **(Bild 2)** besitzen:

- hohe Verschleißfestigkeit und Härte,
- hohe Druckfestigkeit,
- hohe Warmwechselfestigkeit,
- große Zähigkeit und Biegefestigkeit.

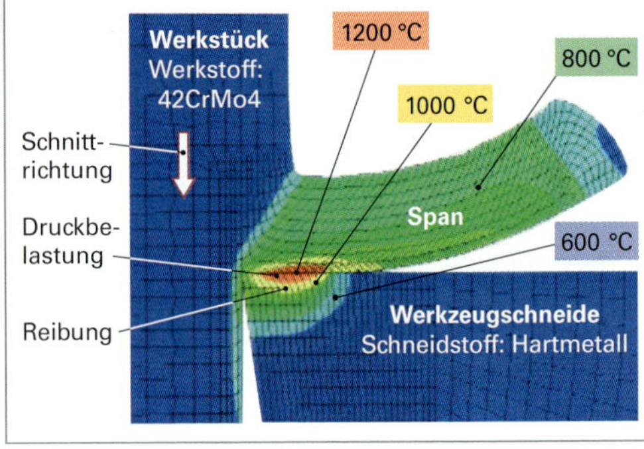

Bild 1: Werkzeugbelastung

> Das **Fertigungsverfahren**, der zu bearbeitende **Werkstoff** sowie die Kosten des Schneidstoffes sind entscheidend für eine geeignete **Schneidstoffauswahl**.

Schnellarbeitsstähle (HSS) sind hochlegierte Werkzeugstähle mit hoher Zähigkeit und Biegefestigkeit. Die Verschleißfestigkeit und Härte ist jedoch gering. Sie finden Anwendung bei Spiralbohrer, Fräser und Gewindebohrer.

Hartmetalle (HM) werden durch Sintern aus pulverförmigen Metallcarbiden und weicheren Bindemitteln hergestellt. Je nach Zusammensetzung lässt sich die Verschleißfestigkeit durch einen größeren Anteil an Metallcarbiden, z. B. Wolframkarbiden, erhöhen. Eine hohe Zähigkeit kann dagegen über größere Anteile an Bindemittel, z. B. Kobalt, erreicht werden. Ein großes Einsatzgebiet für Hartmetall sind Wendeschneidplatten. Um die Verschleißfestigkeit zu erhöhen, werden Hartmetall-Wendeschneidplatten meist mit einer harten Titannitrid-Schicht (TiN) oder Titankarbid-Schicht (TiC) beschichtet.

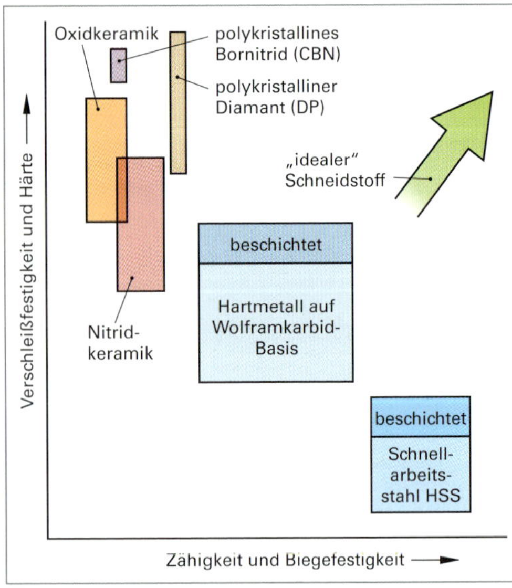

Bild 2: Eigenschaften von Schneidstoffen

Wendeschneidplatten aus **Schneidkeramik**, z. B. **Oxidkeramik** und **Nitridkeramik**, besitzen auch noch bei hohen Temperaturen eine sehr hohe Härte **(Bild 1)**. Allerdings sind sie gegen starke Temperaturwechsel und bei stoßartigen Belastungen sehr empfindlich. Schneidkeramik kommt oftmals bei der Bearbeitung von Gusseisen und warmfesten Legierungen zum Einsatz.

Polykristallines kubisches Bornitrid (CBN) und **polykristalliner Diamant (DP)** gehören zu den Schneidstoffen mit der höchsten Härte und Verschleißfestigkeit. Sie eignen sich für Bearbeitungen mit hoher Schnittgeschwindigkeit und wenn eine hohe Oberflächengüte erzeugt werden soll.

Bild 1: Schneidstoffe als Wendeschneidplatten

7.3.4 | KÜHLSCHMIERSTOFFE

Bei der spanenden Fertigung werden Kühlschmiermittel als Hilfsstoffe eingesetzt, um den Zerspanungsprozess zu verbessern.

Aufgaben von Kühlschmierstoffen

Kühlschmierstoffe (KSS) haben die Aufgabe, die Reibung an den Berührungsflächen zwischen Werkstück und Werkzeug durch **Schmieren** zu verringern und die entstehende Wärmeentwicklung bei der Zerspanung durch **Kühlung** zu reduzieren **(Bild 2)**.

> Das **Kühlen** und **Schmieren** wirkt sich besonders positiv auf die Standzeit des Werkzeugs und die Maßhaltigkeit sowie Oberflächenqualität am Werkstück aus.

Kühlschmierstoffe erfüllen auch weitere Aufgaben, wie z. B. den Abtransport der Späne sowie das Reinigen der Bearbeitungsstelle. Sie binden darüber hinaus den Schleifstaub und bieten für Werkstücke einen kurzzeitigen Korrosionsschutz.

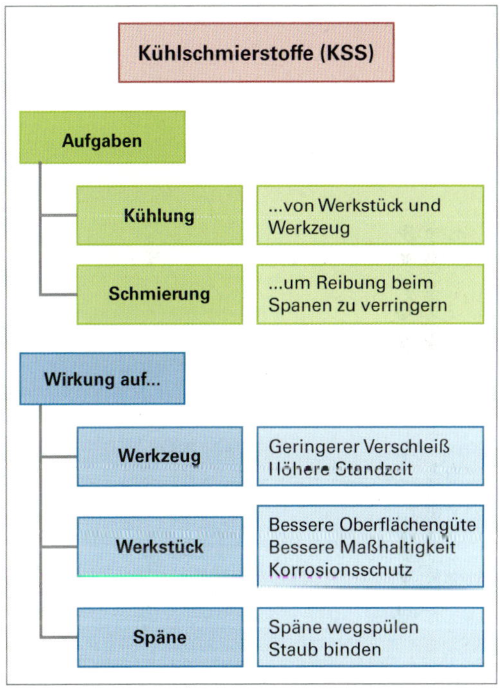

Bild 2: Aufgaben und Wirkungen von Kühlschmierstoffen

Arten von Kühlschmierstoffen

Die Auswahl eines geeigneten Kühlschmierstoffs hängt im Wesentlichen vom Fertigungsverfahren, den Arbeitswerten und vom zu bearbeitenden Werkstoff ab. **Schneidöle** weisen eine hohe Schmierwirkung auf und eignen sich deshalb gut zum Gewindeschneiden und Reiben **(Bild 3)**. **Wassermischbare Kühlschmiermittel** haben durch den hohen Wasseranteil eine gute Kühlwirkung, wobei der Ölanteil für ausreichend Schmierwirkung sorgt. Sie finden Anwendung bei Fertigungsverfahren mit hohen Schnittgeschwindigkeiten, wie z. B. beim Drehen.

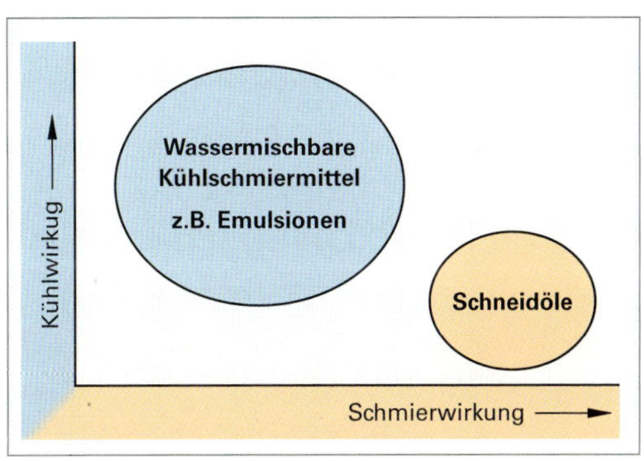

Bild 3: Kühl- und Schmierwirkung von Kühlschmierstoffen

Umgang mit Kühlschmierstoffen

Für den Umgang mit Kühlschmierstoffen sind wichtige Hinweise zu beachten, damit für Mensch und Umwelt keine Gefahren entstehen. Laut der **Gefahrenstoffverordnung** (GefStoffV) muss der Arbeitgeber deshalb sicherstellen, dass die Beschäftigten mithilfe einer **Betriebsanweisung** über Gefahren, Schutzmaßnahmen und Verhaltensregeln im Umgang mit Kühlschmierstoffen unterwiesen werden. Betriebsanweisungen von Kühlschmierstoffen enthalten auch Angaben zum Verhalten im Gefahrenfall sowie Hinweise zur Ersten Hilfe und zur sachgerechten Entsorgung **(Bild 1)**.

Nummer:
Datum:

BETRIEBSANWEISUNG
gem. § 14 GefStoffV

Betrieb:

GEFAHRSTOFFBEZEICHNUNG

Form: flüssig

Nichtwassermischbarer Kühlschmierstoff (KSS)
Handelsname:

Geruch: typisch,
Farbe: braun

GEFAHREN FÜR MENSCH UND UMWELT

Achtung

Gefahren für Mensch
Reizt die Haut, Allergiegefahr

Gefahren für Umwelt
Gewässergefährdend, nicht in die Kanalisation gelangen lassen

SCHUTZMASSNAHMEN UND VERHALTENSREGELN

Technische Schutzmaßnahmen und Verhaltensregeln
Handhabung: persönliche Schutzausrüstung tragen, Aerosolbildung verhindern, Absaugen täglich prüfen. Zustand des KSS beobachten und regelmäßig prüfen.
Lagerung: vor Hitze und Frost schützen und trocken lagern. Behälter geschlossen halten.

Persönliche Schutzmaßnahmen und Verhaltensregeln
Allgemein: von Nahrungsmitteln und Getränken fernhalten, verschmutzte Kleidung wechseln. Bei der Arbeit nicht essen, rauchen und trinken. Vor Pausen und bei Arbeitsende Hände waschen.
Atemschutz: bei unzureichender Belüftung.
Handschutz: Schutzhandschuhe tragen, wenn sicherheitstechnisch zulässig Hautpflegemittel verwenden.
Augenschutz: Schutzbrille bei Spritzgefahr tragen.

VERHALTEN IM GEFAHRENFALL

Wichtige Telefonnummern:
Feuerwehr: 0-112 **Tor 2: 1214**

ERSTE HILFE

Hautkontakt: mit Wasser und Seife waschen, Arzt rufen.
Augenkontakt: Augen gründlich mit Wasser ausspülen.
Verschlucken: kein Erbrechen auslösen, sofort Arzt rufen

SACHGERECHTE ENTSORGUNG

Entsorgung: Abfall der betrieblichen Sammelstelle zuführen und nach behördlichen Vorgaben entsorgen.
Verpackungen: vollständig entleeren. Der Entsorgung bzw. Wiederverwertung zuführen.

Bild 1: Betriebsanweisung zum Umgang mit Kühlschmierstoffen

AUFGABEN | WIEDERHOLUNG UND VERTIEFUNG

1. Welche Merkmale können durch die Schneidengeometrie am Werkzeug beeinflusst werden?
2. Welche Eigenschaften sollten Schneidstoffe besitzen?
3. Beschreiben Sie die Aufgaben und die Wirkungen von Kühlschmierstoffen.

7.4 | BOHREN, SENKEN, REIBEN

Bei den spanabhebenden Fertigungsverfahren Bohren, Senken und Reiben sind die Schnitt- und Vorschubbewegungen ähnlich **(Bild 1)**.

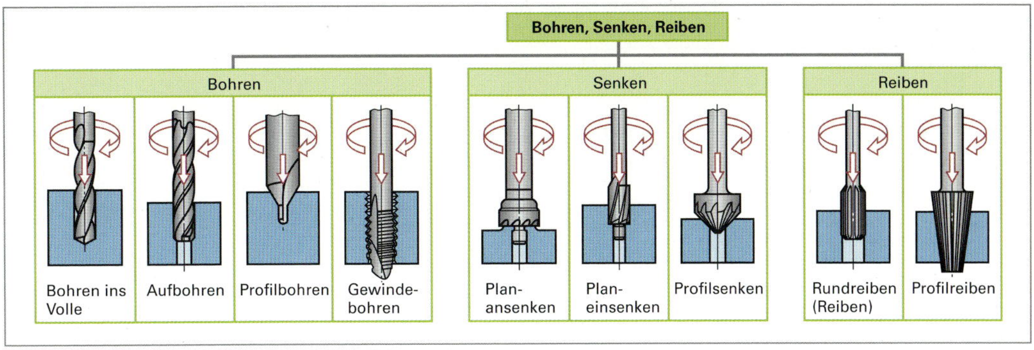

Bild 1: Fertigungsverfahren Bohren, Senken und Reiben

7.4.1 | BOHREN

Beim Bohren erfolgt die Spanabnahme indem das Werkzeug eine **kreisförmige Schnittbewegung** und gleichzeitig eine **geradlinige Vorschubbewegung** ausführt **(Bild 2)**.

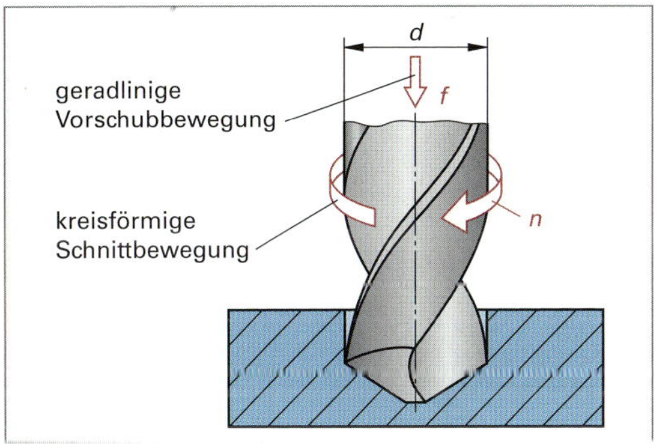

Bild 2: Bewegungen beim Bohren

Zur Bestimmung der Arbeitswerte für die kreisförmige Schnittbewegung wird die **Drehzahl *n*** des Bohrers berechnet oder aus Drehzahldiagrammen abgelesen **(Bild 3)**. Die optimale **Schnittgeschwindigkeit v_c** kann aus Tabellen entnommen werden **(Tabelle 1)**. Die Größe der Schnittgeschwindigkeit hängt im Wesentlichen vom Schneidstoff des Werkzeugs und vom zu bearbeitenden Werkstoff ab.

Für die Drehzahl *n* gilt:

$$n = \frac{v_c}{\pi \cdot d}$$

n	v_c	d
1/min	m/min	mm

Tabelle 1: Schnittwertempfehlungen für Spiralbohrer aus HSS bei Bohrtiefen bis 3 × *d*

Werkstoff des Werkstücks	v_c in m/min[1]	*f* in mm für Bohrungs-Ø 2…5	5…10	10…16	Kühlung
Stahl $R_m < 700$ N/mm²	25 … 30	0,10	0,20	0,28	Emulsion
Stahl $R_m = 700$ N/mm² … 1000 N/mm²	15 … 20	0,07	0,12	0,20	Emulsion

[1] Bei beschichteten Werkzeugen ggf. höhere Werte.

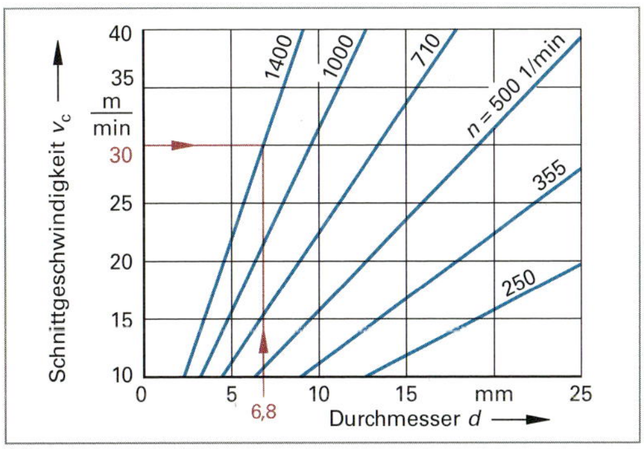

Bild 3: Drehzahldiagramm

Der **Vorschub *f*** gibt den Weg in axialer Richtung bei einer Umdrehung des Bohrers an. Richtwerte für den optimalen Vorschub können aus Tabellen entnommen werden. Sind Vorschub und Drehzahl festgelegt, kann daraus die **Vorschubgeschwindigkeit v_f** berechnet werden:

$$v_f = n \cdot f$$

v_f	n	f
mm/min	1/min	mm

BEISPIEL 7.1 | Berechnung der Drehzahl sowie der Vorschubgeschwindigkeit

Am Lagerbock **(Bild 1)** aus der Lernsituation 3 Scherenhubtisch **(Seite 364)** soll das Gewindekernloch für das Gewinde M8 mit einem HSS-Bohrer mit Durchmesser 6,8 mm gefertigt werden. Für die Schnittgeschwindigkeit und den Vorschub wurden die Werte $v_c = 30$ m/min und $f = 0{,}2$ mm aus Tabellen entnommen.

Berechnen Sie für diesen HSS-Bohrer die Drehzahl n und die Vorschubgeschwindigkeit v_f.

Lösung

$$n = \frac{v_c}{\pi \cdot d} = \frac{30\,\frac{\text{m}}{\text{min}}}{\pi \cdot 0{,}0068\text{ m}} = \mathbf{1404\,\frac{1}{min}}$$

$$v_f = n \cdot f = 1404\,\frac{1}{\text{min}} \cdot 0{,}2\text{ mm} = \mathbf{280{,}8\,\frac{mm}{min}}$$

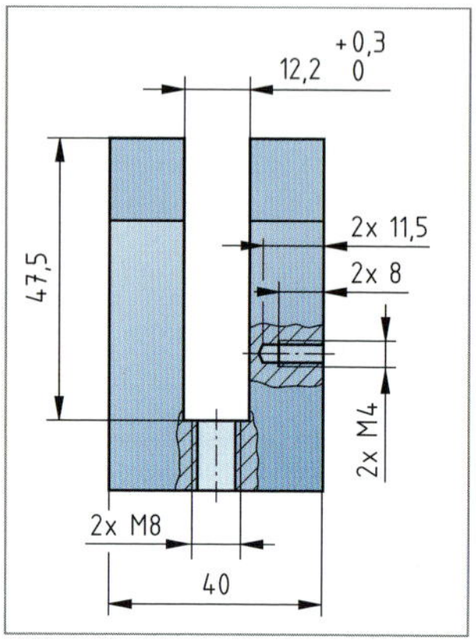

Bild 1: Ansicht Lagerbock

Hauptnutzungszeit beim Bohren

Zur Preiskalkulation von Werkstücken müssen neben den Materialkosten auch die Fertigungskosten ermittelt werden. Zur Berechnung der Fertigungskosten sind vor allem die Zeiten ausschlaggebend, die zum Bearbeiten der Werkstücke benötigt werden.

Die Bearbeitungszeit in der sich das Werkzeug im Arbeitsvorschub befindet, nennt man **Hauptnutzungszeit t_h**.

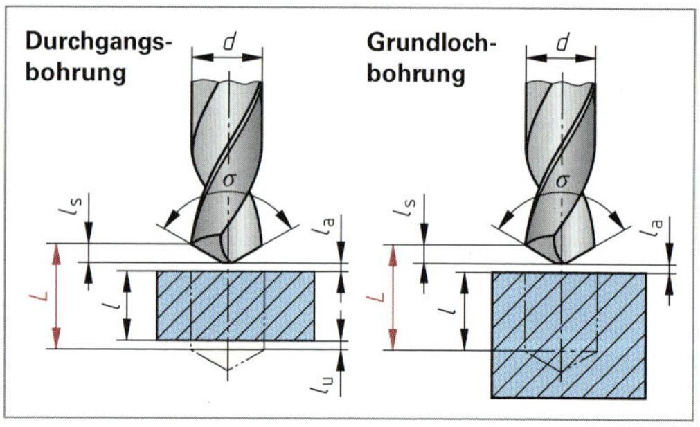

Bild 2: Vorschubweg beim Bohren

Die **Hauptnutzungszeit** t_h wird durch die Drehzahl n, den Vorschub f, die Anzahl der Bohrungen i und den Vorschubweg L beeinflusst:

$$t_h = \frac{L \cdot i}{n \cdot f}$$

t_h	L	i	n	f
min	mm	–	1/min	mm

Zur **Berechnung des Vorschubwegs *L*** werden der **Anlaufweg l_a**, der **Überlaufweg l_u**, der **Anschnitt l_s** sowie die **Bohrungstiefe *l*** bei Grundlochbohrungen bzw. die **Plattendicke *l*** bei Durchgangsbohrungen benötigt **(Bild 2)**. Für den Vorschubweg bei Durchgangsbohrungen bzw. bei Grundlochbohrungen gelten nachfolgende Gleichungen. Während des An- und Überlaufweg findet keine Zerspanung statt. Der

Anlaufweg von 1 bis 2 mm wird als Sicherheitsabstand benötigt um Werkzeugkollisionen zu verhindern. Der Anschnitt l_s hängt vom **Durchmesser *d*** und vom **Spitzenwinkel σ** des Bohrers ab und kann aus **Tabelle 1** entnommen werden.

Durchgangsbohrung:
$L = l + l_s + l_a + l_u$

L	l	l_a	l_s	l_u
mm	mm	mm	mm	mm

Grundlochbohrung:
$L = l + l_s + l_a$

L	l	l_a	l_s
mm	mm	mm	mm

Tabelle 1: Zusammenhang zwischen Spitzenwinkel σ und Anschnitt l_s

Spitzenwinkel σ in °	Anschnitt l_s
80	$0{,}6 \cdot d$
118	$0{,}3 \cdot d$
130	$0{,}23 \cdot d$
140	$0{,}18 \cdot d$

BEISPIEL 7.2 | Berechnung des Vorschubweges und der Hauptnutzungszeit

Am Lagerbock aus der Lernsituation 3 Scherenhubtisch **(Seite 364)** sollen die beiden Gewindekernlöcher für das Gewinde M4 gefertigt werden. Folgende Angaben zum Bohrer sind bekannt: Durchmesser $d = 3{,}3$ mm und Spitzenwinkel $\sigma = 118°$. Der Sicherheitsabstand zwischen Bohrerspitze und Werkstück beträgt 1 mm. Die Bohrerdrehzahl liegt bei $n = 2900$ 1/min und der Vorschub bei $f = 0{,}1$ mm.

Berechnen Sie den Vorschubweg L sowie die Hauptnutzungszeit t_h zum Bohren der beiden Gewindekernlöcher am Lagerbock. Die Gewindetiefe kann **Bild 1, Seite 372,** entnommen werden.

Lösung

$L = l + l_s + l_a$

$L = 11{,}5\ \text{mm} + (0{,}3 \cdot 3{,}3\ \text{mm}) + 1\ \text{mm}$

$L = \mathbf{13{,}49\ mm}$

$$t_h = \frac{L \cdot i}{n \cdot f} = \frac{13{,}49\ \text{mm} \cdot 2}{2900\ \frac{1}{\text{min}} \cdot 0{,}1\ \text{mm}} = 0{,}093\ \text{min} = \mathbf{5{,}6\ s}$$

Spannmittel für Spiralbohrer

Spiralbohrer bis zu einem Durchmesser von ungefähr 12 mm besitzen meist einen **Zylinderschaft** und werden im Dreibacken-Bohrfutter gespannt. Größere Spiralbohrer werden mit ihrem **Kegelschaft** kraftschlüssig in der Bohrspindel aufgenommen. Spiralbohrer mit Kegelschaft werden mithilfe eines Austreibkeils vom kegeligen Bohrfutter entnommen **(Bild 1)**.

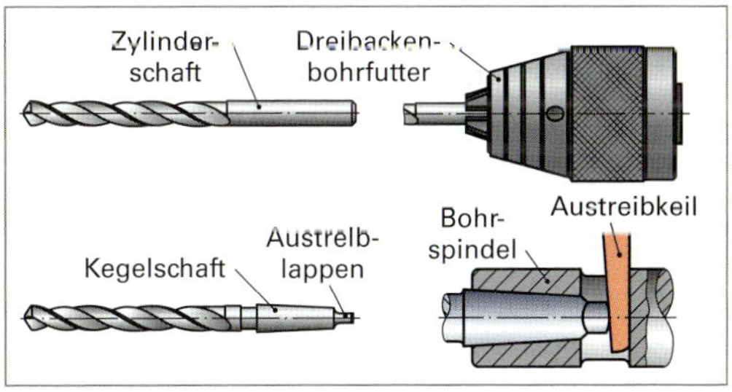

Bild 1: Spannmittel für Spiralbohrer

Schneiden und Winkel am Spiralbohrer

Die Spanabnahme am Spiralbohrer erfolgt durch die beiden **Hauptschneiden (Bild 2)**. Die dabei entstehenden Späne fließen über die wendelförmigen **Spannuten** aus der Bohrung ab. Durch die schabende Wirkung an der **Querschneide** entstehen bei der Spanabnahme Druck und Reibung in diesem Bereich, wodurch sich eine höhere Vorschubkraft ergibt. Eine Reduzierung der Vorschubkraft kann durch Vorbohren erreicht werden.

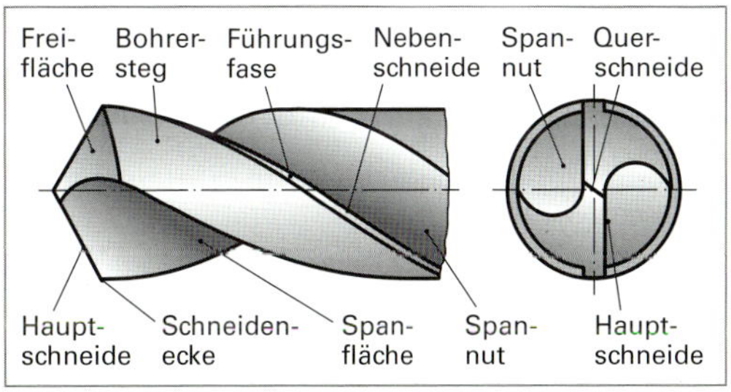

Bild 2: Bezeichnungen am Spiralbohrer

Zwischen **Freifläche** und **Spanfläche** wird der Schneidkeil gebildet. Am Schneidteil des Bohrers befindet sich die **Nebenschneide**, welche die zylindrischen Bohrungsflächen nachglättet. Für eine optimale Führung des Bohrers sorgen die **Führungsfasen**. Der **Spitzenwinkel** σ hängt vom zu bearbeitenden Werkstoff ab **(Bild 1)**. Aus der wendelförmigen Steigung der Spannut ergibt sich der **Seitenspanwinkel** γ. Der **Querschneidenwinkel** ψ wird zwischen Haupt- und Querschneide gebildet.

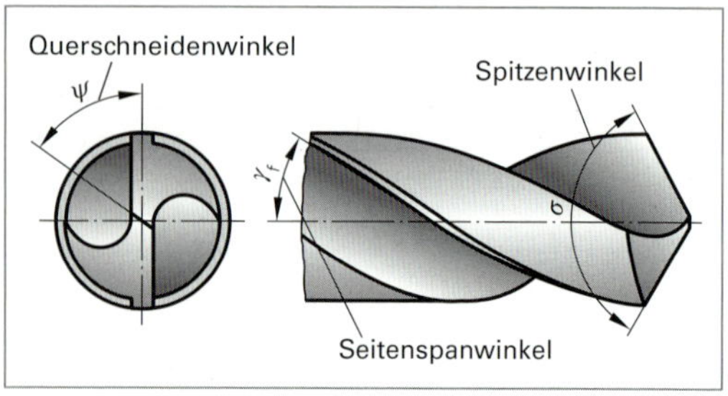

Bild 1: Winkel am Spiralbohrer

Spiralbohrertypen

Die **Spiralbohrertypen** werden nach dem zu bearbeitenden Werkstoff den Typen N, H und W zugeordnet **(Tabelle 1)**. Bei Werkstoffen mit mittlerer Festigkeit und Härte wird der Bohrertyp N eingesetzt. Für harte und spröde Werkstoffe eignet sich der Typ H aufgrund seines großen stabilen Keilwinkels. Typ W wird bei weichen Werkstoffen eingesetzt. Typ W besitzt einen kleineren Keilwinkel und dringt dadurch leichter in weiche Werkstück ein.

Tabelle 1: Spiralbohrertypen

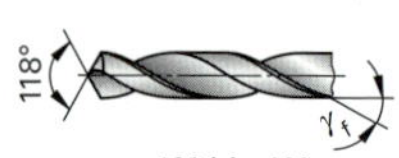 118°, γ_f = 19° bis 40°	**Typ N** normale Ausführung für weichen Stahl, Grauguss, nichtrostenden Stahl
 118°, γ_f = 10° bis 19°	**Typ H** für harte und spröde Werkstoffe, z. B. hochfester Stahl, Schichtpressstoffe
 130°, γ_f = 27° bis 45°	**Typ W** für weiche und zähe Werkstoffe, z. B. Aluminium-, Kupfer- und Zink-Legierungen

Weitere Bohrwerkzeuge

Mit **HM-Wendeplattenbohrer** kann auch bei großen Durchmessern, hohen Schnittgeschwindigkeiten und schwer zerspanbaren Werkstoffen ohne vorherige Zentrierung ins Volle gebohrt werden. **NC-Anbohrer** werden eingesetzt, wenn in einem Arbeitsgang eine Bohrung positionsgenau zentriert und angefast werden soll **(Bild 2)**.

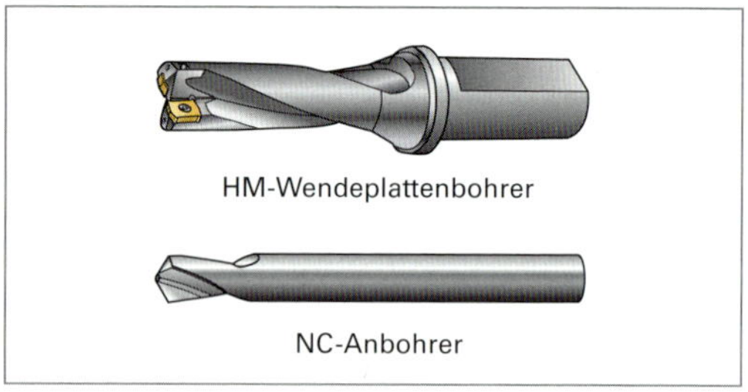

Bild 2: Bohrwerkzeuge

Zentrierbohrer

Zentrierbohrungen werden mit Zentrierbohrern hergestellt und sind in ihrer Form und Größe genormt **(Bild 3)**. Sie werden aus unterschiedlichen Gründen an Werkstücken vorgesehen. Einige dieser Gründe können sein:

- Zentrierbohrungen verhindern, dass beim anschließenden Bohren mit einem Spiralbohrer die Bohrung auf unebenen, rauen und abgesägten Flächen verläuft.
- Werkstücke mit Zentrierbohrungen können zwischen Spitzen gedreht oder geschliffen werden.
- Wellen mit Zentrierbohrungen ermöglichen eine Rundlaufmessung zwischen Spitzen.
- Zentrierbohrungen werden beim Kegeldrehen mit Reitstockverstellung benötigt.

> Je nach Aufgabe haben **Zentrierbohrer** unterschiedliche Formen und Größen.

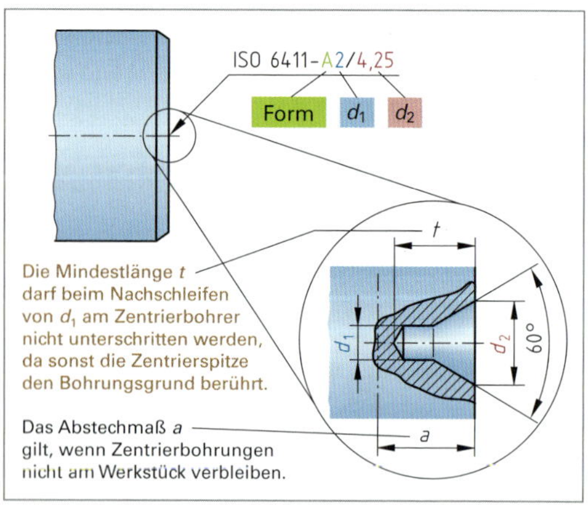

Bild 3: Normung von Zentrierbohrungen

Zentrierbohrerformen

Bei der Auswahl einer geeigneten Zentrierbohrung sind verschiedene Kriterien entscheidend. Bei Dreh- und Schleifarbeiten zwischen Spitzen richtet sich die **Form und Größe** der Zentrierbohrung **(Bild 1)** hauptsächlich nach:

- der Größe bzw. der Masse des Werkstücks,
- dem Werkstoff des Werkstücks,
- den notwendigen Spannkräften für die Werkstückspannung.

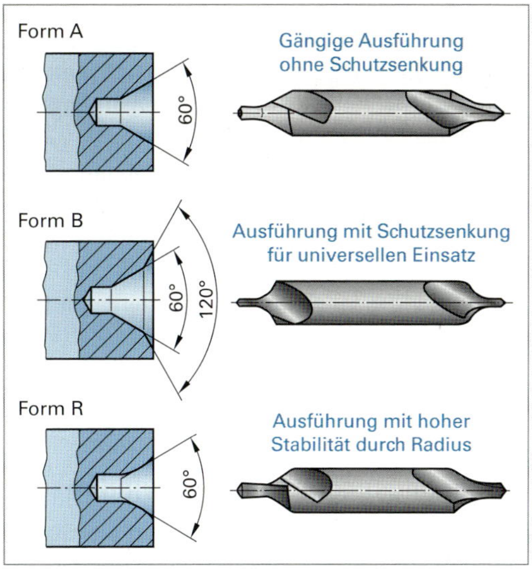

Bild 1: Zentrierbohrerformen

Zeichnungsangaben

Bei Werkstücken mit Zentrierbohrungen kann auf Zeichnungen die vereinfachte Angabe nach DIN ISO 6411 angewendet werden.

Bei der **normgerechten Zeichnungsangabe** muss jedoch hervorgehen, ob die Zentrierbohrung am Fertigteil verbleiben muss, verbleiben darf oder nicht verbleiben darf **(Tabelle 1)**.

Tabelle 1: Zeichnungsangabe bei Zentrierbohrungen

Zentrierbohrung **ist** am Fertigteil erforderlich	Zentrierbohrung **darf** am Fertigteil vorhanden sein	Zentrierbohrung **darf** am Fertigteil **nicht** vorhanden sein
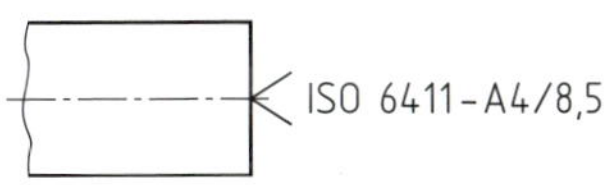	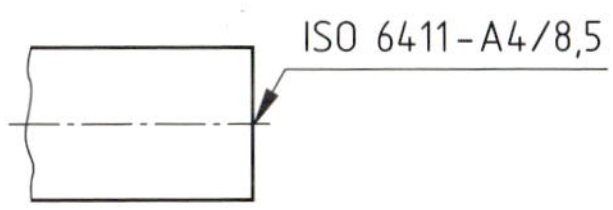	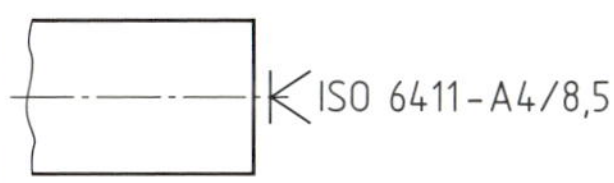

→ **ISO 6411 – A4/8,5:** Zentrierbohrung ISO 6411: Zentrierbohrung ist am Fertigteil erforderlich.
Form und Maße der Zentrierbohrung nach DIN 322: Form A; d_1= 4 mm; d_2 = 8,5 mm

Gewindebohren

Zur Fertigung von Innengewinden kommen meist Gewindebohrer zum Einsatz. Bevor jedoch der Gewindebohrer eingesetzt werden kann, muss das Gewindekernloch gebohrt und angesenkt werden. Die Größe des Gewindekernloch-Bohrerdurchmessers bei metrischen ISO-Gewinden ist etwas größer als der Kerndurchmesser bei metrischen Innengewinden und kann aus Tabellen entnommen werden. Am Beispiel eines metrischen ISO-Gewindes M8 ergeben sich folgende Durchmesser:

Bohrer-Ø für Gewindekernloch: 6,8 mm
Kern-Ø für Innengewinde: 6,65 mm

Gewindebohrer mit Rechtsdrall werden zur Fertigung von **Grundlöchern** eingesetzt, damit die Späne aus dem Werkstück abgeführt werden. Bei **Durchgangslöcher** können auch Gewindebohrer mit Linksdrall verwendet werden **(Bild 2)**.

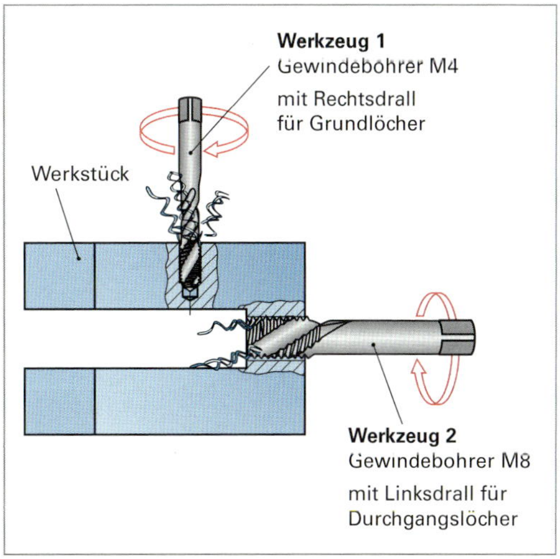

Bild 2: Gewindebohren

Lernfeld 7

7.4.2 | SENKEN

Beim Senken wird eine bereits vorhandene Bohrung durch Plansenken, Planeinsenken oder Profilsenken weiterbearbeitet.

Durch das **Plansenken** wird eine ebene Auflagefläche für Schraubenköpfe hergestellt **(Bild 1)**. Dies ist beispielsweise bei schrägen Flächen oder bei unebenen Gussflächen notwendig.

Beim **Planeinsenken** werden vertiefte zylindrische Senkungen meist für Schraubenköpfe hergestellt, um die Verletzungsgefahr zu verringern oder nur aus optischen Gründen **(Bild 2)**. Die Abmessungen für zylindrische Senkungen sind von der Schraubengröße abhängig und sind in DIN 974 festgelegt. In dieser DIN-Norm wird auch berücksichtigt, ob Scheiben unter den Schraubenkopf eingelegt oder ob Sechskantschrauben eingesenkt werden. Als Werkzeug wird beim Plansenken und Planeinsenken ein **Flachsenker** verwendet.

Durch das **Profilsenken** können mit einem Kegelsenker kegelige Senkungen für Senkschrauben hergestellt werden **(Bild 3)**. Die Spitzenwinkel am **Kegelsenker** sind je nach Anwendung unterschiedlich groß und betragen 60°, 75°, 90° oder 120°. Zum **Entgraten** von Bohrungen werden meist **Entgratungssenker** eingesetzt.

Weitere Senkwerkzeuge

Neben den Flach-, Kegel- und Entgratungssenkern gibt es auch noch spezielle Rohrentgratungssenker oder Rückwärtssenker **(Bild 4)**.

Mit einem **Rohrentgratungssenker** können Innen- und Außendurchmesser in einem Arbeitsgang gleichzeitig entgratet werden. **Rückwärtssenker** werden immer dann eingesetzt, wenn es nicht möglich ist die Senkung mit einem normalen Flachsenker herzustellen. Dies wäre beispielsweise dann der Fall, wenn die Bearbeitungsstelle nicht zugänglich ist oder wenn ein Senkwerkzeug mit extrem langem Schaft notwendig ist.

Zeichnungsangaben bei Senkungen

Bei der Bemaßung von Senkungen kann zwischen vollständiger und vereinfachter Darstellung sowie zwischen vollständiger und vereinfachter Bemaßung gewählt werden **(Bild 5)**. Der Buchstabe U bei der vereinfachten Bemaßung bedeutet, dass die zylindrische Bohrung einen flachen Lochgrund besitzt. Die vereinfachte Bemaßung ist auch bei Senkungen mit 90° möglich.

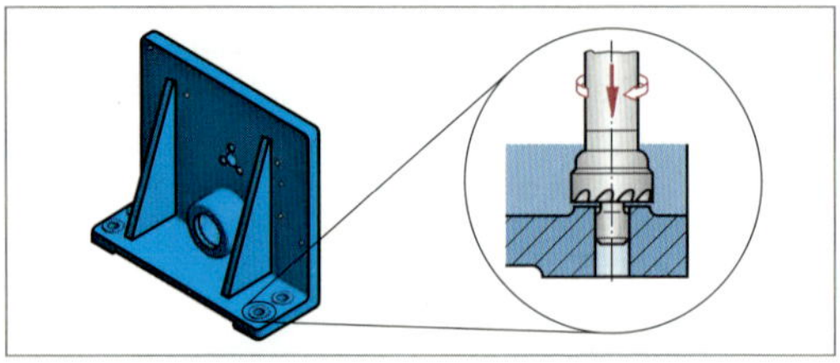

Bild 1: Plansenken unebener Gussflächen

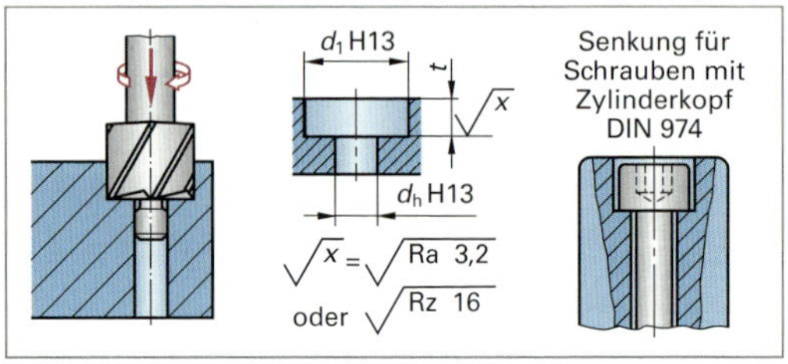

Bild 2: Planeinsenken

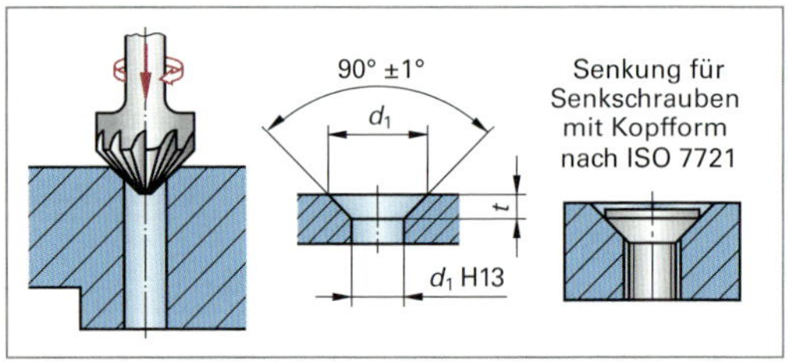

Bild 3: Profilsenken

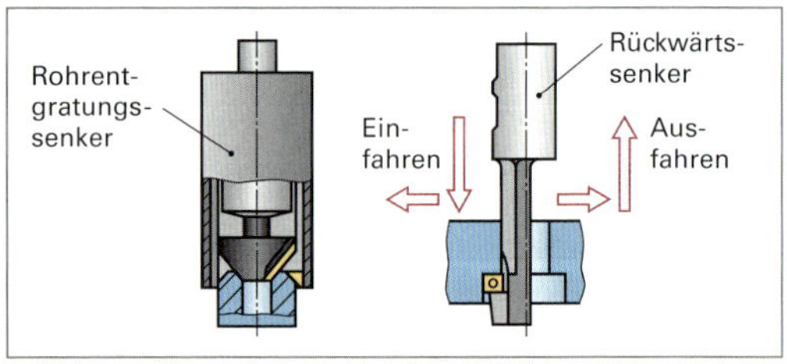

Bild 4: Rohrentgratungssenker, Rückwärtssenker

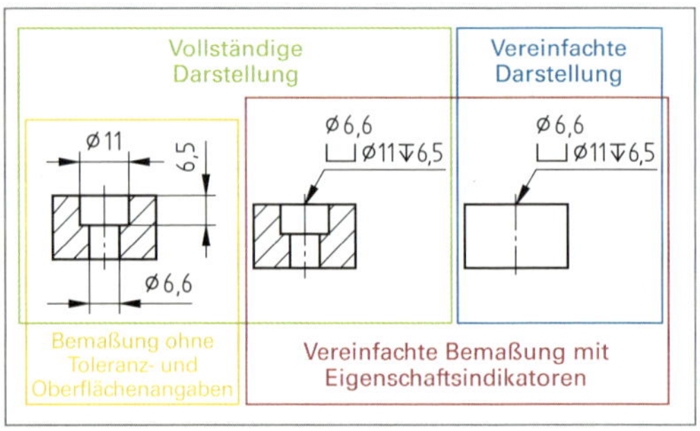

Bild 5: Bemaßungsmöglichkeiten von Senkungen

7.4.3 | REIBEN

Mit einer Reibahle wird an bereits vorhandenen Bohrungen die Qualität erheblich verbessert. Die Qualitätsverbesserung einer geriebenen Bohrung zeigt sich in:

- der hohen **Maßgenauigkeit** von Toleranzklasse IT6 bis IT8,
- der hohen **Oberflächengüte** von *Rz* 4 bis *Rz* 10,
- der hohen **Formgenauigkeit**.

> Durch Reiben werden die Maßgenauigkeit, die Oberflächengüte und die Formgenauigkeit von Bohrungen verbessert.

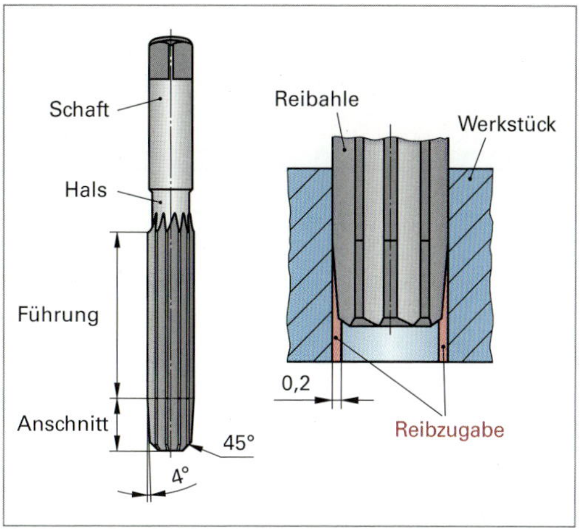

Bild 1: Anschnitt und Führung einer Reibahle

Reibvorgang

Beim Reiben erfolgt die sehr geringe Spanabnahme nur am Werkzeugumfang des kegeligen Anschnitts **(Bild 1)**. Durch die zylindrische Führung werden die Maßhaltigkeit, die Formgenauigkeit sowie die Oberflächengüte erreicht. Hierzu muss der vorgebohrte Bohrungsdurchmesser um die **Reibzugabe** kleiner gebohrt werden. Die Reibzugabe hängt vom Bohrungsdurchmesser und vom Schneidstoff des Werkzeugs ab. Als Kühlschmierstoff wird beim Reiben meist Schneidöl eingesetzt. Die hohe Schmierwirkung von Schneidöl wirkt sich positiv auf die Oberflächengüte aus.

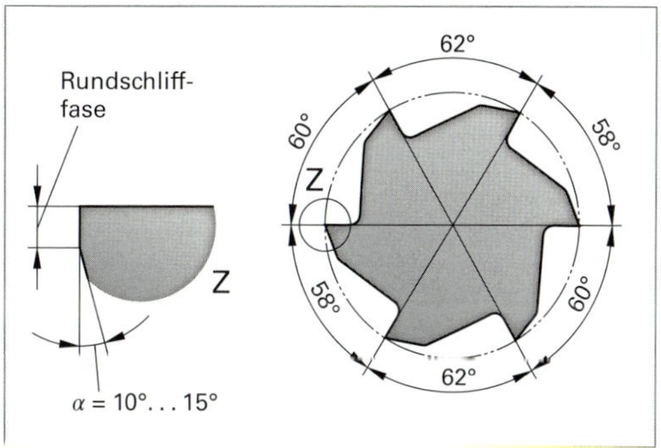

Bild 2: Ungleiche Zahnteilung einer Reibahle

Werkzeuge

Die mehrschneidigen Werkzeuge beim Reiben sind vielfältig. Damit der Durchmesser von Reibahlen leicht gemessen werden kann, haben sie eine gerade Anzahl an Schneiden. Durch die ungleiche Teilung der Schneiden können Rattermarken und Schwingungen verringert werden **(Bild 2)**. Ähnlich wie bei handgeführten Gewindebohrern besitzen auch **Handreibahlen** einen langen Anschnitt zur besseren Führung. Bei **Maschinenreibahlen** ist der Anschnitt deutlich kürzer. Je nach Verwendung sind die Schneiden geradgenutet oder weisen einen Linksdrall auf **(Tabelle 1)**. Der Linksdrall verhindert bei der rechtsdrehenden Reibahle ein Hineinziehen ins Werkstück. Weitere Werkzeuge zum Reiben sind:

- **einstellbare Reibahlen**, mit denen z. B. die Schneidenabnutzung durch Nachstellen ausgeglichen werden kann.
- **Kegelreibahlen**, mit denen z. B. die Bohrungen für Kegelstifte hergestellt werden können.

Tabelle 1: Arten von Reibahlen

Arten von Reibahlen	Anwendungen
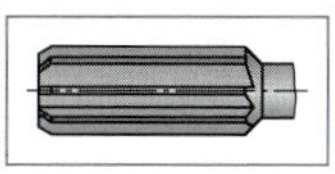 geradgenutete Reibahle	▪ bei harten und spröden Werkstoffen ▪ bei tief geriebenen Grundlöchern ▪ bei Bohrungen ohne Unterbrechungen
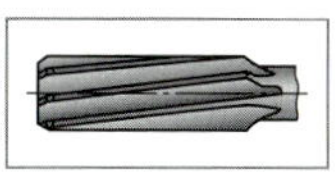 Reibahle mit Linksdrall ≈ 7°	▪ bei Durchgangsbohrungen ▪ bei Bohrungen mit Längsnuten und Querbohrungen
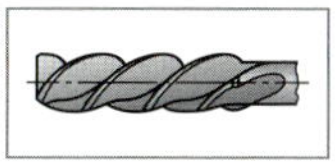 Schälreibahle mit Linksdrall ≈ 45°	▪ bei Durchgangsbohrungen ▪ bei langspanenden Werkstoffen ▪ bei Kunststoffen

7.4.4 | GESTALTUNGSREGELN BEIM BOHREN, SENKEN, REIBEN

Die wichtigste Anforderung an ein Werkstück besteht in der Erfüllung seiner technischen Funktion. Allerdings sollte der Konstrukteur bei der Entwicklung die in **Tabelle 1** aufgeführten Gestaltungsregeln beachten, damit eine wirtschaftliche, fertigungsgerechte und sichere Herstellung der Werkstücke möglich ist.

Tabelle 1: Gestaltungsregeln für Bohrungen

Nicht Bohrgerecht	Bohrgerecht	Erläuterungen
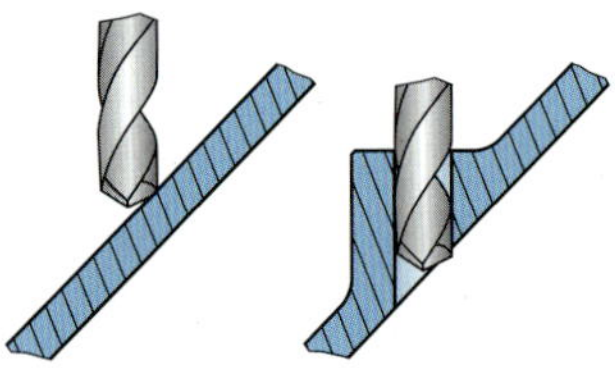	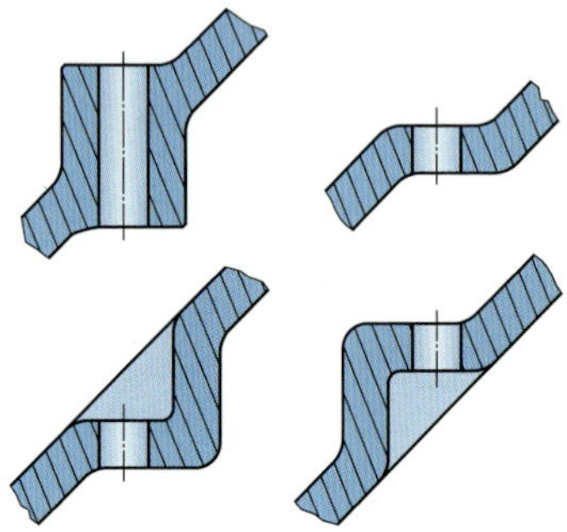	Bohrungen an schrägen Werkstückflächen vermeiden. Gefahr von Werkzeugbruch. Verwendung von Bohrvorrichtungen überprüfen.
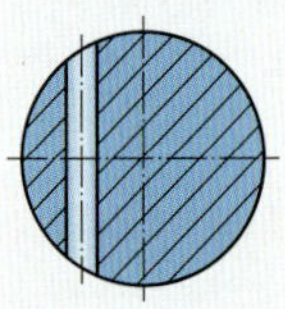	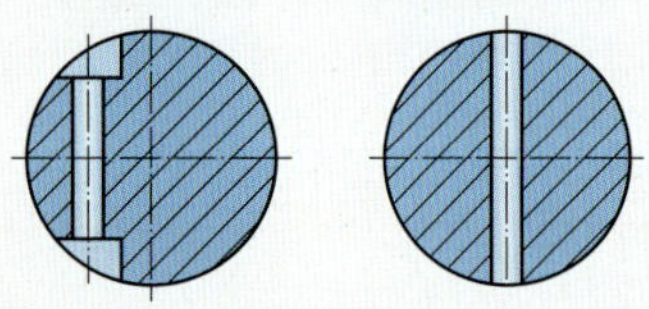	Bohrungen an runden Werkstückflächen plansenken oder radial zentrisch bohren.
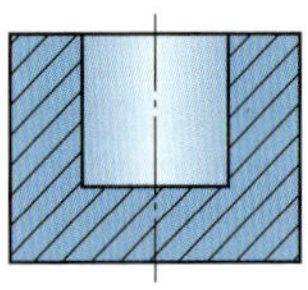	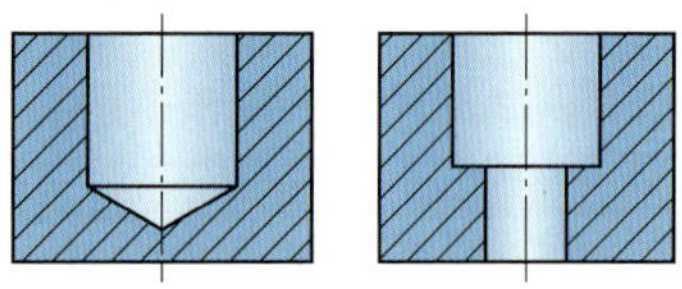	Bohrungen mit planflächigem Grund vermeiden.
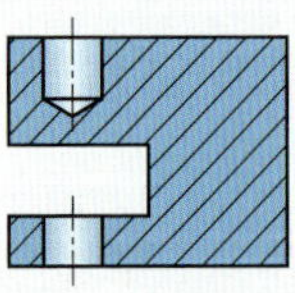	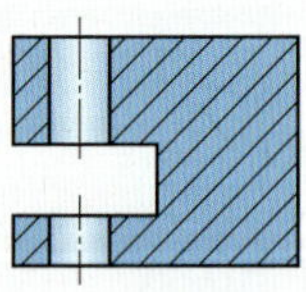	Durchgangsbohrung statt Grundlochbohrung vorsehen.
	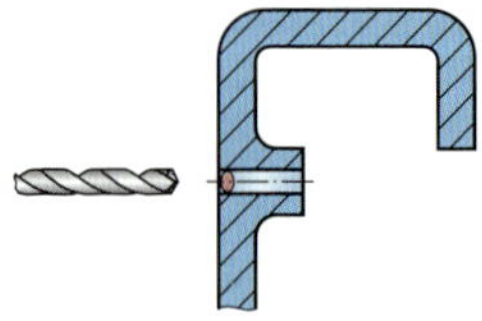	Große Werkzeuglängen vermeiden. Bearbeitungsseite wechseln.

Fortsetzung von Tabelle 1, Seite 380: Gestaltungsregeln für Bohrungen

<table>
<tr><th>Nicht Bohrgerecht</th><th>Bohrgerecht</th><th>Erläuterungen</th></tr>
<tr><td>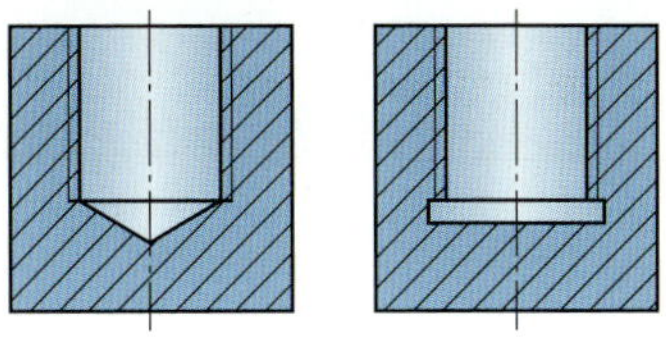</td><td>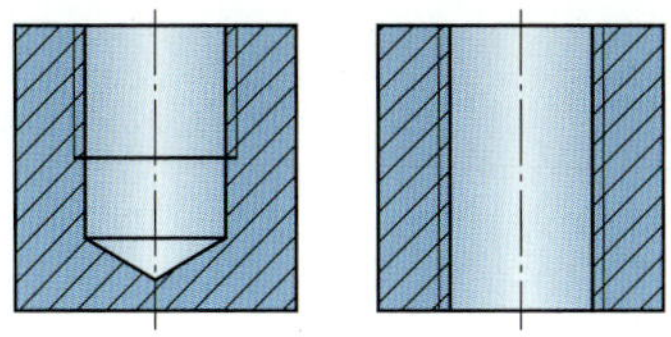</td><td>Gewindegrundlöcher vermeiden oder ausreichend Gewindeauslauf vorsehen.</td></tr>
<tr><td>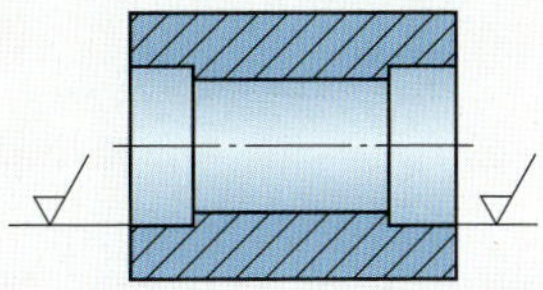</td><td>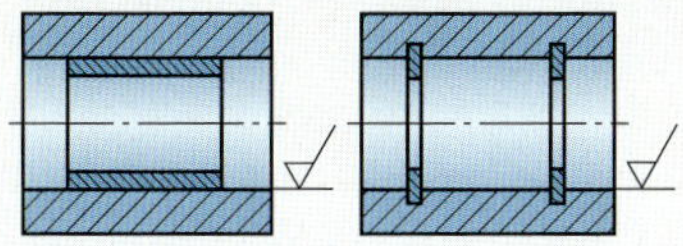</td><td>Möglichst Bohrungen nur von einer Seite durchgehend bearbeiten.</td></tr>
<tr><td>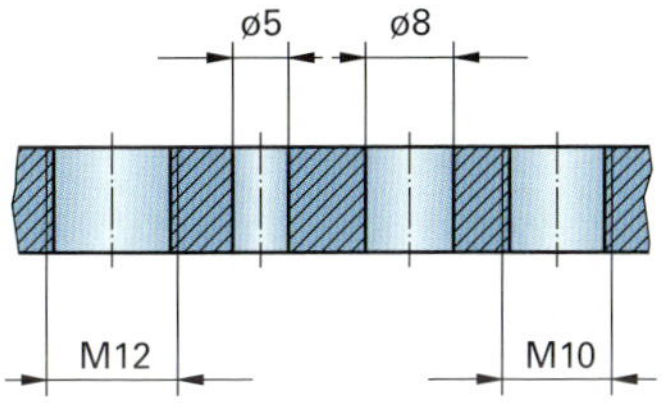
</td><td>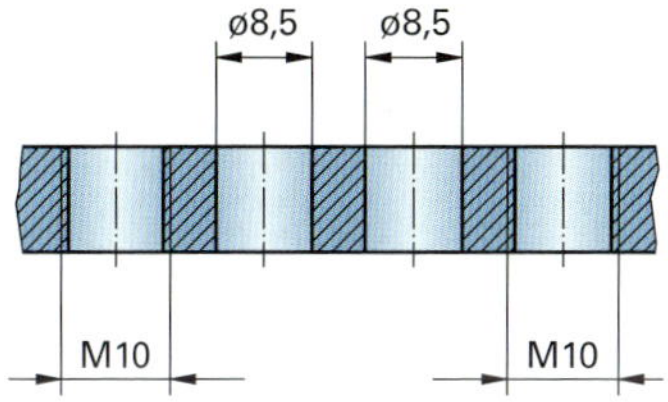
</td><td>Unterschiedliche Bohrungsdurchmesser vermeiden.
Hinweis:
Der Durchmesser des Kernlochbohrers für das M10 beträgt 8,5 mm.</td></tr>
<tr><td>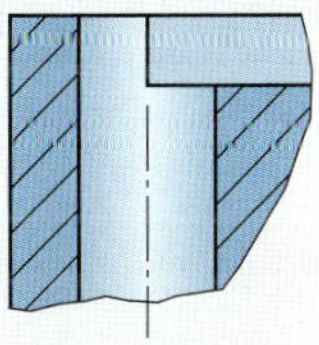</td><td>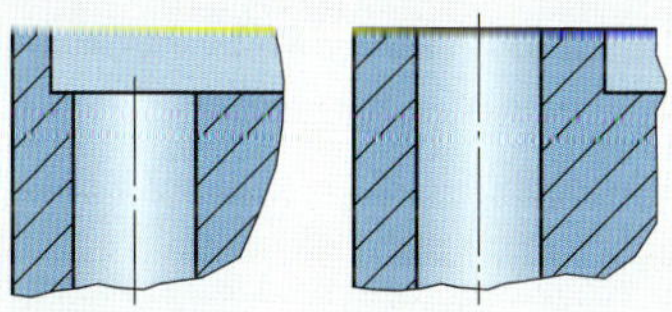</td><td>Überschneidungen von Bohrungen vermeiden.
Gefahr von Werkzeugbruch.</td></tr>
</table>

AUFGABEN | WIEDERHOLUNG UND VERTIEFUNG

1. Nennen Sie zwei wesentliche Kriterien für die Wahl der optimalen Schnittgeschwindigkeit beim Bohren.
2. Berechnen Sie die Hauptnutzungszeit, wenn mit einem Spiralbohrer Ø10 mm und Typ N eine 12 mm dicke Stahlplatte durchgebohrt werden soll. Der An- und Überlaufweg beträgt jeweils 1 mm. Die Schnittgeschwindigkeit liegt bei v_c = 30 m/min und der Vorschub bei f = 0,15 mm.
3. Begründen Sie, weshalb an manchen Werkstücken Zentrierbohrungen notwendig sind.
4. Weshalb sind bei der Fertigung von Innengewinden Gewindeausläufe notwendig?
5. Welche Qualitätsmerkmale verbessern sich durch das Reiben einer Bohrung?

7.5 DREHEN

Beim Drehen führt meist das Werkstück eine Drehbewegung aus. Die Spanabnahme erfolgt über das fest eingespannte Werkzeug, z. B. einem Drehmeißel **(Bild 1)**.

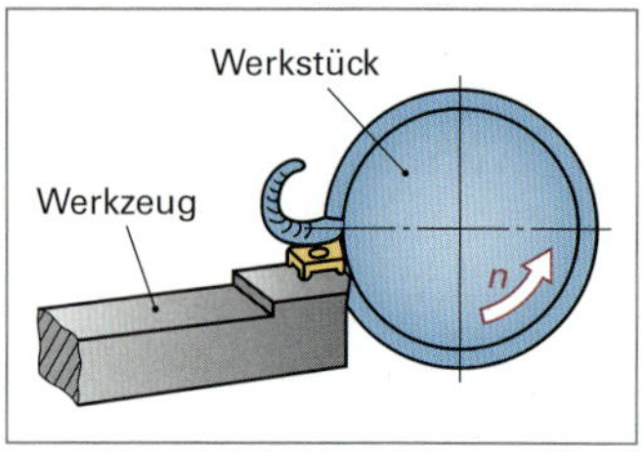

Bild 1: Spanabnahme

Die Bauteile Lagerzapfen und Rolle aus Lernsituation 3 Scherenhubtisch **(Seite 364)** lassen sich aufgrund ihrer zylindrischen Form hervorragend durch Drehen fertigen **(Bild 2)**. Bei Werkstücken mit kleinen Maßtoleranzen und hoher Oberflächengüte können nach dem Drehen noch weitere Fertigungsverfahren, wie Schleifen oder Honen notwendig sein, um das komplette Bauteil, fertigzustellen.

Drehen ist Spanen mit geometrisch bestimmter Schneide zur Fertigung meist rotationssymmetrischer Innen- und Außenkonturen.

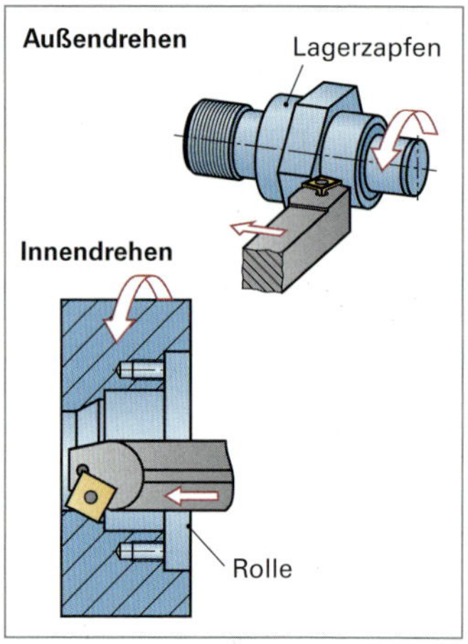

Bild 2: Drehverfahren

7.5.1 DREHVERFAHREN

Drehverfahren können nach der **Lage der Bearbeitungsstelle** am Werkstück in Außendrehen und Innendrehen unterteilt werden. Der Lagerzapfen aus Lernsituation 3, Scherenhubtisch, wird beispielsweise durch **Außendrehen** hergestellt. Da sich das Werkzeug bei der Bearbeitung der Rolle überwiegend innerhalb des Werkstücks befindet, wird dieses Bauteil durch **Innendrehen** hergestellt. Drehverfahren können auch nach der **Art der erzeugten Fläche** unterschieden werden **(Tabelle 1)**.

Tabelle 1: Drehverfahren

Drehverfahren	Beschreibung	Drehverfahren	Beschreibung
Runddrehen 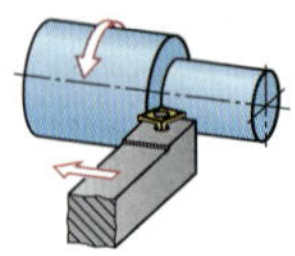	Erzeugung einer runden, zylindrischen Fläche durch: ▌ Längs-Runddrehen (Bild) ▌ Quer-Runddrehen	**Plandrehen** 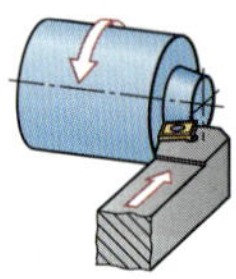	Erzeugung einer senkrecht zur Drehachse ebenen Fläche durch: ▌ Quer-Plandrehen (Bild) ▌ Quer-Abstechdrehen
Gewindedrehen 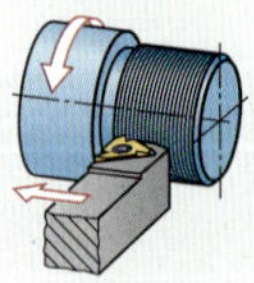	Erzeugung einer schraubenförmigen Fläche durch: ▌ Gewindedrehen (Bild) ▌ Gewindestrehlen	**Stechdrehen** 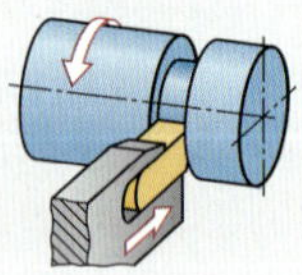	Erzeugung von Einstichen durch: ▌ Stechdrehen (Bild)
Profildrehen 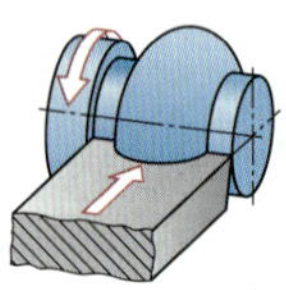	Erzeugung einer profilförmigen Fläche durch: ▌ Längs-Profil-Drehen ▌ Quer-Profil-Drehen (Bild)	**Formdrehen** 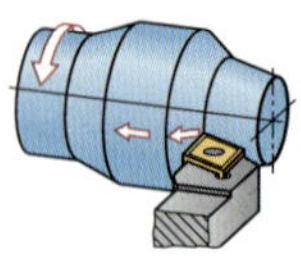	Erzeugung von beliebigen zylindrischen, kegeligen und ebenen Planflächen durch: ▌ CNC-Formdrehen ▌ Kopierdrehen (Bild)

7.5.2 | BEWEGUNGEN UND SPANUNGSGRÖSSEN BEIM DREHEN

Beim Drehen erfolgt die Spanabnahme meist durch die rotierende **Schnittbewegung** des Werkstücks und die **Vorschubbewegung** des Werkzeugs **(Bild 1)**.

Der **Vorschub *f*** ist der Weg des Werkzeugs bei einer Umdrehung des Werkstücks. Durch die **Zustellbewegung** wird die **Schnitttiefe a_p** eingestellt. Die Größe der **Schnittgeschwindigkeit v_c** richtet sich nach der Festigkeit des Werkstückstoffes sowie der Verschleißfestigkeit und Warmfestigkeit des Schneidstoffes. Die Werte für die Schnittgeschwindigkeit lassen sich aus Tabellen entnehmen und sind zur Berechnung der **Drehzahl *n*** notwendig. Für die Drehzahl *n* gilt:

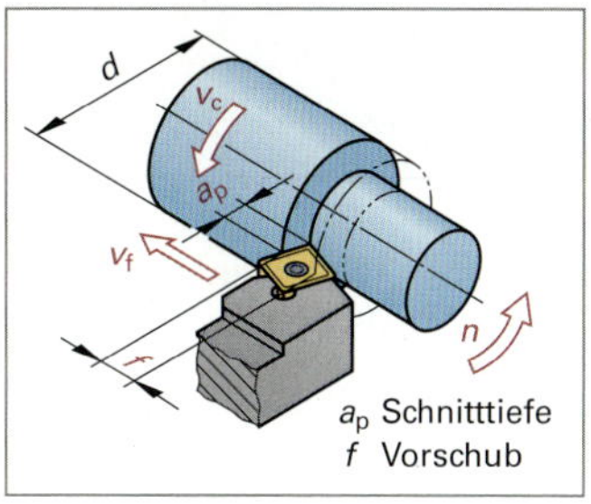

Bild 1: Spanungsgrößen beim Drehen

$$n = \frac{v_c}{\pi \cdot d}$$

n	v_c	d
1/min	m/min	mm

Beim **Schruppen** wählt man aus wirtschaftlichen Gründen einen großen Vorschub und eine große Schnitttiefe, damit in kurzer Zeit möglichst viel Werkstoff zerspant werden kann. Beim **Schlichten** steht eine hohe Maßhaltigkeit und Oberflächengüte im Vordergrund, deshalb sind Vorschub und Schnitttiefe klein zu wählen.

Für die Vorbearbeitung sollte die Schnitttiefe beim Drehen so groß wie möglich gewählt werden. Jedoch wird die Schnitttiefe durch die Größe der Wendeschneidplatte, die Antriebsleistung der Drehmaschine sowie durch die Stabilität des Werkstückes und der Spanneinheit begrenzt. Deshalb sind bei Vorbearbeitungen oftmals mehrere Schnitte notwendig **(Bild 2)**. Die **Anzahl der Schnitte *i*** wird nach folgender Formel bestimmt.

$$i = \frac{d - d_1}{2 \cdot a_p}$$

i	d	d_1	a_p
–	mm	mm	mm

BEISPIEL 7.3 | Berechnung der Anzahl der Schnitte

Der Lagerzapfen aus der Lernsituation 1 Rollenvereinzeler **(Seite 362)** wird wegen der vorgegebenen Bearbeitungszugabe von 0,3 mm für die anschließende Fertigbearbeitung von Durchmesser $d = 45$ mm auf Durchmesser $d_1 = 15{,}6$ mm abgedreht. Für die Vorbearbeitung durch Schruppen ist eine max. Schnitttiefe $a_p = 3{,}5$ mm möglich.

a) Wie viele Schnitte sind für die Vorbearbeitung des Lagerzapfens notwendig?

b) Wie groß ist die Schnitttiefe a_p bei gleicher Zustellung je Schnitt?

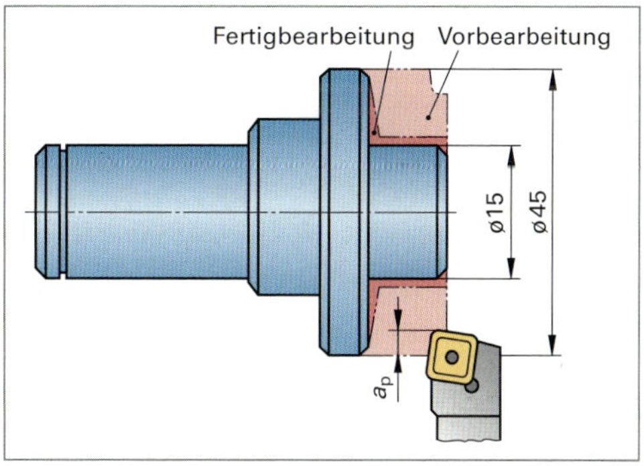

Bild 2: Anzahl der Schnitte beim Drehen

Lösung

a) $i = \frac{d \;\; d_1}{2 \cdot a_p} = \frac{45\text{ mm} - 15{,}6\text{ mm}}{2 \cdot 3{,}5\text{ mm}} = 4{,}2$ → Anzahl der Schnitte gewählt: i = **5 Schnitte**

b) $i = \frac{d - d_1}{2 \cdot a_p} \rightarrow a_p = \frac{d - d_1}{2 \cdot i} = \frac{45\text{ mm} - 15{,}6\text{ mm}}{2 \cdot 5} =$ **2,94 mm**

Hauptnutzungszeit beim Drehen

Die **Hauptnutzungszeit t_h** gibt an, wie lange sich das Werkzeug im Arbeitsvorschub befindet. Sie wird durch die **Drehzahl *n***, den **Vorschub *f***, die **Anzahl der Schnitte *i*** und den **Vorschubweg *L*** beeinflusst.

$$t_h = \frac{L \cdot i}{n \cdot f}$$

t_h	L	i	n	f
min	mm	–	1/min	mm

Zur Berechnung des Vorschubwegs L werden der **Anlaufweg l_a**, der **Überlaufweg l_u** und die zu überdrehende **Länge *l*** benötigt. Um eventuelle Kollisionen zwischen Werkzeug und Werkstück zu verhindern wird meist ein An- und Überlaufweg von 1 bis 2 mm als Sicherheitsabstand festgelegt. Beim Längs-Runddrehen muss beim Vorschubweg berücksichtigt werden, ob sich am Werkstück ein Ansatz befindet oder nicht **(Bild 1)**. Für den Vorschubweg beim Längs-Runddrehen ohne Ansatz gilt die linke Formel und mit Ansatz die rechte Formel:

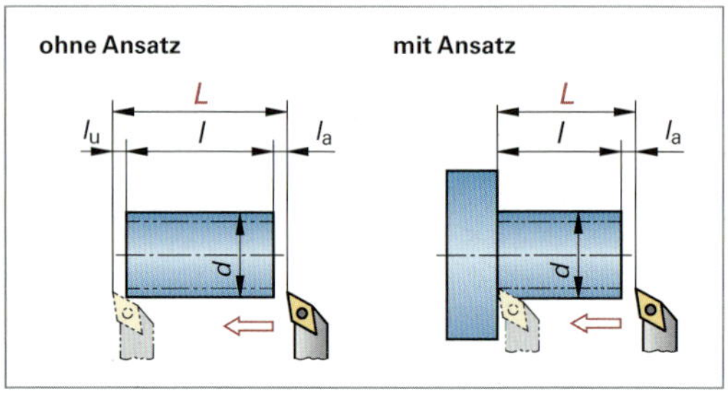

Bild 1: Vorschubweg beim Längs-Runddrehen

$$L = l + l_a + l_u$$

L	l	l_a	l_u
mm	mm	mm	mm

$$L = l + l_a$$

L	l	l_a
mm	mm	mm

BEISPIEL 7.4 | **Berechnung der Hauptnutzungszeit**

Am Lagerzapfen aus der Lernsituation 1 Rollenvereinzeler **(Seite 362)** soll die rechte Seite mit fünf Schnitten abgedreht werden **(Bild 2)**. Der Anlaufweg beträgt $l_a = 1$ mm. Die Drehzahl liegt bei $n = 300$ 1/min und der Vorschub bei $f = 0{,}3$ mm. Berechnen Sie die Hauptnutzungszeit, die zum Drehen des Lagerzapfens benötigt wird.

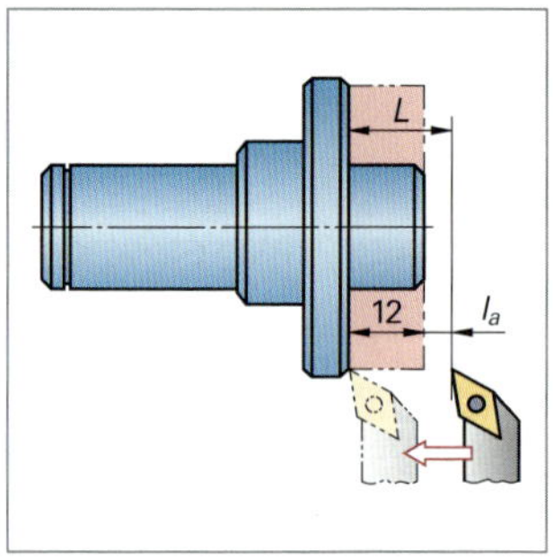

Bild 2: Lagerzapfen

Lösung

$$L = l + l_a = 12\text{ mm} + 1\text{ mm} = 13\text{ mm}$$

$$t_h = \frac{L \cdot i}{n \cdot f} = \frac{13\text{ mm} \cdot 5}{300\,\frac{1}{\text{min}} \cdot 0{,}3\text{ mm}} = 0{,}722\text{ min} = \mathbf{43{,}3\text{ s}}$$

7.5.3 | SCHNEIDENGEOMETRIE AM WERKZEUG

Zur Vermeidung von Schneidenausbrüchen ist die **Schneidenecke** gerundet. Beim Schruppen ist wegen der hohen Schneidenbelastung mit größerem **Eckenradius r_ε** als beim Schlichten zu arbeiten.

Die Rillentiefe einer gedrehten Werkstückoberfläche wird im Wesentlichen von der Größe des **Eckenradius** und des **Vorschubs** bestimmt **(Bild 3)**. Aus diesem Zusammenhang lässt sich beim Drehen die zu erwartende **theoretische Rautiefe R_{th}** am Werkstück näherungsweise berechnen:

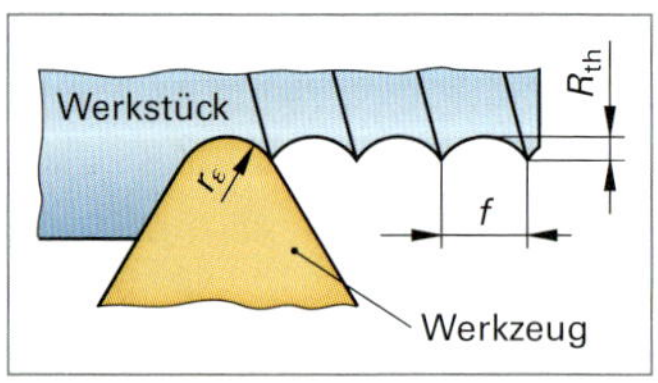

Bild 3: Einfluss von Eckenradius und Vorschub

$$R_{th} = \frac{f^2}{8 \cdot r_\varepsilon}$$

R_{th}	f	r_ε
mm	mm	mm

7.5.4 | SPANBILDUNG BEIM DREHEN

Beim Drehen wird der Werkstoff durch die Werkzeugschneide zuerst stark gestaucht. Nach dem Abscheren der Werkstoffteilchen in der Scherzone fließen die Späne über die Spanfläche des Werkzeugs ab **(Bild 1)**. Je nach Spanungsgrößen, Schneidengeometrie und dem zu zerspanenden Werkstoff entstehen dabei unterschiedliche Spanarten und Spanformen.

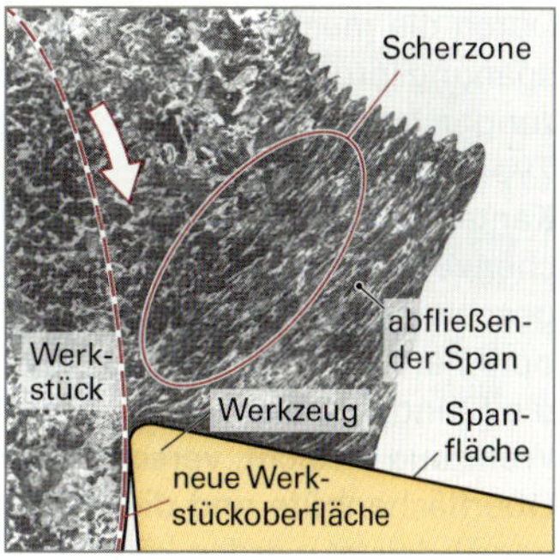

Bild 1: Spanbildung

Spanarten

Der zu bearbeitende Werkstoff hat den größten Einfluss auf die Entstehung der drei Spanarten Reißspan, Scherspan und Fließspan. Die verschiedenen Spanarten wirken sich vor allem auf die Oberflächengüte am Werkstück unterschiedlich aus **(Tabelle 1)**.

Tabelle 1: Spanarten

Spanarten	Reißspan 	Scherspan 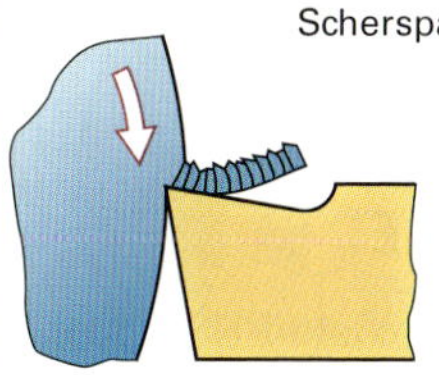	Fließspan 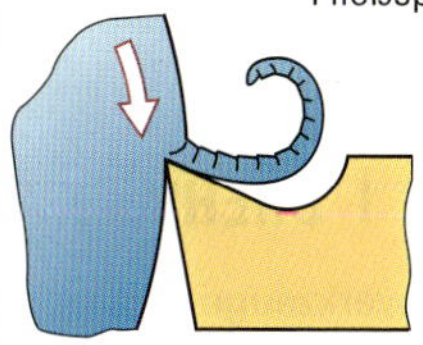
Entstehen beim Bearbeiten von …	spröden Werkstoffen, z. B. Gusseisen, Kupfer-Zink-Legierung	zähen Werkstoffen, z. B. Stahl mit mittlerer Festigkeit	gut plastisch verformbaren Werkstoffen
Merkmale	kurze unregelmäßige Späne	lamellenförmige Späne	lange zusammenhängende Späne
Auswirkung auf Werkstückoberfläche	raue Werkstückoberfläche	mittelmäßige Oberflächengüte	gute, gleichmäßige Oberflächengüte

Spanformen

Damit ein Werkstück optimal zerspant werden kann, dürfen die Späne den Zerspanungsprozess nicht behindern. Besonders gut geeignet sind Spanformen, die sich möglichst schnell und ungehindert vom Werkstück und Werkzeug abführen lassen **(Tabelle 2)**.

Tabelle 2: Spanformen

Ungünstige Spanformen			**Günstige Spanformen**			
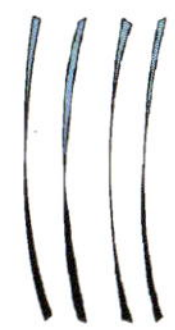 Bandspäne	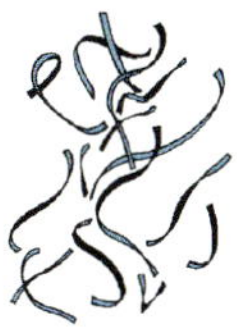 Wirrspäne	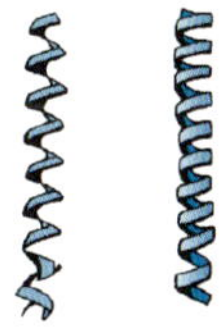 lange Wendelspäne	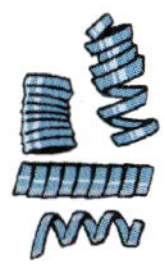 kurze zylindr. Wendelspäne	 Spiralwendelspäne	 Spiralspäne	 Bröckelspäne
Bei ungünstigen Spanformen: ▌ Beschädigung von Werkzeug und Werkstück ▌ schlechte Abfuhr der Späne aus der Maschine ▌ Verletzungsgefahr beim Entfernen der Späne			Bei günstigen Spanformen: ▌ kleines Spanvolumen durch kompakte Form ▌ ungestörter Zerspanungsprozess möglich ▌ gute Abfuhr der Späne aus der Maschine			
Spanhaken beim Entfernen der Späne verwenden			**Schwefelanteil begünstigt kurzbrechende Späne**			

Spannen zwischen zwei Spitzen

Sind gute Rundlaufgenauigkeiten auch bei mehrmaligem Umspannen des Werkstücks gefordert, werden stirnseitig Zentrierbohrungen angebracht und das Werkstück zwischen Spitzen gespannt.

Die Drehbewegung erfolgt dann über einen **Stirnseiten-Mitnehmer (Bild 1)** oder über ein **Drehherz (Bild 2)**. Durch den Stirnseiten-Mitnehmer ist ein Längsrunddrehen über das komplette Werkstück möglich.

Stören die entstehenden Abdrücke des Stirnseiten-Mitnehmers oder die Zentrierbohrungen am fertigen Werkstück, muss eine weitere Bearbeitung durch Zeichnungseintragungen festgelegt werden.

Das Spannen von Werkstücken zwischen zwei Spitzen kann auch beim Drehen von Exzenterwellen oder Kegeln eingesetzt werden.

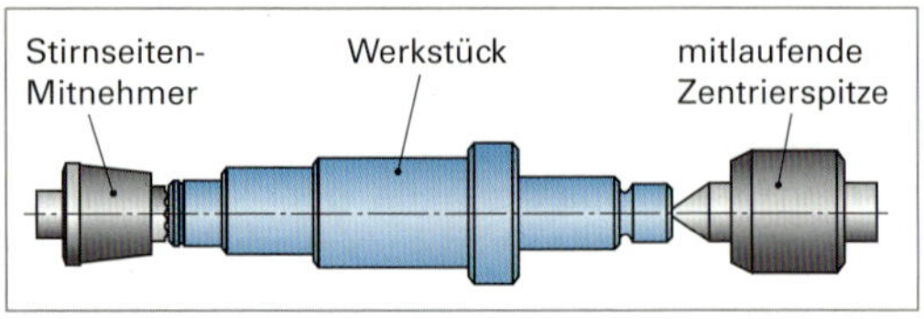

Bild 1: Stirnseiten-Mitnehmer

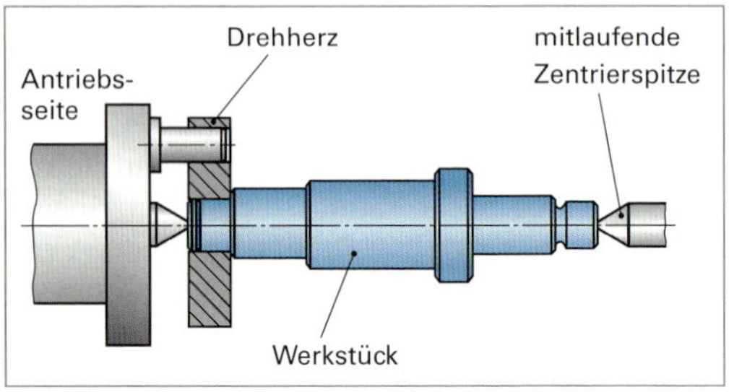

Bild 2: Drehherz

Exzenterwellen drehen

Exzenterwellen können eingesetzt werden, wenn beispielsweise eine Drehbewegung in eine Hubbewegung umgewandelt werden soll. Damit diese Bewegungen realisiert werden können, besitzen Exzenterwellen zwei parallel versetzte Symmetrielinien. Zum Drehen des exzentrischen Durchmessers auf konventionellen Drehmaschinen muss die Symmetrielinie des Exzenters mit den Symmetrielinien der Zentrierspitzen fluchten **(Bild 3)**.

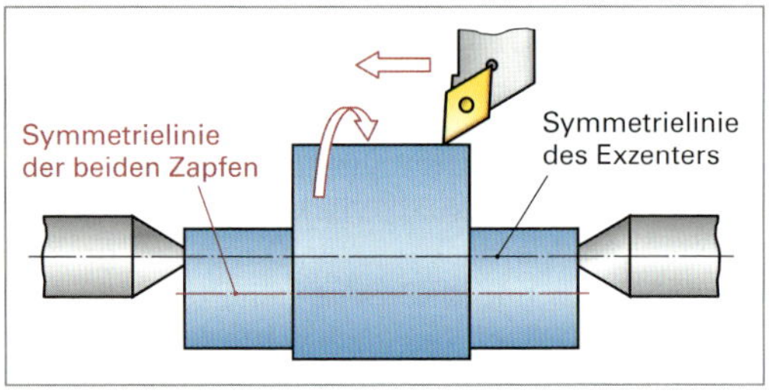

Bild 3: Exzenterwelle drehen

Kegeldrehen

Durch das Verstellen des Reitstocks besteht auf konventionellen Drehmaschinen die Möglichkeit, Werkstücke mit schlanken Kegeln zu drehen **(Bild 4)**. Wegen der Stabilität und Sicherheit beim Drehen sollte die Reitstockverstellung nicht zu groß sein.

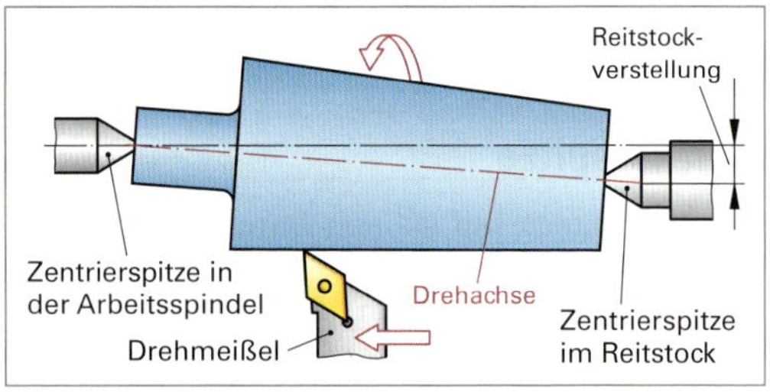

Bild 4: Kegeldrehen

Planscheibe mit Aufspannschlitz

Nicht rotationssymmetrische Werkstücke können aufgrund ihrer unregelmäßigen Form auf Planscheiben gespannt werden. Hierzu muss das Werkstück meist an der Aufspannfläche bearbeitet werden, sodass es auf die Haltevorrichtung montiert werden kann. Über diese Haltevorrichtung kann das Werkstück dann über die Aufspannschlitze in der Planscheibe befestigt werden **(Bild 5)**. Die unsymmetrische Werkstückspannung auf Planscheiben hat meist eine Unwucht und somit Maschinenschwingungen zur Folge. Diese Unwucht kann durch Anbringen einer Auswuchtmasse reduziert werden.

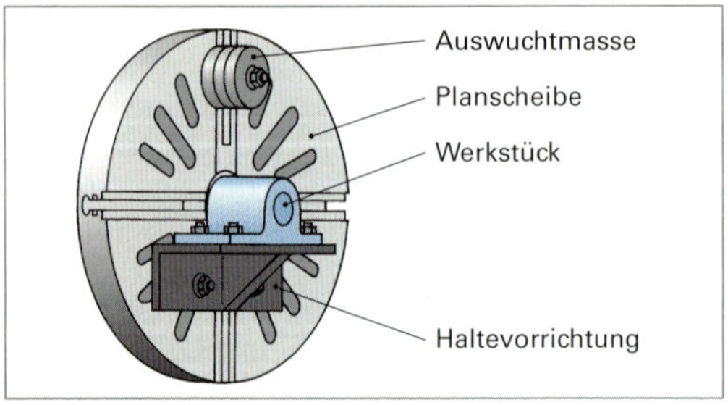

Bild 5: Planscheibe mit Aufspannschlitz

Lernfeld 7

7.5.8 | DREHMASCHINEN

Entscheidende Kriterien für die Auswahl einer geeigneten Drehmaschine sind die Werkstückgröße sowie die Anzahl der zu fertigenden Werkstücke und deren Komplexität. In der Einzel- und Kleinserienfertigung werden meist **Universaldrehmaschinen** eingesetzt **(Bild 1)**. Sie sind flexibel einsetzbar und relativ preisgünstig in der Anschaffung.

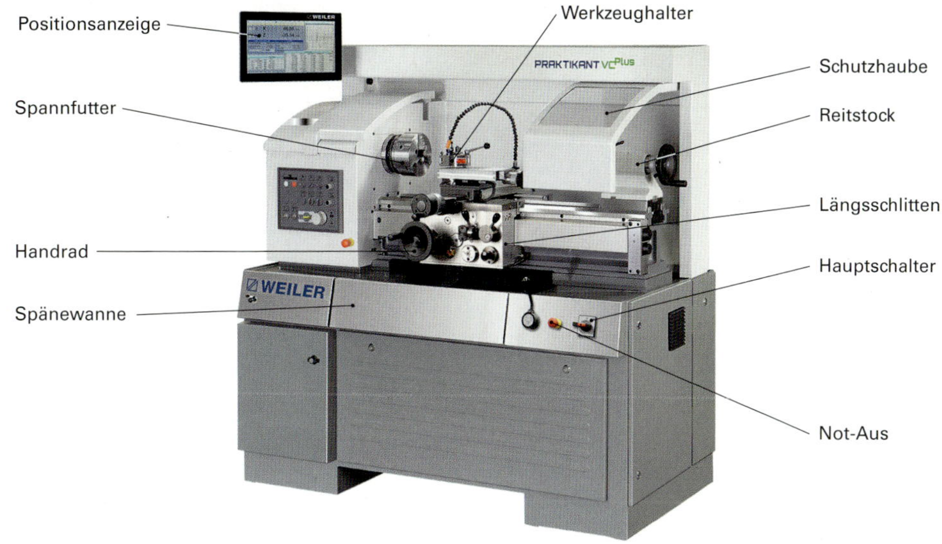

Bild 1: Universaldrehmaschine

Für größere Stückzahlen kann es wirtschaftlicher sein, wenn zur Fertigung der Werkstücke CNC-Drehmaschinen eingesetzt werden **(Bild 2)**. Sie sind zwar in der Anschaffung meist deutlich teurer als Universaldrehmaschinen, dafür können Drehteile mit komplexen Konturen in hoher Qualität automatisch gefertigt werden.

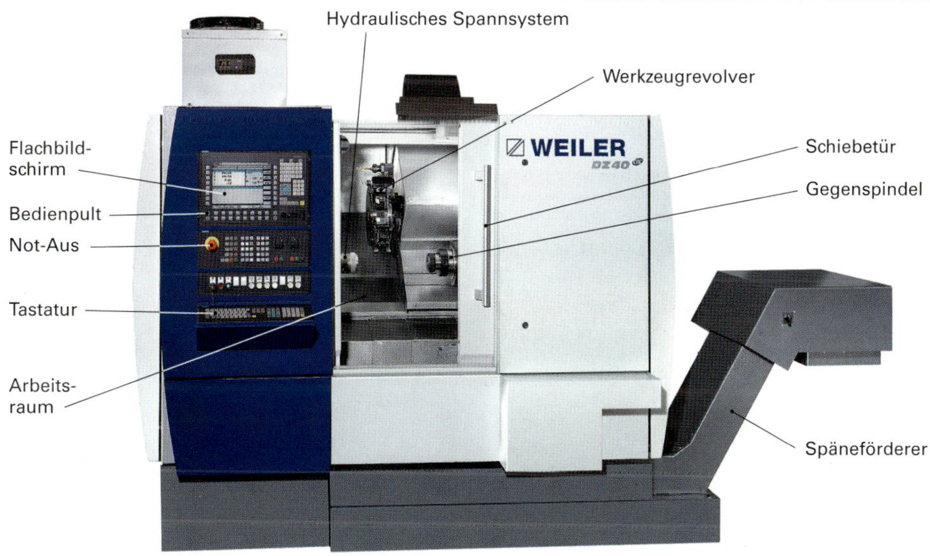

Bild 2: CNC-Drehmaschine

Lernfeld 7

Die Klassifizierung und Benennung von Drehmaschinen erfolgt nach den folgenden Kriterien:

- nach der Lage der Hauptspindel in Waagrecht-, Senkrechtdrehmaschinen,
- nach der Anzahl der Hauptspindeln in Ein- und Mehrspindeldrehmaschinen,
- nach dem Aufbau des Maschinengestells in Flachbett- oder Schrägbettdrehmaschinen,
- nach dem Automatisierungsgrad in Drehmaschinen, CNC-Drehmaschinen und Drehzentren.

Häufig eingesetzte Arten von Drehmaschinen sind Flachbett-, Schrägbett-, Front-, Karussell-, Senkrecht- und Mehrspindel-Drehmaschinen **(Bild 1)**.

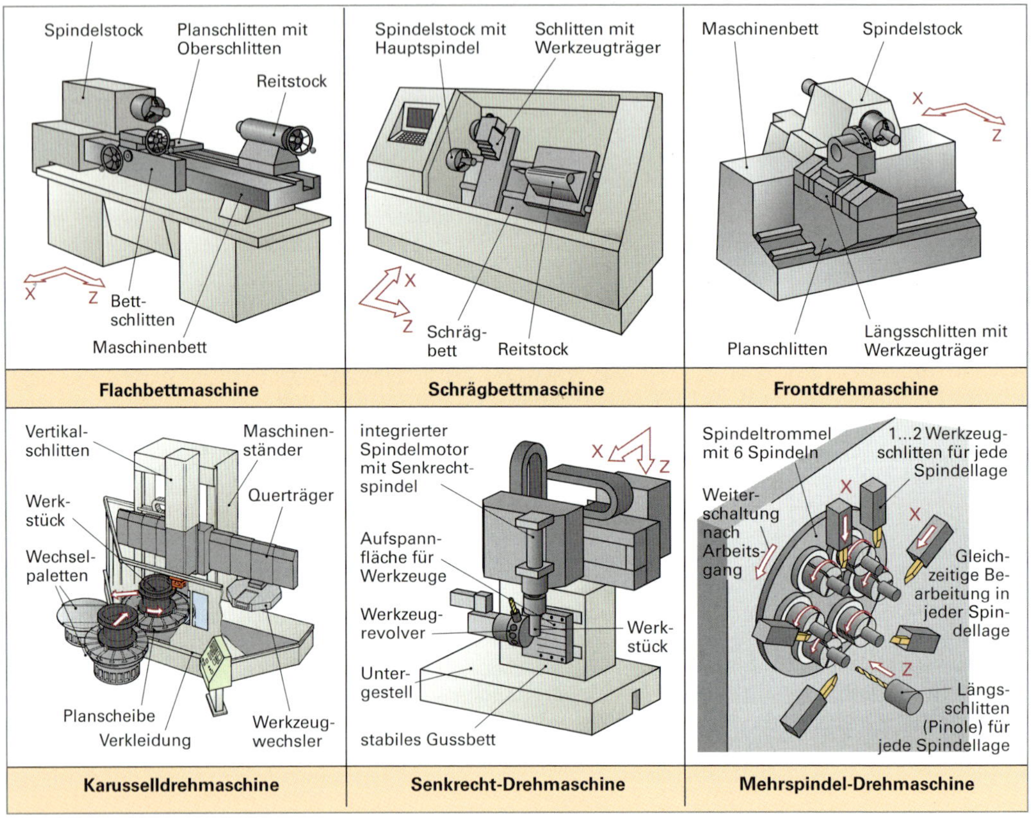

Bild 1: Arten von Drehmaschinen

Hauptbaugruppen einer Drehmaschine

Bei modular aufgebauten Drehmaschinen kann der Drehmaschinenhersteller die Bedürfnisse des Anwenders individuell berücksichtigen und die Drehmaschine nach Kundenwunsch aus einzelnen Hauptbaugruppen **(Bild 2)** zusammenstellen.

Wichtige Kenngrößen bei Drehmaschinen sind:

- die Antriebsleistung,
- die maximale Spindeldrehzahl,
- die Art der Werkzeugträger, z.B. Revolver,
- die Anzahl der verfügbaren Werkzeugplätze,
- der Spindeldurchlass,
- die maximale Drehlänge des Werkstücks.

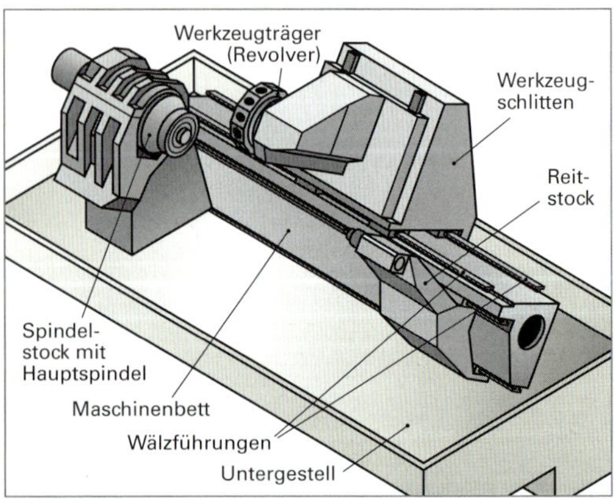

Bild 2: Hauptbaugruppen einer Drehmaschine

Lernfeld 7

Gestaltungsmöglichkeiten bei Werkstücken durch CNC-Bearbeitung

Auf einfachen CNC-Drehmaschinen können die Werkzeuge in zwei Achsen nacheinander oder gleichzeitig verfahren werden. Mit der X-Achse wird das Werkzeug radial verfahren und mit der Z-Achse axial.

Auf **CNC-Maschinen** kann beim **Formdrehen** durch gleichzeitiges Verfahren mit der X- und Z-Achse eine komplexe Kontur an rotationssymmetrischen Werkstücken hergestellt werden.

Auf konventionellen **Universaldrehmaschinen** werden für solch komplexe Konturen meist Profildrehmeißel verwendet, da ein gleichzeitiges Verfahren mit Plan- und Längsschlitten nicht möglich ist **(Bild 1)**.

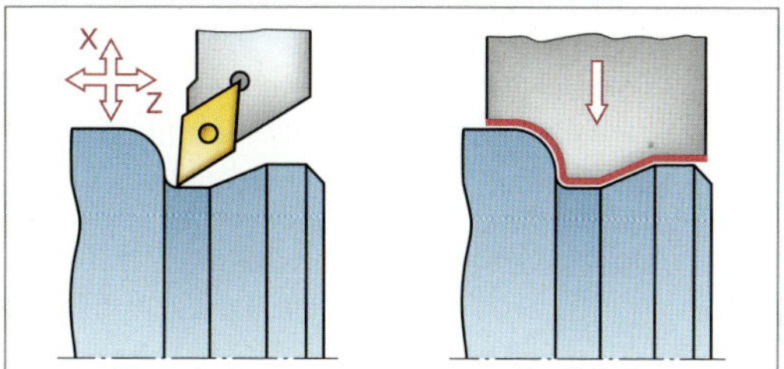

Bild 1: Konturen drehen

Komplexe Werkstücke

Je nach Anwendungsfall kann eine CNC gesteuerte Grundmaschine mit **zusätzlichen Achsen** und **angetriebenen Werkzeugen** ausgestattet werden. Mithilfe einer weiteren C- und Y-Achse, sowie angetriebenen Bohr- und Fräs-Werkzeugen lassen sich auch komplexe Werkstücke mit Schlüsselflächen, Taschen, Nuten und außermittigen Querbohrungen herstellen **(Bild 2)**.

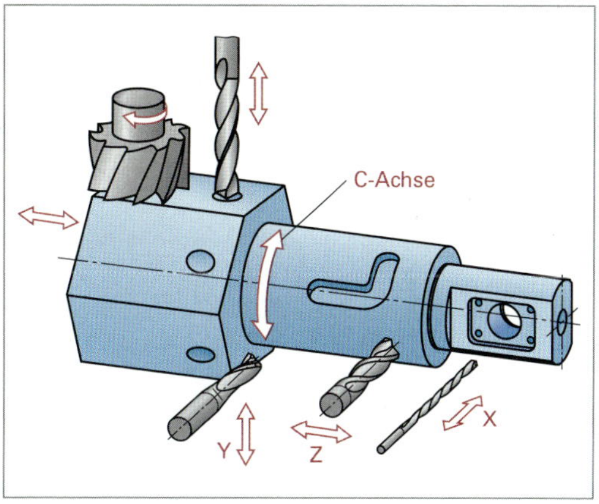

Bild 2: Komplexe Werkstücke

Komplettbearbeitung

Durch eine **synchron** zur Arbeitsspindel laufende **Gegenspindel** kann das Werkstück vor dem Abstechen in der Gegenspindel aufgenommen werden. Dadurch ist es möglich, dass Werkstücke ohne Butzen abgestochen werden können.

Das in der Gegenspindel gespannte Werkstück kann nach dem Abstechen auf der Werkstückrückseite mit den Werkzeugen von Revolver 2 fertig bearbeitet werden **(Bild 3)**.

Dadurch kann bei Werkstücken mit hoher Genauigkeit die zweite Seite auf nur einer Maschine komplett bearbeitet werden.

In der Gegenspindel wird das Werkstück oft in einer Spannzange aufgenommen, damit die bereits fertig bearbeitete Werkstückoberfläche wenig beschädigt wird.

i Synchron

Eine synchron zur Arbeitsspindel laufende Gegenspindel bedeutet, dass die Drehzahl der Arbeitsspindel exakt gleich groß ist wie die Drehzahl der Gegenspindel.

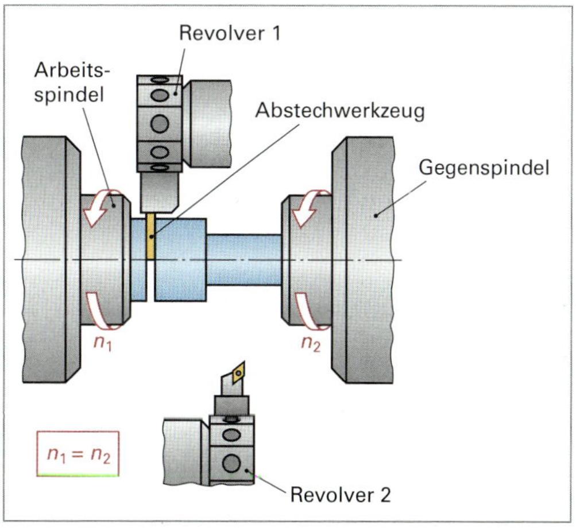

Bild 3: Arbeitsspindel und Gegenspindel

Drehmaschinen mit **Gegenspindel** ermöglichen ein **butzenloses Abstechen** und eine Bearbeitung der **zweiten Seite** von Werkstücken. Durch den Einsatz einer Gegenspindel lassen sich viele Werkstücke auf nur einer Drehmaschine komplett und präzise herstellen.

Lernfeld 7

7.5.9 | HARTDREHEN

Wenn Werkstücke durch ein Wärmebehandlungsverfahren gehärtet worden sind, ist es üblicherweise nicht mehr möglich, diese durch konventionelles Drehen fertig zu bearbeiten. Für die Endbearbeitung kommt dann meist ein spanendes Fertigungsverfahren mit geometrisch unbestimmten Schneiden, wie beispielsweise Schleifen oder Honen, zum Einsatz.

Bild 1: Hartdrehen einer Kontur

Durch **Hartdrehen** ist es möglich, dass auch gehärtete Werkstücke fertig bearbeitet werden können **(Bild 1)**. Bei Vorschüben von $f = 0{,}05$ mm bis 0,1 mm lassen sich Rautiefen Rz von 1,5 µm bis 4 µm erreichen. Beim Hartdrehen sind die Zerspanungskräfte wesentlich höher als beim normalen Drehen. Bei optimal eingestellten Schneidparametern wird die entstehende Wärme über die glühenden Späne abtransportiert, sodass sich das Werkstück nur gering erwärmt.

> Durch **Hartdrehen** lassen sich **gehärtete Werkstücke** mit hoher Maß- und Oberflächengüte fertig bearbeiten.

Um die hohen Anforderungen an das Hartdrehen zu erfüllen, sind mehrere Voraussetzungen notwendig:

- Schneidstoffe mit besonderen Eigenschaften,
- stabile Maschinen,
- absolut fest eingespannte Werkzeuge,
- sicher eingespannte Werkstücke,
- spezielle Schnittwerte,
- spezielle Eingriffsgrößen **(Bild 2)**.

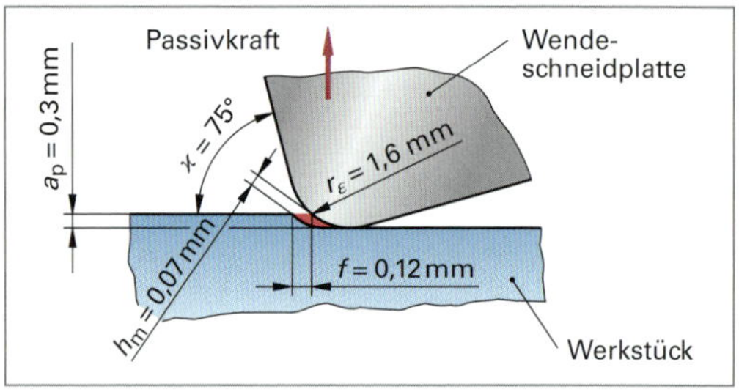

Bild 2: Eingriffsgrößen beim Hartdrehen

7.5.10 | KONTURELEMENTE AN GEDREHTEN WERKSTÜCKEN

Zur Erstellung einer fertigungs- und normgerechten Zeichnung sind an gedrehten Werkstücken besonders viele Vorgaben und Normen zu beachten. Da jedoch bei vielen Drehteilen häufig gleiche Konturelemente, wie Einstiche, Freistiche, Absätze, Zentrierungen, Schlüsselweiten oder Nuten für Passfedern, verwendet werden, sind diese meist in ihrer Form und Größe genormt.

Um beispielsweise die Funktion der Rollenlagerung **(Bild 3)** aus Lernsituation 3 Scherenhubtisch gewährleisten zu können, müssen am Lagerzapfen **(Bild 4)** die Einbaumaße und Toleranzen für das Rillenkugellager DIN 625 sowie den Sicherungsring DIN 471 berücksichtigt werden.

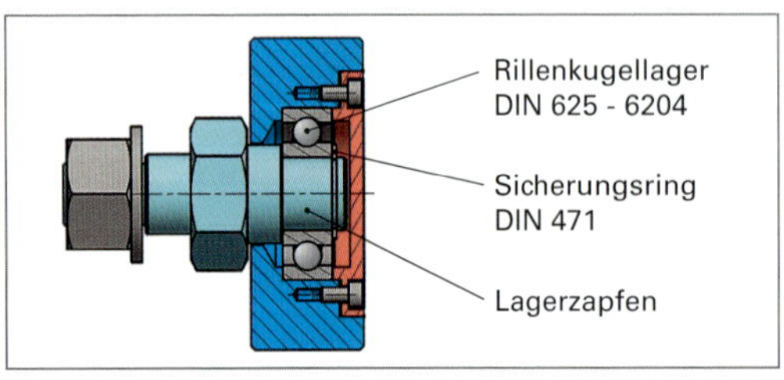

Bild 3: Rollenlagerung

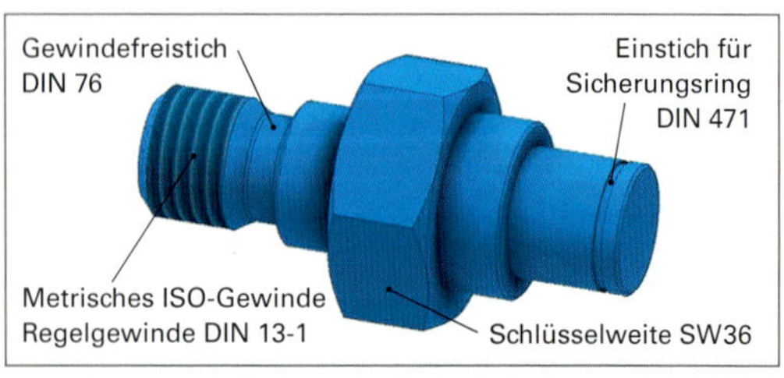

Bild 4: Konturelemente an gedrehten Werkstücken

7.5.11 | GESTALTUNGSREGELN BEIM DREHEN

Der Konstrukteur sollte beim Erstellen von Drehteilen wichtige Gestaltungsregeln beachten, um den Fertigungsaufwand und damit die Fertigungskosten gering zu halten **(Tabelle 1)**.

Tabelle 1: Gestaltungsregeln für Drehteile

Nicht Drehgerecht	Drehgerecht	Erläuterungen
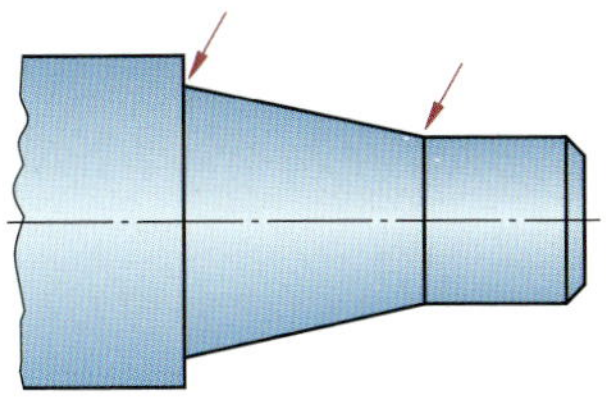	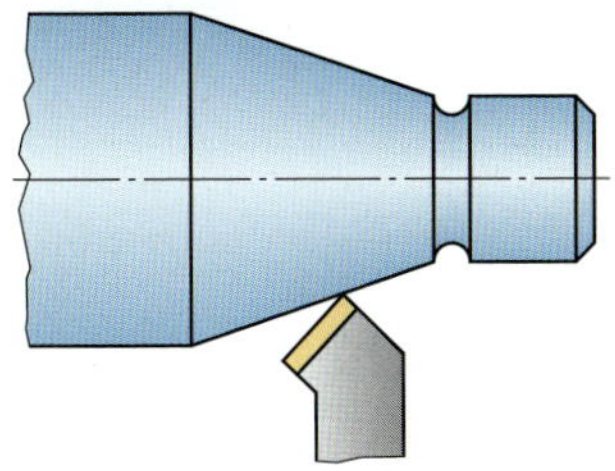	Möglichst Werkzeugauslauf vorsehen.
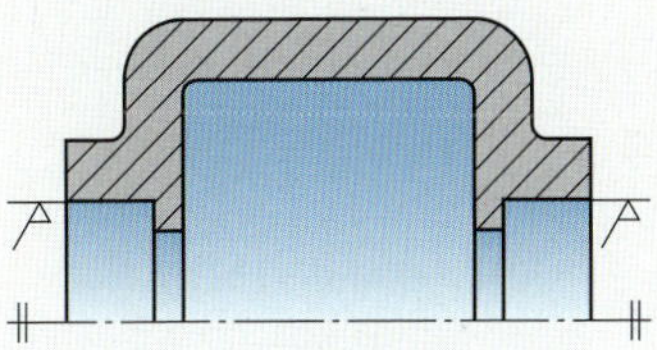	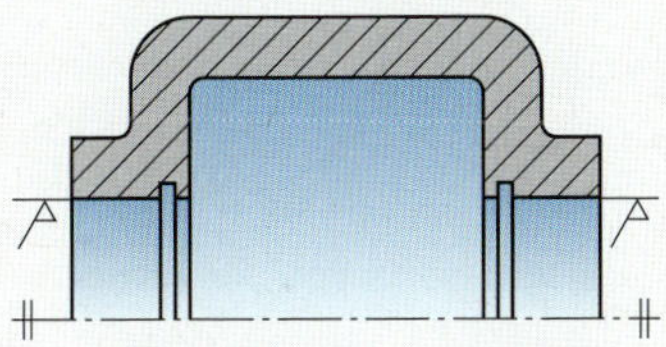	Möglichst in nur einer Aufspannung fertig bearbeiten.
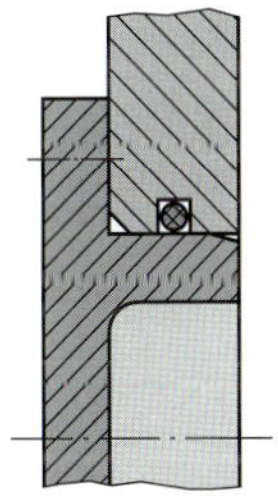	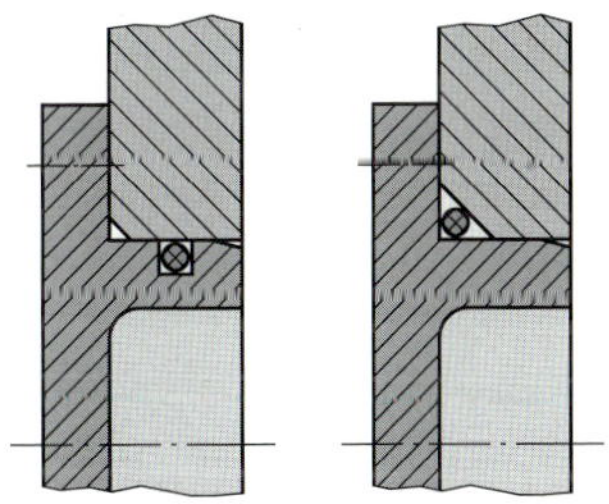	Nuten oder Fasen möglichst am Außendurchmesser vorsehen.
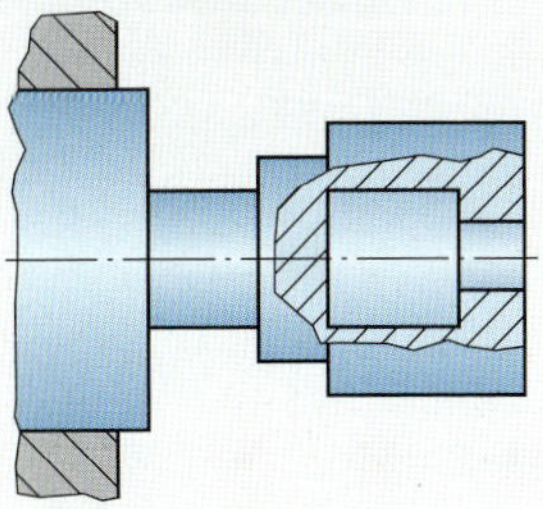	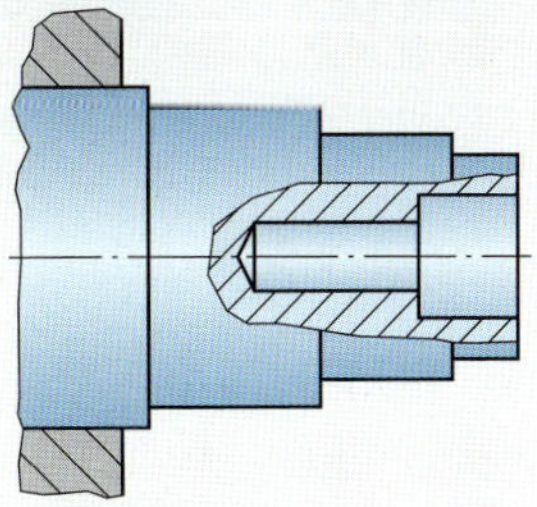	Möglichst aufsteigende Außendurchmesser und abfallende Innendurchmesser vorsehen.
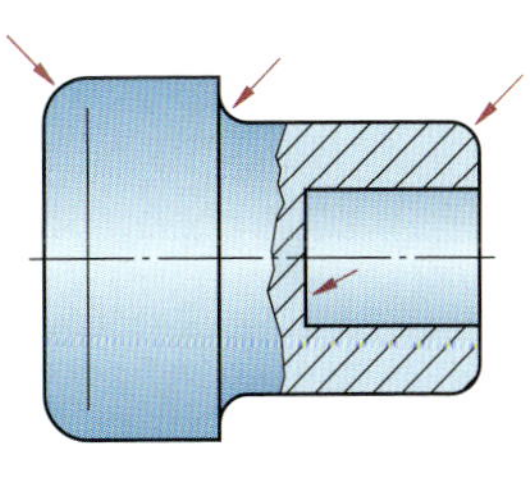	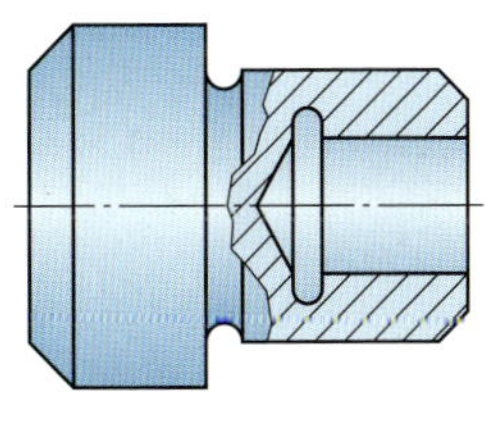	Außenkanten möglichst anfasen. Bohrungen mit Planflächen vermeiden.

Fortsetzung von Tabelle 1, Seite 393: Gestaltungsregeln für Drehteile		
Nicht Drehgerecht	**Drehgerecht**	**Erläuterungen**
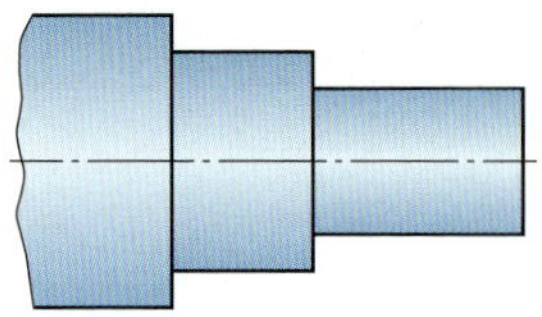	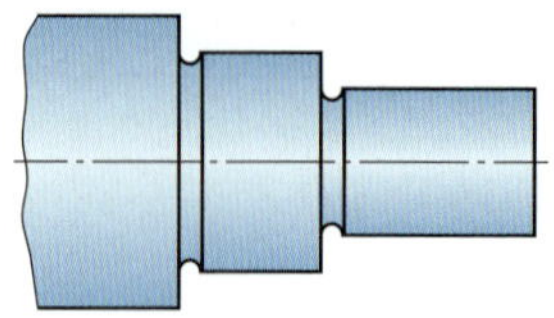	Möglichst Werkzeugauslauf vorsehen.
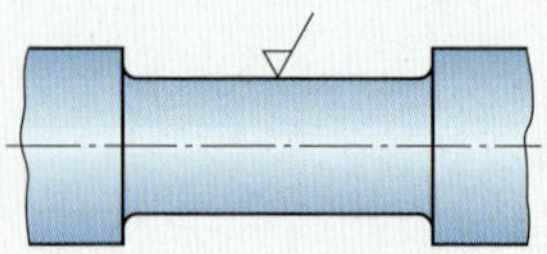	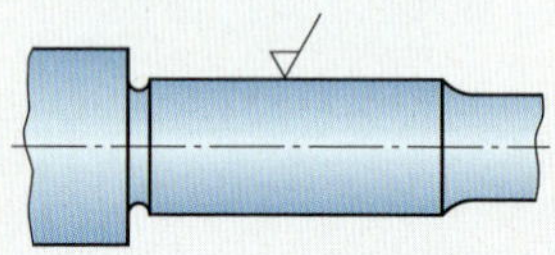	Möglichst Werkzeugauslauf ohne Bundbegrenzung vorsehen.
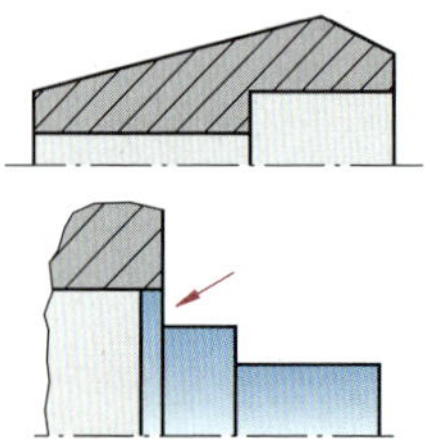	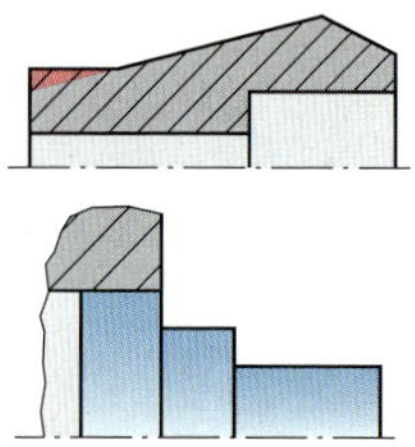	Ausreichende zylindrische Spannmöglichkeiten vorsehen.

AUFGABEN | WIEDERHOLUNG UND VERTIEFUNG

1. Erklären Sie den Unterschied zwischen Profildrehen und Formdrehen.
2. Wovon hängt die Schnittgeschwindigkeit beim Drehen im Wesentlichen ab?
3. Berechnen Sie die Drehzahl, wenn die Schnittgeschwindigkeit 180 m/min und der Werkstückdurchmesser 40 mm beträgt.
4. Erklären Sie den Unterschied zwischen Schruppen und Schlichten beim Drehen.
5. Was versteht man beim Drehen unter der Hauptnutzungszeit?
6. Welche Größen haben einen entscheidenden Einfluss auf die theoretische Rautiefe R_{th} beim Drehen?
7. Berechnen Sie die theoretische Rautiefe R_{th} beim Drehen, wenn der Vorschub 0,1 mm und der Eckenradius 0,4 mm betragen.
8. Beschreiben Sie die Nachteile von ungünstigen Spanformen.
9. Erklären Sie den Begriff Verschleiß.
10. Was versteht man unter Standzeit?
11. Beschreiben Sie einen Vor- und Nachteil eines Backenfutters gegenüber einer Spannzange.
12. Beschreiben Sie die Möglichkeiten beim Drehen von Werkstücken auf CNC-Drehmaschinen im Vergleich zum Einsatz von Universaldrehmaschinen.
13. Skizzieren Sie eine beliebige Gestaltungsregel zu Drehteilen und erläutern Sie den positiven Effekt dieser Regel.

7.6 FRÄSEN

Beim Fräsen erfolgt die Spanabnahme durch ein rotierendes mehrschneidiges Werkzeug mit geometrisch bestimmten Schneiden **(Bild 1)**.

Da die einzelnen Werkzeugschneiden beim Fräsvorgang nicht ständig im Eingriff sind, ist der Schnitt unterbrochen. Durch diesen **unterbrochenen Schnitt** entstehen nur kurze Späne und keine Bandspäne oder lange Wendelspäne wie beispielsweise beim Drehen.

Das Werkstück ist während der Fräsbearbeitung immer fest eingespannt.

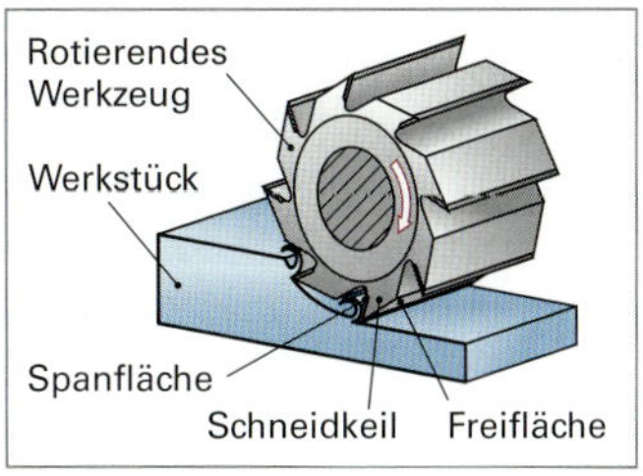

Bild 1: Spanabnahme beim Fräsen

7.6.1 FRÄSVERFAHREN

Die Einteilung der Fräsverfahren kann nach unterschiedlichen Kriterien erfolgen **(Tabelle 1)**:

- Nach der **Lage der Schneiden**, die beim Fräswerkzeug im Eingriff sind, wird in Umfangsfräsen, Stirnfräsen und Stirn-Umfangsfräsen unterschieden.
- Nach der **erzeugten Bearbeitungsfläche** am Werkstück wird in Planfräsen, Rundfräsen und Profilfräsen unterteilt.
- Nach der **Richtung von Vorschub- und Schnittbewegung** zueinander wird in Gegenlauffräsen und Gleichlauffräsen unterteilt.

Tabelle 1: Fräsverfahren

Lage der Schneiden im Eingriff	Erzeugte Bearbeitungsfläche am Werkstück	Richtung von Vorschub- und Schnittbewegung
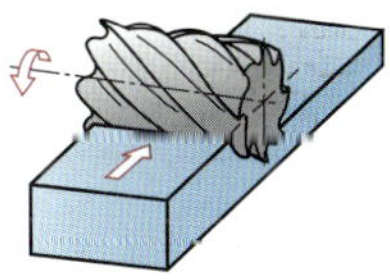 Umfangsfräsen	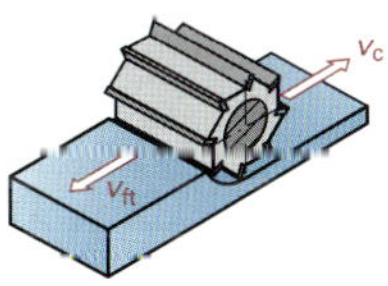 Planfräsen	**Umfangsfräsen** 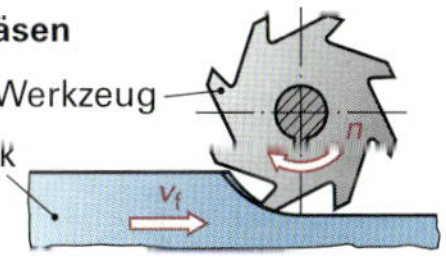 Werkzeug, Werkstück **Stirnfräsen** 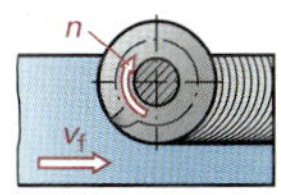 Gegenlauffräsen
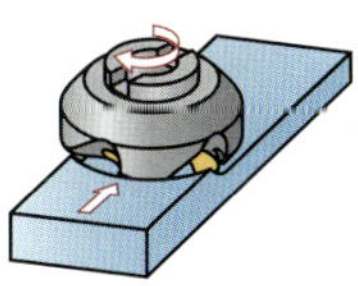 Stirnfräsen	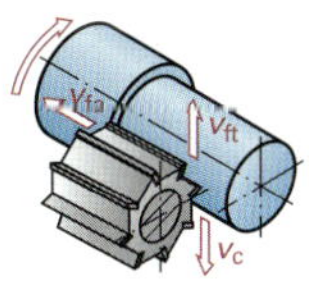 Rundfräsen	**Umfangsfräsen** 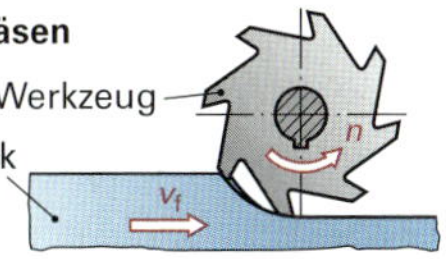 Werkzeug, Werkstück **Stirnfräsen** 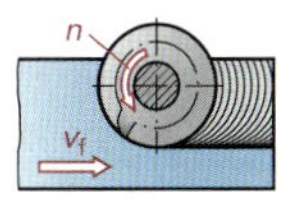 Gleichlauffräsen
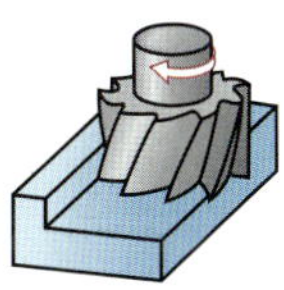 Stirn-Umfangsfräsen	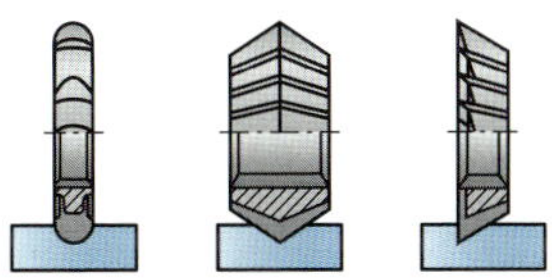 Profilfräsen	

Die Auswahl des optimalen Fräsverfahrens hängt in erster Linie von der zu fertigenden Bearbeitungskontur am Werkstück ab. Bei der Auswahl des Fräsverfahrens müssen weitere Aspekte beachtet werden, wie beispielsweise die Wirtschaftlichkeit, die unterschiedliche Belastung des Fräsers sowie die erreichbare Oberflächengüte und die Maßgenauigkeit am Werkstück.

Weitere spezielle Fräsverfahren

Wälzfräsen

Das Wälzfräsen ist ein gängiges Fertigungsverfahren zur Herstellung von Verzahnungen auf speziellen Wälzfräsmaschinen. Beim Wälzfräsen müssen die Dreh- und Vorschubbewegungen zwischen Werkzeug und Werkstück genau aufeinander abgestimmt sein, damit das gewünschte Zahnprofil am Zahnrad oder der Zahnstange entsteht **(Bild 1)**.

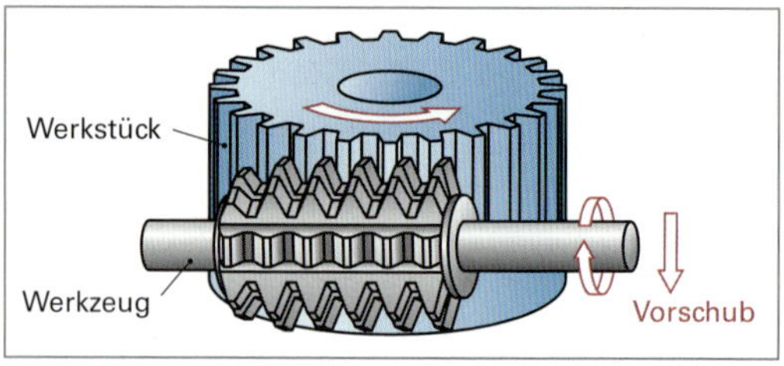

Bild 1: Wälzfräsen

Schraubfräsen

Durch Schraubfräsen werden Kurzgewinde mit einem mehrprofiligen Werkzeug und Langgewinde mit einem einprofiligen Werkzeug hergestellt **(Bild 2)**. Hierbei haben die Schneiden des Fräsers die Form des Gewindeprofils. Das Schraubfräsen eignet sich auch zur Herstellung von Spindeln und Schneckenrädern.

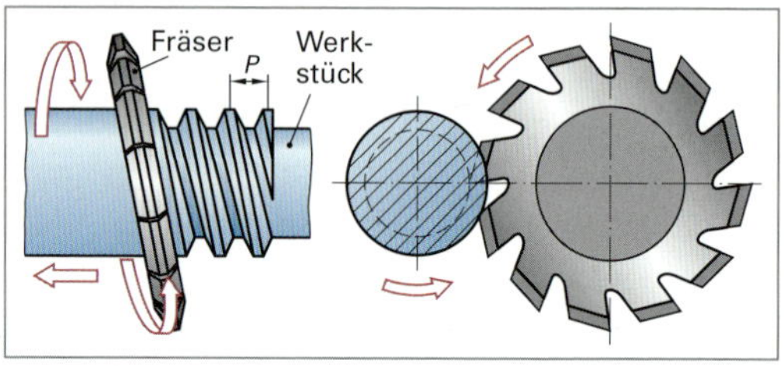

Bild 2: Schraubfräsen von Langgewinden

Schlagfräsen

Mit meist ein- oder zweischneidigen Fräswerkzeugen werden beim Schlagfräsen ebene Flächen feinbearbeitet oder auch Nuten hergestellt **(Bild 3)**. Mit speziellen Formwendeschneidplatten lassen sich auch Außenverzahnungen an Werkstücken herstellen. Nach der Lage der Schneiden unterscheidet man Walzschlagfräsen und Stirnschlagfräsen.

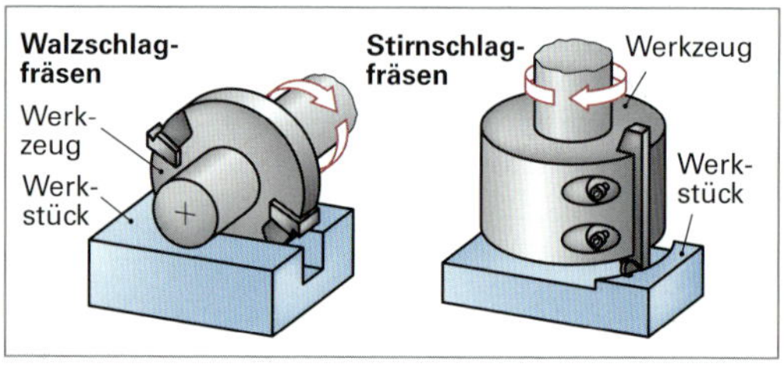

Bild 3: Schlagfräsen

Gewindefräsen

Zur Herstellung von Außen- oder Innengewinden durch Fräsen auf CNC gesteuerten Maschinen gibt es unterschiedliche Fertigungsverfahren **(Bild 4)**. Durch Gewindefräsen lassen sich maß- und formgenaue Gewinde mit guten Oberflächengüten herstellen. Wegen den geringen Schnittkräften wird das Gewindefräsen besonders zur Fertigung dünnwandiger Werkstücke eingesetzt. Mit speziellen Gewindefräswerkzeugen ist es sogar möglich, ein Innengewinde ohne vorgebohrtes Kernloch zu fräsen.

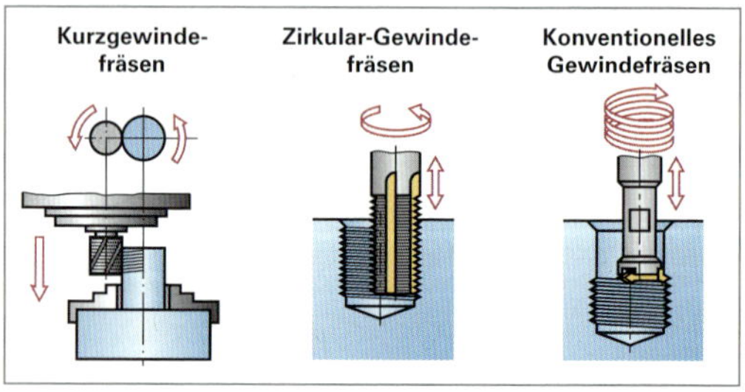

Bild 4: Gewindefräsen

Formfräsen mit Kugelkopffräser

Mit kleinen Kugelkopffräsern lassen sich besonders gut Freiformflächen an Werkstücken herstellen **(Bild 5)**. Hierbei wird meist die Werkstückkontur mit einem robusten Fräser durch Schruppen vorbearbeitet und erst der Schlichtvorgang mit dem Kugelkopffräser durchgeführt. Bei hoher Schnittgeschwindigkeiten und kleinem Vorschub werden hohe Maßgenauigkeiten bei guter Oberflächengüte erreicht.

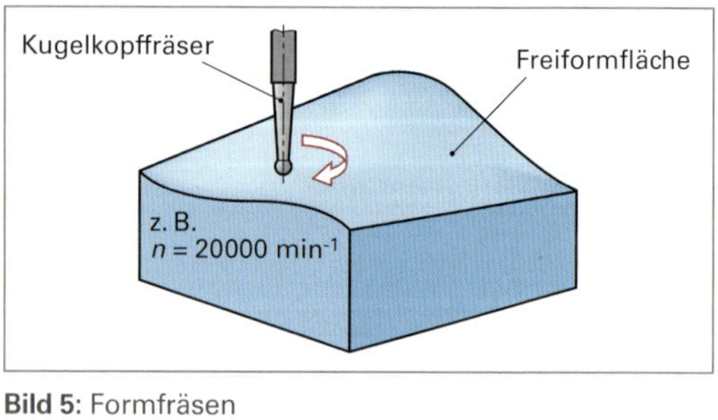

Bild 5: Formfräsen

7.6.2 | BEWEGUNGEN UND SPANUNGSGRÖSSEN BEIM FRÄSEN

Zur Berechnung der **Drehzahl n** des Fräsers wird die **Schnittgeschwindigkeit v_c** sowie der **Fräserdurchmesser d** benötigt. Die Werte für die Schnittgeschwindigkeit lassen sich aus Tabellen entnehmen. Für die Drehzahl gilt:

$$n = \frac{v_c}{\pi \cdot d}$$

n	v_c	d
1/min	m/min	mm

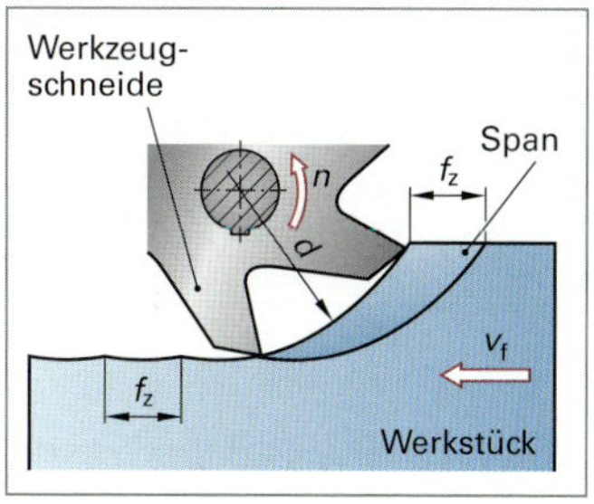

Bild 1: Vorschub je Zahn f_z

Richtwerte für den **Vorschub pro Fräserzahn f_z** können Tabellen entnommen werden. Der Vorschub je Fräserzahn hat einen wesentlichen Einfluss auf die erreichbare Oberflächengüte am Werkstück und die Fertigungszeit **(Bild 1)**. Der **Vorschub f** je Fräserumdrehung wird aus dem Produkt von Vorschub pro Fräserzahn f_z und der **Zähnezahl z** des Fräsers ermittelt **(Bild 2)**. Die Fertigungszeit zur Bearbeitung der Werkstücke hängt im Wesentlichen von der **Vorschubgeschwindigkeit v_f** ab:

$$v_f = f_z \cdot z \cdot n$$

v_f	f_z	z	n
mm/min	mm	–	1/min

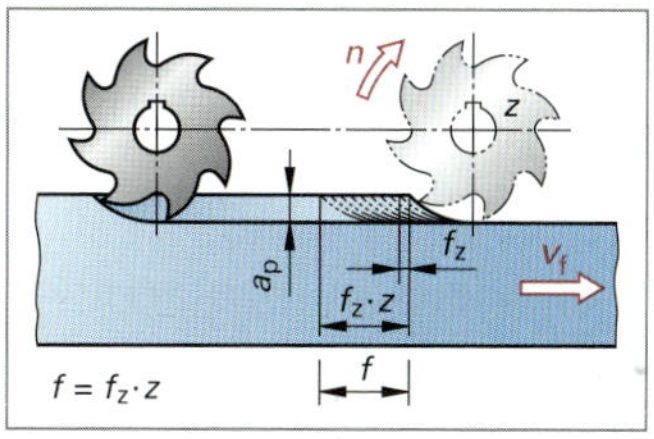

Bild 2: Vorschub f

Durch die Zustellbewegung des Werkzeugs in axialer Richtung wird die **Schnitttiefe a_p** festgelegt. Die **Schnittbreite a_e** gibt an, mit welcher Breite sich das Fräswerkzeug bei der Bearbeitung im Eingriff befindet **(Bild 3)**.

Das **Zeitspanvolumen Q** gibt an, welches Werkstoffvolumen pro Minute zerspant werden kann. Für das Zeitspanvolumen gilt:

$$Q = a_p \cdot a_e \cdot v_f$$

Q	a_p	a_e	v_f
cm³/min	mm	mm	mm/min

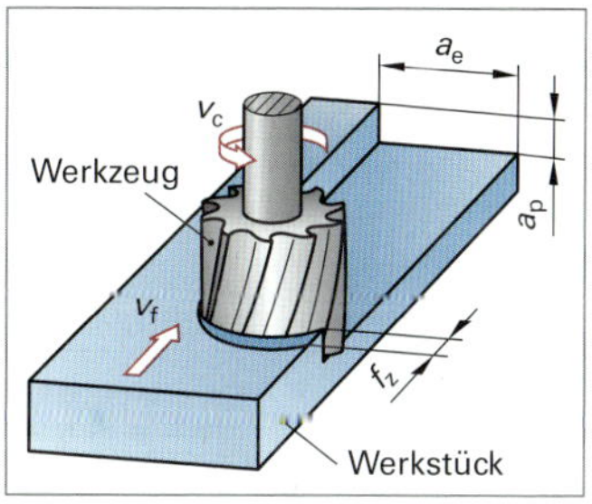

Bild 3: Schnittbreite a_e und Schnitttiefe a_p

BEISPIEL 7.5 | Berechnung des Zeitspanvolumens

Die Konsole **(Bild 4)** aus der Lernsituation 1 Rollenvereinzeler **(Seite 362)** wird plangefräst. Der Fräser mit Durchmesser 80 mm besitzt acht Werkzeugschneiden aus HM. Die Schnitttiefe beträgt 3 mm. Bei einer Schnittbreite von 70 mm kann die Werkstückbreite mit vier Schnitten plangefräst werden. Die Fräserdrehzahl liegt bei $n = 500$ 1/min und der Vorschub pro Zahn bei $f_z = 0{,}15$ mm. Berechnen Sie die Vorschubgeschwindigkeit v_f und das Zeitspanvolumen Q.

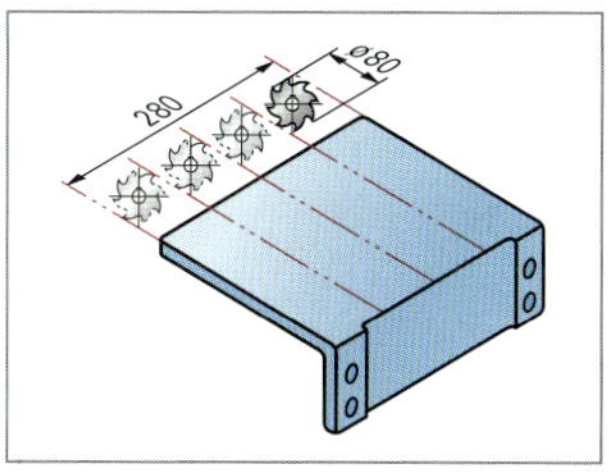

Bild 4: Planfräsen der Konsole

Lösung

$$v_f = f_z \cdot z \cdot n = 0{,}15\ \text{mm} \cdot 8 \cdot 500\ \frac{1}{\text{min}} = \mathbf{600\ \frac{mm}{min}}$$

$$Q = a_p \cdot a_e \cdot v_f = 3\ \text{mm} \cdot 70\ \text{mm} \cdot 600\ \frac{\text{mm}}{\text{min}} = 126000\ \frac{\text{mm}^3}{\text{min}} = \mathbf{126\ \frac{cm^3}{min}}$$

Lernfeld 7

Hauptnutzungszeit beim Fräsen

Zur Berechnung der **Hauptnutzungszeit t_h** beim Fräsen wird die **Vorschublänge *L***, die **Drehzahl *n***, der **Vorschub *f*** und die **Anzahl der Schnitte *i*** benötigt:

$$t_h = \frac{L \cdot i}{n \cdot f}$$

t_h	L	i	n	f
min	mm	–	1/min	mm

Beim Stirnfräsen oder Umfangsfräsen muss meist zur Berechnung des Vorschubwegs noch ein **Anlaufweg l_a** und ein **Überlaufweg l_u**, berücksichtigt werden.

BEISPIEL 7.6 | Berechnung der Hauptnutzungszeit

In die Antriebswelle aus Lernsituation 2 Lagerung des Riementriebs **(Seite 363)** soll eine Nut für eine Passfeder DIN 6885-A-8x7x28 eingefräst werden **(Bild 1)**. Beim Fräsen der Nut soll der Sicherheitsabstand $s = 1$ mm und die maximale Zustellung $a = 1{,}5$ mm betragen. Die Drehzahl des Fräsers liegt bei $n = 2500$ 1/min und der Vorschub bei $f = 0{,}2$ mm. Das Maß für die Nuttiefe t wird aus Tabellen nach DIN 6885 entnommen und liegt bei 4 mm. Berechnen Sie die Hauptnutzungszeit t_h zum Fräsen der Passfedernut.

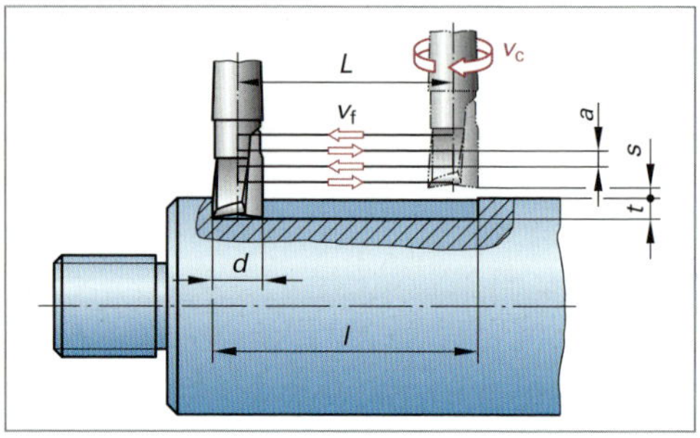

Bild 1: Fräsen einer Passfedernut

Lösung

Vorschubweg: $L = l - d = 28\text{ mm} - 8\text{ mm} = 20\text{ mm}$ (kein An- und Überlaufweg notwendig)

Anzahl der Schnitte: $i = \frac{t + s}{a} = \frac{4\text{ mm} + 1\text{ mm}}{1{,}5\text{ mm}} = 3{,}33 \rightarrow$ gewählt $i = 4$ Schnitte

Hauptnutzungszeit: $t_h = \frac{L \cdot i}{n \cdot f} = \frac{20\text{ mm} \cdot 4}{2500 \frac{1}{\text{min}} \cdot 0{,}2\text{ mm}} = 0{,}16\text{ min} = \mathbf{9{,}6\text{ s}}$

7.6.3 | SCHNEIDENGEOMETRIE AM WERKZEUG

Das Abtrennen der Werkstoffteilchen in Form von Spänen erfolgt auch beim Fräsen über einen Schneidkeil mit Keilwinkel β **(Bild 2)**.

Während der Schnittverlauf beim Bohren oder Drehen kontinuierlich verläuft, ist der Schnittverlauf beim Fräsen unterbrochen. Gerade Schneiden dringen schlagartig ins Werkstück ein und verursachen Vibrationen. Diese werden durch Schneiden mit einem Drallwinkel λ minimiert **(Bild 3)**.

Ein **Drallwinkel** am Fräser sorgt für einen **ruhigen Lauf** während der Fräsbearbeitung und **erhöht die Standzeit**.

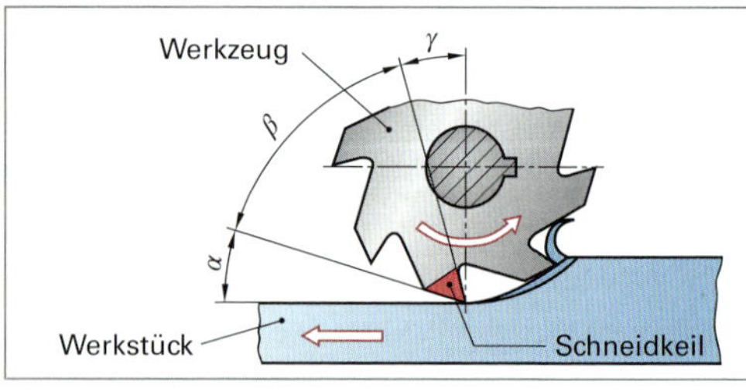

Bild 2: Schneidkeil am Fräser

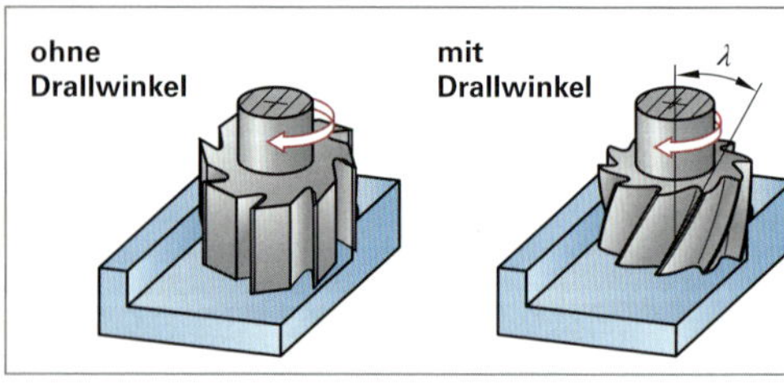

Bild 3: Drallwinkel am Fräser

Lernfeld 7

7.6.4 | FRÄSWERKZEUGE

Die Einteilung der Fräswerkzeuge kann nach unterschiedlichen Kriterien erfolgen:

- Fräswerkzeuge lassen sich nach den zu bearbeitenden Werkstoffen den **Anwendungsgruppen** N, H und W zuordnen **(Tabelle 1)**.
- Fräswerkzeuge, die nach der **Art der Aufnahme** in der Frässpindel eingeteilt werden, sind Schaftfräser und Aufsteckfräser **(Bild 1)**.
- Werden die Fräswerkzeuge nach der **zu erzeugenden Kontur** eingeteilt, gibt es Langlochfräser, T-Nutenfräser, Winkelfräser, Radiusfräser und Schlitzfräser **(Tabelle 2)**.

Durch diese Vielzahl an Fräswerkzeugen kann für jede Bearbeitungsaufgabe ein optimaler Fräser gewählt werden. Viele kleine Fräswerkzeuge bestehen meist komplett aus den Schneidstoffen Schnellarbeitsstahl HSS oder Hartmetall HM.

Bei größeren Werkzeugen ist es günstiger, wenn auf den Grundkörper aus Werkzeugstahl Wendeschneidplatten aufgesetzt werden. Wendeschneidplatten können bei Erreichen der Standzeit schnell und präzise ausgetauscht werden.

Tabelle 1: Werkzeug-Anwendungsgruppen

Anwendungsgruppe	Werkstoffbereiche	Werkzeug
N	Stahl und Gusseisen mit normaler Festigkeit	
H	Harte, zähharte oder kurzspanende Werkstoffe	
W	Weiche, zähe oder langspanende Werkstoffe	

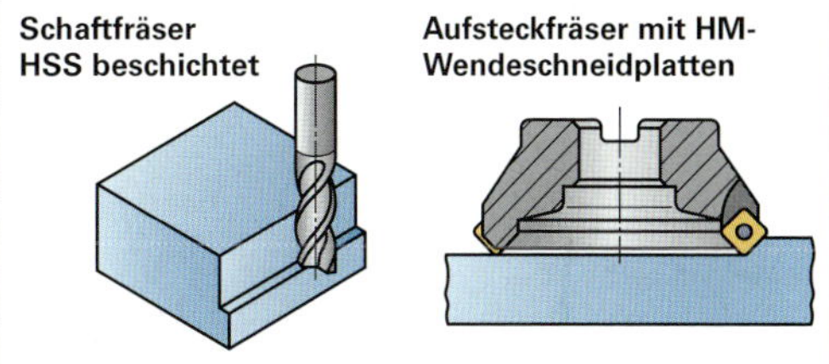

Bild 1: Fräswerkzeuge nach der Art der Aufnahme

Tabelle 2: Einteilung der Fräswerkzeuge nach der zu erzeugenden Kontur

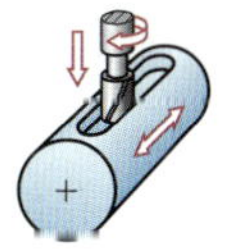	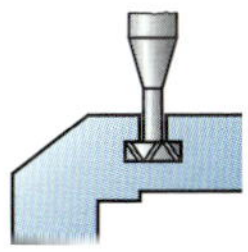	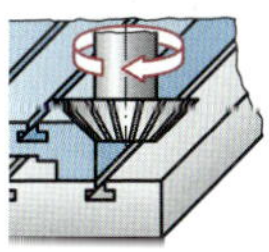	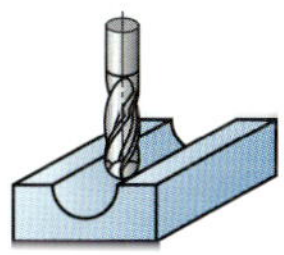	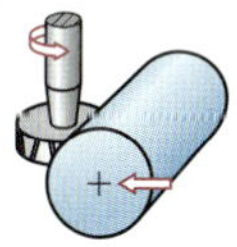
Langlochfräser	T-Nutenfräser	Winkelfräser	Radiusfräser	Schlitzfräser

7.6.5 | SPANNSYSTEME FÜR WERKSTÜCKE

Wegen der auftretenden Schnittkräfte beim Fräsen ist eine sichere Spannung der Werkstücke auf dem Frästisch der Maschine sehr wichtig. Eine einfache und sichere Spannmöglichkeit bietet der **Maschinenschraubstock (Bild 2)**. Hierzu müssen allerdings seitlich am Werkstück zwei parallele Flächen zum Einspannen vorhanden sein. Werkstücke können auch mithilfe von **Spannpratzen** direkt auf den Frästisch der Maschine gespannt werden **(Bild 3)**.

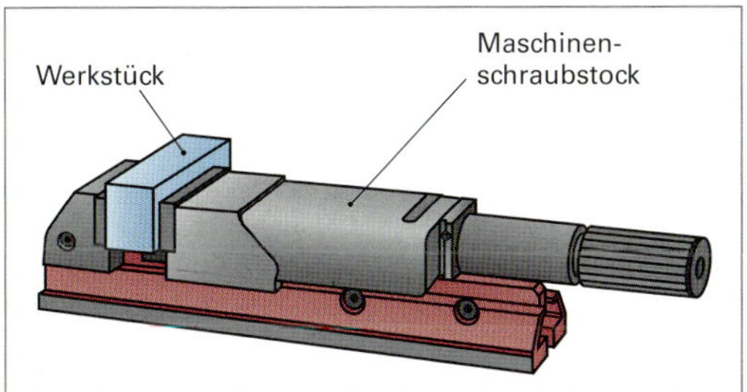

Bild 2: Maschinenschraubstock

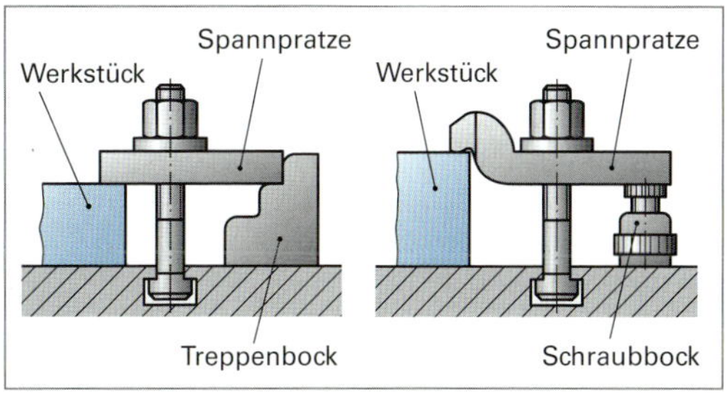

Bild 3: Spannpratzen

7.6.6 I FRÄSMASCHINEN

Bei Fräsmaschinen wird das rotierende Fräswerkzeug im Fräskopf aufgenommen und über die Hauptspindel angetrieben. Das Werkstück wird über ein geeignetes Spannsystem, z. B. mit einem Maschinenschraubstock oder mit Spannpratzen, fest auf den Maschinentisch gespannt. Die Zustell- und Vorschubbewegungen erfolgen bei Grundmaschinen über mindestens drei lineare Achsen in X-, Y- und Z-Richtung **(Bild 1)**.

Bei manuell gesteuerten **Universalfräsmaschinen** lassen sich alle drei Achsen über Handräder manuell verfahren. Zusätzlich zu den drei linearen Achsen kann oft auch noch der Frästisch bzw. der Fräskopf geschwenkt werden, damit sich bis zu fünf Seiten am Werkstück bearbeiten lassen.

Dadurch, dass auf **CNC-Fräsmaschinen** gleichzeitig mit drei oder mehr Achsen verfahren werden kann, ist beim Fräsen das Herstellen von komplexen Werkstückkonturen möglich. Je nach Bearbeitungsaufgabe können Fräsmaschinen mit vertikaler oder horizontaler Frässpindel eingesetzt werden **(Bild 3)**.

Damit ein automatischer Fertigungsablauf beim Fräsen möglich ist, besitzen Fräsmaschinen oftmals ein Werkzeugmagazin. Durch entsprechende Befehle im CNC-Programm tauscht der Werkzeugwechsler die Werkzeuge automatisch aus **(Bild 2)**. Bei Fräsmaschinen ohne Werkzeugmagazin muss der Maschinenbediener den Werkzeugwechsel von Hand durchführen.

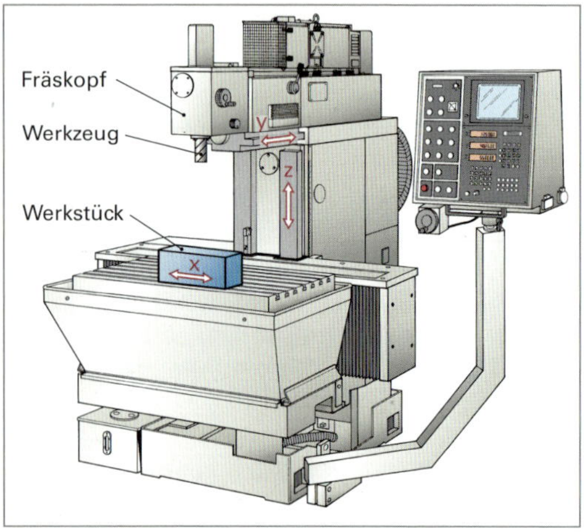

Bild 1: Fräsmaschine

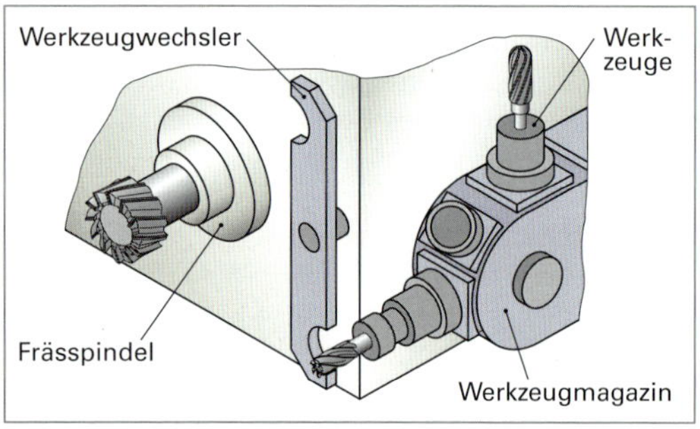

Bild 2: Werkzeugmagazin

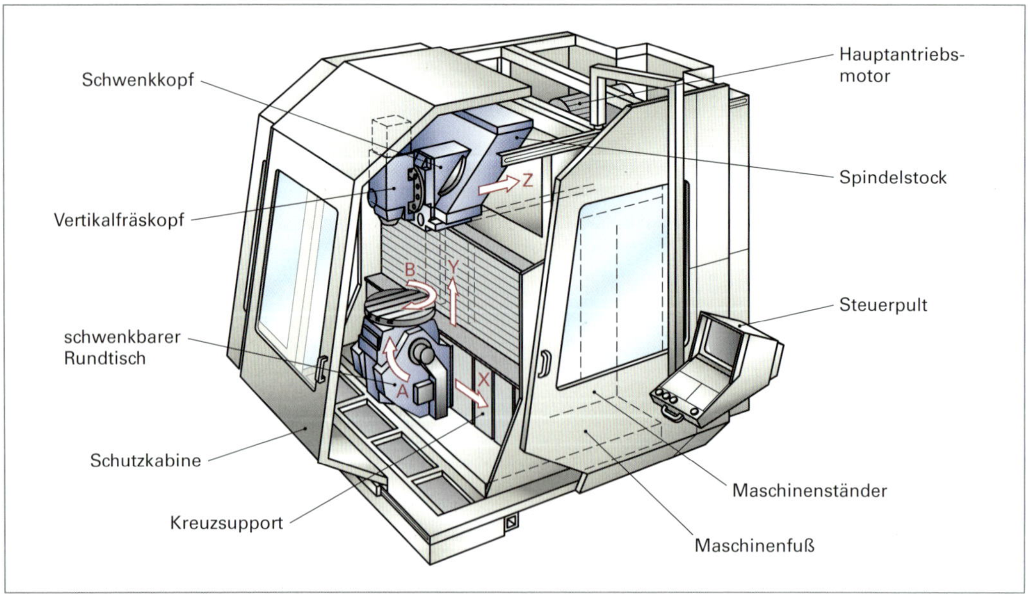

Bild 3: CNC-Fräsmaschine mit Schwenkkopf- und Rundtisch

Lernfeld 7

7.6.7 | HOCHGESCHWINDIGKEITSFRÄSEN

Beim **Hochgeschwindigkeitsfräsen** (HSC; englisch: ***h**igh **s**peed **c**utting*) sind die Schnitt- und Vorschubgeschwindigkeiten gegenüber dem konventionellen Fräsen um ein Vielfaches höher. Bei Verwendung kleinster Fräserdurchmesser von 0,4 mm und Drehzahlen bis zu 40000 1/min lassen sich gegenüber anderen Fertigungsverfahren gute Maßgenauigkeiten und hohe Oberflächengüten erreichen.

Durch HSC im Werkzeugbau lassen sich filigrane und präzise Spritz- und Druckgussformen aus gehärtetem Werkzeugstahl komplett herstellen. Deshalb ist das Hochgeschwindigkeitsfräsen inzwischen auch eine wirtschaftliche Alternative zum Erodieren, Schleifen und Polieren im Formenbau. Ähnlich wie beim Hartdrehen wird beim HSC die Zerspanungswärme überwiegend über den Span abgeführt, sodass die Randzone des Werkstücks kaum beeinflusst wird. Hochgeschwindigkeitsfräsen bietet folgende Vor- und Nachteile:

Vorteile von HSC

- Bearbeitung von dünnwandigen Werkstücken bis zu einer Härte von 69 HRC.
- Wirtschaftliche Bearbeitung von Werkstücken mit hoher Oberflächengüte.

Nachteile von HSC

- Aufgrund der hohen Drehzahlen sind Maschinen mit speziellen Arbeitsspindeln notwendig.
- Hohe Schnitt- und Vorschubgeschwindigkeiten verursachen höheren Werkzeugverschleiß.

7.6.8 | GESTALTUNGSREGELN BEIM FRÄSEN

Aufgrund der Vielzahl an Fräswerkzeugen und Bearbeitungsmöglichkeiten können auf Fräsmaschinen komplexe Werkstücke mit hoher Genauigkeit gefertigt werden. Allerdings sollten bei der Konstruktion von Frästeilen einige Gestaltungsregeln beachtet werden, damit eine wirtschaftliche Fertigung erfolgen kann **(Tabelle 1)**. Deshalb sind optimale Spannmöglichkeiten, sowie definierte Bearbeitungsflächen vorzusehen.

Tabelle 1: Gestaltungsregeln für Frästeile

Nicht Fräsgerecht	Fräsgerecht	Erläuterungen
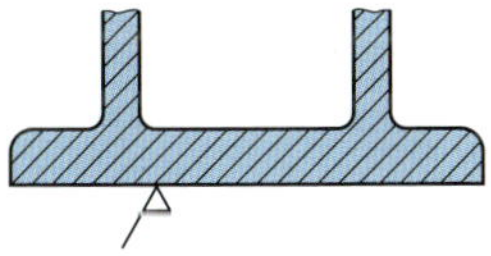	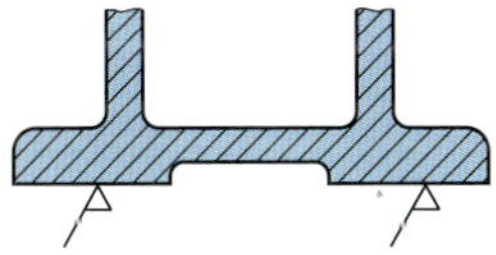	Möglichst Bearbeitungsflächen reduzieren.
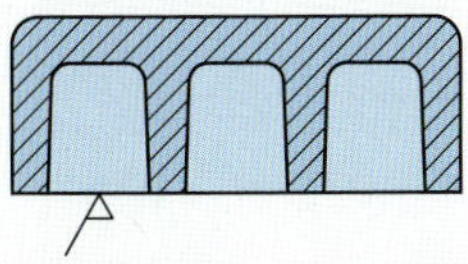	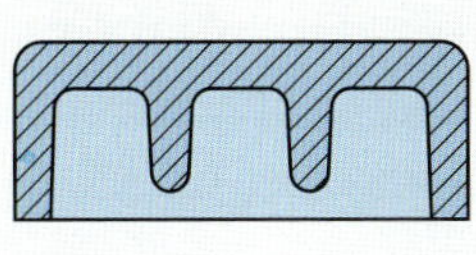	Rippen möglichst zurücksetzen und nicht bearbeiten.
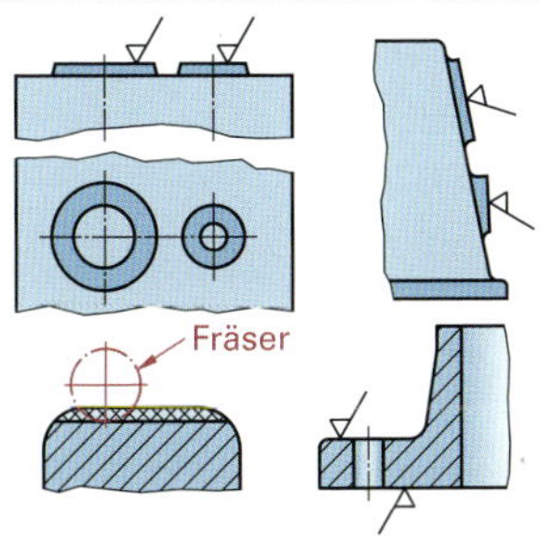	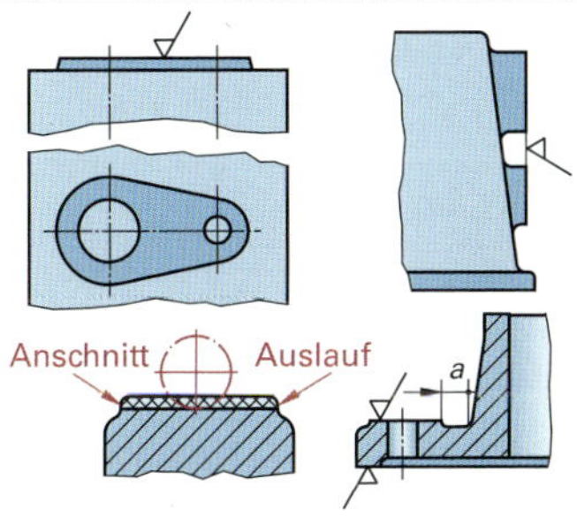	Bearbeitungsflächen möglichst auf eine Ebene legen. Bearbeitungsflächen absetzen.

Fortsetzung von Tabelle 1, Seite 401: Gestaltungsregeln für Frästeile

Nicht Fräsgerecht	Fräsgerecht	Erläuterungen
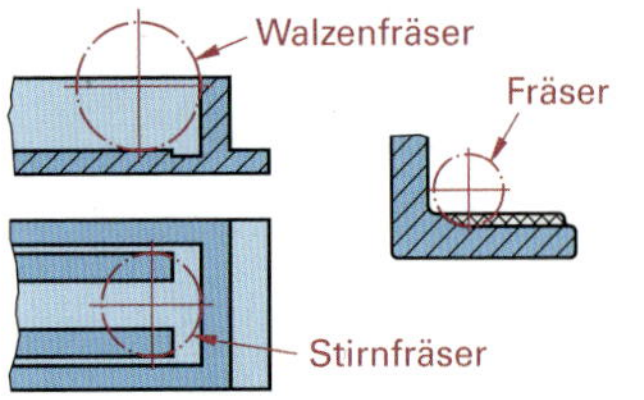	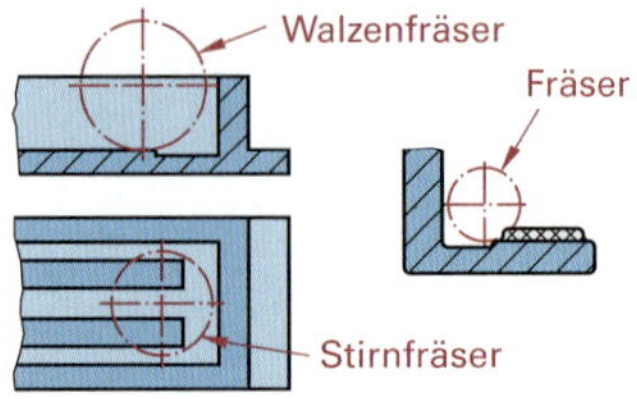	Werkzeugauslauf vorsehen. Nicht zu bearbeitende Flächen zurücksetzen.
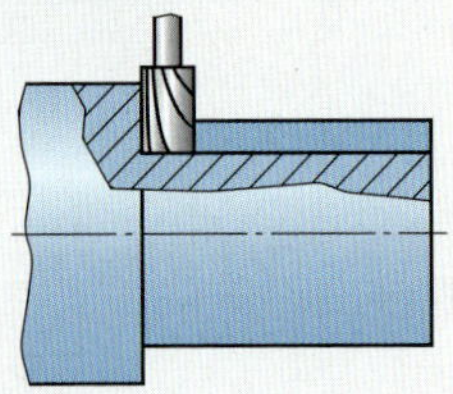	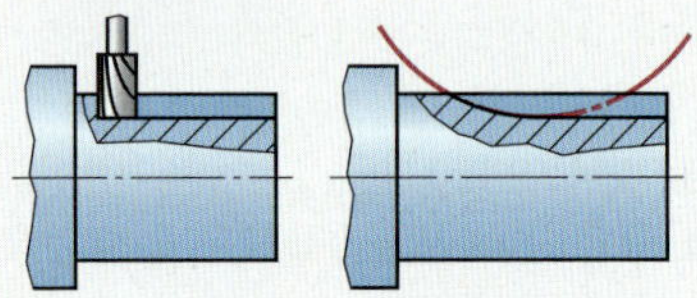	Bevorzugt Scheibenfräser verwenden.
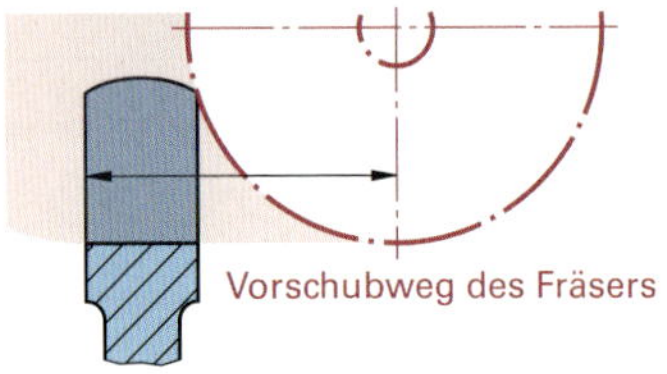	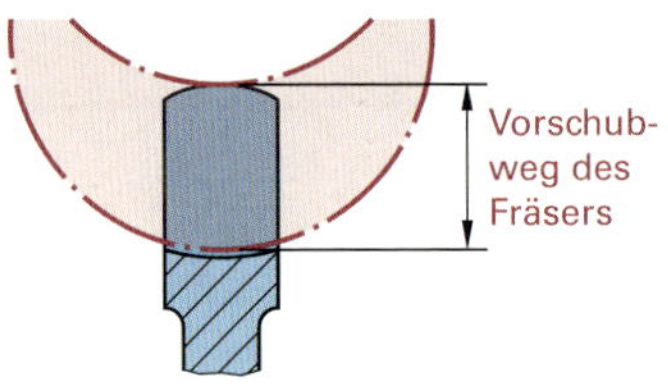	Vorschubweg des Fräsers minimieren.
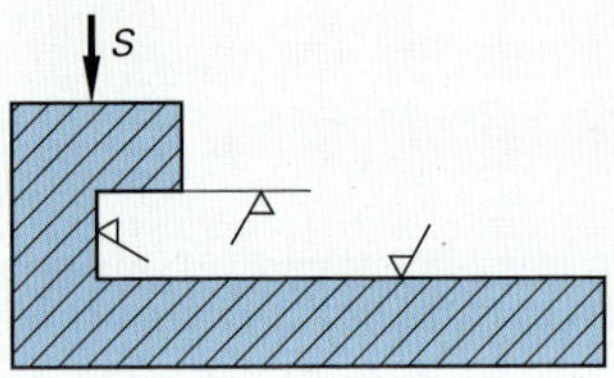	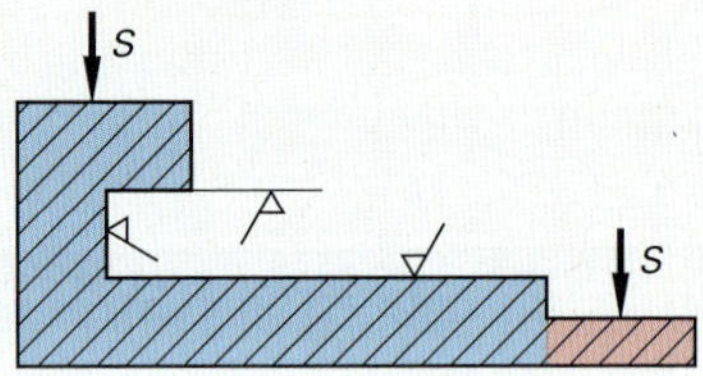	Ausreichend Spannmöglichkeiten vorsehen.

AUFGABEN | WIEDERHOLUNG UND VERTIEFUNG

1. Welche Auswirkung hat beim Fräsen der unterbrochene Schnitt auf die Spanformen?
2. Welchen wesentlichen Vorteil haben Aufsteckfräser mit Wendeschneidplatten gegenüber Schaftfräsern aus HSS?
3. Bei welcher Anwendung ist es sinnvoll, einen Winkelfräser zu verwenden?
4. Worauf muss bei der Gestaltung von Werkstücken geachtet werden, wenn diese in einem Maschinenschraubstock gespannt werden sollen?
5. Erläutern Sie eine frägerechte Gestaltungsregel mithilfe einer Skizze.
6. Welche Auswirkungen haben Vibrationen beim Fräsen mit Fräswerkzeugen ohne Drallwinkel?
7. Wie können Zahnräder in der Massenfertigung wirtschaftlich hergestellt werden?

7.7 | SCHLEIFEN

Beim Schleifen erfolgt die Spanabnahme durch rotierende Schleifscheiben. Diese bestehen aus vielen kleinen Schleifkörpern mit **geometrisch unbestimmten Schneiden** **(Bild 1)**.

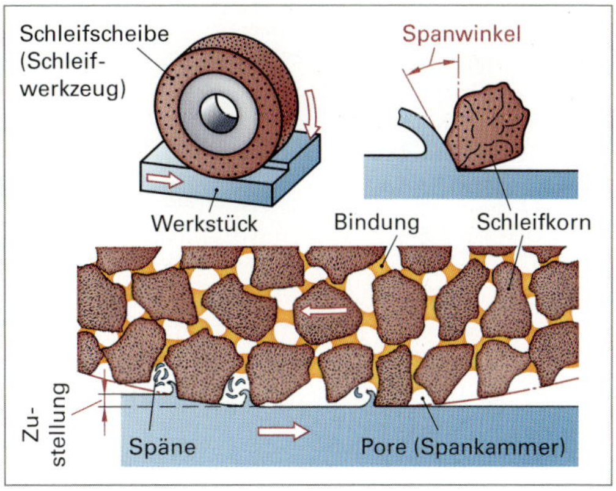

Bild 1: Schleifen

Die zu schleifenden Werkstücke sind meist schon durch Drehen oder Fräsen bis auf eine kleine **Bearbeitungszugabe** vorbearbeitet worden. Da beim Schleifen nur geringe Zustellungsbewegungen zwischen 0,1 mm und 0,02 mm möglich sind, beträgt die Bearbeitungszugabe beim Schleifen üblicherweise auch nur zwischen 0,2 mm und 0,5 mm.

Gegenüber dem konventionellen Drehen oder Fräsen können durch Schleifen auch **gehärtete Werkstücke** bearbeitet werden. Zudem können folgende Eigenschaften erzielt werden:

- hohe **Maßgenauigkeit**, Toleranzklassen von IT 5...6,
- hohe **Oberflächengüten** von $Rz = 1...4$ µm,
- hohe **Formgenauigkeiten**.

7.7.1 | SCHLEIFVERFAHREN

Die Schleifverfahren können nach unterschiedlichen Merkmalen eingeteilt werden **(Tabelle 1)**. Die wichtigsten Merkmale sind z. B. die Vorschubrichtung, die Wirkfläche des Schleifkörpers sowie die Lage und Art der zu erzeugenden Fläche.

Besonders häufig werden runde oder ebene Werkstücke durch **Umfangsschleifen** hergestellt. Dieses Verfahren ist besonders effizient, weil bei großen und breiten Schleifscheiben viele Schleifkörner im Einsatz sind. Dadurch können hohe Abtragsleistungen bei geringem Schleifscheibenverschleiß erreicht werden. Das **Seitenschleifen** kommt dagegen eher selten zum Einsatz, weil hier die Gefahr besteht, dass die Poren der Schleifscheibe mit Spänen verstopfen.

In **Tabelle 2** sind die mit den unterschiedlichen Schleifverfahren erreichbaren Oberflächengüten zusammengestellt.

Tabelle 1: Einteilung der Schleifverfahren

Merkmale		Schleifverfahren	
Vorschubrichtung		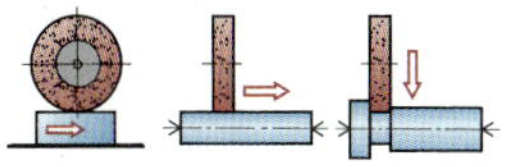 Längsschleifen	Querschleifen
Wirkfläche des Schleifkörpers		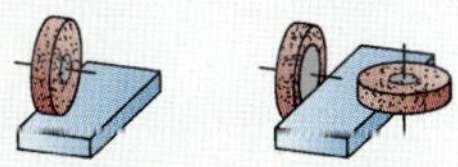 Umfangsschleifen	Seitenschleifen
zu erzeugende Fläche	Lage	Außen-, Innenschleifen	
	Art	 Profilschleifen	Formschleifen
Zustellung		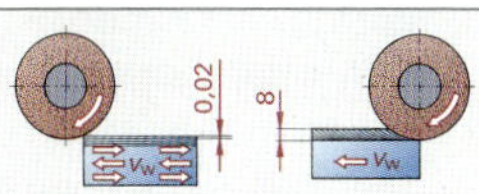 Pendelschleifen	Tiefschleifen
Rauigkeit		Vor-, Fertig-, Feinstschleifen	

Tabelle 2: Richtwerte zum Schleifen von Stahl und Gusseisen mit Korund oder Siliciumcarbid

Schleifverfahren	Aufmaß in mm	Zustellung *a* in mm	*Rz* in µm	Körnung
Vorschleifen	0,5...0,2	0,1...0,02	10...3	30...46
Fertigschleifen	0,1...0,02	0,05...0,005	5...1	46...80
Feinstschleifen	0,02...0,005	0,008...0,002	1,6...0,3	80...120

7.7.2 | SCHLEIFKÖRPER

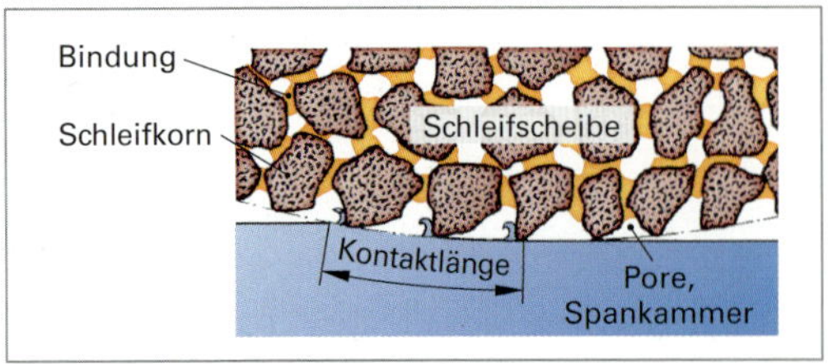

Bild 1: Schleifkörper

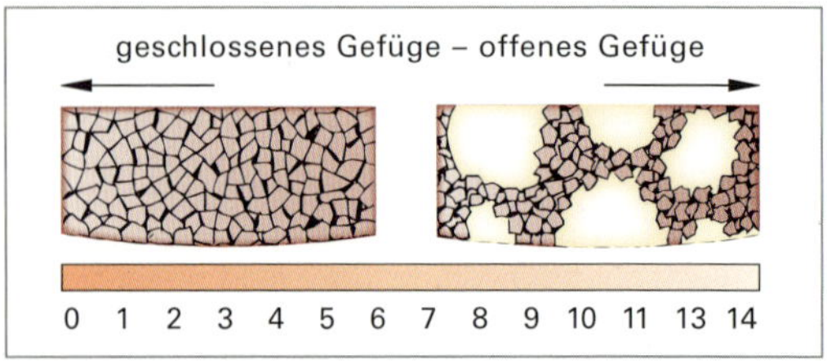

Bild 2: Gefügekennziffern

Die Auswahl der Schleifkörper **(Bild 1)** hängt von der geforderten Maß- und Oberflächenqualität, der Wirtschaftlichkeit sowie der Fertigungsaufgabe ab und erfolgt nach folgenden Merkmalen:

Schleifmittel

Ihre Härte und Kornzähigkeit müssen auf den zu schleifenden Werkstoff abgestimmt sein **(Tabelle 1)**.

Härtegrad

Er entspricht dem Widerstand einer Bindung gegen das Ausbrechen der Schleifkörner und gibt **nicht** die Härte des Schleifkorns an **(Tabelle 2)**.

Körnung

Die Größe der Schleifmittelkörner hat wesentlichen Einfluss auf die Oberflächengüte. Bei einer Körnung von 70 besitzt z. B. das Sieb mit einer Länge von 1 Inch 70 Maschen **(Tabelle 3)**.

Gefüge

Es beschreibt das Verhältnis von Schleifkörper, Bindung und Poren durch Kennziffern. Ein offenes Gefüge mit großen Poren besitzt große Spankammern und kann mehr Späne aufnehmen als ein geschlossenes Gefüge **(Bild 2)**.

Bindung

Sie hält die einzelnen Schleifkörper solange zusammen bis sie stumpf werden und ausbrechen. Je nach Anwendung werden keramische Bindungen oder Bindungen aus Kunstharz verwendet.

Tabelle 1: Schleifmittelarten

Schleifmittel	Zu bearbeitender Werkstoff
Normalkorund	unlegierter, ungehärteter Stahl
Edelkorund	gehärteter Stahl, Einsatzstahl
Siliciumkarbid	harte und weiche Werkstoffe
Bornitrid	Schnellarbeitsstähle
Diamant	Hartmetall, Nichteisenmetalle

Tabelle 2: Härtegrad

Härtegrad	Kennzeichnung	Einsatzgebiete
extrem weich	A bis D	Sehr harte Werkstoffe, große Kontaktflächen
sehr weich	E bis G	
weich	H bis K	
mittel	L bis O	
hart	P bis S	Sehr weiche Werkstoffe, kleine Kontaktflächen
extrem hart	T bis Z	

Tabelle 3: Körnung

Körnung	8...24	30...60	70...220
Korngröße in mm	4...1	1...0,3	0,3...0,08
Rautiefe Rz in µm	20...8	8...1,5	1,5...0,3

7.7.3 | BEWEGUNGEN UND SPANUNGSGRÖßEN BEIM SCHLEIFEN

Die Berechnung der **Drehzahl *n*** von Schleifscheiben erfolgt nach der Formel:

$$n = \frac{v_c}{\pi \cdot d}$$

n	v_c	d
1/min	m/s	mm

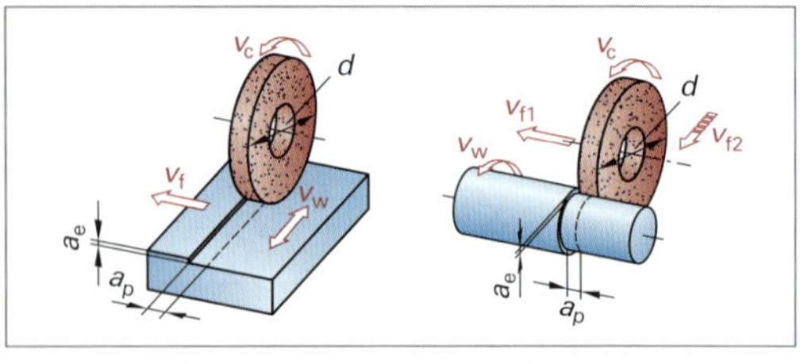

Bild 3: Spanungsgrößen beim Schleifen

7.7.4 | SCHLEIFWERKZEUGE

Die geometrischen Formen von Schleifwerkzeugen sind sehr vielfältig. Sie richten sich hauptsächlich nach der Arbeitsaufgabe **(Bild 1)**.

Bei Schleifscheiben mit dem Schleifbelag **Diamant** oder Bornitrid (**CBN**) besteht der Grundkörper meist aus Aluminium oder Stahl.

Mit **geraden Schleifscheiben** ist sowohl Plan- als auch Rundschleifen möglich. Als Schleifmittel wird häufig Korund verwendet.

Schleifstifte verwendet man oft zur Bearbeitung von Innenflächen. Nach der Form unterscheidet man zwischen Zylinderschleifstift, Kegelschleifstift, Kugelschleifstift und Topfschleifstift.

Schleiftöpfe, Schleifteller oder auch Profilschleifscheiben werden für spezielle Anwendungen eingesetzt.

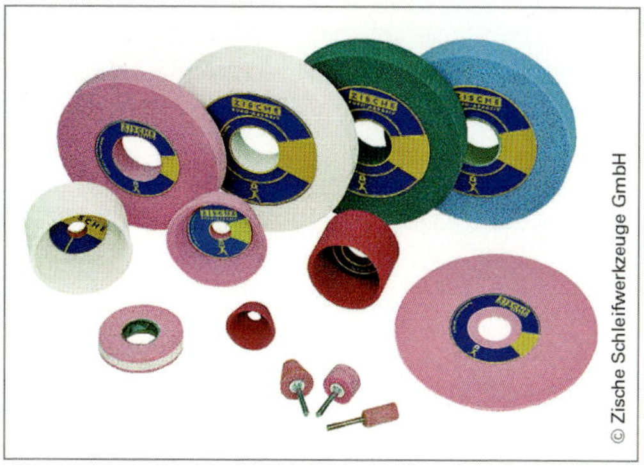

Bild 1: Schleifwerkzeuge

7.7.5 | SCHLEIFMASCHINEN

Zum Fertigen von ebenen Flächen werden **Planschleifmaschinen** eingesetzt. Hierbei wird das Werkstück oft mit einer Magnetspannplatte auf dem Maschinenschlitten gespannt und die rotierende Schleifscheibe führt die Schnittbewegung aus.

Werkstücke mit rotationssymmetrischen Außen- und Innenflächen werden meist auf **Rundschleifmaschinen** zylindrisch rund geschliffen **(Bild 2)**. Beim Rundschleifen führt sowohl das Werkstück als auch die Schleifscheibe eine rotierende Bewegung aus.

Die Werkstückspannung beim Rundschleifen kann spitzenlos, zwischen Spitzen oder in Spannzangen erfolgen.

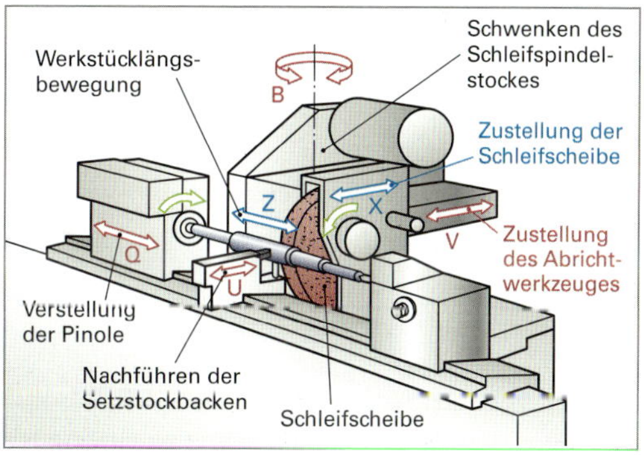

Bild 2: Rundschleifmaschine

7.7.6 | ZEICHNUNGSANGABEN BEIM SCHLEIFEN

In manchen Fällen ist es wegen der Bauteilfunktion notwendig, dass die beim Schleifen geforderte Rillenrichtung in der technischen Zeichnung angegeben werden muss **(Bild 3)**.

Mit den entsprechenden Sinnbildern für Oberflächenangaben können folgende Angaben gemacht werden **(Bild 4)**:

- Fertigungsverfahren,
- Bearbeitungszugabe in mm,
- geforderte Rillenrichtung,
- Oberflächenkenngröße mit Zahlenwert in µm.

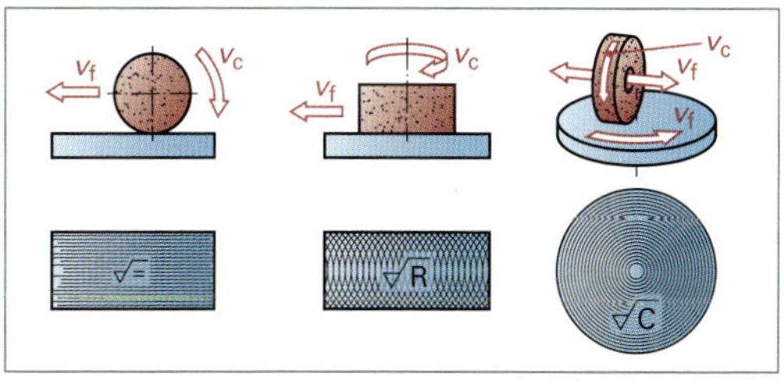

Bild 3: Rillenrichtung beim Schleifen

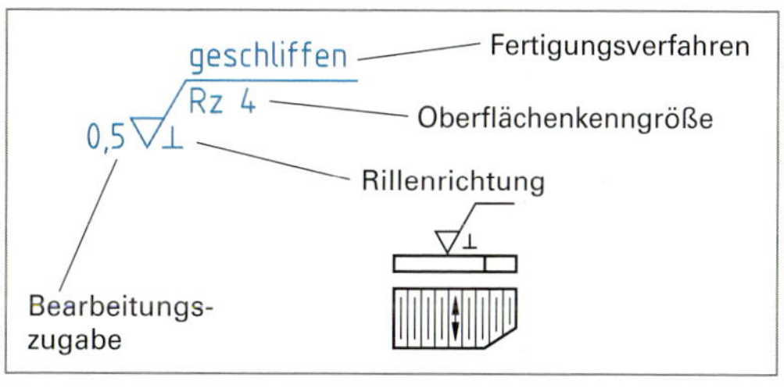

Bild 4: Sinnbild für Oberflächenangabe

Lernfeld 7

7.7.7 | GESTALTUNGSREGELN BEIM SCHLEIFEN

Damit die geforderte Qualität an geschliffenen Werkstücken erreicht werden kann, müssen schon bei der Gestaltung der Werkstücke verschiedene Regeln beachtet werden **(Tabelle 1)**.

Tabelle 1: Gestaltungsregeln für Schleifbearbeitungen

Nicht Schleifgerecht	Schleifgerecht	Erläuterungen
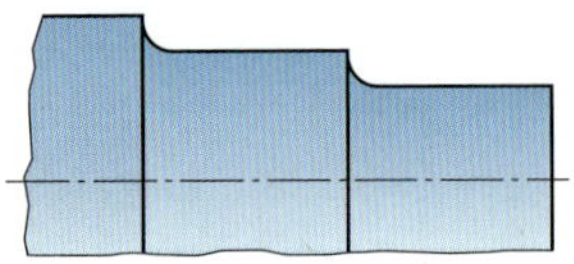	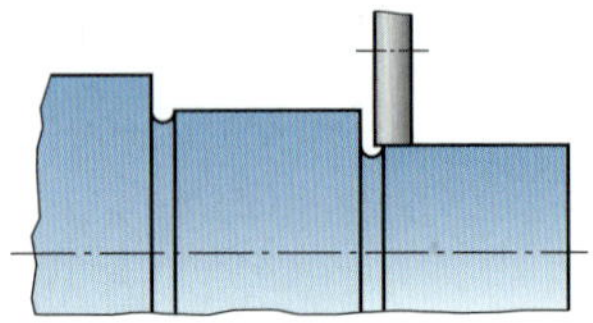	Freistiche als Werkzeugauslauf vorsehen.
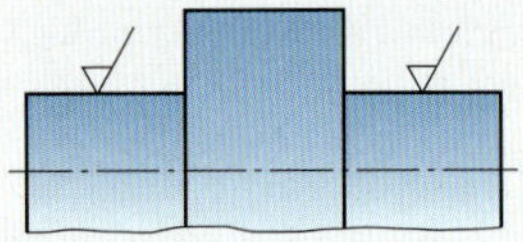	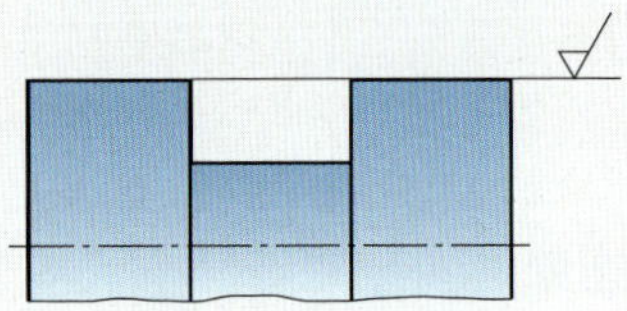	Schleifen in einem Durchlauf ermöglichen.
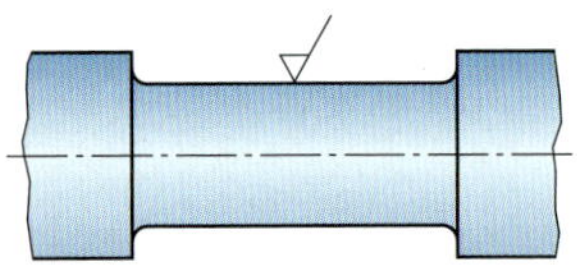	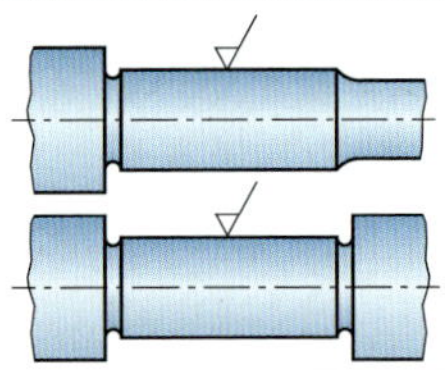	Bundbegrenzungen möglichst vermeiden.
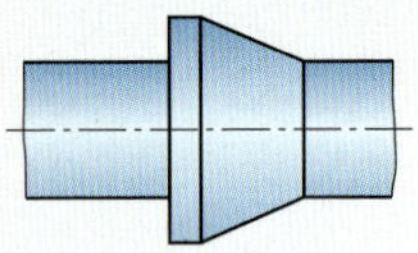	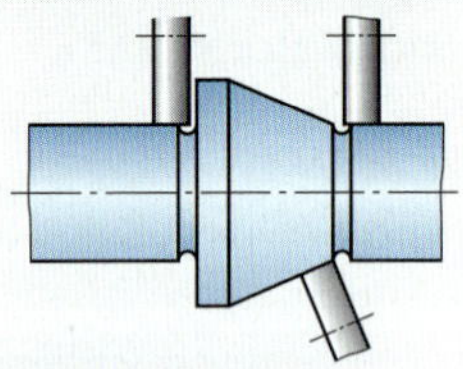	Außenfreistiche als Werkzeugauslauf vorsehen.
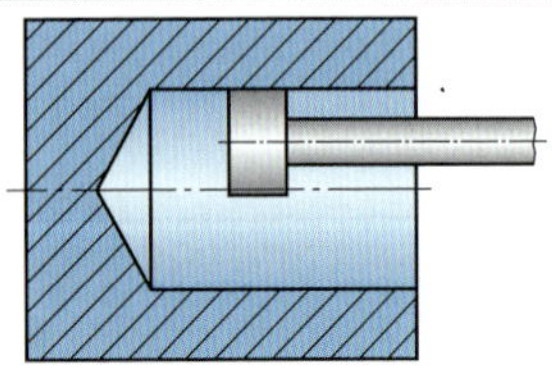	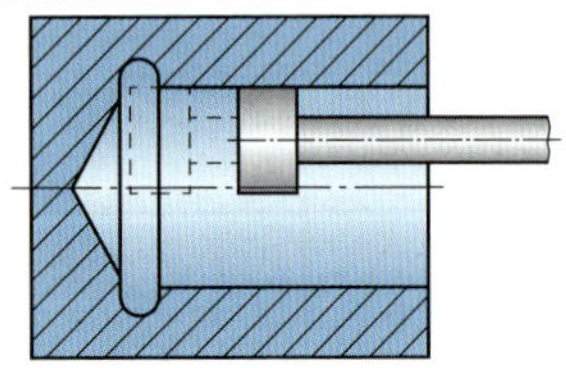	Innenfreistiche als Werkzeugauslauf vorsehen.

AUFGABEN | WIEDERHOLUNG UND VERTIEFUNG

1. Nennen Sie drei wesentliche Vorteile des Schleifens im Vergleich zum Drehen oder Fräsen.
2. Welches Schleifaufmaß und welche Körnung sollte gewählt werden, wenn auf der Zeichnung die Oberflächenangabe *Rz* 10 verlangt wird?
3. Wovon hängt die Auswahl des Schleifmittels ab?
4. Was versteht man unter dem Härtegrad einer Schleifscheibe?
5. Welchen Vorteil hat ein offenes Gefüge gegenüber einem geschlossenen Gefüge?

7.8 RÄUMEN

Das trennende Fertigungsverfahren **Räumen** gehört zur Gruppe Spanen mit geometrisch bestimmter Schneide.

Durch Räumen lassen sich komplexe Konturen, wie Nuten, Vierkantdurchbrüche oder Verzahnungen, mit hoher Fertigungsqualität und nur einem Hub fertigen. Es können ISO-Toleranzen von IT7 bis IT8 sowie Oberflächenrauheiten von 4 bis 25 µm erzielt werden.

Bei den mehrschneidigen Räumwerkzeugen erfolgt die Zustellung durch die hintereinander angeordneten Werkzeugschneiden, die in ihrer Schneidenhöhe zueinander geringfügig gestaffelt sind **(Bild 1)**.

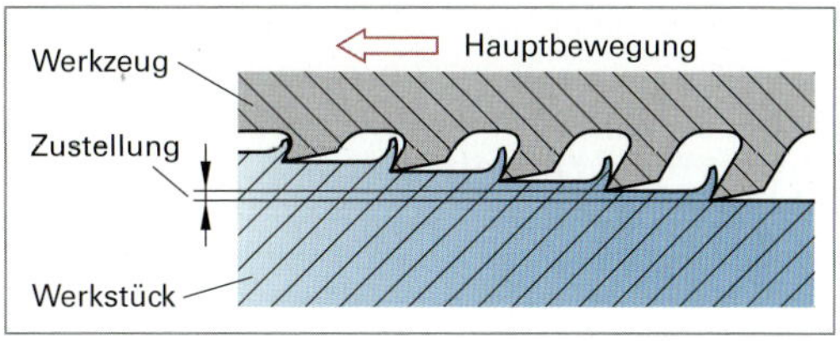

Bild 1: Schneidengeometrie am Räumwerkzeug

Räumwerkzeuge

Räumwerkzeuge bestehen aus einem Schaft, einem Führungsteil, einem Endstück und dem Schneidteil. Der Schneidteil weist Schrupp- und Schlichtzähne sowie ein Kalibrierteil auf **(Bild 2)**. Mit Räumwerkzeugen können sowohl Innen- als auch Außenkonturen formgenau hergestellt werden **(Bild 3)**. Die relativ teuren Werkzeuge sind nur bei größeren Serien wirtschaftlich.

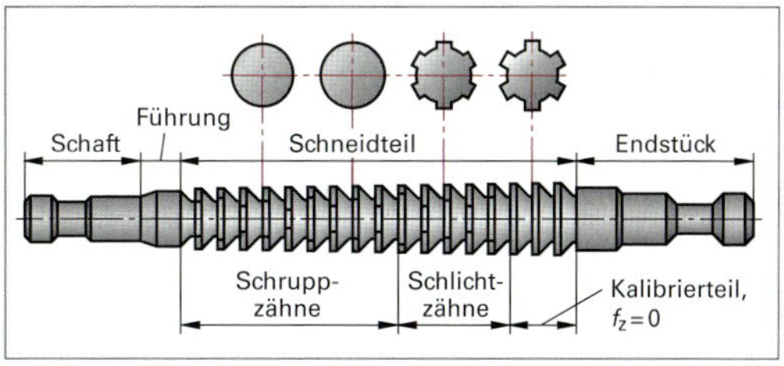

Bild 2: Prinzipieller Aufbau von Räumwerkzeugen

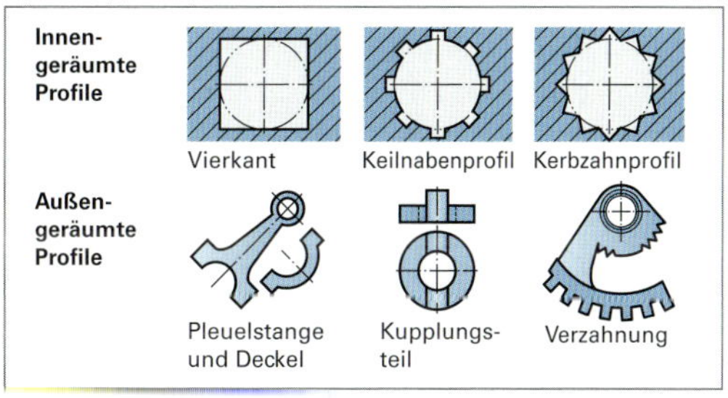

Bild 3: Einige durch Räumen gefertigte Profile

Räumverfahren

Aufgrund der Lage des Werkzeuges zum Werkstück wird zwischen dem Außen- und dem Innenräumen unterschieden. Das **Außenräumen** erfolgt meist mit einem **Räumdorn**, der von außerhalb ins Werkstück eingreift. Beim **Innenräumen** wird die Räumnadel ins Werkstück eingeführt. Hierzu muss am Werkstück allerdings bereits ein Durchbruch, z. B. eine Bohrung, vorhanden sein **(Bild 4)**.

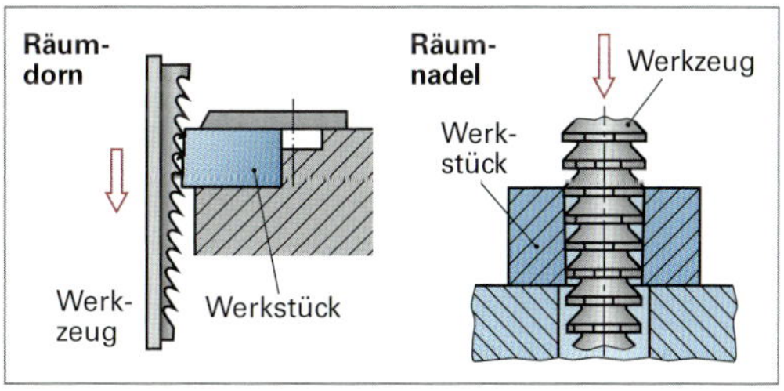

Bild 4: Räumdorn und Räumnadel

Räummaschinen

Die Bauform von Räummaschinen kann nach der Schnittbewegung in Senkrecht- und Waagrechtmaschinen unterteilt werden. Der Antrieb bei Räummaschinen erfolgt meist elektromechanisch oder hydraulisch.

Aufgrund der Werkzeuglänge liegen die Hublängen von Räummaschinen üblicherweise zwischen 800 und 5500 mm. Die Räumkraft der Maschinen kann zwischen 20 kN und 2000 kN liegen.

AUFGABEN I WIEDERHOLUNG UND VERTIEFUNG

1. Welche Werkstückformen lassen sich mit Räumen herstellen?
2. Weshalb sind Räumwerkzeuge so extrem lang?

Lernfeld 7

7.9 STOßEN

Beim konventionellen Stoßen führt das Werkzeug eine geradlinige Schnittbewegung aus. Die Vorschub- und Zustellbewegung hingegen erfolgt durch das Werkstück **(Bild 1)**. Um eine Beschädigung der Werkstückoberfläche und der Werkzeugschneide zu verhindern, wird beim Rückzug das Werkzeug leicht angehoben.

Durch Stoßen wurden früher meist ebene Flächen oder Nuten auf einfachen Stoßmaschinen und mit günstigen Werkzeugen gefertigt. Die ständige Hubbewegung des Werkzeugs wurde damals auf **konventionellen Stoßmaschinen** oft über einen Exzenterantrieb erzeugt. Heutzutage werden **Stoßmaschinen** mit **CNC-Steuerungen** in unterschiedlichen Bauformen eingesetzt.

Für kleinere Werkstücke bieten **angetriebene Stoßaggregate** **(Bild 2)** eine günstige Alternative zur Stoßmaschine. Diese angetriebenen Stoßaggregate werden in CNC-Dreh- und CNC-Fräsmaschinen sowie Bearbeitungszentren integriert. Mit angetriebenen Stoßaggregaten und den entsprechenden Werkzeugen lassen sich die unterschiedlichsten Profile und Formen an Werkstücken fertigen, wenn eine C-Achse zur Positionierung vorhanden ist.

Weil die Rüstzeiten beim Stoßen gering sind und die Werkstücke meist mit nur einer Aufspannung fertig bearbeitet werden, ist das Stoßen ein wirtschaftliches Fertigungsverfahren, mit dem hohe Maßgenauigkeiten und hohe Oberflächengüten erreicht werden können. Häufige durch Stoßen gefertigte Werkstückformen sind: Innensechskant, innenliegende Nuten **(Bild 3)**, Kerbverzahnungen, Evolventenverzahnungen **(Bild 4)** sowie Keilwellen- und Keilnabenprofile.

- Die **Vorteile des Stoßens** sind:
  - Geringe Maschinenkosten und Rüstkosten
  - Auch bei großen Werkstücken möglich
- Die **Nachteile des Stoßens** sind:
  - Schlagartiger Werkzeugeintritt
  - Ständiger Richtungswechsel des Werkzeugs

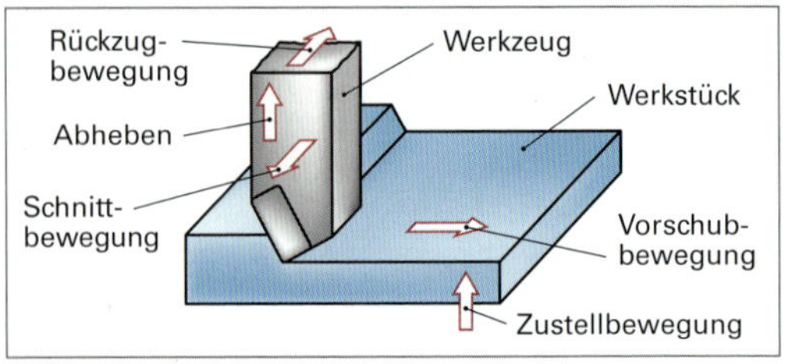

Bild 1: Bewegungen beim Stoßen

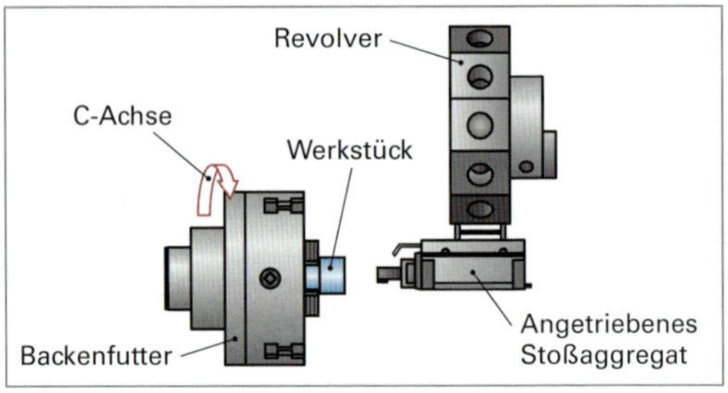

Bild 2: Angetriebenes Stoßaggregat

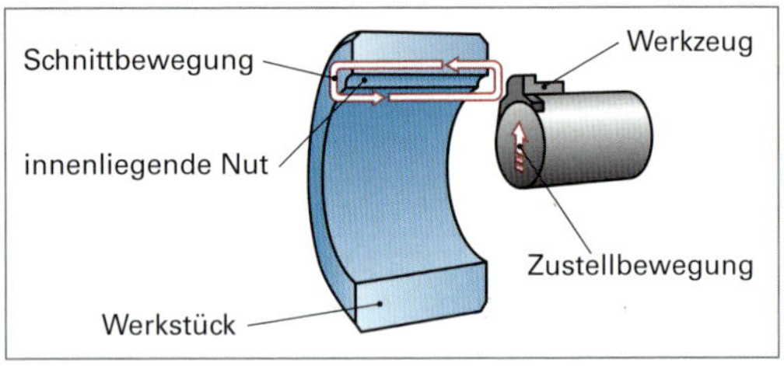

Bild 3: Nutstoßen auf CNC-Drehmaschinen

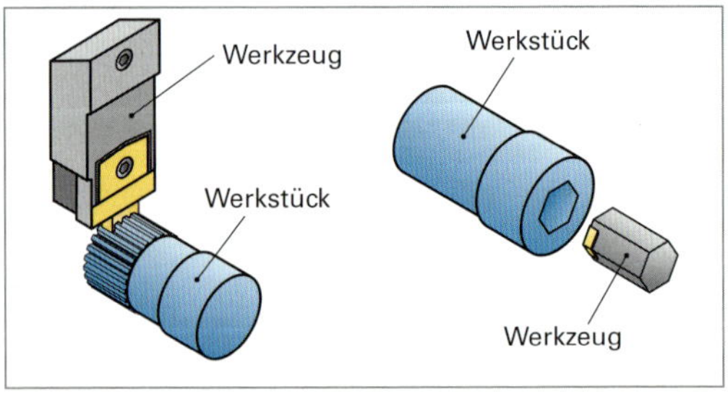

Bild 4: Durch Stoßen hergestellte Werkstücke

AUFGABEN | WIEDERHOLUNG UND VERTIEFUNG

1. Welche Voraussetzungen müssen CNC-Maschinen besitzen, wenn mit angetriebenen Stoßaggregaten z. B. eine Kerbverzahnung oder eine Evolventenverzahnung hergestellt werden soll?

7.10 FEINBEARBEITUNG

Durch die Feinbearbeitung von Werkstücken können im Vergleich zum Schleifen einige Vorteile erreicht werden. Beim Schleifen werden die Werkstücke oftmals an der Randzone durch die hohen Schleiftemperaturen und den Schleifdruck im Gefüge verändert **(Bild 1)**. Feinbearbeitungsverfahren arbeiten dagegen mit geringsten Anpressdrücken, wodurch lokale Erhitzung und damit verbundene Gefügeveränderungen nicht auftreten.

Feinbearbeitungsverfahren bieten folgende Möglichkeiten:

- sehr hohe **Maßgenauigkeiten**, Toleranzklassen besser als IT4,
- sehr hohe **Oberflächengüten** bis *Rz* 0,2,
- hohe **Formgenauigkeiten**,
- Bearbeitung von **gehärteten Werkstoffen**,
- hoher **Traganteil** bei Gleit- und Funktionsflächen **(Bild 2)**,
- keine Veränderung des **Gefüges** in der Randzone.

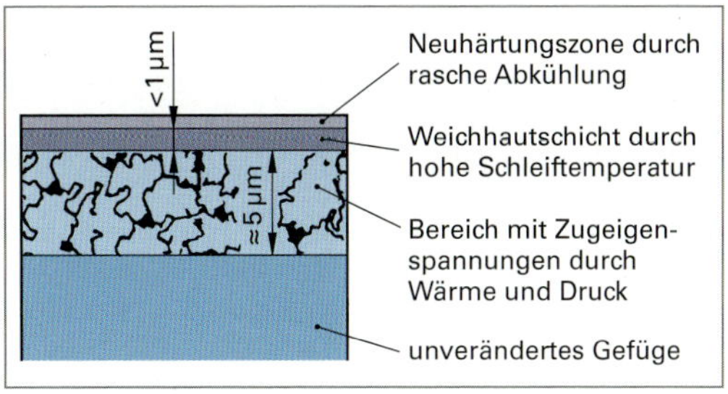

Bild 1: Randzone beim Schleifen

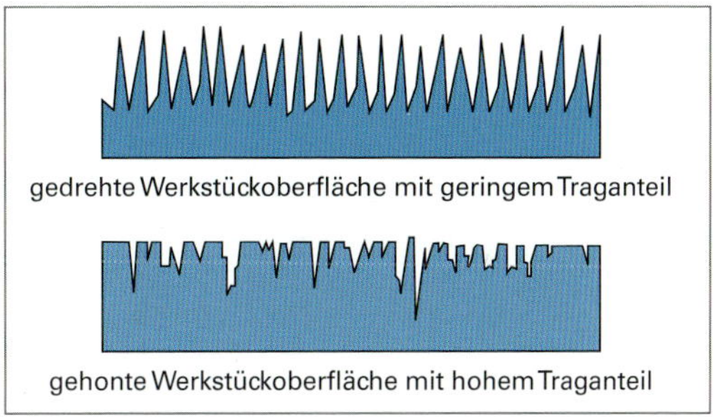

Bild 2: Traganteil der Werkstückoberfläche

7.10.1 HONEN

Beim Honen erfolgt die Spanabnahme durch **gebundene Körner** mit **geometrisch unbestimmten Schneiden**. Die beiden **Schnittbewegungen**, Dreh- und Hubbewegung, überlagern sich **(Bild 3)**. Durch die geringe **Zustellung** der Honleisten mit kleinem Anpressdruck in radialer Richtung ist der Materialabtrag beim Honen sehr gering. Honen kommt zum Einsatz, wenn am Werkstück spezielle Funktionsflächen, wie Gleit-, Führungs- oder Dichtflächen, benötigt werden.

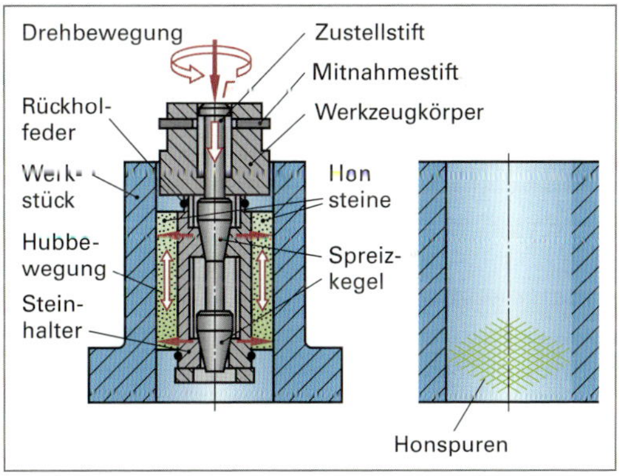

Bild 3: Bewegungen beim Langhubhonen

Honverfahren

Nach der Hublänge des Honwerkzeuges können die Honverfahren in Langhub- und Kurzhubhonen unterteilt werden.

Beim **Langhubhonen** wird die Oberflächenqualität sowie die Zylinderform von Bohrungen verbessert. Durch die Überlagerung der beiden Schnittbewegungen entstehen Bearbeitungsriefen, die sich kreuzen.

Beim **Kurzhubhonen** führt der Honstein meist auf zylindrischen Außenflächen eine Schwingbewegung mit kurzen schnellen Hüben durch **(Bild 4)**. Durch die Überlagerung von Schwing- und Drehbewegung entsteht eine typische Honspur.

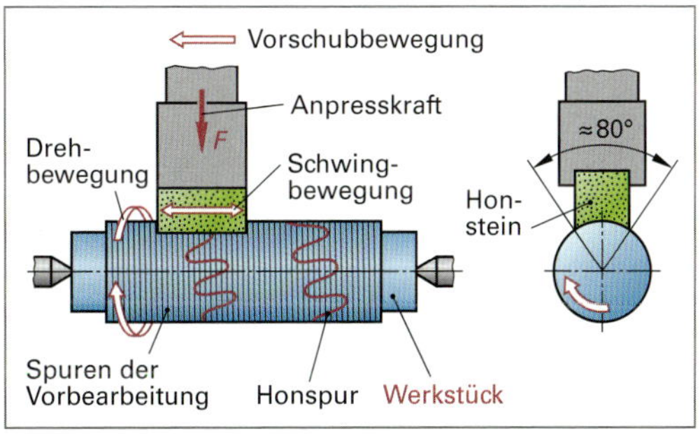

Bild 4: Bewegungen beim Kurzhubhonen

Lernfeld 7

Honwerkzeuge

Zum **Langhubhonen** werden **Honahlen** mit eingesetzten Honsteinen verwendet **(Bild 1)**. Der Außendurchmesser bei Honahlen lässt sich über einen Spreizkegel verstellen. Die Zusammensetzung der Schleifkörper bei Honsteinen ist ähnlich wie bei Schleifscheiben.

Beim **Kurzhubhonen** werden die Honsteine aus Edelkorund oder Siliciumkarbid in einer Halterung festgeklemmt. Diese Halterung wird in einem elektromechanisch oder pneumatisch angetriebenen Schwingkopf befestigt und mit einer definierten Anpresskraft gegen die Werkstückoberfläche gedrückt.

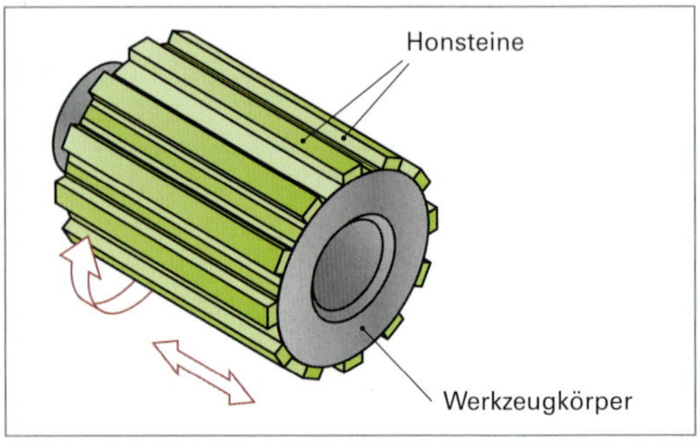

Bild 1: Honwerkzeug: Honahle

7.10.2 | LÄPPEN

Beim Läppen erfolgt die Spanabnahme durch **lose Körner** mit **geometrisch unbestimmten Schneiden**. Durch das Läppen können bei flachen Werkstücken höchste Oberflächengüten bis *Rz* 0,05 sowie hohe Ebenheiten und Parallelitäten erreicht werden.

Läppvorgang

Die Läppkörner rollen in einer Läppflüssigkeit zwischen Werkstück und Läppscheibe ab **(Bild 2)**. Das Werkstück wird mithilfe einer Druckplatte gegen die Läppscheibe gedrückt **(Bild 3)**. Durch die rotierenden Bewegungen der Läppscheibe und der Werkstückaufnahme findet ein Materialabtrag durch **Abscherung** sowie eine **Verformung** durch Eindrücken statt. Die Qualität der Oberfläche wird hauptsächlich durch die Größe der Läppkörner und den Anpressdruck der Druckplatte bestimmt.

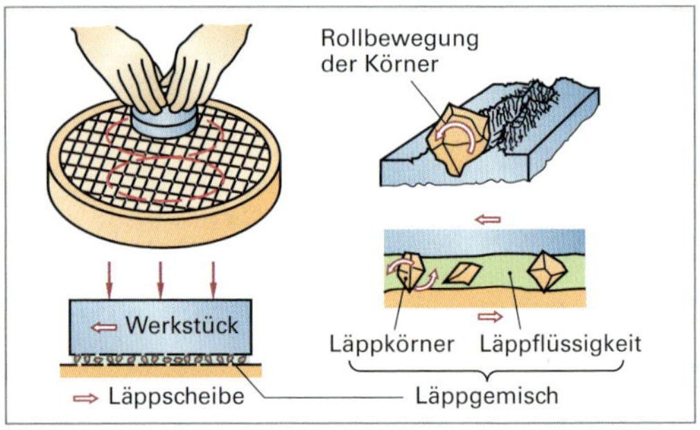

Bild 2: Läppvorgang

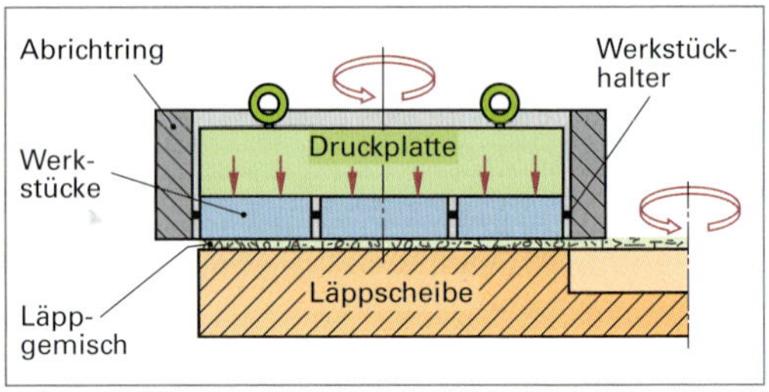

Bild 3: Läppen mit einer Druckplatte

Läppgemisch

Das **Läppgemisch** besteht aus druck- und verschleißfesten Körnern mit einer Größe von 5 bis 100 µm und einer Läppflüssigkeit. Die **Läppkörner** bestehen aus Korund, Siliciumkarbid oder Diamant. Als **Läppflüssigkeit** wird Wasser mit einem geringen Anteil an Mineralöl verwendet.

Läppmaschinen

Zum Läppen werden **Läppmaschinen** mit speziellen Zahnscheiben zur Aufnahmen für die Werkstücke verwendet. Mit einer Zweischeiben-Läppmaschine können zwei parallele Werkstückflächen gleichzeitig bearbeitet werden **(Bild 4)**. Die Rotation der Zahnscheiben sorgt für einen gleichmäßigen Materialabtrag und wird durch Stifte oder Zahnkränze realisiert.

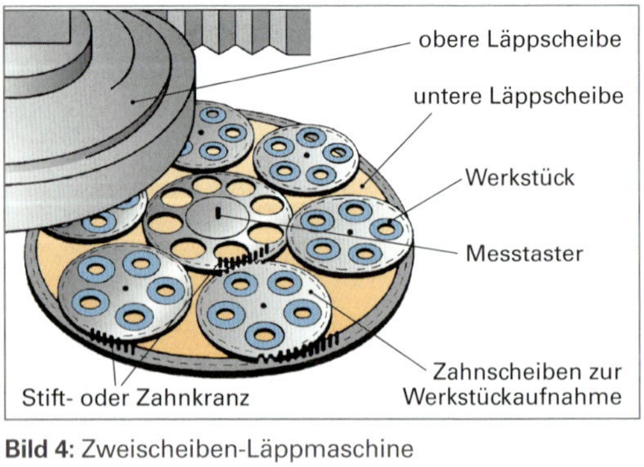

Bild 4: Zweischeiben-Läppmaschine

7.10.3 I FEINDREHEN

Beim **Feindrehen**, aber auch beim **Feinbohren** und **Feinfräsen** wird mit geometrisch bestimmter Schneide bei hoher Schnittgeschwindigkeit und kleiner Schnitttiefe Material abgetragen.

Bei diesen **Feinbearbeitungsverfahren** kommen spezielle Maschinen mit hoher Steifigkeit zum Einsatz. Auch die Werkzeuge müssen eine besondere Schneidengeometrie aufweisen und extrem starr eingespannt werden, damit beste Oberflächengüten erreicht werden können **(Tabelle 1)**.

Tabelle 1: Durch Feindrehen erreichbare minimale Rautiefen *Rz*

Werkstoff	Schneidstoff	Rautiefe *Rz* in µm
Stahl	Hartmetall	3
Grauguss	Hartmetall	4
Messing (CuZn)	Hartmetall Diamant	2,5 0,2
Bronze (CuSn)	Hartmetall Diamant	0,5 0,2

7.10.4 I SUPERFINISHING

Die Spanabnahme erfolgt beim **Superfinishing** zwischen rotationssymmetrischen Werkstücken und flexiblen Schleifbändern, die in einem großflächigen Kontakt zueinander stehen **(Bild 1)**. Mit kleinsten Korngrößen wird die Werkstückoberfläche so poliert, dass *Ra*-Werte von bis zu 0,004 µm erreicht werden können. Da beim Superfinishing nur Rauigkeitsspitzen im µm-Bereich abgetragen werden, erhöht sich der Traganteil der Werkstückoberfläche enorm.

Beim Superfinishing kann die **Oberflächengüte** durch die geeignete Wahl folgender Parameter beeinflusst werden:

- Werkstückdrehzahl *n*
- Oszillationsfrequenz *f*
- Bandvorschubgeschwindigkeit v_f
- Anpressdruck *p*
- Körnung
- Emulsion

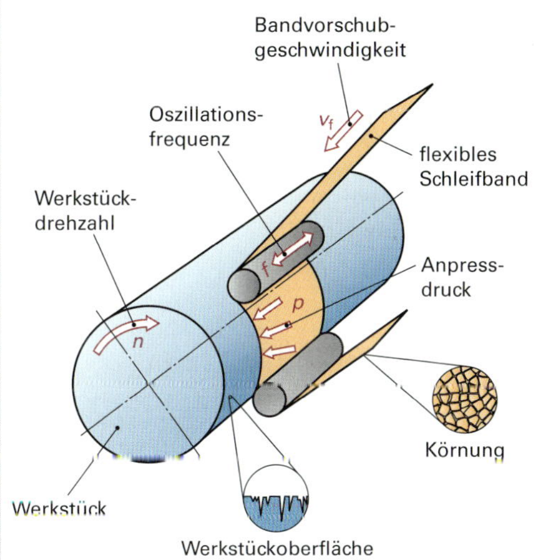

Bild 1: Superfinishing

AUFGABEN I WIEDERHOLUNG UND VERTIEFUNG

1. Nennen Sie die Vorteile der Feinbearbeitungsverfahren.
2. Wie entstehen die gekreuzten Honspuren beim Langhubhonen?
3. Aus welchem Schneidstoff sind Honsteine?
4. Nennen Sie Einsatzgebiete für das Fertigungsverfahren Honen.
5. Welche Oberflächengüten können beim Läppen erreicht werden?
6. Woraus besteht beim Läppen das Läppgemisch?
7. Erläutern Sie wie beim Läppen ein Materialabtrag erfolgt.
8. Welche Voraussetzungen sind beim Feindrehen notwendig?
9. Welche Rautiefen können beim Feindrehen erreicht werden?
10. Welche *Ra*-Werte lassen sich beim Superfinishing erreichen?

7.11 SCHNEIDEN

Das Trennen von Werkstoffteilchen durch **Schneiden** kann auf mechanischem oder thermischem Weg erfolgen. In den in **Bild 1** dargestellten Untergruppen des Trennens findet man die verschiedenen schneidenden Verfahren wieder.

Das Schneiden auf mechanischem Weg wird der Gruppe **Zerteilen** zugeordnet. Es ist dadurch gekennzeichnet, dass Werkstoffteilchen ohne Entstehung von formlosem Stoff, z.B. Spänen, in mindestens zwei Teile getrennt werden. Zu den wichtigsten zerteilenden Verfahren gehören das Scherschneiden, das Messerschneiden und das Beißschneiden.

Die drei Verfahren Laserstrahl-, Brenn- und Schmelzschneiden gehören zum **Abtragen** bzw. Schneiden auf thermischem Weg. Dabei wird eine hohe Wärmemenge in die Wirkzone eingebracht, sodass der Werkstoff lokal geschmolzen bzw. verdampft wird.

Beim Wasserstrahlschneiden erfolgt das Trennen von Werkstoffen mittels Wasserstrahl. Weil dem Wasserstrahl meist abrasive Feststoffpartikel beigemischt werden, gehört Wasserstrahlschneiden zur Gruppe **Spanen** mit geometrisch unbestimmter Schneide.

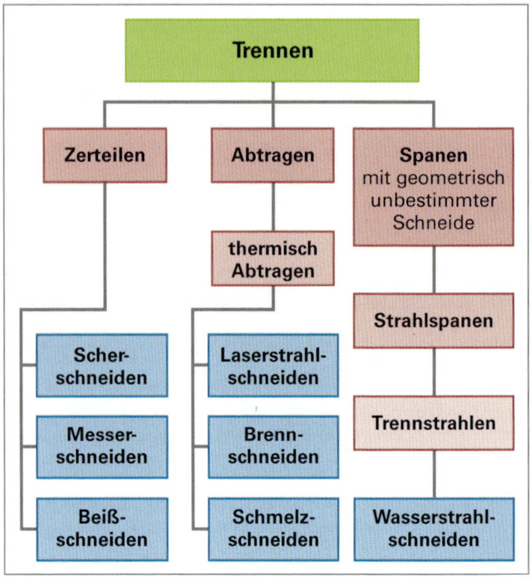

Bild 1: Zuordnung der schneidenden Verfahren

7.11.1 SCHERSCHNEIDEN

Das **Scherschneiden** kann unter anderem nach der Lage der Schnittlinie weiter unterteilt werden in Ausschneiden, Abschneiden, Lochen und Ausklinken **(Tabelle 1)**. Scherschneiden kann mit offenem oder geschlossenem Schnittverlauf durchgeführt werden **(Bild 2)**.

> **Scherschneiden** ist das **Zerteilen** von Werkstoffen durch **zwei Schneiden**, die sich aneinander vorbeibewegen.

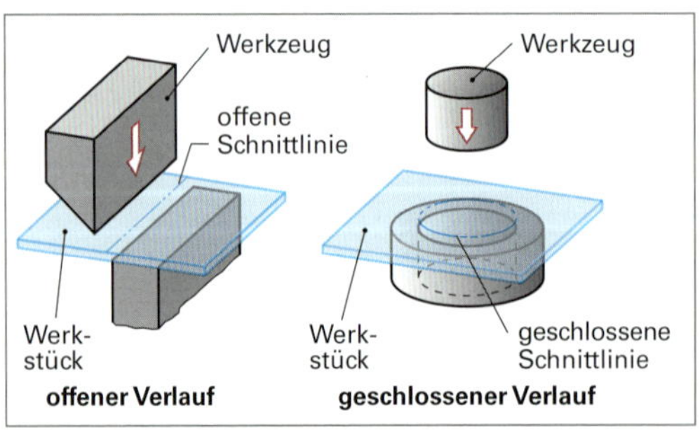

Bild 2: Scherschneiden

Tabelle 1: Scherschneidverfahren

	Ausgangsform	Fertigungsablauf	Endform
Ausschneiden	Band oder Streifen	Abfall durch Ausschneiden	Schnittteil
Abschneiden	Band oder Streifen	ohne Abfall; Schneid-stempel, Schnitt-linie, Abfall; mit Abfall	Schnittteile
Lochen	Schnittteil	Abfall durch Lochen	Schnittteil
Ausklinken	Zwischenform	Abfall durch Lochen	Schnittteil

Schneidvorgang

Beim Scherschneiden läuft der Schneidvorgang in mehreren Stufen ab **(Bild 1)**.

1. Stufe: Elastische Verformung

Beim Eindringen des Stempels wird der Werkstoff zuerst nur elastisch verformt.

2. Stufe: Bleibende Verformung

Durch das weitere Eindringen des Stempels wird die Elastizitätsgrenze überschritten. Die stark gedehnten Werkstofffasern bleiben verformt.

3. Stufe: Abscherung

Nachdem die Scherfestigkeit überschritten wird, beginnt die Abscherung und an den Schnittflächen entstehen kleine Risse.

4. Stufe: Bruch

Die Rissbildung setzt sich fort bis es schließlich zum Bruch kommt.

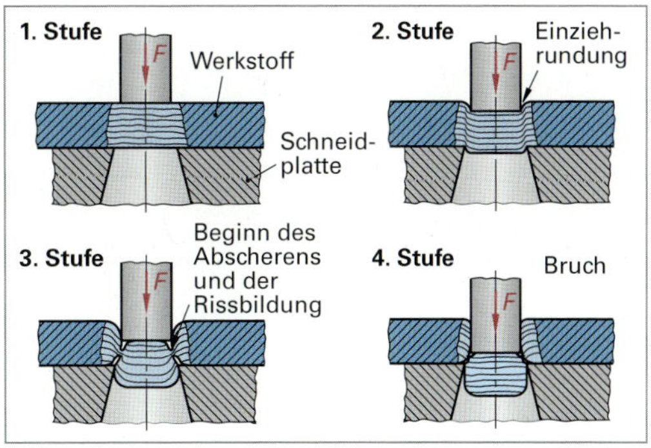

Bild 1: Schneidvorgang beim Lochen

Normalschneiden und Feinschneiden

Beim **Normalschneiden** wird nur etwa 1/3 der Schnittfläche tatsächlich geschnitten **(Bild 2)**. Dieser geschnittene Teil kann mit guter Maß- und Oberflächenqualität hergestellt werden. Die restliche Schnittfläche bricht und ist deshalb an der Oberfläche rau.

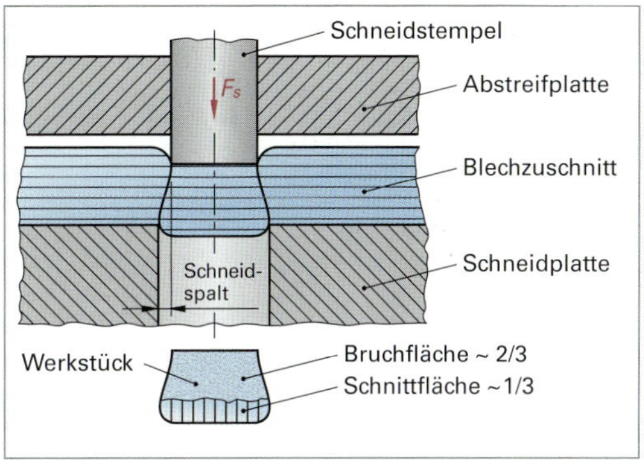

Bild 2: Normalschneiden

Beim **Feinschneiden** entsteht ein maßgenauer, glatter und rechtwinkliger Schnitt **(Bild 3)**. Dies ist nur möglich, da beim Feinschneiden ein Durchbiegen des Werkstücks durch das feste Einspannen und den Gegenstempel verhindert wird. Die Trennung des Werkstoffs beim Feinschneiden erfolgt durch Fließen und nicht durch Rissbildung.

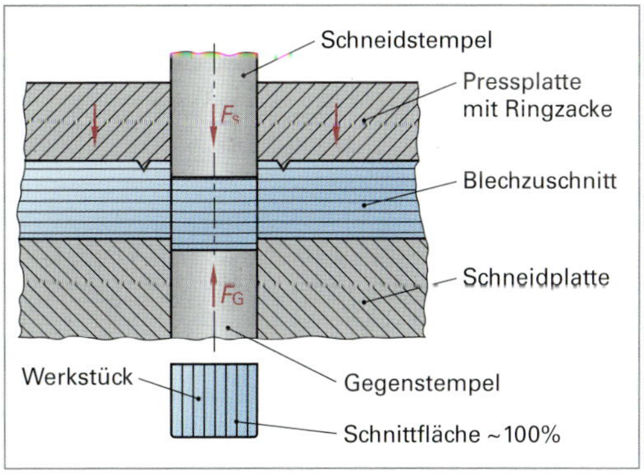

Bild 3: Feinschneiden

Schneidkraft

Die benötigte **Schneidkraft** F zum Trennen von Werkstoffen kann berechnet werden, wenn die **Schnittfläche** S und die **maximale Scherfestigkeit** τ_{aBmax} (Tau) des Werkstücks bekannt sind.

Die Schnittfläche S ergibt sich aus dem Produkt von Schnittlänge l und Blechdicke s.

$$F = S \cdot \tau_{aBmax}$$

F	S	τ_{aBmax}
N	mm²	N/mm²

Die maximale Scherfestigkeit kann aus Tabellen entnommen oder näherungsweise mithilfe der maximalen Zugfestigkeit des Werkstoffes berechnet werden.

$$\tau_{aBmax} \approx 0{,}8 \cdot R_{m\,max}$$

τ_{aBmax}	$R_{m\,max}$
N/mm²	N/mm²

BEISPIEL 7.7 | **Berechnung der Schneidkraft**

An der Halteplatte aus Lernsituation 3 **(Seite 364)** sollen aus einem Stahlblech S275JR zwei Bohrungen mit dem Durchmesser 4,5 mm gelocht und die komplette Außenkontur ausgeschnitten werden **(Bild 1)**. Berechnen Sie die Schneidkraft zum Fertigen der Halteplatte **(Bild 2)**.

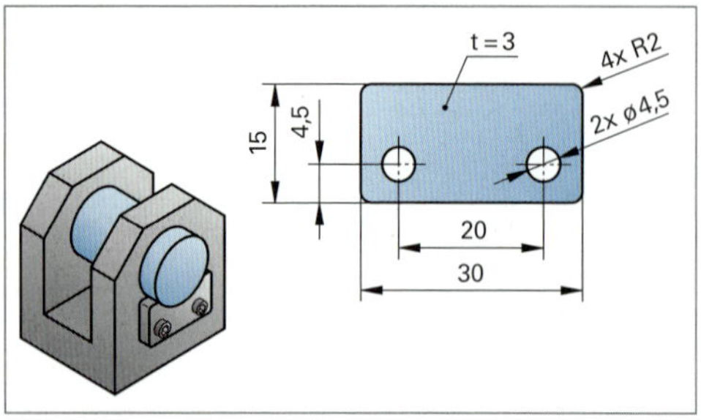

Bild 1: Halteplatte

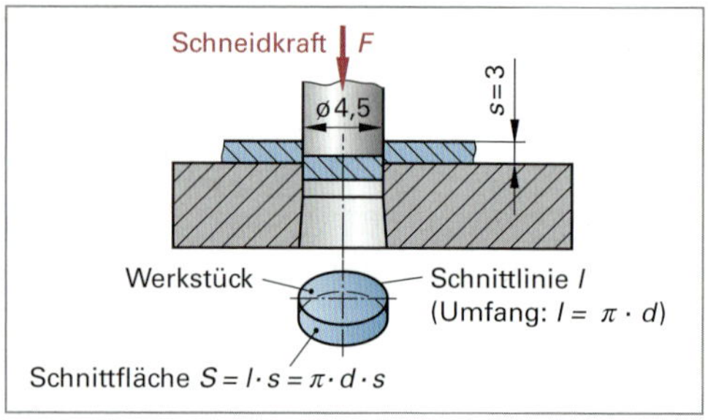

Bild 2: Schneidkraft beim Lochen

Lösung

Schnittfläche einer Bohrung:

$S_1 = \pi \cdot d \cdot s = \pi \cdot 4{,}5\ \text{mm} \cdot 3\ \text{mm} = 42{,}4\ \text{mm}^2$

Schnittfläche aller Außenradien:

$S_2 = 2 \cdot \pi \cdot r \cdot s = 2 \cdot \pi \cdot 2\ \text{mm} \cdot 3\ \text{mm} = 37{,}7\ \text{mm}^2$

Schnittfläche der Außenkontur (ohne Radien):

$S_3 = 2 \cdot (l_1 + l_2) \cdot s$

$S_3 = 2 \cdot (11\ \text{mm} + 26\ \text{mm}) \cdot 3\ \text{mm} = 222\ \text{mm}^2$

Gesamte Scherfläche:

$S_{ges} = 2 \cdot S_1 + S_2 + S_3$

$S_{ges} = 2 \cdot 42{,}4\ \text{mm}^2 + 37{,}7\ \text{mm}^2 + 222\ \text{mm}^2$

$S_{ges} = 344{,}5\ \text{mm}^2$

Maximale Scherfestigkeit:

Werte aus Tabellenbuch:

$R_m = 360 \ldots 510\ \text{N/mm}^2$

$\tau_{aBmax} \approx 0{,}8 \cdot R_{m\,max} = 0{,}8 \cdot 510\ \frac{\text{N}}{\text{mm}^2}$

$\tau_{aBmax} = 408\ \frac{\text{N}}{\text{mm}^2}$

Schneidkraft zum Lochen und Ausschneiden der kompletten Halteplatte:

$F = S_{ges} \cdot \tau_{aBmax} = 344{,}5\ \text{mm}^2 \cdot 408\ \frac{\text{N}}{\text{mm}^2}$

$F = 140\,556\ \text{N} \approx \mathbf{140\ kN}$

Schneidspalt am Schneidwerkzeug

Beim Schneidwerkzeug muss zwischen Stempel und Schneidplatte ein kleiner **Schneidspalt *u*** berücksichtigt werden. Beim **Lochen** entspricht der Stempeldurchmesser dem Durchmesser am gelochten Werkstück **(Bild 3)**. Beim **Ausschneiden** entspricht der Werkstückdurchmesser dem Schneidplattendurchmesser. Der Stempeldurchmesser wird um den doppelten Schneidspalt kleiner gewählt **(Bild 4)**.

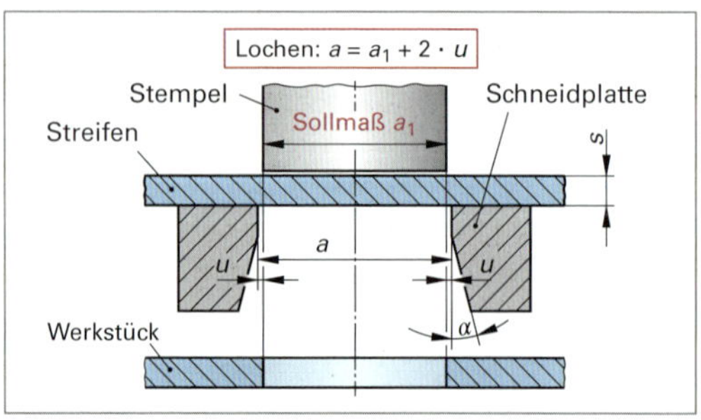

Bild 3: Schneidspalt beim Lochen

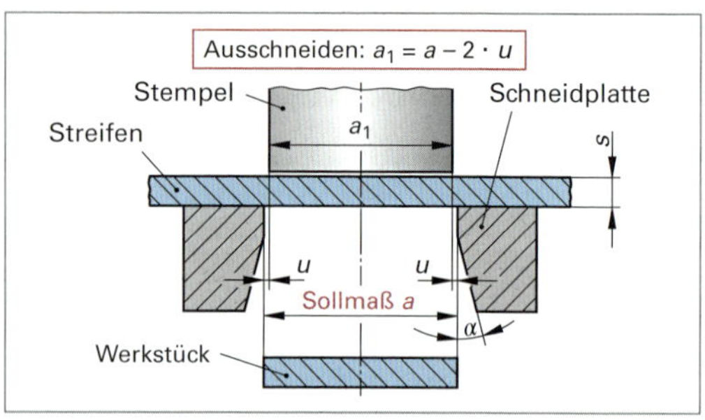

Bild 4: Schneidspalt beim Ausschneiden

Schneidwerkzeuge

Bei einfachen Schneidwerkzeugen werden Werkstücke mit **einem Hub** aus einem Blechstreifen geschnitten. Das Werkstück entsteht beim **Einverfahrenwerkzeug** entweder durch Lochen oder Ausschneiden. Das Schneidwerkzeug besteht aus einem Stempel und einer Schneidplatte.

Bei komplexeren Werkstückkonturen werden die Werkstücke mit mehreren aufeinanderfolgenden Schnitten hergestellt. Man nennt diese Werkzeuge deshalb **Folgeschneidwerkzeuge (Bild 1)**.

Ein Folgeschneidwerkzeug besteht aus mehreren Stempeln, mit denen das Werkstück aus dem Blechstreifen in mehreren Stufen gelocht und ausgeschnitten wird. Der Blechstreifen wird automatisch nach jedem Hub auf die nächste Position weitergeschoben.

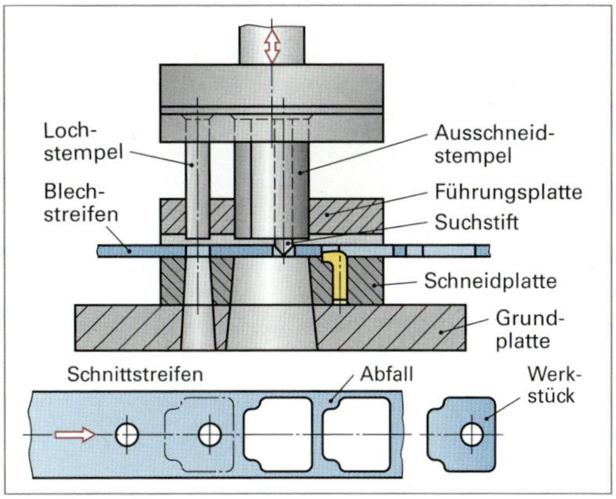

Bild 1: Folgeschneidwerkzeug

Beispiel: Zur Lernsituation 4 Folgeschneidwerkzeug **(Seite 365)** ist die Abfolge der einzelnen Schritte dargestellt und beschrieben **(Bild 2)**.

1. Schritt: Der Blechstreifen wird gegen den seitlichen Anschlag in das Folgeschneidwerkzeug geschoben.

2. Schritt: Die beiden Bohrungen werden gelocht und der seitliche Anschlagstreifen wird ausgeklinkt.

3. Schritt: Der Blechstreifen wird erneut gegen den seitlichen Anschlag weitergeschoben.

4. Schritt: Das erste Blechteil wird ausgeschnitten. Gleichzeitig werden wie schon in Schritt 2 die beiden Bohrungen gelocht, sowie der seitliche Anschlagstreifen ausgeklinkt.

5. Schritt: Nach dem Weiterschieben des Blechstreifens wird das nächste Blechteil ausgeschnitten, beide Bohrungen gelocht und der seitliche Anschlagstreifen ausgeklinkt.

6. Schritt: Wiederholung von Schritt 5.

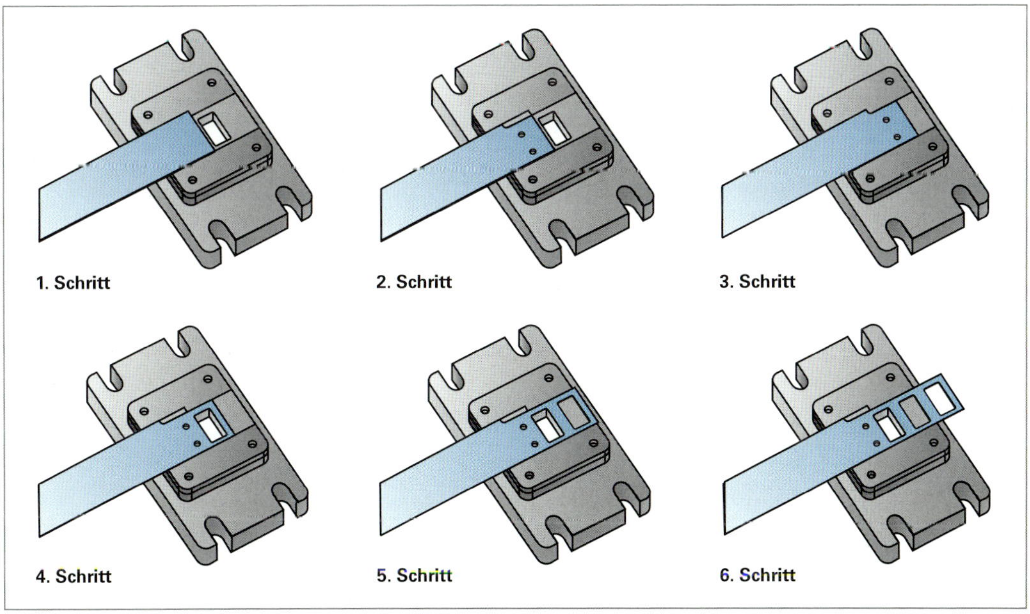

Bild 2: Aufeinanderfolgende Schritte beim Folgeschneidwerkzeug

Lernfeld 7

Nibbeln (Knabberschneiden)

Beim Nibbeln (Knabberschneiden) trennt der Werkzeugstempel durch schnelle kurze Hübe das Werkstück. Dadurch können auf CNC-Maschinen mit einfachen Werkzeugen komplexe Werkstückkonturen durch Abscheren hergestellt werden. Durch Nibbeln können auch große Werkstücke gefertigt werden, die aufgrund der großen Schneidkraft mit einem einzelnen Formstempel und mit einem Hub nicht mehr ausgestanzt werden können **(Bild 1)**.

Bild 2 zeigt das Prinzip des Nibbelns: Stückweise werden sichelmondförmige Werkstoffteilchen entlang einer beliebigen Kontur abgetrennt.

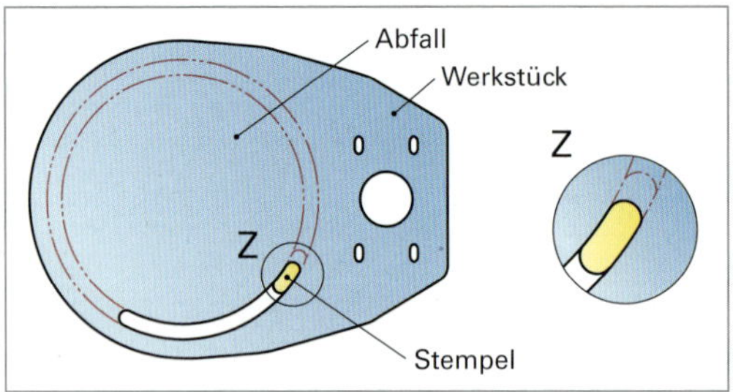

Bild 1: Nibbeln von großen Werkstücken

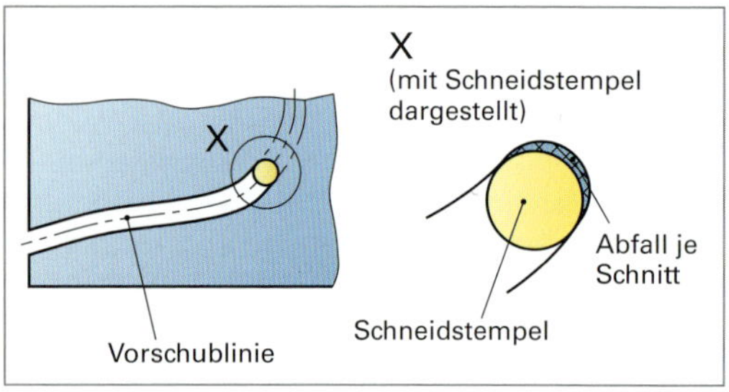

Bild 2: Prinzip des Nibbelns

BEISPIEL 7.8 | Berechnung des Vorschubs *f* über die Sehnenlänge am Kreisabschnitt

Mit einem Stempeldurchmesser $d = 10$ mm wird eine Kontur gefertigt **(Bild 3)**. Hierbei darf das Maß a maximal 0,1 mm betragen. Berechnen Sie den maximalen Vorschub f.

Lösung

$$f_{max} = 2 \cdot \sqrt{b \cdot (2 \cdot r - b)}$$

$$f_{max} = 2 \cdot \sqrt{0{,}1\text{ mm} \cdot (2 \cdot 5\text{ mm} - 0{,}1\text{ mm})}$$
$$= \mathbf{1{,}99\text{ mm}}$$

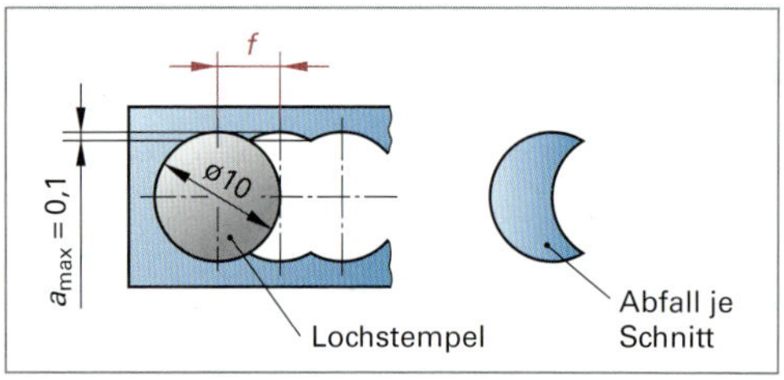

Bild 3: Kontur

7.11.2 | LASERSTRAHLSCHNEIDEN

Beim Laserstrahlschneiden erfolgt das Trennen der Werkstücke auf thermischem Weg. Über eine Linse, die sich in der Schneiddüse befindet, wird der Laserstrahl so stark gebündelt, dass der Werkstoff in der Schnittfuge schmilzt oder verdampft **(Bild 4)**.

Vorteile des Laserstrahlschneidens:

- Glatte Schnittflächen am Werkstück
- Hohe Schneidgeschwindigkeiten (von 12 bis 100 m/min)
- Anwendung für verschiedene Werkstoffe
- Komplexe Konturen
- Hohe Maßgenauigkeit
- Geringe Wärmebelastung in den Randzonen
- Auch bei kleinen Losgrößen wirtschaftlich

Nachteile des Laserstrahlschneidens:

- Hohe Kosten für Maschinen
- Teure Schutzeinrichtungen notwendig
- Hoher Energieverbrauch

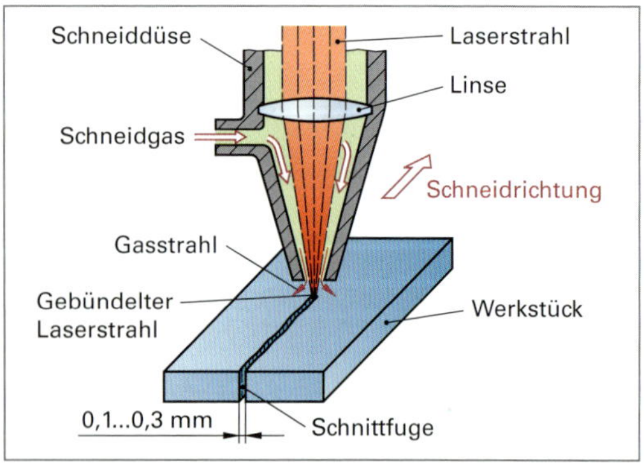

Bild 4: Laserstrahlschneiden

Je nach Werkstoff und Laserleistung können Platten bis zu einer Dicke von 20 mm durch Laserstrahlschneiden getrennt werden. Laserstrahlgeschnittene Werkstücke sind meist gratfrei und erfordern keine zusätzliche Nachbearbeitung.

i

Laser

ist die Abkürzung für **L**ight **A**mplification by **S**timulated **E**mission of **R**adiation: Lichtverstärkung durch induzierte Strahlungsemission.

7.11.3 | AUTOGENES BRENNSCHNEIDEN

Das autogene Brennschneiden eignet sich zum thermischen Trennen von unlegierten und niedriglegierten Stählen mit einer Werkstückdicke zwischen 5 und 1000 mm. Dieses Verfahren ist besonders wirtschaftlich, weil hohe Schneidgeschwindigkeiten bis zu 800 mm/min möglich sind.

Schneidvorgang

Beim autogenen Brennschneiden wird zunächst das Werkstück mit einer Heizflamme durch ein Acetylen-Sauerstoff-Gemisch auf Entzündungstemperatur vorgewärmt. Durch die anschließende Zufuhr von Schneidsauerstoff verbrennt der Stahl über die gesamte Tiefe der Schnittfuge **(Bild 1)**. Durch den hohen Druck des Sauerstoffstrahls wird die Verbrennungsschlacke unten aus der Schnittfuge ausgeblasen.

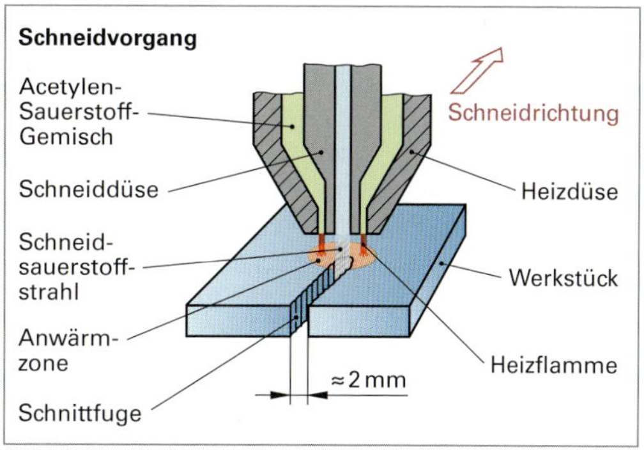

Bild 1: Autogenes Brennschneiden

7.11.4 | PLASMA-SCHMELZSCHNEIDEN

Das Plasma-Schmelzschneiden findet Anwendung beim thermischen Trennen von Werkstücken bis 100 mm Dicke aus legierten Stählen, NE-Metallen und Nichtmetallen. Die Schneidgeschwindigkeiten liegen bei bis zu 6 m/min.

Schneidvorgang

Beim Plasma-Schmelzschneiden wird zunächst ein energiearmer Pilot-Lichtbogen gezündet **(Bild 2)**. Durch den brennenden Lichtbogen, der sich zwischen Werkstück und Elektrode befindet, wird das Plasmagas erhitzt. Der Plasmastrahl trifft mit seiner hohen Geschwindigkeit und hoher Temperatur auf das Werkstück und bringt den Werkstoff an der Schnittfuge zum Schmelzen.

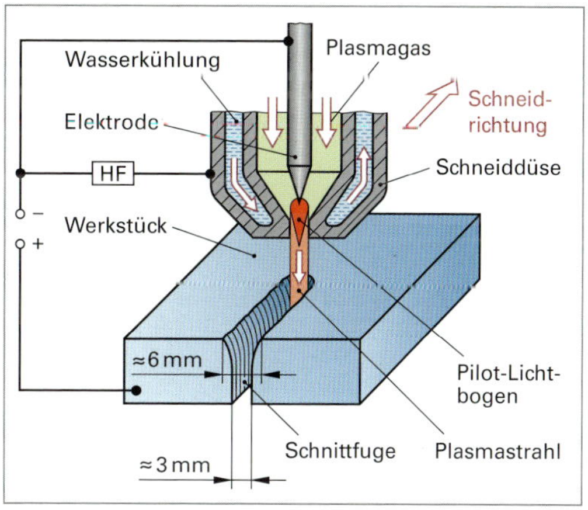

Bild 2: Plasma-Schmelzschneiden

Schnittqualitäten für thermische Schnitte

Für Laserstrahlschneiden, autogenes Brennschneiden sowie Plasma-Schmelzschneiden erfolgt die Angabe von **Schnittqualitäten** auf Zeichnungen nach ISO 9013. Die Qualität der Schnittfläche wird in Abhängigkeit der **Werkstückdicke *s*** durch die **Rechtwinkligkeitstoleranz *u*** und die gemittelte **Rautiefe *Rz*** definiert **(Bild 3)**.

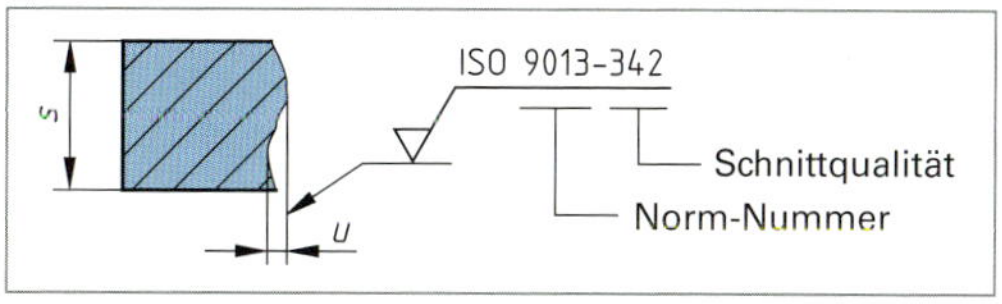

Bild 3: Angaben auf Zeichnungen

Lernfeld 7

Vergleich thermischer Schneidverfahren

Obwohl das Laserstrahlschneiden, das autogene Brennschneiden sowie das Plasma-Schmelzschneiden den thermischen Schneidverfahren zugeordnet werden, sind die Anwendungen und Qualitäten recht unterschiedlich **(Tabelle 1)**.

Durch das **Laserstrahlschneiden** können präzise Schnittkonturen an Stahlblechen bis zu 10 mm Dicke mit nahezu parallelen Schnittfugen und bei hohen Schneidgeschwindigkeiten erzeugt werden. Das **autogene Brennschneiden** eignet sich besonders gut für sehr dicke Werkstücke. Die thermische Belastung des Werkstoffs ist jedoch aufgrund der Heizflamme sehr hoch. Beim **Plasma-Schmelzschneiden** können sehr hohe Schneidgeschwindigkeiten erreicht werden. Allerdings sind die Schnittfugen gegenüber den anderen Verfahren sehr breit und nicht parallel zueinander.

Tabelle 1: Thermische Schneidverfahren

	Schneidverfahren		
Blechdicke mm	Autogenes Brennschneiden	Plasma-Schmelzschneiden	Laserstrahlschneiden
1			
2			
3			
5			
8			

7.11.5 | WASSERSTRAHLSCHNEIDEN

Wasserstrahlschneiden eignet sich zum Trennen einer Vielzahl unterschiedlicher Werkstoffe, wie Metalle (auch gehärtete), Kunststoffe, Textilien, Verbundwerkstoffe. Die Werkstücke werden durch einen dünnen Hochdruckwasserstrahl getrennt. Der hohe Wasserdruck von etwa 400 MPa wird durch eine Strahldüse in kinetische Energie umgewandelt. Die erzeugte Bewegungsenergie des Wasserstrahls ist so hoch, dass dieser Strahl mit bis zu 1000 m/s auf der Werkstückoberfläche auftrifft und das Werkstück durchtrennt **(Bild 1)**. Mit einer Schnittbreite von etwa 1 mm können Genauigkeiten von 0,1 mm erreicht werden.

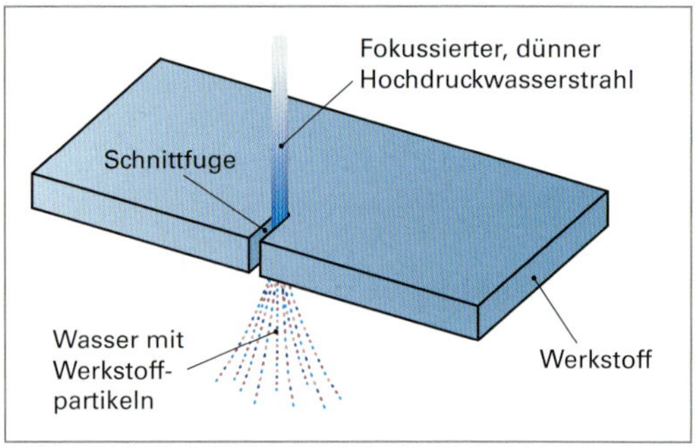

Bild 1: Wasserstrahlschneiden

Vorteile des Wasserstrahlschneidens:

- Für fast alle Werkstoffe geeignet
- Geringe Schnittfugenbreite (0,2 bis 1,2 mm)
- Für Werkstückdicken bis 100 mm
- Hohe Oberflächenqualität
- Keine Wärmebeeinflussung der Schnittfuge

Nachteile des Wasserstrahlschneidens:

- Vergleichsweise hohe Investitionskosten
- Niedrige Schneidgeschwindigkeiten

Damit beim Wasserstrahlschneiden eine höhere Schneidleistung erreicht werden kann, wird dem Wasserstrahl meist ein abrasives Pulver, z. B. Granatsand, beigemischt **(Bild 2)**. Wegen der hohen Geräuschentwicklung von ca. 130 dB wird zur Lärmminderung meist unter Wasser geschnitten, wodurch sich das Werkstück kaum erwärmt.

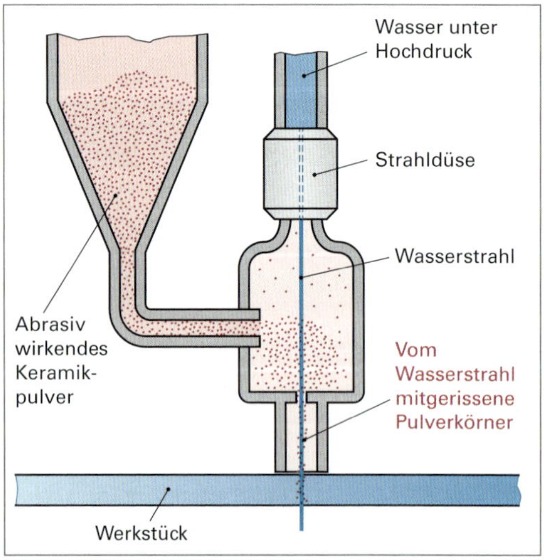

Bild 2: Abrasives Wasserstrahlschneiden

7.11.6 | GESTALTUNGSREGELN BEIM SCHNEIDEN

Da Schneidvorgänge mit Schneidwerkzeugen meist automatisiert ablaufen, können komplexe Werkstücke in hohen Stückzahlen und mit hoher Genauigkeit wirtschaftlich hergestellt werden. Vielfach lassen sich Werkstücke durch geringfügige Änderung der Außenkontur schneidgerecht umgestalten, ohne dass die Funktion beeinträchtigt wird. Hierzu müssen allerdings schon bei der Konstruktion der Werkstücke verschiedene Aspekte beachtet werden **(Tabelle 1)**.

Tabelle 1: Gestaltungsregeln für Schneidbearbeitungen

Nicht Schneidgerecht	Schneidgerecht	Erläuterungen
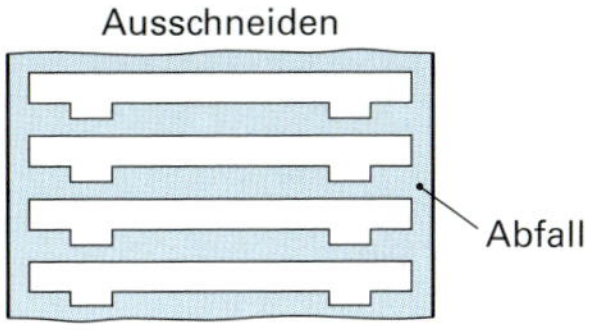	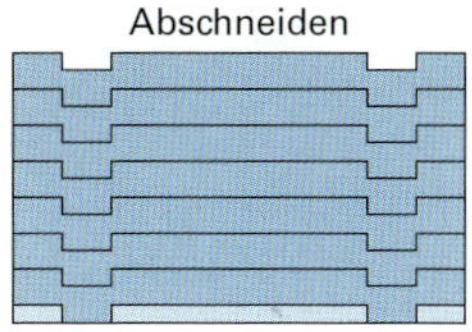	Abschneiden verursacht meist weniger Abfall als Ausschneiden. Vorteilhafte Optimierung der Werkstückkontur beeinträchtigt nicht die Funktion.
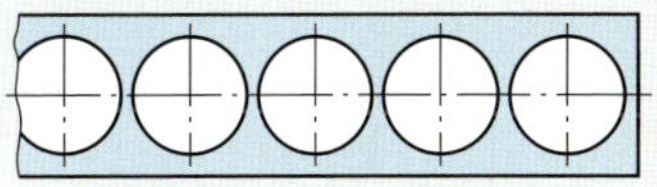		Konstruktive Anpassungen der Werkstückkontur reduzieren den Abfall.
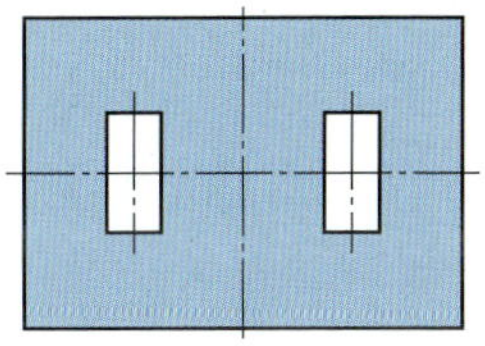	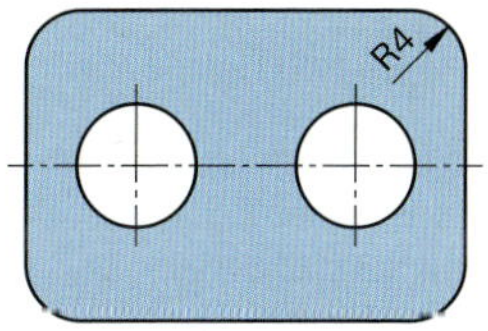	Abgerundete Kanten verkürzen die Bearbeitungszeit bei thermischen Schneidverfahren und beim Wasserstrahlschneiden.
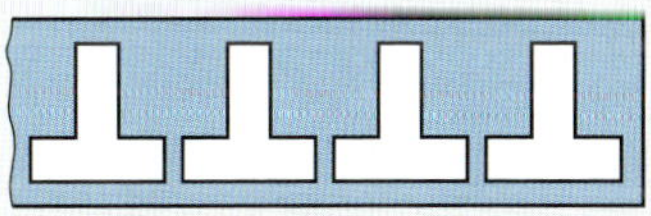	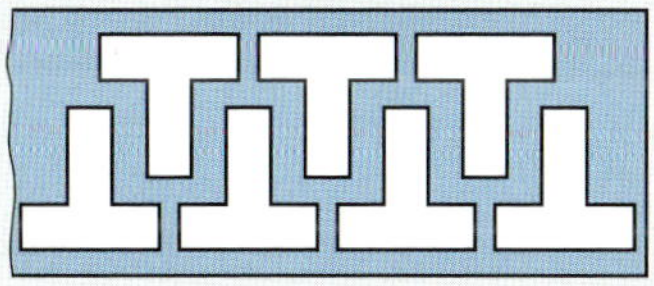	Eine zweireihige Anordnung der Werkstücke vermindert den Verschnitt.
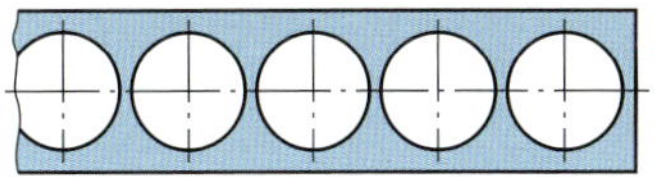	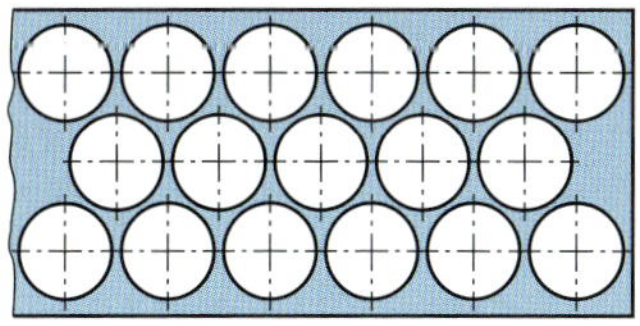	Eine versetzte mehrreihige Anordnung der Werkstücke reduziert den Verschnitt.

AUFGABEN | WIEDERHOLUNG UND VERTIEFUNG

1. Erklären Sie den Unterschied zwischen Normalschneiden und Feinschneiden.
2. Wovon hängt die benötigte Schneidkraft beim Scherschneiden ab?
3. Erklären Sie den Unterschied zwischen Lochen und Ausschneiden.
4. Welche Vorteile bietet das Laserstrahlschneiden?
5. Erläutern Sie den Schneidvorgang beim Plasma-Schmelzschneiden.

7.12 STANZEN

Obwohl das Stanzen kein genormtes Fertigungsverfahren ist, hat sich der Begriff Stanzen bei der Blechbearbeitung in Theorie und Praxis durchgesetzt.

7.12.1 STANZVORGANG

Das Stanzen erfolgt meist mit einem Hub und umfasst nicht nur das Zerteilen von Werkstücken, z. B. durch Scherschneiden, sondern auch weitere Verfahren aus den Gruppen Umformen und Fügen **(Tabelle 1)**. Auch Kombinationen aus Gesenkbiegen und anschließendem Scherschneiden sind möglich. Zur Bearbeitung der Blechstreifen, Blechbänder oder Blechtafeln werden meist zweiteilige Werkzeuge eingesetzt. Hierbei bewegt sich das Werkzeugoberteil am Werkzeugunterteil vorbei oder taucht ein. Das Werkzeugoberteil kann je nach Verfahren als Schneidstempel oder als Biegestempel ausgeführt sein. Das Werkzeugunterteil kann eine Schneidplatte oder ein Biegegesenk sein.

Tabelle 1: Verfahren der Stanztechnik

Verfahren	Werkzeuge und Vorgang
Zerteilen	**Scherschneiden** 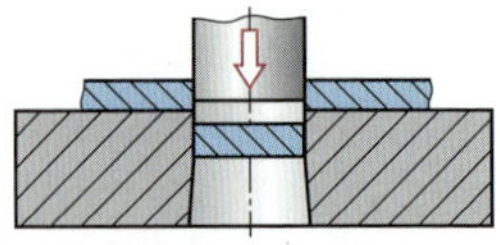
Umformen	**Biegen** 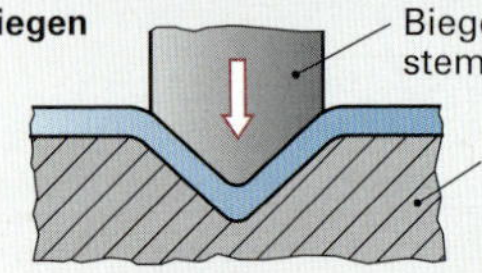
Fügen	**Falzen** 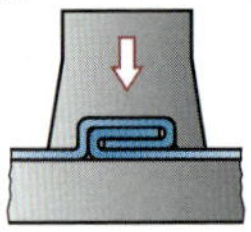 **Nieten** 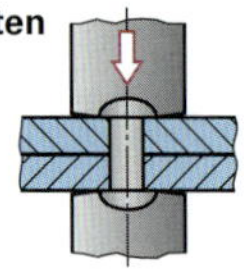

7.12.2 FOLGEVERBUNDWERKZEUG

Wenn **Schneid-**, **Umform-** und **Trennvorgänge** mit einem Werkzeug nacheinander durchgeführt werden, nennt man diese Werkzeuge Folgeverbundwerkzeuge.

Folgeverbundwerkzeuge sind aufgrund ihres komplexen Aufbaus und der hohen Präzision, mit der sie arbeiten, sehr teuer **(Bild 1)**. Sie bestehen meist aus einem **Werkzeugoberteil**, einem **Werkzeugunterteil** und einer dazwischenliegenden **Führungsplatte**. Am Werkzeugoberteil bildet die Stempelplatte die Basis für die Schneid- und Biegestempel. Die Grundplatte im Werkzeugunterteil dient als Auflage für den Blechstreifen und kann weitere Biegestempel aufnehmen.

Mit Folgeverbundwerkzeugen lassen sich kleine komplexe Werkstücke, z. B. für die Elektro- und Automobilindustrie, in hohen Stückzahlen wirtschaftlich herstellen. Der relativ große Abfall (Verschnitt), der bei der Herstellung von Werkstücken mit Folgeverbundwerkzeugen entsteht, wird aus fertigungstechnischen Gründen benötigt und deshalb akzeptiert.

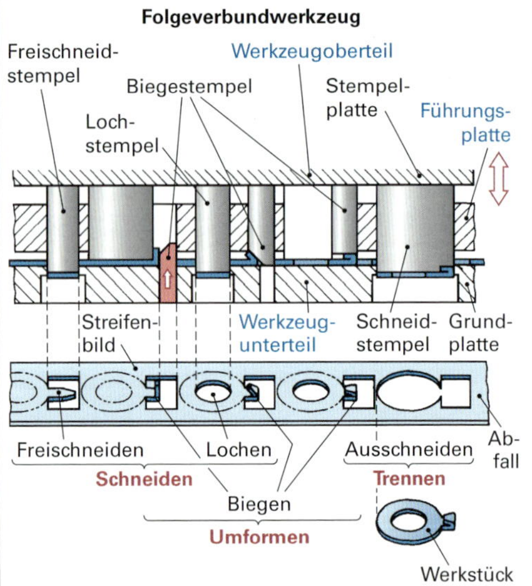

Bild 1: Folgeverbundwerkzeug mit Streifenbild

AUFGABEN | WIEDERHOLUNG UND VERTIEFUNG

1. Wie sind Folgeverbundwerkzeuge prinzipiell aufgebaut?
2. Für welche Bauteile eignet sich der Einsatz von Folgeverbundwerkzeugen?

7.13 ERODIEREN

Beim Erodieren (funkenerosives Abtragen) erfolgt das Abtrennen von Werkstoffteilchen auf thermischem Weg. Hierbei wird in die Wirkzone des elektrisch leitenden Werkstücks so viel Wärmemenge eingebracht, dass der Werkstoff lokal zu schmelzen bzw. zu verdampfen beginnt. Funkenerosiv abtragende Verfahren kommen oft bei harten und schlecht zerspanbaren Werkstücken mit komplexen geometrischen Formen zum Einsatz.

7.13.1 ERODIERVERFAHREN

Beim **funkenerosiven Senken** (Senkerodieren) verwendet man als Werkzeug Formelektroden aus Kupfer oder Grafit. Das **funkenerosive Schneiden** wird auch Drahterodieren genannt, da die Werkzeugelektrode aus einem Draht besteht **(Bild 1)**. Der **Materialabtrag** erfolgt beim funkenerosiven Abtragen durch kurze, elektrisch pulsierende Funkenentladungen. Während des gesamten Erodiervorgangs ist die Werkzeugelektrode zum Werkstück durch einen sehr kleinen Funkenspalt getrennt. Dieser Funkenspalt ist mit einer nichtleitenden Flüssigkeit, dem Dielektrikum, befüllt.

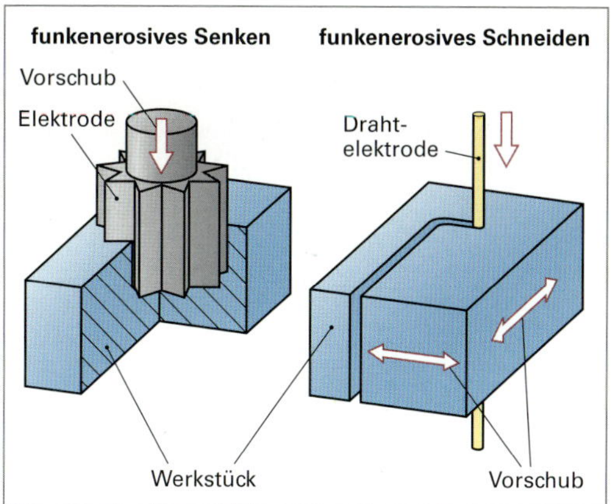

Bild 1: Erodierverfahren

7.13.2 ERODIERVORGANG

Der Abtragvorgang wird in fünf Phasen unterteilt **(Bild 2)**.

Phase 1: Zwischen Werkstück und Werkzeugelektrode wird eine pulsierende Gleichspannung von 20 Volt bis 150 Volt angelegt.

Phase 2: Im elektrisch isolierenden Dielektrikum baut sich zunächst ein starkes elektrisches Feld auf, es fließt jedoch noch kein Strom.

Phase 3: An der engsten Stelle führt die hohe Ionenkonzentration im Dielektrikum zum Funkenüberschlag zwischen Werkstück und Werkzeugelektrode. Es fließt kurzzeitig Strom.

Phase 4: Bei der Entladung wird elektrische Energie in Form von Wärme freigesetzt. Durch die hohen Temperaturen von bis zu 12 000 °C verschmelzen und verdampfen die Werkstoffteilchen im Entladungskanal explosionsartig. Dadurch entstehen am Werkstück kleine kraterförmige Vertiefungen.

Phase 5: Kleinste abgetragene Partikel werden durch das Dielektrikum aus dem Funkenspalt gespült. Die Phasen des Abtragvorgangs wiederholen sich.

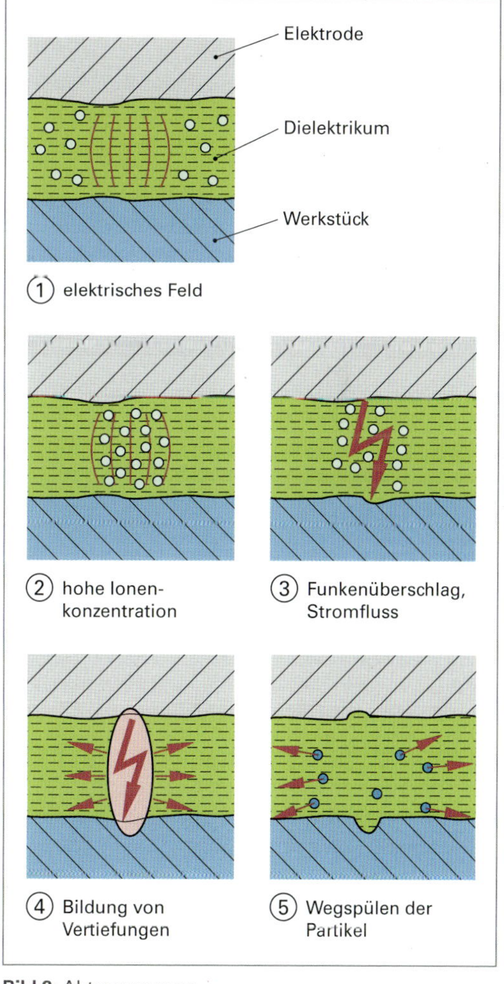

Bild 2: Abtragvorgang

Lernfeld 7

7.13.3 I ERODIERMASCHINEN

Erodiermaschinen lassen sich nach den beiden Erodierverfahren in Senkerodier- und Drahterodiermaschinen unterteilen.

Senkerodiermaschinen

Senkerodiermaschinen bestehen im Wesentlichen aus folgenden Einheiten **(Bild 1)**:

- Steuerung mit Generator zur Erzeugung des Ladestroms.
- Vorschub- und Lageregelung der Werkzeugelektrode.
- Behälter mit Pumpe und Filter zur Kühlung und Reinigung des Dielektrikums.
- Werkzeugelektrode als Gegenstück zur gewünschten Werkstückkontur.

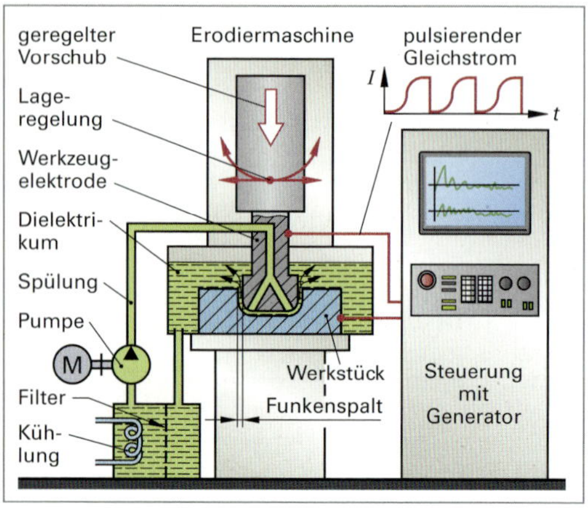

Bild 1: Aufbau einer Senkerodiermaschine

Drahterodiermaschinen

Bei Drahterodiermaschinen wird als Elektrode oft ein Messingdraht mit einem Durchmesser von 0,1 bis 0,3 mm verwendet **(Bild 2)**.

Bei innenliegenden Werkstückkonturen muss zu Beginn des Erodiervorgangs eine Bohrung vorhanden sein, in die der Draht eingeführt wird. Danach wird der Draht mithilfe von Umlenkrollen gespannt und geführt. Sowohl die Drahtzuführung als auch die Drahtentsorgung erfolgt auf Drahtspulen.

Eine Schrägstellung des Drahtes erhöht die Möglichkeiten bei der Bearbeitung von Werkstücken.

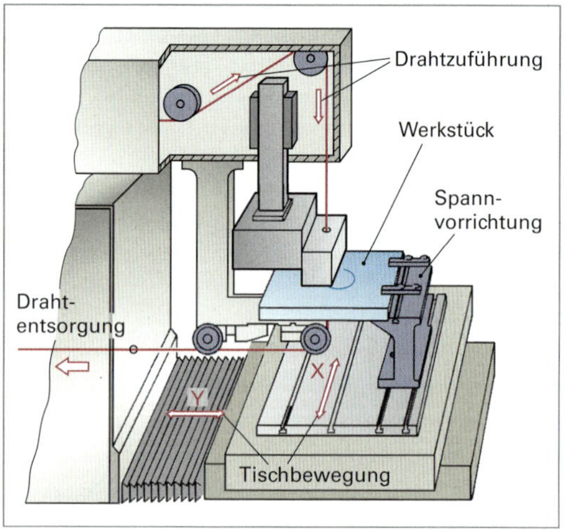

Bild 2: Aufbau einer Drahterodiermaschine

Einstellwerte an Erodiermaschinen

Beim Erodieren lässt sich die Abtragsmenge im Wesentlichen durch die Stromstärke und die Impulsdauer steuern.

> Für **hohe Abtragsmengen** sind eine **hohe Stromstärke** und eine **lange Impulsdauer** erforderlich.

Hohe Abtragsmengen haben zur Folge, dass der Elektrodenverschleiß höher ist und sich das Gefüge in den Randzonen stärker verändert.

> Je **geringer** die **Abtragsmenge** ist, umso **besser** ist die Qualität der **Werkstückoberfläche** und umso höher sind Maß- und Formgenauigkeit **(Bild 3)**.

Bei geringen Abtragsmengen sind allerdings die Bearbeitungszeiten wesentlich höher.

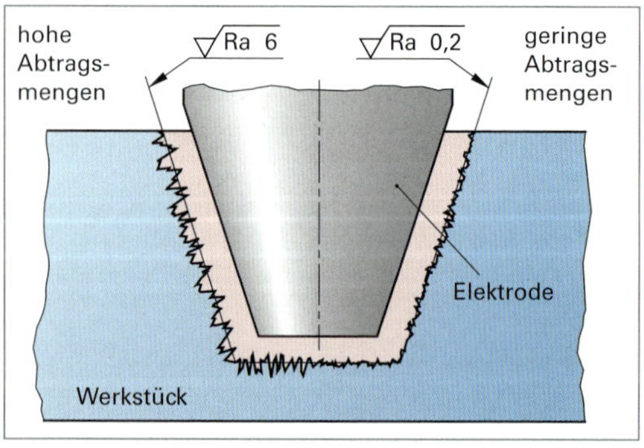

Bild 3: Oberflächengüte beim Erodieren

Vorteile des funkenerosiven Abtragens:

- Bearbeitung gehärteter Stähle und Hartmetalle.
- Herstellung komplexer Formen mit hoher Maß- und Formgenauigkeit.
- Sehr hohe Oberflächengüten möglich.
- Herstellung scharfkantiger Löcher und Taschen möglich.
- Herstellung von eckigen Hinterschneidungen möglich.

Nachteile des funkenerosiven Abtragens:

- Sehr geringe Abtragleistungen.
- Hoher Energieaufwand.
- Gefügeveränderungen in der Werkstückrandschicht.
- Maß- und Formabweichungen durch Verschleiß an Elektroden.

7.13.4 | GESTALTUNGSMÖGLICHKEITEN BEIM ERODIEREN

Die Gestaltungsmöglichkeiten beim Erodieren sind sehr vielfältig und oftmals durch kein anderes Fertigungsverfahren realisierbar **(Tabelle 1)**.

Damit auf Erodiermaschinen komplexe Werkstückformen gefertigt werden können, müssen die Werkzeugelektroden meist in mehreren Achsen gleichzeitig bewegt werden.

Zur Herstellung folgender Anwendungen ist zusätzlich zur X-, Y- und Z-Achse auch eine C-Achse zum Drehen der Werkzeugelektrode notwendig:

- Spiralen
- Verzahnungen
- Abwälzerodieren
- Kreisbahnerodieren
- Teilkreisaufteilungen
- Schraubenförmige Nuten

> Zum **Erodieren schraubenförmiger Werkstücke** ist zusätzlich eine Achse zum Drehen der Elektrode notwendig.

Tabelle 1: Komplexe Werkstückkonturen durch Senkerodieren

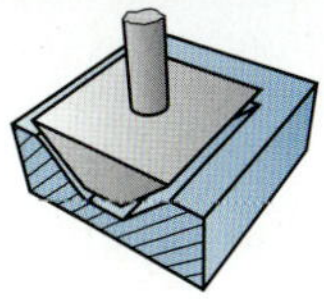 Planetär-Erodieren	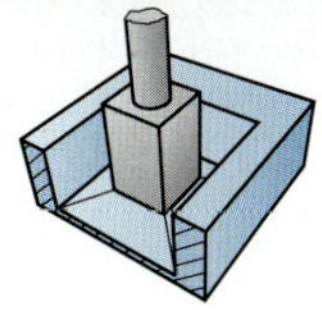 Sternförmiges Aufweiten
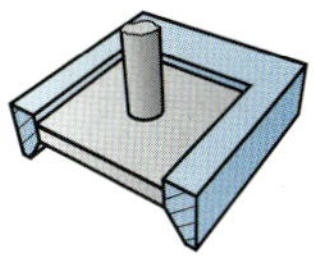 Konisch-Erodieren	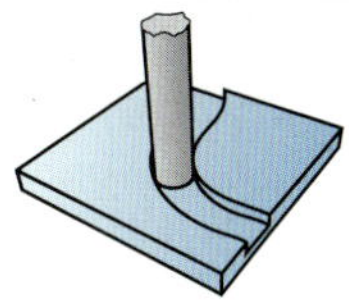 Bahnerodieren
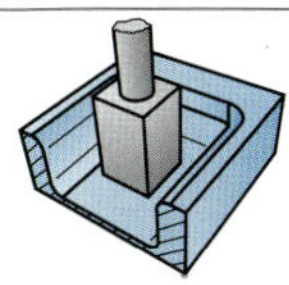 Kugelprogramm (Tiefziehen, Radien)	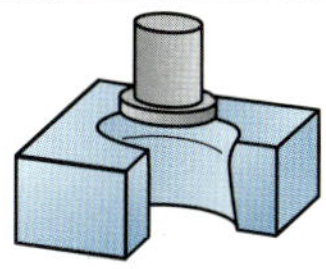 Konisch Aufweiten
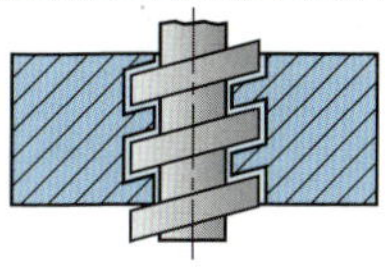 Erodieren von Spiralen und Verzahnungen	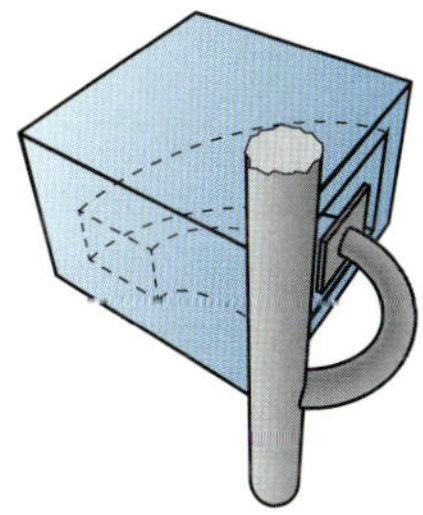 Kreisbahnerodieren (Krumme Bohrung)
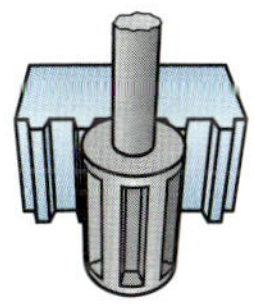 Abwälzerodieren	
 Teilkreisaufteilungen	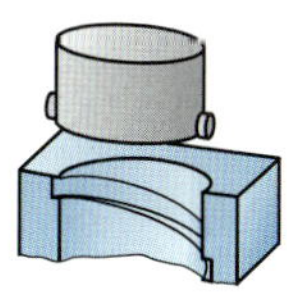 Schraubenförmige Nuten

AUFGABEN | WIEDERHOLUNG UND VERTIEFUNG

1. Welche Werkstoffe können durch funkenerosives Abtragen bearbeitet werden?
2. Wie kann beim funkenerosiven Abtragen die Abtragmenge erhöht werden?
3. Welche Aufgaben hat das Dielektrikum beim Erodieren?
4. Welche Nachteile hat das funkenerosive Abtragen?

7.14 CNC-TECHNIK

Der Begriff CNC steht für **C**omputerized **N**umerical **C**ontrol und bedeutet rechnergestützte numerische Steuerung **(Tabelle 1)**.

Mit numerisch gesteuerten Maschinen können einzelne Arbeitsschritte zur Fertigung von Werkstücken nacheinander automatisch ausgeführt werden. Ein Eingreifen des Maschinenbedieners ist während eines Arbeitsablaufes meist nicht notwendig. Damit auf numerisch gesteuerten Maschinen Werkstücke automatisch gefertigt werden können, benötigt die Steuerung eine Vielzahl an Anweisungen. Diese Anweisungen werden in Programmen durch Buchstaben und Zahlen verschlüsselt und von der Maschine schrittweise abgearbeitet.

Tabelle 1: Arten nummerischer Steuerungen

Zeichen	Abkürzung	Erläuterung
NC	**n**umerical **c**ontrol	durch Zahlen gesteuert
CNC	**c**omputerized **n**umerical **c**ontrol	NC-Steuerung mit Computer
DNC	**d**irect **n**umerical **c**ontrol	mehrere Maschinen durch übergeordnete Rechner gesteuert

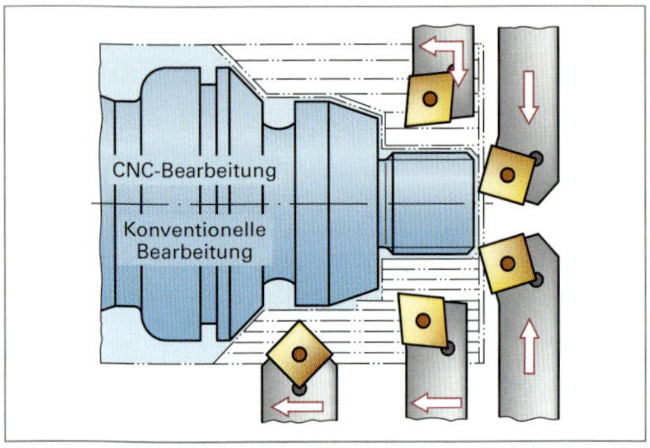

Bild 1: Drehen eines Werkstücks

7.14.1 CNC-WERKZEUGMASCHINEN

Während auf konventionellen Werkzeugmaschinen die Werkzeugschlitten einzeln und nacheinander durch Handräder bewegt werden, ist es mit der CNC-Technik möglich, komplexe Konturen in einem Konturschnitt zu fertigen **(Bild 1)**. Mit konventionellen Maschinen wird dieselbe Kontur beispielsweise mit einem Profildrehmeißel hergestellt.

7.14.2 KOORDINATEN, NULLPUNKTE, BEZUGSPUNKTE

Bei der Fertigung mit CNC-Maschinen sind Koordinaten, Nullpunkte und Bezugspunkte notwendig, damit die Anweisungen aus CNC-Programmen in Bewegungsrichtungen umgesetzt werden können.

Als Grundlage für die Bewegungsrichtungen wird an Drehmaschinen ein rechtwinkliges **Koordinatensystem** mit einer X- und Z-Achse verwendet **(Bild 2)**. Bei Fräsmaschinen sind die Achsen mit X, Y und Z bezeichnet **(Bild 3)**.

Der **Maschinennullpunkt M** wird vom Maschinenhersteller festgelegt und kann nicht verändert werden. Bei Maschinen mit inkrementalem Wegmesssystem muss nach dem Einschalten der Maschine der **Referenzpunkt R** in allen Achsen angefahren werden. Dadurch wird das Wegmesssystem geeicht. Als Anschlagfläche für die Werkzeugaufnahme dient der **Werkzeugträgerbezugspunkt T**. Als **Werkstücknullpunkt W** legt der Programmierer je nach Werkstück eine günstige Position fest. Bei Drehteilen ist es meist die Werkstückplanfläche.

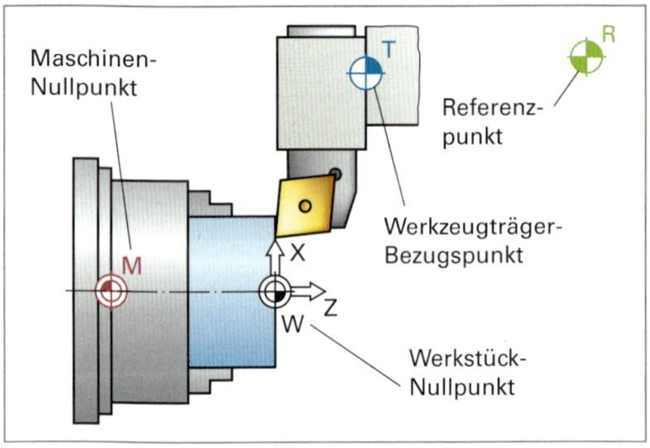

Bild 2: Bezugspunkte an der Drehmaschine

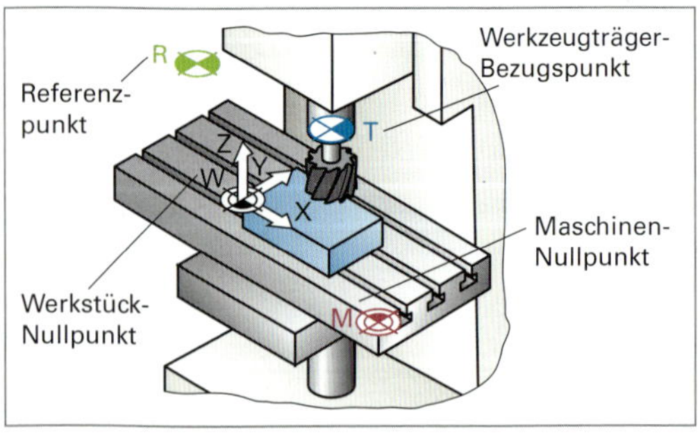

Bild 3: Bezugspunkte an der Fräsmaschine

7.14.3 | STEUERN UND REGELN

Damit sich die Achsen einer CNC-Maschine bewegen, muss ein Elektromotor über ein Steuergerät angesteuert werden. Bei Steuerungen werden nach dem EVA-Prinzip Signale **e**ingegeben, **v**erarbeitet und **a**usgegeben **(Bild 1)**.

Beim **Steuern** wird die Steuergröße durch die Stellgröße beeinflusst. Durch den offenen Wirkungsweg der Steuerkette gibt es von der Steuergröße keine Rückmeldung an die Stellgröße.

Beim Regeln wird der Istwert der Regelgröße durch ein Messsystem fortlaufend erfasst und mit dem Sollwert der Regelgröße verglichen. Die Regeleinrichtung korrigiert die Abweichungen zwischen Soll- und Istwert **(Bild 2)**.

Beim **Regeln** wird der Istwert in einem geschlossenen Wirkungskreislauf ständig gemessen, mit dem Sollwert verglichen und die Abweichung korrigiert.

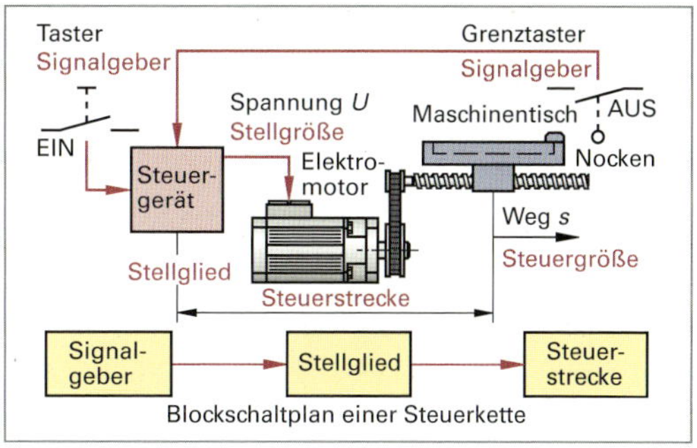

Bild 1: Beispiel für eine Steuerung

Bei CNC-Maschinen werden verschiedene Regelgrößen durch Regeleinrichtungen geregelt.

Beispiele für Regelgrößen sind:

- Spindeldrehzahl
- Vorschubgeschwindigkeit
- Schlittenposition

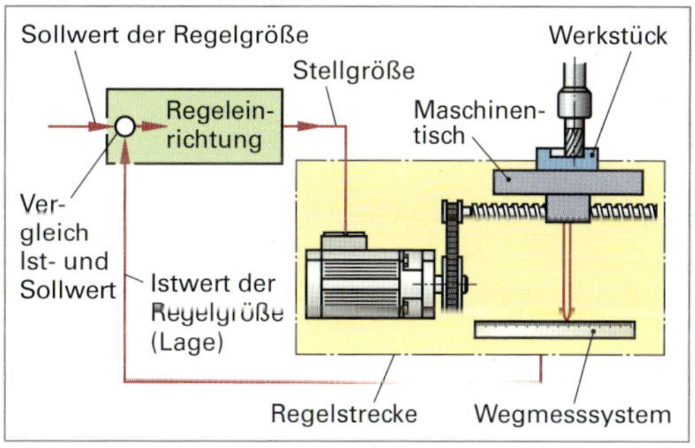

Bild 2: Beispiel für eine Regelung

7.14.4 | WEGMESSSYSTEME

Mit Wegmesssystemen werden die Regelgrößen, z. B. die Schlittenposition des Maschinentisches einer CNC-Maschine, erfasst. Wegmesssysteme unterscheiden sich in ihrer Genauigkeit, den Kosten und in der Weise, wie sie am Maschinenschlitten angebaut werden.

Inkrementale Wegmesssysteme

Bei inkrementalen Wegmesssystemen werden mithilfe eines Strichgitters nur Impulse gezählt **(Bild 3)**. Aus der Summe dieser Impulse wird der Weg berechnet, den der Schlitten zurückgelegt hat. Bei inkrementalen Wegmesssystemen muss nach dem Einschalten der Maschine der Referenzpunkt angefahren werden.

Absolute Wegmesssysteme

Bei absoluten Wegmesssystemen ist das Anfahren des Referenzpunktes nicht notwendig, da über das Codelineal eine eindeutige Schlittenposition erfasst werden kann **(Bild 3)**.

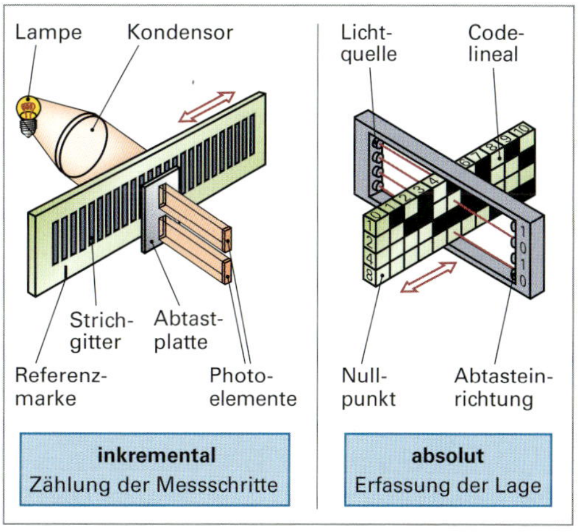

Bild 3: Inkrementale und absolute Wegmessung

Lernfeld 7

Direkte Wegmessung

Bei der direkten Wegmessung befinden sich meist der Messkopf unmittelbar am Schlitten und der Strichmaßstab am Gestell **(Bild 1)**. Durch diese Anordnung des Messsystems kann die Schlittenposition direkt erfasst werden. Die Länge des Strichmaßstabs ist bei der direkten Wegmessung abhängig vom Verfahrweg des Schlittens. Die direkte Wegmessung kann sowohl durch ein inkrementales Wegmesssystem über einen Strichmaßstab als auch durch ein absolutes Wegmesssystem über ein Codelineal erfolgen.

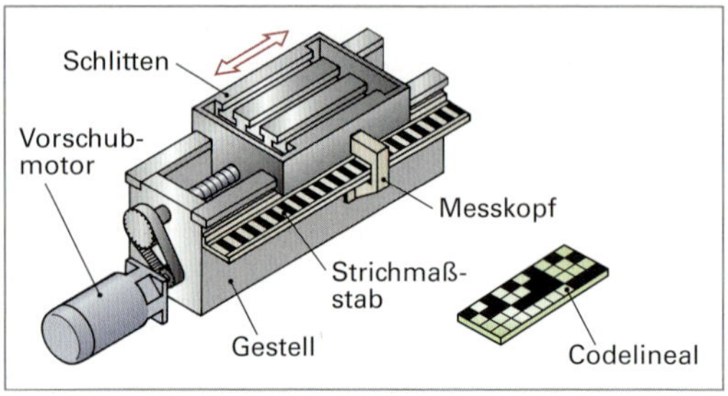

Bild 1: Direkte Wegmessung

Indirekte Wegmessung

Bei der indirekten Wegmessung werden mit der Strichscheibe des Messsystems die Umdrehungen der Vorschubspindel gezählt **(Bild 2)**. Der zurückgelegte Weg des Schlittens wird aus der Anzahl der Umdrehungen und der Spindelsteigung durch die Maschinensteuerung berechnet. Die indirekte Wegmessung kann mit einer preiswerten Strichscheibe inkremental erfolgen. Bei Verwendung einer Codescheibe kann die Wegmessung auch absolut erfolgen.

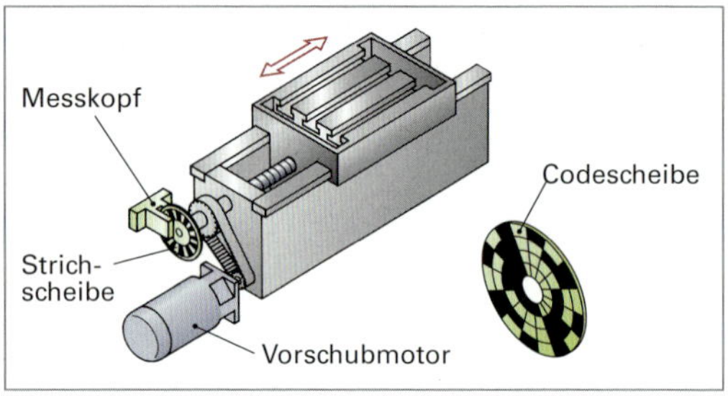

Bild 2: Indirekte Wegmessung

7.14.5 | STEUERUNGSARTEN

Die Verfahrbewegungen der einzelnen Achsen können bei CNC-Maschinen durch die Steuerungsarten Punkt-, Strecken- oder Bahnsteuerung erfolgen **(Bild 3)**.

Punktsteuerung

Bei der **Punktsteuerung** werden die programmierten Punkte im Eilgang angefahren. Sobald die Position erreicht ist, erfolgt die Bearbeitung. Die Punktsteuerung wird oft beim Bohren, Stanzen oder Punktschweißen eingesetzt.

Streckensteuerung

Bei der **Streckensteuerung** verfährt das Werkzeug achsparallel im Vorschub. Die Vorschubbewegungen der Achsen können nicht gleichzeitig erfolgen. Die Streckensteuerung wird bei einfachen Werkzeugmaschinen oder bei Montagegeräten eingesetzt.

Bahnsteuerung

Durch gleichzeitiges Verfahren von zwei oder mehr Achsen sind bei der **Bahnsteuerung** kreisförmige räumliche Bewegungen im Eilgang oder Vorschub möglich.

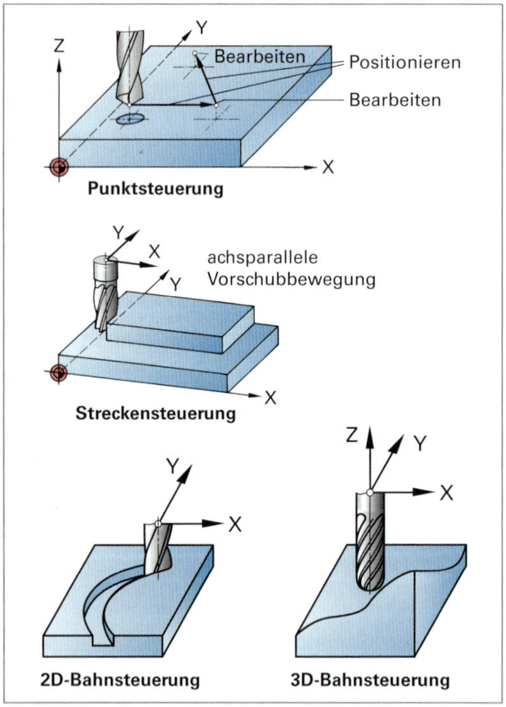

Bild 3: Steuerungsarten

7.14.6 | CNC-PROGRAMMSTRUKTUR

Zur automatischen Fertigung von Werkstücken benötigt die Maschinensteuerung einer CNC-Maschine ein CNC-Programm. Das CNC-Programm besteht aus einzelnen Sätzen, die von der Steuerung zeilenweise gelesen und abgearbeitet werden **(Tabelle 1)**.

Die einzelnen Sätze eines CNC-Programms sind immer gleich aufgebaut und enthalten verschlüsselte Anweisungen, die aus Buchstaben und Zahlen bestehen **(Bild 1)**.

Struktur eines CNC-Satzes:

- Satznummer: N
- Wegbedingungen: G-Funktionen **(Tabelle 2)**
- Zielpunktkoordinaten: X, Y, Z
- Technologische Anweisungen:
  F = Vorschub (englisch: *feed*)
  S = Spindeldrehzahl (englisch: *speed*)
  T = Werkzeug (englisch: *tool*)
- Schaltbefehle: M-Funktionen **(Tabelle 3)**

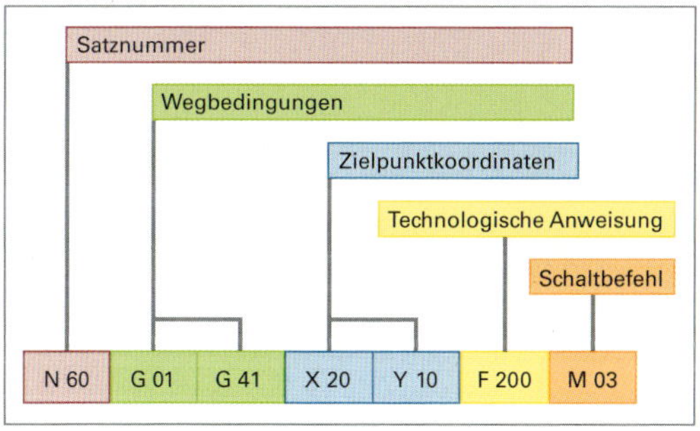

Bild 1: Beispiel für den Satzaufbau

Tabelle 1: Beispiel für einen Programmaufbau

Teileprogramm		Erklärung
% 1000 (Gewindebolzen)		Programm-Nr. Benennung
N5	G90	1. Satz
N10	G00 G53 X280 Z380 T0	2. Satz
N15	G59 X0 Z180	3. Satz
N25	G96 S180 T0606 M04	
N30	G00 X62 Z0.1	
N35	G01 X-1.6 F0.2	
N40	G00 Z2	
...		
N285	M30	Programmende

Tabelle 2: G-Funktionen (Auswahl)

Code	Bedeutung
G00	Positionieren im Eilgang
G01	Geradeninterpolation
G02	Kreisinterpolation im Uhrzeigersinn
G03	Kreisinterpolation im Gegenuhrzeigersinn
G40	Aufheben der Werkzeugbahnkorrektur
G41	Werkzeugbahnkorrektur, Werkzeug links

Tabelle 3: M-Funktionen (Auswahl)

Code	Bedeutung
M03	Spindel EIN, Rechtslauf
M04	Spindel EIN, Linkslauf
M05	Spindel STOP
M08	Kühlmittel EIN
M09	Kühlmittel AUS
M30	Programmende mit Rücksetzen

7.14.7 | BEARBEITUNGSZYKLEN UND UNTERPROGRAMME

Gleichartige Bewegungsabläufe oder ähnliche Bearbeitungskonturen, z.B. das Bohren eines Lochkreises, das Abspanen beim Drehen oder das Fräsen einer Rechtecktasche, können mithilfe von **Bearbeitungszyklen** schnell und einfach programmiert werden.

Bei der Programmierung von **Zyklen** müssen die gewünschten Werte in der **Zyklusdefinition** den entsprechenden **Parametern** zugewiesen werden.

Zum Fräsen einer Rechtecktasche müssen z.B. folgende Parameter definiert werden **(Bild 2)**: Taschenbreite, Taschenlänge, Taschentiefe, max. Zustelltiefe pro Schnitt, Sicherheitsabstand zum Werkstück, Eckenradius der Tasche, Schlichtaufmaß usw.

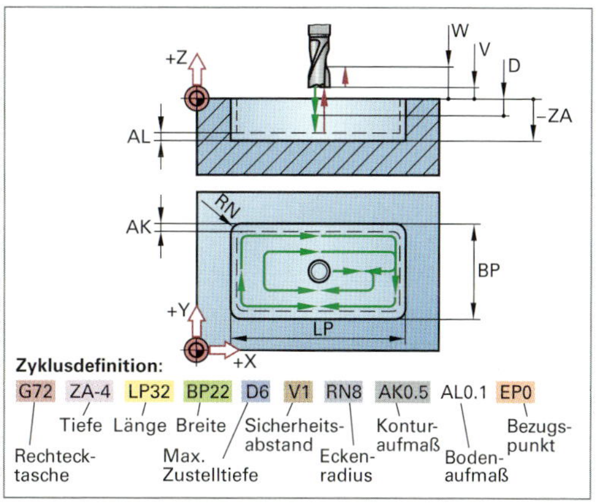

Bild 2: Fräszyklus Rechtecktasche

Wenn bei Werkstücken oft exakt dieselbe Kontur programmiert werden muss, erfolgt dies meist mit **Unterprogrammen**. Beim Drehen bietet sich beispielsweise für die Programmierung von Einstichen oder Freistichen ein Unterprogramm an. Damit das Unterprogramm an beliebigen Positionen abgerufen werden kann, dürfen sich die Koordinatenwerte in Unterprogrammen nicht absolut auf den Werkstücknullpunkt beziehen. Üblicherweise werden im Unterprogramm die Koordinaten inkremental ab dem Startpunkt programmiert. Beim Aufruf des Unterprogramms befindet sich das Werkzeug auf dem meist absolut programmierten Startpunkt P1 oder P2 **(Bild 1)**.

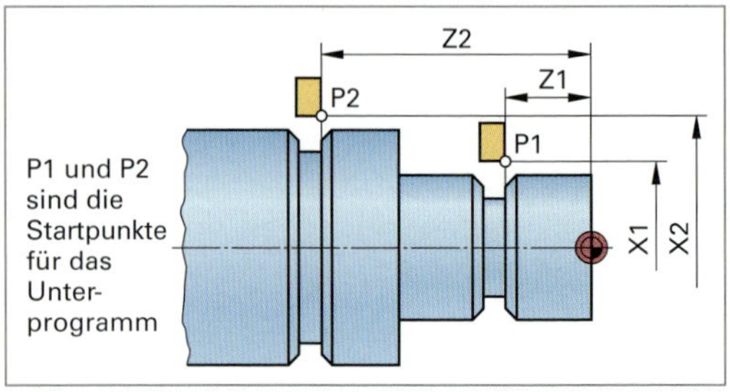

Bild 1: Startpunkte für Unterprogramme

7.14.8 | CNC-PROGRAMMBEISPIELE

Meist werden die Zielpunkte im **Kartesischen Koordinatensystem** mit **Absolutmaßen** programmiert. Hierbei beziehen sich alle Maße auf den Werkstücknullpunkt, der vom Programmierer festgelegt wurde. Eine weitere Möglichkeit zur Programmierung im Kartesischen Koordinatensystem erfolgt mit **Inkrementalmaßen**, dabei wird der Zuwachs zum vorangehenden Punkt vorzeichenrichtig angegeben **(Bild 2a)**.

Polarkoordinatensysteme werden häufig zur Programmierung von Lochkreisen eingesetzt. Die Zielkoordinaten werden über Radius *R* und Polarwinkel φ bestimmt **(Bild 2b)**.

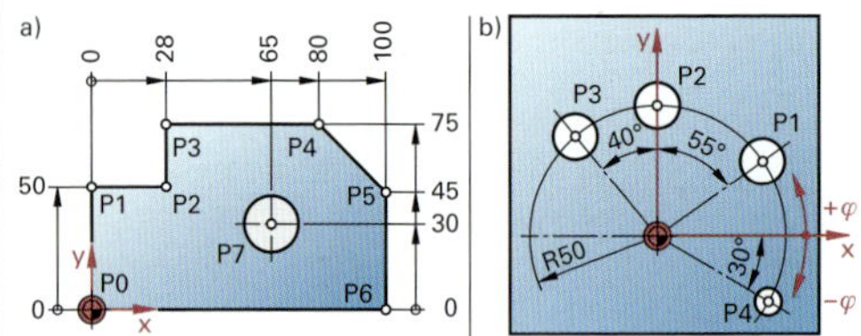

absolut

Punkt	X	Y
P0	0	0
P1	0	50
P2	28	50
P3	28	75
P4	80	75
P5	100	45
P6	100	0
P7	65	30

inkremental

Punkt	X	Y
P0	0	0
P1	0	50
P2	28	0
P3	0	25
P4	52	0
P5	20	-30
P6	0	-45
P0	-100	0

absolut

Punkt	R	φ
1	50	35
2	50	90
3	50	130
4	50	-30 oder 330

Bild 2: a) Kartesische und b) Polar-Koordinaten

Programmbeispiel: Fräsen

Zum Fräsen der Werkstückkontur **(Bild 3)** müssen die einzelnen Koordinaten von P0 bis P8 mit dem Werkzeug abgefahren werden. Im CNC-Programm werden hierzu die Wegbedingungen und Zielkoordinaten in einzelnen Sätzen definiert **(Tabelle 1)**. Ein vollständiges CNC-Programm muss allerdings noch weitere Informationen enthalten, z. B. technologische Anweisungen und Schaltbefehle.

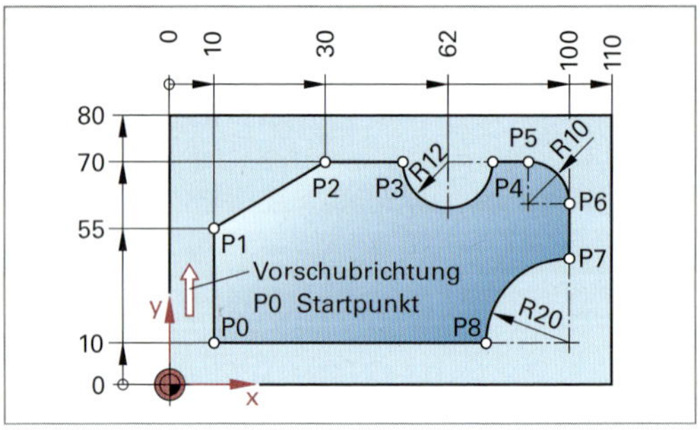

Bild 3: Fräsen einer Grundplatte

Tabelle 1: Programmausschnitt für das Herstellen der Grundplatte (Bild 3)

Teileprogramm	Erläuterung
% 1007	Programmanfang, Programmnummer
:	vorbereitende Sätze, Werkzeugaufruf und Anstellen des Werkzeugs
N50 G01 Y55	Geradeninterpolation zum Punkt P1
N55 X30 Y70	Geradeninterpolation zum Punkt P2
N60 X50	Geradeninterpolation zum Punkt P3
N65 G03 X74 Y70 I12 J0	Kreisinterpolation im Gegenuhrzeigersinn zum Punkt P4
N70 G01 X90	Geradeninterpolation zum Punkt P5
N75 G02 X100 Y60 I0 J-10	Kreisinterpolation im Uhrzeigersinn zum Punkt P6
N80 G01 X30	Geradeninterpolation zum Punkt P7
N85 G03 X80 Y10 I0 J-20	Kreisinterpolation im Gegenuhrzeigersinn zum Punkt P8
N90 G01 X9	Geradeninterpolation bis 1 mm über Punkt P0

Programmbeispiel: Drehen

Bei Drehteilen wird der Werkstücknullpunkt meistens vom Programmierer auf die Planfläche des Werkstücks gelegt **(Bild 1)**. Bei einer steigenden Bemaßung am Werkstück können durch Eingabe der absoluten Werte bei der Programmierung der einzelnen Konturpunkte Übertragungsfehler verringert werden.

Der Programmausschnitt **(Tabelle 1)** zeigt, dass die X-Koordinatenwerte der Konturpunkte P0 bis P13 im Durchmesser und nicht im Radius programmiert werden.

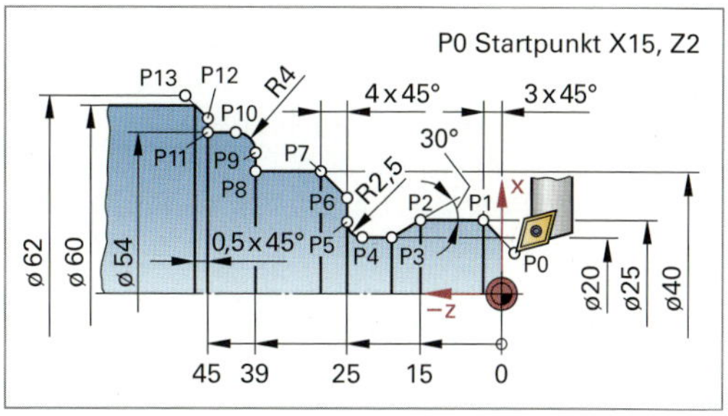

Bild 1: Schlichten eines Wellenzapfens

Tabelle 1: Schlichten des Wellenzapfens (Bild 1)

Teileprogramm						Erläuterung
N70	G01	X25	Z-3	F0.1		Drehen der Fase bis P1, Vorschub 0,1 mm
N75		Z-15				Längsdrehen zum Punkt P2
N80		X20	Z-19.33	F0.08		Drehen mit fallender Kontur zum Punkt P3, kleinerer Vorschub
N85		Z-22.5	F0.1			Längsdrehen zum Punkt P4, Vorschub 0,1 mm
N90	G02	X25	Z-25	I2.5	K0	Kreisinterpolation im Uhrzeigersinn bis zum Punkt P5
N95	G01	X32				Plandrehen bis P6
N100		X40	Z-29			Drehen der Fase bis P7
N105		Z-39				Drehen des Ansatzes bis P8
N110		X46				Plandrehen bis P9
N115	G03	X54	Z-43	I0	K-4	Kreisinterpolation im Gegenuhrzeigersinn bis zum Punkt P10
N120	G01	Z-45				Längsdrehen zum Punkt P11
N125		X59				Plandrehen bis P12
N130		X62	Z-46.5			Drehen bis zum Endpunkt P13 außerhalb des Rohdurchmessers

Vorteile der CNC-Fertigung

- Automatisierung gut möglich
- Fertigung komplexer Werkstücke möglich
- Prozessoptimierung gut möglich
- Konstant hohe Fertigungsqualität
- Geringe Maschinenrüstzeiten
- Geringe Fertigungszeiten

AUFGABEN | WIEDERHOLUNG UND VERTIEFUNG

1. Erläutern Sie den Unterschied zwischen Steuern und Regeln.
2. Aus welchem Grund wird bei CNC-Maschinen ein Referenzpunkt benötigt?
3. Worin besteht der Unterschied zwischen inkrementalen und absoluten Wegmesssystemen?
4. Welche Steuerungsarten gibt es?
5. Welche Anweisungen kann ein Satz aus einen CNC-Programm enthalten?
6. Was versteht man unter Bearbeitungszyklen?
7. Welchen Vorteil haben Unterprogramme?
8. Wann ist die Programmierung mit Polarkoordinaten sinnvoll?
9. Wer legt den Werkstücknullpunkt fest?
10. Erläutern Sie die Vorteile der CNC-Technik.

7.15 CAM-TECHNIK

Der Begriff CAM (englisch: ***C**omputer **A**ided **M**anufacturing*) steht für rechnerunterstützte Fertigung und umfasst neben der Teilefertigung auch die Bereiche Lager, Transport, Handhabung, Prüfen sowie die Montage. Durch die CAM-Technik sollen die wesentlichen Vorgänge eines Fertigungsprozesses gesteuert und verwaltet werden **(Bild 1)**.

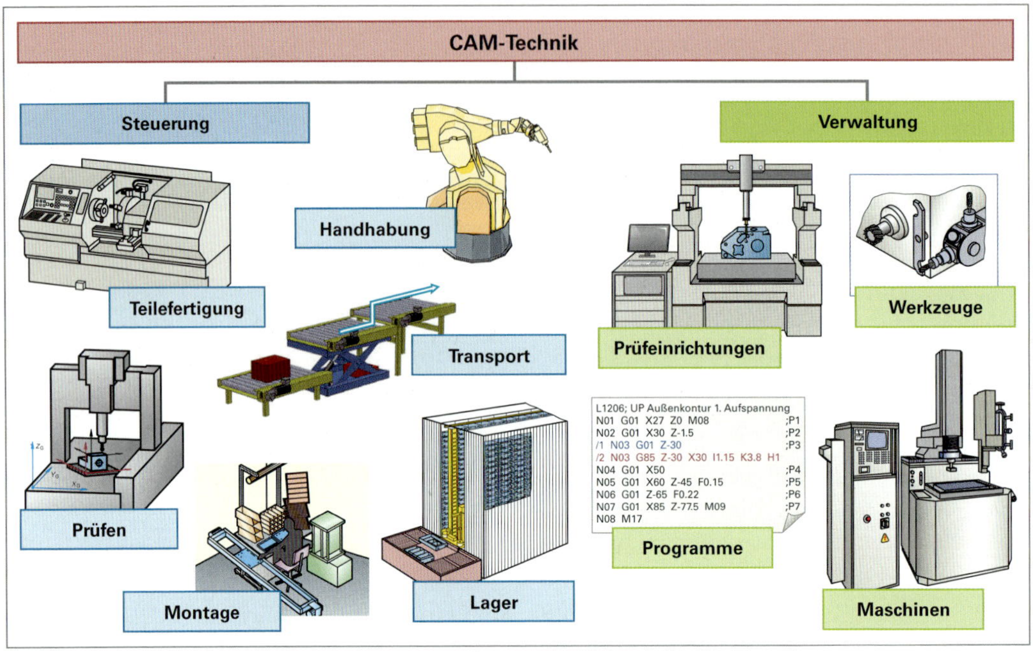

Bild 1: Steuerung und Verwaltung in der CAM-Technik

7.15.1 CAM-TECHNIK IN DER TEILEFERTIGUNG

Bei der herkömmlichen Fertigung von Werkstücken ohne den Einsatz der **CAM-Technik** reicht eine Zeichnung bzw. eine Skizze aus, damit die Werkstücke auf konventionellen Bearbeitungsmaschinen oder auf CNC-Maschinen hergestellt werden können **(Bild 2)**. In diesen Zeichnungen müssen alle notwendigen Informationen, wie Maß-, Toleranz- und Oberflächenangaben, enthalten sein, die zur Fertigung der Werkstücke benötigt werden.

Bei der Fertigung von Werkstücken mithilfe der **CAM-Technik** werden zunächst die Daten der 3D-Volumenmodelle im CAM-System eingelesen. Die eingelesenen CAD-Daten enthalten alle Geometrieinformationen des zu fertigenden Werkstücks. Bevor mit dem CAM-System ein CNC-Programm generiert werden kann, müssen vom CAM-Bediener noch weitere Operationen mit den entsprechenden Parametern festgelegt und manuell eingegeben werden.

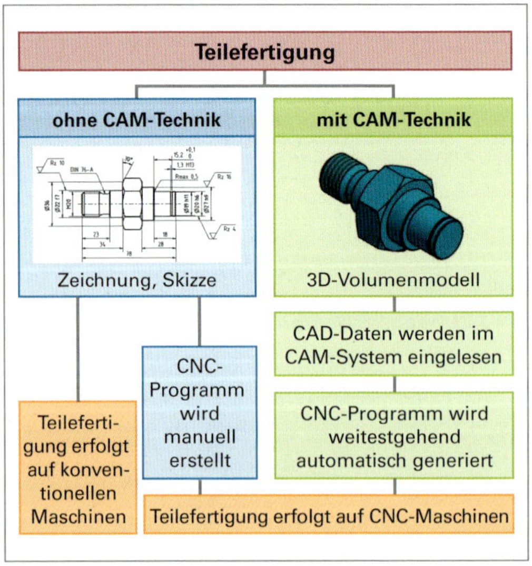

Bild 2: Teilefertigung mit CAM-Technik

Lernfeld 7

Die Generierung des CNC-Programms erfolgt durch das CAM-System nicht vollständig automatisch. Zuvor müssen noch einige Informationen manuell im CAM-System hinzugefügt werden, z. B.:

- Angaben zur Rohteilabmessung
- Auswahl der CNC-Maschine
- Auswahl des Werkstücknullpunktes
- Festlegung der Werkstückspannung
- Festlegung einer günstigen Reihenfolge der einzelnen Bearbeitungsschritte
- Auswahl der zu bearbeitenden Konturflächen
- Zuordnung der geeigneten Werkzeuge
- Festlegung von optimalen Technologiedaten für Schrupp- und Schlichtbearbeitungen

7.15.2 | ANWENDUNGSGEBIET DER CAM-TECHNIK

Die CAM-Technik ist ein wesentlicher Bestandteil der computerintegrierten Produktion CIM (s. **Seite 130**). Sie wird oft dann eingesetzt, wenn das manuelle Erstellen eines CNC-Programms aufgrund der komplexen Werkstückkontur sehr aufwendig oder nicht mehr möglich ist **(Bild 1)**. Deshalb findet die CAM-Technik vor allem bei Werkstücken in der Automobilindustrie, der Medizin- und Dentalindustrie sowie im Formen- und Werkzeugbau Anwendung **(Bild 2)**. Diese Werkstücke sind meist gekennzeichnet durch komplexe Freiformflächen die nicht mehr manuell programmiert werden können.

Bild 1: Fräsen komplexer Werkstückkonturen

- **Vorteile der CAM-Technik**
  - Keine Programmierfehler in der Werkstückkontur, da die Geometriedaten aus dem 3D-Modell verwendet werden.
  - CNC-Programme für komplexe Freiformflächen können einfach und schnell erstellt werden.
  - Durch Maschinensimulationen lassen sich Kollisionen zwischen Werkstück, Werkzeug und Spannmittel erkennen und verhindern.
  - Volumenabtrags-Simulationen am Werkstück können schrittweise durchgeführt werden.

- **Nachteile der CAM-Technik**
  - Jede CNC-Maschine benötigt als Schnittstelle zum CAM-System einen eigenen Postprozessor.
  - Beim Einsatz von CAM-Systemen sind 3D-Volumenmodelle notwendig.
  - Zusätzliche Kosten für die Anschaffung eines CAM-Systems.
  - Für die Anwendung der CAM-Technik sind Schulungen notwendig.
  - CNC-Programme zur Teilefertigung können mit CAM-Systemen nur teilweise automatisch erstellt werden. Es sind meist zusätzliche manuelle Eingaben notwendig.

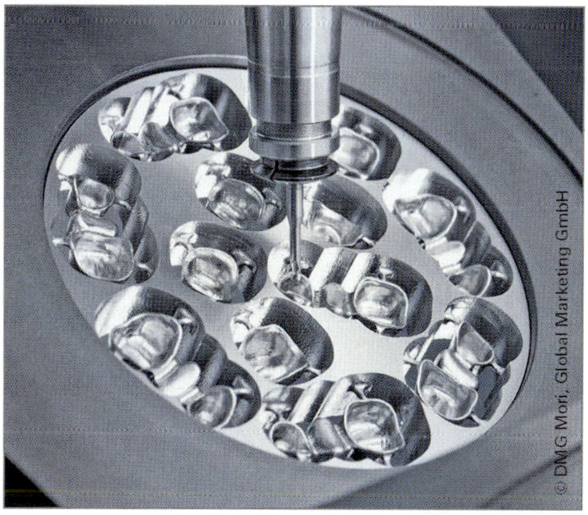

Bild 2: HSC-Fräsen von Zahnkronen und -brücken mit der CAM-Technik

Lernfeld 7

7.16 TECHNICAL ENGLISH

7.16.1 BASICS OF METAL-CUTTING MANUFACTURING

All metal-cutting manufacturing processes use tools which have a cutting edge with a wedge profile, e.g. a drill, milling cutter or grinding wheel **(figure 1)**.

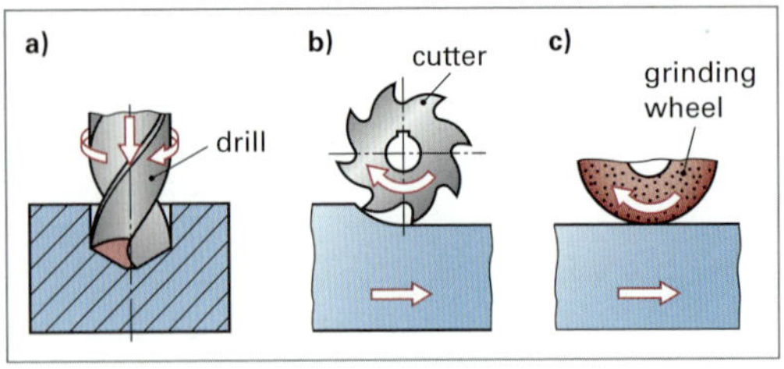

Figure 1: Cutting edges at cutting tools, a) drilling, b) milling, c) grinding

Cutting edge

The cutting edge penetrates the material and cuts off chips **(figure 2)**. The cutting edge (sometimes named as tool wedge) has a cutting face and a tool flank. They shape the wedge angle β. Between the wedge and the workpiece is the clearance angle α. The cutting angle γ is between the wedge and the perpendicular line relating to the workpiece.

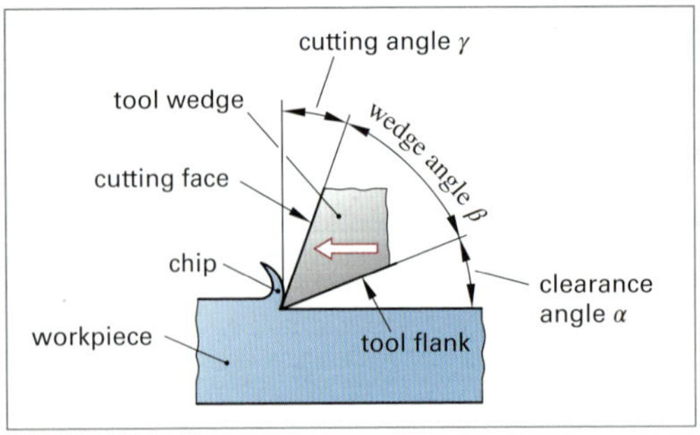

Figure 2: Cutting edge

The cutting wedge penetrates easier the workpiece, the smaller the wedge angle β is. If the wedge angle β is getting too small, the cutting edge may break. The cutting angle γ essentially determines the chip formation. A big cutting angle leads to long chips. The softer the material, the greater the cutting angle. The clearance angle α guarantees that the cutting wedge does not rub against the workpiece.

Words	
metal-cutting manufacturing process	spanendes Fertigungsverfahren
cutting edge	Werkzeugschneide
wedge profile	Keilform
a drill	Bohrer
milling cutter	Fräser
grinding wheel	Schleifscheibe
drilling	Bohren
milling	Fräsen
grinding	Schleifen
to penetrate	eindringen
to cut off	zerspanen, abtrennen
chips	Späne
cutting face	Spanfläche
tool flank	Freifläche
to shape	bilden, formen
wedge angle	Keilwinkel
clearance angle	Freiwinkel
perpendicular	senkrecht
cutting angle	Spanwinkel
to determine	bestimmen
chip formation	Spanbildung
to lead	führen
to guarantee	garantieren
to rub	reiben
cutting material	Schneidstoffe
cutting tool	Schneidwerkzeug
wear resistance	Verschleißfestigkeit
hardness	Härte
compression strength	Druckfestigkeit
high temperature strength	Warmfestigkeit
ductility	Zähigkeit
bending strength	Biegefestigkeit

Cutting materials

The cutting tools are made of cutting material. They have the following properties:

- high wear resistance and hardness
- high compression strength
- high temperature strength
- high ductility and bending strength

There are different cutting materials for various applications:

- **High speed steels (HSS)**

The high speed steels are alloyed tool steels with a high ductility and bending strength. HSS are used e.g. for drills, taps and milling cutters. The hardness and the wear resistance can be improved by coating the tool.

- **Carbide metals (HM)**

Carbide metals, also called hard metals or carbides, are composite materials that consist of 75 % to 90 % microscopic hard metal grains (about 1 µm to 10 µm) of tungsten carbide (WC) and a cobalt matrix.

Carbide metals are used as cutting inserts for drilling-, turning- and milling tools. The wear resistance is increased by coating the inserts with a thin layer of hard titanium carbon nitride (TiCN).

- **Polycrystalline diamond (PCD) and Cubic boron nitride (CBN)**

Cubic boron nitride (CBN) and polycrystalline diamond (PCD) are cutting materials with the highest hardness and wear resistance. They are used for applications with very high cutting speeds and a high surface quality.

Cooling lubricants

In cutting processes the cooling lubricant decreases the friction between the cutting tool and the surface of the workpiece. Additionally it dissipates heat energy that is caused by the cutting process and chips are flushed away from the cutting area. A suitable cooling lubricant improves the life time of the tools and the surface quality of the workpiece. The workpiece has also a temporary corrosion protection.

There are two common types of cooling lubricants:

- **Cooling lubricant emulsions** are mixtures of 2 % to 20 % emulsive lubricant in water and are used for drilling, milling and turning. They are a milky-looking fluid and contain additives for protection against corrosion, affection of microorganism and skin disease.
- **Cutting oils** are mineral oils with additives to increase the lubricant properties. They are applied for tapping or reaming. Additives protect the workpiece against corrosion and prolong the life time of the oil.

Words	
high speed steels	Schnellarbeitsstahl
to alloy	legieren
tool steel	Werkzeugstahl
tap	Gewindeschneider
coating	Beschichten
carbide metal, hard metal or carbides	Hartmetall
composite material	Verbundwerkstoff
to consist	bestehen
hard metal grain	Hartmetallkorn
tungsten carbide	Wolframcarbid
cobalt matrix	Kobaltbindemittel
cutting insert	Schneidplatte
layer	Schicht
titanium carbon nitride	Titancarbonitrid
polycrystalline diamond	polykristalliner Diamant
cubic boron nitride	kubisches Bornitrid
surface quality	Oberflächengüte
cooling lubricant	Kühlschmierstoff
to decrease	vermindern
friction	Reibung
to dissipate	ableiten
chips	Späne
to flush away	fortspülen
suitable	geeignet
life time	Lebensdauer
corrosion protection	Korrosionsschutz
emulsion	Emulsion
milky-looking	milchartig
additive	Additiv, Zusatzstoff
protection	Schutz
corrosion	Korrosion
affection	Befall
skin disease	Hautkrankheit
cutting oil	Schneidöl
lubricant property	Schmiereigenschaft
tapping	Gewindeschneiden
reaming	Reiben
to prolong	verlängern

EXERCISES | REPETITION AND CONSOLIDATION

1. Name six required properties of cutting materials.
2. Draw a cutting edge and name the three angles and the 2 surfaces.
3. Describe the function of the cooling lubricants.

Lernfeld 7

7.16.2 I DRILLING

Blind or through holes in a workpiece are produced by drilling. The drill realizes the rotary cutting motion and the linear feed motion. The feed force causes the drill penetration into the material, the rotational cutting motion takes off chips. The maximum cutting velocity of a drill is the circumferential speed of the rotary motion at the outer diameter of the drill. The cutting velocity v_c can be calculated with the equation $v_c = \pi \cdot d \cdot n$. At the centre of the drill is the diameter and therefore the cutting velocity zero **(figure 1)**.

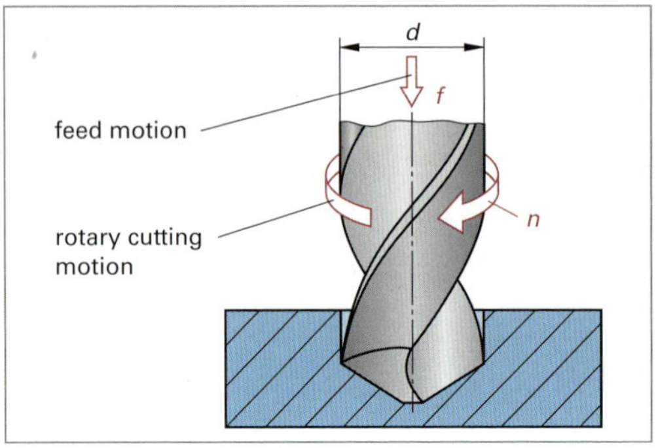

Figure 1: Drilling motion

Words	
drilling	Bohren
blind hole	Sackloch
through hole	Durchgangsbohrung
drill	Bohrer
rotary	kreisförmig
cutting motion	Schnittbewegung
feed motion	Vorschubbewegung
to take off	abnehmen
circumferential speed	Umfangsgeschwindigkeit
cutting velocity	Schnittgeschwindigkeit
drilling machine	Bohrmaschine
pillar drilling machine	Säulenbohrmaschine
base plate	Grundplatte
pillar	Säule
drive unit	Antriebseinheit
adjustable	einstellbar
drilling table	Bohrtisch
variable transmission	stufenloses Getriebe
rotary frequency	Drehfrequenz
to perform	ausführen
feed arm	Vorschubhebel
drill chuck	Bohrfutter
spindle	Spindel
storage tank	Vorratsbehälter
cooling lubricant	Kühlschmierstoff
machining variable	Maschinenkennwert

Drilling machine

The most common drilling machine in a workshop is a pillar drilling machine. It consists of a base plate with a pillar, the drive unit and the adjustable drilling table. The drive unit has an electric motor and a variable transmission. The rotary frequency of the drill is set at the control panel. The feed of the drill is performed by a feed arm. The drill chuck of the spindle fixes the drill. The base plate includes the pump and the storage tank of the cooling lubricant. The base plate sometimes also includes a storage tank of the cooling lubricant **(figure 2)**.

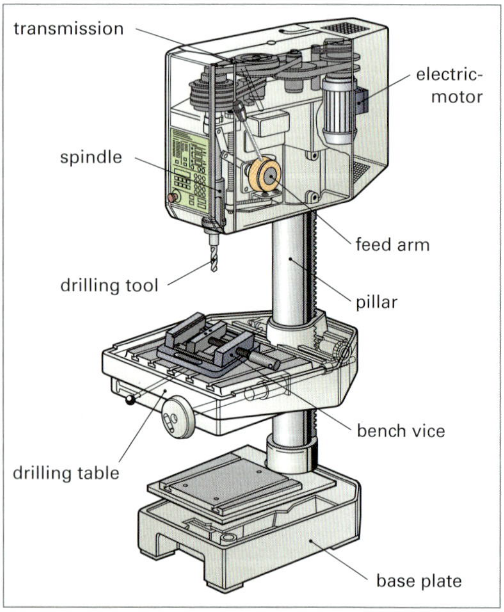

Figure 2: Pillar drilling machine

Machining variables (drilling)

The correct cutting velocity v_c depends on several conditions: drill type, materials of the drill and the workpiece, and required surface quality of the hole. Tables in Metal Trade Handbook give detailed information about suitable values of the cutting velocity.

7.16.3 | TURNING

Turning is a machining process where the workpiece is rotating. The cutting velocity is created only by the turning motion of the workpiece. The tool can be moved in an axial or radial direction, creating the axial feed or the radial feed motion **(figure 1)**.

The turning drive transfers the torque through the three jaw chuck to the workpiece. If the workpiece is a long shaft a centring spike is required to prevent the bending of the shaft.

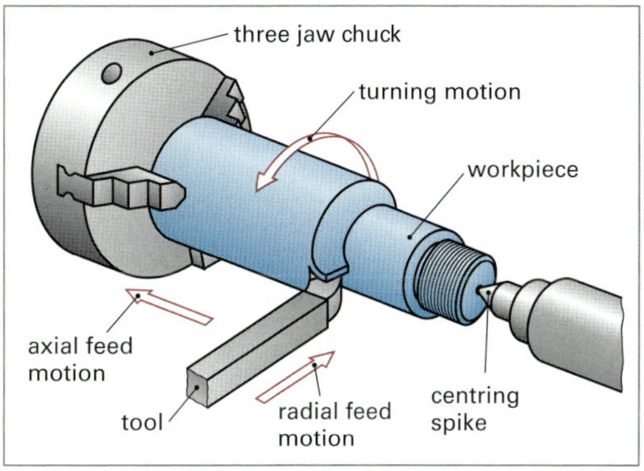

Figure 1: Turning

Turning techniques

The turning techniques are classified by the direction of the feed motion relating to the cutting motion and the workpiece-axis. The feed motion proceeds in direction of the z-axis (axial feed motion) during **longitudinal turning (figure 2a)**.

Facing (figure 2b) in the context of turning work involves moving the cutting tool in radial feed motion (x-direction). You turn flats at the end of the workpiece by facing. Other turning techniques are e. g. contour turning, thread turning or parting off.

Words	
turning	Drehen
torque	Drehmoment
three jaw chuck	Dreibackenfutter
shaft	Welle
centring spike	Zentrierspitze
turning techniques	Drehverfahren
relating to	bezogen auf
workpiece-axis	Werkstückachse
to proceed	verlaufen
longitudinal turning	Längsdrehen
facing	Plandrehen
flat	ebene Fläche
contour turning	Formdrehen
thread turning	Gewindedrehen
parting off	Abstechen
milling	Fräsen
milling head	Fräskopf
milling machine table	Frästisch

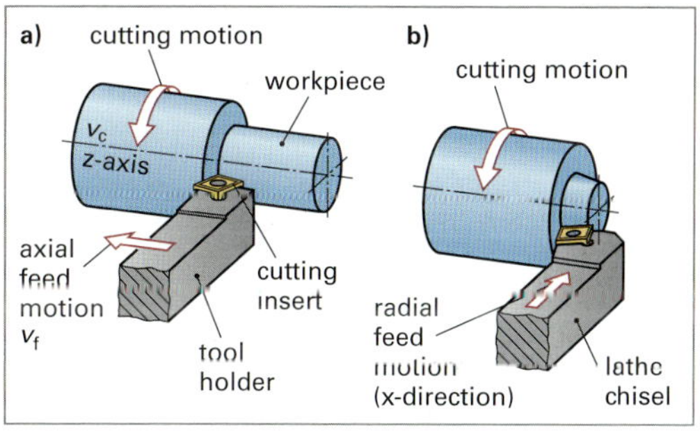

Figure 2: a) Longitudinal turning, b) facing

7.16.4 | MILLING

Milling is a machining process where the cutting velocity is created by the rotating tool. The feed motion can be created by a linear motion of either the workpiece or the milling head.

In **figure 3** you can see a milling machine, at which the workpiece is located on a moving milling machine table. This table can be moved in the x-direction.

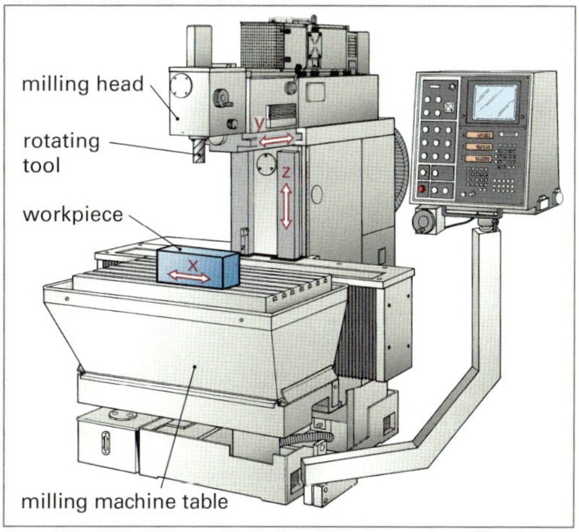

Figure 3: Milling machine

Milling techniques

Milling can be divided

- according to the position of the main cutting edge into peripheral milling, face milling and partial face milling
- according to the shape of the created surface into flat surface milling, circular milling and profile milling
- according to the relation of the feed and cutting motion into up cut milling and down cut milling

Table 1: Milling techniques

Devision according to the position of the main cutting edge	Devision according to the shape of the created surface	Devision according to the relation of the feed and cutting motion
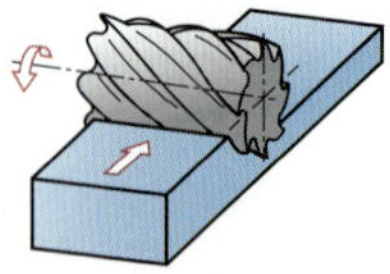 Periphal milling	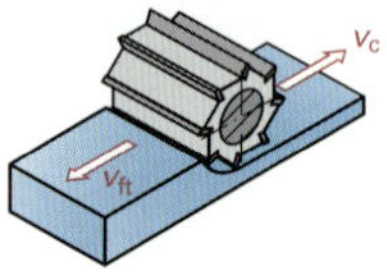 Flat surface milling	**peripheral milling** 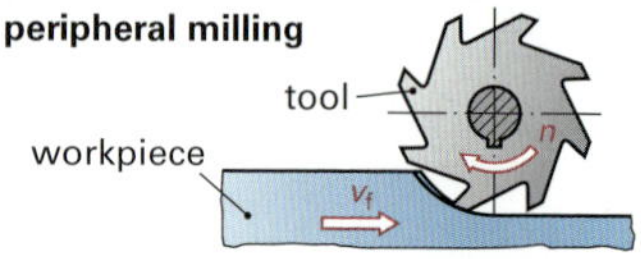 **partial face milling** 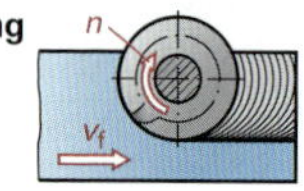 Up cut milling
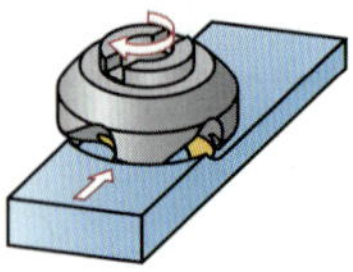 Face milling	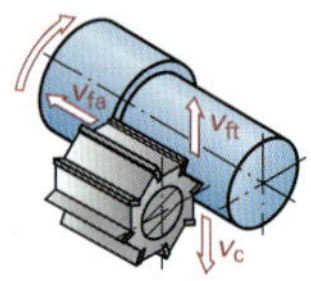 Circular milling	
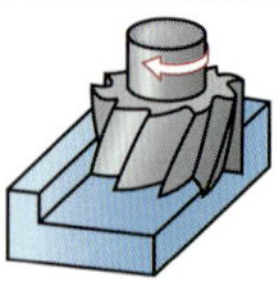 Partial face milling	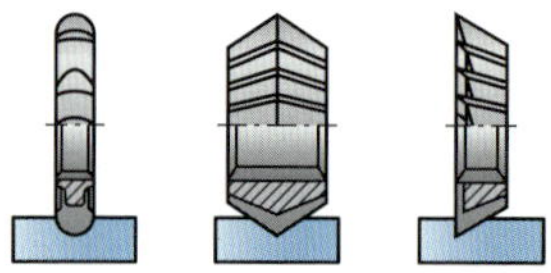 Profile milling	**peripheral milling** 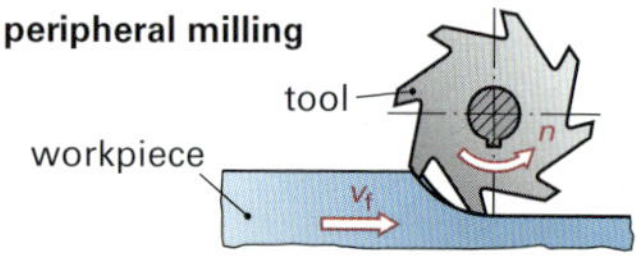 **partial face milling** 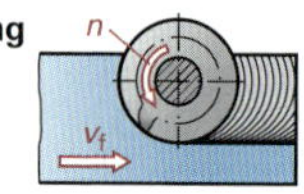 Down cut milling

In **up-cut milling**, the cutting direction of the blade and the feed direction run in contrary directions. The chip is initially thin and gets thicker when the milling tool penetrates deeper the material. The cutting force tries to lift the fixed workpiece from the clamping table.

The cutting direction is the same as the feed motion during **down-cut milling**. At the beginning the blade cuts with the full chip thickness into the material. The initial cutting force is very high. The chip is getting thinner during the milling process. The surface quality is better than with up-cut milling.

Words	
peripheral milling	Umfangsfräsen
face milling	Stirnfräsen
partial face milling	Stirn-Umfangsfräsen
flat surface milling	Planfräsen
circular milling	Rundfräsen
profile milling	Profilfräsen
contrary	entgegengesetzt
initially	anfangs
to lift	hochheben
clamping table	Spanntisch
chip thickness	Spandicke

EXERCISES | REPETITION AND CONSOLIDATION

1. Describe the difference between turning and milling.
2. Make a sketch of the longitudinal turning and facing. Show in these sketches the feed velocity, the cutting velocity and the cutting depth.

Lernfeld 7

7.16.5 | GRINDING

Grinding is a chip-removal manufacturing process with a geometrically unspecified cutting edge. Although the abrasive particle creates a cutting edge with a clearance angle α, a wedge angle β and a cutting angle γ similar to a milling or turning tool, the shape of this cutting edge is not constant. Every abrasive particle is different and creates a different cutting edge and therefore the cutting edge is geometrically unspecified **(figure 1)**.

Grinding is used to machine hardened surfaces. With grinding you can create high quality surfaces with small dimensional and form tolerances and a reduced surface roughness. With grinding you can also create non twisting surfaces, which are required for rotary shaft seals.

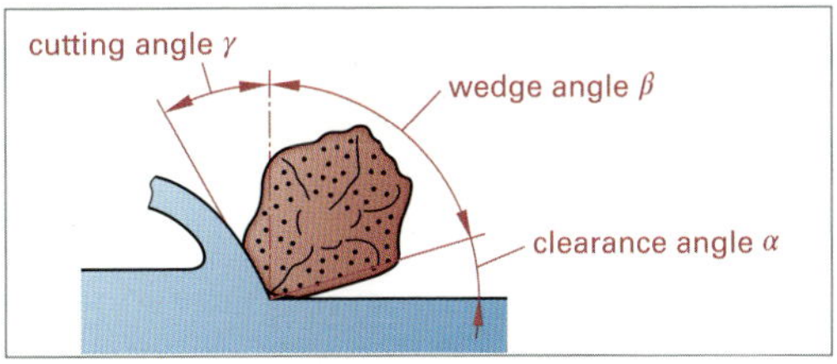

Figure 1: Grinding

Words (English)	Words (German)
grinding	Schleifen
chip removal	spanabnehmend
geometrically unspecified	geometrisch unbestimmt
abrasive particle	Schleifkorn
hardened	gehärtet
dimensional tolerance	Maßtoleranz
form tolerances	Formtoleranz
surface roughness	Oberflächenrauigkeit
non twisting	drallfrei
rotary shaft seal	Radiawellendichtring
grinding wheel	Schleifscheibe
disc-shape	scheibenförmig
chucking flange	Spannflansch
bond	Bindemittel
corundum	Korund
silicion carbide	Siliciumcarbid
synthetic resign	Kunstharz
sharp-edged	scharfkantig
particle size	Korngröße
particle	Korn
grinding techniques	Schleifverfahren
peripheral face grinding	Umfangs-Stirnschleifen
cylindrical grinding	Rundschleifen

Grinding wheels

Grinding wheels are disc-shaped rotational wheels **(figure 2a)**. They are clamped between the chucking flanges and rotate at high frequencies.

Grinding wheels consist of abrasive particles and the bond **(figure 2b)**. The abrasive particles consist of hard materials, e.g. corundum Al_2O_3 or silicion carbide SiC. The bond is synthetic resign or ceramics, it keeps the particles together.

The sharp-edged abrasive particles remove the workpiece material and cut off small chips. The particle size has an influence on the metal removal rate and the surface quality. The smaller the particles are, the smaller is the removal rate. Small grains lead to a high surface quality.

The main grinding techniques are peripheral face grinding and cylindrical grinding **(figure 3)**.

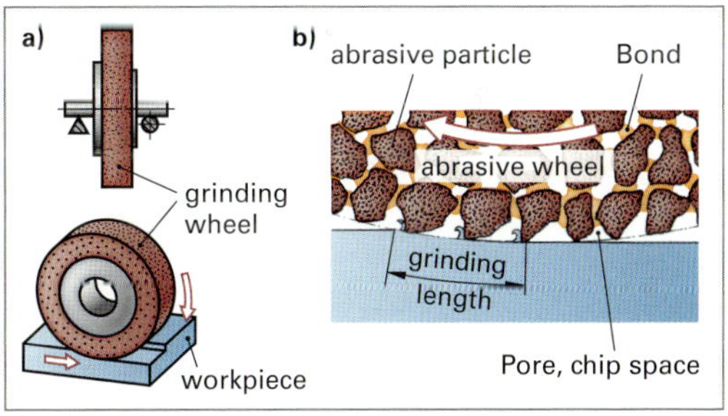

Figure 2: a) Disc-shaped grinding wheels, b) abrasive particles and bond

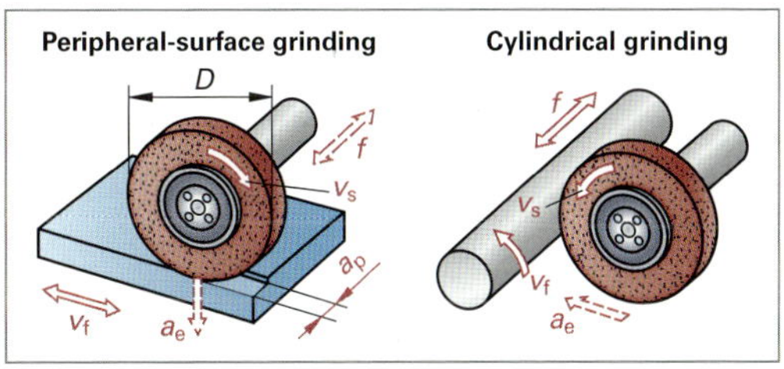

Figure 3: Grinding techniques

EXERCISES | REPETITION AND CONSOLIDATION

1. Explain how a shaft must be grinded, to avoid a surface with twist.

Lernfeld 7

Lernfeld 8 | KONSTRUKTION VON METALLISCHEN BAUTEILEN FÜR DAS FERTIGUNGSVERFAHREN URFORMEN

Urformen ist nach DIN 8580 definiert als das Fertigen eines festen Körpers aus formlosem Stoff durch Schaffen eines stofflichen Zusammenhalts. In diesem Lernfeld werden die Verfahren und die eingesetzten Werkstoffe beschrieben, mit denen aus dem flüssigen oder dem pulverförmigen Ausgangszustand endkonturnahe Bauteile gefertigt werden.

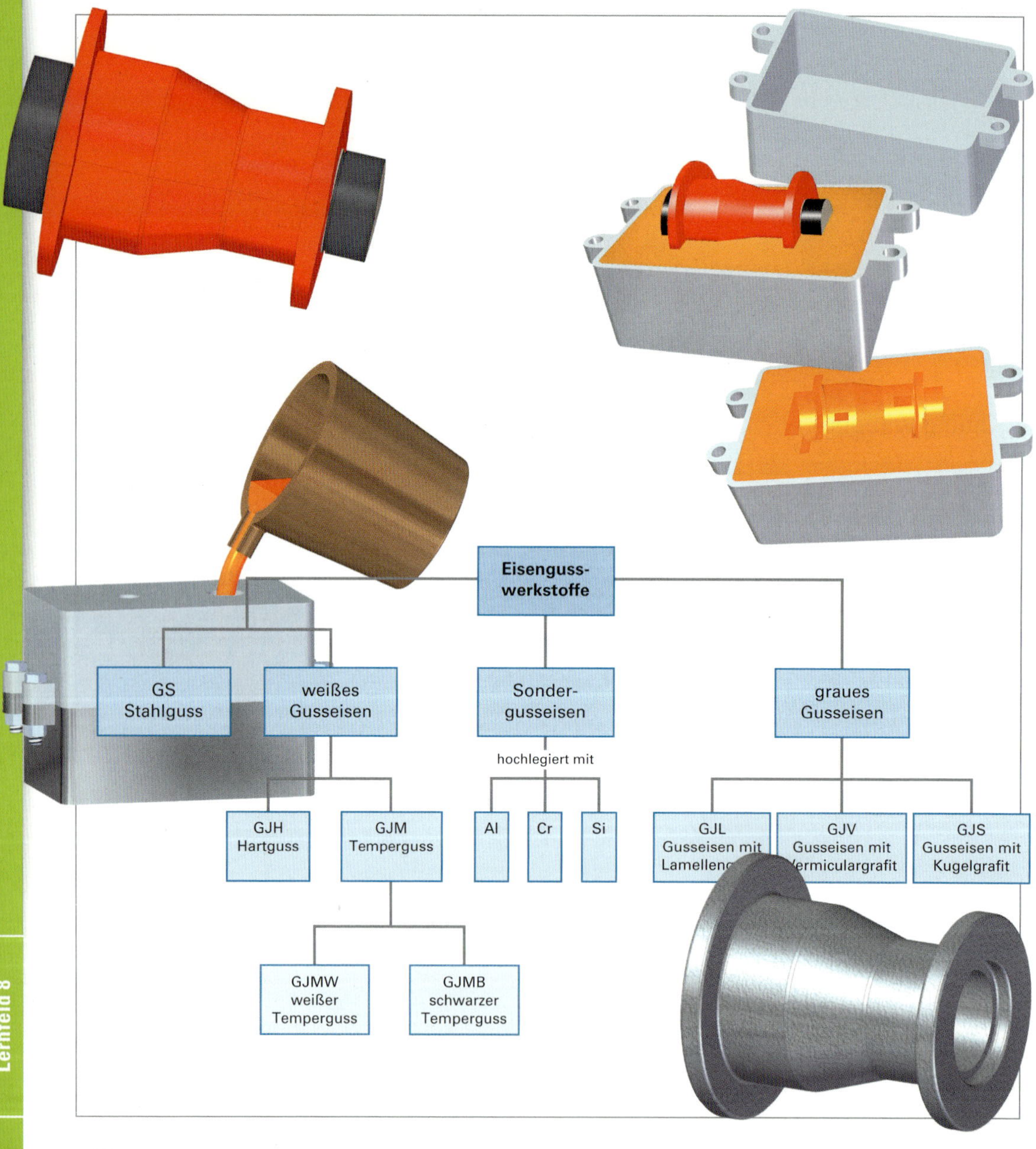

8.1 LERNSITUATIONEN

LERNSITUATION 1 | Anleitung Sandguss in Handformung für die Ausbildungswerkstatt

Sie sind Auszubildender in einem Unternehmen, in dem grundsätzlich Bauteile nicht mehr durch Gießen hergestellt werden. Wegen geringer Auslastung der firmeneigenen Gießerei **(Bild 1)** wurde entschieden, Gussbauteile nur noch von Lieferanten einzukaufen.

Da im Unternehmen jedoch noch die Einrichtungen für die Gusstechnik vorhanden sind, sollen diese zukünftig für Ausbildungszwecke genutzt werden. Das Gussverfahren dieser Einrichtungen ist das Sandgussverfahren in Handformung.

Es ist geplant, dass Bauteile von Auszubildenden erst konstruiert werden sollen, um diese im Anschluss in der Gießerei abzugießen. Für das Abgießen muss vorerst mithilfe von Modellen, Kernen usw. eine Form aus Sand erstellt werden.

Bild 1: Firmeneigene Gießerei

Bild 2: Reduzierflansch nach dem Gießen

Aufgabenstellung

1.1 Damit die Auszubildenden zukünftig eine Übersicht haben, wie die Formen erstellt werden, soll eine Anleitung für die Erstellung der Formen beim Sandguss geschrieben werden. Für diese Anleitung stehen Bilder **(Bild 1, Seite 440)** von der Formherstellung eines Reduzierflansches **(Bild 2)** zur Verfügung. Diese müssen für eine Anleitung in die richtige Reihenfolge gebracht werden.

a) Vorbereitung des Formens des Oberkastens

b) Erstellen des Kernes mithilfe eines zweiteiligen Kernkastens

c) Einfüllen der Schmelze über den Einguss

d) Bereitstellen von Modellhälften, Speiser, Einguss und Kernkasten

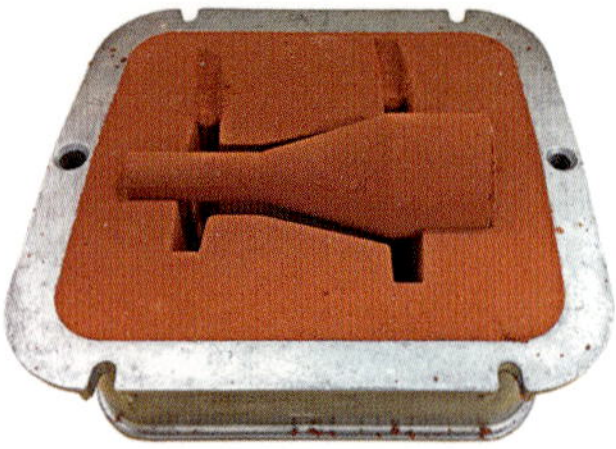

e) Einlegen des Kernes

f) Auffüllen und Verdichten des Unterkastens

g) Entformen des Modells aus dem Oberkasten und Einbringen von Entlüftungen

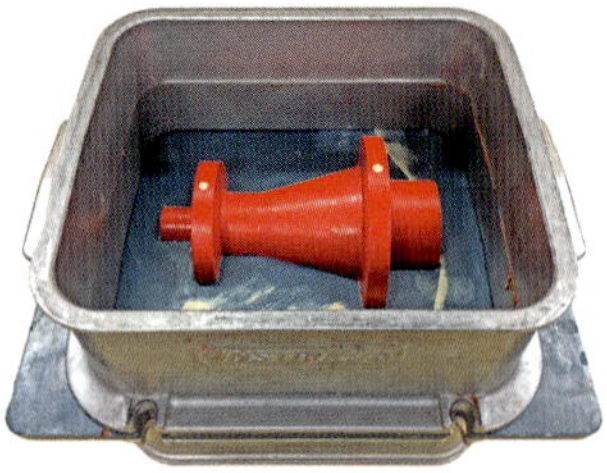

h) Vorbereitung des Formens des Unterkastens

i) Einformen der eingelegten Elemente mit Formsand

j) Einbringen der Anschnitte in den Unterkasten

k) Schließen des Ober- und Unterkastens durch Verschraubung der Kästen

l) Einformen der Modellhälfte mit Formsand

Bild 1: Fotos zu den Arbeitsschritten einer Fertigung im Sandguss

LERNSITUATION 2 | Umkonstruktion eines Flansches

Das erste Bauteil, welches im Sandguss gefertigt werden soll, ist ein Flansch **(Bild 1)**. Dieser wird bisher mit trennenden Fertigungsverfahren hergestellt und soll als Einstiegsprojekt nun für den Sandguss umkonstruiert werden. Die Funktion des Flansches soll erhalten bleiben. D. h., dass Anlageflächen, Bohrungen und auch die Zentrierung bei dem Gussbauteil vorhanden sein müssen und zur Not durch Nacharbeit eingebracht werden müssen. Der Flansch wird mit vier Zylinderschrauben ISO 4762 an einem gegenüberliegenden Bauteil verschraubt.

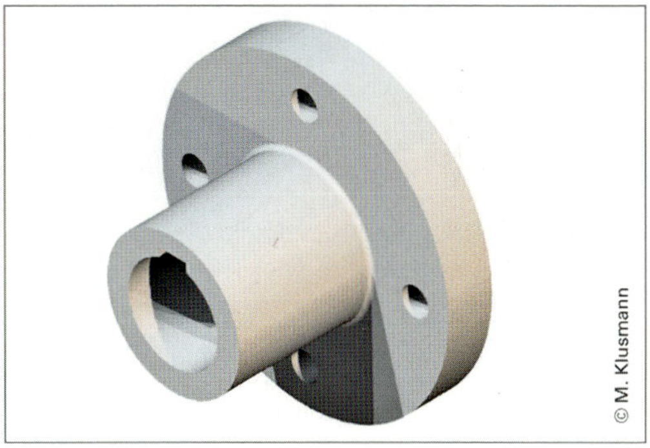

Bild 1: Spanend gefertigter Flansch

Aufgabenstellung

2.1 Um eine Übersicht zu haben, was bei einer Umkonstruktion in ein Gussbauteil beachtet werden muss, soll in einem ersten Schritt eine Checkliste erstellt werden. Mithilfe dieser Checkliste sollen dann im Folgenden Gussbauteile konstruiert werden. Es sollen grundsätzlich Rohgussbauteilzeichnungen als auch Gussbauteilzeichnungen erstellt werden. In Fertigungszeichnungen sind im Gegensatz zu Rohgussbauteilzeichnungen spanende Nacharbeiten enthalten.
Ziehen Sie für die Erstellung der Checkliste alle Informationsquellen zu Rate, die Ihnen zur Verfügung stehen.

2.2 Konstruieren Sie den Flansch gussgerecht um. Mithilfe Ihrer Checkliste und der Fertigungszeichnung des Flansches **(Zeichnung 08-02-001)** sollen eine Rohgussbauteilzeichnung und eine Gussbauteilzeichnung des Flansches erstellt werden. Verwenden Sie den Werkstoff „EN-GJS-700-2". Gehen Sie von einem Gusstoleranzgrad von 11 aus und von einer Bearbeitungszugabe *RMA* = 1 mm. Formschrägen müssen nicht dargestellt werden. Die Gussbauteilzeichnung ist zwingend mit Oberflächenkennzeichnungen zu versehen.

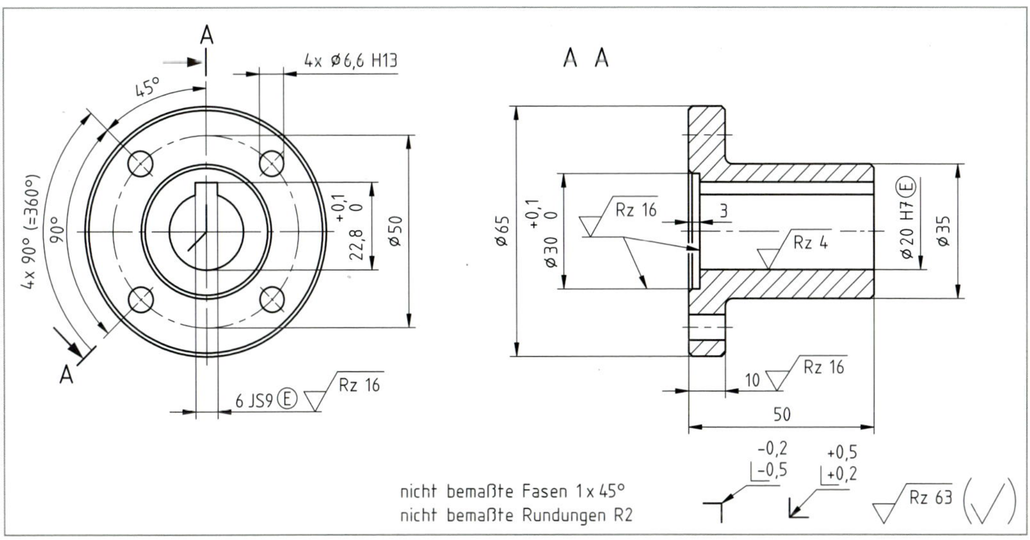

LERNSITUATION 3 | Umkonstruktion einer Achsbuchse

Eine im Unternehmen gefertigte Achsbuchse wird aus verschweißten Einzelteilen, die anschließend spanend bearbeitet werden, hergestellt **(Bild 1)**. Bei der aktuellen Fertigung kommt es immer wieder zu Problemen. Einerseits ist die Zugänglichkeit zwischen den Schenkeln für den Schweißvorgang nicht optimal und andererseits ist die Ausrichtung der Schenkel aufwendig. Diese Probleme sollen vermieden werden und gleichzeitig sollen die spanenden Fertigungsmaschinen entlastet werden. Um die Achsbuchse im Gussverfahren zu fertigen ist allerdings eine Umkonstruktion erforderlich.

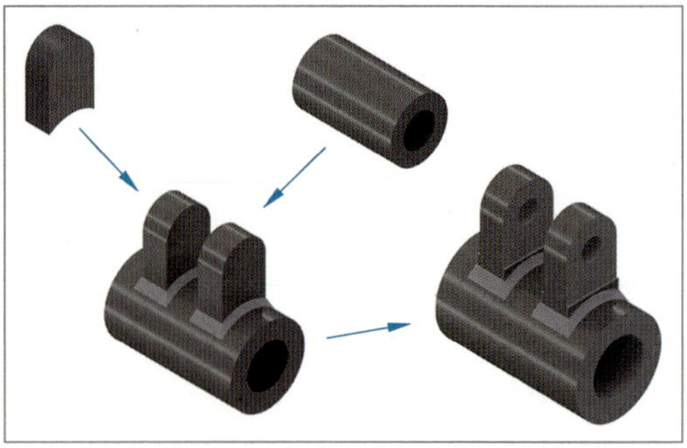

Bild 1: Bisherige Fertigung der Achsbuchse

Aufgabenstellung

3.1 Erstellen Sie mithilfe Ihrer Checkliste und der Fertigungszeichnungen der Achsbuchse **(Zeichnungen 08-03-001 bis 08-03-004, Seite 445)** eine Rohgussbauteilzeichnung und eine Gussbauteilzeichnung der Achsbuchse. Verwenden Sie für die Achsbuchse den Werkstoff „EN-GJMB-450-6“. Gehen Sie von einem Gusstoleranzgrad von 11 aus und von einer Bearbeitungszugabe RMA = 1,5 mm. Kennzeichnen Sie die Teilungsebene und die Formschrägen entsprechend DIN EN ISO 13135. Es ist darauf zu achten, dass die Funktion der ursprünglichen Achsbuchse erhalten bleibt. Es ist eine Oberflächenkennzeichnung in der Gussbauteilzeichnung vorzunehmen.

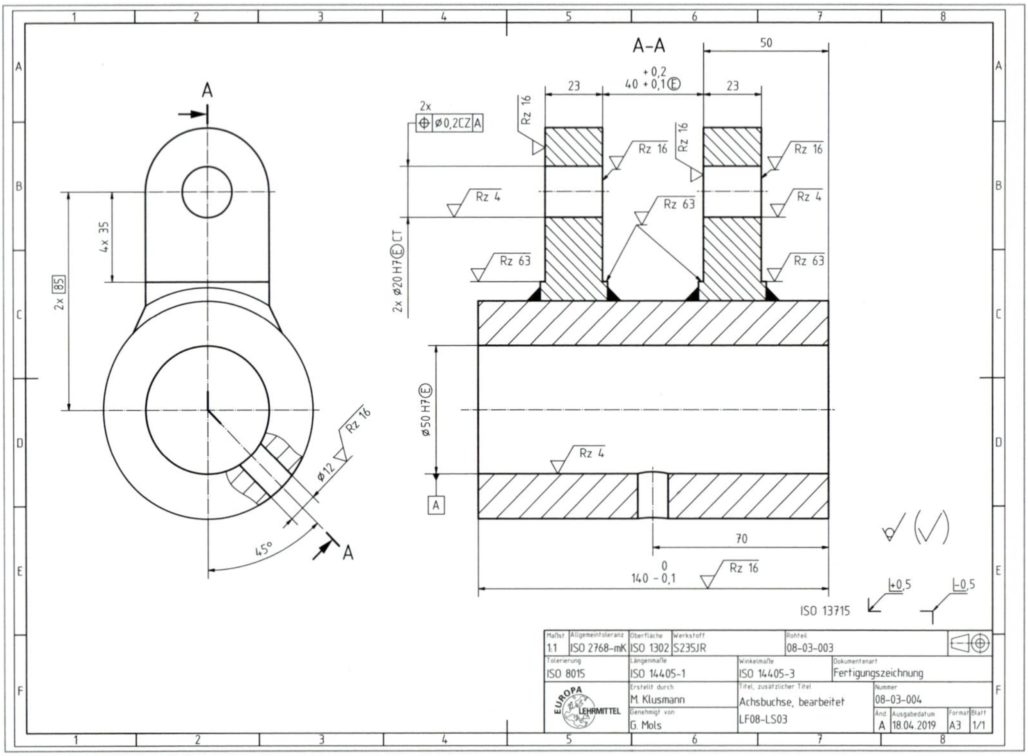

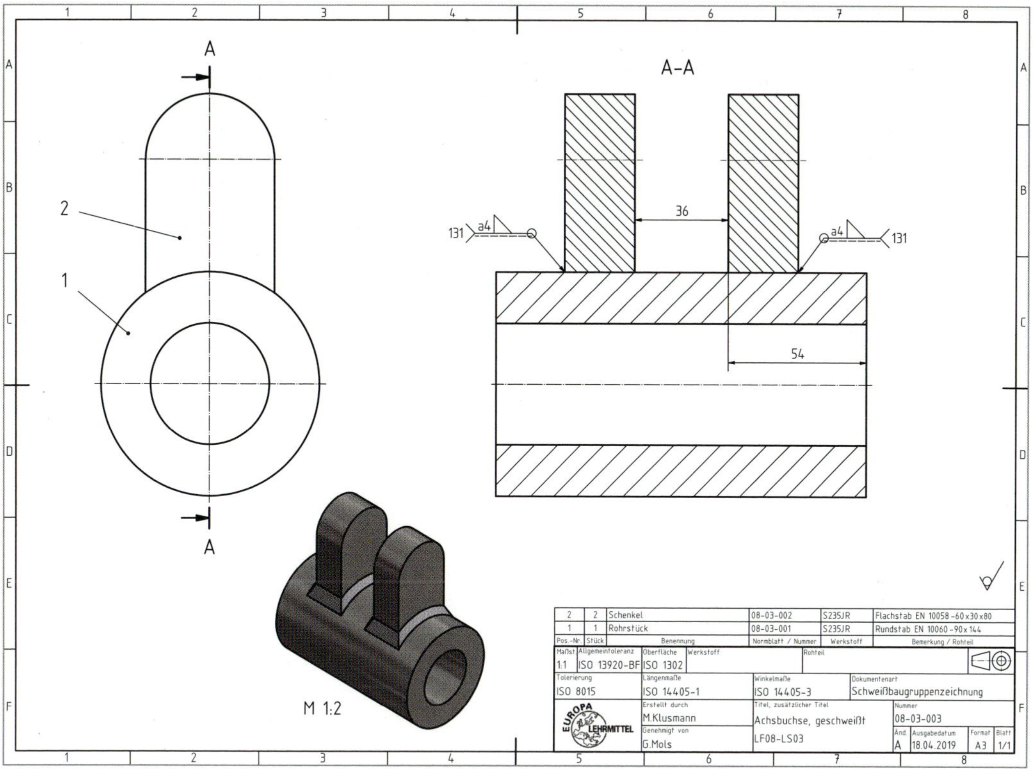
A
A-A
2
1
131
a4
36
54
A
M 1:2
2 | 2 | Schenkel | 08-03-002 | S235JR | Flachstab EN 10058 -60x30x80
1 | 1 | Rohrstück | 08-03-001 | S235JR | Rundstab EN 10060 -90x144
Pos.-Nr. | Stück | Benennung | Normblatt / Nummer | Werkstoff | Bemerkung / Rohteil
Maßst. 1:1
Allgemeintoleranz ISO 13920-BF
Oberfläche ISO 1302
Werkstoff
Rohteil
Tolerierung ISO 8015
Längenmaße ISO 14405-1
Winkelmaße ISO 14405-3
Dokumentenart Schweißbaugruppenzeichnung
EUROPA LEHRMITTEL
Erstellt durch M.Klusmann
Genehmigt von G.Mols
Titel, zusätzlicher Titel Achsbuchse, geschweißt
LF08-LS03
Nummer 08-03-003
Änd. A
Ausgabedatum 18.04.2019
Format A3
Blatt 1/1

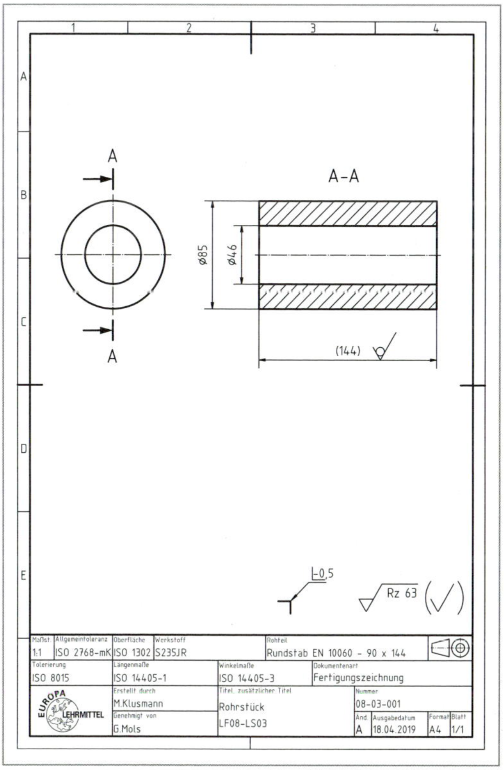
A
A-A
Ø85
Ø46
(144)
A
0,5
Rz 63
Maßst. 1:1
Allgemeintoleranz ISO 2768-mK
Oberfläche ISO 1302
Werkstoff S235JR
Rohteil Rundstab EN 10060 - 90 x 144
Tolerierung ISO 8015
Längenmaße ISO 14405-1
Winkelmaße ISO 14405-3
Dokumentenart Fertigungszeichnung
EUROPA LEHRMITTEL
Erstellt durch M.Klusmann
Genehmigt von G.Mols
Titel, zusätzlicher Titel Rohrstück
LF08-LS03
Nummer 08-03-001
Änd. A
Ausgabedatum 18.04.2019
Format A4
Blatt 1/1

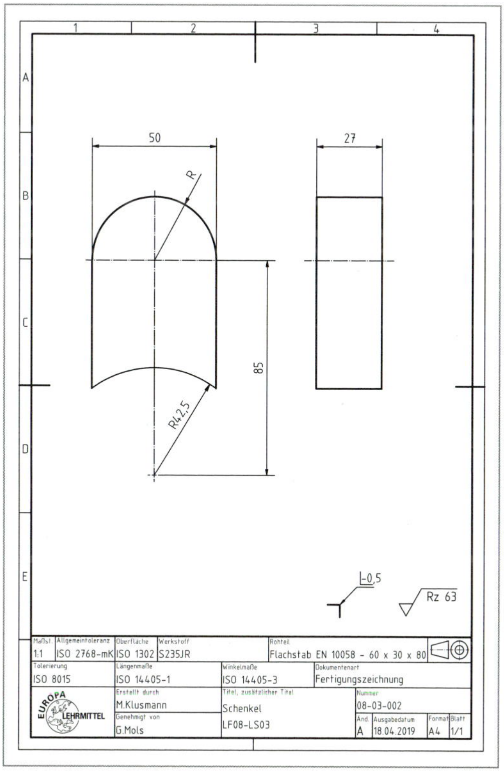
50
27
R
85
R42,5
0,5
Rz 63
Maßst. 1:1
Allgemeintoleranz ISO 2768-mK
Oberfläche ISO 1302
Werkstoff S235JR
Rohteil Flachstab EN 10058 - 60 x 30 x 80
Tolerierung ISO 8015
Längenmaße ISO 14405-1
Winkelmaße ISO 14405-3
Dokumentenart Fertigungszeichnung
EUROPA LEHRMITTEL
Erstellt durch M.Klusmann
Genehmigt von G.Mols
Titel, zusätzlicher Titel Schenkel
LF08-LS03
Nummer 08-03-002
Änd. A
Ausgabedatum 18.04.2019
Format A4
Blatt 1/1

8.2 EINTEILUNG DER URFORMVERFAHREN

Das **Urformen** ist ein Fertigungsverfahren, bei dem aus einem formlosen Stoff ein fester Körper mit geometrisch bestimmter Form hergestellt wird. **Bild 1** gibt einen Überblick über die unterschiedlichen Urformverfahren. Sie werden nach DIN 8580 nach dem Zustand des formlosen Ausgangsmaterials unterschieden:

- **Gießen mit verlorenen Formen bzw. mit Dauerformen** aus flüssigem, breiigen oder pastenförmigem Material,
- **Galvanoplastik** aus gas- oder dampfförmigem Material,
- **Pulvermetallurgie** aus festem, d.h. körnigem oder pulverigem Material.

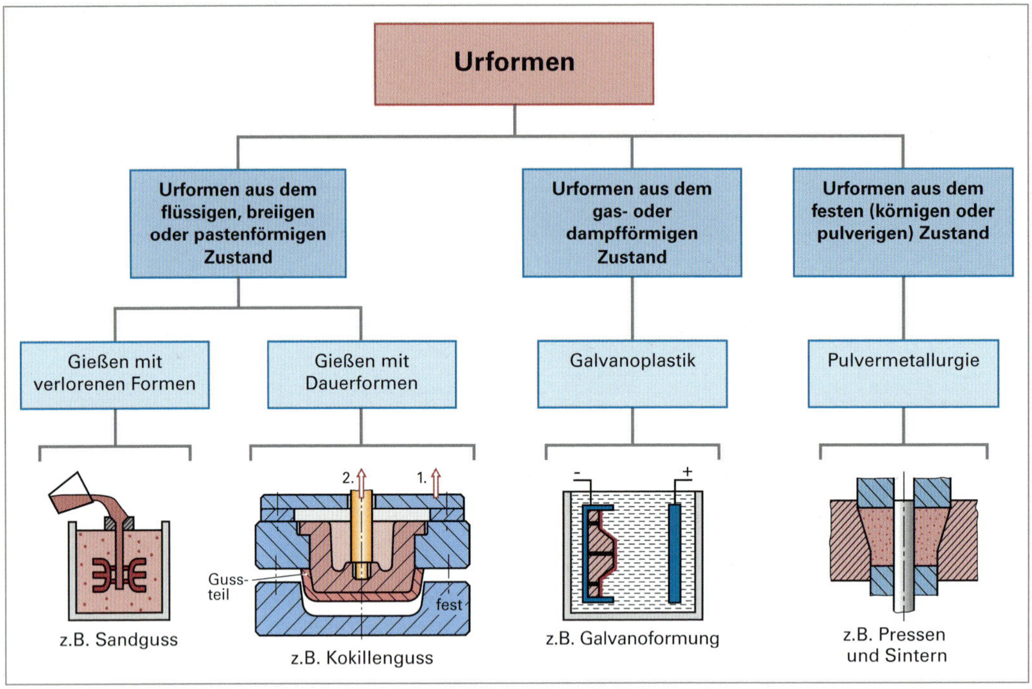

Bild 1: Einteilung der Urformverfahren

> Beim **Urformen** wird dem im formlosen Zustand zu verarbeitenden Werkstoff erstmals ein stofflicher Zusammenhalt und damit eine geometrisch bestimmte Gestalt gegeben.

Die **Herstellung von Formteilen durch Urformen** bietet folgende Vorteile:

- Es ist der kürzeste Weg vom Rohstoff zum Fertigteil, wobei das Bauteil eine Masse von wenigen Gramm bis hin zu hundert Tonnen haben kann.
- Das Herstellen von Formteilen, die aus dem flüssigen Zustand urgeformt werden, beinhaltet die größte Gestaltungsfreiheit, die mit keinem anderen Fertigungsverfahren erreicht werden kann.
- Mit Urformen können Werkstoffe verarbeitet werden, die sich mit anderen Fertigungsverfahren nicht herstellen lassen.

Das am häufigsten verwendete Urformverfahren ist das **Gießen** (mit verlorenen Formen oder mit Dauerformen), bei dem die Werkstücke aus dem flüssigen Zustand hergestellt werden. Die gegossenen Werkstücke werden **Gussstücke** genannt.

8.3 EISENGUSSWERKSTOFFE

Die metallischen Gusswerkstoffe lassen sich in zwei Hauptgruppen unterteilen, in die **Eisengusswerkstoffe** und in die **Nichteisengusswerkstoffe**. Die Nichteisenmetalle werden in Leichtmetalle und Schwermetalle unterschieden. Beträgt die Dichte mehr als 5 kg/dm^3 spricht man von **Schwermetallen**. Beispiele sind Kupfer Cu oder Blei Pb. **Leichtmetalle**, wie Aluminium Al oder Titan Ti, weisen eine Dichte von weniger als 5 kg/dm^3 auf.

Eisenwerkstoffe werden in **Gusswerkstoffe** und **Stähle** unterteilt. Unterscheidungsmerkmal ist der Kohlenstoffgehalt. Beträgt der Kohlenstoffgehalt bei unlegierten Werkstoffen mehr als 2,06 %, spricht man von **Gusseisen**. **Stahl** hat einen Kohlenstoffgehalt von unter 2,06 %.

8.3.1 ÜBERSICHT ÜBER DIE EISENGUSSWERKSTOFFE

Die Zusammensetzung der Schmelze (Legierungselemente) und die Abkühlbedingungen beim Erstarren bestimmen die Gefügeausbildung im festen Zustand und damit im Wesentlichen auch die mechanischen Eigenschaften der Gusswerkstoffe auf Eisenbasis.

Bild 1 zeigt eine Übersicht über die unterschiedlichen vergießbaren Eisenwerkstoffe. Die Einteilung basiert auf der Einlagerung des Kohlenstoffs im Metallgefüge.

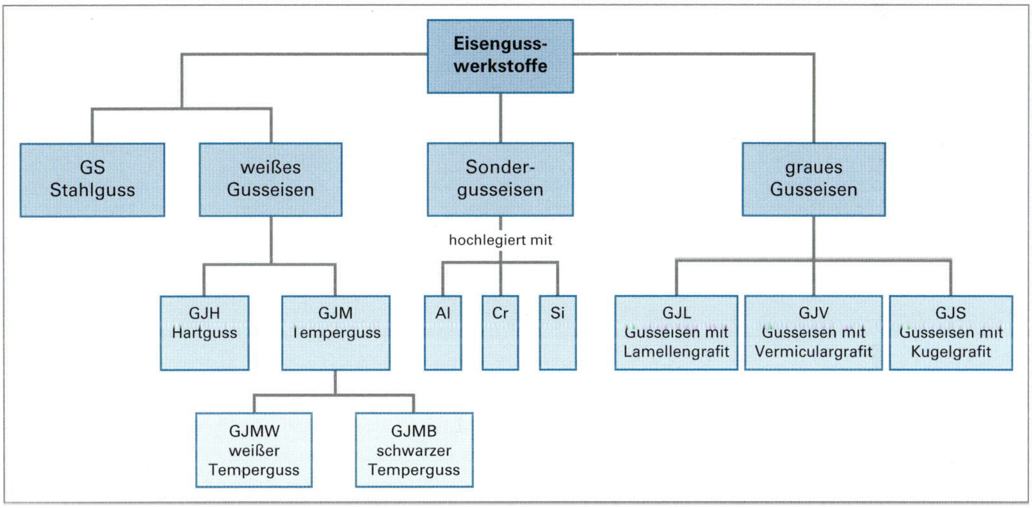

Bild 1: Einteilung der Eisengusswerkstoffe

Stahlguss hat den geringsten Kohlenstoffgehalt aller Gusswerkstoffe. Sein Kohlenstoffgehalt gleicht dem des Stahls, was die sehr ähnlichen Eigenschaften von Stahlguss und Stahl erklärt.

Kühlt Gusseisen schnell ab, scheidet sich der Kohlenstoff in Form von hell schimmerndem **Zementit** aus, eine Verbindung von Eisen und Kohlenstoff im Verhältnis 3 zu 1 (Fe_3C). Zementit ist hart und spröde und bedingt höhere Festigkeitswerte. Das Gusseisen wird aufgrund seiner Farbe als **weißes Gusseisen** bezeichnet. Weißes Gusseisen (**Hartguss**) ist hart und spröde und findet daher nur für spezielle Zwecke Verwendung, z. B. bei Walzen.

Durch eine nachfolgende Glühbehandlung der fertigen Gussteile, die als **Tempern** bezeichnet wird, zerfällt der harte Zementit in Eisen und Kohlenstoff, wobei der frei werdende Kohlenstoff als Grafit eingelagert wird. Man bezeichnet dieses Material als **Temperrohguss**, er ist zäher und besser bearbeitbar. Wird der Temperrohguss in entkohlender (oxidierender) Atmosphäre geglüht, erhält man Temperguss mit weißem Bruchgefüge, den sogenannten **weißen Temperguss**. Nach einem Glühen in neutraler Atmosphäre entsteht dagegen **schwarzer Temperguss**, dessen Bruchfläche wegen der zahlreichen Grafiteinschlüsse dunkel (schwarz) erscheint.

Bei langsamer Abkühlung von Gusseisen scheidet sich der Kohlenstoff in elementarer Form als **Grafit** innerhalb des Gefüges aus. Als Grafit bezeichnet man reinen kristallisierten Kohlenstoff im Gefüge. Durch die Grafiteinlagerungen erscheint die Bruchfläche dunkel, woher der Name **graues Gusseisen** oder Grauguss stammt. Nach der Form der Grafitbereiche wird Grauguss weiter unterteilt in **Gusseisen mit Lamellengrafit**, **Gusseisen mit Kugelgrafit** und **Gusseisen mit Vermiculargrafit**.

Sondergusseisen hat durchschnittlich einen um etwa 1 % niedrigeren Kohlenstoffgehalt als weißes oder graues Gusseisen. Die besonderen Eigenschaften dieser Sorten werden durch Legieren mit zumeist Silizium, Chrom und Aluminium erzielt.

8.3.2 | KURZBEZEICHNUNG UND EIGENSCHAFTEN DER EISENGUSSWERKSTOFFE

Die Gusswerkstoffe werden entweder mit der Werkstoffnummer oder mit der Kurzbezeichnung angegeben. Die Kennzeichnung durch Werkstoffnummern wird durch Ziffern vorgenommen, die Auskunft geben über die Werkstoffgruppe, die Grafitstruktur und die Gefügebestandteile, sowie einer am Ende stehenden Werkstoffkennziffer. Näheres findet sich im Tabellenbuch.

Die Kurzbezeichnungen der Gusswerkstoffe setzten sich aus sechs Teilen zusammen, wobei einige Angaben, wie Mikro- oder Makrostruktur, und zusätzliche Angaben nur bei Bedarf angegeben werden **(Bild 1)**.

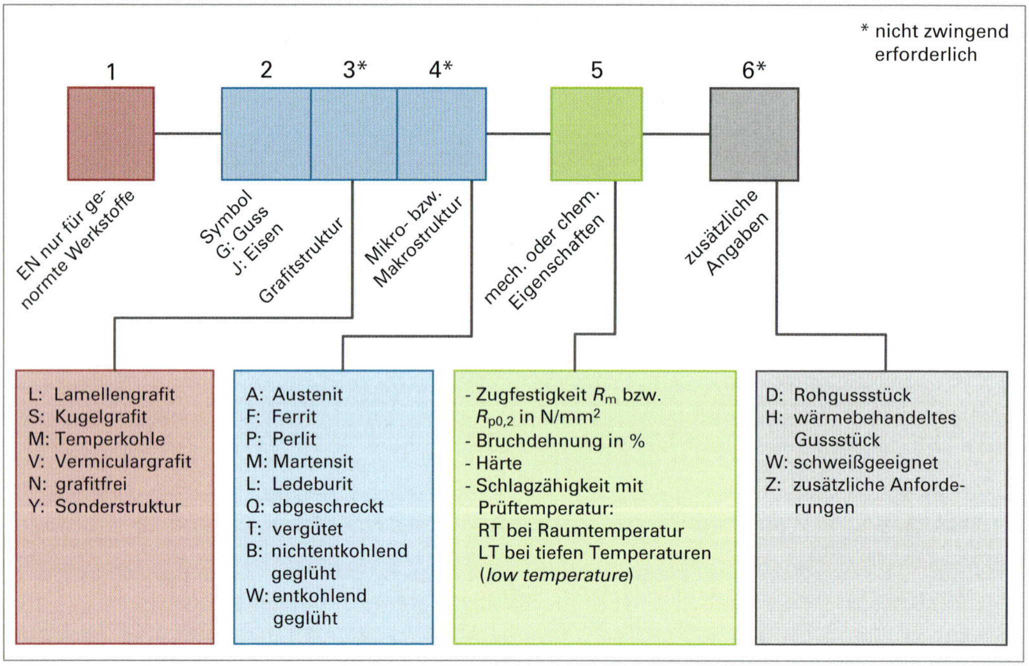

Bild 1: Systematik der Kurzbezeichnung für Gusswerkstoffe

Stahlguss

Stahlguss verbindet die Vorteile des Gießens und die damit verbundene Gestaltungsvielfalt mit den Eigenschaften des Stahls, wie hohe Festigkeit und gute Zähigkeit. Wird flüssiger Stahl in Formen vergossen, spricht man von **Stahlguss**. In Abhängigkeit von der verwendeten Stahlsorte und der sich bei Bedarf anschließenden Wärmebehandlung können dem Werkstoff Stahl in weiten Grenzen variable Eigenschaften verliehen werden. Dies macht den Stahlguss zu einem interessanten Werkstoff. Wird ein legierter Werkstoff vergossen, so wird der Großbuchstabe G (Symbol für Guss, **Bild 1**, Punkt 2) der Werkstoffbezeichnung vorangestellt, z. B. G17CrMo5-5.

Bei den **unlegierten Stahlgusssorten** unterscheidet man den Stahlguss für die allgemeine Verwendung und den vergossenen Maschinenbaustahl.

Allgemeiner Stahlguss hat das Kurzzeichen GS. Nachfolgend wird die Mindestzugfestigkeit R_m in N/mm^2 angegeben.

- **Beispiel**: GS 200: unlegierter Stahlguss mit einer Mindestzugfestigkeit von R_m = 200 N/mm^2

Gegossener unlegierter Maschinenbaustahl hat das Kurzzeichen GE. Nachfolgend wird die Ersatzstreckgrenze (0,2-%-Dehngrenze) angegeben, da im Maschinenbau die Verformung und nicht erst der Bruch die ausschlaggebende Größe für die maximale Belastbarkeit darstellt.

- **Beispiel**: GE 250: unlegierter Maschinenbaustahlguss mit der Ersatzstreckgrenze $R_{p0,2}$ = 250 N/mm^2

Grauguss

Als Grauguss werden die Gusswerkstoffe bezeichnet, die eine graue Bruchfläche haben. Die Grafitausscheidungen liegen in unterschiedlichen Formen vor, was die verschiedenen Sorten des grauen Gusseisens bestimmt. Man unterscheidet:

- **Gusseisen mit Lamellengrafit**

  Werkstoffbezeichnung allgemein: EN-GJL-Mindestzugfestigkeit in N/mm^2

  - **Beispiel**: EN-GJL-150: Europäische Norm, Gusseisen mit Lamellengrafit, Mindestzugfestigkeit R_m = 150 N/mm^2

  Eine andere Werkstoffangabe für Lamellengrafitguss ist die **Bezeichnung nach der Härte.**

  Werkstoffbezeichnung allgemein: EN-GJL-Härteverfahren und Härtewert

  - **Beispiel**: EN-GJL-HB215: Europäische Norm, Gusseisen mit Lamellengrafit, die Härte nach Brinell beträgt 215.

Gusseisen mit Lamellengrafit ist der preiswerteste Gusswerkstoff und zeichnet sich durch eine gute Gießbarkeit, eine gute Zerspanbarkeit und gute Gleit- und Notlaufeigenschaften aus. Die Festigkeitswerte und die Bruchdehnung sind nicht besonders hoch. Im Gussstück selbst hängen die **mechanischen Eigenschaften** von den Erstarrungsbedingungen ab. Sie sind **wanddickenabhängig**. Nur bei einer langsamen Abkühlung (größere Wanddicken) entstehen Grafitausscheidungen. Mit zunehmender Wanddicke wird die Erstarrung langsamer, durch die Ausscheidung des Kohlenstoffs in Form von Grafit fallen Festigkeit und Härte ab.

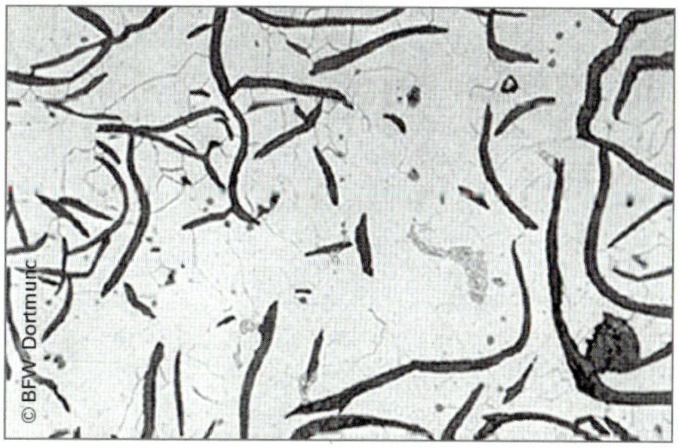

Bild 1: Gusseisen mit Lamellengrafit

Die besonderen Eigenschaften von Lamellengrafit beruhen auf den lamellenförmigen Grafitausscheidungen im Inneren des Werkstoffs. Der lamellare Grafit **(Bild 1)** durchzieht ungleichförmig das Gefüge des Gussteils. Größe und Form der Grafitausscheidungen lassen sich über die Abkühlungsgeschwindigkeit steuern. Diese Grafitlamellen wirken wie innere Kerben, sie stören empfindlich den Verlauf der Kraftflusslinien **(Bild 2)** und mindern so die Grundfestigkeit des Werkstoffs. Besonders bei Zugspannungen macht sich diese Kerbwirkung bemerkbar, die spröden Gussteile brechen schon bei relativ geringen Belastungen.

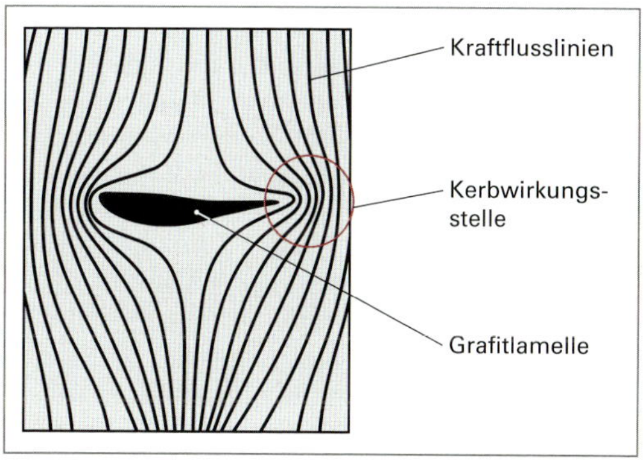

Bild 2: Kerbwirkung von Grafitlamellen

Je höher der Grafitanteil ist, desto geringer ist die Zugfestigkeit. Die Druckfestigkeit hingegen ist um den Faktor 2 bis 4 mal höher als die Zugfestigkeit. Gleichzeitig absorbieren die Grafitlamellen in hohem Maße Schwingungen, weshalb dieser Werkstoff unter anderem für Maschinengrundkörper von Werkzeugmaschinen und Gehäusen von Getrieben und Kurbeltrieben besonders gut geeignet ist.

Gusseisen mit Kugelgrafit

Werkstoffbezeichnung allgemein: EN-GJS-Mindestzugfestigkeit in N/mm^2-Bruchdehnung in %

- **Beispiel**: EN-GJS-400-18: Europäische Norm, Gusseisen mit Kugelgrafit, Mindestzugfestigkeit R_m = 400 N/mm^2, Bruchdehnung A = 18 %

Beim Gusseisen mit Kugelgrafit liegen die Grafitausscheidungen in kugeliger Form im Gefüge vor **(Bild 1)**, was eine geringere innere Kerbwirkung zur Folge hat. Der kugelige Grafit dämpft keine Schwingungen, Festigkeitswerte und Bruchdehnung dieser Gusssorte sind deutlich höher als die von Gusseisen mit Lamellengrafit. Die Festigkeitswerte sind wanddickenabhängig aufgrund der unterschiedlichen Abkühlungsgeschwindigkeiten. Kugelgrafitguss kommt in seinen Eigenschaften dem Stahlguss am nächsten. Eine Wärmebehandlung wie Glühen verbessert die Bruchdehnung. Durch Vergüten können die Festigkeitswerte gesteigert werden. Bauteile aus Kugelgrafitguss lassen sich randschichthärten.

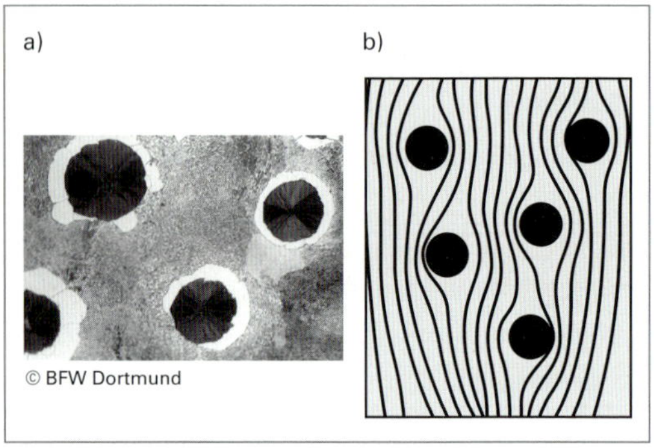

Bild 1: a) Kugelgrafitguss im Schliffbild, b) Kerbwirkung der Grafitkugeln

Gusseisen mit Vermiculargrafit

Es vereinigt die Vorteile der beiden aufgeführten Graugusssorten. Hier erstarrt der Grafit zu langen wurmartigen Ausscheidungen **(Bild 2)**. Weil der Vermiculargrafit an den Enden abgerundet ist, verursacht er keine starke innere Kerbwirkung wie der Lamellengrafit. Die Dämpfungsfähigkeit der Grafitlamellen ist vergleichbar mit denen des Lamellengrafitgusses. Die Festigkeitswerte sind besser als die Werte von Lamellengrafitguss. Dieser Werkstoff eignet sich besonders für thermisch beanspruchte Bauteile.

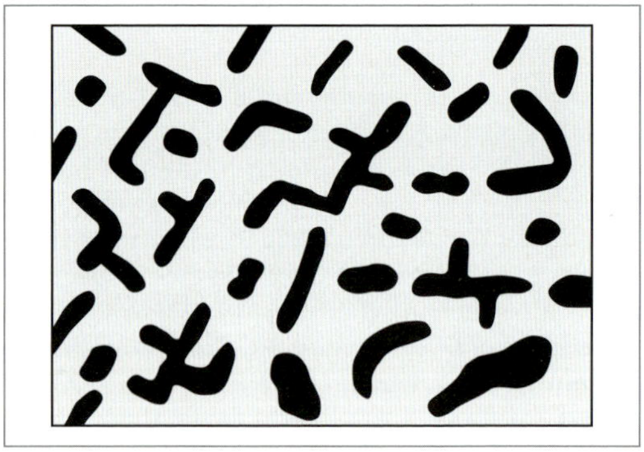

Bild 2: Gusseisen mit Vermiculargrafit

Temperguss

Unter Temperguss versteht man eine Eisen-Kohlenstoff-Legierung, deren Kohlenstoff- und Siliziumgehalt so eingestellt sind, dass die Temperrohgussstücke grafitfrei erstarren. Der enthaltene Kohlenstoff liegt vollständig als Zementit vor. Die Schmelze ist sehr dünnflüssig und füllt daher die Form gut aus. Seine Eigenschaften erhält Temperguss durch eine Glühbehandlung – **Tempern** genannt. Durch die Zusammensetzung des Ausgangsmaterials, die Ofenatmosphäre sowie durch eine spezielle Temperatursteuerung beim Glühvorgang wird der Gefügeaufbau gesteuert. Man unterscheidet entkohlend geglühten Temperguss (weißer Temperguss) und nicht entkohlend geglühten Temperguss (schwarzer Temperguss). Temperguss nimmt hinsichtlich der Festigkeit und den mechanischen Eigenschaften eine Mittelstellung zwischen Grauguss und Stahlguss ein. Temperguss ist wesentlich zäher als Gusseisen mit Lamellengrafit.

Weißer Temperguss

Werkstoffbezeichnung allgemein: EN-GJMW-Mindestzugfestigkeit in N/mm²-Bruchdehnung in %

- **Beispiel**: EN-GJMW-450-7: Europäische Norm, weißer Temperguss, Mindestzugfestigkeit R_m = 450 N/mm², Bruchdehnung A = 7 %.

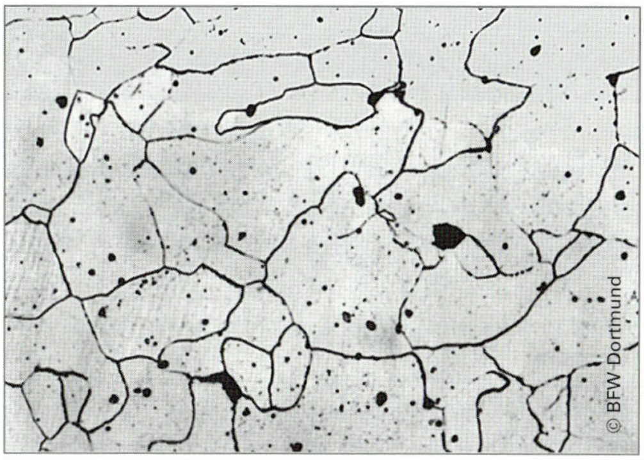

Bild 1: Weißer Temperguss

Weißer Temperguss entsteht, indem Temperrohguss in einer schwach oxidierenden Ofenatmosphäre, d.h. wenig Sauerstoff, geglüht wird. Dabei zerfällt zuerst der Zementit in der Randschicht und anschließend entkohlt diese Randschicht **(Bild 1)**. Die Entkohlungstiefe hängt von der Glühdauer (2 bis 6 Tage) ab und beträgt max. 7 mm. Da das entstehende Gefüge in Abhängigkeit von der Wanddicke unterschiedlich zusammengesetzt ist, sind auch die Festigkeitswerte wanddickenabhängig. Weil der Rand kohlenstoffarm ist, lässt sich weißer Temperguss bis zu Wanddicken von etwa 10 mm gut schweißen. Die wichtige Sonderqualität EN-GJMW-360-12 W mit verringertem Kohlenstoffgehalt lässt sich ohne Vorwärmen der Fügeteile schweißen. Auf die Schweißeignung weist das angehängte W (englisch: *weldable*) besonders hin. Alle Tempergusssorten lassen sich hart- und weichlöten. Die Stückmasse von Bauteilen aus weißem Temperguss sind auf max. 20 kg begrenzt, daher bietet sich die Konstruktionsschweißung an, bei der Bauteile aus unterschiedlichen Werkstoffen durch Schweißen miteinander verbunden werden.

Schwarzer Temperguss

Werkstoffbezeichnung allgemein: EN-GJMB-Mindestzugfestigkeit in N/mm²-Bruchdehnung in %

- **Beispiel**: EN-GJMB-550-4: Europäische Norm, schwarzer Temperguss, Mindestzugfestigkeit R_m = 550 N/mm², Bruchdehnung A = 4 %.

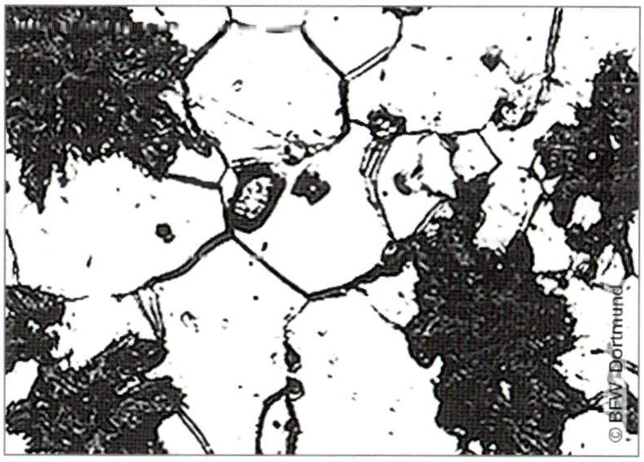

Bild 2: Schwarzer Temperguss

Beim schwarzen Temperguss wird der Temper-Rohguss in einer inerten, d.h. sehr sauerstoffarmen Ofenatmosphäre (Schutzgas) in zwei Stufen geglüht. In der ersten Glühstufe zerfällt der Zementit in Austenit und flockenförmige Temperkohle **(Bild 2)**. In der zweiten Glühstufe zerfällt der Austenit weiter zu Ferrit und Temperkohle. Die Glühdauer beträgt einige Tage, ist aber kürzer als beim weißen Temperguss. Das Gefüge ist über den gesamten Querschnitt gleich. Damit sind die Festigkeitswerte auch nicht wanddickenabhängig. Die Anwendung von schwarzem Temperguss ist zurückgegangen, weil die möglichen Anforderungen sich durch Verwendung von Kugelgrafitguss und Vermiculargrafitguss deutlich preiswerter realisieren lassen.

8.4.1 | LEICHTMETALLE

Die technisch wichtigsten Leichtmetalle sind Aluminium, Magnesium und Titan. Ihre besonderen Eigenschaften sind ihr geringes Gewicht, ihre ausreichende Festigkeit sowie ihre gute Korrosionsbeständigkeit, weshalb sie vorwiegend im Fahrzeug- und Flugzeugbau, aber auch im Maschinenbau (vor allem Aluminium) eingesetzt werden.

Aluminium

Aluminium steht aufgrund seiner besonderen Eigenschaften heute in seiner technischen Bedeutung an zweiter Stelle nach den Eisenwerkstoffen. Fast jede Bearbeitungsart ist möglich – auch Schweißen. Die Dichte ist sehr gering, die Leitfähigkeit ist hoch und das Aussehen ist dekorativ, sodass der Werkstoff Aluminium Anwendungen in vielen Industriebereichen findet. Das Anwendungsspektrum wird vergrößert, weil einige Al-Legierungen die Fähigkeit besitzen auszuhärten.

Kurzkennzeichnung von Al und Al-Legierungen

Aluminium-Werkstoffe werden mit einer Werkstoffnummer oder mit einer Kurzangabe bezeichnet. Bei den Legierungen unterscheidet man Knetlegierungen (für Halbzeuge) und Gusslegierungen. Für **Knetlegierungen** stehen die Buchstaben EN AW-Al, für **Gusslegierungen** die Buchstaben EN AC-Al. Im Anschluss an die Herstellungsart wird das chemische Symbol der Basislegierung angegeben. Danach folgen die chemischen Symbole der Legierungselemente mit den Nenngehalten. Zusätzlich können weitere Angaben zu den Werkstoffzuständen vorgenommen werden. Angaben dazu finden sich im Tabellenbuch sowie in den Normblättern.

Beispiele:

EN AW-AlMg2Mn0,3-H111	
EN	Europäische Norm
AW	Knetlegierung
Al	Aluminium (Basis)
Mg2	2 % Magnesium
Mn 0,3	0,3 % Mangan
H111	geglüht mit nachfolgender geringer Kaltverfestigung

EN AC-AlSi7MgKT6	
EN	Europäische Norm
AC	Gusslegierung
Al	Aluminium (Basis)
Si7	7 % Silizium
Mg	Anteile von Magnesium
K	Kokillenguss
T6	lösungsgeglüht und warm ausgelagert

Die **Verwendungsmöglichkeiten** von Aluminium und Al-Legierungen sind vielfältig. Aluminium kommt in der Natur als Oxid oder Mischoxid vor. Die Reduktion der sehr stabilen Sauerstoffverbindung zu reinem Aluminium, was frei von Beimengungen ist, erfordert einen hohen Energieeinsatz.

Aufgrund seiner **geringen Dichte** und **guten elektrischen Leitfähigkeit** wird Aluminium auch in der Elektrotechnik verwendet. So sind Freilandleitungen heute meist aus Gewichtsgründen aus Aluminium. Das geringe Gewicht bei der gleichzeitig hohen Festigkeit spricht für die Verwendung von Aluminium in der Luft- und Fahrzeugindustrie, aber auch in den Bereichen, in denen menschliche Muskelkraft eine Rolle spielt, wie bei Sportgeräten, Campingausrüstung und Freizeitausrüstungen. Im Bauwesen zeichnet sich Aluminium durch seine sehr gute Witterungs- und Korrosionsbeständigkeit aus. Aluminium wird hier z. B. für Fenster oder Fassaden verwendet. Die Möglichkeit, Aluminium dekorativ einzufärben, eröffnet die Möglichkeiten des Einsatzes von Aluminium im Fassadenbau.

Aluminium hat eine **natürliche Oxidationsschicht,** die sich an der Luft oder in wässrigen Lösungen bildet. Wird diese Schicht beschädigt, bildet sie sich zügig durch Oxidation von Aluminium mit dem Sauerstoff der Luft neu. Die Oxidschicht schützt das darunterliegende Aluminium, wenn der pH-Wert der Umgebung nicht von dem des Aluminiums abweicht.

Die Oxidschicht kann auf elektrochemischem Wege künstlich erzeugt werden. Durch Eloxieren entstehen gleichmäßige, dichte und glasklare Oberflächenschichten.

Im Maschinen- und Fahrzeugbau kommen vorwiegend Aluminiumlegierungen zum Einsatz. Die wichtigsten Legierungselemente für Aluminium sind Kupfer Cu, Mangan Mn, Magnesium Mg, Silizium Si und Zink Zn **(Tabelle 1)**.

Die **nicht aushärtbaren AlMg- und AlMn-Knetlegierungen** lassen sich sehr gut kaltverformen und polieren. Sie zeichnen sich durch eine hervorragende Korrosionsbeständigkeit aus und sind selbst gegen Seewasser beständig. Die Festigkeit ist etwas geringer als bei den aushärtbaren Legierungen. Sie werden im Fahrzeugbau und Bauwesen verwendet, wenn die Korrosionsbeständigkeit und die Möglichkeit zur einfachen Verarbeitung gefragt sind und die Festigkeit eine untergeordnete Rolle spielt.

Tabelle 1: Legierungselemente und Eigenschaften von aushärtbaren Al-Knetlegierungen

Legierungselemente	Eigenschaften
Cu + Mg	gute Festigkeit, mäßige Korrosionsbeständigkeit
Mg + Si	mittlere Festigkeit, gute Korrosionsbeständigkeit, bedingt schweißbar
Zn + Mg	mittlere Festigkeit, gute chemische Beständigkeit, hinreichend schweißgeeignet
Zn + Mg + Cu	höhere Festigkeit, keine gute Korrosionsbeständigkeit

Das **Aushärten von Al-Legierungen** erfolgt durch eine **Wärmebehandlung**, die in drei Schritten erfolgt:

1. **Lösungsglühen**: Das Legierungselement wird durch Glühen geschmolzen und in der Aluminiumschmelze in Lösung gebracht, sodass das Gefüge aus einheitlichen Mischkristallen besteht.
2. **Abschrecken**: Nach dem Lösungsglühen werden die Werkstücke sofort durch Eintauchen in Wasser oder durch Abbrausen mit kaltem Wasser abgeschreckt, wodurch eine sofortige Entmischung des Mischkristalls verhindert wird. Die Zugfestigkeit des Werkstoffs ist aber jetzt schon um 40 % angestiegen, das Material ist aber noch gut verformbar.
3. **Auslagern**: Nach dem Abschrecken erfolgt die Aushärtung des Werkstücks durch das **Kaltauslagern** bei Raumtemperatur. Eine Erhöhung der Temperatur beschleunigt diesen Prozess. Man spricht dann von **Warmauslagern**, eine Temperaturminderung (unter Raumtemperatur) verzögert die Aushärtung um mehrere Stunden. Die Aushärtung beruht auf Gittervorgängen. Das Al-Gitter scheidet das die Gitterstruktur störende Kupfer aus, es kommt zur Bildung von Cu-reichen Zonen, die das Metallgitter verspannen und so die Festigkeit erhöhen. Nach 5 bis 8 Tagen ist der Prozess abgeschlossen.

Wird ein kaltausgelagertes Werkstück erwärmt, verteilt sich innerhalb weniger Minuten das Kupfer wieder in den Mischkristallen. Damit ist der Zustand unmittelbar nach dem Abschrecken wieder hergestellt. Bei Raumtemperatur setzt wieder eine Kaltaushärtung ein, beim Warmauslagern läuft sie wieder beschleunigt ab.

Die **Gusslegierungen von Aluminium** enthalten Silizium und besitzen eine hohe Festigkeit und sehr gute Gießeigenschaften. Sie eignen sich für Druckguss, Kokillenguss und Sandguss. Gusslegierungen mit Si + Mg oder Si + Cu sind aushärtbar. Im Maschinenbau wird überwiegend eine Gusslegierung mit 12 % Si verwendet: EN AC-AlSi12. Sie ist gut gießbar, korrosionsbeständig und hat mittlere Festigkeitswerte. Hieraus lassen sich dünnwandige, kompliziert geformte Bauteile herstellen, die ein geringes Gewicht haben.

i

Info: Gießverfahren

Beim **Druckgießen** wird der flüssige Werkstoff unter hohem Druck in eine Gießform gepresst.

Beim **Kokillenguss** wird der flüssige Werkstoff in eine Form, die Kokille, gegossen.

Beim **Sandguss** wird der flüssige Werkstoff in eine Gießform aus Formsand gegossen.

Lernfeld 8

Werkstücke aus Aluminium-Druckguss sind nicht schweißbar, Werkstücke aus Kokillenguss nur bedingt schweißbar. Werkstücke aus Sandguss sind schweißbar.

Weichgeglühte oder lösungsgeglühte Aluminium-Legierungen lassen sich gut zerspanen, ausgehärtete Legierungen lassen sich nur sehr schlecht zerspanen. Die Schweißbarkeit hängt von der chemischen Zusammensetzung des Grundwerkstoffes, des Zusatzwerkstoffes und des daraus entstehenden Schmelzbades ab. Die Oxidbildung muss beim Schweißen verhindert werden (Inertgasschweißen). Aluminium-Legierungen lassen sich grundsätzlich gut umformen.

Magnesium

Magnesium ist das Metall mit der geringsten Dichte. Reines Magnesium wird in der Technik kaum verwendet, die Festigkeit ist zu gering. Mg-Legierungen sind hinsichtlich ihrer Festigkeit, ihrer Korrosionsbeständigkeit und ihres Aussehens den Al-Legierungen ähnlich. Magnesium ist sehr reaktionsfreudig und neigt zur Selbstentzündung, was besondere Schutzmaßnahmen beim Schmelzen, Gießen und Zerspanen erfordert. Magnesiumlegierungen lassen sich sehr gut zerspanen und werden als Gusswerkstoff verwendet. Magnesium reagiert sehr schnell mit Luftsauerstoff zu weißem Magnesiumoxid, deshalb sind bei seinem Einsatz als Bestandteil von Legierungen Korrosionsschutzmaßnahmen erforderlich.

Die **Kurzkennzeichnung von Mg und Mg-Legierungen** erfolgt in ähnlicher Weise wie beim Aluminium. Die Gusswerkstoffe werden durch die vorangestellten Buchstaben EN-MC gekennzeichnet. Daran anschließend folgt die Angabe der Basislegierung und der Legierungselementen mit ihren Nenngehalten. Durch einen Bindestrich getrennt können das Wärmebehandlungsverfahren und das Gießverfahren angeschlossen werden.

Beispiel:

EN-MCMgAl9Zn1-F-D	
EN	Europäische Norm
MCMg	Magnesium-Gusslegierung
Al9	9 % Aluminium
Zn1	1 % Zink
F	im Rohgusszustand
D	hergestellt durch Druckgießen

Legierungen auf Basis von Magnesium haben an Bedeutung gewonnen, weil das Korrosionsverhalten deutlich verbessert werden konnte. Allerdings ist als Korrosionsschutz eine Beschichtung erforderlich. Magnesium-Legierungen lassen sich nur schwer umformen, daher werden sie als Werkstoffe für Guss- und Gesenkschmiedeteile sowie in der Weiterverarbeitung von stranggepressten Halbzeugen (Stangen) eingesetzt. Die Mg-Knet- und -Gusslegierungen lassen sich gut zerspanen. Deshalb werden sie als Werkstoff von Motoren- und Getriebegehäusen im Fahrzeugbau, von Armaturen sowie von Bauteilen in der Luft- und Raumfahrtindustrie und im Maschinenbau eingesetzt.

Titan

Die Raumfahrttechnik hat die technische Bedeutung von Titan entscheidend vorangetrieben. Reines Titan hat eine geringe Dichte, ist gut umformbar, besitzt gute Festigkeitseigenschaften und gute Korrosionseigenschaften. Allerdings sind die Verarbeitungs- und Herstellungskosten nicht unerheblich, was eine breite Anwendung eingrenzt. Verwendung findet reines Titan in der Medizintechnik, in der chemischen Industrie und im Apparatebau.

Die **Kurzkennzeichnung der Titan-Werkstoffe** erfolgt nach dem gleichen Schema wie bei den vorhergehenden NE-Metallen.

Titan-Legierungen haben Festigkeiten wie Stahl und werden vorwiegend in der Luftfahrttechnik verwendet. Weitere Anwendungsgebiete gibt es in der chemischen Industrie und in der Medizintechnik.

8.4.2 | SCHWERMETALLE

Die technisch wichtigsten Schwermetalle sind Kupfer, Zinn und Zink. Schwermetalle wie Chrom, Nickel und Vanadium dienen vor allem als Legierungselemente von Stählen.

Kurzkennzeichnung der Schwermetall-Legierungen

Die Schwermetall-Legierungen werden, wie auch die Leichtmetall-Legierungen, mit einer Kurzangabe oder einer Werkstoffnummer bezeichnet. Auch hier unterscheidet man zwischen Gusslegierungen und Knetlegierungen. An erster Stelle wird das Basiselement der Schwermetall-Legierung angegeben, anschließend die Legierungselemente mit den Gehaltsangaben in Prozent. Ein nachgestellter Buchstabe kennzeichnet die Erzeugnisform (Gussstücke oder Werkstücke in Blockmetallform) und mit einer weiteren Angabe kann das Gießverfahren angegeben werden. Knetlegierungen erhalten keinen Buchstaben. Abschließend können Angaben zur Festigkeit oder anderen Kennwerten erfolgen.

Beispiele:

CuSn11Pb2-C-GS	
Cu	Basismetall Kupfer
Sn11	11 % Zinn
Pb2	2 % Blei
C	Gusswerkstück
GS	Gießverfahren Sandguss

CuZn33Pb2	
Cu	Basismetall Kupfer
Zn33	33 % Zink
Pb2	2 % Blei
Knetlegierung, weil kein Buchstabe angegeben ist.	

Kupfer

Unlegiertes Kupfer zeichnet sich durch eine gute elektrische Leitfähigkeit, eine hohe Wärmeleitfähigkeit und eine gute Korrosionsbeständigkeit aus. Es lässt sich gut plastisch verformen sowie kaltverfestigen und wird durch Glühen wieder weich. Anwendungen finden sich in der Elektrotechnik (Leitungen) und im Apparatebau (Wärmetauscher, Rohre, Dichtungen).

Kupfer-Legierungen

Im Maschinenbau werden vorwiegend Kupfer-Zink-Legierungen (Messing), Kupfer-Zinn-Legierungen (Bronzen) und Kupfer-Zinn-Zink-Legierungen (Rotguss) sowie auch Kupfer-Aluminium- und Kupfer-Nickel-Legierungen verwendet.

Kupfer-Zink-Legierungen (Messing)

Kupfer-Zink-Legierungen werden am häufigsten in der Technik verwendet. Sie enthalten bis zu 45 % Zink und bis zu 3 % Blei (zur Verbesserung der Zerspanbarkeit). Legierungen dieser Zusammensetzung zeichnen sich durch eine gute Umformbarkeit, eine hohe Korrosionsbeständigkeit und eine gute Gießbarkeit aus. Festigkeit und Härte steigen mit dem Zinkgehalt.

Verwendung finden die CuZn-Legierungen als Werkstoff für Armaturengehäuse, für Käfige in Wälzlagern, für Kleindrehteile, aber auch für Druckgussteile im Maschinenbau und für hochbelastete Lager und Schneckenradkränze.

Kupfer-Zinn-Legierungen (Zinnbronzen)

Kupfer-Zinn-Knetlegierungen enthalten bis zu 9 % Zinn, Kupfer-Zinn-Gusslegierungen bis zu 15 % Zinn. Gussbronzen haben bei 12 bis 14 % Zinn ihre höchste Festigkeit. Sie eignen sich für die Herstellung von Zahnrädern und anderen höher belasteten Bauteilen. Kupfer-Zinn-Legierungen werden für Federn, Hülsen, Gleitlager, Lagerschalen, Spindelmuttern oder Gleit- und Führungsbahnen verwendet

Kupfer-Zinn-Zink-Gusslegierungen

Man bezeichnet diese Zusammensetzung auch als **Rotguss**. Kupfer-Zinn-Zink-Gusslegierungen haben eine gute Korrosionsbeständigkeit und sind gut gieß- und zerspanbar. Sie werden als Werkstoffe für Pumpen-, Ventil- und Zählergehäuse, Fittings und als Lagerwerkstoffe verwendet.

Kupfer-Aluminium-Legierung

Kupfer-Aluminium-Legierungen haben eine hohe Festigkeit und eine hohe Korrosionsbeständigkeit gegen Seewasser, Schwefelsäure und Salzlösungen. Werden sie zusätzlich mit Fe oder Ni legiert, sind sie auch aushärtbar. Anwendungen finden sich im Schiffsbau, im Anlagenbau, für Pumpen, Gleitlager mit hoher Stoßbelastung, Schnecken- und Schraubenräder für höchste Flächenpressungen, in Maschinen der Lebensmittelverarbeitung sowie für Beizkörbe.

Kupfer-Nickel-Legierungen

Kupfer-Nickel-Legierungen werden auch als **Neusilber** bezeichnet. Neusilber enthält 47 % bis 65 % Kupfer, 12 % bis 25 % Nickel, Rest Zink. Der Name Neusilber leitet sich aus der silbernen Farbe ab. Neusilber ist gut verformbar und korrosionsbeständig. Die hohe chemische Beständigkeit wird durch Nickel erreicht, Zink verbessert die Gießbarkeit und Kupfer die gute Verformungsfähigkeit. Aus Neusilber werden zahlreiche Teile für die Elektrotechnik, Optik und Medizintechnik gefertigt.

AUFGABEN | WIEDERHOLUNG UND VERTIEFUNG

1. Geben Sie die drei wesentlichen Merkmale von Leichtmetallen an.
2. Was versteht man unter einer Knetlegierung und was unter einer Gusslegierung?
3. Welche besonderen Eigenschaften haben Legierungen auf der Basis von Aluminium und Kupfer?
4. Erklären Sie kurz die Verfahrensschritte beim Aushärten von Aluminium.
5. Erläutern Sie, weshalb Aluminium über eine hohe Korrosionsbeständigkeit verfügt.
6. Aus welchem Grund ist Aluminium als Werkstoff deutlich kostenintensiver als z. B. Stahl?
7. Nennen Sie drei Anwendungsmöglichkeiten für Aluminiumlegierungen.
8. Nennen Sie Anwendungsmöglichkeiten für die Verwendung von CuSn- und CuZn-Legierungen.
9. Sie benötigen ein Gleitlager für mittlere Beanspruchung. Welchen Werkstoff wählen Sie? Begründen Sie Ihre Auswahl.
10. Erklären Sie die nachfolgenden Kurzbezeichnungen:
    a) ENAW-AlMg2Mn0,3
    b) AC-AlSi7Mg
    c) TiAl6V4
    d) CuZn31Si1
    e) CuSn11Pb2-C
11. Ein Werkstück hat eine Masse m von 52,3 kg und ein Volumen von $V = 19{,}37\ dm^3$. Aus welchem Werkstoff besteht das Bauteil?
12. Welche Legierungen werden als
    a) Messing,
    b) Bronze bzw.
    c) Rotguss
    bezeichnet?

8.5 BAUTEILE DURCH GIEßEN HERSTELLEN

Um ein Bauteil durch Gießen herzustellen, benötigt man einen fließfähigen Werkstoff, d.h. die **Schmelze,** und eine **Form**, die das negative Abbild des zu gießenden Werkstücks bildet. Die Form kann als **Dauerform** ausgeführt werden. Wird sie hingegen für jeden Abguss neu angefertigt, spricht man von einer **verlorenen Form**. Bei den Modellen spricht man entsprechend von **Dauermodellen** aus Holz oder Metall oder von **verlorenen Modellen** aus Wachs oder Schaumstoff.

Folgende **Gießverfahren** werden unterschieden:
- Gießverfahren mit verlorenen Formen und Dauermodellen,
- Gießverfahren mit verlorenen Formen und verlorenen Modellen,
- Gießverfahren mit Dauerformen

8.5.1 MODELLHERSTELLUNG

Gussmodelle bestehen aus einem leicht zu bearbeitendem Werkstoff. Basis der Modellherstellung ist die Fertigungszeichnung des Gussteils **(Bild 1)** anhand der eine Modellzeichnung des Gussteils angefertigt wird. Hierbei muss das **Schwindmaß** berücksichtigt werden.

Das Modell des Gussstücks ist um das **Schwindmaß** größer als das fertige Gussstück.

Das Schwindmaß berücksichtigt die Volumenänderung während des Erstarrungsprozesses, es ist für die verschiedenen Werkstoffe unterschiedlich und kann bis zu 2 % betragen. Jedes Modell muss somit auf den zu verwendenden Werkstoff abgestimmt sein, daher werden die Modelle in Abhängigkeit des Gusswerkstoffes farblich unterschiedlich gekennzeichnet.

Bei der Modellzeichnung müssen **Bearbeitungszugaben** an den Flächen vorgesehen werden, an denen nachher eine spanende Bearbeitung vorgesehen ist. Aushebeschrägen sind erforderlich, damit das Modell leicht aus der Form entnommen werden kann. Das Entformen der Modelle ist nur möglich, wenn die Form nach oben offen ist. Durch die Teilung von Modell und Gießform wird dies erreicht. Die **Teilfuge** ist die Teilungsebene von Gießform und Modell **(Bilder 2 und 3)**.

Hohlräume in Gussstücken werden durch **Kerne** gebildet.

Als **Kern** bezeichnet man einen Körper, der die Form des Hohlraums im Gussstück besitzt.

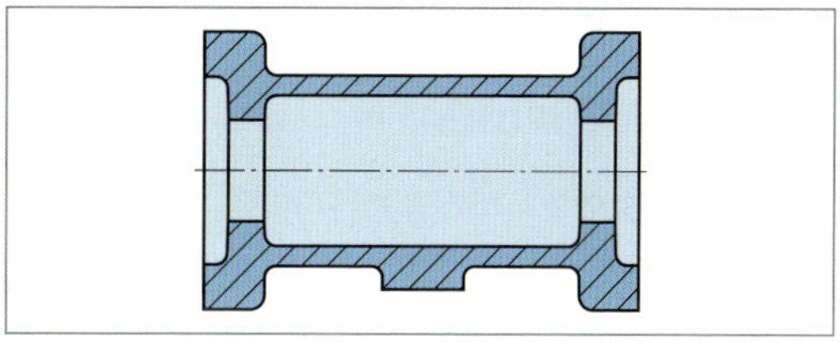

Bild 1: Gussteil

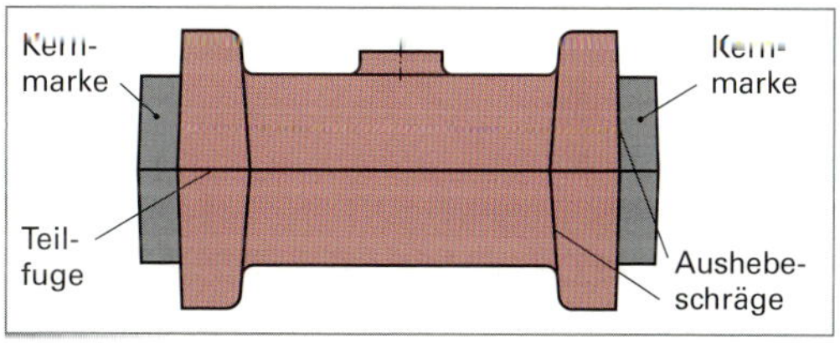

Bild 2: Zweiteiliges Modell

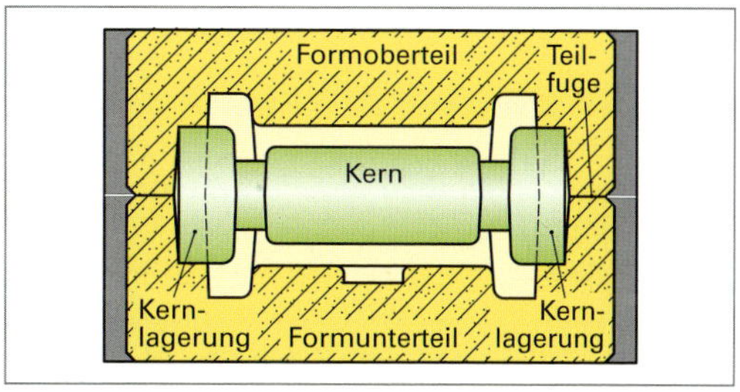

Bild 3: Geteilte Gießform mit Kern

Sandkerne werden eigens in sogenannten **Kernkästen** eingeformt und hergestellt. Kerne werden nach der Entnahme des Modells maßgerecht in die Form eingelegt. Sie dürfen während des Gießvorganges nicht verrutschen, was durch Kernlagerungen und **Kernmarken** gewährleistet wird **(Bilder 2 und 3)**. Zur Erkennung werden Kernmarken am Modell schwarz eingefärbt.

Bei den Modellen unterscheidet man **Dauermodelle** und **verlorene Modelle**. Die Dauermodelle lassen sich mehrfach ein- und ausformen. Sie bestehen aus Holz, Kunstharz oder Metall. Das verlorene Modell kann nur einmal eingeformt werden. Es besteht aus Polystyrolschaum oder Wachs und wird beim Gießen vergast bzw. ausgeschmolzen.

8.5.2 | FORMHERSTELLUNG

Bezüglich der Gießformen werden zwei Arten unterschieden: die **Verfahren mit verlorenen Formen** und die **Verfahren mit Dauerformen**.

Bei den verlorenen Formen besteht die Gießform aus Formstoff. Das Formmaterial erhält seine Dichte durch Verdichten (Formsand) oder durch Aushärten (Keramik). Mit dem Ausformen des Gussstücks wird die Form zerstört. Der Formsand wird danach aufbereitet und wieder verwendet.

8.6 | GIEßVERFAHREN MIT VERLORENEN FORMEN UND DAUERMODELL

Bei diesem Gießverfahren besteht die Form aus verdichtetem Formsand. Sie wird nach dem Abguss zerstört, das Modell kann erneut wieder eingeformt werden. Zu diesen Gießverfahren zählen das Hand- und Maschinenformen, das Maskenform- und das Vakuumformverfahren.

8.6.1 | HANDFORMEN

- **Form**: verlorene Form, nur einmal benutzbar
- **Modell**: Dauermodelle, für den mehrmaligen Gebrauch
- **Werkstoffe**: alle gießbaren Metalle und Legierungen
- **Gewichte**: Transportmöglichkeiten und Schmelzkapazität bestimmen die obere Gewichtsgrenze
- **Toleranzen**: ca. 2,5 % bis 5 %, bezogen auf das Nennmaß
- **Stückzahlen**: Einzelteile, kleine Serien

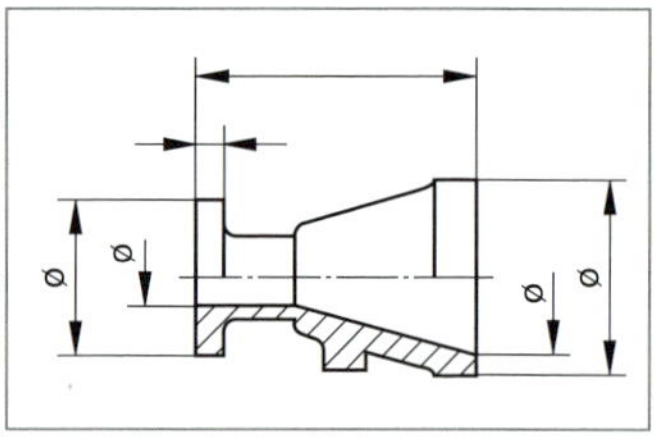

Bild 1: Technische Zeichnung des Werkstücks

Anhand der Kastenformung von Hand werden die Schritte der Formherstellung erläutert.

1. Basis des Gussteils ist die technische Zeichnung (Bild 1), anhand derer ein Modell angefertigt und in die meist zweiteilige Gussform eingeformt wird. Die beiden Hälften der Gussform bezeichnet man als **Ober- und Unterkasten**. Sie werden über Klammern fixiert und über Führungsstifte gegeneinander positioniert.
2. Hohlräume im fertigen Gussstück werden durch Innenkerne geschaffen. Kerne werden in Formen, den **Kernkästen**, hergestellt. Sie werden mit in die Gießform gesetzt und in den Kernlagern mit Kernmarken (Bild 2) fixiert. Kernmarken dienen auch dazu, die beim Gießen auftretenden Gase über Entlüftungsbohrungen abzuleiten.
3. In der Form werden Modelle für **Speiser** und **Einguss** (Anguss) angeordnet. Der Speiser dient dazu, dass Material während des Erstarrungsprozesses nachfließen kann, sodass keine Lunker im Inneren des Gussstücks entstehen. Die Gießform kann auch über die Speiser entlüftet werden. Über den Einguss wird später die Form mit flüssiger Schmelze befüllt. Sind alle Modellteile angeordnet und in ihrer Lage gesichert, wird das Formmaterial eingefüllt und verdichtet, Ober- und Unterkasten werden miteinander verschraubt (Bild 3).

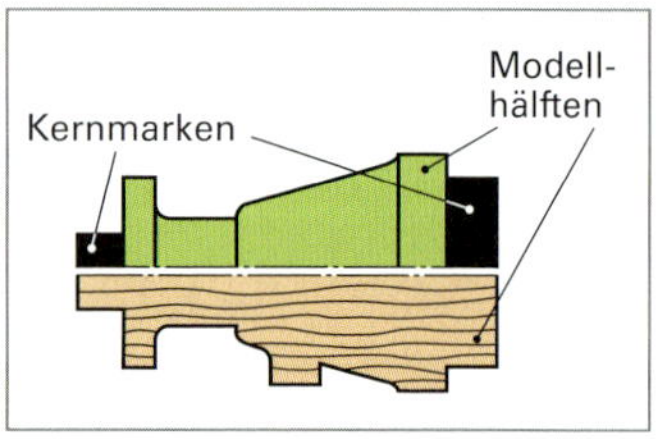

Bild 2: Modell mit Kernmarken

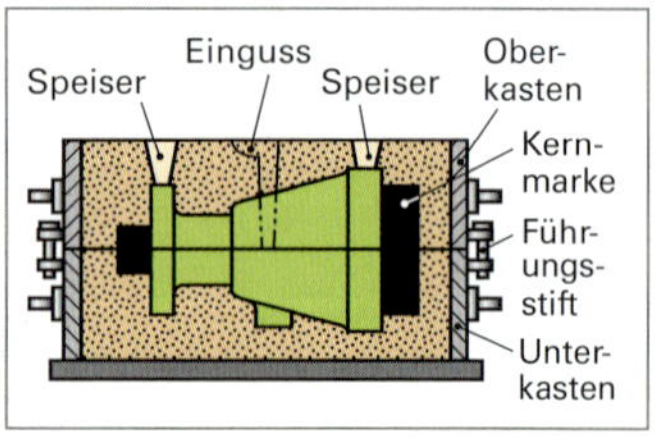

Bild 3: Eingeformtes Modell

4. Der Gießvorgang **(Bild 1)** wird als **Abguss** bezeichnet, die Schmelze fließt über den Einguss in die meist zweiteilige Form. Die gute Fließfähigkeit der Schmelze und ihre Temperatur gewährleisten, dass die Form ganz ausgefüllt wird.
5. Die Form muss die hohen Gießtemperaturen aushalten, folglich muss sie eine ausreichend hohe Hitzebeständigkeit haben. Die Schmelze muss erstarren, bevor das Werkstück aus der Form entnommen werden kann. Um während des Erstarrungsvorganges die Volumenänderung im Werkstoff auszugleichen, muss zusätzliches Material über den Speiser und den Anschnitt **(Bild 2)** nachfließen können. Eine gleichmäßige und kontrollierte Abkühlung sorgt dafür, dass die Kanäle des Speisers nicht zu früh erkalten und Material nachfließen kann. Eine ungleichmäßige Erstarrung führt zu Hohlräumen, die **Lunker** genannt werden. Gleichfalls können durch die unterschiedliche Schwindung einer ungleichmäßigen Erstarrung Spannungsrisse auftreten.

Abschließend werden Speiser, Einguss, Lauf und Anschnitt entfernt und das Werkstück vom evtl. vorkommenden Grat befreit. Die nachfolgende spanende Bearbeitung schließt sich an.

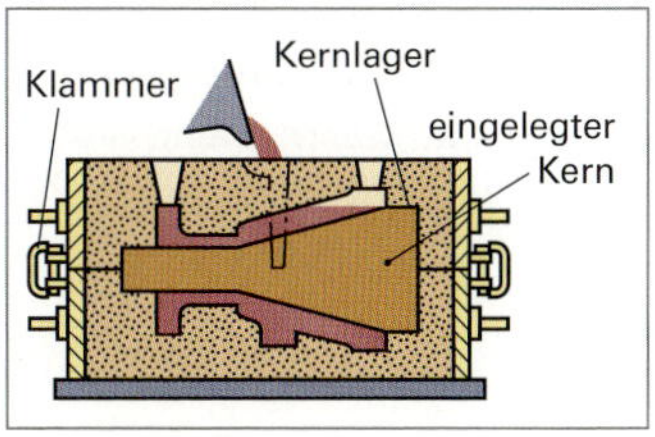

Bild 1: Abguss

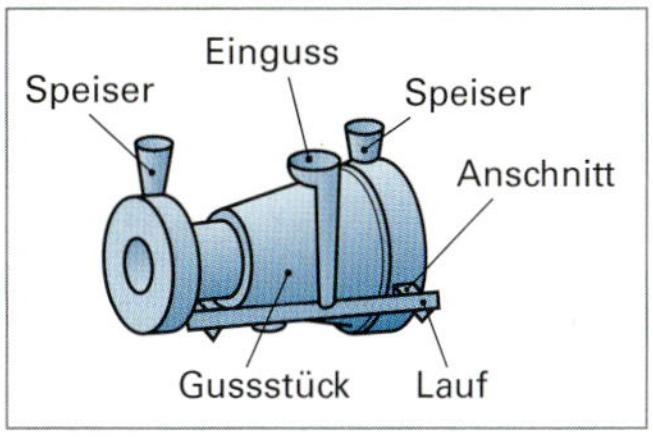

Bild 2: Ausgeformtes Werkstück

8.6.2 | MASCHINENFORMEN

- **Form:** verlorene Form, nur einmal benutzbar
- **Modell:** Dauermodelle, für den mehrmaligen Gebrauch
- **Werkstoffe:** alle gießbaren Metalle und Legierungen
- **Gewichte:** Transportmöglichkeiten und Schmelzkapazität bestimmen die obere Gewichtsgrenze
- **Toleranzen:** ca. 2,5 % bis 5 %, bezogen auf das Nennmaß
- **Stückzahlen:** kleine bis große Serien

Beim Maschinenformen werden die gleichen Arbeitsschritte wie beim Handformen durchgeführt. Die Arbeitsschritte, wie das Verdichten des Formstoffes und das Herausziehen des Modells aus der Form, werden maschinell ausgeführt. Gleichzeitig können der Abguss und das Entformen auch automatisiert ablaufen, sodass der Prozess bei höheren Stückzahlen wirtschaftlicher ist.

8.6.3 | MASKENFORMVERFAHREN

- **Form**: verloren, nur einmal benutzbar
- **Modell**: Modelle für den mehrmaligen Gebrauch
- **Werkstoffe**: alle gießbaren Metalle und Legierungen
- **Gewichte**: bis ca. 150 kg
- **Toleranzen**: ca. 1 % bis 2 %, bezogen auf das Nennmaß
- **Stückzahlen**: mittlere bis große Serien

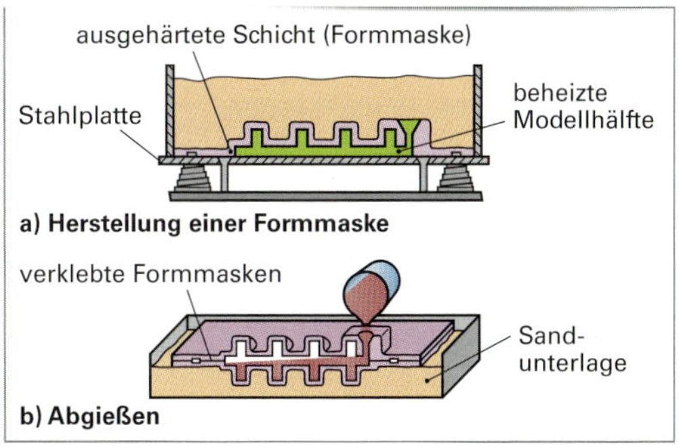

Bild 3: Maskenformen

Beim Maskenformverfahren **(Bild 3)** werden die Modellhälften vollständig aus Metall, z. B. durch Fräsen, hergestellt. Die Modellhälften werden erwärmt und mit Formsand berieselt, der Bindemittel enthält. Durch Aushärten der Bindemittel entsteht eine selbsttragende Form, die Wanddicken liegen zwischen 8 bis 22 mm. Die Formhälften werden jeweils einzeln hergestellt. Die Formhälften werden ggf. mit Kernen versehen und miteinander verklebt. Zentrierungen sichern die Lage der beiden Formhälften zueinander. Die Maskenformen werden zum

Abgießen in ein Sandbett gestellt. Sie sind so gegen Umfallen gesichert und können abgegossen werden. Das Maskenformverfahren wird nicht nur zur Herstellung von Gießformen verwendet, sondern auch für die Massenherstellung von Hohlkernen.

Das Maskenformverfahren wird teil- oder vollautomatisiert durchgeführt. Es gibt kastenlose Anlagen, in denen nur in einem Kasten eingeformt wird. Der Formkasten wird nach Verdichten des Formstoffes wieder entfernt. Das Abgießen ist oftmals in der automatisierten Fertigungsstraße integriert.

8.6.4 | VAKUUMFORMEN

- **Form**: verlorene Form, nur einmal benutzbar
- **Modell**: Dauermodell, d. h., für den mehrmaligen Gebrauch
- **Werkstoffe**: alle gießbaren Metalle und Legierungen
- **Gewichte**: Begrenzung durch die Möglichkeiten der Anlage, nicht durch das Verfahren
- **Toleranzen**: ca. 0,3 % bis 0,6 %, bezogen auf das Nennmaß
- **Stückzahlen**: kleine bis mittelgroße Serien

Das Vakuumverfahren kann als eine Variante des Maskenformverfahrens betrachtet werden, in dem das Modell durch Luftentzug des Zwischenraumes zwischen zwei flexiblen Folien entsteht.

Eine einmal benutzbare Folie wird über das Modell gelegt und durch Vakuum auf das Modell gezogen. Der Formkasten ist mit dem Vakuumsystem verbunden. Sand wird in den Formkasten gefüllt und durch Vibration verdichtet. Mittels einer Deckfolie wird die Form durch Erzeugung von Unterdruck stabilisiert und das Gießmaterial eingefüllt, die Folie verdampft beim Einfüllen der Schmelze. Der Unterdruck wird bis zum Erstarren des Werkstücks aufrechterhalten. Zum Entformen wird das Vakuum entfernt. Formsand und Gussteil fallen ohne zusätzliche Krafteinwirkung aus dem Formkasten.

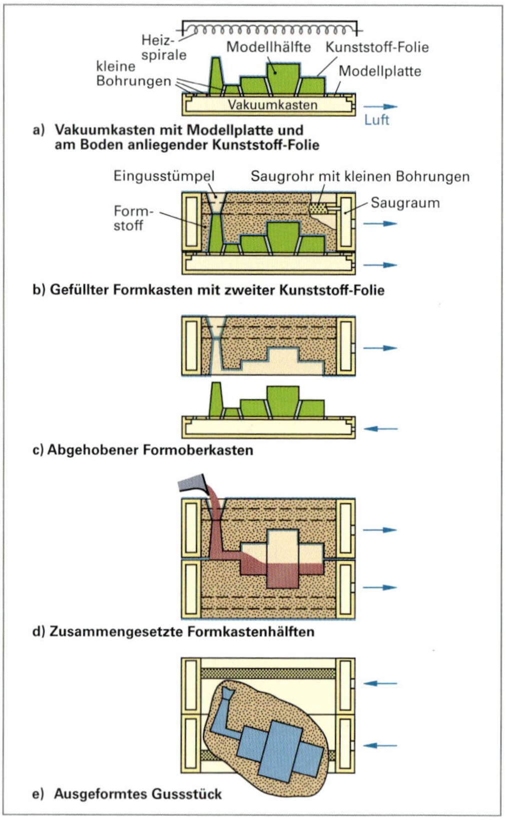

Bild 1: Vakuumformen

AUFGABEN | WIEDERHOLUNG UND VERTIEFUNG

1. Unterscheiden Sie bei den Gießverfahren die drei Gruppen, die sich bezüglich der Gießform voneinander unterscheiden.
2. Was versteht man unter einem Modell, welche Arten gibt es und wofür werden sie verwendet?
3. Erklären Sie, was man unter dem Begriff Schwindmaß versteht.
4. Erläutern Sie die Funktion von Anguss, Speiser und Lauf.
5. Beschreiben Sie die Schritte von der Zeichnung des gegossenen Werkstücks zum fertigen Guss-Stück allgemein (nicht für ein spezielles Gießverfahren).
6. Nennen Sie drei wesentliche Vorteile der Gießverfahren.
7. Wie werden Hohlräume in Gussstücken hergestellt?
8. Erklären Sie, warum beim Modell Bearbeitungszugaben notwendig sind.

8.7 GIEßEN MIT VERLORENER FORM UND VERLORENEM MODELL

Diese Variante der Gießverfahren lässt die Verwendung ungeteilter Formen und Modelle zu, die allerdings nur einmal benutzt werden können. Hierzu zählen die Gießverfahren Feingießen und Vollformgießen.

8.7.1 FEINGIEßEN

- **Form**: verlorene Form, nur einmal benutzbar
- **Modell**: verloren, besteht aus Wachs oder Thermoplasten
- **Werkstoffe**: alle gießbaren Metalle
- **Gewichte**: 1 g bis 50 kg, je nach Fertigungseinrichtung auch bis 150 kg und mehr
- **Toleranzen**: ca. ± 0,4 % bis ± 0,7 % vom Nennmaß
- **Stückzahlen**: kleine bis große Serien

Im ersten Schritt wird beim Feingießen das Modell aus Wachs oder Kunststoff hergestellt **(Bild 1a)**. Das Modell entspricht dem anschließend zu gießenden Werkstück.

Mehrere Modelle können zu einer Modelltraube zusammengefasst werden **(Bild 1b)**.

Das Modell wird in eine breiige keramische Masse getaucht **(Bild 1c)** und anschließend mit keramischem Pulver bestreut **(Bild 1d)**.

Das Modell hat so einen keramischen hochtemperaturbeständigen Überzug, der chemisch aushärtet und die Gießform bildet **(Bild 1e)**.

Der Modellwerkstoff wird durch Ausschmelzen entfernt **(Bild 1f)** und die Gießform anschließend gebrannt, damit diese eine ausreichende Festigkeit erhält.

In die vom Brennen noch heiße Form wird das Gießmaterial abgegossen, damit auch enge Querschnitte und feine Konturen sauber volllaufen **(Bild 1g)**. Nach dem Erstarren wird der Keramiküberzug entfernt und die Gussstücke von der Traube getrennt **(Bild 1h)**. Die durch Feingießen hergestellten Werkstücke haben folgende **Eigenschaften**:

- hohe Maßtoleranz und sehr gute Oberflächengüte durch die hohe Formtemperatur
- größtmögliche Gestaltungsfreiheit durch die Verwendung ungeteilter verlorener Formen und verlorener Modelle, Hinterschneidungen möglich
- gratfreies Werkstück durch die ungeteilte Form
- keine Nacharbeiten durch die hohe Herstellgenauigkeit, nur Speiser und Anguss müssen abgetrennt werden
- Werkstücke herstellbar, die mit anderen Verfahren nur schwer zu realisieren sind
- Werkstücke aus schwer zu zerspanenden Werkstoffen herstellbar

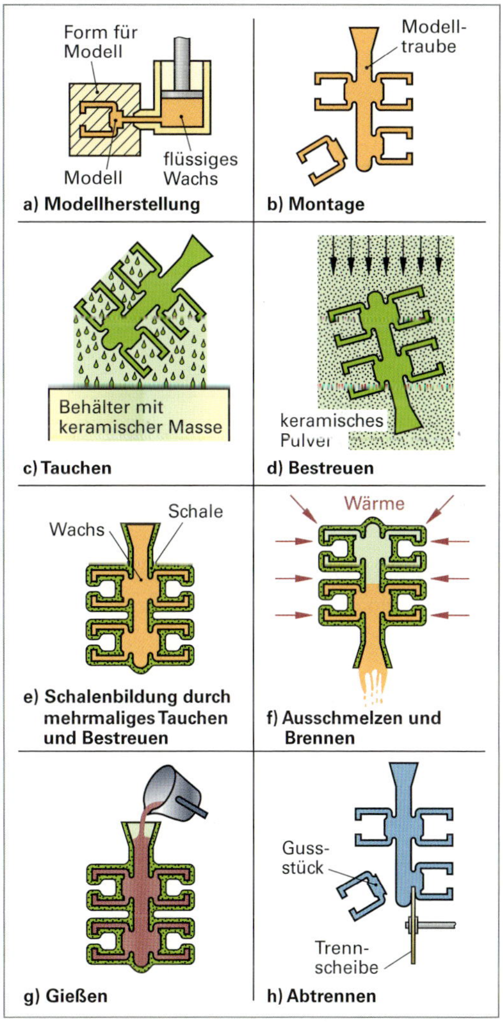

Bild 1: Feingießen

8.7.2 | VOLLFORMGIEßEN

- **Form**: verlorene Form, nur einmal benutzbar
- **Modell**: verlorenes Modell, besteht aus Kunststoff-Hartschaum
- **Werkstoffe**: alle gießbaren Metalle
- **Gewichte**: große Bauteile, Beschränkung nur im Hinblick auf Transport
- **Toleranzen**: ca. 3 % bis 5 %, bezogen auf das Nennmaß
- **Stückzahlen**: Einzelteile, kleine Serien

Beim Vollformgießen wird das Modell aus Kunststoff-Hartschaum hergestellt, mit Einguss und Steiger versehen und in Formsand eingeformt. Aus der ungeteilten Form wird das Schaumstoff-Modell vor dem Gießen nicht entfernt **(Bild 1)**. Formteilungen, Kerne und Formschrägen sind nicht erforderlich. Durch das Gießen mit der heißen Schmelze von unten verdampft der Schaumstoff und es entsteht der Hohlraum, in den das flüssige Metall fließen kann. Dieses Gießverfahren eignet sich besonders gut für größere Werkstücke. Auch Hinterschneidungen sind möglich.

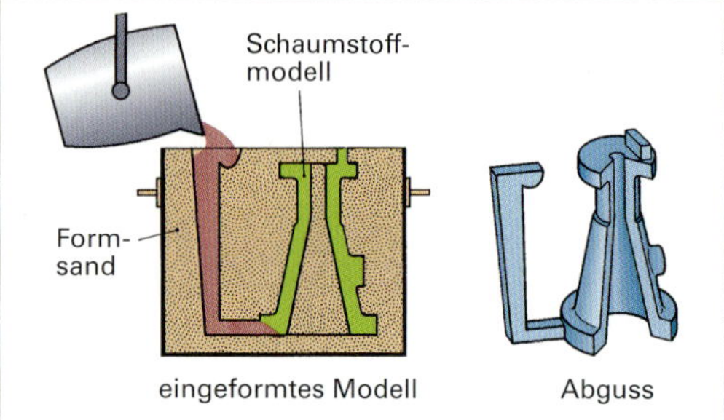

Bild 1: Vollformgießen

8.8 | GIEßEN IN DAUERFORMEN

Beim Gießen in Dauerformen wird kein Modell erstellt, das für jeden Abguss abgeformt werden muss, sondern das Gießmaterial wird in eine meist metallische Dauerform gegossen. Zu diesen Verfahren zählen das Kokillengießen und das Druckgießen.

8.8.1 | KOKILLENGIEßEN

- **Form**: Dauerform, meist aus metallischen Werkstoffen
- **Modell**: kein Modell erforderlich
- **Werkstoffe**: Leichtmetalle, spezielle Kupfer- und Zinklegierungen, Gusseisen (GJL, GJS)
- **Gewichte**: bis 50 kg, auch 100 kg möglich, in Sonderfällen auch mehr
- **Toleranzen**: ca. ± 0,2 mm bis ± 0,3 mm
- **Stückzahlen**: mittlere bis große Serien

Beim Kokillenguss wird Schmelze in eine metallische Dauerform, die **Kokille**, gegossen. Zur Entnahme des Gussteils sind diese Gießformen zwei- oder mehrteilig ausgeführt **(Bild 2)**. Durch die hohe Wärmeleitfähigkeit der Kokille im Vergleich zum Formsand erfolgt eine beschleunigte Abkühlung der Schmelze. Somit ergibt sich gegenüber dem Sandguss ein relativ feinkörniges Gefüge mit besseren Festigkeitseigenschaften. Die Vorteile des Verfahrens sind eine geringere Fehlerhäufigkeit in Vergleich zum Sandguss, ein dichtes Gefüge, eine hohe Maßhaltigkeit und eine gute Oberflächenbeschaffenheit. Aufgrund des dichten Gefüges eignet sich dieses Gießverfahren besonders zur Herstellung von gas- und flüssigkeitsdichtenden Armaturen.

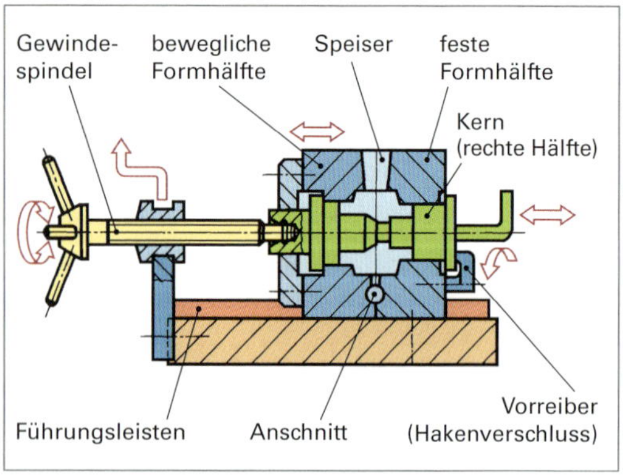

Bild 2: Kokillengießen

8.8.2 I DRUCKGIEßEN

- **Form**: Dauerform, hochfester Warmarbeitsstahl oder Sonderwerkstoff
- **Modell**: kein Modell erforderlich
- **Werkstoffe**: Legierungen nur auf Basis von NE-Metallen (Al, Mg, Zn, Cu, Sn oder Pb)
- **Gewichte**: 5 kg bis ca. 40 kg, je nach Kapazität der Druckgussmaschine
- **Toleranzen**: je nach Werkstoff ca. ± 0,02 mm bis ± 0,3 mm
- **Stückzahlen**: Serienfertigung

Beim Druckgießen wird die Schmelze in einer Druckgussmaschine unter hohem Druck mit relativ hoher Geschwindigkeit in die zweiteilige beheizte Dauerform gedrückt **(Bild 1)**. Durch den hohen Druck gelangt die Schmelze auch in feine Kanäle, sodass sich auch sehr dünnwandige Werkstücke fertigen lassen.

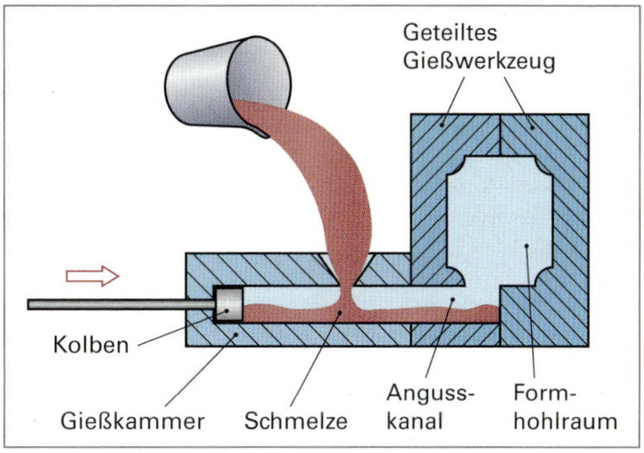

Bild 1: Prinzip des Druckgießens (Kaltkammer)

Beim Druckgießen unterscheidet man das **Warmkammerverfahren** und das **Kaltkammerverfahren**.

Beim Warmkammerverfahren befindet sich die Druckkammer in der Schmelze. Auf diese Weise können nur die Werkstoffe vergossen werden, die die Bauteile des Druckkolbens und der Druckkammer nicht angreifen.

Bei Kaltkammerverfahren wird die Schmelze in die Druckkammer eingefüllt und mithilfe des Stempels in die Form gepresst. In Abhängigkeit von der Lage des Gießkolbens werden das horizontale und das vertikale Kaltkammerverfahren unterschieden. Mit diesen Verfahren lassen sich die Werkstoffe verarbeiten, die höhere Schmelztemperaturen haben oder die Bauteile von Druckkolben und Druckkammer stark angreifen würden.

Durch Druckgießen lassen sich Werkstücke mit hoher Maßgenauigkeit und sehr guter Oberflächengüte herstellen. Druckgießen ist das wirtschaftlichste Gießverfahren für Großserien von Gussteilen mit kleinsten bis mittleren Abmessungen.

AUFGABEN I WIEDERHOLUNG UND VERTIEFUNG

1. Erklären Sie den Unterschied zwischen einem Dauermodell und einem verlorenem Modell.
2. Warum sind die Modelle farblich gekennzeichnet?
3. Sie erstellen eine Fertigungszeichnung für ein Gussteil. Welche allgemeine Angabe muss in der Nähe des Schriftfeldes angegeben werden?
4. Nennen Sie zwei Vorteile des Vollformgießens.
5. Bei welchen Gießverfahren werden Dauermodelle verwendet?
6. Welches Gießverfahren eignet sich zum Herstellen dünnwandiger Gussstücke bei großen Stückzahlen?
7. Ein Hebel aus EN-GJL-200 mit einer Länge von $L = 792$ mm soll gegossen werden. Berechnen Sie die Modelllänge L_1.

8.9 GESTALTUNG VON GUSSTEILEN

Um ein Gussteil funktionell gestalten zu können sind Kenntnisse der physikalischen Eigenschaften des Gusswerkstoffes (Härte, Festigkeit usw.) und des Gießprozesses erforderlich. Aus dem Herstellungsprozess des Gießens lassen sich die besonderen Gestaltungsmerkmale der Gussteile ableiten.

Über die Eignung eines Werkstoffs für seinen Einsatz beim Gießen entscheiden seine Eigenschaften: die Gießbarkeit, die Lunkerbildung, die Seigerungserscheinungen und das Schwinden. Gießtechnisch erforderliche Elemente am Werkstück sind Formelemente wie Rundungen, Rippen, Formschrägen usw.

Die Festigkeit eines Gussteils nimmt von der Oberfläche zur Mitte hin ab, weil in der Mitte die Abkühlgeschwindigkeit geringer ist und es dort zur Grafitausscheidung kommt. Je dünner die Wand eines Gussstücks ist, umso fester und spröder ist das Material. Nur wenn ein Gussteil eine relativ einheitliche Wanddicke aufweist, hat es überall eine vergleichbare Festigkeit. Die wanddickenabhängige Festigkeit von Gussteilen muss bei ihrer Gestaltung berücksichtigt werden.

Bei der **Gestaltung eines Gussteils** sind möglichst **gleiche Wanddicken** vorzusehen.

Bei der Abkühlung eines Gussteils schwindet dieses, was Lunker und Gussspannungen nach sich ziehen kann. **Lunker** bilden sich vor allem an den Stellen mit Materialanhäufungen, an Stellen mit starken Querschnittsübergängen und in Bereichen mit unzureichenden Zuflussquerschnitten. Die größte Schwindung tritt bei Stahlguss und Temperguss auf. Gießtechnisch wird dies u. a. durch ausreichend groß bemessene Eingusstrichter und Speiser berücksichtigt.

Gussspannungen zeigen sich durch Verzug oder Rissbildung. Bei unterschiedlichen Wanddicken und Materialanhäufungen an bestimmten Stellen der Gussteile ist eine gleichmäßige Erstarrung nicht gegeben. Daraus resultieren Lunker, Spannungen, Formveränderungen oder Risse **(Bild 1)**.

Die **Mindestwanddicke** sollte bei Gussteilen nicht unterschritten werden.

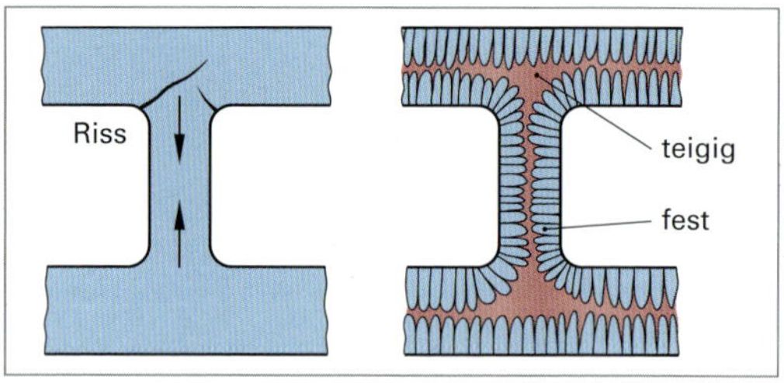

Bild 1: Rissbildung beim Erstarren durch unterschiedliche Wanddicken

Die Mindestwanddicke ist neben dem Gießverfahren abhängig von der Größe des Gussteils und vom Werkstoff. Die Werte können für Sandguss der **Tabelle 1** entnommen werden.

Tabelle 1: Mindestwanddicken bei Gusswerkstoffen für Sandguss

	Größte Abmessung des Gussteils in mm				
Werkstoff	**≤ 100**	**100 bis 200**	**200 bis 300**	**300 bis 500**	**500 bis 750**
GJL, GJS	5	6	7	8	10
GS	10	11	12	14	16
GJMB, GJMW	5	6	7	8	10

Gleiches gilt für **Ecken und Kanten**, scharfe Innenkanten lassen sich gießtechnisch nur schwer verwirklichen. Sie werden beim Ausheben aus der Form leicht beschädigt. Daher finden sich an Gussteilen keine scharfen Ecken und Kanten, sondern nur Rundungen.

Zu große Innenradien ergeben Materialanhäufungen, die zur Lunkerbildung führen können.

Die nachfolgenden Konstruktionsrichtlinien verdeutlichen die Gestaltungsmerkmale im Hinblick auf Eigenspannungen, Lunker und Rissbildung **(Tabelle 1)**.

Tabelle 1: Gestaltungsrichtlinien für Gussteile zur Vermeidung von Lunkern und Rissen

Ungünstig	Besser	Erläuterung
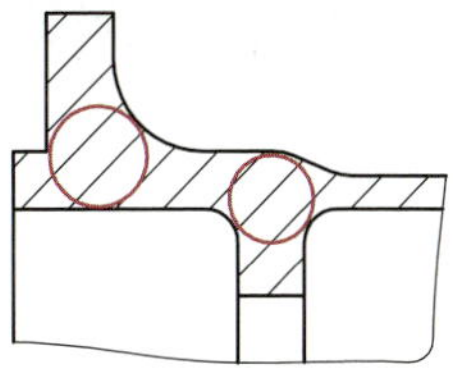	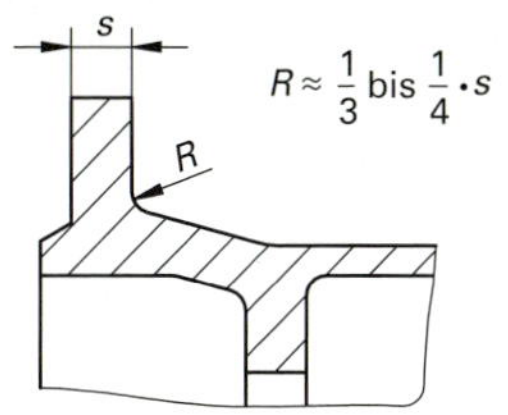	Lunker bilden sich an Werkstoffanhäufungen und treten oft an Stellen mit großen Übergangsradien auf. Große Radien verteuern die Modellherstellung. Zur Vermeidung Radius wie angegeben gestalten.
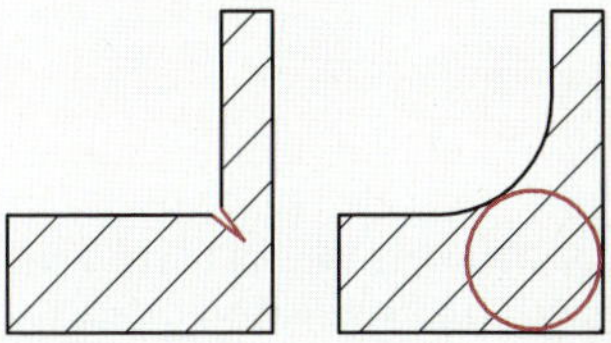	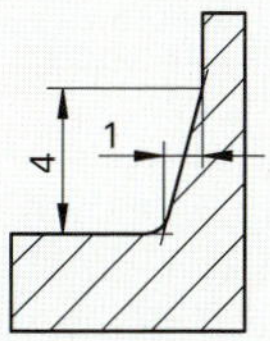	Bei schroffen Übergängen oder an Stellen, an denen eine dünne Wand auf eine dickere trifft, bilden sich Risse. Besser ist es, einen allmählichen Querschnittsübergang von ca. 1:4 vorzusehen
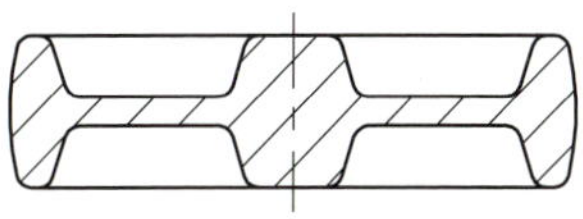	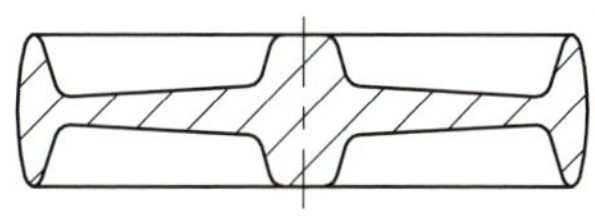	Der Steg erstarrt eher als der Radkranz und es bilden sich Risse. Daher Nabe und Radkranz schwächer ausbilden und den Steg zur Nabe hin verdicken.
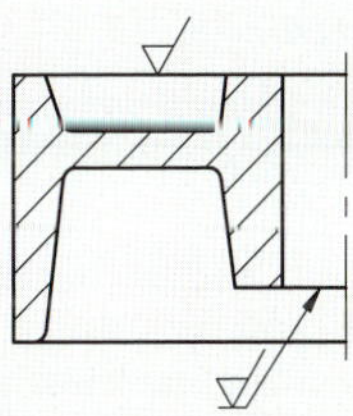	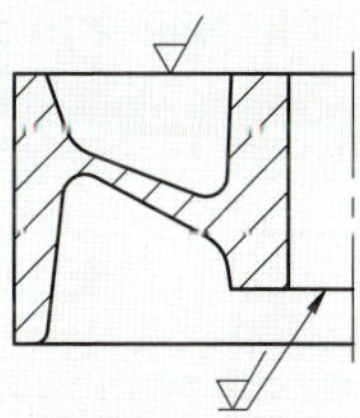	Flüssiger Werkstoff in waagerechten Zonen verliert oft den Zusammenhalt, es sammeln sich Luftblasen. Daher schräge Flächen unter Berücksichtigung der Schwerkraft vorsehen.
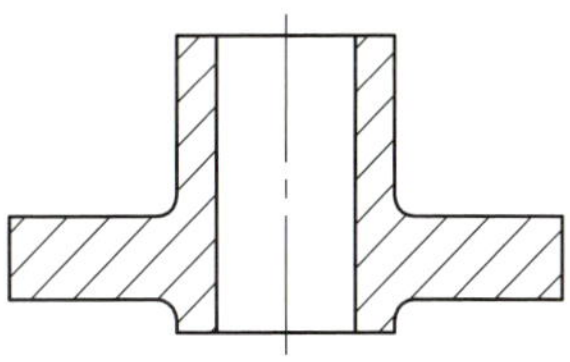	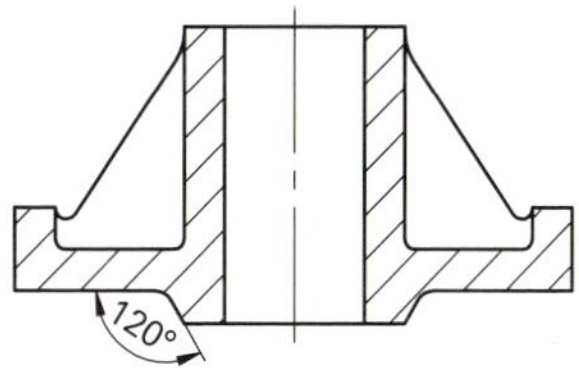	Kühlt ein Werkstück in der Form nicht gleichmäßig ab, so entstehen starke Gussspannungen. Die Flächen verziehen sich, Risse entstehen. Solche Spannungen werden durch gleichmäßige Wanddicken verhindert.

Ein weiteres wichtiges Konstruktionsmerkmal von Gussteilen sind **Aushebeschrägen**. Nach dem Einformen muss das Modell aus der Form genommen werden, hierfür sind Aushebeschrägen am Modell erforderlich. Beim Gießen mit Dauerformen, muss das Werkstück nach dem Gießen aus der Form gehoben werden. Dies ist nur möglich, wenn auch das Werkstück Aushebeschrägen besitzt.

Die Aushebeschrägen sind in DIN EN 12890 genormt und liegen je nach Nennmaß zwischen ca. 0,7° (250 mm Modellhöhe) und ca. 2° (30 mm Modellhöhe). Sie sind von den Abmessungen des Gussteils und dem Fertigungsverfahren abhängig. In der Fertigungszeichnung des Gussteils müssen die Formschrägen nicht eingetragen werden. Größere Formschrägen wirken sich positiv auf die Formarbeit aus.

Tabelle 1 zeigt Konstruktionshinweise zu Aushebeschrägen.

Tabelle 1: Gestaltungsrichtlinien für Aushebeschrägen an Gussteilen		
Ungünstig	**Besser**	**Erläuterung**
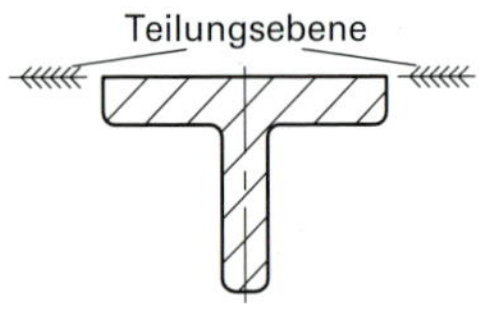	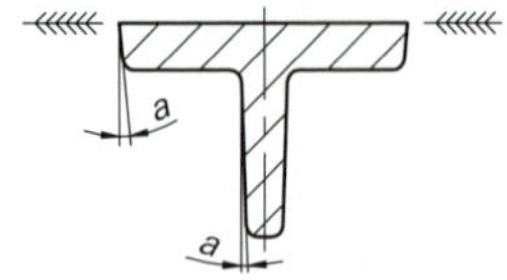	Aushebeschrägen sind notwendig, um das Modell aus der Form zu entfernen.
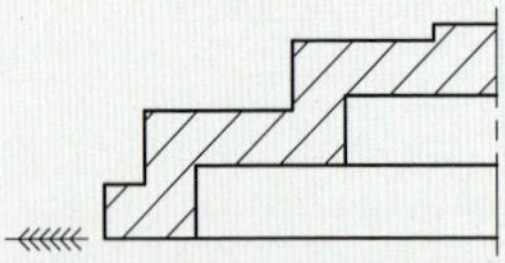	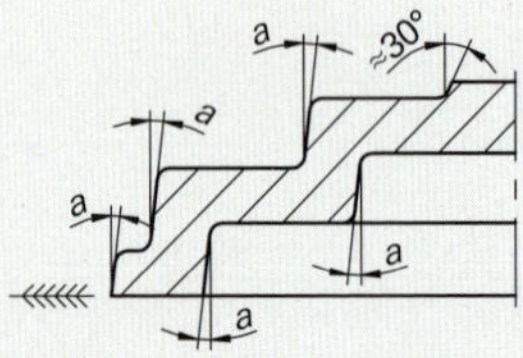	Ohne Aushebeschrägen wäre hier ein spezieller Innenkern erforderlich, was die Herstellung verteuert. Für Vorsprünge und Augen beträgt der kurze Schrägungswinkel ca. 30°.
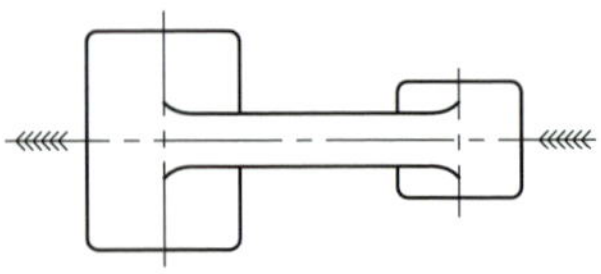	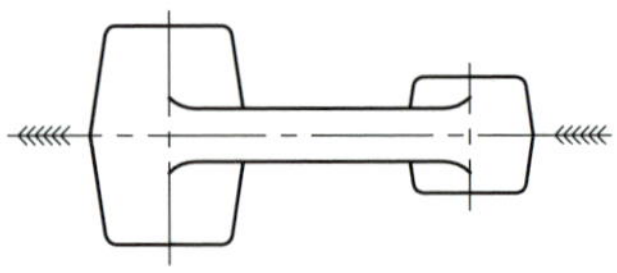	Liegt die Teilungsebene mittig in dem Werkstück, sind Aushebeschrägen für den Ober- und den Unterkasten erforderlich.

Bei **Kreuzungsstellen von Querschnitten und Rippen** ist darauf zu achten, dass keine Materialanhäufungen auftreten.

Die Querschnitte sind entsprechend zu vereinzeln, **Tabelle 2** zeigt hierzu Beispiele.

Tabelle 2: Gestaltungsrichtlinien für Gussteile mit Kreuzungsstellen oder Rippen		
Ungünstig	**Besser**	**Erläuterung**
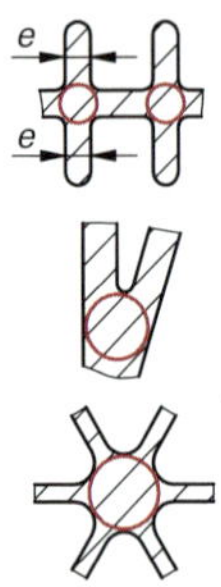	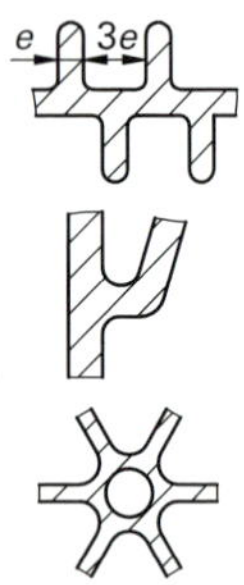	Treffen mehrere Rippen oder Wände aufeinander, so müssen dort Stoffanhäufungen vermieden werden. Dies geschieht, indem die Geometrien auseinandergezogen werden oder die Geometrie unterbrochen wird (durch Kerne im letzten Beispiel).

Bei der Gestaltung von Gussteilen sind nach Möglichkeit offene Querschnitte vorzusehen.

Hinterschneidungen oder **geschlossene Formen** sind zu vermeiden.

Hinterschneidungen erschweren die Herstellung, weil zusätzliche Losteile am Modell erforderlich sind oder zusätzliche Formteilungen oder Kerne notwendig werden. Geschlossene Formen erfordern Kerne, die gelagert werden müssen und die Herstellung gleichfalls verteuern.

Tabelle 1 zeigt Konstruktionshinweise zu Hinterschneidungen und offenen Formen.

Tabelle 1: Gestaltungsrichtlinien für Gussteile mit Hinterschneidungen und offenen Formen

Ungünstig	Besser	Erläuterung
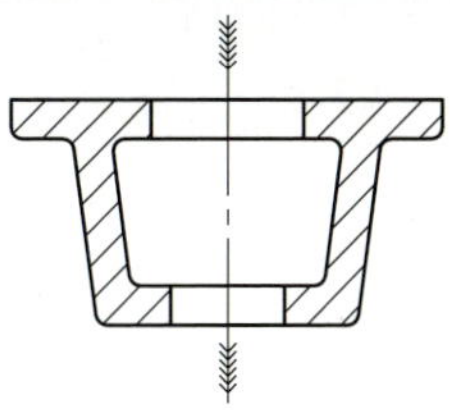	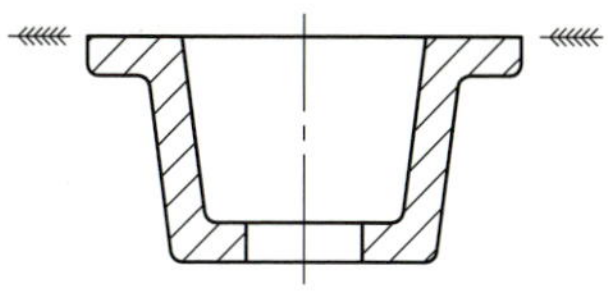	Offene Formen vorsehen, hierdurch werden zusätzliche Einlegeteile nicht benötigt.
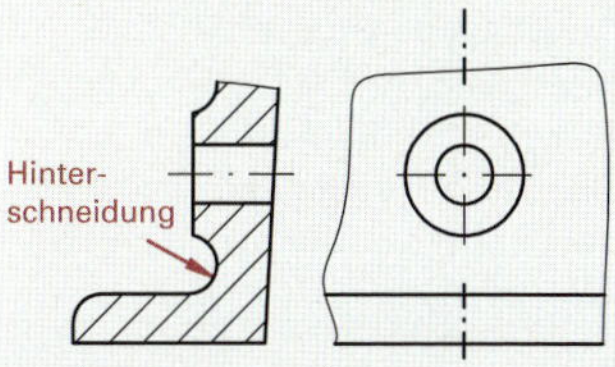	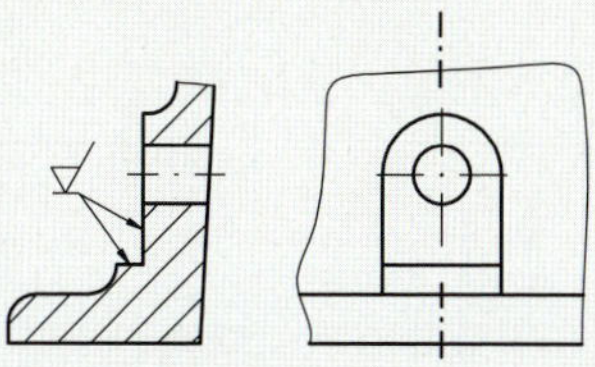	Keine Hinterschneidungen vorsehen. Hier wird die Bearbeitungsfläche bis auf die untere Flanschfläche verlängert, durch die spanende Bearbeitung wird eine Auflagefläche (z. B. für eine Schraube) gefertigt.
	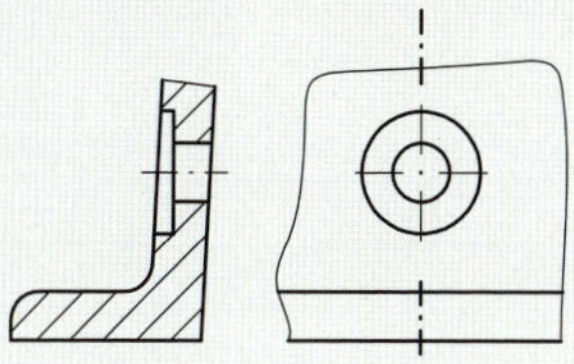	Alternativ kann auch auf eine Gussfläche verzichtet werden, wenn wie im Beispiel eine Auflagefläche durch Ansenken gefertigt werden kann.

Fast alle Gussteile müssen nach dem Gießen **spanend bearbeitet** werden. Hierzu gibt es Gestaltungsregeln. Schon bei der Konstruktion des Gussteils muss die spanende Bearbeitung durch entsprechende Bearbeitungszugaben berücksichtigt werden. Gleichfalls muss die Zugänglichkeit und der Auslauf der Zerspanwerkzeuge beachtet werden und es müssen Spannmöglichkeiten bestehen. **Tabelle 2** zeigt hierzu einige Gestaltungsregeln für Gussteile.

Tabelle 2: Gestaltungsrichtlinien für die spanende Bearbeitung an Gussteilen

Ungünstig	Besser	Erläuterung
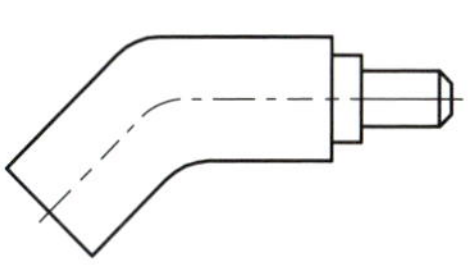	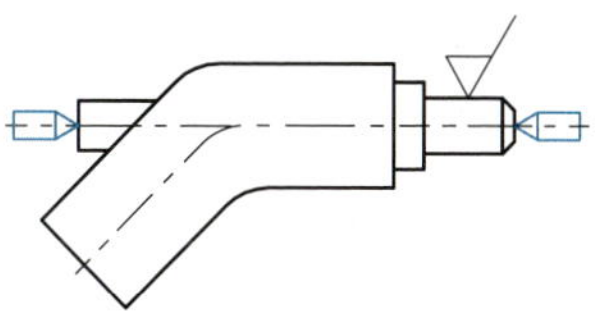	Für das sichere Spannen beim Bearbeiten sind entsprechende Zentrier- und Spannansätze vorzusehen. Eventuell müssen diese später entfernt werden.
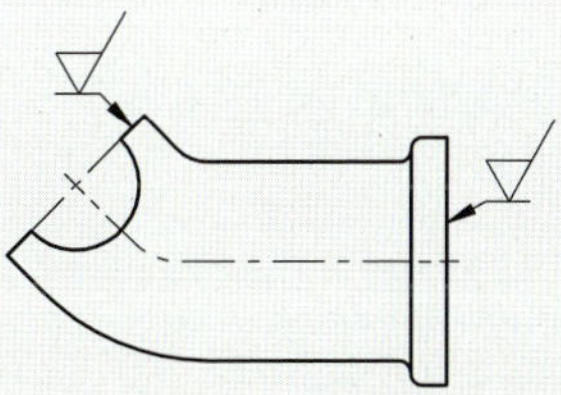	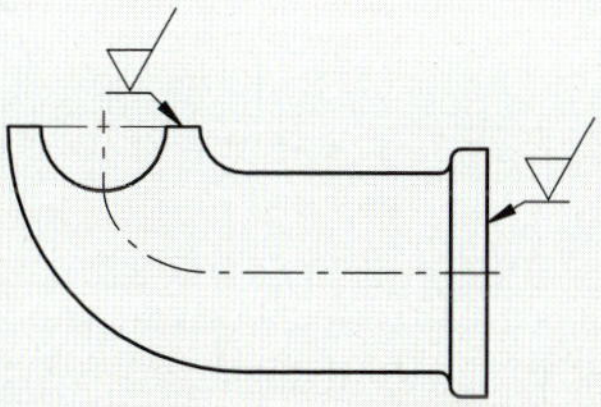	Schräg liegende Bearbeitungsflächen sind schwer zu bearbeiten, da die Werkstücke schwer zu spannen sind. Oft sind dann Sondervorrichtungen erforderlich. Bearbeitungsflächen daher möglichst rechtwinklig zueinander legen.

Fortsetzung von Tabelle 2, Seite 467: Gestaltungsrichtlinien für die spanende Bearbeitung an Gussteilen

Ungünstig	Besser	Erläuterung
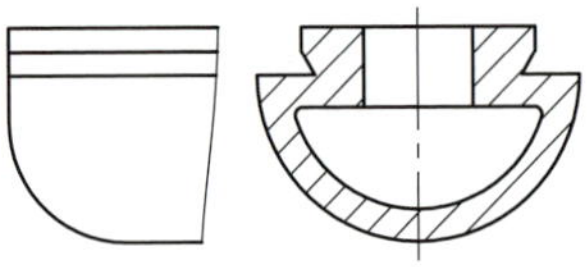	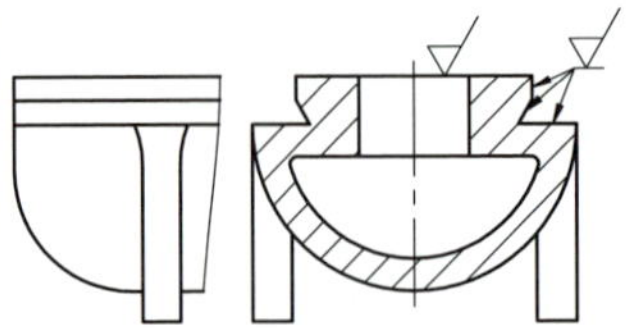	Voraussetzung für die spanende Bearbeitung ist, dass das Werkstück gut und sicher gespannt werden kann. Gerade bei Gussstücken muss das Werkstück häufig auf einer zum Spannen ungeeigneten runden Fläche aufliegen. In solchen Fällen sind daher Stützen anzugießen, die nach dem Bearbeiten abgetrennt werden.
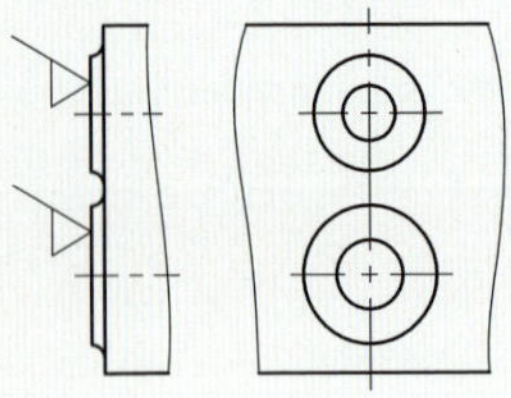	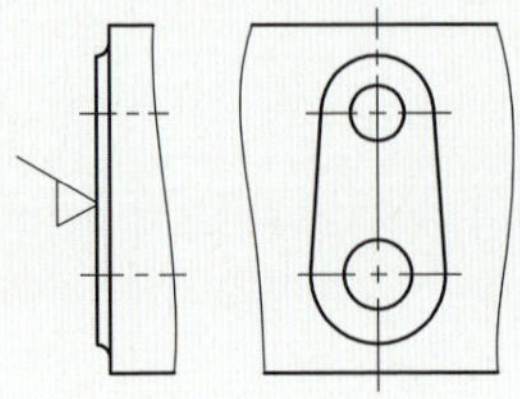	Nah beieinander liegende Bearbeitungsflächen zu einer Fläche zusammenfassen. Eine durchgehende Bearbeitung ist günstiger und zusätzlich spart man sich ein Ansteckteil bei der Modellherstellung.
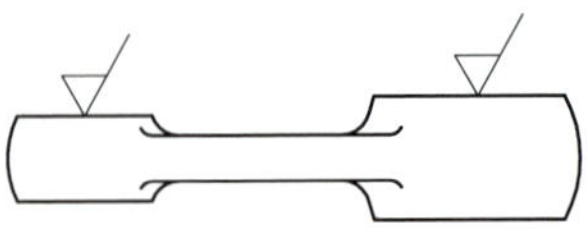	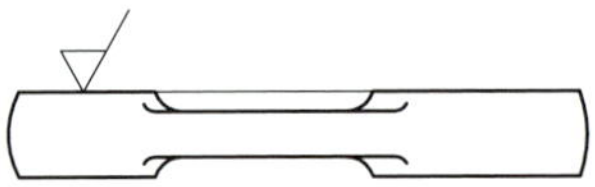	Zu bearbeitende Flächen möglichst in einer Ebene anordnen. Sie können so in einem Arbeitsgang bearbeitet werden.
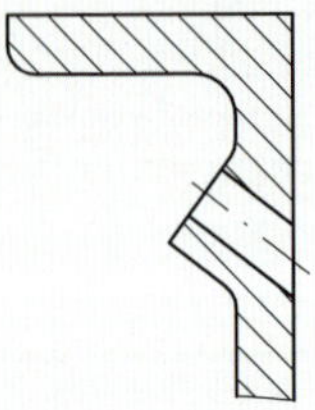	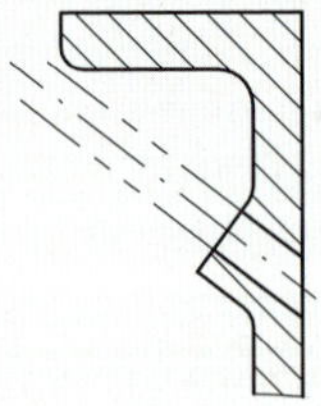	Auf Zugänglichkeit von Werkzeugen achten. Im linken Bild ist die Bohrung zu dicht unterhalb der Wand bzw. der Flansch ragt zu weit über die Bohrung, sodass der Bohrer keinen Platz hat.

Die wichtigsten Gestaltungsregeln für Gussteile sind hier nochmals kurz zusammengefasst:

Gestaltungsregeln für Gussteile

- Den Gusskörper mit möglichst gleichen Wanddicken formen.
- Scharfe Ecken und Stoffanhäufungen vermeiden.
- Allmähliche Übergänge bei Wanddickenunterschieden vorsehen.
- Auf Aushebeschrägen achten.
- Auf Abrundungen achten.
- Eingezogene Formen, Ansteckteile und geschlossene Hohlräume vermeiden.
- Die Rippenwandstärke immer kleiner als die Bauteilwandstärke wählen.
- Auf Zugänglichkeit für die spanende Bearbeitung achten.
- Spannmöglichkeiten vorsehen durch zusätzliche Auflagen oder Spannelemente.
- Haken oder Schwenkzapfen für den Transport bei großen Gussstücken vorsehen.

8.10 | TECHNISCHE ZEICHNUNGEN VON GUSSTEILEN

Die technische Zeichnung eines Gussteils erfüllt mehrere Zwecke. Auf der Basis der Fertigungszeichnung wird im Modellbau das Modell hergestellt – oder zuerst die Modellzeichnung erstellt – je nach Komplexität des Bauteils. Gleichzeitig dient die Zeichnung der spanenden Fertigung für die anschließende Bearbeitung des Werkstücks.

Die **technische Zeichnung eines Gussteils** stellt also immer den Endzustand des Werkstücks dar.

Die **technische Zeichnung** eines Gussteils (Gussbauteilzeichnung) muss folgende **Informationen** enthalten:

- Alle Maße für die Herstellung des zu fertigenden Gussteils einschließlich des Modells, Rippen werden gesondert bemaßt
- Oberflächenangaben für die spanende Bearbeitung, damit der Modellbauer erkennen kann, wo Bearbeitungszugaben notwendig sind
- Alle für die spanende Bearbeitung erforderlichen Maße
- Toleranzen und Passungen, Form- und Lagetoleranzen
- Sämtliche Oberflächenangaben und ggf. weitere Angaben
- Bezug für die spanende Bearbeitung einmal in jeder Hauptachsenrichtung
- Angabe der Teilungsebene durch eine dicke Volllinie und weitere Symbole nach DIN EN ISO 13135

Bei der Anordnung der Bemaßung sollte bereits der Aufbau des Modells berücksichtigt werden.

Da für Hohlräume Kerne gefertigt werden müssen, ist es wichtig zu wissen, welche Hohlräume gegossen werden. Nicht alle Bohrungen werden vorgegossen, eine Herstellung von Kernen rechnet sich aus wirtschaftlichen Gründen erst ab einer Mindestgröße, die in Abhängigkeit vom Gießverfahren und dem verwendeten Werkstoff recht unterschiedlich ausfällt.

Rippen werden in der technischen Zeichnung für den Modellbau in ihrer Größe bemaßt. Ist die Ansicht mit Rippe im Schnitt gezeichnet, werden Rippen nicht schraffiert, damit die Grundform des Werkstücks erkennbar bleibt.

In der Gussbauteilzeichnung werden nur Fertigungsmaße angegeben. Anhand der Maße und der entsprechenden Oberflächenangaben erkennt der Modellbauer, an welchen Stellen Bearbeitungszugaben notwendig sind. Bearbeitungszugaben sind genormt, sie betragen wenige Millimeter. Ist die Bearbeitungszugabe zu klein, kann durch Schwindung oder Verzug bei dem entformten Werkstück nicht mehr ausreichend Material für eine spanende Bearbeitung zur Verfügung stehen. Ist die Zugabe zu groß, steigen die Fertigungskosten durch das größere Spanvolumen und der größeren Menge an Gussmaterial.

Ein rohes Gussteil hat keine scharfen Kanten, sondern ausschließlich Rundungen. Formgebende Rundungen müssen in der technischen Zeichnung bemaßt werden, gießtechnische Rundungen, z. B. bei den Bearbeitungszugaben, berücksichtigen meist die Modell- und Formbauer.

In der technischen Zeichnung werden nur formgebende Schrägen bemaßt, gießtechnische Modellschrägen werden durch Angaben nach DIN EN ISO 10135 gekennzeichnet.

Wichtig bei der technischen Zeichnung eines Gussteils ist der **Bezug für die spanende Bearbeitung**. In jeder Hauptachsenrichtung wird nur einmal ein Bezug von einer unbearbeiteten Fläche oder einer Symmetrieebene an eine spanend zu bearbeitende Fläche gesetzt. Alle weiteren Maße beziehen sich nur auf Bearbeitungsflächen.

Anhand eines einfachen Gussteils werden im Folgenden diese Regeln verdeutlicht.

Bild 1 zeigt das rohe, geputzte Gussteil. Die Bearbeitungszugaben an den Augen und der Rückseite sind anhand einer größeren Materialstärke erkennbar. Das rohe Gussteil hat keine Bohrungen. **Bild 2** zeigt das bearbeitete Gussteil. An den Augen sind die Flächen spanend bearbeitet worden, ebenso auch die Rückseite des Bauteils. Die Bohrungen wurden gefertigt.

Bild 1: Gussteil roh

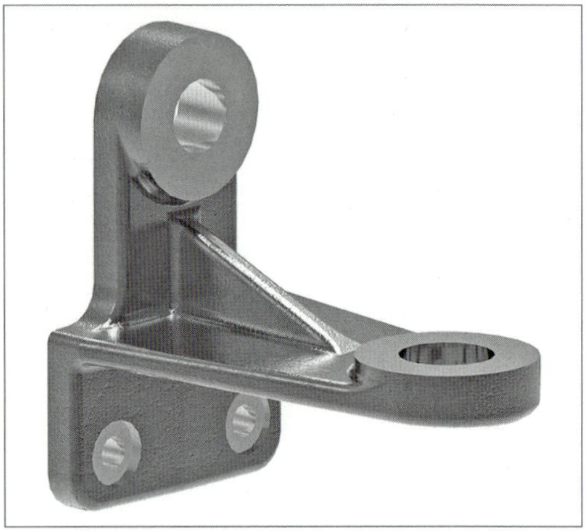

Bild 2: Gussteil bearbeitet

Bild 3 zeigt die technische Zeichnung des Gussteils. Darin sind die Maße für das unbearbeitete Gussteil eingetragen.

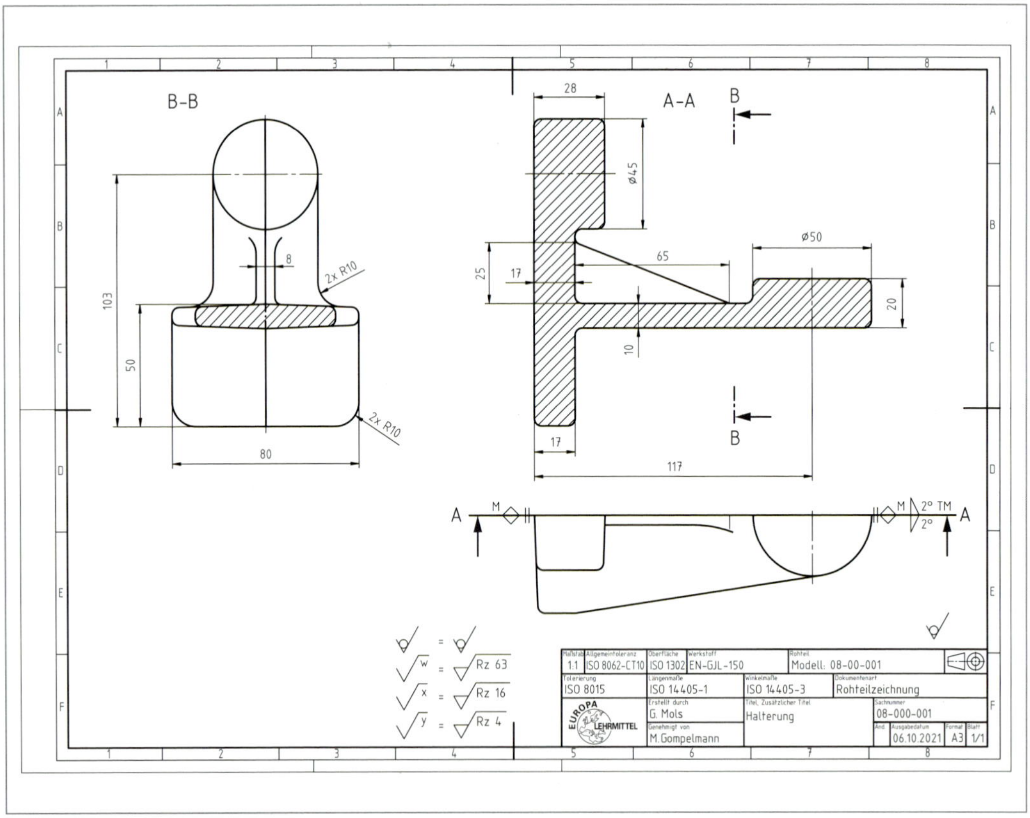

Bild 3: Technische Zeichnung eines unbearbeiteten Gussteils

Bild 1 zeigt das bearbeitete Gussteil mit den Maßen für die spanende Bearbeitung. Die Bezugsmaße für die spanende Erstbearbeitung sind in rot dargestellt. Die Maße für die spanende Erstbearbeitung haben nur einmal in Richtung jeder Hauptachse einen Bezug zu einer unbearbeiteten Gussfläche, ansonsten stehen sie nur untereinander in Bezug. Die Symbole für den Erstbezug (Maß 12 und Maß 15 in Bild 1) werden mit einem Symbol angegeben.

Wird eine Hauptachse oder werden mehrere Hauptachsen als Symmetrieachse für die spanende Bemaßung genutzt, reduzieren sich entsprechend die Maßangaben für die spanende Erstbearbeitung.

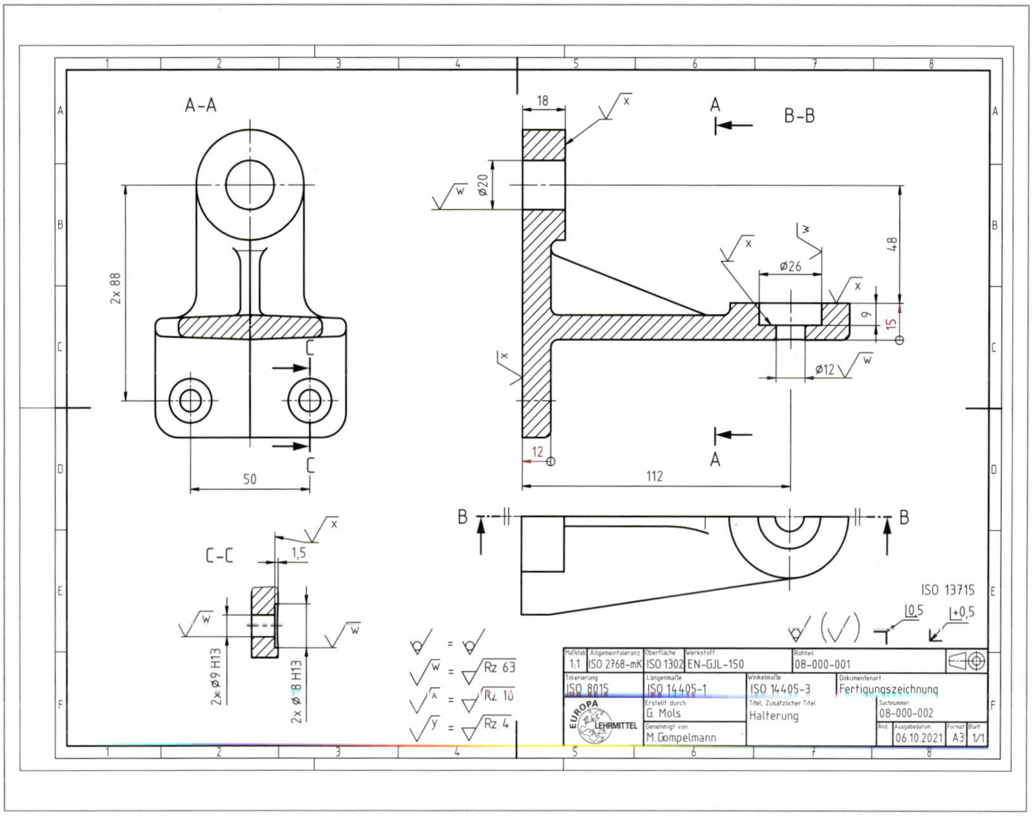

Bild 1: Technische Zeichnung eines Gussteils mit spanender Bearbeitung

Vorgehensweise bei der Bemaßung von Gussteilen

- In der Gussbauteilzeichnung wird das Gussteil mit allen Maßen für die Herstellung des unbearbeiteten Gussteils versehen.
- Die Kennzeichnung der Teilungsebene erfolgt durch eine dicke Volllinie, im Schnittbereich durch eine dicke Strich-Punkt-Linie und weitere Symbole nach DIN EN ISO 13135.
- Die erforderlichen Formschrägen werden nach DIN EN ISO 13135 angegeben.
- Für die nachfolgende spanende Bearbeitung wird eine weitere Zeichnung erstellt.
  - Für jede Hauptachsenrichtung muss ein Maß für die spanende Erstbearbeitung von einer unbearbeiteten Kante ausgehend platziert werden, oder es wird eine Symmetrieachse als Bezug verwendet. Die Kennzeichnung erfolgt nach DIN 406, Teil 10.
  - Alle weiteren Maße für die Bearbeitung stehen dann nur noch untereinander in Beziehung.

8.11 | SINTERN

Sintern ist ein Urformverfahren, bei dem metallische oder keramische Metallpulver mechanisch in Formwerkzeugen verdichtet und anschließend bei hohen Temperaturen zu Fertigteilen verbacken werden. Unter dem Begriff Sintern bezeichnet man einerseits das Fertigungsverfahren „Sintern", andererseits den Fertigungsschritt „Sintern" bei der Herstellung von Sinterformteilen. Aufgrund der verwendeten Rohstoffe, der Metallpulver, spricht man auch von **Pulvermetallurgie**.

Pulverisierte Metalle bzw. deren Legierungen werden mit einem Gleitmittel vermischt. Die Eigenschaften der verwendeten Metalle entsprechen zumeist den Eigenschaften der gesinterten Bauteile. Pulvermetallurgische Fertigungsverfahren, wie das Sintern, werden bevorzugt in der Massenfertigung angewendet. In **Tabelle 1** sind die Vor- und Nachteile gesinterter Werkstücke aufgeführt.

Tabelle 1: Vor- und Nachteile von gesinterten Bauteilen

Vorteile	Nachteile
▌ Hohe Werkstoffausnutzung ▌ Maßgenaue Fertigteile ▌ Nur geringe Nacharbeit ▌ Fertigung von Teilen aus Werkstoffkombinationen, die nicht gießbar sind, wie Gemische aus Metallen und Nichtmetallen ▌ Gut einstellbare Porosität	▌ Presswerkzeuge und Pressen erforderlich, was die Fertigung verteuert ▌ Bedingt durch die porösen Bauteile zum Teil reduzierte Festigkeitswerte ▌ Begrenzte Bauteilgröße ▌ Teures Sintermaterial ▌ Begrenzter Gestaltungsspielraum

8.11.1 | SINTERWERKSTOFFE

Zur Herstellung der Metallpulver gibt es mehrere Verfahren. Häufig wird Eisenerz im Ofen reduziert und über mehrere Fertigungsschritte zu Sinterpulver aufbereitet. So entstandenes Sinterpulver nennt man auch **Schwammeisenpulver**. Weitere Herstellungsmöglichkeiten sind die Verdüsung einer Schmelze durch Wasser oder durch Gas.

In diesem Prozess wird geschmolzenes Metall in kleine Tröpfchen zerteilt und rasch erstarrt, bevor die Schmelztröpfchen in Kontakt miteinander oder mit einer festen Oberfläche kommen. Das Prinzip des Verfahrens beruht auf der Zerteilung eines dünnen, flüssigen Metallstrahls durch einen mit hoher Geschwindigkeit auftreffenden Gas- oder Flüssigkeitsstrom. Wasserverdüste Pulver haben eine sehr ungleichmäßige Teilchenform. Gasverdüste Pulver sind kugelförmig, haben ein sehr gutes Fließverhalten und ein hohes Raumausfüllungsvermögen.

Die Zusammensetzung der Metallpulver wird von den Anforderungen an die zu fertigenden Teile bestimmt. Legierte Pulver können zum Einsatz kommen. Die erforderliche Zusammensetzung kann auch durch Mischen verschiedener Pulver erzielt werden. Beigefügte Gleitmittel erleichtern das Verdichten bei dem sich anschließenden Pressvorgang.

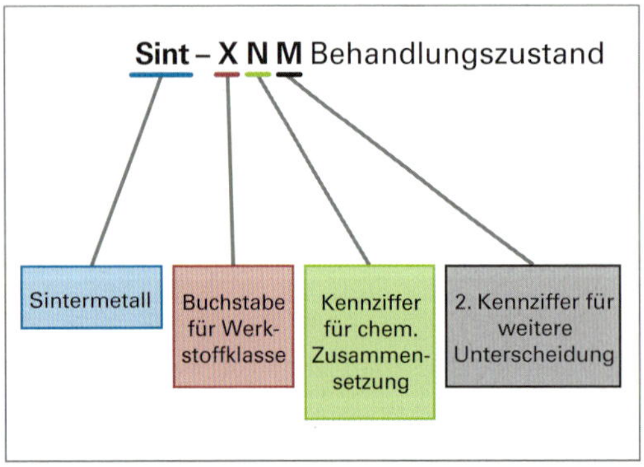

Bild 1: Allgemeine Bezeichnung der Sinterwerkstoffe

Die **Kurzkennzeichnung der Sinterwerkstoffe** erfolgt nach einem eigenen System **(Bild 1)**.

Beispiel:

SINT – D10 sinterglatt	
SINT	Der Werkstoff ist ein Sintermetall
D	Angabe zum Raumfüllungsvermögen 90 ± 2,5 % (Dichteklasse)
1	Sinterstahl mit einem Massenanteil von 1 bis 5 % Cu (Werkstoffgruppe)
0	Kennziffer zur weiteren Unterscheidung (Unterteilung der Werkstoffgruppe)
sinterglatt	Behandlungszustand der Oberfläche

8.11.2 | FERTIGUNG VON SINTERFORMTEILEN AUS METALL

Die Herstellung von Sinterformteilen erfolgt in mehreren Schritten **(Bild 1)**.

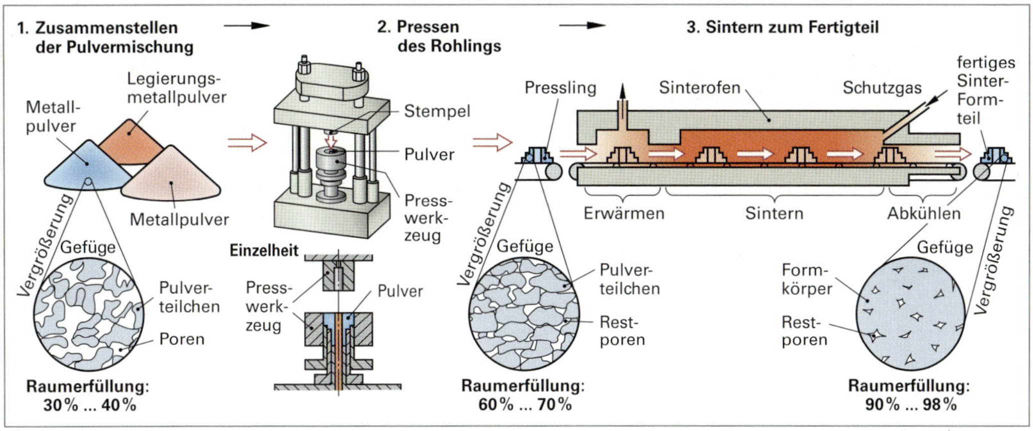

Bild 1: Herstellung von Sinterformteilen aus Metallpulver

Mischen der Pulver: Die **Metallpulver** werden entsprechend der erforderlichen Zusammensetzung gemischt oder liegen bereits gemischt vor. Ein zugefügtes Gleitmittel erleichtert das spätere Pressen, weil sich dadurch der Formstoff leichter verdichten lässt.

Pressen: Die Pulvermischung wird in ein hochpräzises Presswerkzeug gefüllt. Bei Raumtemperatur oder erhöhten Temperaturen (unter 200 °C) erfolgt der Pressvorgang bei Drücken bis zu 1000 bar. Die Pulverteilchen verformen sich dabei, der Porenraum wird geringer. Durch mechanische Verklammerung und Adhäsion (zwischen zwei verschiedenen Teilchen wirken Anziehungskräfte, sie haften aneinander) entsteht ein Zusammenhang zwischen den Teilchen, sodass der sogenannte Grünling, der **Sinter-Pressling**, entsteht.

Sintern: Die **Grünlinge** werden anschließend in einem Sinterofen gesintert. Benachbarte Pulverteilchen verschweißen miteinander. Es bilden sich **Sinterbrücken**. Im weiteren Verlauf wachsen die Körner weiter zusammen und die Porosität nimmt ab. Das Bauteil schrumpft und erhält seine Festigkeit. Das Gefüge des kompakten Sinterformteils entsteht. Falls erforderlich schließt sich an den Sintervorgang eine Nachbehandlung an. Dies kann **Kalibrieren** (Nachpressen bei Raumtemperatur auf ein genaues Maß und eine hohe Oberflächengüte), Härten bzw. Vergüten (Metallpulver müssen darauf abgestimmt sein) oder Zerspanen sein. Durch Imprägnieren lassen sich selbstschmierende Gleitlager herstellen. Hierbei wird das Gleitlager unter Druck mit flüssigem Schmiermittel gefüllt, der poröse Werkstoff nimmt das Schmiermittel gut auf.

8.11.3 | EIGENSCHAFTEN DER SINTERFORMTEILE

Die Eigenschaften der Sinterformteile werden durch die verwendeten Metallpulver (Material und Teilchengröße), den Pressdruck und die Sintertemperatur bestimmt.

- **Grob-poröse Sinter-Werkstücke** eignen sich gut als Filter und bestehen oftmals aus Bronze, Messing oder nichtrostendem Edelstahl.
- **Selbstschmierende Gleitlager** bestehen aus feinporigen Sinterwerkstoffen, deren Poren mit Schmiermittel gefüllt werden können.

Aus Sintermetallen werden Bauteile hergestellt, die kleine bis mittelgroße Abmessungen haben, wie z. B. Zahnräder, Hebel, Verschlüsse, Nocken, Riemenscheiben usw.

Mithilfe des Sinterns werden gleichfalls Werkzeuge aus Werkstoffkombinationen hergestellt, die sich mit anderen Fertigungsverfahren nicht herstellen lassen. Beispiele sind Hartmetalle und Schneidkeramiken, die für Werkzeuge verwendet werden.

8.11.4 | KONSTRUKTIONSHINWEISE ZU SINTERFORMTEILEN

Durch Sintern lassen sich Bauteile mit Grundtoleranzgraden zwischen IT9 und IT10 erzielen. Wird kalibriert sind Grundtoleranzgrade zwischen IT7 und IT8 möglich.

Eine mechanische Nacharbeit ist bei Sinterformteilen möglich, jedoch sollte die Gestaltung aus wirtschaftlichen Gründen so erfolgen, dass die Sinterformteile ohne Nacharbeit einbaufertig sind.

Der Fertigungsprozess des Sinterns beschränkt die Möglichkeiten der geometrischen Formgestaltung durch den Pressvorgang und die nachfolgende Ausformung. Nachfolgend sind einige Konstruktionshinweise zur Gestaltung von Sinterformteilen aufgeführt.

Tabelle 1: Gestaltungsrichtlinien für Sinterformteile

Ungünstig	Besser	Erläuterung
	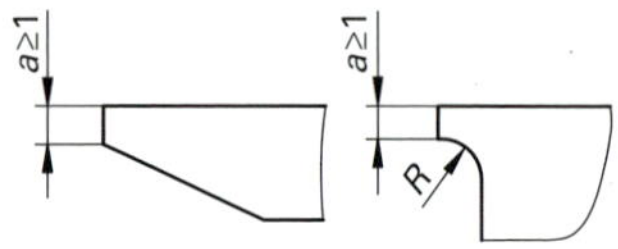	Spitz auslaufende Konturen brechen weg, daher $a \geq 1$ mm und einen Radius am Übergang vorsehen.
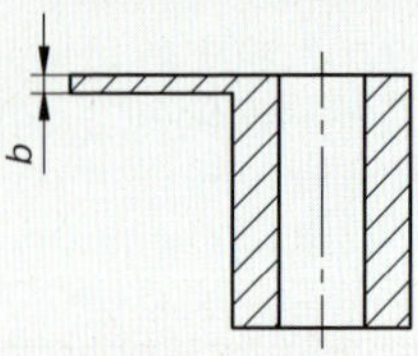	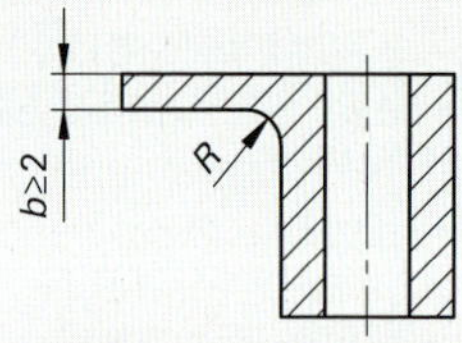	Laschendicke $b \geq 2$ mm, Radius am Übergang vorsehen.
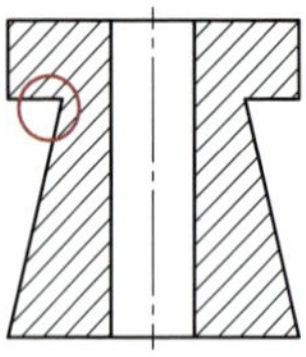	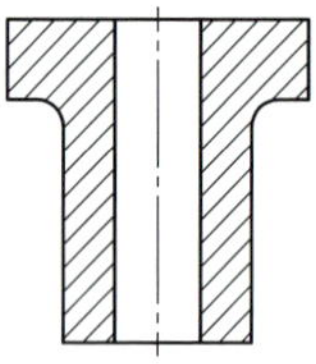	Hinterschneidungen vermeiden, einfache Körper vorsehen.
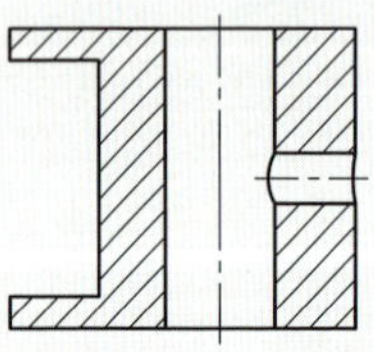	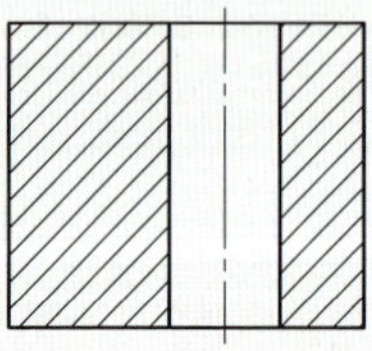	Querbohrungen und/oder Gewinde sind presstechnisch nicht realisierbar.
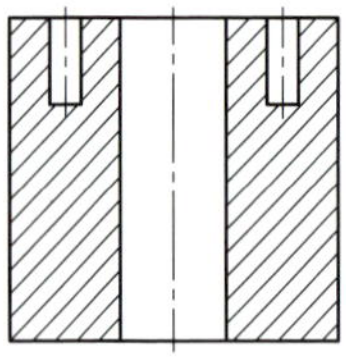	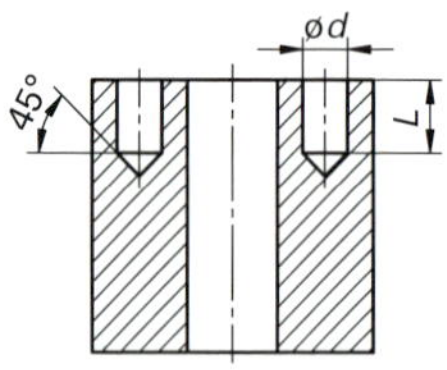	Verhältnis $d : L \leq 1 : 2$ Spitzen verdrängen das Pulver besser.
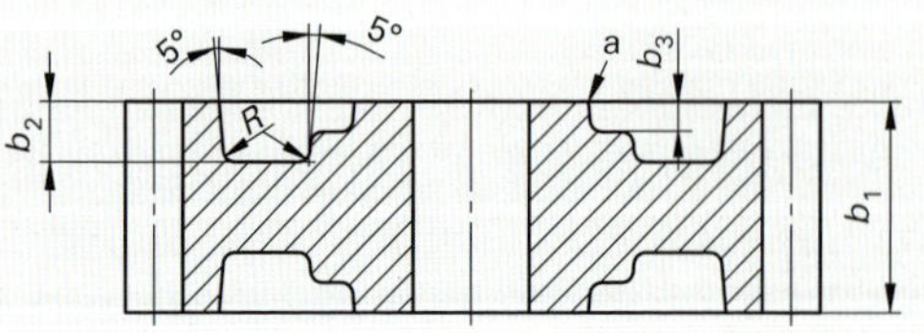		Am Stempel Ausnehmungen mit Schrägen von 5° vorsehen, Außenecken scharfkantig (a), Maße für Profilierungen Tiefe $b_2 \leq 0{,}2 \cdot b_1$, Höhe $b_3 \leq 0{,}2 \cdot b_1$

8.12 | TECHNICAL ENGLISH

8.12.1 | CASTING

Casting means to pour molten metal into a cavity of a mould which has the shape of the desired part. It is used if the part has a complex design or special cast material characteristics are required (e.g. good sliding properties).

The different casting procedures vary if moulds are used, reused or lost **(figure 1)**.

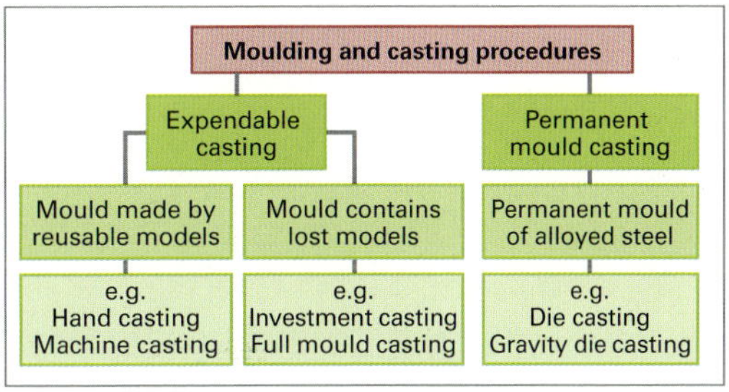

Figure 1: Moulding and casting procedures

Expendable casting **(figure 2)** is a common casting procedure. The mould consists of a drag box, a cope box and a core inside. The mould is usually made of sand with a binder. The melt is poured through the downsprue in the cavity of the mould until it is filled. After solidification the mould and the core are destroyed. The moulded casting **(figure 3)** is the result of the manufacturing process.

Words	
casting	Gießen
to pour	gießen
cavity	Hohlraum
mould	Form
sliding properties	Gleiteigenschaft
casting procedures	Gießverfahren
to reuse	wieder verwenden
expendable casting	Gießen in verlorener Form
hand casting	Handguss
machine casting	Maschinenguss
investment casting	Feingießen
full mould casting	Vollformgießen
permanent mould casting	Gießen in Dauerformen
die casting	Druckgießen
gravity die casting	Kokillengießen
drag box	Unterkasten
cope box	Oberkasten
core	Kern
binder	Bindemittel
downsprue	Eingusstrichter
solidification	Erstarren
moulded casting	ausgeformtes Gussteil
melting temperature	Schmelztemperatur
cupper	Kupfer
brass	Messing
bronze	Bronze

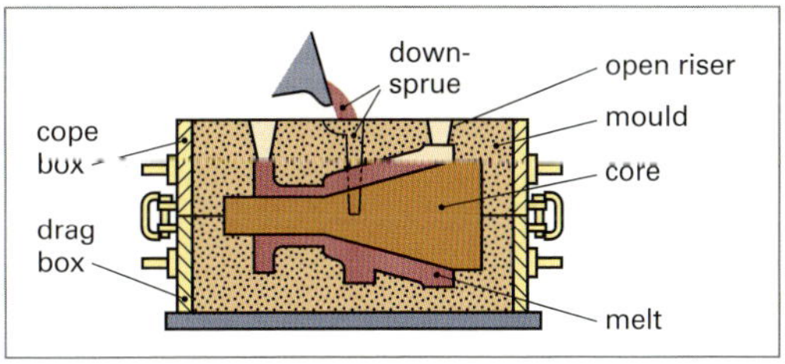

Figure 2: Expendable casting

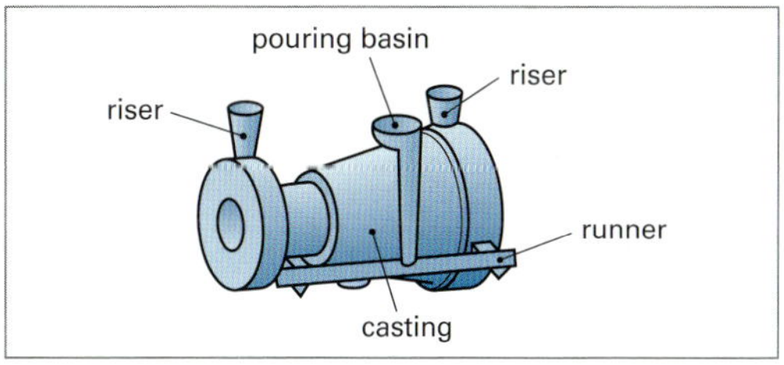

Figure 3: Moulded casting

Permanent mould casting can be used if the melting temperature of the casting material is low enough to be able to use permanent steel moulds. Permanent mould casting therefor can be used for aluminium alloys and cupper alloys like brass and bronze.

EXERCISES | REPETITION AND CONSOLIDATION

1. Describe the process steps to create a sand casted workpiece with a core. Start with the creation of the casting model and end with the cleaned moulded casting.

8.12.2 | HOW TO DESIGN CASTINGS

In order to design casted components suitable for production, the technical product designer has to keep the physical characteristics of the cast material and the requirements of the different casting procedures in mind.

The designing principles for castings **(table 1)** also consider the problems which are caused by the shrinkage of the material while it cools down. This shrinkage could cause internal stresses in the component or shrink holes.

The most important principles are:

- Define the mould parting line and avoid undercuts as far as possible.
- Design the castings with equal wall thickness.
- Avoid material accumulation.
- Avoid sharp edges. Therefor always use radii at corners.
- Provide gradual transitions if you can`t use constant wall thicknesses.

Words	
suitable for production	fertigungsgerecht
shrinkage	Schwindung
shrink holes	Lunker
mould parting line	Teilungsebene
undercut	Hinterschneidungen
material accumulation	Materialanhäufung
radius; plural: radii	Radius; Plural: Radien
gradual	allmählich
transition	Übergang
rib	Rippe
offset	Versatz
properly	richtig
appropriate	geeignet

Table 1: Designing principles for castings

Inappropriate design	Appropriate design	Explanation
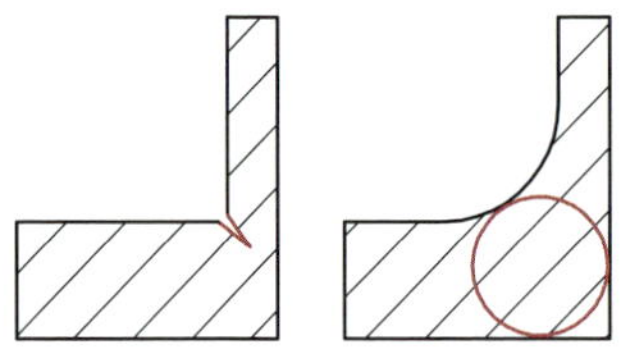	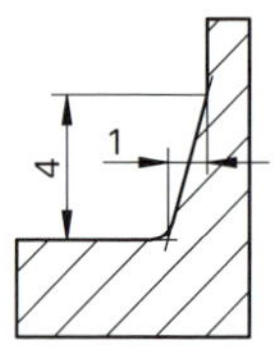	The danger of cracking is possible when the transition of a thick wall to a thin wall is too big. Provide a gradual transition.
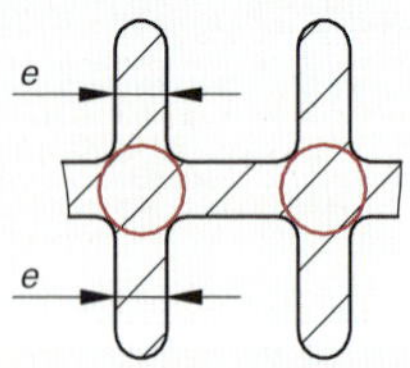	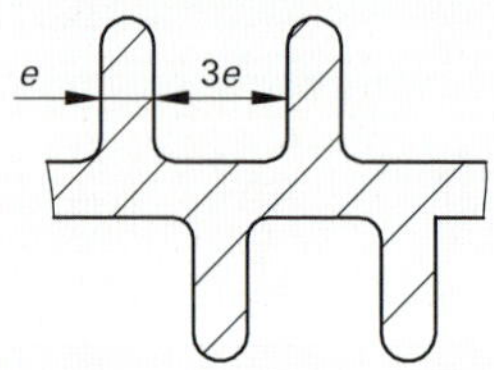	Avoid the accumulation of material, to prevent shrink holes. The ribs should be placed with an offset.
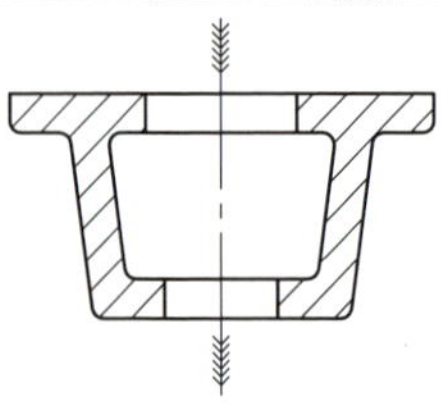	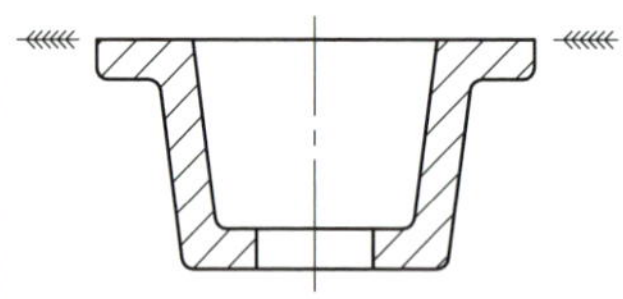	Design open shapes and define the parting line properly to avoid additional cores.
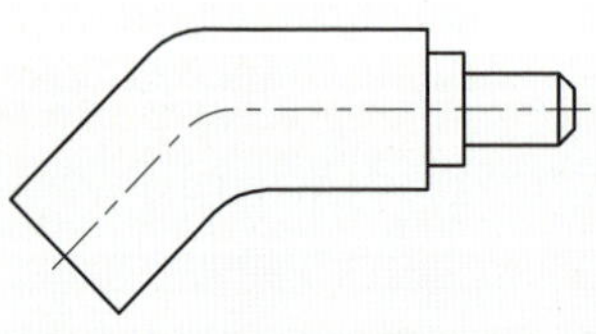	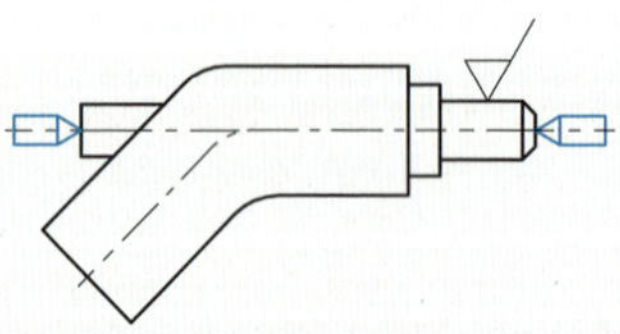	Provide appropriate surface for clamping or centring. Additional material for clamping could be cut off later in the machining process, if it is not required anymore.

8.12.3 | SINTERING

Sintered materials are produced of metal powders which are manufactured by pressing unfinished parts and subsequent sintering in a multi-stage manufacturing process.

The production of sintered mouldings is performed in several stages:

Mixing the powder: The desired composition **(figure 1, left)** is created by mixing different metal powders. Lubricant is added to the powder in order to facilitate the subsequent pressing and compressing.

Pressing: The calculated amount of powder is compressed in a pressing tool **(figure 1, middle)** at very high pressures (up to 1000 bar). This deforms the powder particles, enlarges their contact surfaces and reduces the pore spaces. The pressed part is held together by adhesion and mechanical clamping.

Sintering: The pressed parts obtain their final strength during sintering, when they pass through a sintering furnace. The pressed parts are heated to a temperature of about 25 % below their melting point.

Words	
sintering	Sintern
metal powder	Metallpulver
subsequent	nachfolgend
multi-stage	mehrstufig
desired	erforderlich
composition	Zusammensetzung
lubricant	Gleitmittel
to add	hinzufügen
to facilitate	erleichtern
compressing	Zusammenpressen
to enlarge	vergrößern
contact surface	Kontaktoberfläche
pore space	Porenfreiraum
adhesion	Adhäsion
clamping	Verklemmen
sintering furnace	Sinterofen
melting point	Schmelzpunkt
to fuse	vereinigen
material bridge	Werkstoffverbindung
annealing	Glühen
recrystallization	Rekristallisation
cohesive	zusammenhängend

The adjoining powder particles fuse and form material bridges at this temperature. The material bridges become larger as the sintering process continues so that the microstructure of the sintered moulding develops in a compact and dense way.

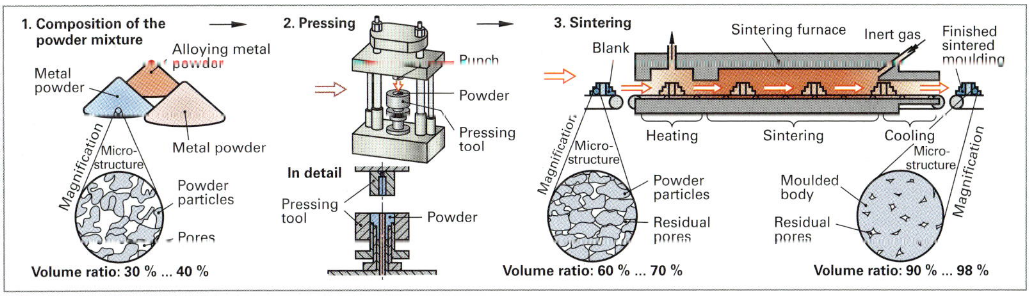

Figure 1: Production of sintered mouldings

Sintering is an annealing process for pressed unfinished parts manufactured of metal powder. Diffusion and recrystallization leads to a sintered finished component with a cohesive material microstructure.

EXERCISES | REPETITION AND CONSOLIDATION

1. Name three designing principles for castings and describe why the castings should be designed accordingly.
2. Explain why the design **(figure right)** is inappropriate and create a sketch of a proper solution.
3. Name and describe the three stages of the sintering process.

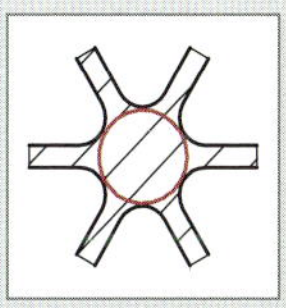

Lernfeld 8

Anhang | INDUSTRIE 4.0 UND KÜNSTLICHE INTELLIGENZ

Der Begriff **Industrie 4.0** wurde im Jahr 2013 in Deutschland u. a. vom Bundesministerium für Wirtschaft und Energie (BMWi) sowie vom Bundesministerium für Bildung und Forschung (BMBF) für ein Zukunftsprojekt zur Förderung der Digitalisierung der Industrie eingeführt.

Mit diesem Begriff soll die 4. industrielle Revolution eingeleitet und beschrieben werden **(Bild 1)**.

- Unter der **1. industriellen Revolution** versteht man die Mechanisierung der Industrie mithilfe von Dampfmaschinen.
- Die **2. industrielle Revolution** war gekennzeichnet durch Fließband- und Massenfertigung, wodurch Bauteile mit definierten Toleranzen in gleichbleibender Qualität gefertigt werden konnten und austauschbar wurden.
- Die **3. industrielle Revolution** wird auch **digitale Revolution** genannt. Sie beruht im Wesentlichen auf dem Einsatz von Computern, wie z. B. **S**peicher**p**rogrammierbaren **S**teuerungen (**SPS**), und hatte die weitere Automatisierung der Fertigung zum Ziel.

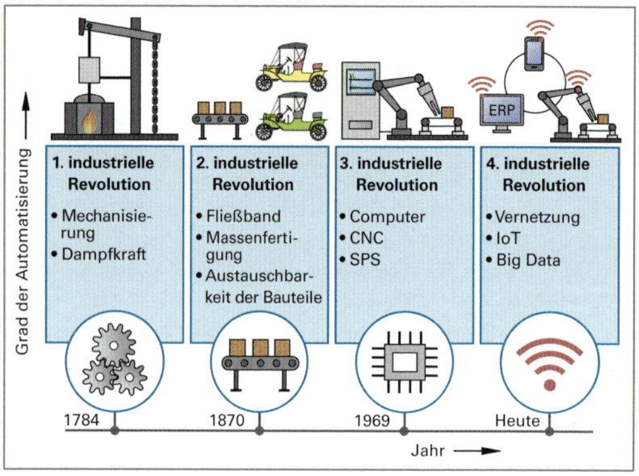

Bild 1: 1. bis 4. industrielle Revolution

Die Begriffe der 1. bis 3. industriellen Revolution wurden von der Geschichtsschreibung im Nachhinein erarbeitet. Im Gegensatz dazu wurde der Begriff der **4. industriellen Revolution** gewählt, um den grundlegenden und nachhaltigen Wandel einzuleiten und die weitere Entwicklung der deutschen Industrie gezielt zu fördern. Das **Ziel** besteht darin, die Industrie „reif für die Zukunft" zu machen, damit sie in Zeiten des globalen Handels marktfähig ist. Konkret geht es um die Verkürzung der Produktentwicklungszeiten und des Produktionsprozesses (Time-to-Market), die Steigerung von Effizienz und Qualität sowie um die Erhöhung von Flexibilität und Sicherheit.

Der Begriff **Industrie 4.0** wurde zuerst nur in Deutschland verwendet, hat aber inzwischen europaweite Bedeutung erlangt. International sind Begriffe wie **Internet of Things** (engl., Internet der Dinge, Abk.: **IoT**) oder **Big Data** gängig, die ähnliche Entwicklungen oder Teilbereiche von Industrie 4.0 beschreiben **(Bild 2)**.

Die Ziele des Projektes Industrie 4.0 sollen durch die **Vernetzung** sämtlicher Bereiche der industriellen Fertigung mit **modernen Informations-** und **Kommunikationstechniken** erreicht werden. Informationen zum gesamten Lebenszyklus eines Produktes, beginnend bei der Idee bzw. der Feststellung der Kundenwünsche über die Entwicklung, die Fertigung, den Vertrieb und Versand, den Betrieb, die Wartung und Reparatur bis zur Demontage und zum Recycling der verwendeten Materialien sollen mithilfe der modernen Informations- und Kommunikationstechnik in einem **Datensystem**

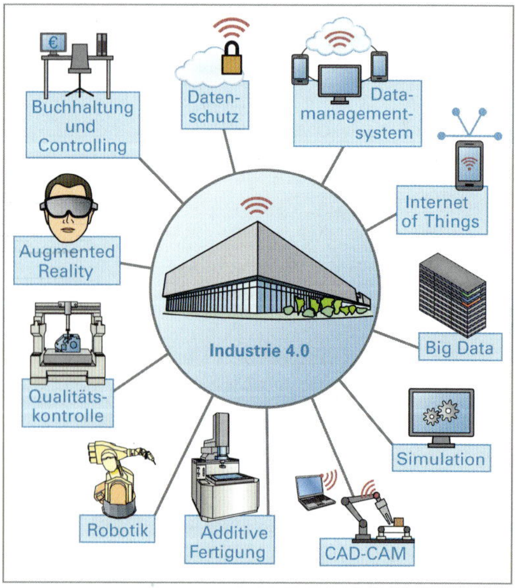

Bild 2: Industrie 4.0

gespeichert werden. Prozesse in der Produktentwicklung und Produktion sollen verschlankt werden, weil den autorisierten Mitarbeitern alle Informationen in übersichtlicher Form zur Verfügung stehen.

Alle Prozesse sollen so weitgehend wie möglich automatisiert werden, insbesondere in der Fertigung. Auch der gesamte kaufmännische Bereich der Industrie, von der Kostenkalkulation über die Auftragsvergabe und Bestellung von Bauteilen bis hin zur Abrechnung mit dem Kunden soll miteinander vernetzt und damit weitgehend automatisiert werden.

Der Begriff **Industrie 4.0** beschreibt die **Vernetzung des kompletten Lebenszyklus eines Produktes** mit der modernen Informations- und Kommunikationstechnik.

Das **Ziel des Projekts Industrie 4.0** besteht darin, durch die strukturierte Datenhaltung den Produktentwicklungsprozess und den Produktionsprozess der deutschen Industrie global zukunftsfähig zu machen.

Die Vernetzung der verschiedenen Bereiche des Lebenszyklus eines Produktes im Rahmen von Industrie 4.0 kann beispielhaft an der **Konstruktion eines Antriebs für Sonnenkollektoren** erläutert werden **(Bild 1)**. Der Wirkungsgrad eines Sonnenkollektors ist am größten, wenn er der Bewegung der Sonne folgt, sodass die Sonnenstrahlen möglichst senkrecht auf den Kollektor fallen. Hieraus entstand die Idee eines Antriebs, der die Sonnenkollektoren permanent automatisch zur Sonne ausrichtet.

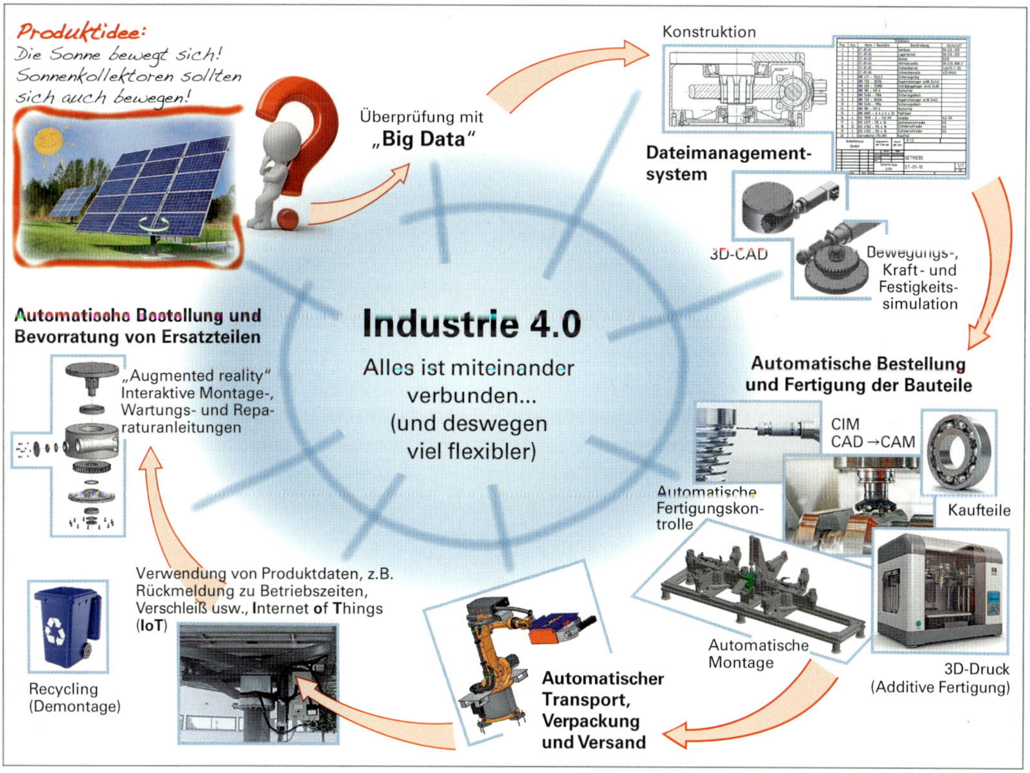

Bild 1: Industrie 4.0 am Beispiel der Konstruktion eines Antriebs für Sonnenkollektoren

Zur Überprüfung, ob diese Idee wirtschaftlich sinnvoll ist, können **Daten aus dem Internet** genutzt werden. Es kann z. B. der Standort sämtlicher Sonnenkollektoren und deren Energieausbeute ermittelt werden. Dieses Sammeln sehr großer Datenmengen und deren automatisierte Auswertung fasst man auch unter dem Begriff **Big Data** zusammen. Der finanzielle Gewinn durch eine automatische Ausrichtung der Sonnenkollektoren, die damit erreichte Steigerung der Energieausbeute und die Steigerung des erzielten Gewinns können simuliert werden. Mit diesen Daten kann bestimmt werden, wie teuer der Antrieb werden darf bzw. in welcher Zeitspanne das investierte Geld durch die zusätzlichen Einnahmen ausgeglichen wird. Diesen Zeitraum nennt man auch **Return on Investment** (engl., Rückfluss von Investitionen, Kapitalrentabilität, Abk.: **RoI**).

Mit **Big-Data-Anwendungen** können sinnvolle Verknüpfungen hergestellt werden. Beispielsweise könnte die Produktionsplanung einer Speiseeis-Fabrik mit der Wettervorhersage verknüpft werden. Allerdings sind auch gesellschaftlich umstrittene Anwendungen denkbar, bei denen personenbezogene Daten gesammelt und ausgewertet werden. Es wäre möglich, Daten in sozialen Netzwerken zu sammeln und mit GPS-basierten Bewegungsprofilen zu verknüpfen. So könnte z. B. festgestellt werden, dass sich eine Person oft in Spielhallen aufhält und für Glücksspiele interessiert. Aufgrund dieser Information könnte gezielt für Glücksspiele geworben, ggf. aber auch die Kreditwürdigkeit der betroffenen Person herabgesetzt werden **(Bild 1)**.

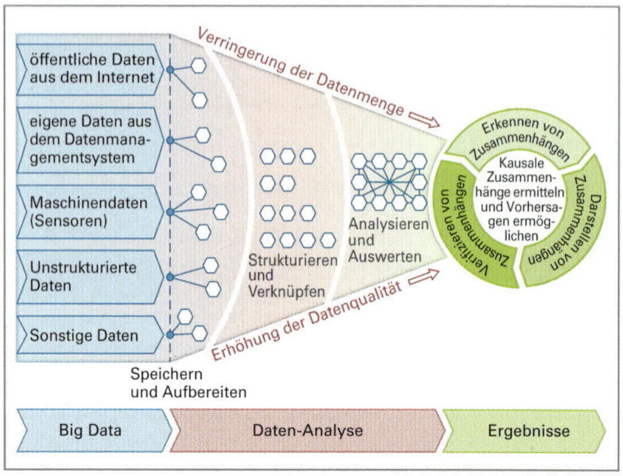

Bild 1: Big Data

> Der Begriff **Big Data** beschreibt die automatisierte Erfassung und Auswertung sehr großer Datenmengen mithilfe des Internets. Hier kann z. B. Kunden- oder Maschinenverhalten erfasst, miteinander verknüpft und analysiert werden. Ziel ist es, die Wahrscheinlichkeiten zukünftiger Verhaltensweisen zu bestimmen.

Im Anschluss an die Big-Data-Auswertung wird der Antrieb der Sonnenkollektoren entwickelt und konstruiert. Die bei der **Konstruktion** erzeugten Daten, also z. B. die CAD-Modelle, die technischen Zeichnungen und Stücklisten, werden mithilfe eines **Datenmanagementsystems** zentral im Unternehmen gespeichert und allen an den Prozessen beteiligten Bereichen des Unternehmens zur Verfügung gestellt. Mit den 3D-Daten können **Bewegungs- und Montagesimulationen** durchgeführt werden. Auf Basis der 3D-CAD-Modelle können anschließend **FEM-Berechnungen** (**F**inite **E**lemente **M**ethode) durchgeführt werden, um die entstehenden Kräfte und eine ausreichende Festigkeit der Bauteile zu bestimmen.

Nach Abschluss der Konstruktion werden auf Basis der Daten im Datenmanagementsystem automatisch die **Bestellung der in der Stückliste definierten Kauf-, Norm- und Rohteile** ausgelöst. Auch die **Fertigung** wird automatisch gestartet. Die 3D-CAD-Daten werden verwendet, um die CNC-Programme für die Bearbeitungsmaschinen automatisch zu erzeugen. Auch moderne Fertigungsverfahren, z. B. das **additive Manufacturing** zur Fertigung geringer Stückzahlen, können automatisiert eingesetzt werden.

Die **Qualitätskontrolle** der gefertigten Bauteile kann automatisch mit einer 3D-Koordinaten-Messmaschine durchgeführt werden **(Bild 2)**. Alle dazu benötigten Maße und Toleranzen können dem 3D-CAD-Modell entnommen werden. Dies ist unter anderem der Grund für die Überarbeitung der Normen zur Bemaßung, Tolerierung und Form- und Lagetolerierung im Rahmen von ISO-GPS (geometrische Produktspezifikation). Der Technische Produktdesigner, der diese CAD-Daten erzeugt, muss in Zukunft noch mehr mit anderen Unternehmensbereichen, wie z. B. dem Einkauf, der Fertigung und der Qualitätssicherung, im Team zusammenarbeiten, damit die von ihm zur Verfügung gestellten CAD-Daten alle Informationen enthalten, die die anderen Bereiche benötigen bzw. die ihm von den anderen Bereichen zur

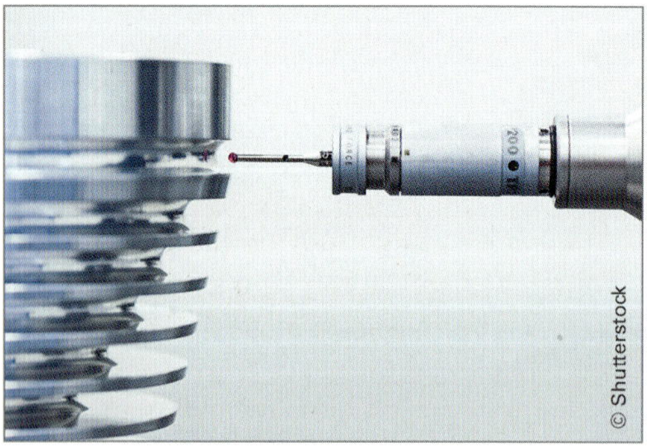

Bild 2: 3D-Koordinaten-Messmaschine

Verfügung gestellt werden. Dies bedeutet konkret, dass z. B. die Einkaufsabteilung eines Unternehmens schon während der Konstruktionsphase einbezogen wird und gemeinsam mit dem Konstrukteur über die Auswahl von Norm- und Kaufteilen bestimmter Hersteller entscheidet, damit diese Daten in die Stückliste aufgenommen werden können.

Die erzeugten Bauteile können anschließend auf einer automatischen und **hoch flexiblen Montagestraße** zusammengebaut werden. Der **Transport** innerhalb der Fertigung, die **Verpackung** und der **Versand** zum Kunden können ebenfalls automatisiert erfolgen, wenn alle damit verbundenen Informationen im Datenmanagementsystem des Unternehmens vorliegen.

Nachdem der Antrieb der Sonnenkollektoren in Betrieb genommen ist, sendet er ständig **Daten über seinen Betriebszustand** zurück. Wichtige Daten für den Hersteller sind z. B. die Betriebsstunden, die Temperatur der Lager oder auftretende Vibrationen, die mithilfe eines akustischen Sensors erfasst werden können. Auf Basis dieser Rückmeldungen können die **Wartungs- und Reparaturarbeiten** geplant und durchgeführt werden. Die Reparatur kann im Idealfall, wenn dies vom Kunden gewünscht wird, vom Produkt selbstständig angefordert werden, bevor ein Defekt auftritt. Auch die Erstellung oder Bevorratung von Ersatzteilen kann auf Basis dieser Daten gesteuert werden. Diese Kommunikation der Produkte über das Internet wird **Internet of Things** (engl., Internet der Dinge, Abk.: **IoT**) genannt **(Bild 1)**.

Im **Internet of Things** können die Maschinen nicht nur mit dem Hersteller, sondern auch untereinander oder mit anderen Partnern kommunizieren. Die Kommunikation zwischen Maschinen wird auch als **M2M-Kommunikation** (engl.: *machine to machine communication*) bezeichnet. So können Autos heute schon automatisch einen Unfall erkennen und einen Notruf absetzen. Sie könnten darüber hinaus heranfahrende Autos vor dem Unfall warnen und an ein Verkehrsüberwachungs- und Leitsystem melden, wo sie sich befinden und wie schnell sie fahren. Dadurch könnten Staus vermieden oder noch besser umfahren werden.

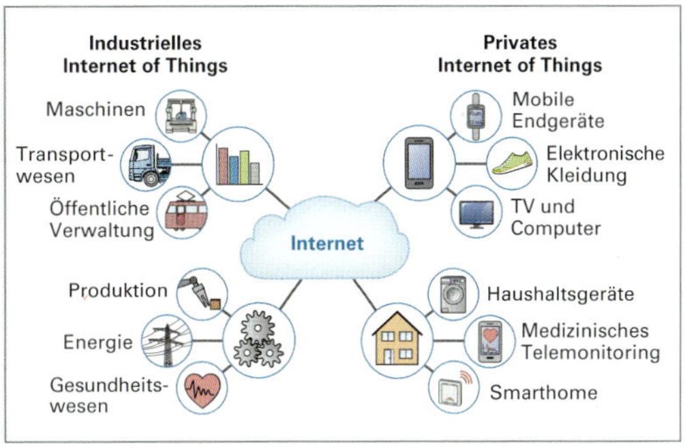

Bild 1: Internet of Things

Der Begriff **Internet of Things (IoT)** beschreibt die Kommunikation von Dingen, z. B. Maschinen, über das Internet mit Personen, Firmen oder mit anderen Maschinen.

Die **Wartungs- und Reparaturarbeiten** an den Sonnenkollektoren können von einem Arbeiter durchgeführt werden, der eine Brille mit einer Kamera- und Wiedergabefunktion trägt. Diese **interaktive Brille** erkennt, was der Arbeiter sieht, und blendet ihm Hinweise zur Reparatur ein. So erscheint im Sichtfeld des Arbeiters z. B. ein Pfeil, der auf eine Schraube zeigt, mit der Information, dass er diese lösen soll. Dieses System nennt man **Augmented Reality** (engl., erweiterte Realität). Diese virtuellen Montage-, Wartungs- und Reparaturanleitungen können auf Basis der vom Technischen Produktdesigner erstellen CAD-Daten erzeugt werden **(Bild 2)**.

Bild 2: Augmented Reality

Beendet wird der Lebenszyklus des Produktes mit der **automatisierten Demontage** und der Entscheidung zur **Wiederverwertung** oder zum **Recycling** von Bauteilen. Auf Basis der genauen Daten zum Verschleißzustand z. B. der Zahnräder und der Lager kann über die Möglichkeit ihrer Wiederverwertung entschieden werden.

Auch der komplette **kaufmännische Bereich des Lebenszyklus eines Produktes** kann mithilfe von Industrie 4.0 automatisiert werden. Von der Kostenkalkulation über die automatisierte Bestellung und Abrechnung von Bauteilen bis zur Bestellung und Abrechnung von Wartungs- und Reparaturtätigkeiten sind alle Tätigkeiten miteinander verknüpft und werden zentral erfasst und abgerechnet. Das Datenmanagementsystem kann hierfür nicht nur die CAD-Daten verwalten, sondern steuert auch den Einkauf, die Produktion, den Vertrieb, die Wartung, die Reparatur, die Lagerhaltung, die Buchführung, das Controlling und das Personalwesen.

Im Bereich des **Personalwesens** und der **Buchführung** können z. B. die geleisteten Überstunden, die in der Fertigungsplanung erfasst werden, automatisch an die Lohnbuchhaltung übermittelt werden. Hierbei muss beachtet werden, dass personenbezogene Daten, wie z. B. Krank- und Urlaubsmeldungen, geschützt und nicht allgemein zugänglich sind. Entscheidende Aufgaben des Datenmanagementsystems sind die **Verwaltung der Zugriffsrechte**, der **Datenschutz** und die **Datensicherung**. Es muss eindeutig und gesetzeskonform definiert sein, wer Daten lesen und wer sie verändern darf.

Die Steuerung der Bewegung der Sonnenkollektoren könnte mit künstlicher Intelligenz ausgestattet sein, um eine optimale Ausrichtung zur Sonne zu finden. Maschinen, die lernfähig sind, also ihre Vorgehensweise an veränderte Bedingungen anpassen können, werden Systeme mit **künstlicher Intelligenz (KI)** genannt, auch **Artifizielle Intelligenz** (engl.: *artificial intelligence,* Abk.: **AI**).

Systeme mit künstlicher Intelligenz (KI) sind lernfähig. Das bedeutet, sie können ihre Ergebnisse bewerten und ihre Vorgehensweise entsprechend anpassen.

Maschinen mit **starker künstlicher Intelligenz** sollen vergleichbare intellektuelle Fähigkeiten wie ein Mensch haben. Sie sollen in der Lage sein, logisch zu denken und aus eigenem Antrieb Entscheidungen zu treffen. Sie müssen flexibel auf die unterschiedlichsten, unerwarteten Situationen reagieren und ihre Vorgehensweise anpassen können. Sie sollen Situationen einschätzen und bewerten können, auch wenn keine vollständigen Informationen vorliegen. Sie sollen mit Menschen kommunizieren können. Das heißt, diese Maschine soll intelligent wie ein Mensch reagieren und sich wie ein Mensch verhalten können. Eine Maschine mit starker künstlicher Intelligenz muss nicht zwingend „menschliche Gefühle" haben, kann aber ein auf Gefühlen basierendes Verhalten simulieren. Es ist bisher noch nicht gelungen, eine Maschine mit starker künstlicher Intelligenz zu entwickeln.

Bild 1: Starke künstliche Intelligenz

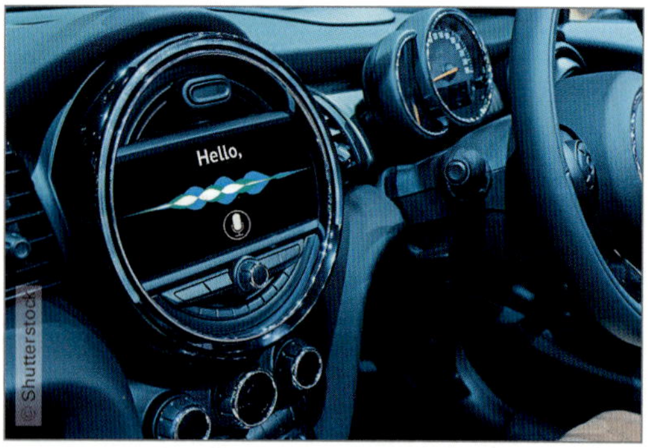

Bild 2: Schwache künstliche Intelligenz

Unter **schwacher künstlicher Intelligenz** versteht man ein System, das in der Lage ist, bei begrenzten Aufgabenstellungen mindestens die gleichen Ergebnisse zu liefern wie das menschliche Denken. Diese **Expertensysteme** sollen mithilfe speziell geschaffener mathematischer Gleichungen und Algorithmen die Problemstellung erkennen, analysieren und Lösungen erarbeiten. Sie sollen lernfähig sein, das heißt dazu in der Lage sein, ihre Ergebnisse zu beurteilen und künftige Entscheidungen entsprechend anzupassen. Sie müssen auch bei unvollständigen Informationen die wahrscheinlich besten Entscheidungen treffen können.

Allerdings verändert die schwache künstliche Intelligenz die Herangehensweise an Probleme nicht, sondern greift immer auf die gleichen, fest programmierten **Problemlösungsstrategien** zurück.

Systeme mit schwacher künstlicher Intelligenz werden bereits in vielen Bereichen eingesetzt:

- Suchmaschinen im Internet, die sich an das Benutzerverhalten anpassen
- Übersetzungssoftware, die ihre Ergebnisse mit der Rückmeldung des Benutzers optimiert
- Handschrifterkennungssoftware, die sich an den Schreibstil des Benutzers anpasst
- Spracherkennungssoftware, die sich an die Sprechweise des Benutzers anpasst

Die **Problemlösungsstrategie moderner Übersetzungssoftware** mit künstlicher Intelligenz führt zu überraschenden Ergebnissen. Die maschinelle Übersetzung mit neuronalen Netzen basiert auf der Analyse großer Mengen bereits existierender, korrekter zweisprachiger Texte. Hierfür werden z. B. die mehrsprachigen Texte der Europäischen Union verwendet, die frei zugänglich im Internet vorliegen. Mit diesen Texten wird die Übersetzungssoftware angelernt, sie erarbeitet sich selbstständig Übersetzungsregeln. Nachdem das Programm mit einer ausreichend großen Anzahl von Übersetzungen angelernt wurde, ist es dazu in der Lage, neue Texte zu übersetzen. Die Qualität dieser Übersetzungen ist besser als bei den bisherigen Programmen, die mit fest programmierten grammatikalischen Strukturen arbeiten. Allerdings kann bei diesen Programmen nicht mehr nachvollzogen werden, wie die Übersetzung erzeugt wurde.

Technische Produktdesigner werden zukünftig häufiger mit **CAD-Programmen mit künstlicher Intelligenz** arbeiten. So gibt es heute z. B. schon spezielle CAD-Programme, die selbstständig die Geometrie des Spiegels eines Pkw-Frontscheinwerfers erzeugen. Die äußere Kontur eines Scheinwerfers wird meistens durch den Designer festgelegt. Um eine optimale Ausleuchtung der Straße zu gewährleisten, muss die Geometrie des Spiegels und die Position der Lampe entsprechend angepasst werden. Diese Konstruktion kann von einem CAD-System mit künstlicher Intelligenz automatisch durchgeführt und optimiert worden **(Bild 1)**.

Bild 1: Frontscheinwerfer eines Pkws

AUFGABEN | WIEDERHOLUNG UND VERTIEFUNG

1. Recherchieren Sie im Internet und beschreiben Sie jeweils die Auswirkungen der 1., 2. und 3. industriellen Revolution auf die Arbeitswelt und die Gesellschaft.
2. Erläutern Sie, was unter Industrie 4.0 zu verstehen ist.
3. Stellen Sie Vermutungen an, wie sich Industrie 4.0 auf die Arbeitswelt und die Gesellschaft in Zukunft auswirken könnte.
4. Überlegen Sie sich ein Beispiel für eine sinnvolle Anwendung von Big Data in Ihrem Ausbildungsbetrieb und beschreiben Sie, welche Daten Sie benötigen, wie sie gesammelt und miteinander verknüpft werden könnten.
5. Überlegen Sie sich ein Beispiel für eine sinnvolle Anwendung von IoT in Ihrem Ausbildungsbetrieb und beschreiben Sie, welche Daten dazu zwischen den Maschinen und anderen Kommunikationsteilnehmern ausgetauscht werden müssen.
6. Beschreiben Sie eine Anwendungsmöglichkeit für Augmented Reality in Ihrem Ausbildungsbetrieb.
7. Erläutern Sie die Gefahren von Big Data an einem Beispiel.
8. Beschreiben Sie eine mögliche Anwendung eines CAD-Programms mit künstlicher Intelligenz in Ihrem Betrieb.

SACHWORTVERZEICHNIS

G

H

I

K

L

M

N

O

P

Q

R

S

T

U

V